满城县志

(1991—2008)

满城县地方志编纂委员会　编

方志出版社
Publishing House of Local Records

图书在版编目（CIP）数据

满城县志：1991—2008/ 满城县地方志编纂委员会编 .-- 北京：方志出版社，2018.12
ISBN 978-7-5144-3495-8

Ⅰ .①满… Ⅱ .①满… Ⅲ .①满城县 - 地方志 - 1991—2008 Ⅳ . ① K292.24

中国版本图书馆 CIP 数据核字（2019）第 085426 号

满城县志（1991—2008）

编　　者：满城县地方志编纂委员会
责任编辑：李志瑜
出 版 者：方志出版社
　　地址　北京市朝阳区潘家园东里 9 号（国家方志馆 4 层）
　　邮编　100021
　　网址　http://www.fzph.org
发　　行：方志出版社图书经销中心
　　电话（010）67110500
经　　销：各地新华书店
印　　刷：保定市中画美凯印刷有限公司
开　　本：889 × 1194　　1/16
印　　张：50
字　　数：1373 千字
版　　次：2018 年 12 月第 1 版　　2018 年 12 月第 1 次印刷
印　　数：0001~2000 册
ISBN　978-7-5144-3495-8　　定价：680.00 元

县委办公楼（摄于 2008 年）

县政府办公楼（摄于 2008 年）

金缕玉衣的故乡

中国磨盘柿之乡

中华诗词之乡

中国草莓之乡

华北生活用纸产业基地

满城县城鸟瞰图（摄于2008年）

张石高速公路(摄于2008年)

东外环路
(摄于2005年)

环城西路
(摄于2008年)

南水北调中线漕河渡槽（摄于2008年）

南水北调干渠（摄于2008年）

县城污水处理厂（摄于2009年）

游客采摘草莓（摄于 2008 年）

草莓温室大棚（摄于 2008 年）

柿子沟磨盘柿收购市场（摄于 2007 年）

柿子沟（摄于 2006 年）

坨南乡桃树基地（摄于 2008 年）

红岗山桃（摄于 2005 年）

龙居苹果（摄于 2008 年）

段旺葡萄基地（摄于 2008 年）

绿波果蔬有限公司
（摄于 2008 年）

大赛温室黄瓜
（摄于 2007 年）

城内赵家花园花圃（摄于 2008 年）

青山庄封山育林区（摄于 2005 年）

东外环路退耕还林工程（摄于 2005 年）

保定翔羽纸业有限公司（摄于 2008 年）

保定市港兴纸业有限公司（摄于 2007 年）

河北达瑞生物科技股份有限公司（摄于2007年）

保定冀开电力器材有限公司（摄于2007年）

保定市诚信纸业有限公司（摄于2006年）

保定天达纸品有限公司（摄于2008年）

河北宏昌建设集团有限公司（摄于2006年）

图腾房地产开发公司承建的西山花园小区（摄于2008年）

清华房地产开发公司承建的水榭名邸小区（摄于2008年）

城建房地产开发公司承建的永乐园小区（摄于2008年）

中山宾馆（摄于2005年）

良园宾馆（摄于2006年）

1 满城县交通运输局（摄于 2007 年）

2 电力调度室（摄于 2008 年）

3 国家电网保定满城供电有限责任公司（摄于 2008 年）

河北满城中学（摄于 2005 年）

职业技术教育中心（摄于 2008 年）

满城实验中学（摄于 2006 年）

教师进修学校（摄于 2004 年）

县直幼儿园（摄于 2007 年）

实验小学校园文化栏（摄于 2007 年）

满城小学（摄于 2005 年）

新华书店（摄于 2006 年）

燕南中学（摄于 2006 年）

早慧幼儿园（摄于 2007 年）

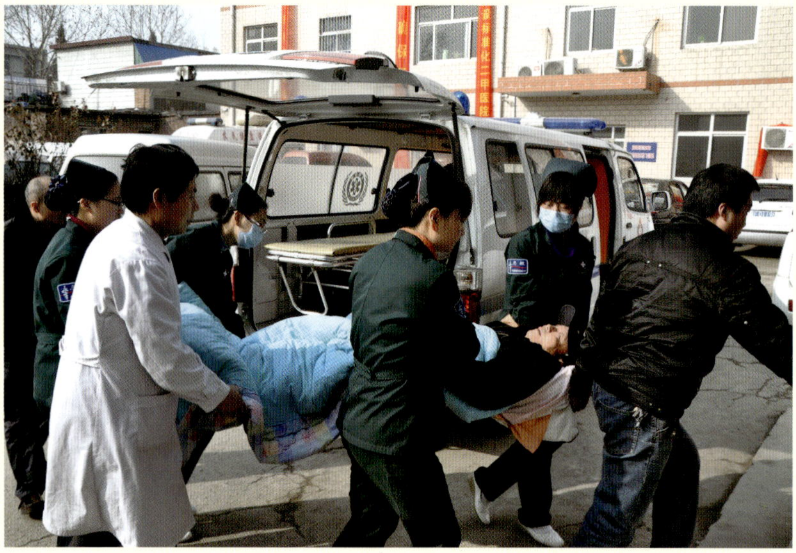

县医院急诊接诊（摄于 2008 年）

妇幼保健院（摄于 2008 年）

保定第七医院（摄于 2008 年）

驻满城部队战士为孤寡老人服务（摄于2003年）

驻满城部队战士在郭村绘制文化长廊（摄于2000年）

拥军路（摄于2008年）

2002 年 7 月，中宣部原副部长、文化部原代部长、著名诗人贺敬之（左二）到满城考察神星农民诗会

2012 年，中华诗词学会顾问晨崧（右）授予满城县“中华诗词之乡”牌匾

2002 年 10 月，省文联主席浪波在第七届神星农民诗会开幕式上讲话

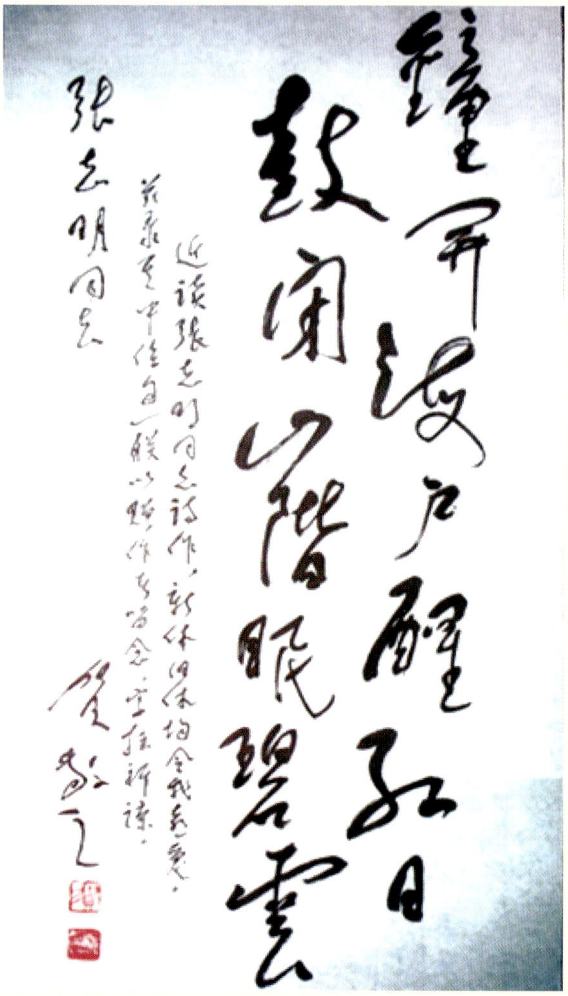

2011 年，贺敬之为张志明题写的诗句：钟开海户醒红日，鼓闭山阶眠碧云

1996年，实验小学学生表演的舞蹈《草莓娃》，在中央电视台演播厅演出

2006年元宵节，南峪村的“乐”字灯阵

2007 年元宵节花会进城

2005 年 5 月，夕阳红艺术团下乡演出

2008 年 7 月 31 日，满城龙门山庄经理吴伟（中）作为奥运火炬手在唐山市传递奥运火炬

2007 年，奥运火炬“祥云”在满城巡展

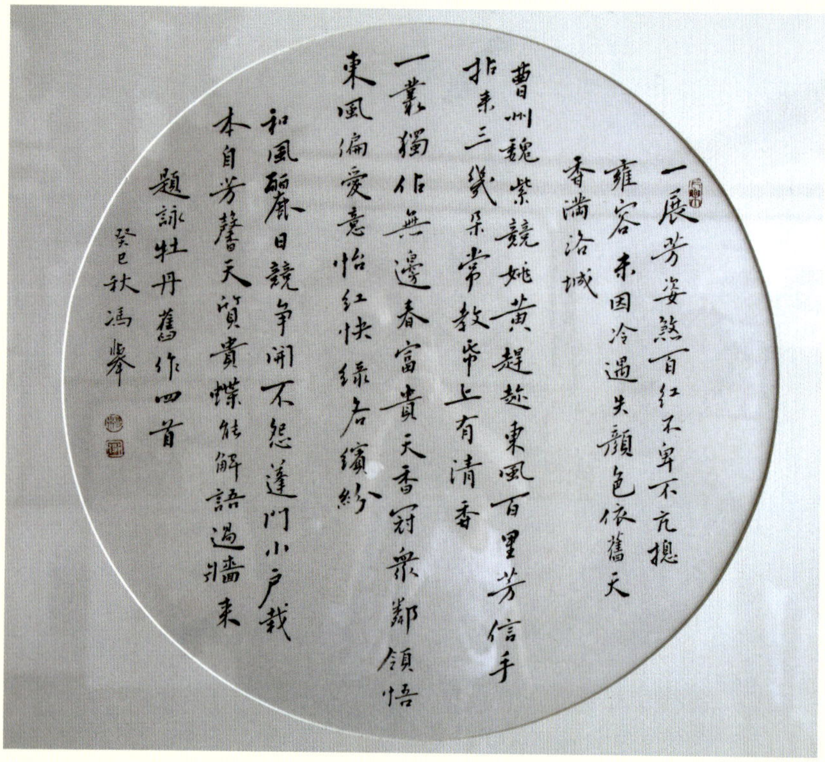

作者：冯举

作者：冉清水

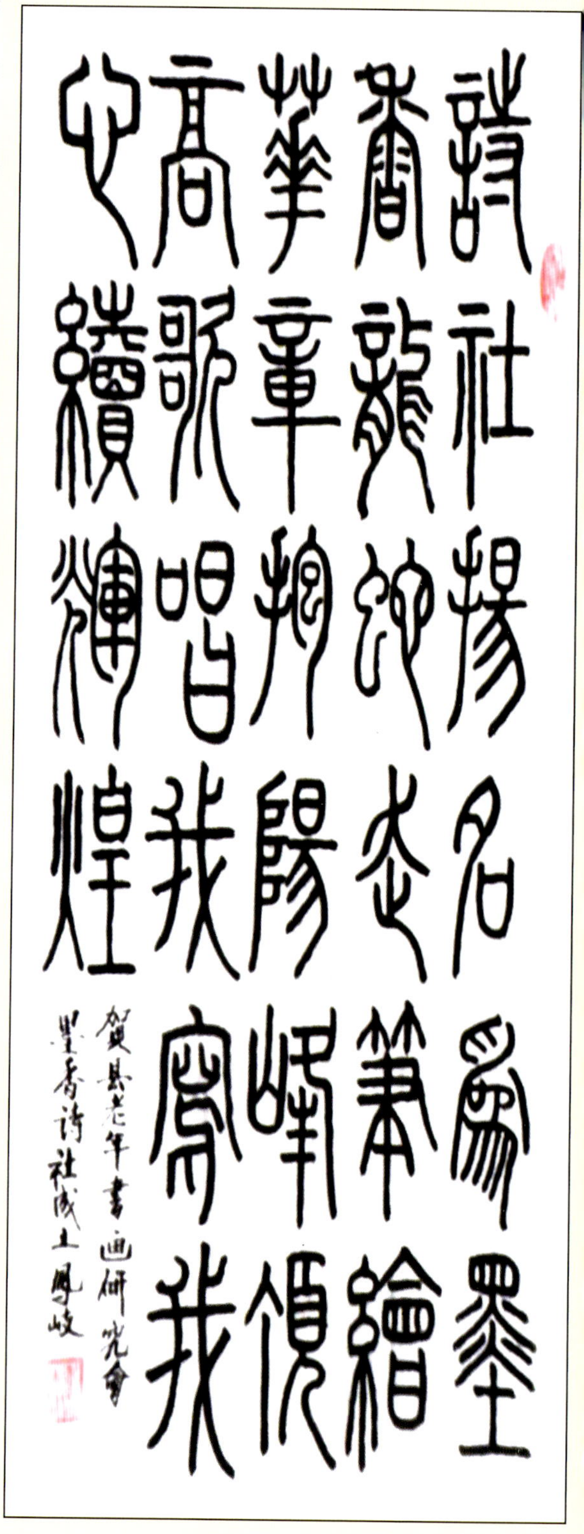

作者：李凤岐

作者：刘建伟

作者：冯平原

作者：毛宏浩

作者：冉宏亮

作者：王彦卿

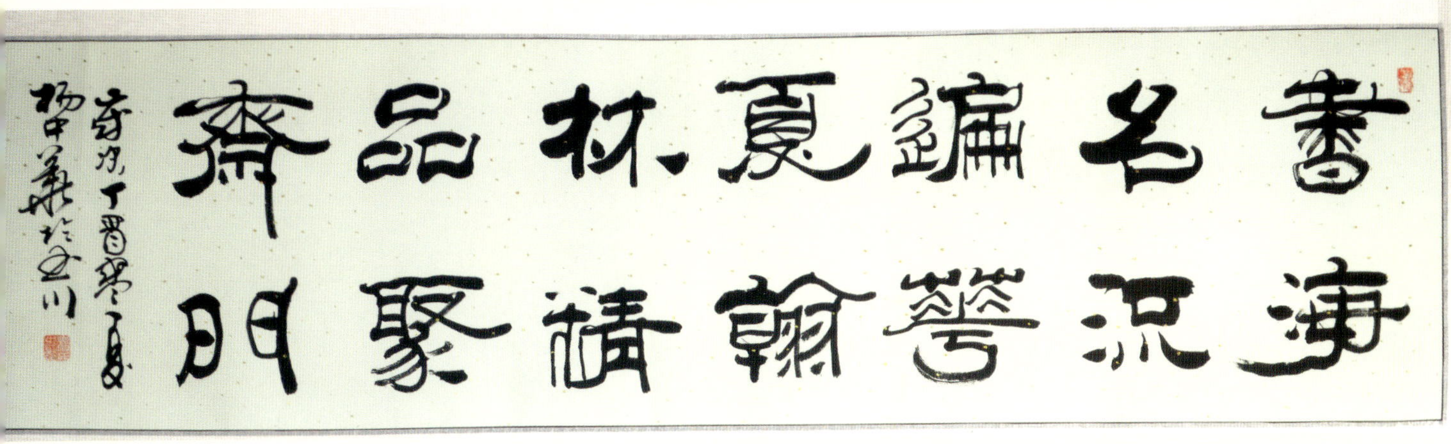

作者：杨中华

作者：韩欣有

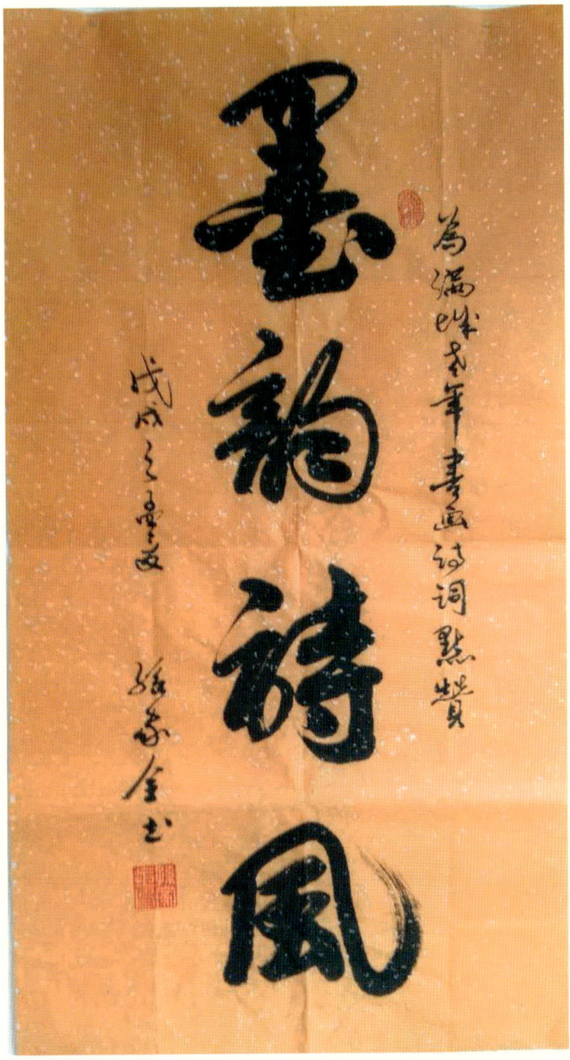

作者：孙家全

作者：李慧

窦绾墓（摄于2006年）

汉墓景区（摄于2007年）

汉墓景区广场（摄于2007年）

抱阳山百步廊（摄于 2008 年）

抱阳山碑廊（摄于 2006 年）

抱阳山云海（摄于 2006 年）

1 鸟篆纹铜壶

2 长信宫灯

3 中山靖王刘胜的金缕玉衣

朱雀衔环杯

羊尊铜灯

铜朱雀灯

错金博山炉

中山靖王墓出土马车复原

龙潭峡谷
（摄于2005年）

2002年10月10日，中国磨盘柿之乡·满城第一届金秋红叶柿子节开幕式

龙门湖（摄于2008年）

曹仙洞（摄于 2005 年）

玉皇坨（摄于 2006 年）

黄龙寺古柏（摄于 2008 年）

慈家台村晋察冀一分区司令部旧址

2018 年 7 月 5 日《满城县志（1991—2008）》省级评审会与会人员合影

前排左起：王成峰（区委常委、办公室主任） 康社（区人大常委会主任） 孟庆斌（沧州市方志办原主任） 赵俊丽（省地方志办公室市县指导室主任、编审） 李广义（区委书记） 于伟平（方志出版社总编辑、编审） 康爱民（市人大常委会副主任） 程杰（区委副书记、区政府区长） 晏中亚（区委副书记） 孙进柱（市方志办主任、编审） 贾玉兰（区政协主席） 夏冰（区委常委、区政府常务副区长）

后排左起：殷素芳（区方志办副主编） 徐丽娟（区方志办主编） 王月（区政府办方志外侨办主任） 宫卫红（市方志办县志处副处长） 张建立（区政府办公室主任） 魏铁军（省方志办市县指导室副编审） 赵光（市方志办县志处处长） 陈玉德（区方志办副主编） 高占林（区方志办编辑）

《满城县志（1991—2008）》编辑人员与区政府办公室主任张建立，报社总编、区政府办公室原副主任苑书翰，编务主任王月合影

前排左起：徐丽娟、方保怀、高占林、邵银波、陈玉德

后排左起：张海涛、李文义、苑书翰、张建立、王月、殷素芳

2008年满城县地方志编纂委员会成员

名誉主任：闫志强

主　　任：刘　峰

常务副主任：朱子强

副 主 任：李雄鹰　魏风禄　商振华　夏　冰

委　　员：张雪冰　苑书翰　王卫东　崔树德　赵　涛　石国栋　王喜振　侯福山
刘春福　郭永江　张金环　田建芳　刘志诚　宁洪水　张　国　宋建中
杜剑平　刘志勇　杨树申　史洪臣　李永志　韩国春　李吉福　康新海
张　进　李会占　闫丙文　范洪彦　李振英
各乡（镇）乡（镇）长

2018年保定市满城区地方志编纂委员会成员

名誉主任：李广义

主　　任：程　杰

副 主 任：夏　冰　王成峰　姜文英　孙菁菁

委　　员：袁志安　张建立　尤景福　王志鹏　冯　亮　崔树德　郭永江　李国平
张金环　李文利　杨彦林　宁洪水

《满城县志（1991—2008）》编辑人员

主　　审：张建立

编务主任：王　月

主　　编：张海涛（2008.4—2015.3）　徐丽娟（2016.4—）

副 主 编：陈玉德（2017.5—）　殷素芳（2017.5—）

编　　辑：冯伟术（2008.4—2009.2）　邵银波（2008.4—2011.10）
陈玉德（2008.6—）　高占林（2009.4—2014.8）
徐丽娟（2009.6—）　方保怀（2010.10—2011.7）
李　静（2014.10—2016.10）　殷素芳（2016.9—）

《满城县志（1991—2008）》省级评审会评审组领导、专家

于伟平　赵俊丽　魏铁军　孟庆斌　康爱民　孙进柱　赵　光　宫卫红

《满城县志（1991—2008）》终审专家

杨洪进　王广才　阴记东　王　蕾　任丽英　赵俊丽　郑小明　魏铁军

《满城县志（1991—2008）》提供资料人员

（按姓氏笔画排序）

一、提供文字资料人员

方保怀　王　忠　王　洋　王　喆　王　嵩　王文兴　王木铎　王晓东　王艳云
王增志　冯金祥　仝卫胜　冉　然　冉双亮　宁向红　田文良　刘　平　刘　润
刘　铁　刘　辉　刘宏琦　刘俊贤　刘艳涛　朱红霞　朱秀芳　米红新　纪卫平
许春燕　吴宝军　张　杰　张文秀　张文玲　张占新　张永祥　张红英　张红敬
张志明　张金环　张春丽　张艳辉　李　静　李文利　李有慧　李志泉　李金广
李彦民　李彦红　李海涛　李艳红　李增会　杨新阁　连保华　连彦辉　邵占国
陈立伟　陈慧颖　范长利　范烜宏　郑福明　南瑞云　胡伟宾　要安然　赵爱军
赵满胜　殷素芳　耿志伟　袁红欣　贾国敬　郭红芬　郭建刚　钱艳惠　陶红星
高永海　康新村　曹艳霞　曹志恒　黄　丽　董永朝　董金环　韩君红　雷红兵
靳卫军　潘金刚　颜丽媛　穆新杰　魏亚利

二、提供图片人员

于东发　方保怀　王　曼　王卫东　刘　乐　刘文栋　刘文素　米　丽　米长明
许　明　闫晓峰　张　羽　张金环　张艳辉　张满生　李　红　李韶华　杨新阁
南瑞云　姜文英　胡伟宾　赵长兴　赵　涛　赵大鹏　赵丽娜　郜福禄　郝玉萍
徐丽娟　殷素芳　贾小江　商振华　曹艳霞　雷红兵

序

“盛世修志，志载盛世”。在区（县）地方志编纂委员会的领导下，《满城县志（1991—2008）》终于问世。县志详细、客观地记录了18年间勤劳质朴的满城人民攻坚克难，接续奋斗，克服一个又一个困难，完成一次又一次跨越，实现农业大县向经济强县的历史嬗变。

18年春华秋实，18年沧桑巨变，凝结成这部书，这既是编者在记录历史，更是满城县（区）广大人民群众在用智慧和汗水书写历史。这是一部展示满城18年辉煌发展历程的成就展，重现了波澜壮阔的改革实践；这是一部记述满城开拓进取、推动时代变迁的奋斗史，凝聚着全区干部群众挥洒激情、干事创业的心血结晶；这是一部描绘满城儿女热爱生活、追求生活、创造生活的生动写照，激励着我们以自强不息、顽强奋进的精神，谱写美好未来的壮丽诗篇。

鉴古才知今，继往为开来。修志旨在激励当代，启迪后世，造福桑梓。愿勤劳质朴的满城人民在中国共产党的坚强领导下，坚定信心，撸起袖子加油干，继续在推进京津冀协同发展、生态环境治理、经济高质量发展、保障和改善民生、打赢脱贫攻坚战等方面取得更大成就，谱写出满城跨越发展的新篇章。

中共保定市满城区委
保定市满城区人民政府
2019年4月

凡　例

一、指导思想　本志坚持以马克思列宁主义、毛泽东思想、邓小平理论、“三个代表”重要思想、科学发展观、习近平新时代中国特色社会主义思想为指导，坚持辩证唯物主义和历史唯物主义的立场、观点和方法，客观真实地记述满城县自然与社会发展变化。

二、范围断限　本志以满城县2008年行政区划为记述范围。上限自1991年，下限断于2008年。为保持记事延续性和完整性，必要时稍有上溯或下延。

三、结构体裁　本志为编、章、节、目结构，体裁采用述、记、志、传、图、表、录7种体裁，编、章下设无题序，节下不设序。节下一般设目，根据叙述内容，个别节下未设目。表格采用开放式。全书表、图的排序为编、章、序号。本轮志书共设18编、96章、371节。各编大体按照先自然后社会，先政治后经济的顺序排列。概述列于志首，大事记列于专志之前，附录列于专志之后。

四、语言文体　本志使用第三人称（引文除外）现代语体文，用字用词以出版物规定为主，行文力求准确、简洁、流畅。所使用的标点符号、数字书写和计量单位执行国家颁布的相关规定。多数涉及耕地面积的单位，仍按照习惯采用亩、万亩。

五、志书纪年　本志采用公元纪年为主。述及中华人民共和国成立以前的史实，均采用历史纪年括注公元纪年的方法。“十一届三中全会前后”“改革开放前后”均指1978年12月前后。

六、人物、机构等名称　本志中人物直书其名，不加褒贬词，必要时加带官职，官职按原称。地名以标准化地名为准，古地名括注现行标准地名。政党、团体、企业、组织、机构、会议、文件等名称首次出现写全称并括注简称，之后多应用简称。文中“省”指“河北省”，“市”指“保定市”，“县”指“满城县”。

七、人物入传　本志书中人物传按“生不立传”原则，记述满城籍或非满城籍曾在满城工作、生活，对满城县经济、社会发展产生重大影响和推动作用的人物。在《满城县志》（1997年版）中记述的人物一般不再重复记述，个别人物有所补充。排列次序按人物所在朝代、生年先后的顺序，生年相同按卒年先后排序。对上轮志书没有记述的古代、近现代人物进行补录。

八、关于附录　本轮县志设附录，对《满城县志》（1997年版）中存在的明显错误进行勘误。另补录抗日战争时期日军在满城制造的3起惨案，附录黄甫俊烈士《祭文》《悼词》手稿，轶文两篇、逸闻两则。

九、资料来源　本志资料主要来源于各乡（镇）、各承编单位、档案馆、有关史志书刊，个别资料来源于相关人士的回忆。各类数据以统计数字为主要依据，列表中没查到数据的标记“—”。第十一编经济总情第一章第一节中数字来源于县发展改革局，因统计口径、时间不同，与统计数字存在差异，为保持资料的完整和连续未做调整。因1998年12月区划调整，县内41个行政村划归保定市，致使1999年各类数字出现较大变化，志稿中的相关表格不再一一说明。

目 录

概 述

满城县位于太行山东麓，河北省中部，隶属保定市。地理坐标在北纬38°43′56″~39°07′35″、东经114°56′53″~115°29′14″之间。北与易县接壤，西与顺平毗邻，南与清苑交界，东连保定市新市区和徐水县。距保定市17公里，距北京市140公里，距天津市150公里，距省会石家庄120公里。2008年，全县总面积658.18平方公里，东西长50.6公里，南北宽43.75公里。辖4镇8乡，204个行政村，6个社区居委会，总人口40.1万人。耕地面积37.6万亩。

满城是半山区县，地势西北高、东南低，最高点大牛山海拔1052米，最低点郎村东南洼地海拔23.9米。山区丘陵面积占总面积的55%，平原面积占总面积的45%。属暖温带半湿润半干旱大陆性季风气候，四季分明，光照充足，雨热同期。累年平均气温12.6℃，累年平均日照时数2518.1小时，年降水量460~750毫米，最热月为7月，平均气温26.5℃；最冷月为1月，平均气温-3.7℃。

县内交通便利，京广铁路，107国道，省道保涞线、京赞线、良顺线、津保北线穿县而过，保阜、张石、保沧、荣乌四条高速公路通过境内。南水北调中线主干线自西南—东北穿过，其中位于神星村南的漕河渡槽是“亚洲第一大渡槽”。

一

在商周时满城已有先民村落，战国时为燕南赵北之地。西汉时属中山国，汉高祖六年（公元前201年），置北平县。后从北平县先后析出永宁县、永乐县。唐天宝元年（742年），改永乐县为满城县，之后1000多年的时间里，历经多次建置变革，但县名始终未变。2006年，满城县被联合国地名专家组命名为“千年古县”，2007年，被河北省认定为“千年古县”。

满城县有深厚的人文底蕴。战国时，郭隗辅佐燕昭王筑黄金台（今招贤台）招贤纳士，燕国中兴；西汉张苍博学多识，制订历法，增订、删补《九章算术》；北魏著名散文家杨衒之亦为北平（今满城）人，著有《洛阳伽蓝记》，为佛学经典；唐代张说、五代冯道在抱阳山苦读，留下“读书堂”永励后人；元代张柔治满城十余年，重修废弃的保州城，使之发展成为“燕南第一大都会”；清代的蒋毓英、蒋攸铦、田夫人、李秉衡等，或清正廉明，或正气凛然，或捐资助学，流芳千古。

新民主主义革命、抗日战争、解放战争时期，刘宁一、罗玉川、陈亚夫、石城等众多满城优秀儿女为民族的解放和中华人民共和国的创建，做出了不可磨灭的贡献。在社会主义建设时期，许多满城人在文学艺术、科学教育等方面做出突出贡献。郁文历任中宣部常务副部长、中国社会科学院党委书记、副院长，是中国科学技术大学创始人之一；张宗祜是中国科学院院士、地质学家；气象专家郭晓岚的专著《大气动力学》是气象学的理论基础；教育学家李耀春著《平面几何》，是数学教学的重要书籍；曹金涛是航空专家，他著的《无指挥仪射击法》，奠定了航空实战的理论基础；作家王佩之、王树梁用手中的笔宣传家乡这方热土，讴歌家乡的英雄儿女；还有电影文学家田野、画家范学礼、快板书表演艺术家常志等许多杰出代表，为满城增光添彩。

二

1978年改革开放以来，满城县始终把农业、农村的发展作为全县经济发展的基础，稳定和完善农村土地家庭联产承包责任制，引导、鼓励农民开展多种经营，调整产业结构，走特色、规模、高效的发展道路。1997年，满城县被省委、省政府命名为小康县。20世纪90年代，“白色革命”使草莓种植实现陆地栽培到设施栽培的跨越性转变，草莓的品质和效益也实现质的飞跃。一年有7个多月可以采摘上市，亩产值由不足1000元增加到1~3万元。现代化栽培设施、无公害栽培技术，使满城草莓产业始终保持旺盛的生命力。2008年，全县草莓种植面积4.8万亩，年产值3亿多元。1994年，县委、县政府确定“靠山吃山，治山致富”的山区发展战略，实施以磨盘柿为主的“人均百棵果树工程”，两年时间栽植果树300多万株。并投入科技力量技术攻关，形成配套的磨盘柿丰产栽培和病虫害防治技术，果品产量和品质在省内处于领先地位。2001年，满城县被国家林业局命名为“中国磨盘柿之乡”。红岗山桃是满城县发现并培育的优良大桃品种，20世纪90年代开始在神星镇大面积推广栽培。2003年，产量193万公斤，350克以上的特级果占30%，250克以上的果占55%以上，畅销广州、深圳、香港等地区，并外销东南亚部分国家。2008年，满城县农业总产值21.1亿元，是1991年的6.7倍。

依托优越的地理、交通环境，满城县积极对外开放，发展经济。1992年，先后制定《关于进一步扩大开放、吸引资金、技术、人才的有关规定》《招商引资奖励办法》等，出台优惠政策，开展“投入年”活动，鼓励招商引资。1993年，确定“性质不分公私、规模不论大小、全民动员、放手发展”的乡镇企业发展方针，对新上企业自生产之日起实行两年试产，其间免除各种税费，期满后办理手续的优惠政策，引导以造纸业为主的乡镇企业蓬勃发展。当年新增100万元以上的项目34个。1993—1997年，完成固定资产投资36亿元，投资总额占全市各县（市、区）之首，以大册营镇为中心的造纸工业区有造纸企业167家，纸品畅销全国各地，产量占全国的38%。食品加工制造、建材、冶炼铸造、塑料加工等企业迅速发展，成为县域经济的支柱产业。之后的十几年里，满城县累计项目投资20多亿元，不断优化投资环境，提高服务质量，中能风电叶片项目、保定天威华克公司等相继落户。企业的快速发展带来诸多环境问题，2006年3月，满城县对造纸、建材、熔炼、塑料加工等行业实施最严厉的环保治理，促使企业上档升级，依靠先进技术和科学管理谋求发展。2008年，204家造纸企业，关停取缔110家，工业区日排水量降到1.5万吨，吨纸耗水量降到国家标准以下。满城纸业以优良的品质和先进的工艺在全国造纸业中仍处于领先地位，满城县仍是华北最大的生活用纸基地。建材企业全部搬迁至公路两侧100米外，安装高效除尘设备。熔炼、塑料加工企业实行规模经营、集中治理，拆除、取缔209家，验收合格85家。

三

20世纪80年代末开始，企业推行承包、股份制改革，调动企业和工人的生产积极性。2002年年底，全县国有、集体企业改制基本完成。通过改革，工业企业结构发生重大变革，国有、集体企业的主导地位被个体私营企业代替。2008年，入统工业企业中国有企业3家，比1991年减少15家，产值占14.7%，比1991年下降48.5%；集体企业3家，产值占6.4%，比1991年下降16.5%；有限责任公司11家，产值占14.5%；私营企业44家，产值占62.9%；外商企业2家，产值占1.5%。2008年全县工业总产值91.7亿元，比1991年增加89.6亿元。

20世纪90年代中后期，随着市场的放开，国有商业、供销合作商业、物资经营不断改变经营机制，逐步形成承包经营、租赁经营、股份经营等自主经营、自负盈亏的经营模式。但是随着市场经济的发展，市场竞争日趋激烈，国有、集体各经营实体经营困难，相继停业、转让，或勉强维持生存。以供销社生产资料公司为例，20世纪90年代初，化肥、农药、农机具等由供销社专营，下属19个农资服务站和54个农资服务部。1993年，采购供应化肥3.5万吨，销售额4200万元；1996年采购供应化肥4.6万吨，销售额3100万元。2000年，化肥市场放开，生产资料公司化肥销量直线下降。2005年，销售化肥2543吨，销售额367.4万元。2007年销售1200吨，销售额仅24万元。相对应的是个体私营经济快速发展，成为市场的主体。2008年，全县商品零售总额19.5亿元，比1991年增加17.2亿元。

市场经济带动和人民生活水平提高，促使服务业快速发展。1991年，国营、集体、个体所有制餐饮业并存，年零售总额759万元。到20世纪中后期，国有、集体餐饮业纷纷倒闭或转为股份制，个体餐饮业发展迅速。2008年，餐饮业年零售总额1.6亿元，是1991年的21.7倍。以汉墓景区、抱阳山景区、龙潭风景区为核心，旅游景区相继开发。2004年，汉墓景区被国家旅游局命名为“AAAA”级景区。20世纪90年代初，陵山是滑翔伞运动员训练基地，1996年，被国家体育局航空管理中心指定为全国滑翔伞训练基地。1995年开始，先后7次举办全国、华北地区、保定市滑翔伞赛事，吸引了全国各地的滑翔伞爱好者和游客。2002年，开辟中国第一条生态旅游柿子沟，每年举办金秋红叶柿子节，蜿蜒18里柿子沟，成为人们休闲度假、享受自然的佳选。另外还开辟玉皇坨、大平台、木兰溶洞、白沙大峡谷等新景区。

四

1991—2008年，满城县立足于推动城区的聚集能力、承载功能、居住环境和管理服务，投资14亿元用于城市基础设施建设。对玉川路、环城路、南北街、燕赵街等道路进行改造、拓宽，新修交通枢纽工程、北平路、西苑街、长信商业街、桃园街、铁东街等道路，城区范围拓展，功能分区日臻完善。栽植乔木、花灌木100多万株，铺设供水管道7.5万米、排水管道6.5万米，建成县城供水厂，服务面积25平方公里。2008年，县城建成区面积6.5平方公里，常住人口6.6万人。污水处理厂、垃圾处理厂日处理污水400吨、垃圾200吨。天然气入户率84%。有人民广场、和顺园、和韵园等开放式公园、绿地25处，城区绿化率27%。路灯由1993年的100多盏增加到1000多盏，城市亮化率95%。同时，在乡村实施“村村通”道路硬化工程，村级公路总长达496公里，开通1~10路公交车，行政村通车率100%。2004—2009年，累计投入资金7000多万元，组织89个村开展文明生态村建设，村庄环境明显改善。电力、通信设施惠及城乡，3座220千伏变电站、7座110千伏变电站、6座55千伏变电站等电力设施，支撑起庞大的电力网络，最大负荷16.6万千瓦时，供电可靠率99.6%，年购销电量连续9年居保定各县（市、区）之首。2008年，固定电话、小灵通、移动电话用户19.9万户，电话普及率49.8部/百人，国际互联网用户1.1万户，县内无通信盲点区。

企业和市场的发展，使城乡居民增收渠道拓宽，收入大幅提高。尤其是广大农村居民，收入不再依赖于土地，工资性收入和家庭营业收入成为主要来源。2008年，全县农村居民人均纯收入4843元，是1991年的7.7倍，农用三轮、四轮等农机保有量由1991年的44辆增加到2.2万辆。

人均住房面积25.7平方米，比1991年增加8.7平方米。通过不断调整工资标准，城镇居民收入持续增加。2008年，城镇居民人均可支配收入1.3万元，是1993年的5.3倍。房地产业迅速发展，城镇居民居住环境得到改善，人均住房面积33.6平方米，比1992年增加25平方米。家用小型汽车进入普通人家，2008年，全县小型汽车1.5万辆，平均7.6户居民就有1辆。农村、城镇居民消费结构多元化，除衣、食、住外，居民用于交通、教育、医疗等方面的消费增加，恩格尔系数分别比1991年下降12.8%、6.7%。

五

满城县将教育工作同小康建设同步规划，优先发展。1997年，筹资6900多万元用于改善办学条件，建教学楼、实验楼124栋，通过“两基”（基本扫除青壮年文盲，基本普及九年制义务教育）达标。基础教育、职业教育、成人教育、特殊教育、素质教育齐头并进，形成多形式、多层次、结构布局合理的教育体系。2008年，全县公办中小学校120所，在校生总计4.9万人，教师3788人，义务教育阶段入学率97.2%。累计向全国大中专院校输送1.6万名优秀毕业生。先后3次获得省级“两基”工作先进县，7次获得市级教育工作先进县称号。

实施科技兴县、人才强县战略，引进人才、引进技术，科技与生产紧密结合，取得多项科研成果。满城县铸石厂开发的新产品预应力复合铸石夹套管荣获国家专利，并获省名优、特新产品奖；草莓保护地栽培技术研究获得省创业二等奖；大型太阳能沼气工程处理农牧业废弃物及新型沼肥生产技术试验，列入科技部农业科技成果转化项目；草莓新品种石莓四号及配套栽培技术中试与示范项目，列入国家农业科技成果转化项目。推广60多项科研成果，磨盘柿、草莓、地芸豆等管理技术不断更新，增产增效。工业新产品、新工艺陆续研发，并加大节能环保新技术的应用，助力企业上档升级。2000年3月，满城县被授予“全国科技工作先进县”称号。

县属医院、乡（镇）医院、民办、私立和农村医疗机构相辅相成，医疗队伍不断壮大，医疗设施更加完备、先进。县医院探索建立量化管理和考核的医疗制度，业务收入由1991年的190万元提高到2008年的2780万元。以保定第七医院为代表的私立医院、个体诊所发展迅速。2008年，全县乡（镇）以上医疗卫生机构14家，村级和私立卫生机构759家，病床总数1082张，千人拥有病床2.8张；乡以上卫生专业技术人员874人；万元以上大型医疗诊断设备108台（件）；新生儿死亡率从1991年的24.07‰下降到7.9‰；免费儿童疫苗接种覆盖率95%以上。

社会保障事业健康发展，基本养老保险、城乡居民最低生活保障、新型农村合作医疗、城镇居民基本医疗保险逐步推开，困难救济、退职救济、农村特困群众医疗救助、农村五保救助等社会救助体系逐渐健全。1988年，全民企业离退休费开始社会统筹。1999年，各类企业职工及机关事业单位中差额、自收自支事业单位的全体人员和离退休人员，机关、财政全额拨款事业单位中的劳动合同制工人，机构改革后改为经济实体或企业的单位人员，企业化管理事业单位的职工全部开始缴纳养老保险。2007年，全额事业单位编制内的所有工作人员及离退休、退职人员均参加基本养老保险。1997年，实行城乡居民最低生活保障制度。2008年保障5615户、1万多人，发放保障资金871.4万元。2006年8月，成立新型农村合作医疗管理机构。2007年1月1日，新型农村合作医疗制度正式实施，2008年全面推开。同年，城镇居民基本医疗保险工作正式启动。

六

精神文明建设、文化建设进入全面发展时期。组织开展文明县城、文明单位创建，爱国主义、社会主义荣辱观等教育活动，围绕新农村建设和公民道德建设，消夏晚会、文化下乡、花会进城、戏曲调演等系列活动成为常态，十几年间举办1000多场演出，丰富、活跃了群众文化生活。先后出版一大批文学作品，《山茉莉》《燕赵居笔记》《燕南赵北翰墨香》、“满城文学作品选”（含《诗词楹联卷》《散文卷》《小说卷》《民间故事卷》《文物旅游卷》五卷）、《听竹斋诗文选》等，分别获得市委精神文明建设“五个一工程”奖、精品图书奖等；小品《池塘边上》、舞蹈《草莓娃》《寸跷娃》《闹春》等获文化部群星奖、中国儿童音乐电视大赛金奖等奖项；由雷敬、许明主创的《听众乐园》栏目获首届全国优秀广播文艺节目，是唯一一家县级获奖单位。2004年，县文化馆被文化部授予“国家一级文化馆”。2006年，组织新农村建设文化行活动，县内文化团体和省小百灵艺术团下乡演出。新华社、人民日报、中央电视台、农民日报等国家、省、市30多家媒体进行采访报道，县委宣传部被省委宣传部和省文明办授予“三下乡”先进集体称号。神星农民诗会1986年开始举办，到2010年共举办9届。1988年的第三届神星农民诗会为全国农民诗会，13个省市的100多名诗人和人民日报社、农民日报社等18家新闻单位的编辑、记者参加，在全国引起轰动，并通过媒体传播到海外。2012年，满城县被中华诗词协会授予“中华诗词之乡”称号。

大 事 记

1991 年

1月1日，满城县人民政府（以下简称县政府）决定实行排水设施有偿使用。对县内利用城市排放污水设施排放污水的工商企业、服务行业、行政事业单位，一律征收排水设施使用费，城镇居民生活性排水暂不收费。

1月22日，中国共产党满城县委员会（以下简称县委）、县政府制定《关于促进全方位开放，发展横向经济联合及外向型经济的规定》。

1月25日，县经济体制改革委员会成立。

2月，全县县直各单位实行“编制管理卡”制度。

3月1日，县政府出台《关于农村宅基地有偿使用暂行规定》，农村宅基地开始实行有偿使用。

3月15日，党、政、军干部和群众近万人，在满城汉墓景区参加义务植树活动。

3月，召开满城县第二次地方志工作会议，对全县修志工作进行发动、部署。市方志办对满城参与方志编修工作的人员进行培训。

5月3日，满城汉墓景区举行剪彩仪式，正式对游人开放。

5月13日，按照商业部、公安部《关于自理口粮户口人员“农转非”办理户粮关系有关问题的通知》和省政府《关于开发支援乡镇企业人才的通知》精神，对县内持有“自理口粮户口簿”（介于农业和非农业之间的户口类型）的集镇人员办理户籍的农转非（农业户口转非农业户口）。

6月6日，满城县振华化工厂研制开发的831-Qc电瓶保护剂通过省级鉴定，填补了省化工领域的一项空白。

7月9日，于家庄乡遭受冰雹袭击，受灾面积4000亩，其中绝收面积1000亩。

7月22日18时，西庄、要庄、白堡、龙门4个乡同时遭受雹灾，造成直接经济损失350多万元。

7月26日，满城县铸石厂被命名为省级优质企业，是全县第一家获此殊荣的企业。

8月26日，县关心下一代工作委员会成立。

9月18日，国家计划生育委员会（以下简称计生委）副主任吴景春到满城考察三级技术服务网点工作，要求把计划生育服务网延伸到家家户户，着重抓好村级技术服务室的完善，掌握每个育龄妇女的生育、节育情况。

9月20日，县委、县政府制定《创建卫生县城的规划》。

10月6日12时30分，中央电视台播出满城县制作的磨盘柿专题片《我们的果园》，播出时长12分钟。

10月28日，满城县地方志编纂委员会成立，办公室设在县民政局。

11月11日，县地名办与县地方志办公室分设，县地方志办公室为正科级机构，县地名办归县民政局管理。

11月20日，全县25个乡（镇）全部建立乡（镇）农业综合技术服务站，逐步强化农村社会化服务体系。

12月5日，在全国“七五”星火成果博览会上，满城县展出的8个产品全部获奖，其中小四轮联合收割机、区域钢化玻璃、草莓果酱获金奖。

12月11日，北京医科大学和美国疾病控制中心把满城县确定为全国实施、预防神经管畸形科学研究的17个市县之一，并作为试点首先实施。此科研项目是中华人民共和国成立以来中美双边合作的最大一项医学科研项目。

1992年

1月6日，县委、县政府出台《进一步扶持乡村集体企业发展的若干规定》，就信贷支持、税收减免、管理费征收等方面给予优惠。

3月10日，满城县被评为“河北省山区开发先进县”。

4月，县三元钢化玻璃厂生产的3种钢化挡风玻璃、9类门窗玻璃通过国家安全认证。

5月13日，满城县被确定为“初级卫生保健达标县”。

5月15日15时30分—17时，高士庄、岭西、北台鱼、南韩村、西原、陉阳驿、方顺桥、于家庄8个乡遭受雹灾，受灾面积9.5万亩，造成直接经济损失1100多万元。

6月23日，中外合资保泉祥啤酒有限公司投资4亿元扩建20万吨啤酒生产线。

7月6日，根据国务院办公厅和省政府文件要求，满城县开始编制《满城县土地利用总体规划》，以保护耕地、保障粮食安全作为规划修编的主要指导思想。

8月20日，县政府出台对农村独生子女和双女无儿户实行养老保险的政策。

9月4日，县林业局局长范振铎获“科技兴市市长特别奖”。

9月29日，县抱阳山风景区正式开放。

9月，全省第一家集体性质的印刷联合体——保定市满城县印刷公司成立。

11月21日，满城县铸石厂开发研制的预应力复合铸石夹套管通过省级新产品鉴定。

12月6日，满城汉墓出土的金缕玉衣在台湾省台北市展出。

12月23日，县庆丰机械厂通过省级星火计划乡镇企业科技示范点验收。

12月23—25日，中国共产党（以下简称中共）满城县第七次代表大会召开。中共满城县第七届委员会第一次全体委员会议选举马国权为县委书记。

12 月 25 日，为表彰工商银行满城支行为企业引进 1000 万元资金，解重点项目建设燃眉之急，县政府奖励 20 万元轿车一部。

12 月 28 日，县股份合作基金联合会成立。

1993 年

1 月 3 日，中国人民政治协商会议（以下简称政协）满城县第五届委员会第一次会议召开，张汉文当选为政协第五届委员会主席。

1 月 4—6 日，县第十二届人民代表大会第一次会议召开，李景和当选为第十二届人大常委会主任，游江当选为政府县长。

1 月 15 日，县高新技术产业园区管理委员会成立。

1 月，县有线电视台开播。

2 月 11 日，县委、县政府出台《关于减轻农民负担的暂行规定》，主要内容是砍掉农民建筑规划费，撤销乡（镇）电管站，辞退不在编的民办教师，精减乡镇聘用人员，逐步减少村级干部职数等。

3 月 3 日，县经济委员会将所属的神星机械厂以 40 万元的价格拍卖给县内一家农民个体企业，这是满城县首次拍卖县办企业。

3 月 8 日，坨南村妇女李东举被评为全省“双学双比”十佳标兵，并获全国“三八”绿色奖章。

3 月 25 日，《满城报》创刊，为中共满城县委机关报，是经省委新闻管理部门批准的内刊，是保定市首家县级党报。

3 月，东马乡为独生子女户和双女户入养老保险。

4 月 10 日，县委、县政府举行人民警察授衔仪式，为县公安局的 173 名人民警察授衔。这是自警衔制实行以来满城县首次为人民警察授衔。

4 月 14 日，县委、县政府制定《关于中小学内部管理体制改革试行意见》，继续实行国办学校由县管、农村中学乡（镇）办乡（镇）管、小学村办村管的三级办学三级管理的体制。

5 月 5 日，为纪念神星全国农民诗会举办五周年，在神星镇寺角村举行第四届神星农民诗会。

6 月，按照国务院关于减轻农民负担的电话会议精神，停止征收农村宅基地有偿使用费。

7 月，县委、县政府批准，在保定深井泵厂（原满城县水泵厂）进行股份制改革，由职工出资买断国家资产。改革后，更名为保定深井泵股份有限公司，是满城县首家股份制企业，后更名为河北虹银泵业股份有限公司。

7 月，神星村卫生所苑福瑞、白堡村卫生所张国军、城关镇牙科诊所主治医师刘文欣被评为全国优秀乡村医生。

8 月 1 日，满城广播电台正式开播。

8 月 7 日，县邮电局举行 6000 部程控电话开通典礼仪式。

8 月 30 日，依据乡（镇）辖区的地理位置、海拔高度和山坡梯田与总耕地面积的比例等，县政府确定山区、半山区乡（镇），全县 1 个深山区乡：刘家台乡；6 个山区乡：高士庄乡、岭西乡、北台鱼乡、坎下乡、龙门乡、白堡乡；3 个半山区乡（镇）：神星镇、石井乡、柳家佐乡。

9月7日，县委、县政府制定《关于加快县属国营、集体商业改革的暂行意见》，积极推进全县县属国营集体工商企业的改制工作。

9月14—15日，全国铸石协会’93年会暨成立10周年庆祝大会在保定市举行。满城县铸石厂厂长孙耀良被评为“全国铸石行业优秀企业家”，工程师靳宝林被授予“优秀科技工作者”，刘云璞获“铸石行业特别荣誉奖”，尹书喜、张国昌、韩喜权被评为“先进工作者”。

9月17日，’93中国旅游协会华北地区五省市会员代表150余人到满城汉墓，就开辟满城汉墓旅游路线一事进行考察。

9月23日，满城中学被国家体育运动委员会（以下简称体委）授予“全国群众体育先进单位”称号。

9月29日，县职教中心竣工，举行落成典礼。

10月，岭西乡团委书记陈占山获团中央颁发的“五四”青年奖章，岭西村青年李铁证被团中央、农牧渔业部命名为“青年科技示范标兵”。

11月1日，5名孤儿被中国共产主义青年团满城县委员会（以下简称团县委）希望工程选赴山西大同希望学校学习。

11月17—19日，全国政协、国家科学技术委员会（以下简称科委）、化工部、中国农业科学院、全国黄腐酸协会等国家有关部委领导、有关专家、教授到满城详细考察黄腐酸的开发应用情况。中央、省、市、县20家新闻单位进行采访。

11月23日，在全国第七届发明展览会上，满城选送的满城雪桃、预应力复合铸石夹套管和绘图办公两用桌均获得大会最佳展销奖。

11月24日，满新建材股份公司建成并投入试生产，公司为外商独资企业，是国内唯一一家生产高档、多图案扎花钻石板的企业。

12月15日，满城县开源化工厂研制开发的活性硼酸锌，通过省级新产品鉴定。

12月，县计划生育服务站被省计划生育委员会评为“省级先进站”，这是保定地区唯一一家获此殊荣的技术站。

1994年

1月8日，满城县第一家市建商业企业——保定市长城商业购物中心举行开业典礼，中心隶属河北省长城集团有限公司。

1月12日，县物资总公司成立，在全县率先实行全员劳动合同制。

1月18日，县第十二届人民代表大会第二次会议召开，选举陈宝升为政府县长。

1月27日，县殡葬工作获得“河北省1993年度先进单位一等奖”。

1月，驻满城51032部队与长旺村共建计划生育协会工作成绩显著，分别被38集团军、河北省政府评为“计划生育先进集体”。

2月17日，县委、县政府制定出台《关于加快发展个体和私营经济的决定》，从满城实际出发，积极扶持、正确引导个体和私营经济改变经营方式，向规模化、集团化、现代化生产过渡。

3月5日，国家科委发文向全国推广满城县庆丰机械厂生产的谷物联合收割机。

3 月 27—30 日，在农业部、国家科委召开的全国高产、优质、高效农业新产品、新技术交流、交易会上，满城县天保营养保健药品有限公司生产的“丹溪”牌人参草莓爽获全国金奖。

3 月 30 日，县委、县政府制定《关于鼓励党政机关事业单位公职人员到乡镇企业工作的意见》，提倡和鼓励机关、事业单位公职人员到乡镇企业工作，保留原行政事业编制和原职级待遇。

3 月，龙居村贾俊桥获全国“三八”绿色工程奖章。

4 月 2 日，位于训口村东南的远达度假村破土动工，项目由保定远达实业有限公司、美国通用汽车、日本日产公司联合兴建，总投资 800 万元。

4 月 20 日，满城县召开全面实行全员劳动合同制动员大会。各企业将于 1994 年 6 月底前完成全员劳动合同制，是全县劳动用工制度的一次重大改革。

4 月 22 日，国家科委农村科技司司长李晓林、省科委副主任王征国等到山区奔小康示范村韩家佐和大楼村考察。

4 月 23 日，县政府开始对乡（镇）实行分税制财政管理体制，确定乡（镇）政府的事权和财权，划分收支范围，理顺分配关系，调动各乡（镇）政府当家理财、增收节支的积极性。

4 月 26 日，全国爱国卫生运动委员会（以下简称爱卫会）废管处处长刘丽杉等到中佃庄村考察农村改厕工作，对村内厕所、沼气、猪圈、浴室、鸡圈五位一体的做法给予充分肯定。

4 月，眺山营、城内、北陵山、相庄和东黄村 5 个村被市委、市政府命名为小康村，这是满城县首批小康村。

5 月 19 日，省山区小康村建设现场会在满城召开。与会代表参观了韩家佐村大棚草莓生产基地、旧村址开发改造田及大楼村地芸豆生产基地和眺山营村蛋禽生产基地。

5 月 20 日，满城县水泥厂 12 万吨旋窑生产线投产典礼暨新闻发布会召开。全国政协常委、河北省原省长解峰，省政协副主席于振中、赵燕等领导莅临，人民日报、中央电视台、经济日报等 10 余个新闻单位的记者及相关人员共 600 余人参加。

6 月 13 日，县委组织部被中共中央组织部授予“全国党员电化教育先进单位”。

6 月 16 日，省委组织部、省委党校、省人事厅、省社会科学院四单位的领导受省委委托到满城开展调研工作。着重了解几年来满城县目标管理工作在干部政绩考核、使用、激励、约束机制等方面的具体规定和做法。

6 月，县青年企业家李增柱被团中央、农业部授予“全国优秀青年乡镇企业家”称号，这是满城县青年企业家首次获国家级殊荣。

7 月 6 日 4 时 30 分—7 时 30 分，石井、台鱼、坎下、岭西、高士庄、神星 6 个乡（镇）遭到暴雨袭击，造成直接经济损失 390 万元，间接经济损失 800 多万元。

7 月 21 日 16 时，城关、西庄、要庄、尹庄、东马、大册营 6 个乡（镇）遭暴雨袭击，造成直接经济损失 500 余万元。

7 月，县委、县政府制定《关于工商企业实行公有民营的意见》，公有民营的主要形式有全员租赁经营、合作租赁经营、个体租赁经营、带资承包经营、委托经营和股份制。

8 月 11 日，著名林业专家、国际农用林业培训中心主任竺肇华等到满城考察农用林业状况。考察组一行认真听取满城县农用林业发展现状和规划，并实地考察农用林业种植情况，对满城县山区绿化小康工程、“三荒”（荒山、荒地、荒滩）改造育林、果粮间作取得的明显效益深表赞赏，并希望建立和加强与满城县在技术、信息等方面的交流合作。

8 月 13 日夜间，出现特大暴雨过程，23 时至翌日 7 时降雨量 215.3 毫米，日降水量 224.5 毫米。

县城因暴雨出现险情，驻满城51032部队立即组织100多名官兵参加抢险，险情被及时排除。

8月14日，以全国总工会副主席张国祥为团长的全国环境保护执法检查团到大册营造纸工业区检查环保工作。

8月，根据满城草莓设计的草莓娃被定为“河北省第八届运动会吉祥物”。

10月11日，保定华岭建材实业有限公司水泥厂第一期工程竣工投产。省长叶连松、省人大常委会主任吕传赞分别发来贺电。《求是》杂志社总编邢贲思及部分省、市、县领导出席典礼。

11月9日，大册营乡、南韩村乡撤乡设镇，设镇后政府驻地和辖区不变。

11月30日，中国国际商会满城县商会成立大会在满城宾馆召开。国际商会及省、市贸促会领导到会祝贺。

同日，省委常委、常务副省长陈立友考察指导满城县县办国有工业企业改制工作。

11月，县城、南韩村乡、眺山营村、东马村、保定柠檬酸厂被省委、省政府分别命名为“1992—1993年度文明县城、文明乡（镇）、文明村、文明单位”。

12月，满城乌鸡保健食品厂生产的乌鸡仙草精、乌鸡神草口服液等三种纯天然保健品荣获1994年全国星火科技精品一等奖。

12月，保定地区和保定市合并，建立新的保定市，满城县隶属保定市。

1995年

1月1日，省委副书记许永跃、副省长郭洪岐到长角台村慰问特困户。

同日，县委、县政府表彰6名见义勇为模范人物，他们是东马村治保主任张立军、满城镇中学初三学生李颖、蓝星啤酒有限公司灌装车间主任米新会、县检察院刑事检察科科长杨玉柱、驻满城54874部队战士李鲁军（北台鱼村人）、驻满城51032部队战士鲁志前。

2月11日，第四次世界妇女大会中国组委会领导到龙居村考察。

2月13日，县委、县政府对连续两年上台阶乡（镇）做出通令嘉奖的决定，对满城镇、大册营镇、方顺桥乡、西家庄乡、北台鱼乡予以通令嘉奖，并给予资金奖励。

2月28日，生力八达（保定）啤酒有限公司开工奠基仪式在江城乡举行，项目由河北八达集团有限公司与菲律宾生力啤酒公司合资兴建。

2月，由县人民广播电台雷敬、许明主创，许明主持的综合文艺版块节目《听众乐园》，被评为“首届中国优秀广播文艺节目三等奖”，是全国数千家电台参评节目中唯一获广播文艺奖的县级台节目。

3月21—23日，县委副书记薛振环、县妇女联合会（以下简称县妇联）主席李秀敏、龙居村村主任贾俊桥参加中国'95世界妇女大会NGO论坛《妇女与参政》研讨会。会议期间受到中共中央书记处书记胡锦涛的接见。

3月23日，县政府印发关于落实河北省人民政府《关于全面实行劳动合同制的通知》，全县各种所有制企业、个体经济组织全面实行劳动合同制，国家机关、事业单位、社会团体和与之建立劳动关系的劳动者亦实行劳动合同制。

3月26日，省农业厅组织各地市的农业局局长、24个万亩日光温室示范点的县农业局局长和53个重点县的主管县长共200余人，到东黄村、李庄、顺民和县农业局草莓实验场参观农业“白色革命”

建设情况。县政府被授予“省级农业白色革命先进单位”称号。

3月，经过两年多的反复试验，省级科研课题《草莓重茬障碍研究》取得突破性进展，这项研究成果填补了该行业国内空白。

4月1—3日，气温持续偏低，最低气温达零下6.7℃，全县25个乡（镇）早春作物普遍遭受冻害，受灾面积12.4万亩，成灾面积8.4万亩，其中果树、草莓、地芸豆等经济作物损失严重。

4月6—8日，省委副书记李炳良到满城考察指导棉花生产及农村工作。

4月29日，第七届全国“保柠杯”滑翔伞锦标赛在陵山开幕，赛期6天，共分8场比赛。

5月18日，副省长郭世昌到满城考察县水泵厂股份制改造和电焊网厂破产情况，并提出指导性意见。

6月1日，龙居村思源小学举行落成典礼。学校由北京市海淀区工商局、海淀区私营企业协会和保定市警备区等单位捐款30多万元修建，建筑面积800多平方米。杨成武将军为学校题写校名，作家冰心将亲笔题字的儿童读物捐赠给学校。孙毅将军为学校题词“饮水思源，兴教助学”。

6月10日，由石井村赵秀兰捐建的石井小学教学楼举行落成典礼。教学楼主体分为3层，总建筑面积1200平方米，合计投资80余万元。

6月，满城县被保定市委、市政府命名为“1994年度发展乡镇企业五强县”。

6月，县电力局被电力部命名为“三为服务达标单位”（三为：为农业、为农民、为农村经济服务）。

7月11日，在第三届中国乡镇企业出口商品展览会上，满城县参展的6家企业中5家企业获奖，其中保定柠檬酸厂生产的柠檬酸、蓝星啤酒厂生产的蓝星啤酒获金奖；龙华养命源补酒厂生产的养命源补酒、信誉化工厂生产的硫酸、荣泰化工厂生产的染料获优秀产品奖。

8月，召开《满城县大册营镇造纸工业区污水处理方案可行性研究报告》评审会。参加会议的有省环境保护局（以下简称环保局）、北京、天津、石家庄等地专家及市政府、市环保局、县政府、县环保局等16个单位的33名专家、领导，与会人员一致通过并提出指导性建议。

8月24日，省委常委、市委书记张士儒先后到柠檬酸厂、三元钢化玻璃厂、深井泵厂、绿源食品厂、棉纺厂考察，为满城提出“二三年内经济总量达到全市二、三位”的奋斗目标。

9月8日，在北京世妇会非政府组织妇女论坛上，龙居村村主任贾俊桥获世界妇女高级基金会农村生活妇女创造奖，比利时前王后比拉奥出席颁奖仪式，并与贾俊桥合影。

10月9日，县政府开始为百岁老人发放生活补贴，建立健康档案，定期组织体检。

10月7—12日，为期5天的全省初中语文课堂教学优秀课大奖赛在满城实验中学举行，来自全省11个设区市的25名青年教师参赛，满城中学教师范文兰代表满城县参赛，获省一等奖。

10月20日，由社会各界捐资30多万元筹建的石井乡协义村希望小学教学楼落成。

11月25日，省政协主席李文珊到满城指导工作，对满城县的经济发展、政协等工作给予充分肯定。

12月，县科学技术协会（以下简称县科协）被中国科协命名为“全国农村科普工作先进集体”。县科协主席张效禹被授予“全国农村科普先进工作者”称号。

1996年

1月10—11日，全国、省、市人大代表一行10人到满城考察草莓、香菇基地和柠檬酸厂、生力八达（保定）啤酒有限公司，对满城县的发展和建设速度以及所取得的社会、经济效益表示满意。

1月30日，满城县召开合乡扩镇大会，宣布省民政厅《关于满城县行政区划变更的批复》，全县由原来的25个乡（镇）合并为13个乡（镇）。

1月31日，新建成的杨家佐110千伏变电站投入运行。

3月21日，县供销社农产品信息服务中心成立，这是保定市首家用高科技手段提供农产品信息的服务中心。

3月27日，县人民武装部（以下简称县人武部）归建干部任职暨交接大会举行。保定军分区首长、县五大班子领导、县人武部移交离退休干部、乡（镇）武装部长、县直有关部门领导出席大会。

3月，中国科学技术协会书记处书记常志海、省科协副主席赵纪琛到满城考察，对县科协几年来的工作给予充分肯定，并就今后工作提出要求，他们还参观了顺民村的大棚草莓和大棚桃。

3月，县政府批准成立生猪定点屠宰领导小组。3月15日起，对上市生猪实施“定点屠宰、集中检疫、统一纳税、分散经营”的管理办法，县食品公司为县内唯一定点屠宰企业。

4月7日，国务委员、国家科委主任宋健在省长叶连松、市委书记张士儒等省市领导陪同下，考察满城山区经济技术开发工作，并到韩家佐村考察草莓生产情况，对满城县以科技为动力，推进草莓产业化进程等工作给予高度评价。

4月27日—5月3日，“东亚杯”’96全国跳伞优秀选手冠军赛暨“满粮杯”第八届全国滑翔伞锦标赛在陵山举行。

6月22日，保定市满城县宝山集团有限公司（以下简称宝山集团）研制的镀锡铜包钢线产品，通过省电子工业厅、省邮电管理局联合组织的新产品定型鉴定，产品技术性能达到国际先进水平，填补省内行业空白。

6月，满城县被水利部确定为“全国节水灌溉重点县”。

7月3日，县岭西中学安装太阳能系列设施，岭西中学成为亚洲第一所太阳能示范学校，被称为21世纪中国乡村太阳能示范学校。项目由联合国教科文组织与中国科协共同建设。

7月24日，方顺桥乡氧化锌避雷器厂研制的自动脱离器通过部级鉴定。

7月24日，满城县被保定市政府授予“双拥模范县”荣誉称号。

7月，生力八达（保定）啤酒有限公司“蓝星”牌商标和河北眺山化工厂“眺山”牌商标被评为“河北省著名商标”。

8月1日，国务院儿童工作委员会委员、全国妇联少儿部社区处处长陈英，到满城检查少儿工作，对满城县少儿工作给予肯定，决定与满城建立长期挂钩联系，给予扶持指导。

8月4—5日，县内普降大到暴雨。8月11日又遭受大风袭击，致使农作物及基础设施受灾严重。种植业成灾面积4.9万亩，倒塌房屋140间，冲毁公路桥梁4座，造成直接经济损失1351.7万元。

8月19日，县委、县政府制定《关于保护扶持重点乡镇企业的有关规定》，对重点乡（镇）企业实行挂牌保护，同时建立乡（镇）企业评议政府部门制度。

8月22日，反映满城县实验小学素质教育的专题片《辛勤育花人》在中央电视台播出。

8月22日，市委、市政府批准《满城县党政机构改革方案》，改革后满城县设30个县级党政工作机构，其中县委工作机构7个，县政府工作机构24个。

9月23日，河北八达集团兼并县水泥厂签字仪式在县水泥厂举行。

10月9日，《满城县城1996—2010年总体规划纲要》通过省、市专家评审。

11月8日，县宝山集团生产的铜包钢电话用户通信线推广会在北京人民大会堂举行。

11 月 15 日，县政府制定《满城县国家公务员制度实施方案》，开始实施公务员过渡。

1997 年

1 月 19—20 日，全国“扫黄办”华北检查组到满城检查印刷及音像业。

2 月 27 日，满城县举办首届全民秧歌比赛，来自 12 个乡（镇）、8 个县直机关的 23 支代表队、700 余名队员参赛。

3 月 8—9 日，联合国教科文组织总干事特别顾问辛格，在中国联合国教科文组织全国委员会有关人员的陪同下，到满城县参观岭西太阳能示范学校，对项目的实施和管理给予高度评价。

3 月 29 日，县政府举办草莓促销新闻联谊会。北京朝阳区工商局、人民日报社、中央电视台等 14 家首都新闻单位及部分省市新闻单位的记者受邀采访。

4 月 3 日，联合国驻京办事处主任野口升、中国联合国教科文组织全国委员会秘书长于福增等到满城参观日光温室草莓栽培。

4 月 11 日，国家计委主任陈锦华、副主任王春正等到满城调研粮食流通体制改革情况。实地考察了县直属粮库、南韩村粮站和宝山集团，对县粮食局多种经营的做法给予充分肯定。省长叶连松，省委常委、市委书记张士儒等陪同调研。

4 月 16 日，最高人民检察院咨询委员会委员、省检察院原检察长刘志启，到满城检察院指导工作。

4 月 19 日，满城县第一届全民运动会在满城中学操场召开。

4 月，满城县被省委、省政府评为“1996 年度实绩突出县”。

4 月，新版《满城县地名图》出版发行，是 1996 年合乡扩镇后按照新的行政区划绘制的，准确反映了满城县行政区划分布。

6 月 6 日，县政府制定《满城县城乡居民最低生活保障制度暂行办法》，对城镇、农村居民最低生活保障金标准做了规定。

6 月 12 日，省政府同意满城县贷款修建县城交通枢纽工程并设站收取车辆通行费，以偿还贷款本息。

6 月，香港妇女发展联合会代表团无偿向龙居村捐赠 7.5 万元，用于小尾寒羊养殖项目。项目自 1995 年开始实施，共计为龙居村投资 20 多万元。

7 月 7 日，县内第一个大型农贸市场——北平农贸市场建成并投入使用，市场占地 30 亩，大棚面积 3000 平方米，有 63 间门店。

7 月 12 日，县庆丰机械厂厂长孙宝生捐资 40 万元筹建西苟村教学楼。

7 月 15 日，宝山集团生产的铜包钢电话用户通信线通过省级新产品鉴定。

7 月 27 日，北京军区司令员李来柱上将到满城看望老区人民，并祭扫谢臣烈士墓。

7 月，县红光造纸厂研制的生料造纸全闭路循环系统获得中国专利局批准的实用新型专利。

7 月，中国河北草莓无毒苗繁育中心在满城建成，总投资 100 万元，得到国家科委、省市科委的大力支持。

8 月 1 日，河北省首家生物工程基地项目在满城兴建，投资 1000 万元，占地 100 亩。

同日，县110报警服务台正式开通。

8月1—2日，中国科协党组书记、副主席张玉台等参观考察岭西太阳能示范学校。

9月1日，县内首家私立中学——燕南中学举行开学典礼。

9月8日，满城县开始对70岁以上老人实行社会优待服务，制定县内旅游景点免费向老人开放等7项优待服务政策。

9月23日，由联合国教科文组织组织的17个国家20多名外国朋友到满城参观草莓发展情况。

9月26日，县玉川酿酒厂生产的“壮”牌草莓酒被河北国际商会和省消费者协会推荐为名优产品。

10月28日，县财政局局长朱子强被评为“保定市十大杰出青年”。

11月4日，县勘界工作全面展开，1997年完成与易县、徐水、新市区、北市区之间的勘界任务。1998—2000年完成全部县级和乡级勘界工作。

11月8日，中共中央政治局委员、国务委员李铁映一行50余人参观满城汉墓，并就进一步搞好县域旅游开发提出宝贵意见。

11月18日，保定金水纺织集团有限公司成立。省人大常委会副主任宁全福等省市领导，其他市、县友好单位及特邀嘉宾1000多人出席庆典仪式。

11月28日，“路易·艾黎工会奖”颁奖大会在北京召开，县妇联主席李秀敏获荣誉奖金牌；顺民村于凤莲获银牌；坨南乡春来毛衫厂获集体奖，并获1万元奖金。

12月，宝山集团开发研制出新产品BS光缆护线，填补了国家空白。

12月，经对外经济贸易部批准，满城县取得进出口经营权，并获准成立满城县进出口公司。

1997年，组织进行第一次全国农业普查。时点指标的标准时间是1996年12月31日，时期指标的标准时期是1996年1月1日至1996年12月31日。

1998年

1月5日，北京军区群工部部长吴刚、群工处处长王伟到满城检查指导军民共建工作。

1月，县电力局电网高度自动化系统建设获部级金牌。

2月12日，内贸部副部长、国家储备局局长罗植龄到宝山集团考察。

2月14—16日，政协满城县第六届委员会第一次会议召开，王金魁当选为政协六届委员会主席。

2月18—20日，县第十三届人民代表大会第一次会议召开，钱国栋当选为第十三届人大常委会主任，陈宝升当选为政府县长。

2月28日，河北大久集团在石井乡原外贸肠衣厂举行成立典礼暨贸易洽谈会。省、市有关部门和县领导出席，来自京津及德国、俄罗斯等国内外客户参加洽谈。

同日，县妇联双学双比协调小组获省级先进协调组织，龙居村被评为“省级‘三八’绿色基地”，李秀敏、贾俊桥获“省级‘三八’红旗手”称号。

3月5—7日，中国共产党满城县第八次代表大会召开，中共满城县委第八届委员会第一次全体委员会议选举赵洪涛为县委书记。

3月9日，张柔墓群被确定为省级重点文物保护单位，县政府决定按照“抢救第一、保护为主、有效保护、合理利用”的原则进行修复。

4 月 30 日，“祁州陈酿”杯保定首届全国滑翔伞邀请赛在汉墓旅游区开幕，赛期 4 天，中国跳伞协会、中国航空协会和市、县有关领导参加开幕式，大赛由保定市体育总会主办，县文化体育局（以下简称文体局）和文物旅游局承办。来自北京、吉林、河南、山东、河北等省、市的 10 支代表队 60 多名运动员参加比赛。

4 月，满城县被省委、省政府授予“发展区域特色产业先进县”称号。

4 月，县教育局工会主席常绍明当选为全国第五届教育工会委员会委员、出席中国教育工会第五次全国代表大会的代表。

5 月 5 日，国家计委副主任刘江在副省长郭庚茂等陪同下到龙门水库考察防汛情况。

5 月 17—19 日，满城县接受并通过省小康县检查验收，被省委、省政府命名为“小康县”。

5 月 18 日，太行山黄龙寺小流域治理经济开发示范区工程正式启动，此项工程是国家水利部在河北省确定的第一个小流域治理经济开发试点。

5 月 22 日，中国民航华北空管局捐资 50 万元兴建的南水峪希望小学举行落成剪彩仪式，中央人民广播电台、北京电视台、北京青年报社等新闻单位的记者进行现场采访。

5 月 27 日，北京老区建设促进会孙毅将军夫妇为黄龙寺捐赠“三辰影库”，包括 119 部中外优秀儿童片、经典故事和九年义务教育全动画配套影像教材 81 部。

5 月 28 日，省政协副主席赵燕、李月辉到满城调研普及九年义务教育（以下简称普九）工作。

5 月，满城县被省委、省政府评为“1997 年实绩突出县”。

5 月，县实验小学与河北电视台合作拍摄的音乐电视片《寸跷娃》，在全国第二届中国儿童音乐电视大赛中获得银奖。

6 月 18 日，保定市金水纺织集团有限公司（原县棉纺厂）完成股份制改造，成立保定市金水纺织集团满城棉纺有限公司，并召开第一届股东大会。公司是满城县最大县办企业——金水集团的核心企业。

6 月 19 日，县委、县政府决定收回保定市第二建筑公司 125 亩国有土地使用权。土地位于大马坊乡东贤台村南，收回后划拨给河北省植保所作为农业科研用地，由县土地管理局直接办理变更登记手续。

6 月 25 日，县政府对中国银行满城支行及行长张贺明引资进行奖励，张贺明引进县外贷款资金 1.2 亿元，为县交通枢纽工程的建设做出突出贡献，按引资额 3%~5%奖励的规定，对中国银行满城支行奖励 20 万元，对张贺明奖励价值 30 万元的轿车一部。另外，奖给中国银行满城支行副行长及以上领导干部每人住房一套，房款由中国银行满城支行负责筹措。

6 月，满城县在推进农业产业化工作中成绩突出，被省委、省政府命名为“龙型经济先进单位”。

8 月 3 日，满城县遭受风灾，玉米倒伏 7.4 万亩，绝收 0.8 万亩，损失 1338.6 万元。

8 月 11 日，河北省满城满红草莓集团有限公司成立，公司由县草莓无病毒苗繁育中心、省植保所、市草莓研究所、河北农业大学、玉川酿酒厂等 6 家单位共同出资，以股份制形式联合组建。

9 月 25 日，县文物旅游局被省精神文明建设委员会命名为“河北省第一批三星级窗口文明单位”。

9 月 26 日，县森林防火指挥部成立。

同日，野里村福和希望小学揭牌剪彩，学校由香港陈廷骅基金会投资 20 万元，中国青少年发展基金会负责具体实施。

9 月 28 日，训口村中国海洋石油希望小学举行落成典礼。

10 月 28 日，满城县举行造纸企业集团成立授牌仪式，11 家造纸集团宣告成立。

10月29日，满城县举行《满城县志》（1997年版）首发式。市方志办、县五大班子领导，县直各部门、各乡（镇）主要领导，部分离退休老干部出席。《满城县志》（1997年版）由中国建材工业出版社出版，全国人大常委会原副委员长兼秘书长刘宁一题写书名，杨成武将军、原总参军务部部长李炎等题词，中国社会科学院原副院长、中国地方志指导小组常务副组长郁文、县委书记游江、县长陈宝升作序。

11月，县计划生育局被国家计生委评为“全国计划生育系统先进集体”。

11月8日，县交通枢纽工程竣工通车。工程于当年3月18日动工，是1998年省重点建设项目之一。始于县城西1.8公里处，止于满易公路中线点，环线全长15.22公里。

11月17日，县政府出台《农村集体资产清产核资工作实施方案》，全面查清集体经济组织及集体企业的资产状况，明晰产权，保护集体资产安全完整，促进集体资产的合理利用。

11月27日，省委副书记、代省长钮茂生到满城考察县农业局草莓示范区、草莓良种无病毒苗繁育中心和韩家佐草莓基地。

12月4日，县政府出台《机关事业单位工作人员养老保险暂行办法》，自1999年1月1日开始实施。

12月16日，三元安全玻璃有限公司分别与芬兰汤姆格拉斯公司亚洲总代理——毓能香港有限公司、奥地利李赛克公司签订购买平板钢化玻璃、中空玻璃生产线合同，合同总金额231万美元。

12月19—20日，省政府执法检查团一行9人对满城县土地执法情况进行全面验收，检查团充分肯定满城县土地执法取得的成绩，并将部门配合、联合执法的经验向全省推广。

12月，满城县第一期农村电网建设与改造工程启动。

12月，保定市区划调整，于家庄乡、江城乡、要庄乡、大马坊乡的41个行政村划归保定市。新组建的江城乡、大马坊乡划归保定市，重新组建贤台乡。

1999年

1月27—29日，保定市举行“三下乡”集中活动，市直16个部门和单位到满城县开展多种形式的服务。

1—3月，全县组织土地延包工作，土地承包期延长到30年。

2月，满城县被省委、省政府、省军区命名为“省级双拥模范县”。

2月，西赵庄村发现天然溶洞群，洞内有石钟乳、石柱、石笋等，形状各异，具有较高开发价值。

3月11日，省军区副政委陈敬托到于家庄乡观看民兵阵地建设和工作情况，并参观县人武部的正规化建设情况。

3月12日，水利部原副部长屈健带领水利部、老促会部分专家，到黄龙寺村进行为期3天的考察调研，对苇子沟等4个小流域治理重点区域实地勘察，提出实行滴灌解决果树浇灌难题等可行性建议。

3月23日，中山宾馆正式开业，中央国家机关接待服务总会常务副会长齐登贤及省市有关部门、大型餐饮业负责人前来祝贺。中山宾馆是县内最大的对外接待窗口，是中央国家机关接待服务总会的唯一县级成员单位。

3月，满城县荣获“全国城市环境综合整治优秀县城”称号。

3月，在宝山集团扩建工地发现一座东汉早期古墓，出土15件文物，其中一方石砚是一件稀有的随葬品，较为珍贵。

4月，满城县被省农业厅确定为“秸秆利用重点示范县”。

4月，县新华书店被省新闻出版局命名为“河北省十佳书店”，员工张金萍被命名为“河北省十佳流供员”，经理杜合敬被评为“河北省优秀书店经理”。书店门市部被省新华书店命名为“规范化示范门市部”。

5月30日，省市农业开发项目验收组对满城县1.4万亩中低产田改造项目进行检查验收，验收组一致认为项目达到省级标准。

6月25日，宝山集团电镀车间被团中央授予“全国青年文明号”称号，成为满城县首个获此殊荣的创建单位，授牌仪式在宝山集团举行。

6月28日，中央电视台社会新闻部就满城县创建平安大道活动到满城进行采访。

6月，在金水集团车间扩建工程工地，勘探发现西汉早期贵族土坑墓1座，出土西汉早期陶壶彩绘多件，其中有鎏金铜饰件若干，鎏金龟印章1枚，西汉五铢钱多枚。

7月21日，甲基溴实验通过专家组验收。验收组由联合国粮农组织专家，中国农科院、省农业厅主要负责人组成，实验为期两年，为解决草莓重茬问题找到了出路。

7月29日，满龙线神星至龙门路段大修工程竣工，工程总投资1100万元。

8月8日，满城县举行以满城汉墓出土文物为题材的明信片首发式，明信片由县邮政局、县集邮协会制版发行，一套两组20张，图片以金缕玉衣、长信宫灯、错金博山炉等金银铜器为主。

8月11日，县政府公布首批8处县级重点文物保护单位。

8月，满城县被列入“九五”第二批国家级商品粮基地县。

9月10日，县委、县政府制定出台《1999—2002年调整优化农业结构发展规划》，制定措施，逐步把农业增长方式转变到以提高质量和效益为中心的发展轨道。

9月，满城县评选出首届十大杰出青年岗位能手，张彦芬、靳凤池、王冬军、刘文英、王会民、陈震、刘辉、王满江、李洪立、田素仙获此殊荣。

10月7日，顺民村砖厂在取土时发现一座古墓，经文物勘测发掘，确定为东汉早期砖室墓，发现的石棺椁在保定市属首次发现。

10月27日，由省水利厅、省计划处、天津水利勘测设计院、市地质勘测设计院和市水利局5家单位组成的南水北调考察组到满城进行路线勘测。

10月31日，国务委员司马义·艾买提到满城考察工作，并到汉墓景区参观。

10月，台湾商人卢钦投资在龙门景区建设老年公寓。后投资中断，工程搁浅。

12月18日，省委副书记、省长钮茂生到韩家佐村考察草莓生产情况。

2000年

1月3日，坎下小学竣工，学校是由坨南乡坎下村农民企业家史立香捐建，投资42万元。

1月5日，县中医院举行门诊楼落成典礼，门诊楼建筑面积2850平方米，总投资230万元。

1月19日，满城县被省委、省政府授予“文化、科技、卫生三下乡活动先进集体”荣誉称号。

1月20日，组织开展春季万炮齐轰太行山活动。活动以放炮整地为主要措施，提高造林工程质量，扩大林果基地规模，推动山区绿化进程，共涉及5个乡（镇）的11个行政村。计划放炮20万炮，整地4000亩。

2月12日，由河北电视台拍摄的专题片《草莓的故乡》在中央电视台一套播出，专题片综合反映满城草莓业、旅游业、民间艺术和学校艺术教育情况。

3月5日，全县第一个青年志愿者服务日启动。

3月23日，省委常委、省军区司令员陈玉田到满城县检查指导民兵预备役建设工作。

3月29日，县公安局荣获“1999年度全国优秀公安局”称号。

3月31日，中共中央政治局委员、国务院副总理钱其琛到汉墓参观考察。国家旅游局局长何光暐、省委书记叶连松、副省长杨迁等陪同考察。

3月，满城县荣获“全国科技工作先进县”称号。

4月18日，满城县被国家计委确定为“‘九五’第二批国家级商品粮基地县”，基地建设期两年，总投资500万元，其中国家、省拨付资金250万元。

4月30日—5月3日，首届华北航空旅游节在满城汉墓景区举行，来自全国各地的百余名航空滑翔高手进行精彩表演，北京晚报、中国经济时报、河北电视台等9家市级以上新闻媒体的记者进行系列采访报道。

5月15日，全国人大常务委员会委员、科教文卫委员会委员、军事参谋学院原政委、中将张名远带领全国人大科普立法考察团到满城县调研。

5月，满城县被全国双拥工作领导小组和民政部评为“爱心献功臣行动先进县”。

6月14日，省委书记叶连松等到满城参加“三讲（讲学习、讲政治、讲正气）”教育动员大会。满城县作为第二批“三讲”教育县之一，是省委书记叶连松的联系县，叶连松代表省委讲话。

7月7日，在全县各级领导干部中开展“听百姓言、知百姓事、解百姓忧、暖百姓心”活动。

7月，宝山集团的产品通过ISO 9002国际质量体系认证，标志着宝山集团开始按国际质量管理模式运行。

8月9日14时，成群结队的蜻蜓由眺山方向经过陵山向南飞去，黑压压一片，数量巨大，直到18时以后才逐渐减少。

8月14日，县人工影响天气办公室（以下简称人影办）在杨家庄、南峪炮点发射炮弹40枚，成功避免一场特大风雹灾害。

8月22日，省军区副司令员、少将杨启文到满城检查验收人武部机关正规化建设工作。

9月6日，中共中央政治局常委、国家副主席胡锦涛在省委书记王旭东、省长钮茂生等陪同下，到满城视察农村基层党组织建设。胡锦涛先后到韩家佐和郭村了解基层党组织建设情况，并深入农户调查研究。对韩家佐村党员带头引导群众种植草莓取得较好经济效益的做法表示肯定。他指出：“结构调整就是要让农民群众得到好处。各级领导要切实为农民搞好产前、产中、产后服务，解除农民的后顾之忧。”在郭村，胡锦涛到村民刘振汉家中了解情况后强调：农村基层党组织要有凝聚力、号召力，就必须在带领群众发展经济上下功夫。

9月19日，省人大常委会副主任白录堂率省人大常委会环保执法检查团到满城检查环保执法工作。

9月27日，县财政局委托银行统一发放工资。

9月，团县委被共青团河北省委、河北省青少年发展基金会授予“希望工程建设奖”，同时团县委书记史洪昌被授予“希望工程贡献奖”。

9月，按照市统一要求，满城县开展事业单位全国统一登记工作。

10月19日，县委书记赵洪涛率团参加保定市特色产业经贸洽谈会，共签约5个项目，其中2个外资项目，合计总投资1150万美元。

10月20日，国家邮政局发行中山靖王墓文物邮票，一套4枚，邮票内容为满城汉墓出土文物长信宫灯、错金博山炉、朱雀衔环杯和蟠龙纹铜壶四件国宝，省邮电局、市政府在直隶总督署举行首发仪式。中山靖王墓文物邮票是最后一套全国发行的地方题材邮票。

11月1日，满城县正式开始全国第五次人口普查工作，组织1248名普查员、215名普查指导员逐户进行普查登记工作。

11月2日，省委副书记赵世居到县金水集团和宝山集团考察。

11月14日，新华社《参考消息》副总编徐长银带队到满城，向满城中学和龙门中学捐赠30台微机。

11月，以满城汉墓出土的长信宫灯为模型，县文物旅游局向省商标事务所申请注册“长信”文物商标。这是河北省第一家文物旅游部门申请注册文物商标。

12月9—10日，县农村电网改造工程通过省农村电网改造验收组的检查验收。

12月13日，由省文物局领队，市、县文物局配合，在对要庄商周遗址进行的考古发掘中，发掘出西周时期大型建筑遗址1座，房基1座，出土陶器、骨角器等文物数十件，证明在3000年前要庄已有先民生活。

12月14—16日，满城县接受并通过省“普九”复核验收。

12月，县旅游局被省政府命名为“2000年度河北省旅游系统先进单位”。

12月，县林业局争取到国家林业局、农业综合开发办名优经济林和木本粮油项目，在魏庄村建立3000亩国家磨盘柿示范基地。

12月，县档案局编写的《满城县档案馆指南》出版，全书7.5万字，对图书馆及馆藏进行详细介绍。

2001年

1月18日，满城县开展“三个代表”（始终代表先进生产力的发展要求、始终代表先进文化的前进方向、始终代表最广大人民的根本利益）重要思想学习教育活动。

2月12日，满城县第十三届人民代表大会第四次会议依法选举田宝庆为政府县长。

2月16日，县委、县政府出台《关于鼓励和提倡机关、个人开发荒山的实施意见》，鼓励和提倡机关、企事业单位及其干部职工参与开发荒山，从根本上改善生态环境，促进山区经济发展。

2月，满城县通过省政府2000年土地执法检查验收，被命名为“全省土地执法模范县”。

3月12日，县天然气储气站工程建设启动，工程计划投资3581.47万元。

4月5日，地下水资源匮乏造成部分群众生产生活用水困难。据统计，共涉及78个山区村、9个半山区村、约14万人口，干旱导致200余眼机井供水不足，115眼机井干枯报废。县政府积极采取应对措施，并向市政府作了报告。

4月10—15日，全国粮食清仓查库工作组对满城县15个存粮单位逐一检查验收，检查结果账账相符、账实相符。

4月17日，中日友好研究会的日本友人松岗环到魏庄村实地调查魏庄惨案情况。

4 月 26 日，在省人大常委会常委田洪波带领下，省人大常委会、省文物局联合检查组到满城检查文物保护工作。

5 月 18 日，县委书记赵洪涛、县长田宝庆率团赴廊坊参加第十八届河北省“5 · 18”经贸洽谈会。会议期间签约 2 个外资项目，合同利用外资 917.4 万美元。

5 月 22—23 日，全国人大常委会副委员长、全国妇联主席彭珮云到满城考察妇女工作，她先后到刘家台乡龙居村、坨南乡坨南村，听汇报、访农家、进果园，与当地妇女亲切交谈，对满城县山区妇女自信、自强、自立的顽强精神给予赞扬。全国妇联副主席华福周、省人大常委会副主任刘作田、省妇联主席陈秀芳等陪同。

7 月 2 日，宝山集团的“宝闪”商标和明花食品有限公司的“明花”商标，被省工商局认定为“河北省著名商标”。

7 月 13 日，县人民商场进行股份制改造，成立玉城商贸有限责任公司，这是满城县第一家改制的商业企业。

7 月 24 日，县林业站建设通过国家验收，满城县被命名为“全国基层林业站建设合格县”。

7 月 25 日，满城县城至神星和龙门水库线路大修工程竣工通车，道路全长 42.2 公里。

7 月 31 日，坨南、刘家台两乡遭风雹袭击，其中刘家台乡受灾面积 3500 亩。

8 月 12 日，由中国妇女儿童教育基金会主任张文带队，中国老区建设促进会、北京安氏文化教育培训中心、北京花园中学、北京富泰投资公司的负责人以及新华社记者一行 10 人到长角台、黄龙寺两村进行调研、策划扶贫攻坚计划。

8 月，县政府出台《满城县城镇职工基本医疗保险实施方案》，并召开城镇职工基本医疗保险培训会议，职工基本医疗保险工作正式启动。

9 月 7—9 日，水利部、中国老区建设促进会等部门的领导到黄龙寺村进行调研。

9 月，满城县大册营污水处理厂正式投产运营。

11 月 26 日，县城北平路改造工程全面竣工。

11 月，满城县被国家林业局命名为“中国磨盘柿之乡”。

12 月 6 日，满城县党政机关办公网和“中国国情网 · 满城之窗”开通。

2002 年

2 月 1 日，县文化馆创作演出的小品《池塘边上》获全国十一届“群星奖”铜奖。

3 月 19 日，县公安局获“全国公安机关‘三项教育’先进单位”称号。

3 月，满城县第二期农村电网建设与改造工程启动。

3 月，满城县开始组织实施退耕还林工程。全年退耕还林面积 2 万亩，其中退耕地造林 1 万亩，荒山荒地匹配造林 1 万亩。

4 月 5 日，满城县被省农业厅命名为“河北草莓之乡”“河北磨盘柿之乡”。

4 月 12 日，县公安局开展解救被拐卖越南妇女的统一行动，将 7 名被拐卖到满城的越南妇女成功解救。

4 月 28 日，县委组织部等单位出台《关于机构改革人员分流实施方案》，规定离岗和提前离岗人员保留工资待遇，按在职人员政策调整工资。达到退休年龄时，再按相关规定办理退休手续。

5 月 17 日，召开全县农村税费改革工作会议，印发《农村税费改革实施方案》，标志着全县农村分配关系开始步入法制化轨道。

同日，全国政协常委、国家统计局原局长张塞到满城考察企业工作，先后到满城县明花食品厂和宝山集团核磁共振车间进行调研，并对满城县企业的发展提出建设性意见。

6 月 5 日，召开全县漕河沿岸沙石采挖综合治理动员大会，县委、县政府出台《关于漕河河道以及沿岸沙石采挖综合整治实施方案》，县政府发布《公告》，严令禁止采沙卖沙，所有采沙（石）场一律关停，并对治理工作做出具体安排。

6 月 7 日，最高人民检察院副检察长赵登举到县检察院，对“双岗达标、联手预防”活动进行调研。此项活动是县检察院与省太行监狱、冀中监狱、县看守所联合开展的一项工作方法创新活动。

6 月 20 日，开始实施县城排污明渠整修工程。县城排污明渠南起北庄村西排污泵站，经城东、两渔等村，北至漕河，全长 5000 米，工程总投资 81.4 万元。

6 月 21 日，满城县对采矿企业实施综合治理，关停 137 家，可持续在原址开采的有 118 家。

7 月 1—3 日，中宣部原副部长、文化部原代部长、著名诗人贺敬之到满城指导神星农民诗会工作。

7 月，县委、县政府进行机构改革，机构设置调整后，设县委工作部门 8 个，政府工作部门 24 个。

8 月 6 日，日本长野县坂城町文化和教育代表团到满城访问交流。

8 月 28 日晚，暴风雨袭击要庄乡、贤台乡和大册营镇东部的部分村庄，局部风力 11 级，农作物严重受灾，玉米几乎全部倒伏，直接经济损失 6390 万元。

9 月 4 日，《满城县城镇职工基本医疗保险门诊慢性病管理办法》开始实施。

9 月 5 日，县政府发布《关于实施防空警报试鸣的通告》，将 9 月 22 日（1937 年 9 月 22 日，满城被日军攻陷）定为满城县防空警报试鸣日，试鸣时间为上午 11 时至 11 时 15 分。

9 月 28 日，县玉川路东延工程全面竣工通车，全长 1876 米，总投资 350 余万元。

9 月 30 日，经县政府同意，第一批清理取消和降格的行政审批事项予以公布，其中取消 48 项，降格 12 项，涉及 13 个部门。

10 月 10 日，首届“中国磨盘柿之乡·满城金秋红叶柿子节”开幕。自此，满城县每年都举办金秋红叶柿子节。

同日，第七届神星农民诗会在远达度假村举办。

11 月 29 日，满城县成立 6 个社区居民委员会，分别为西城社区、燕赵社区、永乐社区、育才社区、东城社区和建设社区。

12 月 10—12 日，满城县接受并通过省“普九”二轮复核验收。

12 月 17 日，市委书记王斑玖带领全市大事、实事互看联查组到满城，采用听、查、看、议的方法对有关企业进行督查。

12 月，县工商行政管理局（以下简称工商局）建立红盾信息网站，省、市、县、所四级联网，是全省第一家。

2003 年

1 月 24 日，满城汉墓景区挂牌“AAA”级景区。

1月，满城县通过省政府2002年度土地执法检查验收，被命名为“全省土地执法模范县”。

2月13日，全县200多道花会进城，庆祝元宵佳节。

3月16日，县政府制定《关于开展农村宅基地大清查工作的实施方案》，利用两年时间在全县开展农村宅基地大清查工作。

3月24日，县抱阳山风景区被省政府列为“省级风景名胜区”，为保护风景区内生态环境，县政府决定对风景区内采矿企业进行治理。

4月2—4日，中国共产党满城县第九次代表大会召开，中共满城县第九届委员会第一次全体委员会议选举闫志强为县委书记。

4月7—9日，政协满城县第七届委员会第一次会议召开，范福生当选为政协七届委员会主席。

4月7—10日，县第十四届人民代表大会第一次会议召开，李英杰当选为第十四届人大常委会主任，田宝庆当选为政府县长。

4月11日，成立县防治“非典”（非典型性肺炎）工作领导小组。

4月19日，省人大常委会副主任白录堂带领省人大常委会南水北调中线工程考察团，到满城考察南水北调漕河渡槽工程。

4月23日，满城县建立三级“非典”疫情监控网。

4月25日，出版10万份《满城报·防“非典”专刊》，发至全县每家每户。

5月12日，满城县全力抗击“非典”，29名县级领导、400多名驻村（社区）工作队员火速奔赴第一线组织、指导工作。

6月16日，慈家台村张振川在防治“非典”工作中，因劳累过度突发心脏病，不幸去世。6月20日，县委追认张振川为优秀共产党员。

6月16—17日，水利部南水北调中线工程总干渠考察团到满城查勘漕河渡槽、岗头隧洞等工程。

6月25日，国家发展和改革委员会副主任李盛霖到满城，就县级医院发展状况及传染病防治设施建设到县医院进行调研。

7月10日，中日民间合作（小渊基金）治沙项目落户满城。项目总投资2520万日元，规划造林面积3000亩，建设期限3年。项目区位于漕河沿岸，涉及大册营镇、要庄乡、神星镇的9个村。

7月23日，县委、县政府对县公安局进行表彰。两年来，县公安局荣获县级以上荣誉称号93个（其中国家级3个），172名民警立功受奖，33项工作在全市名列第一，先后获得“全国优秀公安局”“全省人民满意公务员集体”称号。局长安增奇被授予“全国特级优秀人民警察”荣誉称号。

7月28日，满于西线改建工程竣工，道路全长15公里。

7月，满城县被省委组织部命名为“全省农村基层组织建设先进县”。

7月，县工商局被省工商局、省人事厅授予“2001年度、2002年度河北省工商行政管理系统先进集体”荣誉称号，县城工商所被评为“全省先进工商所”。

8月12日，县内最后一个无电话村——车厂村通了固定电话，县长田宝庆亲手拨通第一个电话。自此，固定电话网络通达满城县所有行政村。

8月16日，副省长宋恩华到满城考察南水北调工程和农业产业化经营。

8月26日，县二期农村网改工程通过省政府验收，工程总投资2457.54万元。

9月9日，县国税局被国家税务总局授予“全国税务系统文明单位”荣誉称号。

9月13日，中国计生协会会长、国务院原副总理姜春云到东马村考察计生协会工作。

9月20日，经省司法部门批准，满城县司法医学鉴定中心在县医院成立，县医院是县内唯一一家承担司法医学鉴定工作的医院。

9月，孟加拉国工人党领袖到于家庄乡郭村参观访问，对郭村发展壮大集体经济的经验给予高度评价。

10月8日，县人民广场、长信商业街（步行街）落成剪彩。县人民广场是县内首个大型广场，占地35391平方米，总投资2500多万元；长信商业街自2002年8月动工修建，全长271.74米，总投资3760万元，总建筑面积15000平方米。

10月，县城西二街和玉川路东延副路工程竣工。西二街全长1706米，占地97.5亩，总投资1400万元；玉川路东延副路工程全长1876米，总投资450万元。

10月，按照省、市要求进行户籍改革，将农业户口、非农业户口统一登记为居民常住户口。

12月29日，县十四届人大常委会第五次会议审议通过《满城县县城总体规划（2002—2020年）》，规划编制的指导方针是建设完善的城镇体系，扩展县城发展空间，提升县城竞争能力。

12月，宝山集团有限公司成为全国首批获准实施检验检疫绿色通道制度的出口企业之一。

2004年

2月3日，满城县禽流感防控指挥部成立，并制定《满城县高致病性禽流感防控应急预案》。

2月12日，组织机关干部进村入户开展“夯基础、解民忧、保稳定、促增收”活动，第一批抽调330名机关干部，组成86个工作队，进驻86个村进行对口帮扶。

3月10日，启动农村公路“村村通”工程。

3月28日，满城县被省政府评为“2003年度全省国土执法模范县”。

3月，确定24个村为全县文明生态创建示范村，组织开展“四化”（即硬化、绿化、净化、亮化）创建达标活动。

4月，在永乐园小区建设施工中发现西汉古井2眼、东汉及元代古墓4座。

4月，满城县被卫生部、美国疾病控制中心、中美预防出生缺陷和残疾合作项目办公室，确定为“孕前保健社会营销”项目中国首家试点县。

5月，《满城县志（1991—2008）》编纂委员会成立。

6月6日，满城汉墓景区接受国家“AAAA”级验收。

6月21—24日、7月8日，满城县先后遭受5次冰雹袭击，全县12个乡（镇）均不同程度受灾。

7月，县政府制定《粮食流通体制改革方案》，保留5个国有独资、控股的中心粮食购销企业，对石井粮站等8个单位进行整体或部分拍卖，其他单位实行国有参股或国有资本全部退出的形式进行改制。

7月，满城中学高考成绩居全市第二平台第一名，取得历史性突破。

8月1日，满城县文明生态村创建活动代表全省接受中央电视台7套《聚焦三农》栏目组的采访。

8月10日，县文化馆被文化部确定为国家一级馆，全省有7家文化馆获此殊荣，满城县是保定市唯一获此殊荣的文化馆。是中华人民共和国成立以来首次评选国家级文化馆。

8月21日，参加市第三届女状元大专班开学典礼暨培养农村妇女人才工作会议的人员，在全国妇联书记处书记甄砚、省妇联主席曹素英带领下，到满城县绿龙园林有限公司参观考察，县绿龙园林有限公司被命名为“河北省农村妇女科技培训协作中心”。

8 月 26 日，县委、县政府做出《关于表彰 2004 年高考、中考先进单位和先进个人的决定》，授予满城中学、县职教中心“2004 年高考工作优胜单位”荣誉称号，授予商占凯等 21 名教师“2004 年高考工作先进个人”荣誉称号，奖励满城中学 18 万元，职教中心 5 万元；授予神星镇、方顺桥乡、刘家台乡 3 个乡（镇）“2004 年度中考工作优胜乡镇”荣誉称号，授予实验中学等 7 所中学“2004 年度中考优胜单位”荣誉称号，授予邵志霞等 48 名教师“2004 年中考工作先进个人”荣誉称号。

8 月，由于持续降水、雨量大，顺平县龙潭湖水库开闸放水等原因，干涸了近十年的界河出现径流。

9 月 30 日，农家女杂志社与县妇联共同在龙居村建立农家女基层活动站。《中国妇女报》总编卢小飞，《农家女》杂志社社长李伯栋、主编谢丽华等出席挂牌仪式。

10 月 17 日，联合国教科文组织 10 余名专家到东马村参观考察文明生态村建设情况。

10 月 20 日，满城县开始对 65 岁以上老年人实行社会优待服务。

11 月 17 日，国家林业局退耕还林办公室对满城县 2002—2004 年退耕还林工程进行实绩核查，对满城县的工作给予肯定。

11 月 18 日，县委、县政府制定《关于事业单位清理整顿及精简财政供养在职人员工作实施方案》，2003 年财政供养在职人数 9120 人，市核定精减 1261 人，精减比例为 13.8%。

11 月，完成满城县地名数据库资料录入工作，标志着满城县地名管理工作步入正规化、信息化轨道。

12 月 2 日，县城天然气利用工程竣工并正式通气。

12 月 4 日，位于 107 国道满城县境内的龙泉河大桥竣工通车。

2005 年

1 月 1 日，满城县第一次全国经济普查工作进入登记阶段。

1 月 2 日，团县委被团省委、省科技厅授予“2004 年度河北省培养青年星火带头人先进集体”。

1 月 12 日，满城县通过省级国土资源执法模范县验收。

1 月，满城县开始对机关、事业单位实行机构编制管理证制度。

2 月 3 日，召开全县保持共产党员先进性教育活动（以下简称先进性教育活动）动员大会，第一批先进性教育活动全面展开。

2 月 18 日，满神铁路支线改线工程正式通车。工程于 2003 年 8 月 1 日开工，占地 180 亩，改建路段长 7.3 公里，总投资 3500 万元。

2 月，县电力局财务科被全国巾帼建功协调领导小组评为“全国巾帼文明示范岗”。

2 月 25 日，世界卫生组织、国家疾控中心有关负责人到满城调研结核病防治、培训工作。

3 月，县人事劳动和社会保障局（以下简称人社局）被省人大常委会命名为“2003—2004 年度全省残疾人维权示范岗”，是保定市劳动和社会保障系统唯一获此殊荣的单位。

4 月，南水北调工程满城县漕河段开始施工。

5 月 1—7 日，2005 河北满城第二届滑翔伞擂台赛在汉墓景区举办。

5月26日，副省长宋恩华带领南水北调中线干线工程管理局、省国土局、省林业局、省水利厅、省南水北调工程办公室等部门负责人就南水北调工程征迁工作到满城调研。

5月30日，全国政协常委、河北省原省长钮茂生，省人大常委会副主任王加林和保定市部分全国人大代表，到龙居村生态农业示范园考察。

6月3日，朝鲜籍世界卫生组织人员一行5人在北京医科大学专家、教授陪同下，到满城县妇幼保健院考察中美合作项目工作开展情况。

6月3日，县委机关报《满城报》更名为《今日满城》。

6月7日，贤台乡国家级土地整理项目开工。项目总投资1644万元，为国家级土地整理项目，也是满城县第一个土地整理示范区。项目建设涉及西庄、东庄、北于家庄、大石桥、东庄店5个村的土地，总面积750.56公顷。

6月23日，商务部市场体系建设司副司长王沪生到满城考察农村市场网络工程建设及“万村千乡”市场工程开展情况，考察的重点是供销社和省农资公司“农家店”建设情况。

6月28日，满城第三医院正式挂牌保定第七医院。

7月12日，国务院南水北调办公室主任张基尧到满城考察南水北调漕河段工程建设情况。

8月14日，省长季允石到满城考察，听取满城县总体情况介绍，并详细了解汉墓的发现、发掘和发展情况。

8月19日，县政府对大册营造纸工业区实施综合治理整顿，巩固污染治理成果，遏制排污反弹现象。

8月，满城县被省委、省政府、省军区命名为“省级双拥模范县”。

8月，县政府进行机构改革，改革侧重转变职能、理顺关系、调整机构、减少财政供养人员。改革后县政府工作部门24个，直属事业单位3个。

9月12日，北京沃美综合超市满城店举行开业仪式，满城店营业面积3000平方米，经营品种2万余种，是满城县投资最多、面积最大、商品最全的综合超市。

10月13日，第十八届全国友好县（市）区财政会计理论研究协作会议在满城县召开。

10月，在第九届中国（廊坊）农产品交易会及2005年中国国际农业博览会上，满城县选送的“太行”牌磨盘柿获得“果王”称号。

11月10—11日，经省教育厅复评组复评，县职教中心达到国家级重点中等职业学校评估标准。

11月23日，桃园街道路修建工程竣工，主路全线通车，路段全长662.5米。

11月30日，满城县普及学前三年教育工作通过省验收。

12月6日，省档案局（馆）县级档案馆目标管理考评委员会考评组到满城验收档案馆晋升省二级馆工作，考评组成员一致同意满城县档案馆晋升为省二级档案馆。

12月16日，全球基金第四轮结核病控制项目在满城启动，是1993年以来满城县利用外资控制结核病的第四个项目。

12月21日，延安子女访问团到满城县走访参观。

12月26日，县行政服务中心开始试运行，办公地点在县国土资源局办公楼一楼。县内涉批、涉证、涉费等与群众和企业密切相关的行政许可和服务事项全部纳入行政服务中心办理。

同日，县北平农贸综合市场三期改扩建工程及北平农贸商城全面竣工并正式开业。总投资500多万元，为全封闭、一体化轻钢结构农副产品交易大厅，建筑面积4384平方米。

2006年

1月27日，省文化厅公布全国文化共享工程基层示范点名单，满城县图书馆在全市6家示范点中名列榜首。

1月，团县委被团省委授予“河北省团建先进县创建单位”，被团省委、省文明办评为“河北省青年志愿者扶老助残行动先进集体”，被团省委、省科技厅评为“河北省培养青年星火带头人先进集体”。

2月10日，县职教中心以河北省第三名的好成绩入围129所国家级重点中等职业学校名单。

3月18日，县委、县政府决定对造纸企业实施停产整顿，彻底取缔脱墨造纸工艺。

3月22日，县档案馆被评为“2005年度河北省保密系统档案工作先进单位”。

3月28日，县经济普查办公室被评为“全国第一次经济普查工作国家级先进集体”，县统计局局长韩立新被评为“全国第一次经济普查工作国家级先进个人”。

3月，县精神文明建设指导委员会授予冰窟救人的常志瑶、李栓“学雷锋先进个人”荣誉称号。

4月22日，满城县被联合国地名专家组命名为“千年古县”。

4月29日，首届满城县十大杰出青年受表彰，他们是田文良、孔志平、袁静、杨国安、卢新水、郭永利、高岩、李光辉、张建明、张建华。

5月9日，满城报社与保定日报社联合推出《保定晚报·满城专刊》，原《今日满城》停刊。

同日，县职教中心校长田素仙与韩国劳动部负责人签订合作书。学校被韩国劳动部指定为培训学校，为韩国企业提供中国高级技能型人才。

5月25日，张柔墓群（元代）被国务院确定为“第六批全国重点文物保护单位”。

5月28—30日，中国共产党满城县第十次代表大会召开。中共满城县第十届委员会第一次全体委员会议选举闫志强为县委书记。

5月，国家级玉米、小麦良种推广补贴项目落户满城。

5月，南水北调工程漕河段干渠工程开始施工。

6月20日，省人大常委会副主任张群生到满城考察南水北调漕河段施工进展情况。

6月30日，满城首次开展造血干细胞捐献活动，县卫生系统300余名干部职工填写造血干细胞捐献者志愿书，并进行血样采集。

7月5日，方顺桥、于家庄、南韩村、贤台4个乡（镇）遭受雹灾，冰雹最大直径3.5厘米，受灾人口5.4万人。

7月11日，县疾控中心结核病防治科获“国家级先进集体”称号。

7月，县法院荣立全省法院系统集体一等功。

7月，县委、县政府印发《满城县鼓励投资和招商引资优惠政策及奖励办法（试行）》。

8月17日，县政府制定《关于禁止使用黏土实心砖、大力发展新型墙材的通知》，对全县范围内所有黏土砖窑关停取缔。

8月，县高考成绩荣获三个第一，即增长人数第一、增长率第一和全市第二平台第一，取得全县高考历史性重大突破。县委、县政府作出《关于给教育局记集体三等功的表彰决定》。

9月7日，《中国妇女报》副总编、《农家女》杂志社总编谢丽华等到要庄乡小许城村举行“农家女基层联络站”授牌仪式，并送去致富技术图书和光盘。

9月16日，由美国民主、共和两党人士组成的青年政治领袖理事会代表团到白龙乡中国民航华北空管局希望小学进行友好访问。

10月10日，县委召开全县领导干部大会，在领导干部中开展“学理论、树正气、保稳定、促发展”（以下简称“学、树、保、促”）百日主题教育活动。

10月25日，由省政协主席赵金铎、副主席李有成、孙小均等驻冀全国政协委员组成的考察团，到满城考察南水北调漕河段工程进展情况。

11月2日，满城县召开第二次全国农业普查工作动员大会，对全县农业普查工作进行安排部署。普查时点指标的标准时间是2006年12月31日；时期指标的标准时期是2006年1月1日至2006年12月31日。

11月20—22日，省政府教育督导评估组对满城县教育工作进行综合督导评估，评估组对满城县的工作表示满意，一致同意满城县通过省政府综合督导评估验收。

11月24日，县政府出台《新型农村合作医疗制度实施方案》，于2007年1月1日起实施。

11月，满城县被确定为中国医药卫生事业发展基金会健康教育试点县，副省长孙士彬、省卫生厅副厅长王兰校、副市长贾体新出席启动仪式。

12月1日，经过8个多月的集中整治，全县204家造纸企业中79家开始试生产，其他企业继续关停。大册营污水处理厂理顺运营体制，实现正常运转。县政府组织11个部门开始对造纸企业整顿治理工作进行综合验收。

12月28日，县新型农村合作医疗（以下简称新农合）管理中心举行揭牌仪式。

2007年

1月30日，满城县农村信用合作联社正式挂牌开业。

1月，县统计局被评为“河北省统计基层基础建设先进集体”。

2月28日，全县领导干部大会召开，要求在全县迅速掀起“责任风暴”“效能风暴”“优化环境”高潮，努力开创各项工作新局面。

2月，京石保（北京、石家庄、保定）满城籍同乡联谊会举行，县四大班子领导和在京、在石、在保的满城籍同乡相聚，迎新春，话乡情，谋划满城未来发展。

2月，满城县荣获“2006年度河北省计划生育优质服务先进县”称号。

3月2日，县老年协会副会长金新田被评为“全国孝亲敬老之星”。

3月5日，召开全县“驻千村、联万户、帮民富、解民忧、促和谐”（以下简称“驻联帮解促”）新农村建设帮扶活动动员大会。选派300名优秀干部组成新农村建设帮扶工作队，深入各村开展帮扶活动。

3月9日，中央电视台《小撒探会》栏目组到方顺桥乡开展家庭困难学生专题调研。

3月10日，日本小渊基金理事会代表到满城县实地考察中日合作治沙项目实施以来的造林成效。

4月3日，新华网满城频道开通。

4月17日，经县政府研究决定，城内村全体居民集体转为非农业人员，在县内享受非农业人口待遇。

4月22日，“2007保定市和谐城乡游”大型启动仪式在满城龙潭景区拉开帷幕，并举行“雷溪小镇杯”满城龙潭首届垂钓节和龙门山庄开业典礼。当日，还举行了保定万家市民游满城活动。

4月，根据制作纪录片《卢兆荫发现金缕玉衣》的需要，中央电视台10套《大家》栏目组到满城汉墓拍摄外景，著名考古学家卢兆荫现场讲解。

5月24—27日，政协满城县第八届委员会第一次会议召开，范福生当选为政协八届委员会主席。

5月26—28日，县第十五届人大第一次会议召开，大会选举李英杰为第十五届人大常委会主任，田钧当选为政府县长。

7月12日，全国政协人口资源环境委员会副主任温克刚，率领南水北调中线工程水质保证专题调研组到满城调研。

8月15日，国务院南水北调办公室主任张基尧到满城考察南水北调工程施工进展情况。

8月17—18日，“中国电谷”杯保定市第六届运动会青少年围棋比赛在满城举行，满城代表队获得团体冠军。

8月，县政府对县城5条街道进行命名，分别为西苑街、古城街、南北街、通济街、桃园街。

8月，政府县长亲自挂帅，抽调全县部门、乡（镇）干部400余人，在全县开展熔炼、塑料加工企业摊点专项整治行动。

9月18日，奥运火炬“祥云”在满城县巡展。

9月30日，县公安局成功打掉一特大刑事犯罪团伙，抓获犯罪嫌疑人25人，破获盗销汽车及其他物品案件253起、抢劫强奸案件42起，追缴被盗汽车42辆。

11月1日，全国人大常委会内司委主任委员何椿霖到满城法院调研，对法院调解工作给予高度评价。

同日，省督导组到满城检查畜禽产品质量安全整治工作。

11月10日，漕河渡槽主体工程完工。该渡槽不仅是整个南水北调中线干线最大的渡槽，也是中国乃至亚洲最大的输水渡槽。

11月18日，国家环保总局环境监察局局长陆新元带队到满城督导检查造纸企业专项治理情况。

11月，满城县组织开展第一次污染源全面普查工作。

12月，满城县被省政府确定为“‘双三十’（全省三十个重点县市区，三十家重点企业）节能减排重点县”。

12月，满城县被河北省认定为“千年古县”，同时入编《河北地名文化志·千年古县》。

2008年

1月4日，省检查组到满城县就切实解决困难群众生活问题工作进行督导。督导组先后到实验中学、实验小学、县光荣院和几户特困户、低保户家中进行走访，对满城县的工作给予肯定，就工作中的困难、问题提出意见和建议。

2月1日，国务院南水北调办公室副主任张野到满城县考察南水北调韩家庄桥辅道埋管工程，详细了解工程进度和存在问题，对奋战在一线的广大建设者表示慰问。

2月，《满城县志（1991—2008）》编修工作正式启动。

3月7日，副省长张和到满城县考察南水北调漕河渡槽工程，详细听取建管部和施工方的情况汇报，对漕河渡槽工程的排水、占地、工程特点以及南水北调在满城全线的情况进行详细了解，并到渡槽建设实地进行巡视。

3月17日，县第二幼儿园（新华二幼、私立性质）竣工开园，幼儿园占地20亩，总建筑面积11800平方米。

4月8日，副省长宋恩华到满城实地查看张石高速公路建设情况，组织召开座谈会。

同日，中日民间合作（小渊基金）治沙造林项目二期工程确定在神星镇马连川实施，日本海外林业协会主任黄胜泽到项目区进行实地考察。

5月18日，中组部和省组织部调研组到满城县调研基层组织建设。

5月15—22日，满城县为汶川地震灾区捐款192万元，缴纳特殊党费近百万元，首批救灾款发到灾区。

5月，县疾控中心、卫生监督所派出4名工作人员，赶赴四川参加抗震救灾一线工作，这是满城县第一次派出抗震救灾队伍。

5月，县政府制定《满城县造纸企业污染物排污权交易办法（试行）》，成立排污权储备交易中心，以排污权交易为突破口，促使现有企业整合升级。

6月13日，在全县领导干部中开展优化发展环境、激活市场主体和亲民爱民两项活动。

6月20日，国电保定西北郊热电厂项目落户满城，项目总投资约27亿元，由国电华北电力有限公司投资建设。

6月24日，县第十五届人大第二次会议任命刘峰为副县长，代理县长。

7月9日，省总工会副主席袁刚到满城就工会组织建设、困难职工帮扶救助和经济技术创新等工作进行调研。

7月31日，县龙门山庄总经理吴伟担任北京奥运火炬手，参加在唐山市的火炬传递活动。

8月15日，210个群众工作站揭牌，正式开始工作。全县204个村和6个社区居委会各设1个群众工作站。

8月28日，满城县城污水处理厂奠基，位于县东外环东侧，占地60亩，是满城县城镇面貌三年大变样和节能减排的标志性工程。

8月，南水北调工程满城段主体工程完工，9月第一次向北京供水。

9月2日，国家林业局退耕还林检查组对满城县退耕还林工程进行阶段性验收。经核查工程面积核实率、面积保存率、建档立制率、确权发证率均为100%，得到国家林业局的充分肯定。

9月20日，冰岛共和国驻华大使参赞阿克塞·尼古拉松、约翰·约翰松等3名外交官，携家人到满城县资助贫困生，神星镇神星小学苟大森、石井乡魏公小学刘盼、永安庄小学张静、协义小学李子业得到资助。

10月，县残疾人敬老托养服务中心在贤台乡成立，这是县内首家残疾人和老年人抚养救助机构。

11月5日，省人大常委会副主任、总工会主席马兰翠到满城就困难职工帮扶工作进行调研。

11月28日，举行选聘高校毕业生到村任职聘用合同书签约仪式，满城县首批36名大学生村干部到村任职。县委组织部对大学生村干部就基层党建工作等机关业务知识进行岗前培训。

11月，国务院8部门环保专项行动联合督察组到满城县，就整治违法排污企业、保障群众身体健康环保专项行动开展情况进行督导检查。

11月，日本海外林业咨询协会主任黄胜泽到满城检查验收中日合作造林（小渊基金）漕河上游马连川水库南山造林项目第一年度工作进展情况。

第一编　政区建置　自然环境

满城置县始于西汉高祖六年（公元前201年），始名于唐天宝元年（742年）。中华人民共和国成立后先后隶属于保定专区、保定市。1991年，辖2镇23乡，245个行政村。1994年，辖4镇21乡，247个行政村。1996年合乡扩镇，全县辖4镇9乡，245个行政村。1998年，保定市区划调整，江城乡、大马坊乡划归保定市，重新组建贤台乡，全县辖4镇8乡，204个行政村。满城县为半山区县，地形自西北至东南呈坡降趋势。属暖温带大陆性季风气候，四季分明，雨热同期。境内有漕河、界河、龙泉河3条过境河流，另有发源于西原屯的侯河和自龙泉河分出的白草沟河，均为季节性河流。20世纪90年代后，上述河流相继断流。县内地下水位持续下降，个别区域水质受到污染。土壤以褐土、潮土、草甸土为主，动植物资源丰富，矿产资源贫乏。

第一章　政区建置

西汉高祖六年（公元前201年）置北平县，是满城置县之始。历经多次变迁，唐天宝元年（742年）从北平县析出的永乐县更名满城县，始有满城县名。1949年8月划归保定专区，1983年划为保定市辖县，1994年地市合并仍隶属保定市。1996年合乡扩镇，全县25个乡（镇）调整为13个；1998年12月，江城乡、大马坊乡、于家庄乡、要庄乡的41个行政村划归保定市。新组建的江城乡、大马坊乡划归保定市，重新组建贤台乡，全县辖12个乡（镇），204个行政村。2008年，辖4镇8乡，204个行政村，总面积658.18平方公里。1997—2000年，完成全部县级和乡（镇）勘界，核定县区界线6条，长约216.3公里；乡（镇）界线20条，长约117公里。各乡（镇）经济、社会事业稳定发展，各具特色。

第一节　位置与建置沿革

一、位置

满城县位于河北省中西部，太行山东麓。地处北纬38°43′56″~39°07′35″、东经114°56′53″~115°29′14″之间。北同易县接壤，南与清苑县毗邻，西和顺平县交界，东连保定市区和徐水县。县城西南距石家庄120公里，东北距北京140公里。县城中心距保定市中心15公里。

二、境域

2008年，全县总面积658.18平方公里。东西长50.6公里，南北宽43.75公里。县城距最东端14.5公里，距最西端52公里，距最南端24.7公里，距最北端19.6公里。

三、建置

西汉高祖六年（公元前201年）置县，始称北平县，属中山郡。后北平县析出永宁县、永乐县。唐天宝元年（742年）永乐县改名满城县，属易州。1949年8月1日，河北省人民政府成立，满城县划归河北省保定专区。1983年11月15日，保定市改为省辖市，满城县划为保定市辖县。1994年，保定地市合并，满城县仍隶属保定市，一直延续到2008年未变。

第二节　行政区划

一、区划变更

1991年，满城县辖2镇23乡。2镇为满城镇、神星镇；23个乡包括东马乡、柳家佐乡、石井乡、顺民乡、南韩村乡、西原乡、方顺桥乡、陉阳驿乡、于家庄乡、江城乡、尹庄乡、要庄乡、大马坊乡、贤台乡、西家庄乡、大册营乡、白堡乡、龙门乡、坎下乡、高士庄乡、北台鱼乡、岭西乡、长角台乡，辖245个行政村。

1992年、1994年，北台鱼乡的黄山庄、北峪庄分别从杨家庄析出，列为单独行政村，名称为黄山村、北峪村。1994年10月，大册营乡、南韩村乡撤乡建镇，所辖行政区域不变。满城县辖4镇21乡，247个行政村。

1996年1月，根据历史沿革、区域划分、现行体制和人口、面积、交通、经济发展状况等因素，进行合乡扩镇。满城镇、东马乡、柳家佐乡和顺民乡的顺民、抱阳、茂山、守陵4个村组成新的满城镇，辖34个村。西家庄乡归入大册营镇，大册营镇辖27个村。神星镇划出胡疃、王各庄归入要庄乡，仍称神星镇，辖18个村。西原乡和顺民乡的南辛庄、大贾、良贾、后屯4个村、尹庄乡的宋家屯归入南韩村镇，南韩村镇辖24个村。方顺桥乡、陉阳驿乡组成新的方顺桥乡，辖20个村。于家庄乡和江城乡的庞村、李铁庄2个村组成新的于家庄乡，辖10个村。江城乡6个村和尹庄乡除宋家屯外的9个村组成新的江城乡，辖15个村。大马坊乡21个村和贤台乡的东贤台、西贤台、中贤台、留马、小东庄、小辛庄、大辛庄、大次韩、小次韩9个村组成新的大马坊乡，辖30个村。要庄乡和贤台乡的东黄村、前大留、后大留，神星镇的胡疃、王各庄组成新的要庄乡，辖19个村。白堡乡、龙门乡组成白龙乡，辖 12 个村。石井乡和顺民乡的尉公、章村 2 个村组成新的石井乡，辖 10 个村。北台鱼乡、岭西乡、坎下乡组成坨南乡，辖 17 个村。长角台乡、高士庄乡组成刘家台乡，辖 9 个村。全县 25 个乡（镇）合并为 13 个，行政区划变更为满城镇、神星镇、大册营镇、南韩村镇、方顺桥乡、刘家台乡、于家庄乡、石井乡、白龙乡、大马坊乡、坨南乡、江城乡、要庄乡。同年，岭西一村、二村、三村合并为 1 个行政村，仍称岭西村。全县辖 4 镇 9 乡 245 个行政村。

1998 年 12 月，江城乡、大马坊乡划归保定市，重新组建贤台乡。变更后全县辖 4 镇 8 乡，即满城镇、神星镇、大册营镇、南韩村镇、方顺桥乡、刘家台乡、于家庄乡、石井乡、白龙乡、坨南乡、要庄乡、贤台乡，共 204 个行政村。

二、区划调整

1998 年 12 月，保定市区划调整，满城县江城乡、大马坊乡、于家庄乡、要庄乡的 41 个行政村、5.3 万人、68.4 平方公里划归保定市新市区。重新组建江城乡、大马坊乡，其中新组建的江城乡辖 14 个村，包括原江城乡的 11 个村（尹庄、李庄、郄庄、徐庄、许庄、石家庄、江城东队、江城西队、张辛庄、刘庄、吴庄），还包括于家庄乡的东阎童、南阎童、西阎童 3 个村。新组建的大马坊乡辖 23 个行政村，包括原大马坊乡的 15 个村（大马坊、东尹庄、曹庄、花庄、河北、河西营、店上、大西良、田西良、王西良、东良、谭庄、芦庄、徐河桥、留守坟），还包括要庄乡所辖的周庄、张庄、高屯、东营、道口、相庄、温屯、戴庄 8 个村。原江城乡的孙家塘、张海庄、贾庄、夏庄 4 个村划归新市区南奇乡管辖。

于家庄乡划出 3 个村后，管辖剩余 7 个村，包括郎村、于家庄、五里铺、汤村、李铁庄、庞村、郭村。

大册营镇所辖的小庄、大庄、大许城、小许城、南宋 5 个村划归要庄乡，北于家庄、大石桥、东庄、东庄店、西庄、河南庄 6 个村划归新组建的贤台乡。调整后大册营镇管辖 16 个行政村。

要庄乡划出 8 个村，大册营镇 5 个村划入要庄乡，调整后要庄乡管辖 16 个村。

满城县重新组建贤台乡，辖原大马坊乡剩余的 15 个村及大册营镇划出的 6 个村，共计 21 个村，包括水北庄、杨庄、小营、东南韩、中南韩、西南韩、西贤台、中贤台、东贤台、小东庄、留马、大次韩、小次韩、大辛庄、小辛庄、河南庄、北于家庄、大石桥、东庄、东庄店、西庄。

2008 年 12 月，贤台乡由保定市高开区托管。

1991 年满城县行政区划一览表

表 1-1-1

乡（镇）名称	村民委员会（个）	村民委员会名称
满 城 镇	11	城内、北关、眺山营、谒山、北辛庄、城北、北厂、南陵山、北陵山、长旺、城东
神 星 镇	20	神星、胡疃、王各庄、市头村、玉山、小楼、大楼、荆山、魏庄、北太平庄、石家佐、翟家佐、马连川、寺角、南峪、中峪、东峪、西峪、李家佐、石板山
东 马 乡	11	东马、北马、西马、南马、东佃庄、中佃庄、西佃庄、李堡、宋贾、毛贾、北庄
柳家佐乡	8	柳家佐、杨家佐、李家佐、郑家佐、韩家佐、陶家佐、吴家庄、韩家庄
石 井 乡	8	石井、永安庄、西渝河、东渝河、协义、苑庄、东土门、西土门
顺 民 乡	10	顺民、抱阳、茂山、守陵、南辛庄、大贾、良贾、后屯、尉公、章村

续表1-1-1

乡（镇）名称	村民委员会（个）	村民委员会名称
南韩村乡	8	南韩村、市庄、疙瘩屯、孙村、西苟、东苟、大固店、段旺
西原乡	11	西原、西原坡、西原屯、东原、南原、尹固、东堤北、中堤北、西堤北、东村、后村
方顺桥乡	10	方顺桥、南固店、谭头、太平庄、东方顺、沟河庄、大河旺、许村、孔村、三恩庄
陉阳驿乡	10	陉阳驿、辛章屯、西辛章、东辛章、决堤、孟村、高荆、河图、大赛、小赛
于家庄乡	8	于家庄、郭村、郎村、汤村、南阎童、西阎童、东阎童、五里铺
江城乡	8	江城东队、江城西队、庞村、石家庄、李铁庄、吴庄、刘庄、张辛庄
尹庄乡	10	尹庄、宋家屯、郄庄、许庄、徐庄、李庄、贾庄、张海庄、孙家塘、夏庄
要庄乡	14	要庄、两渔、贾庄、南上坎、小马坊、温屯、相庄、道口、东营、高屯、戴庄、周庄、张庄、西黄村
大马坊乡	21	大马坊、曹庄、花庄、谭庄、西南韩、中南韩、东南韩、水北庄、杨庄、小营、大西良、田西良、芦庄、河北、店上、留守坟、王西良、东良、河西营、东尹庄、徐河桥
贤台乡	12	东贤台、西贤台、中贤台、东黄村、前大留、后大留、留马、小东庄、小辛庄、大辛庄、大次韩、小次韩
西家庄乡	13	西庄、东庄店、大石桥、于家庄、河南庄、六间房、王辛庄、小庄、大庄、南宋、大许城、小许城、东庄
大册营乡	14	大册营、岗头、大册、马厂、方上、沿村、北宋、北宋营、夜借、永南庄、苏庄、下紫口、上紫口、西村
白堡乡	5	白堡、大坎下、钟家店、野里、巩庄
龙门乡	7	东龙门、西龙门、南水峪、北水峪、李庄、训口、北东峪
坎下乡	5	坎下、曹家峪、北赵庄、西赵庄、东赵庄
高士庄乡	4	东高士庄、西高士庄、刘家台、白沙
北台鱼乡	4	北台鱼、杨家庄（黄山庄、北峪庄）、坨南、洛沟
岭西乡	8	岭西一村、岭西二村、岭西三村、好善庄、支锅石、新建庄、水峪、岭南
长角台乡	5	长角台、慈家台、车厂、龙居、黄龙寺

1996年满城县行政区划一览表

表1-1-2

乡（镇）名称	村民委员会（个）	村民委员会名称
满城镇	34	城内、北关、眺山营、谒山、北辛庄、城北、北厂、南陵山、北陵山、长旺、城东、东马、北庄、北马、西马、南马、东佃庄、中佃庄、西佃庄、李堡、宋贾、毛贾、柳家佐、杨家佐、李家佐、郑家佐、韩家佐、陶家佐、吴家庄、韩家庄、抱阳、顺民、茂山、守陵

续表1-1-2

乡（镇）名称	村民委员会（个）	村民委员会名称
大册营镇	27	岗头、大册、大册营、马厂、方上、沿村、北宋、北宋营、夜借、永南庄、苏庄、下紫口、西村、上紫口、西庄、东庄店、大石桥、北于家庄、河南庄、六间房、王辛庄、小庄、大庄、南宋、大许城、小许城、东庄
神星镇	18	神星、市头村、玉山、小楼、大楼、荆山、北太平庄、石家佐、翟家佐、马连川、寺角、南峪、中峪、东峪、西峪、李家佐、石板山、魏庄
南韩村镇	24	南韩村、市庄、疙瘩屯、孙村、西苟、东苟、宋家屯、大贾、良贾、大固店、段旺、西原、西原坡、西原屯、东原、后屯、南辛庄、南原、尹固、东堤北、中堤北、西堤北、东村、后村
方顺桥乡	20	方顺桥、南固店、谭头、太平庄、东方顺、沟河庄、大河旺、许村、孔村、三恩庄、陉阳驿、辛章屯、西辛章、东辛章、决堤、孟村、高荆、河图、大赛、小赛
于家庄乡	10	于家庄、郭村、郎村、汤村、南阎童、东阎童、西阎童、五里铺、李铁庄、庞村
江城乡	15	江城西队、江城东队、石家庄、吴庄、刘庄、张辛庄、尹庄、许庄、郄庄、李庄、贾庄、夏庄、张海庄、徐庄、孙家塘
大马坊乡	30	大马坊、曹庄、花庄、东尹庄、西南韩、中南韩、东南韩、水北庄、杨庄、小营、大西良、田西良、芦庄、河北、店上、留守玟、王西良、东良、河西营、谭庄、徐河桥、西贤台、东贤台、中贤台、留马、小东庄、大辛庄、小辛庄、大次韩、小次韩
要庄乡	19	小马坊、两渔、贾庄、南上坎、要庄、温屯、相庄、道口、东营、高屯、戴庄、周庄、张庄、西黄村、前大留、后大留、东黄村、胡疃村、王各庄
白龙乡	12	训口、白堡、大坎下、钟家店、野里、巩庄、东龙门、西龙门、南水峪、北水峪、李庄、北东峪
石井乡	10	石井、永安庄、西渝河、东渝河、协义、苑庄、东土门、西土门、尉公、章村
坨南乡	17	坨南、坎下、曹家峪、北赵庄、西赵庄、东赵庄、北台鱼、杨家庄、洛沟、黄山、北峪、岭西、好善庄、支锅石、新建庄、水峪、岭南
刘家台乡	9	刘家台、东高士庄、西高士庄、白沙、长角台、慈家台、车厂、龙居、黄龙寺

2008年满城县行政区划一览表

表1-1-3

乡（镇）名称	村民委员会（个）	村民委员会名称
满城镇	34	城内、北关、眺山营、谒山、北辛庄、城北、北厂、南陵山、北陵山、长旺、城东、东马、北庄、北马、西马、南马、东佃庄、中佃庄、西佃庄、李堡、宋贾、柳家佐、杨家佐、李家佐、郑家佐、韩家佐、陶家佐、吴家庄、韩家庄、抱阳、顺民、茂山、守陵、毛贾
大册营镇	16	大册营、岗头、大册、马厂、方上、沿村、北宋、北宋营、夜借、永南庄、苏庄、下紫口、上紫口、西村、六间房、王辛庄

续表1-1-3

乡（镇）名称	村民委员会（个）	村民委员会名称
神星镇	18	神星、市头村、玉山、小楼、大楼、荆山、北太平庄、石家佐、翟家佐、马连川、寺角、南峪、中峪、东峪、西峪、李家佐、石板山、魏庄
南韩村镇	24	南韩村、市庄、疙瘩屯、孙村、西苟、东苟、宋家屯、大贾、良贾、大固店、段旺、西原、西原坡、西原屯、东原、后屯、南辛庄、南原、尹固、东堤北、中堤北、西堤北、东村、后村
方顺桥乡	20	方顺桥、南固店、谭头、太平庄、东方顺、沟河庄、大河旺、许庄、孔村、三恩庄、陉阳驿、辛章屯、西辛章、东辛章、决堤、孟村、高荆、河图、大赛、小赛
于家庄乡	7	于家庄、郭村、郎村、汤村、五里铺、李铁庄、庞村
贤台乡	21	西南韩、中南韩、东南韩、水北庄、杨庄、小营、西贤台、东贤台、中贤台、留马、小东庄、大辛庄、小辛庄、大次韩、西庄、东庄、东庄店、大石桥、河南庄、北于家庄、小次韩
要庄乡	16	小马坊、两渔、贾庄、南上坎、要庄、西黄村、前大留、后大留、东黄村、胡疃、王各庄、小庄、大庄、大许城、南宋、小许城
白龙乡	12	训口、白堡、大坎下、钟家店、野里、巩庄、东龙门、西龙门、南水峪、北水峪、李庄、北东峪
石井乡	10	石井、永安庄、西渝河、东渝河、协义、苑庄、东土门、西土门、尉公、章村
坨南乡	17	坨南、坎下、曹家峪、北赵庄、西赵庄、东赵庄、北台鱼、杨家庄、洛沟、黄山、北峪、岭西、好善庄、支锅石、新建庄、水峪、岭南
刘家台乡	9	刘家台、东高士庄、西高士庄、白沙、长角台、慈家台、车厂、龙居、黄龙寺

三、城区划分

2002年11月，成立社区办公室（非常设正科级事业单位），将县城区域划分成6个社区，并组建6个居民委员会（以下简称居委会）。2008年，城区仍划分6个社区，各社区所辖范围、楼院数、户数及人口数如下表：

2008年满城县各社区居委会基本情况一览表

表1-1-4

单位	楼院数（个）	户数（户）	人口数（人）
西城社区居委会	14	2063	6100
	范围：北至北外环路，西至西外环路，南至北陵山地界，东至古城街		
燕赵社区居委会	74	1813	5571
	范围：北至北外环路，西至古城街，南至中山路，东至步行街，永乐园小区以西		
永乐社区居委会	101	3026	10270
	范围：北至北外环路，西至步行街，南至满神铁路，东至育才街，工业路东出口以西，广场以南		

续表1-1-4

单位	楼院数（个）	户数（户）	人口数（人）
育才社区居委会	121	3878	12966
	范围：北至北外环路，西至育才街，南至南外环路，东至宏昌大街，工业路东出口以东		
东城社区居委会	9	1694	5438
	范围：北至北外环路，西至宏昌大街，南至南外环路，东至东外环路		
建设社区居委会	68	2391	5259
	范围：北至满神铁路，西至南陵山地界，南至太行监狱，东至长旺村地界		

第三节　勘　界

一、全面勘界

1997年11月，组织开展全面勘界工作。成立勘界工作领导小组，领导小组办公室设在县民政局，工作人员从县财政、建设、土地、农业、林业等单位抽调。各乡（镇）也成立领导小组，配备工作人员。勘界的主要内容是明确行政区划界线走向的位置，即核定法定线、解决争议线，并在实地设立界桩，用现代技术手段形成准确反映实际边界走向的文件、资料和地形图，用法律形式将市、县、乡（镇）的界线固定下来。

清苑、满城、南市区三交点界碑（摄于2006年）

1997年，完成满城、易县，满城、徐水，满城、北市区的勘界。1998—2000年，陆续完成全部县级和乡（镇）勘界。满城县县（区）级界线共6条，长约216.3公里。乡（镇）级界线共20条，长约117公里。

2006年11月，参加与周边县（区）边界复查工作，对与邻界的县、区行政区域界级及其两侧的地貌、地上附着物、参照物、界碑保存是否完整等情况进行重新审核、登记，确保与周边县（区）界线清晰，界线相邻的自然村无争议。

二、部分乡（镇）勘界

1998年12月，江城乡、大马坊乡、于家庄乡、要庄乡的41个行政村划归保定市，重新组建贤台乡。1999年1月，县政府制定《满城县部分乡镇行政区划调整后勘定乡界的实施方案》，对大册营镇、要庄乡、贤台乡、于家庄乡的乡（镇）界线重新勘定。涉及的4个乡（镇）成立边界勘察组，协助配合县勘界组工作。2月2—8日，对双方毗邻的村进行实地踏勘，确定边界走向，签署边界走向协议书，标绘边界线地形图，上报县政府审批。

第四节　乡（镇）概况

一、满城镇

满城镇是县政府所在地，因驻地在县城而得名，位于满城县中部。大部分地域为平原，地势平坦，只西部少数村庄散布在太行山东部边缘，呈浅山丘陵地貌。政府驻地在县西外环路西侧杨家佐村东，南接南韩村镇，西邻石井乡，北、西北与神星镇接壤，东接保定市新市区，东北与要庄乡搭界。距张石高速公路满城出站口4公里。省道保涞线、京赞线和满神铁路过境，交通便利。金融企业集中，是全县政治、经济、文化中心。

1991年，辖11个行政村，5个街道居民委员会，总面积25平方公里，人口32668人。1996年合乡扩镇时，东马乡11个行政村、柳家佐乡8个行政村和顺民乡4个行政村划归满城镇。2008年，辖34个行政村，总面积85.42平方公里，耕地面积4492公顷，17030户，67960人。另外，辖区内还有6个社区居委会，辖14865户，45604人。

2008年，完成财政收入6123万元，乡镇企业总产值463050万元，出口创汇299万美元，固定资产投资完成58564万元。上缴税金9311万元，完成出口贸易交货值81059万元，国内生产总值419928万元。农民人均纯收入4820元。

北辛庄村温室草莓（摄于2006年）

（一）农业

满城镇是农业大镇，以草莓、地芸豆、小麦、玉米、果树等农作物为主导产业。东部和南部以小麦、玉米、果树种植为主，西部和北部以草莓、地芸豆、果树种植为主。有保定杜氏食品有限公司、保定市明花食品有限公司等一批农产品深加工龙头企业。2008年，全镇粮食总产量27148吨，平均亩产396公斤；果品产量1.13万吨。

（二）工业、商贸、服务业

2008年，全镇有企业612家，其中造纸企业33家，建材企业125家，化工企业2家，肠衣业15家，食品加工企业21家，其他企业416家。全镇规模以上企业23家，其中年产值亿元以上的企业1家，1000万元以上的企业9家。全镇非农行业产值367960万元，其中工业总产值163560万元，建筑业产值73940万元，运输业产值32300万元，批发零售贸易及餐饮业产值98160万元。

（三）基础设施建设、社会事业

2007年，完成众立塑胶、西山花园、清华在水一方、九州盛世名门、阳光诺林湾、兰汀园、南水北调、张石高速公路、宏昌大街改造、白水泥厂、北厂村旧村改造、东马幼儿园、220千伏大册营线和西原线输变电工程的拆迁占地工作。2007年，全镇新上项目13个，其中投资1000万元以上的项目10个。

2006年，开始推行新农合制度，至2008年，全镇农业人口参合率75%。

2008年，有2所初级中学，21所小学，在校学生6261人。

自2002年开始组织城中村改造。2002年，北关村进行城中村改造一期工程——顺德小区建设，2004年年底投入使用。2005年，北关村被定为市级文明生态创建村。2006年2月，北厂村开始实施旧村改造，启动新民居工程建设。2007年5月完成一期改造。2007年9月，实施二期改造开发。2008年年底，新民居建设总投资2.35亿元，占地341亩，新建32栋住宅楼，1698套住房，建筑面积22.5万平方米。

2004—2009年，开展文明生态村创建活动。投入资金300多万元，完成34个村自来水管网改造，自来水接入率99%；乡村路面硬化200公里，道路硬化率90%；建立沼气示范户350户；实施“一池三改”工程（建沼气池，结合沼气利用，改厨、改厕、改圈）；全镇农村水、电、路等基础条件得到改善。先后有东马、韩家佐、北陵山、北关、陶家佐、谒山、南马、韩家庄、郑家佐、南陵山、西马11个村通过市、县文明生态村达标验收。其中8个村通过市级文明生态村达标验收，2个村被列为市级新农村建设示范村，1个村被列为省级新民居建设示范村。

2008年满城镇各行政村基本情况统计表

表1-1-5

村　　名	户数（户）	人口（人）	人均纯收入（元）	村　　名	户数（户）	人口（人）	人均纯收入（元）
城　　内	899	3900	5243	李　　堡	650	2740	4636
眺山营	624	2400	4550	宋　　贾	507	1893	4781
城　　东	1180	5040	4906	毛　　贾	142	596	4804
城　　北	146	567	4821	抱　　阳	1199	4827	4816
北辛庄	253	1050	4826	茂　　山	536	2018	4804
北　　厂	79	350	4913	顺　　民	729	2668	4799
谒　　山	600	2400	4775	守　　陵	715	2850	4816
长　　旺	390	1500	4550	北陵山	530	1865	4844
北　　关	309	1230	5008	南陵山	475	1700	4844
北　　庄	1110	4500	4735	柳家佐	750	3003	4729
北　　马	75	300	4758	杨家佐	590	2270	4804
东　　马	771	3050	5305	李家佐	545	2260	4631
西　　马	235	929	4804	郑家佐	243	1295	4631
南　　马	262	930	4799	韩家佐	212	826	4926
东佃庄	475	1730	4781	陶家佐	215	850	4775
中佃庄	274	1030	4816	吴家庄	620	2585	4729
西佃庄	180	648	4799	韩家庄	510	2160	4654

二、神星镇

镇政府驻地神星村，位于县城北部偏西10公里处，因驻地得名，属半山区镇。境内西部多山，地

神星村南的陨石（摄于2008年）

势西高东低，东部为山前平原。北接白龙乡，东临大册营镇，西、南与坨南乡、石井乡和满城镇接壤。漕河、马连川河过境，马连川河在神星村东南汇入漕河。辖区交通便利，张石高速、京赞线穿镇而过。部属大型国有企业——中航工业惠阳航空螺旋桨有限公司位于镇政府驻地西北。南水北调工程自西南至东北穿过，亚洲第一大渡槽——漕河渡槽位于神星村村南。1991年，辖20个行政村，面积75平方公里，人口38697人。1996年合乡扩镇时，王各庄、胡疃划归要庄乡。2008年，辖18个行政村，总面积73.91平方公里，其中耕地面积1852公顷。共9620户，38260人，其中非农业人口2235人。

2008年，全镇财政收入420万元，乡镇企业总产值168630万元，固定资产投资7900万元，国内生产总值149523万元。农民人均纯收入4100元。

（一）农业

农业以小麦、玉米等大田作物为主，经济作物以地芸豆为主。依托区位优势大力发展林果业，磨盘柿、红岗山桃、大红袍石榴为主导产品。果品品质优良，除销往东北、内蒙古及京津等大中城市外，还出口到俄罗斯、日本、韩国、蒙古、新加坡、泰国等国家。2008年，粮食总产量10889吨，果品产量19628吨，人均果品收入3650元。猪存栏1.47万头，羊0.85万只，家禽21万只。

马连川村大红袍石榴（摄于2008年）

（二）工业、旅游

工业起步较早，20世纪80年代末，逐步兴起造纸、化工、石板、灰窑等个体、集体企业。1996年，有工业企业22家，工业总产值9700万元。2005年以后，推行节能减排，一大批小型企业、摊点被关停、取缔、重组、转产，产业结构进一步规范、优化。2008年，全镇规模以上企业4家，非农业产值129500万元，其中工业总产值35000万元。

从2002年开始，在县政府有关部门帮助下，开辟生态旅游柿子沟，每年举办金秋红叶柿子节。北京、天津、保定及周边城市居民纷纷到柿子沟旅游，给当地农民带来直接经济效益，餐饮服务及相关产业也得到发展。2008年，全镇有农家小吃（农家院）25家，柿子节期间接待游客8万余人次，直接创收75万元，综合收入850万元。

（三）基础设施建设、社会事业

全镇建有12个村级文化广场，配置文体器材68套，建立8个图书室，存书2万册。秧歌队、大鼓队、军乐队、曲艺队等群众自办文化组织20个。神星镇文化底蕴深厚，1986年9月至2008年，共举办8届神星农民诗会，在全国引起很大反响。石板山村流传的大秧歌独具特色，唱腔类似定州秧歌，只用锣、镲等打击乐器伴奏，濒临失传。

2008年年底，有2所初级中学，10所小学，在校学生4419人，8所幼儿园。2004—2008年，连续4年被县委、县政府授予“中考先进乡镇”荣誉称号。有18个村卫生所，66所个体诊所，从医人员82人。2005年，神星镇中心医院升格为满城县第四医院。2006年起开始推行新农合制度，至2008年，全镇农业人口参合率75%。

2004—2009年，开展文明生态村创建活动。先后投资1500余万元，完成自来水管网改造，自来水接入率95%；完成村路硬化110公里，道路硬化率85%；推广设立沼气示范户45户。先后有玉山、石板山、东峪、大楼、市头村、西峪、北太平庄7个村通过市、县文明生态村达标验收。

2008年神星镇各行政村基本情况统计表

表1-1-6

村　　名	户数（户）	人口（人）	人均纯收入（元）	村　　名	户数（户）	人口（人）	人均纯收入（元）
市头村	1276	4935	4128	李家佐	213	852	3972
玉　　山	459	1838	3817	石板山	278	1020	3840
小　　楼	216	821	3855	寺　　角	289	1116	3915
大　　楼	978	3973	4175	翟家佐	927	3735	4135
荆　　山	925	3840	4170	马连川	139	595	3445
神　　星	924	3530	4195	南　　峪	578	2171	4315
魏　　庄	1033	4126	4128	中　　峪	324	1305	3974
北太平庄	128	530	4053	东　　峪	228	1093	3947
石家佐	570	2240	4296	西　　峪	135	540	3922

三、大册营镇

镇政府驻地大册营村，位于县城东北7.5公里处，因驻地得名。西北部为浅山区，东南部为平原，西南有漕河过境。东接贤台乡，北临徐水县大王店镇，西北接白龙乡，西临神星镇，南临要庄乡。张石高速、保涞北线（333省道）、神西公路贯穿全境，交通便利。

1994年，撤乡建镇，所辖区域未变，辖14个行政村，总面积42平方公里，6974户，28202人。1996年合乡扩镇后，辖27个行政村，总面积62.1平方公里，总户数10723户，总人口44336人。1998年12月，将5个村划归要庄乡，将6个村划归重新组建的贤台乡，辖16个行政村。2008年，辖16个行政村，总面积47.40平方公里，耕地2387公顷，总户数8541户，总人口34540人。

2008年年底，全镇乡镇企业总产值191320万元，国内生产总值258314万元，财政收入2500万元，利税15413万元，农民人均纯收入4512元。

（一）农业

辖区各村以传统农业为主，主要种植小麦、玉米等粮食作物，种粮面积35000余亩。2004年，国家实施种粮直补、良种补贴、综合直补、农机补贴政策后，广大群众生产积极性大大提高，以西北部山区为主，林果业发展较快。2008年，全镇粮食总产量16745吨；果品产量9800吨，其中苹果2590吨，葡萄200吨，柿子2700吨，桃2870吨，其他果品1440吨；羊、牛存栏6600只（头），猪8200头，各类家禽8万只。

（二）工业、商贸、服务业

工业起步较早，发展迅猛，20世纪80年代初，逐步兴起纸制品生产、化工、建材、果脯等个体、集体企业。2006年，全镇纸制品生产企业180余家，纸制品质量优良，畅销全国，并远销美国、日本、东南亚等国，成为全镇工业的支柱产业。

保定市港兴纸业有限公司造纸车间（摄于2008年）

2006年，加大污染企业的治理，大部分纸制品生产企业被关停、取缔或重组、转产，全镇产业结构进一步规范、优化，纸制品企业重组为54家，机械制造、彩印行业也逐步兴起。2008年，全镇乡镇企业660余家，非农业产值为238840万元，其中工业总产值208500万元，农村建筑业总产值7240万元，运输业货运总产值7500万元，批发零售贸易业、餐饮业总产值15600万元。

（三）基础设施建设、社会事业

1996年合乡扩镇后，镇政府驻地大册营村逐步成为全镇政治、经济、文化中心，沿工业街两侧商业网点迅速增加。兴建高标准教学楼和办公楼、大型污水处理厂等。镇域内道路全部实现硬化，工业街改造后道路通畅，镇容整洁，给水、供电、食宿等大型公共服务设施齐全。有宾馆、网吧、超市20多个，医院、诊所20所。建有变电站1座，有中国移动、中国联通、中国电信发射塔10座。

2006年起开始推行新农合制度，至2008年，全镇农业人口参合率91.04%。

2008年，全镇有1所初级中学，9所小学，在校学生3452人。

2004—2009年，组织文明生态村创建活动。完成路面硬化98公里，推广设立沼气示范户60户，植树16万余株。2009年，全镇建有7个村级文化广场，配置文体器材56套，建立6个图书室，存书1500册，有秧歌队、大鼓队、军乐队、曲艺队等群众自办文化组织8个。先后有夜借、岗头、沿村、永南庄、苏庄、上紫口、北宋7个村通过市、县文明生态村达标验收。

2008年大册营镇各行政村基本情况统计表

表1-1-7

村名	户数（户）	人口（人）	人均纯收入（元）	村名	户数（户）	人口（人）	人均纯收入（元）
岗头	1205	4872	4627	夜借	656	2610	4261
大册	1059	4248	5323	永南庄	117	464	4308
大册营	563	2300	4462	苏庄	168	658	4251
马厂	100	396	4652	下紫口	885	3536	4074
方上	700	3087	4896	上紫口	839	3372	4289
沿村	214	852	4459	西村	274	1183	4226
北宋	619	2548	4294	六间房	509	1927	4197
北宋营	368	1429	4311	王辛庄	265	1058	4455

四、南韩村镇

镇政府驻地南韩村，位于县城南 9.3 公里处，因驻地得名。为平原镇，地势平坦。东倚保定市，北靠满城镇，西连顺平县，南接方顺桥乡。南距 107 国道、西距张石高速口均为 10 公里左右，保顺公路和满于西线公路呈“十”字状贯穿全境，地理位置优越，交通便利，物流顺畅。

1991 年辖 8 个行政村，总面积 26.5 平方公里。1994 年撤乡建镇，所辖区域未变。1996 年合乡扩镇，西原乡 11 个行政村、顺民乡 4 个行政村、尹庄乡 1 个行政村划归南韩村镇。全镇面积 59.33 平方公里，耕地 67050 亩，辖 24 个行政村，直到 2008 年未变。

2008 年，全镇总户数 10925 户，总人口 41695 人，财政收入 1408.6 万元，乡镇企业总产值 248548 万元，国内生产总值 307384 万元，农民人均纯收入 4713 元。

（一）农业

农作物以小麦、玉米为主。2004 年，段旺村葡萄协会农业专业合作组织成立。实行“支部+协会”的运作模式，注册了“喇叭”牌商标，建起千米葡萄长廊，兴建葡萄市场，产业化结构不断完善。2008 年，县中低产田改造项目落户南韩村镇，涉及保阜路以南 12 个行政村，耕地 3 万余亩。项目区内初步形成“田成方、路成网、树成行、渠相连”的产业格局。2008 年，粮食总产量 33281 吨，农业总产值 26341 万元。牛、羊存栏 7100 头（只），猪 2.05 万头，各类家禽 26.51 万只。

段旺村农民采摘葡萄（摄于 2006 年）

（二）工业

工业起步较早，改革开放初期已有三元钢化玻璃厂、柠檬酸厂、蓝星啤酒厂、庆丰机械厂等一批大企业入驻，工业基础雄厚。2008 年，有民营经济组织 890 家，从业人数 6590 人，主要产品有农业机械、水泥制品、玻璃、机电、新能源、造纸、制衣等。个体企业 715 家，从业人数 2150 人，其中投资亿元以上的企业 9 家，乡镇企业总产值 366552 万元。

（三）基础设施建设、社会事业

镇区建有商业楼、液化气站、停车场、敬老院、录像厅、武馆、浴池等公益设施，镇政府驻地有综合商店、汽修厂、饭店、理发店等 100 多个，形成了商业一条街。镇内有 1 个变电站、2 个供电所、1 个邮电局、2 所初级中学、10 所小学，在校学生 2238 人，3 所医院，48 所卫生所。先后被保定市推荐为河北省双百工程先进镇，被河北省定为重点开发小城镇，被国家列为综合开发示范项目镇。

2006 年起开始推行新农合制度，2008 年参合率为 90.41%。

2004—2009 年，开展文明生态村创建活动。结合“村村通”工程，投资 650 万元硬化村内道路 5.55 万平方米，投资 300 万元建设附属绿化带；投资 56 万元打井 22 眼，投资 26 万元铺设地下管道 1.76 万米，投资 120 万元对农村内进行低压电力改造，投资 69 万元建设村民活动中心，建设农村书屋 5 个，藏书 1.5 万册。先后有南韩村、段旺、东苟、南辛庄、后屯、尹固、西原屯、西苟、南原 10 个村通过市、县文明生态村达标验收。

2008 年南韩村镇各行政村基本情况统计表

表 1-1-8

村名	户数（户）	人口（人）	人均纯收入（元）	村名	户数（户）	人口（人）	人均纯收入（元）
南韩村	545	2137	4720	西原坡	91	378	4700
市庄	130	410	4700	西原屯	292	1025	4720
疙瘩屯	453	1702	4700	东原	239	982	4700
孙村	412	1445	4700	后屯	206	815	4700
西荀	595	2175	4720	南辛庄	243	926	4700
东荀	585	2273	4720	南原	473	2010	4700
宋家屯	645	2680	4720	尹固	895	3348	5070
大贾	330	1270	4720	东堤北	512	1985	4500
良贾	95	354	4670	中堤北	297	1237	4490
大固店	1440	5490	4730	西堤北	137	563	4380
段旺	950	3345	4920	东村	652	2430	4400
西原	498	1870	4720	后村	210	845	4380

五、方顺桥乡

乡政府驻地东方顺村，位于县城南偏西 20 公里处，以境内的古建筑方顺桥得名。方顺桥村有清康熙年间河运总督靳辅神道碑 1 通。全乡为平原，地势平坦。东接于家庄乡，西临顺平县王各庄乡、望都县南乐庄乡，南与清苑县阳城乡搭界，北临南韩村镇。京广铁路、107 国道、保阜（保定—阜平）和保沧（保定—沧州）高速公路横贯全乡，交通便利。

靳辅神道碑（摄于 2000 年）

1991 年，辖 10 个行政村，面积 27 平方公里，人口 19294 人。1996 年 2 月，与陉阳驿乡合并，仍称方顺桥乡，辖 20 个行政村。2008 年，全乡总面积 51.99 平方公里，耕地面积 3284 公顷，总人口 41499 人。乡内有回族、满族、蒙古族、朝鲜族等 20 个少数民族，少数民族人口较多，散居在大河旺、河图、东方顺、孟村 4 个行政村。

2008 年，全乡完成工农业总产值 356590 万元，农业经济总收入 76540 万元，财政收入 1516.7 万元，利税 32182 万元，国内生产总值 381576 万元，农民人均纯收入 4611 元。

（一）农业

方顺桥乡是全县产粮大乡，有农业灌溉机井 825 眼，节水灌溉机械 60 套，小型拖拉机 413 台，大型拖拉机 146 台，配套农具 758 台，农用车辆 1659 台，联合收割机 108 台。以小赛村绿海无公害果疏基地为依托的农业专业合作社，建有300多个日光温室大棚，基地面积500亩，建有专业农产品交易市场。2006年，基地通过农业部无公害环评认证，注册“富宝”商标。同年，“富宝”牌农产品被评为河北省名牌产品。2007年，引进保定农嘉禾科技有限公司糯玉米深加工项目，采取“企业+基地+农户”的形式发展糯玉米种植5000亩。2008年，全乡建有省级小麦、玉米良种示范区2万亩，粮食总产量25990吨，油料总产量153吨，农业总产值17876万元。全乡羊、牛存栏3200只（头），猪2.02万头，各类家禽10.41万只。

小赛村大棚蔬菜（摄于2005年）

（二）工业

20世纪80年代后期，方顺桥乡工业开始起步，之后逐步兴起。1996年，全乡有工业企业398家，工业总产值99570万元。2005年后，受熔铸行业涉税案件（详见第十编综合经济管理第四章税务）影响及节能减排产业政策的制约，一大批小型企业、摊点被关停、取缔或重组、转产。2008年，全乡工业企业247个，主要有有色金属熔铸、玛钢电器、塑料加工、食品加工四大行业。规模以上工业企业7家，工业总产值338714万元。兴顺钢业、冀开电器、安达电器、宏光电器、鑫达食品、农嘉禾糯玉米加工等企业为重点龙头企业。2007年，“冀开”商标被评为河北省著名商标。2008年，“安登”牌电器产品被评为“河北省优质产品”。

（三）基础设施建设、社会事业

2008年年底，乡政府驻地东方顺城建区总面积0.8平方公里，餐饮娱乐、商住通信、商贸物流等服务功能齐备，各类商业摊点70余个，年营业额5000万元。

1996年前，农村文化生活以上级组织的文化下乡活动和节日民间花会为主，形式和内容比较单一。1996年后，不断加强农村文体设施投入，积极培植群众自办文化组织。2008年，全乡建有9个村级文化广场，配置文体器材78套，8个图书室，存书2万册，秧歌队、大鼓队、军乐队、曲艺队等群众自办文化组织13个。同年，由乡政府牵头，组织全乡第一届农民篮球赛。

2008年，有2所初级中学，14所小学，在校学生3200人。2003—2008年，连续5年被县委、县政府授予中考先进乡荣誉称号。

2006年起开始推行新农合制度，2007年全乡农业人口参合率70.25%，2008年75%。2008年，利用上级专项资金改建乡卫生院，就医条件明显改善。全乡有1所卫生院，20所村卫生所，67所个体诊所，从医人员142人。

2004—2009年，组织文明生态村创建活动。全乡完成乡村路面硬化112公里，道路硬化率85%；自来水接入率95%；建立沼气示范户295户。在小赛村建立河北农大专家工作站，定期开展种植培训。围绕培树社会文明新风，统一编印《村规民约》《八荣八耻明白纸》《节能减排公开信》《婚育新风宣传册》，开展十星级文明生态户评选。先后有小赛、太平庄、方顺桥、大赛、东辛章、河图、辛章屯、东方顺、谭头、三恩庄10个村通过市、县文明生态村达标验收，其中2个村被列为市级新农村建设示范村，1个村被列为省级新民居建设示范村。

2008 年方顺桥乡各行政村基本情况统计表

表 1-1-9

村名	户数（户）	人口（人）	人均纯收入（元）	村名	户数（户）	人口（人）	人均纯收入（元）
方顺桥	1152	4796	4876	陉阳驿	1100	4150	4627
南固店	892	3530	4632	辛章屯	374	1610	4630
谭头	210	824	4460	西辛章	383	1592	4553
太平庄	250	1114	4490	东辛章	289	1251	4659
东方顺	341	1168	4261	决堤	420	1920	4626
沟河庄	155	696	4483	孟村	451	1925	4490
大河旺	469	2025	4702	高荆	780	3170	4480
许村	479	2145	4751	河图	558	2506	4729
孔村	489	2085	4779	大赛	593	2474	4466
三恩庄	372	1618	4150	小赛	249	900	4549

六、于家庄乡

乡政府驻地于家庄村，位于县城南偏东 20 公里，因驻地得名。全乡为平原，地势平坦。东邻保定市新市区江城乡，西邻方顺桥乡，南与清苑县魏村镇搭界，北临南韩村镇。京广铁路、107 国道、保阜、保沧高速公路横贯全乡，交通便利。

1991 年，辖 8 个行政村，面积 27 平方公里，耕地 30395 亩，人均 1.38 亩。1996 年 2 月，增加庞村和李铁庄 2 个行政村，全乡共辖 10 个行政村，总面积 32 平方公里，总人口 28456 人，其中农业人口 25419 人。1998 年，南阎童、西阎童、东阎童 3 个村并入保定市新市区江城乡。2008 年，于家庄乡辖 7 个行政村，总面积 29.47 平方公里，总户数 5149 户，总人口 21475 人，耕地面积 2000 公顷。

李铁庄村富士苹果（摄于 2008 年）

2008 年，全乡完成工农业总产值 176598 万元，国内生产总值 194472 万元，财政收入 214 万元。农民人均纯收入 4618 元。

（一）农业

农作物以小麦、玉米为主，是全县的产粮大乡。2008 年，粮食总产量 19602 吨，油料总产量 101 吨；优质果品种植面积 1000 亩，年产水果 4500 吨；羊、牛存栏 5800 只（头），猪 1.76 万头，各类家禽 15 万只。农业总产值11876万元。

（二）工业

工业起步较早，20 世纪 80 年代末开始，逐步兴起化工、玛钢、塑料加工、食品加工等个体、集体企业。1996 年后，引进九孚生化有限公司等化工企业 5 家，全乡有工业企业 86 家，工业总产值 21207 万元。1997 年，庞村设立化工小区，并对排污设施进一步完善，实现重点行业规模化集中发展。

2000年，全乡工业企业95家，其中规模以上工业企业5家，工业总产值183600万元。

2005年后，实施环保及节能减排政策，一大批小型企业、摊点被关停、取缔或重组、转产。2008年，全乡有工业企业68家，以化工、食品、玛钢、塑料四大行业为主，工业总产值72103.8万元。其中，九孚生化有限公司、永新塑型材有限公司、嘉华食品厂、威尔冻干食品有限公司、久通管道厂等5家规模企业完成产值21429万元。

（三）基础设施建设、社会事业

1991—1996年，小城镇建设步伐较慢，个体商业摊点和供销门店主要分布在107国道于家庄工贸一条街。2004年，完成107国道拓宽后，乡政府对工贸街进行整体规划，商贸服务业得到发展。2008年，全乡商贸业营业额5000万元。

1996年后，在不断加强农村文体设施投入的基础上，注重调动广大群众的参与热情，积极培植群众自办文化团体。2008年，全乡建有3个村级文化广场，配置文体器材6套，建立7个图书室，存书2万册，秧歌队、大鼓队、军乐队、曲艺队等群众自办文化团体3个。

2008年，全乡有1所初级中学，5所小学（其中中心小学1所），在校学生1800人，教职员工197人。

2006年起开始推行新农合制度，2007年农业人口参合率78.25%，2008年达到95%。2008年，争取上级专项资金改建乡卫生院，就医条件明显改善。建有县中心敬老院，1所乡卫生院，20所村卫生所，67所个体诊所，从医人员142人。

2004—2009年，组织文明生态村创建活动。投资600余万元，完成4个重点村自来水管网改造，全乡自来水接入率95%；完成乡村路面硬化45公里，全乡道路硬化率85%；建立沼气示范户188户，全乡农村水、电、路等基础条件得到改善。在李铁庄村建立立河北农大专家工作站，定期开展种植培训，广泛开展十星级文明生态户评选。先后有于家庄、郭村、李铁庄、庞村、郎村、汤村、五里铺7个村通过市、县文明生态村达标验收。

2008年于家庄乡各行政村基本情况统计表

表1-1-10

村名	户数（户）	人口（人）	人均纯收入（元）
郭村	1327	5621	4629
郎村	1261	5599	4625
汤村	825	3315	4588
五里铺	139	619	4611
李铁庄	491	2014	4618
庞村	868	3376	4622
于家庄	238	931	4611

七、贤台乡

乡政府驻地中贤台村，位于县城东偏北11公里处，因驻地而得名。全乡地处漕河两岸平原区，东、北临徐水县，西靠大册营镇和要庄乡，南与保定市新市区大马坊乡接壤。张石高速公路引线纵贯全乡，交通方便，地理位置优越。

1991年，辖12个行政村，总面积28.57平方公里，耕地面积17009亩（其中水浇地14740亩）。1996年1月合乡扩镇时贤台乡被撤销。1998年，重新组建贤台乡，辖21个行政村。2008年辖区不变，全乡总面积28.57平方公里，总户数4818户，总人口19686人，耕地面积1808公顷，农民人均纯收入4353元。2008年12月，贤台乡由保定市高开区托管。

（一）农业

农作物以小麦、玉米等大田作物为主。2008年，全乡粮食总产量14595吨，果品产量4365吨，其中苹果1800吨，桃1955吨，葡萄580吨；猪存栏1.22万头，羊存栏3800只，家禽6.7万只。

（二）工业及其他

2008年，全乡非农行业产值37822万元，其中工业总产值19680万元，建筑业总产值11460万元，运输业货运总产值3784万元，批发零售贸易业、餐饮业总产值2898万元。

2004—2008年，组织开展文明生态村创建活动，先后有小东庄、西贤台、西庄3个村通过县文明生态村达标验收。

2008年贤台乡各行政村基本情况统计表

表1-1-11

村　名	户数（户）	人口（人）	人均纯收入（元）	村　名	户数（户）	人口（人）	人均纯收入（元）
西　庄	473	1988	4353	杨　庄	165	679	4345
东　庄	438	1796	4360	小　营	64	290	4350
东庄店	187	735	4350	西贤台	212	786	4353
大石桥	340	1263	4352	东贤台	389	1669	4350
北于家庄	294	1215	4360	中贤台	291	1141	4348
小次韩	80	375	4363	留　马	243	962	4345
西南韩	207	756	4355	小东庄	72	320	4355
中南韩	278	1234	4367	大辛庄	201	836	4354
东南韩	157	613	4365	小辛庄	86	383	4356
水北庄	296	1258	4350	河南庄	162	631	4355
大次韩	183	756	4352				

八、要庄乡

乡政府驻地小马坊村南，位于县城东北8公里处。东临保定市高开区，南与保定市新市区大马坊乡搭界，西接满城镇，北临大册营镇。全乡为平原，地势平坦，漕河从西至东过境。紧临保定北三环、张石高速引线，交通便利，信息畅通。

1991年，辖14个行政村，总面积25.6平方公里。1996年合乡扩镇，贤台乡东黄村、前大留、后大留3个村，神星镇胡疃、王各庄2个村，共5个村划归要庄乡，要庄乡辖19个行政村，面积33.7平方公里，人口25365人。1998年，保定市区划调整，要庄乡8个村划归保定市新市区大马坊乡，大册营镇5个村划归要庄乡管辖。2008年，全乡辖16个行政村，总面积28.16平方公里，总户数5136户，总人口20177人，耕地面积1704公顷。

2008年，全乡社会生产总值54200万元，完成固定资产投资32200万元，引进外省资金4211万元，财政收入235万元。农业总产值13212万元，农民人均纯收入4655元。

（一）农业

西黄村伊丽莎白甜瓜（摄于2005年）

农作物以小麦、玉米为主，漕河两岸林果业较为发达。2008年，粮食总产量14790吨，果品产量5174吨。西黄村伊丽莎白香瓜示范园，小许城奥圣农业示范园，南上坎、后大留、东黄村、贾庄大棚杏、李等一批高效农业种植面积1.3万亩。西黄村伊丽莎白甜瓜注册了"满香"商标，产品销往北京、天津等大城市。2005年8月，奥圣农业示范园与华北电力大学签订蔬菜供应合同，实现示范农业向订单农业的转变。同年，以奥圣园区为基础成立满城县无公害蔬菜协会。2008年，奥圣园区成为华北电力大学（保定校区）、河北农大、乐凯宾馆的蔬菜供应基地，年销售无公害绿色蔬菜1000多万公斤，销售收入1800多万元。2006年，保定富瑞园林生态项目落户要庄乡。

2008年，全乡有7个养殖专业合作社，锦泷养殖小区、伟达养猪专业合作社、中天隆兴鸭业为养殖业龙头企业。全乡有8个奶牛场，总存栏2000头；有20多个养猪场，总存栏1.6万头；有2个大型养鸭场，总存栏6万只；有10个大型养鸡场，总存栏3.5万多只。锦泷养殖有限公司被评为河北省无公害奶源基地、河北省优秀奶牛小区、保定市养殖业龙头企业。

（二）工业、商贸、服务业

20世纪90年代，受周边乡（镇）造纸企业影响，要庄乡兴起家庭作坊式小型纸厂，至1999年，形成一批造纸龙头企业，工业产值、利税有较大提高。2006年，县城污水处理厂落户要庄乡，后大留鑫盛纸业和润福源生物科技有限公司竣工投产，保定寰怡网业制造有限公司开工建设。2008年，要庄乡被纳入"保定·中国电谷"二期规划，以造纸和"电"字号项目为主，全乡有规模以上企业17家，工业总产值25004万元。

（三）基础设施建设、社会事业

1997年以前，要庄乡政府驻地在要庄村，小城镇建设步伐较慢，个体商业摊点和供销门店较少，集中在要庄村集市一带。1997年，乡政府驻地迁至小马坊村，小马坊村逐步成为全乡政治、经济、文化中心，小马坊村满大公路（满城至大马坊）周围商业网点迅速增加。

漕河沿岸绿化（摄于2006年）

2008年，全乡有1所初级中学，7所完全小学，1个教学点，在校学生1744人，教职员工201人；有1所乡卫生院，16所村卫生所，43所个体诊所，从医人员72人。

2004—2009年，组织文明生态村创建活动。结合"村村通"工程，16个行政村村内道路全部实现硬化，全乡公路总里程80公里。积极培植群众自办文化组织，各村均有群众自建的秧歌队、鼓乐队、军乐队。有1所乡级文化站，7个村级文化广场，配置文体器材百余套，新建1个农村书屋，存书1.5万余册。先后有东黄村、西黄村、大许城、小许城、南宋、小庄、后大留、大庄、南上坎9个村通过市、县文明生态村达标验收。

2008年要庄乡各行政村基本情况统计表

表1-1-12

村名	户数（户）	人口（人）	人均纯收入（元）	村名	户数（户）	人口（人）	人均纯收入（元）
东黄村	233	830	4660	小庄	75	272	4650
西黄村	321	1346	4660	南宋	317	1257	4655
大许城	315	1230	4650	前大留	183	728	4660
小许城	151	583	4650	小马坊	416	1782	4655
后大留	567	2064	4660	王各庄	236	897	4650
南上坎	257	992	4650	胡疃	92	370	4650
贾庄	284	972	4650	两渔	781	3021	4655
大庄	257	1160	4650	要庄	651	2673	4655

九、白龙乡

乡政府驻地白堡村，位于县城北部15公里处，由原白堡、龙门两乡合并而得名。属山区乡，境内多山峦、丘陵。西北有龙门水库，水库下游的漕河穿乡而过。东与徐水县接壤，西北与易县毗邻，西南接神星镇，东南接大册营镇，京赞公路贯穿全境，交通便利。

1996年，辖12个行政村，辖区面积49.40平方公里。2008年，辖区不变，全乡总户数4643户，总人口17349人，耕地面积937公顷。国内生产总值23821万元，工农业总产值17750万元，财政收入353万元，农民人均纯收入2738元。

（一）农业、林业、畜牧业

主要农作物有小麦、玉米、高粱、大豆、谷子等。2008年，粮食总产量6888吨，棉花总产10吨，油料总产170吨。林果业是全乡的重要经济来源，2008年果树面积7830亩，产量11186吨。其中桃1125亩，产量2300吨；苹果600亩，产量547吨；柿子3210亩，产量6207吨；杏2895亩，产量920吨。大牲畜存栏2200头，猪存栏1.52万头，羊存栏1.12万只，家禽8万只。农林牧渔业总产值7328万元。

西龙门村杏树（摄于2006年）

（二）工业、商贸、服务业

2008年，全乡有483家企业，以建材业为主。其中有2家500万元以上规模企业，分别是天宇石材、华兴石材，产品销往美国、德国、英国、日本、加拿大等国，被广泛用于公共场所、别墅、庭院等建筑，年创汇70万美元。

白龙乡旅游资源丰富，有龙潭峡谷景区、北水峪周边农家游、远达度假村等休闲旅游景点。龙潭峡谷景区为省级风景名胜区，由龙门湖和龙潭峡谷两大景观组成。1992 年龙潭景区开发后，带动了餐饮服务业的大发展。农家小吃由最早的南水峪龙潭小吃 1 家发展到 2008 年的 33 家，分布于南水峪、北水峪和钟家店 3 个村。高档餐饮业也迅速发展，1992 年建立西山宾馆，1994 年建立远达度假村，2007 年建立龙门山庄。

龙潭峡谷（摄于 2007 年）

2008 年，全乡非农行业产值 16493 万元，其中，工业产值 10422 万元，建筑业产值 460 万元，运输业产值 258 万元，批发零售贸易业、餐饮业产值 5353 万元。

（三）基础设施建设、社会事业

乡政府驻地白堡村是全乡政治、经济、文化中心，商业网点较多。2008 年，全乡有 2 所乡办初级中学，6 所小学，在校学生 1100 人。1 所乡卫生院，从医人员 22 人；10 所村卫生所，18 所个体诊所，从医人员 60 人。全乡各村业余文化生活丰富多彩，主要有白堡村舞狮、训口老调、南水峪哈哈腔、北水峪大秧歌等。

2004—2009 年，组织文明生态村创建活动。先后有钟家店、李庄、白堡、南水峪、北水峪、大坎下 6 个村通过市、县文明生态村达标验收。

2008 年白龙乡各行政村基本情况统计表

表 1-1-13

村　名	户数（户）	人口（人）	人均纯收入（元）	村　名	户数（户）	人口（人）	人均纯收入（元）
白　堡	1171	4417	2794	东龙门	228	753	2483
野　里	213	795	2570	西龙门	186	669	2556
巩　庄	198	786	2764	南水峪	348	1353	2651
训　口	420	1409	2576	北水峪	221	788	2870
钟家店	374	1506	2863	北东峪	496	1865	2837
大坎下	581	2297	2720	李　庄	207	801	2865

十、石井乡

乡政府驻地石井村村西，距县城 10 公里，因驻地得名，属半山区乡。北部、西部、南部皆为太行山余脉，界河穿境而过，地域多山地，只界河南少数地域为平地。东临满城镇，西临坨南乡，北临神星镇，南与顺平县交界。张石高速公路、省道保涞路过境，交通便利，是连接京津，贯通山西、内蒙古的交通重镇。南水北调中线干渠纵贯南北。

1991 年，辖 8 个行政村，全乡人口 17626 人，耕地 14449 亩。1996 年，顺民乡尉公村、章村划归石井乡。2008 年，辖 10 个行政村，总面积 59.24 平方公里，耕地面积 1278 公顷，总户数 5988 户，总人口 21906 人。

2008 年，全乡社会生产总值 118780 万元，财政收入 650 万元，固定资产投资 7500 万元，企业上缴税金2006万元，出口创汇完成200万美元，农业总产值8600万元，农民人均纯收入3733元。

（一）农业、林业、畜牧业

2008年，全乡粮食产量6808吨，地芸豆种植面积9865亩，荒山开发面积15000亩，引水上山9800亩。2008年，全乡磨盘柿面积12000亩，桃、杏、李800亩，果品产量17636吨，有3个专业果品市场。有3个大型养殖厂，牛、羊存栏12644头（只），猪存栏12700头，各类家禽97900只。

农民交售磨盘柿（摄于2006年）

（二）工业、商贸、服务业

工业主要有纸箱、肠衣、建材加工和运输业。1998年，组织12家肠衣企业筹建大久集团。1999年，金利包装、宏安包装两个企业年产值均超亿元。2007年，新建尉公昊宇奶牛养殖有限公司，被列为省农业产业化经营重点龙头企业。2008年，全乡有企业、摊点421家，其中规模以上企业24家，年产值超亿元的大型纸箱加工企业15家，非煤矿山企业14家，粉灰、灰窑企业86家，有大型运输车辆1500辆，是县西最大的纸品加工、建材加工和运输基地。

2008年，全乡农村非农行业产值27326万元，其中工业产值25419万元，建筑行业产值364万元，运输业产值1104万元，批发零售贸易业产值439万元。

（三）基础设施建设、社会事业

石井村是全乡政治、经济、文化中心，沿保涞公路两侧商业网点发展迅速。2008年，全乡有5个村级文化广场，配置文体器材5套，4个农村图书屋，存书2万册，业余剧团、秧歌队、曲艺队等群众自办文化组织8个。

2008年，全乡有1所初级中学、5所小学，在校学生1773人。

2006年起开始推行新农合制度，2007年全乡农业人口参合率92.5%，2008年为94%。2008年，争取上级资金购进先进的医疗设备，充实石井中心医院，就医条件得到改善。

2004—2009年，组织文明生态村创建活动。投资3000万元，完成5个重点村自来水管网改造，全乡自来水接入率100%；完成乡村路面硬化150公里，全乡道路硬化率98%；建立沼气示范户130户。围绕培树文明新风，统一编制《村规民约》《婚育新风宣传手册》，开展十星级文明生态户评选。先后有石井、苑庄、东土门、西土门、西渝河、协义6个村通过县级文明生态村达标验收，尉公村被列为全县新农村建设试点。

2008年石井乡各行政村基本情况统计表

表1-1-14

村名	户数（户）	人口（人）	人均纯收入（元）	村名	户数（户）	人口（人）	人均纯收入（元）
石井	1443	5369	3753	章村	390	1435	3733
东渝河	858	3220	3741	协义	556	1679	3728
西渝河	526	1882	3738	苑庄	280	975	3644

续表1-1-14

村　名	户数（户）	人口（人）	人均纯收入（元）	村　名	户数（户）	人口（人）	人均纯收入（元）
永安庄	821	3289	3739	东土门	142	542	3640
尉　公	836	3047	3738	西土门	136	468	3639

十一、坨南乡

乡政府驻地坨南村，位于县城西 18 公里处，因驻地而得名。境内多山峦、丘陵、山地，为山区乡。南临顺平县，北接易县，东、西分别与石井乡、刘家台乡接壤。交通便利，保涞路横贯东西，满顺、满易公路纵穿南北，村村通有公路。

1996 年，岭西乡、北台鱼乡、坎下乡 3 个乡合并成坨南乡。2008 年，辖 17 个行政村，总面积 66.67 平方公里，全乡总户数 4794 户，总人口 17926 人，耕地面积 717 公顷。工农业生产总值 15569 万元，全乡民营经济总产值 13448 万元，固定资产投资 1520 万元，利税 81 万元，引进资金 870 万元，完成出口交货值 1625 万元，实现财政收入 158.8 万元，出口创汇 42 万美元，农民人均纯收入 2839 元。

（一）农业

全乡经济以林果业为主，是远近闻名的林果专业乡，是人均百棵果树工程的发祥地，是保定市鲜桃种植品种最多、品质最优、产量最高、上市期最长的生产基地和销售基地之一。2003 年，完成 1.7 万亩无公害农业生产基地环评认证。2004 年，桃、柿两个品种通过部级无公害农产品质量认证，注册“坨南”果品商标。在各村建立林果科技示范园，成立林果管理技术协会、果品销售协会，举办林果管理技术培训班、果树修剪大赛、“桃王”争霸赛等活动，建立 10 余个大型果品交易市场。2008 年，果树面积 2.5 万余亩，主要品种有桃、柿、杏、李等；全乡果品产量 16222 吨，其中桃产量 12713 吨，柿子产量 2973 吨，苹果产量 274 吨，其他果品产量 262 吨。桃主要品种有大京红、大久保、绿化九、京玉、京艳、红岗山、中华寿桃等。

坨南桃市场（摄于 2005 年）

农作物以小麦、玉米为主。2008 年，全乡农业总产值 6099 万元，粮食总产量 4131 吨，平均亩产 257 公斤。全乡猪存栏 6500 头，羊存栏 11900 只，家禽 56900 只。

坨南村桃林（摄于 2005 年）

（二）工业、商贸、服务业

坨南乡工业企业发展缓慢，2008 年，全乡有 12 家企业，主要涉及建材业、水泥业、铸造业，年创产值 823 万元。全乡非农行业产值 11939 万元，其中，工业总产值 6535 万元，建筑产业总产值 2692 万元，运输业总产值 1587 万元，批发零售贸易业、餐饮业总产值 1125 万元。

旅游资源丰富，境内有景观奇特的曹仙洞和

木兰溶洞、风景秀丽的莲花山和白云山、神秘莫测的裂瓣缝等自然风光，有坨南、黄山、东赵庄、西赵庄 4 条赏花线路，每年举办春季赏花节，邀请摄影爱好者、书画家，举办桃花摄影大赛、书画笔会。年接待游客 2 万人次，创收 20 余万元。

（三）基础设施建设、社会事业

1996 年以前，小城镇建设步伐缓慢，个体商业摊点和供销门店主要分布在北台鱼、岭西、坎下临街路口，整体布局分散。1996 年后，坨南村成为全乡政治、经济、文化中心，沿保涞公路两侧商业网点迅速增加，邮政、电信、餐饮、商住等服务设施齐全，区内有 1 座变电站，2 所卫生院。

2008 年，全乡有 1 所初级中学，2 所完全小学，5 个教学点，教职员工 164 人，在校学生 1568 人。2006 年起，在全乡开始推行新农合制度，2008 年参合率 90%。

2004—2009 年，组织文明生态村创建活动。先后有岭南、岭西、黄山、新建庄、杨家庄、坎下、曹家峪 7 个村通过市、县文明生态村达标验收。2008 年，投资 20 万元建成全县最大的乡（镇）文化馆，占地面积 800 平方米，有 6 间房屋，建筑面积 120 平方米。设有图书馆、阅览室、微机室、培训室、文化娱乐室和 100 平方米的多功能厅。岭西、杨家庄、东赵庄 3 个行政村建有书屋，岭西、杨家庄分别存书 1600 册，东赵庄书屋为农家女书屋，存书 1200 册。

2008 年坨南乡各行政村基本情况统计表

表 1-1-15

村名	户数（户）	人口（人）	人均纯收入（元）	村名	户数（户）	人口（人）	人均纯收入（元）
坨南村	464	1938	2843	洛沟	174	540	2833
坎下村	206	782	2839	岭南	184	560	2839
曹家峪	157	554	2780	黄山	61	239	2845
北赵庄	406	1547	2831	北峪	164	585	2838
西赵庄	243	817	2840	岭西	827	3287	2845
东赵庄	365	1331	2840	好善庄	112	398	2839
北台鱼	623	2415	2849	支锅石	270	1020	2833
杨家庄	344	1226	2847	新建庄	70	222	2838
水峪	124	465	2839				

十二、刘家台乡

乡政府驻地刘家台村，位于县城西 30 公里处，因驻地得名。地处满城县最西部，是深山区乡，境内群山连绵，沟壑纵横，西、南临顺平县，北接易县，东靠坨南乡。省道保涞公路由乡域南部东西方向贯穿全乡，是全乡对外交通的主要道路，村庄主要分布在道路沿线。

1996 年，长角台乡、高士庄乡合并成刘家台乡，辖 9 个行政村，总面积 78.62 平方公里。2008 年，全乡总户数 2010 户，总人口 7219 人，耕地面积 263 公顷，山场面积 8000 公顷。社会生产总值 12354 万元，其中第一产业产值 4154 万元，占 33.6%；第二产业产值 7045 万元，占 57.0%；第三产业产值 1155 万元，占 9.4%。个体私营企业产值 2175 万元，农民人均纯收入 1872 元。

（一）农业

刘家台村大石早生李子（摄于2005年）

农作物以玉米、小麦为主，甘薯、高粱、谷子次之；经济作物主要有棉花、花生。蔬菜以大白菜、地芸豆为最多。2008年，粮食总产量1230吨，平均亩产172公斤。林果业是刘家台乡经济的主要来源，各种果树87.8万株，主要品种有李子、桃、磨盘柿、苹果，其中李子种植面积最大。以龙居苹果著称，因特有的山地气候，苹果色泽好、口味佳，深受北京等大城市客户的喜爱。2008年，全乡果品产量8810吨，猪存栏4000头，羊存栏4500只，家禽2.52万只。

（二）工业、商贸、服务业

刘家台乡工业企业相对薄弱，2008年，全乡有企业、摊点4家，工业总产值1145万元，建筑业总产值5990万元，运输业总产值2703万元，批发零售贸易总额795万元。

刘家台乡9个行政村呈三沟一线分布，山场广阔，植被茂盛，水资源丰富，年平均气温12℃，夏季气温比县城低4~5℃。大力发展旅游业，积极筹措资金，硬化道路，整修登山旅游路，制作旅游指示牌、景区标志牌，编写《印象玉皇坨》宣传书籍，多次邀请新闻单位到景区采风，积极对外推介招商。2008年年底，玉皇坨、云龙山庄、大平台、白沙大峡谷、金银花种植基地等重点旅游、休闲度假景点基本形成，年接待游客1万人次，收入50多万元。

（三）基础设施建设、社会事业

2005年，不断改善中小学教学设施和育人环境，在保证适龄儿童按时入学的同时，对全乡小学六年级采取集中办学模式，实现教学资源共享，九年义务教育普及率100%。2008年，全乡有1所初级中学，8所小学，在校学生648人。

2008年，全乡有1所乡级卫生院，8所村级卫生所，乡卫生院设有外、内、妇、牙、中医科，医疗设备有X光机、B超、心电仪、半自动生化仪、离子电刀、牙科综合治疗仪等。

2004—2008年，组织开展文明生态村创建活动。累计投入资金218万元，群众出义务工5080个，硬化道路30公里，建成3个集商贸、休闲、体育锻炼为一体的小广场，示范村主要街道安装了路灯，栽植花草树木50万株，建成沼气池46个。先后有刘家台、龙居、东高士庄、长角台、西高士庄、车厂6个村通过市、县文明生态村达标验收。

2008年刘家台乡各行政村基本情况统计表

表1-1-16

村　　名	户数（户）	人口（人）	人均纯收入（元）
刘家台	101	372	1887
东高士庄	247	950	1876
西高士庄	253	964	1872
白　　沙	182	690	1870

续表1-1-16

村　　名	户数（户）	人口（人）	人均纯收入（元）
车　　厂	240	821	1863
龙　　居	296	958	1874
慈 家 台	230	768	1875
长 角 台	159	542	1873
黄 龙 寺	302	1154	1863

2008 年满城县各乡（镇）基本情况统计表

表 1-1-17

乡　　镇	辖区面积（平方公里）	乡村户数（户）	乡村人口（人）	耕地（公顷）	粮食总产量（吨）	国内生产总值（万元）（时价）	农村居民人均纯收入（元）
满 城 镇	85. 42	17030	67960	4492	27148	419928	4820
神 星 镇	73. 91	9620	38260	1852	10889	149523	4100
大册营镇	47. 40	8541	34540	2387	16745	258314	4512
南韩村镇	59. 33	10925	41695	4413	32281	307384	4713
方顺桥乡	51. 99	10006	41499	3284	25990	381576	4611
于家庄乡	29. 47	5149	21475	2000	19602	194472	4618
贤 台 乡	28. 57	4818	19686	1808	14595	50777	4353
要 庄 乡	28. 16	5136	20177	1704	14790	54172	4655
白 龙 乡	49. 40	4643	17349	937	6888	23821	2738
石 井 乡	59. 24	5988	21906	1278	6808	38393	3733
坨 南 乡	66. 67	4794	17926	717	4131	18768	2839
刘家台乡	78. 62	2010	7219	263	1230	12354	1872

1996 年、2008 年满城县人口 4000 人以上行政村户数、人口统计表

表 1-1-18　　单位：户、人

乡　　镇	村　名	1996 年				2008 年				对比	
		户数	排序	人口	排序	户数	排序	人口	排序	户数±	人口±
满 城 镇	城　东	1120	9	4810	6	1180	8	5040	5	+60	+230
	北　庄	1200	7	4271	11	1110	11	4500	10	-90	+329
	抱　阳	1205	6	4790	7	1199	7	4827	8	-6	+33

续表1-1-18

乡　镇	村　名	1996年				2008年				对比	
		户数	排序	人口	排序	户数	排序	人口	排序	户数±	人口±
大册营镇	岗　头	1060	10	4539	10	1205	6	4872	7	+45	+333
	大　册	986	12	4010	14	1059	12	4248	12	+63	+238
神星镇	市头村	1238	4	4953	5	1276	4	4935	6	+38	-18
	魏　庄	1019	11	4130	12	1033	13	4126	14	+14	-4
南韩村镇	大固店	1310	3	5342	3	1440	2	5490	3	+90	+48
方顺桥乡	方顺桥	1170	8	4581	9	1152	10	4296	9	-18	+215
	陉阳驿	1060	10	4127	13	1100	11	4150	13	+40	+23
于家庄乡	郭　村	1350	2	5518	1	1327	3	5621	1	-23	+103
	郎　村	1170	8	5428	2	1261	5	5599	2	+91	+171
白龙乡	白　堡	1208	5	4629	8	1171	9	4417	11	-37	-212
石井乡	石　井	1563	1	5245	4	1443	1	5369	4	-120	+124

第二章　自然环境

满城属山西中台隆起边缘，归属于新华夏构造体系。大陆性季风气候特点显著，累年平均日照时数2518.1小时，累年平均气温12.6℃，最热月为7月，最冷月为1月。冬春干燥多风，夏秋湿润多雨。累年平均降雨量569.2毫米。全年主导风向为西南风，其次为东北风，年均风速1.3米/秒。县内有5条季节性河流，先后断流。龙门峡谷、北水峪西沟、赵庄（北赵庄村南口、西赵庄村东口）、慈家台、车厂、东高士庄有泉水涌出，能够集泉成溪。土壤以褐土为主，占土地总面积的95.97%。一、二、三级土地占农用地总面积的94.5%。乔灌木有33科，92种。杂草有40科106属，128种。野生动物有鸟类、兽类、鱼类等9类。自然灾害有旱涝、暴雨、连阴雨、雹、大风和霜冻，给农业生产造成一定的损失。矿产资源比较丰富，由于长期超采，地下水下降迅速。地表水不同程度受到污染。

第一节　地　质

一、地层

县内山区丘陵分布广泛，出露有元古界震旦系地层；中统雾迷山组浅灰色、灰白色夹燧石条带白云岩为主体地层；下统铁岭组含透镜状燧石白云岩与雾迷山组白云岩呈不整合接触，底部为石英砂岩、粉砂质泥板岩；上统景儿峪组石英砂岩夹绿色砂质页岩，底部有硅质胶结燧石角砾岩。

界河两岸呈条带状分布有寒武系地层，下统紫红色页岩、泥岩夹灰质白云岩；中统暗紫色、褐色泥岩，淡黄、黄绿、黄褐色页岩，竹叶状、深灰色鲕状灰岩；上统深灰色灰岩，泥纹条带灰岩，灰质白云岩，竹叶状灰岩，间夹有褐色、暗紫色、灰绿色泥岩，与下伏奥陶系灰岩为连续沉积。

县内广泛分布有第四系地层，在山丘区，下更新统为红色黏土与沙砾石混杂物，为冰川沉积；中更新统为残积坡积红色黏土夹碎石层；上更新统一为砾岩砾石层。

二、岩浆岩

在平原，第四系以来，主要接受了界河途经抱阳、满城两个出山口的冲洪积物，其次是晚更新世末期漕河改道带给北部区域的冲洪积物，形成了以界河出山口为中心的冲洪积扇地层。其厚度沿山前冲积扇根部一带 100 米左右；县城以东200~300 米；东部县境边缘一带大于 300 米。冲洪积扇地表均为上更新统（沿河床为全新统）黄土状粉土或沙质黏土，厚 10~20 米；其下为含水沙、沙砾石及沙卵石层，厚 5~40 米不等；再其下有黏土质隔水层。

三、构造

满城县属山西中台隆起边缘，基本归属于新华夏构造体系。岩层倾角平缓，褶皱轻微，以垂直升降运动为主。地质构造以北东—南西向断裂为主，大致相平行的高角度断裂在宏观上垂直地形坡降呈阶梯状分布，方向稳定，常有岩脉充填；北西—南东向断裂次之，它随地形出露，呈地堑式断裂，被前一组断裂切割，交叉排列成雁行；近于东西向南北向的断裂很少。

第二节　地　貌

一、山区丘陵

满城县为半山区县，地形自西北向东南由低山降为丘陵，再于茂山—县城—市头村—大册营—上紫口—下紫口一线，由丘陵很快展布为山前平原。

西北部长角台、高士庄及岭西北部一带为低山区，面积 175.3 平方公里。西与顺平县交界有玉皇坨，峰高 1003.8 米（黄海标高，以下同），东北与易县交界有大牛山，峰高 1052 米，是全县最高点。区内密布海拔 200~350 米的沟谷和 500~1000 米的低山，峰谷相间，层峦叠嶂，地势陡起陡落，具有典型的山地特征。

中部为太行山隆起地带与华北平原沉降带的过渡区。面积 219.7 平方公里。区内多分布海拔高 200~400 米的残山余脉，由于剥蚀堆积作用，山前形成北台鱼—坎下、翟家佐—钟家店、大坎下—白堡 3 个小高原；另有 2 个由半环山脉围成的柳家佐、抱阳阳畦效应区。这些小区地面高程多在 40~100 米，低丘台地相望，黄土沟壑纵横相连，呈浅山丘陵地貌。

二、平原

南部和东部为山前冲洪积平原，地势开阔，地形平坦。面积为 263.18 平方公里。其中南部地面高程在 25~40 米之间，平均地面坡度为 1/630；东部地面高程在 20~35 米之间，平均地面坡度约 1/800。全县最低地面在县东部后大留村至东南部郎村一线，最低点在郎村的东南洼地，海拔 23.9 米。系古时西塘泊、沈苑泊的西部边缘区，形成了方顺桥、于家庄、要庄、贤台等几片洼地。

第三节　气候　物候

一、气候特征

属东部季风区，大陆性季风气候特点显著，四季分明，冬冷夏热，冬夏温差大，气温变化急剧。降雨分布不均，热量充足，雨热同期。因受海拔高度、地理纬度、小区域地形等影响，造成全县各地气候存在一定差异。

春季，在变性的极地大陆气团控制下，暖湿气流还不强，但因地面增温迅速，内陆低压活动频繁，北部干冷空气还有相当势力，仍不断南下，干旱多风（十年九春旱）；夏季受西太平洋副热带高压和印度洋低压的影响，盛行由海洋吹向陆地的夏季风，炎热高温，潮湿多雨，有时形成洪涝或沥涝；秋季太平洋副热带高压减弱南退，蒙古冷高压又逐渐增强并向南扩散，使气温逐渐下降，晴朗微风，昼暖夜凉，秋高气爽；冬季地面受蒙古冷高压控制，盛行由大陆吹向海洋的冬季风，寒冷多晴，干燥多风，雨雪稀少。

二、日照

日照比较充足，平均年日照时数2518.1小时。日照时数直接受天空状况影响。满城县累年各月平均日照百分率最低为7月的50%，最高为1月的68%。

1978—2008年满城县累年各月平均日照时数和日照百分率统计表

表1-2-1

日照时数（小时）	1月	2月	3月	4月	5月	6月
	197.3	209.3	220.6	241.6	268.7	240.6
	7月	8月	9月	10月	11月	12月
	191.1	188.7	214.5	203.2	163.0	179.4
日照百分率（%）	1月	2月	3月	4月	5月	6月
	68	64	63	59	65	61
	7月	8月	9月	10月	11月	12月
	50	51	63	64	65	66

说明：日照时数与可照时数（与所处纬度密切相关）之比为日照百分率

三、温度

（一）气温

大陆性气候特征显著，冬冷夏热，冬夏温差大，气温变化急剧。1971—2008年，累年平均气温12.6℃。最热月为7月，平均气温26.5℃；最冷月为1月，平均气温-3.7℃。极端最高气温42.2℃，出现在2000年7月1日，极端最低气温-19.7℃，出现在2001年1月15日。春季气温上升急剧，夏季气温变化很小，秋季气温下降迅速，春季气温高于秋季。

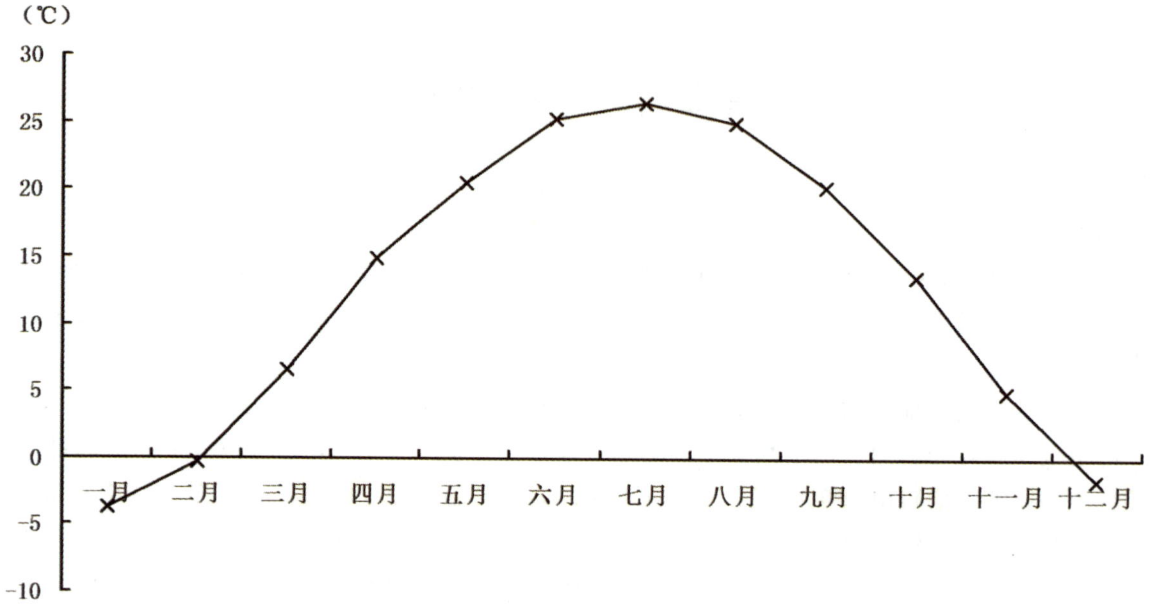

图 1-2-1　1971—2008 年满城县逐月平均气温示意图

1991—2008 年满城县极端最高（低）气温统计表

表 1-2-2　　单位：℃

年份	极端最高	出现时间	极端最低	出现时间
1991	36.2	7月1日	-12.0	12月28日
1992	37.7	7月6日	-10.4	2月8日
1993	36.3	6月18日	-15.5	1月6日
1994	36.5	5月28日	-14.0	1月19日
1995	35.5	6月19日	-9.7	12月25日
1996	38.1	6月30日	-11.5	1月9日
1997	39.7	7月12日	-16.3	1月5日
1998	38.4	6月27日	-13.9	1月18日
1999	40.5	6月25日	-11.6	1月22日
2000	42.2	7月1日	-16.3	1月25日
2001	38.0	7月12日	-19.7	1月15日
2002	41.4	7月15日	-16.9	12月26日
2003	36.8	6月20日	-17.9	1月1日
2004	37.9	6月11日	-14.6	12月31日
2005	39.9	2天	-15.9	1月1日
2006	37.8	6月15日	-13.1	2月3日

续表1-2-2

年份	极端最高	出现时间	极端最低	出现时间
2007	37.3	6月25日	-12.7	1月3日
2008	35.9	7月4日	-14.0	12月22日

（二）农业界限温度

农业上把日平均气温稳定通过0℃、5℃、10℃、15℃的初终日期、累积温度作为分析作物的热量指标。1991—2008年，满城县平均每年日均气温稳定通过0℃的天数为279天，积温4779.4℃；日均气温稳定通过5℃的天数为243天，积温4659.9℃；日平均气温稳定通过10℃的天数为205天，积温4347.0℃，日平均气温稳定通过15℃的天数为170天，积温3882.3℃。

四、霜

初霜日平均在10月23日，最早10月8日；终霜日平均在4月13日，最晚4月27日。历年平均无霜期204天，其中西北部山地无霜期170~180天，丘陵地带无霜期210~215天，南部平原无霜期190~210天。由于丘陵山区的地形影响及下垫面的差异，造成县内各地霜冻出现日期不一，丘陵地带初霜出现较晚，终霜结束也较晚，丘陵山谷地带无霜期比平原多3~4天。自平原到丘陵，初霜发生日期推后4~9天，一般为6天。终霜结束日期也推后4~7天，一般3~4天。

五、空气湿度与蒸发量

空气湿度较小。夏季多雨空气湿度较大，冬春季节空气干燥、多风。2008年，冬季月平均空气湿度在32%~49%；春季月平均空气湿度在40%~53%；夏季月平均空气湿度在68%~75%；秋季月平均空气湿度在47%~73%。全年空气最小湿度为6%，出现在2月11日。

2008年满城县湿度情况统计表

表1-2-3

月份	月平均湿度	月最小湿度	月最小湿度出现天数或日期
1月	49%	13%	共4天
2月	32%	6%	2月11日
3月	40%	9%	共3天
4月	53%	9%	4月1日
5月	51%	7%	共3天
6月	68%	17%	6月1日
7月	72%	22%	7月12日
8月	75%	28%	8月22日
9月	73%	24%	共2天
10月	62%	10%	10月25日

续表1-2-3

月份	月平均湿度	月最小湿度	月最小湿度出现天数或日期
11月	47%	9%	11月1日
12月	39%	10%	共2天

历年年平均蒸发量为1977.9毫米（直径为20厘米水面蒸发量），约为年降水量的3.7倍。5月和6月蒸发量最大，1月份蒸发量最小。各季蒸发量以春季最大，夏季稍次，冬季最小。

六、地温

地面0厘米累年年平均温度14.7℃，6月份最高，1月份最低。

地中温度为距地面5厘米、10厘米、15厘米、20厘米的地中温度。其变化与地面温度大致相同，只是变化振幅小，位相落后。地温的高低与地形、土壤物理性质有关，一般黏土、盐碱土比沙土升温慢，潮湿土壤比干燥土壤升温慢，阴坡比阳坡升温慢。

1991—2008年满城县累年各月平均地温统计表

表1-2-4　　单位：℃

月份	地面温度（0厘米）	地中温度			
		5厘米	10厘米	15厘米	20厘米
1月	-5.2	-3.4	-2.7	-2.1	-1.7
2月	-1.4	-0.9	-0.8	-0.6	-0.5
3月	7.8	6.7	6.5	6.3	6.0
4月	18.1	15.5	14.9	14.6	14.3
5月	26.9	23.3	22.3	21.8	21.4
6月	31.5	28.1	27.1	26.6	26.2
7月	30.6	28.7	27.9	27.6	27.4
8月	28.4	26.9	26.5	26.4	26.3
9月	23.1	21.8	21.8	22.0	22.1
10月	15.1	14.4	14.8	15.3	15.6
11月	4.8	5.6	6.3	6.9	7.4
12月	-3.2	-1.5	-0.7	0.1	0.7

七、降水

满城县降水的主要特征是降水变率大，季节分配不均，雨季形态多样，暴雨次数少而强度大，导致旱涝年份较多，变化多样。降水在时间上的分布不均最为突出，各月分布总的趋势是中间大两头小，相对降水系数的最高值出现在8月，1月、12月最低，各季和月的分布大体一致。夏季降水为全年之冠，是降水集中期，平均417.2毫米，占全年雨量的73%左右，而7月下旬至8月中旬的降水量平均

193.1 毫米，占全年雨量的三分之一。秋季次之，平均雨量 81.7 毫米，占全年雨量的 14%左右。春季平均雨量 60.3 毫米，占全年雨量的 9%左右。冬季更少，这种多少不均又高度集中的分布形式，形成冬春多干旱，夏季偶尔涝的特点。

年降水量的空间分布差异不大，夏季大气降水的水汽来源主要靠太平洋东南季风和印度洋孟加拉湾西南暖湿气流的输送和补给。年降水量为 460~750 毫米，降水变化一般为一峰一谷型。由于西北部太行山地形影响，雨量较多，刘家台乡年平均降水量 750 毫米左右，为满城县多雨中心。平原降水不均，多雨区年平均降水量 565~578 毫米，少雨区年平均降水量 460~540 毫米。全县累年平均降水量 569.2 毫米，一日最大降水量 224.5 毫米。

全县径流量主要随降水量的大小而变化，多年平均径流量由西北山区的 130~150 毫米向东南平原逐渐减少到 60 毫米左右，且年径流主要产自 6—9 月。全县多年平均年径流量 5270 万立方米。

春季（3—5 月）平均降水量 60.3 毫米，占年降水量的 9%，与年雨量分布大体相同，为西部多、中部少，不能满足小麦的生长发育和适时春播的需要。

夏季（6—8 月）平均降水量 417.2 毫米，占年降水量的 73%，东西部较多，中部少。全年雨量的四分之三都集中在夏季。7 月下旬至 8 月中旬的 1 个月内平均降水量为 193.1 毫米，占全年雨量的三分之一以上。由于降水在时间上分布不均匀，特别是和农作物生长期需水的节律不协调，常常造成旱涝灾害。

秋季（9—11 月）平均降水量 81.7 毫米，占年降水量的 14%，降水量呈分散型。秋季雨量减少，利于大秋作物灌浆成熟及收获，但有些年份秋雨过少，影响秋种。

冬季（12—2 月）平均降水量 10.0 毫米，占年降水量的 2%。满城县降雪量不大，初雪时间一般在 11 月中旬，最早在 11 月上旬；终雪时间一般在 3 月下旬，最晚在 4 月上旬。满城县初积雪平均在 12 月上旬，最早在 11 月 11 日；终积雪一般在 3 月上旬，最晚在 3 月 23 日，平均每年积雪日数 112 天。积雪深度一般在 5~10 厘米，历年最大积雪深度为 26 厘米。

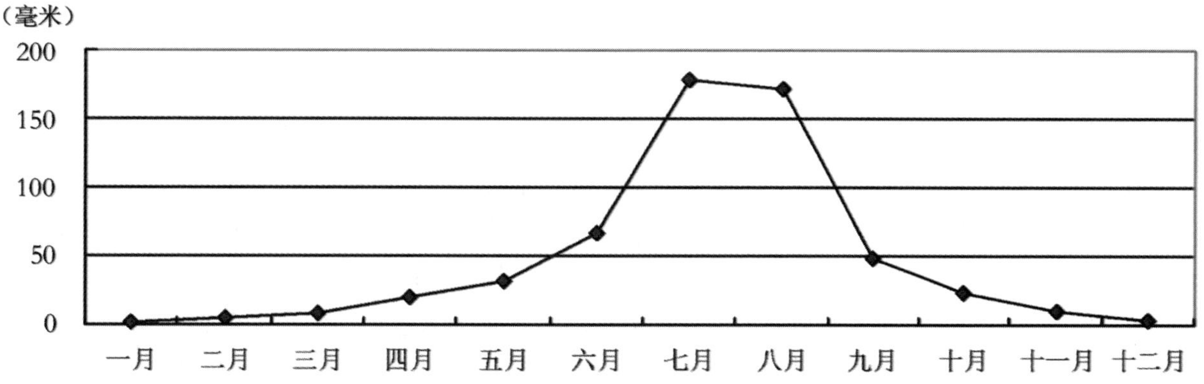

图 1-2-2　1991—2008 年满城县累年各月平均降水量示意图

八、风

全年主导风向为西南风，其次为东北风，年平均风速 1.3 米/秒。各季比较，以春季平均风速最大，冬季次之。风速的日变化一般是白天大于夜间，并以中午前后为最大，10 分钟平均最大风速为 20.0 米/秒，风向为西南。

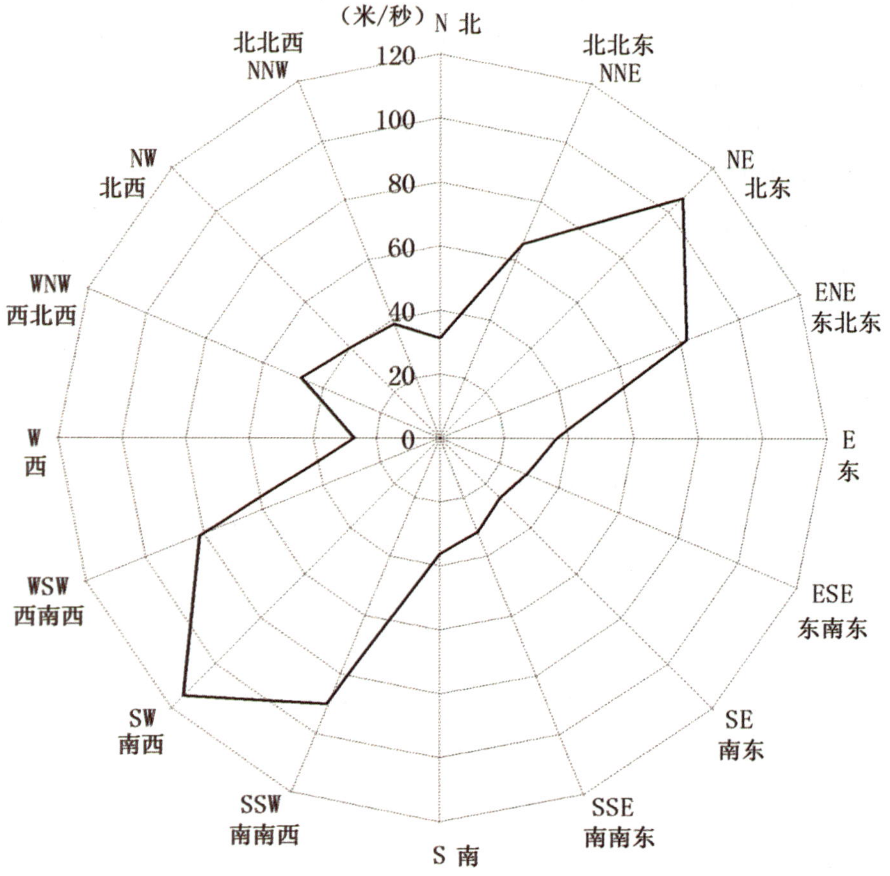

图 1-2-3　1991—2003 年满城县年风向频率玫瑰图

九、物候

农历正月　本月节气立春、雨水。冬小麦为越冬期，温室越冬茬蔬菜为采收期，冬春茬蔬菜为定植期。气温稳定回升到 2～3℃时冬小麦开始返青。大雁北归。

农历二月　本月节气惊蛰、春分。冬眠动物陆续解除蛰眠。气温稳定在 8～10℃，冬小麦返青、起身，温室越冬茬、冬春茬蔬菜开始结果。玉兰、柳树、杨树陆续发芽，迎春、碧桃、山桃、山杏、杏树发芽、开花。燕子从南方回归。下旬开始露地种植甘蓝、菜花等花菜和叶菜。

农历三月　本月节气清明、谷雨。冬小麦拔节；温室蔬菜为采收期，中小棚蔬菜开始生产；开始播种春玉米、谷子、棉花、花生。梨树、李子、桃树、苹果等果树开花。下旬露地种植瓜豆等喜温菜。

农历四月　本月节气夏至、小满。冬小麦抽穗、开花、灌浆；棉花为苗期；春季露地菜上市。石榴开花，苹果、梨等为幼果期。

农历五月　本月节气芒种、夏至。冬小麦收获，播种夏玉米，棉花现蕾。小麦成熟、收获；早熟桃、杏成熟，采摘。

农历六月　本月节气大暑、小暑。夏玉米七叶、拔节，棉花开花、结铃，早熟桃、李子成熟采摘。

农历七月　本月节气秋分、处暑。秋冬茬蔬菜播种育苗期，玉米抽雄、开花，棉花裂铃、吐絮。苹果、梨、石榴等果实膨大期。中熟桃、葡萄成熟，收获。露地秋菜陆续播种、定植。

农历八月　本月节气白露、秋分。冬小麦播种、出苗；棉花停止生长；越冬茬蔬菜播种育苗，秋冬茬蔬菜定植、扣膜。夏玉米灌浆、乳熟、成熟，棉花吐絮、采摘。红星、王林等早熟苹果、梨成熟、采摘，中、晚熟桃陆续收获。

农历九月　本月节气寒露、霜降。甘薯成熟、收获。富士苹果、石榴、磨盘柿、晚熟桃成熟，采摘。菊花盛开。霜降前露地菜陆续拉秧。

农历十月　本月节气立冬、小雪。冬小麦分蘖期，温室越冬茬蔬菜定植，秋冬茬蔬菜采收，冬春茬蔬菜播种育苗。蛙等动物陆续进入休眠。燕子、大雁等南迁。

农历十一月　本月节气大雪、冬至。冬小麦停止生长；温室越冬茬蔬菜定植缓苗期，秋冬茬蔬菜采收期，冬春茬蔬菜为育苗期。树木陆续落叶，进入休眠。

农历十二月　本月节气小寒、大寒。温室越冬茬蔬菜陆续采收；冬春茬蔬菜开始定植、缓苗。

附：节气谚语

节气谚语

清明躺一躺，谷雨仰一仰；二八月乱穿衣；谷雨麦怀胎；谷雨前后，种瓜点豆；枣芽发，种棉花；立夏大翻身，芒种歇大晌；立了夏，把扇架；立夏见麦芒；芒种见麦茬；夏至三更数头伏；头伏萝卜二伏菜，三伏有雨种荞麦；要吃菜，泥里踹；处暑寒来觉夜长；立秋十八日，寸草都结籽；处暑爪黍，白露割谷；白露早，寒露迟，秋分种麦正当时；立冬不刨葱，一定落场空；冬至十天阳历年；数九歌谣：一九二九不出手，三九四九冰上走，五九六九抬头看柳，七九河开，八九雁来，九九加一九，耕牛遍地走；七九河开河不开，八九雁来雁准来；春打六九头。

第四节　水　文

一、河流

县内有大小河流5条，均属季节性河流，为大清河水系白洋淀上游支流。其中入境河流有漕河、界河、龙泉河。

漕河　发源于易县西南五回岭口子村北，流经白龙乡、神星镇、大册营镇、要庄乡、贤台乡5个乡（镇），由东庄店出境入徐水县。境内河长28.8公里，在同易县交界的河道上游建有龙门水库。平均入境年径流量9004万立方米。20世纪90年代以来，由于降水减少等原因，河水时常断流，沿河采矿日盛，唯有大雨才有流水。

界河　发源于易县东白银洼，流经涞源县、顺平县，于车厂村西入满城境，从章村村南流出，复入顺平县境内。主河道过境长43公里，汛期遇暴雨水量陡涨陡落，冬春自下而上逐段枯竭。平均入境年径流量1144万立方米。由于降水量减少等原因，除车厂、白沙村有少量径流外，其他段多年断流。

龙泉河　为界河的下游，界河自顺平县纳入蒲阳河、曲逆河后称龙泉河。自南固店村西流入，经三恩庄村东流入清苑县，过境长7.8公里。20世纪90年代断流。

侯河　源于县内西原屯，经李铁庄出境，入保定市郊后汇入白草沟。侯河在县境内长8公里，长期断流，河道多被横道、垄沟、基埂隔断。

白草沟　自方顺桥村西龙泉河分出，向东自谭头、太平庄、陉阳驿至五里铺、郭村、于家庄出境，过境长度15公里。曾是一条通往保定的重要水路，20世纪90年代断流。

二、泉水

龙门峡谷泉水　因岩石切割较深，水自谷底裂隙溢出，流至北水峪龙潭，集成基流。

北水峪西沟泉水　北水峪西沟沿沟底有裂隙水溢出，至沟口集成细流。

金鸽泉　出自南水峪村口岩溶洞穴，神话传说为两只金鸽所浚，故名。是西北部山区最大山泉，一直为当地村民生活、灌田提供优质水源。

赵庄泉水　在北赵庄村南口，西赵庄村东口，因岩石裸露，地形陡降，有裂隙水溢出，汇为马连川河源。

慈家台沟泉水　在抓髻庄至蒲家台一段，由于横断构造的阻隔作用，沿沟底岩石有地下水溢出，集泉成溪。

车厂山泉　车厂村北沟有一岩石裂隙下降泉，村民埋管引水，供全庄人饮用。

东高士庄山泉　在东高士庄东沟，泉水较大，积水成池。可供小片灌溉，灌溉的苹果色味均佳。

三、地下含水层

满城县地下含水层主要分布在两个区域：

（一）山前冲洪积扇潜水——承压水区

此区分为两个弧形条带：南韩村—李堡—东马—北庄为冲洪积扇根部潜水——承压水弧形条带区，内有两个含水层组。第一含水层组埋深10~20米，岩性为沙及沙砾卵石，厚度5~10米。下有30~40米厚的稳定隔水层，20世纪90年代开采枯竭，原一亩泉位于此层组溢出带上。第二含水层组埋深40~60米，岩性为砾卵石，厚15~40米，钻孔单位涌水量30~200吨/时·米，是一亩泉水源地的主要开采层。

尹固—石家庄—南奇—要庄—大册营为冲洪积扇前部潜水——承压水弧形条带区。含水层组埋深40~60米，岩性为沙、砾石含卵石，厚度10~20米，钻孔单位涌水量10~40吨/时·米，下伏稳定的隔水层。

（二）冲洪积扇前缘潜水——承压水区

此区沿陉阳驿—江城—保定西郊—大马坊—贤台—西家庄也呈弧形条带分布，主要含水层埋深在50米以下，岩性为沙砾石，厚度15~25米，钻孔单位涌水量10~20吨/时·米，北部富水程度小于南部，主要含水层组以下仍伏有稳定隔水层。

第五节　土　壤

一、类型及分布

土壤以褐土为主，占土地总面积的95.97%；另有部分潮土，占土地总面积的3.68%；少量草甸土，占土地总面积的0.35%。褐土分为淋溶褐土、碳酸盐褐土、草甸褐土、褐土性土，其中草甸褐土分布最为广泛，主要在方顺桥、于家庄、贤台、南韩村等乡（镇）；其次是碳酸盐褐土和褐土性土，主要分布在神星镇、满城镇、石井乡、坨南乡、白龙乡和刘家台乡。

满城县土壤类型及分布统计表

表 1-2-5

土类	亚类	面积（亩）	占总面积 %	分布情况	
				区域、海拔	乡（镇）
褐　土	淋溶褐土	232.86	0.03	主要分布在千米以上的高山	刘家台乡长角台、玉皇坨
	碳酸盐褐土	289025.97	33.17	分布在丘陵区、梯田和山前平原，海拔 35~150 米	神星镇、满城镇、石井乡、坨南乡
	草甸褐土	289882.14	33.27	分布在县东部和南部地区，海拔在 20~35 米	方顺桥乡、于家庄乡、贤台乡、南韩村镇
	褐土性土	257105.04	29.5	山区，山地	白龙乡、石井乡、刘家台乡、神星镇、坨南乡
潮　土	典型潮土	32081.6	3.68	主要在东部、东南部和漕河两岸，海拔在 20 米以下	大册营镇、要庄乡、贤台乡
草甸土	典型草甸土	3074.94	0.35	山区的河谷地带	坨南乡、神星镇

二、土壤肥力

2009—2011 年，县农牧局组织专业人员对全县土壤肥力进行测定。据测定，全县耕层土壤平均有机质 14.87 克/千克，全氮 0.79 克/千克，水解性氮 76.55 毫克/千克，有效磷 16.51 毫克/千克，速效钾 128.36 毫克/千克，铜 0.83 毫克/千克，铁 3.89 毫克/千克，锰 4.31 毫克/千克，锌 1.02 毫克/千克，pH 值 8.2。

有机质含量在 3.2~39 克/千克之间。最高的是于家庄乡，平均含量 18.3 克/千克；其次是方顺桥乡，平均含量 16.92 克/千克；最低的是石井乡，平均含量 11.99 克/千克。全氮含量范围在 0.38~1.65 克/千克之间。

有效磷含量范围在 1~94.5 毫克/千克之间。最高的是贤台乡，平均含量 20.58 毫克/千克；其次是神星镇，平均含量 19.24 毫克/千克；最低的是白龙乡，平均含量 12.25 毫克/千克。

水解性氮含量范围在 20~197 毫克/千克之间。最高的是方顺桥乡，平均含量 88.22 毫克/千克；其次是大册营镇，平均含量 81.99 毫克/千克；最低的是石井乡，平均含量 63.52 毫克/千克。

速效钾含量范围在 30~394 毫克/千克之间。最高的是方顺桥乡，平均含量 150.82 毫克/千克；其次是神星镇，平均含量 142.02 毫克/千克；最低的是白龙乡，平均含量 102.23 毫克/千克。

满城县土壤有机质、全氮含量统计表

表 1-2-6

有机质（克/千克）			全氮（克/千克）		
最大值	最小值	平均值	最大值	最小值	平均值
39	3.2	14.87	1.65	0.38	0.79

说明：此表数据为 2009—2011 年全县土壤肥力测定数据，以下两表出处相同

满城县土壤速效养分含量统计表

表 1-2-7

有效磷（毫克/千克）			速效钾（毫克/千克）			水解性氮（毫克/千克）		
最大值	最小值	平均值	最大值	最小值	平均值	最大值	最小值	平均值
94.5	1	16.51	394	30	128.36	197	20	76.55

满城县土壤微量元素含量统计表

表 1-2-8

有效铁（毫克/千克）			有效锰（毫克/千克）			有效铜（毫克/千克）			有效锌（毫克/千克）		
最大	最小	平均	最大	最小	平均	最大	最小	平均	最大	最小	平均
12.9	0.1	3.89	16.3	0.1	4.31	17.48	0.1	0.83	13.4	0.1	1.02

农用地的质量以一、二、三级为主。其中一级土地面积占农用地总量的 14.3%；二、三级土地面积占农用地总量的 80.2%；四、五、六级土地面积占农用地总量的 5.5%，说明满城县农用地总体质量中等偏上。各等级农用地面积按从大到小的排序为二级地、三级地、一级地、四级地、六级地、五级地。

2008 年满城县农用地等级登记分布统计表

表 1-2-9

级别	总面积（亩）	占总耕地比重（%）
Ⅰ	53785.57	14.3
Ⅱ	176631.9	47.0
Ⅲ	124705.3	33.2
Ⅳ	11818.66	3.1
Ⅴ	4611.24	1.2
Ⅵ	4617.36	1.2
合计	376170	100

第六节　动植物资源

一、植物资源

（一）乔木

1991 年，县内乔木主要有杨、柳、榆、刺槐、国槐、臭椿、侧柏、油松、黄连木、柿、桃、苹果、杏、梨、枣、核桃、石榴、花椒等。其中侧柏、油松、黄连木、柿、核桃、花椒主要分布在西部和北部山区，其他树种分布较普遍。2004 年，全省林业资源普查结果显示，县内生态乔木优势树种为油松、侧柏、杨树、柳树、榆树、刺槐、泡桐，活立木蓄积 12728 立方米，有林地 809 公顷，蓄积 12133 立方米。经济树种主要有桃树、葡萄、柿子、苹果、杏树等，有林地面积 12289 公顷。各类林地面积中，桃树、柿子、杏树、苹果、侧柏居多，共 13098 公顷，林木以近熟林为主。

2004 年满城县各类林地面积统计表

表 1-2-10　　　　**单位：公顷**

优势树种	合　计	幼龄林	中龄林	近熟林	成熟林	过熟林
合计	13098	619	382	11868	216	13
油松	130	129	0	0	1	0
侧柏	339	267	72	0	0	0
栽培杨	176	113	23	23	13	4
柳树	7	3	0	0	1	3
刺槐	155	71	6	67	7	4
泡桐	2	0	0	0	0	2
苹果	524	0	2	522	0	0
梨树	27	0	0	27	0	0
桃树	5128	36	204	4764	124	0
杏树	757	0	6	744	7	0
杏扁	184	0	0	184	0	0
李子	352	0	10	328	14	0
葡萄	493	0	3	490	0	0
核桃	0	0	0	0	0	0
大枣	4	0	2	2	0	0
柿子	4818	0	54	4715	49	0
石榴	0	0	0	0	0	0
香椿	2	0	0	2	0	0

说明：此表数据来自 2004 年全省林业资源普查

（二）灌木

灌木主要有苏木科、蝶形花科、鼠李科等 14 科，构属、桑属、胡枝子属等 15 属，皂角、胡枝子、鹅耳枥等 15 种，主要分布在山区。2008 年，山区植被盖度一般在 30%~60%。

2005 年，县林业局组织野生树种资源调查，发现野生树种 13 科 15 属。

2005 年满城县野生树种资源调查一览表

表 1-2-11　　单位：公顷

树种名称	种类	科	属	分布状况	面积
野皂荚	灌木	苏木科	皂荚属	较多	400
荆条	灌木	马鞭草科	牡荆属	较多	2666.7
鹅耳枥	灌木	桦木科	鹅耳枥属	零星	6.7
桑树	灌木	桑科	桑属	零星	6.7
胡枝子	灌木	蝶形花科	胡枝子属	较多	33.3
小叶锦鸡	灌木		锦鸡儿属	较多	33.3
葛藤	藤本		葛属	零星	2
酸枣	灌木	鼠李科	枣属	较多	333.3
臭椿	乔木	苦木科	臭椿属	零星	20
黄连木	乔木	漆树科	黄连属	零星	0.7
山葡萄	藤本	葡萄科	葡萄属	零星	30
照山白	灌木	杜鹃花科	杜鹃花属	零星	6.7
绣线菊	灌木	蔷薇科	绣线菊属	零星	20
黄栌	灌木	漆树科	黄栌属	零星	2
构树	灌木	桑科	构属	零星	33.3
合计		13	15		3594.7

（三）草本

杂草种类主要有禾本科、菊科、豆科、十字花科等 40 科，野谷草属、菅属、马唐属等 106 属，128 种，生长在田间、地头、路旁、荒山、荒坡等地。其中大部分可作为饲草，还有部分野生药材。

满城县主要杂草名录

表 1-2-12

科	拉丁名	属	拉丁名	种	拉丁名
禾本科	Poaceae	野谷草属	Arundinella Raddi	野谷草	Arundinella anomala Steud.
		菅属	Themeda	黄背草	Iriandra Forsk. Var. Japonica (Willd.) Makino
				虱子草	Themeda ragusvacemosus
		䅟属	Eleusine	牛筋草	Eleusine indica (L.) Gaertn.
		马唐属	Digitaria	马唐草	Sanguinalis (L.) Scop.
		稗属	Echinochloa	稗	Echinochloa crusgalli

续表 1-2-12

科	拉丁名	属	拉丁名	种	拉丁名
		隐子草属	Cleistogenes	中华隐子草	C. Chinensis（Maxim.）Keng
		狗尾草属	Setaria	狗尾草	Setaria viridis（L.）Beauv.
		画眉草属	Eragrostis Wolf	小画眉草	Gramineae
		茅根属	Perotis Ait	白茅草	Imperata cylindrica
		孔颖草属	Bothriochloa	白羊草	Bothriochloa ischaemum
		结缕草属	Zoysia	结缕草	Zoysia japonica
		燕麦属	Avena	野燕麦	Avena fatua L.
		孔颖草属	Bothriochloa	臭根子	Gramineae
				白羊草	Bothriochloa ischaemum(L.)Keng
		画眉草属	Eragrostis Wolf	知风草	Eragrostis ferruginea(Thunb.)
		稗属	Echinochloa Beauv	雀稗	Paspalum scrobiculatum Linn.
		看麦娘属	Alopecurus	看麦娘	Alopecurus aequalis Sobol
		芦苇属	Phragmites Trin.	芦苇	Phragmites Australis
		三芒草属	Aristida	三芒草	Aristida adscensionis Linn
		狼尾草属	Pennisetum	狼尾草	Pennisetum alopecuroides（L.）Spreng.
				牛鞭草	Hemarthria altissima（Poir.）Stapf et C. E. Hubb.
		虎尾草属	Chloris	虎尾草	Chloris virgata Sw
菊科	Asteraceae	刺儿菜属	Cephalanoplos	小蓟	Cirsium setosum（Willd.）MB.
		百日菊属	Zinnia	多花百日菊	Zinnia peruviana
		苍耳属	Xanthium	苍耳	hium sibiricum Patrin ex Widder X. strumarium L.
		菊属	Dendranthema	野菊(山菊)	Chrysanthemum indicum
				小红菊	Dendranthema chanetii
				野菊花	indicum（L）Des Moul.
				紫花野菊	Chrysanthemum zawadskii Herbich
				白蒿	Herba Artimisiae Sieversianae
		麻花头属	Serratula	麻花头	Serratula centauroides
		鳢肠属	Eclipta	鳢肠	Eclipta prostrata L.
		狗娃花属	Heteropappus	狗娃花	H. hispidus
		白酒草属	Conyza	小飞蓬	Conyza canadensis（L.）Cronq.
		蒲公英属	Taraxacum	蒲公英	mongolicum Hand.-Mazz.

续表 1-2-12

科	拉丁名	属	拉丁名	种	拉丁名
		苦荬菜属	Ixeris	苦荬菜	lxerissonchifoliaHance
		蒿属	Artemisia	艾蒿	Artemisia princeps
				黄花蒿	Artemisia annua Linn
				青蒿	Artemisia carvifolia
		大丁草属	Gerbera	大丁草	Gerbera anandria（Linn.）Sch.-Bip.
		醴肠属	Eclipta Linn	醴肠	Eclipta prostrata（L.）L.,E. alba（L.）Hassk.
		稻搓菜属	Lapsana L.	稻搓菜	Lapsana apogonoides Maxim.
十字花科	Brassicaceae	荠菜属	Capsella	荠菜	Capsella bursa-pastoris
		播娘蒿属	Descurainia	播娘蒿	Descurainia sophia(L.)Webb.ex Prantl
		独行菜属	Lepidium	独行菜	L. apetalum
		菘蓝属	Isatis	板蓝根	Isatis tinctoria
木贼科	Equisetaceae	木贼属	Equisetum	问荆	Equisetum arvense
				节节草	Equisetum ramosissimum
桔梗科	Campanulaceae	沙参属	Adenophora Fisch	沙参	Adenophora stricta Miq
百合科	Liliaceae	百合属	Lilium L	百合	Lilium brownii var. viridulum
		知母属	Anemarrhena	知母	Anemarrhena asphodeloides Bunge
		葱属	Allium	野葱	Allium fistulosum
				野韭	Allium ramosum L.
茜草科	Rubiaceae	茜草属	Rubia	茜草	Rubia cordifolia L.
		野丁香属	Leptodermis Wall.	薄皮木	Leptodermis oblonga Bunge
景天科	Crassulaceae	景天属	Sedum L	乳毛三七	Sedum aizoon L
蔷薇科	Rosaceae	委陵菜属	Potentilla	委菱菜	Potentilla chinensis Ser.
		藜属	Chenopodium L.	灰藜(灰灰菜)	Chenopodium album Linn
				灰绿黎	Chenopodium glaucum L.
中国蕨科	Sinopteridaceae	中国蕨属	Sinopteris C. Chr. et Ching	小叶中国蕨	Sinopteris albofusca
唇形科	Labiatae	薄荷属	Mentha	野薄荷	DracocephalummoldavicumL.
		益母草属	Leonurus	益母草	Leonurus artemisia
		荆芥属	Nepeta	荆芥	Nepeta cataria L
		夏至草属	Lagopsis	夏至草	Lagopsis supina
		活血丹属	Glechoma Linn	连线草	Glechoma longituba(Nakai)Kupr

续表 1-2-12

科	拉丁名	属	拉丁名	种	拉丁名
败酱科	Valerianaceae	败酱属	Patrinia	糙叶败酱	Patrinia rupestris（Pall.）Juss.subsp.scabra(Bunge) H.J.Wang
				异叶败酱	Patrinia heterophylla Bunge
				野败酱	Patrinia scabiosifolia Fisch. ex Trevir.
忍冬科	Caprifoliaceae	忍冬属	Lonicera	黄褐毛忍冬	Lonicera fulvotomentosa Hsu et S. C. Cheng
豆科	Leguminosae sp	兵豆属	Lens Mill.	小扁豆	L. culinaris
		草木犀属	Melilotus Miller	草木樨	Melilotus officinalis L.
		野豌豆属	Vicia	野豌豆	Vicia sepium Linn.
		杭子稍属	Campylotropis Bunge	杭子稍	Campulotropis macrocarpa
		米口袋属	Gueldenstaedtia Fisch	米口袋	Gueldenstaedtia multiflora Bge.
		黄芪属	Astragalus Linn.	草木樨状黄芪	Astragalus melilotoides Pall
		鸡眼草属	Kummerowia	鸡眼草	Kummerowia striata(Thunb.)Schindl
		紫穗槐属	Amorpha L.	紫穗槐	Amorpha fruticosa Linn.
		木蓝属	Indigofera L.	河北木蓝	Indigofera bungeana Walp.
虎尾草科	Saxifragaceae	独根草属	Oresitrophe	独根草	Orobanche coerulescens Steph
卷柏科	Selaginellaeae	卷柏属	Selaginella	卷柏	Herba Selaginellae
大戟科	Euphorbiaceae	雀舌木属	Leptopus	雀儿舌头	Leptopus chinensis（Bunge）Pojark.
		大戟属	Euphorbia L	猫眼草	Euphorbia lunulata Bunge
苦苣苔科	Gesneriaceae	旋蒴苣苔属	Boea	牛耳草	Verbascum thapsus Linn.
马齿苋科	Portulacaceae	马齿苋属	Portulaca L.	马齿苋	Portulaca oleracea L.
堇菜科	Violaceae	堇菜属	Viola L	犁头草	Viola japonica var. stenopetala Franch. ex H. Boissieu.
				裂叶堇菜	Viola dissecta
茄科	Solanaceae	枸杞属	Lycium	枸杞	Lycium chinense Miller
		茄属	Solanum	龙葵	Solanum nigrum L.
		曼陀罗属	Datura Linn.	曼陀罗	Dature Stramonium Datura L
鸢尾科	Iridaceae	射干属	Belamcanda Adans	射干	Belamcanda chinensis（L.）Redouté
		鸢尾属	Iris L.	野鸢尾	Iris dichotoma Pall.

续表 1-2-12

科	拉丁名	属	拉丁名	种	拉丁名
旋花科	Convolvulaceae	打碗花属	Calystegia	小旋花	Calystegia hederacea
		旋花属	Convolvulus Linn.	田旋花	Convolvulus arvensis L.
		牵牛属	Pharbitis Choisy	牵牛花	Pharbitis nil(Linn.)Choisy
蒺藜科	Zygophyllaceae	蒺藜属	Tribulus	蒺藜	Tribulus terrester L.
伞形科	Umbelliferae	防风属	Saposhnikovia Schischk.	防风	Saposhnikovia divaricata (Trucz.) Schischk
		当归属	Angelica	白芷	Angelica dahurica
		茴香属	Foeniculum Mill.	茴香	Foeniculum vulgare
大麻科	Cannabaceae	大麻属	Cannabis	大麻	Cannabis sativa
		葎草属	Humulus	葎草	Humulus japonicus
桑科	Moraceae	榕属	Ficus	无花果	Ficus carica Linn.
蓼科	Chenopodiaceae	地肤属	地肤属	地肤	Kochia scoparia (linn.) Schrad
	Polygonaceae	蓼属	Polygonum L. L.	白花蓼	Polygonum Coriarium Grig.
				春蓼	Polygonum persicaria L.
				酸模叶蓼	Polygonum laoathifolium L.
藜科	Chenopodiaceae	沙蓬属	Agriophyllum	沙蓬	Agriophyllum squarrosum (L.) Moq
车前科	Plantaginaceae	车前属	Plantago L.	车前草	Plantago depressa Willd.
				蛤蟆衣	Plantago asiatica
远志科		远志属	Polygala L.	远志	Polygala tenuifolia Willd
莎草科	Cyperaceae	莎草属	CyperusLinn)	莎草	Cyperus glomeratusL
				香附子	Cyperus rotundusLinn
		黑莎草属	Gahnia	碱草(黑莎草)	Gahnia tristis Nees
		藨草属	Scirpus	猪毛草	Scirpus wallichii Nees
		半夏属	Pinellia Ten.	三棱草(半夏)	Scirpus planiculmis Fr.Schmidt
玄参科	Scrophulariaceae	玄参属	Scrophularia L.	元参	Scrophularia ningpoensis Hemsl.
		地黄属	Rehmannia	地黄	Rehmannia glutinosa (Gaetn.) Libosch. ex Fisch. et Mey.
锦葵科	:Malvaceae	苘麻属	Abutilon Miller	苘麻	Abutilon theophrasti
紫草科	Boraginaceae	紫草属	Lithospermum L.	紫草	Lithospermum erythrorhizon
黑三棱科	Sparganiaceae	黑三棱属	Sparganium L	三棱	Sparganium(Graebn.) Buch.-Ham. ex
报春花科	Primulaceae	珍珠菜属	Lysimachia	珍珠菜	Lysimachia clethroides Duby

续表 1-2-12

科	拉丁名	属	拉丁名	种	拉丁名
苋科	Amaranthaceae	苋属	Amaranthus Linn.	刺苋	Amaranthus spinosus L.
				反枝苋	Amaranthus retroflexus L
				绿苋	Amaranthus viridis
				苋菜	Amaranthus tricolor
石竹科	Caryophyllaceae	麦瓶草属	Silene conoidea L.	面条菜	Silene conoidea L.
		蝇子草属	Silene L.	麦瓶草	ilene conoidea L.
夹竹桃科	Apocynaceae	鹅绒藤属	Cynanchum L.	鹅绒藤	C. chinense

说明：杂草拉丁名均查自网络百度

（四）古树名木

2004 年，全县有各类古树名木 78 株，其中国家一级保护古树 21 株，二级保护古树 16 株，三级保护古树 41 株。主要分布在刘家台乡、坨南乡、神星镇、南韩村镇、石井乡。涉及磨盘柿、国槐、侧柏、栾树、皂荚等 7 个科（属）8 个树种。具有较高研究价值的古树有黄龙寺古柏、南峪村国槐、东峪村柿树和抱阳山青檀。县林业局建立文字档案、录制影像资料，制作标牌，对 78 株古树名木进行挂牌保护，并制作专题片在电视台播放，增强广大群众的保护意识。

抱阳山青檀（摄于 2006 年）

二、动物资源

（一）畜禽品种

县内饲养的畜禽品种有猪、鸡、牛、羊、兔、马、驴、骡、犬、貉、狐狸、鹿、海狸鼠等。1991 年，马、牛、驴、骡主要用于农业运输、耕作。猪、鸡、兔、羊主要为肉用、蛋用、奶用，自给自足为主。1995 年左右，县内出现大规模的养殖专业户和规模饲养场。随着农业机械化的推广应用，大牲畜逐渐退出使役和运输，马、驴、骡逐渐减少。猪、鸡、牛、羊、兔作为肉用、蛋用和奶用逐年增加。

（二）野生动物

据调查，县内野生动物现存 9 类。2000—2008 年，随着生态环境的改善，猕猴、秃鹫、野鸭等野生动物在县内时有出现。

常见野生动物种类如下：

鸟类：家鸽、燕子、斑鸠、鹌鹑、喜鹊、麻雀、黄雀、黎鸡、雁、水鸟、啄木鸟、野鸭、天鹅、石鸡、雉鸡、鹰、猫头鹰、鹞鹰、杜鹃、乌鸦、黄鹂、画眉、百舌、百灵。

2007 年出现在车厂村的野生猕猴

兽类：野兔、狐狸、獾、隐鼠（地扒排子）、田鼠（仓老鼠）、猬（刺猬）、黄鼬、蝙蝠、松鼠、野狸、狍。

鱼类：草鱼、鲤鱼、鲫鱼、鳊鱼、鲂鱼、泥鳅、鲶鱼、黄鳝、白鲦、黑鱼、麦穗鱼、棒花鱼、虾虎鱼。

爬行类：鳖、蛇、蜥蜴。

两栖类：青蛙、蟾蜍。

软体动物：田螺、河蚌、蜗牛。

环节动物：蚯蚓、水蛭。

节肢动物：虾、蟹、蝎子、蜘蛛、马陆、蚰蜒、蜈蚣。

昆虫：蜂、蚂蚁、蝶、蝉、蟋蟀、蝼蛄（拉拉蛄）、蚊、蝇、螳螂、蝗虫、蚱蜢、蜻蜓（蚂螂）、金龟子、萤火虫、蟑螂、天牛、蝈蝈。

县内被列为国家Ⅱ级保护野生动物的有 3 种，包括秃鹫、猕猴、雀鹰；被列为河北省重点保护陆生野生动物的有 8 种，包括黄鼬、狗獾、猪獾、狍子、松鼠、啄木鸟、喜鹊、杜鹃；被列为河北省保护的有益的或者有经济、科学价值的陆生野生动物有石鸡、野鸭、麻雀、布谷、黄雀、鹌鹑、乌鸦、画眉、百舌、百灵、燕、猫头鹰、鹞鹰、黄鹂、雉鸡、斑鸠、家鸽、野兔、刺猬、蛇、狐狸、黄鼠、野狸、蝙蝠、青蛙等。

第七节　自然资源

一、土地资源

1991 年，全县总面积 718 平方公里，其中耕地面积 49.1 万亩，农村居民人均耕地 1.26 亩。2008 年，全县总面积 658.18 平方公里，其中耕地面积 376170 亩，农村居民人均耕地 1.08 亩，低于全省人均水平。

二、矿产资源

矿产资源比较丰富，是保定市的建材工业和化工原料基地。地质勘查表明，主要矿藏有石灰岩、大理石、页岩、瓷土，有少量铁矿和其他一些矿藏。北台鱼、西赵庄有铅银矿，北赵庄胳膊峪有煤矿，柳树沟、东平地有铁矿，多属零星分布，现只有初步踏勘报告，未作开采论证。由于交通方便，县城近区的灰质岩群山成为京津城市建设和保定、沧州、衡水、廊坊、华北油田等地建筑石料的主要供应基地。1987 年，建筑沙石的年产销量 300 万立方米左右。2008 年，为 889.76 万立方米。

2008 年满城县矿产资源分布统计表

表 1-2-13

矿产名称	储量（万吨）	品位	分布区域
褐铁矿	300	40%	魏庄
褐铁矿	5		下紫口
磁铁矿	10	30%左右	云寨山
金　矿		1.5 克~2 克/吨	车厂村一带
白云岩	1000	矿层平均厚 80 米	神星、荆山一带
石英岩	0.75		下紫口村北两公里处
石板（页岩）	20		石板山、北东峪、李庄
滑　石	0.02		市头村
水泥用石灰岩	2000		土门、坨南一带
红　土	2000	矽镁量高	神星村南
辉绿岩	0.75		高士庄一带
重晶石	不大		龙门一带
紫色砂页岩	5000		岭西、北台鱼
高岭土（瓷土）	3000		白堡一带

三、水资源

（一）地表水

年平均降水量 569.2 毫米，年积雪深度 5~10 厘米，年平均自产径流量 5270 立方米。

入境河流有漕河、界河、龙泉河，均属于季节性河流，时断时流。多年平均入境年径流量为16028 立方米。

（二）地下水

据 1990 年省水资办组织专家审定的《满城县水长期供求计划》计算，全县地下水资源总量为17593万立方米。由于保定市自来水公司长期大量超采，县内形成了以一亩泉为中心的地下水位下降漏斗，地下水由西北向东南似簸箕形流向一亩泉漏斗中心。其范围影响到漕河以南、京广线以北的平原区大部，面积 300 平方公里以上。

2008 年，地下水位平均埋深 35.08 米，比 1980 年下降了 30.12 米。位于一亩泉地下水漏斗中心上游的北关、守陵一带，地下水位埋深 47.05 米。地下水的长期超采，使满城县平原地区地下水位呈持续下降趋势，只有在年降水 700 毫米以上的降雨丰沛年份，地下水才有短暂回升。据 1991—2008 年对东佃庄、北庄、马厂三处观测点历年最低水位测量数据显示，县内地下水位呈快速下降趋势。2008 年，三处地下水位标高分别为 47.80 米、48.38 米、48.01 米，分别比 1991 年下降 30.94 米、28.71 米、38.84 米。

1991—2008 年满城县平原最低地下水位动态统计表

表 1-2-14　　　　单位：米

年份	水位					
	东佃庄		北庄		马厂	
	日期	标高	日期	标高	日期	标高
1991	11. 1	16. 86	5. 11	19. 67	11. 11	9. 17
1992	8. 26	23. 20	12. 21	22. 72	12. 21	14. 49
1993	6. 16	24. 75	10. 6	27. 02	12. 10	22. 74
1994	6. 11	31. 00	6. 16	32. 52	7. 16	27. 99
1995	7. 21	32. 30	4. 16	30. 92	6. 26	25. 51
1996	4. 16	25. 00	6. 11	24. 42	6. 11	29. 33
1997	9. 16	23. 45	12. 1	21. 32	12. 26	20. 02
1998	9. 26	25. 40	12. 21	24. 57	12. 1	28. 90
1999	9. 26	31. 35	11. 1	31. 12	12. 26	35. 12
2000	6. 16	35. 35	8. 16	36. 32	11. 16	41. 66
2001	6. 16	37. 65	12. 1	39. 12	12. 26	45. 53
2002	12. 1	41. 10	12. 21	43. 12	8. 26	55. 31
2003	8. 21	45. 05	7. 26	49. 62	7. 16	55. 13
2004	6. 11	46. 40	4. 26	51. 30	6. 16	54. 05
2005	7. 11	47. 90	—	—	7. 16	54. 53
2006	11. 16	49. 40	—	—	3. 16	53. 00
2007	4. 16	48. 15	12. 10	48. 75	11. 26	48. 36
2008	4. 1	47. 80	9. 26	48. 38	11. 21	48. 01

（三）水质

1. 地表水水质

依据 2003 年的监测结果，界河、马连川水库、龙门水库的水质为轻度污染，漕河水质污染指数超过国标。

界河处于西部山区，沿河没有大的工业和居民聚集的大城镇，监测综合污染指数为 0. 14007，为未受污染级，属地面水二级标准。

马连川水库位于西北山区马连川沟，水质综合污染指数为 0. 2936，为轻度污染，属地面水三级标准。主要污染物为锌，污染源来自地质本身。

龙门水库位于西北山区，水质综合污染指数为 0. 40572，属轻度污染，为地面水三级标准，主要污染物为镉。水库上游无大的工矿企业，仅有易县七峪金矿和零星采石场，污染源由采石采金所至。

漕河山区段有惠阳机械厂，平原段有眺山化工厂、大册营造纸工业区，这些企业均向河道内排泄工业和生活污水。每年排放废（污）水总量1302.6万吨。检出污染物COD（化学耗氧量）7544.1吨/年，挥发酚0.17吨/年，氰化物0.04吨/年，硫化物0.04吨/年。排放COD（化学耗氧量）浓度100%超地表水V类标准，60%超国家规定污水排放标准。氨氮80%超地表水V类标准，20%超国家排放标准。挥发酚、硫化物、氰化物均超标。

2. 地下水水质

2002年和2003年，对平原区地下水水质实测，结果表明地下水化学类型属重碳酸盐钙镁型水。pH值在7.36~7.75之间，属中性水，同生活饮用水卫生标准对比可以看出，除硒、挥发酚及大肠菌群有的测点超标外，其他各因子均在规定标准之内，可用于生活用水及农田灌溉用水。

2004年后，受工业废水、污水排放的影响，地下水受到一定程度的污染，部分地区比较严重。实测中发现，河北省电台转播塔（位于抱阳山上）、杨佐电站的地下水水质挥发酚超标；河北省电台转播塔、小马坊、西庄三处地下水水质大肠菌群超标，大于230个/升。河北省电台转播塔处的水质全盐量、总硬度、氯化物、硝酸盐总铅各因子实测浓度虽没超标，但都比较高；贤台检测站大肠菌群超标，总镉到了标准限值0.01。

第八节　自然灾害

一、气象灾害

（一）旱涝灾害

1991年7月29日—8月14日，连续17天无降水，造成夏玉米“卡脖旱”现象。1994年6—8月，降水量893.2毫米，比历年平均值多一倍以上，7月降水356.6毫米，为有降水记载的同期最多。1995年6—8月，降水量643.2毫米，比历年平均值偏多五成。1996年6—8月，降水量681.4毫米，比历年平均值偏多五成，过程降水量278.3毫米，出现在7月28日—8月6日，为近20年来过程降水量的最大值。

1991—2005年满城县历年旱涝统计表

表1-2-15

分级	年降水量		出现年份
	距平百分率	降水量（毫米）	
大涝	>50%	>908	1994
偏涝	20%~50%	908~728	1995、1996
正常	-20%~20%	727~484	1991、1992、1998、2004
偏旱	-20%~-50%	483~303	1993、1997、1999、2000、2002、2003、2005
大旱	<-50%	<303	2001

（二）暴雨灾害

暴雨开始时间最早在6月上旬，最晚在10月中旬，大多数年份暴雨集中在7—8月。资料统计表明，凡一年出现3次暴雨以上的年份，最少会造成一个时段的涝害，而没有暴雨的年份，最少要出现2个时段以上的旱情。

1991—2008年，满城县发生过5次大的暴雨灾害。

1994年发生3次。7月6日4时30分至7时30分，石井乡、台鱼乡、坎下乡、岭西乡、高士庄乡、神星镇遭到暴雨袭击，降水量为210毫米。冲毁旱地梯田5700亩，水淹耕地4000亩，玉米成灾6100亩，红薯成灾2000亩，其他作物成灾600亩，果园成灾1000亩。280余户农户院墙倒塌800多米，1000户2000多间危房漏雨，130余户危房进水，20余户70多间房屋地基坍塌，由暴雨引起的山洪冲毁界河大坝近30米，冲毁桥梁2座、电线杆10根。因灾情造成的直接经济损失39万元，间接经济损失800多万元。7月21日16时，满城镇、西家庄乡、要庄乡、尹庄乡、东马乡、大册营乡等6个乡（镇）遭暴雨袭击。造成玉米倒伏3.64万亩，减产三成，狂风刮倒树木4200棵，果园受损7647亩。大册营乡被狂风刮倒蔬菜大棚30个，东马乡中佃庄泡花碱厂的950平方米的厂房顶被狂风掀走，因灾情造成的直接经济损失500余万元。8月13日夜间，出现特大暴雨过程，日降水量224.5毫米，其中13日23时至翌日7时（8个小时）降水量215.3毫米，造成农田被淹，道路冲毁，厂房进水，灾害严重。

1996年8月4—5日，全县普降大到暴雨，8月11日，又遭受大风袭击，致使农作物及基础设施受灾严重。3400亩庄稼和1530亩果园被淹，7200亩玉米倒伏折断，成灾面积达到49470亩，倒塌房屋140间，冲毁公路桥梁4座，冲毁部分道路和水利设施，造成直接经济损失1351.7万元。

2002年8月28日晚，一场罕见的暴风雨袭击要庄乡、贤台乡和大册营镇东部部分村庄，局部风力达11级，农作物严重受灾，玉米几乎全部倒伏，直接经济损失达6390万元。

（三）连阴雨灾害

连阴雨天气对农作物的危害程度与其发育期密切相关，对全县影响较大的有春播期低温连阴雨、麦收期连阴雨和秋季连阴雨。1991—2008年，最长连续降雨出现在1996年7月28日—8月6日，持续10天，过程降水量278.3毫米。

（四）雹灾

县内冰雹发生时间在每年的3—11月间，以6—8月出现最多。降雹强度变化大，小者如黄豆、玉米粒，大者如杏、枣、拳头，甚至出现碗口大的冰雹。冰雹一日内多发生在午后到前半夜，其中以15—20时为高峰期。降雹相对集中区有三个，一是神星、石井乡一带；二是大册营、要庄一带；三是黄龙寺一带。集中区内降雹频繁，成灾率较高。雹灾侵袭的路径主要有三条。第一条：由易县（坡仓、七峪）—北台鱼—石井—顺民—陉阳驿—清苑。此路径由北直侵陉阳驿的较少，由北到顺民出现较多。石井、顺民一带还时常遭受顺平县东侵冰雹的影响，再加之亦多发生局部自生性冰雹，综合影响的结果致使降雹频繁，灾害大。第二条：自易县（西山北）—龙门—大册营—要庄—贤台—徐水。此路径降雹多，灾情亦重。第三条：由易县（甘河净）或涞源—黄龙寺—长角台。此路径次数较少，成灾较少。

1991—2008年，发生过10次大的雹灾。其中1991年发生2次，7月9日21时30分至7月10日1时30分，县城东南部降雨量25毫米，其间降冰雹8分钟，雹径5厘米左右，密度较大，农作物受灾4000亩，其中1000亩绝收。7月22日18时，白堡乡、龙门乡遭受雹灾。1992年发生1次，5月15日15时30分至17时，自西北向东南一线普降冰雹，原高士庄、岭西、台鱼、南韩村、西原、陉阳驿、方顺桥、于家庄8个乡受灾，农作物受灾面积95020亩，果树受灾面积4564亩，蔬菜等经济作物受损1298亩，受灾严重的岭西乡果树几乎绝收。2001年7月31日，坨南乡、刘家台乡遭受风雹袭击，其中刘家台乡受灾面积3500亩。2004年6月21—24日、7月8日，满城县先后5次遭受冰雹袭击，全县12个乡（镇）均不同程度受灾。特别是7月8日22时10分至22时50分的雹灾持续时间长、冰雹密度大，灾情最为严重。满城镇、南韩村镇、神星镇、方顺桥乡、于家庄乡、石井乡、刘家台乡7个乡（镇）受灾，雹径最大50毫米，地面累积20~30厘米，受灾人口11.8万人。冰雹造成葡萄、西瓜、棉花等经济作物绝收，玉米等大田作物严重减产，果树落果严重，成灾面积8.04万亩，其中4.1万亩绝收，直接经济损失11447万元。据统计，5次雹灾累计受灾人口20.8万人，成灾面积19.5万亩，直接经济损失17457万元。2006年7月5日，方顺桥乡、于家庄乡、南韩村镇、贤台乡遭受雹灾，冰雹最大直径3.5厘米，5.4万人受灾。

（五）大风

大风受局部地形影响，分布有很大差异。从历年各月大风日数统计得知，春季大风最多，其次是冬季。大风在时间分布上以3—4月为最多。一日之内，大风的发生一般在近中午或者傍晚，而后半夜出现机会很少。在持续性上，大风持续两天以上的较少，即使有也多发生在春季。县城平原区，平均每年发生大风6次。发生大风最多的年份是2003年，发生了14次，最少的是1991年，发生1次。

1991—2008年，每年均有不同程度的风灾危害，造成减产甚至绝收。1991年7月22日18时，西家庄、要庄两乡遭受大风袭击，损失严重；1996年8月11日，大风致使农作物及基础设施受灾严重；1998年8月3日，遭大风袭击，风力7~8级，阵风9级，持续30分钟，全县倒伏玉米73550亩，绝收8200亩，9000亩果树受害；2002年8月28日晚，遭到暴风雨袭击，部分地方风力到11级。

（六）低温灾害

1991—2008年，发生两次大的低温灾害。一次是1993年4月7—11日，受较强冷空气影响，全县出现严重的持续冻害，致使草莓、地芸豆、果树大面积受灾。另一次是1995年4月1—3日，气温持续偏低，最低气温-6.7℃，全县25个乡（镇）早春作物普遍连续遭受冻害，受灾面积123850亩，成灾面积83780亩，其中果树、草莓、地芸豆等经济作物损失严重。

二、生物灾害

县内的生物病虫害种类较多，农作物主要病害有小麦锈病、白粉病、病毒病，玉米大小斑病、病毒病；主要虫害有小麦蚜虫、吸浆虫，玉米蚜虫、棉铃虫、黏虫。林木的主要病虫害有杨扇舟蛾、杨潜叶蛾、光肩星天牛、双条杉天牛、桑天牛、杨溃疡病、杨腐烂病、柳烂皮病、美国白蛾、苹果绵蚜等。有关部门及时检测并指导农民提早预防或除治。1991—2008年，未发生过较大生物灾害。

三、地质灾害

1989年8月23日，高士庄村发生泥石流。受灾人口800人，死亡6人，受伤21人，直接经济损失52万元。

2000年3月29日15时40分，眺山山体断面（由开山采石形成）发生大面积坍塌，没有造成人员伤亡。

四、地震灾害

1991—2008年，满城县未发生过地震，受到3次地震余震的影响。1998年1月10日，尚义县以东地区发生6.2级地震，县内有震感；2006年7月4日，文安县发生5.1级地震，县内有震感；2008年5月12日14时28分，四川省汶川县发生特大地震，县内有明显震感，地震级别3级。

第二编　居　民

1991年，全县总人口407062人；1998年，全县总人口426057人。1998年年底，保定市区划调整，近5万人口划归保定市，全县总人口降至40万以下。2008年，全县总人口400585人。人口的分布以县城为中心，北部、西部山区逐渐减少。2000年前，全县人口年龄结构属于成年型类型，处于人口年龄结构的黄金时期。2008年，60岁以上老年人占全县总人口的12.5%，全县进入老龄化社会。居民平均初婚年龄有所下降，离婚、再婚受到法律保护和社会认可。家庭户均人口有所下降，1990年为4.09人，2000年为3.83人，2008年为3.47人。18年间，全县总人口中农业人口所占比例呈下降趋势，城镇人口占人口总数的百分比由4.7%增长到17.5%。经济发展、税费减免、工资改革等措施，使居民的生活条件、生活水平得到显著改善，消费结构更加多元化，恩格尔系数下降，居住、交通、通信消费增加。但是，城乡、行业间差距仍然较大。十几年间，人们的思想观念发生了很大变化，更加追求自由、自我。传统的民俗在传承中不断发展变化。电话、网络拜年，网上购物和愚人节、母亲节、父亲节、情人节、圣诞节等舶来节日正在成为新的流行时尚。

第一章　人　口

在计划生育政策调控下，满城县人口保持缓慢增长的趋势。人口分布呈现以城镇为中心，西部、北部山区逐渐减少的特点。1991年，人口密度为556.9人/平方公里，2008年为616.1人/平方公里。人口性别比男性占优势，新生儿性别比1991年为101.88，2008年为106.38。2000年全县人口属于成年型类型，2008年进入老龄化社会。城镇人口呈增长趋势，农业人口占全县总人口比重呈下降趋势。劳动力职业结构呈现由第一产业向二、三产业转移的多元化趋势。新生儿死亡率大幅下降，人均寿命增长，文化素质提高。因购买非农业户口、办理身份证、区划调整等原因造成三次大的人口变动。家庭规模减小，仍以2代户为主。本章人口数据来源于县统计局、公安局、计划生育局和1990年全国第四次人口普查（以下简称第四次人口普查）、2000年全国第五次人口普查（以下简称第五次人口普查）。

第一节 总量与分布

一、人口总量

1991年，全县总人口407062人，其中城镇人口19283人，农业人口387779人。1998年，全县总人口426057人，达到历史最高峰。1991—1998年，年均增长2374人。1998年年底，保定市区划调整，满城县4个乡（镇）的41个行政村划归保定市。1999年，全县总人口降至374320人，其中城镇人口30715人，农业人口343605人。2008年，全县总人口400585人，与1999年相比，人口净增26265人，年均递增2627人。

1991—2008年，年增人口最多的是2004年，增加7321人。总人口出现负增长的年份有4年，分别为1996年、1999年、2000年、2003年。增减幅度较大的主要原因是区划调整和户籍管理（详见本章第二节）。1995年、2004年、2006年、2008年4年的人口增速分别为1.23%、1.93%、1.25%、1.38%，超过1%，其他年度增速在1%以下。

1991—2008年满城县总人口及人口密度统计表

表2-1-1

年份	总人口（人）	按性别分		按户口分		年末总户数（户）	较上年人口变动数	增长率（%）	人口密度（人/平方公里）
		男	女	非农业或城镇人口	农业人口				
1991	407062	206029	201033	19283	387779	102571	3835	0.95	566.9
1992	410388	208216	202172	22857	387531	102958	3326	0.82	571.6
1993	414300	209881	204419	23671	390629	108099	3912	0.95	577.0
1994	417077	210767	206310	24634	392443	108755	2777	0.67	580.9
1995	422223	215053	207170	26966	395257	115162	5146	1.23	588.0
1996	421278	212681	208597	26476	394802	117356	-945	-0.22	586.7
1997	423345	211807	211538	27724	395021	116977	1467	0.35	589.6
1998	426057	214172	211885	29155	396902	116245	3312	0.78	593.4
1999	374320	187991	186329	30715	343605	104398	-51737	-12.14	575.7
2000	374007	188270	185737	31606	359394	105325	-313	-0.08	575.2
2001	377600	189059	188541	33520	344080	105676	3593	0.96	580.8
2002	380003	191257	188746	35718	344285	105998	2403	0.64	584.4
2003	379927	191081	188846	44156	335771	105323	-76	-0.02	584.3
2004	387248	194503	192745	42842	344406	104955	7321	1.93	595.6
2005	387515	195882	191633	38276	349239	105507	267	0.07	596.0

续表2-1-1

年份	总人口（人）	按性别分		按户口分		年末总户数（户）	较上年人口变动数	增长率（%）	人口密度（人/平方公里）
		男	女	非农业或城镇人口	农业人口				
2006	392373	199246	193127	47271	345102	112338	4858	1. 25	603. 5
2007	395124	199943	195181	69364	325760	112168	2751	0. 70	607. 7
2008	400585	202630	197955	70106	330479	115402	5461	1. 38	616. 1

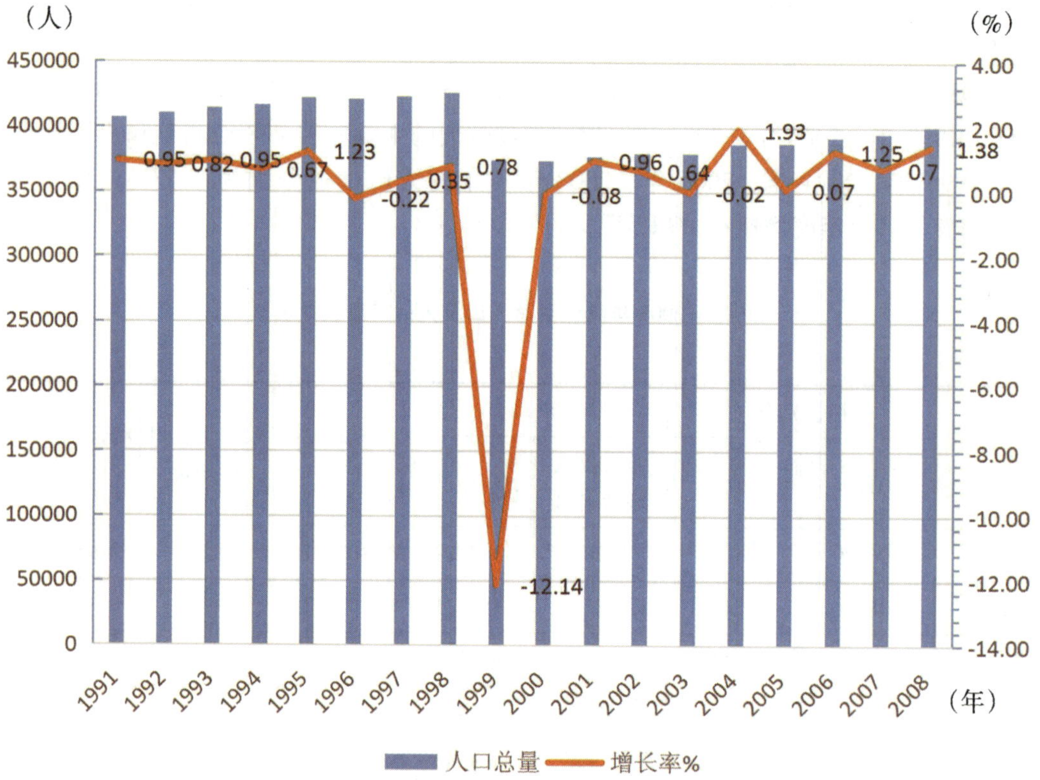

图 2-1-1　1991—2008 年满城县人口总量示意图

二、人口分布

全县人口分布呈现以城镇为中心，西部、北部山区逐渐减少的特点。20 世纪 70 年代末，仅县城所在地城内村、北关村隶属建制镇，城镇人口 1.5 万人。1994 年，全县辖 4 镇，城镇人口大幅度增加。2000 年，第五次人口普查数据显示，满城镇总人口 103836 人，居全县第一；其次是神星镇，总人口 44273 人；南韩村镇居第三，总人口 42584 人；方顺桥乡居第四，总人口 41842 人；大册营镇居第五，总人口 33962 人。人口分布最少的 3 个乡是坨南乡、白龙乡、刘家台乡，人口分别为 17811 人、17072 人、6858 人。2008 年，满城镇人口数量居全县各乡（镇）之首，南韩村镇人口数量居第二位，方顺桥乡人口数量居第三位。刘家台乡人口数量最少，仅为满城镇人口数量的 7. 1%。

2000年第五次人口普查满城县各乡（镇）人口分布情况统计表

表2-1-2 单位：人

乡　　镇	人口	排序	乡　　镇	人口	排序
满 城 镇	103836	1	于家庄乡	21787	7
神 星 镇	44273	2	要 庄 乡	20323	8
南韩村镇	42584	3	贤 台 乡	18347	9
方顺桥乡	41842	4	坨 南 乡	17811	10
大册营镇	33962	5	白 龙 乡	17072	11
石 井 乡	22305	6	刘家台乡	6858	12

三、人口密度

1991年，区域面积718平方公里，人口密度为每平方公里566.9人；1999年，人口密度为每平方公里575.7人；2008年，人口密度为每平方公里616.1人，远远高于全国130人/平方公里和河北省350人/平方公里的平均密度。全县12个乡（镇）人口疏密不一，西部和西北部山区人口分布较疏，中东部和南部较密。2008年，满城镇人口密度最高，每平方公里1196人；方顺桥乡次之，每平方公里844人；刘家台乡最低，每平方公里93人，仅为满城镇的十二分之一。

2008年满城县各乡（镇）人口密度统计表

表2-1-3

乡　　镇	人口（人）	面积（平方公里）	人口密度（人/平方公里）	排序	乡　　镇	人口（人）	面积（平方公里）	人口密度（人/平方公里）	排序
满 城 镇	102138	85.42	1196	1	贤 台 乡	19958	28.57	699	7
方顺桥乡	43912	51.99	844	2	神 星 镇	41079	73.91	556	8
要 庄 乡	22872	28.16	812	3	石 井 乡	23726	59.24	401	9
于家庄乡	22784	29.47	773	4	白 龙 乡	18165	49.40	368	10
大册营镇	35747	47.40	754	5	坨 南 乡	18743	66.67	281	11
南韩村镇	44184	59.33	745	6	刘家台乡	7277	78.62	93	12

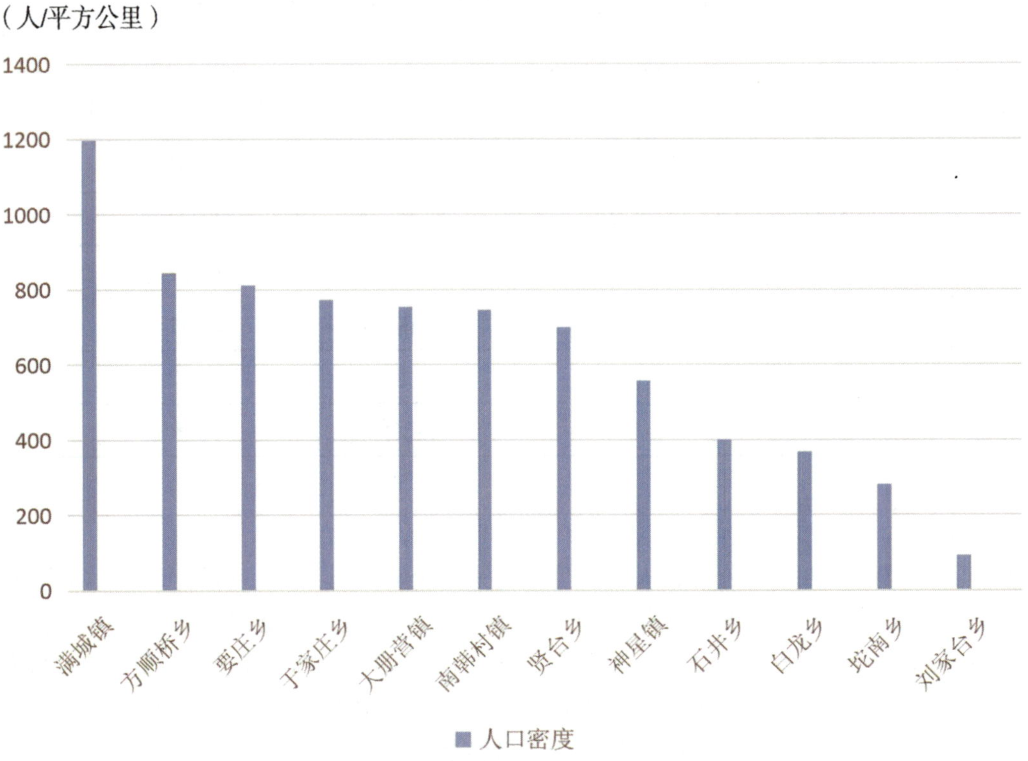

图 2-1-2　2008 年满城县各乡（镇）人口密度柱形图

第二节　人口变动

一、自然变动

1991 年，全县出生人口 5265 人，人口出生率 13.14‰。1991—1998 年，人口增加 18995 人，人口增长最多的年份是 1995 年，比 1994 年增加 5146 人，人口增长率 1.23%。

1999—2008 年，人口出生率基本平衡，在 8.96‰～12.26‰之间。2008 年，全县总人口 400585 人，与 1999 年相比，人口净增26265人。1992 年人口出生率 14.56‰，为各年度之首，1996 年人口出生率 7.78‰，为出生率最低的年份。

1991 年，全县人口死亡率 4.78‰，为最低年份；1995 年为 6.17‰；1996 年人口死亡率 6.85‰，为最高年份；2000 年 5.32‰；2005 年人口死亡率 5.59‰。死因主要为疾病、工伤和交通事故。1991—2008 年，全县因交通事故死亡 370 人，平均每年 20 人左右。

1991—2008 年满城县人口出生死亡情况统计表

表 2-1-4

年份	出生（人）	出生率（‰）	死亡（人）	死亡率（‰）	自然增长率（‰）
1991	5265	13.14	1916	4.78	8.36

续表2-1-4

年份	出生（人）	出生率（‰）	死亡（人）	死亡率（‰）	自然增长率（‰）
1992	5959	14.56	2087	5.10	9.45
1993	5643	13.71	2076	5.04	8.66
1994	3953	9.53	2653	6.40	3.13
1995	3904	9.30	2590	6.17	3.13
1996	3282	7.78	2889	6.85	0.93
1997	3501	8.30	2122	5.03	3.27
1998	3965	9.34	2178	5.13	4.21
1999	4025	10.76	1962	5.25	5.52
2000	4270	11.41	1992	5.32	6.09
2001	3864	10.28	1842	4.90	5.38
2002	3770	9.95	1864	4.92	5.03
2003	3391	8.96	1828	4.83	4.13
2004	4216	10.89	1956	5.05	5.84
2005	4812	12.14	2215	5.59	6.55
2006	4580	11.48	1942	4.87	6.61
2007	4561	11.32	1980	4.92	6.41
2008	4980	12.26	2053	5.05	7.21

二、机械变动

1991—2008 年，人口迁入迁出变动较大的情况有三次，第一次是在 1995 年，第二次是在1999—2000 年间，第三次是在 2005 年。

1995 年迁出 5119 人，迁入 7736 人。主要原因是自 1992 年 6 月开始，出现购买城镇非农业户口现象。当时购买的户籍集中由城关派出所管理。1995 年 8 月 1 日，各乡（镇）都设立派出所，全面接管农村户口管理工作，按属地管理原则办理迁出、迁入手续，对以前出生不上户口、死亡不注销户口、结婚、招工、购买非农业户口等原因未办理迁出、迁入手续的进行清理，从而发生人口变动集中的情况。

1999 年迁出 17709 人，迁入 17990 人；2000 年，迁出 12550 人，迁入 9655 人。迁入、迁出人口较多的原因有两个，一是 1998 年年底保定市的区划调整，满城县 41 个行政村划归保定市，形成了一次迁入、迁出的高峰；二是公安机关接管办理居民身份证工作，加大了办理居民身份证的宣传发动力度，户口核对、组织照相、编码填卡、制证发证工作全面启动，许多群众为办理居民身份证，按户口属地管理原则，办理户口迁入、迁出手续。

2005 年迁出 9121 人，迁入 7156 人。迁入、迁出人口较多的原因有两方面，一是迁移政策的改变。2003 年 7 月，为加快新型城镇化进程，消除农村居民向城镇转移的体制性障碍，省政府放宽户籍迁移政策，农村居民只要在城镇有合法稳定职业和稳定住所都可转为城镇常住户口。因此，为办理城镇户口，出现进城购买房屋热潮，导致办理迁入、迁出人口的增加。二是2005年换发第二代身份证，全县26万人办理第二代身份证，办证率达到70%。为办理居民身份证，许多因故未办理迁入、迁出手续的居民办理了相关手续，因而居民迁入、迁出人数较多。

1991—2008年满城县人口迁入迁出情况统计表

表2-1-5

年份	迁入（人）		迁出（人）	
	人口	其中省外迁入	人口	其中迁出省外
1991	3827	558	2882	330
1992	5221	557	5533	393
1993	5149	616	4363	281
1994	5146	776	4048	466
1995	7736	1197	5119	543
1996	3451	230	4301	824
1997	4000	418	3877	537
1998	4385	751	3911	428
1999	17990	538	17709	540
2000	9655	450	12550	1447
2001	3059	801	2840	454
2002	3192	1124	2963	399
2003	950	214	3155	375
2004	6122	975	5400	901
2005	7156	1073	9121	4505
2006	4365	1639	5133	4013
2007	967	1022	986	339
2008	2613	1554	2596	681

三、流动人口

（一）流入人口

县内流入人口来自全国20多个省市，以四川、安徽、山西、河南、湖北等省居多。2003—2008年，全县流入人口基本稳定在5000人左右。

流入人口中，大多数是务工人员，16~45岁的较多，45岁以上较少。

绝大多数外来务工人员主要在建筑行业打工，或在山区石碴厂开山、砸碴，在砖厂运砖坯、出窑等，从事繁重的体力劳动，工作、生活条件十分艰苦。2000—2008年，随着厂矿机械设备的增加，减轻了劳动强度，用工人数大幅减少，务工人员逐渐转向其他行业。

在流入人口中，经商人员和服务行业的人员比较稳定，有的经营特色小吃，如安徽板面、兰州拉面、云南米线等；有的从事服务行业，如搓澡、修脚、理发、缝纫、服装加工等；有的经营食品加工、日杂用品等。

（二）流出人口

20世纪90年代初期，流出人口务工有一定的盲目性。外出务工人员主要从事建筑业、种植业、养殖业、商业和服务业。建筑行业工作人员占有较大的比重，种植业在劳务输出中也有较大的比重。20世纪90年代初，满城县就有人在北京租地种植草莓、雪桃，并在首都市场出售。20世纪90年代后期，以石板山村人为主，开始在北京大兴县租地种大棚菜，供应北京市场，在丰富了首都居民的菜篮子的同时，收益颇丰。马连川村许多村民在天津塘沽经营蔬菜形成了规模，全村300多口人有100多人外出经营，不少人在当地（北京、天津）买房安家。

流出人口主要流向北京、天津、石家庄、保定、廊坊等大中城市，每年大约有1.5万人。2005—2008年，随着县域经济的发展，工人工资提高，农村剩余劳力选择留在本地打工的开始增多，流出人口逐年减少，稳定在每年1万人左右。

劳动职业介绍所成立以后，开始提供劳务信息，并有组织地开展劳务输出，建立劳务输出卡，跟踪服务。1996—2008年，县劳动局积极组织出国劳务输出，到2008年，累计组织100多人到国外打工，涉及亚洲、欧洲、非洲，日本、韩国、俄罗斯、英国、马来西亚、阿尔及利亚、科特迪瓦等国家。从事行业有焊接、塑料成型、印刷、食品、机械加工、建筑、纺织、电子、缝纫、造纸、农业的种养殖等，时间1~3年。这些出国务工人员中，多数在外企从事体力劳动，工资较低，也有少数从事企业管理、技术指导，工资较高。

2002—2008年满城县流入人口统计表

表2-1-6　　单位：人

年份	总数	来自地区		年龄			暂住事由				居住处所				
		省内	省外	16岁以下	16~45岁	45岁以上	务工	经商	服务	其他	出租房屋	单位内部	工地现场	居民家中	其他
2002	3446	1403	2043	74	3372	0	2435	247	626	138	263	2089	356	0	738
2003	5809	1967	3842	74	5735	0	3918	396	1109	486	339	2781	1414	0	1275
2004	5569	1638	3931	65	5504	0	3857	317	887	508	416	2763	1073	0	1317
2005	5703	1661	4042	41	5662	0	4195	305	890	313	479	2838	902	0	1483
2006	5448	1469	3979	49	5399	0	4109	280	844	215	476	2711	818	0	1446
2007	5906	1739	4167	4	5902	0	4491	323	853	239	509	2938	1013	0	1446
2008	4792	3129	1663	23	3844	925	4030	267	148	347	640	1962	787	63	1340

第三节　人口构成

一、性别构成

1991年，全县总人口407062人，其中男性206029人，女性201033人，性别比（男性/女性）为

102.48；第五次人口普查数据显示，全县总人口391000人，其中男性为201285人，占总人口的51.48%，女性为189715人，占总人口的48.52%，性别比为106.1；2008年，全县总人口400585人，其中男性202630人，女性197955人，性别比102.36。

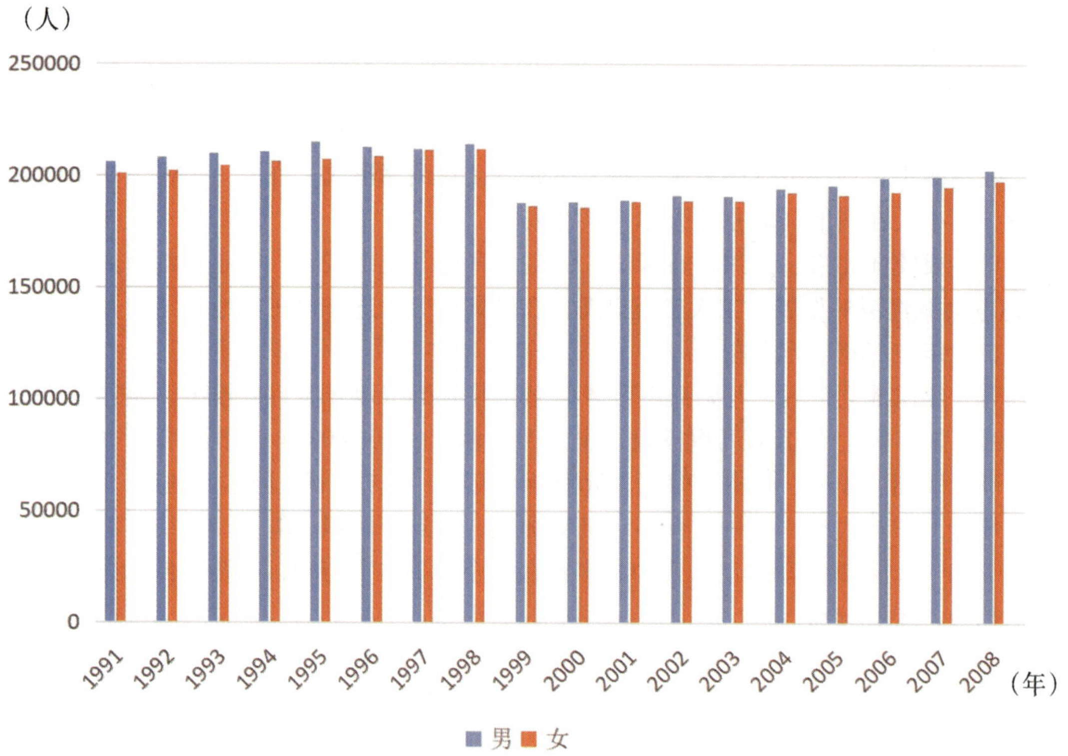

图2-1-3　1991—2008年满城县总人口中性别构成柱形图

1991年，新生儿性别比101.88；1992年、1995年、1998年新生儿性别比分别为104.92、103.86、102.71。四年均低于105，其余年份均超过105。1999年为117.22，是新生儿性别比最高的年份。另外，1994年、1997年、2000年、2001年、2002年新生儿性别比均超过110。全县新生儿性别比保持了较高水平。

1991—2008年满城县新生儿性别比统计表

表2-1-7　　单位：人

年份	当年出生数	男	女	新生儿性别比
1991	5265	2657	2608	101.88
1992	5959	3051	2908	104.92
1993	5643	2899	2744	105.65
1994	3953	2112	1841	114.72
1995	3904	1989	1915	103.86
1996	3282	1705	1577	108.11

续表2-1-7

年份	当年出生数	男	女	新生儿性别比
1997	3501	1876	1625	115.44
1998	3965	2009	1956	102.71
1999	4025	2172	1853	117.22
2000	4270	2271	1999	113.61
2001	3864	2040	1824	111.84
2002	3770	1986	1784	111.32
2003	3391	1771	1620	109.32
2004	4216	2185	2031	107.58
2005	4812	2476	2336	105.99
2006	4580	2348	2232	105.20
2007	4561	2353	2208	106.57
2008	4980	2567	2413	106.38

二、年龄构成

2000年第五次人口普查数据显示，全县0~14岁人口90794人，占总人口的23.22%；15~64岁的人口为274533人，占总人口的70.21%；65岁以上的人口25673人，占总人口的6.57%。同1990年第四次人口普查数据相比，0~14岁的人口比重下降了8.25个百分点，65岁以下人口比重上升了0.36个百分点。劳动年龄人数是非劳动年龄人数的一倍多。社会总抚养比42.42%，少儿抚养比33.1%，老年抚养比9.35%。数据情况表明，全县人口年龄构成属于成年型类型，人口年龄结构处于黄金时期。

2003年，18岁以下人口93891人，占总人口的24.7%；18~34岁人口106840人，占总人口的28.1%；35~60岁人口123985人，占总人口的32.6%；60岁以上人口55211人，占总人口的14.5%。

2005年，18岁以下人口95129人，占总人口的24.5%；18~34岁人口106721人，占总人口的27.5%，35~60岁人口142383人，占总人口的36.7%；60岁以上人口43282人，占总人口的11.2%。

2008年，全县总人口400585人，18岁以下人口94075人，占总人口的23.5%；18~34岁人口108718人，占总人口的27.1%；35~60岁人口147670人，占总人口的36.9%；60岁以上的人口有50122人，占总人口的12.5%，全县进入老龄化社会。

2003—2008年满城县人口年龄构成统计表

表2-1-8

年份	总人口（人）	18岁以下（人）	18~34岁（人）	35~60岁（人）	60岁以上（人）	60岁以上所占比例（%）
2003	379927	93891	106840	123985	55211	14.5
2004	387248	100898	107112	131661	47577	12.3

续表2-1-8

年份	总人口（人）	18岁以下（人）	18~34岁（人）	35~60岁（人）	60岁以上（人）	60岁以上所占比例（%）
2005	387515	95129	106721	142383	43282	11.2
2006	392373	85797	113301	146843	46432	11.8
2007	395124	86880	107750	148022	52472	13.3
2008	400585	94075	108718	147670	50122	12.5

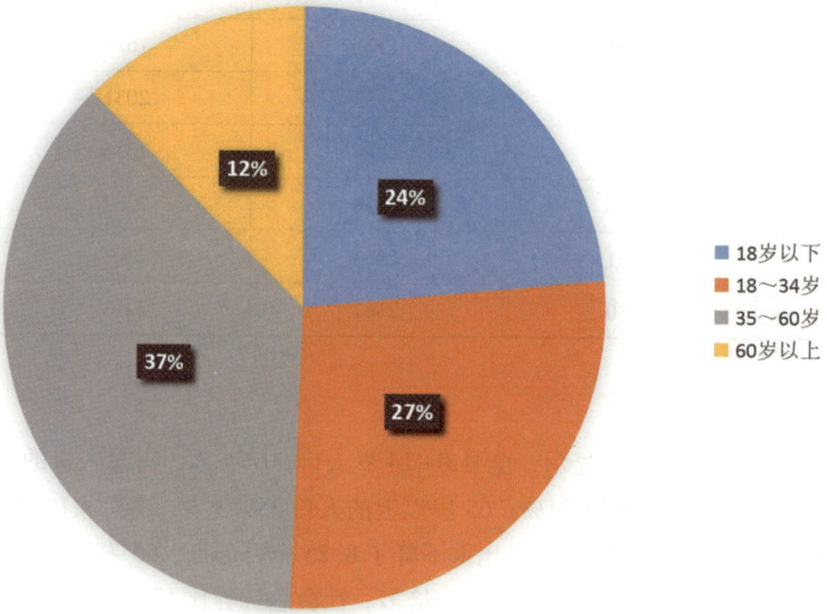

图 2-1-4　2008 年满城县总人口年龄构成占比图

三、农业与非农业人口构成

1991—2008 年，因撤乡建镇、合乡扩镇和购买非农业户口等原因，全县城镇人口有较大增长。1991 年，全县农业人口 387779 人，城镇人口 19283 人，分别占全县总人口的 95.3%、4.7%。第五次人口普查时，全县居住在城镇的人口为 52726 人，占总人口的 13.48%；居住在农村的人口为 338274 人，占总人口的 86.52%，同 1990 年第四次人口普查相比，城镇人口占总人口的比重上升了 10.16%。2008 年，全县农业人口为 330479 人，占全县总人口的 82.5%，比 1991 年下降 12.8%；非农业人口 70106 人，占全县总人口的 17.5%，比 1991 年增加 12.8%。

2008 年满城县各乡（镇）农业、非农业人口统计表

表 2-1-9

乡　镇	总人口（人）	农业人口（人）	所占比例（%）	非农业人口（人）	所占比例（%）
满 城 镇	102138	52739	51.63	49399	48.37

续表2-1-9

乡 镇	总人口（人）	农业人口（人）	所占比例（%）	非农业人口（人）	所占比例（%）
神 星 镇	41079	37510	91.31	3569	8.69
大册营镇	35747	32158	89.96	3589	10.04
南韩村镇	44184	40343	91.30	3841	8.70
方顺桥乡	43912	42022	95.70	1890	4.30
于家庄乡	22784	21284	93.42	1500	6.58
贤 台 乡	19958	18456	92.47	1502	7.53
要 庄 乡	22872	21447	93.77	1425	6.23
白 龙 乡	18165	17164	94.49	1001	5.51
石 井 乡	23726	22769	95.97	957	4.03
坨 南 乡	18743	17831	95.13	912	4.87
刘家台乡	7277	6756	92.84	521	7.16

说明：未落常住户口人员纳入农业人口统计

图 2-1-5 1991—2008 年满城县农业、非农业人口对比走势柱形图

四、职业构成

(一) 单位从业人员

1991 年，单位从业总人数 22186 人，占总人口的 5.45%；1995 年 21497 人，占总人口的 5.09%。由于区划调整，1996 年后单位从业人员数量略有下降。2000 年为 18031 人，占总人口的 4.82%；2008 年为 17279 人，占总人口的 4.3%。

单位从业人员中，主要分布在教育、文化艺术及广播电视业、制造业、国家机关、党政机关和社会团体。从事建筑业和批发零售贸易业的人数，在 20 世纪 90 年代初期较多，之后呈缩减趋势。按从业人数比较，从事农林牧渔业人员呈下降趋势，1991 年为 369 人，2000 年为 144 人，2005 年略有回升为 216 人，2008 年又下降到 100 人。制造业从业人员呈下降趋势，1991 年为 7347 人，占总人口的 1.8%；1995 年为 6598 人，占总人口的 1.6%；2000 年为 4905 人，占总人口的 1.3%；2008 年则占总人口的 0.87%。批发零售、贸易餐饮业呈明显下降趋势，电力煤气及水的生产供应业、金融保险业、教育、文化艺术及广播电视业、科学研究和综合技术服务业、国家机关、党政机关和社会团体等行业呈上升趋势。

1991—2008 年部分年份满城县单位从业人员构成统计表

表 2-1-10 单位：人

年份 行业	1991	1995	2000	2005	2008
合计	22186	21497	18031	17543	17279
农林牧渔业	369	107	144	216	100
制造业	7347	6598	4905	3981	3467
电力煤气及水的生产供应业	—	520	593	688	1094
建筑业	3660	1422	181	173	175
交通运输仓储及邮电通信业	306	266	263	305	181
批发零售贸易餐饮业	3575	3401	1693	1477	962
金融保险业	487	590	658	780	1171
房地产业	66	25	29	36	40
社会服务业	150	149	221	131	128
卫生体育和社会保障、社会福利业	774	882	997	963	954
教育文化艺术及广播电视业	2759	3886	4737	4887	4758
科学研究和综合技术服务业	33	56	7	49	124
国家机关政党机关和社会团体	2660	3004	3479	3510	3638
其他行业	—	591	124	6	—
离开本单位仍保留劳动关系的职工	—	—	1134	1636	4470

说明：离开本单位仍保留劳动关系的职工人数未列入合计

（二）二、三产业从业人员

据2004年第一次经济普查数据，2004年年末，全县从事第二、第三产业的法人单位2049个（其中，企业法人单位1549个，机关、事业法人单位493个，社会团体法人单位5个，其他法人单位2个），产业活动单位2166个，个体经营户8175户（其中第二产业1294户，第三产业6881户）。个体经营户较为集中的5个行业是批发和零售业3000户，占36.7%；交通运输业1574户，占19.3%；居民服务业和其他服务业1080户，占13.2%；工业916户，占11.2%；住宿和餐饮业635户，占7.8%。

2004年，全县工业企业法人单位1163家，就业人员39570人；工业个体经营户916户，就业人员4066人；建筑业企业法人单位11家，就业人员10677人；建筑业个体经营户378户，就业人员4715人；房地产业企业法人单位7个，就业人员328人；批发零售业企业法人单位270个，就业人员3429人；批发业个体经营户232户，就业人员629人；零售业个体经营户2768户，就业人员6448人；住宿餐饮业企业法人单位18个，就业人员472人；住宿业个体经营户共有7户，就业人员34人；餐饮业个体经营户628个，就业人员2120人；交通运输和仓储业法人单位13个，就业人员408人；个体交通运输经营户1574人，就业人员2518人。

（三）农村基层劳动力

1991—2008年，农村基层劳动力就业情况发生了较大变化。首先是就业人数呈明显上升态势，从1991、1995、2000、2005、2008年5个年份看，总的从业人数占农业人口的百分数分别为49.8%、51.1%、53.1%、55.6%、59.5%。其次是各行业劳动力分布结构有明显变化，其中从事农林牧渔业的人数相对稳定，占农业人口的32.5%~37.0%；工业劳动力明显上升，1991年从业人数占农业人口的5.2%，2005年占10.9%，2008年占11.9%；从事批发零售贸易和餐饮业的人数也呈上升态势，1991年占农业人口的0.8%，2008年占2.1%；从事交通运输仓储、邮电通信业、房地产管理和公共事业社会服务业的人员略有增长，其他行业人数相对平稳。

1991—2008年部分年份满城县农村基层劳动力构成统计表

表2-1-11

年份／行业	1991		1995		2000		2005		2008	
	人数（人）	占农业人口（%）	人数（人）	占农业人口（%）	人数（人）	占农业人口（%）	人数（人）	占农业人口（%）	人数（人）	占农业人口（%）
合计	193002	49.8	202087	51.1	190760	53.1	194217	55.6	196704	59.5
农林牧渔业	143218	36.9	128332	32.5	122949	34.2	123126	35.3	122221	37.0
工业	19974	5.2	34755	8.8	35561	9.9	37965	10.9	39353	11.9
建筑业	10245	2.6	15750	4	12457	3.5	14327	4.1	15694	4.8
金融保险	296	0.1	332	0.1	349	0.1	362	0.1	298	0.1
批发零售贸易业、餐饮业	2984	0.8	4104	1.0	4869	1.4	6479	1.9	6788	2.1
交通运输仓储、邮电通信业	5097	1.3	6340	1.6	6667	1.9	7178	2	7478	2.3
房地产管理、公共事业社会服务业	182	0.1	1128	0.3	917	0.2	1901	0.5	2032	0.6

续表2-1-11

行业＼年份	1991		1995		2000		2005		2008	
	人数（人）	占农业人口（%）	人数（人）	占农业人口（%）	人数（人）	占农业人口（%）	人数（人）	占农业人口（%）	人数（人）	占农业人口（%）
卫生体育、社会福利业	761	0.2	661	0.2	694	0.2	1033	0.3	946	0.3
教育文化艺术及广播电视业	1034	0.3	895	0.2	648	0.2	1240	0.4	1255	0.4
科学研究和综合技术服务业	22	—	10	—	2	—	21	—	21	—
乡经济组织管理、国家机关、党政团体等	797	0.2	325	0.1	535	0.1	522	0.1	527	0.2
其他	8392	2.2	9455	2.4	5112	1.4	—	—	—	—

五、民族构成

1991年，全县除汉族外，有19个少数民族，另外1个外国人加入中国国籍。

第四次人口普查数据显示，全县总人口中汉族人口347926人，占总人口的99.22%；各少数民族人口为2734人，占总人口的0.78%。

第五次人口普查数据显示，全县总人口中汉族人口为386262人，占总人口的98.79%，各少数民族人口为4738人，占总人口的1.21%。同第四次人口普查数字相比，汉族人口增加38336人，少数民族人口增加2004人。

2008年，全县少数民族人口5094人，占全县总人口的1.27%，包括回、满、蒙古族等21个少数民族，其中满族占全县少数民族总人口的90%，主要集中在方顺桥乡的东方顺、大河旺、河图、孟村等4个满族聚居村。方顺桥、尹固2个回族散居村。全县共有清真摊点4个，集中在县城。

县内的少数民族除满族外，多为因婚迁入。

2008年满城县民族人口构成统计表

表2-1-12　　单位：人

民族	人数	民族	人数	民族	人数
汉族	395490	傈僳族	8	朝鲜族	21
满族	4596	瑶族	6	苗族	17
蒙古族	121	达斡尔族	4	水族	13
回族	66	藏族	4	彝族	10
壮族	103	仫佬族	3	黎族	1
布依族	54	羌族	2	畲族	1
土家族	37	土族	1	入籍	1
侗族	24	拉祜族	1	其他	1

说明：入籍指外国人加入中国国籍

第四节　人口素质

一、身体素质

1991 年，新生儿死亡率为 24.1‰；1995 年为 18.6‰；2000 年为 10.7‰；2008 年，全县新生儿死亡率 7.9‰，比 1991 年下降了 16.2‰。

人们身体素质普遍提高的同时，因就业、工作压力大、饮食不当等原因，也出现了一些不容忽视的问题，如抑郁症等精神方面的疾病有所增加，儿童肥胖、中年人糖尿病患者增多，心脑血管病年轻化、学生的视力普遍下降等。

随着生活水平的提高和医疗条件的改善，老年人口所占比重增加，人均寿命不断增长。2006 年，60 岁以上老年人 46432 人，占总人口的 11.8%；2007 年，60 岁以上老年人 52472 人，占总人口的 13.3%；2008 年，全县 60 岁以上人口 50122 人，占总人口的 12.5%。2006 年，县内有 5 位百岁老人；2008 年年底，有 2 位。2006—2008 年，9 位百岁老人中，女性 8 位，男性 1 位。他们全部居住在农村，生活规律，性格平和。

2006—2008 年满城县百岁老人一览表

表 2-1-13

姓　名	性别	出生年月	家庭住址	去世时间
张桂荣	女	1899.1	下紫口	2007.2
田　氏	女	1901.2	上紫口	2007.3
高国义	女	1905.4	郭　村	2006.12
朱云瑞	女	1905.12	西辛章	2008
王春花	女	1906.9	南陵山	2007.1
苑贵荣	女	1907.4	黄龙寺	2007.11
赵秀珍	女	1907.4	慈家台	2007.11
刘爱琴	女	1907.8	方顺桥	健在
王振祥	男	1908.1	南韩村镇	健在

二、文化素质

第五次人口普查时，全县总人口 391000 人，其中未上学人数 28940 人，参加过扫盲班（教育）的人数 5321 人；接受过小学教育的人数 146097 人，占全县总人口的 37.36%；接受过初中教育的人数 164843 人，占 42.16%；接受过高中（含中专）教育的有 31481 人，占 8.05%；接受过大学（指大专以上）教育的人数 5130 人，占 1.31%；全县总人口中，文盲人口（15 岁及以上不识字或识字很少的人）为 15496 人。

同第四次人口普查相比，每千人拥有各种文化程度的人数有所变化：具有大学程度的由 2 人升为

13 人；具有高中程度的由 47 人升为 81 人；具有初中程度的由 247 人上升为 422 人；具有小学程度的由 396 人下降为 374 人；文盲人口占总人口的比重由 14. 87%下降到 3. 96%，下降了 10. 91 个百分点。

1990 年第四次人口普查满城县各年龄段人口文化程度统计表

表 2-1-14　　单位：人

龄组（岁）	大学	大专	中专	高中	初中	小学
15～19	0	0	30	619	11904	6505
20～24	16	109	312	2250	20020	10547
25～29	20	170	260	4404	17404	9341
30～34	13	108	309	4395	12583	10533
35～39	15	91	268	1838	9777	16555
40～44	19	92	218	831	6036	13837
45～49	25	48	205	488	4074	3935
50～54	21	54	240	276	1640	5770
55～59	10	25	93	104	613	4117
60～64	1	8	13	81	381	3322
65 岁及以上	3	10	15	105	490	4456

第五节　计划生育

一、节制生育

1989 年开始，全县实行人口和计划生育目标管理责任制，对人口和计划生育工作实行一票否决。各乡（镇）党委书记、乡（镇）长、县直各部门一把手与县委、县政府主要领导签订年度人口和计划生育目标管理责任书，县人口和计划生育管理部门依照上级要求，对本年度人口和计划生育工作的各项业务指标进行量化，定期与不定期实施普查与抽查，结果报县委、县政府。1998 年，县计划生育局被国家计生委评为“全国计划生育系统先进集体”。

2002 年 9 月，成立县卫生保健医院和计划生育服务站，配备医务人员、计划生育技术服务流动车及相关车载技术装备。2006 年，投资 157 万元用于县、乡技术服务站和村服务室建设。全县 12 个乡级技术服务站中有 8 个达到省级优质服务站标准，同年满城县被评为“河北省计划生育优质服务县”。

通过节制生育，全县家庭一孩比由 1991 年的 18. 56%上升到 2008 年的 68. 21%；二孩比由 1991 年的 53. 48%下降到 2008 年的 29. 68%；多孩比由 1991 年的 22. 49%下降到 2008 年的 2. 11%。

二、优生优育

1991—1998 年，开展婚前保健、青春期保健、孕产妇系统管理。通过张贴标语、发放宣传材料、录音广播等形式进行宣传教育。组织婚育新风进万家、关爱女孩工程活动，普及优生优育、孕期保健等知识，开展优生优育服务。1991 年，优生优育和生殖健康保健知识普及率 38%，1998 年达到 83%。

2000年，各乡（镇）卫生院成立健康教育宣传室，建立妇幼卫生三级网络，加强新生儿死亡率监测，优生优育和生殖健康保健知识普及率92%。2001年，相继在民营医院和驻满城医疗机构中建立健康教育室，优生优育和生殖健康保健知识普及率89%。2002年，成立健康教育宣传领导小组，负责对全县医疗保健机构优生优育和健康教育知识宣传教育活动的指导、督导检查。2004年，建立生殖健康中心。

1991年，开展中美预防神经管畸形合作项目，指导育龄妇女在孕前孕后服用斯利安片（叶酸）。2008年，开展婚前健康教育活动，对每位新婚夫妇发放健康教育知识和如何预防出生缺陷书籍。要求育龄妇女在孕前3个月和孕后3个月口服斯利安片，当年服用率84%。2004年，被卫生部、美国疾病控制中心、中美预防出生缺陷和残疾合作项目办公室确定为孕前保健社会营销项目中国首家试点县。

2002—2008年，加强对婴幼儿的计划免疫工作，组织对0~7岁的儿童进行免费疫苗接种，疫苗种类由6种增加到21种，儿童免疫接种率100%。新生儿死亡率大幅下降。2008年，提倡产妇住院分娩，并对每位农村孕妇住院分娩补助400元。

1991—2008年满城县新生儿死亡率统计表

表2-1-15 **单位:‰**

年份	新生儿死亡率	年份	新生儿死亡率	年份	新生儿死亡率
1991	24.07	1997	13.24	2003	6.95
1992	22.38	1998	9.63	2004	4.43
1993	11.23	1999	11.57	2005	1.94
1994	15.64	2000	10.7	2006	2.14
1995	9.39	2001	14.2	2007	8.5
1996	18.56	2002	6.57	2008	7.9

三、晚婚晚育

1991—2000年，落实省委、省政府关于提倡和鼓励晚婚晚育的政策，全县晚婚率80%以上。以后晚婚率呈逐年下降的趋势。2001年，女性晚婚率48.80%，男性30.51%；2005年，女性晚婚率35.65%，男性17.95%；2008年，女性晚婚率38.79%，男性19.91%。

四、奖励扶助

1995年，县委、县政府先后制定出台一系列政策文件，对奖励扶助的目标人群、条件、对象都有详细规定。2000—2008年，逐步建立对计划生育家庭的帮扶机制。每年由县计生局提出需帮扶的名单，并进行分解，以文件的形式下发到各单位。县级领导每人联系1户计生贫困户，计生干部每人分包1户，各部门副职以上领导每人帮助1户。各部门根据自身条件，提供资金、技术支持和物资帮扶。同时发挥计生协会自我管理、自我教育的特点，组织计生户发展种植业、养殖业，传播先进科学技术、交流致富经验，动员农村的致富带头人带动计生户开拓致富思路，共同致富。

2005—2008年，对独生子女家庭落实奖励扶助政策，对农村独生子女落实中、高考加分政策。2005年，享受奖励扶助政策的分别有386人、36人、103人；2006年，分别有498人、158人、3706人；2007年，分别有592人、152人、5356人；2008年，分别有665人、219人、6225人。

五、社会抚养费征收

1986年3月27日，县委、县政府出台《关于对计划外生育处罚的有关规定》，凡是1979年8月以来出生三胎及以上者，1981 年 1 月 1 日以来出生的计划外二胎，均视为超生，按规定进行惩罚和处理，规定还明确了不同情况的处罚标准。文件下发后，在全县开展突击征收社会抚养费，并在以后的计划生育工作中继续实行。20 世纪 90 年代前后，征收社会抚养费是治理超生的一种手段，也被称为超生罚款、计划外生育费，征收的费用主要用于计划生育事业费。

20 世纪 90 年代中后期，在社会抚养费征收标准上存在随意性，在征收方法上也存在简单、粗暴现象，管理不规范。1999 年，组织开展“四清一整”工作，即对 1991 年以来计划外出生、党员干部违法超生、已婚育龄妇女避孕节育、计划外生育费用征收使用情况的四项清理和整顿婚育秩序。

2002 年，计划外生育费统一改为社会抚养费。制定《社会抚养费征收管理办法》，规定社会抚养费主要用于人口和计划生育事业的发展、农村落实计划生育政策家庭的奖励救助等。社会抚养费征收的主体为计生局，委托各乡（镇）政府代为征收违反计划生育政策农村家庭的社会抚养费，县直和城镇违反生育人群由县计划生育局直接征收。社会抚养费严格落实收支两条线管理。2007 年，对 2000 年 10 月 1 日至 2007 年年底的计划外生育进行认真登记、摸查，加大执法力度。2008 年，组织开展对县直党员干部职工和名人富户超生的清理清查工作。对拒不交纳的交县人民法院执行，2004—2008 年，法院受理人口和计划生育部门提交的社会抚养费案件 234 件，依法征收社会抚养费 220.58 万元。

六、计划生育协会

1986 年 9 月，县、乡两级成立计划生育协会，广泛吸收会员，村和社区按育龄妇女人数成立计划生育小组。协会实行自我教育、自我管理、自我服务的“三自”原则，配合计生管理机构进行宣传教育，扶助贫困计生户发展种养殖业，传播科学技术、交流致富经验，共同发家致富奔小康。2008 年，全县有 418 个计生协会小组。2003 年 9 月 12—16 日，全国计划生育协会会长座谈会在保定召开，东马村计划生育协会在座谈会上介绍了经验。13 日下午，与会代表到东马村参观。

七、管理机构

1983 年 11 月，县计划生育办公室更名为县计划生育委员会（以下简称县计生委），下设办公室、宣传指导站、技术服务站、药具管理站。专职计生人员 28 人，并聘任计划生育助理员 27 人，协助员 49 人。1996 年，县计生委撤销，设立县计划生育局，下设办公室、规划统计股、政策法规股、财务股以及宣传站、药具站、技术服务站。总编制 45 人，其中行政编制 11 人，事业编制 34 人。工作职能由原来的节制生育向宣传、服务转变。2005 年，县计划生育局更名为县人口和计划生育局，下设办公室、规划统计股、政策法规股、宣传站、药具站、技术服务站、督查队。总编制 45 人，其中行政编制 10 人、事业编制 35 人。各乡（镇）设立计划生育办公室、计划生育服务站，根据人口数量确定相应编制。2004 年开始，对村级计划生育专干实行村聘、乡用、县管机制，全县设立村计划生育专干和育龄小组长 425 人，每人每月 20 元报酬。2008 年，提高到每人每月 50 元，从县人口计划生育事业费中单独列支。

第六节　婚姻家庭

一、婚姻

1991—2008 年间，人们的择偶观念发生了很大改变。20 世纪 90 年代，人们很看重家庭户口和对方的身份、工作，择婿的顺序是“一军（军人）、二干（干部）、三工人”，吃商品粮是当时择偶的重要条件。2000 年后，更趋向于看重家庭经济条件和社会地位。婚姻自由成为共识，人们对离婚的认识有了转变，离婚受到的外界干涉逐渐减少，协议离婚开始出现。

结婚年龄有减小趋势，2000 年，女性初婚 23 岁以下的 1100 人，23 岁以上的 1093 人，基本持平；男性初婚 25 岁以下的 627 人，25 岁以上 590 人。2008 年，全县女性初婚 23 岁以下的 1767 人，23 岁以上的 1120 人；男性初婚 25 岁以下的 2361 人，25 岁以上 517 人。

再婚受到法律的保护和社会认可，人数逐年增多。2006 年，再婚人数 101 人；2007 年 494 人；2008 年 648 人。

二、家庭

（一）家庭规模

1990 年第四次人口普查时，全县户均人口 4.09 人。2000 年第五次人口普查时，全县总户数 97660 户，家庭人口 373957 人，占总人口的 95.64%，户均 3.83 人。3~4 人户占总户数的 52.77%，5 人户占 13.70%，其次是 6 人户、1 人户，9 人以上户数占总户数 0.24%。2008 年，户均人口 3.47 人，其中要庄乡最高，为 3.98 人；其次是大册营镇，户均 3.86 人；贤台乡第三，户均 3.80 人；满城镇最低，只有 3.15 人。

（二）家庭类型

1990 年第四次人口普查数据显示，2 代户占绝大多数。2000 年第五次人口普查时，全县总户数 97660 户，1 代户 14728 户，占总户数的 15.11%；2 代户 59420 户，占总户数的 60.95%；3 代户 22233 户，占总户数的 22.80%；4 代户、5 代及 5 代以上户数量很少，仍是 2 代户占绝大多数。2000 年年底，有 65 岁以上老人的户数 20353 户，单身老人户 1992 户，两个以上老人户 5962 户，只有一对老夫妇的户 2186 户。单身户和一对老夫妇户 4178 户，占有 65 岁以上老人户数的 20.52%。

（三）家庭赡养

1991—2008 年，县域内家庭赡养方式变化不大。农村的赡养方式主要是由儿子们轮流供养。在两位老人均健在时，老人们自己生活，儿女适当提供粮食和生活费，生活费的标准很低，一年每个儿子给几十元到几百元不等。老人生活不能自理后，一般是在几个儿子家轮流居住，轮流赡养。独生子女户一般是与孩子一起居住。城镇居民多与子女一起生活，或者子女与父母分开居住，一起吃饭。不论城镇还是乡村，老人赡养绝大多数是居家养老，到养老院养老的是极少数。

2008 年满城县各乡（镇）户均人口及 60 岁以上人口统计表

表 2-1-16

乡　镇	总户数（户）	总人口（人）	户均人口	60 岁以上人口	比例（%）
满 城 镇	32646	102138	3.15	11959	11.70
大册营镇	9257	35747	3.86	3982	11.14
神 星 镇	11470	41079	3.58	4823	11.74
南韩村镇	13159	44184	3.36	6341	14.35
方顺桥乡	1686	43912	3.76	5688	12.95
于家庄乡	6553	22784	3.47	2902	12.76
贤 台 乡	5252	19958	3.80	2285	11.45
要 庄 乡	5743	22872	3.98	3038	13.28

续表2-1-16

乡　　镇	总户数（户）	总人口（人）	户均人口	60 岁以上人口	比例（%）
白 龙 乡	5145	18165	3.53	2454	13.51
石 井 乡	6979	23726	3.40	3141	13.24
坨 南 乡	5591	18743	3.35	2497	13.32
刘家台乡	2203	7277	3.30	1006	13.82
合　　计	115402	400585	3.47	50122	12.51

第二章　居民生活

农村、城镇居民收入水平都有明显提高。在提高的同时，城乡差距仍然很大，1995 年，农村居民人均纯收入 1853 元，城镇居民人均生活费收入 3600 元；2008 年，农村居民人均纯收入 4843 元，城镇居民人均可支配收入 12701 元，1995 年收入比（城镇：农村）为 1.9，2008 年为 2.6。农民收入主要来源于第一产业，城镇居民收入主要来源于工资。工资收入行业间存在较大差异，且差异越来越大，电力、燃气及水的供应行业职工工资水平最高，2008 年其工资是农林牧渔业职工工资的 12.9 倍，是职工年平均工资的 3 倍。居民消费从以衣食住行为主向多元化发展，恩格尔系数逐渐下降。2008 年，农村、城镇居民生活的恩格尔系数分别为 33.3%、27.9%。居民衣着、交通、住房等各方面都有很大改善，生活水平明显提高。

第一节　城镇居民生活

一、收入

（一）收入水平

1991—2008 年，国家不断提高工资水平，调整最低生活保障标准，使以工资性收入为主要收入来源的城镇住户收入呈现持续增长的趋势。2000 年后，随着市场经济的发展，就业渠道越来越宽，就业人员不断增加，城镇居民可支配收入有了显著增加。特别是 2004—2008 年，随着工资制度的改革，社会主义市场经济体制的逐步建立和完善，居民的非工资性收入呈迅速发展之势，形成了以职工工资收入为主，经营性收入、财产性收入、转移性收入为辅的相互协调、共同发展的多元化收入格局。

统计资料显示，1991 年城镇居民职工年平均工资 1681 元，1992 年突破 2000 元，1994 年突破 3000 元。1997—2000 年，4 年间每年以大于 500 元的速度增加。2001—2008 年，年均增长 1595 元。据 2008 年城镇住户主要指标调查资料，2008 年城镇居民家庭人均收入 12051.51 元，其中工资性收入 10759.53 元（其中工资及补贴收入 10501.92 元，其他劳动收入 257.61 元），占总收入的 89.3%。

1991—2008 年满城县城镇居民收入统计表

表 2-2-1

年份	人均生活费（可支配）收入（元）	在岗职工年工资总额（万元）	在岗职工年平均工资（元）
1991	—	3193	1681
1992	—	4643	2174
1993	2402	—	—
1994	2881	7096	3331
1995	3600	9235	3964
1996	4003	9936	4698
1997	4764	11786.5	4988
1998	4872	11032	5505
1999	5008	11430	6466
2000	5230	13080	7196
2001	5389	12718	7180
2002	5928	15025	8175
2003	6239	16025	8780
2004	6723	17420	9906
2005	7289	19493	11115
2006	8107	22801	13521
2007	10558	22789	17374
2008	12701	32713	19940

（二）不同行业职工收入差别

不同行业职工收入存在较大差距，金融业、电力燃气及水的供应业职工劳动报酬始终保持较高水平，而农林牧渔业、批发零售业则始终处于较低水平。

统计资料显示，1991 年国有经济单位职工年平均工资 1762 元，行业间差距不大，年平均工资最低的为科学研究技术服务和地质勘探业，年平均工资 1545 元，是国有经济单位职工年平均工资的 87.7%；最高的为教育业，是国有经济单位职工年平均工资的 1.17 倍；最高工资为最低工资的 1.33 倍。2000 年，国有经济单位在岗职工年平均工资 8048 元，行业间差距增大。年平均工资最低的为批发零售业，年平均工资 2987 元，是国有经济单位职工年平均工资的 37.1%；最高的为电力燃气及水的供应业，年平均工资 10909 元，是国有经济单位职工年平均工资的 1.36 倍，是批发零售业人员工资的 3.65 倍。2005 年，国有经济单位在岗职工年平均工资 12218 元，年平均工资最低的是卫生社会保障和社会福利业，年平均工资 3368 元，为国有经济单位职工年平均工资的 27.6%；年平均工资最高的为电力燃气及水的供应业，年平均工资 27320 元，是国有经济单位职工年平均工资的 2.24 倍，是卫生社会保障和社会福利业人员年平均工资的 8.11 倍。2008 年，职工年平均工资最高的电力燃气及水的供应业，职工年平均工资为 64638 元，是最低的农林牧渔业职工年平均工资的 12.9 倍，是全县职工年平均工资的 3 倍，行业间的工资差别进一步扩大。

1991—2008 年部分年份满城县国有经济单位在岗职工年平均工资统计表

表 2-2-2　　　　单位：元

行业＼年份	1991	1995	2000	2005	2008
年平均工资	1762	4278	8048	12218	21655
农林牧渔业	1852	3336	4402	3495	5000
制造业	1568	3576	9865	16159	21195
电力燃气及水的供应业	—	4741	10909	27320	64638
建筑业	1905	3529	3702	8241	10156
交通运输仓储和邮政业	2059	7920	9547	10857	17300
信息传输计算机服务和软件业	—	—	9484	19088	32391
批发零售业	—	2257	2987	4439	9431
金融业	1874	5337	9568	21501	34274
房地产业	1546	4320	7379	10833	11000
科学研究技术服务和地质勘探业	1545	4218	5286	15967	17964
教育	2062	5651	7360	11236	21093
卫生社会保障和社会福利业	1909	5311	8052	3368	15169
国家机关、政党机关和社会团体	2035	5143	8922	12271	19284

说明：1. 1991 年统计数字为全民所有制单位在岗职工工资情况

2. 1991 年制造业数字为工业统计数字

二、消费

收入的增加，促进了城镇居民消费水平的提高。就消费支出来看，1999—2004 年，城镇居民年人均消费支出在 3537~4093 元，消费水平相对稳定。2005 年，居民年人均消费支出 5347 元，较之前有了大的飞跃。2006、2007 年，仍维持在 5000 多元的水平。2008 年，居民年人均消费支出 7210 元。

在消费水平提高的同时，居民消费结构也发生着转变。1999 年，城镇居民年人均消费 3537 元，食品消费占 34.6%，衣着、居住、家庭用品、教育、医疗消费分别占 12%、10.5%、8.8%、12.2%、10.9%，交通和通信消费占 4.8%。2008 年，食品消费占 27.9%，比 1999 年下降 6.7 个百分点。衣着、家庭用品、教育、医疗消费所占的比例均有所下降，居住所占比例提高，交通和通信消费所占比例大幅提高，占 17.1%，比 1999 年提高了 12.3 个百分点。1999 年，恩格尔系数是 34.6%；2008 年，是 27.9%，比 1999 年下降 6.7%。

食品消费多元化。人们的餐饮观念由解决温饱的主食型向以讲营养、健康的副食转变，各种蛋、奶及奶制品和水产品等成为居民家庭日常餐饮的一部分。2004 年，满城县城镇居民食品消费支出为 1269 元，比 2000 年增长 11%。

居住投入加大。20 世纪 90 年代中期开始，取消单位补贴房、福利分房，推行商品房，居民在住房上的投入加大。1999 年，居民居住投入为 372 元，2005 年为 1546 元，2008 年为 1037 元。

教育费用不断提高。社会竞争的加剧和就业压力的加大，使人们更加重视教育投入。在加大孩子教育的同时，家长们也增加了个人进修深造、技能培训等方面的投资。2004 年，全县人均教育文化娱乐支出 727 元，比 2000 年增长 14%。

1999—2008 年部分年份满城县城镇居民年人均消费统计表

表 2-2-3

类别＼年份	1999	2000	2003	2004	2005	2006	2007	2008
合计（元）	3537	4093	3853	4058	5347	5160	5586	7210
食品（元）	1223	1143	1311	1269	1230	1209	1584	2014
衣着（元）	425	422	485	463	512	504	565	714
居住（元）	372	487	427	492	1546	1187	1005	1037
家庭设备用品及服务（元）	310	459	172	201	374	476	240	509
医疗保健（元）	384	448	379	392	289	501	667	554
交通和通信（元）	170	273	435	377	499	375	399	1232
教育娱乐文化服务（元）	430	637	487	727	759	738	923	856
其他服务（元）	223	224	157	137	138	170	203	294
恩格尔系数（%）	34.6	27.9	34.0	31.3	23.0	23.4	28.4	27.9

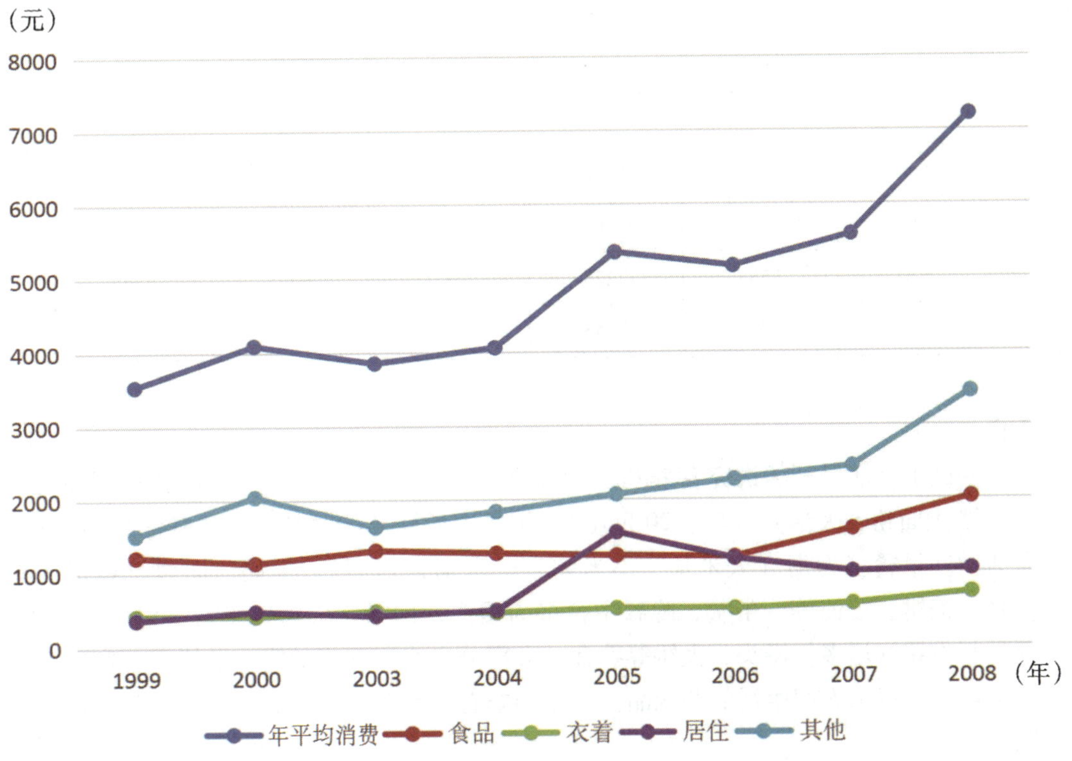

图 2-2-1　1991—2008 年部分年份满城县城镇居民年人均消费情况折线图

三、通信、交通

网络通信进入普通百姓家。据抽样调查资料显示，2004年，全县平均每百户居民拥有移动电话101部，平均每百户居民拥有家用电脑11台。家用电脑和移动电话迅速进入居民家庭，给人们的出行和联络带来极大便利，消费支出也大幅增加。

20世纪90年代初的电脑

交通消费改变着居民的生活方式。1990年前，全县有小型轿车、面包车420辆，小型轿车以吉普为主，车辆主要为机关、厂矿所有。20世纪90年代中后期，家庭轿车开始进入普通居民家中。1998年，全县有面包车1553辆，小型轿车670辆，总数量2223辆。2001—2008年，小型汽车的保有量以每年1000多辆的速度增加。2008年，全县小型汽车的保有量15053辆。小型轿车的品牌主要有桑塔纳、捷达、现代、雪佛兰等。

1991—2008年满城县小型汽车保有量统计表

表2-2-4 单位：辆

年份	小型轿车	面包车	合计	年份	小型轿车	面包车	合计
1991	23	528	551	2000	1006	2267	3273
1992	46	673	719	2001	1205	2897	4102
1993	84	841	925	2002	1530	3575	5105
1994	151	975	1126	2003	2053	4157	6210
1995	265	1173	1438	2004	2766	4871	7637
1996	408	1342	1750	2005	3640	5565	9205
1997	511	1473	1984	2006	4733	6124	10857
1998	670	1553	2223	2007	6095	6754	12849
1999	854	1791	2645	2008	7603	7450	15053

四、饮食

在吃饱的基础上，居民开始讲究营养和科学饮食。20世纪90年代初，居民凭粮票购粮，主食以粗粮为主，细粮（面粉、大米）为辅。20世纪90年代中后期开始，粮食不再凭票供应，居民自主选择安排饮食结构。早餐多为粥（大米粥、小米粥、玉米粥）、油条、牛奶、面包、鸡蛋、驴肉火烧、豆腐脑、豆浆、馅饼、馄饨等，午餐、晚餐主食多为馒头、面条、大饼、米饭、包子、饺子。主食变化不大，但是制作花样增多。馒头、大饼等熟食，大部分家庭买现成的吃。贴饼子、窝窝头、搅苦累、小米干饭、摊坨子等成为人们生活的调剂品。一年四季有新鲜蔬菜，肉、蛋、奶、鱼等供应充足。

五、服饰

（一）服装

20世纪90年代初，人们的衣着样式男女老幼差别不大，讲究端庄、规整，颜色以蓝、灰、黑、军绿为主。成年男子春秋外衣变化不大，多为西服、夹克，老年人多选中山装，夏天衬衣、T恤衫、背心、短裤。男女服装颜色、样式差别不大。青年们的服装紧跟港台潮流，当时流行一句话“喇叭裤、高跟鞋、尼龙袜子露半截”，加上酷酷的“蛤蟆镜”，个性、张扬的衣着给当时社会带来很大冲击。20世纪90年代后期至2008年，人们的着装开始转向多样化，讲究个性、特色、舒适，不再千篇一律。男士服饰上衣主要变化为西服—夹克衫—港服—休闲服，裤子变化为筒裤—喇叭裤—锥形裤—牛仔裤—休闲裤。女性服饰变化很大，每隔几年流行的样式就会发生改变。上衣样式主要是西服—衬衣—T恤，而衣料、色彩更加丰富，衣料的质地变化为的确良—针织—棉布—莫代尔—棉加丝等，裤子则有长裤、九分裤、七分裤，高腰裤、低腰裤，喇叭裤、锥形裤、哈伦裤等，裙子有长裙、短裙、迷你裙（超短裙）、连衣裙、旗袍裙等。

冬天男女多穿皮衣、羽绒服、毛料装等。儿童服装多为成人衣服的缩小版，只是更加靓丽多彩。2000年后，保暖、腈纶棉类服装出现，因为轻便、暖和且能够洗涤，迅速得到人们的认可和喜爱，尤其是婴幼儿的棉衣深受欢迎，逐渐代替了家作的棉裤棉袄。

（二）帽

男青年一般不戴帽子，中老年男士有戴帽子的，多为鸭舌帽、便帽、礼帽、针织毛帽等几种，变化不大；女士们在夏季多戴遮阳帽，冬季戴针织帽、毛线帽，遮阳、保暖的同时装饰作用很强，样式变化多样。女士们在春、秋、冬三季多围围巾，花样繁多，质地有丝绸、针织、毛绒等。

（三）鞋、袜

20世纪90年代初，农村多穿“千层底”布鞋，夏天穿塑料凉鞋。至20世纪90年代中后期，开始流行球鞋、旅游鞋，富裕一些的也开始买皮鞋。2000年前后，以穿旅游鞋、皮鞋为主，鞋的样式、颜色更多，质量更高。女士高筒靴、高跟鞋是一种时尚。

1991—2008年，男士袜子的种类变化不大，只是质地由纯棉变为丝光棉、尼龙、腈纶、棉加丝等。女性的袜子变化很大，样式由单一的短袜发展到短袜、长袜、连裤袜等，质地有纯棉、尼龙、腈纶、莫代尔等，根据季节变化厚度、质地、长短都有不同。

（四）佩饰

20世纪90年代，人们的饰物很少，一般富裕家庭在女儿结婚时会有一些陪嫁，或者男方给女方买一个戒指。2000年前后，人们生活水平提高，金、银、玉等饰物开始增多，年轻女子戴耳环、耳坠，脖子上戴金、银项链、珍珠项链、金佛、玉佛，手指有金银戒指，有的镶有宝石。老年妇女也有带玉镯、戒指、项链、耳环等。小女孩多带玉佛，青年男子有的也戴戒指、项链。女性还有样式繁多的发饰。另外，眼镜、手表、手机等也成为饰物之一，还有许多更重视装饰效果的塑料、玻璃、合金饰物。

六、发型

20世纪90年代初，男子头型是千篇一律的平头。之后，受港台流行风气的影响，青年男子开始留大背头、长头发，中老年男士仍留平头。女性多留青年头，时尚的年轻女士烫大波浪、小波浪。20世纪90年代后期至2008年，中老年男士发型变化不大，仍是平头为主，青年男士头型样式较多，如分头、燕尾、毛寸、圆寸等，甚至有留长头发扎辫子的，有一些还染发，有黄色、红色等。中老年女性多留短发，发型比较灵活，烫染的都有，多为褐色、黑色。青年女性多为长发，发型多样，烫头、拉直的都较多，烫头样式根据自己的喜好和特点灵活多样，有离子烫、大波浪、小波浪等，多染发，颜色以褐色、红色、黄色为主。

七、居住

1991年，城镇居民住房以平房为主，砖瓦结构，面积较小。公职人员住房为福利分房，均为平房，砖瓦结构，一般每户1~3间，面积很小，设施简陋，夏天防暑用电扇，冬天取暖用烧煤的炉子。1992年，城镇居民人均住房面积8.6平方米，远远低于农村居民。1993—1996年，居住面积有所增加。1997年，城镇居民人均住房面积为11.3平方米，比1996年减少3.4平方米。1997—2002年，完成公房房改，商品房开始出现。城镇居民人均住房面积逐年稳步增加，居住条件有较大改善，从平房搬进楼房，环境宽敞明亮，钢筋混凝土结构，铝合金门窗，地板砖铺地，大衣柜、沙发、冰箱、洗衣机、空调、暖气等设施齐全，冬天不冷，夏天不热。有单独的厨房、卫生间。条件较好的居民对房子进行精细装修。2005年，城镇居民人均住房面积25.7平方米，首次超过农村居民0.3平方米。2006年、2007年略低于农村居民。2008年，城镇居民人均住房面积33.6平方米，是1992年的3.9倍，比农村居民高出7.9平方米。

1992—2008年满城县农村、城镇居民人均住房面积统计表

表2-2-5　　　　单位：平方米

年份	1992	1993	1994	1995	1996	1997	1998	1999	2000
农村居民	17	17	18.3	22.1	19.3	18.3	24.5	24.6	21.7
城镇居民	8.6	8.6	11	13	14.7	11.3	13.8	13.8	14.3
年份	2001	2002	2003	2004	2005	2006	2007	2008	
农村居民	21.7	21.8	21.8	21.8	25.4	27.4	27.4	25.7	
城镇居民	14.3	18.7	18.7	22.7	25.7	25.7	25.7	33.6	

第二节　农村居民生活

一、收入

1991年，随着乡镇、集体企业和个体私营经济兴起，农民收入稳步增长，农村居民平均年收入630元，比1990年增长10.3%。1993年农民人均纯收入877元，比1992年增长27.7%。1994—1997年，县委、县政府组织开展小康建设，调整优化农业产业结构，农民收入持续增长。1997年，农村居民人均纯收入2651元，实现由温饱向小康的转变。2000年前后，由于部分农产品结构不合理，粮食价格偏低，各种税费种类多而重，出现农民增收困难、负担过重、干群关系紧张等问题。进入21世纪，国家不断减免各种农业税费，农业机械化程度不断提高，大批农业劳动力逐渐摆脱土地束缚，在当地企业或进城务工，工资性收入开始增加，收入水平明显提高。2004年，农村居民人均纯收入3687元，比2003年增长10.1%，在连续多年缓慢增长后首次超过10%，之后增速放缓。2008年，农村居民人均纯收入4843元，比2007年增长9.0%。

1991—2008 年满城县农村居民人均纯收入统计表

表 2-2-6

年份	1991	1992	1993	1994	1995	1996	1997	1998	1999
人均纯收入（元）	630	687	877	1138	1853	2520	2651	2801	2880
增速（%）	—	9.0	27.7	29.8	62.8	36.0	5.2	5.7	2.8
年份	2000	2001	2002	2003	2004	2005	2006	2007	2008
人均纯收入（元）	2970	3101	3197	3347	3687	3894	4140	4443	4843
增速（%）	3.1	4.4	3.1	4.7	10.1	5.6	6.3	7.3	9.0

据多年农村居民家庭经济结构调查数据分析，农民家庭人均总收入主要包括工资性收入、家庭营业收入、财产性收入和转移性收入四部分。其中工资性收入和家庭营业收入占主要部分。1991 年，农民家庭人均总收入 862.9 元，其中工资性收入 117.3 元，占总收入的 13.6%，家庭营业收入 691.8 元，占总收入的 80.2%。2000 年，农民家庭人均总收入 3461 元，其中工资性收入为 1495.2 元，占总收入的 43.2%，家庭营业收入 1922.3 元，占总收入的 55.5%。2008 年，农民家庭人均总收入 6532.9 元，其中工资性收入为 2428.8 元、家庭营业收入 3815.8 元，分别占总收入的 37.2%、58.4%。

1991—2008 年部分年份满城县农民家庭人均总收入统计表

表 2-2-7　　单位：元

类别＼年份	1991	1995	2000	2005	2008
总收入	862.9	3110.3	3461	5342.9	6532.9
（一）工资性收入	117.3	503.2	1495.2	2285.2	2428.8
在非企业组织中劳动得到收入	36.4	79.0	123.7	131.4	89.6
在地域内劳动得到收入	15.1	284.4	426.5	1978	1770.7
外出从业得到收入	65.8	139.6	945	175.8	568.5
（二）家庭营业收入	691.8	2535	1922.3	2952.9	3815.8
1. 第一产业收入	493.6	1762.3	1353.1	2146.6	2833.7
农业收入	350.8	1472	1143.4	1160.9	1893.1
林业收入	2.3	49.7	15.6	0.3	0
牧业收入	140.5	240.6	194.1	985.4	940.7
2. 第二产业收入	1.1	154.3	156.8	138.1	494.2
工业收入	0.2	69.5	156.8	92.5	183.9
建筑业收入	0.9	84.8	0	45.6	310.4
3. 第三产业收入	196.5	264.9	412.4	668.3	487.8

续表2-2-7

类别＼年份	1991	1995	2000	2005	2008
其他产品收入	87.1	0	4.3	0	0
第三产业服务性收入	109.4	264.9	408.1	668.3	487.8
（三）财产性收入	25.0	18.2	20.7	15.9	81.1
（四）转移性收入	28.7	53.7	22.8	88.9	207.3

二、消费

1991—2008年，农民收入逐年提高，消费绝对数值增加，人们解决了温饱问题，开始注重生活质量的改善，消费水平明显提高，消费结构发生很大转变。食品消费在迅速增长后，呈现下降趋势，而居住、医疗保健、交通通信、教育娱乐及文化等消费呈增长趋势。1991年恩格尔系数为46.1%，1995年增长到52.9%。之后逐年下降，2000年为35.7%，2005年为29.8%，2008年为33.3%。

1991年，农村居民年人均消费519元，其中食品消费239元，占人均总消费的46.1%；衣着消费57元，占人均总消费的11.0%；居住消费80元，占人均总消费的15.4%。三者的消费支出占到农民消费支出的72.4%。教育娱乐、文化服务消费14元，占人均总消费的2.7%。

1995年，农村居民年人均消费1102元，食品、衣着、居住、医疗保健消费分别占52.9%、13.1%、16.0%、4.5%。与1991年相比，各项消费均呈增长趋势。2000年，农村居民年人均消费898元，比1995年减少204元，食品、衣着、居住、医疗保健消费分别占35.7%、8.6%、19.8%、7.6%。

2008年，农村居民人均消费2488元，食品、衣着、居住、医疗保健消费分别占人均总消费的33.3%、5.7%、26.5%、9.7%，四项消费占农民消费支出的75.2%。与1991年相比，食品消费减少12.8%，衣着消费下降5.3%，居住消费增加11.1%，医药消费比1995年增加5.2%。家庭设备用品及服务、交通通信、教育娱乐文化服务的消费分别占人均总消费的5.7%、8.2%、8.9%。

1991—2008年部分年份满城县农村居民年人均消费统计表

表2-2-8

类别＼年份	1991	1993	1995	1999	2000	2005	2008
食品（元）	239	275	583	424	321	510	829
衣着（元）	57	79	144	101	77	95	143
居住（元）	80	75	173	245	178	625	660
家庭设备用品及服务（元）	101	34	55	55	39	72	141
医疗保健（元）	0	18	50	31	68	128	241
交通和通信（元）	0	3	14	57	79	120	204
教育娱乐文化服务（元）	14	66	64	98	105	152	222
其他服务（元）	29	2	19	32	31	11	47

续表2-2-8

类别＼年份	1991	1993	1995	1999	2000	2005	2008
合计（元）	519	552	1102	1043	898	1713	2488
恩格尔系数（%）	46.1	49.8	52.9	40.6	35.7	29.8	33.3

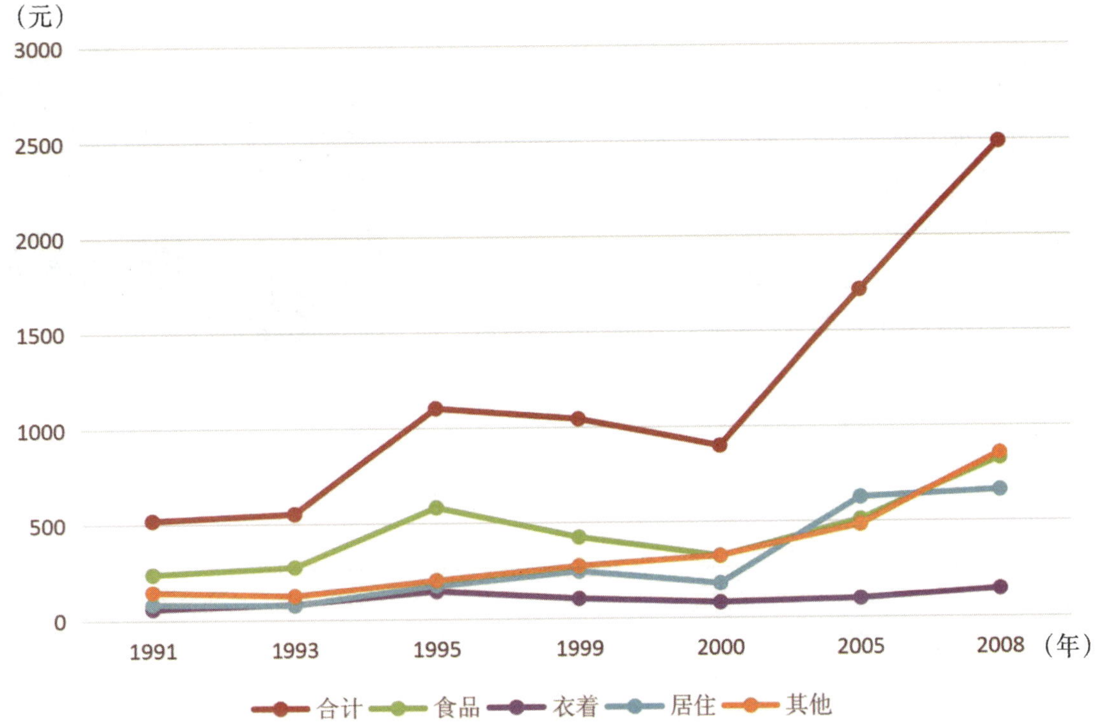

图 2-2-2　1991—2008 年部分年份满城县农村居民年人均消费折线图

三、主要耐用品

1991 年，农民家庭中的主要耐用品是自行车、缝纫机、黑白电视和手表，但是并不广泛。20 世纪 90 年代末，随着农民生活水平的提高，沙发、写字台、组合家具等进入普通农家，彩色电视机、录音机、洗衣机、电风扇、电冰箱等也开始进入农民家庭。2000 年前后，一些农村富裕家庭中开始拥有现代化的家电，如空调、电脑、录像机、家庭轿车等。

1991 年，全县农村拥有自行车 127366 辆，缝纫机 56275 台，摩托车 1095 辆。1996 年年底，全县农村拥有自行车 171228 辆，缝纫机 73450 台，摩托车 4957 辆。

1991—1996 年部分年份满城县农民耐用品年末拥有量统计表

表 2-2-9

年份	自行车（辆）	缝纫机（台）	手表（块）	黑白电视机（台）	彩色电视机（台）	洗衣机（个）	电冰箱（个）	电风扇（台）	摩托车（辆）	高档家具（件）
1991	127366	56275	61025	47983	6135	12244	1143	46669	1095	272776

续表2-2-9

年份	自行车（辆）	缝纫机（台）	手表（块）	黑白电视机（台）	彩色电视机（台）	洗衣机（个）	电冰箱（个）	电风扇（台）	摩托车（辆）	高档家具（件）
1993	137714	59170	175935	58138	11533	15839	1964	61311	1540	298716
1995	165776	62072	195979	68286	23686	32874	4132	100610	3495	330425
1996	171228	73450	198901	65721	31440	38336	8364	95490	4957	274482

四、农用机动车

20 世纪 90 年代初期，因生产、生活及多种经营的需要，农用机动车开始进入农民家庭，数量逐年增多。农用机动车很大程度上解决了农民农用物资、农产品的运输困难，解放了劳动力，提高了劳动效率。

1991 年，全县农村各种农用机动车数量为 44 台。之后，随着经济条件的改善，农民购买力提高，农用机动车数量迅速增加。1996 年，全县农村农用机动车数量 1310 辆，1998 年 2378 辆，2001 年超过 1 万辆，2007 年年底超过 2 万辆。

农用三轮车

1991—2008 年满城县农村农用机动车保有量统计表

表 2-2-10 单位：辆

年份	农用三轮	农用四轮	汽油二轮	汽油三轮	柴油二轮	合计
1991	24	0	15	5	0	44
1992	86	0	29	5	0	120
1993	256	0	54	5	0	315
1994	388	0	94	6	0	488
1995	572	0	139	7	0	718
1996	953	0	347	10	0	1310
1997	1247	0	472	16	0	1735
1998	1498	1	856	21	2	2378
1999	1796	2	3031	27	2	4858
2000	2305	3	5173	46	2	7529
2001	2669	3	7390	272	2	10336
2002	2804	5	9830	412	2	13053
2003	2850	5	11524	744	2	15125
2004	2900	10	13104	1243	2	17259
2005	2966	12	14260	1385	3	18626

续表2-2-10

年份	农用三轮	农用四轮	汽油二轮	汽油三轮	柴油二轮	合计
2006	3095	16	15228	1590	3	19932
2007	3301	20	16267	1816	3	21407
2008	3535	24	16877	1994	3	22433

五、农用机械

20世纪90年代中后期开始，刨地机、喷药机、收割机、播种机等农用机械开始推广应用。2000年后，这些农机逐渐得到普及，广泛用于农业生产。传统的犁、耧、打麦机、扬场机等机具退出了历史舞台，镰刀、铁锨、镐、耙等农具的应用也大大减少。农业机械的应用极大地提高了劳动效率，把农民从繁重的体力劳动中解放出来，有更多精力从事多种经营。

据统计，1990年，全县各种农机具22630台件，到2004年，各种农机具增加到40616台件。2005年，国家开始推行农机补贴政策，大大激发了农民的购买力，玉米收割机、播种机、旋耕机、秸秆粉碎机等大型农机数量迅速增加。2006年，全县购买大型农机60台，2007年购买大型农机96台，2008年购买大型农机130台。截至2008年年底，全县农业机械总动力487529千瓦。

六、饮食

20世纪90年代初，农民的主食以面食、玉米为主，食品比较单一，多为馒头、包子、玉米粥、玉米饼子、大饼，过节或偶尔改善生活会吃油条、饺子。蔬菜以自给自足为主，多为时令菜蔬。农民多自己养猪，杀猪后卖掉大部分，自留一部分腌制，留做一年食用。2000年后，主食的品种有所增加，饭菜花样增多，除自己种菜外，过节或来客人会购买多种菜蔬、鱼、肉。大多农户不再养猪，肉随吃随买。1990年后，随着新民居的兴建，土炕消失，过去用于做饭的土锅台、风箱也完成了历史使命。农民翻盖新房时单设厨房，购买煤气灶，冬天生煤火取暖、做饭，夏天在院里垒锅台，烧柴火、树枝做饭。还有的买“小炮弹”（一种由旧煤气灶改装的小灶）烧水、做饭，正房里不再烟熏火燎，变得卫生干净。2000—2008年，电磁炉、电锅、电壶等小家电进入农家，农民做饭可选择的方式更多，也更方便、洁净。

七、居住

（一）住房

20世纪90年代初，农户的房基地需土地管理部门审批，农户自己无法选择。之后，因土地流转问题，农民盖房多自己调剂土地，然后报土地管理部门审批。在盖房前有请风水先生选位置、看风水的习俗。

农村住房（摄于2000年）

民居的建筑形式分为平房、楼房。平房多为前后两出水的形式，少量为前出水的牛槽形。两出水房四檩顶略高，呈圆弧形，雨水向前后分流，前檐有尺余宽的小檐，多为石板铺就，供雨水流泻，后山也略有小檐，不出椽子只有石板，半尺左右供雨水排泄，两山垒有尺余高的女儿墙。前出水形式的房子房顶的山齐平，高出房顶尺许，朝院子留出水口数个，出水口处向外突出，用砖将瓦托平，供下雨排水之用。石板房一般是前后出檐，前檐宽后檐窄。房顶起脊，脊头塑成鸽子头型，也有平脊，即泥鳅形，房顶铺石板。因白龙乡北东峪和神星镇石板山村出产石板，因此县北石板房居多；县西一带基本为瓦房，多为七根檩，中间五根檩，前后檐各一檩。

20 世纪 90 年代初，由于国家宅基地政策的限定，每个宅基地只有 3 分，农民一般盖正房 3 间，厢房（也叫配房）2 间，大门 1 座。后宅基政策调整，宅基改为 4 分或更多，正房和厢房数量随之增多。

从 20 世纪 90 年代开始，县城周围先富起来的农民盖房均参照楼房的设计形式，采用大跨度、设套间。2000 年后，盖房子也用铝合金门窗，卧室、餐厅、客厅功能分区，空心板盖顶、浇筑，地面、外墙面铺瓷砖。部分富裕农民在宅基允许的条件下，新房子盖成了二层或更高的楼房，功能区分更加细致、合理，单位面积住房造价由 1991 年的 116 元增加到 1996 年的 439.3 元。

（二）家具

1990 年以后，许多家庭的家具进行了更新换代，农村的板柜、大立柜等逐渐被淘汰，各式的高低柜组合、春秋椅、布艺沙发、真皮沙发成为客厅的必要摆设。后来多数家庭根据房屋大小打壁橱，容量更大，更能充分利用空间。

（三）铺盖

农民翻盖新房后，火炕逐渐被淘汰，开始多为木板床，之后为席梦思床。人们不再纺线织布，床上用品多是从商店购买的绸缎或细棉布，被褥多用棉花，自己缝制，冬天有厚被，春秋有薄被。

八、服饰、发型

农村居民的衣着、服饰、发型的发展变化与城镇居民的基本一致，但衣着、服饰的样式、面料、品牌，头型的设计等明显落后于城镇居民。

九、电力、交通、通信条件

1998 年、2002 年，全县对农用输电线路进行了两次改造，投运多条 10 千伏线路，并增设改造变电工程。2008 年年底，全县有 3 个新农村电气化乡（镇）、34 个电气化村，农村用电户数 106172 户，用电量 10033.68 万度。

20 世纪 90 年代初期，重点解决山区交通闭塞的问题。2003—2007 年实施“村村通”公路建设，完成村道硬化 342 公里，实现了县内村道全部硬化，全县农村公路通车总里程 496 公里。

1991—2008 年，全县城乡固定电话、小灵通、宽带、移动电话等迅猛发展，给农民生活带来极大便利。2000 年年初，电话普及率为 7.0 部/百人；2004 年为 17.83 部/百人。2008 年，全县有 81 个通信机房（网点），2G 宏基站 47 座，小灵通基站 400 座，光缆线路长 7000 余公里，主干电缆近 10 万对，覆盖全县 204 个行政村。全县电话交换机总容量 52474 门，小灵通交换机总容量 18600，小灵通用户 9345 户，移动电话用户 134500 户，固定电话乡村电话用户 26013 户，年末电话普及率 49.8 部/百人，国际互联网用户 11212 户。

十、文体娱乐

20 世纪 90 年代初，农村文体活动较为活跃，扭秧歌、踩高跷等，节日时组织活动。之后文体活动减少。2005 年后，加强农村文体活动小广场、农村书屋建设，增设健身器材和文学、技术书籍，组织电影下乡、文化下乡等活动，丰富了农村文体活动内容。2008 年，全县建起 23 家农村书屋，120 个文体小广场。

十一、城乡收入差别

1991 年，城镇职工年平均工资 1681 元，农村居民人均纯收入 630 元，两者相差 1051 元，职工年平均工资收入是农村居民人均纯收入的 2.7 倍。1993 年，城镇居民人均生活费收入 2402 元，农民人均纯收入 877 元，两者相差 1525 元，城镇居民人均生活费收入是农民人均纯收入的 2.7 倍。1994 年为

2.5 倍。1995 年为 1.9 倍。1996—2005 年间，两者间保持 2 倍以下的差距。2006 年，城镇居民人均可支配收入 8107 元，农民人均纯收入 4140 元，城镇居民人均可支配收入是农民人均纯收入的 2 倍，2007 年为 2.4 倍，2008 年为 2.6 倍。

1993—2008 年满城县城镇、农村居民人均收入比较统计表

表 2-2-11

类别＼年份	1993	1994	1995	1996	1997	1998	1999	2000
城镇居民人均收入（元）	2402	2881	3600	4003	4764	4872	5008	5230
农村居民人均纯收入（元）	877	1138	1853	2520	2651	2801	2880	2970
比较	2.7	2.5	1.9	1.6	1.8	1.7	1.7	1.8
类别＼年份	2001	2002	2003	2004	2005	2006	2007	2008
城镇居民人均收入（元）	5389	5928	6239	6723	7289	8107	10558	12701
农村居民人均纯收入（元）	3101	3197	3347	3687	3894	4140	4443	4843
比较	1.7	1.9	1.9	1.8	1.9	2.0	2.4	2.6

说明：1. 1993—1997 年，城镇居民人均收入指城镇居民人均生活费收入；1998—2008 年，城镇居民人均收入指城镇居民人均可支配收入

2. 比较一栏为城镇居民人均生活费收入（可支配收入）/农村居民人均纯收入

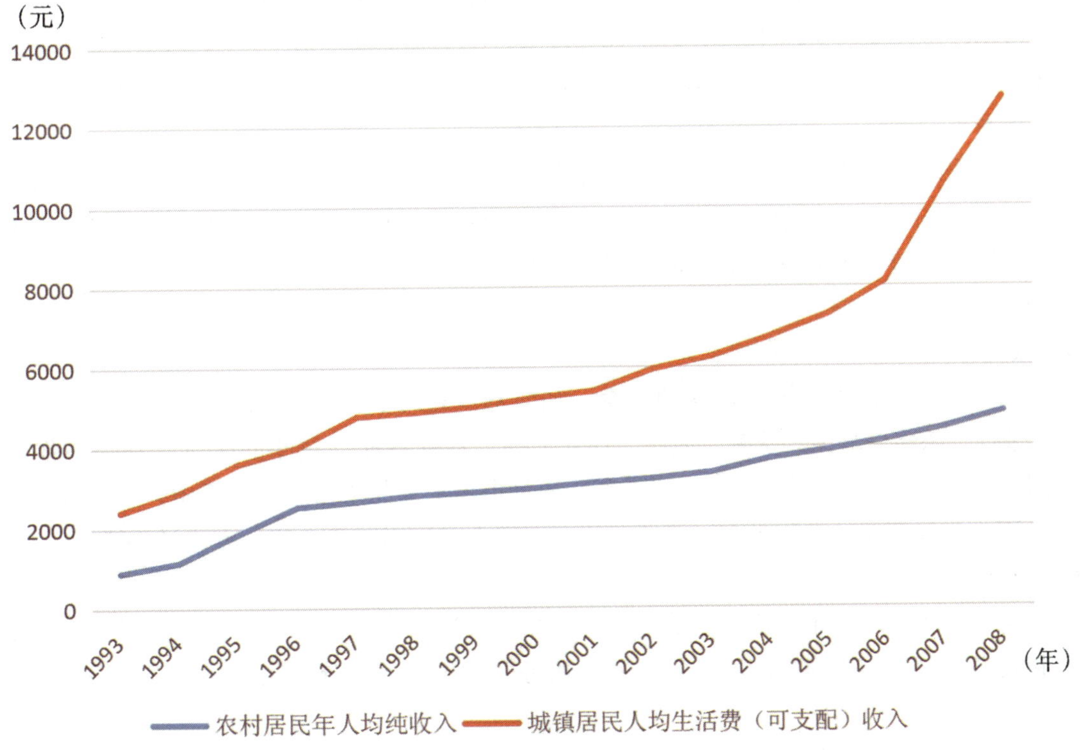

图 2-2-3　1993—2008 年满城县城镇、农村居民收入比较折线图

第三章　居民习俗

本章对县内的岁时习俗、礼仪习俗进行重点记述，另简要记述部分生产及行业习俗、流行时尚。岁时习俗以春节习俗为主，详细介绍人们做新衣、备年食、大扫除、杀猪、买年货、写春联以及除夕、初一拜年的过程和禁忌。礼仪习俗对结婚、丧葬的习俗做了详细介绍。

第一节　岁时习俗

满城县传统节日与大多数地方一样，主要有春节、元宵节、龙抬头节、清明节、端午节、小年、中元节、中秋节、重阳节、寒衣（下元）节、腊八节、祭灶节等。时代在变迁，这些传统节日仍在传承，而在过法上有所变化。

一、春节

是中华民族最古老、最喜庆的传统节日。在满城有许多俗语，表达春节到来前紧张忙碌的年俗。如“小孩小孩你别馋，过了腊八就是年”。“二十三糖瓜粘，二十四扫房日，二十五做豆腐，二十六煮大肉，二十七杀只鸡，二十八把面发，二十九蒸馒头，三十晚上熬一宿”。一进入腊月，家家户户擦擦洗洗、杀猪宰羊、蒸煮炖炸、赶集采购，节日气氛一天浓于一天，孩子们更是翘首企盼。

（一）做新衣

过去由于贫困，人们往往过年才做一套新衣服，还要节省着穿，衣服、鞋多数是妇女们从纺线、织布开始，一针一线纯手工做成。1991 年后，人们经济条件好转，不再纺线织布，平时穿的衣服、鞋袜随穿随做随买，不单等到过年才买，但过年里里外外一身新的习俗一直沿袭，不论新旧都要干干净净、整整齐齐。

（二）备年食

过了腊月二十，人们便开始准备各种主食，如年糕、血糕、馒头、馅包子等，还做豆腐、炖鱼、杀鸡（鸭、鹅）、杀猪、腌肉、蒸碗、灌肠、炸丸子等，各种各样“过年的味道”在空中弥漫。到 20 世纪 90 年代中后期，人们生活水平大幅度提高，而且市场上商品丰富，随吃随做，不再准备过多的食物。同时，因为气候变暖，食物做多了不便存放，人们大多适当准备一些，方便过年待客就行。

（三）大扫除

先是扫房子，把整个房子内部全部清扫擦洗，并把被罩、窗帘、床单、沙发垫等全部洗干净。清扫院落，犄角旮旯都清扫干净。2005 年后，家政服务开始出现，部分城镇家庭过年时请家政帮助打扫卫生。

饲养猪、羊或其他牲畜的，还要打扫场圈，铺垫新土。20 世纪 90 年代后期，大部分农村不再饲养牲畜。到 2008 年，只有西部山区还有部分人养猪，少部分户养羊，牲畜场圈多为水泥铺地，且与厕所或沼气池相连，所以这道程序就没有了。

（四）杀猪

每年腊月二十前后，在农村就立起杀猪锅，三五个杀猪的师傅搭班，为大伙杀猪，原先多是攒忙，在主家吃顿肉、喝顿酒，后来开始收取劳务费。2000 年后，一进腊月人们就开始杀猪，部分自己吃、送亲友，再卖一部分。

（五）买年货

进入腊月，人们就开始盘算购买过年的用品，如一家人的衣服、鞋，以及果盘、饰物等日常用品。尤其到了腊月二十三（小年）后，卖春联、年画、中国结、大红灯笼的，卖瓜子、花生、开心果等干果、糖果的，把市场衬托的红红火火，家家户户赶年集、买年货，充满了喜庆氛围，人们还买鞭炮、请门神、灶王爷等。

热闹的年市（摄于 2008 年）

（六）写春联

到腊月二十五开始写春联，20 世纪 90 年代初期，人们买红纸找村里毛笔字写得好的人去写，到年三十下午张贴。之后，一些毛笔字写得好的人在市场上现写现卖，方便了群众。2000 年前后，市场上开始卖印刷好的春联，因其色泽鲜艳、没有墨渍、设计大气，逐渐成为人们的首选。

春联多是吉祥祝福的句子，有的祈祷风调雨顺、五谷丰登；有的祝愿人丁兴旺、健康平安；有的盼望买卖兴旺、财源滚滚。家里的许多位置都要贴，如居室里写“人口平安”，牲口棚则写“槽头兴旺”，猪圈则写“肥猪满圈”，院里则写“满院生辉”，运输车上则写“车行千里路，人马保平安”，对着大门口则写“出门见喜”。办了丧事的三年内不贴春联。

（七）除夕

大尽腊月三十，小尽腊月二十九，是农历一年的最后一天，也是最忙的一天，贴春联、贴神像、贴年画、贴窗花，大门口街道上坑坑洼洼的地方，用新土垫平，傍晚清水洒地。这天，还要上年坟，家里的男丁到坟上请家亲（祖先），大多数家庭过了初五把祖先“送回”。“送回”的习俗逐渐淡化，多数家庭只接不送。

三十中午家家户户包饺子，放鞭炮。晚上要吃年夜饭，鸡、鱼、肘、肉及好多菜蔬，有些地方还有烙翻身饼的习俗。随着人们生活条件的改善，年夜饭不再特别讲究，但是，无论在哪工作、生活，过年都会回家团聚。吃完饭一家人围坐在一起，摆上瓜子、花生、糖、苹果、橘子等吃食，边吃边聊，看春晚，还要把第二天早晨的饺子包出来，大家都要熬到零点的钟声敲响，寓意着辞旧迎新。零点前后人们开始燃放鞭炮、礼花，天空被渲染得五彩斑斓，节日的气氛被推向最高潮。

（八）正月初一

即大年初一，这是春节的正日。这天早晨讲究早起，尤其是农村，大多五更就起，谁家起得早、煮饺子、放炮早，意味着一年运气好。县城周围的村中还有“初一饭男人做”的习俗，所以一般初一中午都由男

放礼花（摄于 2008 年）

人下厨。

春节农家的大门口（摄于2001年）

20世纪90年代初，有些老人给长辈拜年沿袭着行跪拜磕头礼的习俗，后跪拜磕头礼拜年的习俗逐渐消失了。老人们高兴地接受，并给压岁钱为孩子祝福。

早晨吃完饺子后，备好烟、茶、糖果，长辈留家接待客人，晚辈们则出门给长辈拜年，本家的长辈都要拜到。大人们领着孩子，穿着新衣服，成群结队、高高兴兴的走家串户拜年，村里大街小巷涌动着拜年的人群，年味十足。当年进门的儿媳拜年，本族长辈要给拜钱。拜年的顺序为，先家中长辈，次族中长辈。乡亲间拜年时连叫带喊，喜庆热闹。家里办了丧事的第一年不出门拜年。压岁钱逐渐增多，20世纪90年代初，农村家庭多为1元、2元、5元，之后增加到10元、20元。2008年，为20元、50元、100元或几百元，根据家庭情况和双方家庭关系远近而不同。城镇居民相比农村要多些。

正月初二、初三是给岳父、岳母，外祖父、外祖母等长辈拜年的日子。

20世纪90年代，走亲访友的礼物都要提前买好，因为做买卖的也要关门过年。2000年后，商家看准了商机，好多店铺从初二就开门营业，人们大多不再提前准备礼品，现买现送。

禁忌：除夕这天，将灶膛里的灰掏净，在“破五”之前，不准掏灰，否则“露财”；进入腊月，不准损坏东西，特别是餐具损坏了，寓意全年不吉利；初一早起叫人，不准说话，不叫人名，只能用手推醒，否则有灾；在过年期间，不准说“没了”“完了”之类的话，认为说了不吉利。

随着电话、手机和电脑的普及，元旦、春节之际，除居住较近的亲友当面拜年外，人们通过电话拜年、短信拜年、网上拜年，更加方便快捷。

二、元宵节（上元节）

正月被称为元月，宵指夜晚，农历正月十五是一年中第一个月圆之夜。这天人们有观花灯、猜灯谜、吃元宵的习俗。正月十五前后，有的村庄搭台唱戏。正月十五前，一般在正月十三，县文化部门有组织花会进城的习俗。

2007年花会进城表演

翟家佐村、南峪村一直延续着走“卍”字灯阵的习俗，又被称为跑灯、栽灯、闹社火。跑灯花会从上午开始，一直延续到深夜。

正月十五晚上人们吃元宵，后来南方的汤圆也被人们接受并喜爱。正月十六有烤柏灵枝（柏树枝）的习俗，“柏灵”取“百灵”“百龄”音，有驱邪祛病、家道兴旺、延年益寿的说法。没有柏树枝的用干草、芝麻秸等，人们围在一起把这些东西堆成一堆点燃，把旧扫帚、笤帚、旧鞋等扔进去，围着火堆转圈，念叨着祛病强身的吉利语，祈求健康。正月十六有已婚女儿回娘家的习俗。

三、二月二龙抬头节

相传农历二月初二是龙抬头的日子。道教认为，这天是各路龙王领玉帝旨在一年中司雨的日子。龙是神物、吉祥之物，这天不能动用剪刀，不能碰针头线脑儿，怕扎瞎了龙眼，划破了龙皮，一年不吉利。有不少民谚，如：“二月二龙抬头，你不抬我先抬，蝎子蚰蜒不敢来”“二月二，打房梁，蝎子、蜈蚣不下墙”“二月二扫炕席，清清爽爽到年底”“二月二摊煎饼，初一摊，初二炒，打的粮食吃不了”等。这天，人们打扫犄角旮旯，驱走越冬的虫儿。多数家庭烙大饼、煎腊肉，或者摊煎饼，意寓熏死、驱走虫儿。

这天是白龙乡钟家店一带的龙潭庙会。

四、端午节

农历五月初五，俗称“五月单五”“五月节”。居民有包粽子的习俗，粽子外形以四角的为主，还有三角的、长方形的。多在五月初四下午包，用大锅或高压锅煮熟后，焖一宿，第二天早晨开始吃，清香爽口。这天，还有在门上插艾草的习俗，具有避瘟驱邪的寓意。

五、小年

农历六月初一，人们称为小年，意为年过了一半，县域内大多数地方在这天有放炮、吃饺子的习俗。

六、立夏

立夏这天满城境内有多处庙会，以寺角、翟家佐村的雹神庙规模最大。这天还有称小孩子体重的习俗，有民谚说：“立夏称一称，孩子长聪明”“立夏约一约（读 yao），孩子快长高”。

七、夏至

夏至有吃凉面的习俗。

八、中秋节

农历八月十五是团圆的节日。家家准备月饼、水果、糕点、酒等，在八月十五前走亲访友。出嫁的闺女需备月饼等礼品，八月十六回娘家。八月十五这天中午，佳肴美宴，全家吃团圆饭。八月十五晚上在吃月饼前要先祭月，现此习俗正在淡化。

满城有“八月十五云遮月，正月十五雪打灯”的气象谚语。

九、重阳节

农历九月初九，从这天开始给出嫁的闺女“追节”，看望的不仅是女儿、姐妹，还有姑姑甚至姑奶奶。春节时期，出嫁的姑娘再回娘家、姥姥家拜年。俗语说：“拜年拜到二月二，追节追到十月一。”过去这是亲戚走动的规定节日之一，娘家人没有特殊原因，是不能错过的。现在也不再十分讲究。

十、冬至

“冬至十天阳历年”，冬至一过，预示着新年即将到来，每年冬至这天，有吃饺子的习俗。

十一、腊八

有吃腊八粥的习俗，腊八粥要选择八种食材熬制，多从以下几种中选择，小米、黄米、江米、红小豆、绿豆、黄豆、花生、红枣、瓜子、核桃仁、莲子、薏米、玉米渣、黑豆等。因正值深冬，有“腊七、腊八，冻掉脚丫”的民谚。满城还有腌制“腊八蒜”的习惯，腊八前后，将去皮的大蒜瓣浸泡在醋罐（瓶）内，密封贮存，大蒜外表发绿后即可食用。

十二、祭灶

农历腊月二十三为祭灶节，俗称糖瓜儿祭灶。民间多在这天晚上举行送灶神活动。晚饭后，由家庭主妇在灶台上摆放糖瓜儿和其他供品，焚香，烧纸参拜，求灶神上天向玉帝多说好话。参拜完后，将灶神像揭下来焚掉，称送灶王爷上天。县域内腊月三十（除夕），将新“请”来的灶神像贴在原处（又一说腊月二十三当日晚就贴上）。随着煤气灶、燃气灶、电磁炉等现代炊具的使用，祭灶的群众已经很少了。

另外，在一年当中还有三个祭祀先人的节日。

清明节 满城县清明节有扫墓习俗，上坟时间是过了春分节一直到清明前。这次上坟要添坟，添的越高越大越好，以显示人丁兴旺。添完后在坟顶压新挂纸，然后供祭烧纸。新坟在春分当天上。

中元节 农历七月十五，是上坟祭奠先人的节日。县内人们上坟时间大多是七月初一开始到七月十五之前，新坟七月十五当日上。原龙门乡境内的居民新坟、旧坟都是在当日上。

下元节 农历十月初一，俗称寒衣节，这是一年中最后一个祭祀先人的节日。天气渐冷，上坟时除带供品、烧纸外，还必须有“寒衣”，包括里外穿的“衣服、被褥”等。新坟三年内不烧“寒衣”。上坟时间自十月初一到十月十五。

附：吊画与宫灯

吊画与宫灯

在南峪、神星、魏庄、白堡、翟家佐等村，有正月里挂吊画（吊挂）与宫灯的习俗。由灯会的“会首”组织，每年进入腊月就开始张罗相关事宜，然后组织在大年三十挂好。大街小巷灯火辉煌，人们看故事、赏花灯，增加了年的气氛。

吊画起源于何时无考，内容多为《三国演义》《水浒传》《西游记》《封神演义》中的故事和白蛇传、梁山伯与祝英台等民间传说，如桃园三结义、关云长单刀赴会、三打祝家庄、战长沙、武松打虎、哪吒闹海、姜子牙封神、八仙过海、三打白骨精等。

南峪村吊画

制作吊画时，首先在长2米、宽0.67米的白布上作画，然后用桐油浸刷，最后加以精美的装饰。吊画分上、中、下三层，两面都有画，标有序号，像连环画一样，一个完整的故事为一道吊画。吊画多为集体所有，有的为家族传承。有的吊画已相传十几代，可以追溯到明清时期。

宫灯为六角形，有龙、凤装饰，最初的宫灯为木制框架，玻璃做围，配以图画。后演变为铁丝框架，红绿绸子做围。现存最古老的宫灯为清代晚期的遗物。

“文化大革命”期间，各村的吊画和宫灯多被损坏，“文化大革命”后，当地的民间艺人又重新制作了一批，终因时间久远多有损毁，现在保留下来的不多。

第二节 礼仪习俗

一、结婚

（一）订金

订婚时男女双方主人和媒人都在场，在男方家中设宴，招待女方家人及亲友，男方还要送给女方一些礼物。20 世纪 90 年代，订婚除送布料、衣服外，订婚礼金多为 110 元、660 元等千元以下的吉利数字。20 世纪末，订金攀升较快，从 110 元、1100 元长到 6600 元、8800 元，直至 11000 元，富裕人家订金还有上涨。2000 年前后，订金不断上涨，还送女方三金（金戒指、金项链、金耳环）。

（二）彩礼

1991—2008 年，彩礼数额一般为 3000 ~ 8000 元不等。2000—2008 年，彩礼数额日渐增加。至 2008 年，已升至五六万万元。城镇及男女双方为公职人员的数额较少。富裕人家女方陪嫁也很多，除家电、电脑外，还有摩托车、电动车等，甚至楼房、高级轿车等。

（三）送信

结婚日前，男方备四色礼（猪肉、粉条、酒、大馒头）去女家，叫下大书。大馒头由媒人先抓顶（66 个抓 6 个，88 个抓 8 个），其余的由女方给亲戚家送信，亲戚家接到馒头来“添箱”（给女方点礼钱）。送完信后，准新娘一方的叔伯们要邀请新娘吃“上轿饭”。

2006 年的婚纱照

（四）拍摄婚纱照

拍婚纱照是 20 世纪 90 年代中后期逐渐兴起的风俗，多在结婚日期定下后，婚礼进行前完成。开始时是比较简单的一套艺术照，价位也相对较低，在几百元左右。2000—2008 年，婚纱照愈加讲究、精致，一些影楼还组织到外地风景区拍摄。照片一般是以一张大尺寸的双人照为中心，有多张不同形式的大中小照片和 1 ~ 2 本精致相册。价位由 1000 多元涨到几千元甚至上万元、几万元不等。

（五）迎亲

20 世纪 90 年代初，城镇开始用小轿车、面包车迎亲，到 2000 年后，农村迎亲也开始用汽车。迎亲车辆越来越多，档次越来越高，数量 8 ~ 16 辆不等，甚至更多。开始是找熟人用车，车的品牌、档次不一。之后，出现了专业的婚庆公司、租车公司，轿车开始讲究一致、气派，甚至有奔驰、宝马车队。除女方的送女客外，还多了新娘的好友、至亲姐妹做伴娘。

（六）下轿

男方要选 1 ~ 2 个“全活人”（家庭美满且儿女双全之人）搀媳妇，同时还有一个男童抱匣子。所谓匣子是红色的盒子，里边要放花生、瓜子、栗子、枣。接新娘的花车到后，小男孩和搀媳妇的赶紧到车前迎接，小男孩把匣子递进去让新娘摸一摸。到吉时放炮下轿。匣子里的东西倒到婚床上。搀媳妇的用事先准备好的五色线象征性地给新娘净脸。

（七）拜堂

拜天地时可在院里，也可在堂屋大厅内。在堂屋设一桌，桌上点上红蜡烛（不能灭，一直燃完），摆一红色斗，斗里要装五色粮（五种颜色的粮食）。新郎用秤杆挑了新娘的盖头，然后把秤杆插进斗里。新娘在此拜天地、拜高堂。公公婆婆接受礼拜后，要给改口红包。随着专业婚庆公司的出现，婚礼逐渐演变成程式化仪式，聘请专业司仪主持。县城多在饭店的大厅举行拜堂仪式，场面很热闹。农村多租赁带有大红喜字和龙凤吉祥图形的大型充气拱形门，挂大红灯笼，铺红地毯，聘请“乡土”司仪来主持。

（八）婚宴

20 世纪 90 年代，农村婚宴是请厨师和帮忙的人，自己买菜、做饭，桌椅板凳、锅碗瓢盆是在全村借，忙碌而热闹，费用相对较低。之后流动餐厅应运而生，他们负责所有用具，还负责从买菜到做饭、端盘的全程服务，主家只需定好菜谱和酒席的价格即可。流动餐厅不仅经济实惠、极大地减少了中间借东西、还东西等劳作的环节，而且菜的质量明显提高，所以很受欢迎，每桌的价格在100～300元不等。2008年前后，流动餐厅在农村基本普及。县城的婚宴多在饭馆进行。

农村婚宴（摄于2005年）

（九）闹洞房

新婚晚上，亲友们在新房里与新娘说笑逗乐。县西一带闹洞房还流行唱闹房歌。歌词有："看新娘，贺新郎，一进洞房喜洋洋，左脚进门生贵子，右脚进门生凤凰。""手打灯烛亮堂堂，看看新娘好嫁妆，高的柜，矮的箱，不高不矮象牙床，象牙床上卧鸳鸯，鸳鸯成对凤凰成双。"闹洞房的习俗逐渐消失。中午婚宴过后，男方亲朋好友还要到男方家里包饺子，给新娘子包一个"多子"（一个大皮，里边包3～5个小饺子）饺子，下锅不煮熟就捞出，找"全活人"端给新娘子吃，问她"生不生"，新娘子一定要说出"生"，大家哈哈大笑图吉利。吃完饺子后，"全活人"给小两口铺被子，铺被子时还要念叨："被边压被边，生个孩子做大官""红被压绿被，荣华富贵""东扫扫、西扫扫，生出孩子满院跑""鸳鸯枕，床头放，生个儿子白又胖"等。

（十）回门宴

随着独生子女婚嫁高峰期的到来，一种新的习俗在县域内逐渐形成，女方家亦发请柬，在女儿四天（有的三天）回门之日置设婚宴，档次与男方一样，不再举行婚礼，亲戚朋友去上礼赴宴。

二、生育

（一）求子

民间有求子的习俗。可以分为旁人送子、向神灵祈子、拴娃娃等，拴来的"娃娃"多为泥塑或木刻。直到自己怀孕生子才能把拴来的娃娃送回庙中，还要烧香跪拜买礼品还愿。

向神灵祈子是最普遍的一种求子方式，县内有许多娘娘宫、奶奶庙。县城北的眺山就供奉有三霄娘娘（俗称大奶奶、二奶奶、三奶奶），传说直系军阀曹锟曾在这里祈愿得子。如果久婚不孕，家里妇女就会到奶奶（娘娘）庙里去求子。

现求子的习俗逐渐淡化，婚后不孕的年轻夫妇大多都到正规医院检查诊治。

（二）产后习俗

报喜、坐月子 孩子出生后，男方须到女方娘家报喜。一些地方男方去报喜时，有带一只鸡的习俗，如生的男孩就携带一只大红公鸡，生的女孩就抱一只花母鸡，告知母子（女）平安。产后休息一个月，俗称"坐月子"。主家用红线绳系在门上（分男左女右）以示"占房"，同时带有避邪之意。

贺喜 产后第三天，邻居、亲友开始送挂面、红糖、鸡蛋等食品（谓之"送汤"）。有的家庭产后三天摆宴庆贺（俗称"洗三"）。第五天，娘家人带上鸡蛋、挂面、麻糖（油条）、芝麻盐、婴儿服等来探望。并带一条小棉被，由姥姥盖在婴儿身上，俗称"捂定"。生后第九天亲朋好友齐来祝贺。男方设宴招待叫"做九日"，"九"同"久"，以示孩子健康长久之日。县北、县东男孩做"双九"，女孩做"十二天"（十二晌）。满月时举办满月酒席，计算满月天数男孩为29天，女孩是31天，俗称"男浅女满"。此习俗一直延袭。以示孩子有个圆满的人生。有些地方孩子百日时还设宴庆祝，并给孩子照百天照留念。

挪"骚窝" 过完满月后，娘家将女儿及婴儿接回娘家居住数日，俗称挪"骚窝"。

抓周 在孩子周岁时举办庆贺仪式，通常在孩子面前摆文房四宝，尺、秤等量具，刀、枪等玩具

（女孩添刀剪之类的缝具），让孩子随意抓取，以此来预测孩子未来生活的兴趣、爱好或预测孩子长大后成才的类型等。

肚兜　俗称兜兜。是一种贴身的能护住胸腹部位的菱形红布，上绣有蛇、蜈蚣、蝎子、蟾蜍、壁虎5种动物（俗称“五毒”），又称“五毒肚兜”，民间视为有避邪的功效。人们找5个尚未初潮的小姑娘来绣，每人绣一种动物，所以又叫“五女兜”。先把红布做成肚兜形状，再用铅笔画出图案，然后5个小姑娘用5种不同颜色的线把动物绣出来。讲究的人家在“五毒”图案中间还绣上花朵或者葫芦。2000年前后，市场上有卖做好的肚兜，人们逐渐不再自己动手绣。2008年，肚兜的种类越来越多，所绣图案也不再局限于“五毒”，城镇居民不再讲究带肚兜，而以背心等服饰代替。

护身符　胆子小的用荷包装朱砂，爱生病的从庙里请玉石佛爷，命中缺金的佩带金属项圈、项链，本命年则用红布系腰等等。

长寿辫　满月后男孩子在脑后留一条小辫子，俗称长寿辫，这根辫子从满月留起，一直到长大成人。此习俗已基本消失。

起名　过去人们请“文化人”或者德高望重的长辈给孩子起名。2000年前后，出现了专门起名的行业，起名费用几十到一百元不等，一般给起多个，由主家自己去定。

（三）生育禁忌

孕期　忌钉钉子、室内挂人像、睡兽皮以及露宿、裸宿。

产房　忌外借东西、房事、风寒、声响等，尤其忌在娘家分娩。

育婴　忌父母食烟酒，属虎的双胞胎忌不同穿戴。

（四）其他

夜哭郎　小孩很小的时候，有的夜间哭闹不止，百般哄逗都无效，民间称之为“夜哭郎”。民间通常采取的方法是，拿黄表纸，上写“天皇皇，地皇皇，我家有个夜哭郎，行路君子念三遍，一觉睡到大天亮”，把其贴到人群密集的十字路口，以求快速起到作用。

有的用纸写下咒语，在孩子头上转三圈，边转边念，念完后压在孩子枕头底下，以求孩子安宁。

叫魂　幼童发烧用药不退，昏昏沉沉，有的还有呓语，家人便认为是被神鬼吓丢了魂，俗称“吓着了”。在治疗的同时，要请师婆叫魂。有的是用一个小碗，倒满小米，上用一红布盖好，摁平，攥紧，再把碗倒过来，在幼童头部正转三圈倒转三圈，边转口中边念叨，让神鬼各归其位，让孩子的魂魄回来。六圈过后，将碗翻过来，如果碗中小米缺一月牙，再填米补平，盖好后重复做一遍，直到小米不再少为止。有的在自家灶王爷前烧三炷香，叫魂的人拿着幼童的上衣，三叩首后连叫三声幼童的名字，让他回家，然后把孩子的衣服盖在幼童身上，待他醒来。有的是拿着幼童的衣服，扒着外屋门槛呼叫幼童的名字，让其回来，然后把衣服披在幼童身上。

三、丧葬

（一）停尸

人死后，孝子和至亲要用清水为其擦洗全身，然后穿寿衣、戴寿帽，用苫单将尸身从头到脚遮严，停放在木板上（多为旧门板）。头前放一与停尸板等高的供桌，桌上点燃长明灯，碗中倒入食用素油，搓棉为捻，从倒头咽气到下葬一直燃烧，不许灭火。桌上还放置干鲜供品，地上放一铁盆用于烧纸盛灰。停尸大多头西脚东，意喻去向极乐世界。忌头朝南、朝东。停尸后，地上铺些柴草或旧被褥等，子女、直系晚辈分男左女右跪在上面，称为守灵。丧主家各屋的大小镜子的镜面翻过去，或用白布、毛巾、被单等盖住，凡红颜色的物品，一律撤除或遮盖。停尸后，丧主即请主事，也称“总理”“总管”，来主持丧事期间的一切事务。

（二）挂祚钱 开书

制祚钱 祚钱用白纸剪成。旧时按逝者的岁数一岁一张白纸，另加两张，取天一张、地一张之意，称为“增寿”。现在按逝者岁数增双不增单，即岁数为双的，增加一张，岁数为单的不增。白纸折叠成形后，用剪刀剪成条状，其形上收下奓，顶端绑上木棍，与棍挑灯笼相似。逝男纸条底部呈剑尖形，逝女纸条底部呈燕尾形，以示男女。

挂祚钱 按步出家门定方位，逝男挂在大门口左侧，逝女挂在大门口右侧。

开书 也叫“开大榜”，相当于发布的讣告。开书先生根据逝者的性别、生卒时间、咽气时辰等开书，大书开好后，贴在祚钱下方，目的是告知逝者是谁，是男是女，享年多少。

写镇物 用白纸写四邻镇物“东木炭、南赤旗、西铁金、北水瓶”，也是男左女右贴在屋门口一侧，用以避邪。

（三）破孝

扯孝 由本姓、乡邻主妇扯缝孝衣、孝帽、孝箍，俗称破大孝、破孝，又称扯孝、捋孝。用剪刀剪一小口，用手撕扯开。孝衣不讲究合体，讲究“丑孝”。逝者的儿子，扯丈五孝袍，腰系麻绳拖地。逝者儿女的舅、姨、姑表兄弟、表姐妹，扯丈五大孝，男孝每人孝帽一顶，女孝扯七尺孝箍。孙子辈、曾孙辈均扯半身孝，孙子孝帽上缝一块红布，曾孙孝帽上缝一块蓝布。未出五服的堂兄弟姐妹及其同辈远亲，男扯孝帽，女扯孝箍，不扯孝衣。逝者的儿媳，只扯孝箍、鞔鞋，不扯孝衣，孝衣由娘家缝制。

鞔鞋 即在鞋面上鞔上白布。如双亲均故，从鞋面到鞋跟对头鞔满。如双亲有一个健在，鞋后跟处留一个寸长的豁口。长子鞔的长，次子鞔的短些。孙子辈的，白布不能过脚面，2000 年后一般不再鞔鞋，只在鞋面上遮一块白布。

蒙头布 逝者的儿子，每人头上蒙一块白布，称“蒙头布”。白布的顶端绾个疙瘩，长子的蒙头布上缝有七枚铜钱（现为硬币，门楣处三枚连排、两边各缝两枚），耳旁有压耳的棉花锤。七枚铜钱表示压帽檐儿，老人故去，难以见人。棉花锤压耳表示少听闲话，一切由总管做主。逝者的女儿，穿丈五孝衣，头戴七尺孝箍，腰系麻绳拖地，白布鞔鞋，耳旁也有压耳棉花锤。

（四）报丧 赁棺罩

报丧 停尸后，总管即安排人报丧。按老少亲戚、朋友的家庭住址拉成单子，派本姓的晚辈或他人持名单报丧。外地亲友则用电报、信函、电话通报，告知对方逝者的咽气时间、死因、火化（入殓）日期、发丧日期。丧报完后，报丧人须将报丧单交回总管，以示完成任务。没找到人或漏报的，总管再安排人补报。无论亲朋关系远近，未接报丧，决不前往吊唁。满城有“丧不报，纸不吊”之说。出嫁的闺女在老人病危之日内，一般都守护身旁，为老人送终，老人停尸后，闺女须速回婆家，给公公婆婆磕头报丧，然后取孝衣返回家吊唁、陪灵。

准备棺材，赁棺罩 安排好报丧之后，即派人买棺材，到出赁棺罩的业主家定棺罩。

纸活纸扎 以高粱秸（俗称秫秸）为骨架，外糊剪成各种形状的白纸、彩纸而成。一般包括：引魂幡、中幡、闹灵幡、哭丧棒、花圈、阴阳宅、轿、童男童女、对花、摇钱树、聚宝盆、万寿山、金库、银库等，逝者为女性，要糊一头牛，逝者为男性，要糊一匹骡子。2005 年后，别墅、轿车、各种电器等也出现在其中。适应这种习俗需要，纸活店也应运而生，主家只要把需要的单子送过去，定好时间，纸活店按时送到。

（五）吊唁

亲朋或乡邻，知道消息后，要带上“纸钱”前去吊唁。出门时须在自家大门口拦一道草木灰，意在防止逝者魂灵跟回。拦灰时讲究一气呵成，灰道均匀，到头灰尽，不得余灰重描。出嫁的闺女进娘家村口须一路哭嚎，直至家中。同村乡邻主动到场吊丧、帮忙。灵前主事（专门负责灵前事务）负责接纸。吊丧者鞠躬，主事的喊“一鞠躬、二鞠躬、三鞠躬，再鞠躬”，行礼毕，主事喊“礼毕，谢孝”，跪地陪灵的孝男孝女磕头致谢。如果吊唁者是亲戚，行礼后主事则喊“一叩首，二叩首，三叩首，再叩首”，“送孝”，孝男孝女磕头致谢，负责破大孝的主妇，按吊丧者与逝者的亲戚关系、辈分发孝衣、孝帽、孝箍。逝者的男性晚辈递男孝，儿媳或侄女等递女孝。递时单膝跪地双手托递。

（六）火化

停尸的第二天或者第三天上午火化。在遗体火化前，要举行遗体告别仪式，多在火葬场告别厅举行，亲友、同事瞻仰遗容，向逝者作最后的告别。遗体告别仪式后，送火化炉火化。

（七）入殓

火化后，如果不买棺材，丧事简办，就把骨灰装在骨灰盒里，骨灰盒用红布包裹，回家后安葬。如果骨灰要放进棺木，就直接用红布或苫单把骨灰包回。当晚入殓（骨灰装进棺材内），入殓的具体时间找阴阳先生事先看好。

入殓前要用新买的笤帚把棺材打扫干净，称“净材”。扫完后笤帚放在棺材顶上，下葬前长子还要拿着它去扫坟，下葬后笤帚归挎篮的。然后铺灰，用筛子筛些草木灰，均匀撒在棺底，一说“是灰比土热”，使逝者入土后暖和些。二来可防止尸体在棺内流汤。棺内要放垫背钱（阴七阳八，呈七星状），铺上黄色褥子（铺金），放入丝、麻、炭及馒头（旧时用发面的起子）。之后，上面盖白色苫单，称盖银。为防止骨灰移动，有的在黄色褥子上再铺一层新弹的棉花，有的盖上白色苫单后，再盖一蓝色罩单。

众人盖好棺盖后，用5寸长的铁钉钉棺，此钉称绝命钉，钉子呈四棱锥形，上端有一扁勾。钉的时候，儿女在旁边喊“爸爸（妈妈）躲钉”，讲究一锤钉好，不得回锤。为确保封棺顺利，多在棺板上事先打好眼。钉好棺后，把装有五色粮的布袋扎口挂在棺材的棺顶上。如果逝者的直系亲属未能赶回，入殓后不得封棺，要等亲属回来后见最后一面。

入殓过程中，最忌叫人的名字（包括不在场的），据说被叫者应声会被“勾走”。

棺材放在长板凳上，傍晚时男孝们将棺材抬起，每个棺腿的下面垫一块砖，称长棺材，要连续长三天。现在棺材多先放在平地，前两次长棺放两次砖，最后一次放到长板凳上。

（八）灵棚

灵棚多坐南朝北或坐东朝西，内设一灵桌，灵桌后边放一花圈或书一大“奠”字，前方出口处，上方挂挽幛（黑色或蓝色），贴挽联。灵桌上骨灰盒（棺材）前放死者生前放大的黑框遗像。灵棚里长明灯不能灭，不能断人，不论白天黑夜，孝子们要轮流守灵。每天天不亮要烧“天明纸”。县南、县北、县西多停灵（从死后到安葬）3天，县城周围和县东多为5天。如果死者是高寿的为喜丧，要停放7天。

（九）烧车轿

烧车轿根据发丧日来定，五天发丧的，停尸第三天烧。三天发丧的，停尸第二天烧。时间一律为夜间零时，直系亲属及本家族孝男孝女全部着孝服参加。4名孝男把车轿抬到村十字路口，轿口朝西，取到西方极乐世界之意。车轿口下方放一张小地桌，桌面用罗筛上一层草木灰，众孝子分男女面西跪地静候。四面路口均派人把守，以防冲撞路人，对死人、活人都不利。家中留一主事，届时熄灯灭火，由逝者的长子手拿逝者上衣，从棺材前摸黑背“尸”。边蹲身边念叨“上轿，一路走好”，而后弯腰弓背虚拟背人，两个孝子跟随左右“扶尸”（即扶衣服）缓缓而行，一直背到十字路口，停在摆好的地桌前。主事掀起轿帘，长子蹲下身，反复念叨“上轿、一路走好”。将逝者“安放”在小轿内，等主事说桌灰上有了脚印，确认逝者已经上了车轿，便下令焚烧。如果没有还要去背。烧车轿的整个过程，孝男孝女不准出声，不准回头，更不准叫人名，默默面西而跪，默送逝者到极乐世界，烧毕各回各家。

（十）拜灵

下葬的前一天要请吹鼓手，俗称“吹打班”，有的还请唱戏的，一有客人来吊唁，便鼓乐相迎。喜丧的主家多请对台戏（两个戏班）。这天晚上，街坊四邻的主妇每人拎两包饼干或糕点前往祭奠，称为“司灵儿”。司灵儿的人将饼干、糕点放于棺前的供桌上，点纸、祭拜后，即进饭棚座席。晚饭后要举行拜灵仪式，亲朋好友全部到齐，在“司仪”主持下近亲属行叩拜大礼，远方亲戚及好友行鞠躬礼，与死者郑重告别。

（十一）出殡

这天死者的亲朋和生前好友以及街坊乡邻都要到，来者上完礼要到灵前祭拜。这天设宴招待前来送殡者。一般在死者死后，要请风水先生看坟地，也要看好出殡下葬的时间。管事的根据看的时间安排午宴时间，以便按时出殡。

如果老人高寿，主家要准备许多小碗，人们为讨高寿的吉利，都要把碗带回家。开始时多为黑渣滓碗，后来就变成了平时家里吃饭用的瓷碗。

出殡前孝男孝女还要拜灵，吹鼓手可劲吹奏，直到拜灵完毕为止。发丧后吹打送行，一直送到村口返回。新坟下葬时不让女孝子近前，所以送出村口后，所有女眷谢孝返回。

主家在大门口放一盆，盆里放水和一把刀，所有送殡的人回来后要在盆里洗洗手，把刀翻转一次。

2000 年后，丧事大操大办之风有抬头之势，礼金也逐渐增加，农村的丧事礼金由过去的 3 元、5 元上涨到 20 元、30 元、50 元、100 元，关系好的还要多。城镇普通职工的礼金也由 2000 年前的 10 元、50 元、100 元，增加到 100 元、200 元或者更多。

（十二）上坟

逝者埋葬后的第三天要圆坟，逝者儿女、近亲属及所有穿大孝的都要去上坟。先把所穿孝衣脱下绕坟围一圈，用铁锹往坟头填些土，摆供烧纸祭奠。逝者死后的“一七”“三七”“五七”“七七”都要去上坟，至第一百天，再上一次坟，围绕逝者的丧葬活动才算结束。

第三节　生产与行业习俗

一、营建

（一）选址禁忌

在盖房子选址时，民间有许多讲究，比如：宁在庙前不在庙后，宁在庙左不在庙右；大路直冲房子的地方叫“路箭”，忌选；河道直冲房子的叫“水箭”，忌选；大城门、狱门口处，忌选；塔冢、寺庙、祠社、炉冶、故军营战地忌选；草木不生，正当流水处忌选；地势南高北低忌选。

（二）盖房及其禁忌

盖房时也有一些禁忌，比如正面不对别家墙角、山头；屋门不正对别人家的门、窗、山墙、房檐滴水；不与众人的方向相反，不高于或低于邻家；大门前忌种大树。满城县内流传有一句关于房前屋后栽植树木的禁忌语：前不栽桑，后不栽柳，门前不栽鬼拍手（即杨树）。

（三）盖房上梁之程序

首先要选好吉日，在大梁正中贴“上梁大吉”，画阴阳鱼，或贴“太公在此，诸神退位”。然后在吉时上主梁，放炮，吉时多选在卯时，而后相继上其他檩。如遇下雨则更好，满城人谓之“雨浇梁辈辈强”。

20 世纪 90 年代后，人们盖房不再使用檩、椽等，实行混凝土浇筑。上梁时贴对联的习俗也逐渐消失。

二、商业贸易

商人为避凶求吉，形成了一些禁忌。卖财神码儿（财神，满城土语）的不能说卖，要说“送”，买的不能说买，要说“请”。进店铺忌踏踩或坐在门槛上；禁玩弄算盘和反搁算盘；忌坐卧在柜台上、桌柜上，或躺睡在接待客人的条椅上；店伙计忌面朝里，背朝店门坐着，忌敲打账桌；禁冲店门小便；忌往门口方向洒扫；忌在店门口打呵欠、伸懒腰；忌说不吉利的话等。人们认为会把财神挡在门外，生意不顺利。还忌对顾客不礼貌，招待不周，说话生硬，得罪买主。药店、棺材店、寿衣店忌讳说“再来坐”“欢迎再来”之类的话。

三、其他

（一）戏曲

戏曲在满城县有较广泛的群众基础，流行剧种有河北梆子、评剧、老调、哈哈腔、丝弦、大秧歌等，很多老年人都能哼几段。戏曲行业流传着一些习俗，演出时，有“宁穿破，不穿错”的说法，扮戏穿戴行头不能错。“净行不得添彩条，生行忌落（la 仄声）髯口”。在后台忌乱闯乱撞，乱躺乱坐，乱动乱摸。各种衣箱，盔箱按行当分类。不准随便乱坐（丑角例外），俗谓“坐箱不乱行”。在孙膑庙演出或在鞋行唱行会戏，禁演《五雷阵》，在关帝庙会上禁演《走麦城》。

戏班在乡间，多为庙会演出，还有迎神仙、还愿、红白喜事及庆贺等。由庙会方负责搭台、搭棚，负责接戏班，但不管送。戏班走时由下一个台口负责接，称“管接不管送”。

演出之前，先奏打击乐通知观众，谓之“打通（tong 四声）”，通常打三次。现在多为响两遍电铃，第二遍响后演出即开始。

（二）贩运业

过去贩运业信奉马王庙，除衙署内马王庙不立庙会外，其他地方的马王庙均举办庙会。现在交通便利，营运业发达，人们多在家里或店铺摆放财神、关公等以祈平安、发财，初一、十五要烧香、摆供品祭拜。

第四节　流行时尚

20 世纪末，一些西方节日和消费时尚开始在县内流行，主要有：

一、舶来节日

（一）情人节

每年的 2 月 14 日。这一天，人们会赠送礼物给妻子（丈夫）、情人或心仪的人，例如送巧克力、贺卡和玫瑰花等，用以表达爱意或友好。

（二）愚人节

4 月 1 日。这一天，人们可以多种方式开周围人的玩笑，上当者当被告知是愚人节时，才恍然大悟，所以这一天总是能够引出许多笑话，不过某些玩笑也会因开得过大而引起人们的恐慌。玩笑只能开到中午 12 时之前，是约定俗成的严格规矩。

（三）母亲节

每年 5 月的第二个星期日。这一天，子女会通过多种形式祝福母亲，比如制作、购买贺卡，写上自己对母亲的祝福；买鲜花、礼物送给母亲；打电话、互联网发邮件等。母亲节的鲜花是康乃馨。

（四）父亲节

每年 6 月的第三个星期日。这天，儿女给父亲寄送贺卡，买礼品，以表达对父亲的敬重。

（五）圣诞节

每年 12 月 25 日，是基督徒庆祝耶稣诞生的庆祝日。2000 年前后，非基督教徒也开始过圣诞节，这天人们会给孩子送礼物，尤其商家会用圣诞老人、圣诞树、圣诞帽等装饰来渲染节日气氛，并采用打折等形式促销。

二、网上购物

2000 年后，网络购物逐渐成为一种新的购物形式。人们通过互联网检索商品信息，通过网上客服选择商品，直接银行转账、在线汇款、淘宝支付宝等形式付款，厂商通过邮购或是快递方式送货上门。大多为款到发货，也有货到付款的。2008 年，网购已成为年轻人购物的主要形式，因此也带动了快递公司的迅速发展。

第四章　宗教与民间信仰

2008 年，县内有回族、满族、蒙古族等 21 个少数民族，共 5094 人，其中满族人口最多，占少数民族的 90%。宗教教派有佛教、道教、伊斯兰教、天主教、基督教，信仰宗教的群众 5200 余人。佛教徒 2200 余人，主要活动场所有陵山普度寺、月明寺；道教徒近 300 人，主要活动场所有三清观；信奉伊斯兰教的回民有 66 人，天主教徒 315 人，尚无合法活动场所；基督教徒 2377 人，有 2 处合法活动场所。民间信奉的有战国时期献策筑招贤台、助燕国中兴的郭村人士郭隗，元末陉阳驿的杰出农民起义领袖袁峨，传说在曹家峪修炼成仙的曹国舅，还有雹神胡体、药王孙思邈和南峪的槐神，人们为纪念他们修建庙宇，年年供奉，香火不断。

第一节　宗　教

一、佛教

20 世纪 80 年代后，先后重建陵山普度寺、抱阳山定慧寺、华严庵、杨家庄莲花山涌泉寺，部分村在古寺庙遗址上重建或选址新建了不少寺庙。

2008 年，全县有佛教徒 2200 余人，分布于全县 12 个乡（镇），汉墓旅游区的陵山普度寺、月明寺为合法活动场所。据不完全统计，全县古代较大的寺庙有 85 个。

满城县主要寺院统计表

表 2-4-1

序号	名称	位置	建立朝代	序号	名称	位置	建立朝代
1	大觉寺	城内	金代	32	兴圣寺	汤村	—
2	石佛寺	段旺	唐朝	33	广平寺	郭村	—
3	月明寺（古刹寺）	岗头	元初重修	34	崇明寺	荀村	—
4	圣教寺	抱阳山	隋朝	35	大明寺	贾村	—
5	回圣寺	谒山	唐朝	36	万寿寺	北陵山	—
6	环山寺	下紫口	元初	37	延福寺	南宋	—
7	法明寺	庞村	唐朝	38	兴福寺	东马	—
8	惠化寺	黄村	元朝	39	观音堂	北关	—
9	中韩寺	次韩	元朝	40	佛庵	城北	明朝
10	龙记寺	南韩村	—	41	继志庵	抱阳山	宋朝
11	玉泉寺	石井	—	42	兴隆寺	东渝河	—
12	普度寺	陵山	唐朝	43	关帝庙	东渝河	—
13	华严庵	抱阳山	明朝	44	观音寺	石井	—
14	崇福寺	柳家佐	—	45	观音堂	大楼南山	—
15	延寿寺	柳家佐	—	46	灵岩寺	野里	—
16	观音堂	柳家佐	—	47	灵云寺	白堡	—
17	广教寺	大楼	—	48	三教堂（玉川寺）	杨家佐	—
18	宝峰寺	大册	—	49	朝阳庵	抱阳山	清朝
19	信安寺	大册营	—	50	吉祥寺	李铁庄	—
20	石佛寺	两渔	—	51	佛爷庙	神星	—
21	宣政寺	要庄	—	52	石佛寺	大许城	—
22	显庆寺	西庄	—	53	观音祠	眺山	—
23	崇兴寺	东庄	—	54	圣泉寺	北水峪	—
24	上韩寺	西南韩	—	55	观音寺	大坎下	—
25	金台寺	贤台	—	56	朝阳寺	南峪	—
26	清凉寺	尉公	—	57	黄龙寺	黄龙寺沟	—
27	崇庆寺	章村	—	58	月峰庵	孙村	—
28	兴善寺	南固店	—	59	地藏庵	城东	—
29	观音寺	堤北	—	60	立玉寺	北宋	—
30	崇寿寺	方顺桥	—	61	祗圆寺	北庄	—
31	大学寺	高荆	—	62	石佛寺	六间房	—

续表 2-4-1

序号	名称	位置	建立朝代	序号	名称	位置	建立朝代
63	观音寺	东庄店	—	75	观音庙	钟家店	—
64	白衣庵	城内	—	76	劳家寺（尼庵）	南峪	—
65	白衣庵	市庄	—	77	观音寺	石家佐	—
66	铁佛寺	抱阳	—	78	泉峰寺	魏庄北山	—
67	万寿寺	抱阳	—	79	日光庵	岗头庄	—
68	弥陀寺	岭西	—	80	宝林寺	章村	—
69	关帝庙	岭西	清	81	释迦寺	韩家佐	—
70	涌泉寺	杨家庄	—	82	白衣菩萨庙	东峪	—
71	观音庙	杨家庄	—	83	定惠寺	抱阳山	唐朝
72	关帝庙	坨南	—	84	药王庙	大固店	明
73	关帝庙	杨家庄	—	85	雹神庙	寺角	南宋
74	霹雳寺	钟家店	—				

说明：未注明朝代的为建设年代不详

2008 年，佛教主要活动场所及庙会有：

（一）陵山普度寺

1991 年，为配合开发汉墓旅游，众信士自筹资金，在昔日古刹遗址建成普度寺。重建后的普度寺坐西向东，东西中轴线上依次为天王殿、大雄宝殿、十二菩萨殿。两侧为观音殿、地藏王殿等大殿 8 座，各种塑像 43 尊，配置其他用房 20 余间，总投资约 200 万元。1993 年 11 月落成，总占地面积 6000 余平方米。2004 年 10 月，依法批准为佛教活动场所。每月初一、十五香客络绎不绝。后来，正月十五元宵节和四月初一演变成传统庙会。

普度寺（摄于 2008 年）

（二）月明寺

月明寺（摄于 2005 年）

月明寺位于岗头村西的月明山下，建于金代，元初重修。每年四月初八，释迦牟尼诞辰，人们都来祭祀佛祖，祈求平安。后因庙会规模越来越大，原来寺院前的山根广场远远不能适应庙会的需要，遂移到岗头村南马路上。

（三）华严庵

明天启年间（1621 年）修于抱阳山，清乾隆三十五年（1770 年）重修华严庵。清光绪九年（1883 年），住持僧本泰募十万之资，重修华严庵。后几经兴废，现名华严寺。

二、道教

满城县道教历史悠久，明、清以来，道教逐渐衰落，特别是清朝末年民国初年，在大力发展新式教育时，大量宫观改建为学校。20 世纪 90 年代后，道教得到恢复，道教徒逐渐增多。2008 年，全县有道教徒近 300 人，分布在 12 个乡（镇）50 余个行政村。

据《满城县寺观祠宇与庙会简目》记载，县境内有 85 个道教宫观，县内的 115 个庙会中 72 个与道教有关。盛行的道教庙会有农历正月十五的莲花山九母奶奶庙会，二月初二的南水峪龙潭庙会，二月二十八坨南和北台鱼马王庙会，三月初三、四月十五曹仙洞庙会，四月初八眺山奶奶庙会等。

三清观（摄于 2008 年）

2008 年，道教的主要活动场所为三清观。三清观位于坨南村北九泉莲花山（大展山）半山腰上，原建在山顶，始建于宋代，历代维修，与天盘、莲池呈三足鼎立之势。抗日战争时期被毁，1991 年复建，复建时移至莲花山半山腰。围墙内建正殿三楹及斋堂、道舍。供奉各种道教塑像 11 尊，有道教最高尊神玉清元始天尊、上清灵宝天尊、太清道德天尊（太上老君）即三清道祖。两侧配八仙塑像、左右壁上分绘太上老君宛丘弈棋图及老子出关图。2004 年登记开放，审批为道教合法的活动场所，有教职人员 2 人，乾道刘至详和坤道崔理芝。每年的八月十五曹国舅诞辰为传统庙会，后改为三月初三、四月十五。庙会这天道观举办“八仙总朝”法会，庆祝祖师圣寿和为民祈福。

三、伊斯兰教

2008 年，全县有回民 66 人，主要散居在方顺桥和尹固 2 个村。尚未设立合法的活动场所。

四、天主教

天主教传入满城县的时间较晚，“文化大革命”中宗教活动完全停止。改革开放后，部分教徒开始正常的宗教活动。2008 年，有天主教教徒 315 人，主要分布在 5 个乡（镇）的 7 个行政村，尚未设立合法的活动场所。

五、基督教

1913 年，满城县有 1 所基督教堂，位于现县计划生育局驻地，“文化大革命”期间被破坏。1987 年，在城东村东北角，原县化肥厂宿舍旁边修建 1 所。1988 年，因公路拓宽，迁移到满城镇城东村西，原县陶瓷厂东边，占地 0. 8 亩，1990 年建成使用，总投资 20 万元。1999 年，登记为宗教活动场所。2008 年，有基督教教徒 2377 人，主要分布在 14 个行政村，北庄村基督教堂、东赵庄村基督教堂为正式活动场所。有杨立未和张菊芳 2 名神职人员。

附：1. 盛极一时的道教宫殿——夜借宫

2. 北宋村立玉寺碑碑文

盛极一时的道教宫殿——夜借宫

位于大册营镇夜借村，坐北朝南，南面的漕河宛如一条玉带由西向东漂流而过。传说此宫是一夜之间从漕河南岸的要庄城“借”来的，故称夜借宫，夜借村也因此得名。夜借宫供奉道教尊神东岳大帝、碧霞元君，始建于明万历年间，又名泰山行宫。传说有一富庶人家的子弟，夜里梦见一位仙人，说他的前身是一位30年前逝去的孤寡老头，因其生前积德行善、勤劳能干，所以死后投胎到富庶人家。如若将东岳大帝的行宫修建于此，则可福及三代。此人立即付诸行动，筹资兴建。幸得鲁班仙师指点，不多日便落成了。该宫建造规模宏大，有大殿三楹，内外四山琉璃相砌，塑像传神，机关巧妙，有“南京到北京，赶不上夜借宫”之说。从那时起，每年的正月十八为庙会日，方圆几百里都有人来赶庙会上香。

1900年八国联军侵略中国时，夜借宫被毁。1929年，中国共产党组织在夜借宫庙址建立满城县第三高级小学，即今夜借村小学。每年正月十八仍有庙会。

北宋村立玉寺碑碑文

北宋村原有立玉寺，“文化大革命”时被毁，寺碑流失。两渔村史宏伟在北宋村小学门前沟内偶见寺碑，对碑文拓录，经整理，碑文转换成简体字如下：

直隶保定府满城县闻之唐尚书省南门有古槐夜□竹声则省中有入相者宋王祐手植三槐于庭曰吾后世子孙必有为王公者是槐之呈祥献瑞固彰彰可考也吾村立玉寺

梵王宫殿前有古槐一株亦不知植自何年予总角时见其质老材坚有凌霄之象即三都赋所谓夏槐云屯无以异也以故自有此树乡之人文蔚起累世不绝或抑唐宋古槐之遗意乎乃忽于乾隆四十三年枝催叶落颈改鼓柯命风振叶致凉之态其亦数之所至不可逃也是乡众善人互谋之树主吴公讳良谟者遂卖之买地十□亩以为香火之资灯油之藉噫是此不惟表文运之兴隆亦可为佛门之护法矣昔人云虽死之曰犹生之年其即是槐之谓钦荣恐世远年淹不知此地之由来故并详卖树买地之源流兴诸公勤劳之美意勤之于石以志不朽时

大清乾隆四十四季岁次己亥仲春谷旦

第二节　民间信仰

郭隗（约公元前351年—公元前297年）　故里满城县郭村，战国时期辅佐燕昭王，先后在易水畔和贤台筑起招贤台，很多名士慕名而来，使燕国成为战国七雄之一。为纪念郭隗，家乡百姓为他修建了寺庙，每年农历三月二十八祭日都进行祭祀，祈祷保佑一方平安，后发展成庙会，一直延续。20世纪70年代，为错开农忙，庙会提前了1个月，即农历二月二十八。

曹国舅　传说曹国舅在仙人指引下，入住坨南大展山半山腰一溶洞修炼，成仙后此洞更名曹仙洞。每年农历八月十五日曹国舅诞辰日，方圆百里的百姓都来进香祭祀，并形成庙会，后来庙期改为农历三月初三和四月十五，山下曹家峪过去曾叫曹仙峪。

雹神　寺角村西山坡上有座雹神庙，每年立夏为庙期。雹神庙祭祀的神灵是胡体，胡体是南宋高宗时的一名小官。抗金英雄岳飞被奸佞秦桧加害后，引起民众愤慨，胡体多次上奏皇帝力主为岳飞平冤，又遭秦桧杀害。胡体死不瞑目，魂魄不散，在民间每夜托梦游说，这种大义之举感动了玉皇大帝，玉帝封他为雹神，保佑百姓庄稼不受雹灾，用雹专砸奸佞、恶人、坏人。

袁峨　元朝末年，陉阳驿村曾出过一个杰出的农民起义领袖，名叫袁峨。袁峨少时刻苦攻读，很得先生器重，先生授之爱国恤民之理。袁峨不负先生的厚望，青年时期便成为当地有名的举子，入朝为官。入朝后，因痛恶官场腐败辞官还乡，秘密结社，立志推翻元朝。为掩人耳目，在家养了几千只鹅，每天让人赶着鹅嘎嘎乱叫，内宅打造兵器，起事日期为三月初五。后来这支队伍发展到数万人，在袁峨率领下，东拼西杀，驰骋在燕赵大地上，重创了元朝统治势力，后因寡不敌众，被元军剿灭。人们为了纪念袁峨，为其修建了庙宇，农历三月初五举事之日为庙会日期，代代相传，祭祀不断。

槐神　南峪村经常遭受风雹灾害，庄稼无收成，果树被刮倒，乡民艰难度日。传说北宋年间，一云游道士来到这里化缘，见这里百姓衣服褴褛，食不果腹，很是怜悯。遂仰望四周山势、天宇，少顷，对乡民赋诗一首：西风北雨绕山旋，厉冰盖天泻穹寰。扼杀苍生心度冷，欲植公母二神槐。尔后，飘然而去，乡民愕然。后经长者指点，植槐可调风顺雨，五谷丰登，这是上苍拯民的旨意。众乡民闻言，顿开茅塞，伏地跪拜。即在道士指点迷津之处植槐两株，西为公槐，东为母槐。后经乡民精心浇灌，二槐茁壮成长，每年六月，母槐蓝花绽放，香飘四野。

南峪村古槐（摄于 2006 年）

明洪武年间，在神槐东侧修建了观音寺，坐东面西。清代发展成庙会，定于每年的农历三月十五，人们称之槐神庙。这天在神槐南侧广场搭台唱戏，娱神、祈福，保佑一方平安。

2004 年 8 月，县政府把两株古槐列为古树名木加以保护。2005 年 10 月，文物旅游局镌石立碑：千年古槐。当地传有“摸摸千年槐，灾难不再来”的民谣。2006 年 8 月，因暴风雨袭虐，公槐被毁。

药王　据说药王庙建于明代，在大固店村西北角，占地约 1 亩，坐北朝南，正殿 3 间，东书房 3 间，西禅房 3 间。正殿前院有国槐两株，大门口冲正南，东侧有钟楼，西侧有鼓楼，在钟楼墙外有井 1 眼，旱涝不枯，清澈甘甜，供乡民饮用。正对大门路南十多丈远，有面北的戏楼 1 座。正殿居中供奉药王孙思邈，左右陪祀古代名医华佗、刘守真。药王庙落成开光后，满城南部半个县的乡民前来进香，祈福祉，灭病灾。后辐射到保定周围各县。因香火旺盛，云集庙前卖香的商贩越来越多，逐渐形成香市。为娱神，人们在庙前又建了戏楼。每年农历四月二十八药王诞辰之日为大固店村庙会，这天都邀戏班唱戏。南到郎村、北至守陵、东到保定周边、西至顺平县等都过此庙。民谚云：宁舍钱八吊，不舍固店庙。

大固店药王庙在民国初年“拆了大庙建学堂”的大潮中被毁，“文化大革命”“破四旧”时被夷为平地。2005 年得以重建，庙会盛况不衰，庙期改为每年的农历四月十八。

第三编　基础设施

满城县于1996年、2002年先后两次制定县城总体规划。确定中心城区以发展旅游、休闲、娱乐、度假、房地产等第三产业和无污染的工业为主，目标为保定市区卫星城。1991—2008年，累计投入约14亿元，县城建设取得显著成效。县城建成区面积6.5平方公里，通车总里程53公里，人均道路面积13平方米。供水普及率100%，城区绿地率27%，城区绿化覆盖率30%，亮灯率95%，万人拥有公交车6标台。2002年，编制《满城县县域城镇体系规划》，较为系统地制定出各乡（镇）、村庄的发展规划。2007—2008年，完成8个乡（镇）123个村的规划编制。交通建设快速发展，2008年，县内有1条国道、4条省道和4条高速公路穿过，使满城到达京、津、石的车程均缩短至1小时左右。2003—2007年，实行"村村通"公路建设，全县农村公路通车总里程496公里。农田水利工程推行大棚菜滴灌技术，建设水泥浆砌料石渡槽式输水垄沟、塑料管道、喷灌、小塘坝、水窖、水柜等节水节电技术，改善农田浇灌条件，提高用水效率，保障饮水安全。2004年7月，配合国家南水北调工程解决征占用地，境内工程长度18.96公里。2008年8月，满城段主体工程完成，包括漕河段工程、干渠段工程和附属工程三部分。电力部门实施"三新"（新农村、新电力、新服务）发展战略，积极推进电网建设与改造工程。2008年，全县有3座220千伏变电站，7座110千伏变电站，6座35千伏变电站，95条10千伏线路，2800千米0.4千伏线路，保障企业、城镇和乡村的用电。2008年，全县投递段道22条，总长度819公里，邮政业务由单一型向多元化发展。从1991年的以固定电话为主转向移动通信占据主导地位。2008年，全县有固定电话用户55320户，移动用户134500户。

第一章　城乡规划与建设

1991—2008年，先后新建、扩建15条城区道路，栽植1.9万株乔木、100多万株花灌木。新建25处公共绿地和占地面积35391平方米的人民广场，城区绿地率27%。1993—2008年，先后投入1000多万元用于道路亮化工程，1万户居民用上天然气，供、排水工程日渐完善，环境卫生得到重视，清扫清运工具改进。2008 年，县城共有 117 个垃圾点，日清运垃圾 200 立方米。2002 年，编制《满城县县域城镇体系规划》，把全县划分为 5 个功能分区，明确各自的发展定位，并指明各乡（镇）的发展方向。2007 年、2008 年，完成大册营镇、神星镇、南韩村镇、方顺桥乡等 8 个乡（镇）、123 个行政村的规划编制，期限至 2020 年。

第一节　县城建设

一、县城规划

（一）1996 年县城总体规划

规划期限为 1996—2010 年，由县建设局牵头，省城乡规划设计院起草、编制，1996 年 12 月经市政府批准实施。规划明确城区的发展定位和各功能区的发展方向。确定中心城区是全县政治、经济、文化、商贸中心，以发展基本无污染的节水型农副产品加工业、旅游业和其他第三产业为主，目标为保定市区卫星城。至 2000 年，中心城区人口达 6 万人；至 2010 年，中心城区人口达 10 万人，建设用地 10.08 平方公里。中心城区向西、北、东、南四面适度发展。工业用地布置在中心城区的东南部和西北部；东北、西南为生活居住区；中部为公共设施集中区；仓储用地主要布置在铁路南侧。

（二）2002 年县城总体规划

规划期限为 2002—2020 年，由省城乡规划设计院起草、编制，2003 年 11 月经市政府批准实施。与 1996 年规划相比，城区发展规划及各功能区的规划更加具体细致。

规划指出：中心城区主要发展旅游、休闲、娱乐、度假、房地产等第三产业，以无污染的工业为主，目标为保定市区卫星城。至 2005 年，中心城区人口达 7 万人，建设用地 8~8.4 平方公里；至 2010 年，中心城区人口达 10 万人，建设用地 10.5~11 平方公里；至 2020 年中心城区人口达 15 万人，建设用地 15~15.75 平方公里。

规划中心城区限制向西北发展用地，适当向西、向南，重点向东、东北发展。规划向东偏北以发展工业用地为主，向东南、向西和向南以布置综合居住用地为主，西南部山前布置休闲、度假区。规划工业用地集中布置在中心城区的东北部。生活居住用地划分为 4 个区。铁路北有 3 个区，燕赵街以西为一区，燕赵街以东、环城东路以西为二区，环城东路以东为三区；铁路南为四区。

公共设施主中心为环城东路、北平路、西苑街、中山路围成的区域，包括中心城区行政中心、文化中心和商业中心。规划西区、东区和南区 3 个公共设施次中心分别在西苑街北段、玉川路东段、环城东路与长旺村南路节点。规划玉川路、西苑街、环城东路和中山路为城市公共设施主轴，串联城市商业中心、行政中心和文化中心。规划保留铁路南货场附近仓储用地，规划在城市东部、交通便利的东外环路西侧布置城市物流中心。

二、县城建设

1991—2008 年，累计投入约 14 亿元，对县城基础设施进行完善。1995 年年底，中心城区人口 4.79 万人，城市建设用地 4.9 平方公里，其中居住用地 2.4 平方公里，工业用地 0.9 平方公里。拓宽、打通、改造中心城区道路，环城东路、环城北路、环城西路相继通车，完成道路绿化，主要道路铺设给水、排水管道，架设电力、电信线路，城市功能逐渐趋于完善。

2001 年年底，中心城区总人口 6 万人，建设用地 6.78 平方公里。建成北平路、南外环路、东外环路和满于公路中心城区段，拓宽改造玉川路西段、育才街、南北街等中心城区道路。建成几个初具规模且环境较好的居住小区，实施集中供热工程，加强中心城区绿化，城区面貌有很大改观。

2007 年，中心城区建成区城市人口 6.6 万，建成区面积 6.5 平方公里。

2008 年年底，县城规划区面积 15.75 平方公里，建成区面积 6.5 平方公里，城区常住人口 6.6 万人。城区内有中山路、玉川路、北平路、环城北路、燕赵街、西苑街、育才街、宏昌大街（原环城东路）等道路，通车总里程 53 公里，人均道路面积 13 平方米。县城建有供水厂 1 座，日供水能力 2 万立方米，供水管网基本实现全覆盖，供水普及率 100%。建成占地 35391 平方米的人民广场。城区内有国家 AAAA 级景区满城汉墓，另有和韵园等 10 座开放式公园，公共绿地 20 余处，人均公园绿地面积 6 平方米，城区绿地率 27%，绿化覆盖率 30%。万人拥有公交车 6 标台。主次干道全部实现亮化，路灯总数 2565 盏，亮灯率 95%。永乐园、永欣园、宏昌园、怡宁小区等住宅小区住宅总面积 120 多万平方米，人均住房面积 18 平方米。

1991—2008 年满城县主要城建基础设施建设投资统计表

表 3-1-1　　单位：万元

年　份	1991	1992	1993	1994	1995	1996
投资额	310	170	1130	2340	730	174
年　份	1997	1998	1999	2000	2001	2002
投资额	567.8	13762	679.2	2102.1	1575.9	3032
年　份	2003	2004	2005	2006	2007	2008
投资额	16840	4554.4	8047	6531	24079	53814

（一）道路建设

玉川路（原新开路）　1991 年投资 80 万元，对路面进行补强整修，向西延长 500 米，完成玉川西路建设，油面铺装 1.5 万平方米。2002 年完成玉川西路改扩建 600 米，玉川路东延主路修建完成。2003 年投资 450 万元，完成玉川路东延副路工程，油面铺装 1.5 万平方米。2004 年投资 65 万元，完成玉川路东延便道铺装，油面铺装 1.1 万平方米。

环城路（宏昌大街、环城西路、环城北路）　1991 年，完成 3 条环城路的油面铺装，全长 6015 米，主路宽 12 米，油面铺装 7.2 万平方米。1993 年环城东路油面进行重新铺装。1995 年完成环城北路油面铺装 1.2 万平方米。2004 年投资 800 万元，对宏昌大街（原环城东路）进行改造，长 1786 米，主路面宽 20.4 米，油面铺装 3.7 万平方米。2005 年，对环城北路城东段进行改造，全长 450 米，油面铺装 0.9 万平方米。2006 年，将环城路三块板道路（是指有两条分隔带，把车行道分成三部分，中间为机动车道，两旁为非机动车道）改造为 20.4 米宽的一块板道路（是指所有车辆都在同一条车行道上双向行驶），改造长度 3808 米，油面铺装 7.8 万平方米。环城路道路红线宽 21 米。2008 年，环城西路全长 3304 米，道路面积 6.94 万平方米；环城北路全长 3456 米，道路面积 7.26 万平方米；宏昌大街全长 2852 米，道路面积 6.14 万平方米。

南北街（南北大街）　1984 年进行首次改造，拆除房屋 26.5 间，围墙 24 米，扩宽面积 539.7 平方米。2001 年进行第二次大规模改造，建成路面宽 6 米，全长 550 米的水泥路。

永乐街（原一厂街）　1989 年对玉川路至原气象站（永乐园小区东侧）段进行改造，长 244 米。1993 年，完成玉川路至中山路段建设工程。2002 年，投资 140 万元完成永乐街北延建设（玉川路至北平路），长 260 米，宽 9 米，油面铺装 0.2 万平方米。

燕赵街　1991 年对燕赵街北段进行改造，长 895 米，宽 7.5 米，建成水泥路面 6755 平方米。1992 年对部分沿街建筑进行拆迁。1993 年完成沿街建筑拆迁，并进行三块板改造。1997 年对燕赵街部分路段（县城北出入口）进行三块板改造。2000 年投资 7 万元，对铁路平交口进行改造。2004 年投资 440 万元，对县城北出入口进行改造，长 400 米，路面宽 24 米，并完成排水管道建设。

燕赵街（摄于 2008 年）

育才街　1992 年完成部分路段的铺油工作，长 600 米，宽 11 米，油面铺装 0.7 万平方米。1993 年完成全部油面铺装工作。2005 年实施综合改造，道路总长 1115 米，南起火车站北侧铁路中心向北 23 米为 0+000 桩号。火车站到中山路段为沥青钢筋混凝土路面，在原路面基础上两侧各加宽 2.8 米。中山路到满中桥为现浇钢筋混凝土路面，在原主路两侧各加宽 4 米，主路两侧修建花池，路缘石距花池外边 0.6 米，花池宽 3 米。

1997 年改造后的中山路

中山路（保涞路满城县城段）　1992 年拓宽至 32 米，并对沿街部分建筑及围墙进行拆迁。1993 年完成拆迁，进行三块板改造。1997 年，对中山路县城东出入口进行三块板改造。对西出入口进行三块板改造扩建，并修通西环路口至汉墓的道路。2000 年投资 90 万元，对中山路县城东出入口进行改造，全长 700 米；投资 7 万元，对铁路平交口进行改造。2004 年投资 189 万元，对县城西出入口（西环路口至铁路新线）进行改造，长 555 米，主路宽 20 米，油面铺装 1.1 万平方米。

火车站至新水泥厂路段　1993 年完成道路改造，全长 2000 米，路面宽 6 米，油面铺装 1.2 万平方米。

古城街（原西城街）　1993 年对部分沿街建筑实施拆迁。1994 年完成拆迁扫尾工作，拆除各种建筑 1200 平方米，拆迁民居 15 户，面积 820 平方米，铲树 254 棵。1998 年完成油面铺装工作，全长 600 米，路面宽 13 米，铺装面积 0.8 万平方米。

通济街（原建设路）　1994 年投资 52 万元进行改造，改造、新修路面 5575 平方米。1997 年进行三块板改造，全长 1276 米，宽 41 米，完成油面铺装 2.8 万平方米。2004 年投资 80 万元，对部分路段的主路面进行补强改造。2006 年整修主路路面，两侧铺设上水管网。2007 年，油面铺装 0.5 万平方米。

工业路　1993 年对老街道进行改造，油面铺装 1.1 万平方米，修水泥管道 1126 米。1995 年进行第二次改造。

交通枢纽工程（外环路）　1998 年，投资 1.9 亿元建成包括西外环、南外环、东外环、北外环。

不包括北外环谒山红绿灯至西外环韩庄红绿灯路段。道路全长 15.2 千米。满顺路口至东马环岛段为四幅路面，路面宽 45 米，中间设三条绿化带，各宽 3 米，其余路段为两幅路面，路面宽 27 米，中间设 3 米绿化带。道路红线西外环宽 31 米，南外环宽 50 米，东外环宽 31 米，北外环宽 31 米，道路面积 56.6 万平方米。北外环、东外环、西外环为二块板结构，南外环为三块板结构。全路段共有小桥涵 23 座，地穿桥 3 座，分别为满于东线地穿桥、满于西线地穿桥和马坊地穿桥。1999 年，完成 3 座地穿桥的排水管道建设。2004 年投资 40 万元，对部分路段进行补强整修。

1998 年交通枢纽通车典礼

北平路　1998 年北平西路建成，道路全长 1276 米，路面宽 10.5 米，铺装水泥路面 6300 平方米。2001 年投资 1314 万元，对北平路进行改造，延长至 2733 米，铺装水泥路面 2.2 万平方米，建石砌排洪渠和排污渠各 440 米，完成排水管道建设。

西苑街（俗称西二街）　2003 年，投资 1400 万元完成西苑街道路建设，全长 1706 米，一块板结构，路面宽 24 米。2004 年投资 55 万元，完成便道砖铺装工作，油面铺装 1.02 万平方米。

长信商业街（俗称步行街）　2003 年建成，总投资 3760 万元，全长 271.14 米，两侧建筑面积 1.5 万平方米。

桃园街　2005 年 11 月完成道路建设，主路全线通车，路段全长 662.5 米，规划红线宽 50 米，主路宽 24 米，油面铺装 1.6 万平方米。

宏大路（宏昌大街北延）　自北外环至大册营镇方上大桥，2008 年建设完成，全长 1322 米，总投资 1134 万元，主路面宽 20 米，一块板结构。

2008 年满城县城区主要街道名称一览表

表 3-1-2

街路名称	起止点	街路名称	起止点
中山路	西至西外环东至东外环	永乐街	南至工业路北至北平路
玉川路	西至西城街东至东外环	燕赵街	南至工业路北至北外环
北平路	西至西环路东至环城东路	南北街	南至中山路北至北平路
工业路	西至通济街东至永乐街	通济街	南至南外环北至中山路
桃园街	南至中山路北至玉川路	古城街	南至中山路北至北平路
宏昌大街	南至中山路北至北外环	西苑街	南至中山路北至环城北路
育才街	南至火车站北至北平路		

（二）绿化工程

20 世纪 90 年代后，县城绿化工作得到重视，每年组织城区绿化，栽植国槐、柳树、桧柏等乔木树种1.9万棵，栽植花灌木100多万株。县城内所有道路实现林荫化，乔灌花草绿化、美化相结合，四季常青、三季有花。同时，对重要路口、广场、游园、学校、单位所在地进行重点绿化，形成成片绿地。2008年，全县有25处开放式绿地，城区绿地率27%。

1991—2008年满城县城绿化一览表

表3-1-3

年份	绿化地点	栽植国槐、柳树、桧柏等乔木（棵）	栽植黄杨、月季、黄刺玫、木槿等花灌木（万株）
1991	一厂街（现永乐街）北段	40	—
1992	南北大街、振兴胡同	360	—
1993	环城路、中山路、工业路、交警队东口、颐哉园	2337	10
1994	中山路、建设胡同、政府前停车场、玉川东路、燕赵街	1173	5.9
1995	燕赵街、建设胡同、工业路、环城路	151	5
1996	县城东出入口、满于西线、中山路、玉川路、政府前停车场	225	1
1997	中山路、玉川路	273	0.1
1998	中山路、燕赵街	6288	2
1999	东马环岛、环城东路、玉川西路、北平路、燕赵街北口	1066	1.3
2000	中山路、通济街、环城东路	1422	4.8
2001	煤建路口、环城西路、通济街	290	0.5
2002	北平西路、西外环口、颐和胡同、燕赵街、中山路、北平路	666	6.9
2003	玉川路、中山路、燕赵街	2200	0.73
2004	中山路、玉川路、西二街	1060	14.2
2005	中山路原有绿化带全部更新，绿化1万平方米；人民广场绿化2000平方米	—	—
2006	宏昌大街、环城北路、环城西路、收费站两侧	300	3万平方米
2007	玉川路、桃园街	1000	9000平方米
2008	通济街口、振兴胡同	300	1万平方米

2008年满城县公共绿地一览表

表3-1-4　　单位：平方米

绿地名称	面积	绿地名称	面积
京赞线与保涞路交叉口绿地	3961	北外环与燕赵街交叉口绿地	538
剧场十字路口绿地	251.5	育才街绿地	2435
玉川路与育才街交叉口绿地	147.5	中山路与满于东线交叉口绿地	450

续表3-1-4

绿地名称	面积	绿地名称	面积
和韵园绿地	5800	满城小学东侧绿地	840
满顺路与满于西线交叉口游园绿地	3896	西苑街与中山路交叉口东北侧片林	2400
玉川路与永乐街交叉口绿地	227	玉川路与古城街交叉口绿地	300
交警队南侧游园绿地	1200	中山路与宏昌大街交叉口环岛绿地	1100
和顺园绿地	235	陵山公园绿地	373673
东城宾馆前绿地	118	城关商场南侧绿地	700
汽车站两侧绿地	83	人民广场绿地	16000
中山路与育才街交叉口绿地	806	东马环岛与四周绿地	2800
中山路与南大街交叉口绿地	106	谒山环岛绿地	2000
邮政局东侧绿地	205	合计	420272

（三）广场及游园建设

颐哉园 1991年，依县城内旧河道而建，占地5.8万平方米，是县城第一个休闲娱乐场所。2004年，因新天地休闲购物广场建设被拆占。作为补偿，开发商思特利（保定）集团在购物广场东侧建四间平房，包括平房南侧两间房的空地，供戏剧票友活动，购物广场南侧留有约1330平方米的休闲广场，供老年人开展文体活动，休闲广场建有一露天舞台。

颐哉园（摄于1991年）

人民广场 1994年，投资10万元，在中山路原经委楼东侧建设小游园1座，占地面积2135平方米，为满城县第二个小游园。2003年，在小游园的基础上，扩建人民广场。投资2400万元，占地35391平方米，拆迁面积17729平方米。同年10月1日竣工交付使用。

人民广场（摄于2005年）

和韵园 2006年建成，位于中山西路南侧，满城汉墓景区入口处，占地5800平方米，总投资310万元，园内建有休闲棚亭、人行甬道等设施。2008年，在园内新建高标准公厕1座。

2008年，全县有广场、游园6处。

（四）道路照明及亮化工程

1993年，在中山路安装路灯158盏。2001年，实施星光工程，投资120万元，在中山路段安装彩虹桥15座、礼花树15棵。2002年，投资49万元，安装彩虹桥36座、大型塔牌2座。2003年，在人民广场安装各种霓虹灯、彩灯、射灯2542盏。2005年，投资320万元在燕赵街安装路灯160盏，在玉川路安装路灯72盏，对育才街路灯进行改造。2006年，在环城西路、环城北路及宏昌大街安装路灯460盏。2007年，投资397万元，在外环路安装路灯398盏。1993—2008年，先后投入1000多万元。

（五）天然气燃气设施建设

2001年，在县城内开始实施天然气管网建设，完成天然气管网入户600户，建设庭院管网1公里。2002年，投资1200万元，建成城市中压管网16公里，庭院管网15公里。2003年，投资1300万元，建成城市中压管网11公里，庭院管网11.4公里。2004年，投资1000万元，完成长输管道和门站建设，燃气管道入户达到3000户。2008年，实施“蓝天行动”，县城各主要街道均铺设天然气管道，达到入户条件的新建住宅小区全部实行天然气入户，对城建小区、职教中心等住宅小区和单位进行天然气改造，全县天然气入户1万户，入户率84%。

天然气入户（摄于2008年）

（六）给水工程建设

1991年年底，县城有水井58眼，水塔28座，铺设给水管道9861米，形成比较完善的供水网络。其后，随着县城经济的不断发展和人口的不断增多，供水管网建设每年递增。1992—2008年，先后铺设给水管道75185米。2008年，投资500万元建成县城供水厂。有水源井12眼（6眼已枯竭，其余6眼井深均在130~300米之间），自备井110多眼，水塔50多座，县城内给水管道总长85046米。服务面积25平方公里，日供水量0.7万立方米，总供水人数3.5万多人。

1993—2008年满城县给水工程建设一览表

表3-1-5

年份	给水工程建设情况
1993	燕赵街两侧铺设1939.32米，在育才街水泥厂住宅楼铺设480米
1994	在南北大街两侧铺设550米
1995	在玉川路铺设884米；在燕赵街税务局铺设80米；在玉川路财政局铺设156.54米；在实验中学至财政局铺设200米
1996	在中山路南侧铺设1699米，改造41米；在北平路北侧铺设480米；在东环电焊网厂铺设193.2米；在县医院内打水源井1眼
1997	在北平路铺设320米；在粮食局家属楼、政府招待所、土地局家属楼、邮电局办公楼、满城镇中学教学楼、信用联合社、中心市场、武装部被服厂、中行办公楼、建设局住宅楼、老政府办公楼等地铺设2297米
1998	在粮食局、农业银行住宅楼、交通局、化轻库、满城镇中学、财政局、人行家属楼、东京小区、土地局家属楼等地铺设1957米；在玉川西路北侧铺设497米；在西城街、北平路、玉川路、中山路预埋上水管道209.5米
1999	在东城小区、电力局三产等地铺设285米；在玉川西路打水源井1眼
2000	在生产公司家属楼、城东村、政府家属楼、工商行、农行住宅小区、物资局家属楼、新华书店家属楼等地铺设1803米
2001	在城东村、东亚玩具厂、燕赵街北段、利民小区、宏昌园小区、南北大街改造等地铺设2290.6米；在中山西路北侧打水源井1眼

续表3-1-5

年份	给水工程建设情况
2002	在满城小学、西环国税所、二厂家属楼、永乐园小区、北平西路地税局、工业街电力局4号楼、广电大厦铺设2327米
2003	在大修厂新址、人民广场北侧、古城街北侧、步行街两侧、县委11、12号楼、满城镇家属楼、西苑街预埋工程、中山路南侧管线改造等地铺设46705米；在满城小学院内、玉川西路打水源井2眼
2004	在西苑街两侧铺设3138米；在北平西路南侧铺设310米；在县城西出入口改造380米；完成县委住宅楼上水工程；在政府西院内打水源井1眼
2005	通济街两侧铺设3200米，玉川路东延预埋管线90米
2006	环城西路西侧新水源蝇联网长215米，国税局小区上水工程，北厂新村上水工程，宏昌大街一期606米，宝山家园小区铺埋管线762米；在环城西路西侧供水厂内打井1眼，井深300米
2007	利民小区铺设428米
2008	西山花园铺埋管线341米，武装部铺埋管线352米，阳光城铺设主上水管道310米

（七）排水工程建设

20世纪90年代后，随着燕赵街、玉川路、南北大街、中山路等街道的修建和改造、拓宽，排水系统也相继配套，逐步完善。先后铺设、改造排水管道6.5万多米。2008年，县城内排水管道总长47278.8米，有检查井905座，基本满足县城排水需求。2008年开始实施雨污分流工程，完成宏大路雨污分流管网建设。

1991—2008年部分年份满城县排水工程建设一览表

表3-1-6

年份	排水管道等建设情况
1992	在燕赵街修建2400米
1993	在中山路、燕赵街、工业街等道路修建13780米
1994	投资240万元，在东环建成排水泵站1座，建设排污明渠5000米，日排水量10582吨，全年排水量386.2万吨；在建设路修建291米；完成西城街排水工程建设
1995	在工业街修建270米；在玉川路东段修建741米
1997	在中山路县城东西两个出入口改造中修建7372.2米
2000	在中山路县城东出入口扩建中修建120米
1999	在建设路三块板改造中修建2488米；在外环路三座地穿桥修建720米
2001	在北平西路改造中，修建排洪渠、排污渠各440米，建成排水管道2362米
2002	投资84.1万元，完成5000米排污明渠改造
2003	在玉川路东延两侧修建3720米；在西苑街两侧修建3412米；在长信商业街修建280米
2004	在宏昌大街改造中修建1800米；在县城西出入口改造中修建700米；在县城北出入口改造中修建3870米

续表3-1-6

年份	排水管道等建设情况
2006	完成环城西路、环城北路道路排水改造工程，沿线主路两侧铺设雨、污合流排水管道。铺设管道长 7505 米，砖砌检查井 168 座，另有砖砌支井 9 座
2008	完成宏大路雨污分流工程，雨水工程全长 1322 米，污水工程全长 1400 米。完成育才南街下水改造工程，全长 431 米

（八）环境卫生

街道清扫　1992 年，县环境卫生管理所负责的清扫面积 5.5 万平方米；2000 年，清扫面积 31.1 万平方米；2004 年，清扫面积 49.4 万平方米；2006 年，清扫面积 72.9 万平方米，将 3 条街道 13.2 万平方米道路对外承包；2007 年，5 条街道 24.7 万平方米道路对外承包；2008 年，有 3 条街道 10.9 万平方米对外承包，县环境卫生管理所内部清扫人员由原来的 66 人减至 39 人，负责 3 条街道 27.9 万平方米道路的清扫工作。

垃圾清扫（摄于 2008 年）

1991—2008 年，环卫清扫工具均以扫帚、铁锹为主。2000 年后配备清扫车，为脚蹬三轮改装成的箱式结构小车，环卫工人统一着橙黄色马甲。

垃圾清运　1991 年，县城内设垃圾点 46 个，日清运垃圾 75 立方米。1997—2000 年，相继购买 1 辆东风 140 自卸车，1 辆东风 145 自卸车，1 台铲车。2002 年，投资 30 多万元，建成 42 个地下垃圾箱，方便垃圾倾倒，垃圾清运工作向社会公开承包，由承包方自购清运设备。2004 年，添置 1 辆解放 142 自卸车，县城垃圾点 57 个，日清垃圾量 159 立方米。2005 年，除县城原有垃圾点外又增加外环以内（包括外环路）所有街道垃圾清运工作，增设垃圾点 60 个，垃圾箱改为地上。2008 年，县城共有垃圾点 117 个，日清垃圾量 200 立方米。

公厕建设　1986 年以前县城内有 4 座旱厕，其中南关 1 座，1990 因属于危房被拆除；老政府街（玉川西路）1 座，于 1995 年拆除；拔丝厂 1 座，于 1995 年拆除；颐和胡同 1 座，2008 年仍保留，已不再使用，由县环境卫生管理所负责管理。1986 年、1990 年、1993 年分别在县医院西、玉川大桥南、汽车八队门外东侧各建 1 座水冲式公厕。2004 年，在步行街建 1 座水冲式公厕。2008 年，分别在和韵园、政府岗东北角各建水冲式公厕 1 座。2008 年年底，县城内共有开放式公厕 6 座，分别由建设局、市场建设服务中心管理，由专人负责。

（九）县城供热

1991 年后，县城供热体制逐步进行市场化改革，价格与煤、电、水等价格挂钩。2007 年年底，永乐园小区、城建小区、宏昌园小区、怡宁小区等小区由物业公司管理，实行统一集中供热，其余住宅楼或办公场所多为单位自行供热。县城内共有供热锅炉 121 台，总吨位 248.5 吨，供热面积 86.4 万平方米。2008 年，县政府制定《满城县“蓝天行

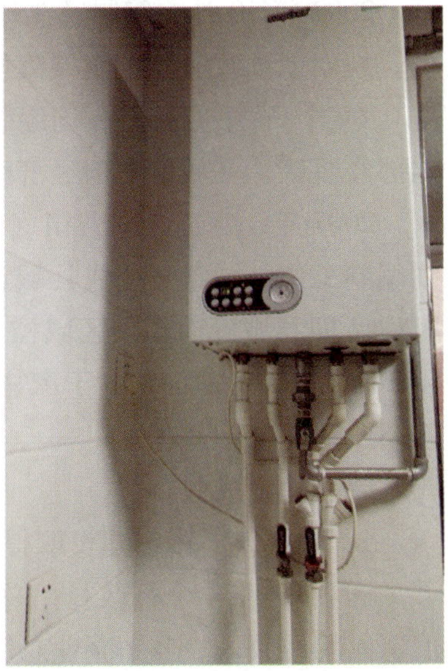

居民壁挂炉燃气取暖（摄于 2008 年）

动”实施方案》，对城区内 4 吨以下的锅炉进行改造，改为燃气供暖分户计量。2008 年年底，全县燃气供热面积 30.6 万平方米。

（十）城中村改造

县城规划区内有 10 个行政村，分别为城内、城北、北厂、北关、城东、北庄、北马、东马、西马、长旺。1991—1999 年，没有进行大规模的城中村改造，只是在县城道路等基础设施建设中，对影响工程建设的城中村的部分地段进行拆迁改造。其中，1992 年，进行中山路和燕赵街两侧沿街房屋的拆迁，共拆除房屋 2440 平方米、围墙 720 米。1993 年，对燕赵街沿街民房进行拆迁，共拆除各种建筑 1.1 万平方米。1994 年，完成古城街拆迁扫尾工作，拆除建筑 1200 平方米。对沿街 15 户民房进行拆迁，面积 820 平方米、铲树 254 棵。2003 年，因修建人民广场，拆除各类房屋 17729 平方米。因修建长信商业街，拆迁各类房屋 6000 平方米。各城中村沿县城主要街道的农户也进行无组织的自行改造，主要是修建商业门脸，都没有形成大规模的城中村改造。

2000 年，北关村进行房地产开发，建设顺德小区，标志着城中村有规划、大规模集中改造的开始。改造面积 2 万多平方米，完成建筑面积 3 万平方米，2003 年 11 月竣工。

2006 年，启动北厂村改造工程，总改造面积 20.7 万平方米，涉及村民 83 户，人口 420 人，返迁 76 户，货币补偿 7 户。2007 年，完成一期改造工程，建设完成 12 栋住宅楼，建筑面积 5.8 万平方米。

2008 年，启动旧金融小区改造工程，对北关村进行二期改造，拆除危房及破旧住宅近 7000 平方米，规划建设新型住宅 3 万平方米，占地面积 1.7 万平方米。2008 年，城东村改造一期工程正式启动，建设完成家和景苑项目，总建筑面积 5.3 万平方米。

第二节　城镇体系规划与建设

一、规划编制

1991 年，制定小城镇发展规划，初步构建出全县 183 个行政村城镇发展目标。

2002 年 10 月，编制《满城县县域城镇体系规划》，较为系统地制定出各乡（镇）及村庄发展规划。规划把县政府驻地满城镇作为全县政治、经济、文化中心，大册营镇、神星镇和南韩村镇设镇密度 0.62 个/百平方公里，均编制建设规划。全县分为县域综合中心经济区、县域东部经济区、县域中北部经济区、县域西北部经济区和县域南部经济区 5 个功能分区，明确发展方向。

2007 年，完成大册营镇（中心镇）、神星镇、南韩村镇、方顺桥乡的总体规划和 78 个村的村庄规划编制工作。同年，完成县域村庄空间布局规划，规划期限 2007—2020 年。2008 年，实施“6060”工程（即县城近期建设区域控制性详细规划的覆盖率达到 60%以上，乡镇和村庄规划的编制率达到 60%以上）。完成石井、于家庄、要庄、白龙 4 个乡及所辖 45 个行政村村庄规划的编制，规划期限 2008—2020 年。

二、建设成效

到 2008 年，城镇建设取得阶段性成果。

满城镇辖 34 个行政村，总面积 85.42 平方公里，总人口 67960 万人。全年财政收入、农业总产值、人均纯收入、乡镇企业总产值、出口创汇、出口贸易交货值、上缴税金等各项指标均位于全县前列，形成制造业、造纸加工业、经济型农业及多种类型乡（镇）企业共同发展的经济格局。

大册营镇辖 16 个行政村，总面积 47.4 平方公里，是中国北方最大的造纸产业基地，生活用纸畅销全国各大中城市。2008 年，有 11 个造纸集团。成立紫岚果脯、华康蔬菜专业农业合作社，形成以工带农、以农促稳的良好发展态势。在漕河方上北段建有造纸工业区终端净水湖，面积 0.8 平方公里，水深 1~2 米，湖岸植树栽花，湖内种藕养鱼，发展生态旅游观光。建有大型污水处理厂 1 座，日处理污水 3 万吨。

神星镇辖 18 个行政村，总面积 73.91 平方公里，以磨盘柿、红岗山桃为主导产业。2008 年，磨盘柿种植面积 7000 多亩，红岗山桃种植面积 4000 多亩，主要分布在南峪、西峪、东峪、中峪、李家佐、石家佐、魏庄、翟家佐、马连川 9 个村。种植户 6400 余户，人均果品收入近 4000 元。

南韩村镇辖 24 个行政村，总面积 59.33 平方公里，是省重点开发小城镇，省双百工程先进镇，先后多次被评为市、县文明乡镇和先进镇，被列为国家综合开发示范项目镇。有民营经济组织 890 个，从业人数近 7000 人，主要行业有农业机械、水泥制品、玻璃、造纸、制衣等。

第三节　管理机构

县建设局成立于 1982 年，1987 年更名为城乡建设委员会，内设农房组、城镇规划组、工程管理组、综合组。下属公产管理所、环境卫生管理所、建筑公司 3 个事业单位。1996 年恢复原名建设局，是综合管理全县建设事业的县政府工作部门，主要职责包括工程建设、城市建设、村庄集镇建设、建筑业、房地产业、市政公用事业等建设的管理工作。1998 年，成立建筑材料及墙材改革办公室（简称墙改办）。负责推广新墙体材料，推进建筑节能改造，限制黏土实心砖的生产和使用。2002 年，内设 3 个职能股室，包括办公室、工程股、规划城建股。行政编制 12 人，含工勤人员 1 人，其中局长 1 人，副局长 3 人，股级干部职数 3 人。下属 13 个事业单位，包括房地产管理处、墙改办、城建监察大队、自来水公司、工程建设监理有限公司、建筑设计室、村镇建设服务中心、住房制度改革领导小组办公室、建设工程质量监督站、市政工程公司、环境卫生管理所、园林绿化队、交通枢纽有限公司。2008 年，成立经济适用住房和廉租房管理中心，负责低收入家庭住房保障工作。

2006 年，成立城乡规划管理局，建设局城乡规划职能整体划转至城乡规划管理局。

第二章　交　通

2008 年，县域内有 1 条国道、4 条省道和 4 条高速公路穿过，极大地方便了人们出行，尤其是高速公路使满城到京、津、石的车程都缩短至 1 小时左右。通过实施“村村通”工程，硬化县、乡道路 496 公里，全县农村公路通车总里程 496 公里。2008 年，全县客运线路总长 739 公里，有客车 201 辆，所有行政村全部通车。有大型货车 3763 辆、中小型货运车 4176 辆。同时，汽车维修、工程机械、汽车驾驶等相关行业兴起。有 4 条铁路运输专线，1991—1995 年，负责货运和客运。1995 年，满城火车站停止客运，2009 年 4 月于家庄火车站停止客运，铁路只承担货运任务。养路费征收收入持续增加，1991 年收取 380 万元，2008 年收取 4500 万元。

第一节　公　路

一、国道、省道、县乡道路

（一）国道

国道 107（北京—深圳）　曾称京汉线、京广线，京深线，从清苑县界入境，经南阎疃、于家庄、郭村、大赛、小赛、东方顺、孔村入顺平县境。县内长 15 公里，有桥梁 2 座，涵洞 40 道，其中龙泉河大桥全长 281.32 米，是县内最长的公路桥。中华人民共和国成立后，此段公路几经大修拓宽，到 1981 年建成标准二级公路，路基 12 米，油面宽 9 米。1985 年加固拓宽后，油面宽度 11 米。2004 年 11 月，改建为双向 4 车道，中间设绿化隔离带，每幅路面宽 11.5 米，技术等级为一级路。

（二）省道

保涞线（S332，保定—涞源）　是沟通保定与冀西晋北山区的主要公路干线。东从保定市一亩泉村南入县境，经东马、县城、韩家庄、西渝河、石井、苑庄、土门、坨南、岭西、支锅石、高士庄、刘家台、白沙，之后入顺平县境，此段全长 44.68 公里，为县内里程最长的省级公路。有桥梁 14 座，涵洞 98 道，其中四道河东桥长 104.3 米。此路东段又称保满路，西段为旧时满城县城赴山区大道。2001 年 12 月，西段改建工程竣工，总长 31.3 公里，比改建前缩短 0.7 公里，其中 19.3 公里为平原二级路标准，路基宽 12 米，路面宽 11.4 米。其余路段为山岭区二级路标准，路基宽 9 米，路面宽 8.5 米。2004 年，保满路段改建为双向 4 车道，中间设绿化带，每幅路面宽 11.4 米，技术等级为一级路。

保涞路满城段（摄于 2008 年）

良顺线（S237，良岗—顺平）　原称泥岭线、岭金线，为战备路。北从易县入境，经水峪、岭西后，与保涞路重复 2.4 公里至坨南村西，顺原京获线（曾称京广西线）南入顺平县境，全长 4.8 公里（不包括与保涞线重复段）。有桥梁 4 座，涵洞 7 道。其中易县县界至岭西段是 1964 年由北京军区和河北省军区合建的战备路，路基宽 8 米，路面宽 6 米，为泥结碎石路面，路况较差。与保涞路重复的 2.4 公里为二级公路，路基宽 12 米，路面宽 11.4 米；保涞线至顺平县界段 0.7 公里为三级路，路基宽 8 米，路面宽 6 米。2003 年，对路段中的漫水桥进行维修加固，桥长 84 米，净宽 7.93 米。

京赞线（S232，北京—赞皇）　满城辖段原称满龙线、满顺线（满完线），为县级路，2002 年 4 月升级为省道，更名京赞线。北从易县县界入满城，经李庄、北东峪、龙门、训口、钟家店、魏庄、神星、荆山、市头村，在谒山村南折向西南，绕眺山坡西北经郑家佐、柳家佐，顺县城西外环径直往南，经茂山后进入顺平县界，全长 31.65 公里。有 11 座桥梁，63 道涵洞，其中位于训口村南的胜利大桥长 124.1 米，修建于 1996 年。京赞线是满城县的旅游公路，沿线有龙潭峡谷、远达度假村、西山宾馆、龙门湖等景点，也是通往易县清西陵的要道之一。

1. 京赞线满城—龙门段　原称满龙线，旧为通往易县的大道，1958 年修成宽 12 米的土公路，到 1973 年，油面全面贯通。1987—2001 年，满龙线先后 7 次进行部分路段的补强大修或扩建，使路况逐渐好转，路面宽度保持 7~12 米。2008 年，修建南水北调渡槽交叉段，全长 0.3 公里，二级路标准。

2. 京赞线满城—顺平段　又称满顺线，曾称满完线，此路前身为满城至顺平玉山店的故旧大道，1958 年，修成 10~12 米宽的路基，1974 年，铺成油路，在一侧留有 3 米宽的土路面。1995 年，满顺线补强大修，全长 6.9 公里，路面宽 7 米，三级路标准。2004 年 11 月，此路段完成改建。路基均在 12 米以上，路面在 9 米以上，技术等级为二级公路标准。2005 年春，全段完成绿化，栽植乔木 2.63 万株、灌木 29.22 万丛。

3. 京赞支线（S336，北京—赞皇）　曾称保康线（保定—顺平康关）、保顺线（保定—顺平）、保阜线（保定—阜平），2002 年 4 月 15 日改名为京赞支线。从保定市区经江城穿 107 国道（保定西外环）到满城县石家庄村南，过荀村村北、南韩村，至界河左岸入顺平县界与京赞线交汇。境内路段全长 12.59 公里，有 5 道涵洞，旧为保定至完县（今顺平县）古大道，是县城南部一条重要的交通要道。1965 年，完成路基工程，路基宽 8 米。1966 年，铺成油路，路面宽 6 米，长 11.1 公里。后几经大修改建，至 2002 年达到平原二级路标准，除部分路段略宽外，其余路段路基宽为 12 米，路面宽 11.4 米。

津保北线（S333，天津—保定北）　满城境内路段原为县道满大线（满城—徐水县大王店），北从徐水县界进下紫口，经大册营、方上、王各庄，到谒山与京赞线交汇。全长 9.9 公里，有 1 座桥梁、3 道涵洞。此路古为通往易县、徐水的车马大道。1958 年，修建满大公路土路面。1979 年，油面全部贯通。1984 年，对全路段进行补强补修，路基宽 8 米，油面宽 6 米。2002 年 4 月升级为省道，更名为津保北线。2004 年秋，此路段完成改建，路基宽 12 米，油面宽 11.4 米，为二级路标准。

（三）县道

西坨线（西山北—坨南）　原为省道京获线的一部分，北从易县东独乐入满城县，经北赵庄、坎下、北台鱼、坨南，到保涞线为终点。2002 年 4 月 15 日降级为县道，并更名为西坨线。2006 年，进行全线小修挖补。

满于西线（满城—于家庄）　县城往南经守陵、南辛庄、大固店，在南韩村横穿京赞支线，再往南经西原、东辛章、辛章屯、陉阳驿，与 107 国道交汇，全长 18.14 公里。是贯穿县南农村和沟通保涞线、京赞支线、国道 107 三条公路干线的重要运输线。1992 年，对县城至南韩村段进行大修，扩建为二级路，路面宽为 9 米，南韩村以南至 132 处段进行罩面中修，为三级路，路面宽 6 米。2000 年，132 处至陉阳驿村北段大修，长 4 公里，路面宽 7~12 米。2003 年全线大修，其中南环路至韩村路口以北段长 8 公里，油路面宽 12 米，二级路标准；韩村路以南至 132 处段，长 7 公里，油路面宽 7 米，三级路标准。2005 年，修建满于西线至五里铺营房油路，长 3.5 公里，路面宽 5 米。

渭保线（原保大线）　自东贤台村至河南庄村，全长 8.6 公里。2005 年，西贤台村大修，全长 420 米，宽 7.5 米。

（四）乡村道路

2003 年，开始谋划“村村通”公路建设，2004 年年初全面启动。2004—2007 年，完成村道硬化 342 公里。2008 年，硬化县道 33 公里，乡村道 121 公里，全县农村公路通车总里程 496 公里。

神西线　是神星村至西庄村的一条乡道。1998 年，对神星村段 2 公里进行大修，二级路标准，路面宽 9 米，路面结构为 2 厘米细粒式沥青混凝土，4 厘米中粒式沥青碎石，15 厘米厚泥灰解碎石，20 厘米厚天然沙砾。2004 年，对神西线大册营镇环镇路至原西庄乡政府段 5.15 公里进行大修，二级路标准，路面宽9米，两侧各0.25米路肩石。路面结构为2厘米细粒式沥青混凝土，5厘米粗粒式沥青碎石，14厘米厚泥灰解碎石，11厘米厚级配碎石。

西坎线 由西庄村至坎下村，2006年对津保北线至大册营镇段7公里进行大修。此段沥青路面铺筑于1995年，二级路，路基宽12米，路面宽9米。路面结构为2.5厘米细粒式沥青混凝土，5厘米混凝土，16厘米二灰碎石。此段区域为大册营造纸工业区，还盛产白灰等建筑材料，对当地经济发展起重要作用。

满于东线 北起东马村，南到107国道，全长15.3公里，二级路。路基宽12米，路面宽11米，沥青混凝土路面。1995年，对其北段8.2公里进行大修。

保满北线 西起城东村，东到大马坊村，全长8.9公里。路基宽8米，路面宽6米，三级路，沥青混凝土路面。于2007年进行大修。

柿子沟旅游路 寺角村至西峪、东峪村，1993年新建路面，全长5公里，宽4米。石板山至神坎线新修路面0.6公里，宽4米。2000年以后，为配合柿子节举办，几次进行整修。

二、高速公路

张石高速（张家口—石家庄） 满城段又名京昆高速，北从徐水县入境，途经大册营镇、神星镇、满城镇、石井乡4个乡（镇）的18个行政村，南至石井乡的永安庄，之后进入顺平县界，境内全长20.73公里。2006年完成拆迁占地，2008年11月竣工通车。为双向4车道，中间设隔离带，每幅路面宽11.5米，一级路标准。

保沧高速（保定—沧州） 途经于家庄乡郎村、郭村、五里铺和方顺桥乡陉阳驿4个村，境内全长5.2公里。2007年12月竣工通车，为双向4车道，中间设隔离带，每幅路面宽11.5米，一级路标准。

保阜高速（保定—阜平） 途经于家庄乡、方顺桥乡、南韩村镇3个乡（镇）的6个行政村，境内全长2.7公里。2007年12月完成拆迁任务，2008年开始施工。

荣乌高速（山东荣成—内蒙古乌海） 途经白龙乡4个行政村，境内长6.8公里。2008年完成勘测。

第二节　铁　路

一、京广铁路满城段

境内长14.5公里，隶属北京铁路局石家庄分局保定工务段管理。铁路穿行于县境南部，自东向西偏南走向。东自南阎疃入境，经于家庄、郭村、五里铺、大赛、小赛、东方顺，跨龙泉河后入顺平县。境内设于家庄客货车站，4座桥梁，7道排水涵洞。为电气集中连锁车站和自动闭塞区间。

二、保神支线（保定—神星）

全长32.67公里，由保满支线（保定—满城）、满神支线（满城—神星）两条支线组成。保满支线长19.31公里，其中满城县境内长3.7公里。设工业站

满城火车站（摄于2008年）

和小车、南奇、满城4个客货站，境内有2道涵洞。

满神支线全部在满城境内，长13.36公里，建有马连川河桥在内的大小桥涵43座。因城市建设需要，2003年8月1日实施改线工程，工程占地180亩，由原来的自满城县城东向北改成自满城火车站向西，至陵山后向北，途经城内、杨家佐、陶家佐、韩家佐、李家佐、柳家佐、谒山，至市头村后，与原线接轨。2005年2月2日通过总体验收，2月18日正式通车。改建路段全长7.3公里，投资3500万元。改建后全长14.42公里。新满神支线通车后，满城站的行车设备由原来的电锁器联锁改为电气集中联锁，提高了道岔转换的自动化水平和行车安全系数。

第三节　桥梁　涵洞

1991年，县内主要有14座桥梁，38座小桥，142道涵洞，随着城镇建设以及交通事业的快速发展，道路等级不断提高，各种不同用途的桥梁先后建成。2008年，县内主要17座桥梁，43座小桥，142道涵洞。

2008年满城县主要桥梁一览表

表3-2-1

位置		名称	主要桥梁							
			修建年份	全长（米）	宽（米）	高（米）	孔数跨度（米）	结构		载重（吨）
								上部	下部	
公路	京深线	龙泉河大桥	—	281.32	25	—	—	—	—	—
	保涞线	一亩泉河桥	1978	20	10	—	—	—	—	—
		白沙漫水桥	1966	72.5	—	2.5	116.6	钢筋混凝土板	浆砌石墩	汽-15、拖-80
		刘家台石拱桥	1967	59.5	7.0	5.0	49.2	浆砌石拱	浆砌石墩	汽-15、拖-80
		四道河东桥	—	104.3	—	—	—	—	—	—
	良顺线	坨南15孔界河漫桥	1970	84	7.93	2.0	155.6	钢筋混凝土板	浆砌石墩	汽-15、拖-80
	京赞线	训口胜利大桥	1996	124.1	—	—	—	—	—	—
	津保北线	方上桥	1989	28	7.5	4.5	46另14	钢筋混凝土板	灌注柱桥墩	—
	满于西线	陉阳驿石拱桥	1974	25	8	4.5	—	浆砌石拱	浆砌石墩	汽-5
	张石高速	永安庄界河大桥	2007	—	—	—	—	—	—	—
		荆山漕河大桥	2007	—	—	—	—	—	—	—
		西渝河立交桥	2007	—	—	—	—	—	—	—
	保沧高速	保阜桥	2008	—	—	—	—	—	—	—
南水北调	附属工程	韩庄大桥	2008	—	—	—	—	—	—	—

续表3-2-1

位置		名称	主要桥梁							
			修建年份	全长（米）	宽（米）	高（米）	孔数跨度（米）	结构		载重（吨）
								上部	下部	
铁路	京广线	龙泉河铁路桥	1964	442.4	10	6.5	21	钢梁	混凝土桥墩	—
	保神线	马连川河铁路桥	1963	79	3.5	3.5	2	钢梁	砌石桥墩	—
	132处专线	白草沟桥	1956	15.6	3.5	5	3	钢梁	砌石桥墩	—

第四节　运　输

一、公路运输

（一）客运

1990年，县内有客运路线16条，总运行里程161.4公里，88个村庄通班车。运营的个体大小客车64辆，日载客流量6400人次，是国营车辆日载客流量的34.6%，1991年后，县城内新增60多辆个体运营的微型汽车和50多辆三轮摩托，在车站或停车场承揽出租业务，方便旅客外出。1999年，开通县城分别至河南庄、江城、方顺桥、陉阳驿的1、2、3、4路客运班车，每条路线运行个体中巴11辆。2000年始，对县城至岭西、大册营、六间房、神星、白堡、赵庄的个体中巴进行统一编组，顺序发车，分别为6、7、8、9、10路。2004年10月，为方便人们出行，开通城圈内“1元车”35辆。1元面包车在规定的县城区域内运行，票价一律1元。2004年年底，全县有正规客运出租汽车213辆。出租汽车的车型主要为松花江面包车、夏利、吉利，后逐渐更新。2005年年底，全县有大型客车4辆、2条班线，中巴车161辆、12条班线，客运出租车213辆。2008年年底，全县有客车201辆，其中满城—北京班车4辆，满城—石家庄班车4辆，满城—白沟班车1辆，满城—保定班车31辆，农村客运班车161辆。全县有农村客运班线13条，年客运量130.5万人次，线路总长739公里，行政村通车率100%。

（二）货运

1991年，全县货运汽车1312辆，小拖拉机4300台，公路货运量以小拖拉机为主，年货运量75.3万吨。2000年，货运汽车数量迅速增加，小拖拉机逐渐被淘汰。全县民营企业特别是建材业、造纸业、食品业、蔬菜、果品业迅速发展，使沙石、煤炭、纸品、果品、蔬菜的运输需求大大增加，20~40吨的大吨位货车开始出现。全县有大型货车2363辆，小型货车1723辆。

2002年，按交通部和省交通厅要求，对货运车、客车进行挂靠式管理。私车要挂“公照”，开始向规模组织和管理过渡。2005年，全县有8个集约化运输公司，400辆车纳入组织，约占车辆总数的28%。县内有个体配货站17个，配货站用电脑进行网络信息收发，提高了运输效率。

2008年，全县有大型货车3763辆，主要货源为沙石料、卫生纸、磨盘柿、草莓等外运货品，煤炭、铁矿石、造纸原料等内运货品。有小型货车3832辆。

1991—2008 年满城县公路货运车辆统计表

表 3-2-2　单位：辆

年份	大型货车	小型货车	小计	年份	大型货车	小型货车	小计
1991	939	373	1312	2000	2363	1723	4086
1992	1024	484	1508	2001	2527	1981	4508
1993	1162	577	1739	2002	2806	2201	5007
1994	1402	688	2090	2003	2927	2396	5323
1995	1624	822	2446	2004	3130	2632	5762
1996	1791	967	2758	2005	3199	2886	6085
1997	1953	1081	3034	2006	3328	3170	6498
1998	2112	1187	3299	2007	3532	3473	7005
1999	2263	1410	3673	2008	3763	3832	7595

吴庄村是运输专业村，1980 年，村民单书明、单福义、单会民合伙购买了全村第一辆“解放”牌运输车，主要运送沙石料。1982 年，村民李文广、康占元、崔元等相继购买 5 辆运输车，专门从事沙石料运输。在他们带动下，吴庄村大型运输车辆不断增加。1998 年，全村从一汽集团购买的“解放”牌汽车有 100 多辆，成为保定市第一个被一汽集团命名的汽车专业村，运输专业户享受一汽集团给予的特殊优惠。2008 年，全村有大型运输汽车 400 多辆，主要从事沙石料、煤炭等运输，运输范围以北京、天津、石家庄、山西、内蒙古、陕西等地为主。运输业的发展，带动了汽车修理、轮胎经营、餐饮等行业的发展，相关从业人员 2500 多人，年人均运输业收入 1 万元以上。

（三）相关行业

汽车维修　1978 年，原集体所有制企业自行车修配社更名为汽车修配厂。1986 年更名为汽车大修厂，对县内仅有的几十部 212 吉普、金杯 130 客货及南京嘎斯等汽车进行简易维修。1987 年，汽车维修业正式纳入交通运管部门管理，并按照规定进行登记管理。县内有维修企业 6 家，从业人员 40 多人，企业维修设备简陋，从业人员没有经过专业培训，主要靠平时积累的经验。随着运输业的发展和轿车数量的增多，汽车维修业逐渐发展壮大。

汽车大修厂主要承揽各种国产、进口轿车、货车的维修与性能检测。1994 年，在县城南部建立汽车综合性能检测站。1999 年搬迁、扩大，当年投入运营。同年在县西外环投资新建汽修分厂，业务范围逐步扩大，在全县汽车维修行业中占主导地位。2008 年，全县有一类维修企业 1 家，二类维修企业 4 家，三类维修企业 15 家。

2008 年满城县汽车维修企业一览表

表 3-2-3

序号	类别	业户名称	企业地址	经营范围
1	一类	保定市满城县汽车大修厂	中山路 36 号	大中小型货车、客车维修

续表3-2-3

序号	类别	业户名称	企业地址	经营范围
2	二类	满城县龙华汽车修理厂	保易路眺山村西	大中小型货车维修
3	二类	满城县北关汽车维修保养厂	育才街	大中小型货车维修
4	二类	满城县协力汽车修理厂	宏昌大街	大中小型货车维修
5	二类	满城县交通运输局货运服务中心	中山东路	大中小型货车维修
6	三类	同利汽修厂	南韩村镇	发动机维修
7	三类	金海汽修厂	东马村东	发动机维修、涂漆
8	三类	通保汽修厂	方上村	发动机维修、涂漆
9	三类	满城县宏伟汽车修理厂	宏昌大街	发动机维修、涂漆
10	三类	满城县保峰艳民汽车修理厂	东马转盘东	发动机维修、车身维修
11	三类	满城县鹏程轿车维修站	通济街	发动机维修、涂漆
12	三类	满城东马汽修厂	西马村北	发动机维修、车身维修
13	三类	康鹏汽修厂	神星村	发动机维修、车身维修
14	三类	康达桑塔纳专修厂	中山东路	发动机维修、涂漆
15	三类	永泰汽修厂	城东村北	发动机维修、车身维修
16	三类	中秋汽修厂	东方顺村 107 国道旁	发动机维修、涂漆
17	三类	大状汽车电器修理厂	保满路	电气系统维修
18	三类	艺达车业	宏昌大街	发动机维修、车身维修、喷漆
19	三类	刘长江汽车修理厂	南马村南	发动机维修、车身维修、喷漆
20	三类	嘉业汽修厂	通济街	发动机维修、车身维修、电气系统

工程机械 20 世纪 90 年代初，随着采矿业、建筑业、交通运输业等产业的兴起，工程机械得到快速发展。当时，全县有挖掘机、装载机、流动式起重机 450 台。主要是在广州、中山、深圳等城市购买的日本、韩国等淘汰的二手重型机械，价格一般在 30~100 多万元不等，机械型号主要有小松 200、220、280 等。2008 年，全县此类设备有 3200 台，总价值 1.5 亿多元。主要在北京、山西、内蒙古及张家口、承德和保定周边的矿山、大型工程项目工地施工。

以李堡、东佃庄、西佃庄、中佃庄为中心，挖掘机数量增长很快，迅速扩展至毛贾、宋贾、宋家屯等村。2008 年，李堡村及其周边村挖掘机的数量有 2600 多台。仅李堡村挖掘机数量就有 300 余台，有合伙买的，有个人买的，有的 1 户有 10 余台，既有小型挖掘机，还有小松 350、小松 360、加藤 1430 等大型挖掘机，主要业务是矿场土石方工程。1 台挖掘机平均月收入 2 万元左右，专职挖掘机司机（1 台挖掘机配 2 名司机）工资每月 5000 元左右。挖掘机数量的增加，拉动了修理、配件及专用运输车辆——板式运输车等相关行业的发展。2008 年，全县有 5 家专业修理厂，20 余家配件供应商，修理工、商业经销、设备操作人员 7000 余人。

除挖掘机外，以城东村为代表的吊车业也形成规模。2000 年，城东村从外地购买了 2 台旧吊车，由于业务量不断增加，经营效益较好，村民开始陆续购置旧吊车，平均每台车年收入 2 万元左右。2005 年，许多村民开始投资购买新车，有条件的一家就购买 3~4 辆。吊车型号有 6 吨、12 吨、16 吨，最大的 60 吨，主要在县城周边施工，用于架高架桥、低压改造、救援、抢险、故障排除等，每台年收入 5 万元左右。2008 年，60 吨的新吊车出一次车收费 3000 元左右，年收入 10 余万元，旧车的年收入也有 5 万元以上。

2008 年奥运会期间，矿产企业被封停，同时，各地工程设备逐年增多，受租赁价格降低、机械老化等因素影响，挖掘机市场开始滑坡，县内挖掘机保有量逐渐减少。

汽车驾校　1991—2008 年，县内汽车驾校主要有保运公司满城汽车驾驶员培训学校（以下简称保运驾校）和容泰汽车司机培训学校。

1982 年，保定地区运输公司在满城县汽车站建立汽训队，当初只为公司各车队培训司机。1987 年，为适应市场需要，改称保运驾校，开始向社会招收学员，培训客、货汽车司机。场地约 30 亩，有宿办楼 1 座、教练车 30 辆、教员 15 名，年培训司机约 1000 人。

容泰汽车司机培训学校建于 1992 年，隶属县公安局，后改为民办，师资、场地、学员培训与保运驾校大体一致。

1998 年，两驾校纳入县交通运输局（以下简称交通局）管理。2000 年起，保运驾校代为培训满城县驾驶员的资格证教学与技术考核。

二、铁路运输

2008 年，县内有 4 条铁路运输专线，包括 132 处物资仓库专用线、火车站至陵山坡根的建材专用线、北劳改队新生厂产品及原材料运输专线、神星至魏庄的工地建设保障专线。4 条专用线只负责专项运输，利用率较低，但在国家建设中发挥着重要作用。

货运及客运车站主要有满城火车站、于家庄火车站。1991 年，满城火车站和于家庄火车站年运货总量 25 万吨，发送旅客约 4 万多人。随着公路客运的快速发展，保定—满城之间的火车客运被公路客运取代，满城火车站于 1995 年停止客运，于家庄火车站于 2009 年 4 月停止客运。满城火车站和于家庄火车站发送货物主要是水泥轨枕、化肥、色土、粮食、卫生纸、果品等，到达物资主要为纸浆、化肥、食盐等。2008 年，两车站的年货运发送总量为 59. 9 万吨。

第五节　公路管理

一、路政管理

路政管理包括超限治理、公路绿化、安全设置、日常巡逻、政策法规宣传及处理各类侵犯公路路产路权案件等。1991—2008 年，把治理公路“三乱”（乱设卡、乱收费、乱罚款）作为重点，实行日常监管、动态管理。开展创建文明样板路、平安大道、文明执法示范路（站）和全国高效率鲜活农产品“绿色通道”等活动，确保公路畅通，维护群众利益。

1994 年 12 月，县政府印发《关于确定落实县级以上公路路产的通知》，县境内县级以上的公路全部确权，并确定建筑红线，国道公路路界以外 20 米、省县级公路路界以外 15 米以内不准搞建筑。1998 年，开始聘请社会监督员，接受社会监督。2000 年，在县交通局大院门口设置 4 块公示公开栏，在保满交界处设置标志牌，公开举报投诉电话，全天候受理社会各界的投诉。坚持执法人员持证（执法证）挂牌（监督卡）上岗，便于群众监督。结合纪委监察局、物价局等部门治理整顿停车场收费问题。成立规费稽查大队，规费征收工作由分散单一稽查变为联合全面稽查。2002 年 5 月，对县内公路进行确权，涉及线路有京赞线、津保北线、满于西线和渭保线，确权后，对各线路的养护分工进行部分调整。

二、道路养护

1991 年，管理养护的公路主要有京深线、保涞线、良顺线、京赞线、津保北线、京赞支线、西坨线、满于西线，总里程 156.7 公里。1998 年，县内的国省干线公路除良顺线外，均达到二级公路技术标准。2004 年，负责 6 条国省干线公路 118.6 公里的养护工作。

1999 年，养护工人工资与出勤情况、完成任务、工作成绩挂钩，实行“计量支付”管理。2000 年，引入风险机制，实行企业管理，竞争上岗，优化组合。采用职工投标的办法（1 年期），按管养里程定员。养路工人设定标准为国、省干线 1 公里 0.7 人，县道 3 公里 1 人。这种管理办法是保定市公路养护系统职工竞争上岗、减员增效的先例。当年，组建大赛养护中心，实行养护中心站长承包制。养路工区陆续添置路面清扫机、沥青路面切割机、洒水汽车等养护机械，由过去单纯的手工操作逐步实现机械化作业。2002 年，完成两年承包期养护机制改革。7 月 31 日，西坨线、满于西线的养护移交县交通局。

2004 年，对所有公路加强日常巡养，特殊路段、所有大中桥梁均设专人养护和看管。养路工上路着养护作业安全标志服装，作业段设置明显标志。建立路产档案，违章建筑档案、路政处罚档案、对公路两侧建筑红线范围内永久性建筑和临时建筑进行严格控制和审批。2005 年，粉刷路政标语 200 条，新增交通标志 10 块，修整路肩、护坡 28.1 公里。2006—2008 年，针对建材运输量大的实际，加大对石碴运输车辆的治理整顿力度，治理超限、超载车辆 1000 余辆，收取公路路产赔（补）偿费 21 万元。

20 世纪 90 年代初期，由于沿路新建企业占地、主要公路干线拓宽、随意堆积柴草引起火灾烧毁等原因，道路两侧树木所剩无几。2001 年，开始对各线路进行绿化，补栽或更新树木。2003 年、2004 年，在满于西线补栽胸径 5~8 厘米馒头柳 4950 棵，补栽垂柳 1720 棵，边坡栽植紫穗槐 20 万棵，栽植胸径 5 厘米优质速生杨 320 棵；在西坨线补栽杨树 1700 棵；在渭保线贤台乡段补栽馒头柳 20 棵，补栽垂柳 700 棵，边坡栽植紫穗槐 10.6 万棵；在保满北线补栽速生杨 3400 棵；在神西线补栽垂柳 1360 棵，速生杨 6900 棵；在神坎线补栽速生杨 3800 棵；在原满顺线满城镇段补栽速生杨 2000 棵。投资 4 万元对茂山营房道路两侧进行绿化，栽植雪松 44 棵，花灌木 400 平方米。2005 年，绿化县道 10 公里，栽植护路树 2500 余棵。

三、养路费征收

养路费征收工作由县交通局稽征站负责。1995 年，市交通局配发稽征站新凯吉普车一辆。1996 年 3 月，稽征站迁至新办公楼办公，市交通局配发北京 213 吉普车一辆。同年 3 月，养路费征收实行微机化操作。1997 年，省交通厅配发桑塔纳 2000 轿车一辆。2002 年 8 月，省交通厅对稽征站的旧微机进行更新。2005 年 2 月，市交通局配发桑塔纳 3000 轿车一辆。同年 3 月，省交通厅对现有养路费征收系统和微机设备进行更新。

1992 年 3 月 1 日起，公路养路费征收标准提高，按费率征收的由 12%提高到 14%，按吨位征收的客车由月吨 110 元提高到 160 元，货车由 110 元提高到 150 元。1994 年 4 月 1 日，取消按费率计征，统一按费额计征。1996 年 4 月 1 日，货车养路费征收标准由月吨 150 元提高到 190 元，客车由月吨 160 元提高到 210 元。1991—2008 年，共征收养路费 4.46 亿元。

1991—2008 年满城县养路费征收数量统计表

表 3-2-4　　单位：万元

年份	收费	年份	收费
1991	380	2000	2286. 84
1992	467	2001	2387. 64
1993	700	2002	2817. 34
1994	1144	2003	2860. 9
1995	1397	2004	4061. 79
1996	1842. 84	2005	4135
1997	2158. 28	2006	4300
1998	2247. 82	2007	4400
1999	2209. 27	2008	4500

四、客运出租汽车管理

1996 年 12 月 24 日之前，全县客运出租汽车行业没有明确的管理部门，基本处于无序发展状态。1996 年 12 月 24 日，经县编制委员会主任办公会议研究，同意成立出租车行业管理办公室，性质为自收自支股级事业机构，隶属县公安局领导。主要职责是对出租车行业实施规范化管理；清理城区主要街道乱停乱放车辆，改善市容市貌；严厉打击非法营运，有效控制和预防各种治安案件发生，保障出租车经营者、驾驶员、乘客的人身和财产安全；执行上级行业管理的有关规定和县政府赋予的其他职责。

1998 年 9 月 26 日，鉴于客运出租汽车的对口行业管理问题，其管理权由县公安局移交至县交通局，并成立客运出租汽车管理站，主要职责是根据国家有关规定，行使出租车行业的行政管理权和行政处罚权，负责路查、路检，出租车日常业务及各项手续的办理等工作。

五、管理机构

（一）交通局

1991 年，县交通局管理人员 24 人，职工 291 人。1996 年，县交通局内设 4 个股室，包括路政股、财务股、办公室、工程管理股。局机关行政编制 15 人，其中局长 1 人，副局长 2 人，股级干部 4 人。1998 年 9 月，增设客运出租汽车管理站和出租车公司，负责县内出租车行业管理。2002 年 7 月，财务股改为财审股。县交通局机关行政编制 10 人，股级干部 4 人。同年 8 月，成立保定市地方海事局驻满城县地方海事处。2003 年 2 月，成立宣传法制股。

2008 年年底，县交通局内设 12 个机构，包括办公室、宣传法制股、财审股、工程管理股、路政股、公路站、稽征站、运管站、出租站、货运服务中心、道路运输服务中心和保定市地方海事局驻满城县地方海事处，有干部职工 283 人。

（二）养路工区

养路工区成立于 1973 年 3 月，受保定地区公路处和满城县交通局领导，称保定地区公路处满城县养路工区。1984 年，保定地市分家，改为保定市公路处满城县公路管理站，受保定市公路管理处和满城县交通局双重领导，负责满城县境内县级以上公路的养护和大中修的管理工作。

1991 年，保定市公路处满城县公路管理站直属保定市公路处领导，不再接受县交通局的领导。辖满城、苑庄、大赛、魏庄、韩村、坎下、高士庄、于家庄、北奇 9 个道班。有养路工人 151 人。

1993 年 4 月，建谒山中心道班。1994 年 12 月保定地市合并后，公路管理站改称保定市交通局公路管理处满城县养路工区，为保定市交通局垂直单位，业务工作受保定市交通局公路管理处领导。1996 年 4 月，建固店道班。

1998 年 6 月，养路工区成立公路路政执法大队，受保定市公路路政执法支队领导，下设满城、大赛 2 个路政中队，有路政人员 10 人，并增加 1 辆松花江面包车。

1999 年 10 月，养路工区办公楼建成并迁入，同年在保涞线建坨南服务区，在 107 国道成立大赛路政中队。2000 年 4 月，大赛道班兼并于家庄道班，组建大赛养护中心，辖大赛、固店 2 个道班。2001 年 5 月，组建坎下（后改为坨南）养护中心，辖坎下、苑庄 2 个道班；组建谒山养护中心，辖谒山、北奇、魏庄 3 个道班。

2003 年 11 月，设 4 个路政中队，路政人员 15 人。2004 年，有干部职工 131 人，设路政股、养护股、工程股、办公室、财务室、微机室、档案室 7 个股室。管养 6 条国省干线公路 118.6 公里，有路政执法车辆 4 辆，有台压机、沥青摊铺机、路面切割机、装载机、路面清扫机等养护机械（车辆）20 余台（辆），辖大赛、坨南、谒山 3 个养护中心、4 个路政中队。

第三章　水　利

县内有龙门水库和马连川水库，均建于 20 世纪 50 年代末。由于降水长期不足，2008 年两座水库均处于干库状态。为防患于未然，2002—2006 年，对龙门水库进行除险加固。采取打井配套、铺设水泥浆砌料石渡槽式输水垄沟，推广塑料管道、滴灌、喷灌等节水措施，加强农田水利工程建设。对漕河、界河、龙泉河两岸的堤坝进行加固维修，防止洪涝灾害。2000—2008 年，打井 63 眼，建扬水站 21 处，水池 30 座，解决了 78 个村的饮水问题。南水北调工程在满城境内全长 18.96 公里，2008 年建成试水。对小型水利工程产权通过租赁、承包、拍卖等形式完成改革。至 2008 年，完成水土流失治理面积 44 平方公里。

第一节　水利工程设施

一、水库

（一）马连川水库

马连川水库于 1958 年 6 月建成，是县管的小（Ⅰ）型水库，由于连年干旱少雨，2000—2008 年，水库一直处于干库状态。

2003 年，增设泄洪洞进口铸铁检修闸门，LQ20 手、电两用螺杆启闭机，并对工作闸门进行检修保养，更新动力线路。2007 年 5 月，省水利厅专家鉴定马连川水库大坝为三类坝。2008 年 4 月，制定《马连川水库除险加固工程初步设计报告》，得到省水利厅批复。项目设计总投资 599 万元，工期自

2009年1月22日—2010年1月21日，主要对水库坝基、坝体、左右岸护坡、管理设施等主要部位进行整修和加固。

（二）龙门水库

龙门水库于1958年2月动工修建，1959年11月扩建施工，1960年建成，总库容1.18亿立方米。水库建成后遗留问题较多，虽多次加固、扩建，仍是“带病”运行。1998年12月—1999年6月，对龙门水库实施沙浆副坝应急度汛工程建设。

2000年12月，召开龙门水库大坝安全鉴定会议，对其存在的问题进行分析论证，认为大坝防洪标准不满足规范要求，结构稳定和渗流稳定不满足规范要求，溢流坝抗滑稳定不满足规范要求。鉴定结论为三类坝。2001年7月，水利部大坝安全鉴定中心进行核查，同意三类坝鉴定结论意见。

2002年12月31日，省水利厅批准实施龙门水库除险加固工程，总投资4560万元，建设工期1年。工程主要建设内容：主副坝输水洞加固；溢流坝拆除改建成泄洪闸；岩基灌浆；将非常溢洪口门改建为十八坡副坝；加固溢洪道左岸边坡，并在溢洪道堰顶增设自溃坝；对主坝输水洞裂缝进行局部处理，对表面裂缝和伸缩缝喷涂环氧树脂；对李庄副坝输水洞裂缝进行局部处理，对工作闸门进行除锈防腐处理，增设检修闸门；局部翻修上下游坝坡，加固坝顶路面；新建泄洪闸管理所，新建配电室、生活用房及附属设施等；新建管理处办公楼及相应附属设施。除险加固工程完成后，龙门水库有主坝1座，长539米，最大坝高40.5米。副坝4座，全长2237米，除十八坡副坝高程为131米外，其他坝顶高程为131.8米。设8孔泄洪闸，新建泄洪闸全长96米，堰顶高程120米，净宽80米，最大泄量5204立方米/秒。百年一遇洪水设计，两千年一遇洪水校核。2006年6月18—19日，整个工程通过省水利厅组织的竣工验收。

龙门水库（摄于2005年）

由于当地及上游地区降水量不足，龙门水库于2007年出现干库。

二、农田水利工程

（一）机井

1991年年底，全县有机井3760眼，其中配套3690眼（机配井80眼，电配井3610眼）。全县有效灌溉面积27814公顷，旱涝保收面积17667公顷。2000年年底，全县有机电井3455眼，其中配套3446眼。2008年年底，全县有机电井3557眼，其中配套3533眼。全县有效灌溉面积22845公顷，旱涝保收面积22561公顷，机电排灌面积22583公顷。

1991—2008年部分年份满城县机井及灌溉统计表

表3-3-1

年　份	1991	1995	2000	2005	2008
有效灌溉面积（公顷）	27814	28080	23669	23070	22845
旱涝保收面积（公顷）	17667	23489	23141	22748	22561

续表3-3-1

年　份	1991	1995	2000	2005	2008
机电排灌面积（公顷）	27631	27185	23164	22803	22583
机电井年末数（眼）	3760	4069	3455	3531	3557

（二）节水工程

1991—2008年，先后在西北部山区乡（镇）的24个村建设水泥浆砌料石渡槽式输水垄沟28处。除黄山村的输水垄沟因无水源未正常使用外，其他均正常使用。在施工过程中，县水利局负责规划、布置管线、检验材料设备和阶段验收。经过几年的使用，大部分能正常运行，有些工程因管理不善等原因出现问题。在建设过程中，通过组建农民用水者协会，让农民自觉、自愿组织起来，进行自我管理和自我服务，避免用水纠纷。水价、水量、水费三公开，用水、灌溉秩序得到好转。2007年，采取县、乡两级补助工程材料费，受益农户组建用水者协会负责投工投劳的办法，维修、改造出现问题的管道，管道的正常运行率保持在95%以上。2008年，全县建立5个用水者协会，67个村集体管理组织，62个村民小组联户管理组织，控制灌溉面积12.9万亩。

在农田灌溉中推广塑料管道、滴灌、喷灌等措施，节水节电，深受农民欢迎。1991年年底，有硬塑料管道114.7万米，电到水到，省工省时，节水节电。1994年，省移民办投资11万元，在李庄村推行大棚菜滴灌技术。1995年，县水利局在韩家佐村搞大棚蔬菜滴灌试点获得成功。1996年，满城县被确立为“全国节水增产重点示范县”，争取节水灌溉资金100万元，在大册营镇、神星镇、石井乡推广节水灌溉，在河图、高荆等村推广喷灌节水工程。1997年，争取节水灌溉资金200万元，在河图、高荆等村推广喷灌节水工程。2000—2002年，节水灌溉工程应用于高效农业，充分发挥农业科技示范园的节水示范带动作用，先后建立大册营镇绿野农业滴灌示范园、西黄村大棚伊丽莎白甜瓜滴灌示范园、河南庄大棚蔬菜滴灌示范园。2003年，在方顺桥乡、于家庄乡实施节水灌溉示范工程，喷灌、管灌、滴灌控制面积9900亩，工程总投资312.95万元。

2008年年底，全县节水灌溉面积22.88万亩，其中喷灌4.97万亩，微灌0.32万亩，管道灌溉11.21万亩，渠道防渗灌溉6.38万亩。

2003—2008年满城县节水灌溉面积分类统计表

表3-3-2　　单位：万亩

年份	合计	节水灌溉面积			
		喷灌	微灌	管道灌溉	渠道防渗灌溉
2003	21.39	4.67	0.15	10.97	5.6
2004	21.98	4.97	0.18	11.19	5.64
2005	22.06	4.97	0.18	11.27	5.64
2006	16.86	4.97	0.32	11.22	6.35
2007	22.81	4.97	0.32	11.16	6.36
2008	22.88	4.97	0.32	11.21	6.38

1991—2008 年满城县节水灌溉设施统计表

表 3-3-3　　单位：万米

年份	浆砌石、混凝土防渗垄沟长度	地下灌溉管道		年份	浆砌石、混凝土防渗垄沟长度	地下灌溉管道	
		混凝土管	硬塑管			混凝土管	硬塑管
1991	28.46	1.78	14.69	2000	36.78	0	71.58
1992	30.47	1.73	25.08	2001	36.78	0	75.78
1993	30.33	1.54	30.50	2002	37.08	0	77.38
1994	30.78	0.98	37.35	2003	37.48	0	78.88
1995	31.46	0.98	45.15	2004	37.08	0	77.38
1996	31.61	0.98	61.15	2005	37.08	0	78.18
1997	33.60	0	79.16	2006	36.54	0	77.73
1998	36.00	0	94.24	2007	36.72	0	77.13
1999	35.28	0	67.59	2008	36.8	0	77.63

说明：以上数字为年度累计数

（三）集雨工程

1991 年，全县有小塘坝 39 座，总蓄水量近 10 万立方米，控制灌溉面积 5000 亩。小塘坝主要分布在刘家台乡和坨南乡的深山区村。其中，黄龙寺东沟的小塘坝蓄水量 5000 立方米，由于汇流面积较大，山场植被较好，小塘坝常年蓄水，能浇地 120 余亩，解决 150 人和 40 头大牲畜的饮水问题。同时利用水面养鱼，每年可产鱼 1000 公斤左右。修建蓄水池，是山区群众蓄水灌溉、发展生产的一项实用技术。黄龙寺村的刘振远利用截雨水、泉水，建起 2 座容积 200 立方米的蓄水池，灌溉果树面积 500 亩，利用自然压力可对 200 亩果树进行滴灌。

慈家台村小塘坝（摄于 2008 年）

2002 年，组织山区乡特别是水源条件极差的山庄农户，开展集雨工程建设。利用庭院屋面和山场修建水窖，用点灌、穴灌的方法，确保蔬菜、果树及大田作物的“保苗水”。

2003 年，在卧龙山生态园区实施截径蓄水高标准水柜工程，通过滴灌、点灌给果树、作物浇水，功效显著。在龙居村实施“串联法”水池工程，用盘山的土垄沟或水泥浆砌垄沟串联三四个水池，集水效果好，集水量大。在大坎下村实施塘坝工程，其他村实施水柜工程、庭院小水窖工程等，起到了示范带动作用。2004 年年底，山区乡共建有水池、水窖、水柜 780 个。2008 年年底，建有塘坝 10 座，水池、水窖、水柜 981 个。

三、防洪除涝工程

（一）漕河

1990年1月，在导流护村堤迎水坡大许城段抛石加固，抛石量0.3万立方米。7月拓宽引河底至83米，延长下游段护村堤约200米，完成土沙量1.17万立方米。12月将导流护村堤抛石工程向下游延长300米，抛石量0.3万立方米。1991年7月，第三次拓宽引河，底宽近136米，完成土沙量4.2万立方米。2008年，漕河沿岸有17条堤坝，堤段长度共计19900米。

漕河大坝防洪除涝工程（摄于2005年）

2008年满城县漕河两岸堤坝数量统计表

表3-3-4　　　　单位：米

堤岸（名）别	起止地点	堤段长	堤距	堤顶宽
左岸	白堡村西	1500	150	2.5
右岸	魏庄村东	2000	200	1.5
右岸	神星村东山	2500	200	1.5
右岸	东山—荆山	2500	250	2
左岸	荆山—玉山	2500	250	2.5
右岸	八宝嘴—王各庄	2000	150	1.5
左岸	方上	1250	100	3
右岸	王各庄	1500	100	2
右岸	两渔	2500	100	2.5
左岸	北宋	3500	100	2.5
右岸	要庄	4000	150	2.5
左岸	南宋	2000	150	2
左岸	大许城	1600	150	3
左岸	小许城	2000	136	3
左岸	东庄	2000	250	2
左岸	西庄	8500	250	2.5
右岸	后大留	1500	—	—

（二）界河、龙泉河

2004年，加固方顺桥—许村段左右堤1.5公里，使河道过水能力达到1157立方米/秒，达10年一遇防洪标准。

四、饮水工程

1997—2004年，满城连续七年干旱，库、塘相继干枯，河道断流，加之大量超采地下水，地下水位下降严重。山区一些村只好重新打井或更新机泵，提高扬程，部分村又重新开挖修复河道中的人工大口井，一些村出现车拉肩挑，四处找水吃的现象。平原部分村也发生严重水荒。2003年6月底，平原村有370眼机井干枯，通过继续打深井的方法解决饮水灌溉。大册营镇周围原井深在50米左右，又继续增加到150~200米。全县3491眼机井中，出水不足的有1013眼，干枯、半干枯的有456眼，山区浅层地下水饮水井全部干枯。同时，平原区大部分浅水井受到工业废水污染而报废，不得不打深井解决饮水难问题。

2000—2002年，投资370万元打井18眼，建扬水站12处，建水池15座，解决了李家佐、荆山、钟家店、训口、小楼、小东庄等21个村的饮水问题。2003—2005年，投资363万元，打井19眼，建水池15座，建扬水站9处，微机变频2处，解决车厂、下紫口、神星、北东峪、新建庄、大赛等20个村的饮水问题。2006年，投资40万元，打井1眼，铺设管道8.5千米，自来水入户480户，解决坨南、章村、东庄店3个村的饮水问题。同年，争取抗旱资金13万元，在李铁庄、郭村、坨南、北台鱼、苑庄、长角台、岗头、疙瘩屯、西贤台、马连川、后大留11个村实施抗旱应急工程，采取机井配套、节水等措施，解决11个村的饮水和灌溉问题。

2007年，投资200万元打井11眼，解决龙居、石井、孙村等11个村的饮水问题。同年，争取抗旱资金5万元，主要解决西土门、协义的引水上山灌溉问题和东辛章、章村的灌溉及饮水难问题。2008年，投资320万元，打井14眼，调蓄设备8处，解决杨家庄、坎下、北赵庄等14个村的饮水问题。同年，争取抗旱资金20万元，解决西贤台、小辛庄、许村、协义、北赵庄、新建庄、慈家台、黄龙寺等村的灌溉和饮水问题。

2005年开始，由单纯解决水量不足转为解决包括水质问题在内的饮水安全问题。至2008年，累计投资1540.1万元，解决了12个乡（镇）、78个村、6.09万人的饮水安全问题。2008年年底，全县农村饮用水安全和基本安全人口为17.29万人，不安全人口22.71万人。水量不足、用水方便程度及水源保障率不达标的范围涉及18.37万人，水质不达标的范围涉及4.43万人。

五、南水北调工程

南水北调中线工程途经满城县，工程分为漕河段工程、干渠段工程及附属工程三部分。2004年7月，成立南水北调工程建设协调领导小组，9月份开始进行漕河段勘界核查工作。2005年4月开始施工。2005年6月对干渠段进行勘界核查。7月，成立南水北调工程联合协调工作小组。2006年5月干渠段开始施工，主体工程于2008年8月完工，具备供水条件，同年9月第一次向北京供水。

南水北调工程满城段全长18.96公里，永久占地4757.5亩，临时占地3293.6亩。途经石井、满城、神星、大册营、白龙5个乡（镇），尉公、永安庄、石井、东渝河、西渝河、抱阳、韩家庄、吴家庄、柳家佐、郑家佐、李家佐、大楼、荆山、神星、岗头、白堡16个行政村。总拆迁建筑面积19397.2平方米，搬迁村组副业46家，居民14户，迁建通信、电力和军事光缆等专项设施29处，征迁包干总投资2.3亿元。全段工程由水利部河北水利水电勘测设计研究院设计，中标单位有中国葛洲坝水利水电集团有限公司、中国水利水电第四工程局、中铁十三局集团有限公司、中国水利水电第一工程局、中国水利水电第十五工程局、中国水利水电第八工程局。

（一）漕河段工程

此段工程由吴家庄隧洞、土渠段、漕河渡槽、石渠段、岗头隧洞、大楼西南沟排水涵洞（兼交通）、大楼西沟排水涵洞、漕河退水闸等部分组成，共占地2974.65亩，其中永久占地1854.68亩，临时占地 1119.97 亩，拆迁房屋面积 6092.98 平方米。线路全长 9.32 公里，由中铁十三局集团有限公司、中国水利水电第四工程局、中国葛洲坝水利水电集团有限公司和中国水利水电第一工程局承建。2007 年 11 月 10 日，漕河渡槽主体工程完工。渡槽最大跨度 30 米，宽 22 米，高 7.9 米，最大架空高度 16 米，槽身为三槽一联预应力钢筋混凝土结构，单槽尺寸 6.0 米×5.4 米，设计流量为 125 立方米/秒，加大流量为 150 立方米/秒，基本地震烈度为 6 度。漕河渡槽不仅是整个南水北调中线干线最大的渡槽，也是全国乃至亚洲最大的输水渡槽。

漕河渡槽主体工程（摄于 2008 年）

（二）干渠段工程

干渠段工程由雾山隧洞（一）、雾山隧洞（二）、界河倒虹吸、控制性建筑物（3 座）、左岸排水建筑物（15 座）、公路交叉建筑物（13 座）、渠渠交叉建筑物（2 座）和土渠等部分组成。全长 9.64 公里，占地 5076.45 亩，其中永久占地 2902.82 亩，临时占地 2173.63 亩；拆迁房屋面积 13304.22 平方米；输电线路 12 处，长度 4125 米；通信线路 4 处，长度 1880 米；农田灌溉管道 23640 米。

按照设计要求，渠道的断面形式分全挖方段、全填方段和半挖半填方渠段三种形式。渠道设计水深 3.8~6 米，渠底宽度 7~24 米，在全填方段和半挖半填方渠段均有堤。对总干渠的两侧堤防实施绿化，在挖方渠道开口线以外或填方渠道外坡脚线外侧布置防护林带，防护林带每侧宽 8 米。总干渠采取明渠输水，实施全封闭式管理，两侧均安装防护网。

漕河渡槽设计水深 4.15 米，加大流量 4.79 米；雾山隧洞（一）设计 5.38 米，加大流量 5.99 米；雾山隧洞（二）设计 5.37 米，加大流量 5.94 米；吴庄隧洞设计 5.08 米，加大流量 5.64 米；岗头隧洞设计 5.28 米，加大流量 5.78 米。渠底宽度：雾山隧洞（一）出口至雾山隧洞（二）进口段 18.5 米，界河倒虹吸出口至漕河渡槽段 19.5 米；渡漕出口至岗头隧洞进口段 26.5 米。

（三）附属工程

为保证沿线群众生产生活需要，解决被占压和隔断的农用机井、灌溉管道等问题，国家投资 1014 万元，对水利设施进行恢复，新打机井 31 眼，赔付个体机井 14 眼，新铺管道 26180 米，赔付个体户管道 12180 米。投资 937.86 万元，修建连接路 65 条，总长度 27.65 公里。其中水泥路面 6.48 公里，泥结石路 21.17 公里，大型生产桥 1 座。复垦面积 2407.04 亩。

六、小型水利工程产权制度改革

1991—2008 年，适应市场经济发展要求，对小型水利工程实行产权制度改革，381 处小型水利工程采取股份合作制、租赁、承包、拍卖等形式完成产权改革。其中涉及机井 150 眼，扬水站 13 处，水库 1 座，塘坝 15 座，坑塘 9 处，节水工程 98 处，集雨工程 95 处。实行产权制度改革后，扩大浇地面积 0.37 万亩，2.85 万亩农田灌溉条件得到改善。年供水能力 1057.57 万立方米，年增产值 277.7 万元。

改革方式主要有四种，一种是股份及股份合作制。将小型水利工程划分为若干股，产权归股东所有，股权可分为国家股、集体股和个人股，实行自主经营，自负盈亏，按股分红，同股同利。例如，刘家台扬水站，将扬水站分为 4 股，村委会 2 股，个人 2 股，负责全村果树、农作物浇水，收取水电费、使用费，年终按股份分红。第二种是租赁形式。租赁者通过向法人单位缴纳租金的方式取得小型水利工程的经营权、使用权。租赁期限一般为5~10年。方顺桥乡高荆村机井租赁者向村委会一次缴纳2万元租金，取得机井7年使用权，然后由租赁者向农民收取浇地水电费、使用费。7年后不管盈亏，将使用权归还村委会。第三种是承包。在工程产权不变的情况下，承包方与发包方协商，承包工程某项职能工作。例如，黄龙寺村委会与承包人协商，签订承包村塘坝5年合同，承包人向村委会一次性缴纳承包费2万元，承包塘坝浇地职能，承包人按规定向受益户收取水费。第四种是拍卖。对工程的使用权公开竞价，一次性出售。例如，白龙乡大坎下村，由村委会组织把机井使用权和所有权公开拍卖，然后由买方负责组织浇地，向受益户收取水电费、使用费。

第二节　水土保持

一、水土流失类型

1991年，山区水土流失面积197.88平方公里，占山区总面积的57.72%。根据水土流失状况，水土流失区分为轻度侵蚀区和强度面蚀区两个类型。轻度侵蚀区主要分布在刘家台乡，水土流失形态表现为由暴雨产生的水力冲蚀和冲刷，坡面以强度鳞片状面蚀为主，沟道表现为沿沟底的颗粒运移和沟头、沟口的反复冲刷与堆积。强度面蚀区主要分布在中部偏西北地区，包括满城镇、石井乡、白龙乡、大册营镇、神星镇的大部分区域，为浅山丘陵区水土流失形态，鳞片状强度面蚀。北水峪、大楼、东峪、西峪、中峪一带土层较厚的阴坡表现为弱度面蚀。

二、水土流失治理

1993年，开始组织实施小流域综合治理。龙居村被列为1993—1996年省水利厅重点治理工程。治理流域面积27平方公里，治理方法是采取自然封育与人工治理相结合。4年间整修梯田103亩，栽植水土保持防护林2125亩（林木42.5万株），栽植经济林14164亩（林木56.66万株），修建谷坊坝857道，挖鱼鳞坑126.3万个，挖水平沟119.07万米，修塘坝2座，共动土石方17.69万立方米，用工40.4万个。通过治理，林草覆盖率由40%增加到86%，林地覆盖率由1.57%增加到40.22%，削减洪峰和减少土壤侵蚀均在70%以上。工程区农民人均纯收入由治理前的217.7元提高到820.7元。1996年12月，工程通过省级验收。

1997年年底，作为太行山水土保持国家重点防治县，完成神星、白龙、石井、车厂、黄龙寺、坎下、龙居7条小流域的综合治理工程，国家拨付资金200万元，其中财政贴息贷款134万元。

1999年，投资140万元，治理水土流失面积12平方公里。同年，坎下小流域综合治理工程被列为国家级工程，2001年通过验收。

2000—2002年，落实国债项目资金230万元。设黄龙寺、神星“四峪”（南峪、东峪、中峪、西峪）两条小流域综合治理工程。

2003—2005年，组织北水峪、龙居小流域综合治理项目。北水峪小流域综合治理项目省累计投资65万元，龙居小流域综合治理项目省累计投资40万元。经过3年综合治理，北水峪小流域营造经济林3655.5亩，水保防护林922.5亩，封禁治理900亩，修作业路9公里，打井3眼，建扬水站6处，刷写固定标语10条，建标志牌2座。龙居小流域累计治理水土流失面积6.62平方公里，占流域面积的59.75%，营造水保防护林2665.5亩，经济林4414.5亩，封育2250亩，修水窖25座、塘坝2座、扬水站3处，修路9.5公里，垒排水阶620米，建生活用房300平方米，沼气池40立方米，多功能圈舍

100平方米。上述两项目于2007年11月通过省级验收，达到国家一级小流域标准。

2007—2008年，实施白龙、龙高（龙居、高士庄）小流域水土保持综合治理工程。白龙小流域治理水土流失面积6平方公里，总投资266.18万元；龙高小流域治理水土流失面积4平方公里，总投资642.08万元。

2008年年底，全县治理水土流失面积44平方公里，其中基本农田1.32平方公里，荒坡改梯田13.2平方公里，栽植水保林6.6平方公里，经济林13.2平方公里，种草2.2平方公里，封育治理7.48平方公里。

第三节　防汛抗旱

一、指挥机构

满城县防汛抗旱指挥部为常设机构，每年根据防汛形势制定《防汛工作实施方案》《防洪预案》《山洪灾害防御预案》《满城段防洪预案》《防洪抢险应急预案》，完善防汛抗旱指挥部机构，确保防汛工作顺利进行。防汛抗旱指挥部政委和主任分别由县委、县政府主要领导兼任，委员由县直有关部门领导兼任。指挥部下设办公室、后勤保障组、通讯联络组、应急抢险组、交通运输组、医疗救治组和安全保卫组。办公室设在县水利局，负责落实防汛抗旱指挥部决定事项；协调各工作组、各乡（镇）、部门开展工作；负责编发指挥部文件、会议纪要等；负责有关文件、资料上传下达。应急抢险组办公地点在县人武部，根据汛情需要，担负抗洪抢险、营救群众、转移财物及执行重大防洪任务。后勤保障组办公地点在县商务局，负责保障防汛抢险物资的调配和电力供应，做好粮油等储备和灾民的生活安置等救灾准备工作。交通运输组办公地点在县交通局，负责保障道路畅通，保证防汛抗旱抢险救灾人员和物资设备的及时运送。医疗救治组办公地点在县卫生局，负责防疫、抢救和医疗救护工作。通讯联络组办公地点在联通公司满城分公司，负责保障通信畅通，确保雨情、汛情、旱情等防汛抗旱信息和调度指令及时传递。安全保卫组办公地点在县公安局，负责维护防洪抢险秩序和灾区社会治安工作，紧急期间协助组织群众撤离和转移。

二、安排部署

1991—2008年，未出现汛情和大的旱情。但是县委、县政府始终把防汛抗旱工作作为每年的重点工作之一进行安排部署。每年汛前都组织清理河道，确保行洪畅通。对重点行洪河道进行汛前排查，并按照清障工作行政首长负责制的要求，由防汛办公室下达河道清障责任书，由责任乡（镇）和部门负责清障工作。汛期各防汛责任单位严格落实24小时值班和领导带班制度，密切关注水利工程运行情况，及时与相关单位协调沟通，做好防汛抢险准备。

抗旱工作实行县级领导及部门包乡（镇）制度，各乡（镇）、村为抗旱主体。包乡（镇）县级领导到分包乡（镇）督导检查抗旱工作，解决抗旱工作中出现的困难和问题。涉农部门在资金、技术、物资等方面为抗旱提供保障，水利、农业等部门积极争取涉农项目；电力、商务、县社等部门做好电力调度和物资调配，优先保障抗旱用电和抗旱物资供应；工商、物价、农业等部门严厉打击销售假冒伪劣农资行为，监测农资价格，降低物价上涨对农业生产的影响；水利、气象、农业等部门做好旱情监测，及时发布天气预报，并借助有利天气时机，实施人工增雨作业；水利部门加大跑争力度，积极争取抗旱资金；民政部门做好旱灾损失评估工作，积极向上级争取救灾补助资金。

防汛工作实行县级领导及县直部门包乡（镇）、包片责任制，县乡领导包水库、河道、堤防及洼地，各项工作一包到底。每年通过县电视台、报纸等媒体，根据天气情况播发暴雨预警信息，广泛宣传，增强群众防灾减灾意识。各乡（镇）和有关部门根据各自实际，制定防汛抗旱预案。防汛办公室组建县直属抢险队，各乡（镇）和相关单位也分别组建抢险队伍，并坚持“宁可备而不用、不可用而无备”的原则；向相关部门和各乡（镇）下达物资储备计划，由相关责任单位和乡（镇）负责储备。对险工险段抢险物资实行就近储备，确保一旦汛情出现，各种防汛物资都能调得出、用得上。

第四节　水政水资源管理

1991—2003 年，针对水资源管理、河道工程管理、河道采沙管理制定出台一系列相关规定。1997—2008 年，每年利用世界水日、中国水周、法制宣传日等形式，依托新闻媒体开展宣传活动。

1997 年，成立水政监察大队，配备专职水政监察执法人员 103 人，强化执法培训，加大执法装备投入。截至 2008 年，有执法车 7 辆，微机 2 台，传真机 1 台，照相机 1 部。

2006—2008 年，对用水企业和自备水源用水单位统一安装 IC 卡智能水表。为保障计量设施的正常运转，县水利局 3 个抄表中队及 1 个巡查中队，每天对计量设施运行情况进行巡查，并及时上报有关数据。查处违法取水案件 22 起，关闭封停自备井 13 眼，另对 20 多家违法取水企业进行严厉处罚，最高罚款数额 10 万元，补交水资源费 14 万元。

2008 年年底，共安装水表 246 块，城区外所有自备井安装 IC 卡水表。对 206 家取水单位发放取水许可证，并进行用水总量控制和定额管理，保证单位工业增加值取水量降低率控制在指标之内。

第五节　水利工程移民

2008 年，有 11 个移民村和 5 个相关村，移民人口 7542 人，其中原迁移民 7031 人，散迁移民 511 人。涉及全县 12 个乡（镇），大部分移民村分布在西部、北部山区。

水库移民后期扶持工作始于 20 世纪 80 年代中期，采取分层次、分期、分批扶持的办法，逐年解决移民温饱问题。1984—2005 年，共完成后期扶持专项资金 500 余万元，解决 8 个移民村 4000 多人的温饱问题。

2006 年 7 月，国家出台新的关于大中型水库移民后期扶持政策，国家为移民每人每年直补 600 元，以一户一折的形式直接发放到移民手中。截至 2008 年年底，发放移民后期扶持直补资金 1120 余万元。

2006—2008 年，共争取上级项目资金 88 万元，解决移民实际困难。其中投资 31 万元，加强农田水利设施建设，新打机井 2 眼，铺设管道 7500 米；投资 18 万元，解决人畜饮水安全问题；投资 20 万元，修建道路；投资 9 万元，扶持二、三产业；投资 7.5 万元，进行技术培训；投资 2.5 万元，用于移民后期扶持项目监测评估。

2008 年满城县移民人口数量统计表

表 3-3-5　　单位：人

<table>
<tr><th>乡（镇）</th><th>村名</th><th>原迁（集中村）人口</th><th>散迁人口</th><th>合计</th></tr>
<tr><td rowspan="5">白龙乡</td><td>北东峪村</td><td>1909</td><td rowspan="5">185</td><td rowspan="5">4334</td></tr>
<tr><td>东龙门村</td><td>770</td></tr>
<tr><td>西龙门村</td><td>656</td></tr>
<tr><td>李庄村</td><td>814</td></tr>
<tr><td>小计</td><td>4149</td></tr>
<tr><td rowspan="5">刘家台乡</td><td>刘家台村</td><td>363</td><td rowspan="5">50</td><td rowspan="5">1510</td></tr>
<tr><td>白沙村</td><td>736</td></tr>
<tr><td>慈家台村</td><td>170</td></tr>
<tr><td>黄龙寺村</td><td>191</td></tr>
<tr><td>小计</td><td>1460</td></tr>
<tr><td rowspan="3">坨南乡</td><td>黄山村</td><td>233</td><td rowspan="3">74</td><td rowspan="3">563</td></tr>
<tr><td>新建庄村</td><td>256</td></tr>
<tr><td>小计</td><td>489</td></tr>
<tr><td>于家庄乡</td><td>于家庄村</td><td>933</td><td>3</td><td>936</td></tr>
<tr><td>满城镇</td><td>无</td><td>无</td><td>27</td><td>27</td></tr>
<tr><td>南韩村镇</td><td>无</td><td>无</td><td>13</td><td>13</td></tr>
<tr><td>大册营镇</td><td>无</td><td>无</td><td>28</td><td>28</td></tr>
<tr><td>方顺桥乡</td><td>无</td><td>无</td><td>22</td><td>22</td></tr>
<tr><td>要庄乡</td><td>无</td><td>无</td><td>18</td><td>18</td></tr>
<tr><td>贤台乡</td><td>无</td><td>无</td><td>13</td><td>13</td></tr>
<tr><td>石井乡</td><td>无</td><td>无</td><td>10</td><td>10</td></tr>
<tr><td>神星镇</td><td>无</td><td>无</td><td>68</td><td>68</td></tr>
<tr><td>合计</td><td></td><td>7031</td><td>511</td><td>7542</td></tr>
</table>

第六节　机构设置

1991 年，县水利局有工作人员 31 人。1999 年 10 月，县水利局更名为县水务局，但未报机构编制委员会办公室（以下简称编办）备案。根据 2002 年《满城县机构改革方案》，内设办公室、水利工程股、水政水保股 3 个职能股室。机关行政编制 8 人（含工勤编制 1 人），其中局长 1 人，副局长 2 人，股级干部职数3人。2004年，工作人员130多人。2008年，包括大册营渠道、马连川水库、龙门西渠3个管理所的管理人员在内，全局干部职工160多人。有钻井公司、抗旱服务站2个下属机构。

钻井公司　钻井公司为县水务局下属独立核算单位，1982年获省水利厅颁发的“甲级水利钻井资格证书”，技术力量雄厚，具备优化设计、勘探、凿井、钻井、洗井、修井、成井工艺配套、水利枢纽等工程的实施能力，同时具备各种井壁管的制作与加工能力。1991年，干部职工200多人，有打井钻机14台，洗井机1台，金属切削机床16台。1991年后，钻井公司抢抓机遇，拓宽市场，不仅在本省、本地区占有市场，还曾跨越京、津、鲁、豫、辽、滇等省市地区实施凿井、钻井、桥桩孔、桩基孔、水利枢纽等大型作业。2008年，内设打井科、供销科、生产科、技术科、财务科、办公室6个科室，干部职工120多人。有各种钻机19台，其中CZ-30型冲击式钻机6台、YRL-100型冲击式钻机3台、HTJ-1000型千米钻回转钻机1台、SRJ-600型回转钻机3台、SPR-300型回转钻机6台。另有与钻机机械相配套的发电机、空气压缩机、泥浆泵、潜水泵、高压反循环钻头、钻杆等机械设备。固定资产870万元。

抗旱服务站　1996年4月，设立抗旱服务站，编制8人，设站长1人，副站长1人，为局属股级事业单位，实行企业化管理，职责以抗旱为主兼营其他。2008年，人员编制为10人。

第四章　电　力

1991年，满城县有4座35千伏变电站，48.5公里35千伏线路，1002.34公里10千伏线路。2008年，有3座220千伏变电站，7座110千伏变电站，6座35千伏变电站，95条10千伏线路，2800千米0.4千伏线路，供电可靠率99.6%。完成两期农网改造工程，建成3个电气化乡（镇）、34个电气化村。1991—1997年，购电量一直处于全市领先地位。2008年，完成购电量8.81亿千瓦时，完成售电量8.34亿千瓦时。企业、农村、城镇用电均呈增长趋势，尤其是企业用电除1997年外，每年均以1000多万千瓦时的速度增长，1997—2008年，年均增长2467万千瓦时。2008年，农村和城镇用电量均为1991年的5.5倍。1997—2008年电价经过4次调整，2008年光每千瓦时0.52元，力每千瓦时0.77元，水每千瓦时0.57元。

第一节　电力设施与工程

一、电力设施

1991年，满城县有4座35千伏变电站，7台主变，容量2.39万千伏安。1608台配电变压器，容量12.96万千伏安，48.5公里35千伏线路，1002.34公里10千伏线路。有11个供电所，担负着25个乡（镇）、245个自然村、752家工业企业和10万余户城乡居民生活供电任务。

2000年，完成“两改一同价”（即农村电网改造、农电管理体制改革、城乡居民生活用电同价）工程，形成以110千伏变电站为骨架，35千伏变电站为脉络的供电网络，年供电能力10亿千瓦时。

2008年，有3座220千伏变电站，7座110千伏变电站，6座35千伏变电站，95条10千伏线路，2800千米0.4千伏线路，最大负荷16.6万千瓦时，供电可靠率99.6%，综合电压合格率97.9%。累计投资2138万元，建成3个新农村电气化乡（镇）、34个电气化村。

输变电工程（摄于2007年）

二、输电工程

1991年，投资80.23万元，新架19.4公里输电线路，改造16公里输电线路。投资29万元，改造140公里低压线路，换电杆200根。

1993年，改造线路51.1公里，新架线路43.6公里，新架129台配电变压器，总容量1.91万千伏安。

1997年，投资550多万元，创建45个高标准用电村，完成14万米低压整改线路，进户线路48万米，更换电杆1800多根，安装1200多套铁表箱。

1998年12月，第一期农网建设与改造工程启动，2000年10月通过省政府验收，共计投资5752.8万元。工程包括七部分：完成大册营110千伏变电站续建工程，增加2台主变，容量63兆伏安，建设110千伏安线路9.4公里；新建神星、龙门、南韩村、西庄4座35千伏变电站，改造城关1座35千伏变电站，共计7台主变，总容量32.6兆伏安；建设35千伏线路35.67公里；建设和改造10千伏线路158.45公里，配变229台，容量22.86兆伏安；更换高损耗配变126台，容量10.41兆伏安；完成227个村的低压线路改造工程；完成配网工程、MIS系统、乡站微机、通讯扩频。

2002年3月，第二期农网改造工程开始，同年7月通过省、市验收，实际完成总投资2457.54万元。工程包括八部分：完成10千伏线路改造176.50公里，新增284台配变，总容量2.51万千伏安，改造5个变台；新建10千伏线路10.57公里；完成农业排灌10千伏线路工程，改造农业排灌10千伏线路93.58公里；在12个乡（镇）改造19.45公里低压线路，改造37个台区；新建及改造11.79公里10千伏线路，新增11个台区，改造29个台区，新增22台配变，容量1650千伏安，改造低压线路1.65公里，涉及10个村（东龙门、西龙门、北东峪、李庄、南水峪、北水峪、大坎下、巩庄、训口、钟家店）的83眼机井；完成58个村低压电网改造，改造73个台区、22.99公里低压线路；改造高耗配变31台，总容量2970千伏安；对9个站（所）架设光纤线路62.5公里。

2003年，针对大册营造纸工业区负荷增长过快的实际，投运大册营517、519、520三条10千伏线路。

2005年春季以后，全县部分线路负荷猛增，致使有些线路不能安全正常运行，在市电力局支持下，分别对大册营519#、515#、511#、510#、526#、方顺桥511#、水源519#进行出口CT增容。为解决部分10千伏线路负荷增长过快，线路损耗过大、频繁过负荷跳闸等问题，重新优化电网结构，合理布局，新投运大册营524#、510#、511#、526#10千伏间隔4回，新架及改造10千伏线路8.4公里。同年，完成东马转盘收费站、古城街、西苑街、玉川路东延、育才街、桃园街、顺德小区的路灯建设，新立路灯317个，铺设电缆13.65公里。在南水北调拆迁工程中，投资267.8万元，改造10千伏线路5.30公里，35千伏线路0.98公里。农网建设与改造工程完成10千伏新建线路32.9公里，改造线路35.97公里，新增71台配变，投资1030万元。低压电网改造84个台区，改造低压线路34公里，新架79台JP柜，新装793个集户表箱，改造9962户1户1表，投资466万元。

2006年，投资62万元，完成大册营镇马厂、永南庄2个行政村4个台区的电气化建设。农网建设与改造工程完成10千伏线路改造及配变增容工作，全年新架及改造54条10千伏残老、卡脖线路，共计30.33公里；新增改造52台农村及野外排灌配变。

2007年，完成方顺桥三恩庄513开关CT增容工作，并配合相关部门完成方顺桥变电站2号主变增容工作，于6月19日投入运行；投资1380万元，完成方顺桥、大册营2个电气化乡（镇）13个村80个台区的电气化建设。同年，完成新架及改造40条10千伏残老、卡脖线路，长度17.33公里；新增及改造48台农村野外排灌配变，建设机井1300眼；完成0.4千伏线路处缺85项，新架改造低压线路12.96公里；更换7条35千伏线路合成绝缘子，共计1390只，并加装驱鸟器558只。

2008年，新架及改造32条10千伏残老、卡脖线路，线路总长22公里；农业排灌新增及改造56台农村野外排灌配变，完成291眼机井施工验收工作。同年，投资696万元，完成满城镇全镇及其他乡（镇）14个村36个台区的电气化建设。

三、变电工程

1991年，西原110千伏变电站投运，解决了县南用电紧张局面，年售电量超过1.8亿千瓦时。1994年11月15日，杨家佐110千伏变电站开始建设，争取贷款280万元，业务经费26万元。1995年竣工，进入调试阶段。1996年，岭西35千伏变电站无人值班线路安装完成。

2003年，为满足柳家佐、石井乡的用电需求，缓解杨家佐110千伏变电站超负荷现象，实施杨家佐变电站主变增容工程。

2004年，投资兴建3座110千伏变电站，5台主变15.45万千伏安，7座35千伏变电站，12台主变5.15万千伏安，71条10千伏配电线路，3316台配电变压器，总容量33.47万千伏安。全县有1座220千伏变电站，5座110千伏变电站。

2006年，南韩村变电站开展二期工程建设，新增1台主变，缓解了大固店、南韩村、段旺日益紧张的供电压力。2007年，西庄、岭西2座变电站加装远程图像监控系统。全县6座35千伏变电站全部实现远程监控。2008年11月，石井35千伏变电站投入运行，各项指标正常。

1991—2008年满城县变电设施一览表

表3-4-1

年份	变电站	设备名称	容量（千伏安）	电压等级	型号	投运年月	总容量（千瓦时）
1991—1996	远郊变电站	1号主变	10000	35kV	SL-10000	1971年2月	44600
	杨家佐变电站	1号主变	5000	35kV	SL-5000	1984年2月	
	杨家佐变电站	2号主变	3150	35kV	SL-3150	1974年2月	
	神星变电站	1号主变	3150	35kV	SL-3150	1976年	
	神星变电站	2号主变	2000	35kV	SL-2000	1976年	
	城关变电站	1号主变	6300	35kV	SZ7-6300/35	1988年7月	
	城关变电站	2号主变	5000	35kV	SZ7-5000/35	1989年	
	大册营变电站	1号主变	10000	35kV	SL-10000	1995年	

续表 3-4-1

年份	变电站	设备名称	容量（千伏安）	电压等级	型号	投运年月	总容量（千瓦时）
1997—2000	神星变电站	1号主变	6300	35kV	SZ9-6300/35	2000年2月	46500
	神星变电站	2号主变	3150	35kV	SZ9-3150/35	2000年2月	
	岭西变电站	1号主变	3150	35kV	SZ7-3150/35	1997年1月	
	岭西变电站	2号主变	3150	35kV	SZ7-3150/35	1997年1月	
	城关变电站	1号主变	6300	35kV	SZ7-6300/35	1989年	
	城关变电站	2号主变	5000	35kV	SZ7-5000/35	1989年	
	35kV 龙门站	1号主变	3150	35kV	SZ9-3150/35	2000年9月	
	35kV 龙门站	2号主变	3150	35kV	SZ9-3150/35	2000年9月	
	35kV 南韩村站	1号主变	5000	35kV	SZ9-5000/35	2000年4月	
	35kV 西庄站	1号主变	3150	35kV	SZ9-3150/35	2000年4月	
	35kV 西庄站	2号主变	5000	35kV	SZ9-5000/35	2000年4月	
2001—2004	方顺桥变电站	1号主变	6300	35kV	SZ7-6300/35	2001年12月	57800
	方顺桥变电站	2号主变	3150	35kV	SZ7-3150/35	2003年	
	城关变电站	1号主变	6300	35kV	SZ7-6300/35	1989年	
	城关变电站	2号主变	5000	35kV	SZ7-5000/35	1989年	
	35kV 神星站	1号主变	6300	35kV	SZ9-6300/35	2000年2月	
	35kV 神星站	2号主变	5000	35kV	SZ9-5000/35	2000年2月	
	35kV 南韩村站	1号主变	5000	35kV	SZ9-5000/35	2000年4月	
	35kV 龙门站	1号主变	3150	35kV	SZ9-3150/35	2000年9月	
	35kV 龙门站	2号主变	3150	35kV	SZ9-3150/35	2000年9月	
	35kV 岭西站	1号主变	3150	35kV	SZ7-3150/35	1999年10月	
	35kV 岭西站	2号主变	3150	35kV	SZ9-3150/35	2000年4月	
	35kV 西庄站	1号主变	3150	35kV	SZ9-3150/35	2000年4月	
	35kV 西庄站	2号主变	5000	35kV	SZ9-5000/35	2000年4月	
2005	35kV 南韩村站	1号主变	5000	35kV	SZ9-5000/35	2000年4月	46500
	35kV 岭西站	1号主变	3150	35kV	SZ7-3150/35	1999年10月	
	35kV 岭西站	2号主变	3150	35kV	SZ9-3150/35	2000年4月	
	35kV 方顺桥站	1号主变	6300	35kV	SZ7-6300/35	2001年12月	
	35kV 方顺桥站	2号主变	3150	35kV	SZ7-3150/35	2007年6月	
	35kV 神星站	1号主变	6300	35kV	SZ9-6300/35	2000年2月	

续表 3-4-1

年份	变电站	设备名称	容量（千伏安）	电压等级	型号	投运年月	总容量（千瓦时）
	35kV 神星站	2 号主变	5000	35kV	SZ9-5000/35	2000 年 2 月	
	35kV 西庄站	1 号主变	3150	35kV	SZ9-3150/35	2000 年 4 月	
	35kV 西庄站	2 号主变	5000	35kV	SZ9-5000/35	2000 年 4 月	
	35kV 龙门站	1 号主变	3150	35kV	SZ9-3150/35	2000 年 9 月	
	35kV 龙门站	2 号主变	3150	35kV	SZ9-3150/35	2000 年 9 月	
2007	新增 35kV 南韩村站	2 号主变	3150	35kV	SZ7-3150/35	2007 年 4 月	49650
2008	新增 35kV 石井站	1 号主变	3150	35kV	SZ9-3150/35	2008 年 11 月	57800
	新增 35kV 石井站	2 号主变	5000	35kV	SZ7-5000/35	2008 年 11 月	

第二节　供用电

一、供电

1991 年，县电力部门担负着全县 752 家工业企业和 10 万余户城乡居民生活供电任务。1992 年，购电量超过 2 亿千瓦时。1995 年，购电量超过 3 亿千瓦时，居全市 22 个县、市之首，之后连续 6 年保持全市第一。

2000 年以后，因电力供应持续紧张，电力部门根据季节性用电特点和各行业需电情况，科学合理安排用电负荷，做到有计划供电。同时，积极同市电力局联系，争取保证电量不断增长。2004 年，完成购电量 7.92 亿千瓦时，比 2003 年增长 11.27%，超年计划目标 5.6%；完成售电量 7.69 亿千瓦时，比 2003 年增长 11.79%，占年计划目标的 106.7%。2005 年，完成购电量 9.08 亿千瓦时，完成售电量 8.58 亿千瓦时。2006 年，完成购电量 7.91 亿千瓦时，完成售电量 7.48 亿千瓦时。2007 年，完成购电量 8.46 亿千瓦时，完成售电量 8.01 亿千瓦时。2008 年，完成购电量 8.81 亿千瓦时，是 1991 年的 5.14 倍；完成售电量 8.34 亿千瓦时，是 1991 年的 5.42 倍。

二、用电

（一）企业用电

1991—2008 年间，全县用电企业迅速增长，企业用电量也连年增长。根据企业发展需要，县电力部门不断增加变压器数量、容量，保障企业用电需要。

1991 年，全县用电企业 752 家，用电量 9950.95 万千瓦时，客户变压器 837 台。2005 年，全县用电企业 1998 家，用电量增加到 56930.90 万千瓦时，是 1991 年 5.72 倍。2006 年，全县用电企业 2031 家，由于各企业采取节约用电等措施，用电量有所减少。2007—2008 年，企业用电量逐渐增加。

2008 年，企业用电量 54349.10 万千瓦时，是 1991 年的 5.46 倍。客户变压器 2186 台，是 1991 年的 2.6 倍；容量 383721 千伏安，是 1991 年的 4.4 倍。

1991—2008 年满城县企业用电量统计表

表 3-4-2

年份	用电企业数	用电量（万千瓦时）	客户变压器数量（台）	容量（千伏安）	售电量（万千瓦时）
1991	752	9950. 95	837	87668. 75	9950. 95
1992	795	12038. 21	880	115706. 50	12038. 21
1993	907	15541. 92	992	162779. 50	15541. 92
1994	991	16730. 42	1076	167563. 50	16730. 42
1995	1041	19022. 82	1126	175740. 50	19022. 82
1996	1097	21317. 63	1182	188467. 50	21317. 63
1997	1122	21672. 89	1207	159971. 50	21672. 89
1998	1156	23413. 65	1241	164151. 00	23413. 65
1999	1220	27533. 35	1305	171643. 55	27533. 35
2000	1296	34211. 45	1381	188153. 55	34211. 45
2001	1315	35764. 95	1400	195611. 00	35764. 95
2002	1448	40117. 35	1533	225680. 00	40117. 35
2003	1680	44739. 50	1765	251495. 40	44739. 50
2004	1721	50012. 30	1806	257400. 00	50012. 30
2005	1998	56930. 90	2083	411743. 80	56930. 90
2006	2031	49622. 95	2116	372970. 00	49622. 95
2007	2139	51929. 80	2224	383009. 25	51929. 80
2008	2101	54349. 10	2186	383721. 00	54349. 10

（二）农村用电

1991—2008 年，农村客户数量持续稳定增加，用电量增幅较大。县电力部门变压器等基础设施建设保持同步。1991 年，全县农村用电户 99059 户，售电量 5358. 20 万千瓦时，用电量 1837. 1 万千瓦时。2000 年，全县农村用电户 102825 户，售电量 18421. 55 万千瓦时，用电量 6315. 96 万千瓦时。2008 年，全县农村用电户数 106172 户，售电量 29264. 90 万千瓦时，用电量 10033. 68 万千瓦时，用电量是 1991 年的 5. 5 倍；全县变压器容量是 206619 千伏安，是 1991 年的 4. 4 倍。

1991—2008 年满城县农村用电量统计表

表 3-4-3

年份	客户数量	用电量（万千瓦时）	客户变压器数量（台）	容量（千伏安）	售电量（万千瓦时）
1991	99059	1837. 10	773	47206. 25	5358. 20

续表3-4-3

年份	客户数量	用电量（万千瓦时）	客户变压器数量（台）	容量（千伏安）	售电量（万千瓦时）
1992	99478	2222.44	813	62303.50	6482.12
1993	99896	2869.28	916	87650.50	8368.72
1994	100314	3088.69	993	90226.50	9008.69
1995	100733	3511.90	1039	94629.50	10243.05
1996	101151	3935.56	1092	101482.50	11478.72
1997	101570	4001.15	1115	86138.50	11670.02
1998	101988	4322.52	1145	88389.00	12607.35
1999	102406	5083.08	1204	92423.45	14825.65
2000	102825	6315.96	1274	101313.45	18421.55
2001	103243	6602.76	1292	105329.00	19258.05
2002	103662	7406.28	1416	121520.00	21601.65
2003	104080	8259.60	1629	135420.60	24090.50
2004	104498	9233.04	1667	138600.00	26929.70
2005	104917	10510.32	1922	221708.20	30655.10
2006	105335	9161.16	1953	200830.00	26720.05
2007	105754	9587.04	2053	206235.75	27962.20
2008	106172	10033.68	2018	206619.00	29264.90

（三）城镇用电

1991—2008年，城镇居民用电量、公用事业用电量、县城照明用电量均持续增长。1991年，城镇居民用电量612.37万千瓦时，公用事业用电量250.87万千瓦时，县城照明用电量306.18万千瓦时。2000年，城镇居民用电量2105.32万千瓦时，公用事业用电量398.05万千瓦时，县城照明用电量1052.66万千瓦时。2008年城镇居民用电量为3344.56万千瓦时，是1991年的5.5倍；公用事业用电量600万千瓦时，是1991年的2.4倍；县城照明用电量1672.28万千瓦时，是1991年的5.5倍。

1991—2008年满城县城镇用电量统计表

表3-4-4　　单位：万千瓦时

年份	城镇居民用电量	公用事业用电量	县城照明用电量
1991	612.37	250.87	306.18
1992	740.81	264.08	370.41
1993	956.43	277.97	478.21

续表3-4-4

年份	城镇居民用电量	公用事业用电量	县城照明用电量
1994	1029.56	292.60	514.78
1995	1170.63	308.01	585.32
1996	1311.85	324.22	655.93
1997	1333.72	341.28	666.86
1998	1440.84	359.24	720.42
1999	1694.36	378.15	847.18
2000	2105.32	398.05	1052.66
2001	2200.92	419.00	1100.46
2002	2468.76	441.06	1234.38
2003	2753.20	464.27	1376.60
2004	3077.68	488.70	1538.84
2005	3503.44	514.43	1751.72
2006	3053.72	541.50	1526.86
2007	3195.68	570.00	1597.84
2008	3344.56	600.00	1672.28

三、供用电管理

1991—1998年，开展电力“三为服务”(为农业、为农民、为农村经济服务)，不断加强农村农网线路改造，开展初级电气化村建设。1996年，达到电力“三为服务”达标单位要求。1998年，变电站实现100%无人值守，用电实行分类综合和最高限价管理。

农村电气化村电网改造(摄于2008年)

1999—2005年，推进农电体制改革，撤销乡(镇)电管站，实行县乡一体化管理，农村供电实行“三公开”(电量、电价、电费公开)、“四到户”(销售、抄表、收费、服务到户)和“五统一”(统一电价、统一发票、统一抄表、统一核算、统一考核)管理。开展供电企业体制改革、农电“两改一同价”工作。1998年、2002年，先后启动一期、二期农村电网建设与改造工程。2002年年底，全县204个行政村全部进行农网改造，实行收费到户管理。2005年年底，14个供电所先后达到规范化管理标准。县城13000户居民全部实现统管到户。

2006—2008年，按照“新农村、新电力、新服务”农电发展战略，推进农村电网建设与改造工程、户户通电工程。2006年，逐步改造农业排灌机井1900眼，50%的农业排灌机井实现井井通电、户户持卡。2008 年年底，农村供电服务兑现率 99.99%，14 个供电所达到农村供电营业窗口规范化服务标准要求。

电力服务一直采取区域内服务的方式，即某个自然村出现电力问题，找村内电工进行检查，职权范围内的现场进行解决。2004 年，成立 95598 呼叫中心，中心设 4 条中继线，24 小时受理业务咨询、信息查询、服务投诉和电力故障报修服务。在对电工的管理中，逐步建立健全安全管理常态运行机制、安全责任体系、安全保证体系和安全监督体系。实行一岗双责，逐级签订安全生产责任书。建立互查常态机制，每月组织两次安全工作互查，推动安全管理标准化建设。

四、电费收缴与管理

（一）电价变化

1991 年，电价执行工业及农村加工用电每千瓦时 0.09 元，农业用电每千瓦时 0.07 元，照明用电每千瓦时 0.15 元。1997—2008 年，电价经过 4 次调整。1997 年 4 月 1 日起，光每千瓦时 0.55 元，力每千瓦时 0.65 元，水每千瓦时 0.48 元。1999 年，电价执行光每千瓦时 0.55 元，力每千瓦时 0.65 元，水每千瓦时 0.5 元。2004 年，电价执行光每千瓦时 0.49 元，力每千瓦时 0.80 元，水每千瓦时 0.55 元。2008 年，对销售电价进行调整。到户电价光每千瓦时 0.52 元，力每千瓦时 0.77 元，水每千瓦时 0.57 元。

（二）经营效益

1991—2008 年，实行按线管理、责任到人、经济效益与个人利益直接挂钩的办法，增强电管人员的责任感。为防止偷电，将变压器都安装上铁皮箱，定期检查，发现问题及时处理。并增装 S7 型低损耗配电变压器，搞好无功补偿，在 10 千伏线路和变电站 10 千伏部门出线中，装设电容器，经济效益逐年提高。1991 年，购电量 1.72 亿千瓦时，售电量 1.54 亿千瓦时，完成利税 151.35 万元。1993 年，购电量 2.56 亿千瓦时，售电量 2.35 亿千瓦时，实现利税 276.9 万元。1995 年，购电量突破 3 亿，售电量 2.9 亿千瓦时，实现利税 388 万元。1997 年，购电量 3.56 亿千瓦时，售电量 3.33 亿千瓦时，实现利税 755 万元。1999 年，购电量 4.29 亿千瓦时，上缴税金 637 万元。至 2001 年购电量连续 7 年居保定市各县市之首。2003 年，购电量 7.12 亿千瓦时，利税 1472.4 万元。2008 年，购电量完成 8.81 亿千瓦时，利税 2702.48 万元。

1991—2002 年满城县购电、售电数量统计表

表 3-4-5　　单位：万千瓦时

年份	购电量	售电量	年份	购电量	售电量
1991	17148	15394	1997	35623	33343
1992	20466	18448	1998	37695	36014
1993	25565	23506	1999	42943	42359
1994	27420	25334	2000	53133	51043
1995	31283	28795	2001	57234	55023
1996	35004	32412	2002	64824	62488

2003—2008 年满城县电力经营数量统计表

表 3-4-6

年份	购电量（亿千瓦时）	售电量（亿千瓦时）	利润额（万元）	上缴利税（万元）	综合线损（%）
2003	7.12	6.88	582.6	1472.4	3.32
2004	7.92	7.69	—	2246.17	2.87
2005	9.08	8.58	1238.87	2168.88	5.46
2006	7.91	7.48	1018.27	2675.95	5.41
2007	8.46	8.01	1250.45	2807.99	5.32
2008	8.81	8.34	438.51	2702.48	5.3

第三节　管理机构

1991 年，县电力局负责全县的电业管理工作，有干部职工 200 余人。设局长 1 人，副局长 2 人。1996 年，成立电力派出所。2002 年 10 月，撤销三电办公室，成立客户服务中心。集中办理全县用电客户增容、移位、业扩报装、业务咨询等业务，实行一口对外，开通“绿色通道”服务。

2004 年，县电力局领导班子 8 人，全局有 24 个职能科室，下属 14 个供电所，1 个多种经营企业（电友电力有限责任公司），共有干部职工 623 人。

2008 年，县电力局下属 12 个管理部门，14 个供电所和电友电力有限责任公司。电友电力有限责任公司下辖水泥制品分公司、电力承装分公司一队、电力承装分公司二队、电力器材分公司、电力变压器分公司、电器经销分公司、电力文印分公司、保定卫士管业、物业公司 9 个单位。有正式职工 649 人，农电工 391 人，负责全县 12 个乡（镇）、204 个行政村、13.35 万户的供电和服务工作。

第五章　邮　政

2008 年，县内邮路由 1991 年的 25 条减少到 22 条，投递段道总长度 819 公里。开办的主要业务有函件、包裹、汇兑、报刊发行等 10 项，有 9 个邮电支局和 7 个代办所。有 1 处集邮品销售点，设信箱、信筒 128 个。邮政业务收入 1063.24 万元，是 1998 年的 3.9 倍。

第一节　邮　路

1991 年，县邮电局有汽车 1 辆、三轮摩托车 2 辆、二轮摩托车 3 辆、自行车 20 辆，基本满足全县邮件投递需要。

1991—1998 年，有 25 条邮路，投递路线总长 984 公里，有 1 个营业厅，下设 9 个支局。邮区内汽车邮路（农村邮路）2 条，平均每个邮政支局（所）服务面积 53.58 平方公里。邮路分县南线和县北线。县南线途经县邮政局营业厅、韩村邮政支局、陉阳驿邮政支局、方顺桥邮政支局、于家庄邮政支局、江城邮政支局。县北线途经大马坊邮政支局、神星邮政支局、岭西邮政支局、大册营邮政支局。

1999 年 10 月 7 日，江城邮政支局、大马坊邮政支局划归保定市邮政局，邮路发生变化，县南线途经点减少江城邮政支局，县北线途经点减少大马坊邮政支局。

2002 年 8 月 1 日，陉阳驿邮政支局撤并，县南线途经点减少陉阳驿邮政支局。县北线途经点不变。

2003—2008 年，邮路无变化。全县投递段道 22 条，投递段道总长度 819 公里。其中市内投递段道 5 条，市一线至市五线，投递总长度（单程）155 公里；农村投递段道 17 条，投递线路分别是柳家佐线、抱阳线、东马线、石井线、要庄线、方顺桥线、陉阳驿线、于家庄线、神星北线、神星南线、神星西线、坨南西线、坨南中线、坨南东线、韩村线、大册营线、北宋线，投递总长度（单程）664 公里。

第二节　邮政业务

一、函件

1991 年，收寄函件 113.2 万件。1995 年以后，随着电信业务及传真的发展普及，函件业务量呈减少趋势。2008 年，年收寄函件仅 46.84 万件。

为适应新形势，县邮政局推出广告、明信片等商业信函邮递业务。2005 年，建立数据库，为企业提供翔实而准确的客户名址，并为客户提供选址、打印、制作、封装、寄递系列服务。2008 年，中邮专送广告 30800 份、制作邮资广告明信封（片、卡）160534 张。

二、包裹

2001 年 8 月 1 日，开办快递包裹业务，全年国内包裹 15830 件，国际包裹 1 件。2008 年，包裹业务量 11454 件，其中国际包裹 39 件。

三、汇兑

1998 年，汇兑业务量 40412 张。2000 年后，电报汇款逐渐消失。汇款业务除按址汇款外，逐渐开办入账、密码、商务等汇款业务。2002 年 8 月，邮政电子汇兑业务全面推出，运行更加便捷。全县开发汇票 16675 张，开发汇票金额 6117.9 万元，兑付汇票 17702 张，兑付汇票金额 1668.39 万元。

四、报刊发行

1991 年，订销报纸 227.8 万份，订销杂志 9.4 万份，收入 12.6 万元。之后逐年增加。2008 年，全县订销报纸 306.5 万份，杂志 6.7 万份，收入 55.1 万元。

五、机要通信

1991—1999 年，机要通信业务安全运行无事故。2000 年，开始揽收零伍印刷厂试卷，当年业务收入 3.2 万元。2003 年，业务收入最多，为 17.8 万元。2008 年，全县投递机要通信 3927 件，业务收入 6.0 万元。

六、集邮

1986 年 9 月 6 日，开办邮政储蓄业务，储蓄人员兼办集邮业务。1992 年开始办理集邮证，集邮爱好者可持证购买邮票。1993 年 8 月 20 日，集邮协会正式成立。1998 年年底，会员发展到 200 多人，全县集邮爱好者有 1000 多人。2008 年，全县集邮 36873 枚，集邮品册数 1066 册。

七、邮政储蓄

1991 年，邮政储蓄收入 31.9 万元，1995 年为 95.0 万元。1998 年，全县有 9 处邮政储蓄网点，年收入 117.1 万元。2000 年 4 月，中国邮政推出储蓄卡——绿卡业务，可办理本（异）地现金存取、账户全额查询、挂失、更改密码、转账以及代缴电信资费、水电费、公用事业费、有线电视费、报刊费、房费、税金，代发工资、养老金等有关支付结算业务。

2008 年，全县邮政储蓄平均余额 57601.22 万元，邮政储蓄期末余额 58066.17 万元，定期储蓄余额 39200.56 万元，邮政储蓄收入 630.12 万元。

八、邮政快件

1988 年 5 月，县邮电局开始办理邮政快件业务。邮政快件时限慢于特快专递邮件，快于普通邮件，实行全国统一资费标准。此业务开办的最初几年发展很快，后由于传真电话等电信通信手段广泛使用，业务量呈下降趋势。1998 年 7 月 1 日，取消邮政快件业务。

九、特快专递

邮政特快专递是由世界各国邮政联合创办，受各国法律保护，是传递速度最快的邮政业务，其标志由万国邮政联盟统一规定为“EMS”。从收寄到投递整个过程全部由专人负责、专车服务、专台处理，按规定的时间赶班、速发、速运、速投，能使邮件以最快的速度寄达指定地点和收件人手中。

1995 年 8 月 1 日，满城县正式开办邮政特快专递业务。1996 年，县邮电局成立特快专递组，配备人员、车辆和工具，逐步实行专业化经营，业务量和业务收入逐年上升。1998 年，国内特快专递业务量 8173 件。2008 年，国内异地特快专递信件 26902 件，国内同城特快专递信件 5460 件，国际特快专递信件 193 件，国内异地特快专递物品 6891 件，国内同城特快专递物品 127 件，国际特快专递物品 26 件，出口中速快件 160 件，邮政礼仪业务 1 件，总计业务量 39760 件，收入 88.37 万元。

十、分销配送业务

2005 年，县邮政局在农村发展分销配送业务，利用网络优势，建立“连锁经营+配送到户+科技服务”的三农服务物流新体系，业务种类有种子、农药、化肥、日化等。截至 2008 年年底，建成三农服务站 42 户，2008 年配送额 125.13 万元。

1991—2008 年满城县历年邮政业务收入统计表

表 3-5-1　　　　单位：万元

年份	函件	包裹	汇兑	报刊发行	集邮	邮政储蓄	特快专递	机要通信
1991	15.0	6.3	4.7	12.6	1.2	31.9	—	—
1992	15.9	10.3	6.5	13.3	2.5	13.3	—	—

续表3-5-1

年份	函件	包裹	汇兑	报刊发行	集邮	邮政储蓄	特快专递	机要通信
1993	14. 1	8. 5	8. 9	14. 3	2. 0	26. 4	—	—
1994	10. 3	8. 9	10. 4	19. 0	2. 0	31. 4	—	—
1995	12. 9	10. 1	15. 0	2. 2	2. 2	95. 0	2. 9	—
1996	7. 7	13. 2	21. 4	33. 6	2. 8	71. 2	9. 5	—
1997	12. 7	17. 8	23. 6	23. 3	16. 3	106. 4	15. 1	—
1998	14. 5	18. 1	25. 3	37. 3	35. 0	117. 1	22. 5	—
1999	25. 4	190. 1	26. 2	40. 7	56. 3	144. 6	29. 2	—
2000	51. 0	22. 4	28. 5	41. 1	70. 8	179. 0	45. 8	3. 2
2001	105. 6	33. 1	28. 0	42. 8	78. 5	237. 0	63. 3	—
2002	96. 9	32. 2	26. 1	49. 1	19. 5	392. 2	68. 1	5. 5
2003	83. 5	31. 7	32. 4	48. 0	25. 7	441. 0	82. 1	17. 8
2004	103. 2	37. 1	23. 1	41. 0	25. 7	552. 9	89. 0	4. 0
2005	100. 2	32. 2	18. 0	43. 4	23. 6	658. 9	90. 6	7. 1
2006	124. 2	38. 4	16. 1	48. 0	11. 8	744. 8	116. 7	1. 3
2007	155. 2	30. 5	14. 4	54. 7	19. 0	1039. 0	168. 2	5. 1
2008	178. 2	29. 1	14. 3	55. 1	21. 5	630. 1	88. 4	6. 0

第三节　邮政机构

1991—1997 年，县邮电局统一经营邮政、电信业务。内设办公室、生产经营股、计财股、检查股、供应总务股。1998 年，邮政、电信分营，县邮政局设局长、副局长各 1 人，内设经营运行部和综合办公室。建有 9 个邮电支局（所）、7 个代办所，设 128 个信箱、信筒，邮政网络覆盖全县。至 2008 年，内设机构未变，全局有职工 131 人。

第六章　电　信

1991—2008 年，是电信业迅猛发展的阶段。固定电话从 1991 年的 1091 部发展到 2008 年的 55320 户；移动通信业务从无到有，从少量到占据主导地位。2003 年，互联网业务在满城开通。2008 年移动电话用户134500户，小灵通用户9345户，年末电话普及率49.8部/百人。宽带用户量为11212户。无限寻呼业务作为固定电话通信和移动通信之间过渡时期的产物，方便了人们的联络，因其业务形式的局限性，于2000年后逐渐退出历史舞台。2008年，县内有中国联合网络通信有限公司满城县分公司、中国移动通信集团河北有限公司满城分公司和中国铁通集团有限公司保定分公司满城营业厅。

第一节　通信设施

一、固定电话设施

1991年，全县有市话交换机容量1000门。1992年，有1个村安装农话交换机，全县有3条载波电路，16条明线电路。2000年，通信网点有12个模块局。2002年，在黄龙寺村投资建设光、电缆线路，共计投资47.78万元（其中光缆投资26.38万元，电缆投资21.40万元），容量256门。9月29日，黄龙寺村第一部电话7099999通话。2003年5月，投资54.2万元解决车厂村通信，架设光、电缆线路30余公里，安装接入网的程控交换设备，118户村民装通电话。自此，满城县消灭了最后一个电话白点村，固定电话网络通达全县所有行政村。

2008年，中国联通满城分公司成立后，全力进行通信基站建设。建成47座2G宏基站，2套直放站，3套室内分布系统，其中平原区域宏基站36座，主要覆盖县城及南部平原和东北部平原。有81个通信机房（网点），400座小灵通基站，室内分布系统2套。其中500兆瓦基站201座，主要分布在县城及周边区域、冀中监狱、太行监狱；10兆瓦加功放基站199座，分布在大册营工业区、惠阳厂和神星镇。覆盖全县204个行政村，光缆线路长达7000余公里，主干电缆近10万对。

二、移动通信设施

2007年，作为全国3G试点之一，移动满城分公司率先建成TD-SCDMA试验网。2008年，通过ISO 9000、ISO 14000、OHSAS 18000三大国际标准管理体系认证。

2003—2008年，先后投资数千万元，对西部山区实施通信扶贫、村村通、太行老区移动通信覆盖等专项工程，缩小城乡数字鸿沟。

2008年，全县所有行政村和绝大部分自然村的网络实现全覆盖，网络运行质量持续保持业内领先。全县建有14个实体营业厅（店），在农村建立200多个中国移动通信服务站。与县内主要银行机构实现合作收费，开通网上营业厅、短信营业厅等电子渠道。

第二节　电信业务

一、固定电话业务

1991年，全县市话交换机总容量1000门，电话机总数891部。农话交换机总容量776门，电话机总数200部。年末市话户数643户。全县245个行政村有35个村通电话。

1992年，市话交换机总容量1000门，电话机总数1013部，其中接入县邮电局交换机的有819部，接入用户交换机的有194部。农话交换机总容量680门，电话机总数216部。全县245个行政村中有

37 个村通电话。245 个行政村均未纳入市话网。

1993—1995 年，固话通话迅速发展。1995 年年底，有市话交换机 6000 门、农话交换机 5248 门，市话、农话电话机总数 7595 部，比 1991 年增加 6504 部。其间，除机关、企业单位外，家庭固话很少。人们多到县邮政局或设有公用电话的地方去打电话，计时收费。不方便的地方需要到县邮政局发电报。

20 世纪 90 年代初的固定电话

1996—2000 年，固话安装数量持续增加。1996 年年底，全县市话与农话电话机总数 12331 部，电话普及率 3.11 部/百人。13 个乡（镇）全部通电话，245 个行政村中 198 个通电话。2000 年，固话数量 29372 部，是 1996 年的 2.4 倍，电话普及率 9 部/百人。

2001 年，固话开始普及到家庭。2001—2004 年间，电信业务量增加迅速。2003 年年底，电话交换机总容量 74496 门，固定电话用户 65583 户，电话普及率 29.8 部/百人。2004 年，固话用户数量达到历史最高值 79976 部。之后受移动电话的冲击，固话用户开始下降。2005 年年底，电话交换机总容量 77644 门，固定电话用户 60887 户，电话普及率 31.1 部/百人，计算机互联网用户 4509 户。2006 年年底，电话交换机总容量 77120 门，电话普及率 46.2 部/百人。2007 年，电话交换机总容量 60070 门，电话普及率 46.4 部/百人。

20 世纪 90 年代末的固定电话

2008 年，全县电话交换机总容量 52474 门，固定电话用户 55320 户（其中城市电话用户 29307 户，乡村电话用户 26013 户），电话普及率 49.8 部/百人。

二、移动通信业务

1995 年，移动通信业务开始走进人们的生活。起初因移动电话个头大、价位高，是身份、地位的象征，被称作“大哥大”“大砖头”，当年移动用户 287 户。随后，移动电话不断改进，价位也逐渐下降，开始进入普通人手中。1996 年，全县有移动电话 653 部。2000 年，移动电话数量 11672 部，是 1996 年的 17.9 倍。2003 年，移动电话用户 42650 户。2005 年，移动电话用户 46150 户。2008 年，移动电话用户 134500 户。

大哥大

2003 年，开通小灵通业务。因小灵通价位低，使用简便，能够满足大多数人日常通信需要，社会需求较大，当年小灵通用户 5018 户。2005 年，小灵通交换机总容量 24330 门，小灵通用户 13667 户，达到最高峰。之后，受移动通信冲击，小灵通用户逐渐减少。2006 年年底，小灵通交换机总容量 28200 门。2008 年，小灵通交换机总容量 18600 门，小灵通用户 9345 户。

三、无限寻呼业务

1995 年，县邮政局开始承揽无线寻呼业务，使用保定 126、127 寻呼台，当年全县有寻呼机 948 部。1998 年，邮政、电信分设，无线寻呼业务归电信经营。当时无线寻呼业务多为公职人员、商务人员使用，他们配备 BB（BP）机，寻呼台发来信息后，再寻找电话回话，BB（BP）机数量也迅速增加。后此项业务转到联通公司。2000 年后，随着移动电话的普及，无限寻呼业务逐渐萎缩、消失。

BB（BP）机

四、网络业务

2003年，出现互联网业务，当年宽带用户1031户，之后逐年增加。至2008年，用户数量11212户。

1991—2008年满城县通信业务统计表

表3-6-1

年份	市话交换机（门）	农话交换机（门）	固定电话（部）	移动通信（部）	无线寻呼（户）	电话普及率（部/百人）	公用电话（部）
1991	1000	776	1091	0	0	0	0
1992	1000	680	1229	0	0	0	0
1993	6000	760	1762	0	0	0	0
1994	6000	4286	2642	0	0	0	0
1995	6000	5248	7595	287	948	1.8	—
1996	6000	7936	12331	653	基站1	3.11	44
1997	—	—	15849		基站1	3.99	59
1998	—	—	18863		基站1	5	47
1999	—	—	20950	4320	—	7	255
2000	—	—	29372	11672	—	9	708
2001	—	—	45970		—	—	623
2002	—	—	51884		—	—	638
2003	28000	39012	65583	42650	—	29.8	708
2004	29620	48316	79976	44550	—	35.5	1252
2005	29604	48300	60887	46150	—	31.1	1267
2006	29420	48296	54197	129800	—	46.2	1439
2007	28824	48296	58870	112500	—	46.4	1567
2008	52474		55320	134500	—	49.8	1499

说明：固话是指市话和农话电话机总数

2001—2008年满城县电信业务统计表

表3-6-2

年份	电信业务量（万元）					本地电话用户（户）	小灵通用户（户）	国际互联网用户（户）
	合计	长途电话	本地电话	电报业务	数据通信业务			
2001	3229	460	2702	94	—	45970	0	0
2002	3619	501	3022	1	94	57130	0	0
2003	4004	509	3346	—	148	65583	5018	1031
2004	4979	464	4277	—	228	79976	13000	3483

续表3-6-2

年份	电信业务量（万元）					本地电话用户（户）	小灵通用户（户）	国际互联网用户（户）
	合计	长途电话	本地电话	电报业务	数据通信业务			
2005	5308	—	—	—	—	60887	13667	4509
2006	5830	—	—	—	—	54197	12827	5665
2007	3720	—	—	—	—	58870	10547	7241
2008	3822	—	—	—	—	55320	9345	11212

第三节 电信业机构

一、中国联合网络通信有限公司满城县分公司

1998 年 12 月，邮电、电信分营，分别成立县电信局和县邮政局。1999 年，移动公司从电信局剥离。2002 年 9 月，满城县电信局更名为中国网通河北省通信公司满城县分公司。2004 年 11 月 16 日更名为中国网通（集团）有限公司满城县分公司。2008 年 10 月 15 日，又与中国联合通信有限公司（1994 年成立）合并成立中国联合网络通信有限公司满城县分公司（简称中国联通满城分公司）。

2008 年 11 月，中国联通满城分公司设综合部、营销服务部、建设维护部 3 个机构，同时下辖 5 个生产中心、4 个农村营业部和 2 个县城中心营业厅，有 37 个代办服务网点，遍及全县 12 个乡（镇）、204 个行政村。

二、中国移动通信集团河北有限公司满城分公司

1999 年 7 月，中国移动通信集团河北有限公司满城分公司正式挂牌成立。主要经营移动电话通信（包括语音、数据、多媒体等）、IP 电话及互联网接入等业务。2006 年开始，全面实施《萨班斯——奥克斯利法案》认证，并导入卓越绩效管理模式。2008 年，有员工 74 人。

三、中国铁通集团有限公司保定分公司满城营业厅

2005 年 9 月成立，有 7 名员工。在满城镇南马村建立 1 个机房，用户只覆盖南马、西马及中山路土产公司、怡宁小区。2006 年 8 月，投资 306 万元主要对顺德小区、永乐园、育德胡同、育英胡同、满中小区进行工程建设。2008 年，县内有铁通通信线路 18 公里，其中光缆线路 10 公里，有 1100 户固定电话用户，960 户宽带用户。

第七章 环境保护

经过长期监测，全县大气环境总体良好。地表水中界河上游水质良好，界河下游及漕河水质较差。地下水大部分区域良好。1996 年开始，对造纸、塑料加工、冶炼铸造、建材、化工五个重点行业进行严格治理，不达标企业全部关停。2002年，大册营污水处理厂通过省环保局验收。2005年开始，对所有建设项目进行环保审评。2006年，成立环境监察大队，加强对入网造纸企业的监管和整治，并组织清理坑储工业超标废水等专项行动，对排污单位按辖区和行业类别逐户调查，实行一企一档统一管理。2007—2008年，组织第一次污染源普查，对全县1456家工业源的废水、废气、固体废弃物和生活源用水、污水处理等进行全面普查。2008年，大册营污水处理厂进、出水监测仪与省、市环保部门监测平台联网。

第一节　环境质量

一、大气环境质量

1996年11月对冀中监狱、谒山、城内、柳家佐及北庄村进行大气监测，2003年7月对妇幼保健院、通达造纸厂、守陵村东进行大气监测，2004年10月对吉明造纸厂、石井村西南、永安庄村进行大气监测。监测数据显示，所有数据均在国家标准范围之内，全县大气环境质量总体上良好。

1996年满城县大气监测数据统计表

表3-7-1　　单位：毫克/立方米

点位	监测项目＼时间	7—8时	11—12时	14—15时	19—20时
冀中监狱	氮氧化物	0.046	0.062	0.043	0.043
	二氧化硫	0.350	0.180	0.027	0.026
	总悬浮颗粒物	0.390	0.520	0.570	1.065
谒　山	氮氧化物	0.280	0.132	0.057	0.051
	二氧化硫	0.055	0.025	0.033	0.057
	总悬浮颗粒物	1.064	0.516	0.330	0.520
城　内	氮氧化物	0.087	0.110	0.027	0.033
	二氧化硫	0.240	0.033	0.120	0.010
	总悬浮颗粒物	0.574	0.584	0.573	0.584
柳家佐	氮氧化物	0.053	0.051	0.017	0.038
	二氧化硫	0.010	0.010	0.061	0.210
	总悬浮颗粒物	0.321	0.430	0.275	0.029
北　庄	氮氧化物	0.041	0.061	0.023	0.062
	二氧化硫	0.100	0.066	0.044	0.045
	总悬浮颗粒物	0.590	0.570	0.590	0.580

2003 年满城县大气监测数据统计表

表 3-7-2　　单位：毫克/立方米

点位	监测项目	7—8 时	11—12 时	14—15 时	19—20 时
妇幼保健院	二氧化硫	0.010	0.036	0.010	0.010
	总悬浮颗粒物	0.391	0.211	0.310	0.197
通达造纸厂	二氧化硫	0.046	0.041	0.030	0.010
	总悬浮颗粒物	0.331	0.176	0.193	0.114
守陵村东	二氧化硫	0.054	0.046	0.010	0.029
	总悬浮颗粒物	0.305	0.107	0.249	0.152

2004 年满城县大气监测数据统计表

表 3-7-3　　单位：毫克/立方米

点位	监测项目	7—8 时	11—12 时	14—15 时	19—20 时
吉明造纸厂	二氧化硫	0.010	0.020	0.033	0.018
	总悬浮颗粒物	0.038	0.044	0.040	0.037
石井村西南	二氧化硫	0.010	0.010	0.016	0.010
	总悬浮颗粒物	0.031	0.036	0.029	0.021
永安庄村	二氧化硫	0.010	0.021	0.010	0.015
	总悬浮颗粒物	0.040	0.041	0.035	0.033

二、水环境质量

（一）地表水

环保部门对漕河、界河的水质情况进行长期监测。监测数据表明漕河水质较差，2004 年 3 月，漕河出县水化学需氧量浓度为 182 毫克/升。2002 年 4 月、2004 年 3 月两次监测显示，界河上游水化学需氧量浓度分别为 129 毫克/升、107 毫克/升，悬浮物浓度分别为 106 毫克/升、92 毫克/升，水质良好。界河下游河面无流动水，无监测数据，个别河段有不流动水地，其废水来源为上游所排，化学需氧量浓度为 107 毫克/升，水质较差。

2003—2004 年漕河水质监测数据统计表

表 3-7-4　　单位：毫克/升

时间	监测项目	方上大桥断面	南宋大桥断面	西庄大桥断面	东庄店大桥断面
2003 年 7 月	化学需氧量浓度	208	192	138	99
	悬浮物浓度	117	155	101	71

续表3-7-4

时间 \ 监测项目 \ 监测点位		方上大桥断面	南宋大桥断面	西庄大桥断面	东庄店大桥断面
2004年3月	化学需氧量浓度	370	333	204	182
	悬浮物浓度	467	316	133	87

（二）地下水

满城县的地下水资源主要是以一亩泉为中心的一亩泉水源保护区。地下水补给以界河潜流补给为主，降雨入渗补给为辅。县环境监测站每年对石井、庞村、东马、要庄的4眼水井进行常规监测。2003年监测数据显示，一亩泉水源保护区水质是优良的。

2003年一亩泉水源保护区水井监测数据统计表

表3-7-5 单位：毫克/升

监测定位 \ 监测项目	高锰酸盐指数	总硬度	氨氮	氯化物	溶解性总固体
石　井	0.73	265	0.25	17.7	344
庞　村	0.54	336	0.25	53.2	446
要　庄	0.81	434	0.25	107	680
东　马	0.59	331	0.25	33.5	450

说明：国家标准值：高锰酸盐指数≤3.0，总硬度≤450，氨氮≤0.2，氯化物≤250，溶解性总固体≤1000

2003年，县环境监测站对一亩泉水源保护区以外的地下水进行监测。监测结果显示，县内大部分区域地下水水质优良。受一些企业的影响，个别区域地下水已被污染。例如，华保稀土厂治污设施不完善，污水随意排渗，造成下游宋贾村地下水超标，致使全村水井失去饮用和灌溉功能；南韩村信誉化工厂由于管理不慎，其母液渗入地下，污染了南韩村及孙村地下水，使水井水质恶化；方顺桥乡东方化工厂废水随意排渗，造成东方顺村一眼农业灌溉井污染。这些都给农民生活及农业生产造成不良后果，在环保部门的监督指导下对企业进行整顿，对废水进行治理。

2003年一亩泉水源保护区外地下水监测数据统计表

表3-7-6 单位：毫克/升

监测点位 \ 监测项目	高锰酸盐指数	总硬度	氨氮	氯化物	溶解性总固体
毛　贾	—	272	0.025	18.7	376
宋　贾	1.21	1124	0.025	329	2522
东方化工厂	2.09	429	0.025	66	630
东方顺村北	2.22	633	0.025	213	1192

续表3-7-6

监测项目 监测点位	高锰酸盐指数	总硬度	氨氮	氯化物	溶解性总固体
东　　庄	0.98	336	0.025	40.4	476
大 石 桥	1.09	309	0.025	20.7	410
河 南 庄	1.80	494	0.025	40.4	648
东 庄 店	0.14	271	0.025	11.3	422
西　　庄	0.10	407	0.025	55.2	598
方　　上	0.69	295	0.025	32.5	204
大 册 营	0.61	255	0.025	22.7	280
岗　　头	0.65	224	0.025	7.88	136
沿　　村	0.48	407	0.025	58.1	578
高　　荆	0.74	412	0.025	71.4	536
北　　宋	1.30	311	0.025	35	386
小 许 城	0.49	321	0.025	47	348
辛　　庄	0.51	326	0.025	52.7	522

说明：国家标准值：高锰酸盐指数≤3.0，总硬度≤450，氨氮≤0.2，氯化物≤250，溶解性总固体≤1000

三、声环境质量

县环境监测站对满城镇进行区域噪声监测，在玉川路、燕赵街设监测点12个。据监测，县城主要街道噪声污染普遍超过国家规定标准，其中玉川路噪声污染超过国家标准22~28分贝。主要是因为集市人员密集，机动车辆、特别是机动三轮车随意穿行，摊点播放音响或广播喇叭招揽顾客，门市开张及婚宴燃放大量鞭炮等因素造成。居民区各点噪声污染平均超过国家标准20~25分贝，主要来源于小商小贩的叫卖声和建筑施工区域的噪音。

第二节　环境污染

2007—2008年，满城县组织开展第一次污染源全面普查工作。有普查员247人、普查指导员24人、数据录入员6人。普查对象包括辖区内行政区划及普查分区，行政区划包括惠阳街道、满城镇、大册营镇、神星镇、南韩村镇、方顺桥乡、于家庄乡、贤台乡、要庄乡、白龙乡、石井乡、坨南乡、刘家台乡；普查分区包括惠阳街道、满城镇、大册营镇、神星镇、南韩村镇、方顺桥乡、要庄乡、石井乡。对工业源废水、废气、固体废弃物、危险废物产生情况进行全面调查。

通过污染源普查，全县各类工业源1456家（其中重点源477家，一般源979家），农业源1137家，生活源563家，集中式污染治理设施2家。

一、工业源

（一）废水污染源

工业污染源共计1456家，其中有废水排放的企业550家。工业源废水污染物化学需氧量年排放5473.18吨，排放量最大的行业为机制纸及纸板制造业，排放量为5024.13吨，占总排放量的91.8%，排放量最大的企业是新豪达涂布厂。

工业源污水处理厂化学需氧量削减量2748吨，排放量348吨，削减率88.8%。

（二）废气污染源

工业源废气二氧化硫排放量5458.64吨，排放量最大的行业为机制纸及纸板制造行业，排放量为4322.03吨，二氧化硫排放量占总排放量的79.2%，排放量最大的企业是保定市满城县利军造纸厂。其次是黏土砖瓦及建筑砌砖制造业，排放量占总排放量的6.5%。

2007—2008年第一次污染源普查工业源废气治理设施与污染物产生及排放统计表

表3-7-7

指标名称	计量单位	年实际	汇总企业数（家）
锅炉总数	座	180	170
锅炉总额定出力	兆瓦	579.63	170
窑炉总数	座	139	120
废气治理设施总数	套	227	200
除尘设施数	套	191	180
脱硫设施数	套	5	4
废气治理设施的投资	万元	3277.88	200
废气治理设施的运行费用	万元	843.90	199
废气治理设施年耗电量	万千瓦时	918.32	199
废气治理设施设计处理能力	立方米/时	1873754.99	200
废气治理设施实际处理废气量	万立方米	2546567.04	199
工业废气排放量	万立方米	1357938.41	324
燃烧过程排放量	万立方米	1088146.78	288
废气中污染物产生量	吨	—	—
烟尘产生量	吨	20699.62	284
二氧化硫产生量	吨	6455.81	259
燃料燃烧过程中产生量	吨	6371.60	252
氮氧化物产生量	吨	1401.64	230
燃料燃烧过程中产生量	吨	1397.73	229
工业粉尘产生量	吨	20009.84	133
氟化物产生量	千克	0.18	1

续表 3-7-7

指标名称	计量单位	年实际	汇总企业数（家）
废气中污染物排放量	吨	—	—
烟尘排放量	吨	2136.73	284
二氧化硫排放量	吨	5526.95	259
燃料燃烧过程中排放量	吨	5468.75	252
氮氧化物排放量	吨	1398.20	230
燃料燃烧过程中排放量	吨	1395.44	229
工业粉尘排放量	吨	1182.73	133
氟化物排放量	千克	0.18	1

（三）固体废弃物

工业企业综合能源消费量 512786.02 吨标准煤，原煤消费总量 465250.75 吨标准煤，占综合能源消费量的 90.73%。综合能源消费量最大的行业是机制纸及纸板制造业，占 55.4%。其次是黏土砖瓦及建筑砌块制造业、水泥制品制造业、常用有色金属压延加工业，三者占 29.7%。

烟尘排放量 2847.25 吨，排放量最大的行业为石灰和石膏制造行业，排放量为 917.76 吨，占总排放量的 44.2%，排放量最大的企业为东土门第一钓鱼台灰厂。其次是机制纸及纸板制造业，排放量占总排放量的 36.1%。

主要工业固体废弃物是尾矿，产生量 84616 吨，主要行业为铁矿采选，尾矿产生量最大的企业为长青选矿厂，产生量 45000 吨。2007 年贮存量 25236 吨，其产生源为福源化工厂，属于铁矿采选行业。

工业固体废弃物排放量大的是炉渣，年排放量 294.95 吨，其产生源主要为马民杆厂、东明水泥制品有限公司等 23 家企业，属于水泥制品制造行业，此行业固体废弃物排放量占总排放量的 82%。其次是非金属废料和碎屑的加工处理业，排放量占总排放量的 18%。

产生的主要危险固体废弃物是含钡废物，年产生量 440.70 吨，占产生总量的 78.7%，其产生源为保定市海丰化工有限公司，属于无机盐制造行业。

2007—2008 年第一次污染源普查能源消费量排名统计表

表 3-7-8

行业类别	综合能源消费量（吨标准煤）
机制纸及纸板制造	283925.56
黏土砖瓦及建筑砌块制造	117895.03
水泥制品制造	19770.61
常用有色金属压延加工	14819.73
飞机制造及修理	9216.09
无机盐制造	8681.98

续表3-7-8

行业类别	综合能源消费量（吨标准煤）
石灰和石膏制造	8408.81
非金属废料和碎屑的加工处理	8376.91
棉、化纤纺织加工	8352.88
水泥制造	8333.41
钢铁铸件制造	3115.14
其他非金属矿物制品制造	2527.69
啤酒制造	2348.69
加工纸制造	1716.94
化学药品原药制造	1569.23
稀土金属冶炼	1336.95
染料制造	1266.98
金属表面处理及热处理加工	1084.56
涂料制造	723.52
黏土及其他土沙石开采	667.23

2007—2008年第一次污染源普查固体废弃物产生量排名统计表

表3-7-9　　单位：吨

行业类别	产生量
铁矿采选	84616.00
机制纸及纸板制造	40792.81
石灰和石膏制造	18872.44
水泥制品制造	4107.01
非金属废料和碎屑的加工处理	3330.76
建筑用石加工	2943.41
常用有色金属压延加工	1733.40
飞机制造及修理	1209.50
无机盐制造	1146.75
纸制品制造	794.00
蔬菜、水果和坚果加工	716.00
谷物磨制	620.00
棉、化纤纺织加工	524.84

续表3-7-9

行业类别	产生量
稀土金属冶炼	490.34
啤酒制造	389.49
黏土砖瓦及建筑砌块制造	333.75
无机酸制造	311.62
钢铁铸件制造	284.58
涂料制造	275.52
化学药品原药制造	239.00

2007—2008年第一次污染源普查烟尘排放排名统计表

表3-7-10 **单位：吨**

行业类别	排放量（烟尘——燃烧过程）
石灰和石膏制造	917.76
机制纸及纸板制造	749.03
黏土砖瓦及建筑砌块制造	192.17
钢铁铸件制造	48.34
常用有色金属压延加工	30.57
无机盐制造	20.43
飞机制造及修理	20.33
水泥制造	16.50
水泥制品制造	16.00
啤酒制造	6.08
稀土金属冶炼	6.02
活性炭制造	5.76
林产化学产品制造	5.12
无机酸制造	4.79
涂料制造	4.30
棉、化纤纺织加工	4.20
泵及真空设备制造	3.75
化学药品原药制造	3.70
染料制造	3.60
蔬菜、水果罐头制造	3.39

二、生活源

第一次污染源普查生活源用水总量和污水产生量以城镇居民生活用水为首，分别为 341.7 万吨、140.40 万吨，其次为餐饮业和医院。城镇居民生活污水排放量为 327.82 万吨，餐饮业为 39.43 万吨，医院为 12.56 万吨。

2007—2008 年第一次污染源普查生活源用水、污水排放及处理统计表

表 3-7-11

指标名称 \ 数据 \ 行业类别	住宿业	餐饮业	洗染服务业	理发及美容保健服务业	洗浴服务业	摄影扩印服务业	汽车、摩托车维护与保养业（洗车业）	医院	城镇居民生活
用水总量（万吨）	0.30	44.79	0.08	2.03	5.32	0.00	3.10	14.67	341.70
污水产生量（万吨）	0.27	39.43	0.07	1.93	5.16	0.00	2.95	12.56	140.40
污水处理设施处理能力（吨/日）	0	0	0	0	0	0	0	2.5	—
污水处理设施总投资（万元）	0	0	0	0	0	0	0	5	—
污水实际处理量（万吨）	0	0	0	0	0	0	0	0	—
污水处理设施运行费用（万元）	0	0	0	0	0	0	0	1	—
污水排放量（万吨）	0.27	39.43	0.07	1.93	5.16	0.00	2.95	12.56	327.82

第三节　环境治理

一、重点污染治理

（一）造纸企业

1996 年，取缔 27 家生料造纸厂，对 136 家熟料造纸厂进行全面停产治理，本着上大压小、增产减污、清洁生产、总量控制的原则，改变大册营镇造纸工业区小规模、大群体、污染重、耗能高的局面。

大册营污水处理厂（摄于 2008 年）

2006 年，对大册营镇造纸企业进行统一清查，登记造册，检查落实“四不、两证、两达标”情况，即不脱墨造纸、不着色造纸、不生料造纸、不废浆造纸；办理排污许可证、司炉工上岗证；废水、废气治理达标。对 2000 年年底以后建设的造纸企业，按照谁审批、谁负责的原则进行清理整顿，属于未批先建的依法处罚并责令其停止建设，限期补办手续，对不符合条件的一律不予批建。对造纸企业进行技术改造，除对其治污设施进行强化外，还强制性地改变其原料结构，推行木浆等商品浆。先后取缔 39 家造纸企业的脱墨工艺，

对70家工业企业进行重点清查，对3家未按规定编制环评报告书擅自施工的企业采取责令停止建设、补办手续、予以经济处罚的措施；对3家未经验收擅自投产的企业下发稽查通知书，限期补办验收手续；对13家有违规扩建行为的造纸企业进行经济处罚并责令停止建设。拆除20台变压器，气割损坏蒸球15个，拆除脱墨蒸池35个，切断高压线路58家，拆除纸机胶辊98个、落地纸机脱辊75个。2001年9月，大册营污水处理厂正式运营后，大册营造纸集中区造纸企业无序排放废水问题得到有效控制，日排水量从8万~10万吨降至3万吨以内。

2007年7月，长瑞造纸厂投资1000多万元引进、应用可挠电气导管，项目投入使用后不仅产值比原来翻了几番，而且大幅度降低了能耗，减少了污染。企业不用锅炉不用水，用电量只是原来的三分之一，每年节煤6000多吨，节水30多万吨，削减二氧化硫60多吨，削减化学需氧量80多吨。2007年年底，全县204家造纸企业经验收恢复生产94家，取缔7家，转产或全部拆除设备44家，关停59家。同年，满城县被确定为全省“双三十”节能减排重点县。

2008年5月，制定《满城县造纸企业污染物排污权交易办法（试行）》，成立排污权储备交易中心，以排污权交易为突破口，促使现有企业整合升级。实行“一厂一管，集中监测”，工业区日排水量由3万吨降至1.5万吨，吨纸耗水量降至国家标准以下。

（二）塑料加工企业

2006年，全县塑料回收加工摊点222家。其中软塑料回收加工点180家，硬塑料加工点42家。按照“统一规划、搬迁治理”的工作思路，动员各加工点由村内搬往村外，实行规模经营、集中治理。对不按要求进行整治的塑料摊点，采取拆除设备、捣毁清洗池等强制措施。到2007年年底，拆除颗粒机机头260余台，捣毁清洗池180余个，拆除电动机50余台，并对47家塑料加工摊点采取断电措施。同时，严厉查处违规焚烧塑料垃圾行为。2008年，制定《满城县塑料加工行业监管办法》，对塑料加工行业建立监管的长效机制。

（三）冶炼铸造企业

冶炼铸造企业集中在方顺桥乡，20世纪90年代以前主要生产工艺为小地炉，废气、粉尘污染严重。1997年，冶炼铸造行业外迁至方顺桥村西工业区。2003年，推广煤气发生炉熔铸生产工艺，使废气、粉尘污染得到控制。

2007年年初，按照“治理一家、验收一家、开工一家”的原则进行停产治理，对21家未按要求进行治理的企业，拆除引风机、地炉等主要生产设备，切断电源，吊销营业执照。对16家已经完成部分治理的企业拆除引风机，所有设备异地封存。2007年8月—2008年6月，在全县开展熔炼、塑料加工企业摊点专项整治行动，政府县长亲自挂帅，从部门、乡（镇）抽调400多名干部，采取果断关停、广泛宣传、严密监控、严厉处罚、严格验收、严肃问责、堵疏结合、强力引导等有效措施，污染治理工作取得阶段性成效，共拆除、取缔非法塑料加工摊点137家、交易市场9家、大型分拣点11个。到2008年，全县72家熔炼企业批准验收20家，关停26家，取缔拆除26家。

（四）建材企业

2006年，对全县所有采石及粉灰企业实施停产治理。2008年年底，保涞路、满神路两侧的粉灰厂全部搬迁至公路两侧100米外。全县51家采石企业、73家粉灰企业，投入治理资金2000多万元，全部安装高效除尘设备，采取爆破业面湿式减尘、破石设备机械除尘、生产车间棚化降尘、厂区道路喷水抑尘等多种方式，抑制粉尘污染。

（五）化工企业

2008年年底，对污染严重的19家小化工企业采取关闭措施。对擅自偷开反弹的6家小化工企业强行拆除生产设备，没收原料，彻底取缔，并派驻厂监督员进行全面监控，控制企业违法排污行为。

（六）秸秆禁烧

1999 年，成立农作物秸秆及综合利用工作领导小组，具体负责夏秋季秸秆禁烧的各项工作，强化秸秆综合利用。截至 2003 年，完成秸秆机械化粉碎直接还田 14 万亩，堆沤还田 4 万亩。2004—2008 年，对露天焚烧农作物秸秆的，依照有关规定处以 200 元罚款，对乱堆乱放乱烧秸秆的乡（镇）村予以重罚，按燃烧面积每平方米 500 元计算罚款。对因焚烧农作物秸秆而造成重大事故，构成犯罪的，依法追究当事人的刑事责任。同时，出台鼓励政策，农户每买一台秸秆粉碎机补助 1000 元，提高群众秸秆还田的积极性。2008 年，引进秸秆综合利用项目，在神星村建立生物质燃料示范工程，推广秸秆压块炉具 414 套，探索解决秸秆焚烧污染问题。县督考办、农业局、环保局对各乡（镇）秸秆综合利用完成情况进行考核。并利用电视台、报社、广播等新闻媒体，宣传禁烧秸秆的有关规定和秸秆综合利用技术，推进秸秆禁烧工作。

（七）锅炉治理

2000—2008 年，出台《关于烟气黑度限期治理的通知》，印发到各冒黑烟的企业。重点对大册营造纸工业区进行大规模整治，对 70 家造纸企业实施停产治理，收回相关证照 43 个，对 36 家锅炉不合格的企业下达整改通知书，并予以封停。对 166 名司炉工进行培训，保证正常操作。将县城建成区、国道两侧 3000 米可视范围内，所有工业企业和工业小区的黑烟囱列为重点治理对象。通过治理，达标率 95%。以县城 25 个单位为重点，推行天然气锅炉替代燃煤锅炉。2008 年冬季取暖前，全县 24 家单位（小区）的锅炉完成改造，年节约标准煤 2700 吨，二氧化硫削减 418 吨。

（八）噪声控制

对县城范围内的生活区、工业区、商业区、文教区及主要道路的噪声进行监测，责令建筑单位明确施工时间，坚决杜绝在夜间作业。在中考、高考期间，成立巡查小组，专门负责治理考点附近的噪声问题，县交警大队在考点附近设车辆禁行区，为广大考生创造安静的考试环境。

二、排污费收缴

1991 年前，县环境监测站已经开始征收排污费。当时排污企业很少，属财政预算外收费，排污收费任务没有固定数。1991 年后，企业排污收费任务逐年增加。1996—2008 年，加大排污费征收力度，促进污染单位治理污染。各环境监察中队在对排污企业进行日常监管的同时，严格按照《排污费征收使用管理条例》有关规定，以征促治。2008 年，征收排污费 590 万元。

三、重点污染源监督性监测

1998 年 5 月，大册营污水处理厂通过省环保局环评审批，2000 年 9 月建成，2001 年 9 月正式投产运营，2002 年 4 月通过省环保局竣工验收。2008 年，公司日入网水量 1.2 万吨，出水水质稳定在 60 毫克/升以下，进、出水化学需氧量在线监测仪及氨氮在线监测仪均实现与省市环保部门监测平台联网。

2006 年，组织重建县级在线监控平台，加大化学需氧量在线监控力度。2008 年年底，全县 94 家排污企业的化学需氧量在线监测仪和流量计与县监控平台联网。

2008 年，对国控、省控重点污染源企业、减排企业、集中污水处理设施、存在环境安全隐患企业等各类重点污染源污染设施进行重点监管，对全县排污企业排污口进行规范，统一制作排污口标志牌 205 块，其中污水排放口标志牌 102 块，废气排放口标志牌 103 块。为便于管理，规定各排污企业排放口数量，并对排放口拍照、定位、编号，严格管控，企业不得擅自改变。对国控、省控企业、重金属污染企业、减排工程项目企业等重点污染源，开展专项执法行动，建立管理台账。2008 年，有国控污染企业 1 家（河北省眺山化工厂），省控重点污染企业 1 家（满城县眺山营福利造纸厂），纳入全县工程减排的企业 16 家，结构减排的企业 62 家，存在隐患企业 12 家。

四、生态环境建设

2007 年，根据省政府《关于印发河北省环境保护“十一五”规划的通知》要求，编制小城镇总体发展规划和环境保护规划，统筹考虑工业发展布局、城镇建设规模、基础设施建设水平和环境保护措施，确保一定比例的公共绿地和生态保护用地，对风景名胜区进行重点保护，原有污染源限期搬迁，周围不准新建污染项目。同年，制定《关于创建省级环境优美城镇的实施方案》，并组织实施。2008 年，满城镇通过市优美城镇验收。

漕河沿岸绿化（摄于 2005 年）

2007 年，根据《畜禽养殖污染防治管理办法》规定，对养殖场进行排污申报登记和申领排污许可证工作。对新扩改建畜禽养殖场的建设项目加强环境管理，对禁养区域的养殖场依法搬迁或关闭。推广农田化学品合理使用和节水灌溉。在西部山区、河流两侧、道路两侧等重点区域，实施水土保持、造林绿化、退耕还林等生态建设工程。对矿产资源开采出现的植被、山体等生态破坏区域，强制矿主采取预防和治理措施。

五、项目管理

1991—1995 年，县环保局没有分设建设项目环境管理的科室。1996 年，成立管理股。2005 年，成立项目审批科，对所有建设项目进行环保审评。根据建设项目对环境的影响程度，对建设项目的环境影响评价实行分类管理。执行建设项目“三同时”规定，即建设项目防治污染设施与主体工程同时设计、同时施工、同时投产使用。2000—2008 年，审批项目 1132 件，“三同时”执行率 100%。

第四节　环境执法

一、环境监察与执法

2006 年，成立环境监察大队，原来的环保所均相应地改名为环境监察中队。各环境监察中队对排污单位按辖区和行业类别逐户调查，实行一企一档统一管理。

2008 年，环境监察大队成立排污申报室，每个环境监察中队明确 1 名人员专门负责排污申报工作。全年向企业和个体工商户下发排污申报登记表 236 份。同年，开始对全县生产、销售、使用放射性同位素和射线装置的辐射工作单位进行全面排查，每月对相关资料收集、整理、备案，并指导办理《辐射安全许可证》。对无证但从事放射性同位素和射线装置生产、销售、使用的辐射单位，依法责令其停止违法行为，对国控重点企业每月检查 4 次。2008 年，全县有辐射工作单位 14 家，其中二类射线装置 1 家，三类射线装置 12 家，放射源 1 家。办理辐射安全许可证的辐射单位 9 家，未办理辐射安全许可证的 5 家。有 2 家企业通过保定市环保局核技术环境影响登记。

2006—2008 年，加强对入网造纸企业的监管和整治。建设县城污水处理厂，对废水进入县城污水处理厂的所有造纸企业全部进行停产，废水达标排放、验收合格后再恢复生产。投资 30 万元购置暗管探测仪，对进入县城排污管网的 28 家造纸企业的排污管道进行彻底清查，对探查出的 42 根排污暗管全部予以拆除，并给予相关企业严厉处罚。投资 8 万元重建县级在线监控平台，8 家纸厂投资 80 余万元更换在线监测设备，在重点企业派驻 24 小时驻厂员，监督企业规范生产、达标排放。成立污泥储运公司，投资 15 万元设立储运场地，对污泥实行统一处理，严厉打击非法倾倒污泥行为。2008 年年底，全县所有造纸企业废水经厂内一级治理后，再通过一厂一管、集中监测进入污水处理厂集中治理，污水处理厂进出水水质稳定、达标排放。

2008 年 3 月 18 日—4 月 30 日，在全县范围内开展清理坑储工业超标废水专项行动。对辖区内采用坑储方式处置生产废水的企业进行清查登记，规范其排水去向。加大监管力度，增加检查和监测频次，规范污水排放去向，对新建项目一律不批准采用坑储方式处置工业废水。

2008 年年底，全县在产造纸企业全部安装 IC 卡水表、自动在线监测设备及废水和烟尘治理设施，吨纸耗煤、耗电、耗水明显下降，造纸工业废水处理率 100%，地下水位有所回升，烟尘总量下降，空气质量各项指标明显好转。

二、信访案件查处

2006 年，开通 12369 举报电话，确定每周二为县环境信访领导接待日。每月把环境情况以月报形式报市局、县政府，做好环境形势分析，为领导决策提供参考。不定期编写《信访警示》，把被举报的重点、难点工作以及多次重复访的问题予以明确提示。2006 年、2007 年，分别处理信访案件 213 起、261 起，处理和结案率为 96.3%、99%。2008 年，受理各类信访案件 233 件，其中涉及水污染的 87 件，大气污染的 128 件，噪声污染的 18 件。其中市级转来 91 件，结案率 100%；县级信访案件 142 件，办结率 95%。

第五节　管理机构

1991 年，县环保局内设办公室、监察管理股、征费管理股、环境监测站，有干部职工 12 人。1996 年 10 月，按照转变职能、理顺关系、精兵简政、提高效率的原则，县环保局内设机构调整为 3 个，即办公室、管理股和财务稽查股，人员编制 10 人，其中局长 1 人，副局长 2 人。1997 年 5 月，在全县 10 个乡（镇）成立环保所，性质为自收自支股级事业单位，总编制 50 人，设股级干部职数 10 人。

2002 年 7 月，县环保局的职能增加机动车辆污染防治监督管理、农村生态环境保护、生物技术安全管理等内容。内设办公室、管理股和稽查队 3 个股室，机关行政编制 8 人（含工勤编制 1 人），其中局长 1 人，副局长 2 人，股级干部职数 3 人。2004 年，稽查队更名为环境稽查大队，辖 3 个稽查队。全局干部职工 181 人。

2005 年，县环保局内设科室调整为办公室、计财科、环境监测站、环境稽查大队、收费监理站、项目审批科、污染控制科和法制科，辖 4 个稽查队。2006 年，按照市环保局的要求，内设科室调整为 10 个，包括办公室、考核科、项目审批科、污染控制科、法制科、信访室、财务科、环境监测站、环境监察大队、稽查队，另有 10 个环境监察中队。2008 年，按照省环保厅要求，增设环保治安警务室，公安局选派 2 名正式干警长期到县环保局工作，配合抓好环保治安问题。全局干部职工 182 人。

第四编　中国共产党地方组织

1992 年，中国共产党满城县第七次代表大会召开，之后至 2008 年，先后召开第八至第十次党代表大会。历次党代表大会选举产生本届党的委员会和纪律检查委员会（以下简称纪委）委员。历届党的委员会制定重要决策，组织带领各级党组织、广大党员、干部群众解放思想、转变观念，始终坚持以经济建设为中心，大上农业、强化工业，大力发展旅游业、乡镇企业，扩大开放，招商引资，使三农（农业、农村、农民）工作、商业、企业、旅游业、项目建设等健康发展。遵循中共中央的部署，在省委、市委指导下进行政治体制改革，精简机构、理顺职能，使之更加适应社会发展需要。加强党的建设，党员队伍逐年壮大，战斗力不断增强。加强党管干部工作，加强廉政建设，锤炼了一支高素质的公务员队伍。

第一章　党员代表大会

1991—2008 年，中共满城县委经历第七次至第十次党代表大会，历次大会认真听取审议上届中共满城县委工作报告、纪委工作报告，选举产生本届中共满城县委和纪委委员。乡（镇）经历第七次至第十次党代表大会，1996 年合乡扩镇新组成的白龙乡、坨南乡、刘家台乡于当年召开第一次党代表大会，之后，于 2000 年、2006 年分别召开第二次、第三次党代表大会。

第一节　党代表

1992 年 12 月，中共满城县第七次党代表大会党代表 187 人，其中机关干部 119 人，占代表人数的 63.6%，比上届增加 28%；各类专业技术人员、各条战线先进模范 68 人，占代表总数的 36.4%，比上届减少3.15%；妇女代表30人，占代表总数的16%，比上届减少0.38%；45岁以下的有119人，占代表总数的63.6%，比上届减少0.24%；少数民族代表2人，占代表总数的1.07%，比上届减少0.06%；大中专及高中以上文化程度的95人，占代表总数的50.8%，比上届增加2.25%；列席代表91人，比上届增加8人。

1998年3月，中共满城县第八次党代表大会党代表217人，其中机关干部142人，占代表总数的65.4%，比上届增加1.8%；各条战线的优秀党员、模范人物、离退休老干部72人，占代表总数的33.2%，比上届减少3.2%；解放军、武警战士3人，占代表总数的1.4%，比上届增加0.5%。45岁以下的143人，占代表总数的65.9%；初中以上文化程度的215人，占代表总数的99%；大专以上文化程度的91人，占41.9%。

2003年4月2—4日，中共满城县第九次党代表大会党代表217人，其中机关干部133人，占代表总数的61.3%；各条战线的优秀党员、模范人物、离退休老干部38人，占代表总数的17.5%；解放军、武警战士4人，占代表总数的1.8%；妇女代表48人，占代表总数的22.1%；少数民族代表4人，占代表总数的1.8%；45岁以下的141人，占代表总数的65%；初中以上文化程度的215人，占代表总数的99%；大专以上文化程度的136人，占62.7%。

2006年5月，中共满城县第十次代表大会党代表219人，其中机关干部136人，占代表总数的62.1%；各类专业技术人员40人，占代表总数的18.3%；各条战线的优秀党员、模范人物38人，占代表总数的17.4%；解放军、武警战士5人，占代表总数的2.2%；妇女代表44人，占代表总数的20%；少数民族代表3人，占代表总数的1.4%；45岁以下的136人，占代表总数的62.1%；大专以上文化程度的168人，占代表总数的77%；中专文化程度的25人，占代表总数的11%；初中、高中文化程度的26人，占代表总数的12%。

第二节　历次党代表大会

一、第七次党代表大会

1992年12月24—25日，中共满城县第七次代表大会在县剧场召开。大会通过县委《把握有利时机，加快发展步伐，为建设经济强县而努力奋斗》的工作报告，并通过中共满城县纪委工作报告。选举中共满城县委第七届委员会委员31人，候补委员4人。选举县纪委委员19人。

1992年12月—1998年3月，有4名县委委员因工作需要调离满城。1998年3月，有委员27人，候补委员4人，设书记1人，副书记3人，常委11人。

二、第八次党代表大会

1998年3月5—7日，中共满城县第八次代表大会在县剧场召开。赵洪涛受中共满城县第七届委员会的委托，向大会作题为《面向新世纪、再创新辉煌，为建设文明开放繁荣富强的新满城而奋斗》的工作报告。吕金波受中共满城县纪委委托，向大会作工作报告。大会经过认真审议，通过县委工作报告和纪委工作报告，并通过相应的决议。按照大会通过的《选举办法》，经过全体代表的充分酝酿讨论、预选和正式选举，产生中共满城县委第八届委员会委员27人，候补委员3人。选举县纪委委员14人。

县委委员中16人连选连任，县委全体委员平均年龄43.8岁，大专文化程度的25人，占83.3%；

高中、中专文化程度的4人，占13.3%；初中文化程度的1人，占3.4%。

三、第九次党代表大会

2003年4月2—4日，中共满城县第九次代表大会在县电影院召开。闫志强受中共满城县第八届委员会的委托，向大会作题为《大力推进工业化、产业化、城市化，为全面建设小康社会而努力奋斗》的工作报告。吕耀欣受中共满城县纪委委托，向大会作工作报告。大会经过认真审议，通过县委工作报告、纪委工作报告和相应的决议。选举产生中共满城县委第九届委员会委员29人，候补委员4人。选举纪委委员15人。以无记名投票的方式差额选举常务委员会委员11名，等额选举书记1名，副书记4名。

县委委员中14人连选连任，县委全体委员平均年龄43.46岁，大专文化程度的32人，占97.3%；高中、中专文化程度的1人，占2.7%。

四、第十次党代表大会

2006年5月28—30日，中共满城县第十次代表大会在县电影院召开。闫志强受中共满城县第九届委员会的委托，向大会作题为《科学发展，和谐发展，为全面建设小康社会而努力奋斗》的工作报告。吕耀欣受中共满城县纪委委托，向大会作工作报告。大会通过县委工作报告、纪委工作报告和相应的决议。选举产生中共满城县委第十届委员会委员35人，候补委员7人。选举纪委委员15人。

县委委员中17人连选连任，县委全体委员平均年龄43.77岁，大专以上文化程度的35人，其中大学文化程度的23人，占65.7%；研究生文化程度的6人，占17.1%。

第三节　乡（镇）党代表大会

一、第六次党代表大会

1989年3—5月，25个乡（镇）陆续召开第六次党代表大会。大会主要议程是听取审议第五届委员会报告；通过相应决议；选举产生乡（镇）第六届党委和第一届纪委成员。

二、第七次党代表大会

1992年4—12月，25个乡（镇）陆续召开第七次党代表大会。大会主要议程是听取和审议第六届委员会和第一届纪委工作报告，通过相应的决议；选举乡（镇）第七届党委和第二届纪委成员。

三、第八次党代表大会

1996年9月，满城镇、神星镇、南韩村镇、大册营镇、方顺桥乡、于家庄乡、石井乡、大马坊乡、江城乡、要庄乡分别召开第八次党代表大会。大会主要议程是听取和审议第七届委员会和纪委工作报告，并通过相应决议；通过无记名、差额选举的方式选举产生乡（镇）第八届党委和纪委成员。

四、第九次党代表大会

1998年12月区划调整后，大马坊乡、江城乡划归保定市，重新组建贤台乡。

2000年12月，满城镇、神星镇、南韩村镇、大册营镇、方顺桥乡、于家庄乡、石井乡、贤台乡、要庄乡分别召开第九次党代表大会。大会的主要议程是听取第八届委员会和纪委工作报告，并通过相应决议；采取无记名投票、差额选举的方式选举产生乡（镇）第九届党委和纪委成员。

五、第十次党代表大会

2006年4月，满城镇、神星镇、南韩村镇、大册营镇、方顺桥乡、于家庄乡、石井乡、要庄乡、贤台乡分别召开第十次党代表大会。大会的主要议程是听取第九届委员会和纪委工作报告，并通过相应决议；采取无记名投票、差额选举的方式选举产生乡（镇）第十届党委和纪委成员。

六、刘家台乡、白龙乡、坨南乡

1996年8—9月，新组建的中共刘家台乡党委、中共白龙乡党委、中共坨南乡党委分别召开第一次党代表大会。大会主要议程是听取和审议原第七届委员会和纪委工作报告，并通过相应决议；通过无记名、差额选举的方式选举产生乡（镇）第一届党委和纪委成员。

2000年12月，刘家台乡、白龙乡、坨南乡分别召开第二次党代表大会。大会主要议程是听取和审议第一届委员会和纪委工作报告，并通过相应决议；通过无记名、差额选举的方式选举产生乡（镇）第二届党委和纪委成员。

2006年4月，刘家台乡、白龙乡、坨南乡分别召开第三次党代表大会。大会主要议程是听取和审议原第二届委员会和纪委工作报告，并通过相应决议；通过无记名、差额选举的方式选举产生乡（镇）第三届党委和纪委成员。

第四节　县党代表会议

1995年5月12日，召开县党代表会议，应到代表136人，实到114人，县委七届委员会委员、候补委员、三届纪委委员、县级党委领导、乡（镇）党委书记及各条战线先进人物代表参加，大会选举游江、陈宝升等17人为出席保定市第七次党代表大会的代表。

2001年10月9日，召开县党代表会议，推选赵洪涛、朱银香、段志伟3人为出席河北省第六次党代表大会的代表。

第二章　重要决策

历届党的委员会以建设有中国特色社会主义理论为指导，组织带领各级党组织、党员、干部、群众解放思想、转变观念，在农业农村、企业、商业、旅游、项目建设方面做出系列重要决策，推进县乡机构改革。加强党的建设、深化经济体制改革，为全县经济发展引路指航。落实完善土地家庭联产承包责任制，调整优化种植结构，扶持、加快山区发展，抓好小康建设，推动草莓特色产业升级，减免农村税费；制定优惠政策加快乡镇企业、个体私营经济发展，制定科技兴县战略，鼓励党政机关干部承包、承租、经办、兴办企业；以保定西花园建设为目标，推进旅游事业发展；优化环境，扩大开放，招商引资，节能减排，促进企业整改提升，科学持续发展。

第一节　解放思想　转变观念

1991年4月，县委召开会议传达党的十三届七中全会精神，会议通过县委关于《讲实干、求实效、为实现第二步战略目标而努力奋斗》的报告，报告指出，1991年是“八五”计划的头一年，也是继续治理整顿和深化改革的一年。要坚持一个中心、两个基本点，以科技进步为先导，以调整结构和提高效益为重点，大上农业，强化工业，大力发展旅游业，发展乡镇企业，扩大开放，外引内联，跑项目，求发展，促进全县经济和社会各项事业持续、稳定、协调发展，使人民物质文化生活水平逐步由“温饱型”向“小康型”迈进。会议通过《满城县国民经济和社会发展五年规划和十年计划》，通过县委《关于开展赶超获鹿兴满立功，夺标竞赛活动的决定》。会议强调，各级党组织必须始终不渝地以经济建设为中心，坚定不移地搞好经济建设大合唱。要通过认真分析县情、乡情、村情，弄清经济发展优势和劣势，立足实际，调动一切积极因素，努力实现全县各项经济指标，完成各项经济工作任务。

1992年4月，围绕深刻领会和全面落实邓小平视察南方重要谈话精神，广泛开展学习和讨论，统一思想，提高认识，集中精力把经济建设和改革开放搞得更快更好。转变观念，冲破旧的思维方式束缚，树立敢闯敢试、敢为人先的风险意识和面向市场、参与市场竞争的思想观念。12月，组织全县各级党组织和全体党员、干部认真学习邓小平视察南方重要谈话，深入贯彻党的十四大精神，全党集中精力抓思想大解放，促进改革开放大跨度，创投资大环境，引进开发大项目，培育建设大市场，求经济大发展。

1993年，全面落实邓小平南方谈话精神和中共十四大提出的各项目标任务，以经济建设为中心，农工贸并举，长中短结合，突出工作重点，兼顾全面发展，抓企业以上大项目为主，抓农业以创高效益为主，抓资金以外引为主，抓政策以增强吸引激励为主，进一步解放思想，深化改革，扩大开放，真抓实干，艰苦奋斗，促进全县经济“上台阶”“翻三番”。

1994年，县委、县政府出台《满城县小康建设规划》《满城县小康建设激励措施》等文件，强调要实现小康必须深化改革、用活干部，突出主角、给够权力，亮透责任、施足压力，强化激励、监督保护，为干事业带领群众致富的人提供施展才华和抱负的舞台。号召全县各级党组织、全体党员、广大群众振奋精神、鼓足干劲、奋力拼搏，1997年实现小康县目标。制定出台《关于对乡镇主要经济指标实行进档升级排位的意见》，县委、县政府与各乡（镇）党委书记、乡（镇）长签订目标管理责任书。

1995年，要求全县各级党组织、广大党员、干部必须抓好当前、谋划长远，加大投入力度，发展规模经济，改善经济结构，切实把经济建设的重点转移到依靠科技进步和提高劳动者素质的轨道上来，加速实现第二次战略转移，为实现“全市争一流，全省争上游”的目标努力奋斗。

1997年，县委做出再创实绩突出县的决定。坚持以经济建设为中心，紧紧扭住发展不动摇，以增加新的经济增长点、增强发展后劲和提高经济效益为重点，抓投入、抓引资、抓新上和技改大项目，抓企业上规模、增效益，保稳定、促发展，发扬全省争上游、全市争一流的满城精神，再创实绩突出县。

2000年，县委提出大干“经济振兴年”、打好“九五”攻坚战的奋斗目标，号召全县各级党组织、广大党员干部、群众，认真贯彻落实中央、省经济工作会议和市委七届一次全会精神，解放思想、抢抓机遇、鼓足干劲，积极投身各项事业，取得新的更大胜利。

2001 年 1 月，组织开展“大参观、大发动、强服务、促调整”活动，通过走出去参观考察，在观摩交流中启发思路，在横向比较中看到差距，加快农业结构调整，促进农民增收。2002 年 3 月 18 日，县委、县政府组织召开三级干部大会，县委书记闫志强作了《统一思想、振奋精神、转变作风、真抓实干，再上新台阶、开创新局面》的重要讲话。

2004 年，县委要求坚持邓小平理论和“三个代表”重要思想为指导，高扬“树正气、讲团结、求发展”的主旋律，围绕建设保定卫星城、全面建设小康社会的目标，树立科学发展观和正确的政绩观，开展“城镇交通重点项目建设年”活动，大力加强文明生态建设，高度重视农业农村工作，以深化改革突破障碍，以优化环境增创优势，全面加强党的建设、党风廉政建设、精神文明建设和民主法制建设，推动满城发展新高潮。

2008 年 6 月 13 日，县委、县政府召开全县领导干部会议。安排部署在全县领导干部中开展优化发展环境、激活市场主体和亲民爱民两项活动。11 月 12 日，召开全县领导干部大会。全面贯彻落实中央十七届三中全会、省委七届四次全会、全市领导干部大会精神，按照科学发展观的要求，安排好今后工作。

第二节　推进县乡机构改革

1992 年 4 月 24 日，召开全县机关深化改革座谈会。县委书记马国权作《再鼓干劲，狠抓落实，把我县改革开放推向前进》的讲话，强调深化企业改革，转换经营机制，增强企业活力，深化机关改革，转变职能增强服务；在清除“左”字，克服“右”字上下功夫。

1996 年 9 月，根据中共中央、省委文件精神，按照市委要求，满城县成立机构改革领导小组，出台《满城县机构改革方案》《满城县机构编制委员会办公室关于乡镇事业机构改革方案》《关于清理党政群机关和全额拨款事业单位混岗人员的实施方案》《关于党政群机关人员分流实施方案》《关于扩乡并镇人、财、物交接的实施方案》。改革后县直序列内设机构 31 个，比原来减少 18 个，上级核定全县党政群机关编制 544 人。全县 25 个乡（镇）合并为 13 个，核定乡（镇）编制总额 526 人。调动领导干部 150 人。9 月 19 日，县委、县政府组织召开党政机构改革三级干部会议进行传达，宣布县直部门领导干部安排意见。

2002 年 7 月，根据《中共中央国务院关于地方政府机构改革的意见》《中共河北省委、河北省人民政府关于市县乡机构改革的实施意见》等文件精神，按照市委要求，满城县成立机构改革领导小组，出台《满城县机构改革实施方案》《关于机构改革人事分流实施方案》《关于乡镇事业机构改革方案》《关于机构改革竞争上岗的实施意见》，精简机构，转变职能，理顺关系。

2005 年 8 月，实施政府机构改革，县政府常设工作机构中不再保留发展计划局（招商合作局）、经济贸易局、农业局、畜牧水产局。成立发展改革局、农牧局、商务局，粮食局职能并入商务局，安全生产监督管理局列入政府工作机构。政府直属事业单位减少畜牧水产局和市场建设服务中心（划归工商局）。

第三节　加强党的建设

1991 年 9 月，县委制定《关于在全县农村进行社会主义思想教育的实施方案》，以马克思、列宁主义，毛泽东思想为指导，以思想教育为主线，以推动经济建设为中心，以加强党的基层组织建设为重点，以为农民群众解决实际问题为突破口，以社会主义思想占领农村文化阵地，团结、教育、引导全县人民坚定社会主义信念，努力实现致富奔小康的奋斗目标。并抽调 400 名机关干部，分三批到农村开展社会主义教育活动。

1994 年，县委要求全县党员干部学习《邓小平文选》第三卷和十四届三中全会精神，牢固树立超常规发展、跳跃式前进的观念，牢固树立“三个有利于”（有利于发展社会主义社会的生产力、有利于增强社会主义国家的综合国力、有利于提高人民的生活水平）的观念。

1995 年，县委制定《关于利用三年时间在全县党员中开展学习建设有中国特色社会主义理论和党章活动的意见》《加强农村党支部班子建设的意见》《党员管理规则》等文件，切实抓好党的基层组织建设，充分发挥领导核心作用，把党的建设提高到一个新水平。

1996 年，县委印发《关于在全县深入开展思想政治教育的意见》《关于加强乡镇领导班子建设的意见》《关于在全县深入开展思想政治教育的实施方案》，进行社会主义教育，提高各级领导干部、广大党员的整体素质。

1997 年 10 月，县委印发《关于在全县党政机关开展思想作风整顿和创建“三讲”文明机关活动的实施意见》，实行定期汇报督导和经验交流，提高各级领导班子的思想政治素质。

1999 年 3 月 25 日，县委召开三级干部党建工作会议。出台《关于带着感情做好群众工作，进一步密切党群干群关系的意见》《关于党风廉政建设的意见》《关于宣传思想工作的意见》《关于加强党的建设的意见》4 个文件。

2000 年 7 月 7 日，召开全县领导干部大会，深入开展“听百姓言、知百姓事、解百姓忧、暖百姓心”活动。

2001 年 7 月 26 日，召开县委党建工作会议。进一步加强党的基层组织建设和机关作风建设，以党建工作的新提高推动精神文明和物质文明建设的新发展。

2003 年，县委把深入学习“三个代表”重要思想作为干部理论教育的重点，印发《关于在全县党委（党组）建立健全“三个代表”重要思想学习档案的通知》，采取学习、座谈研讨、专家教授指导、参观等多种形式，切实提高领导干部的理论素质。同时，全面加强民主集中制建设，制定《关于贯彻落实省委〈关于加强各级党组织民主集中制建设若干重要问题的决定〉的意见》。

2004 年，组织 400 多名科级干部利用县委中心组（扩大）集中封闭学习、周六学习日和平时集中学习党的十六届四中全会精神，“三观”（科学发展观、正确的政绩观、为民的群众观）“两个务必”（务必使同志们继续保持谦虚、谨慎、不骄、不躁的作风，务必使同志们继续保持艰苦奋斗的作风）和依法行政等内容。

2005 年 2 月 3 日，召开全县“保先”教育活动动员大会。全县分三批在广大党员中开展“保先”教育活动。

2006 年 10 月 10 日，县委召开全县领导干部大会，在领导干部中开展“学、树、保、促”百日主题教育活动。组织开展“知荣辱、树新风、优环境、兴满城”为主题的社会主义荣辱观宣传教育活动。

2007年，围绕“加强基层组织、培养锻炼干部、服务人民群众、促进和谐稳定、巩固先教成果”的活动目标，分两批开展“驻千村、联万户、帮民富、解民忧、促和谐”新农村建设帮扶活动。在全县204个村，选派642名机关干部，结合市下派工作队员，组成新农村建设帮扶工作队，深入各村开展帮扶活动。

2008年，抽调机关干部495人，组建210个农村（社区）群众工作站，积极化解矛盾、促进发展、夯实党建基础。

第四节　改革开放　搞活经济

一、加强三农（农业、农村、农民）工作

（一）完善土地联产承包责任制

1989年8月，制定《关于进一步完善土地承包责任制的试行办法》，对现有土地进行适当调整。一是按人口变化三五年调整一次机动地。二是试行“账面两田（口粮田和承包田）制”，人口增减实行“两田”互补，进行账面调整，动账不动地。三是新开发的土地，谁开发谁经营，不列入调整范围。

1999年1月，制定《关于进一步稳定完善农村土地承包关系的实施意见》，在全县范围内推行第二轮农村土地承包。坚持“大稳定、小调整”原则，保持大多数农户原有承包土地的稳定，一般不打乱重新发包，更不允许随意打破原生产队界限在全村范围内调整。小调整只限于人地矛盾突出的个别农户。进行适当调整后，再签订新一轮承包合同，把承包期延长30年。2004年，贯彻落实中央、省、市关于妥善解决当前农村土地承包纠纷的指示精神，进行农村土地二轮延包扫尾工作。

（二）调整优化农业结构

1993年12月，出台《关于大力发展高产优质高效农业的意见》，提出对农户只下达定购任务，不下达种植计划，农民“完成任务吃饱饭，怎么赚钱怎么干”。鼓励建立贸工农一体化的经济实体和利益共同体，形成上联全国乃至国际市场，下联千家万户的销售、加工、生产一条龙的龙头企业集团，而且不论国有、集体、个体，谁有实力、谁能牵头就支持谁牵头，当龙头企业。

1999年9月，出台《1999—2005年调整优化农业结构发展规划》，提出农业产业发展应进一步转机制、调结构、增特色、创名牌、拓市场，大力发展畜牧产业，扩大优质草莓、蔬菜等经济作物和优质果品种植规模，切实把农业的增长方式转变到以提高质量和效益为中心的发展轨道上来。为推动落实，2000年2月又出台《2000年调整优化农业结构实施方案》，对发展规划中的任务进行量化和细化，并分解到乡（镇）。

2004年3月，出台《2004—2007年农业结构调整实施方案》。在保护和提高粮食生产能力的前提下，按照高产、优质、高效、生态、安全的要求，调整农业区域布局，优化农业产业结构，推进农业生产精细化、集约化、产业化进程，实现农业农村经济持续健康发展。

（三）扶持、加快山区建设

1996年，出台《关于“三荒”使用权拍卖的实施办法》（“三荒”指荒山、荒地、荒滩），坚持因

地制宜、综合治理、加快开发的原则，以优惠的政策调动群众治理“三荒”的积极性，确保生态效益、经济效益双落实。坚持谁购买、谁治理、谁受益，打破县、乡、村界限，并规定“三荒”购买者从受益之日起，3—7年内免缴农业税和农林特产税及乡、村统筹、提留费。

2000年1月，出台《2000—2010年山区农业综合开发发展规划》。根据国内外市场需求，结合全县实际，提出在山区农业综合开发工作中实施“一大工程、两个基地、三大突破”发展战略，即抓好小流域综合治理工程，壮大磨盘柿、草莓两个特色基地，提高森林覆盖率，在太行山绿化、水土保持上实现新突破；发展绿色产品，在提高果品质量上实现新突破；实施品牌销售，在发展外向型经济上实现新突破。

2001年，出台《关于鼓励和提倡机关、个人开发荒山的实施意见》。荒山开发坚持自主协商、公开公平、限期绿化的原则，吸引社会各界资金、技术、物资、人才向荒山开发流转，拓宽投资渠道。

（四）建设农村小康社会

1994—1997年，深入开展小康县建设。1994年，制定《满城县小康建设规划》，把小康建设纳入目标管理体系，建立季度、半年、年终考核制度，实行动态监督管理，定期通报情况，及时发现和解决小康建设中的问题。同时，出台《关于加速小康建设激励约束办法（试行）》，实行职绩、酬绩、荣绩奖惩三挂钩，乡（镇）主要领导、一般干部、职能部门、包乡单位、包乡县级领导同奖惩共进退，确保小康县建设扎实推进。

2005年4月，出台《满城县农村全面小康社会建设规划（2004—2020年）》，围绕建设保定卫星城，打造保定西花园，全面建设小康社会的总体目标，认真落实“五个统筹”（统筹城乡发展、统筹区域发展、统筹经济社会发展、统筹人与自然和谐发展、统筹国内发展和对外开放）的要求，着力增强农业农村经济竞争力和可持续发展能力，实现农民增收、农业增效、粮食增产，推进农村物质文明、政治文明、精神文明协调发展。

（五）推动草莓特色产业发展

1998年6月4日，召开草莓特色产业工作会议，制定出台《关于进一步加快草莓特色产业发展的实施方案》，明确草莓产业发展的指导思想、奋斗目标和保障措施。制定了到2000年全县草莓种植面积发展到10万亩的目标，并提出保障措施。一是依靠科技进步，实施名牌战略。按县财政收入的1%提取草莓科研推广经费，用于草莓品种的引进开发、更新换代、提纯复壮，探索推广高产优质栽培新技术；积极运作草莓高科技示范园区，逐步形成集品种引进和培育、无毒苗生产、专用肥料、滴灌设备生产、高标准检测等十几项内容的草莓龙头科技园区；加大草莓深加工企业的技改力度，积极组织开发具有国内、国际影响力的名牌产品。二是加强市场体系建设，促进流通。建好专业批发市场，在全县13个农副产品批发市场的基础上加快扩建陶佐草莓专业市场，使其成为北方规模最大的草莓市场。三是加大龙头企业建设力度，实现草莓产品增值。四是加强服务体系建设，确保草莓产业持续、健康发展。围绕草莓产业的发展壮大，以农技、农机、水利、生产资料供应、销售、气象预测等八大服务体系为重点，加强管理，规范运作，健全社会化服务。

（六）减轻农民负担

1993年，出台《关于减轻农民负担的暂行规定》，认真贯彻落实国务院《农民承担费用及劳务管理条例》和《河北省农民承担费用和劳务管理规定》，本着不合理负担砍掉、合理负担尽量减轻的原则，砍掉农民建筑规划费、暂缓收取标准内的农村宅基有偿使用费、农村电费实行最高限价、精简乡（镇）聘用人员、对文件规定的税费严禁层层加码等，切实减轻农民负担。实行财务预算审批制度，保持政策的连续性和稳定性，维护农民切实利益。

1997年4月，县委、县政府出台《关于切实减轻农民负担的实施意见》，对各项收费实行规范化管理，建立健全预决算制度；严格实行农民负担监督卡制度，专项审计制度；建立双代管和多向监督制度，完善农林特产税、屠宰税征收管理制度。坚持群众自愿原则，公平合理负担原则，严禁动用专政工具和硬性手段向农民收取钱物。

2002年，按照“减负、规范、稳定”的要求，在合理确定计税土地面积、常年产量、改革前的农民合理负担等基本数据的基础上，制定全县税费改革方案，综合税率降为7%。

2003年，根据中央《关于全面推进农村税费改革试点工作的意见》文件精神，取消农业特产税，中央财政配之以专项转移支付。

2004年，改革粮食流通体制，对种粮农民实行直接补贴，在税率6%的基础上下降3%。

2005年12月，全国人大正式废止《农业税条例》，农业税率降低2%。

2006年10月，全面取消农业税，农村税费改革进入综合改革的新阶段。

二、加快企业、商业经营机制转换

（一）不断深化经济体制改革

1989年1月，出台《关于进一步深化企业改革的意见》，要求企业改革必须抓住加快经营机制转换这个中心环节，在完善承包经营责任制的基础上逐步推行股份制。

1993年9月，出台《关于加快县属国营、集体工商企业体制改革的暂行意见》，要求完成对县属国营、集体工商企业“拍卖、股份制改造、一企两制”等试点基础上，积极推进县属国营、集体工商企业的改制工作。力争年内70%以上企业完成以转让企业产权、出让企业经营权为核心的转换经营机制措施，1994年年底实现90%以上县属国营、集体工商企业的“无主”经营。

1997年11月，出台《关于发展股份合作制企业的意见》，将股份合作制的范围推进到工业、建筑、物资、粮食、县社、商业、外贸企业及乡镇集体企业。

（二）加快乡镇企业发展

1993年11月，出台《关于进一步加快乡镇企业发展的试行意见》，确定乡镇企业发展的方针，性质不分公私、规模不论大小，全民动员、放手发展。凡新上企业自生产之日起实行两年试产，其间免除企业各种负担，期满后办理应办手续。同时，鼓励大中专毕业生、转业干部、党政机关人员到乡镇企业工作。

1996年8月，出台《关于评定、扶持重点乡镇企业的有关规定》，明确对重点乡镇企业实施优惠政策，并挂牌保护。同年，又出台《关于乡镇企业“九五”发展规划》。提出全县乡镇企业发展的基本思路，坚持发展与提高并重，坚持以效益为中心，建立、健全“两个机制”（发展乡镇企业的领导机制和激励约束机制），实施“四大战略”（结构优化战略、龙头带动战略、改革推动战略和大开放战略），推动全县乡镇企业向大规模、高科技、外向型方向发展。

1999年1月，出台《关于大力推进乡镇企业二次创业的决定》，要求各级、各部门、各企业深刻理解乡镇企业二次创业的内涵，把发展乡镇企业作为立县、立乡之本，克服小进即满、小富即安、小打小闹、不思进取的思想，树立强烈的市场意识、发展意识和忧患意识，振奋精神，奋力拼搏，全力推进乡镇企业的第二次创业。提出乡镇企业二次创业的明确目标：实施“双复（复活‘半拉子’工程、复活瘫痪企业）、百项技改、龙头经济、管理上台阶”四大工程，实现“四个确保”（确保总量适度增长，确保效益明显提高，确保科技含量明显增强，确保管理水平明显改善），创新机制，优化结构，提高质量，再铸辉煌。当年7月，又出台《关于大力推进乡镇企业二次创业的实施意见》。提出乡镇企业二次创业的总体目标、具体目标和优惠政策。要求以市场为导向，以改革为动力，继续大力实施“四大工程”，加快结构调整步伐，提高乡镇企业素质，实现速度与效益、总量与质量的共同提高，使乡镇企业整体上规模、上档次、上水平。

（三）加快发展个体和私营经济

1994 年 2 月，出台《关于加快发展个体和私营经济的决定》，把加快个体和私营经济的发展作为长久之策，放胆放手来抓，列入议事日程和经济发展规划，保持政策的连续性和稳定性，为个体和私营经济的发展创造良好的社会环境。鼓励发展不限速度，不限从业人员，不限经营范围，不限经营方式，放宽登记办证，放宽税费政策，并鼓励发展横向经济技术联合和对外边贸活动。

1998 年 5 月，出台《关于加快发展个体私营经济的意见》，强调进一步解放思想，大力发展个体私营经济，提出发展重点和措施，特别鼓励下岗职工、党政机关事业单位工作人员、复转军人、大中专毕业生到私营企业就业或从事个体经营，开办私营企业。

2001 年 3 月，出台《关于加快非公有制经济的补充意见》，在 1998 年《关于加快发展个体私营经济的意见》的基础上，提出了“十五”期间发展目标，进一步完善保障措施。特别是在进一步优化发展环境方面，做出更为具体的规定，指出异地到满城从事非公有制经济人员的子女入托、入学，按当地居民同等办理，还可在经营地、企业所在地或县城申请购买经济适用住房。鼓励非公有制企业积极参与兼并、收购国有、集体中小企业。

（四）鼓励党政机关干部到村任职或承包、承租、领办、兴办企业

1988 年 5 月，出台《关于鼓励党政机关干部到村任职或承包、承租、领办、兴办企业试行办法》，制定到村任职干部工资上浮一级，承包、承租、领办、兴办乡镇企业的，允许停薪留职等鼓励政策。

1991 年，出台《关于鼓励人才向乡镇企业流动的暂行规定》，对机关干部到乡镇企业任职、大中专毕业生直接到乡镇企业工作等方面制定一系列优化政策，帮助乡镇企业上质量、上品种、上效益，多层次、多渠道、多项式引进人才。

1992 年，出台《关于转变职能、下放权力的规定》《关于鼓励党政机关、事业单位及干部职工领创办实体的规定》《关于鼓励农民进城经商办企业的若干规定》等一系列改革措施，鼓励全县人民抢抓机遇创办实体，活跃、繁荣市场。

1994 年 4 月，出台《关于鼓励党政机关事业单位公职人员到乡镇企业工作的意见》，提倡和鼓励机关、事业单位公职人员到乡镇企业工作，保留原行政事业编制和原职级待遇。同时，还鼓励大中专毕业生、军队转业干部直接到乡镇企业工作。

三、制定科技兴县战略，加快经济发展

1991 年 3 月 7 日，召开全县科技兴县动员大会。县委书记马国权作题为《实施科技兴县战略，加快经济建设步伐》的讲话。制定出台《关于科技兴县的决定》《关于依靠科技进步发展工业企业的决定》，全面依靠科技进步，振兴满城经济。成立科技兴县领导小组，实施全县科技兴县一盘棋。坚持科技与经济紧密结合，工业企业开展“科技兴工、科技兴厂”活动，围绕产品做文章；农业发展立足于科技兴农，积极推广应用新技术、新成果，使广大山区农民依靠科技进步脱贫致富；乡镇企业坚持向科技进步要质量、要水平、要效益。加大科技投入，县财政对科技投入比例不低于县财政支出的 1%。设立县级科技进步奖，奖励在科技兴县中做出贡献的人员。

1995 年 1 月，出台《关于加快发展规模经济的决定》，提出要发挥产业优势，狠抓规模行业，发展规模区域，大上规模企业，实现跳跃式、超常规发展，确保实现小康目标。

1998 年 2 月，出台《满城县经济发展战略概要（草案）》。坚持以改革为动力，以科技为先导，培养造就一支适应发展城郊型经济的管理队伍，全面建立并完善双向对流式城郊型经济的管理体制，

坚持发挥综合优势城乡互补的方针，按照双向对流式城郊型经济的构思，科学调整产业结构，全面发展横向经济联合，加快城乡一体化步伐，20世纪末全县人民生活达到小康水平。同时制定六大战略措施，一是依靠科技进步和管理进步，促进科技城乡一体化。二是科学调整和改造农业内部的产业结构，促进农业城乡一体化。三是大力发展横向经济联合，促进工业城乡一体化。四是建立健全各类专业市场，实现流通城乡一体化。五是合理规划经济发展区域，促进经济布局城乡一体化。六是深化体制改革，实现管理体制城乡一体化。

四、全力推进保定西花园建设

1990年，县委提出农业、县办工业、乡镇企业、旅游业“四业并举”的经济发展战略后，始终把旅游业作为县域经济发展的重要产业来抓。进入21世纪，把满城定位为保定西花园，改善生态环境，发展旅游业成为一项长期发展目标。旅游业开始成为县域经济发展的重要产业。

2004年1月，县委召开九届三次全体（扩大）会议暨全县经济工作会议。提出坚持以邓小平理论和“三个代表”重要思想为指导，树立科学发展观和正确政绩观，确定建设保定卫星城，打造保定西花园，全面建设小康社会的目标。同年11月，出台《关于加快林业发展，全面推进保定西花园建设进程的决定》。确立以保定西花园建设为主题的林业生态发展方向，大力保护培育、开发利用森林资源，以完备的生态体系和发达的林业产业体系推进保定西花园建设进程。

五、加快项目建设

（一）优化投资环境，扩大对内对外开放

1992年，县委七次党代会提出“四引”“四创”“四带”战略措施，即：引进项目、引进资金、引进技术、引进管理经验；创建一批出口创汇基地、创办一批跨国公司、创建一批新型产业、创办一批高新技术产业；带动资源开发、带动产业结构调整、带动企业技术进步、带动企业经营机制逐步与国际市场接轨，并出台《关于招商引资的有关规定》。

1994年3月，出台《关于鼓励和保护县外境外投资者、经营者的规定》，鼓励县外、境外投资者到满城兴办企业，并制定一系列优惠和保护措施。

1996年1月，出台《关于进一步优化投入环境的决定》，坚持高标准，优化投资环境，加大投入力度，确保实现每年不低于10亿元的投入目标，增强经济发展后劲。

1998年4月，出台《关于进一步扩大对内对外开放的意见》，要求在招商方式、区域开发、优化环境方面实现新的突破，不断提高对内对外开放水平，推动满城经济持续、快速、健康发展。6月，县委出台《关于上项目、引资金、引项目、引人才的若干规定》，对新上项目、引进资金、引进项目、引进人才给予政策上的优惠，并对引进资金、引进项目的中介人给予奖励。

1999年1月，出台《关于进一步改善投资环境的若干规定》，要求对中外客商投资项目坚持“一个窗口”对外，“一条龙”联合办公；对外来投资的农业开发项目或技术密集、劳动密集、资本密集型工业生产性项目缓收土地使用金，减收土地出让金；保护外来投资企业的各项合法权利，禁止干扰企业正常生产经营的行为；对外来投资企业实行税收方面的进一步优惠；进一步加强和完善供水、供电、交通、通信等基础设施项目建设，为投资企业提供便利；鼓励外来投资企业兼并、收购、入股本县国有企业，参与企业改制工作。

2006年7月，出台《满城县鼓励投资和招商引资优惠政策及奖励办法（试行）》，重点鼓励支持环保节约型项目、高科技高附加值项目、劳动密集型项目、农业产业化龙头项目和对增加地方可用财力贡献度大的项目。将征用土地、税收、行政性收费等优惠政策进一步深化、细化，鼓励发展第三产业，将招商引资奖励办法进一步具体化，可操作性更强。

（二）开展节能减排年、项目建设落实年活动

2008 年 1 月，县委召开十届三次全体（扩大）会议暨全县经济工作会议。会议提出深入开展节能减排攻坚年和项目建设落实年活动，坚持把节能减排作为第一任务，制定实施全县节能减排总体方案和“蓝天行动”方案；决定投资 8055 万元建设县城污水厂；制定实施《满城县加强环境保护工作责任追究暂行办法（试行）》；制定出台《关于扶持造纸企业转产重组的优惠政策》。2008 年，关停各类企业摊点 1200 多家，94 家造纸企业通过验收规范运行。借助保定打造“中国电谷”和实施“工业西进”战略，强力推进项目建设特别是工业大项目建设。

第三章　领导班子与工作机构

1992 年、1998 年、2003 年、2006 年，中共满城县第七至第十次党代表大会召开，选举产生新的领导班子。经过两次机构改革，2008 年县委有 8 个常设工作机构，2 个直属事业单位，1 个协调议事机构，2 个部门管理机构。纪律检查（监察）委员会 2008 年内设 8 个科室，下设机构撤销了除政法机关和垂直部门以外的所有派驻机构，组建 7 个纪工委监察分局。

第一节　领导班子

1991—2008 年，历经第六届至第十届中共满城县委员会，各届县委常务委员会的组成情况如下：

中共满城县第六届常务委员会（1989. 12—1992. 12）

表 4-3-1

职　务	姓　名	性别	籍　贯	任职时间
常务委员	刘树欣	男	安国市	1989. 12—1990. 7
常务委员	曹春源	男	清苑县	1989. 12—1992. 8
常务委员	刘天放	男	定州市	1989. 12—1992. 10
常务委员	李景和	男	徐水县	1989. 12—1992. 10
常务委员	游　江	男	唐　县	1989. 12—1992. 12
常务委员	高霜来	男	安国市	1989. 12—1991. 10
常务委员	张汉文	男	定兴县	1989. 12—1992. 10
常务委员	刘增国	男	阜平县	1989. 12—1992. 12
常务委员	王忠顺	男	满城县	1989. 12—1990. 1

续表4-3-1

职　　务	姓　名	性别	籍　贯	任职时间
常务委员	薛振环	女	清苑县	1989. 12—1992. 12
书　　记	刘树欣	男	安国市	1989. 12—1990. 7
副 书 记	曹春源	男	清苑县	1989. 12—1992. 8
副 书 记	李景和	男	徐水县	1989. 12—1992. 10
副 书 记	游　江	男	唐　县	1989. 12—1992. 12
以下为增补委员				
书　　记	马国权	男	高阳县	1990. 9—1992. 12
副 书 记	薛振环	女	清苑县	1992. 10—1992. 12
副 书 记	钱国栋	男	保定市	1992. 10—1992. 12
常务委员	卢建国	男	满城县	1990. 9—1992. 12
常务委员	李山森	男	藁城市	1992. 10—1992. 12
常务委员	刘广郁	男	徐水县	1992. 10—1992. 12
常务委员	吕金波	男	安国市	1991. 10—1992. 12
常务委员	袁振江	男	满城县	1992. 10—1992. 12
常务委员	王殿富	男	清苑县	1992. 10—1992. 12

中共满城县第七届常务委员会（1992. 12—1998. 3）

表 4-3-2

职　　务	姓　名	性别	籍　贯	任职时间
常务委员	马国权	男	高阳县	1992. 12—1993. 5
常务委员	游　江	男	唐　县	1992. 12—1997. 12
常务委员	薛振环	女	清苑县	1992. 12—1994. 8
常务委员	钱国栋	男	保定市	1992. 12—1998. 1
常务委员	李山森	男	藁城市	1992. 12—1998. 3
常务委员	吕金波	男	安国市	1992. 12—1998. 3
常务委员	卢建国	男	满城县	1992. 12—1997. 6
常务委员	刘增国	男	阜平县	1992. 12—1996. 8
常务委员	王殿富	男	清苑县	1992. 12—1993. 11
常务委员	袁振江	男	满城县	1992. 12—1998. 3
常务委员	刘广郁	男	徐水县	1992. 12—1998. 3
书　　记	马国权	男	高阳县	1992. 12—1993. 5

续表4-3-2

职　　务	姓　名	性别	籍　贯	任职时间
书　　记	游　江	男	唐　县	1993. 5—1997. 12
副 书 记	薛振环	女	清苑县	1992. 12—1994. 8
副 书 记	游　江	男	唐　县	1992. 12—1993. 5
副 书 记	钱国栋	男	保定市	1992. 12—1998. 1
以下为增补委员				
书　　记	赵洪涛	男	四川省	1998. 1—1998. 3
副 书 记	陈宝升	男	河南省	1993. 12—1998. 3
副 书 记	王金魁	男	高阳县	1994. 9—1998. 1
副 书 记	李山森	男	藁城市	1994. 9—1998. 3
副 书 记	刘金龙	男	涞源县	1998. 1—1998. 3
常务委员	赵洪涛	男	四川省	1998. 1—1998. 3
常务委员	陈宝升	男	河南省	1993. 12—1998. 3
常务委员	王金魁	男	高阳县	1994. 9—1998. 1
常务委员	刘金龙	男	涞源县	1998. 1—1998. 3
常务委员	吴　宪	男	清苑县	1993. 9—1997. 8
常务委员	李英杰	女	安新县	1994. 9—1998. 3
常务委员	张洪臻	男	山东省	1996. 8—1998. 3
常务委员	戴志庄	男	保定市	1997. 8—1998. 3
常务委员	朱子强	男	满城县	1998. 1—1998. 3

中共满城县第八届常务委员会（1998. 3—2003. 4）

表 4-3-3

职　　务	姓　名	性别	籍　贯	任职时间
常务委员	赵洪涛	男	四川省	1998. 3—2002. 3
常务委员	陈宝升	男	河南省	1998. 3—2001. 1
常务委员	李山森	男	藁城市	1998. 3—2000. 3
常务委员	刘金龙	男	涞源县	1998. 3—2000. 6
常务委员	张洪臻	男	山东省	1998. 3—1999. 1
常务委员	吕金波	男	安国市	1998. 3—2000. 5
常务委员	袁振江	男	满城县	1998. 3—2001. 6

续表4-3-3

职　　务	姓　名	性别	籍　贯	任职时间
常务委员	刘广郁	男	徐水县	1998. 3—2003. 4
常务委员	李英杰	女	安新县	1998. 3—2003. 4
常务委员	戴志庄	男	保定市	1998. 3—2001. 1
常务委员	朱子强	男	满城县	1998. 3—2003. 4
书　　记	赵洪涛	男	四川省	1998. 3—2002. 3
副 书 记	陈宝升	男	河南省	1998. 3—2001. 1
副 书 记	李山森	男	藁城市	1998. 3—2000. 3
副 书 记	刘金龙	男	涞源县	1998. 3—2000. 4
以下为增补委员				
书　　记	闫志强	男	涞水县	2002. 3—2003. 4
副 书 记	田宝庆	男	安新县	2000. 3—2003. 4
副 书 记	袁振江	男	满城县	2000. 3—2001. 6
副 书 记	田庆柱	男	清苑县	2001. 6—2003. 4
副 书 记	李英杰	女	安新县	2001. 6—2003. 4
副 书 记	吕耀欣	男	安国市	2001. 12—2003. 4
常务委员	闫志强	男	涞水县	2002. 3—2003. 4
常务委员	田宝庆	男	安新县	2000. 3—2003. 4
常务委员	田庆柱	男	清苑县	2001. 6—2003. 4
常务委员	吕耀欣	男	安国市	2001. 12—2003. 4
常务委员	许西岭	男	滕州市	1999. 1—2003. 4
常务委员	曹大水	男	满城县	2001. 6—2003. 4
常务委员	贾红雨	男	满城县	2002. 6—2003. 4
常务委员	李桂生	男	满城县	2001. 1—2003. 4

中共满城县第九届常务委员会（2003. 4—2006. 5）

表 4-3-4

职　　务	姓　名	性别	籍　贯	出生年月	学　历	任职时间
常务委员	王凤林	男	涞水县	1955. 1	大　专	2003. 4—2006. 5
常务委员	田宝庆	男	安新县	—	—	2003. 4—2006. 3
常务委员	吕耀欣	男	安国市	1956. 2	大　学	2003. 4—2006. 5

续表4-3-4

职　　务	姓　名	性别	籍　贯	出生年月	学　历	任职时间
常务委员	朱子强	男	满城县	1963.9	大　学	2003.4—2006.5
常务委员	刘广郁	男	徐水县	1951.12	大　专	2003.4—2006.5
常务委员	闫志强	男	涞水县	1959.1	研究生	2003.4—2006.5
常务委员	许西岭	男	山东省	—	—	2003.4—2006.4
常务委员	李桂生	男	满城县	1966.5	大　学	2003.4—2006.5
常务委员	陈春霞	女	清苑县	1963.2	研究生	2003.4—2006.5
常务委员	曹大水	男	满城县	1955.1	大　学	2003.4—2006.4
常务委员	崔建民	男	保定市新市区	1963.7	研究生	2003.4—2006.5
书　　记	闫志强	男	涞水县	1959.1	研究生	2003.4—2006.5
副书记	田宝庆	男	安新县	—	—	2003.4—2006.3
副书记	陈春霞	女	清苑县	1963.2	研究生	2003.4—2006.5
副书记	吕耀欣	男	安国市	1956.2	大　学	2003.4—2006.5
副书记	曹大水	男	满城县	1955.1	大　学	2003.4—2006.4
以下为增补委员						
副书记	田　钧	男	定兴县	1959.1	大　学	2006.3—2006.5
副书记	肖宝元	男	涞源县	1962.8	大　学	2004.7—2006.4
常务委员	田　钧	男	定兴县	1959.1	大　学	2006.3—2006.5
常务委员	肖宝元	男	涞源县	1962.8	大　学	2004.7—2006.4
常务委员	王瑞生	男	大城县	1966.10	大　学	2006.4—2006.5

中共满城县第十届常务委员会（2006.5—2008.12）

表4-3-5

职　　务	姓　名	性别	籍　贯	出生年月	学　历	任职时间
常务委员	闫志强	男	涞水县	1959.1	研究生	2006.7—
常务委员	田　钧	男	定兴县	1959.1	大　学	2006.7—2008.5
常务委员	刘　峰	男	涿州市	1964.7	研究生	2008.6—
常务委员	陈春霞	女	清苑县	1963.2	研究生	2006.7—2007.4
常务委员	吕耀欣	男	安国市	1956.2	大　学	2006.7—
常务委员	康　社	男	满城县	1962.1	研究生	2007.5—
常务委员	王瑞生	男	大城县	1966.10	大　学	2006.7—
常务委员	朱子强	男	满城县	1963.9	大　学	2006.7—2008.9

续表4-3-5

职　　务	姓　名	性别	籍　贯	出生年月	学　历	任职时间
常务委员	石志新	男	雄　县	1966.6	研究生	2006.7—2007.5
常务委员	王凤林	男	涞水县	1955.1	大　专	2006.7—2007.5
常务委员	崔建民	男	保定市新市区	1963.7	研究生	2006.7—2008.10
常务委员	冯　峻	女	宁波市	1963.12	研究生	2006.7—
常务委员	李雄鹰	男	安新县	1975.2	研究生	2006.7—
常务委员	贾见勇	男	唐　县	1966.6	大　学	2007.5—
常务委员	李新立	男	望都县	1966.6	大　学	2007.5—2008.11
常务委员	刘　杰	男	阜平县	1964.12	大　学	2008.10—
常务委员	周民选	男	唐　县	1966.2	大　学	2008.11—
常务委员	贾玉兰	女	满城县	1962.1	大　学	2008.11—
书　　记	闫志强	男	涞水县	1959.1	研究生	2006.5—
副书记	田　钧	男	定兴县	1959.1	大　学	2006.7—2008.5
副书记	刘　峰	男	涿州市	1964.7	研究生	2008.6—
副书记	陈春霞	女	清苑县	1963.2	研究生	2006.7—2007.4
副书记	吕耀欣	男	安国市	1956.2	大　学	2006.7—

说明：表中各位领导除石志新为满族外，其他均为汉族

第二节　县委工作机构

一、常设工作机构

1991年3月，县委常设工作机构14个，即县委办公室（以下简称县委办）、组织部、宣传部、纪委、精神文明建设委员会办公室（以下简称文明办）、政策研究室（以下简称研究室）、统战部、机关党委、政法委、机要局、保密局（保密委员会办公室、国家密码管理局）、老干部局、信访办、廉政办。1993年3月，增设农村工作部，纪检委与监察局合署办公。1995年3月，信访办更名为信访局，归县政府管理。1995年5月，增设督查考核委员会办公室（以下简称督考办）。

1996年9月机构改革中，廉政办并入县纪委干教室；文明办并入宣传部；农村工作部与农业局合署办公；老干部局归口组织部；研究室、党史研究室、机要局、保密局归口县委办，保留保密局、机要局办公室名称；社会治安综合治理委员会办公室设在政法委；机关党委更名为县直机关工作委员会（以下简称县直机关工委）；督考办挂靠县委办。改革后县委有7个常设工作机构，包括县委办、组织部、宣传部、纪委、统战部（挂民族宗教事务局牌子）、政法委和县直机关工委。

1996年10月，成立县委机关事务管理局，挂靠县委办，局长由县委办一名副主任兼任，暂编17人。

2002 年 7 月机构改革中，撤销督考办；农村工作部更名为农村工作委员会，不再与农业局合署办公；信访局由县委办、政府办管理，列入党委序列；机构编制委员会办公室（以下简称编办）列入党委序列，挂事业单位登记管理局的牌子。机构改革后，县委办设综合科、调研科、信息科（加挂信息中心牌子）、行政科、督查室（副科级）5 个职能科（室）。机要局（正科级）、保密局（正科级）设在县委办内，对外保留名称。县委办机关行政编制 26 人（含工勤编制 2 人），其中主任 1 人，副主任 3 人。

二、直属事业单位

1991 年，县委有直属事业单位 3 个，包括县委党校、目标考核委员会办公室（以下简称目标办）、党史研究室。1993 年 3 月，成立县报社，属县委直属事业单位。1995 年 5 月，撤销目标办。1996 年 9 月，党史研究室并入县委办。1996 年 10 月至 2008 年，有县委党校、报社 2 个县委直属事业单位。

三、议事协调机构

1996 年 9 月机构改革时，编办列为县委议事协调机构，至 2008 年年底未变。

四、部门管理机构

2002 年 7 月机构改革时，信访局、老干部局列部门管理机构，至 2008 年年底未变。

1991—2008 年中共满城县委工作机构一览表

表 4-3-6

年份	常设工作机构	直属事业单位	议事协调机构	部门管理机构
1991 年 1 月	县委办、组织部、宣传部、纪检委、文明办、研究室、统战部、机关党委、政法委、机要局、保密局、老干部局、信访办、廉政办	县委党校、目标办、党史研究室	无	无
1995 年 12 月	县委办、组织部、宣传部、纪检委、文明办、研究室、统战部、机关党委、政法委、机要局、保密局、老干部局、廉政办、农村工作部、督考办	县委党校、报社、党史研究室	无	无
1996 年 9 月	县委办、组织部、宣传部、统战部、政法委、纪检委、县直机关工委	县委党校、报社	编办	无
2002 年 7 月	县委办、组织部、宣传部、政法委、纪检委、统战部、县直机关工委、农村工作委员会	县委党校、报社	编办	信访局、老干部局
2008 年 12 月	县委办、组织部、宣传部、纪检委、政法委、统战部、县直机关工委、农村工作委员会	县委党校、报社	编办	信访局、老干部局

2008 年年底，有 8 个县委常设工作机构，包括县委办、组织部、宣传部、统战部、政法委、县直机关工委、农村工作委员会和纪检委；2 个直属事业单位，包括县委党校、报社；1 个议事协调机构为编办；2 个部门管理机构，包括信访局、老干部局。县委办（包括机要局、保密局、党史办）行政编制 24 人，工勤编制 2 人，领导职数 4 人，内设机构 5 个。其他部门行政编制 106 人，工勤编制 6 人，领导职数 20 人，内设机构 17 个，派出机构 7 个。

第四章　纪检监察

1991—2008年，满城县纪律检查（监察）委员会历经第二、三、四、五和第十届。1991年，25个乡（镇）、3个单位设纪委，19个单位设纪检组。2008年，纪律检查（监察）委员会内设8个科室，撤销除政法机关和垂直部门以外的所有派驻机构。组建中共满城县纪律检查委员会工作委员会、满城县监察局监察分局，设7个分局。通过纪律检查、执法监察不断纠正以权谋私、公款大吃大喝等不正之风。搞好党内监督，加强党风廉政建设，查处贪污受贿、顶风违纪案件，社会环境得到优化。

第一节　纪律检查与监察工作

一、廉政建设

1992年12月—1998年3月，为切实搞好党内监督，制定落实五项监督制度，强化一把手党风廉政建设责任制，实行领导干部任职前谈话、任职中监督、离任后审计的全程监督，完善干部廉政档案。巩固深化村务公开，县直机关大力推行政务公开，完善以职代会为基本形式的企业民主监督制度。完善党风廉政建设监督员制度，聘请县、乡、村三级党风廉政建设监督员825人，及时对政务公开、财务收支、粮棉税费、宅基地审批、计划生育、招生、班子考核、干部任免等项工作进行监督检查。

1998年3月—2003年6月，先后治理大吃大喝、利用公款安装住宅电话和购买移动电话、清理预算外资金、精减和压缩会议、控制检查评比、狠刹公款旅游和党员领导干部婚丧喜庆事宜大操大办等12个方面的专项整治工作。针对乡（镇）干部中出现的“三风”（走读风、吃喝风、漂浮风），一方面组织明察暗访活动，另一方面加强乡（镇）配套设施建设，实行农村招待费零管理，使问题得到解决。认真落实重大事项报告制度。倡导在领导班子和领导干部中开展批评和自我批评，及时召开民主生活会，提高民主生活会质量。

2003年6月—2008年，结合“保先”教育活动，集中治理基层干部队伍中存在的执法不公、乱收乱罚、吃拿卡要报等问题，制定印发《乡镇和农村党员干部廉洁自律若干规定》，强化对基层党员干部的监督管理；组织党员干部观看党的好干部牛玉儒、梁雨润的先进事迹，《扭曲的人生》——李真贪污、受贿案剖析，中华人民共和国成立后第一大案——话剧《警钟》；组织副科级以上领导干部到河北省冀中监狱、河北省太行监狱听取犯罪人员现身说法；针对公车使用、财务审批、外出考察、一把手监督等问题印发《关于规范党政机关工作人员外出学习、培训、考察活动的若干规定》等一系列廉洁自律制度和规定。

二、纠风和优化环境

1992—1998年，对以权谋私、公款大吃大喝、职称评定、大中专招生、民师转正、民师招工等工作中的弄虚作假现象进行监督，对清理出来的问题分类施治，予以处理。处理来信来访1268件次，其中来信846件，来访422次，结案1268件次，结案率100%。对中纪委、省纪委要结果的信访案件按期结案率和优质结案率均为100%，实现无越级上访、无信访积案、无重信重访。

2002年1月，优化环境办公室（以下简称优化办）成立，为常设临时机构。主要职责是监督检查各职能部门落实县委、县政府各项政策情况；受理信访投诉，对不作为、乱作为现象进行查处；进行明察暗访，强化机关行政效能建设。

2003年3月，行政效能监察中心正式成立。开展以“提速、提质，为人民、促发展”为主要内容的机关效能建设活动，对全县政府各部门行政许可、投资项目、信访办理和为民办实事四项重点工作，定期开展效能监察，并纳入全县年度考核范围。

1998—2003年，对医药行业的不正之风进行专项治理，实行药品集中招标采购。对政法机关经商办企业行为进行清理，开展粮改执法监察和建筑市场执法监察。在国债资金和社保资金执法监察中，查处各类违纪违法资金159.5万元。建立和完善有形建筑市场，实现招投标“阳光作业”，遏制建筑领域里的不正之风。优化发展环境监察中心依靠信访信息网络，印发204张监督员联系卡，完善监察网络。同时，把群众监督作为纠风工作的重点内容，开展民主评议行风暨“双百双评”。对38家重点企业实行挂牌保护，取消不合理收费项目103项，降低收费标准187项。

2005年11月，建立行政服务中心。推行便民、便企服务，发改局、土地局、环保局、规划局、旅游局、林业局、卫生局、财政局、水务局、安监局、物价局、商务局、优化办等13个部门在行政服务中心设办事窗口，进驻行政服务中心办公。

2006—2008年，在县级领导干部和全县副科级以上领导干部中开展优化发展环境、激活市场主体活动。全县355名副科级以上领导干部参加活动，收到调研报告355份，调研提出的主要问题58个，涉及政府职能部门24个，提出意见和建议746条，为企业解决问题570个，创新举措26项，建立长效机制19项，向社会作出公开承诺20项。开展亲商重商活动。建立机制、教育、监督长效机制，出台《关于进一步优化投资环境的实施意见》，建立优化环境工作队伍，制定出台多项亲商重商措施。在服务窗口设立廉政风险警示牌和评议表，县直部门、乡（镇）也分别建立政务公开栏，接受社会和群众监督。同时，加强对企业的走访调查，听取企业的意见和建议，对执法人员工作中存在的问题和不足，及时给予反馈，并限时解决问题，增强执法部门对企业的服务能力。

三、执法监察

1992—1998年2月，执法监察的重点是治理企业“五乱（乱收费、乱摊派、乱罚款、乱集资、乱检查）”，公路“三乱（乱设卡、乱罚款、乱收费）”，加强预算外资金和“小金库”的清理工作。以解决群众关心的热点问题为主，抓好减轻农民负担工作，实行村务公开；清理中小学乱收费，在全县学校推行学生收费卡制度；对基层所站进行集中清理整顿；对以权谋私、公款大吃大喝、职称评定、大中专招生、民师转正、民师招工等工作中的弄虚作假现象进行监督。积极畅通信访渠道，强化信访网络制度建设。在全县农村设立纪检信访信息员，在公共场所设立举报箱，在媒体公开信访举报电话和治理公路“三乱”举报电话，推行实名举报制度和限期承诺制。定期召开案件协调联席会议，与公、检、法、审计等部门互通案件信息，按照归口办理原则，加大协调督办力度。

以查处贪污受贿、以权谋私、权钱交易、腐化堕落、失职渎职、丧失原则、顶风违纪和违反计划生育政策等案件为重点，着重查处领导干部、司法机关、行政机关和金融、证券、房地产、建筑工程项目承包等领域的违法违纪案件，共立案查处各类违法违纪案件407件。其中大案、要案162件，处分党员171人，在受处分党员中，52人被开除党籍，37人留党察看，45人被警告、严重警告。涉及副科以上领导干部9人，清查出违纪金额404万元，为国家挽回直接经济损失367万元。

1998年3月—2003年4月，以纠正行业不正之风为重点，监察立项82起，提出执法监察建议128条。完善农民负担预决算、监督卡、专项审计三项制度，推进农村税费改革。围绕优化环境工作，对38家重点企业实行挂牌保护，全面清理涉企收费项目。取消不合理收费项目103项，降低收费标准187项。坚持以查案促纠风，查处5起典型的公路“三乱”案件。五年内，共立案查处贪污受贿、以权谋私、私分公款、违反计划生育政策等违纪违法案件260件，查办大案要案121件。251人受到党政纪处分，其中党纪处分216人，政纪处分35人，涉及副科级以上领导干部34人，依法追究刑事责任19人，为国家挽回经济损失456.32万元。

2003年4月—2008年6月，执法监察的重点为清理车辆核编定编、党政领导干部在企业兼职取酬、机关干部拖欠公款或利用职权将公款借给亲友使用、党政机关用公款为干部职工购买商业保险以及机关工作人员投资入股企业等专项治理工作；狠刹领导干部收钱、送钱，跑官要官，参与赌博，婚丧大操大办、借机敛财以及打着领导干部旗号办私事的歪风；监督落实义务教育阶段公办学校“一费制”收费办法，即学费、课本费、杂费等全部包括，统一按国家标准一次收清，公办高中招收择校生“阳光收费”管理制度；纠正医药购销中的不正之风，实行药品集中采购，落实药品降价政策，严查医生开单提成、收受“红包”和医药购销中的违纪违法行为；治理公路“三乱”，规范上路执法行为；围绕农村税费、农村义务教育资金、财政支农资金等惠农支农政策的落实情况加强监督检查；开展养老和失业保险、城镇和农村低保、种粮补贴、工程建设项目招投标、经营性土地使用权出让招拍挂、收支两条线、专项资金等专项执法监察，提出执法监察建议27条。在“非典”防治、禽流感防治、农村税费征收、中小学入学、污染企业治理、矿产秩序整顿、安全生产、农村“两委”（党支部委员会、村民委员会）换届等阶段性工作中，开展专项检查和明察暗访，严肃工作纪律。2003—2008年，共立案查处各类违法违纪案件207件，268人受到党政纪处分，其中49人被开除党籍，35人留党察看，6人撤销党内职务，162人被警告、严重警告。

第二节　纪律检查（监察）委员会

一、领导机构

（一）中共满城县第二届纪律检查委员会

1989年12月，中共满城县第六次党代会选举产生中共满城县第二届纪律检查委员会，选出委员15人。中共满城县第二届纪律检查委员会第一次全体会议选举常务委员7人，其中书记1人，副书记2人。后增补书记1人，副书记1人，常务委员2人。

中共满城县第二届纪律检查委员会

（1989.12—1992.12）

表4-4-1

职　　务	姓　名	性别	任职时间
常务委员	高霜来	男	1989.12—1991.10
常务委员	赵友生	男	1989.12—1992.10

续表4-4-1

职　　务	姓　名	性别	任职时间
常务委员	彭国臻	男	1989. 12—1992. 12
常务委员	申庆林	男	1989. 12—1992. 12
常务委员	刘造祥	男	1989. 12—1992. 12
常务委员	王堂保	男	1989. 12—1992. 12
常务委员	冯　庄	男	1989. 12—1992. 12
书　　记	高霜来	男	1989. 12—1991. 10
副 书 记	赵友生	男	1989. 12—1992. 10
副 书 记	彭国臻	男	1989. 12—1992. 12
以下为增补委员			
书　　记	吕金波	男	1991. 10—1992. 12
副 书 记	殷进生	男	1990. 3—1992. 12
常务委员	吕金波	男	1991. 10—1992. 12
常务委员	殷进生	男	1990. 3—1992. 12

（二）中共满城县第三届纪律检查委员会

1992 年 12 月，中共满城县第七次党代会选举产生中共满城县第三届纪律检查委员会，选出委员 19 人。中共满城县第三届纪律检查委员会第一次全体会议选举常务委员 7 人，其中书记 1 人，副书记 2 人。后增补副书记 2 人，常务委员 4 人。

中共满城县第三届纪律检查委员会

（1992. 12—1998. 3）

表 4-4-2

职　　务	姓　名	性别	任职时间
常务委员	吕金波	男	1992. 12—1998. 3
常务委员	彭国臻	男	1992. 12—1993. 3
常务委员	殷进生	男	1992. 12—1996. 10
常务委员	冯　庄	男	1992. 12—1996. 10
常务委员	申庆林	男	1992. 12—1995. 8
常务委员	苏福田	男	1992. 12—1998. 3
常务委员	刘造祥	男	1992. 12—1998. 3
书　　记	吕金波	男	1992. 12—1998. 3
副 书 记	彭国臻	男	1992. 12—1993. 3

续表4-4-2

职　　务	姓　名	性别	任职时间
副书记	殷进生	男	1992.12—1996.10
以下为增补委员			
副书记	毕国信	男	1993.3—1998.3
副书记	张文瑞	男	1993.12—1998.3
常务委员	毕国信	男	1993.3—1998.3
常务委员	张文瑞	男	1993.12—1998.3
常务委员	范志泉	男	1993.12—1996.2
常务委员	张德辉	男	1993.12—1998.3

（三）中共满城县第四届纪律检查委员会

1998年3月，中共满城县第八次党代会选举产生中共满城县第四届纪律检查委员会，选出委员14人。中共满城县第四届纪律检查委员会第一次全体会议选举常务委员6人，其中书记1人，副书记2人。后增补书记1人，副书记4人，常务委员7人。

中共满城县第四届纪律检查委员会

（1998.3—2003.4）

表4-4-3

职　　务	姓　名	性别	任职时间
常务委员	吕金波	男	1998.3—2000.7
常务委员	毕国信	男	1998.3—1999.3
常务委员	张文瑞	男	1998.3—1999.1
常务委员	张德辉	男	1998.3—1999.1
常务委员	李金生	男	1998.3—2002.8
常务委员	连凤贺	男	1998.3—2003.4
书　　记	吕金波	男	1998.3—2000.7
副书记	毕国信	男	1998.3—1999.3
副书记	张文瑞	男	1998.3—1999.1
以下为增补委员			
书　　记	吕耀欣	男	2000.7—2003.4
副书记	牛国瑞	男	1999.3—2002.8
副书记	梁德明	男	2000.12—2003.4
副书记	李国志	男	2002.12—2003.4

续表4-4-3

职　　务	姓　名	性别	任职时间
副 书 记	连凤贺	男	2000. 12—2003. 4
常务委员	吕耀欣	男	2000. 7—2003. 4
常务委员	牛国瑞	男	1999. 3—2002. 8
常务委员	梁德明	男	2000. 12—2003. 4
常务委员	李国志	男	2002. 12—2003. 4
常务委员	孙春景	女	1999. 1—2002. 4
常务委员	任平安	男	2002. 8—2003. 4
常务委员	边晓琳	女	2002. 8—2003. 4

（四）中共满城县第五届纪律检查委员会

2003 年 4 月，中共满城县第九次党代会选举产生中共满城县第五届纪律检查委员会，选出委员 15 人。中共满城县第五届纪律检查委员会第一次全体会议选举常务委员 7 人，其中书记 1 人，副书记 3 人。

中共满城县第五届纪律检查委员会

(2003. 4—2006. 5)

表 4-4-4

职　　务	姓　名	性别	任职时间
常务委员	吕耀欣	男	2003. 4—2006. 5
常务委员	李国志	男	2003. 4—2006. 5
常务委员	梁德明	男	2003. 4—2006. 5
常务委员	连凤贺	男	2003. 4—2006. 5
常务委员	任平安	男	2003. 4—2006. 5
常务委员	边晓琳	女	2003. 4—2006. 5
常务委员	南国安	男	2003. 4—2006. 5
书　　记	吕耀欣	男	2003. 4—2006. 5
副 书 记	李国志	男	2003. 4—2006. 5
副 书 记	梁德明	男	2003. 4—2006. 5
副 书 记	连凤贺	男	2003. 4—2006. 5

（五）中共满城县第十届纪律检查委员会

2006 年 5 月，为便于工作开展，县纪律检查委员会的届次调整到与中共满城县委届次相同。中共满城县第十次党代会选举产生中共满城县第十届纪律检查委员会，选出委员 15 人。中共满城县第十届纪律检查委员会第一次全体会议选举常务委员 7 人，其中书记 1 人，副书记 2 人。后增补书记 2 人、副书记 1 人、常务委员 3 人。

中共满城县第十届纪律检查委员会

（2006. 5—2011. 9）

表 4-4-5

职　　务	姓　名	性别	任职时间
常务委员	吕耀欣	男	2006. 5—
常务委员	连凤贺	男	2006. 5—
常务委员	韩立新	男	2006. 5—2006. 10
常务委员	梁德明	男	2006. 5—
常务委员	任平安	男	2006. 5—
常务委员	边晓琳	女	2006. 5—
常务委员	高　岩	男	2006. 5—
书　　记	吕耀欣	男	2006. 5—2007. 5
副 书 记	连凤贺	男	2006. 5—
副 书 记	韩立新	男	2006. 5—2006. 10
以下为增补委员			
书　　记	李新立	男	2007. 5—2008. 11
书　　记	周民选	男	2008. 11—
副 书 记	强建明	男	2007. 9—
常务委员	李新立	男	2007. 5—2008. 11
常务委员	周民选	男	2008. 11—
常务委员	强建明	男	2007. 9—

二、常设机构

1991 年，县纪委内设机构 5 个，编制 21 人。1993 年 3 月，根据中共中央、国务院总体部署和省市有关文件精神，经县委常委会研究决定，纪委、监察局合署办公，实行一套人马两块牌子，名称为中共满城县纪委、监察局，设 6 个内设机构，包括办公室、信访室、检查室、审理室、执法监察室、干部教育室，编制 36 人。1996 年 9 月机构改革后，有 6 个内设机构，编制 30 人。2002 年 7 月机构改革后，仍保持原有 6 个内设机构，行政编制 27 人。2003 年 4 月，设 6 个内设机构，包括办公室、纪检监察室、信访室、执法监察室、案件审理室、干部教育室，行政编制 27 人。2008 年 12 月，设办公室、执法室、检查室、干部室、审理室、信访室、宣教室、优化办 8 个科室。

三、派驻机构

1991 年，全县 25 个乡（镇）全部下设纪委，配备纪委书记和委员。3 个县直单位设纪委，19 个单位设纪检组。

1992 年 12 月，县纪委派驻 7 个县直部门纪检组，派驻单位分别为电力局、教育局、卫生局、粮食局、工商局、环保局、科学技术委员会。1992—1997 年，增设 17 个派驻机构，分别为审计局、计量局、金融系统、国税局、人民法院、检察院、民政局、建设局、财政局、司法局、土地局、交通局、物价局、文体局、计生局、水利局、畜牧局。后撤销派驻科学技术委员会、计量局的纪检组。1997 年 12 月，撤销派驻金融系统的纪检组。1998 年 3 月，纪委派驻县直部门纪检组共计 21 个。

1998 年 3 月—2002 年 6 月，撤销派驻电力局纪检组、国税局纪检组、工商局纪检组，教育局纪检组改为教育局纪委。2003 年 4 月，县纪委派驻县直部门纪检组 17 个，派驻单位分别为人民法院、检察院、司法局、民政局、财政局、建设局、审计局、物价局、文体局、卫生局、计生局、粮食局、水利局、畜牧局、环保局、土地局、交通局。

2008 年，参照《中共保定市委办公厅、保定市人民政府办公厅转发〈市纪委、市委组织部、市人事局、市机构编制委员会办公室、市监察局关于县级纪检监察派驻机构改革的方案〉的通知》，纪检监察派驻机构改革，撤销全县除政法机关和实行垂直管理部门以外的所有纪检监察派驻机构。组建中共满城县纪律检查委员会工作委员会、满城县监察局监察分局（以下简称纪工委监察分局），由县纪委、监察局直接领导。共组建 7 个纪工委监察分局，其中面向县直的 4 个，分别是第一纪工委监察分局、第二纪工委监察分局、第三纪工委监察分局和第四纪工委监察分局。面向乡（镇）的 3 个，分别是第五纪工委监察分局、第六纪工委监察分局和第七纪工委监察分局。

第五章　组织工作

干部管理主要包括选拔任用、制度管理和培训教育。1988—1992 年通过考察调整、任用干部，1993 年，推行一把手聘任副职和优胜劣汰的管理制度。2003 年，推行科级干部差额选任工作制、考察报告制。制定严格的管理制度，规范、监督干部行为，并通过举办培训班、参观考察等形式，提高各级干部的执政水平。从抓基层党支部建设、班子建设、党员队伍建设入手，抓薄弱环节、解决难点问题，巩固基层组织建设。1996 年开始，对公务员实施过渡管理，2006 年进行登记管理。离退休老干部在县域经济社会发展中积极发挥余热，弘扬正能量。县委设立老干部局专门负责落实老干部待遇，帮助解决生活困难，为其老有所乐创造条件。

第一节　组织建设

一、组织结构

（一）党组

1991 年，县委决定设立的党组有 50 个，包括县人大常委会党组、县人民政府党组、人民法院党组、人民检察院党组、公安局党组、劳动人事局党组、司法局党组、水利局党组、农业局党组、林业局党组、财政局党组、畜牧水产局党组、科学技术委员会党组、民政局党组、卫生局党组、计划生育委员会党组、教育局党组、文化局党组、税务局党组、物价局党组、计划委员会党组、统计局党组、工商局党组、商业局党组、交通局党组、爱国卫生运动委员会办公室党组、供销合作联合社党组、粮食局党组、物资局党组、建设委员会党组、审计局党组、体育运动委员会党组、乡镇企业管理局党组、电力局党组、标准计量局党组、土地管理局党组、经济技术协作办公室党组、广播电视局党组、邮电局党组、县政协党组、环保局党组、档案局党组、对外经济贸易局党组、矿产局党组。总工会党组、共青团党组、妇联会党组、科协党组、工商联党组、文学艺术界联合会（以下简称文联）党组。

由上级业务部门批准设立的党组 4 个：县人民银行党组、县农业银行党组、县工商银行党组、烟草专卖局党组。

党组一般设 1 名书记、2 名副书记，其他成员若干名。

1992 年，新增文物旅游局党组，全县共有党组 55 个。

1993 年，监察局与纪委合署办公，撤销监察局党组。

1994 年 4 月，标准计量局党组更名为技术监督局党组。8 月，撤销税务局党组，设立国家税务局（以下简称国税局）党组和地方税务局（以下简称地税局）党组。

1996 年 9 月机构改革中，撤销原经委、乡镇企业局、技术监督局 3 个机构的党组；设立文化体育局党组，撤销原文化局、体育运动委员会、文联 3 个机构的党组；撤销爱国卫生运动委员会办公室党组、经济体制改革委员会党组；计划委员会党组更名为县计划局党组；科学技术委员会党组更名为科学技术局党组；建设委员会党组更名为建设局党组；计划生育委员会党组更名为计划生育局党组。

1998 年 3 月，县政权组织中有党组 54 个。其中县人大常委会党组 1 个，县人民政府党组 1 个，政协党组 1 个，人民法院党组 1 个，人民检察院党组 1 个。

政府工作部门党组 20 个，分别为计划局党组、教育局党组、科学技术局党组、司法局党组、民政局党组、劳动人事局党组、财政局党组、建设局党组、土地管理局党组、环保局党组、交通局党组、统计局党组、审计局党组、物价局党组、文化体育局党组、卫生局党组、计划生育局党组、农业局党组、水利局党组、信访局党组。

政府直属事业单位党组 7 个，包括档案局党组、广播电视局党组、地质矿产管理局党组、文物旅游局党组、林业局党组、防雹指挥部党组、畜牧水产局党组。

政府企业管理部门党组 5 个，分别为商业总公司党组、粮食总公司党组、外贸总公司党组、物资总公司党组、供销合作联合社党组。

双重管理单位党组 12 个，分别为国家税务局党组、地方税务局党组、工商局党组、气象局党组、烟草专卖局党组、邮电局党组、电力局党组、中国工商银行满城县支行党组、中国建设银行满城县支行党组、中国人民银行满城县支行党组、中保财产保险公司满城县支公司党组、中国农业银行满城县支行党组。

群团组织中党组 5 个，包括总工会党组、共青团党组、妇联党组、科学技术协会党组、工商联党组。

2003 年 4 月，县政权组织中有 50 个党组，其中县人大常委会党组 1 个，县人民政府党组 1 个，政协党组 1 个，人民法院党组 1 个，人民检察院党组 1 个。政府工作部门有 21 个党组。与 1998 年相比，政府工作部门党组增加了林业局党组、粮食局党组；教育局党组升级为党委；土地管理局党组更名为国土资源局党组。县政府直属事业单位党组 4 个，与 1998 年相比，减少林业局党组、防雹指挥部党组和地质矿产局党组。县政府企业管理部门党组4个，与1998年相比，减少粮食总公司党组。双重管理单位党组13个。与1998年相比，增加满城县通信分公司党组；县群团组织中党组5个，与1998年设置相同。

2006年6月至2008年，县政权组织中有党组47个，其中人大常委会党组1个，人民政府党组1个，政协党组1个，人民法院党组1个，人民检察院党组1个。

政府工作部门中有21个党组，分别为发展改革局党组、科学技术局党组、农牧局党组、司法局党组、民政局党组、劳动人事局党组、财政局党组、建设局党组、环保护局党组、交通局党组、统计局党组、审计局党组、物价局党组、文化体育局党组、卫生局党组、安全监督管理局党组、计划生育局党组、水利局党组、商务局党组、林业局党组、信访局党组。

政府直属事业单位有4个党组，包括档案局党组、广播电视局党组、文物旅游局党组、市场建设服务中心党组。

政府企业管理部门党组1个，为供销合作联合社党组。

双重管理单位有11个党组，包括国税局党组、地税局党组、工商局党组、邮政局党组、中国网通集团有限公司满城分公司党组、中国人民银行满城县支行党组、中保财产保险公司满城县支公司党组、烟草专卖局党组、技术监督管理局党组、国土资源局党组、药品监督管理局党组。

群团组织中有5个党组，包括总工会党组、共青团党组、妇联党组、科学技术协会党组、工商联党组。

（二）党委

乡（镇）党委

1991—1994年10月，设2个镇（满城镇、神星镇）党委，23个乡党委。1994年11月至1996年1月合乡扩镇前，下设4个镇（满城镇、神星镇、大册营镇、南韩村镇）党委，21个乡党委。

1996年1月，在合乡扩镇时，25个乡（镇）党委重新组建成13个乡（镇）党委，其中中共满城镇第七届委员会与中共东马乡第七届委员会、中共柳家佐乡第七届委员会、中共顺民乡第七届委员会合并组成新的中共满城镇第七届委员会。中共南韩村镇第七届委员会与中共西原乡第七届委员会合并组成新的中共南韩村镇第七届委员会。中共大册营镇第七届委员会与中共西家庄乡第七届委员会合并组成新的中共大册营镇第七届委员会。中共方顺桥乡第七届委员会与中共陉阳驿乡第七届委员会合并组成新的方顺桥乡第七届委员会。中共长角台乡第七届委员会、中共高士庄乡第七届委员会合并组建中共刘家台乡委员会。中共龙门乡第七届委员会、中共白堡乡第七届委员会合并组建中共白龙乡委员会。撤销中共贤台乡第七届委员会，并入中共大马坊乡第七届委员会。中共坎下乡第七届委员会、中共北台鱼乡第七届委员会、中共岭西乡第七届委员会合并组成中共坨南乡委员会。中共尹庄乡第七届委员会并入中共江城乡第七届委员会。中共神星镇第七届委员会、中共石井乡第七届委员会、中共要庄乡第七届委员会、中共于家庄乡第七届委员会保持不变。

1998年12月，大马坊乡、江城乡划归保定市，重新组建贤台乡，全县乡（镇）党委变为12个。1999—2008年，乡（镇）党委个数未做调整。

部门党委

1991年，设县直机关党委、人民武装部党委、公安局党委和经济贸易局党委。

2003年，县政权组织中有7个党委，包括县直机关党委、人民武装部党委、电力局党委、农业银行满城支行党委、教育局党委、公安局党委和经济贸易局党委。

2006年6月，撤消经济贸易局党委，县直各部门中设6个党委。

（三）党支部

1991年，全县设548个党支部，其中农业245个，工业系统44个，交通系统6个，财贸系统71

个，文教卫生系统55个，党政机关112个，其他15个。

1995年，全县设573个党支部，达到历年最高。其中农林牧渔水利业263个，工业系统40个，建筑业6个，交通运输邮电通信业6个，商业公共饮食业物资仓储业70个，卫生体育社会福利业4个，教育文化艺术和广播电视业42个，金融保险业10个，国家机关党政机关社会团体108个，房地产管理公用事业居民服务咨询服务业1个，其他23个。

2000年，全县设507个党支部，其中农林牧渔水利业220个，工业系统31个，建筑业10个，交通运输邮电通信业19个，商业公共饮食业物资仓储业6个，卫生体育社会福利业11个，教育文化艺术和广播电视业36个，金融保险业7个，国家机关党政机关社会团体112个，房地产管理公用事业居民服务咨询服务业34个，其他21个。

2005年，全县设392个党支部，其中建制村203个，城市街道、社区6个，公有经济控制的企业法人单位23个，非公有经济控制的企业法人单位46个，事业单位65个，民办非企业单位1个，国家机关、政党机关、社会团体48个。

2008年，有213个农村党支部，64个乡（镇）直党支部，7个企业党支部。

1996年、2008年各乡（镇）党委、党支部设立情况统计表

表4-5-1　　单位：个

乡　镇	年份	党委	农村党支部	乡（镇）直党支部	企业党支部
满城镇	1996	1	34	14	3
	2008	1	34	18	0
神星镇	1996	1	18	7	1
	2008	1	18	5	2
南韩村镇	1996	1	24	3	2
	2008	1	28	4	2
大册营镇	1996	1	14	6	0
	2008	1	16	3	2
方顺桥乡	1996	1	20	5	0
	2008	1	20	11	0
刘家台乡	1996	1	9	3	1
	2008	1	9	3	0
于家庄乡	1996	1	10	4	1
	2008	1	7	2	1
石井乡	1996	1	10	3	1
	2008	1	10	1	0
白龙乡	1996	1	12	5	0
	2008	1	12	5	0

续表4-5-1

乡　镇	年份	党委	农村党支部	乡（镇）直党支部	企业党支部
大马坊乡	1996	1	30	8	3
坨南乡	1996	1	17	6	0
	2008	1	17	7	0
江城乡	1996	1	15	5	0
要庄乡	1996	1	19	4	0
	2008	1	16	5	0
贤台乡	2008	1	26	0	0

说明：石井乡2006年成立教育支部

（四）党的总支部委员会（以下简称党总支）

1991年，设16个党总支，其中工业系统4个党总支、交通局1个党总支、财贸系统4个党总支、文卫系统3个党总支、党政机关4个党总支。1992年工业系统增加1个党总支。1996年，设24个党总支。2000年，设26个党总支。2005年，设22个党总支，其中建制村设党总支1个，公有经济控股的企业法人单位设3个党总支，非公有经济控制的企业法人单位设2个党总支，事业单位设2个党总支，国家机关、政党机关和社会团体设14个党总支。

1992—2002年部分年份满城县中国共产党基层组织统计表

表4-5-2　　单位：个

行　业	1992			1995			1996			1999			2002		
	党委	党总支	党支部	党委	党总支	党支部	党委	党总支	党支部	党委	党总支	党支部	党委	党总支	党支部
合计	28	17	561	30	22	573	17	24	538	15	23	486	15	24	517
农林牧渔业	0	3	262	0	2	263	0	2	261	0	2	220	0	2	214
工业	0	3	44	0	3	40	1	4	50	0	5	32	1	4	35
建筑业	0	2	6	0	1	6	0	1	8	0	1	7	0	1	13
交通运输邮电通信业	0	1	7	0	1	6	0	1	8	0	2	17	0	1	8
商业公共饮食物资仓储业	0	4	59	0	4	70	0	4	49	0	0	6	0	4	50
房地产管理公用事业居民服务业	0	0	2	0	0	1	0	0	1	0	4	34	1	0	8
卫生体育社会福利业	0	1	9	0	1	4	0	2	18	0	1	11	0	1	11

续表4-5-2

行业	1992			1995			1996			1999			2002		
	党委	党总支	党支部	党委	党总支	党支部	党委	党总支	党支部	党委	党总支	党支部	党委	党总支	党支部
教育文化艺术广播电视业	0	2	45	0	2	42	0	3	32	0	3	36	0	3	36
科研综合技术服务业	0	0	0	0	0	0	0	0	0	0	0	0	0	0	0
金融保险业	0	0	10	0	0	10	0	0	12	0	0	8	0	0	7
国家机关党政社会团体	28	1	100	29	7	108	16	7	91	19	4	95	12	7	115
其他			17	1	1	23	0	0	11	0	1	20	1	1	20

二、县直机关、乡（镇）组织建设

1992—1998年3月，强化一把手党风廉政建设责任制，完善干部廉政档案，推行政务公开，完善党风廉政建设监督员制度，及时对政务公开、财务公开。

1993年开始，在乡（镇）党委开展“六个好”活动，即选配好一个坚决贯彻执行党的路线方针政策、公正廉洁、团结协作、战斗力强的好班子，首先要有一个党性强、作风正、开拓进取、锐意改革的好乡（镇）党委书记；建设一支精干高效、素质优良、群众拥护的好乡（镇）干部队伍；选准一条符合本地实际的发展经济、共同致富的好路子；建立一套行之有效的工作、管理和监督的好制度；保持一种密切联系群众、艰苦奋斗、实事求是的好作风；形成一个坚持两手抓、两手都要硬，促进物质文明和精神文明协调发展的好工作格局。在农村党支部中开展“五个好”活动，即建立一个好领导班子，尤其是有一个好书记；培养锻炼一支好队伍；选准一条发展经济的好路子；完善一个好经营机制；健全一套好的管理制度。

2001年，在全县推行党建监督员制度，形成自我管理、制度约束、党内监督于一体的管理新机制。

2003年，开展“执政为民服务”活动，成立“三个代表”重要思想宣讲团、法律科技咨询团、项目信息扶持团，选派500多名机关干部组成204个工作组，到农村进行帮扶。

2004年，在党政机关开展转作风、强服务、讲规矩、树形象和县直机关作风建设提高月活动，培树了法院、旅游局、交通局、建设局等一批机关党建先进典型。

2005—2006年，组织开展“保先”教育活动。采取领导带头、集中培训、警示教育、巡回辅导、典型引导、答题测试、经验交流等方式，保证学习效果。

2007年，围绕“加强基层组织、培养锻炼干部、服务人民群众、促进和谐稳定、巩固先教成果”活动目标，选派642名机关干部，到204个村进行帮扶。

2008年，对县直机关党组织实行分类管理考核。

三、基层组织建设

（一）农村组织建设

1991—1995年，对全县农村党支部实行等级化管理。制定红旗、先进、一般、后进四个标准，确定先进党支部抓巩固、一般党支部抓提高、后进党支部促转化的基层党支部等级化管理工作思路。1992年年底，全县有红旗、先进党支部93个，占38%；一般党支部133个，占54%；后进党支部19

个，占7.7%。1994年，全县有红旗党支部4个，先进党支部41个。1995年，全县红旗党支部占14%，先进党支部占44.5%，一般党支部占36.6%。

1997年，采取县领导联系村、选派机关干部到村任职等措施，集中整顿穷村、乱村和散班子村，全年调整农村党支部班子222个，其中调整党支部书记52人，20个合格偏下党支部全部升级转化，达到合格党支部标准。1998年3月，全县农村党支部优秀率38%，后进整顿转化率100%。

1998年，深入开展创建基层党建先进县、优秀乡（镇）党委和优秀农村党支部活动，在农村党员中推行公开量化管理。

1999年，加大对77个“四类村”（农村增收缓慢、基础设施薄弱、焦点难点问题较多、村级班子战斗力不强）的治理整顿力度，选派57名大中专毕业生到村任职。

2002年，从农村后进党支部整顿入手，35名县级领导每人联系一个党建综合示范村和一个后进党支部。按照政法部门包乱村、科技部门包穷村、政策部门包软村的原则，75个县直部门实行对口帮扶，为典型村和后进村协调资金60万元，科技培训6期，解决疑难问题80个，调整农村两委班子44个，调整两委干部90人。列入省、市整顿范围的15个后进党支部全部实现升级转化。全县204个村按每村1~2人的标准，聘请党建监督员386人。各乡（镇）召开党建监督员汇报会15场次，征集意见和建议1000余条，省《组工通讯》《共产党员》《干部党员人才》等刊物对满城县的做法进行专题报道。分别被省、市委评为农村基层组织建设先进县。截至2003年4月，全县“六好”乡（镇）党委优秀率42%，农村党支部优秀率41%，后进党支部整顿转化率100%。

2003年，突出农村班子建设、党员队伍建设和“两室”（农村党支部办公室、党员活动室）阵地建设三个重点，规范完善基层党建责任、四述双评、工作督办、专项调度、目标量化管理五项制度。被市委评为基层组织建设工作先进县。成立“三个代表”重要思想宣讲、法律科技咨询、项目信息扶持、矛盾纠纷调处应急、文明生态村（社区）建设5个综合服务团，6个重点村工作队，204个工作组，对农村重点工作、重点问题进行重点解决。全县优秀乡（镇）党委6个，占50%；优秀农村党支部96个，占47%。9月份，孟加拉国工人党领袖到于家庄乡郭村访问参观，对郭村发展壮大集体经济的做法给予高度评价。

2004年，探索并推行任职资格证书、任职保证书，农村资金、资产、资源台账，乡（镇）党委和党员、群众对农村干部工作双向监督为主要内容的“两证一账双监督”制度，制定出台《满城县农村“一制三化”村务运行管理办法（试行）》（一制三化：党支部领导下的村民自治运行机制；支部工作规范化，村民自治法制化，民主监督程序化），形成了一套寓组织管理、个人承诺、群众监督于一体的农村干部立体教育管理新格局。新华社及《人民日报》《河北组工通讯》《保定快讯》《保定日报》等报刊对此予以刊载。

2005年，认真履行县乡党委书记抓基层党组织建设的第一责任人和直接责任人职责，坚持做到一线调研抓谋划、一线指挥抓落实、一线调度抓提高。年初列入省市整顿范围的14个后进党支部全部实现转化，列入2006年整顿范围的4个村提前实现转化，其中有8个后进党支部转化达到优秀党支部。全县红旗和优秀党支部111个，占54%。对农村党组织进行集中帮建和集中整顿，排查确定29个重点村，筛选出20个党建综合示范村，组织28名县级领导干部和74名县直、乡（镇）优秀年轻后备干部全程分包。在村级班子建设上，坚持好班子提素质，软班子抓提高，散班子抓调整，调整党委、村委干部92人，其中支部书记21人，10个干部关系不理顺的村得到理顺。

2007年，县财政拨付30万元用于农村“两室”建设，并与文明生态村村民中心建设相结合，消除了“两室”建设白点村。

2008年，以创建省市素质工程先进县为目标，通过建立一个集训中心、十大培训基地，分层分类办班、组织外出参观等方式，提升农村干部能力素质。县财政出资520多万元，对农村党支部书记、主任进行补贴。对乡（镇）人大主席、乡镇（社区）副科级干部和一般干部，分别落实每月100元、50元、30元的生活补贴，对深山区刘家台乡干部每月再增补30元；对聘用社区工作者、其他农村两委干部分别落实每人每月600元、100元的补贴政策。为291名具备条件的正常离任书记、主任落实每人每年600元（或1000元）的生活补贴。为158名现任农村党支部书记、村主任办理基本养老保险，每年2400元参保费由县财政负担60%，个人负担40%，缴足15年，退休后按月领取养老金。同时成立交流干部家庭应急服务中心，对乡（镇）科级和一般工作人员的家庭困难进行帮助和服务。

（二）企业组织建设

1998年，抓好企业党建工作，实施企业职工代表大会民主评议党的领导干部办法，强化企业党组织的政治核心作用。2001年11月，开始“三个代表”重要思想第二层次村级学习教育活动。

2001年，在大册营镇东升造纸集团组织召开全县非公有制企业党建现场经验交流会。2004年，组织具备条件的50家非公有制企业建立党组织，向103个职工在50人以上的企业选派党建指导员，企业党组织“四有”（有人管事，有钱办事，有场所办事，有章理事）率均达100%。

2003年，公有制经济控制的企业设1个党委、3个党总支、23个党支部。非公有制经济控制的企业设1个党委、2个党总支、48个党支部。

2005年，培树东升纸业、鑫硕铜业等14个非公有制企业示范点，并向126家不具备建立党组织条件的企业选派126名党建指导员。在种植、养殖、造纸、金属冶炼等8个行业的17个专业协会中建立党支部1个、党小组16个。

2006年，公有制经济控制的企业设的党委、党总支、党支部数量与2003年相同。非公有制经济控制的企业设1个党委、2个党总支、46个党支部。

（三）社区、学校组织建设

2003—2008年，设6个社区党支部。2004年，在社区开展“一个党员一面旗、模范作用在社区”创建活动。全市城区党建现场观摩会在满城召开。2005年，培树育才、东城2个社区党建示范点。

1991—2008年，设8个县属学校党支部。2005年，培树实验中学、教师进修学校、满城小学3个学校党建示范点。

四、机构沿革

2002年，县委组织部设7个职能科（室），包括办公室、干部科、组织科、电教室、组织员办公室、考核科、研究室。行政编制22人，其中部长1人，副部长3人，股级干部职数7人。机关工勤人员编制2人。至2008年未变。

第二节　党　员

一、党员构成

1991年，全县党员16709人，其中45岁及以下党员7403人，占44.3%；45岁以上9306人，占55.7%；高中及以上文化程度的3205人，占19.2%；初中文化程度的4566人，占27.3%；小学及以下文化程度的8938人，占53.5%；农民11985人，占71.7%；妇女2414人，占14.4%。

1998 年，全县党员 16728 人，其中 45 岁及以下党员 7536 人，占 45.0%；45 岁以上党员 9192 人，占 55.0%；高中及以上文化程度的 5121 人，占 30.6%；初中文化程度的 5294 人，占 31.6%；小学及以下文化程度的 6313 人，占 37.7%；各类专业技术人员 961 人，占 5.7%；农民 10546 人，占 63.0%；妇女党员 2350 人，占 14.0%。

2003 年，全县党员 16602 人，其中 45 岁及以下党员 7724 人，占 46.5%；45 岁以上党员 8878 人，占 53.5%；大专及以上文化程度的 1925 人，占 11.6%；中专文化程度的 1740 人，占 10.5%；高中文化程度的 3120 人，占 18.8%；初中及初中以下文化程度的 9817 人，占 59.1%；各类专业技术人员 2081 人，占 12.5%；工人、服务员、营业员 1344 人，占 8.1%；农民 10176 人，占 61.3%；妇女党员 2784 人，占 16.8%。

2008 年，全县党员总数为 17238 人，其中 45 岁及以下党员 7705 人，占 44.7%；45 岁以上的 9532 人，占 55.3%；高中以上文化程度的 9178 人，占 53.2%；初中文化程度的 8060 人，占 46.8%；各类专业技术人员 2626 人，占 15.2%；农民 11052 人，占 64.1%；妇女 2944 人，占 17.1%。

1992—2008 年满城县中共党员构成统计表

表 4-5-3　　　　单位：人

年份	党员总数	年龄		文化程度			专业技术人员	农民	妇女
		45 岁及以下	45 岁以上	高中以上	初中	小学及以下			
1991	16709	7403	9306	3205	4566	8938	—	11985	2414
1992	16869	7590	9279	3470	4647	8752	911	11168	2410
1993	17135	7727	9408	3665	4834	8636	979	11130	2613
1994	17135	7679	9456	3859	4882	8394	879	11087	2519
1995	17126	7875	9251	4123	4985	8018	1064	10767	2368
1996	16782	7234	9548	4885	4783	7114	1050	10629	2294
1997	16715	7493	9222	5144	4801	6770	1127	10591	2345
1998	16728	7536	9192	5121	5294	6313	961	10546	2350
1999	15380	6632	8748	5175	4378	5827	1215	9580	2453
2000	15706	7002	8704	5633	4501	5572	1193	9785	2645
2001	16050	6967	9083	6061	4735	5254	1176	9939	2690
2002	16210	7415	8795	6493	4861	4856	1261	9952	2842
2003	16602	7724	8878	6785	9817	0	2081	10176	2784
2004	16821	8108	8713	7127	9694	0	2055	10405	2801
2005	17053	8298	8755	7542	9511	0	1925	10640	2887
2006	17381	8518	8866	8350	9031	0	2067	10941	2956
2007	17626	8774	8852	8937	8689	0	3031	11287	2936
2008	17238	7706	9532	9178	8060	0	2626	11052	2944

1992—2005 年部分年份满城县中共党员构成统计表

表 4-5-4　　单位：人

党员构成分类 \ 年份		1991	1998	2003	2005
党员总数		16709	16728	16602	17053
性别	男	14295	14378	13818	7866
	女	2414	2350	2784	2887
民族	汉	16629	16682	16538	10693
	少数民族	80	46	64	60
年龄	45 岁及以下	7403	7536	7724	8298
	45 岁以上	9306	9192	8878	8755
行业	农业	12100	11542	10176	10641
	工业	648	308	—	—
	交通运输	73	63	—	—
	商贸	808	347	—	—
	教育、文体、卫生	971	1040	—	—
	国家机关、社会团体	1949	2225	—	—
	公有经济单位	—	—	4423	4484
	非公有经济单位	—	—	849	805
	其他	160	1203	103	1123

二、党员发展

1988—1992 年，党员发展坚持“坚持标准、保证质量、改善结构、慎重发展”的原则，紧紧围绕经济建设中心，坚持把重点放在农村和生产一线，克服重机关轻基层，重干部轻农民，重上轻下的倾向，注重培养、吸收优秀青年工人、农民、致富能手以及知识分子中的优秀分子入党，改善党员队伍老化和文化程度偏低的状况。发展新党员 1673 人。其中 35 岁及以下的 826 人，占发展总数的 49.4%；高中文化的 1003 人，占 60.0%；各类专业技术人员 214 人，占 12.8%；农民 100 人，占 6.0%。

1993 年，继续把党员发展的重点放到工厂、农村、农企生产一线，定期组织积极分子学习培训，对新党员实行全方位考察，确保新党员的政治质量。1993—1998 年 3 月底，发展新党员 1882 人。其中 35 岁及以下的 1290 人，占发展总数的 68.5%；36~45 岁的 537 人，占 28.5%；45 岁以上的 55 人，占 2.9%；高中以上文化程度的 1229 人，占 65.3%；各类专业技术人员 146 人，占 7.8%；农民 857 人，占 45.5%。

1998—2003 年，建立并推行发展党员工作七项制度，即发展党员目标责任制、入党积极分子四级培养制、发展党员双公示制、发展党员三级审查制、发展党员全程跟踪制、发展党员责任追究制、发展党员防范预警制。保证发展党员工作的经常性、规范性，改善党员队伍的年龄、文化和分布结构，提高党员队伍的素质，解决农村党支部后继乏人的问题。1998—2003 年 4 月底，发展新党员 2326 人，其中35岁及以下的1765人，占发展总数的75.9%；36~45岁的471人，占20.2%；45岁以上的90人，占3.9%；高中及中专以上文化程度的1758人，占75.6%；各类专业技术人员253人，占10.9%；农民1284人，占55.2%。

2003年，在抗击“非典”期间，引导在工作中表现突出的优秀青年向党组织递交入党申请书，15名一线人员光荣加入党组织，1000多人向党组织递交了入党申请书，547人被确定为入党积极分子。全年培养入党积极分子3450人，发展党员573人，其中农村党员332人，35岁及以下的435人，高中以上文化程度的447人，妇女党员148人，分别达到发展党员总数的57.9%、75.9%、78%、26%，优化了党员的年龄文化结构。

2004年，坚持把优秀青年积极分子培养成党员、培养成党员致富带头人、培养成农村干部的“三培养”目标，确保党员发展质量。全年培养入党积极分子2910人，发展党员564人。

2005年，严格落实责任追究制度，确保党员发展工作规范化、经常化。推广“三定一制四化”管理模式，即定原则、定标准、定重点，入党积极分子双推双考制度，三级预审制度化、培养经费经常化、党员发展公式化、发展党员责任化。全年培养入党积极分子3400人（其中农村入党积极分子2200人），发展党员667人，其中农村党员434人，35岁及以下的510人，高中以上文化程度的505人，妇女党员185人。

2006年，认真落实省市“每村每年至少发展1名新党员”的要求，坚持入党积极分子三级建档、党员发展公示、三级审查，发展党员票决制、双推双考制和责任追究制。发展党员564人，2007年发展党员656人。2008年，发展党员743人，全县党员总数17238人。

1988—2006年部分年份满城县发展中共党员统计表

表4-5-5　　单位：人

年份	培养入党积极分子	发展党员	年龄		文化程度		专业技术人员	农民	妇女
			35岁及以下	35岁以上	高中及以上	高中以下			
1988—1992.12	—	1673	826	847	1003	670	214	100	—
1993—1998.3	—	1882	1290	592	1229	653	146	857	—
1998—2003.4	—	2326	1765	561	1758	568	253	1284	—
2004	2910	564	376	188	324	240	—	359	116
2005	3400	667	510	157	505	162	—	434	185
2006	2910	564	376	188	324	240	—	359	116

三、党员教育与管理

（一）党员教育

1988—1992年，抽调组织、宣传、党校、纪委等职能部门理论骨干组成宣讲团，到基层巡回教学，对农村党员进行科学社会主义、建设有中国特色社会主义等知识培训，共培训农村党员干部1200多人次。利用乡（镇）党校培训农村党员13500多名。

1993年开始，在全县党员中广泛开展“在改革开放、发展经济中做先锋，在党风廉政建设中做表率，在增强党同人民群众联系中做模范”活动，涌现出优秀党务工作者33人。在农村党员中广泛开展建立党员示范户、党员联系户活动。

1994年，县委要求全县党员干部学习《邓小平文选》第三卷和十四届三中全会精神，在学习中理论联系实际，激发党员、干部学以致用的积极性。

1995年，县委制定《关于利用三年时间在全县党员中开展学习建设有中国特色社会主义理论和党章活动的意见》，县委组成考核班子，定期考核学习情况。

1996年，县委印发《关于在全县深入开展思想政治教育的意见》，要求各级党委、党组、党支部将学习列入重要议程，组织广大干部、党员学以致用。

1997年，县委制定《关于在全县党政机关开展思想作风整顿和创建“三讲”文明机关的实施意见》，定期汇报督导，提高各级领导班子和党员的素质。

1998—2003年，围绕进一步加强党员先进性和警示教育，对党员公开量化管理，对不按时参加组织生活、无故不缴纳党费、不做党分配的工作等不合格党员进行帮教转化。

2001年，在农村党员中开展“一区双学双带”（党员责任区，学“三个代表”重要思想、学实用科技，带头致富、带领群众共同致富）活动。

2005—2006年，全县分三批在广大党员中开展“保先”教育活动，分为学习动员、分析评议、整改提高三个阶段。

2007—2008年，建立培训机制、分类管理考核机制，加强党员教育。

（二）党员管理

1988—1992年，有79名优秀党员被充实到领导岗位。对不合格和基本不合格的党员促其升级赶队，有98%的基本不合格党员上升为合格党员、优秀党员。全县参加评议的党员8万余人次，每年参评率均在95%以上。对流动党员，组织部门进行深入细致地调查摸底，逐年造册登记。根据实际情况，分别采取书信联系、定期汇报、跟踪教育、集中培训等措施，保证其与党组织的密切联系。

1993年，对农村党员实行公开量化管理，年底进行民主评议。对评出的优秀党员，县委通报表彰；被评为不合格的，给予劝退或除名。在全市农村党建经验交流会上，满城县作为党员队伍建设规范化典型作了发言。《人民日报》《探索与求是》《河北日报》《保定日报》等报刊进行宣传报道。

1998年，在农村党员中继续推行公开量化管理，将党员应承担的责任和义务与公开量化管理有机结合起来，规范党员行为。并在全市农村党建经验交流会上作典型发言，《人民日报》《探索与求是》《新华社内参选编》《河北日报》《共产党员》《保定日报》等报刊进行刊载。

2001年，整顿处理不按规定参加组织生活，无故不缴纳党费，不做党分配的工作，先锋模范作用发挥不突出，无故不交纳农村税费，不按程序或参与组织煽动党员、群众违法上访、不遵守党纪国法的六类不合格党员，进行帮教转化。

1998—2003年，表彰先进党支部62个，优秀党务工作者79人，优秀共产党员93人；开除党籍和党纪处分的党员246人，其中被开除党籍的党员65人。2003年，40多名党员受到教育整顿，3人被开除党籍，4名预备党员被取消资格，21人给予纪律处分。

2004年，规范农村党员公开量化管理，组织开展党性党风教育。查处农村党员、干部违纪违规案件45件，处理25人。

2005年，根据行业特点、工作需要和党员个人发挥模范作用的表现和专业特长，在农村、社区、企业和机关事业单位设立20多个岗位，明确岗位职责任务目标，激励广大党员发挥先锋模范作用。建立实绩档案，公开党员实绩，广泛接受群众监督。此档案分公开张贴与归档保存两种形式。公开上墙张贴的是《党员实绩一览表》，归档保存的是《党员实绩记录卡》。将党员的学习、工作、思想具体分解为8项指标，由党支部每季一评议、一记载、一上墙，年终归档保存。

2006年，在农村、社区、企业和机关事业单位设立科技信息岗、双带致富岗、政策宣传岗、计生管理岗、党纪监督岗、家政服务岗、扶贫济困岗等20多个责任岗，签订岗位责任书、公开岗位职责。征求来自社会各方面的意见和建议1000余条，发布科技致富信息160条。

2007年，开展基层党员承诺岗位任务、承诺岗位职责，组织评议和党员公开评议。

2008年，在党员队伍中组织开展“夺杯创优”活动，实行分类定目标、分类抓考核、分类定奖惩的制度。

第三节　干部管理

一、选拔任用

1988—1992年，考察调整县直科局级班子65次，乡（镇）领导班子117次，任免干部480人。其中提拔正局级干部99人，副局级干部245人，免职1人，解聘1人。调整充实乡局级领导班子，选拔培养一批懂经济、会管理、年富力强、勇于改革、有开拓进取精神的人才进入乡局级领导班子，使以中青年干部为主体的梯形结构、文化结构、专业结构更加趋于合理。

1993年4月，出台《关于实行科局级领导干部聘任制的暂行规定》，使干部管理体制走上竞争上岗、能上能下的轨道，大胆推行一把手聘任副职和优胜劣汰的管理制度，不拘一格选拔人才。当年选拔15名优秀工人、农民担任乡局级领导职务。在国合流通部门推行正职聘任副职制度，28人被正职聘任，建立新班子；5名局领导被就地免职进了“干部库”。

1995年，先后有40名工作实绩突出的干部被提拔到乡局级领导岗位，3名工作无起色的乡（镇）主要领导被亮“黄牌”，撤换了3名乡（镇）副职。

1996年，配合机构改革调整干部224人。1997年，调整乡（镇）领导干部83人，其中提拔使用72人，降职8人，入库待岗3人。

1998年3月，全县乡局级领导干部有447人。其中30岁以下11人，占2.46%；31~40岁的155人，占34.68%；41~50岁的209人，占46.76%；51岁以上72人，占16.11%。具有大专以上文化程度的264人，占59.06%；中专文化程度的96人，占21.48%；高中文化程度的60人，占13.42%；初中以下文化程度的27人，占6.04%。无党派干部3人，占0.67%；妇女干部44人，占9.84%。

1998年3月—2003年4月，调整干部19批1054人次。其中提拔230人，降职2人，免职15人。

2003年，推行科级干部差额选任工作制、考察预告制。差额推荐坚持做到“三个推荐相结合”，即综合组织推荐、座谈推荐、大会推荐情况，经组织部部务会集体研究，按拟考察人选多于拟任职务人数，确定考察对象。共调整科级领导干部134人，其中提拔32人，调整交流52人，县级领导职务变动15人，政府成员重新提名履行程序18人，到龄离岗17人。

2003年4月，全县乡局级领导干部523人，其中30岁以下的31人，占5.9%；31~40岁的208人，占39.8%；41~50岁的245人，占46.8%；51岁以上的39人，占7.4%。具有大专以上文化程度的295人，占56.4%；具有中专文化程度的112人，占2.1%；高中文化程度的93人，占17.8%；初中以下文化程度的23人，占4.3%。少数民族干部3人，占0.6%；无党派干部2人，占0.4%；妇女干部57人，占10.9%。

2004年，对乡局级领导班子进行两次调整，对超职数配备领导干部问题进行消化理顺，对空缺岗位进行充实调整。共调整科级领导干部220人，其中提拔56人，交流112人，到龄离岗25人，免职保留待遇26人，不保留待遇1人，消化占职数的领导干部37人。解决市《整改通知书》中指出的超配34人的问题，达到总职数不超、各单位职数不超的要求，并留出部分职位空缺。同年，对团县委书记和县妇联主席职位进行公开选拔，按照专业对口、择优录用的原则向社会公开招考4名乡（镇）计生“四术员”。

2005年6月，对科级干部进行以“启用非领导职务、保留业务骨干”为重点的干部调整，共涉及干部47人，其中提拔40人，交流7人，留出部分职位空缺。

2006年机构改革涉及8个单位，调整、理顺66名干部，其中20人到龄离岗，34人平职交流，提任副科级非领导职务2人，1人免职，理顺关系、单位更名涉及9人。

二、制度管理

1994年，出台《关于乡局级领导干部管理实施办法》，重点实施小康建设目标激励机制和联带奖惩制。激励干部特别是领导干部抓经济求发展的积极性。

1996年，出台《党政机关目标管理岗位责任制实施方案》，总结出促进双文明均衡发展的量化考核法，建立能者上、平者让、庸者下的竞争机制。

1998年，进一步加强干部的监督管理，制定《关于加强干部监督管理的十项制度》《关于建立干部监督联席会议制度的意见》《关于对干部进行诫勉谈话的意见》《关于进一步加强经常性监督管理的意见》《关于干部考察任免规范》等一系列干部监督管理的有关规定，强化干部任前、任中、任后全程监督。

2006年，研究制定《关于全委会对乡（镇）党委、政府领导班子正职拟任人选和推荐人选表决办法（试行）》《乡（镇）党委、政府领导班子正职拟任人选、推荐人选征求全委会成员意见的实施办法（试行）》，经过层层筛选，27名后备干部中10名德才兼备、成绩突出、群众公认的优秀干部得到提拔重用。对乡（镇）党委换届中空缺的司法所长职位和新成立的规划局副局长职位，面向社会公开招考。

2007年，落实干部推荐考察“四制三评”制度。“四制”即推荐干部实名制，推荐诚信备案制，推荐结果公开制，推荐干部问责制。“三评”即民意评价，实绩评估，素能评定。积极推行正职平职交流推荐制度，制定出台《满城县股级干部选拔任用工作暂行规定》。

2008年，出台《关于进一步加强科级后备干部管理的意见》，探索实施“三联三卡一运用”跟踪考察新机制。“三联”即加强与县委办、政府办联系沟通，加强与职能部门联系沟通，加强与责任单位联系沟通。“三卡”即目标责任卡，进度反馈卡，表现评价卡。“一运用”即在重点工作结束或告一段落之后，结合“三联三卡”反馈情况，及时分析研究，将考察结果作为评价领导班子、干部选拔任用及发现典型、推动工作的重要依据。开展一线巡查考察23次，在奥运安保、信访稳定、安全生产等重点工作中，通过一线跟踪考察，将表现突出的45名优秀干部及时纳入后备干部库进行管理，对工作不力、消极怠工、擅离职守、不负责任的15名干部进行通报批评，诫勉谈话8人。

三、培训教育

1988—1992年，举办不同层次、不同类型培训班42期，培训各级干部8400多人次。

1995年，县委组织230名青年干部系统学习《青年干部理论培训文献选编》《建设有中国特色社会主义理论》《市场经济知识》等内容，提高青年干部的政治理论素质和工作水平。

1996年，遵照省、市委有关指示精神，在全县党政机关开展“三学三查三克服一坚持”活动，即学理论、学党章、学英模，查世界观、人生观、价值观，克服个人主义、享乐主义、拜金主义，坚持全心全意为人民服务。

2000 年，组织优秀后备干部到经济发达地区就市场经济、设施农业、企业管理、世贸规则等进行实地参观考察学习，提高领导干部驾驭市场经济的能力。同时采取上培与外延相结合、经验交流与座谈研讨相结合、理论学习与实地考察相结合等形式，加大教育培训力度，提高各级领导干部的执政水平和带领群众致富奔小康的能力。

2001 年 3 月，在县直部门、乡（镇）领导班子和基层干部中，开展第一层次“三个代表”重要思想学习教育活动。

2003—2007 年，以更新知识、提高能力为目的，大力加强干部教育培训工作。细化、量化干部培训的长期规划、中期计划、近期安排，明确有关单位承担的培训任务、目标和职责，把干部教育培训工作纳入规范化轨道。坚持集中培训、分散办班、以会代训、外出参观、学历进修、专题讲座、理论研讨、出国考察等多种形式的有机结合，开辟周末大课堂，建立干部培训“超市”，坚持一周一专题，一月一考试，一季一通报。组织举办依法行政、行政许可法、WTO 知识、经济知识、法律、计算机、外语知识等培训班 23 期，培训 6000 多人次。对 400 多名科级干部和 200 多名优秀中青年干部结合《干部任用条例》、民主法制、党内监督、处分条例、公务员行为规范等有关知识进行专题培训和闭卷考试。按照 2007 年年底科级干部全部达到大专以上学历，一般干部 80% 达到大专以上学历的目标要求，对未达到学历要求的干部全部下发预警通知，督促 150 多名干部参加大专以上学历进修。

2006 年，组织开展以“优化环境、转变作风、狠抓落实、加快发展”为主题的集中学习教育整顿周活动，建立健全学习培训、财务管理、老干部管理等 11 项制度。捐助、筹集资金 50 余万元，慰问党员、群众 2382 人。

2008 年，制定《2008—2010 年满城县干部教育培训规划》。

四、公务员管理

于 1996 年开始实施公务员过渡。公务员制度的实施范围包括各级国家行政机关中除工勤人员以外的工作人员，其他行使国家行政职能、从事行政管理活动的单位中除工勤人员以外的工作人员。1996 年，全县有公务员 978 人。到 2004 年，精减到 611 人（县直机关由 676 人减至 432 人；乡镇由 302 人减至 179 人）。

2006 年 1 月 1 日起，对公务员分步骤进行登记，依照有关文件规定在编制和职数限额内合理设置职位，确定公务员的职务与级别。对超出规定职数的逐步消化，达到规定的领导职务、职数要求。在公务员登记、职务与级别确定完成后，按照公务员工资制度改革实施办法进行工资套改。

2006 年 12 月 31 日，首次登记全县在岗公务员，登记人员 957 人。

2008 年 1 月 3 日，对 25 名暂缓登记人员进行登记。10 月 7 日，10 人经过考试、考核进行登记。在编制和职数限额内，合理设置职位，确定公务员的职务与级别。

第四节　老干部工作

一、老干部待遇

为便于老干部及时了解党和国家的方针政策，建立 12 个党支部，定期组织老干部过组织生活，进行政治学习，阅读有关文件。县四大班子召开重要会议均邀请老干部代表参加，进言献策。对不能参会的，县委老干部局将会议有关情况向老干部进行通报，在适当时机组织老干部外出参观考察，订阅报纸杂志，定期组织座谈会，征求意见和建议。

二、生活服务

健全老干部生活费保障机制、医药费保障机制、财政支付保证机制，保障离休老干部的工资按时足额发放。每年组织离休老干部体检、对不能到站体检的老干部，组织医生到家中巡诊。在县医院设立老干部专用病房，对于需转院治疗的，由县委老干部局出面联系医院。离休老干部医药费、住院费实报实销。同时制定了“三必访”（离休干部住院必访，重大节日必访，家庭出现重大变故必访）制度。老干部去世，老干部局结合组织部召开追悼会，按规定给予抚恤，每年对家属进行慰问，家庭困难的进行特殊照顾。

三、老干部活动

1998 年，成立老干部活动中心，配置了文体、健身器材。关心下一代工作委员会下设教育组、科技组、法制组、爱心帮扶组、宣传组。除平时正常工作外，每年重大节日均邀请老干部到学校、工厂、部队作报告，讲述战争年代的亲身经历，激发爱国热情。老年大学设书法、绘画、舞蹈、戏曲 4 个班，多人的书法、绘画作品被省市评为优秀作品。

四、机构沿革

县委老干部局成立于 1983 年，负责全县离休老干部的组织管理工作，是县委直属单位。1996 年，行政编制 1 人，有干部职工 5 人。

1998 年，成立老干部活动中心，为全额拨款股级机构，编制 8 人，设主任 1 人（由县委老干部局副局长兼任），使用专项编制。

2000 年，在县委老干部局设立老年教育办公室、老年大学办公室，一套人马两块牌子。

2002 年机构改革后，县委老干部局归属组织部，行政编制 2 人，其中局长 1 人，副局长 1 人。

2004 年，在县委老干部局设关心下一代工作委员会办公室，配专项事业编制 1 人，所需编制从老干部活动中心调剂。

2008 年，县委老干部局增加行政编制 7 人，置换核销下属老干部活动中心专项编制 7 人。调整后行政编制 9 人，有干部职工 7 人。

第六章　宣传工作

在全县组织开展讲学习、讲政治、讲正气、“三个代表”重要思想、“保先”教育等学习活动，通过学习转变作风，推动各项工作。采取专题教育、研讨活动、文艺下乡、读书兴农等形式，在机关、学校、企业、农村开展宣传，树立社会主义荣辱观，加强党性教育。通过《人民日报》《河北日报》《河北经济日报》《保定日报》《保定晚报》及中央电视台、省市电视台等媒体，大力宣传满城的资源、优势和改革开放取得的成绩。1991—2008 年，共在市级以上媒体发表宣传文章 4521 篇。广泛开展文明县城、文明单位创建活动，开展爱国主义教育和社会主义荣辱观等宣传教育活动，城镇环境、文明程度进一步优化，涌现出赵秀兰、尹地震、崔兴国等代表人物。

第一节　理论教育

一、开展以“三讲”为主要内容的党性党风教育活动

2000—2002年，在县级领导班子、领导干部中深入开展以“三讲”为主要内容的党性党风教育活动。成立12个驻乡（镇）、县直部门督导组和204个驻村级学教指导组，实行周调度、月汇报、阶段总结制度。全县4918名机关干部深入农村调查，走访群众55858人次，征求意见72820条，撰写调研文章657篇。协调帮扶支农资金2000多万元，建立科技示范园区200多个，化解群众纠纷120起，为农民办实事1500多件。协调支农帮扶资金1500多万元，办实事、好事600多件，建农业科技示范园区8个。

二、深入学习“三个代表”重要思想

2003年，组织全县党员、干部、群众深入学习“三个代表”重要思想、十六届三中全会及省、市会议精神。组织县委中心组成员及副科级以上干部举办为期4天的“三个代表”重要思想学习培训，邀请国家行政学院、省委党校教授进行辅导。创办《学习与参考》内刊，印发21期。同时，注重发挥电教主渠道作用，开展党员电教科技兴农和“一区双学双带”活动，即党员责任区；学“三个代表”重要思想、学实用技术；带头致富、带领群众致富。通过建网络、拓片源、抓播放，指导12个乡（镇）和204个行政村建立电教站点，配齐专兼职电教人员，更新电教设备，共购买党教、科教片120多部，复制下发780多盘，组织乡村集中播放收看350多场次，培树了西黄村、小赛、段旺等发展农村经济典型村12个，天一、绿龙、望龙山等科技示范园15个。满城县被省委组织部评为“党员电化教育工作先进单位”。

三、深入开展“保先”教育活动

2005—2006年，深入开展“保先”教育活动。在第一批教育活动中，共发放征求意见表10.3万份，召开座谈会34次，设立征求意见箱71个，开通热线电话71部，收集到各方面意见和建议464369条，归纳为354条。解决疑难信访案件68件，解决影响稳定的矛盾纠纷65件。组织开展党员扶贫济困活动，全县2455名党员捐款捐物40多万元，对2000余名贫困党员、贫困学生和近千个贫困家庭进行帮扶。建立县委常委会周末学习日、科级干部周末大课堂和县直、乡（镇）一般干部每周政治业务学习日制度，组织集中学习、培训19次，培训3100人次。在第二批教育活动中，发放征求意见表146256份，召开老干部座谈会，人大代表、政协委员、企业界代表座谈会168次，设立征求意见箱190个，开通热线电话190部，共收集到各方面意见和建议515013条，1172名党员募集捐款20余万元，发放慰问金7万余元，帮扶贫困党员232名、贫困学生208名、贫困家庭203个、贫困职工16名，慰问老干部、统战宗教人士260余人。《人民日报》和省电视台《新闻联播》《新闻广角》栏目对满城县的工作经验、举措进行了专题报道。第三批教育活动中，针对行动不便党员、外出打工党员和企业生产一线党员收看难问题，指导乡（镇）建立500余个家庭、企业电教点，发放电教光盘1020盘，学习书籍11258本。

四、其他理论教育活动

1991—1999年，采取电化教育、办班培训、县乡党校轮训等方式，对党员进行基本知识、理论教育、纪律教育和国情教育，培训教育党员4.5万人次。2004年，在县直机关开展“转作风、强服务、讲规矩、树形象”和县直机关“作风建设提高月”活动。购置《河北党员电教》《时代先锋》《李家庚》等优秀电教片30余部，复制下发3000余盘，组织乡村集中播放收看6000多场次。摄制以西黄村党支部书记刘子敬无私奉献，带领群众发展伊丽莎白瓜种植业走上富裕路为题材的电教片《“傻瓜”书记》《我富，大家伙儿都得富》，其中《“傻瓜”书记》在全市党员教育电视专题片观摩评比会上被评为二等奖。2007—2008年，充分发挥乡（镇）党校、农村“两室”等固定培训阵地和电教主渠道作用，利用党课、电化教育等多种方式，对党员进行先进性、警示性和实用科学技术教育培训。组织开展党员示范工程、党员电教科技兴农和向李家庚学习等活动，增强党员的责任意识、争创意识和奉献意识。

第二节　社会宣传

1991—2000年，采取专题宣传、研讨活动、文艺下乡、读书兴农等形式，在机关、校园、企业进行党性、科技、道德、荣辱教育和培训。

1996年，围绕“九五”规划、学习上海经验、加快全县经济发展等内容，以专版、专栏、专题等形式，组织开展百面红旗、小康建设、鱼水工程、形象建设、冬季严打、科技兴县6个专题的宣传。

1999年，在以美国为首的北约轰炸我国驻南联盟大使馆之后，组织广大党员、干部、群众强烈谴责北约暴行，学习宣传江泽民在欢迎驻南大使馆归国人员大会上的讲话，统一全县人民的思想，激发爱国热情。

2001—2003年，利用文化、科技、卫生三下乡，消夏晚会，专场演出，竞赛，演讲等形式，围绕“三个代表”重要思想学教活动、优化环境、扩大开放、十五届六中全会和《公民道德建设实施纲要》进行宣传。

2004年，以“学、创、促”活动为载体，开展以“在社会做个好公民、在单位做个好建设者、在家庭做个好成员”为主题的道德实践活动和系列宣传活动。组织中小学生参加“全国青少年奋发有为奔小康读书教育”活动，共获14项奖，其中4项获全国表彰，10项获全省表彰。广泛开展读书兴农和百万农民培训活动，培训群众达3万人次。

2005年，深入宣传贯彻公民基本道德规范，开展红色旅游和基层党员教育活动。举办首届“新华杯”中学生心系祖国，健康成长演讲比赛，获“全国青少年读书教育活动优秀组织奖”。

2006—2008年，开展“科学发展、奉献社会、保护环境十大仁爱企业家”评选活动。在中小学生中开展以“知荣辱、树新风”为主题的读书教育活动。2名同学在全市讲故事比赛中分获二、三等奖，2名同学代表保定市参加河北省演讲比赛获二等奖。县委宣传部、县教育局被全国青少年“知荣辱、树新风”爱国主义读书教育活动组委会授予“特等组织奖”。

第三节　新闻报道和对外宣传

1991—2008年，以宣传满城资源、环境优势，加快全县经济发展，改革开放成就为导向，以满城旅游、小康建设、迈向新世纪的满城、城建交通重点项目建设年、特色产业为主要内容，在市级以上媒体发表各类宣传文章4521篇。

1992年，与省电视台联合录制反映满城县旅游业的年俗片、宣传满城县资源产品的专题片，完成《锦绣满城》画册的编印工作。

1995年，围绕举办全国第七届“保柠杯”滑翔伞锦标赛，举办新闻发布会，在《河北日报》《保定日报》开办专版，进行全方位宣传。

1996年，先后邀请人民日报、中央电视台等20多家新闻单位，100多名记者到满城，刊发新闻稿件、文学作品等200多篇。与中央、保定电视台联合摄制的电视剧《赵秀兰的故事》，在中央电视台黄金时间播出，参加全国优秀电视剧展播。加强对草莓产业的宣传，不仅在《人民日报海外版》发表文章，还在《今日中国》杂志用英、法、西班牙等6种文字对外发行。

1997年，组织拍摄反映小康建设的专题片《腾飞的满城》。宣传汉墓的稿件在《人民日报》刊登，反映草莓发展的稿件在《光明日报》刊登。

1998年，《满城报》由每周一刊扩版到每周两刊。拍摄反映小康建设的专题片《跃马扬鞭奔小康》，在《河北日报》发稿20篇。

1999年，拍摄外宣片《迈向新世纪的满城县》，展现改革开放20年来全县经济及各项事业发展的巨大成就；在《河北日报》进行题为《满城春色关不住》的整版宣传；反映企业改革成果的文章《满城县工业发展内力何在》，在《河北经济日报》头版头条刊发；中央电视台拍摄反映满城县草莓产业发展的专题新闻，在中央电视台二套《金土地》栏目播出；河北经济日报、北京工人报等媒体就如何再造优势，做好满城草莓产业化大发展进行系列报道。是年，满城县被评为省级文化先进县。

2000年，先后在《经济参考报》《河北日报》彩版以《满城县走向开放的新世纪》为标题，进行两个专版宣传；50分钟的电视专题片《草莓的故乡》在中央电视台一套节目播出，新闻专题片《满城草莓香》、宣传稿件《满城草莓红满天》分别在河北电视台重要栏目和河北日报一版头条播发；与河北电视台共同拍摄的20分钟专题片《走进满城》，在《中国河北》栏目播出。

2002年10月，举办首届金秋红叶柿子节。组织接待120名华北五省、市记者参观采访，人民日报、光明日报、北京日报、中央电视台、香港大公报、美国芝加哥晨报等32家新闻媒体以及国家、省、市有关领导参加新闻发布会和柿子节开幕式。并邀请原《求是》杂志社社长、总编辑戴舟，省外宣局局长兰映山等国家、省、市领导，及编辑、记者320多人次参加。在市以上新闻媒体播发新闻、文字稿件和信息218篇（条），其中国家级43篇（条），省级70多篇（条）。新华社、人民日报（海外版）、光明日报、中央电视台等媒体进行宣传报道，中央电视台一套《周周看真点》栏目，保定电视台《农村天地》《每周视点》栏目和文艺频道进行专题报道，《保定日报》《保定晚报》《诗歌》《摄影》等设专版刊登。全年共接待国家、省、市新闻记者370人次。

2003年，在抗击“非典”斗争中，对先进人物、先进事迹进行大力宣传。河北电视台报道了满城县对返乡人员实行“无情隔离、有情关爱”的做法。

2004年，在《河北日报》刊发专版《2003—2004满城步伐》，综合反映全县各项事业蓬勃发展的可喜局面。全年接待上级新闻记者350余人次。

2005年，在《河北日报》《保定日报》《保定晚报》等党报（台）刊播各类新闻稿件560多篇（条）。邀请保定电视台编导拍摄柿子沟风光外宣片，2006年2月份制作完成，在河北电视台、北京电视台、海外电视台等播出。《河北满城流动党员有了“家”》《满城先教活动架起干群沟通桥梁》等稿件分别在《人民日报》《河北日报》、河北电视台等省以上媒体刊播。

2006年，《满城县倾力打造实力“卫星城”》《满城“四朵金花”续写愚公故事》以及关于新农村建设文化行的报道在《人民日报》《经济日报》和中央电视台等14家报刊、电视台刊播，20余家网站转载。全年刊播稿件630余篇。

2007年，开通中新网《今日保定》满城频道、新华网满城频道，开设今日满城、政务动态、政策文件、供求信息、招商引资、办事指南、满城杂谈、网站论坛、给留言 9 个栏目。

2008 年，关于《满城强力推进节能减排》系列报道的 4 篇稿件在《河北日报》重要位置刊发，《搭载机遇振翅飞》《东风吹到满城春》《四驾马车赢得满堂彩》等通讯稿件均在《保定日报》头版重要位置刊发。研究制定《关于北京奥运会及其筹备期间港澳台及境外记者来访接待办法》和流程图，建立矛盾隐患工作台账。成立对外宣传领导小组和县委外宣局、政府新闻办，建立县乡村三级信息网络，各乡（镇）村明确 300 多名信息员。共接待 4 批次境外媒体记者和 1 批台湾媒体记者采访。

第四节　报刊发行

1991—2008 年，县委宣传部根据各乡（镇）、各部门和驻满城各单位领导干部人数、科室股所和下属单位个数等对党报党刊征订任务进行分解，具体征订范围为县直各部门、企事业及下属单位、股室所站，各乡（镇）、村，全县中小学及其他各类学校，医院、卫生所，全县所有企业，商场、商业门店，宾馆、饭店，旅游景点，驻满城部队连级以上建制单位，冀中监狱、太行监狱、螺旋桨厂等驻满城单位及下属企业、科室等，各级各部门各行业领导干部。

2000—2008 年满城县重点党报党刊征订情况统计表

表 4-6-1

年份	单位	人民日报	河北日报	保定日报	经济日报	光明日报	新华每日电讯	农民日报	河北经济日报	求是	党建
2000	乡（镇）	529	859	1648	0	0	0	0	0	24	0
	县直	517	952	1738	0	0	0	0	0	106	0
	合计	1046	1811	3386	0	0	0	0	0	130	0
2001	县直	520	952	1742	0	0	0	0	0	108	0
	乡（镇）	531	862	1652	0	0	0	0	0	24	0
	合计	1051	1814	3394	0	0	0	0	0	132	0
2002	县直	528	958	1750	0	0	0	0	0	115	0
	乡（镇）	535	868	1658	0	0	0	0	0	24	0
	合计	1063	1826	3408	0	0	0	0	0	139	0
2003	县直	535	968	1768	0	0	0	0	0	120	0
	乡（镇）	540	890	1661	0	0	0	0	0	24	0
	合计	1075	1858	3429	0	0	0	0	0	144	0
2004	县直	540	979	1775	0	0	0	0	0	124	0
	乡（镇）	546	896	1670	0	0	0	0	0	24	0
	合计	1086	1875	3445	0	0	0	0	0	148	0

续表4-6-1

年份	单位	人民日报	河北日报	保定日报	经济日报	光明日报	新华每日电讯	农民日报	河北经济日报	求是	党建
2005	合计	604	1031	1871	53	50	0	0	0	107	78
2006	县直	586	1025	1908	73	71	100	0	255	77	89
	乡（镇）	450	778	1440	51	12	12	0	73	12	12
	驻满城单位	85	83	320	17	17	12	0	11	8	8
	合计	1121	1886	3668	141	100	124	0	339	97	109
2007	乡（镇）	599	1029	1914	75	71	102	0	267	80	92
	县直	455	780	1500	51	12	12	0	75	12	12
	驻满城单位	85	85	320	17	17	12	0	11	8	8
	合计	1139	1894	3734	143	100	126	0	353	100	112
2008	乡（镇）	575	910	1705	51	12	12	24	75	24	12
	县直	757	1205	2076	78	72	104	26	135	95	94
	驻满城单位	165	165	400	17	17	12	0	11	8	8
	合计	1497	2280	4181	146	101	128	50	221	127	114

说明：表中“县直”指县直部门、各企事业及下属单位；“乡（镇）”包括乡（镇）、村，“驻满城单位”包括驻满城单位和驻满城部队

第五节　精神文明建设

一、文明县城、文明单位创建活动

采取多种形式，发动全县各单位认真贯彻实施县委《关于全县精神文明建设五年规划》，教育干部群众增强文明单位意识，巩固文明县城、文明单位、文明乡镇成果。1992 年，满城县被省委、省政府评为省级文明县城，被市委、市政府评为市级文明县城。1991—2008 年间，先后有 12 个单位被评为“省级文明单位”，76 个单位被评为“市级文明单位”，786 个单位被评为“县级文明单位”，20 个村被命名为“县级文明村”，30606 个家庭被评为“十星级文明家庭”，3435 个家庭被评为“五星级文明家庭”。

读书社学习（摄于 1997 年）

二、开展爱国主义教育和“做、创、建”活动

1995—2000 年，组织群众性文化活动，挖掘扶植 8 项有影响的民俗活动。在每个乡（镇）建立2~3 个试点村，开展县城科普一条街、科技法律咨询、专家

学者赶大集等科普活动。集中清理整顿文化市场，收缴封建迷信、反科学书籍和盗版书刊4800余册，取缔3家违规经营的歌舞厅和2个印刷摊点。1995年，被中宣部定为“万村书库基地县”，8个村被列为试点村，韩家佐村被评为“读书用书先进单位”。到1997年，全县95%的村拥有自己的秧歌队或民间剧团。1998年，满城县被评为“全省读书兴农先进县”。

三、优化城镇环境、开展绿色文明公益活动

2001年，在县城实施“星光工程”，建成9座彩虹桥，11个礼花树，主要街道沿街建筑安装射灯、霓虹灯。2003—2006年，树立宣传展牌5块，悬挂条幅120条，刷写宣传标语200多条，印刷宣传材料4万多份。相继完成中山路、燕赵街、玉川路、育才街等县城主要街道绿化带改造工程，栽植花、灌木120万株，乔木8000多棵，新建绿地游园30多处，新增绿地面积5万平方米，实现了三季有花、四季常绿。2006年年底，城区绿化覆盖率、绿地率、人均公共绿地面积分别为34%、28.9%和5.83平方米。

四、社会主义荣辱观宣传教育活动

2006年，以“知荣辱、树新风、优环境、兴满城”为主题，制作宣传牌62块，悬挂标语400多条，刷写宣传墙70多块，发放宣传纸、宣传卡8000多张。开展“知荣辱、树新风、促和谐”万人签名活动。在全县中小学普及“八荣八耻”歌，组织2000多名中小学生祭扫烈士墓，举行入队、入团仪式，举办演讲比赛、少儿书画大赛等活动。同年，开展新农村建设文化行活动，由文化、科技、卫生、法律等30个部门组成20个小分队，深入农村帮建文化阵地、丰富群众文化。全年共开展文化、科技、法律、卫生下乡活动400余场次，建成5个乡（镇）文化站、50个村文化活动室和40个文化大院。县委宣传部被省委宣传部和省文明办授予“三下乡”先进集体称号。

五、其他活动

2005年，组织纪念抗战胜利60周年专题文艺演出、演讲比赛、书画展和座谈会，放映抗日题材电影20余场，县电视台播出有关电影、电视剧15部，《今日满城》专栏刊登纪念文章60余篇。

2007年，制定文化大县建设规划，县宣传文化中心工程主体竣工，在全县组织开展民生大讲堂活动，聘请党政机关、大专院校专家举办6场讲座。

2008年，组织开展“迎奥运、讲文明、树新风”礼仪知识竞赛，“红盾杯”迎奥运法律知识竞赛和“我为奥运祝福、我为奥运添彩、我为奥运加油”网上签名寄语活动。大力宣传抗震救灾英雄先进事迹。

六、涌现出的模范人物

在精神文明建设中，涌现出赵秀兰、尹地震、于国富、崔国栋、张立军、刘凤英、崔兴国等许多模范人物。赵秀兰无私捐建学校；尹地震三次冲入大火中救孩子，被困孩子得救，他的头发全部烧焦，面部和手部严重烧伤；协议村于国富，为保护战备通信电缆，连续4天与盗挖地下电缆的不法分子进行机智斗争，并积极配合乡政府抓获犯罪分子。1991年5月10日，县委、县政府做出《关于开展向志愿兵尹地震、民兵于国富模范事迹学习活动的意见》；1993年7月，东马村张立军被授予“见义勇为优秀青年”荣誉称号；1995年，县委、县政府授予赵秀兰“捐资助教”模范称号；1996年1月11日，团县委号召向刘凤英学习；2008年，崔兴国被评为“保定市劳动模范”，获得五一劳动奖章。

赵秀兰 赵秀兰是一位普通的农家妇女，1938年6月出生于保定市耳七里店，1962年嫁到石井村，通过搞建筑有了一些收入。1995年，捐资80余万元，为石井小学盖了一座建筑面积1200平方米，水电暖配套的教学楼。而她在给学校安装暖气的当晚，在自家破旧的小平房里，因煤气中毒不幸离世，享年57岁。赵秀兰被县委、县政府授予“捐资助教”模范称号，其大公无私、慷慨助教的精神将永远激励后人。

崔兴国　2008 年汶川大地震后，谒山村崔兴国自费坐火车去汶川抗震救灾，在救灾过程中，他不辞艰险，英勇奋战。6 月 3 日，全部志愿者任务结束后，他才自费坐火车返回。获得“成都市 5・12 抗震救灾志愿者”荣誉证书、“5・12 汶川大地震抗震救灾志愿者”荣誉证书。当年被评为“保定市劳动模范”，获得“五一劳动奖章”。

第六节　机构沿革

1991 年 1 月，县委宣传部内设机构有理论教育组、党员教育组、社会宣传组、新闻报道组、扫黄打非领导小组办公室，行政编制 14 人。

1993 年 3 月，成立满城报社，人员以县委宣传部报道组人员为主，隶属县委宣传部。

1996 年 9 月，县文明办与县委宣传部合署办公。县文明办负责制定全县精神文明建设中长期规划、年度计划，并组织实施；指导全县群众性精神文明创建活动，组织开展文明城市、文明村镇、文明行业、文明单位等创建活动及检查考核、验收、申报工作。文明办主任由县委宣传部副部长兼任，配副主任 2 人。宣传部内设机构有办公室、理论宣传股、文明办。满城报社并入广播电视局。

1998 年 3 月，县委宣传部内设机构有办公室、理论宣传股、文明办，行政编制 10 人。

2002 年 4 月，县委宣传部核定行政编制 8 人，内设办公室、理论教育股、新闻宣传股、文明办。

2008 年，县委宣传部内设机构有办公室、理论教育股、新闻宣传股、文明办。行政编制 8 人，其中部长 1 人，副部长 1 人，股级干部职数 3 人。

第七章　统一战线工作

努力为党外人士参政议政、民主监督搭建平台、创造条件，有 7 个部门聘任 20 名党外人士担任特邀监督员，有 8 名党外人士被提拔任用。加强与港澳台地区和世界各地华人及其社团的联系，努力创造与对外开放工作相适应的海外联谊工作格局。尊重、重视民族宗教工作，民族宗教事务正常稳定开展。

第一节　党外人士参政议政

积极为党外人士参政议政、民主监督搭建平台、创造条件，使多党合作和政治协商制度得以长期坚持，促进了全县民主政治建设。

在历届人大代表和政协委员中，党外人士均占有一定的席位。在第十二、十三、十四、十五届人大代表中，党外人士的比例分别为 26.7%、21.4%、17.4%、17.3%。第五届政协委员 207 人，党外人士有125人，占60.4%，第六届、第七届、第八届政协委员中，党外人士的比例均在60%以上。

坚持特约、聘任党外人士担任监督员制度。经过部门推荐和认真考察、筛选，先后指导监察局、教育局、审计局、国土资源局、国税局、地税局、检察院7个部门聘任20名党外人士担任特约监督员，为党外人士参政议政、发挥民主监督作用、促进党风廉政建设开辟一条新途径。

坚持重大事项通报、征求意见制度。县委在作出重大决策和召开重要会议之前或之后，都组织召开有人大代表、政协委员、非公有制经济人士、知识分子等党外人士参加的座谈会、征求意见会、情况通报会，广泛征求党外人士意见，通报有关情况，政府常务会每次都邀请人大代表和政协委员列席。

在党外后备干部的培养方面，县委组织部、统战部坚持突破部门、资历等各种条条框框的限制，进一步健全联席会议制度，完善党外干部培养、选拔、考察等一系列机制，制定党外干部培养长期规划。1991—2008年，先后有4名党外干部走上县人大、县政府、县政协等副县级领导岗位，4名优秀党外后备干部被提拔到县直部门和乡（镇）担任副职，建立了有50多名党外人士的后备干部库。

第二节　对港澳台工作

满城籍华人主要分布在美国、加拿大、法国等国家。为适应扩大对外开放的需要，县委统战部确定了切实把统战工作做到海外的总体思路，积极拓展海外统战工作渠道，加强与港澳台地区和世界各地“三胞”、华人及其社团的联系，最大限度地把能够联系的海外朋友都联系起来，充分利用各种渠道，使海外联谊工作与全县对外开放的总体格局相适应。

据统计，全县去台人员涉及99户、104人，去台人员亲属涉及约500余户、2000余人。统战部鼓励台属与在台亲人通信联系，通过台属向在台亲人宣传党的对台政策，鼓励他们为实现祖国统一大业而努力，并为他们与在满城境内的家属亲友往来提供服务。先后接待回大陆探亲的港、澳、台同胞150人次，鼓励他们到满城投资，兴办企业，援建学校。2005—2006年，台商众塑集团董事长王永庆捐资80万元援建坨南、郭村两所小学。

第三节　民族宗教事务

县内宗教教派主要有佛教、道教、伊斯兰教、天主教和基督教。20世纪80年代后，先后重建了陵山普度寺，抱阳山定慧寺、华严寺，杨家庄莲花山涌泉寺，部分村在古寺庙遗址上重建或选址新建了不少规模较小的寺庙。

2008年，全县有佛教徒2200余人，分布于全县12个乡（镇），汉墓旅游区的陵山普度寺、月明寺（位于岗头月明山）为佛教主要合法活动场所。有道教徒近300人，分布在12个乡（镇）50余个行政村。道教的主要活动场所为三清观（位于坨南乡莲花山）。全县有回民163人，散居在方顺桥和尹固2个自然村，信奉伊斯兰教，尚未设立合法的活动场所。有天主教教徒315人，主要分布在5个乡（镇）的7个行政村，尚未设立合法的活动场所。有基督教教徒2377人，主要分布在12个乡（镇）

的 14 个行政村，有正式活动场所 2 处——北庄村基督教堂、东赵庄村基督教堂。有杨立未和张菊芳 2 名神职人员。

第四节　机构沿革

1998 年 3 月，统战部同时挂民族宗教事务局的牌子，行政编制 6 人。2002 年 4 月，机构改革中统战部同时挂民族宗教事务局的牌子，行政编制 7 人。至 2008 年未变。

宗教事务局组建于 1988 年 8 月，归属政府办公室。1996 年 9 月归属县委统战部，其职能主要为宗教事务工作。

第八章　农村工作

农村民主政治建设取得初步成果。1990 年，在具备条件的部分村开始村委会直选，1999 年在全县推广。村民会议和村民代表会议制度逐步建立和完善，凡涉及村民切身利益的大事，村委会都提请村民会议讨论决定。制定标准、严明措施、严格验收，组织小康建设和文明生态村建设，群众生活水平提高，村容村貌整体提升。1997 年，通过省小康建设办公室验收，满城县被省委、省政府命名为小康县。在文明生态村建设中，共硬化道路 484 公里，建设村民中心 68 个，56 个村修建了健身广场，安装健身器材 725 件，栽植绿化苗木 600 多万株，修沼气池 1 万多个。

第一节　农村民主政治建设

一、村委会换届选举

1990 年，先期在部分具备条件的村进行村委会直接选举，开展村民自治示范活动，以点带面，逐步推广。1999 年，全县全面推行村委会直选。此年为第五次村委会换届选举，有 184 个村完成直选，换届率 90%。2003 年，为第六次村委会换届选举，有 188 个村完成直选，换届率 93%。2006 年为第七次村委会换届选举，有 200 个村完成直选，换届率 98%，选出村主任 188 人，副主任 135 人，委员 288 人，其中书记主任一人兼 55 人，妇女干部 30 人，高中以上文化程度的 200 人。

二、村民会议和村民代表会议制度

自 1999 年开展村委会换届直接选举以来，逐步建立并完善村民会议和村民代表会议制度。村民会议由本村 18 周岁以上村民组成，凡涉及村民切身利益的大事，村委会都提请村民会议讨论决定。人数较多或居住分散的村还推选出村民代表，必要时由村委会召集村民代表开会讨论决定村民会议授权的事项。村委会定期对涉及群众切身利益的重大问题进行公开，接受村民监督，县农村工作委员会负责对村务公开工作进行督导检查。

第二节　小康建设

一、建设规划

1994—1997年，开展小康县建设。1994年，制定《关于农村小康建设的规划》。

乡（镇）小康建设规划　1995—1997年，规划21个乡（镇）实现小康，其中1995年3个，分别是满城镇、东马乡和江城乡；1996年10个，分别是南韩村乡、顺民乡、西原乡、方顺桥乡、要庄乡、大马坊乡、陉阳驿乡、于家庄乡、大册营乡和柳家佐乡；1997年8个，分别是神星镇、石井乡、尹庄乡、贤台乡、西家庄乡、岭西乡、北台于乡和高士庄乡。

2000年，规划4个乡实现小康，分别是龙门乡、坎下乡、长角台乡和白堡乡。

村小康建设规划　1994—1997年，规划214个村实现小康。其中，1994年，规划满城镇、东马乡、陉阳驿乡、于家庄乡、要庄乡、西原乡、顺民乡、大马坊乡、柳家佐乡、贤台乡10个乡（镇）的10个村实现小康。1995年，规划满城镇、东马乡、江城乡、南韩村乡、陉阳驿乡、方顺桥乡、要庄乡、西原乡、顺民乡、大马坊乡、大册营乡、柳家佐乡、贤台乡、西家庄乡、龙门乡15个乡（镇）的44个村实现小康。1996年，规划满城镇、东马乡、南韩村乡、陉阳驿乡、方顺桥乡、于家庄乡、要庄乡、西原乡、顺民乡、大马坊乡、大册营乡、柳家佐乡、神星镇、尹庄乡、贤台乡、西家庄乡、北台鱼乡、龙门乡18个乡（镇）的94个村实现小康。1997年，规划于家庄乡、西原乡、顺民乡、大马坊乡、神星镇、石井乡、尹庄乡、贤台乡、西家庄乡、北台鱼乡、岭西乡、高士庄乡、坎下乡、长角台14个乡（镇）的66个村实现小康。

1998—2000年，规划实现小康的村有27个，其中1998年10个村，分别是郄庄、张海庄、大石桥、大许城、支锅石、新建庄、龙居、中峪、马连川和协义；1999年慈家台1个村；2000年16个村，分别是白堡、钟家店、大坎下、野里、巩庄、南水峪、北东峪、西龙门、东龙门、训口、东赵庄、西赵庄、曹家峪、坎下、黄龙寺和车厂。

1994—1997年满城县小康村建设规划一览表

表4-8-1

乡（镇）	年份	个数	村　　名
满城镇	1994	1	南陵山
	1995	6	北关、北辛庄、城北、北厂、长旺、谒山
	1996	1	城东
神星镇	1996	1	大楼
	1997	17	神星、胡疃、王各庄、市头村、玉山、小楼、荆山、魏庄、北太平庄、石家佐、翟家佐、寺角、南峪、东峪、西峪、李家佐、石板山

续表4-8-1

乡（镇）	年份	个数	村　　名
东马乡	1994	1	东马
	1995	8	北庄、西马、南马、东佃庄、李堡、西佃庄、中佃庄、宋贾
	1996	2	北马、毛贾
柳佐乡	1994	1	韩家佐
	1995	1	陶家佐
	1996	6	柳家佐、杨家佐、李家佐、郑家佐、吴家庄、韩家庄
石井乡	1997	7	石井、苑庄、永安庄、西渝河、东渝河、东土门、西土门
顺民乡	1994	1	顺民
	1995	2	茂山、守陵
	1996	5	抱阳、南辛庄、大贾、良贾、后屯
	1997	2	尉公、章村
南韩村乡	1995	4	南韩村、市庄、西荀、东荀
	1996	4	疙瘩屯、孙村、大固店、段旺
西原乡	1994	1	尹固
	1995	1	中堤北
	1996	7	西原、南原、东村、后村、东原、西原屯、西堤北
	1997	2	西原坡、东堤北
方顺桥乡	1995	2	许村、孔村
	1996	8	方顺桥、谭头、大河旺、南固店、太平庄、东方顺、沟河庄、三恩庄
陉阳驿乡	1994	1	河图
	1995	1	高荆
	1996	8	陉阳驿、辛章屯、西辛章、东辛章、决堤、孟村、大赛、小赛
于家庄乡	1994	1	南阎童
	1996	6	郭村、郎村、汤村、西阎童、东阎童、五里铺
	1997	1	于家庄
江城乡	1995	8	江城东队、江城西队、庞村、石家庄、李铁庄、吴庄、刘庄、张辛庄
尹庄乡	1996	6	尹庄、宋家屯、李庄、夏庄、贾庄、孙家塘
	1997	2	许庄、徐庄
要庄乡	1994	1	张庄
	1995	2	贾庄、南上坎
	1996	10	要庄、戴庄、温屯、东营、道口、高屯、周庄、西黄村、小马坊、两渔

续表4-8-1

乡（镇）	年份	个数	村名
大马坊乡	1994	1	曹庄
	1995	3	花庄、留守坟、店上
	1996	13	大马坊、尹庄、西南韩、杨庄、芦庄、中南韩、东南韩、东良、王西良、水北庄、河西营、小营、徐河桥
	1997	4	谭庄、大西良、田西良、河北
贤台乡	1994	1	前大留
	1995	1	小辛庄
	1996	3	后大留、中贤台、西贤台
	1997	6	留马、小东庄、大次韩、小次韩、大辛庄、东贤台
西家庄乡	1995	1	东庄店
	1996	1	河南庄
	1997	9	西庄、于家庄、六间房、王辛庄、小庄、大庄、南宋、小许城、东庄
大册营乡	1995	3	大册、马厂、方上
	1996	11	大册营、岗头、沿村、夜借、西村、下紫口、上紫口、永南庄、苏庄、北宋、北宋营
龙门乡	1995	1	李家庄
	1996	1	北水峪
坎下乡	1997	1	北赵庄
高士庄乡	1997	4	刘家台、东高士庄、西高士庄、白沙
北台鱼乡	1996	1	坨南
	1997	4	杨家庄、黄山、洛沟、北台鱼
岭西乡	1997	6	岭西一村、岭西二村、岭西三村、好善庄、水峪、岭南
长角台乡	1997	1	长角台

二、规划调整

1996年，由于合乡扩镇打破了原来的乡（镇）界限，县委、县政府对原来制定的小康建设规划进行调整。

规划调整后各年度实现小康的乡（镇）：1996年有满城镇、方顺桥乡、南韩村镇、于家庄乡、要庄乡、江城乡、大马坊乡7个乡（镇）；1997年有大册营镇、神星镇、石井乡、坨南乡4个乡（镇）；2000年有白龙乡、刘家台乡2个乡。

将原规划中1997年实现小康村中的许庄、徐庄、谭庄、大西良、大辛庄、东贤台6个村提前到1996年，1996年规划要实现小康的村庄总数变为100个。把支锅石、新建庄、西赵庄3个村提前到1997年实现小康，1997年全县实现小康由原来的66调整为63个。

三、小康验收

1995 年，制定《关于小康村考核验收实施意见》，采用抽样调查和科学评估的方法，对 1994 年度小康村建设进行检查验收。申请验收的村填写《申请验收表》《申请验收报告》，统计局、林业局、计生委等部门对相关指标进行认定。验收组对照小康标准采取听、看、访的办法逐条逐项进行验收，经小康办综合审验后，报县委、县政府认定。

1994 年，按规划应有 10 个村建成小康村，有 13 个村申报要求验收。经逐条严格考核，13 个村均达到小康村标准，被县委、县政府命名为满城县第一批小康村。13 个村分别是满城镇南陵山、北辛庄、谒山、北厂，东马乡东马，陉阳驿乡河图，大马坊乡曹庄，顺民乡顺民，柳家佐乡韩家佐，西原乡尹固，贤台乡前大留，于家庄乡南阎疃和要庄乡张庄。

小康村南陵山（摄于 2006 年）

1996 年年初，县小康办会同有关部门对 1995 年度小康村进行验收。按规划应完成 44 个村，有 82 个村申请验收。经考核验收，有 36 个村达到建设标准。包括满城镇 12 个村，大马坊乡 9 个村，南韩村镇 3 个村，神星镇 3 个村，方顺桥乡 2 个村，要庄乡 3 个村，大册营镇 2 个村，江城乡 2 个村。

1997 年年初，有 126 个村申请小康村验收，县小康办会同有关部门对 126 个村进行综合考核验收，有 102 个村达到建设标准，被县委、县政府命名为小康村。102 个村包括满城镇 9 个村，方顺桥乡 15 个村，南韩村镇 18 个村，于家庄乡 8 个村，江城乡 10 个村，大马坊乡 14 个村，要庄乡 8 个村，大册营镇 9 个村，神星镇 6 个村，坨南乡 2 个村，白龙乡 2 个村，石井乡 1 个村。7 个乡（镇）接受市小康办的验收，被市委、市政府命名为第三批小康乡（镇）。同年，满城县通过省小康建设办公室验收，被省委、省政府命名为小康县。

1996—1997 年满城县小康验收达标村一览表

表 4-8-2

乡（镇）	年份	个数	村　名
满 城 镇	1996	12	李堡、北庄、东佃庄、北辛庄、城东、吴家庄、南马、中佃庄、西马、宋贾、守陵、城北
	1997	9	西佃庄、长旺、茂山、杨家佐、陶家佐、韩家庄、抱阳、李家佐、柳家佐
神 星 镇	1996	3	小楼、东峪、石板山
	1997	6	李家佐、翟家佐、南峪、西峪、大楼、北太平庄
大册营镇	1996	2	方上、马厂
	1997	9	上紫口、大册营、大册、岗头、大许城、王辛庄、六间房、永南庄、北宋
石 井 乡	1997	1	永安庄

续表4-8-2

乡（镇）	年份	个数	村　　名
南韩村镇	1996	3	东苟、西原屯、南辛庄
	1997	18	大固店、后屯、疙瘩屯、南原、大贾、宋家屯、孙村、市庄、良贾、段旺、东村、韩村、东原、西原坡、西苟、西原、中堤北、西堤北
方顺桥乡	1996	2	孔村、许村
	1997	15	方顺桥、南固店、谭头、太平庄、沟河庄、三恩庄、高荆、大赛、小赛、陉阳驿、决堤、孟村、东辛章、西辛章、辛章屯
于家庄乡	1997	8	西阎疃、郭村、东阎疃、郎村、庞村、五里铺、李铁庄、汤村
江　城　乡	1996	2	江城东队、张辛庄
	1997	10	刘庄、江城西队、张海庄、石家庄、吴庄、郄庄、尹庄、李庄、贾庄、徐庄
要　庄　乡	1996	3	周庄、贾庄、南上坎
	1997	8	温屯、要庄、道口、高屯、西黄村、小马坊、两渔、后大留
大马坊乡	1996	9	花庄、徐河桥、东贤台、店上、小辛庄、留守坟、中南韩、东尹庄、西贤台
	1997	14	大辛庄、河北庄、小营、大马坊、中贤台、小次韩、谭庄、东良、河西营、王西良、田西良、东南韩、大西良、杨庄
坨　南　乡	1997	2	黄山、坨南
白　龙　乡	1997	2	北水峪、李庄

第三节　文明生态村建设

一、主要工作

2003 年，文明生态村建设正式启动。

2004 年，召开万人广播电视大会，确定 24 个村为全县文明生态创建示范村，组织开展“四化”（即硬化、绿化、净化、亮化）创建达标活动。把创建任务细化量化，完善规范“三图一表”（小康建设规划图、文明生态建设规划图、村镇建设规划图和时间进度表）。全年硬化街道 122 公里，修建街头花池 850 个，种植苗木 100 多万株，修建垃圾池 424 个，刷白墙壁 17 万平方米，新建小广场和小花园 34 个，建沼气池 3012 个。经验收，24 个村中有 12 个村达到创建标准。

白堡村文明生态村绿化（摄于 2005 年）

2005 年，确定 16 个村为文明生态创建示范村。全县共投入资金 2080 余万元，出义务工 16 万多

龙居村村民用沼气做饭（摄于2005年）

个，硬化农村道路160多公里，植树160多万株，新建沼气池3050个，16个创建村全部达到创建标准。

2006年，确定2004、2005年达到创建标准的28个村为巩固提高村，又确定17个村为重点创建村。按照重点村抓达标、达标村抓巩固、一般村抓启动的思路，抓好生态家园富民、村庄绿化、道路硬化、卫生整治。全年文明生态村建设共投入2600多万元，硬化道路63.6公里，栽植各种绿化苗木20余万株，新建垃圾池85个，新建沼气池2174个，新建、改建“两室”、小广场30个。发展草莓、无公害蔬菜等设施农业7.5万亩，建成天一、奥圣、绿海等特色农业示范园区24个，形成“一村一品”发展模式。启动县、乡、村三级文化体育基础设施建设工程，建设文化娱乐广场20个，安装健身器材200多件（套）。

龙居村图书室（摄于2005年）

龙居村文化娱乐广场（摄于2005年）

2007年，确定17个文明生态创建示范村。印发各类宣传材料30万份，刷写宣传标语1500多条，制作条幅480多条，喷刷文明生态建设知识板块500多块，组织文艺演出100多场，在重点创建村创作宣传漫画3000余平方米。人大办、政协办、组织部、宣传部等单位联合向全县发出《投身文明生态村创建倡议书》5万多份。

2008年，确定10个文明生态创建示范村。全年共投入1100余万元，硬化主街道路41.6公里，硬化小街小巷10.9公里，安装路灯630盏，栽植各种绿化苗木21万余株。新建沼气池288个、垃圾池45个，群众出义务工9000个，清运垃圾1.6万立方，粉刷墙壁11万平方米，新建、翻修“两室”，建设村民中心10个，建设小花园、小广场12个，安装文体活动器材108件。通过农户门前三包、定点倾倒、专人清运、垃圾掩埋等多种办法，农村“五乱”问题得到解决。

2009年，又组织11个乡（镇）的18个村进行文明生态村建设。

二、建设成效

截至2009年，全县有89个村完成创建任务，其中满城镇11个村、神星镇7个村、大册营镇7个村、南韩村镇10个村、方顺桥乡10个村、于家庄乡7个村、要庄乡9个村、贤台乡3个村、石井乡6

个村、白龙乡6个村、坨南乡7个村、刘家台乡6个村。共投入资金7380多万元，硬化村内道路484公里，建设村民中心68个，修建健身广场56个，安装健身器材725件，栽植绿化苗木611万株，建设沼气池10826个。

2004—2009年满城县文明生态村创建达标村统计表

表4-8-3

乡（镇）	个数	2004年	2005年	2006年	2007年	2008年	2009年
满城镇	11	东马 韩家佐	北陵山 北关	陶家佐 谒山	南马 韩家庄	郑家佐	南陵山 西马
神星镇	7	玉山	石板山	东峪	大楼	市头村	北太平庄 西峪
大册营镇	7	夜借	岗头	沿村	永南庄	苏庄	上紫口 北宋
南韩村镇	10	南韩村	段旺 东荀	南辛庄 后屯	尹固 西原屯	西原	西荀 南原
方顺桥乡	10	小赛 太平庄	方顺桥	大赛 东辛章	河图 辛章屯	东方顺	谭头 三恩庄
于家庄乡	7	无	于家庄 郭村	李铁庄 庞村	郎村	汤村	五里铺
要庄乡	9	西黄村 东黄村	大许城	小许城	南宋 小庄	后大留	大庄 南上坎
贤台乡	3	无	小东庄	西贤台	西庄	无	无
白龙乡	6	钟家店	李家庄	白堡	南水峪 北水峪	无	大坎下
石井乡	6	无	石井	苑庄 东土门	西土门	西渝河	协义
坨南乡	7	岭南	岭西	黄山	新建庄	杨家庄	坎下 曹家峪
刘家台乡	6	刘家台	东高士庄 龙居	长角台	西高士庄	无	车厂

第四节　机构沿革

1993年，设农村工作部，为县委常设工作机构。1996年机构改革时，农村工作部与农业局合署办公。2002年7月，农村工作部更名为农村工作委员会，不再与农业局合署办公，列县委工作部门。2002—2008年，农村工作委员会行政编制5人，领导职数2人，没有内设机构。

第九章　政法委工作

县委政法委贯彻执行上级有关方针、政策和指示，理顺政法各部门的关系，组织协调县公安、检察、法院、司法等部门各司其职开展工作，维护社会稳定，维护社会公平正义。组织普法宣传，提高广大群众和在校学生的法制观念。

第一节　主要工作

县委政法委组织协调县公安、检察、法院、司法等部门各司其职，各负其责，坚持依法治县，打击各类刑事犯罪，开展打黑除恶、大案要案侦破和追逃专项行动，打击经济犯罪案件，反贪污贿赂，公正办案，不断提高办案质量，宣传社会主义法制、学法普法，维护全县社会稳定。

县政法委领导、组织、指导全县政法队伍建设；组织、协调、指导全县维护稳定工作。在县委领导下，具体部署全县政法工作，指导、协调政法部门的工作和关系，组织党内联合办公；研究解决重大疑难案；贯彻执行上级有关政法工作的方针、政策和指示；研究涉及政法工作方针政策性的问题；研究社会治安形势的变化和应采取的对策；及时向县委提出建议；研究提出加强政法队伍建设的措施，探索政法工作改革的路子，理顺政法各部门的关系；支持政法各部门严格依法办事，协调解决部门之间有关业务工作中的重大问题，参与大案要案指导和督办工作，加强法制建设，办理县委和上级有关部门交办的其他工作。

第二节　机构沿革

县政法委成立于 1982 年 3 月，为县委常设机构，负责领导全县政法工作。

1988 年 11 月，撤销政法委，成立县委政法领导小组，组长由县委副书记兼任，领导小组下设办公室。1989 年 6 月，恢复政法委，行政编制 3 人。同时撤销县委政法领导小组。

1991 年 3 月 12 日，经县委、县政府研究决定，成立县社会治安综合治理委员会，办公室设在县政法委。2008 年，县委政法委行政编制 5 人。

第十章　人民信访

信访局隶属县委、县政府双重领导，工作中不断完善、规范信访工作制度，各环节目标明确、措施到位。2003 年，在全县建立信访信息网络，乡（镇）和村均建立信息员，及时排查信访苗头和隐患，及时加以解决。2005 年，建立处理信访突出问题及群体性事件联席会议制度，领导接访、下访制度，通报、排查、调度制度，年终考核制度等。2005—2008 年，接待受理信访案件 2564 件，处理上级交办案件 162 件。

第一节　信访工作制度

1995 年 9 月 1 日前，信访工作制度包括接待制度、登记制度、查办制度和答复制度等。1995 年 9 月 1 日后，对信访工作制度进行完善，主要包括接待登记制度，承办、转办、交办、督办制度，领导定期接待制度，信访案件定期调度制度，信访形势定期通报制度和信访工作考核制度等。2004 年 8 月，建立处理信访突出问题及群体性事件联席会议制度，第一召集人为县委副书记，其他召集人包括政法委书记、县委办公室主任、主管副县长。下设涉法涉诉、土地征占、城镇拆迁、国企改制、环境保护、军转干部及复员退伍军人、农村两委换届 7 个专项工作小组。

2005 年 5 月 1 日，对信访工作制度进行调整和完善。完善接待登记制度，来访人员首先填写来访人员登记表，工作人员接访后一并存档并录入微机。2005 年 9 月，接通全省信访信息系统并开始网上办公。规范受理、交办、转送、督办制度，印制信访事项交办告知书、信访事项转送告知书和信访事项督办卡，强化信访事项的办理工作。深化领导接访制度，在原有周二领导接访制度的基础上，出台《关于建立领导干部大接访长效机制的意见》，规定县委书记、县长每月至少接访一次，乡（镇）、部门每个工作日必须安排一名副科级领导接待群众来访。县级领导接访在每周二的基础上，增加每周五接待日。强化定期通报制度、苗头隐患定期排查制度、定期调度制度，信访情况坚持周报告、月通报、常调度。建立领导干部定期下访制度，依托联席会议制度，从 2004 年 9 月开始开展领导干部下访活动，后逐步制度化。改进年终考核制度，把考核内容分为基础工作目标和重点控制目标。基础工作目标包括信访事项办理情况、重访情况等，重点控制目标包括越级集体访情况、进京非正常访发生情况及苗头排查情况。

第二节　主要工作

一、信访接待

实行县级领导接待群众来访制度，1991—1998 年 4 月每周四由县委、人大、政府、政协、纪委五套班子领导轮流值班接访，接待地点在信访办公室。1998年4月，改为每周二领导接访。2004年3月，按照上级要求，改由党政县级领导值班接访，其他县级领导不再安排值班接访，政治敏感期内，每天安排一名县级领导接访，并将县级党政领导接访情况纳入考核。

二、信访处理

2005年5月，出台《满城县来信来访接待办理工作程序》，进一步规范信访案件办理，实行交办、查办、督办、复查、复核制度。对受理的符合立案条件的信访事项，信访部门立案后，按照分级负责，归口办理，谁主管、谁负责的原则，填写交办单后交责任单位进行查处。一般问题解决时间为30~60天，最长不超过3个月。查结后写出查结报告并出具《信访事项答复意见书》，信访人同意处理意见的结案；不同意的可持《信访事项答复意见书》申请上级有关部门复查，不同意复查意见的，可申请复查机关的上级机关进行复核，复核意见为最终处理意见。信访人仍不同意的，各级信访部门和有关机关不再受理信访人以同一信访内容反映的问题。对不按规定程序和时间解决问题的单位，信访部门进行督办，并进行指导，情节严重的提出批评，进行通报，或建议进行责任追究，给予有关人员行政处分。

2005—2008年，上级要结果案件分别为58件、39件、33件、32件，本级接待受理信访事项分别为613件、826件、674件、451件。2005年，信访内容以企业改制和征占地为主，重点案件有水泥厂破产案、县中医院破产安置案、白龙乡东龙门村占地案。2006年，信访内容以土地征占和农村两委换届问题为主，主要涉及南水北调、张石高速等重点工程占地问题，重点案件包括石井乡东渝河村征地案、神星镇荆山村征地案、南韩村镇尹固村两委换届问题等。2007年以后，信访内容以土地问题为主，其中2007年重点案件有县城西部开发引发的系列占地问题、长城富瑞园林租地引发的系列问题等，2008年信访重点案件有于家庄乡郭村保阜高速占地补偿问题、石井乡尉公村南水北调施工震坏民房问题等。

三、信息排查化解

2003年3月，将信访信息排查化解工作纳入工作考核指标，在全县建立信访信息网络，乡（镇）和村均设立信访信息员。并建立信访苗头隐患月排查制度。规定各乡（镇）、各部门每月进行一次全方位信访苗头隐患排查，并于每月月底前将排查情况书面报信访局。对排查出的信访苗头隐患，按照明确包案领导、责任单位、责任人员、解决时限等要求进行化解。特殊时期实行日排查、零报告制度，全方位掌握信访动态。

第三节　机构沿革

1983年3月，成立信访办公室。1995年3月，信访办公室更名为信访局。2002年属县委、县政府双重领导，内设3个科室，包括办公室、接待科、办案科。至2008年未变。

第十一章　党校与党史研究

县委党校是县委直属部门，校长由县委副书记兼任。学校邀请省委党校及高校专家、教授对各级领导干部、入党积极分子进行专题培训。1991—2008 年，培训农村基层干部 1.5 万多人次；举办周末大课堂和主题培训班 80 余期，受训干部 1.7 万多人次。组织在职干部进行学历培训，有 1219 人完成经济管理专科培训，694 人完成法律专业专科培训。党史研究室每年编辑《满城县大事记》，组织编写《峥嵘岁月》《满城抗日烽火》《满城抗日故事选》等书籍，编辑出版刘宁一、罗玉川、陈亚夫等革命前辈的回忆录。2007 年，县委组织部和县档案局编辑出版《中国共产党满城县组织史（1925—2006）。组织抗战时期满城县人口伤亡和财产损失调研，撰写了调研报告。

第一节　党　校

一、干部培训

1991—2008 年，结合农村两委换届，组织村两委干部集中到党校学习，提高宗旨观念、法律意识、领导能力及致富本领。先后举办村支部书记、村主任任职资格培训、农村青年干部培训、落实科学发展观、建设社会主义新农村、构建和谐社会等一系列专题培训，培训 1.5 万多人次，促进了农村基层组织建设整体水平的全面提升。先后举办科级干部周末大课堂和中青年干部、入党积极分子等主体培训班 80 余期，受训干部 1.7 万多人次。邀请省委党校教授徐慈贤、清华大学教授姜荣国、国家行政学院教授任劲等专家学者到校专题讲课。连续多年荣获全市党校系统综合评比优秀单位。

二、学历教育

1994—2004 年，完成在职干部经济管理专科学员 1161 人的学历培训；2005—2007 年，完成在职干部法律专业专科学员 169 人的学历培训。

1999—2007 年，完成法律专业本科学员 525 人的学历培训；2000 年，完成经济管理专业本科学员 58 人的培训。

三、工作机构

1991 年办公地点位于县城北，1997 年 12 月迁到县南外环北侧，校园占地面积 6700 平方米，总建筑面积 2300 平方米，设有 2 个大教室，1 个多功能阶梯教室，可同时容纳 400 名学员上课，能满足 200 名学员食宿。图书室、微机室、多媒体教学设施齐全。

县委党校是县委直属部门，2008 年，全额事业编制 20 人，校长由县委副书记兼任，设常务副校长 1 人，副校长 1 人，内设办公室、教务处。

第二节　党史研究

一、编写党史资料

1991—2008 年，每年编写一册《满城县大事记》。县党史研究室编辑了《峥嵘岁月》《满城抗日峰火》《王育华回忆录》《满城抗日故事选》等书籍。县委党史办、县政协协助有关部门编辑了满城籍老干部的回忆录，包括《刘宁一回忆录》《罗玉川回忆录》《陈亚夫回忆录》《石金奎回忆录》《李陶庭回忆录》等。在省级以上报刊发表专题、论文和报告文学 30 余篇，在市、县报刊发表文章百余篇。2007 年，县委组织部、县档案局编辑出版《中国共产党满城县组织史资料（1925—2006）》。

二、抗战人口伤亡和财产损失调研

2006 年，按照中央、省、市抗战人口伤亡和财产损失课题研究工作要求，县委成立抗战课题研究工作领导小组，领导小组办公室设在县委党史办。经过走访调查，撰写《抗战时期满城县人口伤亡和财产损失课题调研报告》《抗战时期日军在满城制造的惨案专题报告》，揭露日本侵略者的滔天罪行。日本侵略者在满城先后制造了白堡惨案、魏庄惨案、东佃庄惨案、苟村惨案。抗战期间，满城县伤亡人口总数是 2425 人，其中直接伤亡 2324 人，间接伤亡 101 人。社会财产损失 7000 万元，人力资源（劳役）32026 天。居民财产损失惨重，其中房屋 18838. 5 间，树木 46020 株，禽畜 80402 头，粮食 787170 公斤、15188. 5 石，服饰 145923 件，生产工具 10555 件，生活用品 59484 件，布匹775018尺，其他还有煤、金银首饰、蜂蜜、棉花等。

三、工作机构

县委设党史办，负责全县党史工作。同时，设党史研究室。县委党史研究室的主要职责是围绕党的中心工作和执政过程中的具体问题开展调查研究，编写纪略或专项资料。

党史研究室还会同县委组织部、共青团满城县委等部门多次组织开展党史知识竞赛、演讲及图片展览等活动。2001—2006 年，连续 6 年被评为河北省党史系统先进单位。

第五编　地方人民代表大会

1991—2008年，召开第十二至第十五届四届人民代表大会。人大代表的产生依据《中华人民共和国选举法》《河北省县、乡两级人民代表大会选举实施细则》投票选举，兼顾党内外人士的比例以及民族、界别、性别、文化及年龄结构，人民代表大会常务委员会（以下简称人大常委会）为人民代表大会的常设机构。人大常委会通过审议“一府两院”（人民政府、人民法院、人民检察院）工作报告，作出决议、决定，提出审议意见和建议，视察、调研、受理来信来访、依法任免干部等形式履行职责。

第一章　人大代表

选民通过差额选举的方式，按照法律程序选举人大代表，再经选举委员会审查通过。代表的构成兼顾党内外人士的比例，以及代表的民族、界别、性别、文化、年龄结构等。人大代表通过听取、审议报告，提出意见、建议等方式履行职责。

第一节　代表产生

一、选举机构

在召开第十二、十三、十四、十五届人民代表大会前，依据《中华人民共和国选举法》，实行由选民直接差额选举县、乡（镇）人大代表。换届选举前均成立县、乡（镇）选举委员会及其办事机构，在人大常委会领导下负责代表的选举工作。选举委员会下设办公室，办理换届选举的具体事宜。各乡（镇）选举委员会在县选举委员会的指导下，负责本乡（镇）的换届选举工作。

二、选区和名额

全县分成若干选区，各选区设选举小组，组成人员由本选区的党政团体和选民协调推荐。农村选区的选举小组成员由乡（镇）批准，县直选区的选举小组成员由县选举委员会批准，然后由各选区进行选民登记，登记完毕汇总上报，并在选举前30天张榜公布。选民登记做到不错、不漏、不重，而后由县选举委员会根据各选区选民数量分配代表名额及各界代表比例，确定人大代表候选人，通过无记名投票依法选举产生正式代表候选人，经县选举委员会审查确认代表资格。

第二节　代表构成

每届代表的构成均兼顾党内外人士的比例以及代表的民族、界别、性别、文化及年龄结构。

第十二届人大代表名额235人，实际选出235人。其中中共党员代表180人，占代表总数的76.6%，非中共人士代表55人，占代表总数的23.4%；工农代表148人，干部代表61人，妇女代表50人，知识分子代表79人，预留额2人。

第十三届人大代表名额213人，实际选出210人。其中中共党员代表165人，占代表总数的78.6%，非中共人士代表45人，占代表总数的21.4%；工农代表130人，干部代表68人，妇女代表40人，知识分子代表78人，预留额2人。乡（镇）选区留空缺3人。

第十四届人大代表名额204人，实际选出201人。其中中共党员代表169人，占代表总数的84.1%，非中共人士代表32人，占代表总数的15.9%；工农代表126人，干部代表65人，妇女代表35人，知识分子代表118人，少数民族代表3人，预留额3人。

第十五届人大代表名额204人，实际选出202人。其中中共党员代表167人，占代表总数的82.7%，非中共人士代表35人，占代表总数的17.3%；工农代表129人，干部代表62人，妇女代表30人，知识分子代表129人，少数民族代表3人，预留额2人。

满城县第十二至第十五届人大代表构成统计表

表5-1-1

代表	人数及比例	第十二届	第十三届	第十四届	第十五届
代表总数	合计	235	213	204	204
	选举产生	235	210	201	202
	预留	2	2	3	2
工农代表	人数	148	130	126	129
	所占比例（%）	63.0	61.9	62.6	63.9
干部代表	人数	61	68	65	62
	所占比例（%）	26.0	32.4	32.3	30.7
非中共人士代表	人数	55	45	32	35
	所占比例（%）	23.4	21.4	15.9	17.3

续表5-1-1

代表	人数及比例	第十二届	第十三届	第十四届	第十五届
妇女代表	人数	50	40	35	30
	所占比例（%）	21.2	18.8	17.4	14.9
知识分子代表	人数	79	78	118	129
	所占比例（%）	33.6	37.1	58.7	63.9
少数民族代表	人数	0	0	3	3
	所占比例（%）	0	0	1.5	1.5
年龄构成	35 岁以下	25	25	25	27
	所占比例（%）	10.6	11.9	12.4	13.4
	36~55 岁	185	170	167	165
	所占比例（%）	78.8	80.9	83.1	81.6
	56 岁及以上	25	15	9	10
	所占比例（%）	10.6	7.1	4.5	5

说明：所占比例均为占选举产生代表总数的比例

第二章　人民代表大会

1991—1992 年，第十一届人民代表大会召开第二次、第三次会议，1993 年 1 月、1998 年 2 月、2003 年 4 月、2007 年 5 月先后召开第十二届、十三届、十四届、十五届人民代表大会第一次会议，会议听取并审议“一府两院”工作报告；选举产生人大常委会主任、副主任；选举产生县长、副县长；选举产生县人民法院院长、县人民检察院检察长。第十二届、第十三届人民代表大会分别召开 5 次会议，第十四届人民代表大会召开 4 次会议。至 2008 年，第十五届人民代表大会召开 2 次会议。

第一节　第十一届人民代表大会

一、第二次会议

1991 年 4 月，召开第十二届人民代表大会第二次会议。会议审议通过六个报告，并作出相应决议。会议审议批准《满城县国民经济和社会发展十年规划和第八个五年计划》《满城县科技兴县规划》，审议通过《关于依法治县议案》。

二、第三次会议

1992 年 4 月，召开第十二届人民代表大会第三次会议。会议审议通过六个报告，并作出相应决议。依法增选人大常委会委员 2 人。会议要求县政权组织要以党的十三届八中全会精神为指针，深入贯彻县委六届五次全会精神，坚持党的基本路线，以经济建设为中心，加强法律和工作监督，抓住机遇，深化改革，推进国民经济和各项事业的发展。

第二节　第十二届人民代表大会

一、第一次会议

1993 年 1 月 3—6 日，召开第十二届人民代表大会第一次会议，应出席会议代表 235 人，实到 235 人。政协全体委员和县委、县政府、各乡（镇）、县直各部门的负责同志列席会议。会议审议通过《满城县人大常委会工作报告》《满城县人民政府工作报告》《满城县人民法院工作报告》《满城县人民检察院工作报告》《1992 年国民经济和社会发展计划执行情况》《1993 年国民经济社会发展计划（草案）的报告》《1992 年财政预算执行情况和 1993 年财政预算的报告》，并作出相关决议。会议选举第十二届人大常委会主任、副主任；产生满城县第十二届人民政府县长 1 人，副县长 6 人；县人民法院院长和县人民检察院检察长各 1 人。

二、第二次会议

1994 年 1 月，召开第十二届人民代表大会第二次会议。会议听取人大常委会、县政府、县人民法院、县人民检察院的工作报告，通过相应决议。会议肯定 1993 年工作成绩，认真分析工作中存在的缺点和差距，提出加快改革开放、加速经济发展的任务和措施。会议补选县长 1 人，县人大常委会委员 1 人。

三、第三次会议

1995 年 2 月，召开第十二届人民代表大会第三次会议。会议听取人大常委会、县政府、县人民法院、县人民检察院的工作报告，通过相应决议；书面审议县政府副县长施政报告；补选县人大常委会委员 4 人。选举保定市十届人大代表 30 人。

四、第四次会议

1996 年 1 月，召开第十二届人民代表大会第四次会议。会议听取人大常委会、县政府、县人民法院、县人民检察院的工作报告，通过相应决议；审议批准《满城县国民经济和社会发展第九个五年计划》；审议副县长施政报告。会议还对在各条战线上做出突出贡献的 50 名优秀人大代表和 16 名先进工作者进行表彰。

五、第五次会议

1997 年 2 月，召开第十二届人民代表大会五次会议。会议听取、审议人大常委会、县政府、县人民法院、县人民检察院的工作报告，通过相应决议。

第三节　第十三届人民代表大会

一、第一次会议

1998 年 2 月 18—20 日，召开第十三届人民代表大会第一次会议，应出席会议代表 213 人，实到

210 人。政协全体委员和县委、县政府、各乡（镇）、县直各部门的负责同志 112 人列席会议。会议共有 6 项议程，听取审议《满城县人大常委会工作报告》《满城县人民政府工作报告》《1997 年国民经济和社会发展计划执行情况和 1998 年计划（草案）的报告》《1997 年财政预算执行情况和 1998 年财政预算（草案）的报告》《满城县人民法院工作报告》《满城县人民检察院工作报告》，并作出相应决议。会议选举产生十三届人大常委会主任、副主任、委员；选举产生满城县第十三届人民政府县长 1 人，副县长 6 人；选举产生县人民法院院长和县人民检察院检察长各 1 人。选举产生出席保定市第十一届人大代表 22 人。

二、第二次会议

1999 年 3 月，召开第十三届人民代表大会第二次会议。会议肯定 1998 年工作成绩，认真分析工作中存在的缺点和差距。号召全县人民继续解放思想，更新观念，敢破陈规，锐意改革，为建设经济强县而努力奋斗。

三、第三次会议

2000 年 2 月，召开第十三届人民代表大会第三次会议。会议听取县人大常委会、县政府、县人民法院、县人民检察院的工作报告，通过相应决议；增选 1 名人大常委会副主任，补选 4 名人大常委会委员。

四、第四次会议

2001 年 2 月，召开第十三届人民代表大会第四次会议。会议听取人大常委会、县政府、县人民法院、县人民检察院的工作报告，通过相应决议；审议批准《满城县国民经济和社会发展第十个五年计划》。

五、第五次会议

2002 年 1 月，召开第十三届人民代表大会第五次会议。会议听取、审议人大常委会、县政府、县人民法院、县人民检察院的工作报告，通过相应决议。会议指出，2002 年是“十五”计划的关键年，也是加入世贸组织和发展奥运经济的一年，要加大工作力度，扎扎实实做好各项工作。

第四节　第十四届人民代表大会

一、第一次会议

2003 年 4 月 7—10 日，召开第十四届人民代表大会第一次会议，应出席会议代表 204 人，实到 201 人。政协全体委员和县委、县政府、各乡（镇）、县直各部门的负责同志 112 人列席会议。会议审议通过《满城县人大常委会工作报告》《满城县人民政府工作报告》《2002 年国民经济和社会发展计划执行情况和 2003 年计划（草案）的报告》《2002 年财政预算执行情况和 2003 年财政预算（草案）的报告》《满城县人民法院工作报告》《满城县人民检察院工作报告》，并作出相应决议。会议选举产生第十四届人大常委会主任、副主任、委员；选举产生县长 1 人，副县长 7 人；选举产生县人民法院院长和县人民检察院检察长各 1 人。选举产生出席保定市第十二届人民代表大会的代表 19 人，其中市领导参选 3 人。

二、第二次会议

2004 年 2 月，召开第十四届人民代表大会第二次会议。会议听取、审议人大常委会、县政府、县人民法院、县人民检察院的工作报告，通过相应决议。会议肯定2003年工作成绩，认真分析工作中存在的缺点和差距。会议号召全县人民紧紧围绕“建设保定卫星城，打造保定西花园，全面建设小康社会”的奋斗目标，树立全面、协调、可持续发展观，抓住机遇，乘势而上。

三、第三次会议

2005年2月，召开第十四届人民代表大会第三次会议。会议听取、审议人大常委会、县政府、县人民法院、县人民检察院的工作报告，通过相应决议；审议批准《满城县国民经济和社会发展第十一个五年规划纲要（草案）》。会议补选1名副县长，1名人大常委会副主任；选举县人民检察院检察长。

第十四届人民代表大会第四次会议会场

四、第四次会议

2006年3月，会议听取、审议人大常委会、县政府、县人民法院、县人民检察院的工作报告，通过相应决议。补选满城县政府县长1人，补选人大常委会副主任1人。

第五节　第十五届人民代表大会

一、第一次会议

2007年5月25—28日，召开第十五届人民代表大会第一次会议，应出席会议代表204人，实到202人。政协全体委员和县委、县政府、各乡（镇）、县直各部门的负责同志112人列席会议。会议审议通过《满城县人大常委会工作报告》《满城县人民政府工作报告》《2006年国民经济和社会发展计划执行情况与今后五年国民经济和社会发展计划（草案）的报告》《2006年财政预算执行情况与2007年财政预算（草案）的报告》《满城县人民法院工作报告》《满城县人民检察院工作报告》，并作出相应决议。审议各位副县长的述职报告。会议选举产生十五届人大常委会主任、副主任、委员；选举产生县长1人，副县长6人；选举产生县人民法院院长和县人民检察院检察长各1人。

投票箱（摄于2007年）

二、第二次会议

2008年3月，召开第十五届人民代表大会第二次会议。会议听取、审议人大常委会、县政府、县人民法院、县人民检察院的工作报告，通过相应决议。

第三章　人大常务委员会

县人大常委会为人民代表大会的常设机构，对人民代表大会负责报告工作。由人大常委会主任、副主任、委员等若干人组成。历届常委会的组成人员均由历届参会的全体代表无记名投票选举产生。每届常委会的组成人员同样兼顾党内外人士的比例和民族、界别、性别、知识及年龄结构。常委会的组成人员不得担任国家行政机关、审判机关和检察机关的职务。如果担任上述职务，必须向常委会辞去常委会委员职务。人大常委会认真履行职责，召开例会，审议“一府两院”报告，做出决议、决定，提出审议意见，征集代表、群众意见、建议，依法任免干部，组织考察调研。

第一节　历届常委会组成

一、第十二届人民代表大会常委会（1993. 1—1998. 2）

1993 年 1 月，满城县第十二届人民代表大会第一次会议选举产生第十二届人民代表大会常委会主任 1 人，副主任 4 人，委员 13 人。主任、副主任平均年龄 52 岁，非中共党员副主任 1 人。委员平均年龄 44 岁，大专以上文化 5 人，中专文化 4 人，初中文化 4 人。非中共党员人士 4 人，妇女 2 人。

1995 年 2 月，县人大常委会决定接受田耕、石文田、魏越山、卢钺、史立香辞去人大常委会委员的请求，补选张彦青、王洪全、李金水、牛同章、刘秀格为人大常委会委员。1998 年 2 月，有主任 1 人，副主任 4 人，委员 12 人。

二、第十三届人民代表大会常委会（1998. 2—2003. 4）

1998 年 3 月，满城县第十三届人民代表大会第一次会议选举产生常委会主任 1 人，副主任 3 人，委员 16 人。在组成人员中连任的 9 人，新进 11 人。主任、副主任平均年龄 50 岁，委员中大专以上文化 8 人，妇女 3 人，非中共党员人士 5 人。

1999 年 5 月，第十三届人大常委会第十次会议，同意顾建明辞去县人大常委会委员职务。

2000 年 1 月，第十三届人大常委会第十六次会议，决定接受牛同章、李保章、崔玉山辞去县人大常委会委员职务。2 月，补选潘金忠为人大常委会副主任，补选刘虎占、李春生、任炳柱、赵士明为人大常委会委员。

三、第十四届人民代表大会常委会（2003. 4—2007. 5）

2003 年 1 月，第十四届人民代表大会第一次会议选举产生常委会主任 1 人，副主任 4 人，委员 16 人。2005 年 10 月，赵士明调离满城县，十四届人大常委会第十七次会议同意其辞去人大常委会委员职务。2006 年 3 月，新增人大常委会副主任 1 人。

四、第十五届人民代表大会常委会（2007. 5—）

2007 年 5 月，第十五届人民代表大会第一次会议选举常委会主任 1 人，副主任 4 人，委员 18 人。

满城县第十二至第十五届人大常委会组成人员一览表

表 5-3-1

届次	职务	姓名	性别	政治面目	民族	籍贯	任职时间	是否驻会
十二届 1993. 1—1998. 2	主　任	李景和	男	中共党员	汉	徐水	1993. 1—1998. 2	是
	副主任	方振祥	男	中共党员	汉	满城	1993. 1—1998. 2	是
	副主任	刘兰谱	男	中共党员	汉	满城	1993. 1—1998. 2	是
	副主任	薄文涛	男	中共党员	汉	满城	1993. 1—1998. 2	是
	副主任	陈润芝	女	非中共党员	汉	满城	1993. 1—1998. 2	否
	秘书长	张彦青	男	中共党员	汉	满城	1993. 1—1998. 2	是
	常务主任	张彦青、苏炳武、何桂珍（女）、张永生、杨文才、李秀敏（女）、商振华、李保章、张跃成、石文田、卢钺、史立香、魏越山、田耕、王洪全、李金水、牛同章、刘秀格（女）						
十三届 1998. 2—2003. 4	主　任	钱国栋	男	中共党员	汉	保定	1998. 2—2003. 4	是
	副主任	薄文涛	男	中共党员	汉	满城	1998. 2—2003. 4	是
	副主任	李占其	男	中共党员	汉	满城	1998. 2—2003. 4	是
	副主任	陈木栓	男	中共党员	汉	满城	1998. 2—2003. 4	是
	副主任	潘金忠	男	非中共党员	汉	满城	2000. 2—2003. 4	否
	秘书长	张彦青	男	中共党员	汉	满城	1998. 2—2003. 4	是
	常务主任	张彦青、王洪全、王增卯、牛同章、卢振勇、刘秀格（女）、商振华、崔玉山、李金水、李秀敏（女）、李会明、李保章、赵玉民、殷玉林、贾玉兰（女）、顾建明、刘虎占、李春生、任炳柱、赵士明						
十四届 2003. 4—2007. 5	主　任	李英杰	女	中共党员	汉	安新	2003. 4—2007. 5	是
	副主任	刘广郁	男	中共党员	汉	满城	2006. 3—2007. 5	是
	副主任	李占其	男	中共党员	汉	满城	2003. 4—2007. 5	是
	副主任	陈木栓	男	中共党员	汉	满城	2003. 4—2007. 5	是
	副主任	刘润生	男	中共党员	汉	满城	2003. 4—2007. 5	是
	副主任	尹金泉	男	非中共党员	汉	保定	2003. 4—2007. 5	否
	办公室主任	张彦青	男	中共党员	汉	满城	2003. 4—2007. 5	是
	常务委员	张彦青、王增卯、田志林、卢振勇、朱志远、任炳柱、刘秀格（女）、刘虎占、李春生、李晓云（女）、张志敏（女）、张效禹、赵士明、赵玉民、贾玉祥、殷玉林						

续表 5-3-1

届次	职务	姓名	性别	政治面目	民族	籍贯	任职时间	是否驻会
十五届 2007. 5—	主　任	李英杰	女	中共党员	汉	安新	2007. 5—	是
	副主任	王凤林	男	中共党员	汉	涞水	2007. 5—	是
	副主任	魏凤禄	男	中共党员	汉	满城	2007. 5—	是
	副主任	宋连勇	男	中共党员	汉	满城	2007. 5—	是
	副主任	尹金泉	男	非中共党员	汉	保定	2007. 5—	否
	办公室主任	陶红星	男	中共党员	汉	满城	2007. 5—	是
	常务委员	陶红星、刘虎占、田志林、曹二喜、卢振勇、严永臣、朱建鸿（女）、冉和占、张文清、李福胜、侯福山、孙宝山、康敏（女）、史爱英（女）、冉东瑞、李庆元、朱志远、张志敏（女）						

满城县人大第十二至第十五届常委会组成人员构成一览表

表 5-3-2　　单位：人

届次	职务	职数	政治面目		专职	兼职	文化结构		年龄结构			性别	
			中共党员	其他			大专以上	中专以下	35岁以下	36~49岁	50~59岁	男	女
十二届	主　任	1	1	0	1	0	1	0	0	0	1	1	0
	副主任	4	3	1	3	1	1	3	0	0	4	3	1
	委　员	13	9	4	8	5	5	8	4	5	4	11	2
十三届	主　任	1	1	0	1	0	1	0	0	0	1	1	0
	副主任	3	3	0	3	0	1	2	0	2	1	3	0
	委　员	16	11	5	6	10	8	8	2	10	4	13	3
十四届	主　任	1	1	0	1	0	1	0	0	0	1	0	1
	副主任	4	3	1	3	1	4	0	0	1	3	4	0
	委　员	16	13	3	4	12	9	7	0	15	1	13	3
十五届	主　任	1	1	0	1	0	1	0	0	0	1	0	1
	副主任	4	3	1	3	1	4	0	0	4	0	4	0
	委　员	18	15	3	4	14	17	1	0	12	6	14	4

说明：此表数字均为历届一次会议选举产生的常委会组成人员数

第二节　常委会常设机构

第十二届人大常委会常设机构有办公室、法制科、代表联络科、科教科、经济科。第十三、十四、十五届人大常委会常设机构有办公室、法制室和代表室。

办公室主要负责各种会议材料的收集、整理及文件的起草、印发；负责协助领导收集整理会议议题和协调督办各项决议、决定的落实；负责上级和同级党政文件、资料的收发、传阅、催办、立卷、归档等；负责任免干部应履行手续的具体工作和被任命干部政绩考核的具体工作；负责人大机关联合行动的组织协调和与县委、县政府、县政协的联系工作；负责人大机关的行政事务工作。

法制室负责收集公安、检察、法院、司法等部门的议案，了解各有关部门执行法制情况，对乡（镇）人代会所作的不符合法律的事项提出意见，供领导决策参考；对要求给予县人大代表刑事处理的报告提出初步意见；负责国家有关法律、法规草案，省人大常委会有关条例征求意见的组织、调查、收集、汇总、上报工作；作好来信、来访受理工作和对口考察活动。

代表室负责与代表保持经常联系，收集代表对“一府两院”及人大常委会的批评、意见和建议，报常委会或主任办公会审查后，交政府有关部门办理，负责督办、组织、安排代表考察活动，指导掌握代表开展活动情况，总结经验；负责有关议题的调查研究，督办有关信访案件，掌握代表变动情况。

第三节　常委会主要职责及工作

一、主要职责

县人大常委会根据《中华人民共和国地方各级人民代表大会和地方各级人民政府组织法》规定，行使下列职权：对县内重大事项的决定权；对“一府两院”实施法律监督和工作监督权；对国家机关工作人员的任免权；指导乡（镇）选举工作；处理代表提案和人民群众的来信来访。

召集全体人大代表听取和审议“一府两院”工作报告、《国民经济发展计划执行情况和下一年度计划（草案）的报告》《财政预算执行情况和下一年度财政预算（草案）的报告》，并作出相应决议和决定，对涉及政治、经济、教育、科学、文化、卫生、环境和资源保护、民政、民族等工作的重大事项做出决议、决定。根据县人民政府的建议决定全县的国民经济和社会发展计划，预算的部分变更；监督“一府两院”的工作，联系县人大代表。

受理人民群众来访，受理和处理各项提案，根据法律规定任免国家机关工作人员，组织领导县、乡（镇）人大换届选举工作。在县人民代表大会闭会期间，补选出席市人民代表大会的代表和罢免个别代表；组织代表进行考察和调研。

根据《中华人民共和国选举法》选举县长、副县长、县人民法院院长和县人民检察院检察长。

根据全国人大常委会《关于县人民代表大会每届任期五年》的规定，每五年召开一次换届选举大会。任届期间常委会由主任召集，每两个月至少举行一次。同时建立常委会例会制度，主任例会制度。

二、主要工作

（一）第十一届人大常委会（1987. 5—1992. 12）

满城县第十一届人民代表大会常务委员会共召开例会 50 次，依法任免干部 303 人次，听取和审议县政府、县人民法院、县人民检察院报告和其他方面的工作汇报 90 项，作出决议、决定 18 项。处理代表建议、议案、批评和意见 1785 件，受理代表和群众来信来访 1908 件次。1990 年 5 月，《制定关于加强乡镇人大工作的意见》，明确乡（镇）人大的职责范围，理顺乡（镇）党委与人大主席团和政府间的关系。

为更好履行权力，通过《县人大常委会关于几项工作制度的暂行规定》《人事任免暂行办法》《关于联系代表及组织代表开展活动的暂行办法》《关于实施监督的暂行规定》《议事规则》，对人事任免，人民代表大会期间和闭会期间应履行的职责、代表小组的组织形式、活动内容，对行使监督、视察、听取报告等做了详细规定。

（二）第十二届人大常委会（1993. 1—1998. 2）

第十二届人大常委会召开例会 37 次，主任会议 82 次，听取审议“一府两院”工作报告及其他工作报告 54 次，作出决议、决定 9 项，提出审议意见 52 次；依法任免干部 293 人次。

组织代表开展视察、检查、调查和评议活动 64 次，撰写调查报告 52 篇。连续 4 年对“两高一优”农业、草莓产业、农业产业化和实施《中华人民共和国农业法》《中华人民共和国农业技术推广法》情况进行调查、视察和执法检查，撰写调查报告，为县委、县政府决策提供依据。针对农业发展不平衡、产业化水平低等问题，多方听取报告、提出审议意见，促进农业“增转化”（增效益、转结构、产业化）和草莓生产。组织 110 多名人大代表和山区乡（镇）村干部，对龙居和黄山经济沟建设进行大规模视察，明确了“山区要想富，必须多栽树，山区奔小康，出路在山上”的发展思路。建议政府在山区实施“人均百棵果树工程”，并进行跟踪监督，到 1996 年，全县山区基本实现人均百棵果树目标，为实现小康奠定了坚实基础。针对部分乡（镇）发展中遇到的问题，在审议县办企业工作汇报时，对 20 多家企业摸底调查，着重进行帮扶。推广郭村发展集体企业的典型经验；总结推广粮食系统深化改革、搞活经营的经验，鼓舞干部职工的干劲，加快企业的发展。并针对造纸、印刷、纺织、建材等行业进行调查、监督。

对贯彻《中华人民共和国义务教育法》《中华人民共和国教师法》的情况进行审议，督促县政府及各乡（镇）在 1993 年教师节前全部解决拖欠教师的工资。并对“三五”普法、《中华人民共和国环保法》《计划生育条例》《中华人民共和国土地法》《中华人民共和国预算法》《预算外资金管理条例》等 50 多部法律法规执行情况进行检查。参与《农业投资条例》《科技普及条例》等 50 多部法规的修订，提出 100 多条意见。

对人事任免工作进行探讨，干部任命后召开颁发任命书大会，或者到被任命人单位颁发任命书，要求干部年初报施政计划，年终交述职报告。对 114 名干部的廉政情况和部分科局级干部、政府副县长进行评议。

办理代表批评、意见、建议 181 件。接待群众来访 64 件、110 人次，对民师招生舞弊、方上村卖沙毁田、非法殴打拘禁人大代表等案件进行重点督办。参与村政管理的县、乡（镇）人大代表 950 多人，年提合理化建议 500 多条，推进农村民主理财制度的建立。号召代表们积极投身经济建设主战场，在经济建设中当好排头兵。有 900 多名代表直接领办或参股创办高效农业和企业，引进项目 46 个，引进人才 109 人，引进资金 5 亿多元。

加强对乡（镇）人大的工作指导，组织召开乡（镇）人大主席会 12 次，经验交流会两次，培训会 3 次，并组织部分人大主席到承德、廊坊学习，增强做好人大工作的本领。

（三）第十三届人大常委会（1998.2—2003.4）

第十三届人大常委会召开例会41次，主任会议120次，听取审议“一府两院”工作报告85项，作出决议、决定32次，提出审议意见340条；组织考察、调研活动45次。受理代表和群众来信200件，接待代表和群众300人次；依法任免干部275人次。

着力在强化县域经济宏观调控、培育经济增长点、优化经济环境、加快硬件建设、加强农业基础地位发展、第三产业等方面选择议题。针对项目建设中的“梗阻”、金融系统投入不足、客运市场混乱、县政府承诺各项大事、实事的落实等问题，采取议题审议、重点监督、考察、检查等方式实施有效监督。

在调查研究、听取汇报的基础上，就旅游资源保护开发、加快农业调整结构步伐、基本农田水利建设、城市市场建设、乡镇企业和农业产业化发展等方面提出意见和建议。围绕经济和社会发展议题，联系代表和选民3250人次，收集意见和建议4230条，撰写调研报告63篇，常委会组成人员审议发言700多人次。

组织指导司法机关和40多个行政执法部门，对1000多部法律法规进行梳理，明确执法主体，建立执法责任体系。举办执法人员培训班50多期，培训4800多人次。重点检查《中华人民共和国会计法》《中华人民共和国审计法》《中华人民共和国土地管理法》《中华人民共和国税收征收管理法》《中华人民共和国水土保持法》等45部法律法规的执行情况，对检查项目量化打分，对执法实施情况作出全面评估，对存在问题进行分析，提出整改意见。

对一些未及时办理的信访案件，常委会主任、副主任深入督办，督促有关部门参与调查处理，解决赡养、交通事故、法院难以执行的一批久拖不决、群众反映强烈的案件。接待群众来访1.5万人次，受理群众来信650多件，筛选25件进行监督，有21件依法得到解决。

加大对选举干部、任命干部的监督力度，推动地方政权建设。把党管干部和人民监督有机结合，提高被评人员的公仆意识和为人民服务的宗旨意识。制定完善《人事任免办法》，实行被任命干部任前考核、会上述职、无记名投票等措施，使任免干部程序更加严密。

密切同人民群众的联系，常委会会前调查和经济、教育、社会治安等专题视察活动中，广泛吸收代表参加。5年中，参加工作和活动的代表3500多人次，代表提出意见、建议600多条。常委会对代表提出的意见建议及时交办，对重点问题跟踪督办，对办理情况认真调查审议。共交办督办代表意见建议370件，全部得到办理。选出先进人大代表小组30个，优秀人大代表185人。

加强对乡（镇）人大工作的指导。通过召开乡（镇）人大主席会、工作经验交流会、培训会、外出学习等方式，提高做好人大工作的能力。经常深入乡（镇）人大指导，促其充分发挥职能，认真行使职权。

（四）第十四届人大常委会（2003.4—2007.5）

第十四届人大常委会召开常委会议23次，主任会议82次，听取审议“一府两院”工作报告63项，作出决议、决定30次，提出审议意见296条；依法任免干部170人次。坚持以经济建设为中心，紧紧围绕全县中心工作，选准切入点，积极发挥职能作用，4年中组织代表开展视察、执法检查活动28次。

围绕经济和社会发展，联系代表和选民2600多人次，收集意见建议3124条，撰写调研报告42篇，常委会组成人员审议发言500多人次。人大办公室跟踪关于财政预算、国民经济计划的执行情况的决议和审议意见的落实。主任会议听取“四五”普法、农业法律法规实施、检察院法律监督等工作的情况汇报。着重检查《中华人民共和国食品卫生法》《中华人民共和国环保法》《中华人民共和国安全生产法》等20部法律法规的执行情况。督促解决未及时办理的信访案件，接待群众来访1万多人次，受理群众来信430件。

认真落实《人事任免办法》，制定《满城县人民代表大会常务委员会表决工作报告的试行办法》，使表决更加公正、公平。

常委会组织参加各项活动的代表3000多人次，代表提出意见建议200多条，选出先进人大代表小组10个，优秀人大代表71人，模范人大工作者40人。

指导各乡（镇）人大充分发挥职能，认真行使职权，指导乡（镇）人大会议顺利召开，完成各项任务。

（五）第十五届人大常委会（2007. 5—）

第十五届人大常委会第一次会议后，牢牢抓住攸关国计民生的财政问题，及时听取、审议了上半年财政预算执行情况和县本级财政预算执行情况的审计报告，严肃财经纪律，对各级财政进行视察调研。2008年，组织代表对全县重点项目建设进行视察调研。

第四章　乡（镇）人民代表大会

1990—1995年，25个乡（镇）经历了第十一届和第十二届人民代表大会。1996年1月，25个乡（镇）调整为13个乡（镇）。1998年12月，江城乡、大马坊乡划归保定市，重新组建贤台乡。之后满城镇、神星镇、南韩村镇、大册营镇、方顺桥乡、于家庄乡、石井乡、要庄乡、贤台乡人民代表大会延续原届次，至2008年经历第十三届至第十六届人民代表大会。刘家台乡、白龙乡、坨南乡于1996年召开第一届人民代表大会，之后于1999年、2002年、2006年分别召开第二至第四届人民代表大会。

第一节　乡（镇）第十一至第十二届人民代表大会

一、乡（镇）第十一届人民代表大会

1990年3—4月，25个乡（镇）分别召开第十一届人民代表大会。大会主要议程：听取审议乡（镇）政府工作报告，财政预决算报告，通过相应决议；选举乡（镇）长、副乡（镇）长。

二、乡（镇）第十二届人民代表大会

1993年1—4月，25个乡（镇）分别召开第十二届人民代表大会。大会主要议程：听取审议乡（镇）政府工作报告，财政预决算报告，通过相应决议；选举乡（镇）长、副乡（镇）长。

第二节　乡（镇）第十三至第十六届人民代表大会

一、第十三届人民代表大会

1996年3—4月，满城镇、神星镇、南韩村镇、大册营镇、方顺桥乡、于家庄乡、石井乡、大马

坊乡、江城乡、要庄乡分别召开第十三届人民代表大会。会议的主要议程：听取审议乡（镇）政府工作报告，财政预决算报告，通过相应决议；选举乡（镇）长、副乡（镇）长。

二、第十四届人民代表大会

1998年区划调整后，全县辖满城镇、神星镇、南韩村镇、大册营镇、方顺桥乡、于家庄乡、石井乡、要庄乡、刘家台乡、白龙乡、坨南乡、贤台乡12个乡（镇）。

1999年2月，满城镇、神星镇、南韩村镇、大册营镇、方顺桥乡、于家庄乡、石井乡、贤台乡、要庄乡分别召开第十四届人民代表大会。会议的主要议程：听取审议乡（镇）政府工作报告，财政预决算报告，通过相应决议；选举乡（镇）长、副乡（镇）长。

三、第十五届人民代表大会

2002年5月，满城镇、神星镇、南韩村镇、大册营镇、方顺桥乡、于家庄乡、石井乡、要庄乡、贤台乡先后召开第十五届人民代表大会。

四、第十六届人民代表大会

2006年3—6月，满城镇、神星镇、南韩村镇、大册营镇、方顺桥乡、于家庄乡、石井乡、要庄乡、贤台乡先后召开第十六届人民代表大会。会议的主要议程：听取审议乡（镇）政府工作报告，财政预决算报告，通过相应决议；选举乡（镇）长、副乡（镇）长。

第三节　刘家台乡、白龙乡、坨南乡人民代表大会

一、第一届人民代表大会

1996年3—4月，刘家台乡、白龙乡、坨南乡分别召开第一届人民代表大会。会议的主要议程：听取审议乡（镇）政府工作报告，财政预决算报告，通过相应决议；选举乡（镇）长、副乡（镇）长。

二、第二届人民代表大会

1999年1月，刘家台乡、白龙乡、坨南乡分别召开第二届人民代表大会。会议的主要议程：听取审议乡（镇）政府工作报告，财政预决算报告，通过相应决议；选举乡（镇）长、副乡（镇）长。

三、第三届人民代表大会

2002年5月，刘家台乡、白龙乡、坨南乡分别召开第三届人民代表大会。会议的主要议程：听取审议乡（镇）政府工作报告，财政预决算报告，通过相应决议；选举乡（镇）长、副乡（镇）长。

四、第四届人民代表大会

2006年6月，刘家台乡、白龙乡、坨南乡分别召开第四届人民代表大会。会议的主要议程：听取审议乡（镇）政府工作报告，财政预决算报告，通过相应决议；选举乡（镇）长、副乡（镇）长。

第六编　地方人民政府

1991—2008年，满城县人民政府经历了第十一届至第十五届，通过召开人民代表大会的形式选举换届。1996年9月、2002年7月、2005年8月先后进行三次机构改革。通过改革，县政府常设工作机构由1991年的35个精简到24个，直属事业单位由8个精简到3个。1991—1997年，坚持以小康建设总揽全局，大力发展高产优质高效农业，深化工业企业改革，不断改善发展环境，促进民营企业健康迅速发展，抓好旅游资源开发，推动县域经济持续增长，1997年实现小康县建设目标。1998—2008年，进一步优化农业产业结构，大力推进全面农村小康建设，进一步扩大对内对外开放，引资金、上项目、加快发展规模经济，全力推进保定西花园建设步伐。2008年，实现生产总值57.9亿元，总量位居全市第六位。其中，第一产业完成增加值12亿元，第二产业完成增加值30.7亿元，第三产业完成增加值15.2亿元。本编还记述了法制、外事、人事、劳动和社会保障、民政、机构编制、扶贫七项综合政务管理。

第一章　政府机构

第十一至第十五届满城县人民政府，通过人民代表大会的形式选举产生。政府工作机构经过三次改革和多次调整。1991年，常设工作机构35个，直属事业机构8个，双重管理单位9个。2008年，常设工作机构24个，直属事业单位3个，双重领导单位18个。

第一节　政府领导机构

1990年4月，第十一届人民代表大会第一次会议召开，选举产生县长1人、副县长6人。1993年

1 月 3—6 日，第十二届人民代表大会第一次会议召开，选举产生县长 1 人、副县长 7 人。1998 年 2 月 18—20 日，第十三届人民代表大会第一次会议召开，选举产生县长 1 人、副县长 6 人。2003 年 4 月 7—10 日，第十四届人民代表大会第一次会议召开，选举产生县长 1 人、副县长 7 人。2007 年 5 月 25—28 日，第十五届人民代表大会第一次会议召开，选举产生县长 1 人、副县长 6 人。

1990—2008 年满城县县政府领导名录和任职时间表

表 6-1-1

姓　名	职　务	任职时间	籍　贯
曹春源	县　长	1990. 4—1992. 8	清苑县
游　江	县　长	1992. 8—1993. 12	唐　县
陈宝升	县　长	1993. 12—2001. 2	河南省
田宝庆	县　长	2001. 2—2006. 3	安新县
田　钧	县　长	2006. 3—2008. 5	定兴县
刘　峰	县　长	2008. 6—	涿　州
刘天放	副县长	1990. 4—1992. 10	定州市
葛兴旺	副县长	1990. 4—1992. 10	满城县
王忠顺	副县长	1990. 4—1994. 2	满城县
范福生	副县长	1990. 4—2003. 4	满城县
杜瑞安	副县长	1990. 4—1993. 3	—
王殿富	副县长	1990. 6—1993. 11	清苑县
卢建国	副县长	1992. 10—1997. 6	满城县
曹大水	副县长	1992. 10—2003. 4	满城县
张国庆	副县长	1992. 10—1997. 6	保定市
袁振江	副县长	1997. 8—2000. 2	满城县
刘润生	副县长	1993. 10—1998. 1	满城县
梁建永	副县长	1994. 2—2000. 10	灵寿县
王若辉	副县长	1995. 12—2007. 5	清苑县
王建民	副县长	1997. 6—2003. 4	保定市
苑英科	副县长	1993. 3—1995. 11	安新县
田宝庆	副县长	2000. 2—2001. 2	安新县
陈凤春	副县长	1999. 10—2005. 4	满城县
刘力雄	副县长	2000. 5—2006. 3	安国市
辛喜增	副县长	2000. 10—2003. 4	安新县
石志新	副县长	2000. 10—2006. 5	雄　县

续表6-1-1

姓　名	职　务	任职时间	籍　贯
王凤林	副县长	2002. 1—2003. 4	涞水县
朱子强	副县长	2003. 4—2008. 9	满城县
潘金忠	副县长	2003. 4—	满城县
贾玉兰	副县长	2003. 4—	满城县
柴志民	副县长	2006. 5—	博野县
康　社	副县长	2006. 5—2007. 5	满城县
崔建民	副县长	2007. 5—2008. 10	保定市
陈英民	副县长	2007. 5—	雄　县
刘　杰	副县长	2008. 10—	阜平县
陈　平	副县长	2008. 12—	涞水县
夏　冰	副县长	2008. 12—	满城县

说明：以上领导石志新为满族，其他均为汉族。贾玉兰为女性，其他均为男性。潘金忠为无党派人士，其他均为中国共产党党员

第二节　政府工作机构

一、常设工作机构

1991年3月，县政府常设工作机构35个，包括政府办公室（以下简称政府办）、计划委员会、劳动人事局、统计局、公安局、司法局、民政局、经济委员会（以下简称经委）、交通局、农业局、林业局、畜牧水产局、水利局、财政局、粮食局、物资局、工商局、教育局、文化局、卫生局、科委、乡镇企业局、标准计量局、建设委员会、土地管理局、爱卫会办公室、物价局、体委、计生委、审计局、商业局、监察局、对外经济贸易局（以下简称外贸局）、地质矿产管理局、外事侨务办公室。

1994年3月，工商局上划市工商局。同年7月，标准计量局更名为技术监督局。

1996年9月机构改革，一些单位设置发生变化。技术监督局、乡镇企业局、经委合并组建经济贸易局，对外保留名称；体委、文联、文化局合并组建文化体育局；计生委更名为计划生育局；粮食局改为粮食总公司，列县直企业单位；林业局、畜牧水产局、地质矿产管理局由原来的常设工作部门改为政府直属事业单位；物资局、外贸局、商业局改为企业，分别更名为物资总公司、外贸总公司、商业总公司；农业局与农村工作部合署办公；爱卫会办公室并入卫生局，保留爱卫会名称；招商合作局（以下简称招商局）更名为经济合作局，挂靠计划局（原计划委员会）；经济体制改革委员会办公室、研究室、地方志办公室、外事侨务办公室并入政府办，分别保留地方志办公室、外事侨务办公室、经济体制改革办公室牌子；环保局列为政府常设工作部门；收费局、国有资产管理局并入财政局，分别保留牌子。

经过以上调整，县政府常设工作部门24个，包括政府办、计划局、经济贸易局、教育局、科学技术局（以下简称科技局）、公安局、司法局、监察局、民政局、劳动人事局、财政局、建设局、土地

管理局、环保局、交通局、统计局、审计局、物价局、文化体育局、卫生局、计划生育局、农业局、水利局、信访局。

1998年，乡镇企业局与经济贸易局分离。1999年1月，粮食总公司更名为粮食局，并列入政府常设工作机构。政府常设工作机构25个。2001年6月，技术监督局上划市技术监督局。

2002年7月机构改革，对机构设置进行调整。撤销乡镇企业局，其职能并入经济贸易局；撤销经济合作局，并入计划局，组建发展计划局，并挂招商局牌子；撤销地名办公室，其职能由民政局承担；环境保护局管理体制实行上级业务主管部门和地方政府双重领导，以县政府为主；监察局与纪律委员会机关合署办公；文化体育局挂新闻出版局牌子；劳动人事局更名为人事劳动和社会保障局；地质矿产管理局与土地管理局合并组建国土资源局；林业局列为政府常设工作部门；国有资产管理局更名为国有资产管理委员会办公室，设在财政局，挂国有资产管理委员会办公室牌子；撤销收费管理局，其职能由财政局承担；政府办挂人民防空办公室、法制办公室牌子。

通过以上调整，2002年7月，政府常设工作机构24个，包括政府办、经济贸易局、发展计划局、财政局、建设局、教育局、科技局、民政局、人社局、环保局、国土资源局、交通局、统计局、审计局、物价局、文化体育局、卫生局、计划生育局、水利局、农业局、林业局、粮食局、公安局、司法局。政府直属事业单位5个，即：档案局、广播电视局、畜牧水产局、文物旅游局、市场建设服务中心。政府企业管理部门4个：商业总公司、外贸总公司、物资总公司、供销合作联合社。

2004年8月，安全生产监督管理局（以下简称安监局）成立。

2005年8月机构改革中，发展计划局（招商局）与经济贸易局合并，组建发展改革局；政府办承担的国有企业改革工作职能划入发展改革局，设置工业促进局由发展改革局管理，工作上相对独立；管理国有企业负责人和领导企业党建工作由县委组织部承担；经济贸易局承担的商业、外贸、物资管理职能与粮食局职能整合，组建商务局，挂粮食局的牌子；国有资产管理局职能由财政局承担，并履行出资职责，保证国有资产的保值增值；农业局、畜牧水产局合并组建农牧局；文化体育局（新闻出版局）挂版权局的牌子；安监局列为政府工作部门；计划生育局更名为人口和计划生育局；县政府有关部门承担的食品、保健品、化妆品安全管理监督、依法组织协调和开展对事故开展查处的职能划归省垂直管理的县食品药品监督管理局（以下简称食药监局）；国土资源管理局挂测绘管理办公室的牌子；科技局挂信息产业局、信息化领导小组办公室的牌子。

通过上述调整，县政府不再保留发展计划局（招商合作局）、经济贸易局、农业局、畜牧水产局。县政府常设工作机构24个。

2006年，成立城乡规划管理局，原建设局城乡规划职能划归城乡规划管理局。撤销文化体育局（新闻出版局、版权局），将文化体育局（新闻出版局、版权局）并入教育局，挂文化体育局、新闻出版局、版权局的牌子。

2008年12月，政府办（人民防空办公室、法制办公室）内设机构6个，行政编制31人，工勤编制3人，领导职数4个。县政府有24个常设工作机构。

二、直属事业单位

1991年3月，有8个直属事业单位，包括档案局（馆）、海河流域平原农业开发办公室、地方志办公室、环保局、文物旅游局、防雹指挥部、广播电视局、残疾人联合会（以下简称残联）。

1996年6月，防雹指挥部更名为人工影响天气办公室。同年9月，机构改革中，地方志办公室并入政府办，残联并入民政局，环保局列为政府常设工作部门，林业局、畜牧水产局、地质矿产管理局列为政府直属事业单位。通过以上调整，政府有8个直属事业单位，包括档案局（馆）、林业局、人工影响天气办公室、文物旅游局、地质矿产管理局、广播电视局、畜牧水产局、海河流域平原农业开发办公室。

2002 年 7 月机构改革中，撤销人工影响天气办公室，其职能划归农业局承担；撤销海河流域平原农业开发办公室，其农业开发职能由财政局承担，其区划职能由发展计划局承担；地质矿产管理局与土地管理局合并；林业局改为政府常设工作部门；成立市场建设服务中心。通过以上调整，政府有 5 个直属事业机构，包括档案局（馆）、广播电视局、畜牧水产局、文物旅游局、市场建设服务中心。

2005 年机构改革中，农业局、畜牧水产局合并组建农牧局；市场建设服务中心归属工商局。政府有 3 个直属事业机构，包括档案局（馆）、广播电视局、文物旅游局。一直延续到 2008 年未作调整。

三、双重管理单位

1991 年，有 9 个以上级业务部门领导为主的双重领导单位，包括邮电局、气象局、税务局、烟草专卖局、中国人民银行满城县支行、中国工商银行满城县支行、中国农业银行满城县支行、中国建设银行满城县支行、中保财产保险有限公司满城县支公司。

2003 年 4 月，县双重领导单位有 18 个，包括国税局、地税局、邮政局、烟草专卖局、电力局、工商局、气象局、药品监督管理局（以下简称药监局）、河北省通信公司满城县分公司、河北移动通信有限责任公司满城分公司、中国工商银行满城支行、中国建设银行满城支行、中保财产保险有限公司满城支公司、中国农业银行满城支行、中国人民银行满城支行、中国银行满城支行、中国农业发展银行满城支行、农村信用合作联合社。2008 年，双重管理单位数量没有变化。农村信用合作联合社更名为农村信用合作联社。部分单位进行股份制改造，名称分别变更为中国联合网络通信有限公司满城分公司、中国移动通信集团河北有限公司满城分公司、中国工商银行股份有限公司满城支行、中国建设银行股份有限公司满城支行、中国人民财产保险股份有限公司满城支公司、中国农业银行股份有限公司满城支行、中国银行股份有限公司满城支行。

四、企业管理部门

1992 年，县政府企业管理部门有 5 个：商业局、外贸局、粮食局、物资局、供销合作联合社。

1996 年 9 月，物资局、商业局、粮食局、外贸局分别更名为物资总公司、商业总公司、粮食总公司、外贸总公司，被列为县直属企业单位。

1998 年，县政府企业管理部门有 5 个：商业总公司、外贸总公司、粮食总公司、物资总公司、供销合作联合社。

2003 年 4 月，县政府企业管理部门有 4 个：商业总公司、外贸总公司、物资总公司、供销合作联合社。

2008 年 12 月满城县政府工作机构设置一览表

表 6-1-2

政府常设工作机构 24 个，行政编制 485 人，领导职数 83 个，工勤编制 29 人，内设机构 100 个	政府办（人民防空办公室、法制办公室），财政局（国有资产管理委员会办公室），水利局，建设局，公安局，司法局，科技局（地震局），交通局，民政局，教育局（文化体育局、新闻出版局、版权局），发展改革局（工业促进局），城乡规划管理局，物价局，人口和计划生育局，人社局，林业局，审计局，环保局，国土资源局，统计局，卫生局（爱国卫生运动委员会），商务局（粮食局），安监局，农牧局，监察局（与纪律检查委员会机关合署办公，不占机构数）
政府直属事业单位 3 个，全额事业编制 34 人，领导职数 8 个	文物旅游局，广播电视局，档案局（馆）

第三节 乡（镇）人民政府

1991年，全县有25个乡（镇）人民政府，包括满城镇人民政府、神星镇人民政府、东马乡人民政府、柳家佐乡人民政府、顺民乡人民政府、大册营乡人民政府、西庄乡人民政府、南韩村乡人民政府、西原乡人民政府、方顺桥乡人民政府、陉阳驿乡人民政府、长角台乡人民政府、高士庄乡人民政府、白堡乡人民政府、龙门乡人民政府、大马坊乡人民政府、贤台乡人民政府、要庄乡人民政府、于家庄乡人民政府、岭西乡人民政府、北台鱼乡人民政府、坎下乡人民政府、江城乡人民政府、尹庄乡人民政府、石井乡人民政府。各乡（镇）内部机构是财政所、统计站、农技站、农机站、广播站、文化站、民政所、工商所、派出所、计生站、土地所、司法所。1992年12月，县有关单位派驻乡（镇）的行政部门有法庭、派出所、林业站、信用社。各乡（镇）设企业联合社、乡（镇）经委，是乡级经济机构，在乡（镇）党委、政府的领导下工作，主要任务是抓乡（镇）企业发展，发展乡（镇）经济。乡（镇）没有单独设事业机构。

1994年11月，南韩村乡人民政府、大册营乡人民政府分别更名为南韩村镇人民政府、大册营镇人民政府。

1996年1月，满城镇人民政府与东马乡人民政府、柳家佐乡人民政府、顺民乡人民政府合并组建满城镇人民政府；西原乡人民政府并入南韩村镇人民政府；西家庄乡人民政府并入大册营镇人民政府；陉阳驿乡人民政府并入方顺桥乡人民政府；长角台乡人民政府、高士庄乡人民政府合并为刘家台乡人民政府；龙门乡人民政府、白堡乡人民政府合并组建白龙乡人民政府；贤台乡人民政府并入大马坊乡人民政府；坎下乡人民政府、北台鱼乡人民政府、岭西乡人民政府合并成立坨南乡人民政府；尹庄乡人民政府并入江城乡人民政府；神星镇人民政府、石井乡人民政府、要庄乡人民政府、于家庄乡人民政府保持不变。全县有13个乡（镇）人民政府。

1998年12月，江城乡人民政府、大马坊乡人民政府划归保定市，重新组建贤台乡人民政府，全县辖4镇8乡，至2008年未变。

第二章 政府施政

落实县委重要决策，以农业、农村、企业、商业、旅游、项目建设为重点，推动全县经济建设。发展两高一优农业，调整农业结构，农民收入不断提高。2008年，全县粮食产量181097吨，草莓产量97392吨，农业总产值21.1亿元。治理水土流失面积44平方公里，栽植各种树木300万株，实现人均百棵果树目标。组织实施小康建设，文明生态村建设，1998年被省委、省政府命名为小康县。完成农业、工业、商业和流通领域改革；鼓励、引导个体私有经济蓬勃发展，使之成为全县经济中最有活力的部分。以汉墓景区为重点，打造全新的旅游经济，开辟10余个新景点，设立2个特色旅游节日，满城正在成为京、津、冀休闲度假的好去处。优化环境，“一条龙”审批，制定优惠政策，一批高附加值、高效益的大项目落户满城，为满城经济腾飞奠定了基础。

第一节　施政方式

县政府主要施政方式有制定文件、举行会议、领导调研、督查考核等。

一、制定文件

制定文件并贯彻实施是政府施政的主要形式。县政府制发的文件种类主要有决定、决议、意见、命令、请示、报告、批复、通告、通知、通报、函、会议纪要、政府信息等。

二、举行会议

县政府举行的会议主要有政府全体成员会议、政府常务会议、县长办公会议、县长碰头会议、政府党组会议五类。召开会议按形式分有工作会议、现场办公会议、工作调度会议、电视电话会议等；根据会议内容可分为动员会、表彰会、现场会、经验交流会、总结推进会等。

（一）政府全体会议

政府全体会议由县长或县长委托常务副县长召集和主持。会议的主要任务是贯彻上级党委、政府的重大决策；决定布置本级政府的重要工作；讨论通过需要由政府全体会议决定的重大事项；通报主要情况。一般每半年举行一次，遇有特殊情况临时召开。政府序列的各委（办）、局行政正职及各乡（镇）政府主要负责人列席，其他列席人员根据会议内容确定。

（二）政府常务会议

政府常务会议由县长或县长委托常务副县长召集和主持，邀请人大常委会、政协、人武部负责人参加，其他列席人员就议题需要确定。政府常务会议主要任务是讨论决定县政府工作中的重要事项；讨论通过需提交县委常委会重要事项；通过向人大及其常委会审议的工作报告及提请审议的议案；讨论通过向省市政府报告或请示的重要事项；讨论通过由政府制定和发布的规范性文件和重要文件；听取副县长、政府办公室主任和政府部门的重要情况汇报；决定全县各部门和各乡（镇）政府请示县政府的重要事项；讨论政府年度工作计划要点，政府计划新上较大的经济建设项目、社会事业发展项目、重大技改工程。常务会议一般每月举行一次。

（三）县长办公会议

县长办公会议由县长或副县长根据工作需要不定期召开，主要研究处理不需要提交政府全体会议、常务会议的政府日常工作和政府工作分工范围内的专题会议。涉及重大事项，决定前需请示县长同意。

（四）县长碰头会议

县长碰头会议由县长、副县长、办公室主任召开，办公室副主任列席，主要汇报前一段工作情况，通报下一阶段重点工作。一般每两周召开一次。

（五）政府党组会议

政府党组会议由党组书记、副书记和党组成员组成，讨论决定专门事项或干部的推荐、任免、奖惩、行政处理或其他需要向县委常委会提交的事项。

（六）其他会议

根据工作需要召开不同内容、不同形式的工作会议，如全县经济会议、工作动员会议、工作安排部署会议、工作调度会议、工作协调会议、工作总结表彰会议等。

三、领导调研

政府县长、副县长每年都要到乡（镇）、村等基层单位不定期调查研究，时间根据工作需要而定。主要目的是了解基层情况，便于科学决策，其次是传达上级和县委、县政府重要精神，达到推动工作的目的。

四、督查考核

督查考核分为平时和年终两种。平时以督查为主，年终以考核为主。督查工作根据县政府工作任务部署，由督查考核机构掌握工作进度和情况。县长召开的工作调度会，也属于督查范围。考核工作由考核机构年初制定工作目标，考核标准量化成分值，年终时组成专门班子进行考核打分，再由督查考核机构汇总，最后由县委、县政府决定各乡（镇）和部门的考核等级。

第二节　施政辑要

一、农业农村

（一）大力发展“两高一优”（高产、高效、优质）农业

1991 年，坚持科技兴农的发展道路，全县建立 16 所庄稼医院、13 个棉花草莓合作社、5 个民办科研所，推广先进农业技术 20 项，获经济效益 1798 万元。

1993 年，鼓励农民发展高产优质高效农业，只下达定购任务，不下达种植计划，农户可以在完成定购任务的基础上自主经营。实施“8573”工程，即到 20 世纪末，全县发展 8 万亩果园、5 万亩草莓、7 万亩蔬菜和花卉药材等，总产值达到 3 亿元。在全县上下共同努力下，果园、草莓和蔬菜等种植面积都超出了规划。

1984 年，眺山营村有 4 户养鸡专业户，县政府在资金和资料等方面给予大力扶持，全村养鸡业发展迅速，成为保定市最大的养鸡专业村。1996 年，全县养鸡达到高峰，有规模鸡场 2000 个，饲养蛋鸡 527.3 万只，年产蛋 45458 吨，产值 22729 万元。

20 世纪 90 年代中期，推广应用塑料地膜覆盖、小拱棚、温室技术，草莓和豆角栽培全部覆盖白色塑料膜。这项技术的普及，使作物的成熟期大大提前，而且作物产量、品质、效益都大幅提高，被称为满城县农业生产的“白色革命”。全县草莓产业用地约占农业用地的七分之一，但所创产值却占到农业总产值的三分之一。1988 年开始，县政府每年按县财政收入的百分之一提取草莓科研推广经费，用于草莓品种的引进更新和栽培技术研发，促进草莓深加工企业的技改升级。1998 年，设立县长特别奖，对在草莓产业发展过程中做出突出贡献的科研人员、中介服务组织、种植大户、深加工龙头企业进行表彰。从 1999 年开始，每年从县财政拿出 5 万元进行奖励。

1999 年，落实优化农业结构发展规划，压缩小麦种植面积，调减劣质小麦 5 万亩，发展优质小麦 10 万亩；引进 6 个草莓新品种，实现销售收入 4.5 亿元。着力加强畜牧业五大基地（瘦肉型商品猪、珍稀动物养殖、蛋鸡养殖、天宇集团奶牛、龙门水库养鱼）建设，完成畜牧业总产值 4.6 亿元。

2000 年以后，以水利建设为重点，加强农业基础设施建设。种植结构趋于优化，优质专用品种增加，高效经济作物发展较快，农业经济效益不断提高，粮经比由 1997 年的 80:20 调整到 2002 年的 66:34，农业产业化经营率 38.1%，设施农业面积 5.8 万亩。特色产业得到巩固和加强，先后被评为

“全国草莓基地县”“中国磨盘柿之乡”。

到2003年，全县形成了“三区四带”特色农业产业格局，即草莓、葡萄、伊丽莎白瓜规模生产区，磨盘柿、红岗山桃、设施蔬菜、地芸豆特色种植带。蛋鸡、奶牛、瘦肉型猪等养殖基地不断壮大。投资1.62亿元新上食品工业园和锦泷奶牛养殖公司等8个千万元以上农业大项目。

2007年，草莓、林果、错季蔬菜、奶牛养殖等优势主导产业不断壮大，昊宇奶牛养殖基地和中天万头猪场项目顺利开工，糯玉米加工项目竣工投产。漕河万亩国家土地整理项目全部完成。

2007—2008年，提出并实施新农村建设“八项工程”，即产业项目支撑工程、基础设施完善工程、社会事业进步工程、环境形象升级工程、农民素质提高工程、民主管理规范工程、和谐平安创建工程和农村综合改革配套工程。产业项目工程居于首位，推动了多种形式的适度经营。天一农业科技示范园、小赛绿海无公害草莓示范园、西黄村伊丽莎白甜瓜示范园、小许城奥胜科技示范园等优质高效农业示范园规模不断扩展，农民收入稳定提高。2008年，全县粮食总产量181097吨，棉花总产量479吨，油料总产量3393吨，草莓总产量97392吨，蔬菜总产量265576吨，干鲜果总产量126824吨，畜牧业总产值7.83亿元，实现农业总产值21.1亿元。

（二）大力发展山区经济

1993年，满城县开始组织实施小流域综合治理。到1997年年底，完成龙居、神星、白龙、石井、车厂、黄龙寺、坎下7条小流域综合治理工程，被列为太行山水土保持国家重点防治县。仅龙居村通过治理后，林草覆盖率由40%增加到86%，林地覆盖率由1.57%增加到40.22%，人均纯收入由治理前的217.7元提高到820.7元。

西部山区果树基地（摄于2008年）

1999—2008年，先后实施坎下、黄龙寺、神星“四峪”、北水峪、白龙、龙高（龙居、高士庄）小流域综合治理项目，十年间累计投资1383余万元，到2008年年底，全县治理水土流失面积44平方公里。

1994—1997年，实施“人均百棵果树”工程，组织山区群众栽植果树，建成磨盘柿、桃、苹果、小杂果四大林果基地。

2000年，以放炮整地为手段，加快山区绿化进程，全县5个山区乡（镇）、11个行政村放炮整地面积4000亩。

（三）小康建设

1994—1997年，在全县组织小康村、小康乡（镇）、小康县建设。在山区乡（镇）开展“人均百棵果树工程”，山区果树面积迅速扩大。1994年5月，河北省山区小康建设现场会在满城召开。经检查验收，1994年有13个村被命名为小康村，1995年有36个村被命名为小康村，1996年有102个村被命名为小康村。1997年3月，7个乡（镇）被市委、市政府命名为第三批小康乡（镇）。同年，接受并通过省小康县检查验收。

（四）文明生态村建设

2003年，启动以“四化”建设为主要内容的文明生态村建设活动。2004—2009年，共投入资金7380多万元，硬化村内道路484公里，建设村民中心68个，修建健身广场56个，安装健身器材725

件，栽植绿化苗木611万株，建设沼气池10826个。其间，89个村完成创建任务，全县村容村貌整体改观，村民生活环境得到根本改善。

（五）道路建设

2000年，在“要想富、先修路”的发展思路引导下，组织乡（镇）、村及农村企业联合修路。2003年前，完成交通不便的17条山村路的路基改建、拓宽、降低坡度等工程。2004年，启动“村村通”工程，至2007年，共完成342公里村道硬化，县内所有村道实现硬化。2008年，全县农村公路通车总里程达到496公里。

（六）税费改革

2002年，全县综合税率降为7%。2003年，取消农业特产税，中央财政配之以专项转移支付。2004年，对农民实行种粮直接补贴；在综合税率6%的基础上，又下降3%，减轻农民负担580万元；对种粮农民补贴面积28.6万亩，补贴金额285万元。2005年12月，农业税率降低2个百分点，减轻农民负担427万元；2005年种粮补贴面积28.6万亩，补贴金额287万元。

2006年10月，全面取消农业税、农业特产税。与改革前的2001年相比，每年农民减负3600万元，人均减负105元；通过推行粮食直补和综合直补，农民增收617万元；全县小麦和玉米良种补贴面积20万亩，补贴资金200万元。以上三项合计，农民得实惠4400多万元，人均120元。

（七）林业发展体制改革

详见第十一编第三章第一节农村经济体制改革。

二、企业、商业

（一）大力发展乡镇企业和个体私营经济

20世纪90年代，建材、纺织、食品、造纸、化工、印刷、金属制品、机械等个体私营经济蓬勃发展。1991年3月26日，为保证乡镇企业生产用电，县政府为三元钢化玻璃厂、华夏复合材料板厂、柠檬酸厂等骨干企业架设专用供电线路。1994年，全县个体私营经济实现工业总产值占全县工业产值的59.9%，社会消费品零售总额占全县社会消费品零售总额的95%，上缴国家税金占全县财政收入的70.8%。当年，满城县被市委、市政府评为“发展乡镇企业五强县”。

1995年，以造纸业、运输业、印刷业、养殖业和种植业为主的专业化生产村庄97个。大册营镇私营造纸厂150家，从业人员3500多人，年产值5.7亿元。在县城开设星期天免税市场，鼓励全民参与商品流通，搞活经济；鼓励机关干部领办企业、创收创业；鼓励农口事业单位科技人员参与农村科技创收。

1996年，明确对重点乡（镇）企业实施优惠政策，并挂牌保护。到1997年，全县形成造纸、化工、建材、食品四大支柱产业。2000年，全县有乡（镇）企业6327家，总收入52.7亿元，实现利润39753万元，上缴国家税金6154万元。2008年年底，全县注册登记个体、私营企业、个体工商户5871户，注册资金近15亿元。

（二）工业企业体制改革

详见第十一编第三章第二节工业企业体制改革。

（三）建市场、促流通

本着先发展繁荣、后理顺关系、再规范管理的原则，国家、集体、个人多方筹资，公办、联办、私办多层次建设市场。1991—1993年，全县开放个人收购金属市场，并建成城东、东马废旧金属交易市场；1992年11月建星期天免税免费市场；筹资208万元建成木材专业市场、孔村废旧物资交易市场、东马果品批发市场及县城营业大厅；投资440万元建成城中综合营业大厅（5280平方米），由保定长城集团有限公司收购经营。

为搞好草莓的鲜果销售，1994年，全县建有4个大型草莓专业批发市场，其中以陶家佐草莓市场规模最大。陶家佐草莓市场始建于1992年，由于紧靠县城、交通方便，交易量急剧增长。1994年扩建，由原来的12亩扩建到40亩，总投资2680万元。参加交易的莓农遍及全县，并辐射到顺平、徐水等周边县。北京、天津、山西、河南、湖北及东北三省等十几个省市的客商前来采购，由此满城草莓占据了京、津、华北、东北各大批发市场。

1996年后，县城内相继建成北平路商业街、北平路农贸市场、兴城购物中心、长信商业街。

改革开放以来，恢复并新设立一批农村集贸市场和庙会。截至2008年年底，各乡（镇）政府所在地都建有农贸市场，全县有19处大型集市，20处小型集市，每年有100个庙会。1991年，社会消费品零售总额2.18亿元；2008年，社会消费品零售总额19.4亿元，是1991年的8.6倍。

三、旅游发展

（一）景区建设

20世纪90年代初，把汉墓景区作为满城窗口，坚持旅游搭台、经济唱戏，努力变资源优势为经济优势。1990年5月，召开汉墓开发现场办公会，成立开发筹建处。投资300万元完成陵山墓穴整修、收集复制文物，组织陈列馆、服务窗及绿化美化工程建设。连续多年组织全县干部到景区植树，引水上山。到1992年年底，满城汉墓博物馆、八卦阵、莲花宫、龙华宫、警世宫、普度寺等景点及滑草、飞降、索道、滑道等娱乐运载设施相继建成。2004年6月，接受并通过国家旅游局“AAAA”级景区验收。

先后投资100多万元，修建木兰溶洞、龙潭风景区、抱阳山等景点。新开辟龙门山庄、大平台、卧龙山、白沙大峡谷等景区10余个。

（二）举办特色旅游节日

1995—1996年，汉墓景区成功举办全国第七、八届滑翔伞锦标赛暨飞机花样跳伞冠军赛。景区被国家体委航管中心指定为“全国滑翔伞培训基地”。自2000年起，每年“五一”均举办航空旅游节，有来自全国的运动员到满城献技。

2002年，利用磨盘柿资源优势开发中国第一条开放式生态旅游柿子沟，并开始举办中国磨盘柿之乡·满城金秋红叶柿子节，年均接待游客6万余人次，创收230万元。经过几年发展，拓宽公路，完善设施，接待游客数量以每年12%的速度增长。

据不完全统计，1991—2008年，全县各旅游景点平均每年接待中外游客30余万人次，直接经济效益600余万元，综合经济效益逾千万元。

四、项目建设

1992年，成立对外开放工作领导小组，组建对外经济开发服务中心。先后制定《关于进一步扩大开放、吸引资金、技术、人才的有关规定》《招商引资奖励办法》等一系列优惠政策。从这年起广泛开展“投入年”活动，实行引资上项目责任制。建立驻京、津、石办事处，成立国际商会满城分会。1993年分别成立融资办公室和项目建设办公室，当年新增100万元以上的项目34个。

1993—1997年，累计完成固定资产投资36亿元，其中1996年完成固定资产投资12.5亿元，实际利用外资7670万美元，投资总额列全市各县区之首。大量资金注入高附加值、高效益、大规模的项目，生力八达啤酒有限公司、柠檬酸厂等22个大项目的资金投入量占投资总额的81%。多方引资促进了工业企业的强势发展，在壮大全县经济规模的同时，安置大量城镇及农村劳动力。1998年，全县完成全部工业总产值519442万元，人均国内生产总值6481元。

2000年以后，进一步加大双向开放力度，不断改善优化投资环境，建立内外商投资项目联合办公审批制度。立项审批手续坚持一个窗口对外，全程一站式服务，“一条龙”审批。进一步深化、细化对外来投资企业的土地征用、税收、行政性收费等方面的优惠政策，特别重点鼓励支持环保节约项目、高科技附加值项目、劳动密集型项目、农业产业化龙头项目和对增加地方可用财力贡献度大的项目。1998—2002年，累计投资17.9亿元，组织实施87个投资500万元以上的项目、53个投资千万元以上的大项目。2003年以后，充实网上招商项目库，补充完善优惠政策，组建经济专家顾问团，不断取消一些不合理的行政审批事项。建立“一条龙”项目审批服务大厅，办事效率和服务质量明显提高。

2007年7月，中能风电叶片项目开工，总投资3.8亿元，年产值9.9亿元，利税2.9亿元；同年11月，保定天威华克公司开工，注册资本600万元，年产纸包电磁线2000吨，产值2亿元。

2008年，全县工业企业固定资产合计177176万元，完成生产总值579094万元，总量位居全市第六位。

五、污染治理

2006年3月开始，实施最严厉的环保治理，针对造纸、熔炼、塑料加工等行业打响污染治理持久战，所有相关企业停产整顿。关闭一亩泉二级水源保护区所有污染企业排污口，规划3个塑料加工集中区和1个熔炼企业集中区。94家造纸企业、11家熔炼企业和14家塑料加工摊点通过验收恢复生产，5家造纸、熔炼企业转产。治理后大册营工业区地下水位回升近10米，全县造纸企业日均排水量减少55%，化学需氧量年排放量削减45%，二氧化硫年排放量削减48%，吨纸耗煤量减少30%，机械锅炉由1台增加至94台，水治理率由65%增至100%，烟尘治理率由59%增至100%，94家造纸企业年上缴税金比治理前的204家多出近100万元。

2008年，举全县之力实施节能减排工程，探索推行一厂一管、集中监测管理模式。大册营造纸集中区水处理公司得到升级改造，4座在线监测站建成并投入使用。在此基础上，又投资8055万元，建设设计日处理能力4万吨的县城污水处理厂。垃圾处理场建设纳入保定市统一规划。成立全省首家排污权交易中心。小化工全部关停，小塑料全部取缔，建材企业由118家减至63家，原有72家金属熔炼企业有20家批准试生产。68家企业完成锅炉改造。通过治理，化学需氧量总量削减了703.22吨，二氧化硫排放量削减了299.9吨，2008年二级以上天数310天以上。

附：满城镇农业结构调整记

满城镇农业结构调整记

杨新阁

“农业结构调整，不单单是搞点高效作物、增加点收入的事情，而是关系到整个农村工作的战略问题。”这是满城镇党委书记刘铁英在谈到农业结构调整时所说的一番话。

最近我们在满城镇采访时感觉到，面对全县都在搞调整这样的大气候，满城镇党委、政府把“调整”定位在了“特色”二字上。他们认为有特色的东西才是自己的东西，才有自己的市场。

——培植“种”的特色，突出设施化栽培。通过镇党委、政府的大力引导和科学谋划，满城镇东马村的100亩大棚桃示范园、抱阳村的100亩大棚菜示范园、茂山村的300亩草莓基地、守陵村的200亩食用菌种植基地、北庄村的200亩速生林繁育基地、长旺村的120亩天一农业高科技园区、宋贾村的30亩樱桃种植区、韩家佐村的30亩大棚李子种植区，大都已建成并投入使用。与此同时，他们还准备重点抓好以城东、城北、城内、顺民为龙头的菜籽生产、花卉生产、苗木生产、哈密瓜生产等高效特色农业。

——培植“养”的特色，突出规模特种养殖。眺山营的养鸡业和顺民太行养猪场早已声名远扬，成为本镇及全县乃至周边地区学习的样板。目前以眺山营养鸡为龙头的全镇养鸡场共有280余个，鸡存栏达250万只，有效带动了相关行业的发展。在该镇启动的“2233”工程中的“拉动两个特色产业”一项，很重要的一个环节就是以眺山营养鸡为龙头，加快养殖业的发展，重点抓好陶家佐村和东佃庄村的獭兔、北陵山的鸵鸟和抱阳村养牛业的发展。另外，他们已开始有重点地引导农民向饲养肉犬、山鸡、鹧鸪、狐狸、蝎子、鹿等特种养殖行业发展。据不完全统计，全镇现有猪存栏4.8万多头、牛羊1万余头、兔子近50万只、鸵鸟350只、鹿110头……

——培植“专”的特色，突出专业村建设，抓好一批专业市场和专业加工企业。满城镇在自己的发展思路上，确立了发展“三个十”的专业村建设规划，即集中发展十个高效种植专业村、十个规模养殖专业村、十个加工运输专业村。这一规划使一些村明确了方向定位，聚合了生产要素，使他们能够瞄准一个目标集中用力，抓住一个产业造大培强。满城镇是县委、县政府驻地，是全县的政治、经济、文化中心，他们依托地位优势，努力抓好三大市场（陶家佐草莓市场、杨家佐豆角批发市场、东马果品批发市场）和三个企业（县罐头厂、东马罐头厂、玉川草莓酒厂），以市场和农产品加工厂来消化“调”出来的大批草莓、豆角和果品等等，方便农副产品销售，激发农民种植积极性，形成良好的产、供、销营销链。

——培植“质”的特色，突出发展优质品牌战略。曾经名噪一时的满城草莓，近年来由于多方面原因逐渐暗淡，但满城镇却一直没有放弃对草莓的“追求”。他们在全力巩固推广新品“达赛莱克特”的同时，又聘请科技人员试验种植“新世纪一号”，努力创造条件打响“满红”草莓的品牌，扩大“满红”草莓在全国的知名度和市场占有率。近年，他们又引进高蛋白小麦和专用玉米等新品种，并力求使其成为粮食产业的主导品种，目前正在试验推广。为让有机蔬菜、无公害蔬菜成为蔬菜业的主体，他们积极帮助守陵村在种植香菇的基础上，引进花菇、鸡腿菇等有市场潜力、可出口创汇的新品种。

成绩是显而易见的，满城镇农民的富裕，是令许多人羡慕的。可如今这种局面的形成，是与镇党委、政府当初的引导分不开的。这个拥有10万人口的全县第一大镇，自市、县开展“大强促”活动以来，把握形式、成立组织，镇、村两级宣传队利用广播、板报、简报、标语和召开座谈会、办培训班等多种形式进行宣传，从根本上激发了广大农民积极参与农业结构调整的积极性，使大部分农民完成了从客观上“要我调”到主观上“我要调”的转变。然后，镇里组织群众走出去参观，增强农民的危机感和紧迫感，从而引导他们树立“我必调”“我先调”的意识。镇村干部科技示范户及广大农民在本镇或外地参观人数达4590人次，参观地点涉及茂山和韩家佐草莓大棚、长旺大棚桃、守陵食用菌、眺山营养鸡厂、宝硕农业高新技术园区、徐水绿苑科技园区、唐山丰润高科技园区及望都、易县等地。

在此过程中，镇里强化以解忧助困为服务宗旨的服务举措，在项目、科技、信息、流通、法律、物资及典型示范等七方面大作文章，构筑全方位服务体系，让农民充分领略到结构调整过程中的优越感，使他们树立起了“我会调”“我能调”的意识，奏响了结构调整的主旋律。

（2001年11月刊登于《满城报》）

第三章　综合政务管理

行政执法人员经过培训、考试合格后持证上岗，政府法制办公室依据《中华人民共和国行政复议法》受理行政执法案件。人社局搭建社会闲散劳动力和企事业单位之间的平台，建立劳务市场，并积极推进再就业工程。对全县专业技术人员进行职称评定、考核、聘用管理。按照国家政策对军转干部、退役军人进行安置。通过劳动监察与仲裁对劳动力市场、用人单位进行用工管理，保护劳动者的合法权益。社会保障事业不断完善，迅速发展。养老保险、医疗保险、待业失业保险、工伤保险、生育保险全面实施。义务兵服役期间对其家庭进行优待，对烈属、因公牺牲军人家属、病故军人家属、残疾军人实行抚恤，优待和抚恤标准不断提高。1997 年启动城镇和农村居民最低生活保障，2008 年，农村居民最低生活保障标准为年人均 960 元，城镇居民最低生活保障标准为月人均 220 元。1996 年、2002 年、2005 年进行三次机构改革，对县直党政机关，县委、县政府直属事业单位进行精简，机构编制进一步压缩。

第一节　法制工作

一、行政执法监督

凡进入执法队伍人员，都经考试合格后持证上岗。不定期对执法人员进行培训，对 37 个行政执法部门每年开展 1~2 项行政执法案卷评查。

二、行政复议

1999 年，《中华人民共和国行政复议法》颁布实施，省政府制发《关于进一步做好〈中华人民共和国行政复议法〉贯彻实施工作的通知》，满城县认真贯彻执行，在全县开展行政复议工作。1997—2008 年，平均每年受理行政复议案件 3~5 件。同时，开展行政诉讼，积极受理行政应诉。2007 年，受理行政应诉案件 5 起，解决南水北调、张石高速公路等大项目建设中遇到的相关问题。

三、规范文件

对全县规范性文件的出台进行审查、把关、备案，有件必审、有件必备。每年审查、备案文件 20 件以上，防止少数部门通过制定文件使政府权力部门化、部门权力利益化、部门利益法制化现象，同时也减少了规范性文件相互交叉、数量多而滥的问题。

四、工作机构

1994 年，政府办设立法制科，为政府法制工作的协调组织机构。1996 年，法制科更名法制办公室，配备一名副科级领导，主要职能为行政复议、行政应诉、行政执法监督、规范文件、办理执法证件、培训行政执法人员。

第二节　外事管理

20世纪90年代初期，外事活动很少。1994年，有4批次8人次出国。之后，出国考察特别是因公外出考察、商务洽谈活动人数增多。1994—2008年间，共批准因公出境活动82批、150人次，涉及14个国家和地区。

1994—2008年满城县因公出境活动审批情况统计表

表6-3-1

年份	批准批次	人数	年份	批准批次	人数
1994	4	8	2001	2	2
1995	5	12	2002	3	1
1996	9	26	2003	5	4
1997	13	29	2005	3	2
1998	29	59	2006	5	1
2000	2	2	2008	2	4

第三节　人事管理

一、劳动就业

1991年，对社会闲散劳动力及各企事业单位所需劳务进行登记、发证、建卡，为双方提供劳务信息，签订劳务合同，协助用人单位对劳务工进行技术培训和安全教育，并处理劳务纠纷。1993年11月，建立劳务市场，劳动就业开始引进市场机制。1998年，出台《关于进一步推进再就业工程的实施意见》，再就业工程开始启动。2003年成立县劳动就业局，管理全县公共就业工作。

二、大中专毕业生分配

1991—1996年入学的大中专毕业生按照行业包专业，地方包生源的办法，面向基层，优生优配。1997年以后入学的学生，毕业后不再进行分配，实行市场导向，政府调控，学生与用人单位双向选择。大专以下的毕业生分配到1999年，本科毕业生分配到2000年。2000年，接受大中专毕业生428人，其中1996年入学的毕业生92人（本科生3人，中专生89人，属于国家指令性分配范围），1997年入学的并轨毕业生336人（大专生8人，中专生285人，技校毕业生43人）。2005—2008年，落实国家政策，选调优秀大学毕业生到基层锻炼，设立“三支一扶”（支农、支教、支医，扶贫）、特岗教师、大学生村干部、服务西部计划、大学生村医等。

三、职称管理

1980—1983年，第一次对专业技术人员进行技术职称的套改、评定和晋升。1987年，第二次开展职称评定，此次评聘与本人工资挂钩，专业技术职务聘任制开始实行。1987 年以后，每年都进行一次职称评定。1999—2005 年，全县专业技术职务聘任与本人工资未挂钩。2006 年工资改革时，对专业技术人员的工资按照专业技术职务挂钩。

1991 年，全县取得不同等级专业技术职称的专业技术人员有 4616 人，其中中级专业技术人员 893 人，副高以上 40 人；1992 年，专业技术人员 4654 人，其中中级及以上技术人员 942 人；1994 年，专业技术人员 4418 人，其中中级及以上技术人员 941 人，初级技术人员 3477 人（从该年度起离退休人员未列入统计范围）；1996 年，专业技术人员 4624 人，其中中级及以上技术人员 976 人，初级技术人员 3648 人；1997 年，专业技术人员 5034 人，其中中级及以上技术人员 1092 人，初级技术人员 3942 人。1998—2008 年，获得初级以上职称的专业技术人员共有 8532 人。2008 年年底，全县取得不同等级专业技术职称的在职专业技术人员有 5528 人。其中中、高级专业技术人员 3662 人。

1998—2008 年满城县获得初级及以上职称人数统计表

表 6-3-2　　**单位：人**

年份	初级职称	中级职称	高级职称	小计
1998	309	105	25	439
1999	256	308	13	577
2000	816	557	14	1387
2001	851	718	37	1606
2002	905	112	34	1051
2003	544	250	25	819
2004	283	191	29	503
2005	236	151	55	442
2006	233	408	21	662
2007	333	387	15	735
2008	153	147	11	311
合计	4919	3334	279	8532

2008 年满城县在职专业技术人员统计表

表 6-3-3　　**单位：人**

类别	中等专业学校教师	中学教师	小学教师	工程技术人员	农业技术人员	经济专业人员	会计人员	统计人员	卫生技术人员	体育教练	新闻专业人员	播音专业人员	图文档案人员	律师人员	群众文化	公证人员	审计人员	文学创作人员	总计
高级	12	264	0	12	16	0	1	0	31	1	0	0	0	0	1	1	0	0	339
中级	24	1246	1751	86	22	2	14	1	153	0	3	4	8	4	0	3	1	1	3323

续表6-3-3

类别	中等专业学校教师	中学教师	小学教师	工程技术人员	农业技术人员	经济专业人员	会计人员	统计人员	卫生技术人员	体育教练	新闻专业人员	播音专业人员	图文档案人员	律师人员	群众文化	公证人员	审计人员	文学创作人员	总计
初级	3	487	805	113	42	18	59	8	307	0	2	9	7	1	0	2	2	1	1866
合计	39	1997	2556	211	80	20	74	9	491	1	5	13	15	5	1	6	3	2	5528

四、军转干部安置

1993—2008 年，按照国家政策对军队转业干部进行安置，其间共接收 97 人。其中 61 人安置在行政机关和事业单位，4 人安置在企业，32 人失去联系。1999 年安置 24 人，为历年安置人数最多的一年。2000 年次之，安置 18 人。其他年度接收和安置人数都较少。

1993—2008 年满城县军转干部安置情况统计表

表 6-3-4　　　　单位：人

年份	接收人数	级别											安置去向		
		副团	正营	副营	正连	副连	正排	技术9级	技术11级	技术12级	技术13级	其他	行政	企业	联系不到
1993	10	1	4	2	0	1	1	0	0	0	0	1	2	1	7
1994	6	0	2	1	1	0	0	0	0	0	0	2	0	0	6
1995	7	1	1	3	1	0	0	0	0	0	0	1	6	0	1
1996	4	0	1	2	0	0	0	0	1	0	0	0	4	0	0
1997	5	0	2	2	1	0	0	0	0	0	0	0	4	0	1
1998	9	1	0	5	1	0	0	0	2	0	0	0	5	0	4
1999	24	2	3	3	6	2	0	2	2	2	1	1	17	1	6
2000	18	0	3	5	5	2	1	1	1	0	0	0	10	1	7
2001	1	0	0	1	0	0	0	0	0	0	0	0	0	1	0
2005	5	0	1	0	2	1	0	0	1	0	0	0	5	0	0
2006	5	0	0	0	1	1	2	0	0	0	0	1	5	0	0
2007	2	0	0	2	0	0	0	0	0	0	0	0	2	0	0
2008	1	0	0	0	0	0	0	0	0	0	0	1	1	0	0
总计	97	5	17	26	18	7	4	3	7	2	1	7	61	4	32

五、工资福利

（一）工资

1978—1984 年，一直执行 1956 年国家制定的第一次工资制度。根据劳动量的不同，具体制定各行业、各工种、各岗位和行政管理干部的工资制度和工资额。企业职工在执行8级工资制度时，同一级别由于工种、岗位的不同而工资也不尽相同，体力消耗大、作业条件艰苦的工种和岗位工资较高。

1985年，实行第二次工资制度改革，将原来错综复杂的工资关系改为结构工资制和等级工资制。行政事业单位执行结构工资制，包括基础工资、职务（岗位）工资、工龄补贴、奖励工资4个部分。1990年，除奖励工资有所增长外，其余项目工资延续执行。企业执行等级工资制，企业干部执行17个等级的职务等级制，工人执行8级15等的等级制。之后，经济体制不断改革，大部分企业和少量事业单位实行承包经营制，干部、工人根据本单位的经营情况领取一定比例的报酬，与企业和单位的经济效益直接挂钩。

1993年，实行第三次工资制度改革。机关工作人员实行职级工资制，基本工资为职务工资、级别工资、基础工资和工龄工资四项之和。机关工人分为技术工人和普通工人，技术工人执行岗位技术等级工资制，普通工人执行岗位工资制。对经费全额拨款、差额拨款、自收自支三种不同类型的事业单位，实行分类管理。

2006年，实行第四次工资制度改革。机关工作人员的工资改为由职务工资、级别工资和津贴补贴三部分构成。机关工人中的技术工人工资由技术等级工资、岗位工资和津贴补贴构成。普通工人工资由岗位工资和津贴补贴构成。事业单位的工资由岗位工资、薪级工资及各种补贴构成。

1991—2008年满城县行政事业单位在职人员工资调整统计表

表6-3-5

年份	单位性质	在职人数（人）	原月工资总额（元）	调整后工资总额（元）	月增资总额（元）	人均月增资（元）
1993年10月	行政	1818	437839	574451	136612	75
	事业	5071	1064109	1459482	395373	78
1999年7月	行政	1631	619061	836702	217641	133
	事业	6787	2480581	3347866	867285	128
1999年10月	行政	1648	848632	876110	27478	17
	事业	7692	3533103	3768194	235091	31
2001年1月	行政	1648	876116	1080806	204690	124
	事业	7977	4180034	4987040	807006	101
2001年10月	行政	1648	1080806	1224021	143215	87
	事业	7977	4987040	5616728	629688	79
2001年10月	行政	1648	1224021	1259671	35650	22
	事业	7977	5616728	5919998	303270	38
2003年10月	行政	1569	1333212	1367181	33969	22
	事业	8499	6277878	6594673	316795	37
2005年10月	行政	1534	1359757	1393148	33391	22
	事业	8714	6740737	7057532	316795	36

续表6-3-5

年份	单位性质	在职人数（人）	原月工资总额（元）	调整后工资总额（元）	月增资总额（元）	人均月增资（元）
2006 年 7 月	行政	1493	1337861	1668767	330906	222
	事业	8551	6728153	9303234	2575081	301
2007 年 1 月	事业	8465	8511555	8699481	187926	22
2008 年 1 月	公务员	1413	1574628	1632685	58057	41
	事业	8506	8728501	8928137	199636	23

说明：行政事业单位在职人员月工资总额均未含职务津贴和各种补贴

（二）福利

防暑费：1991—2008 年，每人每年 20 元。

取暖费：1991—2007 年 6 月，每人每年 30 元；2007 年 7 月取暖费调整为处级以上干部每人每年 373 元，其他人员每人每年 272 元。

误餐费：从 1997 年 9 月开始，每人每月 100 元，2002 年 3 月停发。

差旅费：1991—2008 年，每人每月 40 元，退休后停发。

妇女卫生费：1991—2008 年，每人每月 8 元，退休后停发。

剩余补贴：1991—2008 年，每人每月 84. 5 元。

丧葬费：1991—2008 年，一次性发放 400 元。

一次性抚恤金：1991—2004 年 9 月，一次性发放生前 10 个月基本工资；2004 年 10 月至 2008 年，增至一次性发放生前 20 个月基本工资。

遗属生活困难补助：1991　2000 年，每月发放 75 元；2001 年 1 月增至 156 元；2007 年 1 月增至 190 元。

六、工作机构

1991 年，县劳动人事局内设 8 个股室，包括办公室、调配任免股、工资福利股、安全监察股、劳动争议仲裁股、社会保险所、劳动服务公司、目标管理办公室，有干部职工 46 人。1992 年，增设科干股。1993 年，目标管理办公室职能划归县委。2000 年 5 月，科干股改为职称股。2002 年，安全监察股职能分别划归经贸局与质量技术监督局。同年，劳动人事局改称人事劳动和社会保障局。同年 10 月，农村养老保险职能划归人社局。2003 年，人社局设立就业服务局（二级局）。2008 年年底，人社局内设 8 个股室，包括办公室、调配任免股、工资福利股、职称股、劳动监察股、劳动争议仲裁股、就业服务局（二级局）、社会保险所，有干部职工 79 人。

第四节　劳动和社会保障管理

一、劳动力管理

（一）劳动力和人才市场

1991 年，县劳动人事局调配股、劳动服务公司具体对全县社会劳动力统一管理，协调安排。管辖的社会劳动力包括城镇待业青年、待业职工、农村富余劳动力、符合再就业条件的离退休职工、外埠到满城的零散劳动力及成建制的单位人员。1993 年 11 月，劳动就业开始引进市场机制。按照国家劳动者自主就业，市场调节就业，政府促进就业的方针，不断扩大就业范围。清理和取消限制农民进城就业的不合理政策，加强农民工就业服务，开展农村劳动力转移培训，使农村劳动力初步实现有序流动。发展职业培训事业，实行学历证书和职业资格证书并重的制度，提高劳动者的就业能力。

2000 年以后，劳动力和人才市场管理不断完善，办事程序简化，免费提供服务，设立大中专毕业生就业服务窗口和下岗失业人员求职登记台，为用人单位和求职者提供便捷服务。建立完善县、乡、村三级职业介绍网络体系，每年举办两次大型人力资源交流会，不定期组织专场招聘会，重点举办针对大中专毕业生、下岗失业人员的专场招聘会。与保定市劳动力人才网建立长期联系，将招用工信息及时通过网络发布。2004 年，通过劳动力和人才市场向京津等地输出劳动力 5300 余人，创经济收入 4500 多万元。2007 年 11 月，劳动力和人才市场更名为人力资源市场。1993—2008 年，全县城镇失业率一直控制在 4%以内。

2004 年 8 月，出台《关于组织实施农村劳动力转移培训阳光工程的通知》，正式启动阳光工程。当年完成引导性培训 3100 人，技能培训 850 人，创业培训 150 人。2005—2007 年，完成引导性培训 9000 人，技能培训 500 人，创业培训 50 人。2008 年年底，全县有 5 个阳光工程培训机构，包括天元职业技术培训学校、恒信电脑职业技术培训学校、康海苑按摩职业技术培训学校、安达职业技术培训学校、职教中心。

1998—2003 年，相继出台《关于进一步推进再就业工程的实施意见》《关于进一步做好下岗失业人员再就业工作的实施意见》，规定实施再就业工程要坚持稳中求进，围绕深化企业改革和加快经济发展，从根本上实现再就业；实行企业安置分流、个人自谋职业和社会帮助安置相结合的方针，发挥各方面的力量帮助失业、下岗职工再就业；引导下岗、失业职工转变就业观念，广开就业门路，实施开发性再就业；社会保障体系与再就业相结合；再就业工程的对象是全县国有企业、城镇集体企业连续六个月以上基本生活无保障的下岗职工和失业职工，重点是国有企业中兼并、规范破产、减息扶持三类企业的下岗有再就业愿望的职工和 1986 年以前参加工作，男 40~55 岁、女 35~45 周岁，就业愿望迫切的下岗、失业职工。

2005 年，全县新增就业人员 1260 人，下岗失业人员再就业 530 人，安置“4050”（女 40 岁以上，男 50 岁以上）人员 145 人。2006 年，城镇新增就业人员 1287 人，下岗失业人员再就业 716 人，安置“4050”人员 139 人，多渠道组织劳务输出 2.45 万余人，向非农产业转移农村剩余劳动力 1.9 万余人。2007 年，城镇新增就业人员 1590 人，下岗失业人员再就业 762 人，安置“4050”人员 196 人。向非农产业转移 2 万余人。2008 年，城镇新增就业人员 2265 人，下岗失业人员再就业 876 人，安置就业困难对象 182 人，新增转移农村劳动力 3100 人。

二、劳动监察与仲裁

（一）劳动监察

2002 年 11 月，县人社局组建劳动保障监察大队，负责县内各类用人单位劳动用工的管理。2003 年 1 月—2005 年 9 月，受理追讨农民工工资案件 101 起，为农民工追讨工资 208 万元；累计清退非法使用童工 27 名。2003—2005 年，县人社局连续三年被市局评为“全市劳动仲裁工作优胜单位”；2004 年，被省人大等六部门授予“河北省残疾人维权示范岗”，被省人社厅评为“全省劳动和社会保障监察示范单位”。

为杜绝拖欠农民工工资现象，建立农民工工资保障金机制。要求农民工较集中的建筑施工企业和发生过拖欠工资的用人单位先行交付工资保证金，用于垫付职工工资。同时建立解决农民工维权问题的快速办案机制，对群众举报和查出的案件做到“四快”，即快立案、快调查、快处理、快结案。开辟讨薪快速通道，对易引发群体性上访的讨薪案件立即立案调查。规定在县城区域内 20 分钟到达现场，县城区域外 40 分钟到达现场。2006—2008 年，受理群众举报投诉案件 186 起，结案 186 起，其中群体性案件 31 起，追讨欠薪 256 万余元，涉及劳动者 2407 人。

2006—2008 年，县劳动保障监察大队与公安局、住建局、总工会联合，针对规范人力资源市场、贯彻实施《中华人民共和国劳动合同法》、追讨农民工工资、职业准入、非法用工、农民工职业安全保护、女工和未成年工权益保护等开展专项检查活动。检查用人单位 1596 个，涉及劳动者 15.95 万人，补签劳动合同 18250 余份，补办职业资格证书 620 个，清退童工 9 名，督促用人单位为职工补交社会保险费 980 万元。

（二）劳动仲裁

1991 年后，县劳动人事局劳动争议仲裁股通过对妇女的劳动保护、查禁使用童工、规范用工行为、落实工资报酬（最低工资）等措施，切实维护劳动者合法权益。1998 年，设立仲裁厅，推行劳动争议仲裁庭审制。1999 年，实行人事争议仲裁制度，主要受理县内机关事业单位公务员、参照公务员执行的单位、企业经营管理人员及专业技术人员的人事争议案件。2007 年 11 月 15 日，成立人事劳动仲裁院。

1995—2008 年，共受理劳动争议案件 380 起，主要案由涉及劳动合同、劳动报酬、双倍工资、保险福利及工伤赔付等问题。

1995—2008 年满城县劳动争议仲裁办案统计表

表 6-3-6　　单位：起

年份	1995	1997	1998	1999	2000	2001	2002
受理案件	11	8	11	22	22	21	28
结案	10	8	11	22	22	21	28
结案率%	91	100	100	100	100	100	100
用工单位胜诉	10	0	0	0	1	2	0
劳动者胜诉	0	8	11	22	21	19	28
年份	2003	2004	2005	2006	2007	2008	合计
受理案件	32	48	35	36	46	60	380
结案	32	48	35	36	46	60	379
结案率%	100	100	100	100	100	100	99.7
用工单位胜诉	1	3	1	1	0	0	19
劳动者胜诉	31	45	34	35	46	60	360

说明：1996 年没有受理案件

三、社会保障

（一）基本养老保险

1986 年，县劳动人事局设立社会保险事业管理所，主要负责全县合同制工人基本养老保险费征缴和基金管理。同年，人民保险公司满城分公司将全县企（事）业单位合同制工人投保缴纳的养老保险基金移交给社保所。1987 年年底，全县参保合同制工人 2149 人。

1988 年 1 月，全民企业离退休费开始社会统筹，范围包括县内全民企业和中央、省驻县全民企业，实行自收自支的企业化管理事业单位及外商投资企业原中方全民固定职工。统筹基金提取实行双基数，在职职工工资和离退休费用均按 16%提取，并实行差额结算方式。1988 年年底，全县参保固定职工 2805 人，其中在职职工 2209 人，离退休职工 596 人，全民企业参加基本养老保险覆盖面 90%。

1990 年，集体企业离退休费开始市级社会统筹，统筹范围为县内集体企业固定职工和离退休人员。统筹基金提取实行双基数，在职职工工资总额和离退休费用均按 25%提取，并实行差额结算。1990 年年底参保职工 3038 人，其中在职职工 2799 人，离退休职工 239 人，覆盖集体企业 95%。

1991 年，开始收缴临时工养老保险，参保范围为机关、团体、全民、集体企事业单位及三资企业经批准招用的临时、按规定签订劳动合同并在劳动行政部门备案的职工。缴纳比例为工资总额的 20%，其中单位 17%，个人 3%。1991 年年底全县临时参保人数为 160 人。全民企业离退休人员养老金由社会保险机构直接发放，改变差额结算方式，使全民企业退休人员养老金按时足额发放。

1993 年，建立各类企业职工基本养老保险个人缴费制度，缴费比例和基数相应调整。在职职工（含合同制工人、临时工）缴费比例为 20%，其中企业 18%，个人 2%，个人缴费比例每两年增加 1%，最终达到 8%。缴费基数最低不低于全省上半年社会平均工资的 60%，最高不高于 300%。同时，国有企业离退休人员养老金不再计提养老保险基金，集体企业离退休人员养老金计提养老保险基金比例由 25%改为 50%。1993 年 7 月，县供销合作社系统并入全民企业养老保险社会统筹。

1994 年 11 月，根据《河北省改革企业职工基本养老金计发办法的实施意见》，实施企业职工基本养老金新的计发办法，即基本养老金与社会平均工资挂钩，与缴费工资、缴费年限挂钩。

1998 年，出台《满城县机关事业单位工作人员养老保险暂行办法》，差额拨款和自收自支事业单位中的全体工作人员和离退休人员，机关、财政全额拨款事业单位中的劳动合同制工人，机构改革后由机关改为经济实体或企业的单位，企业化管理事业单位中的职工养老保险缴纳均依照此办法执行。单位按照在职人员工资总额的 20%缴纳，个人按照工资收入的 5%缴纳。个人缴纳部分每两年增长 1 个百分点，最终达到本人工资收入的 8%，并按照工资总额 11%的规模建立个人账户。

2006 年 4 月，印发《关于贯彻落实省政府完善企业职工基本养老保险制度决定精神的通知》，规定从 2006 年 1 月 1 日起，个人账户规模统一由缴费工资的 11%调整为 8%，全部由个人缴费形成，单位缴费不再划入个人账户；从 2006 年 1 月 1 日起，建立个人账户后参加工作的（即 1996 年 1 月 1 日后参加工作的）、缴费（含视同缴费）年限累计满 15 年的人员，退休后按月发给基本养老金。

2007 年 11 月，《满城县全额事业单位基本养老保险社会统筹暂行办法》出台实施，规定全县范围内全额事业单位编制内的所有工作人员及离退休、退职人员均参加基本养老保险社会统筹。基本养老保险费的征缴实行双基数，即单位缴纳的基本养老保险费按全部在职人员工资总额加离退休人员养老金总额之和的 22%缴纳；在职人员个人缴纳的基本养老保险费按本人月工资总额的 8%缴纳。

截至 2008 年 12 月，机关事业单位养老保险参保人数 7836 人，离退休人数 1542 人；企业参加养老保险人数 10993 人，离退休人数 3902 人。

1994—2008年满城县企业养老保险收缴、支出情况统计表

表6-3-7

单位：万元

年份	养老保险收缴				养老支出
	合计	征缴收入	财政补助收入	上级补助收入	
1994	558.1	440.1	0	118	514.8
1995	652	600.3	0	51.7	597.9
1996	691.9	646.2	0	45.7	654.8
1997	792.4	726.5	0	65.9	776.9
1998	873.6	795	0	78.6	856
1999	979	869	0	110	936.9
2000	1213.4	1014.5	119.7	79.2	1034
2001	1242.1	898.2	123.4	220.5	1389.6
2002	1369.6	821.6	498	50	1298.3
2003	1457.2	758.2	641	58	1409.7
2004	1338.1	960.7	299.4	78	1578.7
2005	2207.9	1107.5	296	804.4	2172.1
2006	4439.4	2972.7	37.3	1429.4	2912.3
2007	2389.5	2389.5	0	0	3454.7
2008	3747.9	2883	25.9	839	4373.8

（二）医疗保险

1991年，机关及企事业单位的在职与退休干部职工仍实行公费医疗，但大部分企业职工的医疗费没有保障，机关事业单位在职与退休人员的医疗费也不能全部按政策予以报销。

1997年1月，《满城县企业职工大病医疗费用统筹暂行办法》开始实施，各种所有制企业职工均纳入大病统筹参保范围。在职职工缴费比例为县级企业职工缴费基数——全省社会平均工资60%的3%，当年收取每人每月11元；离退休人员为全省社会平均工资60%的5%，当年收取每人每月11元。确定25种大病可以报销，起付线为1000元，报销比例为70%。职工住院实行报告、探视制度，特殊检查项目报销50%；年度最高支付限额为当年筹资额的20%。

2001年6月，出台《满城县城镇职工基本医疗保险实施方案》，取消公费医疗。行政、全额、自收自支事业单位人员参加医疗保险，首批参保人员8112人。医保费征缴比例为工资的6.35%，其中个人缴纳2%，单位缴纳4.35%；住院药费报销起付线为900元，报销比例55%，医药费审核执行《国家医疗保险目录》。个人全部缴费和单位缴费额的25%左右计入个人账户；年度最高支付限额为2.56万元。并在同年11月正式享受基本医疗保险待遇，参保职工个人账户购药实行定点管理、凭票报销。

2002年1月，制定定点药店管理协议，定期检查执行情况。9月，《满城县城镇职工基本医疗保险门诊慢性病管理办法》出台，将糖尿病、冠心病等18种慢性病门诊费用纳入医保统筹基金报销范围，每年报销一次，报销比例同住院；2002年12月由各参保单位收集职工定点药店票据，集中支付个人

账户基金1次。

2003年4月，建立大额补充医疗保险制度，筹资为每人每月5元。医药费超过最高限额（2.56万元）以上部分由商业保险公司赔付，最高年度赔付15万元；6月，医疗保险个人账户支付实现联网刷卡消费；8月，出台《满城县扩大城镇职工基本医疗保险覆盖面实施方案》，将垂直部门、差额事业单位、自收自支事业单位纳入城镇职工基本医疗保险参保范围。缴费比例为8%，起付线为900元，报销70%。取消企业职工大病统筹住院的病种限制，确定年度最高支付限额为2.56万元。企业大病统筹由确立的每人每月11元改为按工资的3%收取，工资基数逐年调整。

2004年1月，调整医保政策，起付线900元。报销比例机关事业单位由55%上调至65%，市级以上医院60%；垂直部门由70%上调至80%，市级以上医院75%。8月，执行安装人工器材限价规定。10月，出台《企业大病统筹参加大额补充医疗保险办法》。

2005年2月，医疗保险个人账户刷卡网络全面升级，利用宽带技术实现所有定点药店随时账户充值和传输，全年收缴医保资金832.8万元，支出749.3万元；4月，调整大额补充医疗保险缴费标准，由每人每月5元调整为每人每月9元；5月，全面落实河北省医疗保险目录，进入大额门槛由医药费消费至2.56万元调整为3.3万元。

2006年10月，深化城镇职工基本医疗保险制度改革，将所有用人单位和职工都纳入职工医保的参保范围，要求在2006年12月31日前全部参加医疗保险。规定基本医疗保险费最低缴费年限为男职工30年，女职工25年，未在规定期限参保的需补交医疗保险费。全年收缴医保资金1061.5万元，支出744.7万元。

2007年12月，落实河北省定点药店管理办法。全年收缴医保资金1289.9万元，支出906.2万元。

2008年3月，以2004年12月份工资总额为标准，调整财政人员医保缴费基数。7月，调整大额补充医疗保险有关政策，缴费标准调整为每人每月10元，年度最高赔付限额调整为17.5万元，进入大额门槛调整为医药费消费至4.5万元。9月，出台《满城县城镇居民基本医疗保险暂行办法》，城镇居民基本医疗保险工作正式启动。此项保险实行按年缴费，缴费分为个人缴费和国家补助两部分。成人每人每年缴纳190元，国家补助110元；学生、儿童每人每年缴纳10元，国家补助110元；县级医院报销60%，市级医院报销50%；年度最高支付限额为成人3万元，学生、儿童6万元。当年共有10685人参保，收缴医保资金1514.7万元，支出1121万元。

2008年年底，企业单建大病统筹参保人员8145人；城镇职工基本医疗保险参保人员13738人；城镇居民医疗保险参保人员10685人；有4所医疗保险定点医院，30家定点药店。

（三）待业失业保险

1987年开始，按照工资额1%的比例收缴国营企业和机关事业单位合同制职工的待业保险金。1999年后不再收缴，改为收缴失业保险。2002年3月，由地税部门负责征收失业保险费，失业保险经办机构负责审核。2004年，全县共征缴失业保险费136万元，接收失业人员67人，发放失业保险金22.57万元。2005年，共征缴失业保险费171.8万元，接收失业人员46人，发放失业保险金20.64万元。2006年，共征缴失业保险费197.73万元，接收失业人员96人，发放失业保险金121.26万元。2007年共征缴失业保险费272.8万元，接收失业人员342人，发放失业保险金154.24万元。2008年，失业保险保障范围扩大到困难家庭应届高校毕业生。全年共征缴失业保险费201万元，新接收失业人员66人，接收2007年度困难家庭高校毕业生26人，累计为300余名失业人员和高校毕业生发放各项失业保险金160.91万元。

（四）工伤保险

按照《满城县人民政府关于工伤保险的暂行办法》要求，1995年7月1日正式启动企业工伤保险工作。1996年4月1日，开始执行《保定市企业职工工伤保险暂行办法》，停止执行《满城县人民政府关于工伤保险的暂行办法》，满城县工伤保险与保定市工伤保险并轨，实行市级统筹。2000年，按照省、市要求，对2000年1月1日以前的老工伤进行妥善处理，保障他们的合法权益。2004年，国务院颁布《工伤保险条例》后，全县参保企业数量和参保职工人数都明显增长，参保范围不断扩大。

2005年10月，县社保所成立工伤科。2006年，将农民工纳入工伤保险。2007年，推行建筑企业工伤保险。同年11月，事业单位工伤保险启动。2008年，在商贸、餐饮、住宿等服务业以及有雇工的个体工商户中推行工伤保险。同年，开始推行工伤补充保险。2008年年底，全县工伤保险参保企业144家，参保职工9568人，其中农民工2042人，征收工伤保险费146.4万元；96个事业单位参保，参保职工6094人，征收工伤保险费72.4万元。

（五）生育保险

1994年，出台《满城县女职工生育保险暂行办法》，正式启动企业单位生育保险，参保女职工享受法定产假期间的生育津贴。

2005年，收缴生育保险资金45.2万元，支出23.1万元。2006年，收缴43.1万元，支出13.4万元。2007年，依据《保定市城镇职工生育保险暂行办法》，制定生育保险制度，进一步明确参保范围、享受对象及享受标准。全年收缴生育保险资金78.9万元，支出17万元。2008年年底，生育保险参保人员7634人。

第五节　民政工作

一、基层政权建设

1990年，在部分具备条件的村进行村委会直接选举，开展村民自治示范活动，以点带面，逐步推广。1999年，自第五届村委会换届开始，全面推行直接选举制度，有184个村完成换届，换届率90%。2003年第六届村委会换届，有188个村完成换届，换届率93%。2006年第七届村委会选举，有200个村完成换届，换届率98%，选出村主任188名，副主任135名，委员288名，其中书记、主任一人兼55人，妇女干部30人，高中以上文化程度的200人。

自1999年开始，建立并完善村民会议和村民代表会议制度。村民会议由本村18周岁以上村民组成，凡涉及村民切身利益的大事，村委会都提请村民会议讨论决定。人数较多或居住分散的村还推选出村民代表，必要时由村委会召集村民代表，开会讨论决定村民会议授权的事项。逐步建立完善村级民主监督制度，村委会定期对涉及群众切身利益的重大问题进行公开，接受村民监督，农村工作委员会负责对村务公开工作进行督导检查。

二、优待抚恤

（一）优待

1. 群众优待

1991—1998年，按义务兵服现役时间，由各乡（镇）根据各自经济状况对义务兵家庭统筹兑现优待金，优待金标准为人均每年500~800元。1998年，新《中华人民共和国兵役法》修定实施后，规定义务兵只优待两年，优待金仍由乡（镇）统筹、兑现。2004年农村税费改革，县民政局理顺农村义务兵家属优待金发放渠道，提高优待标准，保证优待标准不低于当地平均生活水平。2005年，共优待农村义务兵家庭294户，优待标准为平原乡（镇）每户每年1500元，半山区乡（镇）每户每年1200元，山区乡每户每年1000元，共发放优待金40.21万元。

2006年，优待农村义务兵家庭247户，每户每年2800元，共发放优待金69.16万元。2007年，优待农村义务兵家庭257户，每户每年2900元，共发放优待金74.53万元。2008年，优待农村义务兵家庭279户，每户每年3200元，共发放优待金89.28万元。每年春节前夕，县民政局都对立功战士和优秀士兵的家属进行慰问，送去立功喜报及慰问品。

2. 国家补助

1995—2008年，民政部和省民政厅出台一系列政策，先后7次提高在乡复员军人的定期定量补助，3次提高带病回乡退伍军人生活补助标准。到2005年，全县共有带病回乡退伍军人556人，每人每月补助40元。全县在乡复员军人约410人，其中抗日战争时期入伍的约230人，每人每月享受补助标准不低于225元；解放战争时期入伍的约105人，每人每月享受补助标准不低于180元；1949年后入伍的约75人，每人每月享受补助标准不低于175元。

2007年，国家出台生活补助政策，对在农村的、城镇的无工作单位且家庭生活困难的、1954年11月1日以后入伍并参战的、参加过核试验（以下简称参核）的军队退役人员给予补助，从2007年8月1日起，每人每月发放生活补助100元。2007年，认定参战退役人员352人，参核退役人员14人。

2008年，全县在乡复员军人270人，带病回乡退伍军人503人，参战退役人员386人，参核退役人员149人。在乡复员军人中抗日战争时期入伍的，每人每年享受补助标准不低于3900元；解放战争时期入伍的每人每年享受补助标准不低于3360元；1949年后入伍的每人每年享受补助标准不低于3300元；带病回乡退伍军人定补标准每月人均150元；参战、参核军队退役人员生活补助标准每月人均130元。

3. 社会优待

1991年后，广泛动员社会力量，不断加大财政投入力度，对优抚对象进行帮扶，取得良好效果。1995年，为53户重点孤老优抚对象维修、翻建房屋112间。

1998年，为解决重点优抚对象“三难”（住房难、就医难、生活困难）问题，组织实施光荣工程，由县直部门分包重点优抚对象，开展一帮一结对帮扶，并送去米、面、油、衣物、煤、现金等，当年帮扶款物7万余元。同年，将全县120名孤老优抚对象全部纳入农村最低生活保障，每人每月享受低保金50元。1998—2005年，为重点优抚对象解“三难”共投入各类款物50余万元。1999年，被民政部授予“全国爱心献功臣行动先进县”称号。2005年开始，对退役士兵、残疾军人、烈士子女，因公牺牲军人子女，一至四级残疾军人子女，现役军人子女给予入学加分、减免学费等优惠政策照顾。

（二）抚恤

1. 牺牲、病故抚恤

1990年，全县有革命烈士2067人，烈属678户，享受定期抚恤395户，416人。

1993—2008年，先后14次提高烈属、因公牺牲军人遗属、病故军人遗属定期抚恤金，保障抚恤优待对象的生活水平与当地群众同步提高。2004年10月1日起，“三属”（革命烈士家属、因公牺牲军人家属、病故军人的家属）的定期抚恤金标准，参照全国城乡居民家庭人均收入水平，确定定期抚恤金标准。对于居住在城镇的烈士家属每年发放4320元，因公牺牲军人家属每年发放4020元，病故军人家属每年发放3720元；居住在农村的烈士家属每年发放2640元，因公牺牲军人家属每年发放2520元，病故军人家属每年发放2340元。2005年，全县享受“三属”定期抚恤金的有125人，2008年有91人。2008年10月1日起，烈士家属、因公牺牲军人遗属、病故军人遗属定期抚恤金标准做出调整。居住在城镇的烈士家属每年发放7020元，因公牺牲军人遗属每年发放6300元，病故军人遗属每年发放 5940 元；居住在农村的烈士家属每年发放 4140 元，因公牺牲军人遗属每年发放 3960 元，病故军人遗属每年发放 3780 元。

2. 残疾抚恤

1990 年，全县享受残疾抚恤人员 687 人，其中抗日战争时期参军参战的 317 人，解放战争时期参军参战的 222 人，中华人民共和国成立后及抗美援朝时期参军的 148 人。

1993—2008 年，先后 13 次提高在乡伤残军人抚恤金，10 次提高在职伤残军人保障金。2004 年 10 月 1 日起，残疾军人的抚恤金标准参照全国职工平均工资水平确定，革命伤残军人改为残疾军人，取消在乡抚恤金和在职保健金的区别，统称抚恤金，残疾等级也由原来的四等六级改为一至十级，伤残抚恤管理办法也有很大变动。在部队服役期间患精神病的退伍军人可以补评六级以上病残。到 2005 年年底，为 5 名在服役期间患精神病的退伍军人办理评残手续。

2005 年，全县享受残疾抚恤金的人员 303 人，其中伤残军人 285 人，伤残人民警察 3 人，伤残国家机关工作人员 6 人，伤残民兵民工 9 人。

2008 年，全县享受残疾抚恤金的人员 213 人。

2005 年、2008 年满城县残疾抚恤金执行标准统计表

表 6-3-8

单位：元/年

残疾等级	残疾性质	2005 年	2008 年
一级	因战	11200	22680
	因公	10800	21960
	因病	10440	21240
二级	因战	10080	20520
	因公	9600	19440
	因病	9200	18720
三级	因战	8960	18000
	因公	8400	16920
	因病	7800	15840
四级	因战	7280	14760
	因公	6600	13320
	因病	6000	12240
五级	因战	5600	11520
	因公	5040	10080
	因病	4560	9360
六级	因战	4480	9000
	因公	4200	8520
	因病	3600	7200

续表6-3-8

残疾等级	残疾性质	2005 年	2008 年
七级	因战	3360	6840
	因公	3000	6120
八级	因战	2240	4320
	因公	1920	3960
九级	因战	1680	3600
	因公	1440	2880
十级	因战	1120	2520
	因公	—	2160

三、复员退伍军人安置

按照相关规定，对城镇退役士兵、转业士官、残疾军人进行安置，多安置在乡（镇）人民政府、县直部门及下属企业单位和一些垂直部门。20 世纪 90 年代末，城镇退役士兵安置难、落实难的问题日益突出，省直部门安置不进去，县直一些部门和自收自支事业单位没有编制，国有企业改制分流，粮食、经贸、物资、县社、商业几大系统下属企业有的破产，有的正在改制，有的经营不太景气，已安置的城镇退役士兵面临下岗和分流，新的安置对象更难以安置到位。2004 年，根据省、市文件精神，安置工作体现重点和择优的原则，重点安置转业士官和荣立二等功（含）以上奖励的退役士兵。城镇复员士官、其他城镇退役士兵原则上自谋职业，不愿自谋职业的在政府剩余计划内调剂分配或直接安置到效益较好的股份制及私营企业。2005 年，全县共接收安置对象 43 人，其中 8 人办理了自谋职业，并给予一次性经济补助金；安置到自收自支事业单位 5 人，分配到私营及股份制企业 30 人。2007 年，《保定市城镇退役士兵自谋职业实施细则》等有关法律、法规对城镇退役士兵的安置做了详细规定。1990—2008 年，全县共接收复员退伍军人 3500 人，安置于农村 2310 人。符合安置条件的城镇退役士兵、转业士官、残疾军人 1190 人。

1987—2008 年，共接收军休人员 24 人，其中离休干部 9 人，退休干部 8 人，退休志愿兵 4 人，无军籍退休职工 3 人。

四、灾害救济

满城县每年均遭受不同程度的自然灾害，民政部门对死亡灾民进行抚恤，报销重伤灾民的医药费，发放救济款。2004 年 6 月 21 日、7 月 8 日，要庄乡、白龙乡、神星镇、大册营镇、贤台乡、满城镇、坨南乡、南韩村镇等 8 个乡（镇）、78 个村遭受历史罕见的冰雹灾害。县委、县政府积极组织救灾，引进适播良种 3000 公斤、化肥 50 吨，发放专项救灾款 30 万元，发放救灾粮 70 吨。2008 年 5 月 12 日，四川省汶川大地震发生后，县委、县政府组织全县人民为灾区捐献现金 1001.3 万元、棉被 1000 床、棉衣 1000 套。

1991—2008 年满城县救灾款、救灾粮发放统计表

表 6-3-9　　　　单位：万元、吨

年份	1991	1992	1993	1994	1995	1996	1997	1998	1999
救灾款	30	38	40	68	27	44	30	23	56
救灾粮	0	00	0	0	250	140	0	0	0
年份	2000	2001	2002	2003	2004	2005	2006	2007	2008
救灾款	42	68	60	74	125	42	74	92	110
救灾粮	335	150	465	51	70	51	51	50	55

五、社会救济

（一）困难救济

采取多种形式解决群众的生产生活困难问题。对因天灾病疫、不幸事故、因公负伤或死亡、人多地少、孤老残幼、无依无靠不能维持基本生活的困难户和个人，根据不同情况给予救济或抚恤。实施结缘工程，建立领导干部帮扶贫困户、特困职工制度，组织扶贫济困捐助。2003 年 11 月开展的扶贫济困直通车活动在中央电视台新闻联播中播放。2003—2008 年，每年集中救助困难群众 2000 户，发放救济粮 5 万公斤以上。

（二）退职救济

1972 年起，对退职人员（1961—1965 年 6 月 9 日期间精减退职的，1957 年以前参加工作并发给一次性退职补助金的职工，凡是全部或者大部分失去劳动能力，而家庭生活无依无靠的）每月发放给生活救济费，标准是其本人工资的 40%。2004 年，每人每月在此基础上增发 40 元。

（三）农村特困群众医疗救助

2004 年筹集医疗救助资金 12 万元，救助困难群众 43 户，救助资金 3.53 万元。2005 年筹集资金 13 万元，救助困难群众 175 户，救助资金 14.46 万元。2008 年 9 月调整农村特困群众医疗救助比例及标准，年内救助 217 户，救助资金 19.02 万元。

六、农村五保

1991 年，全县有 14 家敬老院，未兴办敬老院的乡（镇）收养对象实行村供村养或由亲戚亲系供养。1999 年，全县 12 个乡（镇）中南韩村镇、大册营镇、神星镇、方顺桥乡、要庄乡、坨南乡、石井乡、白龙乡、于家庄乡建有敬老院。2003 年农村税费改革后，五保供养经费附税中列支。2005 年，五保户供养经费集中管理使用，分散供养的每人每月 30 元，集中供养的每人每月 50 元，民政局按季发放到乡（镇）民政办，由民政办按时发放给敬老院和分散供养的五保对象。2008 年，提高五保供养标准，分散供养的每人每月 100 元，集中供养的每人每月 150 元。

1991—2008 年满城县农村五保供养情况统计表

表 6-3-10

年份	总人数（人）	集中供养（人）	乡（镇）敬老院（家）	供养费（万元）
1991	251	78	14	9.1

续表6-3-10

年份	总人数（人）	集中供养（人）	乡（镇）敬老院（家）	供养费（万元）
1992	263	80	14	9.5
1993	276	85	14	9.9
1994	277	85	14	10
1995	277	85	14	10
1996	270	82	12	13.3
1997	270	80	12	14.8
1998	236	75	12	12.9
1999	122	58	9	11.9
2000	122	54	9	11.5
2001	120	54	9	11.4
2002	120	48	8	10.8
2003	158	42	8	12.1
2004	150	40	7	11.5
2005	710	48	7	26.7
2006	718	48	7	30.6
2007	680	48	7	31.8
2008	1389	48	7	123.9

七、婚姻管理

1991—1998年，各乡（镇）负责办理行政区域内的农村人口结婚登记。县民政局负责办理行政区域内的居民、机关、企事业单位工作人员的结婚登记，以及全县范围内的协议离婚登记。

1999年，婚姻登记改由县民政局集中办理，各乡（镇）不再直接办理婚姻登记。2004年，县婚姻登记处被省民政厅命名为“一星级婚姻登记处”。

1991—2008年满城县婚姻登记情况统计表

表6-3-11　　单位：对

年份	1991	1992	1993	1994	1995	1996	1997	1998	1999	2000	2001	2002	2003	2004	2005	2006	2007	2008
结婚登记	2898	4443	2621	2092	2117	2818	2702	2977	2939	3095	2381	2676	3135	3184	3529	3737	4108	4283
协议离婚登记	—	—	—	—	—	—	—	—	—	53	78	93	129	212	221	241	278	365
补办结婚登记	—	—	—	—	—	—	—	—	—	1	8	63	99	182	376	675	480	613

八、殡葬管理

20世纪90年代中后期，殡葬管理工作逐步规范，公民亡故后尸体火化渐成习惯。1997年，县殡葬管理所被省民政厅命名为三级殡仪馆。1991—2008年，共计火化尸体45042具。

九、城乡居民最低生活保障

1997年6月，制定《满城县城乡居民最低生活保障制度暂行办法》，城镇和农村居民最低生活保障（以下简称低保）工作启动。1997年，农村居民低保标准：山区、半山区乡（镇）年人均400元；平原乡（镇）年人均500元。资金由县、乡、村三级负担，负担比例是山区、半山区乡（镇）按4:2:4；平原乡（镇）按3:2:5。县、乡（镇）两级列入本级财政年度预算，村从集体提留公益金中列支。2006年，农村低保资金全部改为县财政负担。2008年，农村居民最低生活保障标准调整为年人均960元，全县年保障3237户、5805人，发放保障资金229.8万元。

1997年城镇居民低保标准是年人均800元。1998年调整为月人均80元，1999年增加到月人均100元，2002年增加到月人均130元，2005年下半年增加到月人均150元，2008年下半年调整为月人均220元。保障范围从1998年的7户13人增加到2008年的2378户4775人。年保障金由1998年的2240元增加到2008年的641.6万元。资金由市、县财政各负担一半。

1998—2008年满城县农村低保保障人员和资金发放统计表

表6-3-12

年份	保障户数（户）	保障人数（人）	保障金额（元）	年份	保障户数（户）	保障人数（人）	保障金额（元）
1998	85	248	54180	2004	173	261	100640
1999	48	157	19683	2005	926	2525	162055
2000	169	237	94835	2006	926	2525	478158
2001	246	474	160580	2007	1496	2811	602848
2002	275	535	232595	2008	3237	5805	2298168
2003	302	632	183500	合计	7883	16210	4387242

1998—2008年满城县城镇低保保障人员和资金发放统计表

表6-3-13

年份	保障户数（户）	保障人数（人）	保障金额（元）	年份	保障户数（户）	保障人数（人）	保障金额（元）
1998	7	13	2240	2004	1345	2868	1549200
1999	23	48	20208	2005	1460	3259	2506250
2000	38	80	36360	2006	2984	5294	2904082
2001	108	220	83100	2007	1574	3535	1342234
2002	1006	2223	383460	2008	2378	4775	6415700
2003	1072	2396	1465440	合计	11995	24711	16708274

十、区划地名管理

1984年，县政府设方志地名办公室。是年，出版《满城县行政区划地名图》。1991年，方志办与地名办分设，地名办划归县民政局。1996年，修订《满城县行政区划地名图》。2000年，在区划调整完成后，再次对《满城行政区划地名图》进行修订。2006 年，编写完成《满城县 2002—2020 年地名规划》。2007 年，对新开通的道路进行征名命名。

十一、社团管理

1991 年 10 月，开始办理社会团体登记。到 2008 年，依法注册登记的社会团体有 30 个。其中学术性 3 个，行业性 7 个，专业性 16 个，联合性 4 个，均为法人社团。

2008 年满城县社会团体情况一览表

表 6-3-14

名　　称	县业务主管部门	负责人
满城县维修行业协会	工商局	吕占民
满城县私营企业协会	工商局	刘志成
满城县个体劳动者协会	工商局	刘志成
满城县优质果品产业协会	林业局	曹爱民
满城县会计学会	财政局	王贺明
满城县老干部协会	老干部局	范喜明
满城县消费者协会	工商局	魏宝山
满城县基督教三自爱国协会	民宗局	任长顺
满城县机动车驾驶员协会	公安局	袁造明
满城县技术监督协会	技监局	张　杰
满城县草莓协会	农牧局	路海英
满城县蔬菜良种繁育协会	农牧局	任　明
满城县建筑节能墙改协会	建设局	要洪恩
满城县农村专业技术协会	农牧局	王建庆
满城县反邪教协会	防范办	张　伟
满城县无公害蔬菜协会	农牧局	王淑秀
满城县金融学会	人行满城支行	闫丙文
满城县乒乓球运动协会	文体局	杨全利
满城县果蔬协会	农牧局	吴顺义
满城县葡萄协会	林业局	李国章
满城县成品油流通行业协会	商务局	张　进
满城县农副产品流通协会	供销社	宋连福
满城县武术协会	文体局	王　乐
满城县公路养护协会	交通局	康新海
满城县计算机协会	科协	张效禹

续表6-3-14

名　　称	县业务主管部门	负责人
满城县检察信访信息网络员协会	检察院	赵福顺
满城县佛教协会	民宗局	王　乐
满城县安全技术协会	安监局	姜文英
满城县土地学会	国土资源局	宋建中
满城县养猪技术协会	农牧局	赵文利

十二、收养管理

1993 年正式开始办理收养登记。1993—2002 年办理收养登记 62 件，2003—2008 年未办理。

十三、百岁老人

随着生活水平的提高和医疗条件的改善，人均寿命不断增长，县内出现了长寿的百岁老人。2006 年有 5 名，2007 年有 4 名，2008 年有 2 名。县政府每年为每位百岁老人发放 1200 元保健补贴，每年重阳节县老龄委对百岁老人进行慰问。

十四、福利彩票

1987 年，为弥补福利事业资金不足，国家开始发行社会福利有奖募捐券，1995 年奖券更名为中国福利彩票，福利彩票以“扶老、助残、救孤、济困”为发行宗旨，募集的公益金全部用于社会福利事业。此时的彩票以即开型彩票为主，实行大奖组销售模式，奖品以实物为主。县内彩票市场一直不太景气，1995 年销售即开彩票 40 万元。2000 年下半年，开始发行电脑型福利彩票，全县有 3 个销售站点，电脑彩票上市后，彩票市场迅速复苏，销售站点不断增加，彩票销量不断攀升。2002 年，销售 88 万元；2005 年，销售 424 万元；2008 年，全县有 27 个福彩投注站，年销量 981 万元。

十五、民政工作机构

1991 年，县民政局内设办公室、优抚组、退伍安置办公室、社救组。1992 年 3 月，县民政局内设 6 个股室，包括办公室、社救股、社政股、计财股、优扶股、退伍安置办公室，有工作人员 30 人。1997 年 3 月成立农村养老保险处。2002 年，农村养老保险处并入县人社局。2002 年，县民政局内设 4 个股室，包括办公室、优抚安置股（双拥办）、社救股（扶贫办）、社政股。2008 年，内设股室不变，有工作人员 24 人。下属 6 个单位，分别为殡葬管理所、光荣院、龙凤公墓管理处、婚姻登记处、烈士陵园、军休干部休养所，有职工 42 人。

十六、残疾人联合会

（一）组织机构

1989 年 11 月 29 日，经县政府研究，成立满城县残疾人联合会（以下简称残联），为正科级事业团体，由县民政局代管，常设机构实行理事长负责制，编制 10 人，在县计划中单列户头。经费由县财政列支，办公地点在县民政局。

1991 年，各乡（镇）和残疾人集中的福利企业先后建立残疾人协会（小组）。2004 年，各乡（镇）残疾人协会改称残联，并设立理事长负责工作。

2002 年 3 月，县残联单列为正科级事业单位。财政单独核算，县民政局不再代管。2008 年，行政编制 4 人。

（二）代表大会

1989年11月29日，召开满城县第一届残联代表大会，出席会议的代表67人，特邀代表27人。大会选举产生主席团委员16人，选出执行理事会理事长。

1993年4月27日，召开满城县第二届残联代表大会，地点在县中山宾馆。出席大会代表57人，其中残疾人代表17人。大会选举产生主席团委员14人，选出执行理事会理事长。

1998年11月19日，召开满城县第三届残联代表大会，地点在县教育局五楼会议室。出席大会代表共58人，其中残疾人代表23人，残疾人亲属1人，大会特邀代表5人。大会选举主席团委员22人，选出执行理事会理事长。

2003年8月21日，召开满城县第四届残联代表大会，地点在西环国税所会议厅。出席大会代表106人，其中残疾人代表53人，残疾人亲属1人。大会选举主席团委员27人，并选出执行理事会理事长。

2007年9月13日，召开满城县第五届第一次残联代表大会。出席大会代表共113人，其中残疾人及其亲属代表69人，各乡（镇）、各社区居委会代表80人，县直代表27人。大会选举主席团委员42人，选出执行理事会理事长。

2008年9月25日，召开满城县第五届第二次残联代表大会。出席大会代表共115人，其中残疾人及其亲属代表70人，各乡（镇）、各社区居委会代表85人，县直代表25人。选出执行理事会理事长。

（三）管理、就业

管理

1997年，县残联开始对残疾人进行登记管理，办理第一代残疾证。1998年，全县有1.7万多名残疾人，其中有劳动能力的7200多人。2003年，全县有1.1万多名残疾人，其中有劳动能力的3700多人。至2008年年底，办理残疾证5312份，其中肢体残疾的3867人，视力残疾的354人，听力言语残疾的300人，智力残疾的471人，精神残疾的106人，多重残疾的214人。

2001年，政府投资110万元，兴建满城第一所特教学校，教室、宿舍、食堂、培训室、律动室一应俱全，34名残疾儿童在校生。随班就读的196人，残疾儿童入学率85%。

帮助就业

1991—2005年，集中安置就业1097人。其中1994年在全县12家福利企业安排残疾人300多人。残疾人月工资120~250元，居住和劳动等条件较好。1998年，全县17家福利企业集中安置197人就业。2003年，在全县18家福利企业集中安置400余人就业。2004年集中安置80人，2005年集中安置65人，2008年集中安置55人。

根据残疾人行动不便、居住分散的特点，县残联大力提倡残疾人分散就业、个体开业，并积极协调有关部门给残疾人个体开业实行免税等优惠政策。2003年8月，残疾人个体就业210人，免缴费税12万元。2004年分散就业45人。2005年分散就业65人，个体开业25家。

（四）救助、慰问

救助

1993—1998年，县残联接待来访人员600余人次，来信8件，残疾人反映的问题和要求全部得到解决。

1995年，东佃庄村肢残学生安落实，初中升高中时达到了录取分数线，在升学时却遇到了困难，经县残联与县教育局和招生学校协调，使其如愿升入高中学习。支锅石村残疾女青年葛阿莲四次给县残联来信，要求帮助安排工作。通过协调，把她安排到一家福利厂上班，葛阿莲非常满意。

1999—2003年8月，接待来信来访人员500余人次，办实事300多件，救助聋哑学生93人。2002

年，省残联下拨助残资金 200 万元。

2003 年，坨南乡支锅石村农民葛占立，因患风湿高度驼背，全家 4 口人中 3 人残疾，妻子患有小儿麻痹后遗症，走路拄拐。8 岁儿子葛晨光患脑瘫，走路不稳，言语不清，只有女儿正常，正在上初中，一家人靠捡破烂为生。县残联及时为其解决生活困难，给予补助，并为他全家办了低保。还与《保定日报》联系，以《特殊一家人》为题给予报道，在社会上引起很大反响。保定市残联理事长刘铁山将 2000 元现金送到其家。保定市儿童医院为其子进行免费治疗，后又请北京、石家庄专家会诊，多次为其子做矫治手术，共计花费 8 万余元，治疗后能够行走自如。2006 年，县残联介绍葛晨光到满城县特教学校读小学。

2004 年，全县共有贫困残疾人 5100 人，特困残疾人 409 人，其中 147 户特困户得到帮助。县残联资助县特教学校特困生 1.5 万元，资助 3 名升入大中专院校的残疾人子女每人 5000 元；5 月 16 日（第十四个助残日），免费发放价值 1.5 万元的助听器、助视器、轮椅等生活用品；春节慰问残疾特困户 35 户，发放救助资金 1 万元，为贫困残疾学生及残疾人子女解决学费 2 万元；落实优惠政策，使 600 多名残疾人得到扶持，为其减免税费 2 万余元；接待来访人员 125 人次，解决问题 96 件。

2005 年，县残联深入 12 个乡（镇）35 个村的 60 多个贫困残疾人家庭进行调查，救助特教学生和村级小学贫困残疾人子女 36 名；为考入大中专院校的贫困残疾学生资助资金 7500 元；引进上级资金并自筹资金 3.6 万元，为 12 户贫困残疾人居住的危房进行改造和维修。

2008 年，争取上级资金 12.5 万元，为 25 户残疾人改善住房条件；为考入大中专院校的特困子女每人发放资助金 4500 元，资助特教学校学生及农村贫困生 3.2 万元；接待来访人员 282 人次，解决问题 206 件。

慰问

在每年助残日和“两节”（中秋节、春节）期间，县残联都组织对残疾人家庭进行走访慰问，把党和政府的关怀送到残疾人身边。

1993—1998 年，走访慰问 47 户残疾人特困户，送去面粉、大米 925 公斤，化肥 500 公斤，现金 2650 元，同时慰问 13 家福利厂和 73 名残疾职工。

1998—2003 年，通过摸底调查，全县共有贫困残疾人 4212 人，特困残疾人 209 人。2002 年 8 月，在省文明办等 9 个部门联合开展的十万青年志愿者助残行动中，县残联对 147 户残疾人特困户提供经济帮助与技术服务，为 156 户办理最低生活保障。五年间共走访慰问 68 户残疾人特困户，送去现金 5950 元、米面 1700 公斤、油 200 公斤。

2008 年春节期间，对 12 个乡（镇）、5 个社区的 80 户残疾人特困户进行走访慰问，发放慰问金 1.5 万元。

（五）康复与活动

康复帮助

1990 年开始，县残联多方联系省市医疗机构，为残疾人提供小儿麻痹后遗症矫治、肢体残疾矫形、白内障复明、低视力恢复等医疗康复帮助。免费为残疾人进行手术治疗，使许多残疾人摆脱肢体残疾和低视力带来的痛苦。至 1998 年 5 月，为 536 名小儿麻痹症患者提供小儿麻痹症矫正治疗康复帮助。

1995—1998 年 5 月，为 15 名白内障患者提供复明手术治疗帮助；为 60 名低视力患者提供恢复手术；为 36 名聋儿进行培训；请省内专家两次免费为 90 名聋儿进行听力检测；为 11 个缺碘山区村发放宣传品 150 件，补碘人数 2265 人。

1998 年 6 月—2003 年 8 月，为 187 名肢体残疾人员提供矫正手术治疗帮助，为 318 名白内障患者提供复明手术治疗帮助，为466名低视力患者提供恢复手术治疗帮助，为269名聋儿进行培训。

2004年，为45名白内障患者提供复明手术治疗帮助。

2005年，为30名肢体残疾人员提供矫正手术治疗帮助，为35名白内障患者提供复明手术治疗帮助，为30名低视力患者提供恢复手术治疗帮助，配助视器8例，培训聋儿家长11人。

2008年，为46名白内障患者提供复明手术治疗帮助。

组织活动

主动与报社、电视台等媒体联系，宣传关于残疾人事业的政策、法规及残疾人自强不息的精神，让社会关爱残疾人，关心残疾人事业。1997年助残日，电视台播放自强不息的残疾人刘涛（石井乡东渝河村人）的专题片。2004年5月12日，邀请唐山残疾人艺术团到满城演出，观众达3000人，有34名残疾人前去观看。

县残联与县文体局一起，组织残疾人参加文体活动。1993年，柳家佐村聋哑人陈征参加保定市残疾人书画展，其剪纸作品获奖。2000年，组织全县残疾人象棋比赛，选拔出3名优胜者参加市残联组织的比赛，其中1人取得第6名的好成绩。2001年、2002年，分别选拔2名残疾人参加全省残疾人运动会，获得1枚铜牌。2004年，推荐3名残疾少年参加省游泳残疾人运动员选拔，西高士庄村肢残少年赵志福被选中。

附：光荣院

光荣院

创建于1958年7月，原称养老院，位于城内康家胡同。因烈属较多，在神星公社建立养老院分院，位于荆山村西北角的高地（1940年春日军修炮楼处）。1970年，神星公社养老院与县养老院合并。1979年10月更名为光荣院，同年11月迁至县城西南，中山路路西。1991年有平房42间，有院民21人。1992年，因中山路加宽拆除平房18间，剩余24间，占地4.2亩。1996年建院民楼1座，建筑面积1000平方米，厨房、餐厅100平方米，有院民24人。1998年有院民20人，每人每月伙食费150元；2002年，每人每月伙食费180元；2005年，每人每月伙食费210元；2008年，每人每月伙食费240元。每年老人的药费、取暖费等费用向县财政申请。

第六节　机构编制

一、机构改革

（一）1996年机构改革

机构改革后县委、县政府工作机构31个，比原来减少18个，精简比例为37.3%。其中县委工作机构7个（含县委派出机构1个），县政府工作机构24个。通过改革县直机关分流人员86人，其中成建制转出66人，退休4人，离岗10人，清理混岗人员6人；乡（镇）分流20人。实现控编减员。

按照上级有关要求，根据历史沿革、区域划分、现行体制和人口、面积、交通、经济发展状况等因素，将全县25个乡（镇）合并为13个。

（二）2002 年机构改革

机构改革后，县委设工作部门 8 个，部门管理机构 2 个，议事协调机构 1 个，撤销挂靠机构 1 个，总量比改革前的 11 个减少 1 个，精简 10%；政府工作部门 24 个，精简 11%；县委、县政府直属事业机构由 10 个减为 7 个，精简 30%。

（三）2005 年机构改革

此次县政府机构改革侧重转变职能，理顺关系，调整机构，减少财政供养人员。机构改革后，县政府工作部门 24 个，直属事业单位 3 个。

二、编制控制

（一）县直党、政、群机关

1991 年 3 月，县直党、政、群机关编制 624 人。

1996 年 9 月机构改革中，市委、市政府核定满城县行政编制 544 人，另核工勤编制 41 人。1994 年 2 月，工商局上划市工商局；2001 年 6 月，技术监督局上划市；合计共划走行政编制 35 人。上划后，县直机关编制 509 人。

2002 年 7 月机构改革中，市委、市政府核定满城县县直机关行政编制 428 人，另物价专项编制 3 人。经改革，县直机关编制由 509 人减为 417 人，减少 92 人，精简 18%。2007 年 7 月，根据保定市机构编制委员会《关于为满城下达行政编制的通知》，下达满城县行政编制 54 人，其中县直党政机关行政编制 33 人，老干部服务人员编制 21 人。调整后县直机关行政编制 482 人。后核定编办工勤编制 1 人，核定人社局工勤编制 1 人，核定财政局工勤编制 1 人，核定商务局工勤编制 1 人。2008 年 12 月，县直机关行政编制 482 人，物价专项编制 3 人，工勤编制 41 人。

（二）县委、县政府直属事业单位

1991 年 3 月，县委直属事业单位编制 28 人，县政府直属事业编制 75 人；1996 年 9 月机构改革中，核定县委、县政府直属事业单位编制 102 人；2002 年机构改革中，核定县委、县政府直属事业单位编制 151 人。2005 年 8 月，根据《中共保定市委保定市人民政府关于印发〈满城县人民政府机构改革方案〉的通知》文件要求，将县农业局、畜牧水产局合并组建农牧局，由于市场建设服务中心不承担行政职能，市场建设服务中心不再列为政府直属科级事业单位。改革调整后，县政府直属事业单位 3 个，编制 34 人。截至 2008 年 12 月，政府直属事业机构不变，编制不变。

（三）教育系统

1991 年 3 月前教育系统没有单独列编。1999 年 7 月，核定全县中小学教职工编制 3786 人。2006 年 3 月，核定中小学教职工编制 3817 人。2007 年 6 月，核减中小学教职工编制 3 人，核减后全县中小学教职工编制 3814 人。2008 年 11 月，核定全县中小学教职工编制 3814 人。至 2008 年 12 月保持不变。

（四）公检法司

1991 年 3 月，公安局行政编制 140 人，检察院行政编制 49 人，法院行政编制 58 人，司法局行政编制 31 人，人武部行政编制 20 人，总计行政编制 298 人。1998 年 5 月，核定公安局行政编制 170 人（含地方编制 22 人），核定检察院行政编制 58 人（含地方编制 4 人），核定法院行政编制 73 人（含地方编制 6 人），核定司法局行政编制 56 人（其中机关 15 人，司法所 36 人，公证处 5 人，含地方编制 20 人），总计行政编制 357 人。

1998 年 12 月，上划保定市新市区公安行政编制 5 人，法院行政编制 4 人，司法所行政编制 6 人，共计 15 人。区划调整后，公、检、法、司行政编制 349 人。

2002 年 7 月机构改革中，核定公安局行政编制 165 人（含地方编制 15 人），核定法院行政编制 63

人（含地方编制4人），核定检察院行政编制54人（含地方编制4人），核定司法局行政编制49人（含地方编制14人，其中机关行政编制17人，司法所行政编制32人），总计行政编制331人。

2004年8月，根据市编办文件精神，公安局新增行政编制2人，为167人。2004年12月，公、检、法、司行政编制合计333人。

2005年，根据市编办文件精神，检察院新增政法专项编制3人，法院新增政法专项编制2人。2005年年底，公、检、法、司行政编制合计338人（含地方编制37人）。

2007年12月，保定市机构编制委员会为满城县下达政法专项编制12人，其中法院政法专项编制4人，核销省自定编制4人；检察院政法专项编制5人，核销省自定编制4人；司法政法专项编制3人，核销省自定编制3人。调整后，满城县政法专项编制313人，其中法院政法专项编制65人，检察院政法专项编制58人，司法政法专项编制38人（不含地方编制11人），公安局政法专项编制152人（不含地方编制15人）。

2008年2月，保定市机构编制委员会为公安局增加政法专项编制26人，置换核销地方编制15人，调整后公安局政法专项编制178人。4月，保定市机构编制委员会为检察院增加政法专项编制1人，增加后编制为59人。为法院增加政法专项编制1人，增加后编制66人，2008年年底，公检法司政法专项编制341人。

（五）乡（镇）

1. 乡（镇）机关

1994年11月，25个乡（镇）行政总编制499人。

1996年，合乡扩镇后，13个乡（镇）行政编制526人，各乡（镇）设行政机构（含岗位）20个，包括书记、副书记、组织员、办公室、宣传、纪检监察室、武装部、综治办公室、乡（镇）长、副乡（镇）长、科技副乡（镇）长、党政办公室、财经办公室、乡村建设办公室、社会事务办公室、计划生育办公室、检察院检察室、共青团、妇联会、人大。

1998年12月保定市区划调整时，划走满城县乡（镇）行政编制86人，其中江城乡行政编制42人、大马坊乡行政编制44人，重新组建贤台乡。全县辖4镇8乡，编制440人。

2002年机构改革中，乡（镇）行政编制为352人，工勤编制24人。各乡（镇）内设机构共52个，其中满城镇、神星镇、南韩村镇、大册营镇每镇内设机构5个，包括党政办公室、社会事务办公室、计划生育办公室、财经办公室、城镇建设办公室。8个乡每乡内设机构4个，包括党政办公室、社会事务办公室、计划生育办公室、财经办公室。另外，乡（镇）社会治安综合治理委员会办公室与司法所合署办公，一个机构，两块牌子。

2008年年底，乡（镇）行政编制354人，工勤编制24人，各乡（镇）内设机构仍维持2002年机构改革时的设置。

2. 乡（镇）事业

1991年3月，乡（镇）没有单独设事业机构。

1996年9月，设立乡（镇）全额事业机构39个，编制210人。包括乡（镇）农业技术综合服务站13个，编制85人；乡（镇）文化广播电视站13个，编制86人；乡（镇）计划生育工作站13个，编制39人。另设1个自收自支事业机构，为大册营镇造纸工业区管委会，编制13名。

2002年7月机构改革中，乡（镇）所属事业机构37个，其中全额事业机构36个，自收自支事业机构1个。全额事业机构每乡（镇）设3个，包括文化广播服务中心，农业技术综合服务中心、计划生育综合服务中心，总编制为235人；自收自支机构1个，为大册营镇造纸工业区管委会，编制13人。

2008 年 12 月，乡（镇）事业机构设置及编制维持 2002 年机构改革时的设置。

三、主要工作

1997 年 10 月，对机构编制委员会工作进行规范。之后，对行政、事业单位进人实行增人增资卡制度，严格执行事业单位机构编制下管一级审批政策。

1998 年 2 月，满城县被列为事业单位登记试点县，当年共登记事业单位法人 379 个，公告 169 个。

2000 年 9 月，按照市统一要求，开展事业单位全国统一登记，全县初始登记时间确定为 2000 年 12 月 31 日。事业单位初始登记后，每年的 1 月 1 日至 3 月 31 日前分别向登记管理机关和审批机关报送上一年度执行情况报告。当年核准设立登记事业单位 244 个。

2001 年 1 月，首次开展事业单位法人登记年检，年检法人事业单位 244 个，年检率 100%。变更登记 29 个，注销登记 18 个。

2003 年 7 月，暂停事业机构、各类协会、研究会等社会团体的机构编制审批工作。9 月起，出台相关文件，严格控制事业单位机构编制和人员增长。

2005 年 1 月起，对机关、事业单位实行机构编制管理证制度。

2002 年 1 月—2008 年 1 月，共年检法人事业单位 8 次。2008 年 12 月，事业单位法人登记 198 个，年检 198 个，年检率 100%，变更登记 20 个。

四、工作机构

1991 年 3 月，编制委员会办公室成立，为编制委员会常设办事机构，行政副科级，挂靠劳动人事局。后更名为机构编制委员会办公室，编制 2 人。

1996 年 1 月机构改革，升格为正科级机构，挂靠劳动人事局，负责全县行政管理体制机构改革和机构编制工作。编制 4 人，主任 1 人，副主任 1 人。2000 年 9 月，加挂事业单位登记管理局牌子，并启用新章。

2002 年机构改革中，编制 5 人，设为议事协调机构，既是县委的工作机构，又是政府的工作机构，列县委序列。2006 年 3 月，成立事业单位登记管理局（对内称事业单位登记管理中心），为编办所属股级全额事业单位，编制 4 人，股级干部 1 人。

2008 年 11 月，核定县编办工勤编制 1 人。2008 年 12 月，编办行政编制 5 人，其中主任 1 人，副主任 1 人，工勤编制 1 人。全额事业编制 5 人，股级干部 1 人。

第七节　扶贫工作

1982 年，扶贫试点工作开始。1985 年，成立扶贫领导小组，具体组织协调扶贫工作。在扶贫工作中，采取单位包村，干部包户的措施。党政机关、团体、企事业单位定点包乡、包村，党员干部结对帮扶贫困户。到 2008 年，有 16.7 万贫困人口解决了温饱问题，贫困人口大大减少，生活条件得到改善。每年节假日，特别是春节、中秋节期间，包村包户干部都到贫困户家中慰问，送去大米、食用油等生活用品。

2001—2008 年，根据省、市有关加强财政扶贫专项资金报账制管理的文件精神，对扶贫资金采取委托报账制管理，对委托单位、被委托单位的职责、专户设立、资金拨付、记账方法及要求等内容进行了明确。

1991—2008 年满城县扶贫情况统计表

表 6-3-15

年份	1991	1992	1993	1994	1995	1996	1997	1998	1999
贫困人口（万人）	11.9	8.6	6.8	5.9	5.5	5.2	4.8	4.6	4.2
资金（万元）	35	40	40	30	30	5	0	40	20
年份	2000	2001	2002	2003	2004	2005	2006	2007	2008
贫困人口（万人）	3.7	2.9	2.2	1.4	1.2	1	0.97	0.93	0.9
资金（万元）	15	100	41	62.8	39	17	17	21	17

第七编　政协地方组织

中国人民政治协商会议满城县委员会于1983年2月成立，由县委、民主党派团体、无党派人士、教育文化及工商各界代表组成。1983—1992年，实行三年一届制度，历经第一至第四届委员会。全体委员会每年召开一次，政协常务委员会每季度召开一次。从1993年1月第五届委员会开始，根据新修订的《中华人民共和国政治协商会议章程》规定，实行五年一届制度，全委会每年召开一次。1993—2008年，历经政协满城县第五届至第八届委员会。政协委员积极引进资金、项目，并针对卫生、教育、农业发展、网吧管理等提出多项极具价值的提案，为推进县域经济发展做出了贡献。政协常委会由主席、副主席、秘书长和常务委员组成，主要承担政治协商、民主监督、参政议政、提案办理和文史资料编辑的职能。

第一章　政协委员

按照提名推荐、审议通过的程序产生历届政协委员，第四届、第五届政协委员均为207人，第六届政协委员208人，第七届政协委员201人，第八届政协委员217人。各届委员构成与分布具有广泛性、代表性和先进性。不断完善政治协商制度，加强政协委员队伍的管理和履职尽责的规范化。历届政协委员积极引进资金、项目，提出有价值的提案，在促进全县经济发展方面做出了贡献。1991—2008年，共收集委员提案1530件，立案1454件，绝大部分得到落实。

第一节　委员产生与构成

一、委员产生

县政协委员的产生，由县内各界别单位协商推荐名单，报送组织部、统战部，经政协常委会协商决定后产生。其步骤为提名推荐—协商确定名单—政协常委会协商决定—社会公告—颁发委员证书。

二、委员构成

第四届政协委员 207 人，其中中共党员 82 人，党外人士 125 人，妇女委员 30 人。各界构成情况：由县委推荐的中共党员 46 人，群众团体 5 人，工商联合会 1 人，文化、教育 26 人，卫生 11 人，科技 26 人，农业、林业、水利、畜牧部门 11 人，台属侨眷 8 人，起义投诚人员 3 人，工商、建设、交通、电力 13 人，金融、财贸 11 人，公安、检察、法院、司法 4 人，乡镇企业 9 人，私营企业 10 人，民族宗教 3 人，农民 20 人。

第五届政协委员 207 人，其中中共党员 82 人，党外人士 125 人，妇女委员 17 人，常委 27 人。各界构成情况：县委推荐中共党员 56 人，群众团体 4 人，工商业联合会 3 人，文化、体育、卫生部门 25 人，科技界 21 人，农业、林业、水利、畜牧部门 12 人，工商、建设、交通、电力部门 14 人，金融、财贸 12 人，公安、检察、法院、司法部门 2 人，乡镇企业 23 人，私营企业 24 人，三胞眷属 8 人，起义投诚人员 1 人，少数民族 2 人。

第六届政协委员 208 人，其中中共党员 82 人，党外人士 125 人，妇女委员 21 人，常委 27 人。各界构成情况：县委推荐中共党员 39 人，群众团体 4 人，科技界 10 人，工商、建设、交通、电力 10 人，文化、教育、体育、广播 15 人，医药卫生 7 人，金融、财贸 6 人，经济界 56 人，农业界 43 人，司法界 3 人，三胞眷属 4 人，少数民族 4 人。

第七届政协委员 201 人，其中中共党员 80 人，党外人士 121 人，妇女委员 26 人，常委 27 人，后增补 5 人。各界构成情况：县委推荐中共党员 36 人，群众团体 4 人，工商联 7 人，财贸 17 人，工商、建设、交通、电力 16 人，乡镇企业 56 人，农业、林业、水利、畜牧 24 人，文化、体育、卫生、新闻 20 人，科技界 8 人，民族宗教台属 4 人，政法界 5 人，无党派 4 人。

第八届政协委员 217 人，其中中共党员 81 人，党外人士 124 人，妇女委员 26 人，常委 31 人。各界构成情况：县委推荐中共党员 41 人，群众团体 4 人，工商联合会 13 人，金融、财贸 17 人，工商、建设、交通、电力 24 人，乡镇企业 67 人，农业、林业、水利、畜牧 11 人，文化、体育、卫生、新闻 17 人，科技界 6 人，民族宗教台属 5 人。

从第四届至第八届政协委员构成的综合情况看，界别分布比较合理，具有广泛性、代表性和先进性。

政协满城县第四届至第八届第一次会议委员构成一览表

表 7-1-1

界别	人数（人）				
	第四届	第五届	第六届	第七届	第八届
合计	207	207	208	201	217

续表7-1-1

界别	人数（人）				
	第四届	第五届	第六届	第七届	第八届
中共县委推荐党员	46	56	39	36	41
群团	5	4	4	4	4
工商联	1	3	6	7	13
农林水畜（包括农业界、农民）	31	12	43	24	11
科技	26	21	10	8	6
工建交电	13	14	10	16	24
文教体卫生	37	25	22	20	17
金融财贸税	11	12	6	17	17
经济界（乡镇企业、私营企业）	19	47	56	56	67
司法界	4	2	3	5	0
起义投诚	3	1	0	0	0
三胞眷属、民族宗教	11	10	8	4	5
无党派	0	0	0	4	0

第二节　委员活动与管理

一、引资

1990年，协助南韩村乡建成柠檬酸厂，投资750万元，年产2000吨，经济效益显著；协助西庄乡投资200万元建成草酸厂。

1996年，为加强山区综合开发，帮助山区群众脱贫致富，邀请专家教授为水利局、林业局科技人员及山区乡（镇）村干部举办《山区开发与治理》讲座，从分析山区生态环境恶化的主要原因入手，提出兴建“蓄水工程—以水养树—以树护土—发展林果生产—改善生态环境”的林果小康之路。同年，向县委提出发展杜仲产业的建议，筹措资金4万余元，从安徽省购进优良籽种及幼苗，在全县10个乡（镇）进行育苗、试种推广。同年，向市政协和红十字协会争取资金15万元，改善北水峪学校的办学条件。

2000年，争取有关部门为北东峪村的侯庄安装自来水配套设施，解决村民饮水难问题。

2003—2008年，在委员中广泛开展“三争、三引、三个一”活动，即争创政协工作先进单位、争当优秀政协委员、争写好提案；引资金、引项目、引人才；每名政协常委带动一名农村委员谋思路求发展快致富，每名有实力的委员带动一个困难企业的委员，每个乡（镇）发动本乡（镇）委员积极为贫困村办成一件有影响的实事好事，鼓励和支持委员引资金、引项目、引人才。

二、提案

1991—2008年，共收集委员提案1530件，立案1454件，绝大部分提案得到落实。

1991 年，委员提出《建议解决农民卖桃难的问题》的提案，县政府立即组织县工商局与有关乡（镇）联合投资 20 余万元建成东马、温屯、西渝河、台鱼、大楼 5 个果品批发市场，向 27 个省、市发布市场信息和广告上千份，同时采取不收费和少收费的优惠政策吸引外地果商，使农民卖桃难的问题得到解决。

1994 年，委员提出《关于在县城十字路口建交通岗》的提案，县公安局经多次研究，报请县政府后，投资 15 万元在 3 个主要交通路口设立了交通岗，切实解决了县城交通秩序混乱的状况。

1995 年，委员提出《关于彻底销毁使用后的一次性注射器》的提案。卫生局在调查研究的基础上，制定相关文件，要求各医疗机构落实并配合工商部门对个体批发商加强管理，堵住了一次性注射器使用后流入社会的源头。

1998 年，委员提出《关于建设大册营镇污水处理厂的建议》的提案，县政府召开政府常委会专题研究，列为年度七件大事之一。《关于解决山区教师缺编，提高教师队伍素质》的提案交办教育局后，教育局经过认真研究，把提高全县教师素质，特别是山区教师素质问题作为一项重点工作来抓，采取措施增强山区师资力量。

2001 年，委员提出《关于加强对县城车辆乱停乱放管理的建议》《关于物业公司应建立物业管理专职队伍的建议》《关于加强农业结构调整的建议》等提案，使广大群众反映强烈的问题得到重视和解决。

2002 年，委员提出《关于农村小卖部假冒伪劣食品及三无食品问题》《加强对网吧的管理》《关于无公害蔬菜果品的管理认证问题》等提案交办后，县政府及有关部门把这些提案列为工作重点，认真研究落实，使反映的问题得到解决。

2003 年，委员提出《关于加强农贸市场管理的建议》的提案，县政府高度重视，对北平路农贸市场进行污水沟改造，建设全封闭农副产品交易大厅，改变了污水熏天的脏乱环境。针对《关于要加强对农村网吧的管理》的提案，县文体、工商、公安等部门承办后，经过研究，建立例会联席制度，定期召集网吧业主，特别是分布在农村的业主学习相关法律法规，同时加大整治力度，网吧经营逐步规范化。

2004 年，委员提出《关于对农村两委班子成员加强培训和考核》的提案，县委组织部、民政局认真落实。在推行农村两委班子“双联一带”（即：县级领导干部、县直部门和驻乡工作队分别联系党建综合示范村，联系农村后进党支部，树典型、促提高，抓整顿、促转化，带动村级班子建设整体水平提高）的基础上，重点开办农村两委干部岗位素质培训班，全县 1423 名两委干部全部持证上岗，并注重对农村两委干部的日常管理和培训。

2005 年，针对委员提出的《加强土地管理，防止土地流失，治理空心村》的提案，国土局在专项整治基础上，严格各项规划审批。利用 1 个月时间对全县基本农田进行清查，设立基本农田保护区 1080 个，保护面积 25856 公顷，设立保护标准牌 200 个，对全县 204 个行政村的耕地进行登记，签订保护农田责任书。

2006 年，委员提出《关于我县草莓产业存在的问题和建议》的提案。财政局调整经费预算，安排草莓新品种育苗推广专项经费 10 万元，引进国内外新品种 20 个，草莓单产提高 20%以上。针对《关于对环城西路、北路进行改造和修建下水管道的建议》的提案，建设局投资 1744.14 万元，对环城西路、北路进行改造，对道路两侧进行绿化，解决了沿路企业和乡村的排水难、行路难的问题。

2007 年，委员提出《关于尽快改变实验小学班容量过大的现状》的提案，县政府积极筹资 265 万元，对实验小学南教学楼进行改造，缩小了班容量。

2008 年，委员提出《关于建设西部生态屏障》的提案，林业局制定太行山绿化规划，当年组织人工造林 2.6 万亩，封山育林 8 万亩，退耕还林 0.7 万亩。

三、委员管理

每次召开全会前，政协都号召和发动广大政协委员，深入开展调查研究，提前撰写建议材料，组织委员作大会专题发言。每次全会，县政协都认真审议和讨论“一府两院”工作报告，积极为县委、县政府民主、科学决策提出意见和建议。

2003—2008 年，出台一系列文件，加强政协委员队伍的管理和履职尽责的规范化。包括《政协满城县委员会关于严肃委员纪律的暂行规定》《政协满城县委员会关于进一步加强政协委员队伍建设的实施意见》《政协满城县委员会委员活动小组工作规则》《关于加强政协委员队伍管理的规定》《关于常务委员会组成人员守则》。

2008 年，按照相关规定，对不及时参加政协各项会议和活动、不注重自身修养、不正确履行职责的委员，进行批评教育、请辞、撤销委员资格等处理。有 1 名委员被取消委员职务，有 2 名委员被撤销委员职务。另有 11 名委员由于工作调动辞去委员职务，调整补充乡（镇）负责政协工作的副书记为政协委员。

第二章　政协会议

1990—2008 年，政协满城县第四届至第八届委员会共召开 19 次会议。历届委员会第一次全体会议选举产生政协主席、副主席、秘书长、常务委员。

第一节　政协满城县第四届委员会

一、第一次全体会议

1990 年 4 月 5—8 日，政协满城县第四届委员会第一次会议召开，出席会议的委员有 207 人。选举产生政协第四届委员会主席 1 人，副主席 6 人，常委 20 人。会议听取第三届政协委员会工作报告；听取和协商讨论“一府两院”工作报告；通过大会决议。

二、第二次全体会议

1991 年 4 月 8—11 日，政协满城县第四届委员会第二次会议召开，出席会议委员 197 人。会议有四项议程：听取县委主要领导讲话；听取和审议四届一次政协常委会工作报告；听取和协商讨论“一府两院”工作报告；听取提案审查情况的报告。

三、第三次全体会议

1992 年 3 月 31 日—4 月 2 日，政协满城县第四届委员会第三次会议召开，出席会议委员 207 人。会议有五项议程：选举增补副主席 1 人，常务委员 3 人；听取县委主要领导讲话；听取和审议四届二次政协常委会的工作报告；听取和协商讨论“一府两院”的工作报告；听取提案审查情况的报告。

第二节　政协满城县第五届委员会

一、第一次全体会议

1993 年 1 月 3—6 日，政协满城县第五届委员会第一次会议召开，出席会议委员 207 人。选举产生主席 1 人，副主席 5 人，常委 22 人。会议有六项议程：听取县委主要领导讲话；听取和审议第四届政协常委会的工作报告；选举满城县政协第五届委员会主席、副主席、常务委员；听取和协商讨论“一府两院”的工作报告；听取提案审查情况的报告；通过大会决议。要求全体委员坚定不移地学习、理解党的十三大精神，坚持党的基本路线，为建设满城献计出力。

二、第二次全体会议

1994 年 1 月 14—15 日，政协满城县第五届委员会第二次会议召开。会议有五项议程：听取县委主要领导讲话；听取和审议五届一次政协常委会工作报告；听取和审议政协五届一次会议以来，提案工作情况的报告和二次会议提案审查报告；听取和协商讨论“一府两院”的工作报告；通过大会决议。要求全体委员要认真学习党的基本路线，学习贯彻县委安排部署，坚定地执行党的路线、方针、政策，不断提高协商、监督职能，充分发挥政协人才优势，为两个文明建设贡献力量。

三、第三次全体会议

1995 年 2 月 8—10 日，政协满城县第五届委员会第三次会议召开。会议有六项议程：听取县委主要领导讲话；听取和审议五届二次政协常委会工作报告；听取和审议政协五届二次会议以来提案工作情况的报告和三次会议提案审查报告；听取和协商讨论“一府两院”的工作报告；通过大会决议；通过有关人事事宜。会议强调各委员要认真学习党的方针政策、认真贯彻落实县委扩大会议精神，抓好委员“六个一”活动，即提一件提案，反映一条合理社情民意，参加一次视察调研，联系一个基层单位，提供一条招商信息，为民办一件实事，为建设满城、发展满城再创业绩。

四、第四次全体会议

1996 年 1 月 22—23 日，政协满城县第五届委员会第四次会议召开。会议有六项议程：听取县委主要领导讲话；听取和审议五届三次政协常委会工作报告；听取和审议政协五届三次会议以来提案工作情况的报告和四次会议提案审查的报告；听取和协商讨论“一府两院”的工作报告；通过大会决议。要求充分发挥政协委员的主体作用，广泛联系，认真履行政协职能，为经济建设做贡献。

五、第五次全体会议

1997 年 2 月 15—16 日，政协满城县第五届委员会第五次会议召开。会议有七项议程：听取县委主要领导讲话；听取和审议五届四次政协常委会工作报告；听取和审议政协五届四次会议以来提案工作情况的报告和五次会议提案审查报告；听取和协商讨论“一府两院”的工作报告；选举政协秘书长；宣读政协委员会《关于贯彻中央十四届六中全会的决议》《政协委员争当精神文明建设模范的倡议》；通过大会决议。要求全体政协委员要继续认真学习建设有中国特色的社会主义理论，要紧紧围绕经济建设这个中心，深入实际，选准着力点，调查研究，积极参与重大问题的协商讨论，为县委、县政府宏观决策献计。要积极开展民主监督，促进社会主义精神文明建设和反腐倡廉工作的深入开展，要充分利用香港回归广泛宣传“和平统一”“一国两制”的方针，推动海峡两岸的各项交流，为实现祖国统一大业做贡献。

第三节　政协满城县第六届委员会

一、第一次全体会议

1998 年 2 月 14—16 日，政协满城县第六届委员会第一次会议召开，出席会议的委员 208 人。选举产生主席 1 人，副主席 3 人，常务委员 23 人。会议期间收到委员提案 78 件。会议有七项议程：听取县委主要领导讲话；听取和审议第五届政协常委会的工作报告；听取和审议政协第五届以来提案工作报告；选举政协六届委员会主席、副主席、秘书长、常务委员；听取和协商讨论“一府两院”的工作报告；听取提案审查情况的报告；通过大会决议。要求全体政协委员认真学习贯彻落实党的十五大精神，围绕县委中心工作，发挥职能作用，为建设满城县贡献力量。

二、第二次全体会议

1999 年 3 月 3—4 日，政协满城县第六届委员会第二次会议召开。会议有六项议程：听取县委主要领导讲话；听取和审议六届一次政协常委会的工作报告；听取和审议六届一次会议以来提案工作的报告；增补副主席 1 人；听取和协商讨论“一府两院”的工作报告；通过大会政治决议。要求全体委员要认真学习贯彻、执行党的基本路线、方针、政策，不断提高协商、监督职能，充分发挥政协人才优势，为社会各项事业发展贡献力量。

三、第三次全体会议

2000 年 2 月 21—23 日，第六届委员会第三次会议召开。会议有六项议程：听取县委主要领导讲话；听取和审议六届二次政协常委会的工作报告；听取和审议六届二次会议以来提案工作情况的报告；听取和协商讨论“一府两院”的工作报告；增选县政协常委；审议并通过大会的政治决议。会议强调全体委员要认真学习党的方针政策、认真贯彻落实县委八届四次全会精神，同心同德，扎实工作，为建设满城、发展满城再创业绩。

四、第四次全体会议

2001 年 2 月 9—11 日，政协满城县第六届委员会第四次会议召开。会议有六项议程：听取县委领导讲话；听取和审议六届三次政协常委会的工作报告；听取和审议政协六届三次会议以来提案工作情况的报告；听取和协商讨论“一府两院”的工作报告及“十五”计划；补选政协常委；审议并通过大会的政治决议。会议要求充分发挥政协委员的主体作用，广泛联系，认真履行政协职能，为经济和社会各项事业的发展贡献力量。

五、第五次全体会议

2002 年 1 月 6—8 日，政协满城县第六届委员会第五次会议召开。会议有六项议程：听取县委主要领导讲话；听取和审议六届四次政协常委会的工作报告；听取和审议六届四次会议以来提案工作情况的报告；听取和协商讨论“一府两院”的工作报告；听取和审议政协六届五次会议提案审查报告；审议并通过大会的政治决议。要求全体政协委员要继续认真学习建设有中国特色的社会主义理论、“三个代表”重要思想，要紧紧围绕经济建设这个中心，深入实际，选准着力点，调查研究，积极参与重大问题的协商讨论，为县委、县政府宏观决策献计、献策。

第四节　政协满城县第七届委员会

一、第一次全体会议

2003年4月6—9日，政协满城县第七届委员会第一次会议召开，出席会议的委员有201人。选举产生主席1人，副主席3人，常务委员27人。会议期间收到委员提案179件。会议有七项议程：听取县委主要领导讲话；听取和审议第六届政协常委会的工作的报告；听取和审议第六届以来提案工作情况的报告；选举政协七届委员会主席、副主席、秘书长、常务委员；听取和协商讨论“一府两院”的工作报告；听取和审议政协七届一次会议提案审查情况的报告；审议并通过大会的政治决议。要求全体政协委员认真学习贯彻落实党的十六大精神，以“三个代表”重要思想为指导，围绕县委中心工作，发挥职能作用，为建设满城贡献力量。

政协满城县第七届委员会第一次会议会场

二、第二次全体会议

2004年1月31日—2月2日，政协满城县第七届委员会第二次会议召开。会议有四项议程：听取和审议七届一次政协常委会工作的报告；听取和审议七届一次会议以来提案工作情况的报告及二次会议议案审查报告；听取和讨论“一府两院”的工作报告；通过大会政治决议。

三、第三次全体会议

2005年2月19—21日，政协满城县第七届委员会第三次会议召开。会议有七项议程：听取县委领导讲话；听取和审议七届二次政协常委会工作报告；听取和审议七届二次会议以来提案工作情况的报告；听取和协商讨论“一府两院”的工作报告；增选常委会委员；听取和审议政协七届三次会议提案审查报告；审议并通过大会政治决议。

四、第四次全体会议

2006年3月19—21日，政协满城县第七届委员会第四次会议召开。会议有九项议程：听取县委领导讲话；听取和审议七届三次政协常委会工作的报告；听取和审议七届三次会议以来提案工作情况的报告；大会发言；听取和协商讨论“一府两院”的工作报告；选举增补副主席2人；听取和审议政协七届四次会议提案审查报告；审议并通过大会政治决议；总结讲话。

第五节　政协满城县第八届委员会

2007年5月，政协满城县第八届委员会第一次会议召开，至2008年年底，召开了两次会议。

一、第一次全体会议

2007年5月24—27日，政协满城县第八届委员会第一次会议召开，出席会议的委员有217人。选举产生主席1人，副主席4人，常务委员26人。会议有七项议程：听取县委领导讲话；听取和审议第七届政协常委会工作报告；听取和审议第七届以来提案工作情况的报告；选举政协八届委员会主席、副主席、秘书长、常务委员；听取和协商讨论“一府两院”的工作报告；听取和审议政协八届一次会议提案审查情况的报告；审议并通过大会政治决议。

二、第二次全体会议

2008年3月26—27日，政协满城县第八届委员会第二次会议召开。会议有七项议程：听取县委领导讲话；听取和审议八届一次政协委员会工作报告；听取和审议八届一次会议以来提案工作情况的报告；听取和协商讨论“一府两院”工作报告；大会发言；听取和审议政协八届二次会议提案审查情况的报告；审议并通过大会政治决议。

第三章　常务委员会

政协常委会由主席、副主席、秘书长和常务委员组成，由历届政协第一次全体委员会选举产生。政协常委会每年召开不少于四次会议。2008年，政协办事机构为综合办公室，编制14人。政协常委会积极参与政治协商、民主监督、参政议政，围绕县委、县政府政治、经济等中心工作，以及群众普遍关心的热点、难点、重点问题开展调查，征求意见和建议，提交调研报告和提案。文史资料编辑著述颇丰，先后出版《满城县文史资料》《魏庄惨案》《血染黄崖山》《满城抗日故事选》、满城文学作品选丛书（五卷）、满城民风民俗（上下册）等，组织翻印民国时期的《满城县志略》。

第一节　政协常委的产生

政协设常委会，常委会由主席、副主席、秘书长和常务委员组成。其候选人由参加政协委员会的各党派团体、各民族和各界人士协商提名，经全体会议选举产生。

政协常委会主席主持常委会工作。副主席、秘书长协助主席工作。主席、副主席、秘书长组成主席会议，处理常委会的主要日常工作。

政协常委会每年召开不少于四次会议，其间，因工作需要适时召开主席会议。

政协满城县第四至第八届常务委员会组成人员一览表

表 7-3-1

届别	职务	姓名	性别	民族	政治面目	工作单位及职务	籍贯
第四届 1990.4—1993.1	主席	范喜明	男	汉	中共党员	驻会	满城县
	副主席	杨作新	男	汉	中共党员	驻会	顺平县
		王金贵	男	汉	中共党员	驻会	满城县
		贾 述	男	汉	群众	驻会	满城县
		刘文瑚	男	汉	群众	驻会	任丘市
		孙 毅	男	汉	群众	满城中学教师	北京市
		李明远	男	汉	群众	水利局干部	满城县
		于润华	女	汉	中共党员	统战部部长	沧 县
	常务委员	于润华（女）、王连德、闫树钧、朱鹏图、吴宝军、张志明、杨桂花（女）、郄凤山、柳玉辉、南国安、赵金堂、赵奎生、要吉祥、贾树桐、康社、商振华、董增福、靳凤英（女）、鲍克达、霍长雨、李秀敏（女）、张效禹、贾玉海					
第五届 1993.1—1998.2	主席	张汉文	男	汉	中共党员	驻会	定兴县
	副主席	杨作新	男	汉	中共党员	驻会	顺平县
		于润华	女	汉	中共党员	统战部部长	沧 县
		葛兴旺	男	汉	群众	驻会	满城县
		孙 毅	男	汉	群众	满城中学教师	北京市
		李明远	男	汉	群众	水利局干部	满城县
	秘书长	刘合作	男	汉	中共党员		满城县
	常务委员	闫树钧、贾玉海、张效禹、缪福山、方保怀、陈素英（女）、要吉祥、赵金堂、杨桂花（女）、张成志、柳玉辉、张志明、贾树桐、肖新坡、董增福、霍长雨、杜新强、魏文志、康金河、李茂恒、王合顺、刘合作					
第六届 1998.2—2003.4	主席	王金魁	男	汉	中共党员	驻会	高阳县
	副主席	于润华	女	汉	中共党员	统战部部长	沧 县
		刘润生	男	汉	中共党员	驻会	满城县
		康新海	男	汉	中共党员	驻会	满城县
		杨桂花	女	汉	群众	农行干部（1999 年增补），不驻会	满城县
	秘书长	刘合作	男	汉	中共党员		满城县
	常务委员	刘合作、缪福山、冉金钟、张效禹、袁文茹（女）、杨桂花（女）、潘金忠、尹金泉、张志明、刘洪发、霍占乐、贾树桐、李少波、康金河、康敏（女）、董增福、臧小华（女）、柳玉辉、杜新强、苑学锋、李东红（女）、陈云成、郭琪生、张志武、刘建国、房新国					

续表7-3-1

届　别	职　务	姓　名	性别	民族	政治面目	工作单位及职务	籍　贯
第七届 2003. 4—2007. 5	主　席	范福生	男	汉	中共党员	驻会	满城县
	副主席	康新海	男	汉	中共党员	驻会	满城县
		杨桂花	女	汉	群众	县农行干部	满城县
		李秀敏	女	汉	中共党员	统战部部长	满城县
		商振华	男	汉	群众	驻会	满城县
		刘铁英	男	汉	中共党员	兼统战部部长，不驻会	满城县
	秘书长	常宝青	男	汉	中共党员		满城县
	常务委员	刘合作、田春明、常宝青、刘秀艳（女）、刘茂君、李连生、李保章、张志明、张占福、霍占乐、张永生、苑学锋、康敏（女）、房新国、部福禄、方为芳（女）、焦耀全、要洪恩、方保怀、张宝合、张志武、刘建国、侯晓辉（女）、郭琪生、贾树桐、范永宽					
第八届 2007. 5—	主　席	范福生	男	汉	中共党员	驻会	满城县
	副主席	商振华	男	汉	群众	驻会	满城县
		刘铁英	男	汉	中共党员	兼统战部部长，不驻会	满城县
		李文安	男	汉	中共党员	驻会	满城县
		李保章	男	汉	群众	科技局副局长，不驻会	满城县
	秘书长	常宝青	男	汉	中共党员		满城县
	常务委员	常宝青、王文全、王淑秀（女）、王喜振、方为芳（女）、刘旭、刘志成、孙宝成、吴伟（女）、李晓云（女）、张永生、张丙连、张占福、张利军、杨国安、苑学锋、房新国、部福禄、殷文海、郭琪生、曹洁（女）、曹彦彬、曹晓娇（女）、董国利、鲍丽（女）、霍占乐					

第二节　常务委员会机构

1991年，政协满城县常委会内设工作机构有办公室、经济科技委员会、社会法制委员会、文教体育委员会、提案委员会和学习宣传委员会。

1998年2月，撤销5个委员会，政协满城县常委会内设综合办公室，编制16人。至2008年，内设机构不变，编制14人。

第四章　政协地方组织的主要工作

第一节　政治协商

一、第四届委员会

1991—1992 年，第四届委员会先后就“一府两院”工作报告、国民经济与社会发展计划执行情况、“九五”计划、“八五”末计划安排、财政预算及一系列重大改革方案等问题进行探讨和协商，委员们直抒胸臆，坦诚进言，提出许多意见和建议。

二、第五届委员会

1993—1997 年，第五届委员会围绕“人均百棵树工程”、矿产资源开发利用、推进新兴产业、新税源的培植、文教卫生、社会治安和有关法律、法规的落实等情况，在充分调查研究的基础上，先后向县委、县政府提出《关于种植杜仲的建议》《把有色金属工业作为满城县富民强县支柱产业的建议》《山区林业综合开发抓紧推广沙棘、籽粒苋》《加强基础教育》《净化文化市场》等一系列建议。1993 年，组织有关部门和科技人员召开加快“两高一优”农业发展座谈会，提出意见和建议。1994 年，根据山区宜林面积大的实际情况，通过赴邢台学习先进经验，向县委、县政府提出“实施绿色小康工程”的建议，引起县委、县政府高度重视，在山区大力实施人均百棵果树工程，掀起植树造林奔小康的高潮。

三、第六届委员会

1998—2002 年，第六届委员会先后 16 次听取县政府重点工作报告，通过主席办公会、常委座谈会、委员代表专门会议等形式，对其中关乎国计民生的 32 项重大事项进行协商讨论。1998 年，提出《关于进一步加强草莓市场建设的建议》，县委、县政府主要领导作重要批示，并根据建议制定出“绿色通道”畅通无阻的有效措施。1999 年，《关于满城县农业先进实用技术推广的调查报告》被市政协转发。2002 年，撰写《威尔冻干为什么“冻”不起来》《对满城县物业管理情况的调查》两份调研报告，对相关工作起到促进作用。

四、第七届委员会

2003—2006 年，第七届委员会运用全委会、常委会、主席会、专题协商会等形式，就每年一次的“一府两院”工作报告、经济和社会发展规划、财政预决算报告进行协商讨论；就产业结构调整、城镇建设、环境保护、新农村建设等问题进行专题协商，向县委、县政府提出意见和建议。为配合制定“十一五”发展规划，组织开展“调研月”和“我为满城‘十一五’规划献一策”活动，提出涉及城镇规划、社会治安、工业发展、草莓产业发展、交通建设、荒山开发等 150 多条建议，得到县委、县政府高度重视。2005 年 9 月，针对方顺桥乡有色金属熔铸、电器加工、塑料加工等行业面临的突出困难，撰写《关于方顺桥乡民营经济发展状况的调查报告》，为县委、县政府决策提供参考。

五、第八届委员会

2007—2008 年，第八届委员会按照政治协商的程序和年度协商计划，坚持全体会议广泛协商、常委会议专题协商、主席会议重点协商的协商制度，广泛开展协商讨论。在政协八届二次常委会议上，请县政府有关负责同志就全县新农合医疗制度的运行情况作专题通报，领导与委员面对面交流，零距离协商，从而实现知情、议政、献计的有机结合。在政协八届二次全会上，4 名委员作了大会专题发言，引起县委、县政府主要领导的高度重视。

第二节　民主监督

1991—1997 年，充分运用办理委员提案、开展视察等形式，发挥民主监督员作用，反映社情民意，做好民主监督工作。

1998—2002 年，向公检法部门和窗口单位推荐社会监督员 89 人，通过监督员了解被监督部门、单位的工作情况，进行个案协调，解决问题。每逢县委、县政府有重大决策，及时召开党外人士座谈会、恳谈会，从不同角度提出建议，供县委、县政府参考。5 年间召开此类会议 12 次，征集委员对本地、本行业、本部门党政工作的意见和建议 300 余条，组织委员视察 46 次。在视察活动中，委员们对发现的问题认真负责，敢于直言，提出很多意见、建议，得到被视察部门、单位和主管领导的认可和采纳。

2003—2006 年，利用提案、视察、社会民主监督员等形式开展民主监督。视察内容既有城镇建设、项目建设、文明生态村建设等大事要事，又有县城公厕、街头烧烤、学校食堂卫生管理、食品药品管理等群众普遍关心的民生民意问题，组织 26 次视察，撰写视察报告 26 篇。35 名政协委员被聘为社会民主监督员。2005 年，苑东红委员反映小楼村部分群众饮水难问题，县政协责成办公室派人实地走访调查，形成专题报告呈送县政府主要领导。县政府主管副县长带领有关部门深入小楼村，现场办公，限时得以解决。

2007—2008 年，坚持适时而作，适需而为的原则，把视察与知情、视察与监督、视察与建言结合起来，让参与视察的委员提前发现问题，视察中主动提出整改措施和建议，确保视察活动收到实效。2007 年，围绕张石高速公路建设、北外环路整修等内容组织 2 次大型视察，5 次委员小组视察。推荐 40 名委员参加对执法执纪部门和窗口服务单位的政风、行风评议和民主听证会。委员们积极主动地问政、问民、问责，履行监督职责。2008 年，先后对社会低保落实情况、“项目校”建设、食品药品安全等进行视察。并推荐委员参加县政府及有关部门举行的关于排污收费、冬季取暖收费等听证会。

第三节　参政议政

第六届委员会围绕县委、县政府中心工作和群众普遍关心的重点、热点、难点问题，广泛开展以调查为主要形式的参政议政活动 22 次。

第七届委员会坚持抓住中心挖掘新课题，服务大局贡献新智慧的原则，广泛调查、深入研讨。先后就优化环境、社会主义新农村建设、农村文化建设、新型农村合作医疗制度的推行、治污和产业结构调整以及县域特色经济发展等课题组织专题调研25次，撰写调研报告25篇。2006年7月，组织部分政协委员、有关部门负责人到实施新农合制度较好的河间市学习考察。为做好全县新农合工作，责成专人随机抽取两个村，以入户走访、问卷调查和召开座谈会等形式广泛征求意见，形成《关于在我县实施新型农村合作医疗制度的建议案》，纳入到县政府制定的新农合工作方案中。2006年8月，组织走村、入户、进企，开展新农村建设专项调研，形成《关于扎实有效推进我县社会主义新农村建设的建议案》，县委、县政府主要领导作了批示，要求有关部门在工作中认真吸收、采纳。

2007年，坚持调研队伍要精、开展调研要深、反映情况要准、调研成果要实的原则，紧紧围绕县委、县政府中心工作深入调研。9月，结合县委开展的解放思想大讨论活动，组成县域经济发展调研组，历时一个月，深入重点企业走访，召开区域座谈会，发放群众调查问卷，形成《关于加快满城经济发展的建议案》，受到县委、县政府主要领导的高度重视和充分肯定，并在县委理论中心组学习会上进行了交流。

2008年，共组织7个专题调研，形成3个建议案，提出有针对性、可行性的意见和建议30多条，县委、县政府领导作了重要批示，有的被纳入县委、县政府决策的内容。主要调研4次：围绕重点项目建设先后两次召开由部分乡（镇）、县直部门和重点项目方负责人参加的座谈会，深入部分重点企业进行实地调研，形成《政协满城县委员会关于加快全县重点项目建设步伐，促进经济又好又快发展的建议案》，对调整园区规划和项目建设提出6项建议；围绕城市规划、建设与管理深入调研；通过召开相关部门负责人座谈会和城市居民、商户代表座谈会，广泛征求意见和建议，经过综合分析、归纳整理，形成《政协满城县委员会关于进一步加强我县城市规划、建设与管理的建议案》，对提升城镇面貌、完善城市功能、提高城市品位、增强城市承载力和吸引力提出了意见和建议；围绕实现节能减排目标进行调研，深入企业进行实地调查，了解全县节能减排工作的现状及存在的问题，召开由县直有关部门和有关乡（镇）、部分企业负责人参加的座谈会，认真分析研究，形成《政协满城县委员会关于加强我县节能减排工作的建议案》，提出9项建议，得到领导重视，部分意见和建议得到采纳。配合市政协完成节能减排调研课题和非煤矿山开采视察活动。

第四节　文史资料编辑

一、抗日资料搜集编辑

2001年3月，中日友好研究会的日本友人松岗环女士，到满城实地调查1942年4月15日发生的魏庄惨案。之后县政协派专人先后3次进入魏庄村，调查当年惨案的5位亲历者和目击者，编辑整理出2000余字的《魏庄惨案》，1500多字的《血染黄崖山》，经离休老干部王育华校正完稿，资料报送省、市政协文史委。同年编辑出版《满城县抗日故事选》。

二、编辑文学书籍

2006年，“满城文学作品选”五卷本丛书正式出版。这套五卷本丛书包括《诗词楹联卷》《散文卷》《小说卷》《民间故事卷》《文物旅游卷》，涉及作者400多人，收编作品近2000篇（首），共计180多万字。

2007年下半年，开始组织编写“满城文学作品选之民风民俗”，2008年12月正式出版，约53万字，主要记述县域内岁时习俗、礼仪风俗、生活习俗、农事习俗、流行方言、民间艺术与竞技、儿童生活及游戏、宗教与庙会、五行八作等。

“满城文学作品选”五卷本丛书荣获2008年保定市精神文明建设“五个一工程”奖，“满城文学作品选之民风民俗”获得市优秀奖。在全国政协举办的庆祝人民政协成立60周年文史成果展上，“满城文学作品选”五卷本丛书和“满城文学作品选之民风民俗”作为全省文史成果参展，受到全国政协领导和有关文史专家的好评。

2007—2008年，连续两年被省政协评为文史工作一等奖，机关3名同志被省政协评为文史工作先进个人。

第八编　人民团体

满城县内人民团体有总工会、中国共产主义青年团、妇女联合会、科学技术协会、工商业联合会，各团体在各自领域积极组织开展活动、提供服务，在社会经济、生产生活、科学技术等领域发挥着重要作用。

第一章　工　会

1999年，县总工会在12个乡（镇）建立基层工会工作委员会。2004年，成立十大系统（行业）工会。各级工会组织积极发挥作用，维护职工权益。1991—2008年，县总工会共组织召开三次工会会员代表大会，选举新的总工会委员会和总工会主席。2001—2008年，累计帮助企业签订集体合同412个，签订劳动合同4.18万人次，签订工资协商合同206个。先后把县医院、保定第七医院、神星医院、石井医院确定为工会会员医疗定点单位，持工会会员证的广大职工、群众看病可享受优惠。成立困难职工帮扶中心组织临时救助。2003年，建立劳动争议仲裁庭，到2008年受理39起案件，裁决12起，调解23起；成立职工法律援助中心，无偿为广大职工、农民工提供法律援助。

第一节　组织机构

1999年，建立12个乡（镇）基层工会工作委员会。2004年，成立十大系统（行业）工会，包括政法系统工会、宣传系统工会、县直属机关工委工会、政府机关工会、农业系统工会、金融系统工会、工业园区工会、饮食服务行业工会、商贸行业工会和建筑行业工会，县直工会主席由各单位按同级副职配备，乡（镇）工会主席由党委副书记兼任，并配备专职工会干事。

2005年年底，在机关、乡（镇）、非公有制企业、外资企业中发展工会组织369个，工会会员4.4万人。其中乡（镇）工会12个、系统（行业）工会10个、县直工会114个、非公有制企业工会211个、外资企业工会22个。

2008年，县总工会内设10个部门，包括办公室、财务部、组织部、宣教部、生活保障部、经济部、女工部、民管部、法工部、经审办，编制4人；下属1个事业单位（工人俱乐部），编制8人。全县基层工会组织365个，工会会员62417人，涵盖独立法人单位811个。

2008年满城县基层工会组织数量统计表

表8-1-1

单位	会员数（人）	工会组织数（个）	涵盖独立法人单位（个）
满城镇	10550	44	132
大册营镇	10395	34	99
神星镇	4066	30	64
南韩村镇	3043	30	62
石井乡	2909	18	67
方顺桥乡	5852	30	72
于家庄乡	2916	13	56
要庄乡	1808	16	45
贤台乡	1194	15	58
坨南乡	318	6	13
白龙乡	186	1	7
刘家台乡	63	1	1
饮食服务行业	230	2	10
建筑行业	270	1	1
商贸行业	230	1	1
工业园区	114	1	1
县直	18273	122	122
合计	62417	365	811

第二节　代表大会

一、第九次工会会员代表大会

1994年4月28—29日，第九次满城县工会会员代表大会在县剧场召开，应到代表204人，实到代

表 204 人。选举 21 名委员组成县总工会第九届委员会。苏炳武当选县总工会主席。1996 年人事调整，李国元当选县总工会主席。

二、第十次工会会员代表大会

1999 年 3 月 15—16 日，第十次满城县工会会员代表大会在县剧场召开，应到代表 150 人，实到代表 110 人。选举 21 名委员组成县总工会第十届委员会。李国元当选县总工会主席。后因人事调整，2002 年张效禹当选县总工会主席。2003 年冉东瑞当选县总工会主席。

三、第十一次工会会员代表大会

2005 年 11 月 1 日，第十一次满城县工会会员代表大会在县电力局收费大厅召开，应到代表 101 人，实到代表 101 人。选举 21 名委员组成县总工会第十一届委员会。冉东瑞当选县总工会主席。

第三节　主要活动

一、参与企业民主管理

1999 年，印发《关于进一步加强新经济组织工会工作，促进新经济组织健康发展的意见》，规定私营企业要建立工会组织，工会组织参加企业改革领导小组、参与涉及职工切身利益政策的制定，私营企业要建立健全劳动关系三方协商制度。工会组织还应指导企业签订各类合同和开展工资集体协商；指导职工与企业签订劳动合同，并要求企业合同档案保管齐全。

2001—2008 年，县工会组织累计帮助企业签订集体合同 412 个，签订劳动合同 4.18 万人次，签订工资协商合同 206 个。全县企业职代会建制总数 380 个，厂务公开建制总数 390 个。25 人以下的企业建立区域性、行业性职代会，厂务公开制度占企业总数的 80%。县总工会号召企业参与“劳动关系和谐企业创建”活动，金水集团、宏昌公司等获得“AAA 级和谐企业”称号。

二、职工生活福利

2005 年 7 月，县总工会、县医院联合印发《关于减收工会会员医疗费的通知》，确定县医院为定点医疗优惠单位，持工会会员证的广大职工（包括农民工）可享受免挂号费，检查费（化验、B 超、心电图、X 光）、治疗费、手术费和住院费优惠 20%~30%，特困职工以及市级以上劳模享受的优惠幅度最高可达到 50%。同年 7 月 26 日，县医院正式挂牌成为工会会员医疗定点服务单位，之后保定第七医院、神星医院、石井医院等医疗单位也陆续成为医疗定点服务单位。

三、救助与帮扶

1999 年，印发《关于对特困职工进行救助的决定》，规定自 1999 年开始，县财政每年拿出 3 万元对困难职工进行救助，并逐步形成制度。

2004 年 5 月，成立困难职工帮扶中心，对 100 多名特困职工进行帮扶。2008 年，全县帮扶困难职工人数 400 余人。县工会还组织对因突发性事件和大病致贫的职工进行临时性救助，对特困职工子女、困难劳模也多方给予照顾。

2003 年 6 月，在县总工会建立劳动争议仲裁庭。至 2008 年年底，共受理 39 起案件，裁决 12 起，调解 23 起。在仲裁庭开庭 5 次，职工胜诉率 80%。2004 年，成立职工法律援助中心，吸纳优秀律师无偿为广大职工尤其是农民工提供法律咨询、代写文书、案件代理等工作。年接待 30 多起职工信访，为 5 名劳动争议案件的涉案职工提供法律援助。县总工会还在各基层工会成立劳动争议调解小组，建立劳动争议调解网络，维护职工合法权益。

第二章　中国共产主义青年团

2008 年，全县有 22106 名共青团员，占青年总数的 24.6%。团县委组织青年团员开展科技兴农、希望工程和思想道德教育活动，树立典型，弘扬正气。加强少年先锋队建设，组织开展多种有益活动。1990 年 8 月、1997 年 12 月，先后召开第九届、第十届青年团代表大会。2006 年，团县委被团省委授予“河北省团建先进县创建单位”，被团省委、省文明办评为“河北省青年志愿者扶老助残行动先进集体”，被团省委、省科技厅评为“河北省培养青年星火带头人先进集体”。

第一节　组织机构

一、团县委

1991 年，团县委内设办公室、组织部、宣传部、青工部、青农部、学少部，设书记 1 人。2000 年，团县委行政编制 5 人，其中书记 1 人，副书记 2 人，科员 2 人。团县委先后被团省委评为河北省创建五四红旗团委活动优秀组织单位、河北省先进信息调研直报点。被团市委授予保定市五四红旗团委和保定市优秀团委。2004 年 8 月，团县委副书记编制由 2 人改为 1 人，行政编制由 5 人改为 4 人。2007 年，满城县被团省委评为河北省团建先进县。2008 年，团县委内设机构增设统战部和希望工程办公室。

二、团组织

1991—1996 年，全县有 32 个团委、19 个团总支、461 个团支部。1996 年合乡扩镇后，有 23 个团委、1 个团总支、472 个团支部。2000 年，全县有 23 个基层团委（乡镇 12 个，县直 4 个，学校 7 个），244 个团支部（农村 204 个，县直 40 个）。同年，开展五四红旗团委（团支部）创建活动，争创省级五四红旗团委创建单位 1 个，省级五四红旗团支部 1 个，市级五四红旗团委 2 个，市级五四红旗团委创建单位 5 个，市级五四红旗团支部 1 个。

第二节　代表大会

1990 年 8 月，团县委第九届代表大会召开，参会代表 197 人，选举团县委书记 1 人。至 1997 年 12 月，团县委书记经过 4 次调整。团县委有书记 1 人，副书记 2 人。

1997 年 12 月，团县委第十届代表大会召开，参加代表 155 人，选举团县委书记 1 人，副书记

2 人。

到 2008 年，团县委书记经过 3 次调整。

第三节　主要工作

一、团员发展

1991—2008 年，在坚持标准、保证质量的前提下，认真贯彻“积极地、有计划地发展团员，向一切先进青年敞开大门”的方针，加大团员发展力度。1991 年，全县有青年 98829 人，其中共青团员 17683 人，占青年总数的 17.9%；1995 年，全县有青年 99045 人，其中共青团员 17543 人，占青年总数的 17.7%；2000 年，全县有青年 87561 人，其中共青团员 16706 人，占青年总数的 19.1%；2008 年，全县有青年 90035 人，其中共青团员 22106 人，占青年总数的 24.6%。

二、科技兴农

1990 年 9 月，满城县被列为“河北省首批实施青年科技兴农工程试点县”，团县委动员带领全县广大团员青年开展科技兴农活动。1991 年，组织实施青年科技兴农工程，培树青年星火带头人，举办种粮、种棉、绿化、养殖、多种经营“五大能手”竞赛活动。1993 年 10 月，团中央对活动中成绩显著、表现突出的典型事例进行表彰，岭西乡团委书记陈占山获团中央颁发的“五四青年奖章”，岭西村青年李铁证被团中央、农牧渔业部命名为“青年科技示范标兵”。

2000 年 3 月，组织 300 名青年在白龙乡白堡村营造 50 亩青年文明号世纪林，栽植蟠桃、李子、杏等品种，示范带动面积 3000 多亩。

三、希望工程

1992 年，中国青少年基金会在满城实施第一批结对救助活动。以此为契机，团县委组织开展希望工程及扶贫助困工作。因成绩突出，2000 年被团省委授予“河北省希望工程建设奖”；2003 年被省精神文明建设委员会办公室、团省委、省青少年发展基金会评为“希望工程先进单位”。

2006 年，团县委出资 1000 元救助 5 名贫困生，为高荆小学送去 100 把学生用椅。先后从中国海洋石油公司、河北青少年发展基金会、河北农大等单位争取资金 5 万元和价值 1 万元的学习用品。

2008 年，采取外引内联方式开展扶贫助困活动。积极联系保定高新区党群工作部为坨南乡、刘家台乡的 20 名贫困生发放 6000 元助学金；联系中国海洋石油公司到训口希望小学开展支教活动，送去价值 2000 元的复印机、扫描仪和价值 5000 元的各种图书和学习用品。截至 2008 年，团县委先后筹资 300 多万元，援建希望小学 19 所，救助贫困学生 3000 多人。

四、思想道德教育

团县委充分发挥活动育人的特点，结合不同时期形势和任务，加强青少年思想道德教育，培养青少年人才。

1993 年，为纪念毛泽东题词“向雷锋同志学习”发表 30 周年，举办学雷锋钢笔书法大赛。同年 5 月，一名不足 4 岁的儿童掉入 1 米多深的水池，满城镇中学初一四班学生李颖奋不顾身，将其救起，团县委联合县教育局在全县团员、青少年和中小学生中开展向李颖同学学习的活动。

1995 年，年仅 12 岁的东马乡李堡小学五年级学生赵永亮勇救落水儿童，团县委授予赵永亮“见义勇为好少年”荣誉称号。大册营镇永南庄 18 岁青年苏占军、23 岁青年赵金栋，勇救落井者，苏占军献出年轻的生命，团县委追授苏占军“见义勇为优秀青年”称号，授予赵金栋“见义勇为优秀共青团员”称号。团县委大力宣传他们的英雄事迹，号召全县广大中小学生学习他们见义勇为的崇高精神。

1999年，以纪念“五四运动”80周年为契机，组织全县2000多名团员青年在抱阳山烈士陵园开展清明节扫墓活动，组织召开纪念座谈会，举办纪念“五四运动”80周年共青团新成就回顾展演讲大赛以及迎接澳门回归等系列活动。

2000年3月5日，启动全县第一个青年志愿者服务日，30多个县直单位及学校的千余名志愿者走上街头，开展医疗保健、法制宣传、义务理发等便民服务。同时，青年志愿者还深入农村开展科技扶贫、医疗卫生服务等。

1999—2006年，先后开展首届十大杰出青年岗位能手、十大杰出青年文明号号长和十大杰出青年标兵，首届杰出（优秀）青年、杰出（优秀）青年卫士和十大杰出青年、十大优秀青年、十佳青年农民工等评选活动，在广大青年中树立典型，弘扬正气。

2001年，组织崇尚科学系列主题教育活动。举办“交通杯”学讲话、学党史、学团章庆祝中华人民共和国成立52周年有奖知识竞赛，3000多人参加。在全县24所中学开展“五团”（戴团徽、唱团歌、学团章、知团史、用团证）活动，举办专题讲座35场。

2008年4月，举办“迎奥运、讲文明、树新风奥运宝贝总动员”活动。4月25日，组织迎奥运、庆“五四”工会杯首届青年风采大赛。同年5月，四川汶川地震后，团县委组织赈灾献爱心特殊团费收缴活动，共向灾区捐款34034.3元。同时还在全县广大少先队员中开展红领巾情系灾区小伙伴主题活动，通过书信、折千纸鹤、送红领巾、主题队会等形式，向灾区少先队员送去温暖。被共青团保定市委、保定市青年联合会、保定市学生联合会授予“5·12汶川抗震救灾优秀组织奖”。

五、少年先锋队建设

1991年，全县有247个少先大队，1562个中队，少先队员49763人，272名辅导员，聘请57名校外辅导员。1995年，组织举办迎“六一”、纪念反法西斯战争胜利50周年少儿书画大赛活动。1999年，在全县中小学校开展红领巾文明行动、雏鹰假日文明小队活动，满城第一高级小学被团市委命名为首批红领巾文明阵地。2000—2008年，围绕体验教育、磨炼意志、为队旗添彩、弘扬革命传统、维护青少年合法权益等中心内容开展多种有益活动，提高少先队员的自学、自理、自律、自护和自强意识。2002年，满城小学被定为河北省少工委基层联系点。到2008年年底，全县共有少先大队109个，中队758个，少先队员20135人，辅导员189人。

第三章　妇女联合会

县妇联组织妇女勤劳致富，加强法律、科技知识培训，先后与10多个部委、8个大专院校和5家报纸杂志社及多个国家地区的组织、团体建立联系，为广大妇女搭建就业、致富的平台。组织动员农村妇女参加农函大、女状元大专班等学历学习，有648人获得学历证书。同时，为女干部成长创造条件，协调并建议党委、组织部门优先录用优秀妇女干部。开展家庭教育，实施春蕾计划，加强对未成年人的保护和教育，救助春蕾女童。1989年10月、1994年12月先后召开第九次、第十次妇女代表大会。

第一节　组织机构

1991年，县妇联内设办公室、儿少部、维权部、组宣部、城乡工作部（双学双比、巾帼建功），行政编制7人。每个乡（镇）均设妇联会，乡（镇）妇联会的数量随乡（镇）数量调整而调整。1999年，县妇联行政编制4人。2008年，下设12个乡（镇）妇联会，内设机构未变，行政编制4人。

第二节　代表大会

县妇联每届任期5年。1989年10月，召开满城县第九次妇女代表大会，会期2天，出席代表259名，列席代表15名，特邀代表3名。选举29名委员，6名常委，增补2名成员。1994年12月，召开满城县第十次妇女代表大会。选举产生主席、副主席。2004年8月，县妇联主席、副主席进行了调整。

第三节　主要活动

一、组织妇女勤劳致富

1993年开始，县妇联先后与北京10多个部委、8个大专院校、5个报纸杂志社和美国、英国、中国香港、新西兰、日本的组织和团体建立联系，组织近4000人次外出学习培训。邀请国内外专家教授到满城考察讲课180多次，受训妇女6800多人次。引进20多个项目，引进资金450多万元，创建妇女合作社试点，建立小尾寒羊良种繁育基地。

1996年，县妇联为5个乡（镇）的60多名贫困妇女提供资金，在14个村660名妇女中开展集扫盲、科技、健康于一体的教育，使98%的妇女脱盲，90%的妇女学到1~2门实用技术，有20多名妇女的事迹被中央电视台、河北电视台等媒体报道。其间，组织实施省妇联倡导的百万妇女培训工程项目，依托“三八”绿色示范基地、职业培训学校、妇女活动阵地，开展农村实用技能培训、劳动技术培训，发放科技书籍2000本、明白纸2万余份，培训6000人次。

坨南乡坨南村李东举，1984年带头承包荒滩，到1996年共治理2000亩，动用土石20多万方，筑防洪大坝及围墙2000米，架设高低压线路1000米，打井4眼，配置变压器1台，栽植桃、李、杏等果树8000余株。在她的带领下，周边群众踊跃参与，垫滩造林近万亩。1989—1993年，李东举连续4年被评为“河北省‘三八’红旗手”；1993年，被林业部、全国妇联授予“全国‘三八’绿化奖章”；1999年，被评为“省级劳动模范”。

二、创建和谐家庭

围绕“和谐家庭”建设这个目标，组织开展“学习型家庭”“节约家庭”“平安家庭”“廉洁家庭”创建评选等活动，每年评选好儿媳、好儿女，并进行宣传表彰。2007 年，贯彻落实《公民道德建设实施纲要》，推动形成知荣辱、讲正气、树新风、促和谐的社会风尚，弘扬敬老、爱老、养老的传统美德，县妇联、老干部局、老年协会组织“七医院杯”孝老爱亲模范评选表彰活动。之后，每年组织评选，推出一批传承中华美德的道德模范。先后对 240 余名侍奉老人长达三年以上、在当地有一定影响、口碑好、家庭和睦的孝顺儿女进行大张旗鼓的表彰奖励。

2007 年满城县第一届孝老爱亲模范表彰大会

三、宣传培训

1998 年，县妇联组织“建设新农村巾帼在行动”大型宣传培训活动。成立 4 支巾帼文化活动小分队，深入乡村开展文明新风进农家文艺宣传。在龙居、小许城、钟家店、翟家佐 4 个村建立农家女活动之家，开展 10 余场读书赛、秧歌赛、体育比赛等活动。在各乡（镇）、社区建立妇女法制宣传教育示范点，开展法律咨询、治安网络进家庭、进社区等服务。同年，推广 12 项新技术，培养 170 户典型示范户，建立 10 个庭院开发示范村，培养 89 名庭院“致富大嫂”典型。在坨南乡建起以毛衫加工为主业的妇女合作社——满城县妇联工合春来毛衫厂。

1991—2000 年，县妇联牵头组织、动员妇女参加农函大、女状元大专班等学历学习。其间，有 648 名农村妇女参加农函大、农广校学习，获得学历证书。同时，以县乡村三级妇联组织和致富女能手为主，建立起多层次、多渠道的扶贫网络，拉手结对 1360 对，帮扶技术 182 项，帮扶项目 115 个，投资 20 多万元。

2001 年，开展大参观、大培训活动。先后 23 次组织基层妇女、科技示范户、科技女能手参观长旺村大棚桃树、韩家佐村大棚草莓、段旺村大棚葡萄、守陵村食用菌、龙居村生态农业产业化项目，培训 1800 多人次，在广大农村妇女中掀起科技兴农的热潮。

四、干部培养

县妇联积极为女干部成长创造条件，建立干部任用竞争机制和后备干部人才库，协调并建议党委、组织部门优先录用优秀妇女干部。通过妇联的努力，基层妇女干部得到充实和发展，她们在生产、生活、创业、带领群众致富等方面发挥着模范带头作用。2002 年年底，全县有 204 名村级妇代会主任，其中 45 岁以下的占 90%，60% 以上是种植、养殖、加工业的致富女能手，35% 是科技示范带头人、“三八红旗手”等，还有 305 名村级妇代会副主任、委员和 1250 名妇女小组长。1995 年，龙居村村主任贾俊乔被评为全国“三八红旗手”，受邀参加在北京召开的第四届世界妇女大会。1995 年、2005 年，贾俊桥、赵艳会、王淑秀先后获得世界级农村妇女生活创造奖。1999 年，县妇联荣获“全国巾帼扫盲先进集体”称号；2004 年，满城县被评为“河北省妇女工作先进县”；2005 年，电力局财务室获得“全国巾帼文明岗”称号。

2001 年 5 月，全国人大常委会原副委员长、全国妇联主席彭珮云到满城县考察妇女工作，对满城县的妇女工作给予充分肯定，称赞满城的工作有创新，应该好好推广。

五、关心下一代工作

1991—2008 年，县妇联组织先进事迹报告会、知识讲座、知识竞赛等 50 多场次，开展小公民道德实践活动，组织开展家庭教育工作，严厉打击各类危害妇女儿童人身安全和精神损害、非法使用童工等违法犯罪行为，加强对未成年人的保护和教育。

1995—2006年，实施春蕾计划，筹措资金35.8万余元，救助春蕾女童4400余人次，涉及全县180多个村。建立贫困儿童救助档案，制定管理办法，加强对被救助儿童的跟踪管理。2004年，6名初中毕业的“春蕾女童”到北京农家女实用技能培训学校免费学习美容美发，掌握一技之长。2005年，北京景山学校与神星镇玉山小学拉手共建，景山学校赠送电视、电脑、图书、救助款等折合人民币3万元。

2005—2008年，推出“河北省十佳优秀春蕾女童”“河北省寒门自立之星”6名。县妇联获得“河北省关爱儿童贡献奖”。2005年6月，为维护妇女儿童权益，成立维护妇女儿童权益协调组，由18个部门组成。在11个乡（镇）妇联建立妇女儿童维权岗，每年举办法律知识培训2期以上。并坚持开展平安家庭创建活动，着力实施文明新风进家庭、家教知识进家庭、法制宣传进家庭“三进工程”。2008年，全县有80%的家庭达到平安家庭创建标准，公众安全感满意率99%。县妇联先后被评为“省妇联系统维权工作先进集体”“市维护妇女儿童合法权益先进集体”，满城县被评为“保定市平安家庭创建先进县”。

六、接待来信来访

充分发挥县、乡、村三级妇联信访网络作用，采取日常接待、妇女维权热线、电话信访等多种形式，不断完善信访首问责任制、来信来访登记制度、转办交办制度和信访回访制度，使维权工作由原来的上访变为下访，把矛盾解决在基层。每年组织接待来信来访约100余件，结案率98%。

第四章 科学技术协会

县科协成立于1982年，同年12月召开满城县科协第一届委员会会议。1992—1998年间，换届2次，之后到2008年未换届。以推广普及科学技术为中心，县科协组织开展科学技术进村入户、科技进校园活动。1991—1992年，举办各种培训班500期，培训0.5万人次。在各村建立245个科普小组，科技示范户和专业户4300户。1993—2008年，组织科技进百村、入百户活动。成立农村专业技术协会，培训农村党员干部上万人次，为农村经济发展培养了大批科技致富带头人。多次组织人员参加保定市青少年科技比赛、科技教育节，取得优异成绩。

第一节 组织机构

1992年12月—1998年3月间，召开3次全委会，换届2次。1992年12月，有8个县直学会、协会，25个乡（镇）科普协会。科协行政编制8人。1998年3月—2008年12月期间，召开4次全委会。2008年年底，有8个县直学会、协会，12个乡（镇）科普协会。科协内设办公室，行政编制4人。

第二节　主要活动

一、科学技术进村入户

1991—1992 年，县科协通过开展各种活动，调动广大农民学科学、用科学的积极性。举办不同类型、不同层次的培训班 500 多期，培训 0.5 万人次，发放技术资料和明白纸 10 万余份，聘请专家、教授 100 多人次。帮助新上企业与冶金勘探部、51040 部队、北京设计科学院、河北农业大学等建立广泛联系，帮助建厂 6 个。全县 80%以上的农户受到 1 次以上培训教育，7%的农户学会一两项农业新技术。在 1992 年全市“十佳明星户”评选活动中，满城县有 2 户名列其中，《保定市报》刊登他们的先进事迹。1992 年年底，全县有 245 个村级科普小组，成员 1220 人，科技示范户和专业户 4300 户。

1993—2005 年，县科协深入开展科技进百村、入万户活动。深入 130 个村，向广大农民发放农业、林业、牧业等种植、养殖技术资料、致富信息 8000 余份，解答技术难题 600 多条，播放科技光盘 25 次。开展以农村党员干部为重点的实用技术培训活动，举办各类培训班 400 多期，培训上万人次。1995 年，与县委组织部共同建立中国农函大满城分校，各乡（镇）建立农函大辅导站。到 2003 年，共招收学员 1050 人，为农村经济发展培养了大批科技致富带头人。

2007 年，中国农科院研究员汪景彦在顺民村培训果农

2005 年 5 月，在县科协指导下，成立满城县农村专业技术协会（以下简称农技协）。2006 年，县农技协加入中国农技协，成为中国农技协的基层会员单位。

2006 年 1 月，由县委宣传部、县科协主办，农技协承办，在坨南乡坨南村举办满城县“留老根杯”果树修剪比赛，共有 76 名技术能手参加比赛。中国农科院研究员汪景彦、河北农大教授皇甫中泗为大赛现场点评。市电视台、市报社、瓜果蔬菜报社等媒体的记者进行现场报道。

2007 年 11 月，县科协邀请中国农科院研究员汪景彦进行果树栽培与管理培训。

2008 年 12 月，县农技协会会长刘卫东当选为河北省第三届农技理事，刘卫东、王淑秀被评为“河北省科普示范带头人”。

二、科技教育进校园

1998—2008 年，与县教育局联合组织开展青少年科技活动。每个学校明确 1 名副校长负责青少年科技教育工作，并设 1 名科技教育总辅导员，健全县、乡、校三位一体的辅导员网络。

1998 年，作为唯一的县级单位与北京市、上海市一起参加 '98 全球青少年会议，有 4 名中学生入选参加网上论坛。

2000 年、2002 年，组织学生参加保定市第十届、第十一届青少年科技创新大赛作品征集评选活动，其中 3 幅作品获省级奖。2001 年，组织学生参加全国第六届青少年生物环境科学实践活动，其中

4 篇作品获省级奖。

2004 年 9 月 15—26 日，参加保定市第二届青少年科技教育节。举办科技作品展览，参展作品有科学论文、发明创造作品、创新方案设计论文及附件、科学幻想画 20 幅（件），照片 100 多张。

2001—2004 年，连续 4 年被市科协、市教育局、市妇联、市军分区等 7 部门评为“青少年科技教育工作先进集体”。

2007 年，协调县教育局征集科技作品参加保定市第三届青少年科技教育节。在七巧板竞赛中，北庄小学代表队有 6 名同学获奖，曹畅、南雨轩同学分别获得全市小学高年级组和低年级组第一名，其余 4 名同学分别获得二、三等奖。9 月，抓住全国科普日河北系列活动的机会，由中国科协和中国信息产业商会搭桥，协调华硕电脑公司向方顺桥乡一中捐赠 5000 册科普图书、2 台电脑，建立价值 15 万元的爱心图书馆。10 月 25 日，嫦娥一号探月卫星发射成功的第二天，县科协邀请市科协领导及相关人员到方顺桥乡一中进行科普宣传，为师生们详细讲解有关天文知识、世界各国的探月经历以及我国的探月计划等，晚上又组织师生通过天文望远镜观看空中夜景。此次活动，设宣传展板 36 块，架设天文望远镜 2 台，播放宣传片 2 部，全校 800 余名学生全部参与，在普及天文知识的同时，激发了师生们的爱国热情。

2007 年 10 月 25 日，方顺桥乡一中的学生们通过天文望远镜观看夜空

2008 年 3 月 27 日，与县教育局联合邀请中国青少年科技活动中心、市科协有关老师，对全县 120 余名中小学科技辅导员进行培训。

第五章　工商业联合会

满城县工商业联合会（以下简称县工商联）1985 年重新组建，1991—2008 年，召开第七届至第九届会员代表大会，历届委员会充分发挥会员作用，深入调查研究，撰写提案议案、参政议政，宣传党和国家的方针政策，法律法规，及时为会员提供信息、科技、管理、审计等咨询服务，内联外引，与 30 多个县级工商联建立友好关系，帮助企业解决资金困难，并积极组织社会救济、救灾扶贫、助学修路等社会公益活动。

第一节　组织机构

县工商联成立于1953年，“文化大革命”期间活动停止，组织解散。“文化大革命”前共召开四届会员代表大会。1985年12月23日，召开满城县第五届会员代表大会，重建组织县工商联，恢复活动。1989年9月12日，召开满城县工商联第六届会员代表大会，选出委员会委员13人。1990年，有会员154人，专职干部13人。1991—2008年，县工商联组织会员积极参政议政、参加社会公益活动，为社会发展做出积极贡献。其间召开第七届至第九届会员代表大会。

第二节　代表大会

1994年4月4日，召开满城县工商联第七届会员代表大会，选出委员会委员19人。同时宣布成立满城县总商会。

2003年10月29日，召开满城县工商联第八届（总商会第二届）会员代表大会，选出委员会委员48人。

2008年11月14日，召开满城县工商联第九届（总商会第三届）会员代表大会，选出主席1人，副主席24人，常委12人，执委35人。

第三节　主要活动

一、参政议政

充分发挥会员中各级人大代表和政协委员的参政议政作用，深入调查，撰写提案、议案，就全县改革开放、经济建设、社会发展、党风廉政建设和人民生活等重大问题以及个体私营等非公有制经济发展中存在的问题提出意见和建议。1998年，在市政协九届一次会议上，提出《进一步加快个体、私营经济发展》的提案，受到市委、市政府的重视，并做出答复。2000年，通过深入企业广泛调研，撰写《关于规范企业收费行为，促进个体私营等非公有制经济的快速发展》的调查报告。2003—2008年，先后撰写《关于我县非公有制经济发展的思考和建议》《关于我县非公有制经济发展环境的思考和建议》《关于塑料企业发展与整顿的建议》等调研报告，其中《关于我县非公有制经济发展环境的思考和建议》获“省工商联系统优质论文二等奖”。1991—2008年，向各级人大、政协提出提案和建议120多条。

二、思想政治工作

在非公有制经济人士中，宣传、贯彻党和国家的方针政策，加强思想政治工作，推动企业文化建设。20世纪90年代中、后期，加强对非公有制经济人士的思想政治工作和业务培训，组织重点企业学习座谈，利用发放光盘、磁带等形式，深入企业宣传各项法律法规和企业应如何面临热点难点问题等方面的知识。2000—2008年，根据市场经济发展的需要，及时为会员提供信息和科技、管理、法律、会计、审计等咨询服务，帮助会员改进经营管理，提高生产技术和产品质量。利用保持共产党员先进性教育等活动，开展“国家为我立法”“党为我出策”“人民给我关怀和培养”“我为国为党为民做什么”等方面的大讨论，激发会员的爱国爱党报效人民的热情。组织非公有制经济企业科技培训，并与法律事务所结合，开展法律咨询服务活动。2006年8月，聘请清华大学姜荣国教授进行企业管理培训，受到企业家的高度赞誉。1991—2008年，组织企业科技培训20余次，法律咨询400多人次，受理举报侵权案件9起。

三、内联外引

到2008年，县工商联与全国工商联及30多个县级工商联建立友好关系，组织会员外出考察20多次，电信往来1000多次。充分发挥职能优势，协调各方力量为企业排忧解难，积极扶持企业发展。1996年，帮助要庄乡腾飞轧钢厂协调资金55万元，解决企业流动资金不足问题。1998年，引资51万元帮助建起南韩村洗涤厂、孙村花卉苗圃基地。帮助方顺桥孔村废塑料市场规范管理，使其逐步投入正常运营。1999年，协调保定城市信用社为企业引进资金70万元，帮助思一斋饭店妥善处理拆迁后事宜，协助兴联废塑料市场进一步完善管理。1991—2008年，协调引进资金500余万元。

四、开展光彩事业活动

1991—2008年，组织开展社会救济、救灾扶贫、助学、修路等社会公益事业活动，先后捐款1000多万元，救助失学儿童100多人，吸纳安置下岗职工400多人，吸纳接受社会劳动力3000多人。

第九编　法治　军事

1991—2008年，县公安局、县人民检察院、县人民法院和县司法局认真贯彻落实党中央依法治国的基本方略，服务全县改革开放和经济发展的大局，打击各种违法犯罪活动，为确保社会稳定，确保国家利益和人民生命财产安全，确保法律的公正公平、伸张正义发挥积极作用。开展五年一轮的普法教育活动，广大干部群众及在校学生普遍确立法制观念。人武部适应非战争时期的战略要求，做好征兵工作，加强民兵组织建设，既搞军事训练，提高预备役人员的快速反应能力，又搞应急抢险训练，在维稳抢险、扑火救灾等方面发挥不可替代的作用。1988年成立县国防教育领导小组，国防教育办公室（以下简称国防办）是其常设机构。2000年成立人民防空办公室（以下简称人防办）。国防办和人防办均为正科级行政单位，负责国防教育和人防宣传活动。

第一章　公　安

公安部门负责社会治安的管理、刑事案件的侦查，以及对户政、监所、交通、消防、出入境、公共信息网络安全、特种行业的管理。注重队伍建设，制定严密措施，各项管理得到加强。2006年，全县平安村创建率98%，平安社区100%。1991—2008年，县公安局累计破获刑事案件11340件；破获犯罪团伙478个，涉案人员2249人；组织完成全县居民一代和二代身份证的办理换发；年检各种车辆35400辆；1997年成立县消防大队，界定消防单位254家；受理出入境申请500余人次；对各网吧实行许可证制度，安装“NE110”审计，实行实名制管理。1992年，实行警察受衔，受衔警察173人。1999年、2002年，县公安局先后两次被公安部命名为“优秀公安局”。

第一节　社会治安管理

一、公共娱乐场所管理

1995 年，县公安局成立巡警大队，实行 24 小时全天候巡逻检查。

1999 年，开展创建文明小区大会战，摸索出以楼院封闭式管理、平房街巷院户联防、规范公共娱乐场所治保组织为主的三种安全防范模式。2000 年，加强城乡和公共娱乐场所安全防范工作，规定各部门工作目标、强化责任意识，初步建立群防群治、齐抓共管的治安格局。2003—2004 年，为加强城区及公共娱乐场所、人员密集场所的治安管理，配备 3 辆巡逻车，在社区建立警务室。在城区主要场所、路段，巡警、交警、治安三警联动，24 小时不间断巡逻，提高城区和公共娱乐场所的治安防控能力。2005 年 6 月，在全县范围内开展深化人防、物防、技防建设大会战活动，发放《安防百招》小册子 8000 余册、《居民防范知识要领》2000 余册，提高全县居民的自我防范意识。

2008 年，县公安局先后出动 150 名警力，在县城主要路口设卡点昼夜盘查过往车辆和行人，在城区公共娱乐场所、人员密集场所组织巡警开展 24 小时巡逻防控，先后开展 9 次“天网”行动、4 次“金盾”行动。

二、危爆物品管理

全县小采石厂、小灰厂发展迅速，1998 年年底发展到 231 家，年需炸药量 1200 余吨，雷管 80 多万枚，导火索 70 多万米，另有大册营镇岗头、大册营村 4 家烟花爆竹厂需大量炸药。县公安局采取严密的监管措施，防止危爆物品的非法制贩、运输、储存和使用，杜绝爆炸案件及事故的发生。

1999 年，强化源头管理，投资 18 万元建起 3 个民爆器材管理服务站，投资 20 万元建成 1 座钢筋水泥结构的雷管库、炸药库，安装技防、物防设备，配备合格管理人员，实行严格的管理责任制。

1999—2000 年，收缴炸药 1. 2 万公斤，雷管 4. 2 万枚，烟花爆竹 37 万响，作案工具 5 套。

2001 年，开展“治爆缉枪”专项整治行动。积极探索民用爆炸物品长效管理机制，制定出“五统一”一条龙管理方案，即由民爆公司统一购买、统一运输、统一储存、统一使用、统一清退，公安机关负责全程监管，堵塞爆炸物品管理漏洞。9 月 6 日，省公安厅组织全省公安系统在满城召开“治爆缉枪”现场会。

2001—2005 年，收缴炸药 3. 7 万公斤，雷管 181 万枚，导火线 2. 1 万米，烟花爆竹 62 万响。

2006 年，关停 70 余家非煤采矿企业和大册营镇 4 家花炮厂，全县只保留 50 家采石厂、小灰厂。全年收缴炸药 1087 公斤，雷管 551 枚，导火线 680 米，仿真枪 32 支。

2008 年，投资 300 多万元，在神星西山建造 1 座标准的爆炸物品储存仓库，招聘、培训具备相应资格的安全管理人员、仓库管理人员和国家规定执业资格的爆破作业人员 80 余人。筹建保安爆破服务有限公司，对全县涉爆企业和零散用户提供爆炸物品的购买、运输、储存到爆破、清退全方位的有偿服务机制，实现爆炸物品使用单位“用药不见药”的目标。投资 50 多万元购买 2 台高科技远红外线搜爆仪和强光探照灯，强化对涉爆企业重点部位、重点人员的搜寻检查。当年，破获涉危涉爆案件 24 起，抓获涉危涉爆犯罪嫌疑人 15 人，查破涉爆治安案件 18 起，行政拘留 5 人，治安处罚 13 人。

三、枪支弹药和管制刀具管理

1996 年，严格公务用枪管理，对佩置公务用枪的单位，全部建立健全枪支登记、交接、检查、保管制度，对所有佩枪人员进行专门培训，所有公务用枪集中保管，上班或执行任务时领用，下班或完成任务后交回。武器库全部安装防盗门、铁栅窗，枪弹分离保存，全部保存在保险柜，保险柜固定在混凝土地面。武器库的枪弹、保险柜的库门、柜门安装双锁，钥匙分别由两人掌管，其中1人为部门负责人，取枪时必须两人同时到场，武器库安装防盗报警器和监控系统，保持24小时专人值守。公安局还负责对检察院、法院、冀中监狱、太行监狱及金融单位公务用枪进行定期或不定期的监督检查，对武器库至少每半年检查一次，并做好检查记录。

1994—2008年，在做好内部枪支弹药安全管理的同时，多次开展大清查、大收缴集中统一行动，严厉打击涉枪犯罪活动。截至2008年，全县共收缴各类枪支1240支，子弹36419发，旧手榴弹15枚，土地雷4枚，炸弹14枚，管制刀具1054把，其中2008年侦破涉枪案件5起，缴获自制五四手枪2支，子弹3发，抓获涉枪犯罪嫌疑人8人。

四、自行车管理

截至1990年，共建档登记自行车138878辆。1993年6月3日起，停止自行车打钢印和发放防盗钥匙牌工作。

五、群防群治

1994年，80%的县直机关、团体、厂矿、企事业单位组建保卫科或保卫室，全县245个行政村分别建立3~5人的治保会，各乡（镇）30人以上的企业，全部建立治保组织，20人以下的企业建立2人以上的治保小组，各行政村治保会都成立常年性或季节性巡逻队，初步形成县、乡、村三级防范网络。

1995年，在县城创建楼院长负责制的“看门工程”，对170座住宅楼实行封闭、半封闭和松散型三种形式的管理，群众选出80多名离退休干部职工和治安积极分子为楼院长，负责各自楼区的防范。

1997—2002年，实施“安宁工程”，开展创建安全文明小区、安全文明乡村活动。1998年2月，满城镇辖区部分草莓大棚被破坏，棚中养蜂箱被盗，给农民造成严重经济损失。为此县公安局制定以派出所为龙头，以各村群众治保组织为主体，以户户联防为形式的联防机制。各村治保会对草莓种植户统一登记后，按地理位置每20户组成联防小组，每户出1人，每班3人，辖区共建立150多个联防小组，负责24小时轮流值班巡逻守防，辖区民警和治保会干部不定期检查，保护草莓大棚的安全。

2003—2006年，在县城安装电视监控系统55处，监控探头117个，“三铁一器”（铁门、铁窗、铁柜、报警器）91套，远红外报警系统44处，县城居民住宅小区安装率95.4%；同时组建208个治安巡逻队、社区保安队、经济护卫队。全县平安村创建率98%，平安社区100%。

2008年，实施构筑奥运安保“护城河”工程，强化途经满城县的京邯输气管道、50万伏超高压输变电线路和南水北调工程的管控措施。

1991—2008年满城县治安案件统计表

表9-1-1

年份	发案数（起）	查结数（起）	查处率（%）	行政拘留（人/次）
1991	480	465	96.9	—
1992	346	326	94.2	—
1993	361	325	90	—

续表9-1-1

年份	发案数（起）	查结数（起）	查处率（%）	行政拘留（人/次）
1994	466	450	96. 6	—
1995	563	551	97. 8	—
1996	578	572	98. 9	—
1997	573	416	72. 6	—
1998	569	551	96. 8	—
2000	356	356	100	289
2001	2466	2175	88. 2	56
2002	2247	2157	96. 8	342
2003	1162	745	64. 1	173
2004	618	521	84. 3	218
2005	213	212	99. 5	195
2006	323	292	90. 4	222
2007	343	237	69. 1	322
2008	532	257	48. 3	347
合计	12196	10608	—	2164

说明：1999 年未找到相关资料

第二节　刑事案件侦查

1991—1997 年，坚持“严打”方针，县公安局先后组织开展打击爆炸犯罪、打击破坏农电设施犯罪、打击拐卖人口犯罪、打击车匪路霸犯罪等专项行动，给各类违法犯罪分子以严厉打击和惩处，累计破获各类刑事案件 2781 起。其间，抓获拐卖妇女团伙主犯魏 XX、吴 XX、郭 XX、边 XX；盗窃破坏农电设施团伙主犯曹 XX、杜 XX、李 XX、梁 XX；特大车匪路霸抢劫团伙主犯李 XX、刘 XX、万 XX、冉 XX。

1998—2002 年，先后组织开展春季严打集中整治、夏季治安整治、冬季严打攻势等一系列严打整治斗争，共破获各类刑事案件 2359 起，其中重大案件 426 起。连续侦破“11・5”抢劫杀人案、“11・7”抢劫杀人案、“11・18”流氓杀人案和“12・3”故意杀人案等大案。在“除六害”（卖淫嫖娼，制作、贩卖、传播淫秽物品，拐卖妇女儿童，私种、吸食、贩运毒品，聚众赌博，利用封建迷信骗财害人）、打拐、打盗车等专项行动中，破获各类刑事案件 521 起，其中重大刑事案件 293 起，现行大案 151 起，解救被拐卖妇女儿童 360 人，缴获各种被盗机动车 42 辆，赃物折款 468 万元；打掉一个流窜北京、保定等地盗销各类机动车 18 辆的特大盗车犯罪团伙；侦破市公安局督办的“99・2・12”东渝河爆炸案；抓获流氓渣痞 95 人，铲除流氓恶势力犯罪团伙 22 个，破获偷税、漏税、制售伪劣假冒商品、诈骗等严重经济犯罪案件74起，涉案金额达336万元。

2003年，侦破各类刑事案件832起，抓获犯罪嫌疑人373人，其中将危害一方长达两年之久的逃犯薛XX（男，47岁，保定市中南韩村人）抓获归案，从而摧毁了一个抢劫、敲诈、伤害，作案100余起的特大犯罪团伙，涉案成员达7人。

2004年，侦破杀人、抢劫、强奸、绑架、劫持、放火、爆炸、伤害八类主要刑事案件107起，其中侦破各类命案7起（含现行命案4起），命案侦破率100%，抓获网上逃犯98人。

2005年，侦破各类刑事案件866起，抓获各类犯罪嫌疑人396人，其中当年现行命案11起全部侦破，侦破重大经济案件9起。特别是以定州“6·11”案件追逃为契机，抓获涉案成员55人，骨干分子张XX、任XX、于XX等全部落网。

2006年，组织开展打击“两抢一盗”（抢劫、抢夺、盗窃）、“打现行、抓逃犯、破积案”专项行动，当年两起现行命案全部侦破；“9·21”于家庄粮站抢劫案7名犯罪嫌疑人全部被抓获，从中破获抢劫、盗窃、破坏电力设备案件36起；抓获潜逃6年之久的诈骗、伤害犯罪团伙首犯贾XX和刘XX。

2007年，开展“打现行、除隐患、严整治、强防范”行动和“霹雳行动”，破获各类刑事案件1235起，其中省市督办的“6·10”恶性杀人焚尸案，涉案金额500万元的特大流窜抢劫、轮奸、盗车团伙案，市庄村张XX涉案金额85万元的经济大案均成功告破。

2008年，为确保北京奥运会期间的安全，严惩各类违法犯罪分子，连续打掉26个恶势力团伙，抓获团伙成员137人，从中侦破刑事案件429起。以大案要案和公安部、省市督办案件为重头戏，攻坚克难，侦破各种大案要案98起，其中命案8起，涉外命案3起。成功抓获公安部B级逃犯冉XX，由此破获“9·11”“9·26”“10·9”系列抢劫、强奸杀人案，并带破其他省市抢劫、强奸杀人案9起，盗窃案件300余起。全年破获刑事案件1616起。

附：1. 重大刑事犯罪案例一

2. 重大刑事犯罪案例二

重大刑事犯罪案例一

2007年1月5日，满城镇杨家佐村一废弃的砖厂附近发现一具他杀男尸。县公安局党委对案件高度重视，主管副局长具体组织侦破，抽调精干民警成立专案组，对案件抓紧侦察。

参战民警通过扎实细致的基础工作和科学技术手段，判定死者身份系满城镇韩庄村村民韩XX（男，62岁），围绕死者生前关系、经济状况，展开全方位、反复调查，终于从一个已停机的电话号码上追查到一丝线索，机主王某的丈夫赵XX（男，36岁，方顺桥乡南固店村人），曾两次因盗窃被判刑，遂围绕其展开调查，意外发现赵XX竟然还同新市区南奇村失踪人员李XX（男，63岁）有联系，经采用技术手段进一步调查，核实在2007年2月9日，李XX失踪之前与赵XX曾有3次电话联系，并曾于失踪当日到过涞源县。参战民警立即同涞源县公安局联系，得知该县于2月下旬在乌龙沟大庄矿区发现一具烧焦男尸。经赴涞源勘查，判定死者正是失踪人员李XX，两起案件都与赵XX有直接或间接联系，从而确定赵XX有重大作案嫌疑。专案组考虑赵XX有同伙作案的可能性，采取长线监控策略，对赵XX租住房屋进行全天候监控。经过一个多月的监控，4月3日上午，专案组果断收网，先后将赵XX和与其经常接触的人员程XX（男，43岁）及赵的妹妹赵XX（女，24岁，南固店村人）一同抓获。

经审讯，赵XX交代：2006年12月3日，赵XX指使其妹采用色诱手段将韩庄村韩XX骗至家中，由赵XX伙同程XX抢劫韩身上的钱财后将其杀害抛尸于杨家佐废砖厂附近的犯罪事实，以及2007年2月9日，赵XX伙同程XX以帮助南奇村李XX到涞源县索要被骗走的6000元钱为由，将李XX杀死在涞源乌龙沟大庄矿区并焚尸的犯罪事实。

重大刑事犯罪案例二

2008年9月11日，白龙乡野里村民连XX（女，56岁）赶集回家途中被人强奸杀死在河套内，并抢走现金100余元。县公安局立即成立由正、副局长及精干警力组成的专案组，在短短几天时间里摸排走访群众近万人，排除嫌疑人数十人。但由于该案现场遭到严重破坏，未提取到有价值案件线索，侦破工作一时未能取得进展。

专案组决定扩大侦查范围，向市公安局刑警支队及周边县市通报案情，展开协查及串并案工作。9月26日，易县独乐乡寨子村民闫XX（女，64岁）被人强奸杀死在该县松山村至寨子村公路边沟里，并抢走现金200元。案发后，市公安局刑警支队组织两县专案组进行共同分析研究决定两县协同侦办。10月9日上午，当两案紧锣密鼓地侦破时，大册营镇岗头村民苑XX（女，26岁）在回娘家途中被人强奸杀死在岗头村边土路上。经过现场勘查，专案组确定此案与前两案为同一人所为，遂作为系列案件展开侦破。侦破过程中，获悉网上盗窃在逃犯冉XX（男，38岁，神星镇荆山村人）曾于案发前后在现场附近出没过的重要线索。于是通过技术手段提取了其子的血样，经DNA检测，确认冉XX为该系列案件的犯罪嫌疑人，并对其展开抓捕，申请公安部B级通缉令予以全国通缉。

专案组先后到内蒙古、安徽、沧州、唐山等地进行抓捕。12月8日，确定了犯罪嫌疑人冉XX潜藏在清苑县魏村乡谢上村的准确线索，在市公安局刑警支队、技侦支队和清苑县公安局的大力配合下，一举将其抓获。通过讯问，冉XX对上述三起案件均供认不讳。后又经过审讯深挖，查证落实冉XX盗窃、破坏电力设施、抢劫、强奸作案70余起，杀死5人（含上述3人）的犯罪事实，并带动其他省市破获抢劫、强奸、杀人案9起，盗窃案件300余起。

1991—2008年满城县破获刑事案件统计表

表9-1-2　　　　单位：起

年份	杀人	伤害	抢劫	投毒	放火	爆炸	强奸	流氓	诈骗	拐卖人口	破坏生产	盗窃	其他	合计
1991	2	18	20	0	2	0	3	112	1	35	1	594	0	788
1992	2	1	22	0	12	0	22	0	14	28	8	348	8	465
1993	19	9	43	1	7	1	26	7	12	22	9	430	4	590
1994	12	7	50	0	0	1	0	0	1	29	0	343	0	443
1995	9	21	30	0	3	0	0	0	0	0	0	0	0	63
1996	6	30	7	0	0	1	14	0	0	0	0	0	0	58
1997	11	37	46	0	13	1	0	0	50	0	0	216	0	374
1998	4	44	30	0	0	0	0	0	0	0	0	0	0	78

续表9-1-2

年份	杀人	伤害	抢劫	投毒	放火	爆炸	强奸	流氓	诈骗	拐卖人口	破坏生产	盗窃	其他	合计
1999	4	52	10	0	0	1	2	0	0	0	0	0	0	69
2000	3	71	11	0	0	1	20	0	1	19	0	0	0	126
2001	8	33	116	2	21	3	10	0	20	0	74	535	302	1124
2002	11	36	28	0	13	2	13	0	52	0	30	579	198	962
2003	10	26	25	0	12	2	18	0	18	0	38	517	166	832
2004	7	18	46	0	15	4	17	0	22	0	41	529	160	859
2005	4	27	47	0	14	2	8	0	26	0	26	532	180	866
2006	7	28	95	0	13	3	9	0	46	0	37	394	160	792
2007	8	21	64	0	10	0	19	0	28	0	15	914	156	1235
2008	11	29	103	0	21	1	18	0	61	0	22	1158	192	1616
合计	138	508	793	3	156	23	199	119	352	133	301	7089	1526	11340

1991—2008年满城县破获犯罪团伙统计表

表9-1-3

年份	合计（个）	涉案人员（人）	破案数（起）	盗窃		抢劫		伤害		其他	
				个数	人数	个数	人数	个数	人数	个数	人数
1991	24	166	418	20	134	—	—	—	—	4	32
1992	27	101	486	20	70	2	6	—	—	5	25
1993	34	158	467	16	88	2	10	9	21	5	39
1994	18	125	158	4	31	6	35	1	4	7	55
1995	33	175	—	—	—	24	102	—	—	9	73
1996	43	115	39	27	66	5	20	3	15	8	14
1997	35	145	786	22	86	10	36	—	—	3	23
1998	25	175	—	14	57	8	32	2	6	1	80
1999	33	117	—	20	81	7	17	2	7	4	12
2000	16	73	146	13	62	1	3	1	5	1	3
2001	43	139	383	—	—	—	—	—	—	—	—
2002	17	75	313	10	43	5	15	1	9	1	8
2003	34	158	576	24	96	4	13	4	13	2	36
2004	—	—	104	—	—	—	—	—	—	—	—

续表9-1-3

年份	合计（个）	涉案人员（人）	破案数（起）	盗窃		抢劫		伤害		其他	
				个数	人数	个数	人数	个数	人数	个数	人数
2005	22	196	133	8	55	4	29	4	94	6	18
2006	21	67	334	11	34	5	21	3	6	2	6
2007	24	125	211	14	54	3	35	4	28	3	8
2008	29	139	623	23	68	4	45	1	15	1	11
合计	478	2249	5177	246	1025	90	419	35	223	62	443

第三节　户政管理

一、户籍管理

1991年5月13日，按照商业部、公安部《关于自理口粮户口人员“农转非”办理户粮关系有关问题的通知》和省政府《关于开发支援乡镇企业人才的通知》精神，决定对县内持有自理口粮户口簿（当时介于农业和非农业之间的户口类型）的集镇人员办理户籍的农转非（农业户口转非农业户口）。主要包括四类人员，一是乡（镇）办集体企业年产值1000万元，利税100万元以上，同时被授予地市以上优秀厂长、经理的企业家；二是在乡（镇）企业中获省部以上科技进步奖和星火奖的优秀工人和农民；三是乡（镇）企业的能工巧匠、农民技术员“土专家”、有管理经验的各类人才，被乡（镇）企业引进并办理了调动手续，年满40岁，工龄20年，连续工作三年以上的专业技术干部家属子女；四是农业户口的“五大”（自考、电大、函授、成考、网络教育五类大学生）毕业生到乡（镇）工作的；只要符合上述条件之一，即可转为非农业户口。

1992年，以5000元一个的价格向社会出售非农业户口5000余个。

1995年8月1日，按照公安部农村户口城市化管理的要求，县公安局接管全县农村户口管理工作。各乡（镇）设立派出所，每个行政村聘用1名户籍协管员，实行一村一图，一户一本，一街一牌，一门一号，一户一档的户口管理模式。

2000年开始，对常住人口登记、人像采集、迁出、迁入、变更、死亡注销等全部实行信息化管理。

2003年10月，按照省政府《户籍管理制度改革的意见》和市政府《户籍管理制度改革实施细则》文件精神，进行户籍改革，将农业户口、非农业户口统一登记为居民常住户口。

2006年1月起，根据市公安局《户籍管理制度改革实施细则》，放宽户口迁移政策，简化办理程序和手续，凡在满城县具有合法固定职业或生活来源的，均可办理落户，成为城镇常住户口。

二、居民身份证

1995年5月1日，县居民身份证办公室撤销，居民身份证的办理工作划归县公安局治安科管理，继续组织第一代居民身份证的办理。截至2005年11月，全县共办理第一代居民身份证268344人。第一代居民身份证的颜色为黑白手填式，临时身份证为黄色手填式。

2005年12月，开始换发采用非接触式技术和指纹自动识别技术制造的第二代居民身份证。2006

年 6 月，先以城关、神星、南韩村、方顺桥 4 个派出所为试点，之后全面展开。为方便群众，在换发第二代居民身份证的同时，急需使用居民身份证的，可以申领黑白微机打印式的第二代临时身份证，有效期 3 个月。截至 2008 年年底，全县共办理第二代居民身份证 220122 人，发证率 56%。办理第二代临时身份证 5144 人次。

第四节　监所管理

1996 年，在监区北征地 6.17 亩扩建看守所，看守所总占地面积 22.24 亩。2004 年，经上级批准在南韩村镇东苟村村西筹建新看守所，占地面积 35.47 亩。所内设有医务室、值班室、管教室、洗浴室、审讯室、会见室、检查室、财务保管室。原看守所不再使用。2008 年，全所有民警 16 人，其中所长 1 人、指导员 1 人、副所长 3 人、狱医 1 人，有囚车 1 辆。

县看守所有计划地开展思想教育工作，使在押人员知法、懂法、积极改造。定期邀请公安局局长、检察院院长、法院院长、司法局局长到看守所给在押人员上法制教育课；实行看守民警与在押人员谈话制度，并有记录；在所内开办法制学习园地；让改造好的刑满释放人员到监所现身说法；不定期开展政治攻势和坦白交代、检举揭发活动。

1995 年，在押犯坦白交代余罪，牵涉各类案件 48 起，均被县公安机关破获，抓获犯罪分子 28 人，缴获赃款及赃物折款 5 万余元。2005 年，成功粉碎在押死刑犯薛某预谋组织的暴狱案件。

在生活管理上做到让在押人员吃饱、吃熟、吃热、吃好，做到周有食谱、节日改善生活，保证监号内 24 小时有开水，保证在押人员基本生活水平。定期让其晾晒被褥、洗澡，监舍内定期消毒。

对收押、看守、提审、押解、生活卫生、通信、接见、财务保管、犯人出所等都制定严密工作制度。1984—1993 年，连续 10 年无事故；1993 年，被评为“省级先进看守所”；2000 年，荣立集体三等功；2001 年，晋升为二级看守所，并荣立集体三等功。

第五节　交通管理

一、车辆、驾驶员管理

对机动车辆进行一年一度的审验（简称年检）。1998—2008 年，县公安局交警大队年检各种车辆 35400 辆，其中 1998 年 3025 辆，1999 年 3120 辆，2000 年 3168 辆，2001 年 3170 辆，2002 年 3190 辆，2003 年 3208 辆，2004 年 3240 辆，2005 年 3254 辆，2006 年 3290 辆，2007 年 3320 辆，2008 年 3415 辆。

普通摩托车、轻便摩托车、低速载货汽车和三轮汽车驾驶员实行自培自训，由县车管所组织统一考试，考试合格后发给相应的驾驶证。从 2006 年开始实行驾驶员体检录入业务，B2 至 A1 驾驶员每年体检录入一次。

二、路面交通管理

1991—2000 年，县公安局交通警察大队交通管理范围扩大。为做好交通管理工作，在全县境内的

交警训练（摄于2008年）

主要交通道路上均设置交通标志和标线，调整县城区内的指挥岗亭，全部装置定点周期信号灯，执勤交警站在中心岗台，配合自动指挥信号灯的转换，徒手指挥交通。在县城实行队长分岗、分段责任制，做到违章不过段、不过岗。对非司机开车、酒后驾车、强超强会、严重超员客车、无证无照车辆实行严管重罚。成立公路交通巡逻队，在全县境内主要公路实施全天巡逻，处置各类突发交通事故。公路巡警进驻满城公路收费站执勤，严格治理闯杆滋事行为。

2001—2004年，延长执勤时间，对发生的交通事故快侦快结。在县城主要路口开通移动电子警察，随时抓拍违章车辆，并安装探臂式红、黄、绿信号灯，城区交通秩序大为改观。注重交通法规的宣传，印发交通安全法宣传材料5万余份，组织大规模宣传活动7次，受教育群众8万余人次。

2005—2007年，开展交通秩序整治及道路事故隐患排查活动，查纠各类交通违章、违法行为14.14万余例，查扣各种车辆1200余辆，行政拘留55人，教育司驾人员30余万人次。

2008年奥运安保期间，交警大队连续巡逻设卡52天，检查过往车辆5万余辆、过往人员7万余人次，破获各类案件35起，抓获外省逃犯1人，收缴管制刀具35把、各种暴力倾向工具327件、易燃及不明液体559桶，查扣假照67例、报警器1台、导火索30米、双响炮50响。

第六节　消防管理

一、管理工作

1991—1997年，以造纸、印刷、娱乐服务业和加油站点为重点，做好消防安全管理。对于造纸和印刷企业，严格落实省乡镇企业局下发的《消防安全治理整顿方案》和《整顿验收标准》，做到组织落实，职责到位，消防器材配备齐全，各项安全消防制度完善。根据1995年公安部《关于公共娱乐场所消防安全管理规定》，对县内50家歌舞厅、夜总会、洗浴中心等公共娱乐场所进行整治，建立健全各项消防安全管理制度，落实各项消防安全管理措施。对建审不合规范的一律不予验收，对已经开业但仍存有消防安全隐患的及时责令停业整顿。针对100余家加油站（点），制定《加油站（点）消防安全管理制度》，集中精干民警强化加油站（点）的监督检查，对违反消防安全管理规定的依法进行处罚，严重的停业整顿或提请工商局取消营业资格。7年间，全县发生6起火灾事故。

消防大队办公楼（摄于2008年）

1997年，成立县消防大队。1998—2008年间，界定消防重点单位254家，建立消防档案，实行每日防火巡查。每年至少对重点防火单位法人、厂长、从业人员开展1~2次消防培训和消防演练。对一类防火单位做到每月必查，二、三类重点防火单位每季度进行一次安全检查，以确保安全。同时，消防大队严格按照国家建筑设计防火规范的技术要求，搞好建筑设计防火审批工作。

二、管理机构

2008 年 8 月，在陵山木材市场西侧建立高标准一级消防办公楼，占地面积 6233 平方米，建筑面积 2598 平方米。市消防支队为满城县消防大队配置现役军官 4 人，干部助理 1 人，现役士兵 2 人，招录合同制消防队员 25 人，文职雇员 4 人。在原有 2 辆水灌消防车基础上，新购置 1 辆泡沫消防车和 1 辆抢险救援车，购置 6 辆消防车。

1998—2008 年满城县防火检查及火灾统计表

表 9-1-4

年份	检查单位（家次）	查处隐患（处）	收放隐患通知书（份）	发生火灾（起）	经济损失（万元）
1998	—	—	—	3	—
1999	256	325	32	11	120
2000	316	518	—	16	130
2001	316	128	119	18	60
2003	190	280	96	10	—
2004	100	180	54	11	100
2005	214	627	71	5	130
2006	159	837	137	8	224
2007	133	208	56	60	500
2008	300	1167	—	6	—

说明：2002 年未找到相关数据

第七节　出入境管理

1995 年，出入境管理由县公安局政保科负责代管，共办理出境手续 22 人次，其中探亲者 13 人次，入境人员登记核查 6 人，欲投资办企业 3 人。

2003 年 10 月，县公安局组建出入境管理科，配备专职民警，对 7 家中外合资企业、3 家涉外宾馆、外侨人员进行定期走访检查，及时监测人员变动情况，严防各类涉外案件发生。

截至 2008 年，共受理出入境申请 500 余人次，其中办理临时入境 120 人次，出境 380 人次。临时入境中有欲在满城兴办企业者 50 人次。出境人员中探亲、旅游的 300 人次，务工、经商的 80 人次。查处涉外案件 1 起，查处外籍人员非法务工案件 1 起。

第八节　公共信息网络安全管理

1999年，对网吧实行许可证管理制度，凡经营网吧的必须按照《互联网上网服务营业场所信息安全审核意见书》要求进行审批登记。2003年，各网吧全部安装“NET110”网络安全审计系统，实行实名制管理。

县公安局内保科负责网吧的管理，各派出所按属地管理。每周、每月及五一、十一等重大节日内保科结合派出所进行认真检查，办理审批手续。实行“任子行”软件的在线管理，并落实登记制度。进行安全培训，掌握网吧实名卡登记系统，落实网吧刷卡登记制度、上网登记及上网日志保存制度。随着网络的不断升级，及时整改网络结构，保持“NET110”安装在线。建立健全管理档案，包括业主姓名、资质、审批手续、技防设备、各项规章制度、管理措施、培训、考核、检查等。

1999—2000年，全县有网吧21家，2002年发展到32家，2003年有39家。2008年，全县有网吧38家（不含贤台乡），其中24家正常经营，14家处于关停状态。

在澳门回归、奥运会等重大国事活动期间，组织协调县工商局、县文体局、县消防大队等单位，对全县所有网吧进行安全大检查。1999—2008年，累计出动警力500余人次，查处6家黑网吧，对20家管理不规范、设备不符合要求等存在隐患的网吧，下发停业整顿通知书或予以处罚。

第九节　特种行业管理

一、废旧金属回收管理

1991—2003年，县工商行政管理部门负责对废旧金属收购业的审批，核发营业执照，公安机关对废旧物资回收负责登记，在工商部门核发的营业执照上加盖治安管理印章。

1992年，依据公安部《废旧金属收购业治安管理办法》，县公安局进一步加大对废旧金属收购业的治安管理，并建立定点收购制度、验证登记制度、情况报告制度等一系列管理制度。在具体管理中，由县公安局治安部门负责核发、检验特种行业许可证，派出所负责日常监督、检查和管理。同时，县公安局还将废旧金属收购业列入重点治安管控阵地，公开管理与秘密侦查相结合，打击隐匿其中的销赃、窝赃违法犯罪活动。

1992年、2006年，县公安局利用阵地管控获取线索，先后侦破曹XX、贾XX两个盗窃、破坏农电设施的犯罪团伙。这两个团伙在于家庄村、庞村一带结伙作案60余起，盗窃、销赃10多台变压器、上万米铝制电线，涉案总价值20余万元。

1991年，国家对废旧物资管理放开，废旧金属争购激烈，县社系统回收额逐年下降。各收购网点收购废旧物资不再向废旧物资回收公司交纳，各自经营。2000—2008年，企业经营业务逐年减少，职工大部分下岗，废品收购业务由班组承包，勉强维持公司生存，私有和个体废旧物资回收企业发展迅速。2003年，具有废旧物资经营免税资格的企业38家，其中铜铝收购企业2家。2004年，全县有废旧物资经营企业52家。

2004 年，国务院规定废旧金属收购业不再列为特种行业，取消公安机关对废旧金属收购业的特种行业审批，但仍由公安机关纳入特种行业管理。2008 年，全县有废旧金属收购企业 107 家，其中冶炼企业 17 家。

二、其他行业管理

1993 年，对新增添的文化娱乐场所均纳入特种行业治安管理范围，实行三级管理，严格审批把关，建立健全行业治保组织和各项规章制度，进行人员培训。县公安机关认真检查和验收，对治安管理混乱，存在组织、强迫、引诱、容留、介绍他人卖淫，开设赌场，贩卖、传播淫秽物品，强迫、引诱他人吸食、注射毒品等严重问题的，责令停业，直至取缔。

1994 年，对印刷业、个体书摊、放映厅、制黄贩黄路边店、发廊、舞厅、洗浴、音像光盘店等行业开展清理整治。收缴黄色书刊 1.9 万册、淫秽音像制品 22 盘，打击处理卖淫嫖娼 60 余人次，端掉 35 个赌博窝点，查封取缔印刷厂 16 家，查封放映厅、旅店、发廊 12 家，惩处一批违法犯罪分子。

1995—2004 年，针对旅店、舞厅、洗浴中心等场所黄、赌、毒现象反弹，开展多次集中清理整治活动。查封取缔电子游戏厅 11 家；责令 18 家歌舞厅、10 家洗浴中心、7 家美容（美发）院和 30 多家网吧进行停业整顿；查处卖淫嫖娼案件 76 起，抓获卖淫妇女、嫖宿人员 396 人，赌博人员 315 人；端掉赌博窝点 35 个，对 23 名惯赌人员和局家予以行政拘留，400 余名从事有偿陪侍活动的服务小姐被驱逐出县或遣返原籍。

2005—2007 年，对全县 98 家符合条件的旅店全部实现信息管理，落实实名、实情、实数、实时登记制度，对数据库进行原始信息积累，通过网上比对抓获涉案嫌疑人 9 人，破获各类案件 20 余起。对刻字业实行微机管理，统一刻制印章，统一存档，统一编号，实行密码存档。

2008 年，对纳入特种行业管理的歌厅、舞厅、旅馆、俱乐部等娱乐场所，实行信息化监管机制，严格治安管理。

第十节　组织机构

1991—1992 年，县公安局总人数 179 人，内设科、室、所、队 28 个。首次授衔警察 173 人。

1993 年，对公安体制进行改革和调整。局机关科室压缩到 6 个，机关人数由 75 人精减为 47 人（含局领导）；成立刑警大队，有 46 人，下设 5 个中队，分片管辖。调整基层派出所，撤销原有的 6 个中心派出所，1 个乡（镇）建立 1 个派出所。同年，交通警察队升级为交通警察大队，设大队长、教导员各 1 人，副大队长 2 人，副教导员 1 人，下设办公室、车管所。全局 206 人。

1995 年，全局总人数 249 人，其中授衔人员 200 人。5 月，县公安局迁址中山西路路南办公楼，办公楼总面积 3100 平方米，建有公安内部网络机房，有警车 19 辆，业务用车 30 辆。在办公楼后院建家属楼 2 栋，总面积 10229 平方米，解决了 96 户干警的住房困难问题。8 月，成立警务督察委员会。

1996 年，全局人数 288 人，共有科、室、处、所、队 38 个。合乡扩镇后，经县编委批准，撤销原有 25 个乡（镇）派出所，改设 13 个乡（镇）派出所。

1997 年，在原消防科的基础上组建消防大队，有 13 人，消防车 3 辆。6 月，成立 110 报警指挥中心和 110 巡特警执勤中队。撤销刑警六队、特情队，设立宣传科，恢复内保科。同年，交通警察大队组建 107 国道公路巡警中心。

1998 年，治安科改为治安管理大队。交通警察大队组建交通事故管理科和法制室。9 月，县公安局出租汽车管理办公室 14 人及财务归属县交通局管理。

1999 年，有科、室、处、所、队 39 个，其中派出所 14 个，刑警中队 7 个。同年，江城、大马坊 2 个派出所及 11 名干警，划归保定市公安局新市区分局管理。

2001 年，经侦队改为经侦大队。

2002 年，组建 110、119、122“三台合一”接警指挥中心，增设大屏幕道路监控设施 7 个。7 月 25 日，成立爆炸危险物品监管大队。

2008 年 4 月，公安局车辆管理站改称公安局车辆管理所。5 月，交通警察大队组建大赛、韩村、坨南、京赞路、大册营、城区 6 个交通管理中队。11 月，县公安局迁址中山西路路北新建办公楼，办公楼总建筑面积 7611 平方米，占地面积 24.8 亩。城关、石井、白龙 3 个派出所搬迁新址。12 月，贤台派出所及 7 名干警划归保定市公安局朝阳区分局管理。全局在编人员 304 人，授衔民警 161 人。内设科、室、处、所、队 42 个，其中派出所 16 个，刑警中队 7 个。

1991—2008 年，县公安局先后 12 次被省公安厅授予“优秀公安局”“公安法制先进集体”“执法质量考评先进集体”等荣誉称号。1999 年、2002 年两次被公安部命名为“优秀公安局”。1999 年，被省公安厅荣记民爆物品管理二等功。

附：110 报警指挥中心

110 报警指挥中心

1995 年 1 月设立 110 报警台。1997 年 6 月，筹资 40 万元购置对讲机、警棍、警笛、防爆盾牌、头盔、警车等设备，选调精干人员组建 110 巡特警执勤中队，正式成立 110 报警指挥中心。

110 报警指挥中心实行 24 小时值班制度，随时接受人民群众的紧急电话报警、求助和对公安民警现实发生的违法违纪或失职行为的投诉。报警服务台接到报警后，立即向巡特警执勤中队和有关警种下达命令，处警人员接令后快速反应，及时到达处置。在接到群众投诉后，及时转办、督办，并将投诉结果及时反馈给投诉人。

据统计，1995—2008 年，110 报警指挥中心接受群众有效报警 3652 起，从中破案 150 起，抓获违法犯罪嫌疑人 62 人，救助群众 181 起 265 人。

1991—2008 年满城县公安局局长、政委任职时间一览表

表 9-1-5

局　长	任职时间	政　委	任职时间
刘德友	1988.3—1992.3	苑永林	1984.2—1994.3
吴　宪	1992.3—1997.8	吴　宪	1994.3—1996.7
戴志庄	1997.9—2001.1	董　元	1996.8—2000.2
安增奇	2001.2—2003.9	安增奇	2000.2—2001.2
赵志伟	2003.10—2007.1	王　亮	2001.2—2002.8

续表9-1-5

局　长	任职时间	政　委	任职时间
马永乐	2007. 2—2008. 7	马永乐	2002. 8—2007. 2
刘晓明	2008. 7—	孙宝山	2007. 2—

1992—2008 年满城县公安局民警授衔数量统计表

表 9-1-6　　　　　　　　　　　　　　　　　　　　　　　　单位：人

年份	警督			警司			警员		总计
	一督	二督	三督	一司	二司	三司	一员	二员	
1992	3	37	45	36	25	23	0	4	173
1995	2	59	44	23	37	22	4	9	200
1997	5	69	30	39	29	17	10	0	199
1998	5	72	31	44	24	12	14	10	212
1999	10	77	36	43	16	11	9	9	211
2000	10	78	47	26	16	21	11	3	212
2002	6	29	50	33	10	17	9	5	159
2004	9	40	54	19	22	21	7	0	172
2006	7	47	46	26	21	12	7	0	166
2007	9	51	50	22	23	17	0	0	172
2008	4	48	50	33	23	3	0	0	161

第二章　检　察

县检察机关严明法纪，依法做好刑事检察、民事行政检察、法纪检察、经济检察和预防职务犯罪等工作。1990—2008 年，刑事检察累计审查批捕案件 2243 件，不批准逮捕案件 74 件，追捕 56 人；审查起诉案件 2237 件，追诉案件 37 件。法纪检察案件共立案 109 件，经济检察案件立案 238 件。1991—2008 年，接待申请民事行政检察案件 174 件，受理 86 件，提请抗诉案件 67 件。1998 年，成立预防职务犯罪科，隶属反贪污受贿局，与银行、税务、电力、交通、建设、司法等部门共同制定预防职务犯罪方案并监督实施。

第一节　刑事检察

1990—2008 年，县检察院共审查批准逮捕案件 2243 件、涉及 3897 人，不批准逮捕案件 74 件、涉及 91 人，追捕 56 人。共审查起诉案件 2237 件、涉及 3530 人，追诉案件 37 件，不起诉 91 人。

1990—2008 年满城县受理刑事案件统计表

表 9-2-1

年份	审查批捕					审查起诉			
	批准逮捕		不批准逮捕		追捕（人）	决定起诉		追诉案件（件）	不起诉（人）
	案件（件）	人数（人）	案件（件）	人数（人）		案件（件）	人数（人）		
1990—1991	62	97	2	2	0	41	60	0	7
1992—1993	67	200	8	8	6	91	148	3	14
1994—1995	130	263	2	6	7	110	186	0	6
1996—1997	235	453	4	5	6	162	258	0	1
1998—1999	280	447	10	10	7	319	464	0	0
2000—2001	377	623	6	11	17	300	443	10	7
2002—2003	331	522	6	7	2	364	525	9	0
2004—2005	275	410	6	6	4	296	456	6	0
2006—2007	324	573	22	27	4	408	723	2	20
2008	162	309	8	9	3	146	267	7	36

第二节　民事行政检察

1991 年 1 月，县检察院设置民事行政检察科，依法对民事行政诉讼活动进行监督。对同级人民法院确有错误的生效民事判决、裁定、调解，依法建议法院再审或提请上级人民检察院抗诉；依法对民事执行活动进行监督；对同级人民法院确有错误的生效行政判决、裁定，提请上级人民检察院抗诉。1991—2008 年，接待申请案件 174 件，受理申请案件 86 件，提请抗诉案件 67 件。通过办理抗诉案件纠正法院错误判决，为当事人挽回经济损失 300 多万元。

1991—2008 年满城县民事行政检察统计表

表 9-2-2　　单位：件

年份	接待申请	受理申请案件	提请抗诉案件	再审检察	抗诉	改判
1991	1	0	0	0	0	0
1992	2	1	0	0	0	0
1993	2	1	1	0	1	0
1994	3	1	1	0	1	1
1995	3	2	2	0	2	1
1996	4	2	2	0	2	2
1997	7	3	3	0	3	2
1998	8	4	3	0	3	3
1999	10	6	4	1	3	2
2000	12	7	7	0	6	4
2001	19	8	5	1	5	3
2002	14	9	6	0	5	4
2003	13	7	6	0	6	4
2004	12	8	6	0	5	3
2005	18	8	6	1	6	3
2006	17	6	6	0	5	4
2007	16	7	5	0	5	3
2008	13	6	4	0	4	3
合计	174	86	67	3	62	42

第三节　法纪检察

1990—2008 年，县检察院办理法纪案件共立案 109 件，涉及 132 人，逮捕犯罪嫌疑人 99 人，起诉 80 件，涉及 88 人，免诉 14 人，有罪判决 88 人。

1990—2008 年满城县办理法纪案件统计表

表 9-2-3

年　份	立案		逮捕（人）	起诉		免诉（人）	有罪判决（人）
	件数（件）	人数（人）		件数（件）	人数（人）		
1990—1991	23	19	16	21	16	3	16

续表9-2-3

年　份	立案		逮捕（人）	起诉		免诉（人）	有罪判决（人）
	件数（件）	人数（人）		件数（件）	人数（人）		
1992—1993	26	38	17	8	11	6	11
1994—1995	14	20	15	12	14	1	14
1996—1997	18	19	15	11	13	2	13
1998—1999	3	3	3	3	3	0	3
2000—2001	8	10	10	8	9	1	9
2002—2003	9	11	11	9	10	1	10
2004—2005	5	7	7	5	7	0	7
2006—2007	2	2	2	2	2	0	2
2008	1	3	3	1	3	0	3

第四节　经济检察

1990—2008 年，县检察院办理贪污受贿案件共立案 238 件，涉及 286 人。其中贪污案件 126 件，涉及 156 人；受贿案件 35 件，涉及 40 人；其他案件 77 件，涉及 90 人。通过侦查，逮捕经济犯罪嫌疑人 92 人，起诉 171 人，挽回经济损失 862. 9 万元。

1990—2008 年满城县办理贪污受贿案件数量统计表

表 9-2-4

年　份	立案合计		其　中						逮捕（人）	起诉（人）	挽回经济损失（万元）
	件数（件）	人数（人）	贪污案件		受贿案件		其他案件				
			件数(件)	人数(人)	件数(件)	人数(人)	件数(件)	人数(人)			
1990—1991	50	64	30	38	4	4	16	22	23	30	70
1992—1993	23	32	13	18	3	3	7	11	13	16	112. 3
1994—1995	42	47	22	26	6	6	14	15	15	25	130
1996—1997	33	35	18	20	6	6	9	9	7	17	180
1998—1999	21	23	12	13	4	5	5	5	9	16	77
2000—2001	21	22	10	11	3	3	8	8	4	16	68. 4
2002—2003	18	18	7	7	4	4	7	7	9	11	72. 2
2004—2005	18	21	8	9	2	2	8	10	6	16	87

续表9-2-4

年份	立案合计		其中						逮捕（人）	起诉（人）	挽回经济损失（万元）
			贪污案件		受贿案件		其他案件				
	件数（件）	人数（人）	件数(件)	人数(人)	件数(件)	人数(人)	件数(件)	人数(人)			
2006—2007	10	16	5	7	2	6	3	3	6	16	51
2008	2	8	1	7	1	1	0	0	0	8	15

第五节　其他检察　预防职务犯罪

一、控告与申诉检察

1991—2005 年，县检察院接待来访群众 938 人，查处控告申诉案件 147 件，为群众疏通诉讼渠道，督促有关部门及时查处各种违法、违纪案件，发现犯罪线索 125 件 178 人，移交侦查部门查处后全部追究刑事责任。2006 年，控告申诉检察科被评为“全国文明接待室”。

二、监所检察

1991 年 3 月，加强看守所检察的规范化建设。实行看守所检察系列项目登记一览表上墙制度，各项变化情况一目了然。1996 年，驻河北省第六劳改总队检察组、驻满城劳改支队检察组根据劳改检察的任务和要求，建立《驻狱检察岗位责任制》，制定《检察登记制度》《法制宣传教育制度》和《监管单位联席会议制度》等一系列可行的劳改检察制度，使劳改检察工作步入经常化、规范化、制度化的轨道。

2004 年，驻河北省第六劳改总队检察组和驻满城劳改支队检察组更名为驻太行监狱检察室和驻冀中监狱检察室，独立行使劳改检察职权。

三、预防职务犯罪

1998 年 10 月，县检察院成立预防职务犯罪科，隶属于反贪污贿赂局。1998—2008 年，先后与银行、税务、电力、交通、建设、司法等部门共同制定预防职务犯罪方案并监督其实施。给农村干部授课 20 余次，发放自编《预防职务犯罪手册》5000 余册，受教育上万人次。

第六节　组织机构

1991 年 1 月，县检察院内设 7 个科、2 个室、2 个派驻检察组。包括刑事检察科、贪污贿赂检察科、法纪检察科、监所检察科、控告申诉检察科、政工监察科、民事行政检察科；办公室、法律政策研究室；驻河北省第六劳改总队检察组、驻满城劳改支队检察组。1992 年 10 月，开始实行检察官等级制度。

1993 年 7 月，设立法警队。10 月，成立税务检察室、南韩村镇检察室。1995 年 9 月，成立地方税务局检察室，撤销农行、电力、县社 3 个检察室。1996 年 1 月，成立财政局财务检察室。贪污贿赂监察科改称反贪污贿赂局。1998 年 1 月，撤销驻国税局、地税局检察室。

1998 年 10 月，县检察院内设立 1 局、1 队、11 科室，包括反贪污贿赂局（正科级，下设侦查科、预防职务犯罪科、检察技术科）、法警队、办公室、政治处（正科级，与纪检、监察人员合署办公）、法纪科、审查批捕检察科（与综治办合署办公）、审查起诉检察科、监所检察科、民事行政检察科、控告申诉检察科（与举报中心、刑事赔偿办公室 1 个机构，3 块牌子）、法律政策研究室、驻河北省第六劳改总队检察组、驻满城劳改支队检察组。

2002 年 6 月，机构改革中将审查起诉检察科改为公诉科，审查批捕检察科改为侦查监督科，法纪科改为渎职侵权检察科。

2002—2006 年，县检察院行政编制 54 人。设检察长 1 人，副检察长 3 人。2007—2008 年，县检察院行政编制 58 人。设检察长 1 人，副检察长 3 人。检察官 38 人（含检察长、副检察长、检察委员会委员、检察员），其中三级高级检察官 1 人，四级高级检察官 9 人，一级检察官 21 人，二级检察官 4 人，四级检察官 2 人，五级检察官 1 人。助理检察官 2 人。2008 年 12 月，渎职侵权检察科更名为渎职侵权检察局。

2002—2008 年，先后有 8 名干警通过司法考试，取得检察官资格。

1991—2008 年满城县历任检察长任职时间一览表

表 9-2-5

姓　名	职　务	任职时间
杨建忠	检察长	1990. 2—1996. 8
刘周法	检察长	1996. 8—1998. 12
赵文征	检察长	1998. 12—2004. 5
赵福顺	检察长	2004. 5—

第三章　法　院

县法院的审判涉及刑事审判、民事审判、经济审判和行政审判。1990—2008 年，审结刑事案件 3082 件，判处犯罪分子 4196 人。1991—2008 年，审结各类民事案件 16183 件；审结行政案件 118 件，处理行政纠纷 1063 起，执行非诉案件 2793 件；累计执结各类案件 6963 件，执行标的金额 10790 元；接待来信来访 35023 人次，处理告诉和审查申请案件 768 件，审结再审案件 107 件。2002 年，撤销经济审判庭。1991—2002 年，审结经济案件 5462 件，解决诉争标的金额 20055 万元；挽回经济损失或避免经济损失 5940 万元，清收贷款 120 万元。

第一节　刑事审判

1990—2008 年，县法院共审结刑事案件 3082 件，召开公判大会 76 次，判处犯罪分子 4196 人。推进刑事司法领域人权保障和社会治安综合治理，坚持罪刑相适应，对轻微犯罪的被告人依法适用缓刑、管制等非监禁刑。保护诉讼参与人合法权益，探索建立刑事被害人国家救济补偿制度。加大附带民事赔偿工作力度，90%的附带民事案件调解结案；为符合法律援助条件的被告人免费指定辩护人。突出抓好未成年人刑事审判，参与社区矫正，提出防范治安管理隐患的司法建议1200余份。

1990—2008年满城县刑事案件审结数量统计表

表9-3-1

年份	审结案件（件）	判处罪犯（人）	公判大会（次）
1990—1991	153	171	11
1992—1993	201	200	9
1994—1995	279	317	7
1996—1997	339	368	12
1998—1999	385	482	9
2000—2001	399	555	8
2002—2003	401	536	7
2004—2005	337	503	4
2006—2007	409	701	6
2008	179	363	3
合计	3082	4196	76

第二节　民事审判

1991年，新《中华人民共和国民事诉讼法》公布实施后，县法院遵循合法自愿原则，正确使用法律，及时审理民事案件，确认民事权利义务的关系，制裁民事违法行为，保护当事人合法权益。2003年，撤销经济审判庭，确立大民事格局，所有民事、商事案件归民事审判庭审理。2007年11月1日，全国人大常委会内司委主任委员何椿霖到县法院调研，对县法院调解工作给予高度评价。1991—2008年，共审结各类民事案件16183件。

第三节　经济审判

通过经济审判调节经济关系，保护公民、法人的合法权益，为维护正常的经济秩序起到保驾护航的作用。1991—2002年，县法院共审结各类经济案件5462件，解决诉争标的金额20055万元，挽回或避免经济损失 5940 万元，清收贷款 120 万元。2003 年，经济审判庭撤销。

1991—2002 年满城县审结经济案件统计表

表 9-3-2

年份	审结案件（件）	诉争标的金额（万元）	挽回或避免损失（万元）	清收贷款（万元）
1991—1992	132	394	70	120
1993—1994	491	2351	450	0
1995—1996	762	4000	500	0
1997—1998	995	6510	800	0
1999—2000	1829	1200	1120	0
2001—2002	1253	5600	3000	0
合计	5462	20055	5940	120

第四节 行政审判

1991—2008 年，审结涉及治安、土地、食品卫生、矿产、抢占耕地建房等行政案件 118 件，处理各种行政纠纷 1063 起，执行非诉案件 2793 件。2003—2004 年，执结农业税案件 119 件。

1991—2008 年满城县审结行政案件统计表

表 9-3-3

年份	审结案件（件）	处理纠纷（起）	执行非诉案件（件）
1991—1992	24	413	0
1993—1994	15	611	0
1995—1996	13	39	27
1997—1998	11	0	212
1999—2000	21	0	463
2001—2002	13	0	443
2003—2004	14	0	581
2005—2006	3	0	337
2007—2008	4	0	730
合计	118	1063	2793

第五节　案件执行

1990 年 11 月，县法院设立执行庭，负责执行法院一审生效的法律文书，以及法律规定应由法院执行的其他生效的法律文书，执行上级人民法院指定执行的案件，受理其他法院委托执行的案件，协助外地法院到本属地执行的案件。全年依法执行各类案件 252 件。1991—2008 年，县法院共执结各类案件 6963 件，执行标的金额 10790 万元。

1991—2008 年满城县案件执行统计表

表 9-3-4

年份	案件执结（件）	执行标的金额（万元）	年份	案件执行（件）	执行标的金额（万元）
1991	601	—	2000	406	860
1992	167	—	2001	420	950
1993	33	—	2002	381	840
1994	65	—	2003	650	2700
1995	687	—	2004	408	510
1996	191	—	2005	673	870
1997	182	—	2006	511	1120
1998	426	—	2007	325	960
1999	618	1200	2008	219	780

第六节　告诉、申诉与审判监督

1990 年 11 月，县法院成立告诉申诉审判庭，处理人民群众来信、来访，受理申诉案件。1997 年，建立立案、审查、执行分离制度。1999 年，进一步完善立案、审执、审监分立制度，建立院长接待日制度。2004 年 9 月，撤销告诉申诉审判庭，成立立案庭和审判监督庭。加强立案场所规范化建设，为当事人提供“一站式”立案流程服务，尽可能一次性完成立案审查、费用核算、文书送达等立案程序。完善内部监督机制、审判宏观指导机制，制发 18 个规范性意见，强化审判监督，完善案例指导制度，统一裁判尺度。对办案各环节规定完成时限，专人监督办案进度，严把审限延长关，无违法超审限。1991—2008 年，县法院共接待来信来访 35023 人次，处理告诉和审查申诉案件 768 件，审结再审案件 107 件。

1991—2008 年满城县告诉、申诉案件统计表

表 9-3-5

年份	接待来信来访（人/次）	处理审查申诉（件）	审结再审案件（件）	年份	接待来信来访（人/次）	处理审查申诉（件）	审结再审案件（件）
1991	1950	10	6	2000	1680	8	0
1992	2114	5	0	2001	1360	9	0
1993	1200	19	18	2002	1200	14	13
1994	5224	78	0	2003	1300	0	17
1995	4680	102	0	2004	3368	21	10
1996	2040	289	13	2005	540	0	6
1997	1540	193	3	2006	1530	0	8
1998	1750	2	0	2007	1200	0	3
1999	1847	18	0	2008	500	0	10

第七节　组织机构

1991 年，县法院内设办公室、刑事审判庭、民事审判庭、经济审判庭、执行庭、行政审判庭、告诉申诉审判庭。有 6 个基层法庭（大马坊、岭西、西原、神星、城关、陉阳驿法庭）。1993 年 2 月，设立纪检组。7 月，设立法警分队。1997 年 3 月，经济审判庭分立为经济审判第一庭、第二庭。1999 年 1 月，民事审判庭分立为民事审判第一庭、第二庭。2000 年，设立政治处。

2003 年，撤销经济审判庭。2004 年 9 月，撤销原来的两个民事审判庭、经济审判庭、告诉申诉审判庭，设立执行局（设执行第一庭、第二庭），民事审判第一庭、第二庭，立案庭，审判监督庭，监察室，研究室，司法鉴定技术室。1995 年 11 月，撤销西原法庭，设立南韩村法庭。1998 年 12 月，大马坊法庭划归新市区法院。1998 年 5 月，设立大册营法庭。

2005—2008 年，县法院内设 16 个职能部门，包括办公室、政治处、纪检组、执行局、监察室、研究室、司法鉴定技术室、立案庭、刑事审判庭、民事审判第一庭、第二庭、行政审判庭、审判监督庭、执行第一庭、第二庭、司法警察大队。设城关、岭西、陉阳驿、南韩村、神星、大册营 6 个基层法庭。

1992 年，县法院行政编制 58 人。2005—2008 年，县法院行政编制 63 人，其中法官 58 人，法警 5 人。有审判员 38 人，包括院长、副院长、审判委员会委员、庭长、副庭长；助理审判员 20 人。有一级法官 9 人，二级法官 10 人，三级法官 8 人，四级法官 11 人。

1998 年，满城县人民法院被省高院授予“先进集体”称号。1999 年，被市中院评为“人民满意的好法院”，并荣立集体三等功。2000 年，被省高院评为“基层建设先进单位”。2001 年，被省高院荣记集体二等功。2004 年，再次被省高院荣记二等功。2007 年，被最高法院荣记集体一等功。2008 年，被省政法委评为“全省信访先进单位”，被最高人民法院授予“全国模范法院”称号。

1991—2008 年满城县人民法院历任院长任职时间一览表

表 9-3-6

姓　名	职　务	任职时间
宁景泽	院长	1991—1996. 6
刘力雄	院长	1996. 6—2000. 5
赵久福	院长	2000. 5—2007. 5
唐玉庆	院长	2007. 5—

第四章　司法行政

以普法宣传教育为目的，根据不同时期的普法需要，县司法局明确宣传重点和目标，先后组织“二五”（1991—1995 年）“三五”（1996—2000 年）“四五”（2001—2005 年）“五五”（2006—2010 年）普法教育活动。在各乡（镇）建立司法所，在各村建立调解组织，设村级调解员。1991—2008 年，累计调处民事案件 3 万余起，调处成功率 98. 8%。2008 年，全县有 2 家律师事务所，执业律师 11 人。办理公证业务逐年增加，2005—2008 年，年均办理公证 400 余件。2004 年成立法律援助中心，办结法律援助案件 231 件，为当事人避免或挽回经济损失 98 万元。

第一节　法制宣传

一、“二五”普法教育

1991—1995 年，开展第二个五年普法教育。以《中华人民共和国宪法》（以下简称《宪法》）为核心、以专业法为重点，是“二五”普法教育的主要特点。1991 年，是“二五”普法的启动年，主要做好“二五”普法规划实施的准备工作，以中宣部、司法部组织编写的《中华人民共和国宪法讲话》《社会主义法制建设若干问题讲话》两本书为统一教材，达到干部人手一本，职工每班组一本，农民每户一本，中小学校每班一本，深入学习，培训宣讲骨干 3500 人。1992 年，以《宪法》颁布 10 周年为契机，开展《宪法》的再宣传、再教育。从 1992 年下半年开始，普法工作重心转向专业法的学习。1994 年，围绕“抓住机遇、深化改革、扩大开放、促进发展、保持稳定”的大局要求，全面完成“二五”普法规划提出的各项任务。

二、“三五”普法教育

1996—2000 年，开展第三个五年普法教育。“三五”普法实施的主要特点是突出各级领导干部学法用法，突出各地方、各部门的依法治理。“三五”普法期间，举办领导干部法制讲座 25 次，5500 人次听取讲座。12 个乡（镇）、204 个行政村及中小学校全部实行依法治村、依法治校。在开展领导干部学法用法活动中，建立普法合格证制、学法考试考核制、学法档案制、干部法律学历教育等多种制度。建立干部学法用法登记卡，考试成绩记入本人档案，实行分类归口管理，作为干部年度考核、晋升的依据之一。县人大常委会、县委组织部和人事部门在任用干部时，对其法律知识的学习情况和依法办事情况进行考核，不合格者不任用。

三、“四五”普法教育

2001—2005 年，开展第四个五年普法教育。普法统编教材《干部法律知识读本》《公务员依法行政读本》，干部职工人手一册。四年级以上学生人手一册《青少年法制教育读本》。从 2001 年起，全县每半年举办一次法制宣传骨干培训班，培训宣传骨干 4000 余人，县报社、电视台开辟普法专栏，在“12·4”法制宣传日上街发放普法内容宣传材料 10 万余份。

四、“五五”普法教育

第五个五年普法教育工作时间为 2006—2010 年。2006 年，为“五五”普法启动阶段，在“四五”普法基础上，总结经验，找出差距，制定“五五”普法总体规划，建立健全普法领导小组和办事机构，完善制度和措施。2007—2009 年，为“五五”普法实施阶段。在此阶段，开展法制宣传教育主题活动，大力推进法制宣传教育进机关、进乡村、进社区、进学校、进企业、进单位、进市场、进家庭。组织干部培训 6 期，培训普法骨干 2500 人，举办 6 期农村干部民主与法制培训班，组织全县中小学法制副校长及法制课老师培训 5 次。开展民主法制社区创建和依法治村、治企、治校活动，在市场设立固定的法律宣传橱窗，设立法律咨询站 17 个。2008 年，先后开展奥运法制百日宣传、迎奥运法律知识竞赛、国庆安保百日集中宣传等活动。

第二节　民事调解

1991 年，村村建有调解组织，有村级调解员 700 人。2005 年 6 月，建立乡（镇）级人民调解委员会，有调解工作人员 68 人。2006 年，组织全县乡（镇）、村人民调解员进行统考，实行人民调解员持证上岗制度。

1995 年，在 25 个乡（镇）建立 18 个司法所。1996 年，合乡扩镇后除刘家台乡、坨南乡、白龙乡 3 个山区乡仍设司法助理员外，其余 10 个乡（镇）重新组建司法所。1998 年，达到 1 乡（镇）1 所，体制上实行乡（镇）政府和县司法局双重管理。1998 年 12 月，重新组建贤台乡司法所。2008 年年底，乡（镇）司法在册人员 42 人，贤台乡司法所划归保定市托管。

1991—2008 年，调处民事案件 3 万余起，调处成功率 98.8%，维护了社会的稳定与和谐。

第三节　律师事务

1994 年 12 月，报经省司法厅批准，县律师事务所由 1 个分设为 3 个国资律师事务所，包括满城县律师事务所、河北保定益民律师事务所、河北保定京山律师事务所。1995 年 10 月，满城县律师事务所更名为河北保定当代律师事务所；1999 年 6 月，更名为诚信求实律师事务所。同年，河北保定益民律师事务所更名为满星律师事务所。2000 年 3 月，报省司法厅批准，河北保定京山律师事务所并入满星律师事务所。

2008 年年底，全县有 2 家律师事务所，执业律师 11 人，均达到法律本科学历。

1991—2008 年间，各项法律业务活动以年均 5%的速度增长，办结各种案件 2000 余件。1995 年，共办结各类案件 268 件，其中刑事辩护案件 56 件，代理民事案件 173 件，为当事人避免或挽回经济损失 760 万元。担任 82 家企事业单位的法律顾问，为顾问单位出具法律意见书 58 份，审查合同 320 份。2004 年办结各类案件 310 件，为当事人避免或挽回经济损失 1020 万元；为企业改制、破产出具法律意见书 12 份，为政府依法行政提供法律咨询 30 余次。

第四节　公证　法律服务

一、公证

县公证处成立初期，办证范围小、数量少，仅限于一些买卖合同公证、继承公证、赡养协议公证等。后经公证人员大力宣传，精细工作，办理公证数量逐年增加。1998 年，公证处办理公证 268 件。2000—2004 年，年均办理公证 306 件。2005—2008 年，年均办理公证 400 余件。2007 年，有 2 名公证员取得国家涉外公证员资格。2008 年，有 4 名公证员，2 名公证辅助人员，均达到法律大学本科学历。

二、法律服务

2004 年 3 月，经有关部门批准，成立法律援助中心。至 2008 年年底，共办结 231 件法律援助案件，为 720 人次提供法律咨询，为当事人避免和挽回经济损失 98 万元。

第五节　组织机构

1991 年，县司法局内设办公室、律师事务所、公证处、宣教组、民事调解组，有干部职工 21 人。1998 年，机关专项编制 15 人，设局长 1 人，副局长 2 人，股级干部职数 4 人，内部机构有办公室、政工股、宣教股、基层工作股、律师事务所、公证处。律师事务所自筹自支，专项事业编制 5 人。公证处差额拨款事业编制 5 人，设股级职数 1 人。

2002 年，县司法局机关司法专项编制 17 人（含 2 个地方编），其他未变。按照省人大常委会司法鉴定条例增设司法鉴定职能。

2008 年 1 月，置换核销地方编制 2 人，增加司法专项编制 2 人，调整后县司法局机关专项编制 17 人，设局长 1 人，副局长 2 人。

第五章　军　事

按照国务院和中央军委的规定，做好征兵和预备役登记工作。每年组织预备役登记、民兵队伍建设和民兵训练。国防办为常设机构，负责宣传国防理论、国防历史等国防知识。人防办负责组织人防工程建设、通信建设、人防工程开发利用等。拥政爱民是满城县的优良传统，驻满城部队把驻地当做第二故乡，积极投身到经济社会各项事业建设中。县委、县政府与驻军建立密切联系，解决部队在用地、用电、家属安置、交通设施以及生活训练等各方面的困难和问题，留下了许多军爱民、民拥军的佳话。1999、2002、2005 年均被评为“省级双拥模范县”。

第一节　兵　役

一、征兵

1991—2008 年，根据《中华人民共和国兵役法》，在征兵工作中实行义务兵与志愿兵相结合的兵役制度。对征集兵员的人数、时间和要求一律按照国务院和中央军委的规定进行，严格执行保定军分区的征兵命令。征集对象为每年 12 月 31 日前年满 18~22 周岁的男性公民，也可以根据军队需要按上述条件征集女青年。根据军队需要和自愿的原则，也可以征集当年 12 月 31 日前未满 18 周岁的男女公民服现役。

1991—2008 年，每年征兵期间，县委、县政府成立征兵工作领导小组，设立县征兵工作办公室。根据军队需要和自愿原则，进行兵役报名登记；对登记人员进行资格初审；县征兵办公室根据征兵任务，有计划地安排应征公民上站检查；对体检合格的应征公民，认真进行政治审查；对体检合格、政治审查合格的应征公民进行全面审核，择优批准政治思想好、身体好、文化程度高的优秀青年到军队服现役。每年 11 月和 12 月间，接兵部队到县接收新兵，县委、县政府、县人武部举行欢送新兵入伍仪式。有 23 人在部队提干，712 人转志愿兵士官，56 人被军校录取，31 人立功，650 人被评为优秀士兵（士官）。连续 22 年无一例政治退兵。

二、预备役

预备役是随时准备根据国家需要应征入伍的兵役。服满现役退伍的军人和依法应服兵役而未入伍的公民按规定编入预备役。1991—2008 年，每年 12 月 31 日前进行预备役登记。

第二节　民　兵

一、民兵组织

1999 年，本着军民兼容、参战通用的指导思想，充分发挥地方人才、装备、器材的优势，在卫生、电信、运输、机械修理、化工等行业，组建专业对口民兵分队。2002 年，根据上级指示精神调整民兵组织。

2003 年，根据省委、省政府、省军区《关于加强和改进城市民兵工作意见》精神，突出抓好担负对空防御作战任务的民兵高炮、便携式防空导弹分队和专业技术分队建设。建立和完善以专业技术分队为主体，以防空分队、应急分队为重点、专业种类齐全、技术含量较高的城市基干民兵组织结构。

二、军事训练

1984 年 8 月，建成民兵训练基地，占地 72 亩。1991 年，设有步兵训练场、轻武器射击场、“82”无坐力炮训练场、军体器械训练场，还建有电教室、宿舍、伙房、餐厅，一次能容纳 200 人驻训。1991—2008 年，人武部依托训练基地有利条件，按照《民兵军事基础纲要》的要求，狠抓民兵训练工作，训练合格率 98%。

第三节　国防教育

国防教育领导小组成立于 1988 年 6 月。主任、副主任由同级党政军职领导兼任。委员由党、政、军各有关部门的主要领导或主管领导兼任。担任主任、副主任、委员的领导同志根据工作岗位的变动或分工调整，适时进行调整补充，保持工作连续性。

领导小组由县委办、政府办、组织部、宣传部、机关工委、党校、文体局、民政局、司法局、财政局、人社局、满城报社、广播电台、电视台、人防办、总工会、团县委、县妇联等 18 个单位组成。在县人武部设国防办，业务工作由县委宣传部、县人武部共同管理。国防办是县国防教育领导小组的常设机构，又是县委、县政府国防教育工作机构，1997 年列为行政正科级机构，编制 4 人。

国防教育的主要内容是国防理论、国防历史、国防常识、国防精神。此外还包括国防法制、国防科技、国防经济、国防外交与形势、国防体育等内容。教育形式为经常教育与集中教育相结合，普及教育与重点教育相结合，理论教育与行为教育相结合。

第四节　人民防空

县人防办成立于 2000 年 6 月，机构设置在政府办公室，主任由政府办公室主任兼任。2003 年机构改革后，县人防办被确定为正科级行政单位。主要职能是负责组织人防工程建设、通信建设、人防工程开发利用、人防法规的宣传和实施、人防财务管理及上级交办的人防其他工作任务。

县人防办以人防宣传教育为中心，每年组织开展大型人防宣传活动，对机关、学校和企、事业单位进行人防宣传教育。2001 年开始，结合县教育局，组织全县初、高中学生开展人防知识教育，每年订购《防空宣传教育读本》发放到各学校。

2002 年，安装 1 台半径为 1 公里的电声人防警报器。县政府把每年 9 月 22 日（1937 年 9 月 22 日侵华日军侵占满城县城）作为防空警报试鸣日，每年进行一次试鸣。2008 年，省政府对全省人防警报试鸣日进行统一调整为每年 7 月 7 日（“七七事变”日）。

2001 年，县人防办编制《人防工程建设规划》。2008 年年底，满城境内尚无等级防空工程。

第五节　拥政爱民

一、主要活动

（一）支援地方建设

1991—1992 年，在开发汉墓旅游区期间，满城县驻军组织 4000 多名官兵参加植树造林，在景区植树 1.63 万棵。

1995 年，驻满城 51034、51507、市头村工兵营等部队积极投入集资修路工程，出动干部战士 8300 多人次，汽车、挖掘机 660 台次，修路 60 多公里。驻满城 51032 部队集资 350 多万元修复满顺路，被群众称之为“军民共建路”。同年，军地双方在爱国主义教育基地——满城汉墓国防园建立军民共建基地。驻满城部队和地方一起对县城进行综合整治，先后出动官兵 4000 多人次，车辆 70 多台次，拆运土石垃圾 1 万多立方米，建起文明示范共建路。当年，满城县首次被评为“市级双拥模范县”。

1999—2002 年，驻满城部队共出动官兵 2 万多人次，车辆 1300 多辆，参加下水道铺设、光缆施工、电网改造、107 国道绿色长廊等 14 项重点项目建设。

重要活动和奥运安保期间，驻满城武警 8641 部队和县武警中队派出勤务 300 多人次，配合县公安、铁路、客运等部门检查 200 多次，协助公安部门处理治安案件 10 余起。

（二）捐资助学　扶贫济困

1991—1992 年，保定警备区协调驻保部队官兵捐资 18.9 万元，帮助建起协义村、龙居村教学楼。驻满城 51032 部队主动参与希望工程建设，扶持 199 名失学儿童重返校园。51036 部队卫生科为于家庄乡赠送价值 3000 多元的 X 光透放机。

帮助孤寡老人（摄于 1998 年）

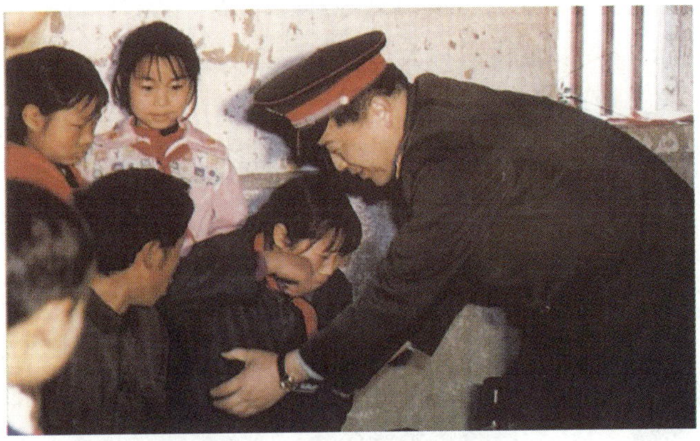

捐助困难学生（摄于 2003 年）

1994 年，驻满城 51032 部队官兵集资 15.6 万元建起东龙门希望小学。

1998 年 4 月，开展“一帮一”结对帮扶工作，49 个县直部门与 8 个驻满城部队主动承担 83 户孤老优抚对象的分包任务，通过为孤老优抚对象修缮住房、帮助解决治病费用、节日期间走访慰问、帮助收种庄稼等形式，使优抚对象的基本生活得到保障。1998 年，全县有军民共建点 215 个。

1999 年开始，驻满城 66051 部队 77 分队设立“爱心活动基金”，累计捐款 2 万余元，资助赵春兰、王晓静、何海楠等多名贫困学生完成学业。

1999—2002 年，驻满城部队捐赠希望工程建设资金 38 万元，救助失学儿童 162 名，为满城镇中学、茂山小学、石井中学修缮校舍、购买体育器材和图书。

2003 年，驻满城 66007 部队官兵为新建满城小学捐资 1.4 万元。

2005—2008 年，驻满城部队捐款 20 余万元送温暖、献爱心，捐款 38 万元支教助学。

2006 年，驻满城 66051 部队与保定职业技术学院等多所院校共同建立大学生社会实践基地，为学生到军营参加实践活动制造条件。

2007 年，驻满城 66007 部队捐款 5 万余元、县人武部捐款 3000 余元，用于满城县扶贫济困。

（三）帮助乡村建设

1993 年，为配合小康村建设，驻满城 51507 部队、51043 部队与驻地岭西、东马、于家庄开展军民共建小康乡、小康村活动，军民同修致富路、共架小康桥，为群众提供致富信息，宣传科技知识，提供人力、物力、财力支持，形成军民携手奔小康的良好局面，中央电视台对此进行报道。

帮助群众收麦（摄于 1998 年）

2003 年，驻地武警 8641 部队官兵与方顺桥乡太平庄村村民一起，栽树 2 万多棵，新建 500 亩生态林。

2003—2008 年，驻满城部队积极支援地方社会主义新农村建设，建成 5 个军民共建型文明生态村。帮助驻地乡村埋设管道 4000 多米，整修道路 30 余公里，参加地方大小工程和公益事业建设项目 20 余个，出动官兵 10000 余人次，义务植树 10 万株。

2007 年 3 月，驻满城 66045 部队、66051 部队、武警 8641 部队和民兵 500 余人，在石井乡尉公村巫山口开展植树造林大会战。

（四）开展宣传活动

驻满城部队战士进行计生宣传（摄于 1993 年）

1993 年，驻满城 51032 部队与驻地农村成立军地计生协会，干部战士进村入户宣传计生政策和计生知识，组织医疗队义务服务，受到群众欢迎，并在全省计生会上介绍经验。

1997 年开始，开展“双拥共建双三好”活动，即部队做到遵守政策纪律好、参加地方经济建设好、为驻地群众服务好；地方做到转业干部安置好、优抚政策落实好、为部队排忧解难好。1999 年，满城县被省委、省政府、省军区命名为争创“双三好”活动先进单位。

2000 年，于家庄乡与驻满城 66051 部队在郭村主要街道建成军民共建文化长廊，绘画近 100 平方米，内容包括“三个代表”重要思想、军民共建、民风民俗、社会主义道德风尚等，成为军民共建活动的亮点。

驻满城官兵和群众一起学习党的十六大会议精神（摄于2003年）

2003年，驻满城官兵到群众中去，向他们宣传党的十六大精神，在田间、地头与群众一起学习。

2007年7月，在树立社会主义荣辱观万人大签名活动中，驻满城66045部队组织500多名官兵，与干部群众一起宣传“八荣”，抵制“八耻”。

二、抢险救灾

1990年和1994年，满城西部连降暴雨引发山洪，局部还出现泥石流，驻满城51032、51040部队官兵闻讯后立即出动，及时奔赴抗洪抢险第一线，昼夜奋战，清淤固堤，使漕河、龙泉河两岸群众的生命财产得到保护。

1996年5月24日，驻满城51036部队工兵营副营长张晓东带领100多名战士，同驻地群众一起抢救一名因拖拉机刹车失灵被拖车压在驾驶室内的司机。

1998年4月15日，保定市出租车公司一名女司机在富昌屯被人劫持，听到呼救声后，正在团农场干活的驻满城51035部队炮二连、七连的部分干部战士立即赶往现场，将犯罪嫌疑人追捕擒获，受伤女司机被送往团卫生队紧急抢救后转危为安，此事迹在《解放军报》《法制日报》等多家报刊报道。

2000年3月28日，白堡南山发生山火，满城、易县驻军1000多名官兵同当地群众共同扑救，及时将山火彻底扑灭。2008年3月，刘家台乡玉皇坨发生山火，接到求援电话后，驻军600余名官兵和300余名民兵及时赶到火灾现场参加灭火，山火迅速得到控制，使森林资源和人民群众的生命财产免于损失。

2005年8月，驻满城66051部队战士抢救翻车事故中的伤员，使5名重伤员转危为安。

三、慰问服务

（一）慰问

1992年，与驻军建立联系点制度，县级领导分片负责联系驻军，及时沟通军地情况，征求部队的意见和建议，对存在的问题责成主管领导和有关部门限期解决。

1994年6月，县委书记游江带队，驱车1200多公里，到内蒙古沙漠慰问野营拉练的驻满城51032部队官兵。

2005年，慰问驻军5个团级单位、2个营级单位、1个连级单位。

2006年和2007年，保定军分区先后两次在满城组织冬季适应性训练，县领导专程前去看望，并送去总计4万元的慰问金与物品。

2007年，县委宣传部与县建设局为雷达站赠送价值近千元的办公用品，并进行慰问演出。

（二）服务

1993年，协调解决驻满城51043部队、51035部队与驻地土地权属纠纷和地界争议问题。解决群众开山放炮威胁市头村工兵营营区安全和群众在营房保护区山坡建房问题。还积极协调八达集团瓶盖厂安置13名军嫂，解决46名随迁子女入学的问题。

1994年，县啤酒厂帮助51040部队建起养猪场、养鸡场，并以低于市场25%的价格优先供应酒糟、大米。

1995年，县电力局架设电力专线，提供双电源保障，解决驻地坦克团官兵吃水难的问题。1996

年，县电力局抽出专门力量，全力保证中央军委在满城举行的“油装一号”军演行动的用电供应。1998 年，投资 37 万元为驻满城 51043 部队修建高标准军民共建路，投资 25 万元为驻满城武警 8641 部队修建警民共建路，保证驻军的军事战备训练需要。帮助部队建起四季蔬菜大棚，义务为驻军增架 16 台变压器和 20 公里低压线路，改善驻军的生产生活条件。慰问驻军 6 个团级单位、2 个营级单位、1 个连级单位。2000—2002 年，开展科技拥军活动。为部队购置 8000 余册科技书籍，解决驻军图书陈旧、图书少的问题。组织县科技、教育等部门到部队举办科技讲座 8 场次。2005 年，投入 120 万元，硬化满于西线西原至五里铺营房的道路。

2006 年，投入 500 万元，修建 107 国道至驻满城武警 8641 部队专线和驻满城空军雷达站至京赞线专线。投资 200 万元，建成县军粮供应中心。

2007 年，县林业局为驻满城空军雷达站提供绿化苗木、花卉等 2000 余株，和部队官兵一起对营区进行绿化。

2008 年，筹资 300 余万元，为县人武部新建办公大楼，并投资 8 万元铺设 1500 平方米水泥道路。

第六节　军事机构

一、县人武部

县人武部成立于 1941 年。1986 年 4 月，归地方建制，属县委、县政府和保定市警备区双重领导，并确定为副县级建制。1991 年，国防办设在人武部，下辖 25 个乡（镇）人武部。

1996 年，县人武部收归军队建制，隶属保定军分区及县委、县政府双重领导。编制等级由副县（团）级，变为正团（县）级，科为正营级。设部长、政委、副部长各 1 名，内设军事科、政工科、后勤科，下辖民兵训练基地。1996 年合乡扩镇前辖 25 个乡（镇）武装部、1 个县直武装部。合乡扩镇后辖 13 个乡（镇）武装部。

2006 年 6 月，县人武部机构未变，编制 8 人。

2008 年，县人武部下辖民兵训练基地和 11 个乡（镇）人武部、县直人武部。国防办设在县人武部。

1991—2008 年满城县人民武装部历任部长、政委任职时间一览表

表 9-5-1

姓　名	职　务	任职时间
李国英	部　长	1986. 5—1992. 6
张洪臻	部　长	1992. 6—1999. 3
许西岭	部　长	1999. 3—2006. 3
王树坤	部　长	2006. 3—
马国权	第一政委	1990. 7—1993. 5
游　江	第一政委	1993. 5—1998. 3

续表9-5-1

姓　名	职　　务	任职时间
赵洪涛	第一政委	1998.3—2002.3
闫志强	第一政委	2002.3—
刘增国	政　　委	1986.5—1998.3
傅木湘	政　　委	1998.3—2005.3
王瑞生	政　　委	2005.3—

二、乡（镇）基层人武部

1991年，有25个乡（镇）人武部。1996年12月，按照《河北省民兵预备役工作条例》，对乡（镇）人武部机构设置进行调整。每个乡（镇）人武部设教导员1人，由乡（镇）党委书记兼任。第一部长1人，由乡（镇）长兼任。部长1人，干事1人。合乡扩镇后，全县有13个乡（镇）人武部，职能、隶属关系不变。

1999年，有12个乡（镇）人武部。2008年，辖11个乡（镇）人武部。领导设置与1996年相同，职能与隶属关系未变。

第十编　综合经济管理

政府综合经济管理主要职能部门的工作包括计划、统计、财政、税务、审计、物价管理、工商行政管理、质量技术监督、药品监督管理、安全生产监督管理、国土资源管理。每五年为一个计划（规划）期，编制国民经济和社会发展的五年计划（规划），按照年度计划指导全县经济社会发展。通过抽样调查、专项调查、专项普查等方式开展统计工作，做好每年的国民经济和社会发展的数据统计。为做好财政管理，县、乡财政管理体制多次改变，确保各项管理规范、完善。采取财税协调、定目标、定奖惩等措施，确保稳中有升的财政收入，教育事业费、行政管理费、公检法支出等财政支出逐年增长。1991年财政总收入2387万元，财政总支出3171.3万元；2008年两项分别为42468万元、47474万元。1994年8月，分设国税局、地税局。国税局和地税局根据职能分管不同的税种征收。审计工作主要包括国家审计、社会审计监督。审计局每年对全县各企业和行政事业单位进行审计，审计事务所负责社会审计工作，隶属审计局领导。物价局负责价格管理与监测，并对收费许可证实行审验管理。工商行政管理局对企业、市场进行登记管理，并维护市场经济秩序，对商标、广告进行专项管理，打击假冒伪劣商品，维护消费者合法权益。质量技术监督局组织标准生产、质量监督，组织企业实行质量安全市场准入，对产品质量进行计量认证，对特种设备进行安全监察。食品药品的监督管理不断加强，2002年成立药品监督管理局，2005年11月，成立食品药品监督管理局，对全县的食品、药品、化妆品等进行安全监管。2004年县安全生产委员会（以下简称安委会）成立，安全生产监督管理局（以下简称安监局）履行其办公室职能，组织开展安全生产宣传、隐患排查、应急救援和行政执法，对非煤矿山、危险化学品进行安全监管。1991年、1997年满城县两次制定全县土地利用总体规划，按照国家政策对农村土地、建设用地、国有土地进行管理，组织土地储备与拍卖，保护耕地，对矿山企业征收矿产资源开采补偿费，实行年检，打击无证开采、滥采乱挖等违法行为。

第一章 计 划

国民经济和社会发展计划的编制，每五年为一个计划（规划）期。按照上级下达的计划指标，制定出每年的发展计划。每年编制年度计划，作为指导全县经济社会发展的依据。1991—2008 年，经历四个计划（规划）期，各项计划指标圆满完成。1994 年成立重点项目建设办公室，2002 年项目审批实行“一条龙”办公制度。制定多项管理措施，出台优惠政策，扶持鼓励重点项目发展。2007—2008 年，完成投资 27.4 亿元，10 个项目竣工或基本竣工。

第一节 计划编制 宏观调控

一、计划编制

县发展改革局设发展投资股，具体负责制定五年计划（规划）和年度计划，监测分析全县固定资产投资状况、全县利用外资状况和运行态势，提出全县固定资产投资总规模、结构和资金来源，研究、提出全县国民经济和社会发展战略、规划生产力布局的建议，负责小城镇改革和发展计划，编制全县国民经济和社会发展年度计划、中长期规划和利用外资年度计划。

国民经济和社会发展计划的编制，每五年为一个计划期，县计划部门按照上级下达的各项指标，结合全县实际情况，编制计划期内每年的发展计划，称《满城县国民经济和社会发展第 X 个五年计划》，经县人民代表大会批准后，交各部门实施。1991—2008 年，先后制定“八五”至“十五”三个发展计划和“十一五”规划。有关部门在实施过程中，如遇特殊情况需要对原计划进行修改，须经上级计划部门批准。每年编制年度计划，包括经济、社会等诸多方面，作为指导全县经济和社会发展的依据。每年度的国民经济发展情况汇总后，形成《XX 年国民经济和社会发展计划执行情况与 XX 年（下一年）国民经济和社会发展计划（草案）的报告》，由县政府向县人民代表大会汇报，接受审查和评议。

（一）“八五”计划主要综合经济指标

“八五”末，社会总产值计划达到 108550 万元，年均递增 9%；国民收入计划达到 49820 万元，年均递增 8.5%；国民生产总值计划达到 57792 万元，年均递增 9.4%；人均国民生产总值计划达到 1344 元，年均递增 8%；工农业总产值计划划达到 83887 万元，年均递增 6.1%；农民人均纯收入计划达到 860 元，年均递增 8.5%。经济体制改革坚持改革与发展、改革与稳定的有机结合，以增强企业活力为中心环节，重点有六方面：1. 深化企业改革，提高企业素质；2. 理顺企业产权关系，强化国有资产管理；3. 发展和健全社会保障体系，为深化企业改革创造良好的外部环境；4. 巩固发展各类市场，培育市场机制；5. 深化农村改革，提高生产力水平；6. 改革经济管理体制。

（二）“九五”计划主要综合经济指标

力争以全市 1/24 的人完成不低于 1/12 的经济总量，主要经济指标人均在全市前三名，综合实力显著提高，进入全省经济强县行列。“九五”完成国民生产总值50亿元（1990年价），年均增长34.6%（力争完成60亿元）。其中：第一产业年均增长18.4%，第二产年均增长39.3%，第三产年均增长41%。工农业总产值113亿元（1990年价），年均增长28.9%（争取完成135亿元）。其中：农业总产值13亿元，年均增长%（争取完成15亿元），工业总产值100亿元，年均增长30.5%（争取完成120亿元）。乡镇企业总产值170亿元（现），年均增长40.7%（争取完成188亿元）。财政收入1.47亿元，年均增长不低于16%。农民人均纯收入5600元，年均增长24.8%。固定资产投资60亿元，年均12亿元。

因为区划调整等原因，对“九五”计划主要经济指标进行调整。调整不涉及2000年年度计划指标，主要指标调整方案：国民生产总值由原年均递增34.6%调整为12%，其中第一产业年均递增由原18.4%调整为5.9%，第二产业由原39.3%调整为13.2%，第三产业由原41%调整为15.2%。工农业总产值由原113亿元，增长28.9%，调整为58.7亿元，增长15.5%。其中农业总产值由原13亿元，增长19.2%，调整为12.7亿元，增长9%，工业总产值由原100亿元，增长30.5%，调整为48亿元，增长16.9%。乡镇企业总产值由原170亿元，增长40.7%，调整为58亿元，增长19.1%。财政收入由原增长16%，调整为15.4%。农民人均纯收入由原5580元，增长24.8%，调整为2995，增长10.1%。固定资产投资由原年均12亿元调整为年均7.2亿元。

（三）“十五”计划主要经济指标

“十五”期间国民生产总值年均递增11%。其中，第一产业年均递增6%，第二产业年均递增12%，第三产业年均递增12%。工农业总产值到2005年达到110亿元，年均递增13%，其中，农业总产值17.8亿元，年均递增7%，工业总产值完成92.4亿元，年均递增14%。乡镇企业总产值实现112亿，年均递增14%。财政收入年均递增10%。农民人均纯收入达到3644元，年均递增4%。固定资产投资，累计完成40亿元。出口创汇累计完成7500万美元。人均国民生产总值10375元。

（四）“十一五”规划主要经济指标

经济总量发展目标 继续保持GDP持续快速增长。全县生产总值年均增长15%以上，到2010年实现经济总量翻一番，力争达到100亿元，人均全县生产总值达到24272元，全县经济社会发展整体跨上一个新台阶，在全国、省市排名中位次明显前移。财政收入年均增长15%以上，到2010年争取达到5亿元。到“十一五”末，全县城镇居民人均可支配收入达到11757元，年均增长10%；农民人均纯收入达到5371元，年均增长6.5%。农村居民恩格尔系数继续下降，社会中等收入者的比重增加，农村经济发展水平显著提高。全县消费品零售总额年均递增11%，达到20亿元。出口创汇累计达到10000万美元。

经济结构优化和经济运行质量提高目标 经济实力连年提高。到2010年，三次产业比例争取达到12∶53∶35结构类型。第一产业、第二产业和第三产业均有一批竞争力强、规模较大、技术先进、发展良好、效益较高的优势企业和企业集团形成，成为经济结构优化的标志。适应知识经济发展的要求，以科学技术和管理水平的提高为前提，依靠科学技术和科学管理提升产业竞争力和经济效益，力争到2010年科技对经济增长的贡献率提高到53%以上。加快提高能源利用率，使能源消费增长速度低于GDP增长速度2~3个百分点；改善能源消费结构，提高清洁能源和高效能源的比重。

固定资产投资和基础设施建设目标 全社会固定资产投资累计达到100亿元。其中，工业项目26个，投资50.2亿元；农业产业化项目7个，投资3亿元；基础设施建设项目23个，投资37.5亿元。“十一五”期间重点谋划项目12个，预计投资16.6亿元。完善乡村主干公路建设和农村用电网络建设；完善乡村卫生设施建设；加快信息网络建设，使全县社会信息化水平达到国内先进水平。

教育、培训和劳动者素质提高的目标 小学入学率达到100%，初中入学率达到99%以上，高中普及率达到85%，高等教育毛入学率达到25.6%。抓好“双基”巩固和提高，成人识字率超过90%，教育娱乐支出比重达到30%以上，顺利通过省三轮复核验收。

可持续发展战略的实现目标 人口自然增长率控制在6.5‰以内，到2010年全县总人口控制在41.2万人以内，实现人口低增长。尽快提高人口城镇化水平。使非农从业人员比重达到59%，城镇化率达到40%以上。城镇居民最低生活保障实现全面覆盖，农村贫困人口控制在5%以内，城镇登记失业率控制在4.6%以内，农村社区卫生服务覆盖率达到80%以上。提高资源利用效率，力争每年单位生产总值降低能耗4%左右；县城绿地面积达到25万平方米，全县森林覆盖率达到34.4%以上；二氧化硫排放量控制在0.27万吨以下；城镇污水处理率达到100%。

二、宏观调控

1991—1993年，县计委、财政和银行部门相互配合进行宏观调控，在适度从紧的货币政策和财政政策中，货币政策发挥了主要作用，有效地抑制了通货膨胀。

1997—2002年，实施积极的财政政策，增加政府支出，加大基础设施和基础产业建设投入力度，促进投资快速增长；在扩大需求的同时，有效改善供给，加大企业技术改造投入，促进产业结构优化和升级；实行稳健的货币政策，依据上级规定及时降低金融机构存贷款利率水平，开征利息税，运用公开市场业务调节货币供求关系；启动消费需求，建立健全社会保障制度，提高城镇中低收入阶层收入水平，扩大居民消费；改善投资环境，吸引外资，使对外经济保持稳定发展。

2003—2008年，对经济发展中出现的相关问题作出适当调整，遵循适度从紧的原则，有保有压，抑制过热部门的盲目发展，调整经济结构，使经济保持稳定增长。

通过改革，宏观调控方式由指令性向引导型转变，调控部门由单纯计划部门向计划、财政、金融等多部门联动型转变，调控时机由后期被动型向主动介入型转变，调控力度由猛烈型向稳健型转变。

三、体制改革

1995年，全面放开农作物种植计划，大力发展“两高一优”农业，开发二、三产业，开拓农产品市场；深化企业改革，实行项目业主责任制，加快企业技术改造步伐，深化企业内部管理；深化流通体制改革，把市场建设作为第三产业发展的基础工作，对县城集贸市场、东马果品市场等加以巩固，开拓新的集贸市场。

1996年，进一步稳定家庭联产承包责任制，走农业产业化道路，重点发展商贸、工业、农业一体化，生产、加工、销售一条龙服务组织；对现有国有集体企业采取改组、联合、兼并、股份合作制、租赁、承包经营和拍卖等形式，加快改革步伐；推动乡镇企业向高起点、大规模、外向型发展，重点打造生力啤酒厂、柠檬酸厂、稀土厂等企业，使其销售收入超亿元，利税超千万元。

1998年，实施投资体制改革，将固定资产投资划分为鼓励、允许、限制、禁止四类，提高技术改造和新技术产业的投资比重，充分发挥商业银行筹资、融资的主渠道作用，实行投资主体多元化，鼓励具有一定规模的企业发行股票、债券，吸收社会闲散资金。

1999年，深化乡镇企业改革，发展股份合作制乡镇企业。

2001年，运用经济、法律和行政手段，完善市场退出机制，对全县工业尤其是乡镇企业中部分质量低劣、污染严重、资不抵债、生产力过剩、长期停滞的企业进行全面整顿，通过转产、兼并、破产、拍卖等方式，进行资产重组，一批企业被淘汰出市场。

2002年，改革农产品深加工企业体制，实施荒山承包责任制，落实外贸体制改革，将外贸企业推向市场。

2003年，完善政策，扶持高新技术产业发展；建设科技工业园区，引导企业入园。县内62家国有企业，除粮食系统企业外，其余国有企业于年底全部进行了改制。2003年年底电力系统国有资本总量为7500余万元，其余国有资本全部退出。

2004年，县建设局村镇服务中心完成股份合作制改造，燃料有限公司、水泥公司的破产清算工作基本完成。

2005—2008年以后，建立比较规范的现代企业制度。认真贯彻执行《河北省规范法人治理结构暂行办法》，帮助企业明确和落实股东会、董事会、监事会和经理层的工作职责和议事规则，健全决策、执行和监督体系。重点规范3家改制企业（保定金水纺织集团有限公司、河北虹银泵业股份有限责任公司、饮食服务公司）。农村税费改革和粮食流通体制改革步伐加快。落实农业税的社会减免和灾歉减免资金212.6万元。县国有粮食购销企业全面完成改制，完成职工的身份置换。深化小城镇综合配套改革。小城镇的行政管理体制改革进一步深化，镇级政府的经济和社会管理职能进一步完善；镇级财政管理体制进一步理顺；户籍制度改革顺利完成；小城镇多元化投融资体制初步形成；编制了小城镇的经济和社会发展规划、土地利用总体规划、城市建设规划和环境保护规划；积极培育明星镇，争取进入国家、省试点镇行列。深化科技、教育、文化、卫生体制改革。制定各种优惠政策，发挥政策在社会事业改革发展中的先导性和牵引性作用；深化教育体制改革，大力推行择优录用、择优上岗、末位待岗、末位下岗制，狠抓校长教师队伍素质建设；文化事业和文化产业改革初步形成了市场运作、市场经营的市场化格局；建立完善了县级卫生监督和疾病预防控制体制。

第二节　计划实施

国民经济和社会发展按照五年发展计划和年度计划执行。1991—2008年间，编制第八至第十一个五年计划（规划），各时期计划指标均圆满完成，年度计划指标均完成或超额完成。（各时期五年计划编制及完成情况参见第十一编经济总情）

第三节　重点项目管理

一、组织领导

1994年，成立县重点项目建设办公室，负责全县重点项目建设的管理。2001—2002年，发放重点项目保护牌，对重点项目封闭运行管理，挂牌保护。2002年，项目审批实行一条龙办公制度。2006年，重点项目建设办公室列政府临时性常设机构，主任由发改局局长兼任，对投资千万元以上的重点项目前期工作实施全程协调服务。1994—2008年，全县重点建设项目实行县级领导分包责任制，定期协调调度，确保建设目标按期完成。

二、管理措施

2001年，重点项目建设实行“三个十”目标管理，即确定十个年内竣工投产项目、十个年内开工项目、十个前期谋划项目。

2002年，实行“四个十”和“三个一”。“四个十”即明确十个投资千万元以上重点建设项目、十个复工项目、十个农业重点项目、十个重点基建项目；“三个一”即平原乡（镇）年内谋划、在建、竣工投资500万元以上项目各一个，山区乡（镇）年内谋划、在建、竣工投资200万元以上项目各一个。

2003—2004年，开展城建交通重点项目建设年活动，继续实行“三个一”管理。对于千万元以上重点建设项目实施封闭运行目标管理责任制和目标考核责任制，由县领导和乡（镇）、部门认领分包，对千万元以下项目实行法人、乡（镇）、部门负责制。

2005年，实行新的“三个一”管理制度、“四个一”分包责任制。新的“三个一”即：平原乡（镇）年内谋划、开工、竣工投资3000万元以上项目各一个，山区乡（镇）年内谋划、开工、竣工投资1000万元以上项目各一个（其中工业项目要集中进入东城工业园区）；“四个一”即：重大项目一盯一、招商项目一对一、成长性企业一扶一、重点骨干企业一帮一。全年实施千万元以上项目59个，总投资27.4亿元，完成投资14.4亿元。43个竣工或基本投产，其中工业生产类项目35个，完成投资6.93亿元。

2006年，开展招商引资年活动，发动一切能够招商的人，采取一切行之有效的方式，探索实施一切有利于招商的措施进行招商。7月，县委、县政府印发《满城县鼓励投资和招商引资优惠政策及奖励办法（试行）》。同年12月，出台《满城县人民政府关于加快工业集中区的优惠政策（试行）》。全年实施千万元以上重点项目59个，总投资72.2亿元，完成投资13亿元，23个项目竣工或基本投产。

2007—2008年，实施千万元以上重点项目79个，总投资174.3亿元，完成投资27.4亿元，10个项目竣工或基本竣工。

附：满城县鼓励投资和招商引资优惠政策及奖励办法（试行）摘选

满城县鼓励投资和招商引资优惠政策及奖励办法（试行）摘选

一、招商引资奖励办法

1. 奖励范围

为县内引进企业、资金、项目和争取上级资金支持的单位及个人均给予奖励；为县内企业争取到上级土地指标的单位和个人均给予奖励。

2. 奖励标准

（1）对于引进县外1000万元（100万美元）以上资金投资兴办企业，按实际到位资金的3‰确定奖励金额；对于引进5000万元（500万美元）以上资金投资兴办企业，按实际到位资金的2‰确定奖励金额；对于引进1亿元（1000万美元）以上资金投资兴办企业，按实际到位资金的1.5‰确定奖励金额。

（2）政府部门、社会团体及乡（镇）积极引进上级专款的，奖励以当年为基数，基数内按1%奖励，超上年部分按超出部分的5%奖励；对引进国家、省、市规定应分配满城县份额以外的有偿资金，按实际到位资金的1%确定奖励金额；无偿资金，按实际到位资金的2%确定奖励金额。

（3）为县内企业争取到上级土地指标和挖潜盘活闲置土地的给予一次性奖励。

（4）对乡（镇）引进的项目，不在本乡（镇）辖区内建设的，税收实行分税制，县级留成部分的50%奖励乡（镇）。

二、投资企业优惠政策

1. 征用土地优惠政策

在满城县新建的上述第一、二、三类项目，实行零地价政策，即征地费用“先缴后奖”给予优惠：

（1）除上缴省、市的有关费用和直接对农户的地上附着物、青苗赔偿费以外，实行征地费用中的县级留成部分（包括土地出让金、耕地占用税、契税）、土地安置补偿费、办理征地手续费先缴后返，由县财政每年按企业投产后当年纳税总额县级留成部分的一定比例奖励，一类项目按60%，二类项目按50%，三类项目按30%，直至奖完为止。

(2) 对一次性投资2亿元以上的生产性项目和较大农业产业化龙头项目、三产项目及符合“五型”要求的项目或投资额较少，但贡献度较大，纳税额度达到上述三类标准的项目，经县重点建设项目领导小组研究，报县政府批准，给予特殊优惠政策。

(3) 县政府与项目单位签订协议，确认其享受的优惠政策。

(4) 享受优惠政策的生产经营性项目不得擅自改变土地用途更不允许假生产经营项目之名搞房地产开发。如企业遇特殊情况需变更项目，必须向土地管理部门申请，报县政府批准。项目单位改变土地用途或出租、转让土地的不享受优惠政策。

2. 税收优惠政策

在满城县新建的上述第一、二、三类项目，不征用土地的，享受以下优惠政策：

(1) 增值税：按现行财政收入体制，增值税的县级留成部分（增值税的10%），按年度由县财政以先征后奖的方式，奖励3年。

(2) 企业所得税：按现行财政收入体制，企业所得税的县级留成部分（所得税的20%），按年度由县财政以先征后奖的方式，奖励3年。

(3) 车船使用税、城建税、房产税：按年度由县财政以奖励的形式，将企业2年内上缴的数额全额奖励企业，以促进企业发展壮大。

三、鼓励企业扩规模、上水平

为促进县内现有企业扩规模、上水平、增后劲、促发展，享受以下优惠政策：

1. 对企业技改扩建规模达到上述3类项目的，如需征地的，享受“征用土地优惠政策”；如不需征地的，新增规模增加的税收，享受相应的“税收优惠政策”。

2. 企业之间购并、重组，免收一切行政性收费。

3. 对准备在境内外上市的企业实行特殊培植，以更加优惠的政策，实行一企一策。上市后，县政府一次性奖励50万元。

4. 鼓励企业自主创新。产品评为中国名牌或驰名商标的企业，县政府奖励20万元；被国家科技部认定为重大科技攻关产品的，县政府奖励10万元；被定为国家免检产品的，县政府奖励5万元；获得国家发明专利且对企业的发展发挥重要作用的，县政府奖励5万元；被评为省级名牌产品、省级著名商标且纳税额达到50万元以上的企业，县政府奖励2万元。以上企业各项评定要实事求是，严禁弄虚作假，并由有关部门严格确认。

5. 鼓励企业增强后劲，涵养税源。对当年纳税较上年纯增100万元且纳税总额达到或超过500万元的，给予企业法人一次性奖金1万元或县全额事业费编制指标一个（用于子女就业）；对当年纳税较上年纯增200万元且纳税总额达到或超过1000万元的，给予企业法人一次性奖金10万元或县全额事业费编制指标一个（用于子女就业）。

四、鼓励发展第三产业

为重点发展农业服务、山区开发、商贸流通、旅游开发、现代物流等第三产业。实行以下优惠政策：

1. 对新办独立核算的从事商贸流通、交通运输、现代物流的企业，自开业之日起，所得税免征一年，第二年减半征收。

2. 对农业服务业如科技推广站、畜牧兽医站、农机服务站等行业，提供的技术服务或劳务所得，暂免征收所得税。

3. 积极鼓励山区林业开发，根据“谁造林、谁所有，谁管护、谁受益”的原则，签订长期山区开发合同，按照“山有其主，主有其权，权有其责，责有其利”的原则，推进山区林业开发，每年奖励纳税地方留成部分，期限10年。

4. 对从事旅游开发类的项目，投资规模0.15亿元以上的，在批准的土地使用合同规定的开发建设期限内免交土地使用费（土地出让金、耕地占用税、契税），奖励其运营后5年企业纳税的县级留成部分；500万元以上的，奖励其运营后5年企业纳税的县级留成部分；固定资产投资500万元以下的，奖励其运营后3年企业纳税的县级留成部分。对在荒山、荒坡、荒滩进行旅游综合开发的项目，可免交土地使用费（土地出让金、耕地占用税、契税）20年（含建设期）。对一次性建设涉及的行政性收费享受第二项第三条的行政性收费优惠政策。

5. 对市场建设等一次性投入的项目，其涉建、涉售、涉租的县级行政性收费（劳务费、工本费、建设营业税除外）按最低标准的30%收取。

6. 对新办第三产业的企业免征城市配套费，减半征收工程质量监督费，工程建设可自主确定。对吸纳持《再就业优惠证》人员的，享受相应的税收减免、社会保险补贴和信贷支持。

（2006年7月）

第四节　管理机构

1996年9月，县计划委员会更名为计划局，内设办公室、项目办公室、综合计划股、基建投资股。是县政府宏观管理国民经济和社会发展的综合部门。

2002年7月，县计划局同县招商合作局合并，组建发展计划局，挂县招商合作局的牌子，县经济合作局、农业开发办公室的农业资源区划职能并入县发展计划局。内设办公室、项目股、计划基建股、农业资源区划股、招商合作办公室。

2005年8月，县发展计划局（招商合作局）和经济贸易局合并，组建发展改革局，列县政府工作部门，内设4个科室，包括办公室、发展项目股、发展投资股、发展规划股。工业促进局由发展改革局管理，工作上相对独立。

2008年，增设节能监察股，全局设5个科室。有行政编制18人（含工业促进局编制5人），工勤编制2人（含工业促进局1人）。设局长1人，副局长3人，股级干部职数5人。工业促进局设局长1人，由发展改革局一名领导担任，正科级。设副局长1人。

第二章　统　计

抽样调查、专项调查、专项普查相结合，统计工作扎实开展。通过对农村居民家庭的生产、收入、消费、积累和社会活动的调查，全面反映其收入和生活质量的变化。1994年开始，以农村住户提供的人均纯收入作为全县农民人均纯收入。用调查的方式取得城镇居民收入、消费、住房等生活水平变化的数据。1994—1997年，完成小康专项监测，1991—2004年，组织职工工资情况专项调查。按照国家统一安排，参与第一次和第二次全国农业普查，第四次和第五次全国人口普查，第一次全国经济普查。县统计局每年组织全县国民经济和社会发展的各项统计，编写《满城县国民经济和社会发展统计资料》。

第一节　抽样调查

一、农村调查

对农民收入的统计是通过农村住户调查来完成的。农村住户调查是通过对农村居民家庭的生产、收入、消费、积累和社会活动的调查，全面反映农村居民的收入和生活质量的变化，对农村居民实现小康和摆脱贫困的进程进行监测，为各级政府制定农村政策和决策提供依据，也为国民经济核算提供基础数据。

1994年年底，县统计局按照省小康监测方案要求，按随机抽样原则，将全县1991、1992、1993年三年平均的农民人均纯收入作为排队标识，按从高到低顺序排队，以三年平均的各村农村人口作为辅助变量，制成排除表，抽出10个村进行代表性检查。1994年开始，以农村住户提供的人均纯收入作为全县农民人均纯收入。

根据调查资料显示，随着收入的增加，农村吃穿住行都发生显著变化。1994年，全县农民人均纯收入为1138元，人均居住面积18.3平方米；1996年，全县农民人均纯收入为2520元，比1994年增长121%，人均居住面积19.3平方米；1998年，全县农民人均纯收入为2801元，人均居住面积24.5平方米，通过省级小康验收；2000年，全县农民人均纯收入为2970元，比1996年增长18%，人均居住面积21.7平方米；2004年，全县农民人均纯收入3687元，比2000年增长24%，人均居住面积21.8平方米。

二、城镇调查

1995年，成立城调队，按照随机等距的抽样方法对城镇住户进行随机抽样，并最终确定30户城镇居民试记账。1996年起正式记账进行监测，反映城镇居民生活水平的不断变化。

1996年，城镇居民人均可支配收入为4222.6元。到2000年，由于市场经济的发展，就业渠道越来越宽，就业人员不断增加，城镇居民可支配收入显著增加，达到5229.84元，比1996年增长23.9%。2004年以后，随着工资制度改革和社会主义市场经济体制的逐步建立和完善，居民的非工资性收入呈迅速发展之势，形成以职工工资收入为主，经营性收入、财产性收入、转移性收入为辅的相互协调、共同发展的多元化收入格局。2004年，城镇居民人均可支配收入6722.66元，比2000年增长28.5%。

据抽样调查显示，2004年城镇居民食品消费支出为1268.64元，比2000年增长11%，居民消费实现由量向质的转变，由生存型逐步向享受型、发展型转变。教育费用支出不断增长，2004年全县人均教育文化娱乐支出726.96元，比2000年增长14%。全县平均每百户居民拥有移动电话101部，平均每百户居民拥有家用电脑11台。家用电脑和移动电话迅速进入居民家庭，给人们的出行和联络带来极大便利，消费潜力巨大。人均住房支出491.9元，比2000年增长1%。而且随着生活水平的提高和生活节奏的加快，空调、全自动洗衣机、背投电视、微波炉等现代家用电器也开始步入寻常百姓家，全县居民的生活质量明显提高。

第二节　专项调查

一、小康建设监测

1994 年 3 月至 1997 年年底，配合全县小康建设，组织各乡（镇）统计人员开展小康建设专项监测。

1994 年 3 月，建立全县百户记账、城镇 30 户调查、村村 10 户小康监测体系。印制监测账、表、卡，下发到各乡（镇）及各记账户，召开为期 3 天的小康监测培训会，派专人给全县 245 个村的会计授课，讲解样本点的抽取、备案表的填报、现金账、实物账的登记。1997 年 9 月，对各乡（镇）进行监测记账培训，直接培训 2450 个记账户的记账员。在监测期间，邀请市城调队、省验收组指出问题，及时改正。

二、职工生活

1991 年，全县全民所有制单位全部职工年工资总额 2641.4 万元，人均 1762 元。1995 年，全县职工年工资总额 8336 万元，人均 3971 元。工资总额较快增长的同时，职工工资的平均水平随之增长。1998 年，全县职工的平均工资为 5266 元，比 1991 年增加 3504 元，增长 2 倍。2004 年，全县在岗职工年平均工资 9906 元，比 1995 年增加 5935 元，增长 1.5 倍，年平均增长 24.8%。从经济类型看，国有经济单位在岗职工人均工资 10957 元，城镇集体所有制单位在岗职工工资 6285 元，其他所有制经济单位人均工资 4110 元。2008 年，全县在岗职工年平均工资 19940 元，比 2004 年增加 10034 元，增长 1 倍；是 1991 年的 11.3 倍。

第三节　专项普查

一、农业普查

（一）第一次全国农业普查

1997 年，组织第一次全国农业普查。普查的对象是各种类型的农业生产经营单位、农村住户、乡镇企业、行政村和乡（镇）。

普查指标分为时点指标和时期指标。时点指标的标准时间是 1996 年 12 月 31 日；时期指标的标准时期是 1996 年 1 月 1 日到 1996 年 12 月 31 日。

农业普查划分普查区和普查小区，现场登记按普查区和普查小区进行。一般以村民委员会所辖地域为普查区；以村民小组为普查小区。普查小区也可按照一个普查员所能担负的工作量做适当调整。

农业普查的访问登记工作和复查工作，从 1997 年 1 月 1 日开始，到 1 月 31 日以前结束。

县、乡级农业普查办公室负责对所辖地区的农业普查访问登记工作质量进行检查和控制。

（二）第二次全国农业普查

2006 年年底，组织第二次全国农业普查，普查的特点是以农业为重点、以农村为基础、以农户为依托的“三农”普查，涉及面广，涵盖全县范围内的农业生产经营情况、农村社区环境情况、土地利用情况，可较全面地反映农村劳动力就业与流动，土地承包和流转、农民家庭生活设施、农民享受社会保障的现状等比较完整资料的内容。调查范围和对象是在中华人民共和国境内从事农业生产经营和服务的单位、农村住户、行政村和乡（镇）。普查范围涉及全县12个乡（镇）、204个行政村。

普查的标准时点是2006年12月31日，时期资料为2006年度。

二、人口普查

1990年7月1日零时，组织第四次人口普查登记工作。全县有97394户，350660人。

2000年11月1日零时，组织第五次人口普查登记工作，1700多人参加。经普查，2000年全县普查户籍人口为377865人。根据普查口径，全县常住人口（以下简称总人口）391000人。

全县总人口中，居住在城镇的人口52726人，占总人口的13.48%；居住在农村的人口338274人，占总人口的86.52%，同1990年第四次人口普查相比，城镇人口占总人口的比重上升了10.16%。

各乡（镇）人口分布情况：满城镇103836人（包括城镇居民、太行监狱、冀中监狱和驻满城武警人口数），大册营镇33962人，南韩村镇42584人，神星镇44273人（包括惠阳厂人口数），方顺桥乡41842人，于家庄乡21787人，要庄乡20323人，贤台乡18347人，白龙乡17072人，石井乡22305人，坨南乡17811人，刘家台乡6858人。

三、第一次全国经济普查

2004年，组织开展全县第一次经济普查。普查的标准时间为2004年12月31日，时期资料为2004年度。普查对象是在县域内从事第二产业、第三产业的全部法人单位、产业活动单位和个体经营户。普查主要内容包括单位基本属性、就业人员、财务状况、生产经营情况、生产能力、原材料和能源消耗、科技活动情况等。

（一）单位基本情况

2004年年底，全县从事第二、第三产业的法人单位2049个，其中企业法人单位1549个，机关、事业法人单位493个，社会团体法人单位5个，其他法人单位2个。产业活动单位2166个，个体经营户8175户，其中第二产业1294户，第三产业6881户。

在企业法人单位中，国有企业33个，占2.1%；集体企业242个，占15.8%；股份制企业102个，占6.5%；私营企业1060个，占68.4%；港澳台商投资企业和外商投资企业21个，占1.3%；其他企业35个，占2.3%。

个体经营户较为集中的五个行业：批发和零售业3000户，占36.7%；交通运输业1574户，占19.3%；居民服务业和其他服务业1080户，占13.2%；工业916户，占11.2%；住宿和餐饮业635户，占7.8%。

（二）分行业单位情况

1. 工业企业单位数和就业人员

2004年，全县工业企业法人单位1163个，就业人员39570人；工业个体经营户916户，就业人员4066人。

2. 建筑业企业单位数和就业人员

2004年，全县建筑业企业法人单位11个，就业人员10677人；建筑业个体经营户378户，就业人员4715人。

3. 房地产业单位数和就业人员

2004年，全县房地产业企业法人单位7个，年末就业人员328人。

4. 批发零售业单位数及就业人员和商品销售额

2004年，全县批发零售业企业法人单位270个，就业人员3429人。批发零售业全年商品销售额合计 31331 万元，其中批发业销售额 10027 万元，零售业销售额 21304 万元。批发业个体经营户 232 户，就业人员 629 人；零售业个体经营户 2768 户，就业人员 6448 人。

5. 住宿餐饮业

2004 年，全县住宿餐饮业企业法人单位 18 个，就业人员 472 人。住宿业个体经营户 7 户，就业人员 34 人；餐饮业个体经营户 628 人，就业人员 2120 人。

6. 交通运输和仓储业

2004 年，全县交通运输和仓储业法人单位 13 个，就业人员 408 人。个体交通运输经营户 1574 人，就业人员 2518 人。

第四节　管理机构

1991 年，县统计局内设 5 个股室，分别为办公室、农调队、人调队、综合股、工商股。1995 年，增设城调队。1997 年，农调队、城调队正式定编，事业编制各 4 人。1998 年，增设检查科。2003 年，原人调队撤销，增设普查中心、服务科 2 个股室，原人调队编制改为普查中心编制。2003 年，县统计局内设办公室、检查股 2 个行政科室，行政编制 10 人（内含工勤编制 1 人）。2005 年，县统计局下设 8 个科室，分别为办公室、检查科、农调队、城调队、普查中心、工业科、综合科、服务科。2008 年，县统计局行政编制 10 人，设办公室和检查科 2 个行政科室。

第三章　财　政

县级财政预算由市下达任务、县级核定、统筹支出转变为分税制管理体制，乡级财政预决算也不断完善。对预算外资金做足计划，支持重点工程建设，并严格票据管理，加强督导检查，做到应收尽收，应缴尽缴。1990—2008 年，县财政周转金 2085.6 万元，虽对社会发展发挥了作用，但也出现偿还困难等问题。对国有资产管理严明制度，加强监督。尤其是 1993—1998 年间，在企业改制过程中，明晰产权，落实法人财产权，核定国家资本，对避免国有资产流失发挥了基础保障作用。克服诸多不利因素影响，财政收入实现稳定增长，基本满足各项财政支出需要。

第一节　财政管理

一、县级财政体制

1991—1993 年，市对县下达收入任务，由县进行核定，支出由县统筹安排。1994—2001 年，开始实行分税制预算管理体制。在划分事权的基础上，划分财政支出范围，地方财政主要承担本地区政权机关运转所需支出以及本地区经济、事业发展所需支出。在税种划分方面，将增值税的75%、消费税以及一些税源稳定、增收潜力大的行业如银行等税收全部划归中央。同时，中央与地方分设税收机构，分别征税。针对分税制体制制定税收返还办法，即以1993年为基期年，按分税制后地方净上划中央的收入数额，作为中央对地方的税收返还基数，基数部分全额返还地方。从1994年开始，税收返还与消费税和增值税（75%）的增长率挂钩，每年递增返还，递增率按各地区缴入中央金库的“两税”增长率的1:0.3系数确定。在这种体制下，县级财政增量大头被中央、省、市层层集中，使满城县财政越来越困难。

2002—2007年，重新进行分税制财政体制改革。按照规范的分税制要求，打破按隶属关系划分收入范围的做法，按属地原则进行收入征缴，根据税种的不同性质和特点划分收入范围，确定分享比例。

2008年，财政体制有所调整，营业税省分成的10%留县，资源税县留成比例由100%降至40%。

二、乡（镇）财政预决算

1991年，实行定收定支，收入递增包干，定额补贴递减，超收全留，短收自补，结余留用，一定三年不变的财政体制。1992年年初，重新核定乡（镇）财政管理体制，总的原则：平原乡（镇）取消补贴，山区乡（镇）压缩补贴；同时根据各乡（镇）经济发展不平衡的现状，分别采取定额上解加超收分成、总额分成加增长分成、自收自支、补贴额递减四种形式的管理体制。在新体制执行过程中，明确要求乡（镇）必须按以收定支的原则安排预算，力求收支平衡。对于各种减收增支因素由乡（镇）自行消化，并实行乡（镇）借款审批制，把支出预算同收入任务挂钩。

1993年，进一步完善乡（镇）财政管理体制，在2个乡（镇）建立金库，收入入库进度和数额均比往年有大幅度提高，缩短在途时间，资金得到及时使用。1994—1995年，在平原乡（镇）全部建立国库，县财政局及时协调收入进度，每旬向县领导及有关部门通报收入完成情况。加强农业四税、其他收入、专项收入的征管，使县财政收入大幅度增长。

1996年，根据乡（镇）撤并的实际情况，重新核定乡（镇）财政收入基数，加强乡（镇）国库建设，在坨南乡、刘家台乡、白龙乡建立国库，继续完善国库报解程序和管理办法，加速资金的上解和周转。1997年，对1996年财政管理体制进行修订，核定收入基数，定额上解、定额补贴；调整库数留解办法，乡库留40%，上解县60%；调整支出范围，乡（镇）离休人员经费全部由县老干部局统一管理，上划支出基数按1996年实际支出划转；乡（镇）的城市建设税不作为乡（镇）固定收入，作为县级固定收入。

2000—2002年，乡（镇）财政体制实行分级负责，分灶吃饭；定收定支、收支挂钩；地方收入超出部分，平原乡（镇）四六分成，山区乡（镇）三七分成。2003—2008年，乡（镇）财政体制实行划分收支，核定基数。对刘家台乡、坨南乡、石井乡、白龙乡和神星镇5个山区乡（镇）实行基数内定额分享、超基数财力全返办法，对其他7个乡（镇）实行定额增长比例分成，超定额增长财力全返办法。

三、工资发放

1991年，全年发放工资总额1867万元，涉及职工7610人，职工年平均工资2454元。2000年，全年发放工资总额8900万元，涉及职工8979人，职工年平均工资9913元，比1991年增长3倍。2008年，全年发放工资总额22591万元，涉及职工11515人，职工年平均工资19618元，是1991年的8倍。

1991—2008 年满城县工资发放情况统计表

表 10-3-1

年份	工资总额（万元）	职工人数（人）		年平均工资（元）
			其中离退休	
1991	1867	7610	851	2454
1992	2498	7826	968	3192
1993	2437	7769	1030	4000
1994	3768	7867	1074	6100
1995	4251	8496	1275	6200
1996	4830	8493	1265	7000
1997	5713	8769	1327	8007
1998	6332	9493	1420	7500
1999	7272	8978	1503	8100
2000	8900	8979	1563	9913
2001	9691	10692	1648	9064
2002	11147	11140	1719	10000
2003	12500	11253	1824	11108
2004	13741	11342	1927	12115
2005	15328	11426	2059	12226
2006	16229	11213	2022	13589
2007	19321	11411	2026	16931
2008	22591	11515	2039	19618

四、预算外收支

1991—2008 年，采取多项措施进行调控，预算外收入和支出基本持平。

1992—1993 年，本着减轻财政负担，给部门加压力、增动力、添活力的精神，强化各部门的服务意识和创收意识，对县直各部门预算外资金实行脱钩自养的财务管理办法。

1994—1995 年，按照预算内保吃饭、预算外保建设的原则，对预算外收入实行收支计划管理，下达收入计划，制定奖惩措施，严格按进度考核，保证预算外收入的稳定增长。支出由单位编报年度预算，经审核后严格按支出指标执行。为保证重点建设资金需要，适当集中部分预算外资金，重点支持满城中学、县文化中心楼和县妇幼保健楼建设。

1996 年 6 月，对县直 84 个单位的预算外收支情况进行检查，对部分违纪单位全县通报，根据《河北省预算外资金管理条例》规定进行处理。按照上级文件精神，适当集中部分预算外资金（年度），保证县重点建设项目资金需要，重点支持县委办公楼、县文化中心楼、党校教学楼和县人武部办公楼建设。

1999 年，明确票据使用范围，严格票据领用程序，做到票款同行、限量发放、验旧领新。每半年进行一次彻底清理，堵塞票据管理中出现的漏洞。并出台《满城县预算外资金管理办法》《满城县财政票据管理办法》《满城县收费局信访举报制度》和《满城县乡镇票据管理办法》及报表、拨款、收费、罚没等一系列规章制度，及时查处违法违纪问题，加强对预算外资金的规范管理。同年，把法医、党校、报社等几个单位纳入财政专户管理，扩大了财政监管范围。

2000—2002 年，实行并完善票款分离管理制度，扩大票据管理范围，从源头上规范收费罚没资金管理。并根据票款分离软件，设计会计科目和账簿，对预算外收支实行微机记账。

2003—2008 年，根据零基预算、单位增收潜力和各种增减变动因素，科学核定收支计划，加大收入的协调、督导力度，应收尽收，应缴尽缴，杜绝隐瞒、截留、坐支收入等违规违纪行为。

1991—2008 年满城县预算外收支统计表

表 10-3-2　　　　单位：万元

年份	收入	支出	年份	收入	支出
1991	294. 9	—	2000	3156. 0	2108. 0
1992	281. 0	—	2001	4883. 0	4705. 0
1993	1176. 5	1048. 3	2002	3486. 1	3348. 2
1994	1095. 6	982. 9	2003	1598. 0	1727. 0
1995	1465. 3	1308. 3	2004	4808. 0	4808. 0
1996	2218. 0	2399. 9	2005	5364. 4	5364. 4
1997	2970. 8	3491. 4	2006	4212. 2	4212. 2
1998	4108. 0	2521. 0	2007	6657. 5	6657. 5
1999	2313. 0	2305. 0	2008	6777. 0	6777. 0

五、政府采购

2003 年，开始实行政府采购。在采购过程中，实行政府强制采购节能产品制度，在政府采购预算编制、采购合同管理、协议供货管理等方面细化政策规定。科学制定政府采购目录和采购限额标准，对采购预算资金实行国库集中支付。2003—2008 年年底，采购金额 13794 万元。

2003—2008 年满城县政府采购统计表

表 10-3-3　　　　单位：万元

项目＼年份	2003	2004	2005	2006	2007	2008	合计
采购次数	6	8	11	11	11	10	57
采购资金	557	2322	2232	3344	2378	2961	13794
资金节约率（%）	10	11	12	20	27	13	—

六、国债

1991—1998 年，发行的国债包括实物券两年期、三年期、五年期，河北建设债券五年期、凭证券及无名券、记账式券，共发行 2276 万元。

1999 年，国家取消国债服务部，国债也不再通过财政部门发放。

1991—1998 年满城县国债发行情况统计表

表 10-3-4　　　　单位：万元

项目＼年份	1991	1992	1993		1994	1995	1996		1997				1998	
种类	实物券三年期	实物券三年期	河北建设债券五年期	实物券三年期	实物券五年期	实物券两年期	凭证券	无名券	记账式券	实物券两年期	实物券三年期	实物券五年期	实物券三年期	实物券五年期
金额	65	5	50	257	128	207	424	400	280	6	198	6	183.2	66.8

七、财政周转金

地方财政周转金是由财政部门管理，按照有偿原则周转使用的财政资金。1990—2008 年，全县有财政周转金 2085.6 万元，其中支农周转金 985.8 万元，预算行财周转金 128 万元，扶贫资金 401 万元，黄淮海农业综合开发资金 414 万元，农业综合开发多种经营资金 156.8 万元。

为使各项资金发挥更大的综合效益，针对不同情况，制定相应措施和办法。数额小的，采取事前有计划，事中跟踪，事后监督检查落实情况；数额大的制定单独办法；借给乡（镇）村的各项资金，由乡（镇）财政经费担保；借给县直单位的资金，由其主管部门的经费担保，并组织有关人员对资金的使用情况进行检查。

在财政周转金运转过程中，形成部分呆账资金。主要原因包括两个方面，一是由于对市场预测不准，一些企业上马后，产品价格下跌，销售不畅，造成产品积压，企业资金周转艰难，有的破产倒闭；二是部分扶贫资金投放效果不明显。到 1995 年，形成呆账资金 124 万元，其中扶贫资金 76 万元，乡（镇）企业 48 万元。

1996—1999 年，受环保政策影响，全县 80%以上的小造纸、小化工企业停产，到期周转金偿还困难，上级财政通过预算扣回周转金借款，造成县级财政资金短缺，周转不畅。4 年间市预算累计扣款 701 万元。

2000—2008 年，针对企业使用财政周转金的不同情况，制定相应措施逐项目、逐企业进行回收。必要的采取拍卖设备和主管部门筹资归还，或借助法律手段进行回收。

八、会计管理

1991 年，开始对会计人员实行登记办证管理制度。1992 年，开始实行会计专业资格考试，实行以考发证制度。1997 年，对会计凭证、会计账簿进行建账监督管理。1998 年，经过培训、整改、检查、验收、再整改、复查等几个环节，开展会计基础规范化活动。同年，开始启动会计人员继续教育工程。2008 年，以会计人员管理、会计基础工作管理、会计电算化管理、会计继续教育为主要内容的现行会计管理体制基本形成。

九、国有资产监督管理

1994年以前，国有资产管理主要通过县财政局有关业务股室的财务管理来进行。1994年，成立县国有资产管理局（以下简称国资局），隶属县财政局管理，主要负责国有资产管理，推进国有企业改革和维护国家所有者权益。1999年，撤销国资局，在县财政局保留国资办（副科级）。

（一）行政事业单位国有资产和资源性资产管理

1990—1998年，查出违纪金额801.3万元，涉及的部分违纪资金依法收回，部分单位受到通报批评、责令改正。1996年，根据机构改革要求，成立监督股，与税收、财务、物价大检查办公室合署办公。1998年，取消一年一度的财务、税收、物价大检查。2000年，撤销税收、财务、物价大检查办公室，监督股工作重点向内外监督相结合，建立财政系统内部一年两次的内审制度，规范财政收支行为。

2006年，保定市对满城县2006年12月31日会计报表及资产损益情况进行清查，清查结果是，全县资产总额账面值523918764.19元，清查值523918764.19元，负债总额账面值65148331.71元；净资产总额账面值458770432.48元，负债总额65148331.71元。

2007年，对外监督工作实行统一检查、统一文书、统一处理，并进行事前、事中、事后全过程监督。

2008年，制定下发《满城县财政监督办法》，明确监督主体、职责分工、监督方式和程序。

（二）企业国有资产管理

1996年，建立产权登记、产权登记年度检查、产权变动和经营分析等一系列关于企业产权登记管理的制度，集中力量开展企业产权登记年度检查和清产核资企业的产权登记工作。积极配合企业改革，及时进行企业开办登记、变动登记和注销登记，特别是对产权重组中的变动登记，进行密切跟踪，严把产权登记关。在认真做好年检登记、开办登记、变动登记和注销登记的基础上，认真调研，提出优化资本结构、实施资产重组的政策建议，开展境外企业产权登记和企业国有资产产权登记专项检查。

1993—1998年，推进现代企业制度试点工作。从明晰产权、评估资产、落实法人财产权、核定国家资本等基础工作入手，为企业公司化改组、改制创造条件，对8家试点企业《试点方案》进行论证、审批。

1993年5月，满城县水泵厂率先在全县进行股份制改革，重组河北虹银泵业股份有限责任公司，由职工出资买断国家资产。公司资产总计500万元（未包含土地），国家保留50万元股份，占总股份的10%，职工股份占90%，每股2000元。

1996年12月，满城县汽车大修厂进行股份合作制改造，由企业职工出资买断企业资产，募集股份150个，每股1000元，企业保留集体股7.4万元。在改制前，经县政府批准，大修厂由集体性质转为全民，享受国有企业待遇。

1997年，满城县印刷厂进行股份合作制改造，组建满城县印刷有限责任公司。职工出资买断企业净资产，募集股份680个，每股1000元，共计68万元。

1997年，经市经济体制改革委员会批准，成立保定金水纺织集团有限公司。公司以棉纺织厂为核心企业，以建材厂、合线厂、针织厂为成员企业。1998年6月，棉纺织厂进行股份合作制改造。企业资产净值1040万元，由职工出资买断，每股3000元。

1998年8月，保定铸石集团股份有限公司成立，其核心企业是保定铸石厂，紧密层企业是保定潜水泵厂、粉末冶金厂和防腐工程公司。企业资产总额1995万元，由企业职工购买，每股2000元。

1998年，商业系统的五金公司、医药公司、饮食服务公司进行股份制改造。百货公司、化妆洗涤用品公司、文化体育用品公司、石油化工公司4家企业按照法律程序，实施破产清算。

（三）国有资产保值增值

1995年，对全县国有企业进行保值增值考核，考核面100%。1997年起，把全县国有及国有控股工业生产企业国有资产保值增值率，纳入县直有关部门的考核指标体系，对县属企业将保值增值考核指标纳入企业工效挂钩考核指标体系。

第二节　财政收支

一、财政收入

1991—1994年，财政、税务、银行三部门联系紧密，收入进度及时完成入库。国有企业每年上缴利润，乡（镇）财政定额上解，财政收入持续增长。

1995年，定期召开财税协调会，解决收入征管中的实际问题，财税部门密切配合，财政收入任务超额完成。一次性核定乡（镇）三年的财政收入核算基数，充分调动乡（镇）组织财政收入的积极性。完善乡（镇）国库建设，实行库款直达县库、资金倒划清算、农行负责保付、人行协调解决的管理办法，加速资金的上解及周转，确保财政收入及时、足额、均衡入库。

1996年，印刷、造纸行业关停，八达集团上划，财政收入难度加大。县政府适时组织财税、金融部门进行协调，并深入基层解决收入征管中存在的问题，使全年财政收入得到保证。

1997—2002年，采取定目标、定奖惩、旬旬通报、月月考核等措施，加强财政管理。在帮助企业发展的同时，保证财政收入稳定高速增长。针对乡（镇）范围和财源结构的变化，重新核定乡（镇）财政收入基数，确保财政工作顺利开展。

2003年，财税部门密切配合，依法治税，堵塞征管漏洞，保证财政收入按进度足额入库，预算任务圆满完成。全年全部财政收入16703万元。

2004年，由于五方面因素影响，财政资金调度非常紧张。一是县资金抵留比例从70%降到50%；二是上级下达的专款数额较大，但平时拨付较少，到12月底才拨付增多，增加了预算支出执行的难度；三是县国税局到11月就完成全年收入任务，造成第四季度资金调度非常紧张；四是全年劳改企业政策性退税达2110万元，直接影响县财政可调度资金达1500万元；五是财政收入质量不高，一般预算收入中非税收入占到50%。

2005—2008年，县财政收入遇到诸多不利影响。2005年，劳改企业和书店政策性退税2730万元，给财政带来不利影响，满城县克服困难，全年完成财政总收入24020万元。2006年，克服造纸、化工、建材等行业停产停工的不利影响，一般预算收入于11月底提前完成年初任务目标后，于年底进行结构调整，调库2058万元。全部财政收入完成26961万元，其中一般预算收入7721万元。2007年，克服治理污染和危化企业治理的影响，全县财政总收入首次突破3亿元大关，完成31834万元（含基金收入5441万元），占预算的109.3%，其中一般预算收入完成9344万元，占预算的108.1%。2008年，克服国际金融危机、奥运期间临时管制企业停产、连续三年治理污染和危化企业对税源所造成的严重冲击，全年完成财政收入42468万元，比2007年增长15%。其中一般预算收入完成12574万元，比2007年增长30.4%；基金收入完成11605万元。

1991—2008 年满城县财政收入统计表

表 10-3-5

单位：万元

年份 \ 总收入	总收入	地方收入								市以上收入		备注
		小计	工商税收	农牧业税、耕地占用税	农业四（三）税	企业收入	专项收入	基金收入	其他	增值税	消费税	
1991	2387	2387	1798	207	0	67	72	87	156	0	0	
1992	2564	2564	2055	228	0	90	81	0	110	0	0	
1993	3766	3766	3185	0	261	120	85	0	115	0	0	
1994	5074	2709	1364	0	481	371	124	0	369	2079	286	
1995	6985	3838	2210	0	513	502	202	0	411	2779	368	不含省级及中央级两税以外的收入
1996	8578	5305	2580	0	726	780	330	0	889	2922	351	
1997	11323	5517	3722	0	670	836	229	228	60	4929	877	
1998	10895	6832	4303	0	650	0	261	617	100	3908	155	
1999	10242	6383	3925	0	429	0	238	0	1791	3827	31	
2000	10453	6783	4506	0	431	0	269	0	1577	3670	1	
2001	11421	7429	5236	0	382	0	177	0	1634	3992	—	
2002	14028	7100	2493	0	1158	0	217	1124	2108	6928		省级收入 1201 万元，市级收入 756 万元
2003	16703	8068	3067	0	1171	0	638	883	2309	8635		省市 1991 万元
2004	20609	10065	6951	0	397	0	460	1457	800	10544		
2005	24020	11414	4046	0	718	0	719	2585	3346	12606		
2006	26961	7721	5079	0	548	0	741	0	1353	15667		基金收入 3573 万元
2007	31834	9344	6060	0	538	0	1176	0	1570	17049		基金收入 5441 万元
2008	42468	12574	8734	0	464	0	1350	0	2026	18289		基金收入 11605 万元

说明：基金收入包含政府性基金和社保基金，自 2006 年起，基金收入不列入财政地方收入统计

二、财政支出

1991 年，全县财政总支出 3171.3 万元，其中教育事业费支出 953 万元，行政管理费支出 532 万元，公检法支出 264 万元，其他支出 1424.3 万元。

1995 年，全县财政总支出 6612 万元，其中教育事业费支出 2610 万元，行政管理费支出 1173 万元，公检法支出 548 万元，其他支出 2281 万元。

2000 年，全县财政总支出 12063 万元，其中教育事业费支出 4314 万元，行政管理费支出 1758 万元，公检法支出 1006 万元，其他支出 4985 万元。

2008 年，全县财政总支出 47474 万元，其中教育事业费支出 13628 万元，行政管理费支出 6518 万元，公检法支出 2548 万元，其他支出 24780 万元。分别是 2000 年的 4 倍、3.2 倍、3.7 倍、2.5 倍、5 倍。

1991—2008 年满城县财政主要支出统计表

表 10-3-6　　　　单位：万元

年份	总支出	主要支出项目		
		教育事业费	行政管理费	公检法支出
1991	3171.3	953	532	264
1992	3745	1126	628	311
1993	4831	1380	847	405
1994	5629	1890	1082	472
1995	6612	2610	1173	548
1996	9061	3343	1498	743
1997	8754	3448	1017	720
1998	10703	3070	1542	888
1999	11746	3369	1692	974
2000	12063	4314	1758	1006
2001	14763	4573	1887	2102
2002	16792	5903	2081	1516
2003	19510	6039	3254	1455
2004	22056	6623	3070	1764
2005	30494	8271	4187	1824
2006	30779	9641	4226	1959
2007	39570	11913	5433	2176
2008	47474	13628	6518	2548

第三节 管理机构

1991年，县财政局内设11个股室，包括办公室、企业股、会计股、预算股、检查股、农财股、国债服务部、综合股、控购办、会计师事务所、资产评估室。

1994年1月，县财政局由政府财税楼搬至玉川东路新址。3月份，县财政局营业楼售于中国人民建设银行满城支行。同年，国资局成立，为二级局，挂靠县财政局。取消综合股，业务并入预算股；取消会计股，业务并入企业股。1996年，成立事业股、监督股，县收费局职能并入财政局。1997年，筹建中山宾馆，成立国资股，撤销事业股。1999年，取消国资局，保留国资办（副科级）。成立资金股、政府采购办公室（挂靠县财政局）、拍卖行办事处、机关加油站。2002年，新增国库股、综合股，农业综合开发办公室职能并入财政局。

2008年年底，县财政局有干部职工77人，内设办公室、预算股、国库股、农税农财股、企会股、综合股、监督股、拍卖行办事处、清收办、资金股、项目股，另有国资办、政府采购办公室、控制社会集团购买力办公室3个挂靠单位。

第四章 税 务

1991—1994年8月，县税务局内设9个科室，包括办公室、人教科、会计科、监察科、税政科、检察室、稽查队、征收科、征管科。下辖城关、方顺桥、神星、大马坊、岭西、南韩村6个税务所。1994年8月，分设县国税局、县地税局。县国税局主要负责增值税、消费税等6种税种的征收。2007年3月办公地点迁至北平西路。县地税局主要负责营业税、企业所得税等15种税种的征收，并代征残疾人就业保障金、工会经费等业务。2004年8月，办公地点迁至北平西路。

第一节 国家税务

一、税种 税率

1994年实行分税制后至2008年，基本保持政策的稳定性。县国税局负责征收的税种有增值税、消费税、企业所得税、车辆购置税、外商投资企业所得税和利息税。各税种的基本情况如下：

（一）增值税

增值税是对纳税人生产经营活动的增值额征收的一种间接税。增值税纳税人按年销售额度和会计核算能力划分为一般纳税人和小规模纳税人。小规模纳税人实行按征收率征收的办法征收税款，一般纳税人的应纳税额为当期销售项税额-当期进行项税额。

（二）消费税

税率3%~45%，分从价和从量两种征收方法。

（三）企业所得税

从2000年1月1日起，独资、合伙性质的私营企业不再是企业所得税的纳税义务人。企业所得税法定税率确定为33%的比例税率。对年应纳税所得额在3万元（含）以下的企业，可给予减按18%税率征税的照顾；对年应纳税所得额超过3万元至10万元（含）以下的企业，给予减按27%税率征税的照顾。

（四）车辆购置税

车辆购置税的征税范围包括汽车、摩托车、电车、挂车、农用运输车。车辆购置税实行统一比例税率，税率为10%。

（五）外商投资企业和外国企业所得税

在中国设立经营机构的，实行30%的比例税率，地方所得税按应纳税所得额计算，税率为3%，两项合计负担率为33%。未在中国境内设立经营机构的，实行20%的比例税率。

（六）利息税

个人储蓄存款在1999年10月31日前滋生的利息不征税；在1999年11月1日后滋生的利息，依法计征个人所得税，利息税与2008年10月停止征收，但在此之前的存款现行继续征收。

二、征收管理

1994年税制改革时，基层税务干部对信息技术比较陌生，大多数人没有自己的办公电脑，手工操作是主要征收手段。之后，征收单位集中在征收大厅，逐渐使用微机开票，形成以计算机网络为依托，集中征收、重点稽查、完善税务代理的新征管模式。

2001年，建成省、市、县、所四级广域网，全面开通增值税管理系统；2004年，推行网上报税系统；2005年，推行税收征管信息系统，实现征管数据的省局集中；2007年，建成省局集中、与各市局相连的国税系统网站群，实现网络化、信息化办公。

县国税局办税大厅（摄于2008年）

三、税务登记

税务登记的种类主要包括税务登记、变更登记、注销登记、停业、复业登记、外出经营报验登记。

（一）税务登记

1. 从事生产、经营的纳税人领取工商营业执照（含临时工商营业执照）的，自领取工商营业执照之日起30日内申报办理税务登记，税务机关核发税务登记证及副本（纳税人领取临时工商营业执照的税务机关核发临时税务登记证）。

2. 从事生产、经营的纳税人未办理工商营业执照但经有关部门批准设立的，自有关部门批准设立之日起30日内申报办理税务登记，税务机关核发税务登记证及副本。

3. 从事生产、经营的纳税人未办理工商营业执照也未经有关部门批准设立的，自纳税义务发生之日起30日内申报办理税务登记，税务机关核发临时税务登记证及副本。

（二）变更登记

纳税人已在工商行政管理机关办理变更登记的，自工商行政管理机关变更登记之日起30日内，向原税务登记机关如实提供下列证件、资料，申报办理变更税务登记：

1. 工商登记变更表及工商营业执照。

2. 纳税人变更登记内容的有关证明文件。

3. 税务机关发放的原税务登记证件（登记证正、副本和登记表等）。

4. 其他有关资料。

（三）注销登记

纳税人发生解散、破产、撤销以及其他情形，依法终止纳税义务的，在向工商行政管理机关或者其他机关办理注销登记前，持有关证件和资料向原税务登记机关申报办理注销税务登记；按规定不需要在工商行政管理机关或者其他机关办理注册登记的，自有关机关批准或者宣告终止之日起15日内，持有关证件和资料向原税务登记机关申报办理注销税务登记。

纳税人被工商行政管理机关吊销营业执照或者被其他机关予以撤销登记的，自营业执照被吊销或者被撤销登记之日起15日内，向原税务登记机关申报办理注销税务登记。

（四）停业、复业登记

1. 实行定期定额征收方式的个体工商户需要停业的，在停业前向税务机关申报办理停业登记。纳税人的停业期限不得超过一年。

2. 纳税人在停业期间发生纳税义务的，按照税收法律、行政法规的规定申报缴纳税款。

3. 纳税人在恢复生产经营之前，向税务机关申报办理复业登记，如实填写《停、复业报告书》，领回并启用税务登记证件、发票领购簿及停业前领购的发票。

4. 纳税人停业期满不能及时恢复生产经营的，在停业期满前向税务机关提出延长停业登记申请，并如实填写《停、复业报告书》。

（五）外出经营报验登记

1. 纳税人到外县（市）临时从事生产经营活动的，在外出生产经营以前，持税务登记证向主管税务机关申请开具“外出经营活动税收管理证明”（以下简称“外管证”）。

2. 税务机关按照一地一证的原则，核发“外管证”，“外管证”的有效期限一般30天，最长不得超过80天。

3. 纳税人在“外管证”注明地进行生产经营前向当地税务机关报验登记。

4. 纳税人外出经营活动结束，向经营地税务机关填报《外出经营活动情况申报表》，并结清税款、缴销发票。

5. 纳税人在“外管证”有效期届满后10日内，持“外管证”回原税务登记地税务机关办理“外管证”缴销手续。

四、账簿、凭证管理

按照《税收征收管理法》和《税收征收管理法实施细则》的规定要求，从事生产、经营的纳税人自领取税务登记证件之日起15日内，将其财务会计制度报送主管税务机关备案。

五、纳税申报

凡是有纳税义务的单位和个人，都应当在纳税义务发生后，按照税务机关核定的纳税期限，向主管税务机关进行纳税申报。对不按税务机关规定的期限办理纳税申报的，1993年以前按《税收征收管理暂行条例》规定，除责令限期改正外，酌情处 5000 元以下罚款；1993 年 1 月 1 日起按《税收征收管理法》规定，处 2000 元以下罚款，逾期仍不改正的，处 2000 元以上 10000 元以下的罚款。

六、发票管理

1997 年，全县统一换发使用新版普通发票。从 2003 年 6 月 1 日起，对普通发票全面实行微机管理，微机联网运行。对无证无票经营户代开发票也实行微机开票，并对普通发票和专用发票实行严格的验旧领新制度。

从 2001 年 7 月 1 日起，对专用发票开始运行“金税工程”，从国家税务总局到基层税务所都实现微机联网。对增值税一般纳税人的开票实行严格的监控，对发票的存根联和抵扣联实行比对，对开出的发票实行加密防伪识别，杜绝假发票和大头小尾票。

七、税务检查

1995 年 6 月，县国税局稽查队升格为稽查局，既检查税务干部的执法行为和贯彻国家税收法律法规的落实情况，又检查企业的纳税情况，重拳打击偷税、漏税，清理欠税，以查促管，以查促收。

1994—2008 年满城县国税局税费收入统计表

表 10-4-1　　单位：万元

年份	市核任务	完成税收收入	增长额	增长率（%）
1994	3065	3066	—	—
1995	4461	4547	1481	48. 30
1996	4982	4983	436	9. 59
1997	7606	7606	2623	52. 64
1998	6190	6190	-1416	-18. 62
1999	6560	6620	430	6. 95
2000	7055	8822	2202	33. 30
2001	8000	8425	-397	-4. 50
2002	8015	8694	269	3. 19
2003	9430	9630	936	10. 77
2004	10340	12688	3058	31. 75
2005	13200	14387	1699	13. 39
2006	16100	17828	3441	23. 92
2007	19254	19253	1425	7. 99
2008	20886	19898	645	3. 35

八、管理机构

1994 年 8 月 13 日，满城县国税局成立，规格为正科级，隶属国家税务总局，是驻保派出机构，负责满城县中央税收工作。内设 8 个科室，包括办公室、政工股、计会股、税政股、征管股、直属征收股、监察室、税检室，下属 8 个基层税务所，包括城关税务所、大册营税务所、神星税务所、岭西税务所、大马坊税务所、南韩村税务所、方顺桥税务所、东马税务所。

1995年1月，地市合并，筹建税务师代理事务所。6月，稽查队改稽查局，为税务局下属二级局。

1996年，设9个科室，包括稽查局、办公室、监察室、税检室、政工股、计会股、征管股、税政股、计算机中心。设9个税务所，包括大册营税务所、大马坊税务所、南韩村税务所、方顺桥税务所、神星税务所、城关税务所、东马税务所、岭西税务所、税务师代理事务所。设直属征收分局。

1997年，撤销税检室，增设涉外分局。

1998年，设6个税务所，直属征收分局与城关税务所合并成立直属征收分局，办公地点为城关税务所；神星税务所与大册营税务所合并成立大册营税务所，办公地点在大册营税务所；方顺桥税务所与南韩村税务所合并，成立方顺桥税务所，办公地点在方顺桥税务所；东马税务所、大马坊税务所、江城税务所合并成立东马税务所，办公地点东马税务所；涉外分局改为涉外管理所，办公地点在局机关；保存岭西税务所，办公地点不变。内部机构缩减为6个，包括办公室、人教科（原政工股）、综合管理科（征管股与税政股合并）、计会科（原计会股）、计算机中心、监察室。

1999年，计会科改名为计财科、综合管理科改为税政征管科。

2001年，3个税务分局，3个税务所，包括城区税务分局、大册营税务分局、方顺桥税务分局，涉外管理所、东马税务所和岭西税务所。机关内设5个行政科（室），包括办公室、监察室、人教科、计财科、税政征管科。2个事业单位，为信息中心、票证管理所。成立直属办税服务厅，按服役管理，不作为一级独立的税务机关。

2005年，涉外管理所改为长信税务分局，办公地点在局机关。增设综合业务科，计财科改为计划统计科，人教科改为人事教育科，取消票证管理所。

2007年3月，办公地点由玉川路迁至北平西路151号。

2008年机构整合，撤销东马税务所和岭西税务所，税务分局、稽查局升格为副科级。方顺桥税务分局改为南韩村税务分局；东马税务所并入长信税务分局，办公地点在局机关；岭西税务所并入城区税务分局，办公地点在城区税务分局。税务分局仍为4个，即：城区税务分局、大册营税务分局、南韩村税务分局、长信税务分局。机关内设6个科（室），包括办公室、监察室、人事教育科、计划统计科、征收管理科、税政管理科（原综合业务科）。设1个事业单位，为信息中心。

附：虚开发票抵扣税款案

虚开发票抵扣税款案

2004年下半年，国家税务总局和公安部专案查办的黑龙江某些废旧物资经营企业虚开发票案和保定冀华公司虚开废旧物资销售专用发票案件，涉及满城县50家熔炼企业，案件的性质被认定为接受虚开发票案。2004年12月14日，省国税局组织由116人组成的检查组进驻方顺桥村，对涉案企业实施调账检查，查封了涉案企业的银行账户。

2005年春节后，国家税务总局又指定省国税局对保定市所有废旧物资经营企业及相关生产企业进行检查。省国税局向包括满城在内的保定市6个县（市、区）派了检查组，其余18县（市、区）由保定市国税局组织检查。2005年2月底，省国税局指派石家庄市国税局组成42人检查组进驻满城县检查。此外，省国税局指派唐山市国税局同时对涉及接受黑龙江发票的清苑县、满城县的有关企业进行处理。

通过省国税局检查组对满城县50户废旧物资经营企业的检查，发现相当一部分企业存在虚购和资金空转问题。初步认定涉及资金空转金额20亿元，绝大部分为废旧金属经营企业。

满城县涉案企业较多、涉税金额较大，开出的废旧物资销售专用发票没有流出本县。主要问题集中在废旧物资发票虚开和接受虚开上，未发现成规模、有组织的虚开增值税专用发票的问题。此案件的发生，给满城县国税收入造成很大影响，据测算，当时企业停产一个月，铜铝熔炼和板纸两大行业的国税收入就减少360万元。就税收征管讲，更是教训深刻。

第二节 地方税务

一、税种 税率

满城县地税局成立后，负责管辖的税（费）种有14个：营业税、企业所得税、个人所得税、房产税、车船使用税和车船税、城镇土地使用税、土地增值税、资源税、印花税、城市维护建设税、车船使用税、屠宰税、固定资产投资方向调节税、教育费附加。后税收政策几经调整，地税局管辖税（费）种也有相应变化。2008年年底，县地税局负责管辖营业税、企业所得税、个人所得税、房产税、车辆使用税和车船税、城市维护建设税、土地增值税、城镇土地使用税、印花税、资源税、教育费附加、地方教育费附加、文化事业建设费、基本养老保险费、失业保险费等。此外，地税系统还负责代征残疾人就业保障金、工会经费等业务。税（费）种、税率如下：

（一）营业税

共9个税目，其中交通运输业、建筑业、邮电通信业、文化体育业税率为3%，金融保险业、服务业、转让无形资产、销售不动产税率为5%，娱乐业税率5%~20%。

（二）企业所得税

基本税率为33%。对年应纳税所得额在10万元（含10万元）以下至3万元的企业，暂减按27%的税率征收所得税；对年应纳税所得额在3万元（含3万元）以下的企业，暂减按18%的税率征收所得税。

2008年1月1日起，企业所得税税率为25%。

（三）个人所得税

1993年、1999年、2005年及2007年对《中华人民共和国个人所得税法》进行修正。2008年，工资、薪金所得减除费用标准是每月2000元。

2008年适用税率：

工资、薪金所得，适用超额累进税率，税率为5%~45%；

个体工商户的生产、经营所得和对企事业单位的承包经营、承租经营所得，适用超额累进税率，税率为5%~35%；

稿酬所得，适用比例税率，税率为20%，并按应纳税额减征30%；

劳务报酬所得，特许权使用费所得，利息、股息、红利所得，财产租赁所得，财产转让所得，偶然所得和其他所得，适用比例税率，税率为20%。

（四）城市维护建设税

纳税人所在地在市区的，税率7%；纳税人所在地在县城、建制镇和工矿区的，税率5%；纳税人所在地位于农村的，税率为1%。

（五）房产税

以房产原值或房产租金为计税依据，自用房产，以房产原值一次减除10%～30%后的余值计算缴纳，税率1.2%；出租房产，以房产租金收入为房产税的计税依据，税率为12%。

（六）土地增值税

1994年，实行四级超率累进税率：增值额未超过扣除项目金额50%的部分，税率为30%。增值额超过扣除项目金额50%、未超过扣除项目金额100%的部分，税率为40%。增值额超过扣除项目金额100%、未超过扣除项目金额200%的部分，税率为50%。增值额超过扣除项目金额200%的部分，税率为60%。

（七）车船使用税和车船税

1991—2006年，车船使用税的年计税标准：乘人汽车乘坐10人以下的每辆110元，乘坐11人至30人的每辆120元，乘坐31人至50人的每辆150元，乘坐51人以上的每辆180元；载货汽车按载重吨位每吨42元；三轮摩托车每辆48元；摩托车每辆36元；轻骑摩托车每辆24元；拖拉机按每吨21元；农用三轮车每辆40元。后随着社会经济情况的变化，计税标准逐步调整，总的趋势是计税标准逐步提高。

2007—2008年，新车船税的年计税标准：大型载客汽车每辆540元，中型载客汽车每辆516元，小型载客汽车每辆480元，微型载客汽车每辆300元，载货汽车、三轮汽车、低速货车、专项作业车、轮式专用机械车按自重每吨96元，摩托车每辆120元。

（八）城镇土地使用税

2008年，城镇土地使用税税率：县城外环路以内每平方米3元，外环以外满城镇每平方米2元，南韩村镇、大册营镇和神星镇每平方米1.5元。

（九）印花税

购销合同按购销金额0.3‰贴花；加工承揽合同按加工或承揽收入0.5‰贴花；建设工程合同按收取费用0.5‰贴花；建筑安装合同按承包金额0.3‰贴花；财产租赁合同按租金额1‰贴花，税额不足1元的按1元贴花；货物运输合同按运输费用0.5‰贴花；仓储保管合同按仓储保管费用1‰贴花；借款合同按借款金额0.05‰贴花；财产保险按投保金额0.03‰贴花；技术合同按所载金额0.3‰贴花；产权转移书据按所载金额0.5‰贴花；营业账薄按所载金额的账簿，按账面记载实收资本的0.5‰贴花，其他账簿按件贴花，每件5元；权利、许可证照按件贴花，每件5元。

根据《河北省印花税征收管理办法》，印花税实行据实征收和核定征收两种方式。据实征收采取“三自”纳税和汇总缴纳，核定征收采取核定比例征收和定期定额征收。

满城县印花税核定征收范围及比例一览表

表10-4-2

合同种类	征收比例说明
购销合同	企业购销金额的50%～70%或企业销售金额的100%～140%
加工承揽合同	加工或承揽金额的60%～100%
建筑工程勘察设计合同	建筑工程勘察设计金额的100%

续表10-4-2

合同种类	征收比例说明
建筑安装工程承包合同	建筑安装工程承包金额的100%
货物运输合同	运费金额的100%
财产租赁合同	财产租赁金额的100%
仓储保管合同	仓储保管费用的100%
借款合同	借款金额的100%
财产保险合同	保费收入的100%
技术合同	技术开发、转让、咨询、服务金额的100%
产权转移书据	产权转移金额的100%

（十）资源税

自1994年1月1日起施行。应税资源种类分别设置税率，主要应税资源种类为其他非金属矿原矿（石渣）、矿泉水两种，税率分别为其他非金属矿原矿（石渣）每立方0.5元、矿泉水每吨3元。

（十一）屠宰税

自1995年1月1日起施行，视不同情况在收购环节和屠宰环节征收缴纳，在收购环节缴纳屠宰税的，以牲畜的收购金额作为计税依据；在屠宰环节缴纳屠宰税的，以牲畜肉的重量和屠宰地当日的市场价格作为计税依据，税率为3%。2000年，我国部分地区进行农村税费改革试点，根据《中共中央国务院关于进行农村税费改革试点工作的通知》，实行农村税费改革试点的地区，取消屠宰环节和收购环节征收的屠宰税。自2002年1月1日起停止征收。

（十二）固定资产投资方向调节税

自1991年起施行，税率为0%、5%、10%、15%、30%。自2000年1月1日起，新发生的固定资产投资应税项目投资额，暂停征收固定资产投资方向调节税。

二、附加费

（一）教育附加费

1986年7月1日，征收率为1%；1990年8月1日，征收率改为2%；1994年1月1日，征收率改为3%；1996年1月1日，征收率提高到3.5%；2003年12月1日，教育费附加征收率恢复3%。

（二）地方教育附加

地方教育附加以实际缴纳的增值税、消费税、营业税税额为计征依据，征收率为1%。河北省地方教育附加自2003年12月1日开始征收。

（三）文化事业建设费

1997年7月1日起，开始征收文化事业建设费，征收对象是娱乐业和广告业两个行业，以营业额为计费依据，征收率3%。

（四）工会经费

2006年1月1日起，为工会系统代征工会经费（含工会筹备金）。征收对象是全县私营规模以上企业及行政、事业单位，按全部职工工资总额的2%代征。

（五）残疾人就业保证金

2003 年 1 月 1 日起，实行残疾人就业保障金代征。征收标准为（单位上年年底实际在职职工人数应安排残疾人职工比例数-上年度在岗残疾人职工人数）×上年度当地年平均职工工资。其中应安排残疾人职工比例为 1.5%。

（六）社会保险费

2002 年 3 月 1 日起，地税局开始征收社会保险费。

三、征收管理

（一）税务登记

税务登记主要包括设立（开业）税务登记、变更税务登记、停业、复业登记、外出经营报验登记及注销税务登记等。

（二）纳税申报

依照法律、行政法规规定，纳税人按照确定的申报期限、申报内容如实办理纳税申报，报送纳税申报表、财务会计报表以及税务机关根据实际需要要求纳税人报送的其他纳税资料。扣缴义务人如实报送代扣代缴、代收代缴税款报告表以及税务机关根据实际需要要求扣缴义务人报送的其他有关资料。纳税人、扣缴义务人不能按期办理纳税申报或者报送代扣代缴、代收代缴税款报告表的，经税务机关核准，可以延期申报。

（三）税款征收

税款征收方式主要包括查账征收、查定征收、定率征收、查验征收、定期定额征收、自核自缴、代扣代缴、代收代缴和委托征收八种。

1994 年，加强税政资料的管理及税政工作的基础建设，建立健全税政咨询制度、减免税管理制度、个人所得税代扣代缴制度、企业所得税预缴制度。1995 年，实行纳税申报及应税合同登记制度，加强税源控制，完善代售、汇缴、代扣代缴、代收代缴印花税制度。1996 年，依托计算机网络，在城镇、农村分步进行征管改革，建立相互联系、互相补充、互相促进的征管模式。

1997—2001 年，重点抓好执法监察和跟踪执法监察，查处在执行政策等方面存在的问题。开展税收检查，主要检查纳税人是否办理税务登记，按规定设置账簿；是否如实申报生产经营情况，足额缴纳应缴税款；是否有批准缓交的税款到期未缴纳的欠款等情况。加强税收票证管理，提高票证填开质量，严格按双限规定结报票款，加强票证审核和税收检查。推行基层规范化管理，建立和落实目标责任制。

2002 年，成立县地税局重大税务案件审理委员会，保证执法行为公正、公开和执法准确。2003 年，按照征管信息化、专业化建设要求，重新设置内设机构，将全职能的征管机构转化为专业化的管理机构，外设的管理机构集中到县地税局办公，改为内设的管理机构，逐步实现由城区内集中征收过渡到全县集中征收。2004 年，探索建立纳税评估工作制度。结合所得税管理的特点，进一步细化所得税评估指标体系，加强指标信息收集工作，妥善解决评估系统中峰值的设置问题。采取多级监控和上下分级的方法，建立多层次的评估案源确定体系，构筑多税评估、联合评税管理平台，充分利用信息技术、人机结合，实现多税共评机制，提高评估质量和效率。

2005 年，圆满完成“双定户”（是实行定期定额征收方式业户的简称）微机定税工作。通过《双定户管理信息系统》核定纳税人 856 户，核定月税 5.12 万元，比微机定税前月增 0.38 万元，增长 8%。

2006 年，强化税源控管，建立以票控税机制，并贯穿于征管流程的始终，全方位堵塞发票管理漏洞。重点推广发票管理软件，取消手工开票；完成发票换版，完善定额发票；完成货运发票信息采集、发票审核检查和信息反馈；配合公安机关打击发票制假、售假、用假行为。

2007 年，制定稽查工作流程和要求，从稽查选案、受理、审理、执行四个环节入手，细化到每个环节、每一步的具体操作。结合税收日常检查，对重点行业实施专项检查，及时向税务所反馈稽查信息，做到检查一个行业，规范一个行业。强化稽查与征管配合与协调，增进信息共享，形成执法合力，构建紧密相连的互动工作机制，堵塞征管漏洞。

2008 年，加强对年纳税 10 万元以上重点税源企业的税收管理。以纳税评估和重点税源监控为重点，建立税收分析、纳税评估、税源监控和税务稽查“四位一体”良性互动机制，实行重点税源月报告制度，纳税评估小组对上报数据进行纵横双向税收分析，及时发现征管问题，为管理单位纳税评估提供依据。加强对南水北调和张石高速公路两大重点建设项目的管理，采取建立台账、专人负责和全程跟踪管理等措施，应收尽收，按时足额入库。做好税务登记差异信息比对，加强与县工商、国税信息交流，查阅工商登记注册底册和国税税务登记底册清单，逐户逐人核查，彻底清查漏征漏管户，并补办相关登记证件。

1994 年地税收入 1157 万元，2008 年增加到 16237 万元，15 年间增长 13 倍。税收管理方式也从单一的手工式、粗放型的传统管理方式，发展为以现代计算机网络为依托、管理与服务并重的税收征管新模式，并依托财税库银横向联网系统，积极推进网上报税、银行扣税、简并征期等工作。

1994—2008 年满城县地税局税费收入统计表

表 10-4-3　　　　**单位：万元**

年份	税收							规费			税费总计
	营业税	所得税	城建税	房产税	城镇土地使用税	其他各税	合计	社保费	其他规费	合计	
1994	400	250	100	56	28	323	1157	0	0	0	1157
1995	600	470	140	50	68	258	1546	0	0	0	1546
1996	980	690	200	60	110	640	2680	0	0	0	2680
1997	1170	610	250	60	110	1026	3226	0	0	0	3226
1998	1300	480	200	14	70	1048	3238	0	0	0	3238
1999	920	250	240	13	60	1309	2909	0	0	0	2909
2000	900	370	300	15	40	1371	3131	0	0	0	3131
2001	1200	1000	280	17	60	1656	4366	0	0	0	4366
2002	1300	980	420	17	110	812	3800	1100	120	1220	5020
2003	1700	900	380	17	120	860	4130	1300	300	1600	5730
2004	1800	1000	450	21	100	987	4547	2100	550	2650	7197
2005	2100	1300	540	21	100	916	5166	2200	650	2850	8016
2006	2700	1400	600	24	170	912	6022	4000	1160	5106	11128
2007	3500	1700	800	26	140	1121	7521	3600	1477	5077	12598
2008	5665	2561	822	24	458	689	10444	4760	1033	5793	16237

四、管理机构

1994 年 8 月 12 日组建满城县地税局，规格为正科级。内设 6 个科室，包括办公室、政工股、税政股、稽征管理股、计划会计股、监察室。有 3 个直属机构，为稽查局（二级局）、直属征收一股、直属征收二股。有 8 个基层税务所，分别为城关税务所、神星税务所、岭西税务所、大马坊税务所、东马税务所、南韩村税务所、方顺桥税务所、大册营税务所。

1995 年 6 月，根据市地税局《关于对满城县地方税务局机构设置的批复》，县地税局内设办公室、计会科、税政科、征收管理科、政工科、监察科；直属征收一股、直属征收二股更名为直属征收一分局、直属征收二分局；各基层税务所名称不变。同年，根据市人民检察院、市地方税务局《关于开展地方税务检察室工作意见的通知》，成立税务检察室，为县检察院与县地税局联合办事机构。

1997 年 4 月，城关税务所更名为城关分局，同时设立江城税务所。11 月，根据市地税局《关于县、市、区地方税务局机关机构改革和基层税务机构编制等几个问题的通知》精神，撤销税政科和征收管理科建制，成立税政管理股，负责原税政科和征收管理科业务。

1998 年 2 月，撤销原直属征收分局和城关分局，成立县地税局直属征收局，下设查管一分局、查管二分局、办税服务厅。5 月，根据市地税局《关于统一基层征收单位名称的通知》，将查管一分局、查管二分局更名为税务一分局、税务二分局。8 月，成立饮食业专管组，负责满城镇范围内的饮食业税收管理，属内设机构。

1999 年 6 月，撤销江城税务所和大马坊税务所，成立贤台税务所；将东马税务所更名为要庄税务所。10 月，成立地税局税务侦察中队，为公安局派驻机构。

2001 年 9 月，根据市地税局《关于调整农村税务所设置的实施方案的通知》，撤销要庄税务所。

2002 年 3 月，社会保险费移交县地税局管理，成立社保费征收所，负责全县社会保险费的征收管理业务。

2003 年 8 月，为适应行业管理需要，成立建筑业专管组。12 月，根据《保定市地方税务局关于满城县地方税务局等单位征管改革方案的批复》，撤销计划会计科、办税服务厅，设立征收计会科，撤销征收分局、城关分局，设立城区第一税务所、城区第二税务所。根据《保定市地方税务局关于县级地方税务局机构调整的通知》，成立税政管理科、征管法规科。同年，实现省、市、县局和各税务所四级联网，省局开发的税收征管软件开始上线运行，税务登记、税款征收、发票发售等业务都实现微机管理，计会部门还以征管软件为依托实现全县集中核算。

2004 年 8 月，办公地点从燕赵北街搬至北平西路。

2006 年 12 月，撤销饮食业专管组，将人员合并到城区一所，撤销建筑业专管组，将人员合并到城区二所，将税侦中队合并到稽查局，由稽查局负责管理。

2007 年 12 月，撤销税侦中队。撤销各基层税务所，成立副科级税务分局：撤销城区一所，成立第一税务分局；撤销社保费征收所、城区二所，成立第二税务分局；撤销神星税务所、岭西税务所，成立岭西税务分局；撤销方顺桥税务所、南韩村税务所，成立南韩村税务分局；撤销贤台税务所、大册营税务所，成立大册营税务分局；办税服务厅更名为征收分局。调整后地税局内设 6 个科室，分别为办公室、政工科、监察科、税政管理科、征管法规科、计划会计科；1 个直属机构为稽查局（二级局）；6 个基层税务分局，分别为第一税务分局、第二税务分局、岭西税务分局、南韩村税务分局、大册营税务分局和征收分局。

2008 年年底，县地税局有干部职工 113 人，其中在岗人员 102 人，离退休人员 11 人。在岗人员中，机关工作人员 18 人，基层工作人员 84 人。管辖 12 个乡（镇）的税费征管业务，企业户数 2720 户。

第五章　审　计

审计工作主要分为国家审计和社会审计。1984—1991 年，审计 235 个企业和行政事业单位；1992—2000 年，审计对象 287 个，审计范围包括金融机构、企业、财政决算、预算执行等；2001—2008 年，审计对象扩大到 469 个。累计完成 991 个单位的审计，查处各种违规资金 88386 万元。县审计事务所负责基建项目、农村财务、资产评估、破产清算等审计与监督，1999 年审计事务所与审计局脱钩。

第一节　国家审计

一、审计对象和范围

1984—1991 年，全县审计对象 235 个，审计范围包括企业和行政事业单位。其中工业企业 24 个，包括全民所有制企业 15 个，集体所有制企业 9 个；非工业企业 74 个，包括全民所有制 40 个，集体所有制 34 个；行政事业单位 137 个。审计内容主要是对被审计单位财政、财务收支审计；对被审计单位有关的经济活动的真实性、合法性、效益性进行审计；对国家财政资金使用情况进行审计；对同级党政领导干部的经济责任进行评价。

1992—2000 年，全县审计对象 287 个，审计范围包括金融机构、企业、财政决算、预算执行、固定资产投资、行政事业单位和经济责任审计。其中金融机构 10 个，企业 18 个，财政决算 44 个，预算执行 23 个，固定资产投资 14 个，行政事业单位 135 个，经济责任审计 43 个。审计内容主要是对被审计单位财政决算、预算执行、财务收支审计，对金融机构、企业的固定资产投资进行审计，对行政事业单位有关的经济活动的真实性、合法性、效益性进行审计，对国家财政资金使用情况进行审计，对同级党政领导干部的经济责任进行审计。

2001—2008 年，全县审计对象 469 个，审计范围包括财政决算、预算执行、专项资金审计、行政事业单位和经济责任审计。其中财政决算 15 个，预算执行 32 个，专项资金 31 个，行政事业单位 310 个，经济责任审计 81 个。审计内容是对被审计单位财政决算、预算执行、财务收支审计，对专项资金进行审计，对行政事业单位有关的经济活动的真实性、合法性、效益性进行审计，对国家财政资金使用情况进行审计，对同级党政领导干部的经济责任进行审计。

二、主要工作

1991 年，完成审计项目 39 个，占总体目标任务的 144.4%。审计资金总额 16597 万元，查处违纪违规资金 567 万元，追还被侵占挪用资金 19 万元。

1992 年，开展对金融机构、企业、行政事业和基建项目的审计。全年完成审计项目 34 个，超额 13.33%。审计资金总额 7197.7 万元，查处违纪违规资金 154.5 万元，追还专用基金 5.1 万元。

1993 年，完成审计项目 30 个，超目标任务 20%。审计资金总额 14908 万元，查处违纪违规资金 341 万元，追还被侵占挪用资金 156 万元。

1994—1996 年，完成审计项目 68 个，审计单位 218 个。查处违纪违规资金 2294. 8 万元，追还各项资金 261. 7 万元。增收节支 41. 3 万元，节约建设资金 12. 2 万元。

1997 年，完成计划内项目审计 11 个，涉及被审计单位 94 个。完成 3 个调查项目，调查单位 18 个。查处违规违纪资金 918. 7 万元，追还被侵占挪用资金 54. 3 万元，罚款 17. 15 万元。完成县委、县政府临时交办的 5 个审计项目，涉及被审计单位 98 个。同年，对希望工程基金进行审计，查处挪用专款 4. 3 万元，做出追还专款处理决定；对满城中学、辛章中学、职教中心教学楼和县委办公楼进行竣工决算审计，核减工程总价 103 万元。

1998—2000 年，审计 148 个单位，审计调查项目 4 个。查处违规资金 14393. 6 万元，增收节支 1640 万元。

2001 年，全年审计单位 40 个，调查项目 1 个，查处违规违纪资金 7515 万元。对应缴未缴预算收入 619 万元、虚列预算内支出转预算外 1158 万元、预算收入挂暂存 430 万元、违规借款 899 万元、挪占挪用 110 万元等违规行为进行处理。

2002 年，完成审计单位 35 个，查处各种违规违纪资金 8942 万元，增收节支 375 万元。

2003 年，完成 46 个单位的审计，查处违规违纪资金 6193. 64 万元。同时，完成审计署和省、市责成的防治非典型肺炎专项资金和捐赠款物的审计工作。对负责此项工作的部门存在的接收捐赠物资使用证据不合法、专项支出界限不清、账目设置不健全等问题提出建议。

2004 年，完成 69 个单位的审计，重点加强对行业和专项资金审计，查处违规违纪资金 11862. 22 万元。

2005 年，完成 63 个单位的审计，查处违规资金 5372. 9 万元、损失浪费资金 46. 1 万元。重点对财政局、地税局进行审计，对水务局、环保局进行延伸审计。查处违规资金 4143. 6 万元，主要是隐瞒转移预算收入、虚列财政支出、截留挪用预算资金等问题。对满城镇政府等 3 个乡（镇）2003—2004 年度财政决算进行审计，查处违规资金 397. 8 万元。

2006—2008 年，完成 254 个单位的审计，查处违规资金 29831. 13 万元、管理不规范资金 10047. 2 万元、损失浪费资金 201. 01 万元。2008 年，完成汶川地震救灾捐物、募集、拨付、管理和特殊党费的审计工作，未发现任何问题。

第二节　社会审计与监督

1989 年 6 月 30 日，经省审计厅批准，县审计事务所成立，属于社会审计组织，隶属县审计局领导。

1995 年，完成基建决算审计项目 2 个，核减决算资金 46 万元；核减虚假注册资金 750 万元，对 6 户造纸企业的资产进行评估。

1996 年，完成委托事项 104 项，核减基建预决算资金 20 万元，为委托单位挽回经济损失 310 万元，核减虚假注册资金 1050 万元，促进提高经济效益 205 万元。

1997 年，完成农村财务审计 11 个，收款 4. 2 万元；基建审计 12 个，核减工程造价 90 万元，为国家节约了建设资金。

1998 年，完成农村财务审计 7 个，验资 60 个，资产评估 5 个，破产清算 3 个；基建审计 8 个，核减工程造价 1236.75 万元，核增工程造价 24 万元，为国家节约了建设资金。

1999 年 9 月 27 日，县审计事务所与其原挂靠单位县审计局脱钩。

第三节　管理机构

1991 年，县审计局编制 24 人，其中行政编制 17 人，事业编制 7 人，实行县政府和上级审计部门双重领导。内设办公室、行政事业审计科、商贸金融审计科、工建交审计科。1995 年，内部科室调整为办公室、行政事业审计科、工交商贸金融审计科、财政金融审计科。1996 年 10 月，根据县机构改革方案，内设办公室、行政事业审计股、工交商贸金融审计股、财政金融审计股。1998 年 4 月，增设基建审计科。1999 年 2 月，增设农业审计科。2001 年 2 月，撤销基建审计科、农业审计科。2002 年 7 月，内设办公室、行政事业审计股、工建交商贸金融审计股、财政金融审计股。机关行政编制 14 人（含工勤编制 1 人），其中局长 1 人，副局长 2 人，股级干部职数 4 人。

2004 年 2 月，撤销行政事业审计股、工建交商贸金融审计股、财政金融审计股，组建审计一科、审计二科。2005 年 3 月，增设审计三科。2007 年 2 月，增设审计四科。2008 年年底，县审计局共有 19 人，设办公室、审计一科、审计二科、审计三科、审计四科。

第六章　物价管理

20 世纪 90 年代初，价格管理为国家定价、国家指导价与市场调节价并存的机制，之后逐渐向市场调节为主、国家调控为辅的机制转变。县物价局负责价格监测，随时监测价格变化情况。1988 年开始，实行收费许可证制度，每 2 年审验一次。1998—2008 年，对收费许可证实行每年审验，每 3 年换验的管理制度，对收费项目严格监管，及时调整规范。

第一节　价格管理与监测

一、价格管理

1991 年，价格管理为国家定价、国家指导价和市场调节价并存的机制。到 1992 年，化肥、农产品、彩电、缝纫机、冰箱等商品价格全面放开。之后，国家计划调控的粮、棉、油价格相继放开，国家取消粮食补贴，粮票作废，实行宏观调控，价格由市场调节。1994、1996 年，商品价格直线上升，部分商品如衣物、生活用品、生产资料等价格创 20 年内最高纪录。1997 年，商品价格有所回落。2000

年左右，水、电、天然气等商品执行定调价格。旅游门票及一些附属索道票、船票、缆车票等价格由市主管部门批准后执行。2003 年，“非典”疫情严重时期，商品价格有大起大落现象，物价部门及时采取措施，对粮油等生活用品的价格实行宏观调控，调控的价格比较平稳。2005 年，落实国家调控政策，春耕时节对农资价格实行干预。

二、价格监测

1991—2001 年，由农本信息科上报价格信息；2002 年机构改革后，主要由价格信息股负责物价信息上报。满城县的草莓价格监测被定为国家监测项目。

第二节　收费管理

1988 年 5 月，开始实施收费许可证管理制度，每 2 年审验一次。1998 年，收费许可证开始实行年审制，并规定每年审验一次，每 3 年换验一次。在审验和换验的过程中，做到该调整的调整，该变更的变更，该取消的取消，针对收费标准、收费项目、收费依据、计量单位、收费范围、有效期进行核对。2002 年，在全县 204 个行政村中落实涉农收费公示制度，并开通 12358 价格举报专线。2003 年开始，对全县 56 个单位的 720 名物价员、收费员进行培训，对合格人员颁发资格证书。物价员、收费员主要设置在教育、电力、工商、卫生、水利等行政事业单位。2004 年，对义务教育阶段收费行为进行规范，在全县 104 所中小学校中，落实义务教育阶段收费一费制。2004—2006 年，农村 1~2 年级小学生每人每年收取杂费 130 元，3~6 年级每人每年收取 180 元，7~9 年级每人每年收取 235 元。县城1~2 年级小学生每人每年收取杂费 200 元，3~6 年级每人每年收取 255 元，7~9 年级每人每年收取 330 元。2007 年开始，全县中小学全部免收学杂费。

第三节　管理机构

1991 年，县物价局内设办公室、农本信息科和收费科 3 个科室。1996 年，增设价格事务所，编制 6 人。2000 年，价格事务所更名为价格认证中心，挂价格认证中心、涉案物品价格鉴证中心两块牌子，单位性质和定编数不变。2002 年，县物价局内设办公室、收费股、价格信息股 3 个股室。设局长 1 人，副局长 2 人，行政编制 8 人（含工勤 1 人）。下设物价检查所，另列行政编制 3 人。

第七章　工商行政管理

县工商局对企业实行登记、年检管理，并做好日常监督。收取集贸市场管理费是市场管理的主要形式，其收取标准先后两次调整，2008 年 9 月起停收。1991—2002 年，签订经济合同 3148 份，调节合同纠纷 273 起，查处合同违法案件 32 起。2002 年 12 月，经济合同签证工作终止。加强商标、广告管理，培树名牌，保护商户合法权益，打击商标侵权行为，严厉查处虚假广告和假冒伪劣商品。1998 年，开通“12315”服务台，受理广大消费者的投诉、申诉和举报。1998 年，县工商局隶属省工商局垂直管理。

第一节　企业登记

一、私营企业登记

1988 年 6 月 25 日，国务院发布《私营企业暂行条例》后，开始办理私营企业登记。私营企业划分为独资企业、合伙企业、有限公司三种，开业、变更、歇业都必须向工商行政管理局（以下简称工商局）登记注册。1991 年，登记私营企业 120 户，从业人员 2564 人。2005 年 11 月，登记私营企业 804 户，雇工 2415 人，注册资本 64320 万元。2008 年年底，登记私营企业 1294 户。

二、外商投资企业的登记

县内第一个外资企业是保定市喜马电焊网厂，为县电焊网厂与英国喜马公司合资经营的企业，企业经营者刘树林。位于环城东路西侧，建于 1990 年 7 月 8 日，投资总额 1342.84 万元，其中中方投资 711.78 万元，英方投资 133.7 万元，主要生产销售建筑用镀锌电焊网。

2008 年年底，全县中外合资经营、中外合作经营和外商独资企业 12 家，外商投资企业分支机构 26 个。

1995 年 10 月 24 日，市工商局授权县工商局对辖区内外商投资企业核准登记进行初审。登记分为程序性审查、填写《外商投资企业申请登记表》和审查。

三、个体工商户、个体合伙企业的登记

2004 年 8 月 1 日，根据国家工商行政管理局颁发的《个体工商户登记程序规定》，对个体工商户进行登记。至 2005 年，登记个体工商户 4595 户，从业人员 11028 人，注册资本 13785 万元。

2006 年，发展个体户 518 户，新登记私营企业、个人独资、合伙企业 33 户，有限公司 140 户，国有集体企业 12 户，国有集体改制企业 2 户。从业人员 19087 人，注册资本 63285 万元。

2007 年，全县注册登记企业、个体工商户共 5772 户，注册资本 157420 万元。其中有限公司 850 户，国有 75 户，集体 285 户，股份合作制 50 户，联营企业 2 户，合伙企业 119 户，个人独资企业 229 户，个体工商户 4162 户。同年，贯彻《农民专业合作社法》，扶持农民专业合作社组织的设立，对申请办理农民专业合作社登记的，免收注册登记费和工商管理费。注册成立专业合作社 4 户，农民成员 24 人。

2008 年，发展个体工商户 1254 户。全县注册登记农民专业合作社的企业共 13 户，注册资金 528.5 万元，从业人员 92 人。其中养殖业 2 户，注册资金 376.5 万元，从业人员 15 人；农资、果蔬业 11 户，注册资金 152 万元，从业人员 77 人。到 2008 年年底，全县注册登记企业、个体工商户共 5831 户，注册资本 157420 多万元。

四、日常监督与年检

主要包括查验营业执照、企业年检和清理整顿公司。

1988 年 12 月 24 日开始，对各类公司进行清理整顿。通过整顿，完全和基本符合条件的 66 家，占

81.3%，改变名称降级经营的公司7家，撤销完全不符合公司条件的6家，吊销2家党政机关所办公司的营业执照。

1996年，清理“三无”企业213家，吊销不具备市场主体资格和名存实亡的集体企业营业执照602家。对全县48家挂靠和12家无主管部门的企业，按照程序解除挂靠关系。对企业的经营范围、名称依法进行清理和规范。对45家带有不良文化倾向的企业牌匾予以拆除，对名称进行重新核准。

2003—2008年，累计年检各种不同类型的企业6253家，年检率90%以上；个体验照3592家，注销68家。

第二节　市场管理

一、市场登记

20世纪90年代，为规范市场经营行为，开始对市场进行注册登记，明确其主体资格。1993年，注册第一家市场，即孔村废旧塑料收购市场。截至2005年，全县登记注册的市场有10个。

二、市场经济秩序管理

1991—1996年，检查国营、集体企业和个体、私营企业1000多家，查处各类违法案件300多起，罚款50多万元。对中山路、燕赵街、育才街的摆摊设点、早市、夜市及垃圾清理进行规范。

2003年“非典”期间，检查各类企业494家，各类市场26个，市场经营摊点928个，各类经营户4802家；取缔违法经营摊点15个；关停废旧塑料市场7个，钢铁市场2个，大型商品交易市场3个；取消4月23日至6月底期间所有庙会、物资交流会。

2004年，查处干扰市场秩序案件489起，罚款190万元。

2005年，以烟花爆竹、非煤矿山、危险化学品生产经营企业为重点，关闭无照经营企业5家，责令58家企业完善审批手续，责令6家企业停业整顿，印发宣传材料3.5万份，检查农贸企业门市115个，受理投诉案件20起，没收违法广告传单1.2万份。查处各类违法案件281起。检查食品经营单位494家，查处经营过期小食品门店47家，收缴过期变质食品1100公斤。

2006年，对全县526家食品经营单位进行专项检查，下架、收缴、销毁违法经营食品1000余公斤，取缔无照经营的食品经营摊点17家，印发消费警示3000张，发放宣传资料1万余张。

2007年，检查185种食品，清理无卫生许可证食品经营户4家，查处食品卫生许可证过期经营户5家，责令停业7家，取缔无照经营户5家，张贴宣传材料2万余份。

2008年，检查食品经营户950余家，查扣假冒伪劣食品和不合格食品数量170公斤，不合格食品退市40公斤，食品质量检测抽取样品73种，86批次，合格率90%。对问题乳制品进行集中整治，检查食品经营户926家，商场2003家次，超市132家次，批发经营企业（户）10442家次，批发市场、集贸市场123个次，经营户18078家次，检查台账12024册。取缔无照经营食品户2家；下架退市问题奶粉2084.8公斤，下架退市问题液态奶6029.6公斤，全部退回厂家。组织监督销毁乳制品12.8公斤，“三鹿”液态奶14.4吨，受理消费者投诉6起。

三、商品质量监督管理

依照《中华人民共和国食品卫生法》等法律法规，对市场流通食品卫生进行执法检查。1985年，查出各种变质酒1453瓶、有害食品1300公斤、假冒劣质酒18348瓶、各种假冒烟16635盒、变质罐头

3771 瓶。2004 年，开始实施食品放心工程，每年组织执法对食品经营单位进行检查，收缴过期、变质、“三无”食品。

查处假冒伪劣非食用商品质量情况详见本章第四节商标广告管理中的注册商标专用权的保护。

2004 年，对汽车维修、电子信息行业、建材市场和农资市场进行专项整治。检查汽车维修、配件销售企业 283 家，收缴改装翻新二手手机 50 余部，取缔小冶炼厂 3 家，查处销售伪劣钢材商户 22 家，对 80 家农资经营户进行检查，查出劣质化肥 34 吨。2005 年，出动执法人员 510 人次，执法车辆 120 台次，发放明白纸 3.5 万份，检查企业、门市 115 家，受理投诉案件 20 起，查处违法经营案 281 起。

四、粮食市场监督管理

1998 年起，成立粮食市场领导小组，采取属地管理责任制，昼查夜访，全天候监控粮食收购市场，严厉查处非法收购粮食的行为。对 23 家粮食批发收购企业和 73 家用粮大户进行全面普查。对 14 家有粮食收购、批发业务经营资格许可证的企业重新登记注册核发营业执照，取缔 21 家无证收购玉米的个体摊贩、6 家超范围经营粮食批发站、5 家无证经营粮食零售点，并对 38 家个体粮油经营户进行粮食法规、政策宣传教育；查处非法交易粮食案件 41 起，没收粮食 62351 公斤，其中小麦 36166 公斤，玉米 26185 公斤，罚没款项 53373 元。1999 年，查处非法收购粮食案件 108 起，没收粮食 32 万公斤，收缴罚没款 52 万元。2000 年以后，粮食市场的监管工作重点转移到防止陈化粮食流入食品领域。

五、打击走私贩私

打击走私贩私工作起步较晚。据档案资料记载，1985 年，查获倒卖进口旧服装案件 8 起，罚款 849 元。1990 年，查处非法倒卖化肥 92 吨。1993 年，查处投机倒把案件 19 起，查获走私小轿车 8 辆，走私香烟 477 盒。1994 年，查处投机倒把案件 11 起，查获走私车 5 辆。1995 年，查处投机倒把案件 40 起，查获走私车 18 辆，走私香烟 200 条。1996 年，查获走私案件 3 起。1997 年，查获走私案件 2 起，查获走私烟 75 条，走私蓝鸟轿车零部件若干。

六、市场管理费征收

（一）征收标准

1991 年，集贸市场管理费收费标准为大牲畜、工业品不超过成交额的 1%，其他商品不超过成交额的 2%。1992 年和 1999 年，省物价局先后两次对个体工商户管理费和集贸市场管理收费标准进行修改。1999 年修改后，个体工商户管理费征收标准：从事购销活动的按营业额的 0.4%~1.2%收取，从事劳务活动的按收入额的 0.8%~1.6%收取，集贸市场管理费征收标准为工业品、大牲畜按成交额的 0.8%收取，其他商品按成交额的 1.6%收取。至 2008 年未变。

（二）征收

1991—2001 年，由工商管理人员到集贸市场收取市场管理费，各中心工商所和乡（镇）工商所总计收取各项管理费 100 万元左右。2002 年，个体工商户管理费按核定标准实行定费制，按月上缴。2005 年，全县收取各项管理费 300 万元左右。2006—2008 年 8 月，分别征收 320 万元、360 万元、280 万元。2008 年 9 月 1 日起，停止征收个体工商户管理费和集贸市场管理费。

第三节　经济合同管理

一、合同签证和备案

1991—1995 年，经济合同签证工作依法管理、稳步发展。1996—2000 年，经济合同签证工作快速发展。2001 年以后，随着工商管理工作职能的转变，合同签证业务量逐年下降。2002 年 12 月，经济合同签证工作终止。1991—2002 年，签证经济合同 3148 份，签证金额 224121.2 万元。

1991—2002 年满城县经济合同签证情况统计表

表 10-7-1

年份	经济合同签证（份）	签证金额（万元）	年份	经济合同签证（份）	签证金额（万元）
1991	41	1584.4	1997	612	32230
1992	42	1999.3	1998	949	22000
1993	42	2100	1999	949	46000
1994	30	725.5	2000	178	112000
1995	26	2008	2001	100	—
1996	146	1118	2002	33	2356

二、合同的调解与仲裁

县内经济合同调解、受理情况档案资料记载始于 1985 年。1991—2003 年，调节合同纠纷 273 起，涉及争议金额 142 万左右。

三、查处利用合同的违法行为

1991 年，经济合同管理工作处于起步阶段，之后逐渐得到完善。1994 年，查处施工类合同违法案件 15 起，罚款 3.5 万元；查处利用技术贸易诈骗案件 4 起，罚款 3800 元；查处利用经济合同牟取非法利益案件 2 起，罚款 2700 元。1995 年，对建筑市场进行整顿，罚款 6 万元。1996 年，查处合同欺诈违法案件 6 起，罚没款 3.4 万元。1999 年，查处合同违法案件 4 起，涉及违法金额 11 万元。2003 年，查处合同违法案件 1 起，罚款 3.9 万元。

四、抵押登记

1995 年 12 月 15 日，县工商局协调县政府及法院、银行等部门，取得对城市房地产，乡（镇）、村、企业的厂房等建筑物抵押的登记权、车辆抵押的代理登记权。

1996—2008 年，全县动产抵押户 943 户，抵押物总价值 208267 万元，主债权 100166 万元。

1996—2008 年满城县工商局动产抵押物登记统计表

表 10-7-2

年份	户数（户）	抵押物价值（万元）	主债权（万元）	年份	户数（户）	抵押物价值（万元）	主债权（万元）
1996	66	10500	7200	2001	54	12200	6100
1997	117	11500	7300	2002	51	7800	4400
1998	165	31000	20700	2003	49	15500	7600
1999	152	26100	14900	2004	31	7864	3400
2000	130	22500	13700	2005	26	6354	3288

续表 10-7-2

年份	户数（户）	抵押物价值（万元）	主债权（万元）	年份	户数（户）	抵押物价值（万元）	主债权（万元）
2006	15	3140	1152	2008	46	29153	5351
2007	41	24656	5075	合计	943	208267	100166

第四节　商标广告管理

一、商标管理

1991 年，县工商局设立商标股，负责对商标、广告的专项管理。1994 年，全县商标印制定点单位 30 家，1995 年 38 家，2000 年 42 家，2005 年 45 家，2008 年 50 家。

2001 年，推进名牌兴企、名牌兴县战略，帮助农民注册“玉皇坨”“狼牙山”“喇叭”3 个特色农产品商标。同年 3 月，宝山集团生产的“宝闪”非电气用缆索、电线电缆和保定市明花食品有限公司生产的“明花”果酱被河北省工商局认定为“河北省著名商标”。2002—2008 年，“宝闪”“明花”两个商标连续被评为“河北省著名商标”。

截至 2004 年年底，全县有效注册商标 649 件，其中省级著名商标 9 件。到 2005 年年底，有效注册商标 684 件，其中“玉皇坨”“狼牙山”“喇叭”等农牧特色产品商标 9 件，有 10 件省级著名商标。2008 年年底，全县有效注册商标 530 件，13 件省级著名商标。

2008 年满城县省级著名商标一览表

表 10-7-3

企业名称	企业地址	商品名称	商标名称	注册时间
河北雪松纸业有限公司	大册营村	生活用纸	雪松	1995 年 10 月
河北亚光纸业有限公司	大册营村	生活用纸	火炬	1996 年 9 月
保定市满城庆丰机械厂	南韩村	播种机、脱粒机、秸秆粉碎机、农业机械、联合收割机、旋耕机	农硕	1992 年 10 月
保定市港兴纸业有限公司	大册营村	卫生纸	丽邦	1997 年 2 月
保定市满城县宝山集团有限公司	永乐街	非电气用缆索和金属线、网、带、电线电缆架空输电线路用附件	宝闪	1997 年 5 月
保定市明花食品有限公司	满韩路	果酱	明花	1994 年 1 月
保定市满城育红实业有限公司	大册村	卫生纸	献礼	1997 年 11 月
保定市东升卫生用品有限公司	大册营村	生活用纸	小宝贝	1996 年 5 月
满城县宏大纸业有限公司	魏庄村	卫生纸	梦洁	1997 年 5 月
满城县豪峰造纸厂	大册营村	卫生纸	富尔雅	2003 年 4 月

续表10-7-3

企业名称	企业地址	商品名称	商标名称	注册时间
保定冀开电力器材有限公司	大赛村	电线、电缆	冀开	2001 年
河北姬发造纸有限公司	大册营村	卫生纸、纸巾	惠尔特	2004 年
保定安登线路器材有限公司	陉阳驿村	电线、电缆	安登	2000 年 1 月

二、注册商标专用权的保护

1991—1995 年，以打假为重点，严厉查处假冒商标案件。1991—1993 年，查处违法案件 70 余起，查获假冒烟 83393 盒，假酒 3070 瓶，没收假冒商标标识 37.8 万张，瓶盖 34820 个，查处各类商标违法案件 29 起，查获假美国二铵 105 吨，假冒洗衣粉 7200 袋，冒牌挂面 10100 斤，罚款 26700 元。举办假冒商品展览 9 次。对望都某村生产果汁冒充东马果汁厂“满乐”牌商标和保定某纸厂假冒福利纸厂“驰鹿”牌商标案，协调市工商部门进行严厉查处。1994—1995 年，查处商标违法案件 116 起，罚没款 13.57 万元。查获假农药化肥 7000 公斤，假冒酒 5430 瓶，假冒烟 40 条，伪冒奶粉 1520 袋，冒牌卫生纸 15000 多箱（袋），收缴假冒商标 98500 套，印版 5 块。“三无”美乐啤酒 1200 瓶，假冒皮鞋 531 双，假冒山羊牌鞋底 1.2 万双，币板 36 块。

1996 年，对节令商品、农资进行专项打假，查处假冒注册商标案件 36 起，查获假农药 0.5 吨，假冒卷烟 307 条，假冒白酒 630 瓶，假洗衣粉 1420 袋，假冒速冻水饺 5200 公斤，假冒机油 482 桶，假冒卫生纸 17000 袋，假冒商标标识 18 万张，罚没款 3.8 万元。

1997—1998 年，查处各类假商标违法案件 178 起，罚款 5 万元。查获冒牌洗衣粉 759 箱，假冒卫生纸 80 吨、餐巾纸 35 箱，冒牌低压开关 50 组，冒牌冰箱、彩电保护器 220 台，冒牌安全带 386 条，假冒卷烟 251 条，冒牌糖果 2210 公斤，冒牌饮料 2.3 瓶，冒牌白酒 1.49 万瓶，冒牌电解液 405 箱，冒牌商标标识 20 万张，收缴商标标识 35 套，侵权商标制板 24 块。捣毁地下制假窝点 18 个。

1999—2004 年，以整顿和规范市场经济秩序为主要内容，严厉打击制售假冒伪劣商品的违法活动，抓好重点区域、重点商品、重点市场的治理。1999—2000 年，对大册营纸品市场进行专项治理，查获假冒卫生纸 210 吨，假冒餐巾纸 35 吨，收缴商标标识 30 万张。查处各类商标违法案件 211 起，罚款 21.74 万元。2001 年，查获假冒“伊利”商标雪糕 200 支，仿冒“露露”杏仁露 70 瓶，假冒乐百氏纯净水 850 瓶，假冒香烟 20 条，仿冒茅台、五粮液珍品酒 11 瓶，假冒洗发露 140 箱，假冒金正 VCD 4 台，虚假标注的涂料 540 吨，虚假标注的“长丰宝”植物营养液 250 箱，侵权商标 15 万套，印版 20 块。2002 年，查办涉及商标、广告案件 29 起，查封虚假标注的化肥 51 吨，假电线 52 盘。2003 年，查获中兴福利化工厂生产的假冒“天荣”牌 84 消毒液，对其罚款 5 万元。2004 年，以大册营造纸工业区为重点，查处侵犯注册商标专用权案件 10 起，查封侵权商标标识 3 万套，印版 12 块，冒牌卫生纸 15 吨。

2005—2008 年，集中开展查商标、保名牌，保护注册商标专用权行动。2005—2006 年，查处商标侵权案件 12 起，罚款 7.3 万元，移交司法机关案件 1 起。2007—2008 年，开展保护奥林匹克标志专有权专项整治活动，查处违法案件 2 起，收缴违法宣传页 200 余张，罚没款 1 万元。

三、广告管理

1991—1994 年，发展商标广告定点单位 30 户，广告经营单位 2 户，设立路牌广告 27 块，墙壁广告 20 块，车身广告 3 个。1999 年以后，广告经营进入快速发展阶段。2000 年，户外广告经营单位发展到45户，广告经营额18万元，媒体广告总计82件。

在广告经营迅速发展的同时，不断加大执法力度。2000年，查处违法广告案件18起，罚没款1万元。2001年，查处广告违法案件12起，罚没款1万元，停业整顿2户。2004年，清理不规范条幅、广告牌匾35块。2005—2006年，组织反欺诈、树诚信、打击虚假广告专项整治活动。对电视、广播发布的广告进行跟踪监督，查处虚假广告案件16起，没收广告宣传单1.2万张，罚没款5万元，拆除违法广告21块。2007年，办理户外广告登记50件，清理违法广告30条。2008年，对全县近20余家广告经营单位进行规范，对大众媒体广告实行日监测制度。

第五节　维护消费者权益

1988年5月18日，满城县成立消费者协会（简称消协）。1995年7月10日，成立消费纠纷仲裁委员会，办公室设在县工商局。

1998年3月，县工商局“12315”服务台正式开通，全面受理广大消费者的投诉、申诉、举报，统一指挥协调全县各大商场、公司和各工商所辖区内的消费者投诉事宜。2004年8月，在全县188个行政村和社区及规模较大的市场、超市、学校、医院设“12315”联络站204个，初步形成局、所、村三级消费维权网络。与市工商局“12315”申诉举报指挥中心实行微机联网，建立投诉方便、受理及时快捷的机制。

2004年8月12日，满城县“12315”申诉举报中心作为全省唯一试点单位接受省工商局的检查验收，并在满城县召开现场会。2006年，被省人事厅、省总工会、省消协评为“消费维权先进集体”。1998—2008年，共受理投诉案件1842起，挽回经济损失242.6万元。

第六节　管理机构

1991年，县工商局内设9个股室，包括办公室、人事教育股、财务股、企业股、个体股、经检股、市场股、合同股、商广股。下设8个乡（镇）工商所，分别设在满城镇、东马乡、顺民乡、南韩村乡、陉阳驿乡、于家庄乡、尹庄乡、大马坊乡，各乡（镇）工商所接受乡（镇）政府领导。

1994年2月，撤并按行政区域设立的8个工商所，按经济区域重新设立10个工商所。分别为县城、城关、东马、神星、大册营、大马坊、江城、韩村、陉阳驿和岭西工商所。同年8月17日，县工商局归属市工商局垂直领导。上移人员158人，其中干部57人，职工84人，离退休人员17人。

1997年12月，成立新世界商城工商所。县工商局设10个科室、2个大队、1个工商事务所，分别为办公室、人事教育监察科、政策法规科、公平交易科、企业登记管理科、个体私营经济管理科、市场监督管理科、商标广告管理科、经济合同管理科、财务审计科、经济检查大队、稽查大队和工商事务所。

1998年，县工商局由省工商局垂直管理。

2000年5月9日，大马坊工商所和江城工商所划归保定市新市区工商分局管辖。

2001 年 1 月 1 日，组建市场建设服务中心，为县政府自收自支事业单位，负责市场的管理工作。8 月 1 日开始实现市场管办分离。

2003 年 10 月，按照省工商局机构改革要求，县工商局内设 8 个科室，包括办公室、人事教育科、监察室、财务装备科、法制科、注册管理科、经济检查科（消费者权益保护科、12315 消费者申诉举报中心）、市场规范管理科（合同监督管理科），人员编制 29 人。设 9 个派出机构，人员编制 88 人。包括县城、城关、方顺桥、大册营、南韩村、神星、坨南 7 个工商所和经济检查大队、市场巡查大队。

2004 年 12 月 28 日，撤销神星工商所，所辖区域归大册营工商所管辖。

2005 年，县城工商所被国家工商总局评为“全国工商行政管理系统先进工商所”。

2007 年 11 月 29 日，县工商局县城工商所、城关工商所、方顺桥工商所、大册营工商所、南韩村工商所、坨南工商所升格为工商分局，规格为副科级，其中县城工商所更名为玉川工商分局。经济检查大队升格为副科级。

2008 年 5 月，设立消费者权益保护科。

第八章　质量技术监督

1999 年，全县基本实现按标准组织生产。1991—2008 年，先后有台秤、案秆、天平、医用心电图机、真空压力表等 21 项被列为检定项目，2000 年取消木杆秤在集贸市场中的使用。2003—2008 年，先后有 28 类食品实行市场准入申报制度，组织产品质量检验。2008 年，51 家企业获得质量安全市场准入，对 37 家电线、电缆、水泥等生产企业实行生产许可证管理制度，71 项检验项目通过省计量认证，54 个检验项目通过省审查认可。对民用液化气钢瓶、锅炉、压力容器、制冷设施等进行安全监察。1999 年，县技术监督局隶属省垂直管理。

第一节　标准与计量管理

一、标准化管理

1999 年，通过省局组织的消灭无标生产验收，全县基本实现按标准组织生产，帮助各企业制定企业标准 47 个。

2005 年，建立保定市红岗山桃农业标准化示范区。

二、计量管理

1991—1995 年，开展台秤、案秤、地秤、杆秤、砝码 5 个项目的计量检定工作。1996 年，增加天平、数字指示秤、非自行指示秤、燃油加油机、压力表、血压计、车速里程表、电话计费器等 8 个检定项目。2000 年，增加电能检定项目，同年取消木杆秤在集贸市场中使用。2003 年，增加水表、分光光度计 2 个检定项目和定量包装商品净含量检验项目。2004 年，增加医用心电图机、脑电图机、B 超

3 个项目检定。2008 年，增加真空压力表检定项目。

第二节　质量监督

2001 年，县质量技术监督局（以下简称质监局）成立行政案件审理委员会，开展行政执法和案件审理工作，并依法出具行政处罚决定。针对重点产业、重点企业进行专项整治，开展农资、建材、汽车配件、纸制品、化妆品、食品、小家电等行业的专项整治。加大对没有产品生产许可证、没有通过强制性产品认证制度的认证企业的打击力度，取缔地条钢加工窝点 7 家，无产品生产许可证擅自生产列入目录产品的企业 3 家，没收一批违法产品。

2003—2008 年，对食品市场加强监督管理，实行市场准入许可制度。2003 年，对大米、小麦粉、食用植物油、酱油、醋等 5 类食品实行市场准入申报制度，贤台乡面粉厂、保定市金城副食品公司、万家乐面粉厂 3 家为第一批申报企业，取得生产许可证。2004 年，对乳制品、肉制品、饮料、调味品、方便面、饼干、罐头、冷冻饮品、速冻面食品、膨化食品等 10 大类食品实行市场准入制度管理，保定市三元斯泰纯净水厂、保定市玉龙山泉有限公司、保定鑫源罐头食品有限公司取得准入资格。2005 年，对茶叶、葡萄酒及其他果酒、啤酒、黄酒、酱腌菜、蜜饯、炒货食品、蛋制品、淀粉及制品等 13 类食品实行质量安全市场准入制度管理。

2008 年年底，51 家企业获得质量安全市场准入许可，其中果脯企业 18 家，小麦粉生产加工企业 10 家，纯净水企业 8 家，糖水罐头企业 7 家，糕点企业 2 家，果酒企业 1 家，冷冻饮品企业 1 家，蜂蜜企业 1 家，味精企业 1 家，酱油醋企业 1 家，速冻米面食品企业 1 家。同时，对 37 家电线、电缆、水泥、水泵、验光配镜等生产企业实行生产许可证管理制度。

第三节　产品质量管理　特种设备安全监察

一、产品质量管理

1988 年，产品质量监督检验所成立，对当年购置设备进行人员培训，对全县小麦粉、烧制普通砖企业进行产品质量定期监督检验。1989 年，新上水果罐头、饮料、糕点等食品检验项目，后又扩大到水泥电杆、预制件等新项目。1991 年 10 月，通过省标准计量局组织的计量认证考核。1996 年，通过省技术监督局组织的计量认证复评审。1997 年，通过省质监局组织的审查认可。2003—2008 年，71 项检验项目通过省局组织的计量认证，54 个检验项目通过省局审查认可评审。

二、特种设备安全监察

2004 年 8 月开始对民用液化气钢瓶实行托管制度。2005 年，对尹固工业小区电杆生产企业的在用锅炉进行治理。2006 年，对全县造纸企业锅炉和压力容器进行治理整顿，督促更换锅炉 96 台。2007 年，对非煤矿山企业在用压力容器进行整治，办理 33 台压力容器安装手续，对液氨制冷企业的制冷设施进行治理。2008 年，加强特种设备监管，整治全县洗浴场所锅炉，更换存在安全隐患的锅炉。

第四节　管理机构

1994 年 7 月，县标准计量局更名为技术监督局。1996 年 9 月，县技术监督局、乡镇企业局、经委三部门合并成立县经济贸易局。1997 年 4 月，县技术监督局从县经济贸易局分离。

1999 年 12 月，技术监督管理实行省以下垂直管理，机构编制、经费、干部配备、业务四统一。县技术监督局更名为县质量技术监督局（以下简称质监局），加挂稽查队牌子，为保定市质量技术监督局直属机构，规格为正科级，负责管理全县标准化、计量、质量、生产许可证、特种设备安全监察工作并行使执法监督职能。设局长 1 人，副局长 3 人。内设办公室、综合股、标准计量股、质量监督股（加挂锅炉压力容器安全监察股牌子）、稽查股（加挂打假办公室牌子）5 个职能股室，编制 51 人。2001 年，设立行政案件审理委员会。

2002 年，原劳动人事局的特种设备安全监察职能划入县质监局。2004 年 12 月，原卫生部门承担的生产加工环节的食品卫生监管职责划归县质监局管理。2007 年，增设特种设备安全监察股。2008 年，增设食品股。

第九章　食品药品监督管理

1991 年，食品卫生监督和药品监督管理职能在县卫生局。2002 年，药品监督职能划归新成立的药监局。2003 年，药监局组织开展 4 次大规模药品、药械集中整顿，保障了“非典”期间医药市场的安全。2005 年，食品、化妆品的安全监管职能也划归药监局，同时药监局更名为食品药品监督管理局（以下简称食药监局）。每年组织开展食品、药品、化妆品安全专项整治。建立健全县乡村药品监督网络，对特殊药类、药械市场进行专项整治。2008 年，对奶粉、乳制品、液态奶等产品严格清查，有问题的下架封存。

第一节　食品监督管理

2006—2008 年，五一、中秋、国庆及两节期间，县食药监局都组织开展食品安全专项整治活动。2008 年，“三鹿奶粉”事件发生后，立即组织清查，下架问题奶粉 2084. 76 公斤、问题液态奶 6029. 6 公斤，对 2008 年 9 月 14 日以前生产的乳制品及液态奶没有加贴“经检验符合三聚氰胺限量值规定”标识的进行下架封存，下架婴幼儿配方奶粉 654. 3 公斤、普通奶粉和其他配方奶粉 690. 6 公斤、液态奶 888. 9 公斤。全县各医院累计接诊 13178 人，确诊 26 人，均得到妥善处理。

2007—2008 年，各部门、各乡（镇）与县政府签订《食品安全监管工作责任状》，落实食品安全监管责任制。

（参见第十七编第三章第五节）

第二节　药品监督管理

一、执法监督

2003 年，在“非典”期间，实行 24 小时值班制，每天派出两个执法队，对全县各级药品经营企业和医疗卫生单位的药械进行监督、检查，并会同物价、工商、卫生、技术监督、公安等部门，联合对防护服、口罩、消毒液进行专项检查。签订《药械质量责任状》，加强对毒（医疗用毒性药品）、麻（麻醉类药品）、精（精神类药品）、放（放射类药品）药品的监督管理，建立实行药品经营使用单位不良行为警示制度，对药品从业人员实行上岗证、健康证管理，并配合物价、工商部门对药价虚高和虚假广告问题进行打击，保证防非药械质量和供应渠道畅通。全年组织 4 次大规模集中整顿活动，出动执法人员 1200 余人次，执法车辆 500 余台次，检查各级药品经营企业和医疗卫生单位 1500 余家次，查处各类违法案件 150 余起，没收假劣药品标值 5 万余元，罚款 20 余万元。建议吊销 1 家企业的“药品经营企业许可证”，与公安机关联合抓捕 1 名经销假药的犯罪嫌疑人，查获一大批假劣药品，包括假阿莫西林、吗叮啉、金嗓子喉片、排石冲剂、复方川羚定喘胶囊、香港脚气水、双黄连口服液等。开通 24 小时打假举报电话，实行举报奖励制度。

2004—2007 年，着力实施县乡村三级药品监管网络建设，鼓励符合条件的个体零售企业在边远地区开办药店，在山区小卖部设非处方药销售专柜，探讨诊所药房改造药店、诊所药店联办的新思路。在西部山区开设 10 家乙类 OTC 销售专柜，满足农民用药供应，使边远农村药价下降 20%~30%。会同公安、物价、经贸、质监、工商、卫生等行政部门建立联合监管机制，健全县、乡、村药品监管网络，特邀 20 余名人大代表、政协委员为监督员，聘请 160 名药品协查员为县级监督队伍，在乡（镇）成立药品监管领导小组，每个村都明确 1 名村干部主抓，选聘 1 名村医为药品信息联络员。

每年组织对全县医疗器械生产企业、医院制剂室、药品经营企业、乡级以上医疗卫生机构、特殊药品使用单位和二类精神药品供应等单位进行全面检查和专项整治，覆盖面 100%。累计检查村卫生所、个体诊所 1936 家次，出动执法车辆 1600 余台、执法人员 3700 余人次，查处各类违法案件 504 起，没收物品标值 5 万余元，查处北京降压 0 号、人血白蛋白、六味地黄丸等一大批假药。还组织开展紧急查封齐二药产品专项行动、纯金胶原高速能美容丝的专项检查和治理整顿商业贿赂等专项工作。

2008 年，以药械市场、兴奋剂生产经营、非法渠道购进药品、处方药不凭处方销售、保障农村用药质量为重点进行专项整治，出动执法人员 1168 人次，检查经营、使用单位 520 家次，立案查处 54 起，结案率 100%。

二、药品批发零售企业

2008 年，县内有两家药品批发企业，即康宝医药药材有限公司（下设坨南医药批发部、韩村医药批发部、于家庄华阳医药批发部）和纪元医药药材有限公司（下设西环医药批发部、陉阳驿医药批发部等）。2002 年县药监局成立前，全县有药品零售企业 27 家。2008 年年底，全县有药品零售企业 63 家，其中 24 家位于县城内，39 家分布于各乡（镇），乙类非处方药专柜 10 个，基本解决了全县群众的购药难问题。

2008 年满城县药品零售企业情况一览表

表 10-9-1

序号	企业名称	地点	序号	企业名称	地点
1	济仁堂药店	县城	33	康达药店	县城
2	步行街药店	县城	34	保康药店	县城
3	同仁大药房	县城	35	卫康药店	县城
4	新特药店	县城	36	回春大药房	乡镇
5	金迪大药房	县城	37	康利斋药店	县城
6	石井药店	乡镇	38	健康大药房	县城
7	西原药店	乡镇	39	康平大药房	乡镇
8	华阳药店	乡镇	40	博康药店	乡镇
9	方顺桥药店	乡镇	41	益民药店	乡镇
10	利元大药房	县城	42	城南大药房	乡镇
11	第一药店	县城	43	自立大药房	乡镇
12	第二药店	县城	44	环北大药房	乡镇
13	第三药店	县城	45	华康大药房	乡镇
14	玉川大药房	县城	46	百顺堂药店	乡镇
15	玉川药店	县城	47	康宁大药房	乡镇
16	万宝堂大药房	乡镇	48	安康药店	乡镇
17	永康药店	乡镇	49	于家庄药店	乡镇
18	善慈堂大药房	乡镇	50	顺发药店	乡镇
19	新特药店	县城	51	一利药店	乡镇
20	聚仁堂药店	县城	52	康诺药店	乡镇
21	诚仁药店	乡镇	53	百姓药房	乡镇
22	汇仁药店	乡镇	54	惠阳药店	乡镇
23	神惠大药房	县城	55	康乐药店	乡镇
24	康诚药店	乡镇	56	永安药店	乡镇
25	康兴药店	乡镇	57	济民堂药店	乡镇
26	利康药店	乡镇	58	大固店药店	乡镇
27	仁合大药房	县城	59	惠民药店	乡镇
28	瑞康源药店	乡镇	60	民康药店	乡镇
29	惠康药店	乡镇	61	康泰大药房	乡镇
30	平安大药房	县城	62	保北连锁（乐仁堂）	乡镇
31	益生堂药店	县城	63	万宝堂连锁 73 分店	县城
32	百草堂药店	县城			

说明：第一药店、第二药店、第三药店均为纪元医药药材有限公司下属药店

第三节　管理机构

2002 年 9 月，成立县药监局，为科级行政机构，主要承担县卫生局药政、药检职能和商业总公司下属医药管理局职能。内设机构 3 个，包括办公室、稽查股和监督股，行政编制 14 人，领导职数 3 人。同年 12 月，县药监局上划省药监局垂直管理，编制 14 人，其中，行政编制 13 人，工勤编制 1 人。

2004 年 5 月，省人事厅和省食药监局在全省录用国家公务员，县药监局 7 人考录。

2005 年 11 月 1 日，县政府将食品、药品、化妆品安全监管，以及协调和组织开展对事故查处的职能划归县药监局，县药监局更名为县食药监局。

2006 年 8 月 14 日，县食药监局、食品安全监管协调领导小组挂牌成立。食品安全监管协调领导小组组长由主管副县长担任，县食药监局、卫生局、质监局、工商局等 18 个单位为成员单位，办公室设在县食药监局。

第十章　安全生产监督管理

2004 年成立安全生产委员会，县安全生产监督管理局履行其办公室工作职能。层层明确监管职责，制定安全生产责任制度。组织开展创建安全县、安全乡（镇）、安全企业、安全生产双百日承诺等行动。对安全隐患及时登记排查。制定完善应急预案，举办安全业务培训，对非煤矿山和烟花爆竹管理实行“安全生产许可证”管理，对危险化学品经营企业实行“危险化学品经营许可证”“危险化学品使用备案证”管理。

第一节　企业安全监管

一、安全监管责任

2004 年，县安委会成立，县安监局履行其办公室工作职能。2007 年 11 月，经县委、县政府批准，安委会设立宣传组、督查考核组、应急救援组、组织协调组、事故调查组等 5 个工作机构。2008 年 3 月和 8 月，安委会对组成人员进行两次调整。调整后，政府县长任安委会主任，政府主管副县长、政府办主管副主任、安监局局长、总工会主席、公安局局长任安委会副主任，安委会有 55 个成员单位。

2005—2008 年，县安委会每年年初召开全县安全生产大会，安排部署安全生产工作，县政府与各乡（镇）、县直有关部门签订年度安全生产责任书，制定相关考核方案，年底组织考核。安全生产实行一票否决，凡辖区、所主管（监管）行业企业发生人亡生产安全责任事故的，不能评为先进单位。2007 年 12 月，县委、县政府出台《关于进一步明确乡镇政府、有关部门安全监管职责的通知》和《关于实行重大危险源单位、重大隐患安全生产工作分包责任制的通知》等文件，坚持按照谁主管、谁负责，谁审批、谁负责和属地管理的原则，明确政府安全生产监管主体责任，实行县级领导分包乡（镇）安全生产和政府领导分包重点行业、重点企业制度。

二、重要活动

2005 年，开展创建安全县、安全乡（镇）、安全企业活动，全县 12 个乡（镇）和首批 140 家企业达到规定条件，通过市安委会考核验收。

2006 年 10 月，开展安全生产双百日承诺行动，全县 768 家企事业单位与县、乡政府及行业主管部门签订安全生产承诺书。其中非煤矿山企业 48 家，重大危险源及危险化学品生产企业（以下简称危化企业）143 家，建筑施工企业 10 家，其他行业 567 家。2007 年，开展迎盛会、保稳定安全生产整治攻坚集中行动，启动安全生产行政责任追究机制。2008 年，建立法人代表安全生产承诺制度。开展迎奥运、保稳定安全生产百日督查专项行动，奥运期间高危重点行业领域实行临时特别管制措施，县公安、安监、质监、国土、电力等部门以及所属乡（镇）政府联合行动，对 59 家非煤矿山、16 家危化企业断电停产，民爆公司清库，烟花爆竹库封存，暂扣 21 家烟花爆竹经销点证件，强制 13 家速冻企业设备质检并办理危化备案手续，对 6 家具有省成品油批准证书但未取得危险化学品经营许可证的加油站停止经营。奥运会结束后，县政府成立高危企业复工验收领导小组，对 33 家非煤矿山企业、9 家危化企业进行复工验收。

2006—2008 年，每年组织开展非煤矿山、危险化学品、烟花爆竹、民爆物品、特种设备、道路和水上交通、建筑施工、人员密集场所消防、农业机械、电力、职业卫生、水利基础设施、学校及周边安全、旅游等行业专项安全整治。

三、隐患排查治理

2006—2008 年，对全县各类生产经营单位进行安全生产登记核实，出台《满城县安全生产隐患排查治理制度》，重大危险源单位和高危行业企业每月排查一次，重点行业及 8 人以上一般行业企业每季度排查一次，8 人以下一般行业企业每半年排查一次；各企事业单位实行厂级月排查、车间周排查、班组岗位日排查、危险源（点）每日定时排查制度，特殊及敏感时期加大排查频次，较大隐患县安委办挂账督办，重大隐患上报市安委办。2007 年，初步确定重大危险源单位 31 家。2008 年，经辨识登记，确定泰安民爆器材有限公司、新星烟花爆竹专营公司、华烨天然气有限公司 3 家重大危险源单位，按照指定一个监管部门、明确一个负责人、配备一个专业技术人员、建立一套防范措施、制定一份应急预案的“五个一”要求，明确落实监管部门及责任人。

四、行政执法

2005 年 11 月，成立县安全生产执法监察大队。2008 年 2 月，按照管理、执法分离的原则，大队下设 7 个执法中队，对全县非煤矿山、危险化学品、烟花爆竹以及其他一般行业依法实施执法监察。制定《安全生产行政执法八步规程》。每年国庆节、春节、全国“两会”、五一、十一、暑期汛期、冬季等特殊时期开展安全生产执法行动。2007 年立案 119 起，2008 年立案 130 起，均全部按期结案。

五、应急救援

2005 年，制定《满城县安全生产应急救援预案》《满城县非煤矿山应急预案》《满城县危险化学品应急预案》《满城县烟花爆竹应急预案》，每年进行修订完善。2008 年 2 月 14 日，设立满城县安全生产应急救援指挥中心，为股级事业单位。应急指挥中心经费形式为财政性资金基本保障，人员编制13人，股级职数1正2副，隶属县安监局。2008年，制定奥运特别预案，把6月份的第三周设为应急演练周，指导企事业单位开展以火灾、爆炸、泄漏、疏散等科目的相关应急演练。

六、安全生产宣教

2005年，举办特种工从业人员培训班6期，培训人员886人，组织危化、矿山、烟花爆竹企业法人、主管人员、安全员参加省、市学习培训144人次。

2006年，组织培训企业法人、安全员130人，培训企业安全生产事故统计人员148人，举办特种工培训班4期，受训人员453人。配合全县造纸、非煤矿山、危化企业专项整治，对东升、港兴、成功3家造纸企业及非煤矿山企业进行培训，培训从业人员1300余人。

2007—2008年，举办特种工及企业从业人员培训班40期，培训4226人。

2005—2008年，每年6月份组织公安、交通、质监、教育、电力、国土、气象、卫生等部门开展安全生产月活动。

七、主要生产安全事故

2006年4月5日，满通化工有限公司甲醇储存池失火，没有人员伤亡；10月25日，满城县顺发炮厂发生爆炸事故，没有人员死亡。

2007年8月9日，李兵建材厂发生爆破事故，造成1人死亡；8月12日，利军造纸有限公司发生机械伤害事故，造成1人死亡；11月8日，李兵建材厂发生场内机动车安全事故，造成1人死亡。

2008年4月1日，保定建工集团有限公司满城九州盛世名门建筑工地发生塔吊坠落事故，造成1死2伤；4月10日，眺山营福利造纸厂发生机械伤害事故，造成1人死亡。

第二节　非煤矿山安全监管

满城县是保定市非煤矿山重点县之一，企业主要分布在满城镇、大册营镇、神星镇、石井乡、白龙乡、坨南乡，均为小型露天采石厂。2004年以前，全县61家企业均采用浅孔药壶爆破和一面墙式的不安全开采方式，起爆器材以火雷管、导火索、电雷管为主，生产工艺简单落后，安全事故频发。2007年，推广露天采石场深孔爆破技术，聘请保定市矿山专家组成员加强爆破作业现场培训和施工指导，年底全县非煤矿山生产企业全部采用此项技术。2008年，淘汰以裸露铁丝、电线作为起爆连接线等违规行为，限制电雷管使用。

2005年，企业实行安全准入制度，35家企业依法取得安全生产许可证。2007年，实施扩大一批、整合一批、关停一批“三个一批”方针，加强对企业的监管。2008年年底，有56家非煤矿山企业取得安全生产许可证。

第三节　危险化学品安全监管

一、危险化学品企业监管

2004年以前，县内有化工企业30家，冷冻企业16家，加油站42家，分布在全县12个乡（镇），规模较小，设备工艺落后，安全投入严重不足。2005 年，全县 9 家危化企业全部办理安全生产许可证。2007 年，关闭 12 家涉氯企业（包括 4 家化工厂、8 家漂液厂）。

2005 年，对具有河北省成品油经营许可证资质的加油站依法办理危险化学品经营许可证（甲类）。至 2008 年年底，29 家加油站办理危险化学品经营许可证（甲类）。24 家危化企业办理农药、油漆行业经营企业、摊点危险化学品经营许可证（乙类）。15 家冷冻企业、13 家危化企业办理危险化学品使用备案证。

二、烟花爆竹生产企业监管

2004 年，县内有星光、烁光、顺发、紫金 4 家烟花爆竹生产企业，均位于大册营镇。2003 年，辛集烟花爆竹事故后，县内烟花爆竹生产企业一直处于停产状态。2006 年 3 月，4 家烟花爆竹生产企业办理安全生产许可证。同年 10 月 27 日，县政府制定《关于进一步加强安全生产工作的实施意见》，要求所有烟花爆竹生产企业全部关闭，鼓励支持引导企业转产。2008 年 12 月 29 日，县政府对星光、烁光、顺发和紫金 4 家烟花爆竹生产企业实施关闭。4 家烟花爆竹生产企业全部自愿退出生产领域，签订退出协议，县政府补偿企业退出资金 560. 6 万余元，分 5 年付清。

2005—2008 年，对烟花爆竹经营（零售）摊点实行行政许可制度，对审查合格的颁发烟花爆竹经营（零售）许可证。2008 年，新星烟花爆竹专营公司完成 A 级库改造。

第四节　管理机构

2002 年 6 月 6 日，安全生产综合协调工作职能由县劳动人事局整体移交给县经济贸易局，内设安全生产科。2002 年 8 月，安全生产科更名为安全生产监督管理局（二级局），隶属县经济贸易局管理。2004 年 8 月 16 日，县安监局升格为县政府工作部门，正科级，加挂满城县安全生产委员会办公室牌子。设办公室、监督监察股（含矿山一股、危化股、监管二股）、政策法规股。行政编制 10 人，工勤编制 1 人。设局长 1 人，副局长 3 人，股级干部 3 人，至 2008 年未变。2008 年，县安监局被评为“河北省安全生产执法监察先进单位”。

2005 年 11 月，成立安全生产执法监察大队，性质为自筹事业股级单位，隶属县安监局，编制 13 人，股级职数 1 正 1 副。

2005 年，成立安全生产技术培训中心，2008 年 2 月变更为安全生产培训中心，为财政性资金零补助事业单位，人员编制 5 人，股级职数 1 正 1 副。

2007 年 9 月 28 日，政府常务会决定将民爆公司归属县安监局管理。2008 年 11 月 19 日后，民爆公司划归县商务局。

2008 年 12 月，各乡（镇）、社区办成立安全生产监督管理所，主管副乡（镇）长、社区办主任任所长，编制 49 人，乡（镇）、社区办安监所接受县安监局业务指导。除刘家台乡设 3 名专职安全监管员外，其余 11 个乡（镇）各设 4 名专职安全监管员，社区办设 2 名专职安全员。

第十一章　国土资源管理

1991 年、1997 年先后两次制定土地利用总体规划，加强土地利用宏观控制和科学管理，为国民经济和社会长期快速发展提供土地保障。农村集体土地承包到户，农村宅基地、企业用地实行有偿使用。国有土地使用权出让由县政府负责。2004 年，完成地籍信息系统规范化建设。实行严格的土地审批管理制度，依照《河北省土地管理条例》进行征地补偿和安置。对农村、城区土地分类定价，2001 年成立土地储备中心。确定基本农田保护区，不经县以上人民政府批准，不准占用保护区内土地搞非农业建设。组织废弃砖窑土地复耕，充分利用土地。1988 年开始土地监察执法，1996 年成立土地执法大队，1998 年成立土地管理监察局，累计查处土地违法案件 2000 余起。矿产资源实行有偿开采，2008 年有 59 家矿山企业。1997 年开始对采矿企业治理整顿，2008 年先后为 7 家矿山企业续办采矿许可证，对 4 家进行整合，验收 16 家。2002 年，测绘管理工作职能移至县国土资源局，先后完成三项较大的测绘项目。

第一节　土地利用总体规划

一、1991 年规划

20 世纪 90 年代初，各项建设占用大量耕地，粮食供需矛盾突出。1991 年，根据省、市政府统一部署，组织编制《满城县土地利用总体规划（1990—2000）》，以保护耕地、保障粮食安全作为规划修编的主要指导思想。规划于 1993 年完成，并于当年 9 月 14 日通过省验收。乡（镇）土地利用规划与县土地利用总体规划同步进行，于 1993 年 8 月完成。规划基期为 1990 年，目标年为 2000 年。

满城县土地利用规划（1990—2000 年）统计表

表 10-11-1　　单位：亩、%

年份	耕地	占比	园地	占比	林地	占比	居民点及工矿	占比	交通用地	占比	水域	占比	未利用地	占比
1990	518803. 8	47. 1	65839	6. 0	40243. 6	3. 7	127168. 3	11. 5	20920. 3	1. 9	30857. 1	2. 8	297654. 9	27. 0
2000	497343. 8	45. 4	75838. 8	6. 9	120243. 6	10. 9	157225. 3	14	22944. 3	2. 1	30159. 1	2. 7	198063. 9	18. 0

说明：规划基期土地总面积 1101486. 6 亩

由于规划对各部门用地需求预测考虑不全面，尤其是对社会经济发展存在的不可预见性考虑不够，影响规划指标的分配和落实，导致规划调整较频繁，削弱了规划的权威性和严肃性，规划没有得到很好落实。1997 年，按照上级要求重新修订。

二、1997年规划

1997年，组织编制《满城县土地利用总体规划（1997—2010）》。规划基期为1996年，近期目标年为2000年，规划目标年为2010年，规划1998年通过市级评审。规划的指导思想：适应经济体制改革的新形势，为实现国民经济和社会长期快速发展提供土地保障；加强土地利用宏观控制和科学管理，协调各部门用地矛盾，保证“一要吃饭，二要建设”土地利用基本方针的执行；对上级下达的非农业建设用地可占耕地指标根据协调结果分解到各用地部门，并做到耕地占用的定量、定位、定序；为贯彻落实土地基本国策，妥善解决土地利用中存在的主要问题，优化土地利用结构和布局；实现土地利用管理的现代化和科学化奠定基础；为编制土地利用年度计划的用地审批提供科学依据。

（一）耕地

规划近期开发滩涂131.5公顷，开发荒草地448.5公顷；远期开发滩涂245.1公顷，开发荒草地841.6公顷。除开发耕地外，对一部分现有农田进行整理。近期和远期可复垦旧砖瓦窑为耕地，面积分别为31.6公顷、99.3公顷。

（二）园地、林地

规划期新开发2998.2公顷未利用土地为园地，近期和远期分别开发利用1000.5公顷、1997.7公顷；规划期新开发未利用土地6461.2公顷为林地，近期和远期分别开发1995.0公顷、4466.2公顷。

（三）建设用地

农村居民点用地：1996年，全县人均居民点占地169.2平方米，且内部用地结构和布局都欠合理，所以规划期内居民点用地不增加，大部分村规划期新增人口安排宅基时，不必占用耕地。规划期内计划整理出耕地215.7公顷。

城镇用地：1996年，县城人均占地129.4平方米，超过国家规定的用地标准（120平方米）。规划到2000年，县城人口3.8万人，县城面积4.8平方公里，人均占地降至127平方米。到2010年，县城人口5.72万人，县城面积6.0平方公里，人均占地降至105平方米。神星镇、南韩村镇、大册营镇建设用地通过内涵挖潜的方式满足发展需要。

独立工矿用地：严格执行土地复垦保护条例，对废弃砖瓦窑复垦利用。计划2000年前复垦31.6公顷；2001—2010年复垦99.3公顷。

旅游用地：预计到2010年，全县风景旅游区占地面积新增20.0公顷，其中占用耕地面积13.3公顷，其余为非耕地。

（四）交通用地

根据满城县交通规划和保定市域交通规划，规划期内将进行保涞路拓宽、建设满城外环、满于西线改建等，需占用耕地63.2公顷，占用未利用土地3.2公顷，占有滩涂1.4公顷。2010年，交通用地增加至1212.7公顷。

（五）水域占地

规划期内有南水北调、西大洋引水两个大的水利工程。据省水利勘测设计院规划，南水北调工程需占耕地304.0公顷，占非耕地96.0公顷。西大洋引水工程主要利用唐河河道，据勘测设计，需新占耕地3.9公顷。到2010年，水域面积为1568.0公顷。

（六）未利用土地

规划期内未利用的土地得到开发利用，到2000年开发利用3445.7公顷，2001—2010年开发利用7313.7公顷。

1996 年、2000 年、2010 年满城县土地利用总体规划统计表

表 10-11-2　　　　单位：公顷、%

年份	耕地	占比	园地	占比	林地	占比	城镇及工矿用地	占比	交通用地	占比	水域	占比	未利用地	占比
1996	28549.9	43.4	3740.0	5.7	2624.4	4.0	8045.9	12.2	1144.9	1.7	1922.0	2.9	19752.7	30.0
2000	29123.6	44.3	4740.5	7.2	4619.4	7.0	8022.7	12.2	1167.2	1.8	1799.6	2.7	16307.0	24.8
2010	30129.5	45.8	6738.2	10.2	9085.6	13.8	8052.5	12.2	1212.7	1.8	1568.0	2.4	8993.3	13.7

说明：规划基期土地总面积为 65779.9 公顷

第二节　土地使用制度

一、农村集体土地

1991 年后，因结婚、生育、户口迁出、去世等原因造成人口增减，导致自留地和责任田出现分配不均。1996 年年底，县委、县政府组织对全县大部分农村的自留地和责任田进行再次调整。

1993 年，开始实行承包农田统一规划的经营战略和土地向种田能手集中的政策，部分村的农田开始向本村种田大户集中承包，山区村也将属于集体的荒山、荒坡、河滩承包给农民，签订合同，承包期 30~50 年，激发农民种田的积极性。1999 年 1 月 1 日开始实施新修订的《中华人民共和国土地管理法》，规定在承包期内，个别承包者所承包的土地需要进行调整的，必须经村民会议 2/3 以上成员或者 2/3 以上村民代表的同意，并报乡（镇）政府和县政府主管部门批准，相关规定延续至 2008 年。

二、农村宅基地

1987 年 5 月，县土地管理局成立后，对农村宅基地的使用做出明确规定，村民如需改建、扩建、新建住宅，必须服从村（镇）统一规划，任何人不得以任何借口随意多占、滥占。并规定申报住宅用地的具体条件、审批程序，以及违法占地建住宅的处罚办法，使农村宅基地管理、使用中的不良现象得到有效控制。同年，对东马、南阎疃两村的旧村改造进行重点指导，使原来自由发展、布局混乱的村，变成纵成行、横成排的棋盘式村庄，节省了大量土地。

1990 年，农村宅基地有偿使用开始在北陵山村试点。1991 年，县政府制定《关于农村宅基地有偿使用的暂行规定》，根据标准用地（200 平方米）、超标准用地、宅基地改作经营场所、空闲地使用、填垫坑塘以造地建房等几种不同情况，分别按每年每平方米收取 0.1~0.5 元的土地使用费，特殊情况的酌情减免使用费 1~5 年。1992 年在全县实行。

农村宅基地有偿使用费由村民委员会负责每年一次性收缴，实行村收乡管的办法，全部上交乡（镇）土地管理所立户建账。其中 85%由村民委员会使用，10%归乡（镇）土地管理所，5%上交县土地管理局。村级使用主要用于村内基础设施及公共事业的建设，不准挪作他用。使用前必须提出申请，经乡（镇）政府批准方可拨付，每年对资金使用情况进行公布。1992 年 1 月—1993 年 5 月，全县上交县土地管理局宅基有偿使用费 4.63 万元。1993 年 6 月，按照国务院关于减轻农民负担的电话会议精神，农村宅基地有偿使用费停止征收。

1995 年，县委、县政府印发《关于认真清理农村宅基地的暂行办法》和《关于加强土地管理的通知》两个文件，就农村居民新占宅基地的用地原则、标准，申请用地的对象、条件、审批程序、权限，

应交纳的税费及法律责任等进一步明确规定。对空心村治理和防止宅基地使用权买卖提出具体要求，由于落实不到位，宅基地管理、使用过程中的违法违规现象仍有发生。

1993—2008 年满城县新增宅基地面积、户数统计表

表 10-11-3

年份	宅基地面积（亩）	户数（户）	年份	宅基地面积（亩）	户数（户）
1993	124.59	287	2001	536.34	1119
1994	105.90	248	2002	232.57	503
1995	402.5	879	2003	574.52	1199
1996	136.90	302	2004	410.40	1183
1997	414.81	928	2005	241.85	902
1998	975.05	1981	2006	674.81	2014
1999	318.29	584	2007	457.70	1343
2000	434.89	824	2008	580.35	1928

三、农村企业用地

1991 年，农村集体所有的社队企业出现承包经营方式，企业每年向集体交纳企业承包费。承包经营使原社队企业所占土地的使用权与所有权发生分离。

1993—1995 年，农村集体企业转制达到高潮，主要形式有股份合作制、公有民营、租赁和拍卖，改制企业所占土地仍属于集体所有，土地使用权部分或全部属于企业职工或企业经营者，形成企业用地的两权分离，除拍卖的土地外，企业占地是有偿、有限期的。

1992 年后，开始向农村私营企业收取占地费用，私营企业以签订用地协议的方式取得土地使用权。

四、国有土地使用制度

县内国有土地使用权出让由县人民政府负责，县土地管理局代表县政府以国有土地产权代表身份与受让人签订出让合同。县内首宗国有土地使用权出让在 1993 年 7 月 31 日，地点为原县公安局，由保定城建综合开发公司建设梅园小区，用地面积 4.74 亩，出让金总额 14.58 万元。第二宗在 1993 年 10 月 27 日，地点在训口大桥两侧，用于兴建远达度假村，用地面积 59.73 亩，出让金总额 40.61 万元。到 1996 年年底，全县国有土地使用权出让 54 宗，其中工业用地 28 宗，第三产业用地 16 宗，住宅用地 5 宗，其他用地 5 宗，总占地面积 1521.74 亩，出让金总额 350 万元。

第三节　建设用地管理

一、征地程序

1992 年 9 月 20 日，《保定市国家建设用地管理暂行办法》实施后，国家建设征用土地实行下列程

序：第一，用地单位持《用地指标申请书》《选址通知书》《建设用地规划许可证》《基建计划》《可行性报告》、初步设计审批文件、建设项目地理位置图（改造、扩建项目附原厂区现状图，占用河道、河堤、护堤地和国营及集体林地的，附主管部门的批准文件）等文件资料，到土地管理部门提出书面申请，办理用地审批手续。第二，土地管理部门组织有关部门同用地单位与被用地单位，以及因征地涉及的有关单位依法商定征用土地补偿、安置方案，签订征地协议书，并填报建设用地申请书。第三，用地单位持批准的有关文件、《建设用地申请书》《征地协议书》、平面布置图或建设用地图，按批准权限逐级报批。第四，用地单位征用土地协议签订后十五日内支付各种税费。第五，自收费之日起，土地管理部门十五日内按规定的审批权限予以批复或向上级申报，批准后五日内办理征用手续，并核发《建设用地批准通知书》。第六，土地管理部门组织有关单位对所征土地实地丈量定界。第七，自建设项目竣工之日起三个月内，经有关部门验收后，土地管理部门对项目占地面积和用途进行检查，检查合格的，按照修订后的《土地管理法》规定，办理土地登记手续，核发国有土地使用证。

二、审批权限

1991—1992 年 8 月，按照《河北省土地管理条例》规定，县内征用、划拨耕地 3 亩以下，其他土地 10 亩以下，由县政府批准，并逐级上报省土地管理局备案；征用耕地 10 亩以下，其他土地 20 亩以下的，由市政府批准，报省土地管理局备案；超出上述限额的，报省政府审批；征用耕地 1000 亩以上，其他土地 2000 亩以上的，由省政府审查同意后，呈报国务院批准。

1992 年 9 月 5 日，根据市政府《关于对征、拨用适度土地委托县区人民政府代批的通知》，在不突破市下达的用地指标前提下，对县域内三资企业征、拨耕地 10 亩以下，其他土地 20 亩以下的实行县代批；同时县政府将耕地 3 亩以下，其他土地 10 亩以下的审批权下放给乡政府。1993 年 12 月 17 日，市政府印发《关于收回委托三区两县代批三亩土地权的通知》，国家建设征地仍执行《河北省土地管理条例》的规定。

1999—2002 年，征地审批所有权限收回到省和国家，市、县无征地审批权，且对征地上报卷宗资料提出统一要求，需县环保、发改、规划、林业等部门签订意见后，再逐级上报审批。

2002—2004 年，征地审批实行会审制并加以规划限制，用地必须符合《土地利用总体规划（1997—2010）》，且用地之前需先行由立项同级国土资源部门进行预审，预审通过后，再行上报。

2004—2008 年，国家实行更加严格的土地审批管理制度，发挥宏观调控作用，严格把关，优化用地结构。2008 年，每个县一年报批不得超过 4 个批次，并对上报的资料提出新的要求，指标逐年减少。

三、征地补偿与安置

1987 年 4 月 27 日，《河北省土地管理条例》实施后，征用县域内集体所有耕地以及果园、苇塘、鱼塘、藕塘，其土地补偿费标准原则上按被征地亩年产值的 4~6 倍计算。征用其他非耕地，按当地中等年产值 2~3 倍计算。亩年产值的计算，耕地、藕塘、鱼塘、苇塘按被征地前三年平均年产值计算，果园按被征地前四年平均年产值计算。被征地上的青苗、林木、果树、房屋及其他设施等原有附着物补偿标准，由县土地管理局、征地单位和被征地单位协商，予以公平合理的补偿。征用耕地的安置补助费，按照需要安置的人口计算。需要安置的农业人口数，按照被征用耕地数量除以征地前被征地单位平均每人所占有耕地的数量计算。每一个需要安置农业人口的安置补助费标准，为耕地被征用前三年平均每亩年产值的 2~3 倍；每亩被征用耕地的安置补助费，最高限定在被征用前三年平均年产值的 10 倍；征用无收益的土地不支付安置补助费；输变电工程的铁塔用地，其土地补偿费和安置补助费执行《河北省土地管理条例》的标准。电杆、测量标志占用耕地，只付一次性的土地补偿费，不办征地手续。对全部土地被征用的单位，经省政府批准，将农业户口全部转为非农业户口。1996 年，满城镇北关村 213 户 891 名农业人口，经省政府批准，成建制转为非农业人口。

县城内乡（镇）办企业占用集体所有土地的，参照上述征地补偿标准，给被占地单位以补偿。农村合伙或个体企业占用集体土地要签订土地使用合同，每年按照每亩土地年产值的 2～3 倍向集体支付土地使用费。停止使用后，将土地交还集体，地上附着物可作价收归集体，或自行拆除，并负责恢复耕种条件。

2005 年，南水北调京石段应急供水工程（满城县段）在满城县征地 270.82 公顷，总付补偿资金 21499.8 万元。

2006 年，张石高速公路（满城县段）在满城县征地 206.24 公顷，总付补偿资金 20900 万元。

四、征地批准与占用

（一）国家征地批准

1991 年后，一批国营及全民所有制工业企业、国防建设占有部分土地。之后，道路修建、南水北调工程等基础设施建设占用土地开始增多。1992—2008 年，国家共征地 22616.1 亩。

1992—2008 年满城县国家征地统计表

表 10-11-4　　单位：亩

年份	批准面积	年份	批准面积
1992	396.23	2001	679.13
1993	166.76	2002	198.70
1994	344.45	2003	996.31
1995	792.38	2004	270.87
1996	631.37	2005	864.75
1997	373.99	2006	5147.90
1998	3794.52	2007	1336.12
1999	202.37	2008	3205.64
2000	3034.89	总计	22616.10

（二）乡镇企业占地批准

1991—2008 年，乡镇企业迅速发展，占用土地较多。其中 2000 年占用最少，为 48.98 亩，1994 年最多，为 1350.50 亩。

1991—2008 年满城县乡镇企业占地统计表

表 10-11-5　　单位：亩

年份	批准面积	年份	批准面积
1991	187.85	1992	181.04

续表 10-11-5

年份	批准面积	年份	批准面积
1993	297.12	2001	139.02
1994	1350.50	2002	273.02
1995	537.74	2003	704.34
1996	225.09	2004	449.60
1997	481.7	2005	380.17
1998	803.97	2006	793.93
1999	106.56	2007	789.93
2000	48.98	2008	926.52

第四节　土地市场管理

一、农村土地分等定级与估价

2003 年 3 月—2004 年 8 月，完成农用地分等定级工作。2004 年 10 月，完成农用地定级后的估价工作。2005 年 12 月 16 日，农用地定级估价工作通过河北省国土资源厅组织的专家验收，确定基准地价。

2005 年满城县各乡（镇）农用地基准地价统计表

表 10-11-6　　单位：元/平方米

地价 地类 乡（镇）	一级地	二级地	三级地	四级地	地价 地类 乡（镇）	一级地	二级地	三级地	四级地
满城镇	26.75	19.32	13.52	7.63	要庄乡	26.41	18.57	12.65	无
神星镇	24.52	17.92	11.53	6.62	贤台乡	24.31	17.24	11.23	6.12
南韩村镇	25.89	19.14	13.25	无	白龙乡	无	17.23	11.02	5.64
大册营镇	24.98	17.88	11.64	6.54	石井乡	24.20	17.54	11.24	6.18
方顺桥乡	26.51	19.78	13.78	无	坨南乡	无	16.98	10.86	5.65
于家庄乡	26.32	19.45	无	无	刘家台乡	无	15.83	10.35	5.26

二、城区土地定级估价

1994 年 9 月—1995 年 3 月，对城区土地开展定级估价工作。土地定级估价范围为县城建成区及近期规划区，东至东马村、北庄村；西至西环路、南陵山村东；北至冀中监狱、北辛庄；南至南马村、县农机公司，总面积 15.2 平方公里。1995 年 6 月，通过省、市土地管理局验收。

1995 年满城县城区各类土地基准地价统计表

表 10-11-7

项目 \ 地价 \ 级别		一级	二级	三级	四级
商业	元/平方米	800~500	560~350	400~250	270~100
	万元/亩	53.30~33.30	37.30~23.30	26.70~16.70	18~6.70
工业	元/平方米	300~180	220~130	140~60	—
	万元/亩	20~12	14.70~8.70	9.30~4	—
住宅	元/平方米	550~300	380~220	250~120	130~65
	万元/亩	36.70~20	25.30~14.70	16.70~8	8.70~4.30

2006 年 4—12 月，开展城区土地级别与基准地价更新工作。2008 年 1 月，通过省国土资源厅组织的专家验收，对基准地价进行修订。

1995 年、2007 年满城县城区级别基准地价比较统计表

表 10-11-8　　单位：元/平方米

项目 \ 地价 \ 级别		一级	二级	三级	四级
商业用地	1995 年	680.87	502.90	370.80	161.98
	2007 年	881	618	433	300
	增长	200.13	115.10	62.20	138.02
	增长百分比（%）	29	33	17	85
住宅用地	1995 年	422.88	294.15	194.80	90.50
	2007 年	501	416	292	179
	增长	78.12	121.85	97.20	88.50
	增长百分比（%）	18	41	50	98
工业用地	1995 年	252.40	181.30	95.70	—
	2007 年	437	305	231	171
	增长	184.60	123.70	135.30	—
	增长百分比（%）	73	68	141	—

三、土地储备与拍卖

2001 年 4 月，成立县土地储备中心，制定出台《满城县土地收购储备实施方案》以及关于土地出让、土地收购储备等方面的规章制度。2002 年，储备土地 787.46 亩，2003 年储备土地 163.29 亩，2004 年储备土地 25.43 亩，2005 年储备土地 864.75 亩。2002—2005 年，遵循公开、公平、公正的原

则，以招标、拍卖、挂牌方式出让国有土地使用权29宗，合计1366.16亩，总成交额15890.9万元。

1996—2008年满城县国有土地供应统计表

表10-11-9　　单位：亩

年份	协议面积	转让面积	划拨面积	拍卖面积	挂牌面积	合计
1996	322.55	38.00	0	0	0	360.55
1997	442.70	35.76	0	0	0	478.46
1998	3131.19	29.70	0	0	0	3160.89
1999	1243.97	70.16	0	57.42	0	1371.55
2000	2180.69	0.50	0	34.65	0	2215.84
2001	9521.38	2.31	0	0	0	9523.69
2002	437.83	135.93	0	3770.18	0	4343.94
2003	168.55	261.61	0	1817.82	0	2247.98
2004	6.54	155.05	7.25	74.49	327.79	571.12
2005	33.77	17.82	7.73	546.88	365.63	971.83
2006	132.51	232.97	0	325.13	13.35	703.96
2007	52.23	319.56	12.90	883.48	473.87	1742.04
2008	4.30	661.32	120.10	796.93	0	1582.65

第五节　耕地保护

一、基本农田保护

1991年，为满足基本口粮需求和完成国家定购议购粮、棉、油任务，开始建立基本农田保护区。列入保护区的基本农田包括保证人民口粮生产需要的大部分农田；县以上有关部门确定的粮、棉、油、菜生产基地；县内的高产、稳产田；列入中、低产田改造范围内的耕地；省内外、国内外享有盛名或具有开发前途的杂粮、草莓、雪桃、柿子等名、优、特产品生产基地。同时，根据地势、土质、水源、产量等条件，对县级农田定级划区，分成460个区，其中粮田500亩以上，果树150亩以上，草莓100亩以上，粮、棉、油混种500亩以上的一级区224个；粮田300亩以上，果树100亩以上，草莓50亩以上，粮、棉、油混种300亩以上的二级区75个；粮田100亩以上，果树50亩以上，粮、棉、油混种200亩以上的三级区161个。全县保护耕地、园地540196亩，总保护率为92.3%，其中粮、棉、油耕地保护率为94.6%。

基本农田保护区确定后，制定出相应的保护措施。将基本农田保护区视为"禁区"，不经县以上人民政府批准，不准占用保护区内的土地搞非农业建设。急需占用的，必须办理审批手续。实行村边一张图（在村口明显处的房后山墙画一张村基本农田保护区图），地边两个牌子（一个是保护区种类的牌子，另一个牌子标明责任人姓名、保护面积、保护方法、种植形式、亩产指标等）。严禁在基本农田保护区内建房、建窑、葬坟、毁田造林、挖土取沙、挖坑养鱼等，违者除罚款外，要限期恢复地貌。同时，对荒芜农田保护区内土地的责任者除罚款外，收回土地使用权。县农业部门对基本农田保护区培肥地力和因土施肥进行指导，各乡（镇）村把基本农田保护区工作列入议事日程，制定乡规民约，加强管理。改善生态环境，防止土地污染。建立健全对基本农田保护区监督检查制度，建立基本农田保护区档案及变更登记制度，对保护区内的土地面积、土壤肥力、水利条件、耕地变化、地力等级升降等情况进行详细记载和变更登记。

二、土地复耕

1990 年，全县有砖窑 57 座，占用土地 8944 亩，平均每窑用地 157 亩。20 世纪 90 年代中后期，原批准烧砖取土的地块逐渐用尽，每年都有一些企业自然停业。据 1997 年统计，全县有 8 座砖窑停业关闭，有废弃土地 770 亩。

1990 年 5 月，县政府制定《关于砖窑管理的暂行办法》，明确规定：对于取土区，要制定出科学可行的复垦复耕计划，经过县土地管理局勘验审核，并收取一定数额的复垦押金后，发放许可证，方可取土。对不制定复垦复耕计划擅自乱取土的砖场，除令其停产复耕外，还要处以罚款。对废弃窑场由乡、村组织督促原经营单位落实复耕。经县土地管理局验收合格后，押金退还。基本原则是谁取土，谁整治，用几亩地还几亩田。县土地管理局帮助各村制定砖窑废弃地的复垦利用计划。

1995 年，县政府出台《关于加强砖瓦窑收费管理制度》，进一步加强土地管理。规定所有砖瓦窑占地必须按规定依法办理手续，每亩收取土地管理费 30～50 元，对于超出土地每亩处 500～1000 元罚款。大册、疙瘩屯、南辛庄、西赵庄等村把砖窑废弃地承包给农户复耕，承包户通过彻底清运碎砖、平整土地、深翻深耕，实现初步熟化。再通过施用有机肥，加快土地熟化。到 1996 年，已有 583 亩砖窑废弃地达到复垦的理想效果。部分废弃窑场承包到个体户或联合体办企业，县城附近的则用于建职工住宅。

2002 年 12 月—2003 年 9 月，县国土资源局协调魏庄、庞村、许村、沟河庄、郭村、六间房、疙瘩屯、孔村、孟村 9 个村的村委会，利用农闲时间平整砖瓦窑废弃地 989. 26 亩，铺设防渗管道 6000 米，架设变压器 6 台，架线 9 公里，栽植防护林木近万株，总投资 304. 3 万元。

第六节　地籍管理　土地执法

一、地籍管理

1989 年 3 月，对全县 25 个乡（镇）245 个行政村开展土地利用现状调查，1990 年年底完成。之后，县、乡以此为基础每年进行一次地类变更调查（土地动态监测）统计上报。1991—1996 年年底，先后开展土地利用现状调查、城镇地籍调查、土地估价、土地登记等工作。

1991—2008 年，每年对县城内的地籍变更和地类利用变化情况进行一次动态监测。各乡（镇）土地管理所根据土地利用现状调查和权属调查结果，进一步完善土地统计制度，土地统计数字按季汇报县国土资源局，县国土资源局汇总统计上报市局。2004 年，完成地籍信息系统规范化建设。

二、土地执法

县土地管理局监督检查股负责土地监察工作。各乡（镇）确定 1 名土地监察员，各村村主任为兼职土地监察信息员。1996年，土地监察股内设土地执法大队，实行一套人马两块牌子合署办公。1998年，成立土地管理监察局，聘请法律顾问，县、乡（镇）两级设专职土地监察员23人。1990—1996年，查处非法出租土地案273宗，涉及土地面积188.3亩。1996年以后，加大对私自抢占、滥用土地建私房，乡（镇）、村办、联办、个体企业违法占地，农村砖窑毁地等违法行为的打击力度。至2008年年底，查处土地违法案件2000余起。

第七节　地质矿产管理

一、矿产有偿开采

1988年1月，开始对县内从事矿产资源开采、经营的单位，实行统一征收矿产资源开采补偿费。征收标准：对开采加工石料、石碴、白云石、建筑沙、河石的企业，出售黏土、自行开采黏土和用黏土加工生产砖、瓦和其他黏土制品的企业均征收销售额的2%；对开采加工滑石、高岭土、铁矿石、石灰石、大理石、八厘石（石米）的企业，开采加工石板的企业均征收销售额的2.5%。1990年，征收矿产资源补偿费16万元。1994年，矿产资源补偿费改为按月缴纳，企业必须在每月10日前缴纳上月的矿产资源补偿费。1995年，征收25.6万元。1996年，征收50万元。1998年，征收60万元。

1999年10月，因保涞路部分路段整修，矿产品销售受到影响。同时，对危及国防工事的数十家采矿企业责令停产，给矿产资源补偿费的征收带来一定困难。2008年，全县完成征收矿产资源补偿费198.4万元，县内59家矿山企业办理采矿许可证，矿山企业主要分布在满城镇、石井乡、大册营镇、坨南乡、神星镇和白龙乡。

2008年满城县采矿企业一览表

表10-11-10

编号	矿山名称	法人	位置	编号	矿山名称	法人	位置
1	保定市满城瑞发采石厂	苟瑞国	岗头村	12	满城县红利石灰厂	赵红利	大册村
2	满城县岗头中兴石碴厂	杨志伟	岗头村	13	保定市秀兰采石厂	康玉柱	石井村
3	满城县市头村联营石碴厂	范景明	市头村	14	满城县大册红岩采石厂	刘贺全	大册村
4	满城县李家佐宏兴石碴厂	李文志	李家佐村	15	满城县前进采石厂	赵占胜	上紫口村
5	保定市满城县石井永胜石碴厂	刘俊青	石井村	16	满城顺发石碴厂	叶爱茹	上紫口村
6	满城县石井三利建材厂	刘五合	石井村	17	保定市满城建新石灰厂	张金明	大册营村
7	保定市满城吴庄村西石碴厂	张顺启	吴家庄村	18	保定远达矿产品开发经销有限公司	任新乐	白龙乡
8	保定市满城吴庄兴发石碴厂	李　立	吴家庄村	19	满城县京山白云石矿	贾金录	荆山村
9	满城县全兴石碴厂	李宝申	李家佐村	20	保定市满城县吴庄红旗采石厂	李文安	吴家庄村
10	满城县大册营镇大册春风石灰厂	赵贺东	大册营村	21	满城县吴庄馒头山石碴厂	单红如	吴家庄村
11	保定市满城县李家佐金丰采石厂	王金科	李家佐村	22	保定市满城县大册新兴灰厂	赵全生	大册村

续表 10-11-10

编号	矿山名称	法人	位置	编号	矿山名称	法人	位置
23	保定市满城利达石碴厂	刘振峰	东渝河村	42	满城县石井乡西渝河村石碴厂	杨玉江	西渝河村
24	保定市满城大册石灰厂	贾金栋	大册村	43	满城县市头村联合白灰厂	黄　军	市头村
25	满城县顺山石碴厂	高顺山	韩家佐村	44	满城县广源采石厂	张满良	郑家佐村
26	保定市满城红新采石厂	贾纳新	谒山村	45	满城县李兵建材厂	李　兵	东渝河村
27	满城县满城镇谒山村三风口采石厂	崔金福	谒山村	46	满城县新鑫采石厂	刘永飞	大楼村
28	保定市满城县上紫口振兴灰厂	段金福	上紫口村	47	满城县恒顺采石厂	赵顺成	上紫口村
29	保定市广通采石有限公司	解小礼	尉公村	48	满城县晟祥采石厂	杨新鹏	训口村
30	满城县神星镇荆山村第二采石厂	苟春田	荆山村	49	满城县李佐新发采石厂	张　顺	李家佐村
31	满城县东赵庄光明石料厂	王永茂	东赵庄	50	满城县迎祥采石厂	李迎祥	李家佐村
32	满城县鹏运采石厂	郭士平	郑家佐村	51	满城县李佐振兴采石厂	张振江	李家佐村
33	满城县太行采石厂	冉　虎	荆山村	52	满城县神星镇建材第一石厂	景宝钢	神星村
34	满城县魏庄石明石碴厂	石　明	魏庄村	53	满城县神星玉山汇源采石厂	王津津	玉山村
35	满城县立新石材加工厂	刘金宝	玉山村	54	保定市满城县北辛庄永顺采石厂	刘军生	北辛庄村
36	满城县石井成林石碴厂	张宝刚	石井村	55	满城县神星镇中旺建材厂	冯彦忠	神星村
37	保定市满城县神星镇顺兴石碴厂	张春雷	寺角村	56	满城县神星镇太平采石厂	李胜军	魏庄村
38	满城县坨南乡王成建材厂	王云峰	东赵庄村	57	满城县光华采石厂	赵满山	杨家庄村
39	满城县东渝河建材厂	刘国新	东渝河村	58	满城县白龙乡野里石碴厂	冯满堂	野里村
40	满城县石井乡永安庄村采石厂	王锁印	永安庄村	59	满城县谒山村宝丰采石厂	王清水	谒山村
41	满城县李家佐顺发采石厂	张　顺	李家佐村				

二、矿产资源保护

1991—1996年，开展《中华人民共和国矿产资源法》宣传，依法对矿产企业进行管理。1994年，对70家矿产企业进行年检，续证20个，解决矿界纠纷18起，制止私采滥挖行为。妥善处理市头村3家影响部队营房安全的违章开采矿产企业。1995年，对10家矿产企业进行年检，办证120个。1996年，利用电台连续广播、出动宣传车等形式进行广泛宣传，向群众发放宣传材料4000余份。年检办证227家，组织95%的企业设立了界桩。

1997年开始，结合县公安、工商、电力等部门治理无证开采、滥采乱挖和越界开采等违规行为。对在眺山坡四周开采的企业实施限制性开采；结合林业部门对神星东山的采矿企业实行划界开采。当年取缔无证开采企业2家。1998年，结合企业缴纳矿产资源补偿费和安全生产监管措施等情况，为60家采矿企业换发许可证。1999年，举办3期矿产企业厂长、经理培训班，培训261人次。2000年，结合人武部、公安局、电力局、工商局等有关部门，集中治理整顿涉及国防工事的采矿企业，停产26家，转向开采16家。2001年，采取强制措施，严厉打击乱采滥挖、越界越层开采等破坏、浪费矿产资源的违法行为。无采矿许可证的矿产企业在限期内办理采矿许可证，不符合办证条件的企业依法取缔，并没收其无证期间的非法所得。严格限定公路两侧采石厂的开采规模及开采范围，逐步将其迁至统一规划的开采区之内。

2002 年，组织开展采矿企业综合治理。按照县政府《采矿企业综合治理实施方案》要求，对涉及保涞路两侧、环抱阳山风景区、国防工程和林区的 137 家采矿企业实施关停，关停企业必须在规定时间内完成搬迁，对搬迁后的矿址进行回填、覆土、绿化。

2003 年，对全县采矿企业进行统一规划，划定 11 个开采区，限定开采范围。在此基础上，又规划出矿产资源禁采区，县域内凡是县级和县级以上划定的旅游风景区、历史文物和名胜古迹所在地；国防工程和重要工程保护范围内；铁路、国道、省道两侧保护范围内；森林保护区，市、县小流域治理区以及国家规定的不得开采矿产资源的地区，都视为禁采区。在禁采区内，不得新建矿山企业，已建企业分期分批进行搬迁或关闭。并按照有关规定，搬迁后一年内完成土地复垦、植被恢复。在禁采区内，如发现对国民经济有重要价值的矿产资源，需经有关部门论证、核准后重新修改禁采范围。

2005 年，在全县开展大规模整顿矿产资源开发秩序活动，先后注销 71 家影响县域规划企业的采矿许可证。

2006—2007 年，县政府组织县法院、国土资源局、安监局、电力局等部门，采取切断电源，拆除电力设备等措施，对 1 家没有关停搬迁的企业强制关停。由县纪委、公安、国土等部门组成专项整治小组，成立矿山执法大队，集中整顿矿产资源管理秩序，建立巡查、检查、勘查详细登记档案，清查矿山企业 65 家，对 42 家矿山企业进行储量动态监测，对 35 家矿山企业进行验收。

2008 年，集中开展矿业秩序治理整顿回头看，使所有矿山企业规划布局全部符合矿产资源总体规划。并调整优化矿业结构布局，规范采矿准入条件，遏制采矿企业无证开采、乱采滥挖、越界开采、浪费破坏矿产资源、严重污染环境等违法行为。先后为 7 家矿山企业续办采矿许可证，对 4 家采矿企业进行整合，验收非煤矿山企业 16 家。2008 年奥运及国庆期间采矿企业全部关停，县内采矿企业及运输业损失严重。

第八节　测　绘

一、机构及职责

1992 年，县建设局成立测绘队，主要职能是审批建设用地图纸并确权发证。2002 年，县土地管理局与矿产局合并成立国土资源局，测绘管理工作职能从建设局移交至国土资源局。国土资源局成立测绘管理办公室，后更名测绘勘查股，主要工作职能是负责测绘管理法的宣传落实；负责测量标识的保护工作（全县四等以上测量标识 11 个，其中三角点 5 个，水准点 6 个）；负责全县测绘管理工作，编制基础测绘规划，制定年度计划并组织实施；组织全县基础测绘、政府区域界线测绘、地籍测绘和其他重大测绘项目的实施；负责政府投资测绘项目的审批、招投标、质量监督和成果交汇；负责全县测量控制系统管理和测绘标准化工作；受理测绘资格初审和年度注册工作；承办测绘项目登记、立项和技术审查；负责全县测绘成果的质量监督汇交和保密工作；管理全县基础测绘成果和基础地理信息数据，组织指导基础测绘成果和地理信息的社会化服务工作；负责对有资质测量单位到本县域测量的备案工作；负责本行政区内编制地图的项目登记、初审和上报审批工作，并监督管理本辖区的地图市场，对测绘产品市场进行检查（比如书店、学校等地图地理信息的检查）。

二、主要测绘项目

1992—2008 年，完成三项较大的测绘项目：一是远达度假村千分之一地形图征地测绘项目，面积 1000 余亩；二是方顺桥村地籍测量项目千分之一地形图，面积 1500 余亩；三是二千分之一漕河带状地形图，跨度 20 公里。

第九节　管理机构

1991 年，县土地管理局内设办公室、建设用地股、监督监察股。1993 年，增设地政股、土地开发公司。

1996 年，县土地管理局内设机构有 9 个，包括纪检组、办公室、建设用地股、监督监察股、信访股、土地开发公司（市场股）、地政股、测绘大队、执法大队。下设 8 个土地管理所，分别设在满城镇、大册营镇、大马坊乡、神星镇、岭西乡、江城乡、南韩村镇、方顺桥乡。合乡扩镇及区划调整后，土地管理所亦随之调整。

2001 年 4 月，县政府成立土地储备中心，属于自收自支股级事业单位，编制 12 人，股级职数 2 人，隶属县土地管理局。开办资金 2000 万元，经费来源自筹，收入金额上交县财政。

1987 年，县矿产管理局成立，内设办公室、矿管股、财务室、稽征股、执法监察室。1993 年 6 月，更名为地质矿产管理局。

2002 年 7 月，县土地管理局与地质矿产管理局合并，成立国土资源局。内设办公室、地籍规划股、耕地保护利用股、矿产管理股、测绘勘查股、土地服务中心、数据中心、信访股、法制股、土地整理中心和政务大厅 11 个股室。2008 年，全局干部职工 226 人。

第十一编　经济总情

1991—2008 年，满城县抓住经济发展这一中心，坚持改革、发展、稳定的有机结合，深化工业经济体制改革，制定切实措施，调整经济结构，国有、集体企业大幅度缩减，个体、私营经济迅速发展。工业所有制结构、商业所有制结构、产业结构、投资结构、物资能源消费结构在市场经济调节下得到重大调整。农业、工业、企业、流通领域改革进一步深化。宏观调控方式由指令型向引导型转变，调控部门由单纯的计划部门向多部门联动转变，调控力度更趋稳健，国民经济持续稳步发展。

第一章　经济发展

县政府详细制定“八五”（1991—1995 年）、“九五”（1996—2000 年）、“十五”（2001—2005 年）计划及“十一五”（2006—2010 年）发展规划，对国民经济发展主要指标进行目标分解，并制定宏观指导方针。在实际执行中及时发现并解决问题，确保各项目标圆满完成。国民生产总值在“八五”期间年均增长 25%，“九五”期间年均递增 7.6%，“十五”期间年均增长 13.9%。2008 年，地区生产总值完成 65.8 亿元。工业增加值持续增长，2008 年全部工业总产值 916823 万元，比 1991 年增加 20.7 倍；完成建筑业增加值 27027 万元，是 1993 年的 13 倍；1991 年，第一产业、第二产业、第三产业产值比（以下简称三产比）为 51:34:15，2008 年三产比为 21:53:26，经济结构发生较大变化。

第一节　经济总量

一、第八个五年计划时期

1991—1995 年间，县域经济建设和社会事业保持快速健康发展的势头。1995 年，完成国民生产总值11.3亿元（1990年不变价），“八五”期间年均增长25%。工农业总产值31.8亿元（1990年不变价），年均增长38.5%。其中农业总产值5.4亿元，年均增长13%；工业总产值26.4亿元，年均增长51.6%。乡镇企业总产值30.8亿元（现价），年均增长69.6%。粮食总产量19.7万吨，年均增长3.9%。财政收入6985万元，年均增长27.7%。累计利用外资3748万美元。固定资产投资完成7.7亿元，是1991年的24.9倍。年末总人口42.2万人，年均增长0.93%。农村居民人均纯收入1853元，年均增长26.5%。

二、第九个五年计划时期

1996—2000年间，确定“到20世纪末，力争以全市1/24的人口完成不低于1/12的经济总量，主要经济指标人均在全市前三名，综合实力显著提高，进入全省经济强县行列”的奋斗目标。但是，“九五”期间，满城经济发展受到诸多不利因素的影响，如国内外政治经济形势发生重大变化；亚洲发生金融危机；先后两次区划调整，一次是八达工业园区上划保定市，再是江城乡、大马坊乡等4个乡的41个行政村划归保定市，所划区域经济较为发达，在全县经济总量中占有相当比重；受国家有关政策的影响，造纸、化工等企业因环境保护、污染治理等因素制约，发展受到很大抑制；县内印刷企业出现较为严重的违法事件，致使印刷业受到严重影响；1998年国家出台劳改企业退税政策，3年共退税4000万元，直接影响到经济增长。以上诸多因素，给“九五”计划的实施带来很大困难，县域经济增长放缓。根据实际情况，2000年9月，县政府对“九五”计划作了相应调整。

2000年，完成国内生产总值24.35亿元，“九五”期间年均递增7.6%。其中第一产业完成6.2亿元，年均递增3.8%；第二产业完成11.09亿元，年均递增7.5%；第三产业完成7.09亿元，年均递增12%。农业基础地位进一步巩固，农村经济全面发展；工业生产持续增长，工业经济主导地位进一步加强。工农业总产值完成60.3亿元，“九五”期间年均递增15.65%。其中农业总产值完成12.3亿元，年均递增9%；工业总产值完成48亿元，年均递增16.9%。乡镇企业总产值完成58亿元，年均递增19.1%。实现财政收入13797万元，年均递增13.2%。农民人均纯收入2970元，年均递增9.9%。全县累计注册“三资”（中外合资、外商投资、港澳台投资）企业14家，利用外资1.6亿美元，出口创汇完成491万美元。全社会固定资产投资累计完成43亿元，年均8.6亿元。

三、第十个五年计划时期

2001—2005年间，全县经济得到长足发展。2005年，全县完成国民生产总值47.1亿元，比“九五”末接近翻一番，年均增长13.9%，超“十五”预定目标2.9个百分点；全县人均生产总值11948元，突破万元大关，是2000年的1.8倍；全部财政收入完成2.4亿元，其中一般财政收入完成8828万元，总量分别是“九五”末的2.3倍和1.2倍；农民人均纯收入3894元，与“九五”末相比，年均递增5.6%。城镇居民人均可支配收入7289元，与“九五”末相比，年均递增6.9%。县域经济综合竞争力明显提高，在全国排名中由2001年的710位上升到2005年的667位。三次产业结构由“九五”末的26:52:22调整到17:58:25。农业的基础地位进一步加强，农业结构调整步伐加快，农业产业化率51%，比“九五”末提高30个百分点。工业结构调整迈出重要步伐，造纸、食品等传统产业上档升级，生物制药、机械制造等新兴产业逐步兴起，入统工业增加值完成13.8亿元，年均增长23.9%。第三产业发展迅速，建成步行商业街和新天地购物广场等一批商贸市场，沃美、万客隆等知名超市落户满城，住房、汽车、通讯、网络等逐渐成为消费热点，城乡消费市场更加繁荣，社会消费品零售总额年均递增13.6%。旅游业增长势头强劲，五年累计实现旅游收入8500万元，年均递增9.5%。全社会固定资产投资累计完成70.4亿元，比“九五”时期增长63.7%。城区先后改建、新修14条主干道，形成“六横十纵”的城中路网格局，城建道路通车总里程46.4公里；实施4条国、省干道，8条县、乡道路改扩建和89个村的“村村通”工程，修、改、扩建道路总里程330公里；新建永乐园、宏昌园等6个住宅小区，建成人民广场，人居环境明显改善；完成满神铁路搬迁，打破城区东扩的瓶颈；规划开发东城工业集中区和西城商业住宅办公区，城区规模不断扩大，功能进一步完善。市场化改革取得新进展。农村税费改革、粮食流通体制改革取得明显成效，完成宝山集团、明花食品、水泥厂等60多家企业改制。民营经济进一步发展，五年新增民营企业462家。2005年，民营经济增加值占全县生产总值的70.2%，上缴税金占全部财政收入的51%，民营经济成为全县经济发展的主要力量。

四、第十一个五年规划时期

2008年，国民生产总值完成65.8亿元，入统工业总产值完成56.3亿元。全社会固定资产投资完成31.78亿元，其中城镇以上固定资产投资完成26亿元。全部财政收入完成4.01亿元。农民人均纯收入4843元，城镇居民人均可支配收入15755元。单位工业增加值能耗1.027吨标准煤，单位GDP能耗1.359~1.345吨标准煤。社会零售品销售总额完成27亿元。

全年谋划实施千万元以上重点项目40个，总投资142.7亿元。其中利奥肥业、恒研机电、鑫源电子等一批项目竣工投产；旭阳光伏、三元光伏玻璃、天通包装等一批项目即将竣工；港兴纸业技改扩建、鑫海纺织技改、路面修复设备等一批新开工项目进展顺利。

编制完成城市防震减灾、人防等7个专项规划。总投资2.2亿元的十项城建工程扎实推进，城镇面貌三年大变样工作通过市专项考核。

深入开展强化污染防治设施运行管理年和节能减排会战月活动，完成节能减排重点工程，打好造纸行业防污染反弹、小塑料污染群体取缔、采石及粉灰企业综合治理三大战役，狠抓大册营和县城污水处理厂规范运营，积极开展节能减排有序限电工作，全力抓好重点企业用能和环境监管，建成县城垃圾转运站并投入运营，节能减排超额完成省定三年任务目标，顺利通过省“双三十”考核验收。

全面落实各项强农惠农政策，大力扶持农业产业化龙头企业发展，农业产业化率55.2%。建成高标准蔬菜园区3个。组织实施7个土地开发整理项目，新增耕地5865亩。新增灌溉面积1.36万亩。深入推进劳动就业“阳光工程”，实现劳务输出1.23万人，转移农村剩余劳动力1.38万人。

第二节　经济质量与效益

一、生产力水平

（一）劳动力总量及结构

1991—2008年间，农村劳动力资源总数稳步增长，劳动力资源主要分布在农林牧渔业，始终保持在50%以上。其中1991年，农村劳动力资源在农林牧渔业分布的最多，为73.4%。1996年最低，为55.5%。1997—2008年，保持在60%左右。农村劳动力资源在工业行业的分布呈快速增长态势。1991年为10.2%，1994年为16.3%，1996年达到最高值26.5%，以后有所回落。1997—2008年，维持在18%左右，其中1998年为18.2%，2000年为17.6%，2006年为18.9%，2008年为18.7%。农村劳动力资源在建筑业的分布增长较快。1991年为5.3%，到1995年达到最高的7.8%，之后有所下降，在6%~7%之间，2005—2008年又上升到7%以上。1991年，农村劳动力资源在房地产管理、公共事业、居民服务咨询业分布的比重仅为0.1%，到2004年有了质的飞跃，达到1.0%，2005—2008年，保持在0.9%以上。1991—2003年，农村劳动力资源在卫生体育社会福利业分布的比例为0.3%左右，到

2004年有了较大提高，达到0.6%。1991年，农村劳动力资源在交通运输仓储和邮电通信业分布比例为2.6%，1991—1998年稳步增长，达到3.8%，之后相对平稳，1999—2008年，保持在3.5%左右。农村劳动力资源在批发零售贸易饮食、教育文化艺术广播电视、科研技术服务、金融保险业等其他行业的分布比例相对稳定。除上述主要行业外，农村劳动力资源的分布呈现多元化分布的趋势，1991年，农村劳动力资源在其他行业分布比例为5.3%，2008年为6.7%。

1991—2008年部分年份满城县农村劳动力资源主要行业分布统计表

表11-1-1 **单位：人**

年份 类别	1991	1992	1994	1996	1998	2000	2002	2004	2006	2008
劳动力资源数合计	195002	198203	201817	205150	209487	202521	204820	205412	206951	210924
其中劳动年龄内人数	185050	187237	195035	201618	207427	189656	189191	191156	197112	201424
农林牧渔	143218	145111	133175	113934	129942	122949	125080	122169	122015	122221
工业	19974	21328	32927	54313	38104	35561	34279	38240	39083	39535
建筑业	10245	11695	15065	14151	14716	12457	12407	14362	15376	15694
交通运输仓储和邮电通信	5097	5166	5501	6035	8041	6667	6675	7152	7284	7478
批发零售贸易饮食	2984	3055	3715	4136	5497	4869	4894	6421	6757	6788
房地产管理公共事业居民服务咨询业	182	174	655	1049	1663	917	1031	1947	1887	2023
卫生体育社会福利	761	758	527	705	917	694	744	1294	1202	1215
教育文化艺术广播电视	1034	965	1102	888	942	648	887	977	979	986
科研技术服务	22	22	1	7	7	2	2	21	21	21
金融保险业	296	295	344	334	398	349	363	360	279	298
乡经济组织管理（国家机关等）	797	815	379	258	501	535	533	522	527	527
其他劳动力	10392	8819	8426	9340	8759	5112	17925	11947	11550	14138

（二）主要工农业产品生产能力

1. 工业产品

1991—1995年，以国有企业、集体企业为主导，主要工业产品有水泥、啤酒、水泵、机制纸及纸板、皮鞋、农用水泵、小麦粉、罐头、服装、布、纱、木制家具和印刷品。1991年，主要工业产品产量：棉纱498吨，水泥7.55万吨，农用水泵6649台，罐头512吨，白酒269吨，啤酒37109吨。1992年，工业企业迅速发展，乡以上工业产品产销率95.6%，工业增加值8392万元。

1996—2000年，企业实现股份制、租赁、破产、拍卖、国有民营、转让等改革，工业企业各项指标呈现健康增长势头。1997年，工业经济实现稳定快速增长，完成全部工业总产值493595万元。国有工业企业实现利税总额2227万元，利润总额355万元，乡镇企业由遍地开花的小型企业向规模型发展。主要产品产量有较大增长，年产啤酒97964吨，是1991年的2.6倍；年产白酒723.16吨，是1991年的2.7倍；水泥产量17万吨，是1991年的2.3倍；砖7.0亿块，比1991年增长45.8%；小麦粉产量139376吨，是1991年的24倍；机制纸和机制纸板产量183595.5吨，是1991年的4.8倍。1999年，啤酒产量20059吨，农用水泵产量23080吨，布产量1766米，纱产量1516吨，分别是1991年的0.5倍、3.5倍、3.2倍、3.0倍。年供电量38354万千瓦时，是1991年的2.5倍。2000年，砖产量9.7亿块，罐头产量6800吨，皮鞋产量10万双，年生产服装60.8万件。

2001—2008年，主要工业产品有卫生纸、纸箱、板纸、速冻食品、潜水泵、安全玻璃、水泥等。卫生纸、纸箱、板纸等主要产品生产见第十三编第二章工业门类。

1991—2000年部分年份满城县主要工业产品产量统计表

表11-1-2

年份 产品名称	1991	1993	1995	1997	1998	1999	2000
啤酒（吨）	37109	48900	48801	97964	91362	20059	—
白酒（吨）	269	910	56.3	723.16	—	800	800
水泥（万吨）	7.55	11	20.87	17	17.6	—	—
砖（亿块）	4.8	—	—	7.0	—	17.5	9.7
罐头（吨）	512	2360	2249.6	829	—	6000	6800
农用水泵（台）	6649	8945	16485	17564	21119	23080	—
小麦粉（吨）	5800	2400	—	139376	—	—	—
机制纸（吨）	1250	12500	164573	93419.5	20556	23162	—
机制纸板（吨）	36691	—	—	90176	26129	—	—
皮鞋（万双）	—	9.5	34.26	—	—	—	10
柠檬酸（吨）	—	3218	—	10852	11750	—	—
塑料制品（吨）	—	10	30322	47500	10251	6248	—
布（万米）	548	390	821.66	2169	2296	1766	—
纱（吨）	498	1027	2584	2072	2071	1516	—
工业陶瓷（吨）	—	—	—	516	771	877	—
收获机械（台）	629	200	—	560	832	1100	—
玩具（千元）	—	—	—	200	1072	1299	—
服装（万件）	3	2.5	3.47	113	—	—	60.8
单色印刷（令）	—	86000	—	314181	—	16	—
木制家具（件）	5200	7800	—	141029	—	—	—
供电量（万千瓦时）	15233	—	—	33196	—	38354	—

2002—2008 年部分年份满城县入统工业企业主要产品统计表

表 11-1-3

年份	潜水泵（台）	纱（吨）	布（万米）	罐头（吨）	水泥（万吨）	涂布纸（吨）	收获机械（吨）	速冻食品（吨）	铝锭、铜棒（吨）	用电量（亿千瓦时）
2002	34097	2507	3589.5	1168	3.3	—	1360	—	42689	2.6
2004	20840	6233	3538.4	1638	4.5	11663	1875	115430	52556	4.52
2006	19744	6257	3521.3	5036	6.7	22828	2560	34415	13493	—
2008	15271	5671	3248	5463	—	—	—	—	—	—

说明：此表数字来源于《满城县国民经济和社会发展统计资料》，因统计口径等原因，一些数字未能查到，主要产品统计项目也有很大不同

2. 农业产品

满城县主要农作物产品有冬小麦、玉米、谷子、薯类、花生、棉花、西瓜、大白菜、豆角。其中冬小麦、玉米种植面积最大。1991 年，冬小麦种植面积 292398 亩，产量 76518 吨；玉米种植面积 220766 亩，产量 64575 吨。2008 年，冬小麦和玉米种植面积分别为 209808 亩、221230 亩，产量分别为 79175 吨、88899 吨。冬小麦种植面积比 1991 年下降 28%，产量增长 3.5%。玉米种植面积比 1991 年增长 0.2%，产量增长 37.7%。1991 年，谷子、薯类种植面积都较大，分别为 24323 亩、77092 亩，之后种植面积迅速下降，1995 年分别为 10274 亩、62098 亩，2008 年分别为 4572 亩、25106 亩，分别比 1991 年下降 81.2%、67.4%。1991 年棉花种植面积 52000 亩，产量 2182 吨，之后迅速下降，到 2008 年种植面积仅 7202 亩，年产量 479 吨。西瓜的种植面积波动较大，1991 年种植面积 7303 亩，2000 年种植面积 2367 亩，2005 年种植面积 6207 亩，2008 年种植面积 4169 亩。大白菜种植面积较大，1991 年种植 17754 亩、产量 52455 吨，2008 年种植 21582 亩、产量 102833 吨，分别比 1991 年增长 21.6%、96%。以地芸豆为主的豆角种植面积比较稳定，1995 年为 31848 亩，2008 年为 27438 亩。

主要果品有草莓、磨盘柿、桃、葡萄、梨。1991—2005 年，草莓的种植面积和产量迅速增加，1991 年，种植面积 14500 亩、产量 18372 吨，到 2005 年，分别为 68000 亩、116637 吨，分别是 1991 年的 4.7 倍、6.4 倍。2006—2008 年，种植面积和产量有所下降，分别为 48400 亩、94900 吨，分别比 2005 年下降 28.8%、18.6%。以山区为主，磨盘柿、桃、苹果种植面积较大，1991—1995 年迅速增加，磨盘柿的种植面积最大，产量持续增长；桃的种植面积在 2000 年前后出现回落，之后又迅速增加；苹果的种植面积在 1995 年达到顶峰，至 2005 年间维持在 2 万亩左右，之后迅速减少，2008 年减少到 10035 亩。葡萄种植以南韩村镇为主，1991—2000 年种植面积、产量相对稳定，之后迅速增加，2008 年种植面积 7470 亩，产量 16561 吨，分别是 1991 年的 8.4 倍、30.3 倍。

1991—2008 年部分年份满城县主要农产品产量统计表

表 11-1-4　　单位：吨

主要农产品＼年份	1991	1995	2000	2005	2008
冬小麦	76518	82471	76419	75078	79175
玉米	64575	91041	95718	84671	88899

续表11-1-4

主要农产品＼年份	1991	1995	2000	2005	2008
谷子	3550	1281	656	539	557
薯类	23760	20449	16909	13647	11639
花生	3047	2891	3370	3253	3192
棉花	2182	308	515	588	479
西瓜	15889	9922	4341	17899	13269
大白菜	52455	—	—	60408	102833
豆角	—	43388	—	55744	51054
草莓	18372	56000	90000	116637	94900
磨盘柿	3583	13616	21180	28434	41830
桃	8024	24999	17239	24714	39645
苹果	5717	19969	29319	24025	16706
葡萄	546	3153	3096	14185	16561

（三）工业建筑业增加值

1. 工业

1994 年，乡及乡以上工业增加值 17968 万元，国有企业增加值比 1993 年下降 15.7%，中外合资、外商投资经济与港澳台投资增长 105%。1995 年，乡及乡以上工业增加值 29860 万元，比 1994 年增长 66.2%。

1996—2000 年，工业呈现进一步增长的势头。1996 年，全部工业总产值 413228 万元，全年工业增加值 103103 万元，比 1995 年增长 43.8%；1997 年，完成全部工业总产值 493595 万元，工业增加值 105603 万元，一些国有老企业通过改革和改造，几年来首次实现盈余，资产负债率 60.3%，比 1996 年下降 7.6 个百分点。2000 年，完成入统工业总产值 480388 万元，工业增加值 105916 万元，比 1995 年增长 47.8%。

2001—2004 年，工业经济发展较为平稳。2001 年，完成全部工业总产值 551264 万元，工业增加值 119722 万元，全县工业用电量 25381 万千瓦时。2004 年，工业经济有较大发展，全部工业总产值比 2003 年增加 133794 万元，是 2001 年的 1.5 倍；工业增加值比 2003 年增加 37505 万元，是 2001 年的 1.6 倍；全县工业用电量比 2003 年增加 18004 万千瓦时，是 2001 年的 1.8 倍。

2005 年，全部工业总产值 808799 万元，入统工业企业总产值 491875 万元，工业增加值 137515 万元，利税 46970 万元。2006—2007 年，工业经济效益较 2005 年回落。2006 年，全部工业总产值比 2005 年减少 101487 万元，入统工业企业总产值比 2005 年减少 121553 万元，工业增加值比 2005 年减少 26524 万元。2008 年，工业经济效益迅速增长，全部工业总产值 916823 万元，比 2005 年增加 108024万元；入统工业企业总产值 558141.7 万元，比 2005 年增加 66266.7 万元，工业增加值163365万元，比 2005 年增加 25850 万元。

2001—2004 年满城县工业经济发展情况统计表

表 11-1-5

年份	全部工业总产值（万元）	工业增加值（万元）	工业产品销售率（%）	全县工业用电量（万千瓦时）
2001	551264	119722	97.6	25381
2002	607494	131033	99.3	26116
2003	699332	158574	98.8	27196
2004	833126	196079	—	45200

2005—2008 年满城县全部工业总产值统计表

表 11-1-6

年份	全部工业总产值（万元）	入统工业企业				
		总产值（万元）	增加值（万元）	比上年增长（%）	利税（万元）	比上年增长（%）
2005	808799	491875	137515	5.0	46970	4.2
2006	707312	370322	110991	-26.9	37170	-16.5
2007	780484	411930	121450	21.4	32890	19
2008	916823	558141.7	163365	33.0	42713	32.6

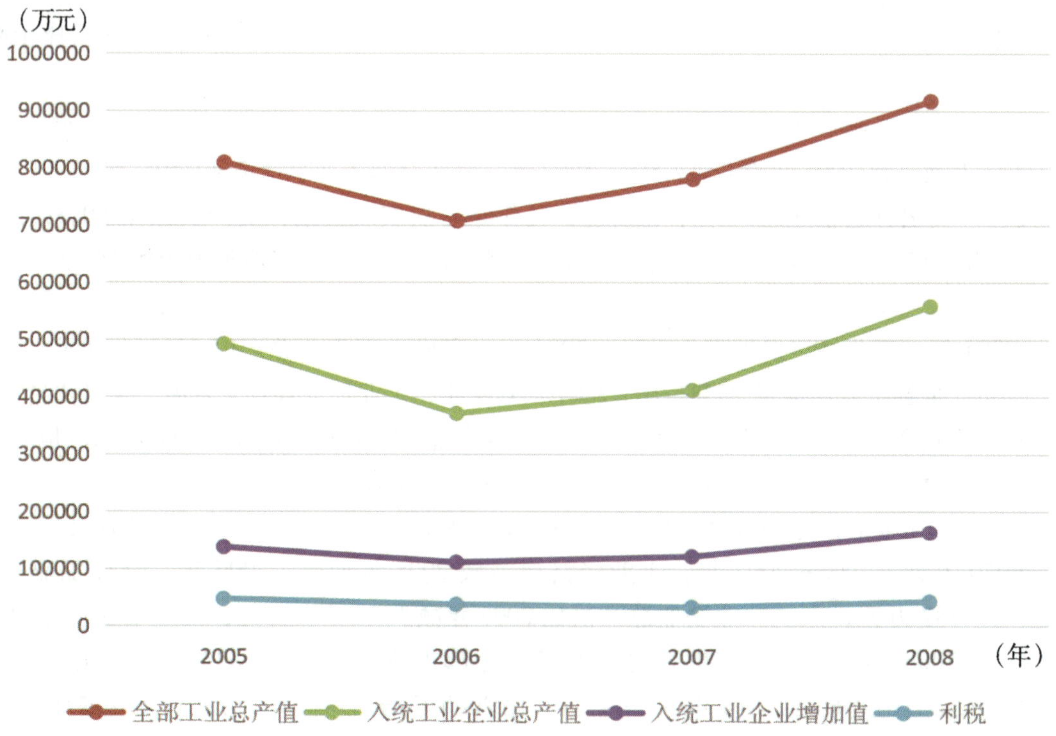

图 11-1-1　2005—2008 年满城县工业总产值折线图

2. 建筑业

1993 年，建筑业逐渐兴起。全年完成建筑业增加值 2125 万元，国有建筑施工企业经济效益回升。1995 年，完成建筑业增加值 10901 万元。1996 年，完成建筑业产值 55657 万元，建筑业增加值 12457 万元。1998 年，完成建筑业产值41380万元，比 1997 年下降 19.2%；完成建筑业增加值 7882 万元，比 1997 年下降 22.3%。2000 年，完成建筑业产值 32090 万元，建筑业增加值 7273 万元。2005 年，完成建筑业增加值 27625 万元。2008 年，完成建筑业增加值 27027 万元，比 1991 年增加 24902 万元，是 1991 年的 12.2 倍。

1993—2008 年满城县建筑业增加值统计表

表 11-1-7　　单位：万元

年　份	1993	1994	1995	1996	1997	1998	1999	2000
增加值	2125	3785	10901	12457	10150	7882	7494	7273
年　份	2001	2002	2003	2004	2005	2006	2007	2008
增加值	9219	11475	14352	19496	27625	33174	33994	27027

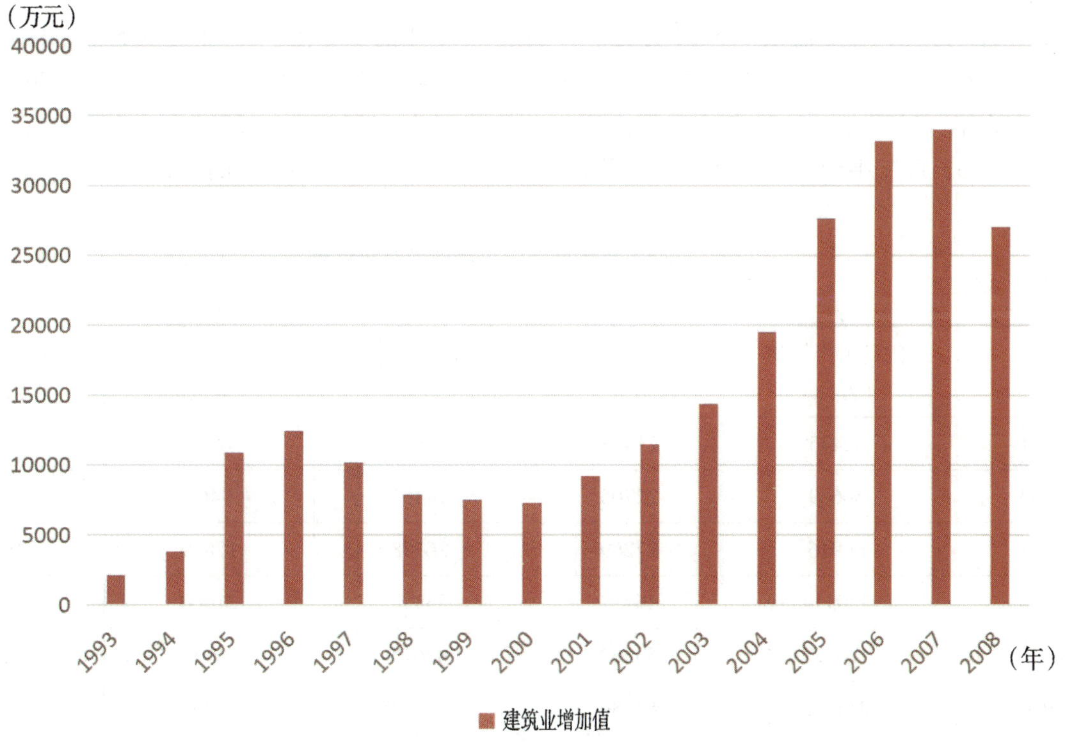

图 11-1-2　1993—2008 年满城县建筑业增加值柱形图

二、经济效益

1991—1995 年间，全县经济发展迅速，但是部分国有企业效益低下，资金短缺。1991 年，国民生产总值完成 42445 万元，完成工农业总产值 73790 万元（1990 年不变价）。三产比是 51:34:15。社会消费品零售总额 22529 万元，其中居民消费品零售总额 16896 万元，比 1990 年增长 23. 1%，社会集团消费品零售总额 1531 万元，比 1990 年下降 1. 9%。职工年平均工资 1681 元，农民人均纯收入 630 元。1995 年，国民生产总值完成 170127 万元，是 1991 年的 4. 0 倍，三产比 31:49:20。社会消费品零售总额 32989 万元，农业生产资料批发额 4234 万元。从经济类型看，非国有商业在消费品零售总额中的比重由 1994 年的 77. 0%下降到 73. 6%，国有商业则由 1994 年的 23. 0%上升到 26. 4%。全社会完成固定资产投资 8. 4 亿元，占“八五”期间投资总额的一半，其中国有单位投资 32403 万元，集体经济项目投资 44402 万元，城乡居民、个人投资 7051 万元。国内生产总值增加值中劳动者报酬由 1991 年的 29285 元提高到97257元，提高 2. 3 倍。固定资产折旧是 1991 年的 3. 6 倍，生产税净额是 1991 年的 6. 2 倍，营业盈余是 1991 年的 10. 2 倍。

1996—2000 年间，国民经济发展迅速，第二、三产业发展迅猛，三产比发生较大变化。2000 年，全县完成国内生产总值 245726 万元，是 1991 年的 5. 8 倍。其中第一产业 62815 万元，第二产业 113189 万元，第三产业 69722 万元，分别比 1995 年增长 17. 7%、37. 0%、1. 0%，三产比 26:46:28。国内生产总值增加值中劳动者报酬 105196 万元，固定资产折旧 39594 万元，生产税净额 14082 万元，营业盈余 86854 万元，分别是 1995 年的 1. 1 倍、2. 1 倍、1. 1 倍、2. 1 倍。

2001—2005 年间，国内生产总值由 269506 万元增长到 449764 万元。尤其是 2004 年经济发展取得显著成效，比 2003 年增加 73172 万元，提高 22. 2%。2005 年，完成国内生产总值是 2000 年的 1. 83 倍，三产比 19:58:21。国内生产总值增加值中劳动者报酬 190937 万元，固定资产折旧94085万元，生产税净额 49122 万元，营业盈余 115620 万元。分别是 2000 年的 1. 8 倍、2. 4 倍、3. 5 倍、1. 3 倍。

2006—2008 年，国内生产总值增加迅速，2007 年比 2006 年增长 10. 8%，2008 年比 2007 年增长 14. 1%。2006 年、2007 年、2008 年人均国内生产总值分别为 11580 元、12895 元、14555 元。2008 年三产比 21:53:26，职工平均工资 19940 元，是 2000 年的 2. 8 倍，是 1991 年的 11. 9 倍。

1991—2008 年满城县国民经济效益统计表

表 11-1-8

年份	国民生产总值（万元）	第一产业（万元）	第二产业（万元）	第三产业（万元）	人均生产总值（元）
1991	42445	21453	14475	6517	1048
1992	50689	22765	18461	9463	1240
1993	66916	27269	26778	12869	1628
1994	120914	46437	53417	21060	2914
1995	170127	53362	82615	34150	4051
1996	225475	64580	115560	45335	5356
1997	254469	74915	115753	63801	6030
1998	276100	79222	122375	74503	6481
1999	220642	60024	98043	62575	5895
2000	245726	62815	113189	69722	6567
2001	269506	65595	128941	74970	7172

续表11-1-8

年份	国民生产总值（万元）	第一产业（万元）	第二产业（万元）	第三产业（万元）	人均生产总值（元）
2002	288311	63878	142508	81925	7611
2003	329085	66974	172926	89185	8662
2004	402257	82996	215575	103686	10752
2005	449764	85076	261929	102759	11610
2006	458062	90303	249729	118030	11580
2007	507674	100866	272114	134694	12895
2008	579094	119500	307447	152147	14555

说明：上述数字均采用当年价格

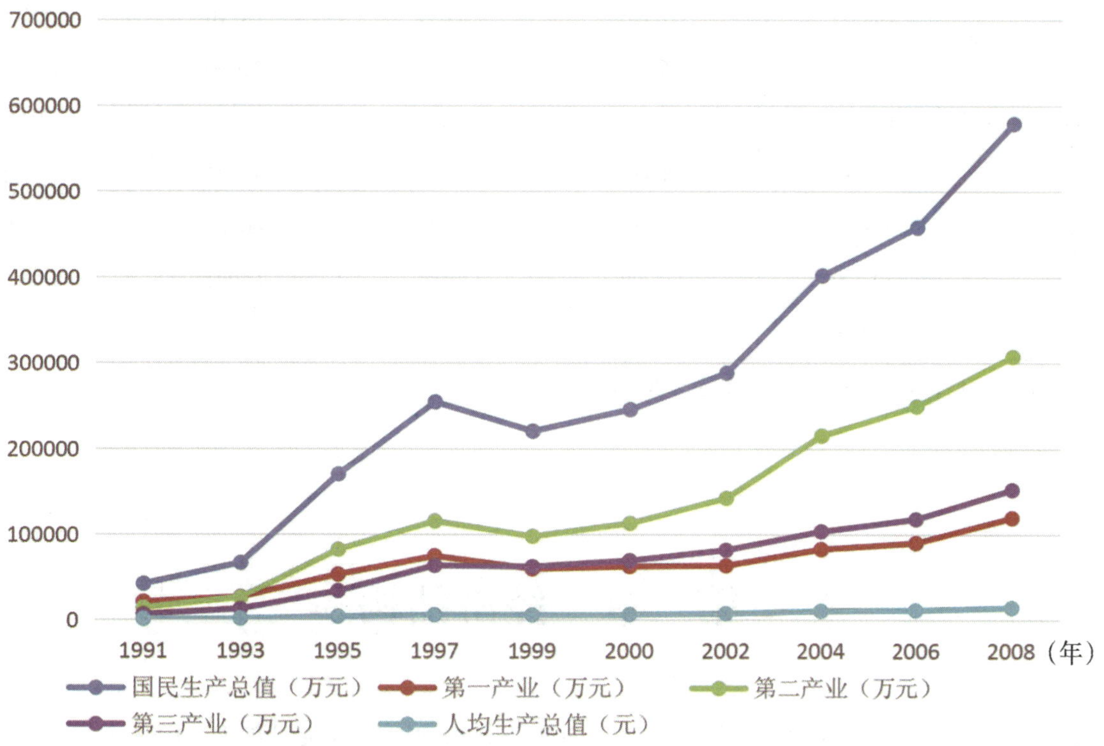

图 11-1-3　1991—2008 年部分年份满城县国民经济效益折线图

1991—2008 年满城县国内生产总值主要构成项目统计表

表 11-1-9　　**单位：万元**

年份	增加值	劳动者报酬	固定资产折旧	生产税净额	营业盈余
1991	42445	29285	5260	2040	4049
1992	50689	30174	7530	9597	3388

续表11-1-9

年份	增加值	劳动者报酬	固定资产折旧	生产税净额	营业盈余
1993	66916	36974	6909	4701	18332
1994	120914	75805	17262	11559	16288
1995	170127	97257	19027	12553	41290
1996	225475	108381	27908	10215	78971
1997	254469	123225	34128	14710	82406
1998	276100	123836	40283	14162	97819
1999	220642	98561	34121	11803	76157
2000	245726	105196	39594	14082	86854
2001	269506	115899	45539	16779	91289
2002	288311	120396	50097	18210	99608
2003	329085	132640	57172	21060	118213
2004	402257	162664	67191	25773	146629
2005	449764	190937	94085	49122	115620
2006	458062	194359	56657	60364	146682
2007	507674	224708	79606	65001	138357
2008	579094	—	—	—	—

说明：因统计口径不同，1991年各项数字之和与增加值不等

第二章　经济结构

随着工业企业、商业改革进程的深入，工业商业所有制结构发生深刻变化。1991年，入统工业企业中全民所有制企业18家，集体所有制企业59家，其他形式企业1家，其产值分别占入统工业总产值的63.2%、22.9%、13.9%。2008年，入统国有企业3家，规模以上集体企业3家，其他类型工业企业58家，产值分别占入统工业总产值的14.7%、6.4%、78.9%。社会消费品零售总额中，全民所有制、集体所有制、个体商业所占比重发生巨大变化，1991年分别为32.7%、46.3%、14.4%，2004年分别占14.1%、12.9%、60.1%。第一产业在国民生产总值中的优势地位被第二产业代替，第三产业逐渐兴起。固定资产投资呈快速增长趋势，2004年为177972万元，是1991年的57.5倍。2008年，全社会固定资产投资完成260009万元。全县工业企业能源消耗量呈逐年加大趋势。物资能源消费中产值能耗有所起伏，1993年万元产值标准煤消耗量2.46吨，1996年为1.92吨，1997年出现大幅提高为3.01吨。

第一节 所有制结构

一、工业所有制结构

1991—1995年间，全县企业推行股份制、租赁、破产、拍卖、国有民营、转让等改革，工业内部结构有所调整。1991年，工业企业78家，工业总产值21205万元。其中全民所有制企业18家，完成产值13393万元占工业总产值的63.2%；集体所有制企业59家，完成产值4865万元，占工业总产值的22.9%；其他形式企业1家，完成产值2947万元，占工业总产值的13.9%。另有村办工业企业226家（规模以下），实现工业产值10525万元。1995年，完成工业总产值299154万元。其中国有企业15家，完成产值27601万元，占全县工业总产值的9.3%；城（镇）街道和乡及乡以上集体企业98家，年产值43481万元，占工业总产值的14.5%；其他类型工业企业完成工业产值228072万元，占工业总产值的76.2%。

1996—2000年间，推进国有企业改革。2000年，完成全部工业总产值480388万元。国有企业单位减至9家，完成产值23763万元，占全部工业总产值的4.9%；集体工业企业255家，产值132396万元，占全部工业总产值的27.6%；其他类型工业企业实现产值324229万元，占全部工业总产值的67.5%。

2001—2005年间，工业所有制结构继续调整。2005年，完成入统工业总产值491875万元，其中国有工业企业3家，完成产值65934万元，占入统工业总产值的13.4%；入统集体企业3家，产值27574万元，占入统工业总产值的5.6%；入统有限责任公司11家、股份有限公司4家、私营企业43家，外商投资企业3家，实现年产值398367万元，占全县入统工业总产值的81%。

2008年，完成全部工业总产值916823万元，其中入统工业总产值558141.7万元。国有企业3家，完成年产值81854.6万元，占入统工业总产值的14.7%，比1991年下降48.5%；入统规模以上集体企业3家，完成产值35947万元，占入统工业产值的6.4%，比1991年下降16.5%；入统其他类型工业企业58家，完成工业产值440340.1万元，占入统工业总产值的78.9%，比1991年增加65%。

二、商业所有制结构

1991年，全县社会商品零售总额（包括农民对非农业居民零售额）22529万元。1991年，社会消费品零售总额中，全民所有制成分占较大比例，为32.7%。至1992年有一定增长，达36.6%。1993年有较大降幅，减少16.9个百分点，仅占19.7%。至1996年降到最低，仅占7.4%。1997—2004年，所占比例相对稳定，保持在12.2%~16.8%。1991年，集体所有制成分占绝对优势，为46.3%，1992年锐减成27.6%，1997年达最低，仅占3.2%，以后逐年回升，2000—2004年，保持在11.8%~12.3%。1991年，个体在社会消费品零售总额中占14.4%，之后迅速增加。1993年占52.9%，1997年占69.9%，之后稳定在60%以上，占主导地位。2005年，社会消费品零售总额118753万元，2006年为137397万元，2007年为159243万元；2008年为194499万元，比2005年增长63.8%。

1991—2004 年满城县社会消费品零售总额结构统计表

表 11-2-1

单位：万元、%

年份	社会消费品零售总额	其中						
			全民所有制	集体所有制	合营	个体	股份合作	其他
1991	22529	数额	7365	10440	583	3254	0	887
		所占比例	32.7	46.3	2.6	14.4	0	3.9
1992	24435	数额	8945	6753	81	6888	0	1768
		所占比例	36.6	27.6	0.3	28.2	0	7.2
1993	17018.1	数额	3352.5	4022.6	—	9000	0	643
		所占比例	19.7	23.6	—	52.9	0	3.8
1994	22512	数额	5188	4174	—	12360	0	790
		所占比例	23.0	18.5	—	54.91	0	3.5
1995	32988.7	数额	8710.7	5609	—	16608	0	2061
		所占比例	26.4	17	—	50.34	0	6.2
1996	41243	数额	3038	1396	—	—	0	36809
		所占比例	7.4	3.4	—	—	0	89.2
1997	50637	数额	6495	1639	1876	35363	0	5264
		所占比例	12.8	3.2	3.7	69.9	0	10.4
1998	53718	数额	9010	3995	0	—	0	40713
		所占比例	16.8	7.4	0	—	0	75.8
1999	56354	数额	6903	4335	0	—	0	45116
		所占比例	12.2	7.7	0	—	0	80
2000	62179	数额	8535	7323	0	—	0	46321
		所占比例	13.7	11.8	0	—	0	74.5
2001	69169	数额	9845.8	8265	0	43651	0	7407.2
		所占比例	14.2	12.0	0	63.1	0	10.7
2002	77122	数额	11019.1	9454.5	0	48624.3	283.4	7740.7
		所占比例	14.3	12.3	0	63.0	0.4	10.0
2003	78838.4	数额	11836.6	10363.5	0	47347	263.8	9027.5
		所占比例	15.0	13.1	0	60.0	0.3	11.5
2004	92037.5	数额	13399	11895	0	55308	322.5	11113
		所占比例	14.6	12.9	0	60.1	0.4	12.1

说明：此表数字来自《满城县国民经济和社会发展统计资料》。因统计口径不同，1996 年、1998—2000 年，私营、个体商业没有单独统计，包含在其他项内。2005—2008 年统计口径与 1991—2004 年不同，故没统计

三、农业所有制结构

1991 年，全县农村土地采取家庭联产承包责任制。1999—2000 年，进行第二轮土地承包，至 2005 年完成，以尊重群众意愿，大稳定，小调整的原则进行，承包期 30 年。

第二节　产业结构

1991 年，国民生产总值 42445 万元，第一产业产值占国民生产总值的 50.5%，第二产业产值占国民生产总值的 34.1%，第三产业产值占国民生产总值的 15.4%。1995 年，国民生产总值 170127 万元，第一产业产值占国民生产总值的 31.4%，第二产业产值占国民生产总值的 48.5%，第三产业产值占国民生产总值的 20.1%。2000 年，国民生产总值 245726 万元，第一产业产值占国民生产总值的 25.6%，第二产业产值占国民生产总值的 46.0%，第三产业产值占国民生产总值的 28.4%。2005 年，国民生产总值 449764 万元，第一产业产值占国民生产总值的 18.9%，第二产业产值占国民生产总值的 58.2%，第三产业产值占国民生产总值的 22.9%。2008 年，国民生产总值 579094 万元，第一产业产值占国民生产总值的 20.6%，比 1991 年下降 29.9%；第二产业产值占国民生产总值的 53.1%，比 1991 年增加 19.0%；第三产业产值占国民生产总值的 26.3%，比 1991 年增长 10.9%。

1991—2008 年满城县产业结构统计表

表 11-2-2　　单位:%

年份 / 类别	1991	1992	1993	1994	1995	1996	1997	1998	1999
第一产业	50.5	44.9	40.8	38.4	31.4	28.6	29.4	28.7	27.2
第二产业	34.1	36.4	40.0	44.2	48.5	51.3	45.5	44.3	44.4
第三产业	15.4	18.7	19.2	17.4	20.1	20.1	21.1	27.0	28.4

年份 / 类别	2000	2001	2002	2003	2004	2005	2006	2007	2008
第一产业	25.6	24.3	22.2	20.4	20.6	18.9	19.7	19.9	20.6
第二产业	46.0	47.9	49.4	52.5	53.6	58.2	54.5	53.6	53.1
第三产业	28.4	27.8	28.4	27.1	25.8	22.9	25.8	26.5	26.3

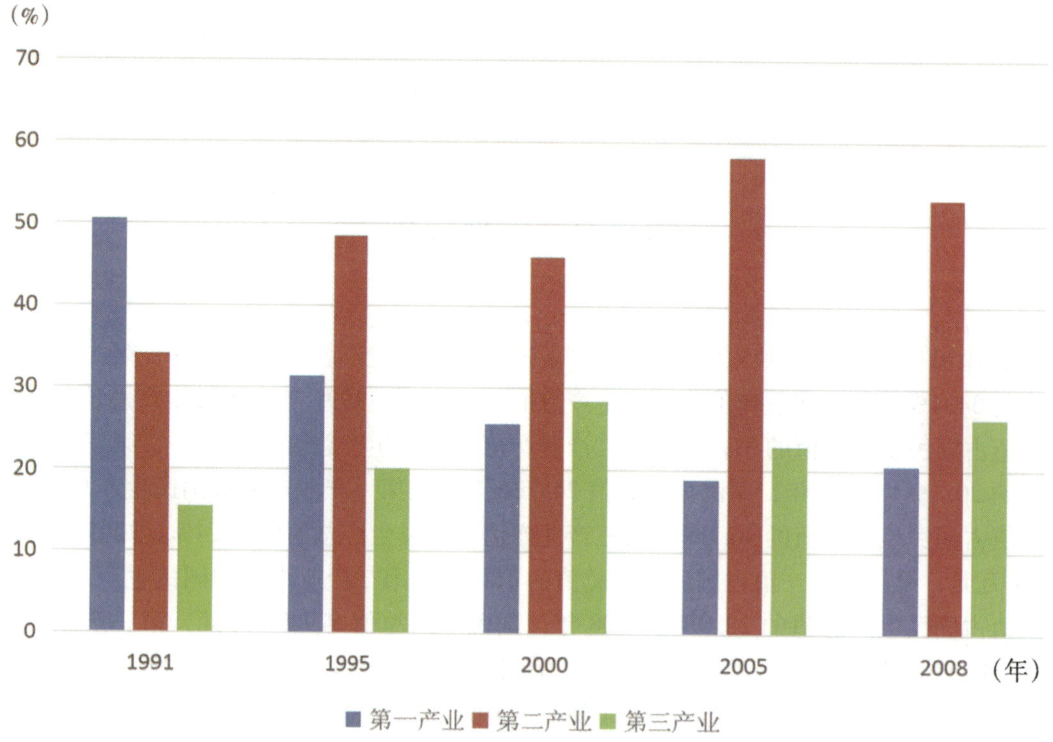

图 11-2-1　1991—2008 年部分年份满城县产业结构柱形图

第三节　投资结构

1991 年，全县固定资产投资 3096 万元。1995 年，国家加强宏观调控，县财政资金十分紧张，县委、县政府开展“投入年”活动，全社会完成固定资产投资 83856 万元，其中国有单位投资 32403 万元，集体经济项目投资 44402 万元，城乡居民、个人投资 7051 万元。在国有单位投资中基本建设投资 27609 万元，比 1994 年增长 4.8 倍，更新改造投资 4794 万元，比上年增长 14.9%。

1996—2000 年间，固定资产投资势头未减。2000 年，全年完成社会固定资产投资 64109 万元，其中地方固定资产投资 56933 万元。地方固定资产投资中基本建设投资 15375 万元，农村非农户固定资产投资 34910 万元，城镇集体单位投资 808 万元，国有及其他更新改造投资 5840 万元。

2001—2005 年间，全社会固定资产投资力度持续加大，基础设施建设得到加强。2005 年，全年完成全社会固定资产投资 186952 万元，地方固定资产投资 168179 万元，城镇以上固定资产投资 114731 万元，农村非农户固定资产投资 65434 万元，房地产开发投资 4531 万元，城镇工矿区私人建房投资 11986 万元，农村个人投资 6787 万元。

2008 年，全年完成全社会固定资产投资 260009 万元，城镇以上投资 200639 万元，地方固定资产投资 203349 万元，农村非农户固定资产投资 2710 万元，农村个人投资 56660 万元，房地产开发投资 12707 万元。

1991—2004 年满城县固定资产投资完成情况统计表

表 11-2-3　　单位：万元

年份	合计	基本建设投资	更新改造投资	城镇集体投资	农村集体（非农户）投资	城镇私人建房	农村个人投资	房地产开发	其他
1991	3096	3055	—	41	—	—	—	—	—
1992	660	476	160	24	—	—	—	—	—
1993	14435	2753	3974	—	—	—	—	—	7708
1994	38043	4797	4171	657	23838	1090	3490	—	—
1995	83856	27609	4794	2363	42039	1771	5280	—	20
1996	123418	76496	5625	212	32064	3266	5755	—	—
1997	102383	60074	6914	299	24894	3590	6612	—	—
1998	74907	21104	8702	1350	31022	3011	9358	—	—
1999	65612	11490	5832	1130	32765	4840	6435	—	—
2000	64109	15375	5840	808	34910	5100	—	—	—
2001	86858	16170	10890	260	41888	5800	4000	—	—
2002	108128	15652	8645	5090	49962	7360	7040	9260	5119
2003	135240	17365	18200	5560	67777	4380	3500	3643	14815
2004	177972	43097	31086	12566	76118	9279	3900	1926	—

2005—2008 年满城县全社会固定资产投资完成情况统计表

表 11-2-4　　单位：万元

年份	全社会固定资产投资	地方固定资产投资	城镇以上固定资产投资	农村非农户固定资产投资	房地产开发	城镇工矿区私人建房	农村个人投资
2005	186952	168179	114731	65434	4531	11986	6787
2006	208711	201051	144014	57037	7677	—	7660
2007	230001	179161	170007	9154	2492	—	50840
2008	260009	203349	200639	2710	12707	—	56660

第四节　物资能源消费结构

1991 年，全年生产消费煤炭 48258 吨，焦炭 1746 吨，汽油 80 吨，柴油 42 吨，润滑油 2 吨，电力 2269 万千瓦时。工业企业电力消费量 2231 万千瓦时，煤炭消费量 34792 吨。

1992 年，煤炭消费总量 36840 吨，电力消费量 2019 万千瓦时。万元产值综合能源消费量情况如下：煤炭采选业2.94吨，食品、饮料和烟草制造业1.17吨，纺织业1.06吨，化学工业5.34吨，建筑行业及其他非金属矿物制品业7.20吨，金属制品业0.89吨，机械、电子、电子设备制造业0.71吨，其他工业0.55吨。

1993—1996年，产值能耗保持下降趋势，1993年，万元产值标准煤消耗量2.46吨，1994年为2.34吨，1995年为1.96吨，1996年为1.92吨。到1997年出现大幅提高，万元产值标准煤消耗量3.01吨。

1994—1997年部分年份满城县工业企业综合能耗统计表

表11-2-5　　单位：吨标准煤

项目 \ 年份		1994	1995	1996	1997
总计		40140	45638	54867	37808
制造业	小计	39601	45359	54247	37808
	食品业	644	1032	724	5532
	纺织业	4962	3374	5764	—
	化学工业	15450	18445	21947	—
	非金属矿物制品业	16684	20472	22133	—
	金属制品业	640	681	465	322
	普通机械制造业	1179	1286	2959	10
	专用设备制造业	—	—	203	—
	造纸及纸制品业	—	—	—	141
	橡胶制品业	—	—	—	31803
	其他	42	69	52	—
电力、煤气、水等行业		—	—	620	—
产值能耗（吨标准煤/万元）		2.34	1.96	1.92	3.01

1998—2004年，工业企业主要能源消费量显著增加。1998年原煤消费量96991吨，汽油消费量5478吨，柴油消费量1787吨，电力消费量11513万千瓦时。2004年原煤消费量290850吨，比1998年提高近2倍；汽油消费量7579吨，比1998年增加2101吨；柴油消费量3650吨，比1998年提高1倍多；电力消费量73214万千瓦时，比1998年提高5.4倍。

2005—2008年，原煤调入量出现较大起伏。2006年调入量比2005年增加19.2万吨，2007年又比2006年下降19.6万吨。2007—2008年，稳定在27.8万吨左右。2005年汽油调入量为7276吨，2006年下降到2356吨，2007年调整到3875吨，2008年为3139吨。2005年柴油的调入量为3614吨，2006年下降到2510吨，2007、2008年大幅增加，2007年调入量是2006年的2.6倍，2008年调入量是2006年的5倍。2004年、2005年电力消费量在7亿千瓦时以上的水平，2006年下降到5.4亿千瓦时，之后保持稳定。2005年开始引进新能源天然气，天然气调入量逐年大幅增加，2005年调入30万立方米，

2006年调入71万立方米，2007年调入100万立方米，2008年调入149.61万立方米，是2005年的5倍。

1998—2008年满城县工业企业主要能源消费统计表

表11-2-6

年份	原煤（吨）	汽油（吨）	柴油（吨）	电力（万千瓦时）	焦炭（吨）	天然气（万立方米）
1998	96991	5478	1787	11513	400	0
1999	94864	6014	1530	13670	418	0
2000	110851	621	751	11076	—	0
2001	172307	5746	1645	12914	1126	0
2002	195515	6166	1717	14418	1830	0
2003	232773	3839	1502	19489	4569	0
2004	290850	7579	3650	73214	2010	0
2005	282124	7276	3614	71285	1970	30
2006	474672	2356	2510	54099	1560	71
2007	278214	3875	6624	57873	1850	100
2008	278010	3139	12632	57655	1250	149.61

说明：2004—2008年能源数量为调入数量，电力为有关行业（农业、建筑、批发零售贸易餐饮、运输邮电）的消费量

第三章　经济体制改革

20世纪80年代初，农村家庭土地联产承包责任制的实施，拉开了农村经济体制改革的序幕。土地全部承包到户，承包期15年，极大地调动了农民耕种的积极性。2000—2005年，开展第二轮土地承包，承包期30年。2002—2006年，逐渐取消乡统筹费、农业特产税、农业税等各种农业税费，从2004年开始对农民实行粮食直补。先后实行林业“三定”“谁栽谁有”“四荒”拍卖和集体林权制度改革，林业发展焕发了活力。1986年，从承包车间、班组开始，工业企业体制改革不断深入。至2002年，全民国有、集体工业企业完成承包、股份制兼并等形式的改制，国有、集体商业通过承包、租赁、破产、兼并、股份制改造等形式完成体制改革。粮食流通领域从计划经济走向市场，财务制度、经营管理发生巨大变化。2005年完成改革后，只保留国有独资的军供服务中心和4家国有控股的粮食购销企业，其他企业净资产整体拍卖，人员大部分分流。宏观调控向引导型、多部门联动型、主动介入型和稳健型转变。

第一节　农村经济体制改革

一、家庭联产承包责任制

1980年，因地制宜，坚持既保持集体化方向又坚决打破“大锅饭”的方针，逐步推行和完善农村土地联产承包责任制，承包期15年。1982年，实行耕种、收获、缴征购粮、农业税大包干。1999—2000年年底，以有利于农村稳定和发展为基本原则，按照严格政策、严密组织、严格程序、坚持原则、先易后难、分类指导、整体推进的思路，进一步稳定和完善农村土地承包关系，开始进行第二轮土地承包，承包期30年。此次调整坚持大稳定、小调整，尊重群众意愿，因地制宜，严格报批，严格控制和管理机动地的原则，与农户签订承包合同，发放30年土地经营权证书。在完善以家庭承包经营为基础、统分结合的双层经营体制的基础上，按照依法、自愿、有偿的原则，推进土地使用权的合理流转，逐步发展规模经营。2004年，进行农村土地二轮承包扫尾工作。2005年，二轮承包扫尾工作完成。

二、农村税费改革

2002年，按照中央和省统一部署，取消乡统筹费、农村教育集资等专门面向农民征收的行政事业性收费和政府性基金、集资，取消屠宰税，取消统一规定的农村劳动积累工和义务工。调整农业税政策，调整农业特产税政策。改革村提留征收使用办法，在合理确定计税土地面积、常年产量、改革前的农民合理负担等基本数据的基础上，综合税率降为7%。

2003年，取消农业特产税，中央财政配之以专项转移支付。

2004年，对种粮农民实行直接补贴，在税率6%的基础上，农业税率下降3%，减轻农民负担580万元。

2005年，农业税率再次降低2%，减轻农民负担427万元。2006年全面取消农业税。2007年，落实粮食直补资金274万元，综合直补资金670万元。2008年，落实“四补贴”（包括种粮农民直接补贴、农资综合补贴、良种补贴和农机具购置补贴）资金2423.8万元，其中粮食直补和综合直补资金2017.1万元，小麦、玉米良种补贴资金287万元，农机购置补贴资金119.7万元。

三、林业体制改革

1994—1996年，县委、县政府制定“谁栽谁有、谁开发谁受益”的林业政策，无偿提供苗木，每新打一眼井，增容费减半，配套费补助2万元，扶持山区群众大力实施“人均百棵果树工程”。集体统一组织栽植，分户经营管理，个体林地面积迅速扩大。1996年，继续坚持和稳定林业政策，国家、集体所有的宜林荒山，向社会公开招标，由集体或个人承包治理，坚持谁开发、谁受益，限期绿化。允许继承、转让、租赁、抵押，承包期50~70年不等。从有效益年起免征3~7年农林特产税。

1997年，实施和完善集体宜林“四荒”（荒山、荒地、荒滩、荒沟）使用权拍卖政策，鼓励“四荒”承包拍卖，承包期限一定30~50年不变，并进行法律公证。拍卖后的使用权允许继承、租赁和转让。打破乡、村界限，凡是有开发治理能力的个人和科研、企事业单位均可参与购买。从受益之日起，3年内免缴农业税和农林特产税及乡、村统筹、提留费。鼓励和支持各部门、各单位以资金、林果资源、技术设备、劳动力等生产要素入股，建立多种形式的林果股份合作制。按照新《中华人民共和国森林法》规定，实行林地确权发证。1997年夏，刘家台乡司法所现场办公，仅刘家台村、白沙村就公证荒山承包合同400多份。

1999 年开始，县政府出台政策，明确荒山荒滩承包拍卖期限可延长 70 年。从有效益年起免征 3~7 年农林特产税。鼓励机关、事业单位干部、科技人员承包、购买荒山，限期绿化。

2007 年，开展集体林业产权制度改革。编制林地保护利用规划，落实林地；以林地、林木权属为基础，多种形式明晰集体林业产权；依法进行林权登记，核发林权证或复核验证；完善流转体制，规范森林、林木和林地使用权的流转，确权发证面积 374760 亩，发放林权证 19108 本。

第二节　工业企业体制改革

一、工业体制改革

1986 年，企业经营体制改革不断深入，承包经营责任制逐渐完善。各企业在承包车间、班组的基础上开始实行全厂承包。通过推荐、招聘、竞争的方式，由一个人或多人牵头组成承包小组，实行以利润为主要指标的承包。完成重奖，完不成扣罚，由个人或承包小组集体与县有关部门签订承包合同。年底，县水泵厂、拔丝厂、被服厂等企业实行个人承包；县建材厂、砖厂、电石厂、木器厂、荆编厂、印刷厂、机械厂、磷肥厂、太行化工厂等企业实行领导班子集体承包。工人则实行浮动工资、计件工资、岗位工资、承包工资、提成工资等多种分配形式。承包后增加了企业独立经营的权力，改变了企业内部“吃大锅饭”的状况，较好地调动了企业和工人的生产积极性。“七五”期间，全县工业总产值平均年递增 6.6%，形成了以建材、食品、化工、机械、纺织等 5 个行业为主体的多门类工业结构。主要工业产品 37 种，地挂毯、电焊网、窗纱、装饰布等产品还进入了国际市场。

二、企业改制

1993 年 5 月，根据国务院下发的《批转国家体改委、国务院生产办关于股份制企业试点工作座谈会情况报告的通知》精神，率先在保定深井泵厂（原满城县水泵厂）进行股份制改革，由职工出资买断国家资产，更名为保定深井泵股份有限公司。改制后，在人事制度、工资制度、厂内生产运营机制等多方面进行改革，当年利税大幅增长，一举跻身全国同行业前八强。后改制为河北虹银泵业股份有限责任公司。

1993 年 9 月，本着大胆试、积极推、务求好、不能乱的工作原则，遵循划分层次、主体推进、因企制宜、一企一策、产权多元化、形式多样化、经营市场化的总体工作思路，积极推开县属国营、集体工商企业的改制工作。

1993 年，县印刷厂在胶印车间试行股份制，实行一厂两制。改革仅两个月，就实现产值 14 万元，利税 1.4 万元，全厂扭亏为盈。1997 年，全厂实行股份制改造，成立县印刷有限责任公司。同年年底，县水泥厂与砖厂合并，建成新水泥厂，因新水泥厂达不到设计产量，投产后严重亏损。1996 年，河北八达集团将其兼并。2004 年，河北八达集团破产，新水泥厂亦随之破产，整体卖给保定保塑集团。

1995 年 10 月，县粮食局贸易公司吸收合并焊华电焊网有限公司（原县电焊网厂），成立保定市满城县宝山集团有限公司。

1996 年 5 月，民营企业东亚玩具厂兼并已停产的县毛纺厂。1998 年 10 月，东亚玩具厂又与已停产的县拔丝厂合并，成立东亚集团有限公司。由于经营不当，县毛纺厂和拔丝厂长期停产。2004 年 3 月，东亚集团有限公司倒闭，县拔丝厂向社会公开拍卖。

1996 年 11 月，县石油化工厂进行股份合作制改造，成立县石油化工有限公司。1997 年 4 月，兼并县木器厂，因市场不景气，县木器厂于2002年停产。

1996年12月，县汽车大修厂进行股份合作制改造，成立县汽车大修有限公司。同年，新新服装有限公司购买破产企业县被服厂，宝山集团兼并县电焊网厂。

1997年，县棉纺厂改制，成立保定金水纺织集团有限公司。1998年6月改制，企业资产净值1040万元，由职工出资买断。改制后的棉纺厂更名为保定金水纺织集团满城棉纺有限公司。公司改制后发展迅速，先后对原织布车间进行扩建，对厂区进行大规模改造，提高产品质量。

1998年2月，县工业经销公司实行股份制改造，成立县工业物资供销有限公司。同年8月，保定市铸石厂完成股份合作制改造，成立保定铸石集团股份有限公司。同年12月，民营企业满通公司整体兼并县陶瓷厂。同年年底，县经销公司实行股份制改造，成立县经销有限公司。

截至2002年年底，全县国有、集体工业企业改制基本完成。县经贸局承担对县办工业管理、指导、协调、监督、服务的职能。同时对全县销售收入500万元以上工业企业的经济运行进行宏观指导和服务。是年，纳入县经贸局管理的企业19家，资产总额2.8亿元，职工总数4100人。改制企业对原企业职工进行妥善安置，对符合退休年龄和基本符合退休年龄的，办理退休手续；可以买断工龄，自谋职业，到退休年龄后再办理退休手续；对特殊困难职工给予低保补助；对个别自谋职业的职工停薪留职，本人负责交纳养老保险金。

第十一个五年规划期间，对工业企业体制改革工作开展回头看，推广先进典型经验，解决改制后出现的问题，对改制不成功的企业实行二次改制。

第三节　流通体制改革

一、商业体制改革

（一）国营商业经营体制改革

1984—2008年，商品经营经历由计划经济到市场经济的重大变革，国有商业的改革力度不断加大，企业逐步实行承包经营、租赁经营、股份制改造、破产兼并等经营形式，国有、集体投资项目逐步减少，民营资本逐渐成为投资经营的主体。

1984—1990年，商品经营以国营商业为主，推行承包经营责任制。按照包死基数、确保上缴、超收多留、歉收自补的方针，县商业局下属的百货、五金、医药、食品4家批发公司实行上缴利润包干的承包方式，其他的40家公司和小型单位，有4家实行租赁，9家实行税后利润包干，27家实行国家所有、集体经营、照章纳税、自负盈亏。这一阶段，所有商业企业均确定法人，签订经营合同，形成了比较完善的承包体系和风险机制。其中有6家企业实行全员风险抵押金，425名干部职工按照职责划分档次，交纳风险金27.6万元。推行用工合同制管理，优化劳动组合，设销售定额单项奖，工资总额与经济效益挂钩。商业系统呈现出服务质量好，劳动热情高，经济效益明显上升的良好势头。由于多种因素制约，1987年以后，此种经营方式呈现逆转趋势，人民商场和贸易公司等单位产生负效益。

1990年以后，按照包死库存、确保上交、超收归已、歉收自补的原则，开始推行租赁经营，商业系统各下属单位经营模式越来越灵活，经济效益呈现出逐渐好转的态势。百货、五金、食品、药材、糖酒和饮食服务公司，逐步推行班组、门店租赁经营。1997年，县冷冻厂整体租赁给个人（刘万水）经营。

1998年6月，经县政府批准，县法院依法对百货公司、化妆洗涤用品公司、石油化工公司、文化体育用品公司宣布破产。1999 年 12 月，对上述 4 家公司连带服装厂整体拍卖给宝山集团，拍卖资金 150 多万元，用于职工安置，交纳养老金，偿还职工集资款和工资等。2000 年 5 月，经县政府批准，对糖酒蔬菜公司实行兼并改革，兼并单位为金水集团，公司、人、财、物全部归属金水集团。

2000 年开始，经县政府批准，对 5 家公司全面推行股份制改造。2000 年 12 月，县饮食服务公司改制为饮食服务有限公司，有 27 名职工入股，每股 2000 元，共入股 50 多万元。2001 年 8 月，县人民商场改制，成立玉城商贸有限公司。有 37 名职工入股，每股 2000 元，入股资金 78 万元。人民商场整体租赁给玉城商贸有限公司，租赁期 17 年，其债权债务归商业总公司，玉城商贸有限公司每年向商业总公司交纳租赁费 9 万元。2001 年 12 月，食品公司改制为燕赵食品有限公司，新旧公司分离，有 63 名职工入股，每股 2000 元，共入股 96 万元。2002 年 4 月，药材公司改制为康宝医药药材有限公司，有 63 名职工入股，每股 2000 元，共入股 53 万元。2002 年 4 月，医药公司改制为纪元医药药材有限公司，有 62 名职工入股，每股 3000 元，共入股金 103.5 万元。

（二）集体商业经营体制改革

为适应市场经济的发展，20 世纪 80 年代至 2008 年，供销合作系统在管理体制方面进行一系列改革。1982 年，县供销合作社（以下简称县社）围绕提高经济效益这个中心，对经营方式进行变革，采取自销、代销、联合推销、联购分销、组织远销、扩大出口等方式进行经营，充分发挥供销社的群体优势，取得一定成效。截至 1984 年 11 月，全社系统共清股金 17.5 万元，分红 1.2 万元，扩股 186 万元，占流动资金的 90%，入股户 78953 户，全县 23 个供销社除东马、大马坊 2 个基社外均完成体制改革任务。同年 6 月 7 日，召开县社第四届社员代表大会，成立县联合社，通过民主选举，有 23 名职工提拔为正、副主任。

1982 年开始，在发展多种经营方式的同时，试行班组经营承包责任制，探索官办变民办的管理体制改革。先是在顺民供销社搞试点，采取对经营班组定人员、定资金、定库存、定上缴利润的承包办法，试行一年后在全系统推开。全系统 178 个班组全部实行承包责任制。一些供销社进而实行包死基数、确保上交、超收分成、亏损自付的承包办法。1984 年，全年完成商品纯销售额 4364.9 万元。

1987—1990 年，推行企业领导任期目标责任制。1987 年，县社引进竞争机制和激励机制，对所属企业主要领导实行选聘制、任期目标责任制，参照各企业历年完成财务指标情况，加增长因素制定企业三年内逐年完成销售、利润等主要财务指标以及安全保卫、精神文明建设、服务体系建设等系列指标，以责任书的形式，由企业主要领导签订，并将企业经济效益与企业领导班子的工资捆在一起同步升降。对不能签订责任书的视为自动辞职，在任期内县社对企业进行分期审计，对半年完不成进度指标的黄牌警告，年底完不成任务指标的自动离职。1989 年，经济效益创历史最好水平。

1990 年，县社机关人员 68 人，设有 11 个科室。将保卫科、检查室与人事科合并为人保科；将物价科、信息科与业务科合并；将基层指导科与办公室合并；对富余人员进行分流，对年老多病接近退休年龄的办理退休手续或内退二线，到年龄后办理退休；把年富力强有领导才能的人员安排到基层企业任职，将部分人员分流到企业挂职，人事工资关系保留在县社机关，养老统筹金和工资由企业负担。通过多渠道分流精减人员 15 人，减少经费开支，减轻了企业负担。县社领导和科室人员分包企业机关人员，工资与所包企业经济效益挂钩，同步升降。但是，在激烈的市场竞争中，县社系统失去了计划经济时期的市场垄断优势，经营、管理方式等已不适应时代发展的需要，失去了发展的动力和活力。到 1991 年年底，有亏损社十几个，其中资不抵债的“空壳社”5 个。1992 年，县社系统已有经济包袱 886 万元。

1992 年，企业对班组实行“四定”（定人员、定库存、定资金、定利润）的承包办法，做到包死基数、保证上缴、超额分成、亏损自负，增强竞争机制。开展“四放开”（指经营、价格、用工、分配四放开）改革，通过实行承包经营责任制，职工的积极性空前高涨，经营方式更趋灵活，广泛采用预约销售、让利销售、登门销售等促销方式。1994 年，开始推行筹资经营和买断商品经营，至此供销合作社的农村生活资料经营开始走向市场。1995 年，在基层社管理体制上进行有益探索，将西庄、贤台、马坊、要庄 4 个基层社组建成立县东基层联合社。此种管理方法遏制了马坊、要庄社的亏损局面，取得很好的经济效益。同年，神星供销社将偏远的龙门分店 6.2 亩土地连同地面附着物永久转让。1996 年 5 月—2001 年 5 月，供销社罐头厂（明花食品厂）实行承包经营，承包者为罐头厂职工张丙连。在张丙连承包期间，原罐头厂干部职工全部安排上班。按照工资标准逐月发给工资、补贴、劳保及一切福利待遇。

2001 年，县食品厂实行股份制改造，50 名职工全部入股，每股 3000 元。同年，明花食品厂实行买断经营，职工全部安置。

2005 年，对具有一定实力和经济效益较好的基层供销社，通过吸纳经营骨干、其他经济组织和农民加入，以合作制和股份合作制等形式，改造成为新型基层合作社；对边小微亏的基层供销社，实行撤社留店，合并重组；对资不抵债、扭亏无望的基层供销社依法破产。

二、粮食流通领域改革

（一）财务制度改革

1991 年 5 月 1 日起，根据省市文件精神，粮油销价提高，取消粮油提价补贴；粮食企业按比例收购的食油按实付的比例价款核算进价成本，不再领取加价款。

1992 年，粮食部门的商业企业财务管理属省财政，工业企业财务管理属县财政，其资金来源有三个渠道：一是国家拨的特种储备资金；二是省、市核定的流动资金；三是两项不足向银行贷款。1993 年，开始执行新会计制度。实行粮食风险基金，由市财政拨补。

1998 年 6 月 1 日起，执行粮改新政策。政策规定，1992 年 4 月 1 日至 1998 年 5 月 31 日期间发生的新增财务挂账，经审核确认纳入消化范围，从 1998 年 7 月 1 日起，由农业发展银行停收利息。1998 年 6 月 1 日以后，粮食收储企业不允许再发生新的亏损挂账。粮食企业通过减员增效、改善经营、降低费用、提高效益，尤其是坚持顺价销售的原则，在还本期限内，从经营利润中逐步归还亏损挂账本金。1999 年 1 月 1 日起，粮食企业的新增财务挂账本金由市、县人民政府统筹，资金在 10 年内消化。同年，县粮食局财务报表由向市财政划转为向县财政报表。

1999 年，粮食销价执行包干 271 万元，企业按总库存扣除合理库存后，费用每吨每年 40 元，利息按同期利率执行，销售补贴按每斤 1 分 5 厘执行。

2002 年 6 月 31 日起，甲字粮（备荒储备粮，粮权属于中央）、506 粮（战略储备粮，粮权属于中央军委，实行军政共管）停止补贴。同年 8 月 31 日起省储、省临时储备停止补贴。

2003 年，继续坚持粮食风险基金包干制度和小麦保护价制度，适当调整保护价收购范围，改进补贴方式，财政补贴全部退出储存环节，取消利息和费用补贴。对 2003 年 3 月 31 日前的小麦库存（简称政策性小麦库存）实行锁定库存、核定差价、企业挂账、财政贴息、限期销售的办法进行管理。改进财政补贴方式后企业的小麦购销业务均属商业性经营行为，形成的库存不再补贴利息和费用，政府也不再承担任何经济责任。政策性小麦销售期限为 3 年。从 2003 年开始，每年销售三分之一，至 2005 年年底全部销完。对列入 2003 年销售计划的政策性小麦从 1 月 1 日起一次性转为一般商品粮库存，停止补贴利息和费用。从 2003 年 4 月 1 日算起，对列入以后年度销售的小麦超储库存仍按原规定补贴利息，费用每斤每年补贴 1 分钱。从 2003 年 4 月 1 日起执行新的超储补贴办法，粮食部门的有关统计、会计和农业发展银行贷款余额等数据均按新的口径填报。

2004 年 12 月 31 日以前，粮食企业亏损主要是政策性亏损。2005—2008 年，国家没有新的粮食财政政策，满城县国有粮食企业完成股份制改造，由于经营不景气，处于半停业状态。

（二）经营管理改革

1. 提倡和发展自营能力

1988 年，食品生产经营由点到面，由小到大，由单一经营到多渠道经营，除挂面、油条、馒头、粉丝、食醋和季节性食品月饼外，又增加糕点和江米条项目。食品摊点从 1987 年的 17 家发展到 37 家。同年，通过省级论证，投资 146.8 万元（其中自筹 44 万元）对粉丝厂进行全面改造。是年，开展粮油品种以平换议业务。在不突破年度粮油销售包干指标的前提下，本着企业保本微利和群众自愿的原则，只限城市居民凭市镇粮油供应证到当年供应定量口粮处换购议价粮油。

1992 年，议销 5 种粮食（玉米、大米、食油、薯干、麸皮），建有食品摊点 39 家，小型纸箱厂 1 家。

2. 粮食政策放开，统购统销被打破

粮食系统完成由传统的产品分配型向市场经营型的转变。1993 年 1 月，县粮食局投资 150 万元的陵山索道站通车，成为全国第一批取得安全许可证的客运索道之一；投资 100 万元的汉墓景区警世宫落成。此外新上龙门养殖厂、饲料公司养牛厂、韩村面粉厂、直属库酱油醋厂、要庄养殖厂、议价公司纸箱厂、饲料公司养殖厂、岭西面粉厂、尹庄养殖厂等各类门店达 20 多家，除经营粮食制品外，还跨行业经营各种建材、化肥、电器等。完成县粮食局综合楼工程、等级面粉厂工程和 7 栋宿舍楼工程，办 6 家实体，全年创利税 25 万元。同年 7 月，经县委、县政府批准，粮食系统进行机构改革，组建县粮油总公司。县粮食局除完成政府交办的一些行政事务工作外，主要负责粮食征购、居民供应、部队和水库移民粮的供应，粮食专储保管和计划调拨以及社会救灾粮等工作，不再干扰企业的经营业务，实行政企分开和所有权与经营权的彻底分离。在现有机关人员中分流部分人员，成立 3 家经营公司，即县粮油总公司第一、第二、第三经营公司，属全民所有制企业，为总公司直接领导下的经济实体。3 家经营公司除自主经营、自负盈亏、自我约束、自我管理外，还负责下属粮站全面工作的管理（县直除外）。其中于家庄、方顺桥、陉阳驿、石井、岭西、高士庄粮站归属第一公司管理，韩村、西原、江城、尹庄、要庄粮站归属第二公司管理，马坊、西庄、大册营、神星、白堡、龙门粮站归属第三公司管理。初步形成以总公司为龙头，3 家经营公司为分龙头的集团化经营格局，全年议价经营量达 4 万吨以上，实现利润 110 万元。

1994 年 5 月 1 日，县粮油总公司所属印刷用品经销部正式开业经营，属国有企业，经营各种内文纸、皮子纸、包装纸、PS 板、油墨等。投资 100 多万元完成直属库、面粉厂沿街门市综合楼工程，投资 80 万元完成粮食局沿街门市楼工程。是年年底，有多种经营项目 36 个，粮油批发市场吞吐量 1.5 亿多公斤，县城原有十几家个体粮店仅剩 4 家。实现利润 120 万元。

3. 国有粮食企业政策性业务和商业性经营分开

1995 年，投资 1400 多万元新上 11 个项目，其中有饲料厂、大马坊钓鱼场、议价公司纸箱厂、有色金属回收公司、西原印刷厂、西原面粉厂改造、大册营造纸厂、宝山集团、加油站、良园宾馆、良园酒店。以县粮油总公司为中心，建立县级粮油批发市场，建立连片粮油门店，19 家门市部。投资 150 万元运营大册营粮库顺利宾馆；扩大宝山集团拔丝生产线生产规模，使其年生产能力由原来的 3600 吨提高到 5000 吨；投资 150 万元，完成第二期铜包钢线扩建工程，扩建铜包钢生产线 20 条；投资 50 万元，完成粮食局直属库酱油醋厂扩建工程。10 月，县粮油总公司吸收合并汉华电焊网有限公司，原汉华电焊网有限公司领导班子自行解散，由粮油总公司统一安排。成立宝山集团工业开发公司，总投资700万元，其中固定资产投资500万元，流动资金200万元，资金来源为自筹。主要生产CP线、铜包钢线、BS光缆护线、钢绞线、电话线、镀锌线。粮食系统管理实行千分考核办法，把粮油运购、调拨、城镇居民供应、粮食储备、财务指标、审计等15项细划分解成53条，每条都有记分标准，制定和完善机关、基层规章制度。

1997年，严格执行国家居民凭证、限量供应和特困职工的粮油销售价格，不涨价、不违价，对所售商品一律明码标价，保护市场物价稳定，“大众厨房”生产的熟食品种在5个以上，日生产量500公斤，销售网点70个，口粮转化率30%。大力发展“两代一换”业务（代农民储存，代农民加工，开展粮油品种兑换）。受销售渠道、销售政策、市场价格等各方面因素影响，顺价销售形成一定困难，给企业经营造成困难。

4. 粮食流通系统进行深入改革

1998年8月，按照国务院《关于进一步深化粮食流通体制改革的决定》等文件规定，出台《关于粮食局政企分开和企业自身改革的实施办法》，主要包括三方面，一是县粮食局代表县政府对全县粮食流通领域进行管理，实行政企分开；二是收储企业与附营企业分离；三是人员分流。县粮食局只负责粮食征收、军队和水库移民粮供应、特储粮管理和行政工作；县粮食局粮油贸易总公司承担全系统利润任务，并负责对全系统经营的组织和指导、人才选拔、奖惩措施的落实。

原18家库站中的14家（包括直属库、韩村、西原、陉阳驿、方顺桥、于家庄、江城、尹庄、大册营、大马坊、要庄、西家庄、神星、石井粮站）确定为粮食收储企业，粮食局军供配送中心从直属库独立出来。壮大宝山集团的规模优势，陵山索道、良园大酒店、顺利宾馆、汇达造纸厂4个粮食经营外的多种经营项目划归宝山集团直接管理。重新组建县粮油总公司（先破后立，先破后股），下属包括面粉厂、饲料公司、议价公司，以及未列入收储企业的高士庄粮站、岭西粮站、龙门粮站、白堡粮站、粉丝厂，7家经济实体包括新组建的粮油总公司、粮油经销公司，以及从14家收储企业分离出来的5家农村连锁店配送中心（江城、大马坊、于家庄、陉阳驿、西庄5家粮站）。总公司设总经理1人，副总经理2人，设办公室、财务科、市场管理科、企业管理科。编制20人，从县粮食局分流人员中配备。干部职工1843人，其中在岗1650人，省市核定收储企业人员217人，县行政编制25人，需分流1408人。采取调剂转岗、组建新单位等多种形式，做到富余职工无一人下岗。

2002年，宝山集团进行股份制改造，建立现代企业制度。

5. 人员分流

2003年，根据企业产权制度改革要求和企业发展需要，通过变更、解除、终止、重新签订劳动合同和向社会推荐就业等多种形式，对机构和人员进行调整分流，建立以劳动合同为主体的新型劳动关系。纳入分流范围的人员包括：截至2002年12月31日，已到法定退休年龄并办理退休手续的退休职工、在册的固定工和合同制人员。

2004年，县政府制定《关于深化粮食流通体制改革的实施方案》，成立专门工作组对企业人员、资产等情况进行摸底，对各类人员逐人逐项进行精细的改革成本测算，并将安置和补偿标准、职工年龄和工龄向职工公开。改革初期，采用各种形式向职工宣传粮改政策，制定《个人粮改申请书》《个人情况查询核实表》，由职工本人填写签字上报。与职工签订协定书，与“4050”人员签订承诺书，做到职工身份置换有章可循，有据可依。对“4050”人员把退养年龄和工龄各放宽5年，享受承诺等退政策；对职工拖欠社会保险费由企业负责解决3年；对不够内退、等退条件的大病和特殊情况人员进行特别照顾，制定每人一次性补助5万元等一系列优惠政策，基本达到职工满意。改革期间，全县粮食系统未出现职工越级访和集体访。

6. 企业改制

2005 年，经县委九届常委会第三十九次会议研究，同意在粮食流通体制改革方案基础上对国有粮食企业改制的形式和资产处置方式进行调整。除军供配送中心实行国有独资外，保留 4 家国有控股的中心粮食购销企业，县粮食局组建具有独立法人资格的粮油贸易总公司，负责接收原国有粮食购销企业所有债权债务。组建 1 家具有独立法人资格的国有独资分公司——军供配送中心，组建 4 家具有独立法人资格、国有控股的中心粮食收购企业，包括大册营粮油贸易分公司、西庄粮油贸易分公司、陉阳驿粮油贸易分公司、要庄粮油贸易分公司 4 家国有控股中心粮食购销企业。对其他企业净资产整体拍卖。国有控股的中心粮食购销企业实行国有控股，国有股份占 51%，为绝对控股，法人代表必须购买 20%的股份，其余 29%的自然股由企业职工认购，中心粮食购销企业法人代表由县粮食局指派。后军供配送中心改制为军供配送有限公司。

对方顺桥、陉阳驿、西庄、大册营、岭西、韩村 6 家粮站实行国有参股或国有资本全部退出，这些企业改制后挂靠中心粮食购销企业，由中心粮食购销企业直接管理。其中国有参股企业国有股份占 30%，企业法人代表必须购买企业 21%的股份，其余 49%的自然股由企业职工认购。国有资本全部退出企业也实行股份制改造，企业法人代表必须购买企业 30%的股份，其余 70%的自然股由企业职工认购，企业法人代表由县粮食局推荐经股东大会产生，法人代表在位期间经股东会议决议罢免，并选举出新的法人代表。

整体拍卖直属库和石井、韩村、西原、方顺桥、神星、于家庄、龙门、白堡、岭西粮站以及议价公司、饲料公司、面粉加工厂共计 13 个单位的净资产，总土地面积 118. 27 亩，县评估小组评估总价 772. 56 万元，如果一次性交清按评估总价值的 80%交纳，应交 618 万元。宝山集团整体收购上述 13 个单位净资产，粮改缺口资金近 400 万元由宝山集团筹措到位，并妥善安置 13 个单位 120 名返聘职工就业，接收 13 个单位 192 名等退、内退人员，保证了职工再就业和社会稳定。由粮油贸易总公司负责接收原国有粮食购销企业所有债权债务。由宝山集团组建具有独立法人资格的中天农林商贸总公司负责管理经营集团整体收购的 13 家企业。

同年 12 月，对军供配送中心进行改革，继续实行国有独资控股，其冠名重新注册为军粮供应有限公司，原有企业职工全部进行身份置换，返聘人员每人交纳 1. 5 万元上岗风险金，重新签订劳动合同，通过市级军供管理部门严格培训、考试合格后持证上岗。

2005 年，粮食企业总人数 1037 人，其中退休干部 135 人，需买断人员 477 人，内退人员 149 人，等退人员 94 人，返聘人员 160 人，遗属 22 人，共需改革资金 1408. 6 万元，落实 424 人的买断补偿金 271. 5 万元。

（三）国有粮油购销改革

1. 粮食统购

粮食定购任务采取自上而下分配的办法，春季给农户发定购证，并按省规定的标准实行与柴油、化肥挂钩：百公斤粮食挂钩平价柴油 6 公斤，标准化肥 20 公斤；大豆百公斤挂钩化肥 30 公斤，物资由上级调拨，购前与农民兑现。1992 年，定购任务 114 吨（小麦 87 吨、玉米 26 吨、大豆 1 吨），粮食议转平任务 31 吨（小麦 16 吨、玉米 15 吨）。常年或季节性供应统销的有 10 个乡，45 个村，9638 户，46604 人（包括北关村）。市核定 1992 年满城县粮食销售指标 8550 吨，食用油 290 吨。

1994 年，取消定购，实行公粮制，凡承包土地的农户，无论种植作物或搞其他经营，均按土地标准亩数无偿交纳公粮，其数量按粮食常年产量的 8%~10%计征。公粮主要征收小麦和玉米，其大体比例是小麦 70%左右，玉米 30%左右，公粮以实物为主也折交现金。公粮分夏、秋两季征收。

2. 粮食国家定购

1990年是粮食包干的最后一年，根据省政府决定，合同定购改为国家定购，不再与农户签订合同，只下达粮食定购任务和“三挂钩”物资通知书。粮食合同定购改为国家定购以后，仍执行1988年购、销、调拨和财务包干办法，“三挂钩”物资仍执行1989年标准，继续实行收购1斤粮食奖励1厘钱的政策。在收购过程中，坚持一手粮一手钱政策，除农业税和预订金外，在粮油收购入库中不代扣任何款项，不打白条。

1993年开始粮食“稳购放销”的重大改革后，1994年继续对粮食购销体制进行改革。对粮食政策性挂账实行停息。同年6月10日起，对粮食购销价格进行重大调整，收购价格实行全省一价，国家定购任务内的粮食按国家计委确定的收购价格收购，大豆价格随行就市，同时对主要粮油品种实行挂牌限价销售。对面粉、成品馒头、油条、面条以及大米的销售定价。

1995年，在完成国家粮食定购、市场收购和国家专储收购任务以前，禁止多渠道经营，除有收购任务的国有粮食部门外，其他任何单位和个人不得到农村直接插手收购粮食，农村贸工农一体化组织、饲养业等用粮单位，经当地政府批准可以在本地农村收购粮食，但只限于自用，不得转手出售。省外用粮大户，必须到县以上批发市场或粮食部门采购。另外，严格坚持粮油外运申报制度。经铁路外运的粮油必须经市粮食局批准，填报要车计划表并加盖省粮食局运输专用章后，铁路部门方可受理车皮计划。秋粮定购期间严格控制玉米、大豆出省。

1996—1997年，玉米定购价0.63元/斤，大豆定购价1.10元/斤。1997年，共代农储备粮食7859吨，代农加工粮食3870吨，品种兑换7502吨。1998年，完成粮食收购22732吨，其中保护价收购11582吨。

1999年，鼓励国有粮食购销企业积极开展敞开收购，掌握粮源，促销压库。定购价按保护价执行，敞开收购、顺价销售，收购资金封闭运行。全县完成两季征购任务7885吨，敞开收购粮食24790吨，顺价销售27691吨。同年，由于江城、尹庄、马坊3家粮站划归保定市，县定购任务由8800吨调减到7730吨，原定购任务中的稻谷、大豆从1999年起退出定购，实行市场调节。

2000年，按保护价挂牌敞开收购粮食35212吨，完成征购任务7885吨，顺价销售36216吨。2000年玉米保护价中等0.49元/斤。

2001年，完成保护价敞开收购农民余粮41281吨，顺价销售粮食48017吨。同年秋季，玉米退出保护价收购范围。完成夏粮定购任务6482吨，三等白麦收购保护价0.57元/斤，三等混合麦0.55元/斤，三等红麦0.52元/斤，定购价与保护价执行同一价格。

2002年是河北省部分市实行粮食购销市场化改革的第一季收购。夏粮收购继续执行保护价收购政策，三等白麦（不分软硬质）0.55元/斤，三等混合麦0.53元/斤，三等红麦0.50元/斤。在夏收前，坚持优质优价、低质低价、同质同价，认真执行户交户结政策，按照一手粮一手钱的原则，对售粮群众即时兑现售粮款，严禁户交村结和户交乡结，杜绝打“白条”，除农业税外，粮食购销企业不接受任何组织或个人委托，代扣代缴其他任何税费。按照钱随粮走，库贷挂钩的原则，切实做到收购资金封闭运行。完成夏粮定购任务6355吨，全年收购50697吨，销售41899吨。

2003年，完成夏粮保护价收购13200吨，全年收购21137吨，其中小麦16559吨，玉米4578吨；销售粮食45309吨，其中小麦40591吨，玉米4718吨。实行夏粮保护价限量收购政策，保定市对满城县夏粮保护价限量收购13200吨，国有粮食购销企业对核定到农户的小麦保护量按保护价收购，保护价与市场价的差价为每斤3分钱，县财政一次性给予差价补贴，国有粮食购销企业按减去补贴后的成本进行商业经营，自负盈亏。

2004年，夏粮市场价格0.72元/斤左右，大大高于往年。夏收前，全县腾并仓容200吨，备有露天垛台105吨、麻袋1万条、检修输送设备18台、清理设备9台、磅秤16台、检验仪器22台，全年收购小麦783吨、玉米879吨；销售小麦3328吨（不包括政策性小麦）、玉米780吨、大米21吨，此外完成政策性小麦销售32256吨。

3. 油脂国家定购

1990年，油脂合同定购改为国家定购，不再与农民签订合同，只下达定购任务通知书，国家定购量是指令性任务，必须保证完成。仍执行1988—1990年购销、调拨和财务包干的办法，“三挂钩”政策不变，继续实行收购1公斤油脂奖励1分钱的办法（完不成任务不奖）。当年，食油定购1.2吨，按保护价敞开收购油脂1.6吨。1991年8月1日起，停止收购豆油、葵花油和菜籽油，以后均为市场购销。

4. 粮油议销

1990年，全县粮油议销27510吨，扭转了议价经营的被动局面。2003年粮食流通体制改革以前，粮油购销量很大，2004年以后国家不再承担国有粮食企业任何经济责任，国有粮食企业逐渐处于停业状态。

1991—2008年满城县粮食购、销统计表

表11-3-1

年份	收购（吨）				销售（吨）	人均占有粮食（公斤）
	合计	国家定购	保护价收购	其他收购		
1991	16600	—	—	5600	3200	418
1992	56164	10863	0	45301	39892	429
1993	37704	10000	0	27704	34496	449
1994	45027	11250	0	33777	53962	458
1995	28487	11650	0	16837	26269	466
1996	26582	11650	0	14932	23666	500
1997	22147	12768	0	9379	7700	509
1998	22732	11150	11582	0	11906	520
1999	24790	6355	18435	0	27691	537
2000	35212	6355	28857	0	36216	510
2001	48037	6355	41281	401	48017	490
2002	50697	6355	31784	12558	41899	404
2003	21137	0	13200	7937	45309	466
2004	3383	0	0	3383	8272	448
2005	10430	0	0	10430	4116	448
2006	25648	0	0	25648	32602	443
2007	1427	0	0	1427	1471	445
2008	3405	0	0	3405	3432	446

第十二编　农　业

实行家庭联产承包责任制以后，满城县农业取得长足发展，农民生产积极性被极大调动，粮食生产大幅增长，迅速解决了一些农民长期缺粮的问题。随着市场经济的发展，以小康建设为目标，以提高农民收入为前提，引导农民走向市场，农业产业结构不断向高产、优质、高效方向调整。农业基础设施建设步伐加快，农业综合生产能力不断增强，各种农作物产量不断提高。同时，林业、畜牧业也得到长足发展。2008 年，全县农林牧渔业总产值 21.11 亿元，是 1991 年的 6.7 倍。全县农民人均纯收入由 1991 年的 630 元增长到 2008 年的 4843 元，农民生活由温饱步入小康。森林覆盖率不断提高，生态环境得到恢复和保护，雉鸡、狍子、野兔、松鼠等在山区经常出现。2007 年，在车厂村发现国家二级保护动物太行猕猴。满城是“全国草莓生产基地县”“中国草莓之乡”，草莓品种多，栽培技术先进，采摘期从每年的 11 月下旬一直延续到翌年的 5—6 月。满城是“中国磨盘柿之乡”，磨盘柿连续多年获中国农产品交易会名优产品奖，更是山区群众脱贫致富的“摇钱树”。红岗山桃是满城发现培育的新品种，品种优良，口味独特，畅销南方各省市，并出口新加坡、马来西亚等东南亚国家和地区。满城是雪桃的故乡，至今仍珍存着这一桃树中的稀有珍品。

第一章　农业区划　农业生产力

1984 年，满城县成立农业区划办公室，根据不同立地条件，将全县划分为三个农业发展区域。2004 年，又一次组织农业资源区划工作，并编制区划报告。在区划指导下，2008 年全县农业大致形成林果区、粮菜林果区和粮菜瓜果畜牧区三个发展区域。1991—2008 年间，全县耕地面积由 49.1 万亩减少到 37.6 万亩，农业人口人均耕地面积由 1.26 亩减少到 1.08 亩；农村劳动力总数保持稳定，文化素质有所提高；农业机械总动力提高 2 倍，从耕种到收获基本实现机械化。

第一节　农业区划

一、农业资源区划

1984年，成立农业区划办公室，经过一年的调查研究，依据不同的地质地貌和自然条件，将全县划分为3个Ⅰ级农业区，即低山林牧粮果区、丘陵农果林副区、平原粮棉油菜经济区。

2004年7月，县政府组织农业资源区划工作，历时一年半编制《满城县综合农业资源区划报告》。报告规划出“南部粮食、畜牧，西部林果，城郊蔬菜、花卉”的区域特色布局。县林业部门制定详细的林业发展区划，把全县自西向东划分为林果区、浅山丘陵防护林区和平原防护经济林区。

二、发展区域

在区划指导下，2008年，全县大体形成林果区、粮菜林果区和粮菜瓜果畜牧区三个发展区域。

（一）林果区

主要分布在山区，共15个村。包括刘家台乡全乡9个村和坨南乡的好善庄、支锅石、新建庄、岭南、水峪、岭西6个村。全区地形复杂、山峦重叠，总面积11000公顷，占全县总面积的16.9%。其中耕地面积733.3公顷，占全区面积的6.7%；林业用地面积8933.3公顷，占全区总面积的81.21%。

全区狭小的山地零星种植小麦、玉米、谷物、豆类等杂粮，产量低，不能满足农民的口粮需要。在营造防护林的同时，在坡脚梯田营造以干鲜果品为主的经济林，以果促林，以果增收，效益较好。

（二）粮菜林果区

主要分布在浅山丘陵区，包括坨南乡的北台鱼、坨南、洛沟、杨家庄、黄山、北峪、坎下、北赵庄、西赵庄、东赵庄、曹家峪11个村，白龙乡全乡12个村，石井乡全乡10个村，满城镇的柳家佐、郑家佐、杨家佐、李家佐、韩家佐、陶家佐、吴家庄、谒山、北辛庄、南陵山、北陵山、韩庄、抱阳13个村，神星镇全镇18个村，大册营镇的岗头、大册、上紫口、下紫口、西村5个村，共69个村。总面积28333.3公顷，占全县总面积的43.6%。其中耕地面积10533.3公顷，占全区面积的37%；林业用地面积14400公顷，占全区面积的50.8%。

全区光热条件好，最适宜柿树生长，磨盘柿栽培历史悠久。20世纪90年代初期，栽培面积迅速扩大，产量、产值很高，群众依靠磨盘柿脱贫致富。另外神星镇大面积栽培红岗山桃，效益非常可观。农作物种植以小麦、玉米、豆类为主，棉花、花生、芝麻等作物次之；蔬菜主要品种是大白菜、地芸豆；特色种植是草莓。

（三）粮菜瓜果畜牧区

主要分布在平原，包括要庄乡全乡16个村，贤台乡全乡21个村，于家庄乡全乡7个村，方顺桥乡全乡20个村，南韩村镇全镇24个村，大册营镇的大册营、方上、马厂、沿村、北宋、北宋营、苏庄、永南庄、夜借、六间房、王辛庄11个村，满城镇的北庄、北马、东马、西马、南马、长旺、西佃庄、中佃庄、东佃庄、李堡、毛贾、宋贾、城北、北厂、顺民、守陵、茂山、城东、眺山营、北关、城内21个村，共120个村。总面积25666.7公顷，占全县总面积的39.5%。其中耕地面积16000公顷，占全区面积的62%；林业用地面积3333.2公顷，占全区总面积的13%。

全区地势平坦，农作物种植以小麦、玉米为主，棉花、花生、豆类等作物次之；蔬菜品种主要是大白菜、西红柿、地芸豆等；特色种植是草莓、葡萄和伊丽莎白瓜等。

20 世纪 90 年代初，畜牧业有较大发展。满城镇的眺山营发展成了蛋鸡养殖专业村，并迅速辐射到周边数村。1996 年，以韩兴养猪场为龙头的瘦肉型猪养殖也开始兴起，规模猪场达 500 多个。2000 年以后，奶牛养殖发展迅速，先后建立锦泷奶牛养殖有限公司、煜龙养殖厂、旭日奶牛养殖有限公司等养殖示范场，占地 1000 余亩，奶牛存栏 1.4 万头。2008 年，又新建昊宇现代化奶牛养殖基地和东澳牧业有限公司，占地 600 余亩，设计存栏 2 万头。

第二节　农业生产力

一、耕地

1991 年，全县耕地面积 49.1 万亩，农业人口人均占有耕地 1.26 亩。1991—1994 年，粮食作物占用耕地和播种面积分别保持在 35 万亩、62 万亩左右。1994 年以后，建设用地逐年增加，耕地面积有所下降。1995 年，全县耕地面积 48.9 万亩，人均 1.24 亩。2000 年全县耕地面积 39.9 万亩，人均 1.16 亩。2005 年全县耕地面积 38 万亩，人均 1.09 亩。2008 年，全县耕地面积 37.62 万亩，人均 1.08 亩，低于全省人均 1.55 亩耕地的水平。

二、劳动力

1991 年，全县有农村劳动力 19.5 万人，1995 年 20.2 万人，2008 年 19.7 万人。

1991—2008 年，在各乡（镇）建立健全农民文化技术学校，长期开展农业科技培训。县农业部门派出科技人员到农村举办科技讲座，县农广校还举办农村职业技术中专培训班，农村劳动力综合素质得到较大提高。

1991—2008 年部分年份满城县农村劳动力性别及文化素质统计表

表 12-1-1　　　　**单位：人**

年份	合计	按性别分		按学历分					
		男	女	文盲半文盲	小学文化	初中文化	高中文化	中专文化	大专及以上文化
1991	195002	106565	88437	—	—	—	—	—	—
1995	202087	107084	95003	12831	83952	80387	24143	649	125
2000	190760	98201	92559	5387	90950	67548	26372	435	68
2005	194217	100818	93399	1906	70958	87131	32377	1439	406
2008	196704	102232	94472	1609	70211	89151	33000	1882	851

三、农业机械

1991 年以后，由于生产、生活及多种经营的需要，农户或集体增置大量农机具，且农机具随着生产需要更新较快。耕地机械由大中型拖拉机牵引铧式犁翻地逐步发展为大型拖拉机带动旋耕机旋地。逐步淘汰小麦靴式播种机，发展圆盘式开沟器小麦播种机。发展玉米免耕播种机，一般用小型拖拉机牵引作业。

1994 年开始，脱粒机械逐步淘汰。到 1999 年，只要是适宜机械收割的地块，基本实现机械化收割。1997—2004 年，县农牧局农机管理股组织小麦联合收割机跨省区作业。2004 年后，通过对农机手进行引导，他们开始自发组织赴外作业。2005 年，县内购进第一台背负式玉米联合收获机，可以一次性完成玉米摘穗收获、秸秆粉碎还田。

播种玉米（摄于 2008 年）

小赛村机械收割小麦（摄于 2008 年）

2005 年国家开始对农民购买农机实行补贴，当年全县获得国家补贴 50 万元，购买拖拉机、玉米收割机、秸秆粉碎机、旋耕机等大型农机 124 台。2006 年国家补贴 30 万元，购买大型农机 60 台。2007 年国家补贴 90 万元，购买大型农机 96 台。2008 年国家补贴 110 万元，省补贴 9.7 万元，购买大型农机 130 台。2008 年年底，全县农业机械总动力 487529 千瓦。

1991—2008 年部分年份满城县农业机械统计表

表 12-1-2

类别＼年份			1991	1995	2000	2005	2008
总动力	合计（千瓦）		162593	297651	360586	459703	487529
	柴油机	千瓦	93554	171654	264580	368451	394484
	汽油机		8136	12223	387	1138	1656
	电动机		60903	113774	95619	90114	91389
耕作机械	大中型拖拉机	台	117	4106	361	488	575
		千瓦	4902	40992	14150	20689	26782
	小型拖拉机	台	4669	4000	3067	3092	3102
		千瓦	41729	36670	29931	27827	27937
	大中型拖拉机配套农具	台	55	138	747	1036	1278
	小型拖拉机配套农具	台	2380	3022	2618	2407	2424

续表12-1-2

类别 \ 年份			1991	1995	2000	2005	2008
排灌机械	农用水泵	台	3850	4522	3674	3901	2901
	节水灌溉机械	套	—	—	48	367	453
收获机械	联合收割机	台	6	96	164	342	399
		千瓦	203	—	7460	16151	19190
	机动脱粒机	台	6723	7220	5412	1295	594
植保机械	机动喷雾（粉）机	部	12	7	235	532	764
其他农业机械动力		千瓦	55791	191227	99406	282155	78499

第二章　农业综合开发

自1988年开始，先后承担河北省海河流域平原农业综合开发项目和国家农业综合开发项目，至2008年，共完成中低产田改造15.68万亩，开发宜农荒地1.1万亩。项目区农业基础条件得到改善，农田林木覆盖率12%，农民人均纯收入由开发前的1013元提高到1293元。对项目区明晰产权，落实管护主体，资金管理做到专人、专户、专账。

第一节　开发项目

1988年，满城县被河北省确定为海河流域平原农业综合开发县。到1990年共完成4个农业综合开发项目。包括中低产田改造5.31万亩，蔬菜保护地栽培280亩，龙门水库网箱养鱼2.3亩（另建曹庄配套鱼种场26亩），扩大草莓试验场保护地栽培和发展大户养猪。1991年以后，农业综合开发项目主要是进行中低产田的改造。

1991—1993年，完成满城镇、石井乡和南韩村镇4万亩中低产田改造，开发宜农荒地0.8万亩。总投资478万元，其中国家农业发展基金163.19万元，省财政配套资金23.03万元，市财政配套资金46.8万元，县财政配套资金75.24万元，农业银行专项贷款80.94万元，群众自筹资金88.8万元。

1994—1996年，完成南韩村镇和方顺桥乡2.6万亩中低产田改造，开发宜农荒地0.3万亩。总投资385.8万元，其中国家农业发展基金160.8万元，省财政配套资金63万元，市财政配套资金41.3万元，县财政配套资金55万元，群众自筹资金65.7万元。

1997—1999年，完成贤台乡和方顺桥乡3万亩中低产田改造。总投资627.2万元，其中国家农业发展基金 205.78 万元，省财政配套资金 80.31 万元，市财政配套资金 52.73 万元，县财政配套资金 67.74 万元，农业银行专项贷款 34.86 万元，群众集资 185.78 万元。

2007 年，经县政府申请、国家农业综合开发办公室批准，自 2008 年起恢复满城县为国家农业综合开发县。2008 年，农业开发面积 7700 亩，涉及南韩村镇东村、疙瘩屯、西苟、西原、尹固、孙村、西原坡 7 个行政村的中低产田改造。总投资 495.4 万元。其中中央资金 233 万元，省财政配套资金 93 万元，市财政配套资金 24 万元，县财政配套资金 5.4 万元，群众自筹资金 140 万元。同时，承担省级香菇栽培技术示范推广项目，中央配套资金 8 万元；承担太行山绿化项目，中央资金 100 万元。

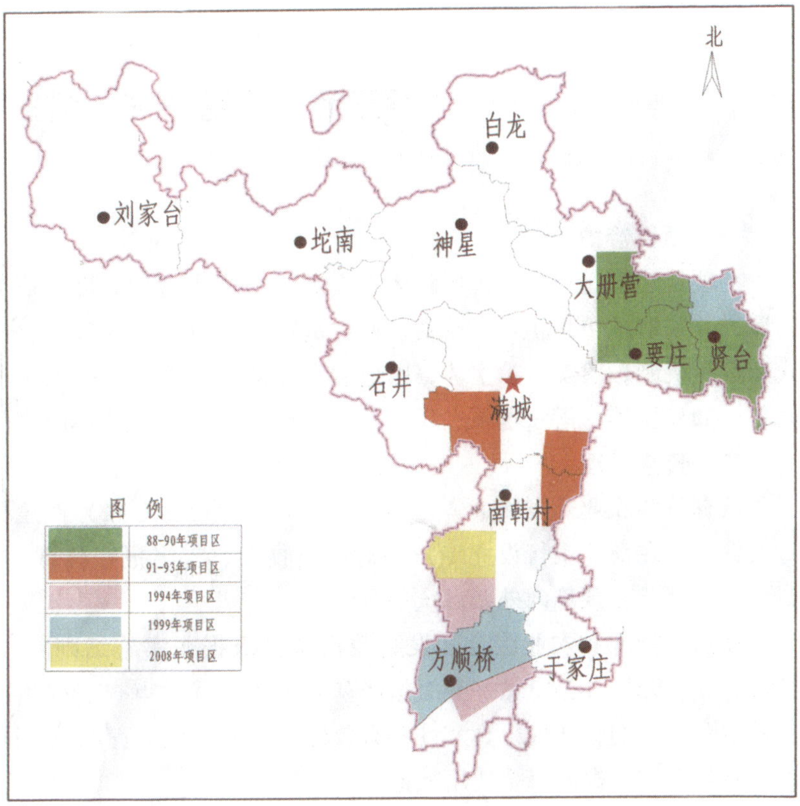

图 12-2-1　1988—2008 年满城县中低产田改造项目位置示意图

第二节　项目效益

农业综合开发项目区内改造的中低产田生产条件较为落后，主要表现在农业基础设施老化，特别是水电设施相对滞后，致使种植业调整进程缓慢，农作物产量相对偏低。改造过程中，采取平整土地、修防渗垄沟或铺设地下防渗管道、架设高低压输电线路或埋设地下低压电缆、新增变压器、新打机井、修复配套旧井、修整农路、农田林网植树、举办农业技术培训等举措，建成覆盖整个项目区的农电线路网、水利灌溉网和农田防护林网。改造后项目区内田成方、林成网、渠相通、路相连，林木覆盖率 12%，农田防护面积 100%。项目区的农田成为高产稳产、旱涝保收的高标准基本农田，具有较高的农业综合生产能力，特别是粮食综合生产能力。

以 1994—1996 年中低产田改造项目为例，项目区 2.6 万亩农田平均每亩增产粮食 267 公斤、油料 89 公斤，3000 亩开荒沙地当年亩产粮食 352 公斤、花生 185 公斤。国家每投入 1 元，增产粮食 4.6 公斤。粮食增产量比开发前增加 32.1%，按时价计算，新增产值 560.4 万元。高效农业（草莓、地芸豆、菜籽等）增值 360.8 万元，养殖业、农产品加工业增值 252.96 万元，直接经济效益 1174.36 万元。投入产出比为 1:3.04。项目区农民人均纯收入由开发前的 1013 元提高到 1293 元。

第三节　项目管护　资金管理

一、项目管护

在项目建设过程中，各项目区首先制定并落实管护制度，成立管护组织。项目建成后，明晰产权归属，并采取承包、租赁、拍卖、业主负责、股份合作、建立农村用水合作组织等灵活多样的经营方式和运行机制，落实管护主体，因地制宜加强工程管护，确保工程长久发挥效益。对于项目工程重要设备，如变压器、潜水电泵、JP 柜等，到保险公司办理集体财产保险，使项目工程设备得到保护。

二、资金管理

认真落实农业开发资金“三专”（专人、专户、专账）制度，会计和出纳各设 1 人，对资金进行专人管理，在商业银行设立专户，对资金收入、支出报账核算，无关资金一律不在专账存储、核算，会计核算规范，预算内外账目统一。

按照《河北省农业综合开发财政资金县级报账实施细则》，对项目无偿资金全部实行县级报账。县农业综合开发办公室做好县级报账基础工作，及时审查工程预决算及单项工程成本核算，严格审核各种报账凭证的合法性、真实性和有效性，严格审核工程承包合同副本、工程验收单及工程决算单等，确保专款专用，提高资金使用效益。

第三章　种植业

县内农作物种类有 150 多种，种植业的发展经历了从以粮为主到多业并举的转变过程。粮食作物以小麦、玉米、豆类为主，甘薯、高粱、谷子次之，其他杂粮多为地边小块种植。主要经济作物是棉花，油料作物主要有花生、芝麻、向日葵，瓜果蔬菜主要有草莓、大白菜、西瓜、甜瓜、豆角等。经过结构调整，传统的耕作制度日趋多样化，粮菜型、粮果型种植模式更加普遍。2008 年，粮食种植面积由 1991 年的 751895 亩压缩到 489313 亩，草莓、桃树、葡萄、地芸豆、设施蔬菜等种植面积增加。县内形成 4 个特色种植基地，12 个优质示范园区，4 个千亩示范方田。农业总产值为 126969 万元，是 1991 年的 7.1 倍。

第一节　结构调整

一、鼓励农民多种经营

20 世纪 80 年代，除粮食生产外，农民主要种植棉花，年种植面积 10 万亩左右，是收入的主要来源。20 世纪 90 年代前期，棉花种植面积有所减少，但保持在 5 万亩左右，1991 年全县棉花种植面积 5.2 万亩。1993 年，大力发展“两高一优”（高产、高效、优质）农业，平原初步形成以草莓、果品、蔬菜为主的 60 个种植小区，农业种植结构发生重大改变。1994 年，县委、县政府提出“完成任务吃饱饭，怎么赚钱怎么干”的口号，鼓励广大群众大力调整种植结构，多渠道增加收入。农业科技人员推广实施草莓万亩连片日光温室建设，草莓产业得到长足发展，种植面积由 1991 年的 0.8 万亩发展到 1999 年的 5.61 万亩，年产量 9 万吨，成为全国最大的草莓基地县。1995 年后，棉花出现供大于求、价格下降、销售困难的问题，种植面积大幅减少。

二、调整优化农业结构

1999 年，制定《1999—2005 年调整优化农业结构发展规划》。按照“一稳、二压、三增加”的思路，稳定油料面积，适当压缩粮食、棉花面积，增加草莓、蔬菜和饲料种植面积。抓好“五区一带”建设，即以县农业局三场（厂）（棉花原种场、粮食原种场、良棉轧花厂）为基地，建立草莓高科技示范区；在方顺桥、于家庄、南韩村、贤台、要庄 5 个平原乡（镇）建立 10 万亩优质专用粮食生产区；以满城镇、南韩村镇为中心，扩大草莓种植区；以东黄村为中心，建立棚室蔬菜种植区；以守陵、大固店、市头村、马厂 4 个村为中心，建立香菇、双孢菇示范区；以大楼、市头村为中心，沿大册营镇、神星镇、满城镇、石井乡的山前丘陵建 3 万亩地芸豆种植带。

2001 年，适当压缩一般粮棉作物面积，扩大特色种植产业规模，逐步提高经济作物和饲料作物比例，进一步优化种植结构，全县调减粮食播种面积 6321 亩，发展设施农业、特色农业和高效农业。至 2003 年，形成“三区四带”种植格局，即草莓、葡萄、伊丽莎白瓜三个规模区，磨盘柿、红岗山桃、设施蔬菜、地芸豆四个特色种植带。

2005 年开始，在稳定粮食生产的基础上，加快农业和农村经济结构调整。提高粮食单位面积产量，保证农民有粮吃；扩大经济作物和饲料种植面积，在全县形成南部粮食、畜牧，西部林果，城郊蔬菜、花卉的区域特色产业布局。

2008 年，全县农作物总播种面积 489313 亩，其中粮食作物播种面积 466491 亩，总产量 181097 吨；棉花播种面积 7202 亩，总产量 479 吨；油料播种面积 15150 亩，总产量 3393 吨。蔬菜播种面积 86358 亩，总产量 265576 吨。

1991—2008 年满城县农林牧渔业总产值构成统计表

表 12-3-1　　单位：万元

年份	总产值					
	总计	农业	林业	牧业	副业	渔业
1991	31626	17808	649	7030	6075	64
1992	34591	18789	576	8168	7000	58
1993	43246	31411	780	10962	—	93
1994	74224	47021	831	26286	—	86
1995	90539	55900	950	33509	—	180
1996	114467	66105	1253	46862	—	247
1997	134196	76591	1378	55842	—	385

续表12-3-1

年份	总产值					
	总计	农业	林业	牧业	副业	渔业
1998	141668	81621	1304	57973	—	770
1999	117233	69724	1216	45663	—	630
2000	122857	75631	888	45643	—	695
2001	129158	79020	1455	48193	—	490
2002	125941	77330	1029	46992	—	590
2003	120400	71995	1515	44526	—	179
2004	150989	92503	1523	54545	—	120
2005	153376	93006	1524	55801	—	564
2006	161224	100641	1477	55910	—	529
2007	177069	117438	1200	54845	—	590
2008	211114	126969	1741	78322	—	782

第二节　主要农作物

一、小麦

小麦是县内种植面积最大的高产稳产作物之一，播种分冬、春两类，以冬小麦种植为主，主要品种有农大215、冀麦23、冀麦24、冀麦26等。20世纪90年代初，年播种面积保持在29万亩左右，产量占全年粮食总产量的45%。推广应用小麦方田技术，8万亩小麦高产示范区平均亩产282.7公斤，较一般大田每亩增产20.7公斤，总增产1656吨；8个高产方田1795亩，平均亩产398.1公斤，较全县平均亩增136.1公斤，总增产244.3吨。

1994—1998年，推广小麦、玉米一体化粮田配套栽培技术。在全县开展双千田、吨粮田、示范田，形成以百亩带千亩，以千亩促万亩的局面。1995年推广6.9万亩，1996年推广13.9万亩，1997年推广18.9万亩，1998年推广15万亩，均达到吨粮田示范目标。

1997年，县粮食原种场小麦全生期地膜覆盖穴播技术试验成功，国家半干旱农业工程技术研究中心在满城召开现场会进行推广。

1998—2008年，小麦播种面积有所减少，管理水平逐渐提高。2008年，全县小麦平均亩产377公斤，比1991年增长44%。

二、玉米

县内玉米播种分夏播和春播，平原和丘陵地区主要采取夏播，山区旱地以春播为主。作为工业原料和饲料，玉米需求量呈现增长趋势，年播种面积保持在22~25万亩。种植品种有掖单号系列品种、农大108、郑单1016等，每亩留苗4000~5000株。玉米播种一直以贴茬播种（小麦收割后立即播种玉米）技术为主。栽培中推广粮粮型、粮菜型、粮果型三种模式，2008年全县玉米播种面积2.2万亩，亩产量由 1991 年的 293 公斤增加到 2008 年的 402 公斤。

三、棉花

20 世纪 80 年代后，在全县推广百公斤皮棉技术，主要抓好优化配方施肥、地膜覆盖、综合防治病虫害三项技术，足墒下种，棉田由薄地向肥地转移，适时浇水，促早出苗，保好苗，抓好棉铃虫防治。通过综合推广，全县棉花连年丰产，经济效益不断提高。1991 年，棉花播种面积 5.2 万亩，亩产 49 公斤；1995 年，播种面积 1 万亩，亩产 30 公斤。1995—1998 年，棉花持续供大于求，销售困难，价格下滑，播种面积开始缩减。1998 年，在全县推广抗虫棉种，推广新 33B 种子 4000 公斤，国产抗虫棉 5000 公斤，其他品种 1000 公斤，全县 1 万亩棉花全部选用优良品种。随着抗虫棉种的应用，长期困扰棉花生产的棉铃虫危害问题得到解决。2000 年，播种面积 1 万亩，亩产 52 公斤；2008 年，播种面积 7202 亩，亩产 67 公斤。

四、甘薯

甘薯在山区丘陵多用穴栽，平均每亩 2500 棵。平原多用沟栽，平均每亩 3000 棵。除在沟穴内施用底肥外很少追肥。甘薯栽培管理讲究“一雨一翻秧、一锄地”，主要依靠降水，只在遇大旱时浇水 1~2 遍。2000 年以后，甘薯种植主要满足农户自需，零星种植较多，栽培面积逐年减少。石井乡协义村一直大面积种植，甘薯品质良好。

五、蔬菜

传统蔬菜种植品种有白菜、黄瓜、西红柿、萝卜、葱、蒜、菠菜、韭菜、茄子、豆角、西胡等。大白菜主要分舒心菜、包心菜两大类，主要品种有北京 3 号、晋菜 3 号、玉青系列、青麻叶等。1991 年以后，推广地膜覆盖、大棚种植等新技术，蔬菜种植经济效益提高，涌现出一批蔬菜种植专业户，反季节蔬菜开始进入市场，蔬菜栽培面积不断增加，全县城乡居民一年四季都能吃上新鲜蔬菜。

大棚蔬菜（摄于 2008 年）

2000 年西红柿栽培面积 5000 亩，栽培方法以棚室为主，露天次之。主要品种有佳粉 2 号、早奎等。地芸豆种植从 1986 年后采用地膜覆盖种植技术，因种植面积大、采摘早、产量高形成规模和市场。全县年均播种 2.5 万亩，年产量 3.75 万吨左右，除供应本县外，远销东北、京、津、山西、内蒙古等地。2001 年以后，由于周边县（市）地芸豆种植面积不断扩大，全县种植面积有所缩减。其他种类的蔬菜主要供应当地。

1991—2008 年部分年份满城县主要农作物生产情况统计表

表 12-3-2

项目＼年份	1991	1995	2000	2005	2008
农作物总播种面积（亩）	751895	749675	603337	496574	489313
粮食总产量（吨）	170282	196961	190906	174911	181097

续表 12-3-2

项目		年份	1991	1995	2000	2005	2008
粮食作物	冬小麦	播种面积（亩）	292398	269945	218700	206256	209808
		单产（公斤/亩）	262	306	349	364	377
		总产量（吨）	76518	82471	76419	75078	79175
	稻谷	播种面积（亩）	30	20	—	—	—
		单产（公斤/亩）	166	150	—	—	—
		总产量（吨）	5	3	—	—	—
	谷子	播种面积（亩）	24323	10274	5437	5223	4572
		单产（公斤/亩）	146	125	121	103	122
		总产量（吨）	3550	1281	656	539	557
	玉米	播种面积（亩）	220766	259516	234448	219743	221230
		单产（公斤/亩）	293	351	408	385	402
		总产量（吨）	64575	91041	95718	84671	88899
	高粱	播种面积（亩）	901	1311	551	546	555
		单产（公斤/亩）	91	109	91	88	81
		总产量（吨）	82	143	50	48	45
	薯类	播种面积（亩）	77092	62098	37373	31001	25106
		单产（公斤/亩）	308	329	383	444	458
		总产量（吨）	23760	20449	16909	13647	11639
	豆类	播种面积（亩）	9724	10498	8402	6629	5170
		单产（公斤/亩）	105	119	137	140	150
		总产量（吨）	1024	1250	1154	928	774
油料作物	花生	播种面积（亩）	18324	17187	16258	14840	13798
		单产（公斤/亩）	166	168	207	219	231
		总产量（吨）	3047	2891	3370	3253	3192
	芝麻	播种面积（亩）	2319	1000	523	506	477
		单产（公斤/亩）	41	52	80	79	99
		总产量（吨）	94	52	42	40	47
	向日葵	播种面积（亩）	—	—	—	153	875
		单产（公斤/亩）	—	—	—	85	176
		总产量（吨）	—	—	—	13	154

续表 12-3-2

项目		年份	1991	1995	2000	2005	2008
经济作物	棉花（皮棉）	播种面积（亩）	52000	10374	9903	10425	7202
		单产（公斤/亩）	49	30	52	56	67
		总产量（吨）	2182	308	515	588	479
瓜菜类作物	西瓜	播种面积（亩）	7303	4298	2367	6207	4169
		单产（公斤/亩）	2160	2309	1834	2884	3183
		总产量（吨）	15889	9922	4341	17899	13269
	甜瓜	播种面积（亩）	—	—	1010	2360	2360
		单产（公斤/亩）	—	—	535	2000	2080
		总产量（吨）	—	—	540	4720	4909
	大白菜	播种面积（亩）	17754	—	—	16416	21582
		单产（公斤/亩）	2955	—	—	3680	4765
		总产量（吨）	52455	—	—	60408	102833
	豆角	播种面积（亩）	—	31848	—	30596	27438
		单产（公斤/亩）	—	1362	—	1822	1861
		总产量（吨）	—	43388	—	55744	51054

第三节　农业生产技术

一、耕作制度

1991 年后，逐渐改变冬种小麦、夏播玉米的农作物耕作制度，种植作物的种类搭配呈现多样化、区域化的局面。县东、县南平原地带发展以小麦—草莓、小麦—油葵、小麦—玉米为主的耕作模式；县西、县北半山区多为豆角—玉米耕作模式。山区旱地仍保持一年一茬的耕作制度。

20 世纪末开始，由于化肥、种子、农药等农资价格上涨，种植小麦经济效益较低等原因，一些群众选择只种一茬玉米，全县小麦播种面积减少。

二、栽培技术

（一）小麦、玉米吨粮田模式化栽培技术

采取上茬小麦、下茬玉米的栽培模式。玉米种植选用套种、贴茬播种两种形式，依品种生育期长短而定。

小麦播种品种以农大 215、农大 5369、冀麦 24、冀麦 26 为主，这些品种具有高产、抗倒、优质等优良特性。播前精细整地，做到上虚下实，无明暗土块。机械播种，采用四密一稀播种形式，播深 6 厘米，播量每亩 10~12.5 公斤，药剂拌种防治地下害虫。播前施二铵 20~25 公斤做底肥，春季根据苗

情追肥，改变过去返青期一次追肥的习惯，做到因苗施肥。在起身拔节初期追施氮肥，有旺长趋势的麦田可推迟到4月15—20日，亩施尿素10~12.5公斤。灌浆肥水宜在5月中旬进行，亩施尿素5~6公斤。病虫害主要有白粉病、蚜虫，可选用粉锈宁、氧化乐果等药剂来防治。

玉米根据播种方法选用不同品种，套种品种有丹玉13、掖单12、掖单13；贴茬播种品种有掖单4、掖单2、西玉3号。麦田套种播期在6月3—8日。小麦、玉米共生期不超过15天为宜，亩株数3500~3800株；贴茬播种亩株数4300~4500株。以二铵做种肥，亩用量为3~5公斤。普施提苗肥，重施攻穗肥。玉米5~6叶期，每亩追施尿素5公斤，促苗齐苗壮。大喇叭口期亩追施碳铵100公斤，满足穗分化及籽粒成熟对养分的需求。虫害主要是黏虫、玉米螟，选用氧化乐果、辛硫磷喷雾防治，后期防治玉米螟也可采用颗粒剂灌心的方法。

（二）粮田“双千工程”栽培技术

20世纪90年代初，实施粮田双千工程，引导农民走立体化农业之路，全县年推广面积6万亩左右。主要有三种模式，一是小麦、夏玉米连作的“粮粮型”，年播种面积2万亩，上茬作物小麦平均亩产400公斤，下茬玉米平均亩产650公斤。二是地芸豆、夏玉米套种的“粮菜型”，年播种面积1.5万亩，上茬作物地芸豆平均亩产1200~1300公斤，亩产值1100~1300元，下茬作物玉米单产640公斤。三是草莓套种玉米的“粮果型”，年播种面积2.5万亩，上茬作物草莓亩产1200~1500公斤，亩产值3500~3800元，下茬玉米平均亩产640公斤。

粮粮型（小麦—玉米）

以早熟小麦品种套种中熟玉米的配套形式为主，选用高产、多粒、生育期适宜的小麦、玉米优良品种。小麦品种有农大215、冀麦23、冀麦24、冀麦26、原冬3号、中麦9号，玉米品种有丹玉13、掖单2、掖单12、保丹4号、掖单19、西玉3号等。

小麦采用四密一稀，玉米采用大小行或等行距种植。小麦一般10月1—5日播种，亩基本苗20万左右，亩成穗45万左右。小麦收获前5~8天麦垄套种或6月15日前点种玉米，根据品种类型不同，合理密植，亩株数4500~5000株。

小麦、玉米一体化栽培，要增加有机肥用量，在秸秆还田的基础上增加粗肥施用量，一般每亩施优质粗肥5立方米。同时增加化肥投入，做到施足底肥，增施磷肥，补施锌钾肥，配施微肥。上茬小麦亩施氮肥18公斤，其中底肥5公斤，拔节期追施10公斤，集穗期补施3公斤。下茬玉米亩施氮肥18公斤，其中提高肥5公斤，大喇叭口期施底肥10公斤，开花期补施粒肥3公斤。一般增施磷肥12公斤，补施钾肥5公斤，锌肥1公斤。小麦在播种前浇足底墒水，入冬前浇封冻水，生长期内适时浇起身拔节水、孕穗水、灌浆水、麦黄水。玉米生长期浇好保苗水、大喇叭口水。

小麦播前药剂拌种，防治地下害虫，拔节前亩用10%苯硫磷7~10克加水喷雾防治麦田杂草。5月1日前后，亩用20克粉锈宁喷雾防治白粉病，5月中旬搞好麦蚜防治。小麦收获后用乙阿合剂加甲胺磷兑水喷雾防治杂草及黏虫。玉米心叶末期，玉米螟虫株率10%以上时，用1605、甲胺磷或呋喃丹颗粒灌心进行防治。

粮菜型（地芸豆—玉米）

年前亩施3~5立方米有机肥，浇水，把地整成条播状。翌年3月上旬至4月下旬播种地芸豆，播种方式采取大小行，大行40厘米，株距20~25厘米。也可采用行距30厘米，株距20~25厘米。穴播，每穴2~3粒种，亩留苗1万株左右。播种时亩施磷酸二铵15~20公斤。

地芸豆播种后及时覆盖地膜，到出苗时及时破孔放苗，在苗周围用细土把孔盖好。出苗后25天左右亩施尿素10~15公斤、浇水，促进花芽分化，花后荚期亩追肥10公斤、浇水。苗期炭疽病较多，且多发于重茬。实行轮作倒茬可减轻病害，发现病株要及时拔除，地外销毁，严重时喷施百菌消等杀菌药剂防治。注意分期、分级、及时采摘。

玉米可在地芸豆收获期间套种，也可在收获完后平播。套种中晚熟品种有丹玉 13、掖单 13、掖单 19 等，平播早熟品种有掖单 2 号、保丹 4 号、辽育 6 号等。亩留苗株数 3500～5000 株。施好提苗肥，大喇叭口期追肥，后期补施化肥，天旱注意浇水，特别是灌浆期不可缺水。

粮果型（草莓—玉米）

草莓移苗前亩施有机肥 5 立方米、磷酸二铵 20 公斤、钾肥 15 公斤，浇足底墒，整地、作畦。根据市场情况，品种选用早熟的丰香、宝交早生，中晚熟的全明星。移苗时间一般在 8 月 20 日左右。移栽深度是成活的关键，栽植深浅都易烂秧、干枯死亡。栽植的正确位置是基部与地面相平，上不埋根、下不露根，亩留苗 1000 株左右。

栽后浇一次小水缓苗，有死亡和水冲秧苗的及时补栽、扶苗，心叶见长后锄划保墒。9—10 月间遇雨及时锄划，摘除匍匐茎。11 月中旬结合浇冻水亩施草莓专用肥 15～20 公斤。11 月下旬盖地膜，或用腐熟的马粪、麦秸等覆盖 5～8 厘米，以把植株盖严为度。第二年 3 月上旬天热时放风炼苗，地温升高后，可白天揭膜，晚上盖膜，到 4 月上旬揭膜。开春视土墒情况浇水，土墒不好及时浇，土墒较好可推迟到现蕾后浇第一水。施肥一般在 4 月上旬为宜，根据土墒和草莓长势适当掌握肥水进程，使其既不旺长也不早衰。

玉米播种及管理方法与上茬地芸豆下茬玉米大致相同。

（三）亩产百公斤良棉栽培技术

选择中早熟并兼具高产稳产特性的抗病棉花品种，如中棉 12 号、冀棉 11～15 号。精细整地，做到地面平整，耕层土壤细碎，并做好沟畦。根据县内中上等棉田氮磷含量水平，棉田全生育期每亩应施纯氮肥 13 公斤，其中 70%用于底肥，30%用于追肥，磷肥 9 公斤全部底施，造墒。冬前、开春时节至少耕耙 2～3 次，播种前 10～15 天浇水造墒，每亩浇水 80～100 方为宜，再配合中耕保墒措施，一般可维持到 6 月中下旬再浇头水。

适宜播种期为 4 月 20—30 日，5 厘米地温稳定通过 14℃后抓紧早播，如采用地膜覆盖应提前 10 天左右播种。播种前可用呋喃丹拌种或用多菌灵浸种防治病虫，浸种催芽一般一昼夜即可。播种以大小行为好，大行 65～75 厘米，小行 45～55 厘米。注意适时定苗，留苗密度以每亩 3500～4500 株为宜。

在棉花生长期适时追肥，保证协调生长，实现壮而不旺、早而不衰。当棉花生长低于合理指标时促，主要手段是浇水；高于合理指标时控，主要手段是喷洒缩节安。促控的最佳时期是盛蕾至打顶期，一般在 6 月中旬到 7 月底。棉田追肥时，中下地力应兼顾壮棵与增铃，宜在盛蕾至初花期实施；中上等地力主要用于增铃，宜在盛花期实施。

调控棉花营养生长和生殖生长关系的主要手段是简化整枝。一般在现蕾后出现 3～4 个果枝时将第一果枝以下营养枝和下部 2～3 片主茎上的老叶去除，保留主茎幼嫩叶片，7 月 15—20 日左右打顶。掌握的原则是枝到不等时，时到不等枝。调节养分分配，促进果枝伸展、花蕾茁壮、成铃率提高，保证伏前桃 5%，伏桃 70%～80%，秋桃 10%～20%。

在定苗、初蕾、盛蕾期前后中耕 3～4 次，深度 3～4 厘米，以无草、无板结为目的，保证质量，防止漏耕。

棉花病虫害较多，重点抓好棉蚜、棉铃虫的防治。

三、机械播种、收获技术

重点推广了玉米秸秆还田、小麦机械化铺膜穴播、小麦免耕覆盖播种三项技术，玉米秸秆还田技术是用大拖牵引带动秸秆粉碎还田机将玉米秸秆粉碎两遍，再旋耕两遍，用镇压器镇压后，圆盘式开沟器播种机进行播种作业。小麦机械化铺膜穴播技术是用小型四轮拖拉机牵引带动小麦铺膜穴播机，一次性完成铺膜、播种穴播作业，然后人工用土压膜。此项技术提高了劳动效率，但存在若整地不平易发生苗穴错位的问题，需人工掏苗。小麦免耕覆盖播种技术的一种方法是玉米人工摘穗后直立播种，用大拖牵引带动小麦免耕覆盖播种机一次性完成秸秆粉碎、开沟、施肥、播种、镇压作业。另一种方法是用大拖牵引带动小麦免耕覆盖播种机进行播种作业。出苗情况好于秸秆直立播种。

四、病虫草害防治

病害防治

小麦主要病害有叶锈病、白粉病、病毒病。个别年份发生叶锈病，通过推广、普及抗病品种，得到有效防治。采取化学保护措施防治白粉病，效果显著，没形成危害。小麦病毒病每年都有不同程度发生，通过组织除治传毒昆虫灰飞虱，使病毒病得到有效控制。

玉米主要病害有大斑病、小斑病和病毒病。大斑病、小斑病每年都有轻微发生。玉米病毒病每年都有不同程度发生，以田边地头及早播玉米发生较多，个别疏于防治的地块有受害现象。通过化学防治，玉米病害得到有效控制。

虫害防治

小麦虫害主要有蚜虫和吸浆虫。蚜虫每年发生面积大、危害重，百株蚜量一般有2000~4000头。发生早晚和危害时间的长短，不同年份有所不同。危害盛期一般在每年的5月中旬至下旬。伴随蚜虫发生的天敌有瓢虫、草蛉、蚜茧蜂等，但发生晚、数量少，不足以控制蚜虫危害，必须喷药防治。当百株蚜量800~1000头时进行喷药。20世纪90年代，使用的主要药剂有氧化乐果、辛硫磷及菊酯类农药，以单纯防治蚜虫为主。之后选用啶虫脒、10%吡虫啉、辉丰菊酯及杀菌剂等农药，在防治蚜虫的同时兼治白粉病。1998年小麦吸浆虫传入满城，当年绝收面积130余亩，主要分布在方顺桥乡的大赛、陉阳驿及于家庄乡的郎村。经过积极防控，面积虽有扩大，但控制在两乡范围内，发生面积2万余亩。2003年受非典影响，小麦吸浆虫防治关键期多数麦田没能及时防治，发生面积扩大。要庄乡的后大留、六间房，贤台乡的西贤台，大册营镇的夜借，满城镇的东佃庄，南韩村镇的后屯等村出现绝收地块。2005—2008年，全县吸浆虫年发生面积控制在7万余亩。1999—2001年，采取蛹期林丹粉撒毒土、成虫期扫残的方法防治，发生严重时，蛹期防治后仍有外来虫源迁入为害。2002—2008年，淘汰林丹粉的使用，采用蛹期1605粉撒毒土与成虫期防治并重的方法，吸浆虫的危害得到有效控制。

玉米主要虫害是蚜虫，2004年以前只是在西玉3、掖单20等个别玉米品种上发生，2004年以后开始大面积发生，且有逐年加重趋势。玉米蚜虫发生在玉米生长的中后期，多集中在天穗及即将抽穗的心叶中，在吸取汁液的同时还影响授粉。在玉米密度大、天气炎热的情况下防治非常困难。

棉花主要虫害是棉铃虫。1991—1994年棉铃虫爆发，严重影响棉花生产。县政府成立棉铃虫防治指挥部，采取综合防治、指标化防治、适期防治等措施。采用混配用药、轮换用药的方法，在一定程度上控制了棉铃虫的危害。1995年以后，推广种植抗虫棉，加强防治措施，从根本上控制了棉铃虫的危害。黏虫发生较少、危害较轻。

草害防治

20世纪80年代末，引进化学除草剂，农田杂草防治开始应用除草剂，2000年后，除草剂开始广泛应用。

麦田杂草主要有荠菜、播娘蒿、藜草、麦瓶草、刺儿菜、田旋花等。1990年前，主要应用的除草剂有2.4D-J酯和2甲4氯。两种药剂在使用过程中存在飘移药害、药械不易洗刷、易造成二次药害以

麦田除草（摄于2007年）

及不能防除麦瓶草、田旋花等问题。1990年以后，推广巨星、苯磺隆、麦乐乐等新型除草剂，原应用的两种除草剂被淘汰。其中巨星效果较好，能防除麦瓶草，对田旋花地上部分亦有一定控制作用。

玉米田间杂草主要有稗草、牛筋草、马唐草、狗尾草、马齿苋、反枝苋、凹头苋等。1990年以后，化学除草剂在玉米农田的应用面积逐渐扩大。主要选用拉索和阿特拉津两种封闭型除草剂，二者混合使用，能起到封闭作用。两种封闭型除草剂在干旱年份除草效果较差，经县农业部门及时调查分析，总结出先播种、浇水后再喷药的办法，解决了除草效果差的问题。之后，推广封闭型除草剂与灭生性除草剂混用的办法，除草效果更好。灭杀型除草剂多选用克无踪，每亩用100~250毫升（视杂草多少而定）。2003年后，除草剂主要应用乙阿合剂，其次是玉宝、玉草净等，年除草面积17万亩左右。

花生、豆角、棉花、草莓、小葱、茴香等经济作物田间杂草种类相似，既有单子叶杂草也有双子叶杂草。主要危害草种有马唐、蟋蟀草、狗尾草、马齿苋、荠菜、播娘蒿、藜草、苋菜等，部分地块有田旋花、小旋花。2000年以后，化学除草技术在这些经济作物上开始示范推广。棉花、花生、地芸豆、草莓的杂草防治，是在播（移栽）前用氟乐灵喷施混土处理，然后再播种（移栽）。花生苗后用24%克乐乳油喷药防除马齿苋、藜草、刺儿菜等阔叶杂草；小葱、茴香等蔬菜苗后用收乐通喷药防除单子叶杂草。

第四节　农业园区

2008年，县内有4个特色种植基地、12个优质示范园区、4个千亩示范方田。4个特色种植基地有茂山草莓基地、大楼地芸豆基地、韩家佐草莓基地、守陵食用菌基地；12个优质示范园区有茂山、韩家佐草莓示范园区，守陵食用菌示范园区，大楼地芸豆示范园区，以白堡、李庄为中心的无公害蔬菜科技园区，大册营绿野科技示范园区，西黄村伊丽莎白甜瓜示范园区，长旺天一无公害蔬菜示范园区，魏庄农业科技示范园区，小赛绿海无公害草莓示范园区，小许城奥胜科技示范园区，白龙乡李庄深冬蔬菜示范园区，刘家台乡生态农业示范园区；4个千亩示范方田是郭村、汤村、西贤台、水北庄4个千亩优质粮示范方田。

一、长旺天一无公害蔬菜示范园区

占地200亩，地处南外环路南，长旺村村东。生产中借鉴国内外先进生产管理经验，以河北农大、山东寿光、县农业局为技术依托，执行省无公害技术规程，采用配方施肥、嫁接、生物物理防治病虫害等栽培管理技术，产品达到绿色无公害蔬菜标准。园区主要生产进口樱桃西红柿、水果型黄瓜、彩椒、礼品南瓜、五彩番茄、西兰花等蔬菜，销往北京、天津、保定等地蔬菜批发市场以及周边县（市）超市、宾馆和饭店。在其示范作用下，周边500多户农户搞起无公害蔬菜种植。

二、西黄村伊丽莎白甜瓜示范园区

2001年4月，要庄乡组织乡村干部和西黄村部分种植户到沧州献县考察，一致认为献县蔡西村的甜瓜生产项目可行，于是确定发展以伊丽莎白甜瓜为主的高效农业示范园区。当年5月开始运作，6月落实300亩地块。7月1日—8月25日，不到两个月时间建成200个高标准日光温室大棚，总投资300万元。其中，县水务局无偿提供15万元水利设施，电力局提供2万元电力物资，信用联合社收放小额支农贷款30万元，科技局除搞好技术服务外，还拿出1.5万元帮助搞技术培训，交通局投资35万元硬化园区道路。所有大棚采取冀优Ⅱ型结构，安装滴灌设施。农户只需每年交500斤玉米和500斤小麦的价钱就可承包一个大棚。当年8月种植一茬绿龙架芸豆、西胡等蔬菜，每棚收入3000元。第二年1月栽植甜瓜，4月结瓜，一直收获到8月，每棚可卖9000元，一个棚一年创收1.2万元。在保定三丰路果品批发市场，西黄村的甜瓜因色味俱佳，卖得最快最好。2002年全村扩种100亩，新增日光温室近百个。

三、小许城奥胜科技示范园区

园区位于原西家庄乡政府西侧，由小许城村民王喜义夫妇创建，全村村民共同兴建。2001年，建起高标准日光温室，繁育绿化苗木100亩，取得较好经济效益。第二年，在乡党委、政府及县直有关部门支持下投资20万元搞起大棚甜瓜种植。示范园实行“五统一分”经营模式。即：统一规划、统一建棚标准、统一管理、统一技术指导、统一销售，把棚室以较低价格承包到农户个人手中分散经营，获利后再上缴承包费。经过一年努力，上茬豆角每棚收入2000元，下茬甜瓜每棚收入6000~8000元，扣除每个棚的承包费2500元，每个大棚纯收入5500~7500元。2005年，园区发展到300亩，除生产豆角和甜瓜外，还增种多种无公害蔬菜，并与华北电力大学签订每天供菜1.5万公斤的供应合同，实现了由示范农业向定单农业的跨越。

第五节　管理机构

1991年，县农业局内设办公室、生产办公室、财务股、农村经济管理股、农机管理股。下属事业单位有新能源办公室、农业技术推广站、农业广播学校（农机培训学校）、土壤肥料工作站、植保植检站、农机监理站、农机服务站、农业机械公司、农机推广站、种子监督检验站、种子站、拖拉机站、草莓研究所、防雹指挥部、棉花原种场、粮食原种场以及优质农产品服务中心等。

1993年，由县农机监理站承担的农用车、农用三轮车管理职能移交县公安部门，县公安部门承担的拖拉机管理职责移交县农机监理站。

1994年，农用车、农用三轮车的管理职责又移交回县农机管理站。

1996年10月，县农业局内设机构增加农村政策股、科教股，财务股改为计财股，撤销生产办公室。

1991—1998年，拖拉机站承包经营。随着农民个体或联户购买农业机械的增多，形成以个体或联户经营为主的农机经营体制。拖拉机站、农业机械公司的原有优势消失，经营难以维系。

1998年，县防雹指挥部更名为人工影响天气办公室（以下简称人影办），2008年参加北京奥运会期间人工消减雨工作。

1999年12月，拖拉机站依法破产。同年，农业机械公司也宣布破产。

2002年7月—2005年10月，县农业局内设机构精简为办公室、农村经济管理股、农业股、农机管理股。

2005年10月，县农业局与畜牧水产局合并成立农牧局。内设机构有办公室、农业股、畜牧水产股、农机管理股。对原属两局的事业单位进行调整，撤销农机推广站、优质农产品服务中心，其职责由相关事业单位承担。设立畜牧兽医工作站，负责畜禽养殖新技术推广、畜禽种质资源保护、牧草与其他饲料植物种质资源保护、畜禽疾病医治、预防和疫情测报以及相关技术服务。产业科并入草莓研究所。县兽医卫生院并入满城镇畜牧兽医站。撤销种子监督检验站、饲料工业办公室，在此基础上合并组建农牧综合执法大队，负责法律法规明确的农牧执法工作，主要是对全县农作物种子、农药、肥料（复混肥）、兽药、饲料、农业转基因生物安全管理、农业植物新品种权保护进行监督管理。

2008年，县农业局行政编制13人，事业编制432人，共有干部职工369人。内设办公室、畜牧水产股、农业股、农机管理股。下属畜牧兽医工作站、新能源办公室、农业技术推广站、土壤肥料工作站、植保植检站、农牧综合执法大队、满城镇监督分站、神星镇监督分站、南韩村镇监督分站、坨南乡监督分站、贤台乡监督分站、农机监理站、农业广播学校（农机培训学校）、草莓研究所、农经站、人影办、农机服务站、农业机械公司、良棉轧花厂、棉花原种场、粮食原种场、种子站和11个乡（镇）兽医站。

第四章　林　业

满城县境内优势树种为油松、侧柏、杨、柳、刺槐、泡桐、榆，果树主要有桃树、葡萄、柿、杏、苹果等。通过组织生态经济沟建设、太行山绿化、退耕还林、中日民间合作造林等工程造林和义务植树活动，全县有林地面积由1991年的3780公顷增加到2008年的15688公顷，森林覆盖率提高到30.8%。果树生产发展迅猛，2008年全县果树种植面积103395亩，比1991年增加79706亩；果品产值59302万元，是1991年的28.6倍。

第一节　植树造林

一、苗木生产

20世纪80年代后期，社办苗圃场纷纷解体，个体苗圃迅速发展。1988—1995年，从北京、天津、山东等省、市果树研究所引进新红星为主的苹果品种28个，油桃为主的桃新品种22个，以杏扁为主的杏品种14个，以甜柿为主的柿品种14个，从美国、日本及国内科研单位引进以全明星为主的草莓品种12个。

20世纪90年代初期，苗木市场不断升温，育苗企业迅速兴起，名优新特品种陆续供应市场。林业科技人员研究推广桃树“三当”（当年播种、当年嫁接、当年成苗出圃）快速育苗和苹果室内枝接快速育苗新技术，推动了果树育苗的发展。

2000年，对林木种苗生产经营实行办证、年检、清理制度，分类实施指导，依法整顿市场。对符合办证条件，且遵纪守法的种苗生产经营单位和个人优先办理。2005年年底，为16家苗圃企业核发生产许可证。

县苗圃场起运容器苗（摄于2008年）

根据县内山区土壤瘠薄、干旱缺水的实际，自2003年开始，实施容器苗造林，并确定县苗圃场为容器苗育苗示范苗圃，年繁育以侧柏为主的容器苗100多万袋。通过应用容器苗造林，山区工程造林成活率提高到90%以上。2006年5月24日，河北省容器苗造林现场会在满城县召开。

2008年，为保定市景天苗木有限公司、绿龙苗木有限公司、鑫丰苗圃场、满城县苗圃场核发林木种苗生产许可证。

二、义务植树

1992—1994年，每年都组织全体机关干部在汉墓景区义务植树。

1997年，组织建立市、县、乡、村四级义务植树基地，大力开展部门林、民兵林、学生林、三八林、青年林等纪念林活动。北赵庄村为市直机关义务植树基地，竖碑挂牌，明确任务和职责，以小支沟或山头为单元，把任务分解到部门。

市头村义务植树（摄于2006年）

1998—2000年，保定市绿化委员会将白龙乡西龙门村水库南岸3105亩荒山、荒坡作为市直机关义务植树基地，组织56个市直部门开展义务植树活动。2001年以后，全县义务植树活动采取集中建点、分散展开的形式。每年设立1~2个县级义务植树基地，县主要领导和有关部门参加植树，其他部门到所包乡（镇）参加义务植树。

2004—2008年，每年确定义务植树基地，组织开展县级义务植树活动。2004年，建立汉墓景区及周围、外环路、要庄乡3个县级义务植树基地。2006年春，县领导及机关单位千余人在神星镇市头村开展义务植树活动，植树2000多株。秋冬季，县领导及包乡部门160余人，在方顺桥乡许村大坝开展义务植树活动，植树2000株。2007年春季，在石井乡尉公村开展义务植树活动，县领导及机关干部参加，共植树5万株。2008年春季，在神星镇市头村组织县级义务植树活动，县四大班子领导和神星镇、有关部门的机关干部共计200余人参加，栽植杨树1500多株。

坨南乡桃树基地（摄于2004年）

至2008年年底，县内建成4个规模较大的义务植树基地，其一是汉墓景区义务植树基地，面积1000亩，主要树种是侧柏，由县文物旅游局管理，输水设施齐全，有专人管护。其二是坨南乡北赵庄义务植树基地，面积2000亩，主栽树种为柿、桃、苹果。其三是白龙乡训口村义务植树基地，面积2000亩，主栽树种为磨盘柿。其四是大许城潵河沿岸义务植树基地，面积1000亩，主栽树种为速生杨。

三、工程造林

生态经济沟建设　1991—1993年，组织开展生态经济沟建设。1991年完成造林6883亩，其中经济林5342亩，防护林1541亩。1992年完成生态经济沟建设11000亩，其中建设雪桃基地2000亩，建设磨盘柿基地5000亩。1993年，采取人工植苗和种子直播等形式，完成造林12300亩。1991—1993年共开发生态经济沟13条，面积30183亩，其中栽植经济林21146亩，以柿、苹果、桃、杏为主；防护林9037亩，以刺槐、侧柏为主。

太行山绿化工程　1994年开始承担国家太行山绿化工程，主要分为人工造林、封山育林、飞播造林3种方式，人工造林涉及满城镇、大册营镇、神星镇、石井乡、坨南乡、刘家台乡和白龙乡7个乡（镇）。组织群众在浅山丘陵区栽植磨盘柿、杏树、桃树、苹果等经济林。至2008年，累计造林20.7万亩。封山育林涉及刘家台、坨南、石井、白龙、神星5个山区乡（镇），至2008年累计封育19万亩。通过封山育林，山区灌木林地面积增加3万亩，森林覆盖率提高7个百分点，遏制水土流失面积5万亩。飞播造林主要在刘家台乡，1991—2001年，共组织飞播造林11次，飞播面积14万亩。由于气候持续干旱、山火和牲畜毁坏，飞播造林成效不高。2003年，以人工点播造林方式代替飞播造林。到2008年年底，全县飞播造林和点播造林成林面积2000多亩，主要为油松林，分布在黄龙寺、长角台2个村的玉皇坨、芝兰沟、东峨峪、称沟和西沟。

刘家台乡太行山绿化工程造林（摄于2005年）

退耕还林工程　2002年，开始实施退耕还林工程。确定“一山”（太行山）、“两侧”（道路、河渠两侧）、“四环”（环县城、环乡镇、环村庄、环水库）的总体规划和布局。至2008年，共组织造林18.6万亩，其中退耕地造林2.7万亩，荒山荒地匹配造林11.2万亩，封山匹配造林4.7万亩，涉及12个乡（镇）、117个行政村。

中日民间合作（小渊基金）河北省群众参与防风固沙防护林造林项目（以下简称中日造林项目）　2003年，争取到中日造林项目，一期工程建设期限为2004—2006年，治理沙荒地面积200公顷。涉及潵河沿岸的要庄乡、大册营镇、神星镇3个乡（镇）的9个行政村，日方总投资2520万日元。2006年5月一期工程全部完成，共栽植182.5公顷防风固沙林，9.5公顷生活环境林，8.3公顷护岸林，沿坝植生物埂27630米，栽植林木217492株。

2007年9月—2010年9月，在潵河上游马连川水库南山实施中日造林项目二期工程，面积120公顷，项目总投资244.3万元，其中，日方无偿援助2520万日元，中方自筹56.27万元。

四、社会（非公有制）造林

1991年以前，按照“谁开发、谁栽植、谁受益”的原则，造林方式以农户自发为主，栽植树种主要是经济林。随着形势的发展和造林开发难度的加大，20世纪90年代末开始，社会造林的组织方式逐渐由一家一户零散造林转变为具有一定经济实力的企业承包造林，造林兼顾经济、生态和社会效益，树种为经济林、防护林相结合。

2001年，坚持“自主协商、公开公平、限期绿化”的原则，吸引社会各界资金、技术、物资、人才向荒山开发流转，拓宽投资渠道。全县掀起荒山拍卖、招标造林的热潮。主要组织形式有群众入股、集体开发、承包治理的西赵庄模式；集体开发、分户承包的永安庄模式；招标造林的北东峪模式和公开拍卖、股份经营的西龙门模式，荒山绿化由政府主导行为逐步转向群众自主开发。

据不完全统计，2005年年底全县非公有制造林成林面积14.4万亩，占全县有林地总面积的84.7%。在非公有制林地中个体经营8.6万亩，占59.7%；股份制经营3.3万亩，占22.9%；企业经营面积2.5万亩，占17.4%。其使用权的获得方式以承包为主。在资金投入和管理方面，以自主投入为主，国家适当扶持为辅。

1991—2008年满城县林业生产情况统计表

表12-4-1

年份	当年造林面积合计（公顷）							封山育林（公顷）	当年零星（四旁）植树（万株）	育苗面积（公顷）	当年苗木产量（万株）	年末实有林地面积（公顷）	森林覆盖率%
	合计	按造林方式分		按造林用途分									
		人工造林面积	飞播造林面积	用材林	经济林	防护林	特种用材林						
1991	1740	692	1048	462	210	975	92	9773	74.6	53	—	3780	—
1992	1881	793	1088	391	1268	1	221	3853	72	69.8	—	4030	—
1993	1947	859	1088	1157	700	0	90	3953	75	98	—	4130	12.4
1994	2373	1807	566	713	1427	233	0	6500	69	117	—	8667	—
1995	3174	2000	1174	0	2000	1174	0	4000	75	153	—	10000	14.9
1996	3953	2800	1153	1200	2533	220	0	6000	70	135	—	1067	23.0
1997	4236	3569	667	0	957	3279	0	0	89	141	—	11509	34.6
1998	3235	2402	833	62	1046	2127	0	8000	87	133	—	13054	31.9
1999	3690	2837	853	0	1300	2390	0	12001	55	126	752	12381	27.3
2000	3288	1961	1327	8	672	2606	0	14001	53	100	821	12563	28.7
2001	3729	2708	1021	20	1107	2602	0	10191	62	180	1350	12833	28.9
2002	1334	1334	0	0	266	1068	0	1733	50	266	837	12833	28.9
2003	3533	1600	1933	0	152	3381	0	1733	51	275	957	14263	29.0
2004	2933	2933	0	0	403	2530	0	7067	60	267	862	14575	29.6
2005	2234	2234	0	0	333	1901	0	8667	76	270	921	14754	29.8
2006	1267	1267	0	0	0	1267	0	10000	79	425	999	15453	30.5
2007	1333	1333	0	0	46	1287	0	6066	75	418	1027	15688	30.8
2008	1067	1067	0	0	303	764	0	5800	75	394	1051	15688	30.8

第二节　果树　果品

一、栽培品种

柿　柿树品种主要有磨盘柿、莲花柿、大牛心柿、小牛心柿、火柿、方柿、包子柿、铃铛柿等12个品种，主要分布在山区乡（镇）。20世纪80年代以后又从外地引进镜面柿、湖北罗田甜柿等46个品种。2008年，全县柿树品种有58个，种植面积4.8万亩，年产量4.2万吨。栽培最广泛的是磨盘柿（详见第五章特色种植）。

西峪村甜柿（摄于2006年）

苹果　20世纪80年代，相继从辽宁兴城果研所、河北昌黎果研所、河北农业大学等科研院所和学校引进长富、青富、岩富、秋富等14个红富士系列优良单系的种苗和接穗，还引进美国新红星、王林、乔那金、初秋、千秋、津轻等品种。2000年，全县苹果种植面积1.9万亩，年产量2.9万吨。受农业结构调整影响，种植面积逐年减少。到2008年种植面积1万亩，主栽品种为日本红富士系和美国元帅系，年产量1.7万吨。

龙居村苹果（摄于2006年）

桃　1981年以后相继引进庆丰、春雷、沙子早生、京红、麦香、早凤、雨花露、燕红、秋香、迎庆等几十个品种，各品种桃的成熟期从6月上旬一直到11月中旬。2000年，全县桃树种植面积1.4万亩，年产量1.7万吨。主要集中在神星镇、石井乡、坨南乡、白龙乡、要庄乡5个乡（镇）。2008年，桃树种植面积3.5万亩，年产量4万吨。以神星镇为主种植的红岗山桃是满城县的珍稀特色品种（详见第五章特色种植）。

葡萄　20世纪90年代初，葡萄种植主要分布在柳家佐、东马、城关、西家庄等乡（镇），栽培品种有巨峰、玫瑰香、龙眼、保尔加尔等。1995年后，形成以南韩村镇段旺村为中心的葡萄种植基地。

段旺村1985年开始引种葡萄，1993年发展到500亩，主要品种是巨峰。村委会因势利导，积极兴建水利设施，精修田间道路，全村葡萄种植面积逐年递增。2001年，成立富民果品销售公司，注册“喇叭”牌商标。2008年，全村葡萄种植面积4500亩，产量近万吨，除本地销售外，还销往北京、天津、上海、贵州、湖南、湖北等省市。

杏　1991年后，杏树作为山区绿化的主栽品种发展迅速，品种以串枝红为主，品质优良，鲜食、加工均可，市场销售稳定。其他品种有金太阳、凯特、骆驼黄、鸭蛋白、麦香、红丰、新世纪等。在设施栽培的品种中，以早熟的金太阳杏表现良好。2008年年底，全县杏树种植面积960亩，年产量7343吨。

李 李子适合在山中下部种植，效益较好。1991年后种植面积逐年增加，主要集中在刘家台乡和坨南乡。品种有欧洲李、大石早生、黑宝石、红宝石、盖县李、安哥里那等。

大枣 山麓、坡根、沟边、地坎广泛生长的木本粮食性干果，平原农家庭院也多有种植。1991年，全县大枣产量88吨。2000年全县规模种植面积180亩，年产量273吨。2008年，全县规模种植面积225亩，年产量224吨。

其他 有梨、樱桃、山楂、石榴、沙果、黑枣、核桃等。有的早有栽培，有的为20世纪80年代以来引进或栽培，均属零星栽植，产量较小。

二、果品储存、加工与销售

20世纪80年代初，山区群众进行苹果、柿子鲜贮，年贮藏量1000多吨，纯收入37万多元。1983年，东马大队与保定市罐头厂联合建成满城县第一家罐头加工厂。随着林果生产的迅猛发展，果品加工业发展迅速。1988年，全县有果品加工厂20多家，年总加工能力1万多吨，其中东马罐头厂年加工能力2500吨。2005年全县有果品加工企业34家。2008年年底全县规模以上食品加工制作企业5家，农副产品加工企业53家，年产值2.7亿元。

20世纪90年代后，先后建立石井、东马、神星、坨南、柳家佐、岭西等果品专业市场27个，设立流动摊点95处，年经销果品8万吨，市场收入2.5亿元。1996—2008年，个人兴建的小型果品市场迅速增加，村集体建立的大型果品市场逐渐萎缩、消失。果品通过市场销往北京、天津、上海、广东、海南、内蒙古、东北等地。

1991—2008年部分年份满城县主要果品生产统计表

表12-4-2

项目＼年份		1991	1995	2000	2005	2008
合计	面积（亩）	23689	42492	46230	95070	103395
	产量（吨）	18228	64248	75346	100612	126727
	产值（万元）	2065	7140	38997	38405	59302
苹果	面积（亩）	11936	20877	19245	20220	10035
	产量（吨）	5717	19969	29319	24025	16706
梨	面积（亩）	506	2570	330	810	825
	产量（吨）	213	865	1089	888	1037
柿	株数（株）	287005	591190	—	—	—
	面积（亩）	—	—	—	44895	48225
	产量（吨）	3583	13616	21180	28434	41830
桃	面积（亩）	10361	18178	14160	21420	35250
	产量（吨）	8024	24999	17239	24714	39645
葡萄	面积（亩）	886	867	1440	7275	7470
	产量（吨）	546	3153	3096	14185	16561

第三节 林业防护与管理

一、林政管理

1995年5月，县林业局成立林政股，加强全县林政资源管理。1995—1999年，执法重点是乱砍滥伐林木和护林防火。先后处理4起大型林业违法案件，分别为六间房村滥伐林木案、县政法委牵头的李堡案件、县人大牵头的三恩庄案件、县纪委牵头的方上案件。刘家台乡、白龙乡派出所严格执法，依法护林，县绿化委员会、森林防火指挥部对他们进行表彰，分别颁发锦旗和1000元奖金。

2000—2002年，按采伐限额控制林木采伐，规范林木采伐审批办理程序，实行绿化保证书制度。做到伐前有设计，伐中有监督，伐后有验收。对木材加工运输实行规范管理，对全县木材加工摊点进行实地普查、登记。对石碴厂、灰厂占用林地情况进行清查，划定采石界线。2000年，查处非法收购、运输木材、毁林案件55起，其中移交公安机关4起，移交检察机关2起。发放保护森林资源宣传品2000份，印发《满城县人民政府关于加强林木、林地资源保护工作的公告》500份。2001年，对漕河沿岸林业违法活动进行严打整治。绘制《漕河沿岸防护林现状图》及《方位示意图》，以六盘山林场周围、大楼南山为重点，对林区用红漆划定界线，界定开矿地域，禁止超界开采。已经破坏的依法收取森林植被恢复费。对威胁林地的下发《限采通知书》。对所有山场进行封育，禁止牛羊等牲畜上山。对山区乡（镇）牛羊饲养情况进行统计，与饲养户签订封山禁牧保证书。2002年，以要庄乡前大留村为重点，对全县木炭烧制摊点进行普查，为退耕还林户发放林权证6336本。

封山育林标志牌（摄于2006年）

2003—2004年，共查处林业案件34起，其中林业行政案件17起。配合国家西电东输工程办理相关工程占用林地手续。完成保南保北送变电工程贯穿满城县塔基的现场勘查，完成南水北调工程、107国道林地现状调查和征占用林地的手续办理。全年审批林木采伐许可证21份。

2005—2008年，完成南水北调工程占用林地的勘查，对全县开采矿藏、开山采石建厂占用林地情况进行全面普查。针对少批多占、随意改变林地用途等违法行为，对采石（矿）企业征占用林地行为进行清理整顿。

二、野生动物管理

1997年，对县内驯养繁殖、经营利用野生动植物情况进行摸底调查，组织开展野生动物市场清理整顿活动。2001年，对现有野生动物养殖情况进行登记，县内有3个养殖场，包括孙长福芬兰狐养殖场、新华园艺场梅花鹿养殖场和孔村种蝎场。

2000年，联合县公安、工商、交通等部门开展野生动植物保护法律、法规执行年活动，对集贸市场、交通运输等重点部位进行重点检查。2001年春，在县北平农贸市场查获非法捕获出售的猫头鹰、

林政执法人员放飞查获的野生鸟类（摄于2005年）

斑鸠等7只。2002年，查处违法捕杀麻雀、青蛙案2起，没收实物15余公斤，放生活体青蛙300余只。2003年，查处非法经营、捕杀野生动物案件7起，清理饭店、药店50余家，放生青蛙500余只，没收20余公斤，放生鸟类100余只。2005年8月，县林业执法人员在漕河岸边查处1起设网捕鸟案，放飞河北省二级保护动物蓝翡翠、野鸽子等20余只。

群众保护野生动物的意识越来越强，积极救助、保护野生动物。2001年，刘家台乡车厂村村民救助1只国家二级野生动物雕枭。2003年，城内村村民王瑞喜救助1只苇鹅，抱阳村村民田永健救助1只受伤秃鹫。2006年，南韩村镇疙瘩屯村村民王喜堂救助1只白天鹅。

三、森林防火

1996—1998年，加大森林防火宣传，印发《护林防火户主通知书》万余份，防火知识问答宣传材料5000余份，宣传布告2000份，竖立防火标牌400块。在重点封育区建立永久性护林防火碑12块，大型标语24条，固定宣传标语263条，出动宣传车20多台次。各乡（镇）成立护林防火领导小组。满城县被省森林防火指挥部授予“1996—1998三年度无森林火灾县级先进单位”。

专业扑火队员进行扑火演练（摄于2006年）

1999年，确定每年3月份为森林防火宣传月。之后每年进行宣传。2000年，沿神星—白龙、神星—下紫口、神星—坨南路段竖立高标准防火碑100余块。以白龙乡为试点，制定《护山防火保证书》，保证人不仅要履行监护人职责，还要保证亲属不出问题。

2001—2003年，制定森林防火七项制度，绘制全县《防火阻隔规划图》《林业资源分布图》。各乡（镇）与防火办签订封山禁牧保证书和防火责任状。明确护林员职责和管护区域，进行岗位培训。投资2万多元建成高标准铁制防火碑59块，山区实现村村有标语、路路有宣传牌。被省森林防火指挥部授予“三年无森林火灾先进单位”。

2004年，投资5万元在刘家台乡龙居村大西梁建立防火瞭望塔，沿保涞路建立2块5×8米防火宣传牌，在重点防火区新建砖混结构宣传碑50多块，在坨南乡设立市级防火物资储备库，确定71名护林员，实行森林防火日报告制度。2005年，森林火灾预防与扑救经费列入县财政预算，当年划拨经费5万元，并制定《森林防火“十一五”基础设施建设规划》。2006—2008年，在刘家台乡的龙居、车厂、黄龙寺，坨南乡的水峪西沟、曹家峪，石井乡的秀兰山庄、柿子沟、白龙乡的钟家店设立8个森林防火检查站。

四、森林植物检疫与病虫害防治

1991—1996年，县林业局每年组织苗木生产普查，进行果苗产地检疫、调运检疫和果品检疫，年检疫苗木60多万株。

1997年开始，对美国白蛾、苹果绵蚜等检疫对象进行普查，每年发布病虫预测预报4~8期。2000年，普查林地面积近万亩。普查苗圃地1500亩，发现冠瘿病、葡萄蔓割病、苹果毛根病3种检疫对象，及时采取防治措施。2001年，组织2次病虫调查，普查苗圃2500亩。对4000亩杨树进行蛀干害虫综合防治。沿12条道路清理桑科植物5000墩、伐除虫源木1000株、捕捉桑天牛成虫1000头，下发《病虫限期防治通知书》16份。完成产地检疫2000亩，苗木调运检疫30万株，检疫各种果品15万吨，复检木材2500立方米，竹材500立方米。

2002年，林业局成立种苗管理机构，与检疫工作相结合，对苗木统一实行“两证一签”（苗木检验证、苗木检疫证、苗木标签）管理。对全县所有苗圃进行登记，严格产地检疫。完成产地检疫2300亩，检疫苗木800万株。调运检疫12万吨，复检木材2000方，竹材450万根。砍伐杨树虫源木1000株、清理桑科植物5000墩，防治作业面积4000亩。以抱阳村农田林网，满龙路、战备路、满于西线为重点，设立27个测报点。

森防检疫人员在指导病虫害防治（摄于2005年）

2003年，苗木、木材调运全部实行微机开证。到黄龙寺、白沙等村进行松毛虫、松材线虫监测。9月，森防检疫人员在中佃庄村集体苹果园内发现国家级森林植物检疫对象苹果绵蚜，发生面积20余亩，其中严重危害的19株，及时组织除治。调查59种林木和果树病虫害发生情况。通过普查，发现主要林木病虫害有杨扇舟蛾、杨白潜叶蛾、光肩星天牛、桑天牛、柳烂皮病等20余种。主要果树病虫害有桃小食心虫、梨小食心虫、桃蚜、山楂红蜘蛛、桑白蚧、金蚊细蛾、柿圆斑病、葡萄白腐病等37种。捕捉并制作害虫标本12个，采集制作病害标本14个。同年，林业局森林植物检疫站被国家林业局命名为森林病虫害防治检疫标准站。2004—2005年，在抱阳村农田林网，汉墓、六盘山林场侧柏林，南、西外环路柳树上释放肿腿蜂共50万头，用于防治蛀干天牛，河北电视台记者进行了实地采访报道。

第四节　管理机构

1991年，县林业局为政府常设工作机构，内设办公室、技术站、森林植物检疫站、林果技术服务中心。有干部职工19人。

1995年5月设林政股。1997年，县林业局被确定为县政府直属事业机构，设办公室、林政股（挂森林防火指挥部办公室牌子）、技术股。事业编制14人，其中局长1人，副局长2人，股级干部3人，经费来源为全额事业拨款。当年，经县编办同意成立林政管理队，下属苗圃场和六盘山林场被列为自收自支事业单位。

2002 年，县林业局由政府直属事业机构转为政府工作部门，设办公室和林政资源管理股 2 个职能股室。编制 8 人（含工勤编制 1 人），其中局长 1 人，副局长 2 人，股级干部 2 人。主要职责为宣传贯彻《森林法》等林业法律、法规、条例和方针政策，指导全县林业生产，大力培育森林资源，承担森林资源管理和保护。

2004 年，经编委批准，同意林政管理队加挂果桑花产品质量监督检验站的牌子，对果桑花产品实施质量监督检验职责，编制不变。

2005 年，成立森林公安派出所。同年，撤销林政管理队编制及机构，成立林业行政综合执法大队，为差额事业机构，编制 6 人。挂森林公安派出所、林业行政综合执法大队两块牌子。2005 年 12 月，增加内设机构林业技术站，全额事业费编制 5 人，股级职数 1 人。2006 年 4 月，成立森林防火专业扑火队。

2007 年，根据政府常务会研究意见，报市编办批示，同意在森林公安派出所加挂森林防火指挥部办公室牌子，增加全额事业编制 3 人，同时履行森林防火指挥部办公室职责。

2008 年年底，县林业局共有干部职工 65 人，内设办公室、林业技术站、林政资源股、林业行政综合执法大队、森林公安派出所、林果技术服务中心和森林植物检疫站。

苗圃场

建于 1974 年，位于南韩村镇孙村西南，面积 300 亩。为自收自支股级事业单位，编制 10 人，设股级干部 1 人。自 1998 年经营状况趋于好转。2003 年，对旧场房进行翻新，新建 20 多间办公用房。苗木畅销保定周边各市、县，远销北京、山东、石家庄、邯郸、沧州等省市。成为集工程绿化、园林绿化、名优品种引进繁育、花卉栽培为一体的综合性苗圃场，是河北省林木良种繁育基地、保定市名优品种繁育基地、满城县太行山绿化优良苗木供应基地。2003 年被省林业局评为“河北省特色苗圃”“河北省质量信得过苗圃”。

满城县苗圃场（摄于 2008 年）

六盘山林场

1962 年建场，总面积 2.1 万亩，其中有林地面积 8000 亩（侧柏林）、果园 20 亩，场部占地 6 亩，办公室 13 间。为自收自支股级事业单位，编制 10 人，设股级干部 1 人。主要职责是负责林场绿化、护林防火，面向社会搞好林果技术服务。

第五章　特色种植

在种植业中，草莓、磨盘柿、红岗山桃、雪桃各领风骚，为群众致富、振兴县域经济贡献突出。满城草莓从陆地栽培、地膜覆盖、拱棚到现代化的温室栽培，技术不断改进，品种不断优化，亩产值由不足1000元增加到3万多元。2008年，全县草莓栽培面积4.84万亩，产值30400万元。磨盘柿由老百姓的“救命树”发展成为“摇钱树”，2008年，种植面积4.8万亩，收入占山区人均总收入的三成以上。红岗山桃是满城选育的优良大桃品种，栽培以神星镇为中心，辐射周围18个行政村，产品一路畅销。雪桃是满城发现并一直珍存的稀有晚熟桃树品种。

第一节 草 莓

一、发展历程

满城县种植草莓最早是在1956年，有少数生产队在果园等边角闲地种植，种植面积很小。1972年，全县草莓种植面积仅23亩。1978年，全县种植面积也只有300余亩，品种为传统的保定鸡心、保定鸡冠，口感好，但是不易贮存、不耐运输，果个小，产量低，亩产量不过500公斤，发展缓慢。

1984年实行土地联产承包责任制后，县委、县政府鼓励农民发展多种经营。农业、科技部门引进草莓新品种全明星，此品种适应性强、果个大、耐贮运、产量高。先是在柳家佐、抱阳、顺民、茂山一带的阳畦效应区栽植，而后在县城周围、县城以东、县南陉阳驿、方顺桥一带迅速扩展。1986年，满城县被农业部、财政部命名为“全国草莓生产基地县”。

20世纪90年代初，随着地膜覆盖技术，大、中拱棚，日光温室，加温日光温室等草莓保护地栽培技术的成熟和推广，全县草莓栽植掀起了一场“白色革命”。早春时节，乍暖还寒，广袤的山前平原和山间盆地种植的草莓都被白塑料膜覆盖，大地俨然成了一望无际的银海雪原。之后，陆续引进适合温室栽培的丰香、静香等早熟品种，通过温室栽培，草莓鲜果在元旦前即可上市，直供中南海和北京的大酒店，彻底改变了春节期间国外鲜草莓独霸天下的局面。1995年，县政府被授予“省级农业‘白色革命’先进单位”称号。

李铁庄草莓温室（摄于2008年）

由于采用加温日光温室、日光温室、拱棚、地膜覆盖、露地栽培等多种栽培形式，和早、中、晚熟品种的搭配，满城草莓实现了鲜果的多季供应，采收期自11月下旬开始，一直延续到翌年的5—6月，全年近7个月都有草莓鲜果上市。亩产值由过去的不足1000元猛增到1万~3万元。1995年，全县种植草莓6万亩，占全国草莓种植面积的四分之一，成为全国最大的县级草莓生产基地。全县草莓产业用地占农业用地的七分之一，但所创产值却占到了农业总产值的三分之一。全县农民靠种植草莓年人均收入达800多元。1996年4月7日，国务委员、国家科委主任宋健到满城考察，题写了“满红草莓”斗笔横幅。1997年，省农业厅、财政厅将满城县列为菜篮子双环工程示范县。1998年，满城县被省委命名为“发展区域特色产业先进县”。

1998年，成立满红草莓集团、草莓产业协会，积极为农民提供技术、市场等服务，搭建草莓生产与市场之间的桥梁。满城草莓业进入种植面积最大、发展最兴盛的时期。1999年、2001年满城草莓两

草莓育苗（摄于2000年）

次被河北省农业、林业、畜牧等六厅局命名为“河北省名优产品”。2000年，国家副主席胡锦涛到满城视察，称赞“草莓产业为太行山老区人民脱贫致富带了个好头。”2000年2月12日（正月初八）中央电视台一套播出以满城草莓为主线的专题片《草莓的故乡》，播时50分钟。

在发展过程中，出现了草莓温室大棚建设、管理采摘等生产过程劳动强度大、投资高，而且每年都要土壤消毒等问题，成为制约草莓发展的瓶颈。为解决这些问题，1999年开始组织无公害草莓技术研究，到2001年取得初步成果，并逐步推开。2002年，推广国家NY/5103-2002《无公害食品草莓生产技术规程》，统一采用绿色无公害生产技术。依托大专院校、科研单位进行草莓无毒苗试验研究与创新。2003年建育苗田500亩，年生产无毒苗2000万株。2005年，方顺桥乡、南韩村镇、于家庄乡、神星镇先后建成10个草莓专业园区，采用“协会+农户”的发展方式，带动农民种植草莓2万余亩，产品专供各大超市，产值提高20%以上。“绿赛”草莓被农业部认定为无公害农产品。

满城县草莓的发展得益于草莓新品种的引进和推广。20世纪70年代，主栽品种为保定鸡心、保定鸡冠。1985年，县草莓研究所建立草莓品种园，先后从国内外引进新品种近百个，通过对比试验，筛选出12个适合满城县自然环境的品种。其中全明星、哈尼、丰香、宝交早生、早红光、静香等新品种以果实个儿大、产量高、口味好、耐贮运等优良特性深受市场欢迎。尤其是全明星品种，产量高、色泽艳、硬度大、耐贮运、口感好，迅速成为全县草莓栽培的主导品种，占到栽培面积的98%以上，而且使满城草莓销售市场跨出省界，走向北京、天津、内蒙古、上海等省市，声名远播。

摘草莓（摄于2006年）

1998年，先后从法国、日本、西班牙等国引进20多个新品种。通过试验筛选出达赛莱克特、日本2号、吐德拉、甜查理、清香等品种。其中法国品种达赛莱克特亩产量2000~2500公斤，含糖量11%，硬度大，适合日光温室和冷棚栽培，是取代全明星的理想品种。日本2号亩产量1500公斤以上，含糖量15%，高抗白粉病，休眠期短，早熟，元旦前可上市，是取代丰香的理想品种。

由于草莓栽培面积大、品种多、技术高、质量好、加工体系健全、经营良好，全国各地诸多单位和个人前来参观学习，购买种苗并引进栽培技术。20世纪80年代，时任正定县委书记的习近平曾到满城考察草莓种植情况，并引进满城的草莓品种。日本、韩国、俄罗斯等国也竞相到满城购买加工原料。草莓产业有较高的附加值，适合密集型劳动，加之河北省得天独厚的区位优势，使满城草莓迅速辐射到全省许多市、县，同时也有力地促进了全国草莓产业的发展。

2005年以后，县政府制定建设万亩草莓现代农业示范园的目标，累计投资7837万元，在全县建成富赛、沃土、合发等专业园区10个。先后引进红颜、章姬、阿尔比、幸香、蜜宝等近50个草莓品种。

其中红颜和甜查理外观漂亮、口感香甜、品质优良，深受消费者喜爱，成为各大超市的专供产品。满城成为全国草莓品种更新换代的首选地。2006年，河北电视台、石家庄大地种业有限公司联合组织草莓比赛活动，小赛村路六成种的10颗草莓重800克，在比赛中获得“草莓王”称号。

温室草莓结果状（摄于2000年）

二、加工和销售

满城草莓以鲜销为主，鲜果主要销往保定、石家庄、北京、天津、内蒙古、山西及东北三省，销售量占总产量的93%。部分用于加工，主要制品是草莓酱、草莓酒、草莓汁及速冻草莓（分颗粒速冻和加糖速冻成块）。

1992—1994年，为搞好草莓的鲜果销售，新建陶家佐草莓市场、东马果品市场等4个大型草莓专业批发市场。满城镇是黄河以北最大的草莓集散地，满城镇陶家佐草莓市场是保定市十大专业批发市场之一，占地面积40亩，年销售草莓4万吨，旺季日最高成交量10万公斤，日成交额突破百万元，年销售额超亿元。

瞄准京津及东北市场，多次举办草莓促销联谊会，同北京四道口、大钟寺等市场建立伙伴关系，在北京设立满城草莓夜市和满城草莓一条街。北京工商部门对满城草莓入市销售给予减免市场管理费等优惠政策。另外，投资10万元购买微机联网设施，沟通与全国各大市场的联系，及时向莓农发布市场信息。通过这些有力措施，满城草莓几乎完全占据了京、津、华北、东北各大批发市场。全县直接从事草莓生产的从业人员达10万多人，围绕草莓生产服务的相关行业从业人员近2000人。

全县草莓产业的发展，不仅增加了农民的收入，也促进了食品加工、餐饮、运输等服务行业的发展。2006年，全县草莓深加工企业有18家，主要生产速冻草莓、草莓酱、草莓酒等10多个品种，年加工总量1万多吨。其中县玉川酿酒厂生产的“壮”牌草莓酒被省政府定为省名优果酒，被省国际商会评为河北省省酒、河北省贵宾酒；明花食品厂生产的“明花”牌草莓酱，1998年获全国消费品金奖、国家轻工业博览会银质奖及长城杯食品大奖赛银质奖，大部分产品出口到港台、欧洲、非洲、东南亚等国家和地区，年利税650多万元，创外汇400多万美元。

1985—2008年满城县草莓发展情况统计表

表12-5-1

年份	草莓种植面积（亩）	总产量（吨）	产值（万元）	年份	草莓种植面积（亩）	总产量（吨）	产值（万元）
1985	3200	2745.6	247.6	1992	18000	27154	7380
1986	5500	4950	396	1993	34200	35270	9326
1987	10350	9800	817	1994	42000	47350	12195
1988	11000	11275	923	1995	60000	56000	26200
1989	12000	13392	1230	1996	50000	67400	26800
1990	13400	13681	1380	1997	60000	80200	36100
1991	14500	18372	4307	1998	70000	91000	30450

续表 12-5-1

年份	草莓种植面积（亩）	总产量（吨）	产值（万元）	年份	草莓种植面积（亩）	总产量（吨）	产值（万元）
1999	56100	87000	37400	2004	68000	116000	40700
2000	60000	90000	39500	2005	68000	116637	40735
2001	62000	99000	43200	2006	68000	122400	40800
2002	50000	75000	28000	2007	68000	130800	40200
2003	68000	115000	40000	2008	48400	94900	30400

三、示范园区建设

2002 年，在县农业局的大力支持下，方顺桥乡小赛村建立绿海无公害草莓示范园区，占地面积 450 亩，日光温室 300 个，园区主要种植模式是日光温室草莓与番茄套种栽培。2008 年，草莓产量 2500 公斤，亩产值 1.6 万元，番茄产量 7000 公斤，亩产值 1 万元，两项合计亩产值 2.6 万元，园区总产值 520 万元。2008 年辐射带动面积 1.2 万亩。

园区的管理依靠村草莓协会，村草莓协会吸收会员 2000 人。农业技术人员负责技术培训、指导、营销等一系列产前、产中、产后服务。全部使用无毒苗，严格按照《河北省无公害农产品技术规程》，依据不同草莓品种测土配方施肥，以腐熟的圈肥、鸡粪、秸秆沤肥等有机肥为主要肥源，禁止使用硝态氮肥。应用蜜蜂授粉、膜下滴灌、防虫网、黄板诱虫等创新技术。生产上严格按照绿色食品生产要求实行“四统一”，即统一布局，统一技术规程，统一供应生产资料，统一质量监控。产品连续多年达到省无公害农产品标准，供不应求。

2003 年注册“绿赛”牌商标，并实行品牌精包装。园区及周边辐射区 1.2 万亩被认定为“省无公害生产基地”，取得无公害生产标识。同年“绿赛”牌草莓被认定为“第七届中国农产品交易会名优农产品”。2005 年，绿赛草莓通过部级产品认证，被评为“省名优产品”。2006 年，被省质量技术监督局评为“省名牌产品”。2007 年绿海无公害草莓示范园区被评为“省一县一业一园工程现代化农业科技示范园”。

第二节　磨盘柿

一、发展历程

磨盘柿是满城县的乡土树种，全县都有栽培，主要分布在西、北部山区。集中分布在神星镇和石井乡，神星镇的神星、东峪、西峪、南峪、中峪、魏庄、北太平庄、寺角、马连川、翟家佐、石家佐栽培面积大，石井乡的石井村、东渝河、西渝河、永安庄、协义、苑庄栽培面积大。尤其是神星镇的“四峪”（东峪、西峪、南峪、中峪）与石井乡的石井村沟岭相接，柿林相连，形成蔚为壮观的万亩“柿海”，让人惊叹。被誉为“中国北方最大的生态柿子沟”。

20 世纪 90 年代前，磨盘柿栽培基本属于放任管理，靠天收，产量不稳定。20 世纪 80 年代末，县林业局把神星镇东峪村作为柿树栽培管理示范村，组织技术人员入村蹲点。经过一年多的调查总结，林业技术人员掌握了柿树的生长习性，找出危害柿树的主要病虫害为“三虫两病”，即柿绵蚧、柿蒂虫、草履蚧，圆斑病、角斑病，并系统制定柿树丰产栽培综合管理技术、“三虫两病”防治技术。与东峪村达成技术帮扶协议，林业局技术人员长年驻村，对修剪、打药、施肥等各个环节耐心指导，村党支部组织群众统一修剪、统一喷药、统一管理。1990 年，东峪村柿树获得大丰收，村里涌现出许多“万元户”。1991 年，县林业局技术站站长王玉玲因此获市政府晋级奖励，并获得“省科技进步三等奖”“省科技兴农先进工作者”“保定市劳动模范”等称号，林业局局长范振铎获得“市长特别奖”。同年，中央电视台将满城磨盘柿拍成专题片，在《我们的果园》节目里播放。1992 年，全县 24 万株柿树产量 2.5 万吨。1994 年，仅有 1018 口人的东峪村村民银行存款达 90 多万元，主要收入来源是磨盘柿。

游客采摘柿子（摄于 2008 年）

1994 年，县委、县政府确定“靠山吃山、治山致富”的山区发展方向，号召大力发展以乡土树种磨盘柿为主的果树产业。是年 10 月，县委书记游江、副书记王金魁带领 12 个山区乡（镇）的党委书记、24 个重点村的党支部书记及县有关部门主要领导 50 多人，赴邢台县参观考察山区综合开发。考察之后立即在邢台召开“加快满城县山区开发、实施绿色工程”的动员大会。决定以山区、半山区乡（镇）为主，实施人均百棵果树工程。要求到 1995 年年底，山区乡（镇）必须达到人均拥有百棵果树的目标，半山区乡（镇）必须达到人均 50 棵果树的目标。县财政拨款 50 万元给予支持。对山区乡（镇）党委书记实行重奖重罚，完成任务的，奖党委书记 1 万元，否则罚 1 万元。

从 1994 年秋冬季开始，满城县掀起大规模栽植果树的热潮。县委书记率先垂范，到所包乡村与群众同劳动、办绿化点。乡（镇）党委书记、乡（镇）长全部入村督导，有的还在造林区搭窝棚，吃住在工地。1994 年秋冬季栽植果树 210 万株，1995 年栽植 125 万株，县委制定的目标圆满完成。1995 年年底，全县山区有磨盘柿 200 多万株，山区人均果品收入 780 元，占山区人均收入的 50%。在人均百棵果树工程带动下，磨盘柿面积迅速增加，为山区群众脱贫致富奔小康奠定了基础。

柿子采收（摄于 2008 年）

2000 年，争取到国家林业局、农业综合开发办名优经济林和木本粮油项目。在神星镇魏庄村建立国家磨盘柿示范基地 3000 亩。2002 年，示范基地全面推广无公害标准化栽培技术。2004 年，栽植磨盘柿 374 万株。2008 年，全县磨盘柿栽植面积 4.8 万亩。

1992 年，满城磨盘柿获“省优质果品奖”，1994 年获“全国林业名特优新产品博览会银奖”。2001 年，满城县被国家林业局命名为“中国磨盘柿之乡”，被省林业局命名为“河北省优质柿子生产基地县”。2002 年，满城县被省农业厅命名为“河北省磨盘柿之乡”，在第三届、第四届北方农副产品及农业技术交易会和第七至第十届中国（廊坊）农产品交易会上连续被评为“名优农产品”（其中第八届、第九届还被评为“果王”）。

二、品质功用

满城磨盘柿抗干旱、抗湿涝、耐瘠薄、适应性强、容易管理、结果早、产量高、经济寿命长。果实个极大，平均单果重250克，最大单果重610克，以其个大、味甜多汁、色泽美丽、营养丰富享誉国内外。柿果“色胜金衣，汁逾玉液”，而且养肺护胃、清燥火，有补虚止咳、利肠除热之功效。可供鲜食、酿酒、作醋，还可制成柿干、柿饼、柿汁等。柿果还有医疗价值，有补脾、健胃、润肠、降血压、润便、止血、解酒毒的作用；柿蒂可治呃逆、夜尿；柿霜可治喉痛、口疮咽干等；柿叶茶可防治动脉硬化，治疗失眠。

三、病虫害防治

磨盘柿主要病虫害为“三虫两病”，根据病虫害发生规律，采取相应防治措施，有效控制病虫害危害。

草履蚧早春若虫上树，群集在树皮裂缝、枝条和嫩芽上刺吸汁液。1年1代，以白色绵状卵块在树干基部土壤中越冬，树根颈处聚集较多。次年1月上旬至2月下旬越冬卵开始孵化。若虫从1月上旬开始上树，2月中旬为盛期，5月中旬雌虫开始下树，钻入树干周围石块下、土缝等处，分泌白色绵状卵囊，并在其中产卵。防治方法是结合秋冬季挖树盘，挖除树干周围土中卵囊。在1月上旬前或5月上旬前在树干距地面50厘米处刮除老树皮，刮区宽度为15~20厘米，用宽20~30厘米塑料布在刮区裹一圈，用绳子绑住塑料布下端，再翻转过来，阻止若虫上树，成虫下树，俗称“树裙”。2000年后，改为围缠胶带，在胶带上涂刷黏虫胶。5~7天把阻止的若虫集中消灭一次。若虫上树后，在树干上喷洒毒死蜱等药剂。

柿绵蚧主要危害柿树的嫩枝、幼叶、柿蒂和果实，每年发生4代。若虫危害盛期为6月下旬、7月下旬、8月中旬、9月下旬—10月上旬。柿蒂虫每年发生2代，以老熟幼虫在树干皮缝中越冬，6月中下旬、8月中旬为蛀果盛期。柿圆斑病和角斑病常造成柿树早期落叶，一般年份抓住子囊孢子飞散侵染前（6月上中旬）集中喷药一次即可，在重病区15天再喷1~2次效果更好，用药剂时应交替使用。上述虫害和病害可一起喷药预防，全年应用药剂防治3~5次，喷药时期在5月下旬、6月下旬、7月中旬、8月中旬，结合杀虫添加杀菌剂和尿素，防治病害发生，增强树势。应用药剂有甲基托布津、高效氯氰菊酯、多菌灵、M—45大生、代森锰锌、杀扑磷等。及时清除落叶及柿蒂，在树冠外围开沟把病叶及柿蒂翻入土内集中深埋，可有效地消灭菌源。

四、销售、加工

满城县的柿子产量高、品质佳，深受东北、内蒙古、山西等地人们青睐，每年都客商云集，在柿子生产集中区，几乎每个村都设有果品市场，方便客商们采购。群众摘了柿子在家门口就可以出售，非常方便。2008年建有果品专业市场30多个，磨盘柿产量4.2万吨，年销售收入9000多万元，山区农民人均磨盘柿收入占山区人均总收入的37%，产销率100%。

磨盘柿加工尚处于起步阶段，当地群众自己加工柿饼、柿干，没有形成规模和产业。

柿子销售市场（摄于2008年）

第三节　红岗山桃　雪桃

一、红岗山桃

20 世纪 80 年代初，翟家佐村村民从岗山白芽变中选出优良新品种，新品种继承了岗山白长势旺、花粉败育严重、果肉紧密等特点。并显示出优于岗山白的新特性，果实着色粉红，果个极大，平均单果重 350 克，最大单果重 1030 克。成熟期从 7 月底至 8 月下旬，肉质紧密，白色，近核处果肉红色，粘核，味甜，果顶平，果实近圆形。以中、短及花束状果枝结果为主，坐果率高、丰产。2007 年，此品种被河北省林业局审定为林木良种。

村民给红岗山桃授粉（摄于 2008 年）

此品种一经发现，立即受到广大村民的青睐，在神星镇的翟家佐、南峪、寺角、李家佐、石家佐等村迅速推广。2002 年年底，全县红岗山桃栽培面积 3000 亩，产量 1930 吨，其中 350 克以上特级果率 40%，250 克以上一级果率 55%以上，平均销售价格每公斤 5 元，最高销售价格每公斤 10 元，个别大桃按个销售，年销售产值 1000 多万元。2008 年，红岗山桃栽培面积 6000 亩，进入结果期的桃树面积 2700 亩，年产量 3500 吨，分布以神星镇的翟家佐为中心，辐射李家佐、寺角、马连川、北赵庄、东赵庄、白堡、市头村等 18 个行政村，仅此项年人均纯收入 2000 多元，占人均纯收入的 60%以上。农民不仅把自己的土地、山坡全部种植上红岗山桃，还到周边的村去承包土地、荒山。省内的邢台、衡水等市县及山东、河南等省市的果农纷纷到满城引种栽培。

桃树修剪技术培训（摄于 2008 年）

在栽培管理上，县林业局制定《满城县红岗山桃标准化生产技术规程》，应用快速整形、长枝修剪、多效唑控制、人工授粉、果实套袋等栽培技术。其中主要措施是人工授粉和疏花疏果，由于花粉败育，群众必须要在花开前采集足够的其他品种桃的花粉，做好人工授粉的准备，所以一到春季桃花盛开的时候，翟家佐等村的群众就走村串户去采集花粉，有时候要走出几十公里，甚至发动亲朋好友帮助采集。授粉后要及时疏花、疏果、套袋。管理细致，用工量大，这时大多数家庭要雇佣劳动力。2001 年，满城县在翟家佐建立无公害红岗山桃示范基地 3000 亩，并组织申报河北省无公害果品生产基地，引导群众走规范化、产业化道路。

红岗山桃主要病害有细菌性穿孔病、炭疽病、流胶病。主要虫害有桃小食心虫、桃蛀螟，蚜虫类，桃球蚧、桃红颈天牛、红蜘蛛等。对于病虫害防治，主要是做好测报工作，参照 DB13/T479—2002《优质桃生产技术规程》进行。

红岗山桃优良的品质，吸引了诸多经纪人参与销售，仅县内就有 6 个农民经济人组织，在翟家佐、李家佐、马连川等村建成 10 余个果品销售市场。为促进销售，打造品牌，注册“太行山”牌商标，制作专用包装组织销售。每年到销售季节，来自周边县市、南方省市的销售商、经纪人蜂拥而至，早早到果园预定，农民不用出家门口就能把桃卖个好价钱。因为红岗山桃果肉为胶皮质质地，口味酸甜，非常适合我国南方人的口味，而且深受新加坡、马来西亚等东南亚国家居民的欢迎。而且，红岗山桃极耐储运，深受北京、广州、深圳、香港等大城市的宾馆、超市青睐，产品供不应求。2000 年，红岗山桃通过空运销往新加坡 9 万公斤，2001 年销售 7 万公斤，2002 年销售 7.5 万公斤。2003—2008 年，红岗山桃栽培面积和产量保持稳定，畅销不衰。

果农喜售鲜桃（摄于 2005 年）

二、雪桃

20 世纪 50 年代初，岭西村果树爱好者王玉山从自然实生苗中发现一株结果多、果实个大、味甜、成熟晚的桃树，进行培育繁殖，并传给附近的村民。因成熟期晚，被称为雪桃。雪桃果实呈圆形和椭圆形，皮黄白、肉乳白色，平均单果重 300 克，最大果重 700 克，耐储运。在室温条件下可储存到元旦，土窖或低温储藏可至春节。但是由于洪涝灾害和管理不善，雪桃植株不断减少，至 1979 年仅东渝河村残存 5 株。

满城雪桃

20 世纪 80 年代实行农业生产责任制后，山区群众发展果树生产的积极性空前高涨，雪桃资源得以恢复和发展。1983 年，全县雪桃 2500 余株。1986 年，省林业厅确定满城为雪桃基地县。全国 22 个省、市、自治区 100 多个单位，先后到满城引种试栽，累计引走苗木 500 万株。顺民、西庄、东马、岭西等乡形成规模栽培。1987 年，全县有雪桃 2.5 万株，年产雪桃 5 吨。1990 年，全县雪桃 1500 亩，包括零散树共有 3.32 万株，年产量 80 吨。被命名为“河北省雪桃基地县”。1988—1990 年，内地销售价每公斤 6~12 元，深圳销售价每公斤 50~60 元。20 世纪 90 年代初期，在全县生态经济沟建设中，雪桃作为主要经济林树种得到推广，其中 1992 年建雪桃基地 2000 亩。之后，满城县相继引种许多早、中、晚熟优良桃树品种，因雪桃成熟期晚、管理时间长、色泽暗、口味淡、产量低等原因栽培面积逐年缩小，成为保存在个别地块的珍稀品种。

第六章 畜牧业

县内饲养的畜禽品种有猪、牛、马、羊、驴、鸡等，畜禽的饲养方式由传统的喂养改为混合饲料喂养，养殖方式也由家庭散养逐渐向专业化饲养转变，县内出现了眺山营养鸡专业村和顺民规模养猪场、冯英雷种鸡孵化场等，养殖由自养自用转向了市场化。

第一节 畜禽饲养

1996年，全县规模鸡场2000余个，共饲养蛋鸡500余万只，最多的存栏2万余只；规模猪场500余个，存栏20余万头，最多的存栏2000余头。21世纪初，奶牛业迅速发展，奶牛存栏由1999年的1000余头发展到2008年的16200头。

1991—2008年满城县主要动物历年存栏统计表

表12-6-1

年份	鸡（万只）	羊（万只）	猪（万头）	牛（万头）	马属动物（万匹）
1991	78.08	4.87	14.66	0.25	0.16
1992	82.54	4.70	15.70	0.26	0.17
1993	141.64	5.01	15.53	0.27	0.17
1994	475.00	5.13	15.97	0.33	0.17
1995	480.00	8.00	17.75	0.50	0.18
1996	527.30	10.50	20.10	0.72	0.27
1997	448.17	11.11	19.60	0.70	0.24
1998	513.11	11.67	23.05	0.71	0.21
1999	459.39	8.74	18.19	0.62	0.11
2000	465.31	9.23	18.67	0.71	0.12
2001	467.03	9.39	21.28	0.79	0.14
2002	453.69	9.69	21.88	0.85	0.12
2003	455.85	9.84	22.47	0.86	0.12
2004	403.33	9.83	22.67	0.89	0.11

续表12-6-1

年份	鸡（万只）	羊（万只）	猪（万头）	牛（万头）	马属动物（万匹）
2005	379. 13	10. 32	24. 23	0. 82	0. 03
2006	311. 00	8. 80	20. 60	0. 85	0. 05
2007	218. 72	8. 80	19. 17	0. 63	0. 03
2008	231. 53	9. 38	19. 36	1. 91	0. 09

说明：1996—1999 年鸡的存栏数为家禽总数

1980 年前满城县没有饲料加工企业，养殖户只是按传统饲养习惯有什么喂什么。1980 年以后，随着规模养鸡场、养猪场的兴起，养殖户按饲料配方自己加工生产，满足自己需求。1990 年后，从国外引进大量浓缩饲料和预混饲料，养殖户只需添加一定比例的玉米和麸皮、豆粕即可。蛋料比达到 2. 2~2. 5∶1，生猪肉料比达 2. 5~3∶1。2000 年以后，建立长天和永丰 2 个饲料加工厂，以生产猪、鸡预混料为主。

眺山营村是满城县的养鸡专业村。1984 年眺山营村万长河、刘振江等 4 户建立鸡场，鸡存栏 5000 余只，国家在资金和饲料等方面给予政策扶持，养殖效益较高。1990 年全村养鸡户发展到 50 余户，1995 年发展到 300 余户，养鸡场共占地 420 亩，鸡舍面积 25 万平方米，全村蛋鸡存栏 156 万只，年产鸡蛋 1125 万公斤，产值 6700 万元，是保定市最大的养殖专业村，多次受到省市县奖励。

1992 年，顺民村商玉卯组织李江、商保佳等 4 户建立规模猪场。猪存栏 2000 余头，母猪存栏 150 头，设有产床、保育栏，母猪单栏隔离饲养，分段管理，是保定市养猪技术较先进的猪场。品种主要是省内优良品种冀合白猪，以产仔率高、瘦肉率高而著称。

第二节　特种养殖　水产养殖

一、特种养殖

满城县的特种养殖始于 1979 年，开始仅作为大队集体的副业。1979—1983 年王辛庄大队饲养貂，之后，县内特种养殖数量增加。1992—1996 年规模较大的特种养殖以要庄、南韩村、渝河等地为主，饲养品种主要是狐狸和貉子，数量在 500~800 只之间。茂山村饲养海狸鼠上千只，由于市场不稳定，效益欠佳，相继倒闭。2000 年以后，县内特种养殖很少，品种主要有貂、狐狸、野山鸡、乌鸡、鸵鸟、鹿。

二、水产养殖

1991—2000 年，县内水资源减少、坑塘干涸，水产养殖量减少，只有马连川水库和龙门水库有几十亩网箱养殖。2000 年以后马连川水库干涸，龙门水库水面减少，每年只有几亩网箱养殖。到 2005 年水面缩小，网箱养殖基本结束。

第三节　良种繁育　疫病防治

一、良种繁育

1990 年，随着大牲畜的减少，县内各大牲畜改良站先后解体。后在神星、白堡、刘家台建立 3 个黄牛改良站，使用和推广冷配技术，从石家庄、北京种牛站引进草原红、夏洛莱等优种牛精粒，用于改良本地黄牛。1991—2000 年，主要从北京引进长大母猪和杜洛克公猪。2000 年以后主要以饲养长大母猪为主，采用人工授精技术进行繁育，品种有大白、长白和杜洛克，商品猪瘦肉率和生长速度大为提高。1995 年以后引进小尾寒羊，并成为县内羊养殖的主要品种。自 2000 年奶牛业发展迅速，全部从北京引进种公牛精粒进行人工授精，提高了奶牛品质和产奶量。

1986 年，西佃庄村冯英雷开始饲养蛋鸡，年存栏 5000 余只，效益较好。1990 年开始土法孵化，除满足自己饲养外，对外出售良种雏鸡。由于需求量较大，1992 年建立种鸡孵化场，从北京购进父母代种鸡，购进国内最先进的孵化设备 5 台，年饲养父母代种鸡 3 万余套，年孵化商品代良种鸡 100 余万只，不仅供应全县，还外销保定市周边各县。是满城县唯一被省畜牧部门颁发种畜禽生产许可证的企业。

二、疫病防治

县动物检疫站（以下简称动检站）主管全县动物防疫检疫工作，工作人员从各乡（镇）兽医人员中考试录用。2002 年年末至 2003 年年初，世界性 H7N9 禽流感疫情暴发，满城县成立重点疫病防控指挥部，制定防疫预案，做好疫病防控工作。

县内发生的主要疫病包括禽流感、猪瘟、猪蓝耳病、鸡新城疫、牛羊口蹄疫和布氏杆菌病，国家免费供应疫苗，及时发放到乡（镇）村，由县动检站人员组织注射。

2005—2008 年，对散养户和规模场建立免疫档案，包括免疫程序、存栏变动、免疫记录、消毒、饲料使用、兽药、诊疗、免疫监测、无害化处理等记录，对规模饲养场实行备案和防疫合格证管理。

第四节　管理机构

1978 年 7 月成立县畜牧水产局，内设办公室、兽医工作站。1986 年增设动物检疫站。2005 年，增设畜牧兽医工作站。2005 年 10 月，县畜牧水产局与县农业局合并，更名为县农牧局。2008 年成立动物疫病预防控制中心和动物卫生监督所，挂牌在畜牧兽医工作站，下设满城镇、韩村、坨南、贤台、神星 5 个动物防疫监督分站，通过考试录用 28 名国家防检人员。每个村选出 1~2 名防疫人员（国家每年每人补助 1000 元），隶属动物防疫监督分站管理。

第十三编　工业　建筑业

20 世纪 90 年代，满城县积极转变发展思路，引导县内各类工业企业创新发展。20 世纪 90 年代中期开始，工业企业进行股份制改革，经济体制从计划经济向市场经济转变。国有、集体企业逐渐减少，民营、个体及其他形式的企业发展迅速。1991 年，县内国有企业 18 家，工业产值占工业总产值的 63.2%。2008 年，国有企业 3 家，工业产值占工业总产值的 14.7%。1991 年，民营个体及其他企业 1 家，工业产值占工业总产值的 13.9%。到 2008 年，民营个体及其他企业 58 家，工业产值占入统工业总产值的 78.9%。满城县工业门类以造纸、建材、食品加工制造、金属制品、塑料制品、化工等为主。1991—2008 年，通过引进先进技术、科学管理、公司合并及股份制改革等多项措施，建筑业逐步发展壮大，水平不断提高，竞争力明显增强。2008 年，全县有 10 家建筑施工企业，施工作业遍及河北、河南、北京、天津、福建、安徽等省市，年利润 2063.1 万元，年利税 3080.0 万元。

第一章　工业结构　管理机构

经过租赁、拍卖、转让、股份制等多种形式的改革，工业企业结构发生巨大变化，国有、集体企业在工业企业中的主导地位消失，私营、个体企业占据绝对优势。2008 年，在入统规模以上工业企业中，国有企业 3 家、集体企业 3 家、各种类型私营企业 58 家，各种类型私营企业总产值占工业总产值的 78.9%。经贸系统辖 13 家企业，其中正常经营的 6 家，7 家处于停产状态。工业企业的管理机构频繁变动，多次合并、分离，1991 年为经委管理，2008 年为发展改革局所辖的工业促进局管理。

第一节　工业结构

一、国有企业

1991—2008 年，在国有企业中推行股份制、租赁、破产、拍卖、国有民营、转让等改革，国有企业数量逐渐减少，在工业总产值中的比重由 63.2%下降到 14.7%。1991 年，工业总产值 21205 万元。全县有国有企业 18 家（其中部属 1 家，省属 2 家，县属 15 家），完成工业产值 13393 万元，占工业总产值的 63.2%。1995 年，工业总产值 299154 万元。国有企业 15 家，产值 27601 万元，占工业总产值的 9.3%，比 1991 年下降 53.9%。2000 年，全部工业总产值 480388 万元。国有及规模以上国有工业企业 9 家，完成产值 23763 万元，占全部工业总产值的 4.9%。2005 年，全部工业总产值 808799 万元，其中入统国有及年销售收入 500 万元以上非国有工业企业总产值 491875 万元。入统国有工业企业 3 家，完成产值 65934 万元，占入统工业总产值的 13.4%。2008 年，全部工业总产值 916823 万元，其中入统规模以上工业企业总产值 558142 万元。入统国有企业 3 家，年工业总产值 81855 万元，占入统工业总产值的 14.7%。比 1991 年下降 48.5%。驻满城国有企业 3 家，为河北篷布厂、河北省眺山化工厂、中航惠阳航空螺旋桨有限公司。

二、集体企业

1991—2008 年，在集体企业中推行股份制、租赁、破产、拍卖、转让等改革，集体企业数量减少，在工业总产值中的比重由 22.9%下降到 6.4%。1991 年，集体工业企业 59 家，其中县属 13 家，乡办 46 家。集体工业总产值 4865 万元，占工业总产值的 22.9%。1995 年，城（镇）街道和乡及乡以上集体企业 98 家，年产值 43481 万元，占工业总产值的 14.5%，所占比重比 1991 年下降 8.4%。2000 年，集体工业企业 255 家，产值 132396 万元，占全部工业总产值的 27.6%。其中国有及规模以上集体工业企业 15 家，完成产值 59514 万元；规模以下集体工业企业 240 家，产值 72882 万元。2005 年，入统集体企业 3 家，产值 27574 万元，占入统工业总产值的 5.6%。2008 年，入统规模以上集体企业 3 家，完成产值 35947 万元，占入统工业产值的 6.4%。比 1991 年下降 16.5%。

三、民营个体及其他企业

1991 年，工业企业中其他形式企业 1 家，工业总产值 2947 万元，占工业总产值的 13.9%。村办工业企业 226 家（规模以下），实现工业产值 10525 万元。

1995 年，城（镇）街道和乡及乡以上私营企业 32 家、股份制企业 1 家、中外合资企业 3 家、外资企业 1 家、其他经济企业 1 家、村办企业 252 家、农村联营企业 649 家、农村个体企业 1015 家、农村私营企业 302 家，合计实现工业产值 228072 万元，占工业总产值的 76.2%。

2000 年，规模以上工业企业中有股份制企业 17 家，外商及港澳台商投资企业 3 家，其他类型企业 8 家；规模以下股份制合作企业 3 家，私营企业 653 家，个体经营企业 679 家，外商及港澳台商投资企业 2 家，联营企业 22 家，其他企业 2 家，全年实现工业产值 324229 万元，占全部工业总产值的 67.5%。

2005 年，入统有限责任公司 11 家、股份有限公司 4 家、私营独资企业 6 家、私营合伙企业 4 家、私营有限责任公司 20 家、私营股份有限公司 13 家、外商投资企业 3 家，合计实现年产值 398367 万元，占入统工业总产值的 81%。

2008 年，入统规模以上有限责任公司 11 家、股份有限公司 1 家、私营企业 44 家、外商投资企业 2 家，全年共完成工业产值 440340 万元，占入统工业总产值的 78.9%。

1991—2008 年满城县工业结构统计表

表 13-1-1

年份	1991	1995	2000	2005	2008
工业总产值（万元）	21205	299154	480388	491875	558142
国有企业产值（万元）	13393	27601	23763	65934	81855
所占比例（%）	63.2	9.3	4.9	13.4	14.7
集体企业产值（万元）	4865	43481	132396	27574	35947
所占比例（%）	22.9	14.5	27.6	5.6	6.4
其他企业产值（万元）	2947	228072	324229	398367	440340
所占比例（%）	13.9	76.2	67.5	81.0	78.9

说明：2005 年、2008 年的工业总产值数为入统工业总产值

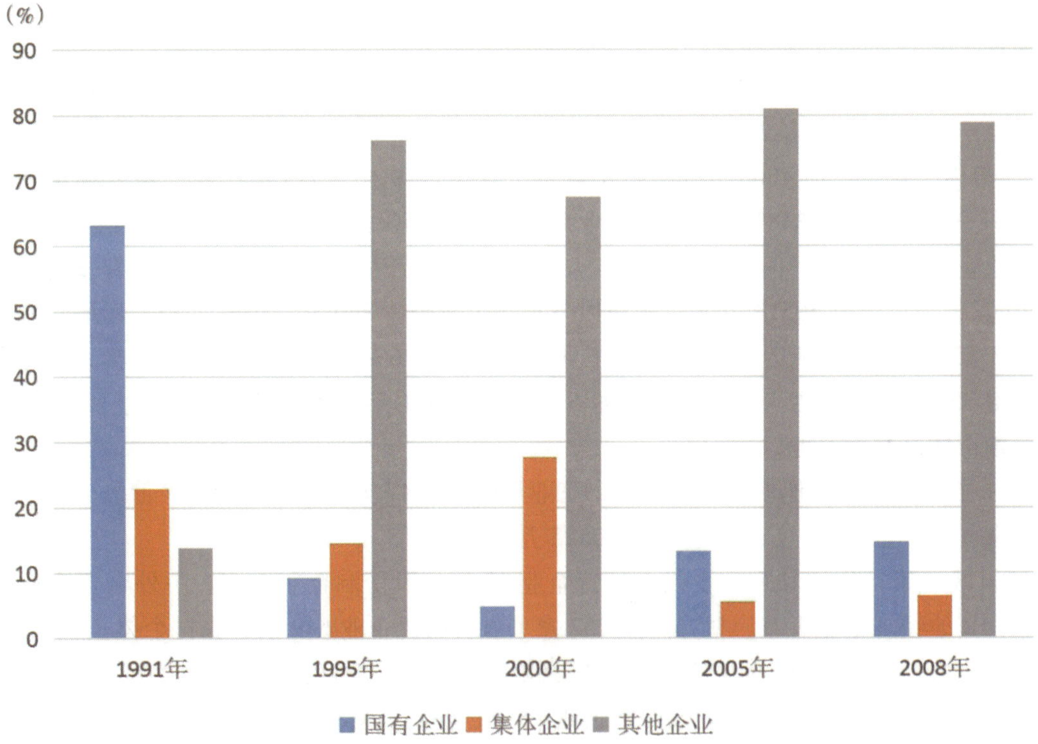

图 13-1-1　1991—2008 年部分年份满城县工业结构柱形图

四、经贸系统企业

1991 年，经贸系统辖 19 家企业。2008 年年底，经贸系统辖 13 家工业企业，其中国有企业 3 家、股份制企业 9 家、合资企业 1 家，能够正常生产经营的企业 6 家，其余 7 家处于停产状态。国有企业

是满城县毛纺厂、满城县建材厂、满城县氧化镁厂；股份制企业是保定鑫海纺织有限公司、河北虹银泵业股份有限责任公司、保定铸石集团股份有限公司、满城县汽车大修厂、满城县木器厂、满城县印刷有限责任公司、满城县长信油脂机械有限公司、满城县满通实业公司陶瓷厂、满城县新新服装有限公司；合资企业是中英合资保定喜马电焊网有限公司。13 家企业中停产的 7 家，有满城县木器厂、满城县印刷有限责任公司、满城县长信油脂机械有限公司、满城县毛纺厂、满城县建材厂、满城县氧化镁厂、中英合资保定喜马电焊网有限公司。

（一）保定鑫海纺织有限公司

保定市鑫海纺织有限公司自动化纺纱车间（摄于 2008 年）

1994 年 10 月，满城县棉纺厂兼并织布厂，1997 年又兼并合线厂、针织厂、建材厂。1997 年成立保定金水纺织集团有限公司。1998 年 6 月，进行股份合作制改造，更名为保定金水纺织集团满城棉纺有限公司。企业资产净值 1040 万元，由职工出资买断，每股 3000 元，其中法人代表李金水出资占全部股份的 50.5%。改制后，对原织布车间进行扩建，对厂区进行大规模改造，并获得企业自营进出口权。2002 年 1 月，通过 ISO 9001：2000 质量认证。2006 年 8 月，改称保定鑫海纺织有限公司。合线厂、针织厂为成员企业。其核心企业占地 158 亩，资产总额 2.9 亿元，职工 2600 人，拥有 8 万枚纱锭、1800 台织机的生产规模，年生产纱 2500 吨，织布 3600 万米，年销售收入 2.4 亿元，上缴税金 1000 万元。主导产品维纶纱、纯棉布，90%以上销往德国、匈牙利、法国等西欧地区。

（二）河北虹银泵业股份有限责任公司

前身系满城县水泵厂，始建于 1958 年，原为全民预算内企业。1992 年 12 月更名为保定深井泵厂。1993 年 5 月，水泵厂在全县率先进行股份制改造，由职工出资买断国家资产，资产总计 500 万元（不包含土地），国家保留 50 万元股份，占总股份的 10%，职工股占 90%，每股 2000 元，法人代表朱志远，是满城县首家股份制企业。当年 7 月，改组为保定深井泵股份有限公司。1998 年 7 月，企业累计实现利润 1568 万元，上缴财政 829 万元。为进一步调动企业积极性，经县政府常务会议研究决定，国家不再保留股份，土地也不再租赁使用，土地连同 50 万元的股份折计 308.6 万元，由企业出资全部买断。公司股金年度现金分红比例为 75%。2000 年 4 月，改制为河北虹银泵业股份有限责任公司。

公司主要致力于井用潜水电泵、渣浆泵、真空泵、喷泉泵、长轴深井泵、给水设备研发与制造，已形成 QJ 型潜水电泵、ZGB、M、AH、HH 系列渣浆泵，HYL 系列立式离心泵、QY 型喷泉泵和 JC、JD、JS 型长轴深井泵等十多个系列，百余种型号，上千种规格，广泛应用于冶金、矿山、电力、水利、煤炭、市政及农村深井提水灌溉等诸多领域。主导产品为长轴深井泵、潜水电泵，系省优产品，于 1999 年 12 月正式通过 ISO 9001 国际质量认证。

1993 年起，公司连续 8 年跻身全国同行业前八强，人均利税等指标居全国同行业领先位置。是原机械电子工业部生产潜水电泵和长轴深井泵的专业企业，是最早参与国家离心泵、长轴深井泵和潜水电泵的设计、开发、试制及制定、修改产品标准的企业，是中国农业机械科学研究院和河北省机械科学研究院技术协作单位及新产品开发合作单位。在省会石家庄设有科技型营销分公司——河北虹银泵业科技工程有限公司。2006 年，年产水泵 19980 台，产值 3000 万元，利税 6.3 万元。2008 年，年产 15000 台，产值 2906 万元，利税 9.5 万元。

（三）保定铸石集团股份有限公司

前身系满城县铸石厂，创建于 1972 年。1991 年 6 月，铸石厂兼并电石厂。1994 年 6 月更名为保定铸石厂。1998 年 8 月，完成股份制改造，更名为保定铸石集团股份有限公司。经评估，企业资产总额 1995 万元，由企业职工购买，每股 2000 元，法人代表刘德林。主要产品有铸石制品、潜水泵、粉末冶金和防腐施工，年生产能力 1.5 万吨，产值 1500 万元。企业多次被评为重合同守信用单位，产品通过 ISO 9001：2000 国际质量体系认证，计量达国家二级计量标准。单独研制的“燕赵”牌预应力复合铸石夹套管获省优质产品，并获全国最佳火炬项目奖。

2008 年，企业注册资金 1600 万元，占地面积 59400 平方米，资产总额 2500 万元，有职工 398 人。由于历史包袱沉重，加之国家产业政策调整和替代产品的应用，企业经营陷入困境，时开时停，几个紧密层企业由于规模小，市场份额低，处于半停产状态。

（四）满城县汽车大修厂

创建于 1956 年，为县办集体企业，1996 年 12 月进行股份制改造。有职工 68 人，法人代表严丽娅，注册资金 105 万元，总资产 300 万元，占地面积 7637 平方米，年营业收入 104 万元，主要承揽汽车修理、修配、二级维护和尾气检测等业务。1994 年，在县城南部建立汽车综合性能检测站。1999 年搬迁扩大，同年在县西环新建汽车大修厂分厂。2003 年，由于兴建人民广场，原汽车大修厂搬迁到西环分厂。业务范围逐步扩大，在全县汽车维修行业中占主导地位。

（五）满城县新新服装有限公司

公司系民营企业，法人代表孙继永，位于工业街 703 号。是在购买破产企业满城县被服厂的基础上兴建和发展起来的。占地面积 3300 多平方米，总建筑面积 6000 平方米。公司有职工 250 名，主要产品有羽绒服、棉服、夹克、风衣等，年生产量 48 万件，全部出口到美国、波兰、捷克、法国、德国、俄罗斯等国家，是县服装加工业中的骨干企业。

（六）满城县满通实业公司陶瓷厂

前身系满城县陶瓷厂，位于县城北部，1976 年建厂。主要产品为工业耐酸砖、瓷环等系列产品。由于设备老化，资金短缺，效益低下。1998 年 12 月，经县政府批准由满通公司对此厂整体兼并，更名为满城县满通实业公司陶瓷厂。占地 12 亩，有职工 120 人，法人代表刘虎占，资产总额 290 万元，为全民预算内企业。

（七）满城县印刷有限责任公司

前身为满城县印刷厂，始建于 1956 年，是县办集体企业，位于中山东路。1997 年进行股份合作制改造，更名为满城县印刷有限责任公司。职工出资买断企业净资产，共募集股份 680 个，每股 1000 元，合计 68 万元。有职工 80 人，资产总额 364 万元，占地 15 亩，法人代表陈国利。主要承制各类书刊、印刷品，年生产能力 4000 令，产值 700 万元，利税 10 万元。公司在本系统改制较早，县政府本着一厂一策的原则给予政策优惠，即用土地价款作为 23 名退休职工的工资支付和安置，给企业减轻负担。2009 年 2 月，公司停产。

（八）满城县建材厂

系全民预算内企业，始建于 1958 年。1989 年，为保护满城汉墓，搬迁到眺山脚下。固定资产 30 万元，在册职工 35 名，有 1 台碎石生产线，主要产品为石碴。年产石碴 8 万立方米，年产值 100 万元，利税 15 万元。原厂址与棉纺厂毗邻，为支持棉纺企业扩大规模，1997 年 11 月纳入金水纺织集团管理。2008年，有职工19人，法人代表刘锁柱，企业政策性停产，职工无法安置。

（九）满城县毛纺厂

1996年5月处于停产状态，作价180万元被满城东亚集团有限公司兼并，政府拥有20%的股权，兼并后企业恢复生产。1998年10月，政府批准由满城东亚集团有限公司兼并已停产的拔丝厂，解决了当时十分突出的不稳定因素，但在随后的生产经营中出现问题，致使2个企业相继停产，拖欠职工工资，欠交养老保险金，职工不能就业。原拔丝厂场地拍卖后拔丝厂职工得到妥善安置，原毛纺厂职工无法安置。

（十）满城县氧化镁厂

有职工51人，已倒闭、停产多年，由于长期拖欠职工养老保险金，致使到龄职工无法办理退休手续。

（十一）满城县长信油脂机械有限公司

公司前身系满城县机械厂，始建于1956年。占地面积50亩（其中光洋公司租用25亩），职工124人，固定资产总额172万元，主导产品为榨油配套机械，年产值200万元，利税15万元。于1998年12月份改制为股份合作制企业，更名为长信油脂机械有限公司。改制中将原机械厂53名退休人员及部分职工，连同生产潜水泵专用设备整体剥离到原国有企业铸石厂。机械厂172万元资产，由经贸局作为甲方出租给改制后的企业，每年上交租赁费，用于偿还原机械厂债务，待债权债务相抵持平后，再将全部资产和债务移交给改制后的公司。共募集股金76个，每股2000元，共计15.2万元。在整体租赁的前提下，对内部实行董事会领导下的总经理负责制。公司法人代表孔为民，地址工业街701号。2004年5月停产。

（十二）满城县木器厂

1965年建厂，企业性质系县办集体企业。位于中山东路847号，法人代表强立。1997年5月，经县政府批准，由股份合作制企业石油化工公司整体兼并，享受全民企业待遇，有职工60人，资产总额70万元，占地13亩。主要产品为变压式通风排气管道，属国家专利产品，年产3万米，产值180万元。改制后，因约定的港商投资没有到位，企业陷入困境，虽经多方努力，并积极开发新产品，但由于受市场、资金、实力等因素制约，企业没有效益，处于停产状态。

（十三）中英合资保定喜马电焊网有限公司

公司成立于1990年，系中英合资企业，中方股份占53%，英方占47%，合作资本总额1470万元。厂址在环城东路，占地20亩，系租赁北关村的场地，年租赁费6万元，租期15年。公司董事长刘树林，资产总额3250万元，职工人数132人。主要生产电焊网、丝网产品，出口东南亚、美国等国家和地区。年设计生产能力10万匹，产值1000万元。由于筹资信誉低，外商订单不能满足，自营出口优势不能很好发挥，企业经营困难。1997年后时开时停，陷于瘫痪状态。

第二节 管理机构

1991年，县工业企业管理机构为县经委。1996年9月，县技术监督局、乡镇企业局、经委合并组建县经济贸易局。1998年，县乡镇企业局与经济贸易局分离。2002年7月，撤销县乡镇企业局，其职能并入县经济贸易局。2005年8月，县发展计划局（招商局）与经济贸易局合并，组建县发展改革局；县经济贸易局承担的商业、外贸、物资管理职能与粮食局职能整合，组建县商务局；政府办公室承担的国有企业改革工作职能划入县发展改革局，由县发展改革局管理的工业促进局承担；县委组织部管理国有企业负责人和领导企业党建工作。2008 年，县工业促进局共有干部职工 20 人，内设办公室、行业管理办公室、煤炭市场管理办公室、统计科、财务科。

第二章　工业门类

经过长期的选择、发展，满城县工业形成造纸及纸制品、食品加工制造、建材、冶炼铸造与玛钢电器、塑料加工、化工原料及化学制品、机械制造等门类。造纸及纸制品由发展、壮大到整顿、转型，产业日趋成熟完善，满城已成为华北最大的生活用纸生产基地。以深加工、冷冻冷藏、肠衣、果脯加工为主的食品加工业稳步发展，尤其是食品冷冻和冷藏企业在县城东外环形成食品加工园区，呈现集群式发展的良好态势。广袤的山场、优质的石材，为建材生产提供了优越的条件。满城县是华北地区重要的塑料加工及废旧塑料购销集散地，塑料制品加工及购销主要集中在方顺桥乡和南韩村镇，带动辐射范围涉及山东、东北三省、内蒙古等省市，从业人员众多。化工行业起步较早，生化企业产品先进。建材、冶炼铸造、塑料加工、化工行业受到限制，许多企业被取缔、关停。

第一节　造纸及纸制品

一、起源与发展

20 世纪 80 年代初，以大册营镇方上村为中心，陆续建立前进造纸厂、振华造纸厂、沙河造纸厂、胜利造纸厂等造纸厂，以废旧书本、纸边为原料生产卫生纸，或以麦秸为原料生产纸箱和包装用纸。有“国有企业承包第一人”之称的马胜利到方上村考察，对造纸厂的生产技术、设备等给予指导。20 世纪 80 年代后期，以方上为中心的大册营镇造纸企业迅速发展起来，产品品种在卫生纸、麦秸纸的基础上增加涂布纸、纸箱及其他包装材料等。1991 年，大册营有造纸企业 80 家，产品原料使用麦秸、纸边和书本，年产量 16.4 万吨，年产值 45000 万元。纸机机型主要有 1092、1575，从业人员 1500 人。

1996 年，大册营镇造纸企业发展到 167 家，其中麦秸纸企业 13 家，卫生纸企业 154 家。纸品销往全国各地，产量占全国的 38%，大册营造纸工业区成为华北地区最大的造纸生产基地，同时也成为满城县的特色产业和支柱产业。在大册营造纸业的带动下，满城镇、石井乡、神星镇的纸制品企业也迅速发展起来。

2000 年，全县入统造纸及纸制品业 13 家，其中生产卫生纸的企业有保定市曙光造纸厂、保定市满城县前进造纸有限公司、满城县神星造纸厂、保定市满城县亚光造纸股份有限公司、保定市满城育红造纸实业有限公司等 12 家，生产纸箱的企业是保定满城金利包装有限公司。

2008 年，全县入统造纸及纸制品企业 33 家，其中入统卫生纸生产企业 17 家，主要分布在大册营镇和满城镇；入统板纸生产企业 11 家；入统纸箱生产企业 5 家。纸箱加工企业集中在石井乡，发展壮大于 1997 年，主要有金利包装有限公司、宏安包装有限公司、吉明包装有限公司。企业拥有先进的瓦楞纸、茶板纸、彩色印刷生产线和生产设备，全程电脑操控，产品以瓦楞纸、纸板、纸箱为主，与蒙牛、金龙鱼、华龙等多个重点企业有着长期合作关系。

2008 年，全县有 13 个省级著名商标，其中有 8 个是造纸业商标，包括河北雪松纸业有限公司的“雪松”牌商标、河北亚光纸业有限公司的“火炬”牌商标、保定市港兴纸业有限公司的“丽邦”牌商标、保定市满城育红实业有限公司的“献礼”牌商标、保定市东升卫生用品有限公司的“小宝贝”牌商标、满城县宏大纸业有限公司的“梦洁”牌商标、满城县豪峰造纸厂的“富尔雅”牌商标、河北姬发造纸有限公司的“惠尔特”牌商标。

“小宝贝”牌纸产品展示（摄于 2008 年）

二、产值利税

1991 年，全县有乡及乡以上造纸企业 2 家，年产值 237 万元，年产机制纸及纸板 36691 吨。1995 年，有乡及乡以上造纸企业 37 家，年产值 18788 万元，占入统工业总产值的 18.1%。1999 年，有入统集体造纸及纸制品企业 3 家，年产值 3556 万元，占入统工业总产值的 10.9%；利税总额 300.4 万元，占全县工业利税总额的 9.6%。2003 年，有年销售值 500 万元以上的造纸及纸制品企业 22 家，工业总产值 73558.2 万元，占全县工业总产值的 31.5%；利税总额 9763.7 万元，占全县工业利税总额的 42.1%。

纸品包装车间（摄于 2008 年）

2005 年，县内入统造纸及纸制品企业 28 家，年产值 218508.5 万元，占入统工业总产值的 44.4%；利税总额 19733.2 万元，占全县工业利税总额的 44.3%。2008 年，全县入统规模以上造纸及纸制品企业 33 家，年产值 335916.9 万元，占入统工业总产值的 60.2%；利税总额 30389.1 万元，占全县工业企业利税总额的 68.4%；资产总计 67904.7 万元，占全县工业企业资产总计的 24.67%。

1991—2008 年部分年份满城县乡及乡以上造纸及纸制品企业产值、利税统计表

表 13-2-1

年份	企业数（家）	造纸工业总产值（万元）	占入统工业企业总产值%	利税总额（万元）	占全县工业企业利税总额的%
1991	2	237	1.1	—	—
1993	10	3023	7.2	—	—
1995	37	18788	18.1	—	—

续表13-2-1

年份	企业数（家）	造纸工业总产值（万元）	占入统工业企业总产值%	利税总额（万元）	占全县工业企业利税总额的%
1997	17	15246	10. 1	2005. 8	10. 8
1999	3	3556	10. 9	300. 4	9. 6
2001	13	22438. 4	13. 7	3857. 9	31. 9
2003	22	73558. 2	31. 5	9763. 7	42. 1
2005	28	218508. 5	44. 4	19733. 2	44. 3
2008	33	335916. 9	60. 2	30389. 1	68. 4

说明：1. 本表数字来源于《满城县国民经济和社会发展统计资料》，其中的企业数量统计口径有所不同。2. 1991、1993年为乡及乡以上工业企业，1995年为全部乡及乡以上独立核算工业企业，1997年为独立核算工业企业，1999年为集体工业企业，2001年后为销售500万元以上的入统工业企业。3. 工业总产值数采用现价数值

三、主要造纸工业区和企业

（一）大册营造纸工业区

20世纪90年代，以大册营、方上为中心的造纸工业区初步形成，有造纸企业100多家。1998年，为谋求产业的上档升级，大册营造纸企业进行重组整合，以大型企业为龙头，成立11家造纸集团公司。但经过一段时间运行，未摆脱各自为战的局面，造纸集团公司名存实亡。2000年，工业区有造纸企业157家，生产原料使用书本、纸边，部分企业开始使用木浆。年产量15万吨，年产值78000万元，机型主要为1092、1575两类，从业人员4750人。

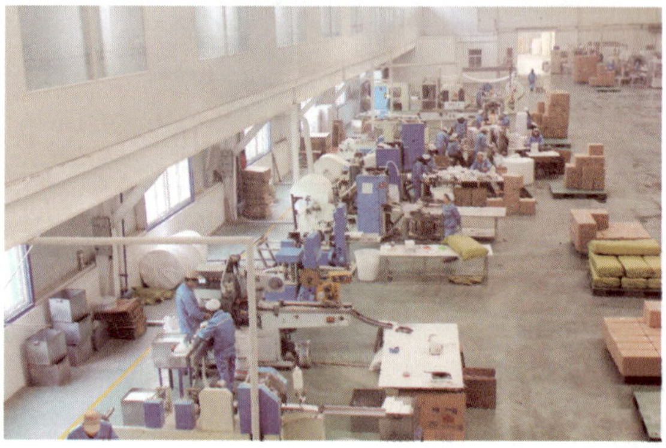

纸品生产车间（摄于2008年）

2002年，工业区年产量21. 6万吨，年产值130000万元。到2006年，所有企业生产原料全部使用木浆，1092型造纸机被淘汰，引进2400型造纸机。造纸企业剩余54家，年产量35万吨，年产值262500万元，从业人员3400人。2008年，54家造纸企业年产量42万吨，年产值420000万元，从业人员3600人。

1991—2008年大册营镇造纸工业区发展情况统计表

表13-2-2

年份	企业数	产品原料	产量（万吨）	主要机型	产值（万元）	从业人员（人）
1991	80	麦秸、纸边、书本	16. 4	1092、1575	45000	1500
1992	85	麦秸、纸边、书本	17	1092、1575	48000	1550
1993	105	麦秸、纸边、书本	18	1092、1575	52000	2400
1994	130	麦秸、纸边、书本	19. 2	1092、1575	55000	2900

续表13-2-2

年份	企业数	产品原料	产量（万吨）	主要机型	产值（万元）	从业人员（人）
1995	150	麦秸、纸边、书本	20.1	1092、1575	57000	3500
1996	167	麦秸、纸边、书本	22.3	1092、1575	65000	5000
1997	154	纸边、书本	13.5	1092、1575	74250	4750
1998	155	纸边、书本	14	1092、1575	77000	4700
1999	157	纸边、书本	15	1092、1575	78000	4750
2000	157	纸边、书本、木浆	15	1092、1575	78000	4750
2001	157	纸边、书本、木浆	17	1092、1575	129600	4750
2002	160	纸边、书本、木浆	21.6	1092、1575	130000	4850
2003	167	纸边、书本、木浆	23	1092、1575	175000	4800
2004	167	纸边、书本、木浆	33	1092、1575	260000	4800
2005	167	纸边、书本、木浆	43	1092、1575	310000	5000
2006	54	木浆	35	1575、2400	262500	3400
2007	54	木浆	39	1575、2400	312000	3400
2008	54	木浆	42	1575、2400	420000	3600

（二）城东造纸工业区

20世纪80年代，城东村造纸企业陆续建立。第一个企业为满城县亿佳纸业有限公司，之后满城县华康纸业有限公司、满城县城东纸业有限公司等相继落成，在城东村形成造纸工业园区，园区企业占地200亩。

2008年，城东造纸工业区共有9家造纸公司，包括保定市翔羽纸业有限公司、满城县亿佳纸业有限公司、满城县华康纸业有限公司、满城县华奥纸业有限公司、满城县天鸿纸业有限公司、满城县城东纸业有限公司、河北天润纸业有限公司、满城县永盛纸业有限公司、满城县盛凯纸业有限公司。这些公司多以废纸浆或非木纤维为主要原料，主要产品有卫生用纸、复合纸板、全灰高光、灰板、灰底白板、箱板、瓦楞纸、涂布纸、厚板纸等各种工业板纸，与华龙、蒙牛、可口可乐、青岛双星、三元等知名企业建立长期的业务伙伴关系，销售网络遍布全国，从业人员2000人。年产各类板纸100万吨左右，年销售产值5亿多元，年上缴税金1000多万元。

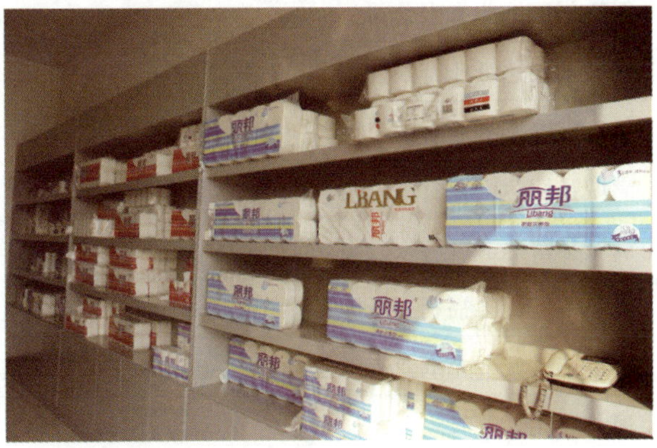

港兴纸业“丽邦”牌系列产品（摄于2005年）

（三）企业介绍

保定市港兴纸业有限公司　位于大册营镇造纸工业区，成立于1991年。公司职工400余人，其中大学以上管理人员26名，固定资产1000万元，年生产能力3.2万吨，是集研制、开发、生产、销售高档生活用纸及卫生巾的规模化专业厂家，“丽邦”牌系列生活用纸及其卫生巾在北方市场占据主导地位。2001 年，“丽邦”生活用纸系列产品被中国轻工总会质量保障中心授予国家免检产品称号，同年获得省名牌产品称号和省著名商标企业称号。2008 年，被中国环境新闻工作者协会、《中国环境观察》杂志社授予“环境友好促进单位”称号。

宏大纸业有限公司 公司始建于 1992 年，占地面积 26000 平方米，建筑面积 18000 平方米。有职工 60 余人，总资产 5500 余万元。2005 年，公司的“梦洁”牌商标被省工商局评定为省著名商标。产品主要销往东北三省、山西、山东、河北等地。

保定市满城城东纸业有限公司 公司位于城东村，法人代表王增申。2008 年，公司拥有固定资产 3000 万元，职工 140 人，造纸机 2 台。产品主要以废旧纸张、纸箱及进口木浆为原料，依靠先进的造纸生产线与气控系统，年生产各类板纸 3.5 万吨。主要产品有 300～700 克厚度灰板纸、涂布原纸、牛皮箱板纸、灰底白板纸，年产值 8074.3 万元，上缴税金 936.9 万元。

河北省保定市豪达石材有限公司涂布纸厂 是一家集纸制品生产、彩色印刷等多种经营的企业，下属有石材公司、质碳酸钙厂、包装彩印厂等，法人代表王兵奇。2005 年，投资 3000 万元新上涂布纸生产车间，厂址位于北庄村，占地 30 亩。2008 年，年产板纸 36522 吨，年产值 8764 万元，利税 1280.1 万元，从业人员 148 人。

2008 年满城县入统造纸及纸制品企业产品产量及主要经济指标统计表

表 13-2-3

企业名称	产品	产量（吨）	年产值（万元）	利税（万元）	从业人员（人）
河北省保定市豪达石材有限公司涂布纸厂	板纸	36522	8764	1280.1	148
保定翔羽纸业有限公司	板纸	34365	7923	1379	185
保定市满城县利军造纸厂	板纸	33504	7736	937.7	140
保定市满城城东纸业有限公司	板纸	35094	8074.3	936.9	140
保定市满城天润纸业有限公司	板纸	33000	7725.3	896	120
保定市满城县永盛板纸厂	板纸	31160	7583.7	929.5	140
保定华康纸业有限公司	板纸	45737	10815.9	611	380
满城县通达纸业有限公司	板纸	17814	4314.3	1882.6	102
保定市鑫盛纸业有限公司	板纸	26100	5838	185	70
满城县恒达纸业有限公司	板纸	33105	6234	475	80
满城县富达造纸有限公司	板纸	25916	5474	510	62
保定市满城县福利造纸厂	卫生纸	20080	23002.5	910.3	380
保定市满城金光纸业有限公司	卫生纸	17455	20402	1568.2	350
河北亚光纸业有限公司	卫生纸	17748	19546	1512.5	220
保定市东升卫生用品有限公司	卫生纸	22830	26760	1595.7	300
保定市港兴纸业有限公司	卫生纸	16950	22040	1194.6	485
满城县豪峰造纸厂	卫生纸	12445	14365	1267.9	350

续表13-2-3

企业名称	产品	产量（吨）	年产值（万元）	利税（万元）	从业人员（人）
保定市满城县姬发造纸厂	卫生纸	12948	14932.5	1566.1	320
保定市满城前进造纸有限公司	卫生纸	5400	9110	1566.6	280
满城县永发造纸厂	卫生纸	12495	13868	1186.9	280
满城县飞跃造纸有限公司	卫生纸	54300	13668	1082.2	220
保定市满城县成功造纸厂	卫生纸	14145	16180	1735.9	355
满城县中信纸业有限责任公司	卫生纸	—	890	395.3	160
保定满城慧力达纸品有限公司	卫生纸	5405	4795	456.5	44
宏大纸业有限公司	卫生纸	6105	5573	484	60
保定市满城恒达纸厂	卫生纸	7935	5919	335	60
保定市远达纸业有限公司	卫生纸	11784	9670.4	832	85
保定林海纸业有限公司	卫生纸	14742	11941.1	1013	100
保定天达纸品有限公司	纸箱	9427	4875	26	263
保定满城县凯圣兰包装公司	纸箱	—	736.8	-6.5	236
保定满城金利包装	纸箱	7406	3200	388.2	200
满城县吉明包装有限公司	纸箱	26634	6818.5	380.5	91
保定市满城县宏安包装有限公司	纸箱	17714	7141.6	424.8	90

四、治理整顿

造纸行业对电、煤需求量大，并且长期超量开采地下水，属于高污染、高能耗产业。在造纸业发展初期，由于环境保护意识差，工业废水未得到处理就直接排放，对造纸工业区周围的生态环境，尤其是对漕河流域生态环境造成不可逆式破坏。

1996 年开始，对造纸企业进行严格污染治理。1999 年开始筹建大册营污水处理厂，2000 年建成投入使用。2003 年，全部取消脱墨造纸工艺，禁止把废旧书本用于生产卫生纸。其间，全县对造纸业的环境治理始终没有停止，但终未走出治理—反弹—再治理—再反弹的怪圈。

2006 年春，对全县造纸企业全部关停整顿，取缔、拆除治污无望和违法生产的造纸企业 113 家，验收生产企业 54 家。工业区日总排水量由治污前的 8 万～10 万吨降至 3 万吨，污水处理厂向漕河排放的中水达到国家排放标准（一级 B）。

2008 年 5—11 月，大册营镇在工业区建立 5 个集中监测站，对地下管网进行彻底改造，采用一厂一管、集中监测的管理模式，对各厂排水量和水质进行在线监测，工业区日排水量由 3 万吨降至 1.5 万吨，吨纸耗水量降至国家标准以下。

（详见第三编第七章环境保护）

五、彩印

彩印业始于 1992 年，彩印企业主要集中在大册营镇。20 世纪 90 年代初期，彩印厂主要采用简陋的机器制作中、低档卫生纸包装。1999 年，金泰彩印厂率先引进第一台 A2J-880 型电脑凹版印刷机，印刷质量和业务范围有了突破性发展。2002 年年初，陆续引进 A2J-880 型全电脑无轴上版印刷机、D2K-HY500 型双步进底到加强片制袋机、FQJ700 型-1300 型微电脑光控自动纠偏机、MD500 型塑料薄膜立体袋插边机、DNAY800 型电脑印刷、SJ-45 型吹膜机组、德国海尔电脑机等，彩印业务更加广泛，印刷产品套色更精确，色彩更精美。

彩印企业为造纸企业提供服务，并为“丽邦”“小宝贝”“雪松”等知名品牌印制外包装，生产的塑料包装产品畅销全国各地，彩印行业的发展带动了与之相关的吹膜、制袋等行业的兴起和发展。

2008 年，全县规模以上印刷企业 7 家，固定资产原值 787 万元，年营业收入 1979 万元。大册营镇有彩印厂 40 余家，主要从事塑料彩色包装印刷，彩印与造纸相辅相成，互相促进。

第二节　食品加工制造

一、概况

满城县食品加工、制造业出现较早。20 世纪 80 年代初期，县委、县政府按照“一种、二养、三加工、四销售”多层次增值的路子，规划全县农业发展格局。鼓励建立贸、工、农一体化的经济实体和利益共同体，形成上联全国乃至国际市场，下联千家万户的销售、加工、生产一条龙的龙头型企业集团，而且不论国营、集体、个体，谁有实力、谁能牵头就支持谁。

随着林果及种植业的发展，以桃、苹果、草莓为原材料的草莓酒、罐头、果酱等食品加工产业；以杏、桃、苹果、沙果、李子、胡萝卜、冬瓜、白萝卜为主要原料的果脯等食品初加工产业；以各种水果、蔬菜、食用菌为主的速冷食品加工产业不断壮大。县内的肠衣加工、柠檬酸、啤酒生产等产业一度引领全县食品加工行业快速发展。

2000 年，县内入统食品加工制造企业 7 家，年产值 12067 万元，占全部工业总产值的 2.5%。主要加工产品有面粉、啤酒、果酒、罐头、肠衣、速冻蔬菜、柠檬酸等。明花食品有限公司、鑫源罐头食品有限公司等企业经过改制仍保持良好的生产态势。2008 年，有规模以上食品加工制造企业 5 家，年产值 27044.5 万元，占入统工业总产值的 4.8%；规模以下工业企业中，农副食品加工企业 53 家，工业总产值 34622 万元；食品制造企业 30 家，工业总产值 10511 万元；饮料制造企业 8 家，工业总产值 1534 万元。

二、加工企业类型

（一）深加工

20 世纪 90 年代初期，食品深加工以罐头为主，由于产品种类单一及经营管理体制等原因，效益出现下滑。之后，食品加工企业实行股份制改造、租赁经营或独立经营，由全民所有制企业、集体企业向个体私营企业转变，2001 年全部完成股份制改造。县内食品加工企业有保定满城一亩泉食品有限公司，注册商标“一亩泉”；保定明花食品有限公司，注册商标“明花”；保定鑫源罐头食品有限公司，注册商标“鑫源”。各果品加工企业在租赁经营或股份制改造后，纷纷加大资金、技术投入，引进国内先进设备、生产工艺，不断扩大生产规模，提高生产能力，争创省、市著名商标的同时提高市场知名度和市场占有率。生产的罐头、果酱连年出口创汇，年生产加工能力 1.5 万吨，产值在亿元以上。同时，以草莓为原材料开发出草莓保健酒系列产品。“大旗杆”牌龙华养命源系列草莓酒、玉川酿酒厂生产的果酒曾经被作为省政府贵宾酒。

（二）冷冻和冷藏

满城县果蔬速冻企业最早出现在20世纪80年代，第一家企业是保定市绿源速冻厂，为农业部直属企业（与满城县合作），主要产品为速冻草莓、蔬菜，是满城县产值过亿元、以外贸为主的企业。由于经营不景气，效益下滑，后由个人承租经营，最终破产。

20世纪末，个体私营食品速冻企业开始发展，保定威尔冻干、保定杜氏食品有限公司、美峰食品有限公司等10余家果品、蔬菜速冻企业相继兴建，投资规模一般在2000万元左右，个别达到8000万元。各速冻企业综合生产能力33万吨/年，储存能力2.5万吨，生产总值过亿元，成为保定地区农业产业化重点龙头企业，从业人员800人。各企业产品均达国家标准，主要销往国内及日、韩、德、意、英、美等国家。

（三）肠衣加工

主要分布在满城镇和石井乡。石井乡肠衣加工业起步较早，最初只是对猪、羊肠衣进行简单加工后销售。1997年的亚洲金融危机给肠衣业的发展带来困难，1998年，由政府牵头组织12家肠衣加工企业成立大久肠衣集团，实施采购、生产、外销一体的联合经营模式，产品远销海外十几个国家。2008年，全县有大久肠衣集团、顺羊利江肠衣厂、红星肠衣厂等8家肠衣企业。

满城镇肠衣企业集中在杨家佐村。1990年，李玉明投资300万元，在杨家佐村西建立大明肠衣厂（后更名为三胞眷属肠衣厂），隶属于县委统战部，法人代表李玉明，年产值1000万元。2000年以后，肠衣厂职工开始自主经营，规模不断扩大。2006年，更名为保定圣源肠衣厂，法人李建娇。同年，经欧盟八国卫生检验，其产品得到出口认可，成为中国肠衣协会会员，产品远销德国、日本、英国，年产值2500万元。2008年，从业人员500人，年产值1亿元。

（四）果脯加工

主要集中在大册营镇上紫口村。1983年，上紫口村民段哲增、段洪志、于瑞平3人共同出资，合伙成立大册营镇第一个果脯厂——晴岚果脯厂。1984年，由村集体占主要股份，个人参股成立振兴果脯厂，由王需任厂长。1987年，为扩大销售渠道，增加经济效益，村里部分人开始在北京设立办事处，专门从事果脯深加工，把产品进行分包，并标注为“北京特产”。1990年，有大小果脯厂48家。

2005年，县政府对环保、食品卫生等方面不达标的小企业进行关停，17家上规模、有一定发展潜力的果脯厂由村内搬迁至村外，从工艺、设备、生产环境等方面进行上档升级，产量、产值也大大增加，年产量2660吨，产值2700万元，安排380余人就业。2007年，成立以果脯加工为主的紫岚果品专业合作社，社长赵连振，产品通过国家QS认证。2008年，有果脯厂17家。

果脯产业带动了地方经济的发展，但是由于企业规模、基础设施、生产设备和工艺的限制，产品外观和口感方面与国家标准、大型食品集团均有一定差距，尚没有形成自己的品牌，都是发往北京后进行分拣包装，再冠以“北京特产”进行销售，属于一种代加工模式，产品附加值低。同时，果脯企业产生的废水、废渣没有处理机制，对周边环境造成了影响。

1983—2005年部分年份大册营镇果脯产业发展情况统计表

表13-2-4

年份	企业个数	产品原料	产量（吨）	产值（万元）	从业人员（人）
1983	1	杏、桃、苹果、太平果、冬瓜、胡萝卜、姜、枣	30	15	7

续表13-2-4

年份	企业个数	产品原料	产量（吨）	产值（万元）	从业人员（人）
1984	2	杏、桃、苹果、太平果、冬瓜、胡萝卜、姜、枣	80	32	20
1987	4	杏、桃、苹果、太平果、冬瓜、胡萝卜、姜、枣	160	80	48
1990	48	杏、桃、梨、苹果、沙果、冬瓜、白萝卜	2880	1720	580
1994	20	杏、桃、梨、苹果、沙果、冬瓜、白萝卜	1200	850	320
1999	18	杏、桃、梨、苹果、沙果、冬瓜、李子、胡萝卜	1440	1150	360
2005	17	杏、桃、梨、苹果、沙果、冬瓜、李子、胡萝卜	2660	2700	380

三、企业介绍

保定市明花食品有限公司　原为县供销社下属罐头厂，始建于1982年，是以生产果品罐头、果酱、速冻食品为主的果品加工企业。1998年公司完成股份制改造，对原有罐头车间、速冻车间进行装修改造，整体装备水平和生产技术水平大大提高。有员工400人，其中高级食品工程师及技术管理人员30余人。占地面积2万平方米，建筑面积1.6万平方米。固定资产2200万元，银行信用等级为“AAA”。公司拥有一座千吨冷库、一条草莓自动清洗线、国内最先进的流化床速冻机和先进的生产流水线以及检测手段先进的化验室和科研室。1998年，其生产的“明花”牌草莓酱获全国消费品金奖、国家轻工业博览会银质奖及长城杯食品大奖赛银质奖。草莓产品销往日本、韩国、德国、俄罗斯等国家和中国香港地区。年内销果酱、罐头4000吨，外销果酱、罐头1800吨，年销售收入7200万元，年利税达650多万元，创外汇400多万美元。公司是中国国际贸易促进委员会和中国国际商会会员，“明花”商标被评为“中国放心食品信誉品牌”“省著名商标”，产品被评为“省消费者信得过产品”。

保定威尔冻干食品有限公司　公司位于郭村，1998年成立，是一家中外合资的现代化农产品深加工高新技术企业。以生产冻干、速冻食品为主。厂区占地面积6万多平方米，厂房面积1万多平方米，固定资产8000万元，生产的冻干食品填补了省内空白。2003年8月开始，企业进行更新改造和扩建，新增一条2.5吨/小时速冻生产线，速冻生产规模达到1万吨/年；新上2200平方米冻干设备一套，冻干生产规模300吨/年，加工果蔬6000吨；两种产品年产值7000万元，实现利税2000万元。公司曾被列入国家“星火计划”“火炬计划”、河北省重点项目，是保定市农业产业化重点龙头企业。

保定杜氏食品有限公司　建于2003年，位于食品加工园区内，是一家食品加工和冷冻储存为主的大型民营生产企业。公司占地面积2.1万平方米，总投资1800万元。加工车间面积2800平方米，冷库储存能力1500吨，配有先进的检测及化验设备。2008年，公司有干部职工158人，各类专业科研工程技术管理人员30余人。装有两条先进的速冻生产线，年产量5000吨。产品分速冻水果、速冻蔬菜、速冻食用菌、速冻水产四大类，品种达20多种，主要出口日本、韩国和欧美的10多个国家。公司通过HASPA体系认证及河北省出入境检验检疫局卫生注册登记。

第三节　建　材

一、采石

满城县山场广袤，建筑用白云岩储量丰富，白灰及采石行业最早记录可溯至民国时期。1958 年，在陵山建石碴厂，为人工作业，产量较低。20 世纪 70 年代，在保涞路石井乡段相继出现乡办、村办集体灰窑、石碴场，生产工艺落后。20 世纪 80—90 年代，满城镇、大册营镇、神星镇、坨南乡等乡（镇）的个体私营、个体联营采石场兴起。20 世纪 90 年代中期，采石业发展达到鼎盛时期。1994 年，全县有采石企业 280 多家，年产值（当年价）7000 多万元。2002 年，有采石企业 200 多家，年产石碴 400 万立方米，产值过亿元。满城石碴因质地坚硬，石质优良，色泽暗青，曾作为北京首都机场建筑专用石碴，并销往北京、天津、沧州、衡水、廊坊等地市。

2003 年，采矿企业造成的环境和安全问题越来越突出，县政府开始对采矿企业进行治理。2008 年，全县建材企业由 118 家减至 63 家，分布在 11 个矿产资源开发区，分别为西渝河、石井村西界河两侧、永安庄、李家佐、荆山、谒山、下紫口、岗头、神星东山、北太平庄和东赵庄，规划设置矿权企业 59 家。年石碴产量 821. 57 万立方米，石灰产量 87. 15 万立方米。

二、砖材

20 世纪 60 年代，烧制红砖的村办集体砖窑开始出现。20 世纪 70 年代，相继建成 10 余座新砖窑。1990 年，有红土砖窑 57 座，占用土地 8944 亩。1998 年，国家限制黏土实心砖的生产和使用，推广新型墙体材料，推进建筑节能改造等。对所有砖窑取土进行控制，不断有砖厂自然停业或被关停。到 2008 年，先后关停大固店砖厂、宋贾砖厂等 40 多家黏土实心砖企业，全县黏土实心砖企业减少到 13 家，年生产能力由 12. 8 亿块减少到 3. 4 亿块。县内有 7 家新型墙材生产企业，分别为天源水泥制品厂、鑫盛水泥制品厂、兴旺砖厂、天元砖厂、达兴砖厂、金铭达砖厂、鑫元砌砖厂，年生产新型混凝土多孔砖 1. 4 亿块。

三、水泥制品

1980 年，尹固村王庚辰、王金生、康连江等人开始生产水泥制品，随着企业的增多，逐步发展成以尹固村为中心的水泥制品工业区。工业区位于南韩村镇政府驻地南 5 公里处，南接 107 国道。2008 年，工业区内有水泥制品生产企业 45 家，固定资产近 2 亿元，主要生产水泥电杆、拉线盘、卡盘、水泥制管等产品，年产值 3. 6 亿元，利税 4000 余万元。2008 年春节前，为支援南方冰冻灾区尽快恢复生产自救，县政府组织尹固工业区内 20 余家企业向重灾区湖南郴州捐献价值 60 多万元的电杆等物资。

四、板岩加工

板岩为民居建筑主要材料，20 世纪 90 年代前后，只有石板山村和北东峪村生产。随着其他建筑材料的应用，民居建筑用传统板材加工行业几近停止。20 世纪 90 年代开始，神星、坨南、白龙等乡（镇）开始出现建筑石材加工业，把天然板材经切割、打磨、滚筒等工序加工成建筑、装饰用半成品材料，或经过深加工生产马赛克石、网贴、卵石切片等，品种达 20 多个。因其产品绿色环保、自然纹路、不褪色、吸音防潮、无放射性、品质坚硬、具有耐打磨、耐腐蚀等优点，广泛应用于别墅、酒店内外墙、地面装修。板岩加工产品主要销往加拿大、美国、德国、日本、韩国等，出口量占全部产量的 95%。2006—2008 年，年销售产值 6000 多万元。

第四节　冶炼铸造与玛钢电器

一、冶炼铸造

冶炼铸造企业主要分布在方顺桥乡。1987 年，方顺桥村部分农村经济人从事废旧铜铝等有色金属收购，经分拣后转卖到安新、清苑等熔炼企业进行加工。1988 年，方顺桥村建起第一个小地炉，开始进行废旧铝材的熔铸加工，当时主要产品为铝方条（铝拔丝的原材料）。此后，此行业逐步壮大，发展为集收购、分拣、熔炼为一体的家庭作坊式协作企业，生产设备主要为小地炉，废气、粉尘污染严重。

1997 年，为推进行业上档升级，方顺桥乡政府协同方顺桥村委会共同组织熔铸行业外迁至村西工业区。2003 年，由方顺桥乡经委牵头，推广煤气发生炉熔铸生产工艺，当年改造 20 余家，使废气、粉尘污染在一定程度上得到遏制。2004 年，规划占地 130 亩的熔铸新区，鑫硕铜业、龙马铝业、兴顺铜业等 72 家重点企业搬入新区。熔铸区内有从业人员 4000 多人，产品主要为铝锭、铝盘条、铝型材、铜锭、铜盘条、精密铜材等，销往国内及蒙古、俄罗斯、哈萨克斯坦、阿富汗等国，年上缴税金 2000 多万元。

2005 年后，受全国税务虚开发票抵扣税款案影响（见第十编第四章税务）和环保治理约束，熔铸行业全部关停整顿。2007 年，57 家污染企业被取缔，15 家被关停整顿。2008 年，经治理改造后，20 家熔铸企业通过环评验收，取得试生产资格。

东马村铸钢生产起步较早，1978 年年初开始筹建东马钢厂，建钢厂时固定资产 10 万多元，大队先后派朱清莲、王春生、朱福山、张治忠任厂长。钢厂内设炉前、造型、整包、化验、模型、电气焊、气割等工艺，管理人员共计 50 多人，年产值 300 多万元，年纯收入 5 万元。到 1997 年，钢厂固定资产 100 多万元，年总产值 500 万元，年纯收入 50 万元。1997 年后钢厂承包给个人，由集体企业变为私有企业。此后，不仅有铸钢，还增设铸铁，从业人员 100 多人，固定资产 300 多万元，年产值 600 多万元，年纯收入 60 多万元。

2008 年，全县有金属冶炼及压延加工企业 137 家，固定资产原值 7219 万元，年营业收入 72245 万元；金属制品企业 26 家，固定资产原值 3273 万元，年营业收入 21870 万元。

二、玛钢电器制造

玛钢电器制造业主要集中在方顺桥乡，起源于 1972 年，最初为生产队集体小手工作坊。20 世纪 70 年代末，在高荆、陉阳驿一带形成一批以加工组装刀闸、隔离开关等低端产品为主的个体手工作坊。1982 年，首次建成玛钢铸件企业。由于市场经济逐步放开，产品需求不断加大，在销售经济人的带动下，销售渠道逐步拓宽，各手工作坊逐步壮大为玛钢电器专业企业。经过近 30 年的发展，在东辛章、辛章屯、陉阳驿、决堤、大赛、高荆等村形成了一定规模，并逐渐汇聚于大赛、陉阳驿两个村。2008 年，有玛钢电器中小型企业 40 多家。玛钢铸造件产品分四大系列 50 多个品种，涉及高低压线路所有配件。电器类包括高低压开关、绝缘子、氧化锌避雷器、高低压配电盘等八大系列 120 多个品种，畅销全国各地。以冀开电器、安达线材、宏光电器、华通电器、新兴玛钢为代表的一批重点企业，通过规范管理、技术革新和新产品开发，产品科技含量及市场竞争力增强，部分企业先后通过国际 ISO 质量管理体系认证，相关产品被授予省优、部优荣誉称号，形成一定规模的产业集群，产品种类也扩大到高低压、超高压电器、输电线材、线路金具、玛钢铸件等。

三、企业介绍

保定冀开电力器材有限公司创建于1985年，2002年改组为股份制企业，注册资本5000万元。地处107国道南侧，保定市西郊大赛工业区，占地面积约4万平方米，建筑面积2.6万平方米。是一家集生产、研发、销售为一体的高新技术企业，是国内复合绝缘子专业生产厂家之一，《全国电网建设与改造所需产品选型目录》推荐企业，《铁路运输安全设备生产企业认定》行政许可企业，中国铁道企业管理协会团体会员单位，连续多年省、市重合同守信用单位，ISO 9001：2008质量体系认证企业，“冀开”商标为省著名商标。

保定冀开电力器材有限公司主要产品（摄于2008年）

公司主要生产500千伏及以下系列复合绝缘子、电气化铁道接触网系列复合绝缘子、复合氧化锌避雷器、高低压隔离开关、熔断器、真空断路器、线路金具、电表箱及配电箱、冷热缩电缆终端、增爬裙和硅胶防护套、混炼胶等系列产品，所有产品经国家认可的检测机构试验检测，符合国家、行业标准、IEC及相应的国际标准，并通过科技成果鉴定。

第五节　塑料加工

一、方顺桥乡的塑料加工

方顺桥乡的塑料加工行业起源于1976年，1986年逐步发展壮大。至1996年，各类加工企业（摊点）931家，涉及全乡17个村，相关从业人员1.5万人，加工种类有聚丙乙烯、聚氯乙烯、聚酯加工和塑料吹膜、拔管等。行业发展带动了原材料市场的兴起，以废旧塑料为主，沿107国道形成了一批废旧物资交易市场，山东、东北三省、内蒙古等地客商收购大量废旧物资来此销售交易。2004年，全乡建有专业交易市场9个，大型废旧物资分拣销售点11个。因塑料加工行业存在较大污染问题，2004年起启动专项治理行动，对水洗、造粒企业（摊点）进行关停取缔，对各原料交易市场进行关停整顿。2005—2008年，针对涉污企业、摊点反弹问题开展专项打击，部分重点企业逐步向吹膜、拔管、编袋等深加工方向发展。2008年，全县有塑料制品企业18家，固定资产原值2299万元，年营业收入4886万元。同年，许村建成塑料加工小区，并投入试运行。

二、南韩村镇的塑料加工

20世纪80年代，南韩村镇有些村民开始到周边收集废旧塑料，然后再集中转卖。当时只是简单的一收一卖，利润微薄。随着加入这个行业的村民越来越多，有些村里开始出现家庭作坊式的废旧塑料加工企业，收购、加工、销售一条龙作业，其中东堤北、西堤北是废旧塑料加工比较集中的区域。这些加工摊点的原料来源主要是周边县及邻近的河南、山东、山西等省份的旧货市场，与周边塑料专业市场集散地均有贸易往来。20世纪90年代末，村里的废旧塑料加工摊点不断增加，废旧塑料加工逐渐成为一些村的主要经济来源，有些村50%以上的村民都在从事废旧塑料加工行业，年可生产塑料颗粒6000万吨，产值3000万元。因为大部分摊点没有环保审批手续，生产工艺简单，把简单洗涤后的废塑料通过燃煤炉加热熔解，再经过拉丝、冷却进行造粒，污水废气不采取任何处理就直接外排，造成周边区域环境污染日益严重。2004 年后，不合格的废旧塑料加工摊点逐步被取缔。

第六节　化工原料与化学制品

一、发展概况

县内化工行业起步较早，在全县各工业门类中占有较大比重。1986 年前后，在神星镇市头村、荆山村兴起十余家小作坊式化工企业，主要产品为己内酰胺，是生产尼龙棒和尼龙纤维的主要原材料。1990 年前后，县内共有大小化工企业 72 家，产值 3039 万元，占全县工业总产值的 11.47%。其间，信誉化工厂研制的新产品氨基苯磺酸通过省级鉴定，其纯度超过日本、德国同类产品，并成功打入美、英、日等国外市场。20 世纪 90 年代初，大多数化工企业，特别是原乡办、村办集体化工企业，因产品质量、市场供求等原因呈现缩减趋势。之后，随着国内化工经济的发展，生产化学原料、染料的部分化工企业呈快速成长之势。1995 年年底，全县乡以上独立核算入统化工企业有 12 家，生产的化工产品主要有碳酸钾、氯化氨、甘氨酸、己内酰胺、氯化钡、硫氢化钠、对氨基苯磺酸、树脂、染料及摄影行业有机中间体、CD 彩色显影剂等，年实现工业产值 14799.7 万元。

2000 年，有入统化工企业 8 家，实现工业产值 25499.8 万元，利税 2975.7 万元。2005 年，有入统化工企业 8 家，分别为容泰化工有限公司、保定满通精细化工有限公司、保定市满城金星化工有限公司、保定海丰化工有限公司、保定东大化工有限公司、保满化工厂、满城县东方化工有限公司、河北省眺山化工厂（驻满城企业、国有），实现工业产值 50709.4 万元，利税 7457.5 万元。其中河北省眺山化工厂在产值、利税等方面处于绝对领先地位。

2008 年，满城县入统生物化工企业 3 家，年产值 35781.8 万元。其中医药制造企业 1 家，实现工业总产值 5508.6 万元。规模以下化工企业 38 家，实现营业收入 11210 万元。河北达瑞生物科技股份有限公司成立于 2001 年 9 月，位于大册营工业区，主导产品坎利酮是重要的医药中间体，有“医药黄金”之称，是生物医药行业在甾环类药物技术研究领域的重大突破。2007 年企业被评为“河北省高新技术企业”，其产品被认定为“高新技术产品”。

二、整顿提升

随着治理力度的不断加大，20 世纪 90 年代后期开始，众多涉污企业、摊点反弹问题得到解决，10 余家污染严重的家庭作坊式小化工企业被取缔。同时，一些具有更先进技术的生物化学及医药制造企业，成为满城县生物化工行业的代表和县内财税增收的新税源。如医药中间体生产企业，申报国家专利 7 项、获批专利 2 项。九孚生化有限公司是工信部、国家禁止化学武器办公室国内唯一批准的生产醋酸可的松和氨基酸的合法生产厂家。

第七节　其　他

一、机械制造

机械制造业始于 20 世纪 70 年代，一直是县域经济支柱产业。庆丰机械集团生产的“农硕”牌麦稻联合收割机和虹银泵业生产的“虹银”牌深井泵、潜水泵为机械制造的当家产品。

庆丰机械集团有限公司成立于1990年，固定资产718.5万元，法人代表孙宝生。庆丰机械集团主持研发、生产了“农硕”牌4LG1-140型小型双动力麦稻联合收割机，填补了国内空白。1991年，产品被国务院评为“‘七五’全国星火博览会金奖”，并列入国家“八五”计划。庆丰机械集团连续多年被省农业厅评为“AAA级信用企业”，被省工商局评为“重合同、守信用企业”。1994年，被省政府命名为“名牌乡镇企业”。1997年10月，生产的产品被认定为“省名优新产品”，12月又被国家科委、国家税务总局、经贸部等五部委评为“国家级重点新产品”。1998年4月，被省科委评为“省优秀科技星火示范企业”，同年被农业部评为“全面质量管理达标企业”，在同行业里率先通过农业部ISO 9002国际质量认证。当年9月，农业部发文向全国推广其产品，年产销量2000余台（辆），产值3500万元，产品畅销全国20多个省市。“农硕”商标连续3次被认定为省著名商标。2000年，各型号联合收割机销量3500台（套）、产值6000多万元、利税300余万元。2001年，公司生产的新机型4L1履带自走式联合收割机下线并投入市场，新机型同年通过农业部检测总站检测，并向全国推广。当年公司总产值7500万元，利税480万元。2002—2006年，收割机产量逐年缩减。2007年8月，公司退出收割机市场。

2004年3月，庆丰机械集团同中国农业机械化科学研究院达成协议，成立保定庆丰现代农装液压有限公司，生产全液压转向器、全液压摆线马达，9月正式投产。投资2600万元，新建全液压转向器和全液压摆线马达两条生产线，产品广泛应用于工程机械、拖拉机、联合收割机和渔船作业。2005年，年产销量1.5万台，全国行业排名第七位，2006年增长到8万台，全国行业排名第四位。2008年，已具备年产15万台（套）全液压转向器和全液压摆线马达的生产能力，转向器产销量位居全国第三，并出口美国，成为世界顶级液压件生产商伊顿、派克等知名企业的供应商。

二、玻璃

2008年，有玻璃及玻璃制品企业6家，固定资产原值535万元，年营业收入1929万元。重点企业是保定三元安全玻璃有限公司，地处南原村，建立于1988年，法人代表王洪全。公司紧邻国家储备管理局132处，有565铁路专用线1条，自投自用的电力专用线2条。公司占地400亩，建筑面积6万平方米，有员工360人，其中管理人员16人，技术人员40人，总资产4.2亿元。

保定三元安全玻璃有限公司成立伊始，投资168万元建立玻璃预处理、钢化、夹层玻璃3个车间，当年利税80万元。1995年与美国炎黄国际企业有限公司合资兴建保定三元安全玻璃有限公司，投资666万美元（折合人民币5600万元）从美国格拉斯泰克公司引进F-48G型水平深弯钢化玻璃生产线、水平及圆柱面钢化生产线、连续热弯炉及高压釜等设备；从芬兰引进连续预压夹层玻璃生产线；从意大利保特罗公司引进全自动玻璃切割机、磨边机、丝网印刷机。公司拥有的玻璃钢化炉、印刷机、钻孔机、洗涤干燥机设备，均为世界先进的安全玻璃生产设备。公司综合生产能力200万平方米/年，年产值9800万元，利税1700万元，逐渐成为我国现代化大型安全玻璃深加工生产企业，产品应用于汽车、火车、飞机、轮船、光伏太阳能等各种交通工具和高级建筑装饰以及金融和保险等行业的安全防护。

1998年，产品通过CCC强制性认证；2008年，通过欧盟E—Mark产品质量认证和美国DOT产品质量认证；2009年，公司质量管理体系通过ISO/TS16949：2009的国际质量体系认证。产品先后荣获“农业部科技进步奖”“河北省科技进步奖”“优秀新产品奖”“‘七五’星火计划博览会金奖”。王洪全先后获“市优秀企业经理”“市劳动模范”“市农民企业家”等称号，并被选为省、市、县人大代表。

三、纺织、鞋帽、服装

2008年，全县有4家纺织企业，固定资产原值362万元，年营业收入889万元。有2家针织品、编织品及其制品制造企业，固定资产原值97万元，年营业收入289万元；有5家服装、鞋、帽制造企业，固定资产原值861万元，年营业收入856万元。主要代表企业是保定市鑫海纺织有限公司、保定市满城县新新服装厂、金牛皮鞋厂。2008年，全县纺织、服装、鞋帽制造业入统企业3家，总产值32509.6万元，占工业总产值的5.9%。

四、粮食购销

主要分布在方顺桥乡和于家庄乡。2002年，方顺桥乡有3家粮食代收点，收购量不大。2004年5月，国有粮食购销经营机制改革后，粮食代收点和收购量不断增加，平均年收购量在1400万公斤左右。2008年，方顺桥乡粮食收购摊点9家，其中107国道两侧有7家、满于西线两侧有2家。平均年收购量2500万公斤左右，占全乡粮食产量的70%。于家庄乡粮食代收始于1990年左右，主要从事玉米、小麦购销。2008年，全县共有收购摊点58家，年交易额1.5亿元。

五、管道

县内主要管道企业是河北久通耐磨防腐管道有限公司，由原保定市久通管道厂改制而来，是研究、生产耐磨防腐管道的专业化企业。始建于1995年，位于保定市西15公里于家庄火车站附近。占地面积16000平方米，建筑面积6600平方米，注册资金600万元，年生产抗磨白口铸铁复合管道1800吨，预应力铸石复合管道600吨，陶瓷复合管500吨。产品广泛应用于燃煤电厂制粉送粉、除灰、除渣、脱硫管道，冶金、矿山、建材等物料的水力、气力输送管道，解决了抗磨损防腐蚀难题，深受用户好评。抗磨白口铸铁复合管道和预应力铸石复合管道均获国家专利，分别被评为“高新技术产品”“国家级新产品”。公司先后被评为“省级科技型企业”“高新技术企业”“专利明星企业”“重合同守信用企业”。有职工120人，专业技术人员18名，其中教授2人、高级工程师4人。董事长孙耀良是高级工程师，中国铸石协会常务理事，主持研制、开发、推广预应力铸石复合管道、高铬铸铁复合管道，先后参与铸石行业标准、夹套铸石管道行业标准和电力部耐磨管道行业技术条件的制定工作。

第三章　建筑业

满城县建筑队伍众多，建筑企业施工作业遍及北京、河北、河南、内蒙古、吉林、安徽、新疆等省市，多项工程获中国建筑鲁班奖、中国土木工程詹天佑奖、省安济杯奖等。2008年，有资质的建筑队伍有10家，年建筑施工面积45.65万平方米，产值69039.19万元。20世纪90年代末，房地产业快速发展，有20家房地产开发企业陆续成立，先后建成西山花园、清华在水一方、九州盛世名门等14处商品住宅小区。

第一节　建筑队伍

1988年年底，全县共有四级以上建筑施工企业22家，其中，国营公司1家、集体建筑公司21家。

1989 年，21 家集体建筑公司合并成立保定市满城建筑安装工程公司。2008 年，全县具有资质等级建筑施工企业 10 家。

一、河北玉川建筑工程有限责任公司

原为国营保定市满城县建筑工程公司，2002 年经过股份制改制，更名为河北玉川建筑工程有限责任公司，为施工总承包一级企业，注册资金 5200 万元，净资产 6743 万元，有职工 4464 人，各类专业技术人员 318 人，各种大型施工机械设备 700 余台（件），具有承担房屋建筑工程施工总承包一级，建筑装修装饰专业承包一级，市政公用总承包二级、钢结构工程二级专业承包能力。2002 年，被接纳为北京市工程建设质量管理协会会员单位，同年 8 月通过 ISO 9000 国际质量体系认证。2004 年 8 月，通过质量、环境、职业健康安全 3 个体系的认证。2001 年，承建的丰台桥南新华街八里 1 号公寓工程被评为结构长城杯工程。2004 年，承建岳家楼铁路小区 3 号住宅楼，被评为北京市文明安全工地，获得建筑长城杯银质奖，结构长城杯金质奖。2005 年，承建的保密分厂综合楼工程被评为河北省安济杯奖工程。

二、保定市信达建筑工程有限公司

原为国营保定市满城建筑安装工程公司，2002 年经过股份制改制，更名为保定市信达建筑工程有限公司，为房屋建筑工程施工总承包二级企业。2008 年，下辖 1 个子公司（昊坤房地产有限公司）、3 个分公司、2 个加工厂、3 个驻外办事处。注册资本 2020 万元，净资产 2728 万元，年职工平均人数 2900 人，经营管理及各类专业技术人员 296 人，各种大（中）型施工机械设备 1722 台（件），具有承担房屋建筑、建筑装饰装修、土石方施工、管道及机电设备安装、钢结构等工程的施工总承包能力。公司施工队伍遍布于北京、天津、石家庄、张家口、保定等地。

三、保定市宏昌建筑有限公司

创建于 1993 年 7 月，1998 年完成股份制改造，三级资质，2000 年晋升为二级建设工程总承包资质，2003 年获得 ISO 9000：2000 质量管理体系认证。有固定资产 3378 万元，各种机械设备 428 台，职工 1561 人，其中，工程技术人员 164 人，管理人员 92 人。1998—2008 年，累计实现产值 3.4 亿元，完成建筑面积 40.3 万平方米，实现利税 3521 万元。先后获省、市两级重合同、守信用单位，省第六届 3·15 消费者信得过单位，2003 年度省先进建筑施工企业等多项荣誉称号。承建的保定市财政局德宝汽修厂办公楼、保定市财政局培训中心、满城县玉川城市信用社营业楼、满城县法院办公楼等均被评为市级金牌工程。2006 年，承建的满城国税局住宅楼获市级用户满意工程，承建的满城县电力调度中心大楼被评为省安济杯工程。

四、满城县城建建筑工程公司

隶属于建设局，始建于 1986 年 8 月，集体所有制企业，1992 年晋升建筑三级企业，1995 年晋升建筑二级企业，并增加公路施工三级、设备安装三级、装饰装修三级资质。2001 年完成股份制改造，2003 年通过 ISO 9001：2000 质量体系认证。先后承揽多项中型工业、民用建筑工程、公路道桥工程，年产值 11000 多万元，合同履约率 95%以上，工程合格率 100%，无重大安全事故发生，共获得市级金牌 21 枚、银牌 14 枚，多次获得市级重合同、守信用单位称号。2000 年，成立满城县第一家房地产开发公司，公司先后荣获省级重合同、守信用单位、纳税明星企业、质量无投诉企业等荣誉称号。

五、满城县市政建筑工程公司

成立于 1998 年 8 月 27 日，是市政公用工程施工总承包二级企业，公司的前身是建设局下属的市政工程队。公司在册职工 120 人，有职称人员 78 人，其中中级以上工程技术人员 32 人，有资质项目经理 15 人。净资产 1017 万元，注册资金 653 万元，有一套配备较完备的施工机械设备，有刮平机、25 吨震动式压路机、三轮光碾压路机、沥青混凝土摊铺机、混凝土搅拌机等机械设备 45 台，并具有较完善的工程质量检测设备。

六、满城县吉电建筑工程有限公司

成立于2005年9月，注册资金200万元，公司主要从事房屋工程建筑施工，有砌筑作业、抹灰作业、木工作业、混凝土作业、钢筋作业、水暖电安装作业资质。公司有员工70人，其中管理和技术人员30人。

七、保定市银燕预应力工程有限公司

成立于1985年，是集预应力技术开发研究、预应力工程设计施工生产为一体的预应力专项施工二级企业。2003年通过ISO 9001：2000质量管理体系的认证。2008年，承建的国家游泳中心荣获第八届中国土木工程詹天佑奖、中国建筑工程鲁班奖。

八、保定铸石集团有限公司防腐工程公司

成立于1993年，1998年8月改制，更名为保定铸石集团有限公司防腐工程公司。注册资金354.7万元，净资产335万元，防腐保温专业承包三级资质企业，连续八年产值超过500万元，2000年通过ISO 9001：2000质量管理体系的认证。公司施工安装作业面覆盖河北、河南、北京、天津、山东、山西、内蒙古等十几个省市。

九、保定平安建筑工程有限公司

创建于2005年10月，注册资金800万元，房屋建筑工程施工总承包三级，经营范围为房屋、土木建筑工程施工，建筑安装、装饰、装修，预制构建改造，木材加工，土砖挖运。公司有职工56人，其中专业技术管理人员30人。

十、保定龙昌盛方建筑装饰工程有限公司

原名保定市满城县龙昌建筑装饰工程有限公司，创建于2002年9月2日，注册资金120万元。2009年6月，公司注册资金增加到500万元，经营范围为建筑门窗加工、安装，室内外装饰装修、设计、水管道安装，不锈钢、铁艺加工、安装，广告牌匾设计制作，玻璃加工，建筑五金、室内外装饰材料零售。公司有金属门窗加工厂房850多平方米，生产机械设备价值20万元。在册职工人数31人，特殊工种人员全部持证上岗。

第二节　建筑设计

一、机构

1974年1月，建筑工程公司设置预算绘图室，即预绘室。之后，其他建筑公司也陆续配备专业设计人员。1982年建设局成立后，全县专业建筑设计队伍逐渐壮大。1992年，成立建筑设计所和村镇建设服务中心，隶属于建设局。建筑设计所主要从事工业、民用建筑规划、设计、测量、工程预算、描晒图等工作，成立时注册资金21万元，丁级资质。1997年，晋升为丙级资质。2003年，完成股份制改造，更名为保定市天元建筑设计有限公司，注册资金100万元。PKPM网络版1套，微机20多台，内部资源共享，微机出图。村镇建设服务中心主要从事工程测量、地籍测绘、房产测绘、地形图编制、村镇规划、城市控制性详规、市政工程设计等工作，2008年，有技术人员17人，配有全站仪1台、J2型经纬仪1台、J6型光学经纬仪2台，S3水准仪2台。

二、主要设计成果

1982年，在市建筑设计院指导下，完成轧花厂门市部、钻井公司住宅楼、县师范教学楼、建委职工集资住宅楼、民政局、木器厂、土产公司、农业银行、城关信用社住宅楼的设计。

建筑设计所主要设计成果有永乐园小区、怡宁小区、清苑富强园小区、满中教学实验楼、冀中监狱接见楼、公安局办公楼等。

村镇建设服务中心绘制完成县城规划区 1:1000 地形图、县城及部分城镇道路、县城内所有建设项目的地籍测绘和放样测量等工作。

第三节　建筑施工

1991—2008 年，满城县建筑企业施工作业遍及河北、河南、北京、天津、山东、山西、内蒙古、吉林、甘肃、陕西、福建、安徽、贵州、新疆等省市，多项工程荣获省市级荣誉。1991 年，年建筑面积 2.01 万平方米，产值 3215 万元，利润 68 万元，年利税 163 万元。2000 年，年建筑面积 12.25 万平方米，产值 20673.06 万元，利润 586.8 万元，年利税 720.3 万元。2008 年，年建筑面积 45.65 万平方米，产值 69039.19 万元，利润 2063.08 万元，年利税 3079.96 万元。

1991—2008 年满城县建筑业主要经济指标统计表

表 13-3-1

年份	建筑面积（万平方米）	建筑业产值（万元）	利润（万元）	利税（万元）
1991	2.01	3215.00	68.00	163.00
1992	3.05	4892.00	93.00	249.00
1993	3.47	5562.00	105.00	283.00
1994	4.02	6024.00	120.00	306.00
1995	4.55	7285.00	149.00	370.00
1996	5.38	8055.00	172.00	409.00
1997	5.37	8596.00	184.00	437.00
1998	10.25	16892.20	491.50	569.80
1999	12.09	19851.12	549.70	694.50
2000	12.25	20673.06	586.80	720.30
2001	13.65	23559.19	689.80	771.74
2002	20.95	35192.04	795.42	1332.53
2003	25.13	39725.21	931.25	14921.20
2004	26.54	44950.80	981.38	1628.75
2005	30.16	49450.00	1227.31	1914.59
2006	33.23	53855.20	1351.11	1911.55

续表13-3-1

年份	建筑面积（万平方米）	建筑业产值（万元）	利润（万元）	利税（万元）
2007	40.40	57422.22	1559.30	2317.50
2008	45.65	69039.19	2063.08	3079.96

第四节　建筑业管理

一、资质管理

1988年年底，满城县有建筑施工企业22家，建筑企业较分散。1989年，为促进全县建筑业的更快发展，便于经营管理，除满城县建筑工程公司外，其余21家建筑企业经县政府批准合并成立保定市满城建筑安装工程公司，实现了建筑业经营从分散型向集中型的转变，并从财政统收统支转变为经营责任制。

1991—2002年，县内的建筑企业资质管理比较混乱，一些企业的工程业绩、人员配备、机械设备、财务收支情况达不到国家及省要求的资质等级标准。2002年，全县所有建筑企业完成股份制改造，各建筑企业也相继取得各种资格认证。同年，按照建设部及省建设厅有关建筑施工资质就位的文件精神，组织施工企业完成资质就位工作。2003年，实行建筑业企业资质网上申报，使资质管理工作步入规范化、制度化的轨道。

二、安全生产

1991年，建筑业的安全生产管理工作主要是企业内部管理。随着建筑业的发展，安全生产形势日益严峻，安全事故时有发生。2001年，成立施工安全监督站，隶属于建设局，有1名站长、3名成员，负责全县建筑工程安全生产的监督管理。安全监督站强化管理，实行企业内部管理与政府实施监督相结合的管理模式，形成局级、站级、企业级、项目部级、作业班组级层层负责的五级管理体系。

第十四编　商贸　服务业

随着市场经济的逐步建立，商业经营体制不断改革，逐步形成承包经营、租赁经营、股份经营等经营模式，企业走上了自主经营、自负盈亏的道路。20 世纪末至 21 世纪初，一部分国有商业、供销合作商业通过改组改制维持正常经营，多数停产、破产倒闭或被兼并、收购，私营个体商业发展迅速。1993 年，物资流通全部市场化，物资企业实行经营、价格、分配、用工“四放开”，国家实施经济调控，生产资料由卖方市场转为买方市场，各种经济成分大量涌入流通领域，国有物资经营系统进入困难时期。在 20 世纪 90 年代初期，粮油商业经历了由国家宏观调控到市场调控的转变。粮食企业相继改组改制，下属粮站由 1991 年的 19 家缩减到 2008 年的 5 家，粮食商业由 1991 年的 23 家缩减到 2008 年的 5 家。私营个体经济、各种交易市场快速发展。2008 年，全县注册登记个体私营企业、工商户 5831 户，注册资金近 15 亿元。县内主要能源贸易有成品油、煤炭、石油液化气和石油天然气。对外贸易有较快发展，2008 年完成出口创汇 2406.3 万美元。服务业在曲折发展中不断壮大，成为人们生活必不可少的组成部分。2008 年，餐饮业零售总额 16441 万元，是 1991 年的 21.7 倍。1991 年，县内有中国人民银行满城支行、中国建设银行满城支行、中国农业银行满城支行、中国工商银行满城支行。1993 年 12 月，中国银行满城支行成立。1996 年 11 月，中国农业发展银行满城支行与中国农业银行满城支行分设，成立单独的机构。2004—2007 年，各行先后实行股份制改造成为股份有限公司。其他主要金融机构有农村信用合作联社、中国邮政储蓄银行有限公司满城支行。满城旅游资源丰富，县委确定了“建设保定西花园”的目标，旅游业得到迅速发展。2000 年，随着住房制度的改革，房地产业迅速发展壮大，商品住宅楼开发形成巨大市场。

第一章　商业所有制结构

经过商业体制改革，国有商业、供销合作商业失去了市场的主导地位，私营、个体工商业得到快速发展。国有商业 9 家下属单位有 1 家处于待破产状态，有 1 家被兼并，有 4 家经过股份制改造正常经营，有2家租赁经营，有1家公司破产拍卖，部分承包经营。供销合作商业的12个经济实体，除罐头厂、食品加工厂经过买断经营、股份制改造后经营良好外，其他企业或倒闭或被兼并、出让、转让、领办。6家物资经营企业除民用爆破器材公司外，3家租赁经营，1家股份制经营，1家破产。粮油商业经过系列改革，实现了计划经济到市场经济的转变。

第一节　国有商业

1991年年底，县商业局下属9家公司（厂、场），包括百货公司、五金公司、饮食服务公司、糖酒蔬菜公司、人民商场、冷冻厂、新颖服装厂、食品公司、医药药材公司。之后，各下属公司（厂、场）相继进行了改组改制。

一、百货公司

前身为1956年组建的华纱布公司。1991年，有干部职工132人，固定资产58万元，流动资金394万元，纯销售额674万元，下属百货商场和劳保综合商店。1993年7月，按照“公司划小、专业划细”的原则，分成石油化工公司、文化体育用品公司、化妆洗涤用品公司、百货公司、劳动保护用品公司、百货商场6家公司，实行独立法人经营。1998年6月，经县政府批准，依法对百货公司、化妆洗涤用品公司、石油化工公司、文化体育用品公司实施破产。1999年12月，按照破产程序将百货公司、化妆洗涤用品公司、石油化工公司、文化体育用品公司连带服装厂整体拍卖给宝山集团，公司职工分流安置。2000年，下属劳动保护用品公司、百货商场。

2004年4月，新天地休闲娱乐广场开工建设，百货商场综合楼被拆除，暂停经营，思特利公司补贴60万元。2005年6月，搬入新天地综合楼一楼，有8间门店。

二、食品公司

1955年组建。1991年，食品公司下属15个单位，包括神星、白堡、韩村、江城、陉阳驿、于家庄、马坊、坨南、贤台、城关10家收购站和肉食加工厂、畜产肠衣厂、永青肠衣厂、奶牛厂、食品综合批发部，占地面积485亩，有干部职工166人，固定资产59万元，流动资金371万元，商品纯销售额735万元。1993年12月，食品公司划分为食品综合批发部和畜禽水产公司。1995年，因经营管理不善，畜禽水产公司处于停产状态。下属有神星、韩村、陉阳驿、坨南、贤台、城关6个定点屠宰站。

2001年12月，食品公司实行股份制改造，成立燕赵食品有限公司，新旧公司分离。到2008年，食品公司一直处于待破产状态。

三、五金公司

1960年从百货公司分出。1991年，公司设业务股、会计股、维修股，下属1家批发部、2家零售门市部和1家五金交化商场。2008年，下属五金交化商场、五金综合商场。

四、医药药材公司

1952年组建。1985年，从保定地区医药局划归满城县，隶属县商业局管理。1990年，下属3家批发部、3家门市部、1个驻安国办事处，固定资产17万元，流动资金150万元，销售总额412万元。1991年，下属医药药材一公司和医药药材二公司。医药药材一公司下辖龙门批发部、神星批发部、贤台批发部、第一门市部、第二药店、第三药店、新特药店、玉川药店。医药药材二公司下辖韩村医药药材批发部、坨南医药药材批发部。1993年9月，医药药材公司划分为医药公司、药材公司。2002年

4 月，医药公司、药材公司分别改制为纪元医药药材有限公司、康宝医药药材有限公司，原有 2 个旧公司破产。

五、糖酒蔬菜公司

1983 年组建糖烟酒蔬菜公司。1990 年，糖烟酒蔬菜公司中烟草部分从商业局划出，归保定市烟草公司。1991 年，糖酒蔬菜公司下属 5 家批发部、1 家零售门市，固定资产 14 万元，流动资金 150 万元，商品纯销售额 500 万元。下属坨南糖酒批发部、第一糖酒批发部、第二糖酒批发部、韩村糖酒批发部、李庄糖酒批发部、糖酒综合商店。1994 年，下属糖酒综合商店。2000 年 5 月，糖酒蔬菜公司被金水集团兼并。

六、人民商场

始建于 1985 年，是以零售业务为主的综合商场，主要经营五金、交电、化工、鞋帽、钟表、烟酒、副食、调料等。2001 年 8 月，人民商场改制为玉城商贸有限公司。

七、饮食服务公司

1954 年组建，前身为烟酒专卖处。1991 年，公司下属国营第二食堂、国营第三食堂、国营浴池、旅馆、照相馆、京京烤鸭店，有干部职工 51 人，固定资产 34 万元，流动资金 10 万元，销售总额 21 万元。1993—2001 年，下属国营第二食堂、国营第三食堂。2000 年 12 月，饮食服务公司改制为饮食服务有限公司。

八、冷冻厂

始建于 1985 年。1985—1988 年，隶属食品公司。1989 年 1 月以后，归属商业局直接领导。1997 年，整体租赁给刘万水，租赁期限至 2003 年。第一年租赁费 3.6 万元，之后租赁费年递增 5%。2003 年 4 月 11 日，租赁给李建军，期限至 2018 年 4 月 10 日，每年租赁费 4.5 万元。

九、新颖服装厂

1985 年建厂，是满城县与北京市一商局华表时装公司合资兴建的联营企业。1988 年后实行租赁经营。

第二节　供销合作商业

20 世纪 80 年代前期到 90 年代中后期，县社进行多种形式的改革探索，然而在市场经济的冲击下，其体制优势逐步丧失。1992 年，县社有 12 个下属经济实体，包括土产公司、生产资料公司、棉麻公司、满城棉油厂、西原棉油厂、食品加工厂、罐头厂、回收公司、副食果品公司、城关基金会、联购分销公司、城关商场。

一、土产公司

前身是县社农副产品采购供应站。1956 年，成立土产杂品公司，主要经营土产杂品、竹木苇席、草袋瓷器、炊事用品、农具把柄、棉花、副食果品、水产品、食盐、畜产品、烟花爆竹等。1970 年后，先后将棉花业务分出成立棉麻公司，副食、食盐业务分出成立副食盐业公司，烟花爆竹业务分出成立烟花爆竹专营公司，废品、畜产品业务分出成立回收公司。土产公司经营场地设施逐渐减少，经营业务也逐年下降。1980 年前后，公司经济效益较好，公司人员达 87 人，年购销总额 850 万元，实现利润 17 万元。2000 年后，经济效益下滑。2005 年，完成商品销售总额 625 万元，利润 0 万元。2008

年，完成商品销售总额 240 万元，利润 0 万元。

二、棉麻公司

1973 年，从土产公司分离出来，由公司统一筹措棉花收购资金，下拨各棉油厂、基社收棉站，皮棉由棉麻公司统一调拨销售。1984 年，供销社系统收购籽棉 675 万公斤，加工皮棉 209 万公斤，加工棉短绒 3.25 万公斤，加工卫生油 5.5 万公斤，供销社从事棉花业务人员达 350 人，棉花购销业务成为供销社重要的经济支柱。1990 年，公司有干部职工 50 人，负责全县棉麻产品购销。1993 年后，取消订购、派购，推广“两高一优”农业种植，全县农业种植结构发生很大改变，农民大面积栽种草莓、果树，棉花种植大面积减少，棉麻公司虽多方寻找业务扩大经营范围，开展多种经营，但始终未摆脱困境。2006 年 6 月，由于企业无法正常经营，连年亏损，经县政府批准棉麻公司关闭解散。2007 年，整体转让。

三、满城棉油厂

1984 年建立，位于城东村村东，有 5 台大型锯凿机，5 台打包机和大型榨油设备。主要负责棉花收购，油料加工。2008 年，满城棉油厂由城关社职工常胜利领办成立满城奥特复合肥厂。

四、西原棉油厂

1975 年建立，占地 56 亩，厂房 3000 平方米，有大型轧花机 4 台，榨油机 2 台，打包机 4 台。主要负责棉花收购，油料加工。1998 年，西原棉油厂停产，职工下岗，大部分职工和离退休人员工资不能发放，上访事件频频发生，生产资料公司将其合并。

五、副食果品公司

前身是副食盐业公司，于 1981 年从土产公司析出成立，主要经营食盐、水产品、调料、瓶酒和果品购销。公司成立后，干部职工积极开展分购联销、联购分销等多种经营。1982 年，购销柿子 5000 吨、桃 25 吨、西瓜 500 吨、苹果 500 吨、食盐 1722 吨，实现利润 16 万元。1994 年，副食盐业公司分为副食果品公司和盐业公司。分立后的公司独立核算，自主经营，自负盈亏。食盐由食盐公司专营，经营稳定。副食果品公司失去主营业务后经营逐渐萎缩，企业亏损、职工下岗。2000 年 11 月 9 日，县政府收回原副食品公司旧址 4.98 亩土地使用权，副食果品公司经营场地整体拍卖，出让给政府办公室作为职工住宅楼建设用地。

六、回收公司

1984 年，废旧物资回收经营业务从土产公司业务中分离出来，成立物资回收公司，负责全县废旧物资回收业务。全县各基层供销社（以下简称基层社）废旧物资回收点所收废旧物资统一交给物资回收公司，由回收公司统一经营。1986 年，公司有干部职工 31 人，年销售总额 80 万元，实现利润 3 万元。1988 年以后，国家对废旧物资的管理放开，废旧金属争购激烈，县社系统回收额逐年下降。2000 年后，经营业务逐年减少，职工大部分下岗，废品收购业务由班组承包勉强维持公司生存。私有和个体废旧物资回收企业发展迅速。2003 年，具有废旧物资经营免税资格的企业 38 家，其中铜铝收购企业 2 家。2004 年，全县有废旧物资经营企业 52 家。

七、生产资料公司

1952 年成立，主要经营化肥、农药、农机具等。1985 年以前，化肥由生产资料公司独家经营，承担国家对农产品收购奖售化肥和专业用肥配供，对基层社进行分配、批发。之后国产化肥逐渐增多，化肥市场比较混乱，生产资料公司多方筹措资金加大采购力度，直接从厂家进货，并以基层社为依托，先后成立 12 个农资专业社，形成一体化农资经营体系，保证化肥质量，稳定化肥价格，对促进农业生产和发展、提高农民收入发挥了非常重要的作用。

1998 年，生产资料公司合并西原棉油厂，利用其土地招商引资，引进中西合资恒研机电项目。2007 年开始，县政府分四年付清土地价款 556 万元，用以解决生产资料公司职工集资和社会入股问题。

2000 年以后，化肥市场放开，公司化肥经营逐年减少，企业亏损，大部分职工下岗自谋生路。到 2008 年，生产资料公司在职人员总数 63 人，股本总额 150 万元，销售收入 19 万元，净利润为 0，化肥市场占有率 3%。由于资金困难，企业无法进行正常经营，传统经营业务尽失。为偿还职工集资款、安置下岗职工，对部分经营设施长期租赁或拍卖，公司处于停业、半停业状态。

八、罐头厂

1982 年县社筹资建立。1990 年，年生产罐头 2200 吨，冷冻出口草莓 1200 吨，产值 188 万元，利润 13 万元。1993 年后，由于市场波动、产品单一、资金短缺等原因造成产品滞销积压，企业连年亏损，1995 年停产。2001 年，由于罐头厂拖欠职工集资款较多，加之 150 万元承德商机厂设备欠款无力偿还，县社对罐头厂实行买断经营，偿还职工集资和设备欠款，所有干部职工全部实行一次性买断工龄安置。后发展成为保定市明花食品有限公司，挂靠县供销社。

九、食品加工厂

1958 年建立。1991 年后，新增多种水果罐头、草莓酱等产品，食品加工厂生产规模逐渐扩大。有干部职工 110 人，年产值 1100 万元。1998 年，因兴建步行街占地，食品加工厂整体拆迁至东环城路。之后，食品加工厂经济效益逐年下降。2001 年，食品加工厂进行股份制改造，干部职工全员入股，改造后的食品加工厂更名为一亩泉食品有限公司，挂靠县供销社。

十、城关基金会

1994 年，城关供销社成立城关基金会，由城关供销社财务室人员经营，先后吸收资金 950 余万元，一部分用于偿还银行贷款，一部分用于企业业务经营，多余部分对外借贷。1996 年融资较多，效益较好。基金会与城关供销社分建，分别成立城关基金会、城关社基金会。1996 年下半年，出现基金会挤兑风波，供销社两个基金会发生严重支付危机，储户多次到县社、县政府上访告状，形成不稳定因素。县社多次协调执法部门对贷款户进行依法收贷，并采取拍卖土地、资产等方法多方筹措资金，兑付大部分储户存款。2003 年基金会解体。2004 年，为便于统一管理、统一收贷、统一放款和处理遗留问题，县社对两个基金会进行清盘，按照县政府统一部署，将 330 万元贷款债权移交政府财政，由县财政出资 155 万元分 5 年解决储户存款，平息挤兑风波。到 2008 年年底，基金会问题已全部解决，但仍有 400 余万元应收款无法收回，成为呆账、坏账。

十一、联购分销公司

1984 年建立，主要负责生产资料、日用工业品、生活用品等购销批发。1995 年并入回收公司。

十二、城关商场

1985 年，在废品收购站建成城关商场，隶属城关供销社。1988 年，从城关供销社剥离，成为独立核算经济实体。2010 年 6 月，城关商场被思特利集团买断，商场拆除，为在岗职工每人交 10 年养老保险，退休工人预交 10 年大病统筹，并发放最低生活保障金。

第三节　私营个体工商业

一、私营个体工商业的发展

1989 年年底，全县有个体、私营经济 4622 家，从业人员 16539 人，注册资金 3494 万元，营业额

690万元，总产值5464万元。其中私营企业120家，从业人员2564人，注册资金928万元。个体私营经济总产值分别占全县工农业总产值和乡镇企业产值的20%和46%。

20世纪90年代，个体私营经济得到较快发展，形成建材、纺织、食品、造纸、化工五大工业门类，另有印刷、金属制品、机械、电器、服装、工艺美术、木材加工、陶瓷、文教用品等行业。1990年年底，全县个体有证商业户1595家，从业人员2706人，零售商业占统治地位。1994年，全县个体、私营经济实现工业总产值107948万元，占全县工业产值的73.0%；个体经济社会消费品零售总额12360万元，占全县社会消费品零售总额的54.9%。1995年年底，全县个体工商户16168家，从业人员60632人，资金总额50232万元；私营企业755家，注册资金220433万元。1995年，满城县被评为河北省发展个体私营经济先进县。2005年年底，个体工商户登记4595家，从业人员11028人，注册资金13875万元。2008年年底，全县注册登记个体、私营企业及个体工商户5831家，注册资金近15亿元。其中有限公司850家，股份合作制50家，联营企业2家，合伙企业119家，个人独资企业229家，农民专用合作社14家，个体工商户4162家。

1991—1995年，农村经济发展活跃，逐步形成了群体化、专业化的经营方式。据不完全统计，1995年，全县专业化生产村庄达97个，其中规模最大，产值较高的有造纸业、运输业、印刷业、制鞋业、养殖业和种植业。大册营镇的大册营、大册、方上3个造纸专业村有私营造纸厂110家，从业人员3200多人，年产值9900多万元。从事造纸行业附属材料生产、加工、营运和服务的，辐射到周围3个乡（镇）8个村，个体经营户600多家，从业人员1800多人。满城镇眺山营村是产供销一体化的养鸡专业村，全村养鸡专业户300余家，占地420亩，建鸡舍25万平方米，养鸡存栏156万只，年产鸡蛋1125万公斤，年产值6700万元，从事养鸡、饲料加工、营运、服务的从业人员达1200多人。陉阳驿乡的高荆、河图、大赛3个村是从事工业电器制造的专业村，个体私营企业有28家，以家庭为主体从事电器零部件加工、组装、销售的有387家，从业人员1161人，占3个村成年劳动力的40%，年产值8200万元。

二、再就业及私营个体工商业发展扶持政策

1999年，工商局制定下岗、失业职工从事个体经营的优惠政策，凭“下岗待工证”和《失业职工手册》，工商局免征个体工商户管理费和市场管理费，优先安排经营摊位。

2002年，成立下岗再就业领导小组，设立公示栏，实行政策阳光化。每周四为下岗失业人员再就业办理个体和私营企业登记。全年为347名下岗人员办理营业执照，免收注册登记费、代办费、名称查询费2.2万元，免收个体户管理费15.2万元、市场管理费3.5万元。

2003年9月20日，发布《关于下岗再就业、应届高校毕业生从事个体经营免收费的公告》。规定凡下岗失业人员从事个体经营的，自2003年3月28日—2005年12月31日，除国家限定的行业（建筑业、娱乐业以及广告业、桑拿、按摩、网吧、氧吧等）外，持有劳动保障部门核发的再就业优惠证，免收注册登记费（包括开业登记、变更登记、补换营业执照及营业执照副本）、个体工商户管理费、家电维修行业管理费、集贸市场管理费、经济合同签证费、经济合同示范文本工本费。2003年，为206户下岗人员、高校毕业生办理营业执照，免收注册登记费、代办费、名称查询费1.5万元，免收个体户管理费24.7万元，免收市场管理费5.6万元。2004年，为226名下岗人员、高校毕业生办理营业执照，免收注册登记费、代办费、名称查询费1.8万元，免收个体户管理费31.6万元，免收市场管理费5.8万元。

2005年，为强化服务，促进再就业，工商局成立再就业办公室，专门办理下岗职工再就业有关事项。2006年，积极落实上级政策，鼓励应届高校毕业生自主创业，对从事个体经营、开办私营企业的高校毕业生和下岗职工，设置绿色通道，提供快速便捷的服务。2007 年，落实国家再就业收费优惠政策，下岗失业人员持再就业优惠证申办个体工商户的，免收个体工商户注册登记费，并且 3 年内免收个体工商户管理费和集贸市场管理费。2008 年，制定优化发展环境，促进中小企业和民营经济发展的 22 项优惠政策。

第二章　商业经营

20 世纪 90 年代初，物资经营企业实行经营、价格、分配、用工“四放开”，开始探索多种经营的新路子，在一定时期创造了可观的经济效益。1995 年后陷入低谷，下属企业相继停业、破产。1993 年 6 月，放开粮食价格和经营，取消粮票，取消居民口粮凭证定量供应。2001 年 5 月取消粮簿。粮食市场放开，国有粮油经营经历了巨大变革，1991 年有 23 家下属企业，2008 年只保留要庄、陉阳驿、西庄、大册营 4 家国有控股中心粮食购销企业。国家对烟草、食盐实行专卖，销售稳定。烟花爆竹销售实行供销社专营，由于效益下滑，2002 年由新星烟花爆竹专营公司经营。县内能源经营主要包括石油、煤炭、石油液化气和石油天然气。县内石油业务主要由中国石油化工股份有限公司河北满城石油分公司（以下简称满城石油分公司）经营，2008 年，县内有 52 家具备零售汽油、柴油资格的加油站。煤炭经营经历了由煤炭公司专营到市场放开的转变，2000 年，全县有煤炭经营企业 28 家，2008 年，办理煤炭经营资格证的企业有 11 家。县内有东马石油液化气站和韩村液化气站，供应居民生活用气。2001 年，县内第一家燃气公司成立，2008 年开始推广石油天然气取暖。对外贸易得到发展，出口产品品种增多，产品交货值增加，2006 年出口产品交货值 2.4 亿元，是 1991 年的 75 倍。农副产品经营经历了由供销社系统经营到市场经营的转变，县内建立农副产品交易市场，农副产品经营顺畅。

第一节　物资经营

一、物资流通体制

1993 年，物资流通全部市场化，物资企业实行经营、价格、分配、用工“四放开”，在坚持主业经营的同时，各物资经营公司开始大范围探索多元化经营的新路子，先后开辟养殖、造纸、食品加工业等十几个经营项目，在一定时期，创造了可观的经济效益。1995 年以后，随着市场经济的逐步发展和完善，国有物资经营系统进入异常艰难时期，下属机电市场、木材市场、煤炭市场、钢材水泥市场相继停业、破产，职工长期放假，企业多元化经营项目大部分半途夭折。物资系统根据有关政策对下属企业相继实行破产、股份制改造，对金属材料公司、机电设备公司、经贸公司、木材建材公司、于庄物资经销公司进行破产，对燃料公司进行股份制改造，对物资再生利用公司进行租赁、股份制改造等。物资经营企业基本上市场化，计划经济下的物资经营形式全部退出历史舞台。

二、物资经营单位

（一）民用爆破器材公司

1997年5月成立，主要经营炸药、雷管、导火索等国家列为专营的特殊商品，承担全县民用爆破器材专营业务，接受物资局和公安局双重管理。2005年10月，民用爆破器材公司划归县政府直接管理。

（二）物资再生利用公司

1990年组建，主要是对全县废旧物资、废旧金属回收市场等进行规范管理。1996年，更名为物资再生利用有限公司。后因经营不景气，职工全部下岗，对公司土地进行出租，所得租金用于补交部分养老金。

（三）物资经营有限公司

前身为金属机电化轻公司，主要经营各种钢材、金属材料、机电产品、木材、水泥等基建材料和化工原料等重要物资。1999年9月，经县改制办批准，组建成立物资经营有限公司，由职工股份经营。

（四）燃料有限责任公司

1984年1月，商业局所属煤建公司划归物资局管理，后更名为燃料公司，是经营煤炭的主要企业，下属于家庄煤炭经销站。煤炭主要来自山西大同、阳泉、邯郸二坑等。后煤炭市场放开，公司经营陷入困境，通过在农村增设销售站点、送货到家等服务，取得了一些成效。1998年12月，更名为燃料有限责任公司。2004年7月，公司经法院立案破产。

（五）于家庄煤炭公司

1992年，于家庄煤炭经销站从燃料公司分离出来，更名为于家庄煤炭公司，为独立核算单位，以经营煤炭为主。2005年3月，实行租赁经营。

（六）于家庄物资经销公司

1990年，成立于家庄物资经销公司，主要经营钢材、木材等。1996年，公司实施破产。2000年，重新组建成立于家庄物资经销处。2005年7月，实行租赁经营。

第二节　粮油经营

一、国有粮食企业

1991年，粮食局下属23个单位，包括直属国有粮食购销库（以下简称直属库）、饲料公司、议价公司、粉丝厂、劳动服务公司、粮食加工厂和要庄、于家庄、龙门、神星、岭西、江城、方顺桥、大马坊、尹庄、西庄、韩村、西原、陉阳驿、白堡、石井、大册营、高士庄17家国有粮食购销站（以下简称粮站）。其中粮食商业19家，工业企业3家（粮食加工厂、饲料公司、粉丝厂），集体企业1家（劳动服务公司）。

1992年，陵山索道站归粮食局管理。1993年，经县委、县政府批准，组建粮油总公司，并成立3家经营公司。

1998年，粮食系统共有40家企业，除14家政策性收储库站外，23家企业以拍卖、兼并、股份制、股份合作制等形式完成改制，3家企业等待破产、拍卖。

2003年，按照国有粮改政策，粮食系统只保留5家国有粮食企业，包括议价公司、饲料公司、直属库、经营公司和军供配送中心。2004年以后，国家不再承担国有粮食企业任何经济责任，国有粮食企业逐步处于停业状态。

2005年，粮食局组建具有独立法人资格的粮油贸易总公司，粮油贸易总公司又组建了5家有独立法人资格的国有独资或国有控股的分公司，即国有独资分公司军供配送中心和大册营粮油贸易分公司、西庄粮油贸易分公司、陉阳驿粮油贸易分公司、要庄粮油贸易分公司4家国有控股中心粮食购销企业，至2008年未变。粮食局直属企业宝山集团整体收购直属库现址等13个单位净资产，被收购企业改制形式参照中心粮食购销企业执行。

（一）议价公司

成立于1984年，主营粮油议购议销业务，由于经营管理不善等原因出现严重亏损。1997—2005年，一直处于停业半停业状态。2005年粮改时，被宝山集团整体收购，收购资金用于职工安置。

（二）饲料公司

地处县城东环，占地11亩。1983年建厂，设备单一简陋，产品质量低、没有检测化验设备。1994年，从省财政争取贷款78万元，安装一套微机控制日产5吨饲料的加工机组，1998年6月安装完毕，创出“满大牌”饲料。1998—2005年，一直处于停产半停产状态。2005年粮改时，被宝山集团整体收购，收购资金用于职工安置。

（三）直属库

1992年1月，县政府批准直属库与粮食加工厂合并。1993年以后，粮价逐步放开，取消粮票，只有部队和水库移民仍执行平价供应政策。1993—2001年，对非农业人口实行面粉定量凭粮证供应。2001年，按照上级有关通知精神，取消非农业人口面粉定量凭粮证供应。

2005年粮改时，宝山集团有限公司整体收购直属库，收购资金用于职工安置。

（四）粮食加工厂

始建于1958年。1991年在粮食局西北侧异地改建等级面粉厂，1992年与直属库合并，1994年竣工投产，1998年后处于停产半停产状态。2005年粮改时，被宝山集团整体收购，收购资金用于职工安置。

（五）粮油总公司

1993年，成立粮油总公司，下设3家经营公司，是集经营、管理、服务于一体的经济实体。即粮油总公司第一经营公司，第二经营公司，第三经营公司，属全民所有制企业，是在总公司直接领导下的经济实体。3家经营公司除自主经营、自负盈亏、自我约束、自我管理外，还负责下属粮站全面工作的管理（县直除外）。其中，于家庄、方顺桥、陉阳驿、石井、岭西、高士庄粮站归属第一公司管理，韩村、西原、江城、尹庄、要庄粮站归属第二公司管理，马坊、西庄、大册营、神星、白堡、龙门粮站归属第三公司管理。1995年，建立连片粮油门店。以粮油总公司为中心，建立县级粮油批发市场，共有19个门市部。1998年，先破后立，重新组建粮油总公司，统一管理附营企业的经营活动。

（六）粮油贸易有限公司

2005年，组建粮油贸易总公司，具有独立法人资格，负责接收原国有粮食购销企业所有债权债务。后改制为粮油贸易有限公司。

二、议价粮油

1990年，完成粮油议购36855吨。1996年，粮食经济效益滑坡，议价经营困难重重，全年粮油商业经营量208吨，粮油商业经营额4560万元。1997年，完成议价粮油经营量4980吨，销售收入276

万元，利润9万元，收购议价小麦150吨、议价玉米75吨。

1998—2000年，实行国家定购和保护价收购。2001—2004年，议购粮食分别为401吨、12558吨、7937吨、3383吨。2005—2008年，处于停业状态。

三、粮食加工

1991年，争取到国家专项资金200万元，异地改建等级面粉厂。新厂全部采用国际先进机械设备，总投资350万元。设有面粉、玉米、碾米、榨油4个加工车间和1个修配车间。能生产特一、特二、标一、标二、饺子、饼干等10余种等级面粉，日产面粉100吨。主要担负全县驻军、非农业人口和保定市部分粮油加工任务。1998年后，由于设备老化、耗能大，效益下降，面粉厂一直处于停产半停产状态。

2004年年初，粮食系统外粮食加工企业38家，其中个体企业37家，集体企业1家。

四、城镇供应

（一）票证

1991—1993年，粮油供应实行票证管理制度，主要有“五证”“三票”。“五证”包括市镇居民粮食供应证，机关、团体粮食供应证，工商行业用粮供应证，城镇用饲料供应证，市镇居民粮食供应转移证；“三票”包括全国通用粮票，省地方粮票，省地方料票。对城镇居民发放粮簿，实行凭证供应。粮食局配备专职管理人员，设立粮票库，形成了比较完整的票证管理制度。办理粮簿凭乡、村两级出具的交回责任田及承包土地证明，按市民标准供应。更换粮簿和死亡注销由粮食局业务股办理。

1993年6月，按省统一政策放开粮食价格和经营，取消粮票，取消居民口粮凭证定量供应，但由于当时全国还没有取消市镇居民粮食供应转移证明，所以仍保留粮簿和继续办理城镇居民粮油供应关系手续。2001年5月，取消市镇居民粮食供应转移证明制度后，随即取消粮簿。

（二）粮油供应

1989年11月，开始执行市粮食局调整后的粮食定量标准。1990年，进一步压缩平价粮食销售。1991年，城镇居民口粮、食油继续执行凭证、凭票定量供应。同年，为解决部分老干部、老职工家庭生活困难，经县政府批准，办理一部分县内商品粮供应手续，县内商品粮不办理农转非户口手续，粮油供应和商品粮人员一视同仁，各库站凭粮食局业务股填发的盖有“县内商品粮”印记和业务股章的粮簿供应粮油。定量水平、粗细比例、节日供应品种等一律与城镇人口相同；享受由粮食部门代财政发的各种补贴，实行月供年末作废，粮油指标不下转，不准支取地方和全国粮票，不准以此粮簿指标购买平价粮油副产品；所供应的品种和商品粮人员执行一价。

1994年粮价放开后，部队和水库移民仍执行平价供应政策。粮食收购政策是保量不保价，实行保护价制度，对农民一手粮一手钱。1995年，继续完善粮食定购政策，供应定购内的粮食供应价格按国家规定限价执行，粮食部门不准卖高价。为稳定市场、稳定民心，对城镇居民继续实行凭证、限量、限价、过期作废的供应办法。对城市低收入居民、停产半停产企业职工等优抚对象，按优惠价供应。城镇粮油食品店供应面粉、大米、食油、粗杂粮等，最少5个品种，不出现脱销断供，对城镇居民提倡实行凭证优惠价供应，按市局销售计划和规定政策供应城镇居民的粮油，在粮油证上逐笔填写，加盖开票员手章，并按粮证编号和户主姓名填写售粮卡片，日清月结，账、货、款相符。设专人管理定量人口，按政策办理落户、迁移手续，按月及时增减定量人口底账数字。春节供应期间，各种粮价暴涨，为稳定物价，粮食部门调剂10万公斤大米，35万公斤精粉，企业共计让利8万多元，凭粮证供应给居民。

2001年，按照国家粮食局通知精神，取消“农转非”粮食关系办理。

（三）供应方式

只供应非农业人口及师范、职中的在校中专生。供应品种均为80面粉，价格1.80元/公斤，供应所需面粉一律由县粮食加工厂调入。非农业人口凭粮证每人每月供应4公斤，中专生每人每月供应5公斤。县城非农人口由直属粮库门市部供应，各乡（镇）非农人口由所在粮站供应。

五、农村供应

（一）对缺粮农民的粮食统销

1992年，常年或季节性供应统销的有10个乡、45个村、9638户、46604人（包括北关村）。市核定全县粮食销售指标8550吨，食油290吨。

1993年，粮食政策放开。

（二）对困难户供应

1995年春节期间，为山区调剂10万公斤面粉，每公斤让利0.2元，企业共计让利2万元，保证山区人民都吃上饺子。

1996年“两节”期间，对“三无”（无收入来源，无劳动能力，无法定赡养人）户、“八类”（鳏寡孤独老弱病残）户、山区特困户、受灾群众、离退休老干部实行降价供应，标准面粉和优质大米平均每公斤降价0.6元。

六、专项用粮

（一）工商行业用粮

工商行业用粮包括工业用粮、食品业用粮、副食品业用粮、酿造业用粮。1999年3月，所有用粮企业原料用粮（收购）都必须按照《粮食收购条例》规定，到国有粮食收储企业购买，只限自用，不得倒卖，不准自行直接到农村采购或坐地收购。1999年，对大型农业产业化龙头企业、粮食加工、饲料用粮、轻工、医药等用粮企业，经省粮食局会同省工商行政管理局审核批准后，可以在本省范围内与农民签订自用粮（包括优质粮）的产销合同，按合同收购农民的粮食，也可以委托国有粮食购销企业代理收购。

（二）退耕还林补助粮供应

2002年，省局确定满城县为退耕还林补助粮供应定点单位，设6个供应点，分别为直属库和石井、神星、大册营、西庄、要庄5家粮站。

2002年，全县退耕还林面积1万亩，涉及60个行政村6589户。供应补助粮500吨，其中小麦375吨，玉米125吨。2003年，全县退耕还林面积2.2万亩，供应补助粮1100吨，其中小麦825吨，玉米275吨。涉及12个乡（镇）、56个行政村、5969户。2004年开始，国家取消退耕还林补助粮供应，改由财政现金补贴。

七、粮食仓储

（一）仓容量

1990年，有粮食库（站）18家，总计仓容量28305吨，其中基建房式仓容量19995吨，拱形仓容量6940吨，地下仓容量500吨，简易、砖圆、砖筒仓容量870吨。1992年，共有仓房590间、14712平方米，容量28110吨；有水泥硬货场11100平方米，可容粮20000吨，平议价粮食库存30180吨，油脂油料折油120吨，露存2100吨。

1999年，江城、尹庄、马坊3家粮站划归保定市，仓容量4075吨。2004年，全县国营粮仓容量为28175吨，主要是拱形仓和基建式仓，其中拱形仓容量4350吨，基建房式仓容量23825吨。2008年，全县粮食库（站）拱形仓12间，建筑面积1692平方米，总容量2675吨。

2008 年满城县各粮站设施设备统计表

表 14-2-1

粮站名称	拱形仓（间）			检测仪器（台、套）	机械设备（台）	占地（平方米）	晒场（平方米）	仓库固定资产原值（元）
	仓房间数	建筑面积（平方米）	实际仓量（吨）					
大册营	2	274	525	6	2	4849	500	243572
陉阳驿	5	765	2600	7	7	12939	3000	321460
西庄	3	333	1650	6	4	5732	1000	363329
要庄	2	320	1350	7	3	8839	1000	182318

（二）库存及管理

1996 年，库存粮食 18660 吨，其中小麦 14596 吨，大豆 528 吨，大米 311 吨，面粉 6 吨，玉米 2863 吨，其他 356 吨。库存食油 100 吨。1997 年，粮食丰产丰收，收购价提高，国务院决定按保护价敞开收购农民余粮，粮食系统敞开收购，粮食系统总存粮 34370 吨，其中储备粮 12030 吨，定购粮 15413吨，议购粮 6927 吨。

1998—2001 年，不断扩库容、购设备，增加粮食存储，保障存粮安全。1998 年夏收前有仓容量 29015 吨，维修仓库 10 栋，投资 20 万元在全县各粮站新建垛台 30 个，可露天存粮 10000 吨；投资 20 万元打地坪 5000 平方米，投资 5 万元租赁社会闲散厂房，解决存粮 3000 吨。1999 年，库存粮总量 30539吨，其中露存粮 5898 吨。2000 年，投资 17 万元购置 15 台清杂设备、19 台（件）检测仪器、30 台磅秤，建 22 个露天垛台，购置苫垫器材。验质员全部持证上岗，杜绝感官验质，做到用仪器说话。截至 2001 年 3 月 31 日，全县总存粮 26244 吨，其中小麦 19702 吨，玉米 5898 吨，大豆 500 吨，大米 144 吨。

2003 年 3 月 31 日，全县总库存粮 33185 吨，其中小麦 32256 吨，玉米 929 吨。本地粮食消费量 96590 吨，其中小麦 46970 吨，稻谷 12880 吨，玉米 36390 吨，大豆 350 吨。防控“非典”期间，为保证全县群众集中购买成品粮油不脱销、不断档，储备大米 20 万公斤，食用油 6 万公斤。另外购进 5 万个餐盒，5 万双筷子，1500 公斤粉条，1000 公斤海带，250 公斤肉，150 公斤绿豆，1000 公斤蒜薹，250 公斤碱面，500 公斤食盐，保证关键时刻防护人员食品供应。

2004—2008 年，熏蒸药剂专库存放，专人保管（两人双锁），主任和专职保管人员共同保管，专账记载，两人以上昼夜值班，配齐消防设施。

1991—2008 年，18 个粮油库（站）全部达到“四无”（无虫、无霉、无鼠雀、无事故）标准。

第三节　商品专卖经营

一、烟草专卖

1991—1996 年，卷烟经营以大进大出、销售省外卷烟为主，面向全国批发销售。1997 年，企业经营方式发生彻底改变。按照省流通体制改革要求，烟草公司以销售省产烟为主，培育品牌，搞好服务。

2000 年 4 月，为规范经营行为，实行全省统一限价销售政策。2002 年，烟草公司作为全市行业试点单位进行卷烟经营体制改革，实行大访销、大配送、访送分离的经营模式，变坐商为行商，上门访销订货，上门送货到每一个零售户。2004 年 4 月，实行一级访销、二级配送经营运行模式，县级营销部实行零库存，突出分公司经营主体地位。2007 年，对访销区域、送货线路进行重大调整，配合市局（公司）完成“五天一访”销售模式试点工作，卷烟经营逐步向市场化转轨。

2001—2003 年，加强对卷烟市场的治理，查扣违规卷烟 386 件，查处 1 起制假窝点，没收烟叶、烟丝 34.75 吨，各种制假设备 10 台，刑事拘留 7 人。2004 年，查扣违规卷烟 84 件，行政拘留 1 人，向工商局、市局移送案件 2 起。在大固店村查处 1 起制假窝点，查扣制假设备 3 套，假冒成品卷烟 884 件，制假用烟丝 15 袋，滤纸 38 箱零 28 盘，过滤嘴 5 箱，卷烟用纸 10 箱，包装条盒 15 袋，烟箱 1000 个。2005 年，查扣违规卷烟 94 件。2006 年，查扣违规卷烟 228 件，查处“3・13”五里铺制假案件，查获 14/23 型卷烟机组 1 套，盘纸 2.7 吨，烟丝 4.7 吨，滤嘴棒 23 件，纸箱 100 个，拘役 6 人。2007 年，查扣各类违规卷烟 80 件，查处“5・30”城东制假案件、“9・13”陉阳驿 2 起制假案件，查获 4 台制假机械及一批原辅材料，向公安部门移送案件 2 起，拘留 5 人。在保定市“3・15”假冒卷烟销毁现场会上，销毁 60 余万元的制假原辅材料和成品假烟。2008 年，查扣违规卷烟 48 件。

1991 年，全县销售卷烟 120720 件，营业额 3785 万元，利润 9 万元，上缴税金 23 万元。1993 年，卷烟销售量大幅减少，仅为 29470 件，年利润 4 万元，上缴税金 26 万元。之后销售持续低迷，1996 年、1999 年出现负利润。2000—2008 年，年销售量基本稳定，营业额和年利润持续增加。2003 年，销售卷烟 51800 件，年营业额 5128 万元，年利润 263 万元，上缴税金 212 万元。2008 年，销售卷烟 57788 件，营业额11740万元，利润 1362 万元。2004—2008 年，上缴税金由市统一核算。

1991—2008 年满城县卷烟经营效益统计表

表 14-2-2

年份	销售数量（件）	营业额（万元）	利润（万元）	上缴税金（万元）
1991	120720	3785	9	23
1992	108835	4434	60	28
1993	29470	2646	4	26
1994	50140	1944	3	24
1995	51285	3114	4	32
1996	33970	2793	-33	61
1997	40065	3254	15	47
1998	40070	3159	1	49
1999	50675	3843	-94	32
2000	51870	3778	19	81
2001	54200	4179	80	123
2002	51179	4498	125	167
2003	51800	5128	263	212

续表14-2-2

年份	销售数量（件）	营业额（万元）	利润（万元）	上缴税金（万元）
2004	52196	6349	456	市统一核算
2005	53380	8223	677	
2006	54570	9140	830	
2007	55650	10614	1374	
2008	57788	11740	1362	

二、食盐专营

1993 年，经县政府批准，县社成立盐政管理所。1991—1994 年 6 月，加碘食盐由县社副食盐业公司经营。1994 年 6 月，为便于加强全县盐业的管理和农副产品等业务的经营，单独成立盐业公司，加碘食盐由盐业公司经营。1995 年，碘盐实行分配制，盐业公司开展碘盐分配供应和打击私盐工作，被评为“保定市碘盐供应分配制先进单位”。1996 年，继续推行碘盐供应分配制，并且从第二季度开始对食盐小包装加贴防伪碘盐标志，销售碘盐 3000 吨，全民食用碘盐在 85%以上，80%的乡（镇）消除碘缺乏病。2008 年，创建 70 个食盐安全村，并且实现县域内全部安全配送。

1991—2008 年满城县食盐销售统计表

表 14-2-3　　单位：吨

年份	销售	年份	销售
1991	3500	2000	1600
1992	3300	2001	1300
1993	3200	2002	1100
1994	3000	2003	1250
1995	2600	2004	1560
1996	3000	2005	1480
1997	2200	2006	1320
1998	2400	2007	1485
1999	2300	2008	1200

三、烟花爆竹专营

烟花爆竹业务一直由县社土产公司专营，1991—2000 年经济效益很好，2000 年以后效益下滑，2005 年后经济效益为零。2002 年 10 月，成立新星烟花爆竹专营公司，注册资金 50 万元，隶属县社，经济类型为集体所有制，公司地址在大册营镇岗头村。公司成品仓库区占地面积 10962 平方米，建筑面积 1889 平方米。设库房 3 栋，1 号仓库为 A3 级成品库，2 号仓库和 3 号仓库为 C 级仓库。公司有职工 11 人，主要从事 B、C 级烟花和爆竹类产品经营活动。公司建有规范的烟花爆竹储存设施及其配套的防雷、防静电、消防设施，并制定各项管理制度、操作规程和岗位责任制。是全县唯一一家按上级标准建立烟花爆竹储存仓库的企业，同时也是全县唯一一家烟花爆竹批发企业。有 30 个长期销售网点、若干个临时网点。

2008 年，投资 40 余万元对炮库进行整改，新建鞭炮 A 级库 1 座。年销售额 590 万元，利润 130 万元，未出现一起安全事故。

第四节　能源贸易

一、成品油购销

县内石油业务主要由满城石油分公司经营。1991 年，满城石油分公司有职工 46 人，年利润 20.4 万元。1996 年，建立育才街加油站。1998 年，县石油公司收购谒山加油站、广源加油站、红塔加油站。2001 年，收购顺达加油站、金水湾加油站。2008 年，满城高速北路加油站和高速南路加油站正式营业。2008 年年底，满城石油分公司有 13 家加油站，其中 9 家正常经营。

满城县第一家加油站是 1988 年建立的东马加油站。2008 年年底，全县具备零售柴油资格的网点加油站有 40 家，具备零售汽油、柴油资格的加油站有 52 家。

2006 年，全县柴油销量 21600 吨，价格 5000～6000 元/吨；2007 年柴油销量 23040 吨，价格 5500～7000 元/吨；2008 年柴油销量 26280 吨，价格 7000～8000 元/吨。

2008 年满城县具备零售柴油资格的网点加油站一览表

表 14-2-4

序号	证书编号	企业名称	法人	地址
1	冀保网 M001	满城县星河加油站	王卫峰	神星村村南
2	冀保网 M002	满城县广达加油站	赵志广	岭西村村南
3	冀保网 M003	满城县昌盛加油站	王社子	石井村村南
4	冀保网 M004	满城顺达加油站	薛振勇	下紫口村
5	冀保网 M005	满城县泰和兴加油站	赵雪涛	小马坊村
6	冀保网 M006	满城县要庄通达加油站	张建忠	要庄村村南
7	冀保网 M007	保定市满城宏达加油站	谈成立	夜借村
8	冀保网 M008	满城县大许城万通加油站	李文山	大许城村
9	冀保网 M009	满城县露天加油站	石东旭	西环路陶佐村村东
10	冀保网 M010	保定市满城万达加油站	陈建军	北宋村村北
11	冀保网 M011	满城县神星占伟加油站	冉占伟	神星村
12	冀保网 M012	满城县向阳加油站	张建忠	巩庄村
13	冀保网 M013	满城县继伟加油站	黄继伟	市头村

续表14-2-4

序号	证书编号	企业名称	法人	地址
14	冀保网 M014	满城县鑫龙加油站	邢泽阳	李庄村
15	冀保网 M015	满城县驿阳通加油站	刘老虎	石井村村南
16	冀保网 M016	满城县占勇加油站	冯占勇	荆山村村东
17	冀保网 M017	满城县玉合加油站	于宏良	东贤台村
18	冀保网 M018	满城县增军加油站	刘增军	两渔村村南
19	冀保网 M020	满城县岗头加油站	边　力	岗头村村南
20	冀保网 M021	满城县顺利加油站	张　杰	大册营村村北
21	冀保网 M022	满城县大册加油站	张国生	大册村村北
22	冀保网 M023	玉春加油站	张玉春	南韩村路口
23	冀保网 M024	满城县刘家台瑞兴加油站	陈瑞星	刘家台村
24	冀保网 M025	满城县鑫鑫加油站	李　鑫	石井村村南
25	冀保网 M026	运输队加油站	要和平	南马村东北
26	冀保网 M027	满城县远达加油站	冉子厚	荆山村村东
27	冀保网 M028	满城县于庄通达加油站	张振宗	北于家庄村
28	冀保网 M029	保定市满城长文加油站	郝长文	西庄工业区
29	冀保网 M030	钟家店加油站	崔清沼	钟家店村
30	冀保网 M031	满城县一三二处加油站	王占新	西原村
31	冀保网 M032	满城县粮油贸易总公司加油站	姜建彬	东贤台村
32	冀保网 M033	满城县宁尚加油站	孙东永	守陵村村北
33	冀保网 M034	中国石油化工股份有限公司石油公司谒山加油站	栾玉芬	谒山村
34	冀保网 M035	满城县大众加油站	陈凤贤	坨南村村西
35	冀保网 M036	满城县金桥加油站	雷金桥	夜借村
36	冀保网 M037	满城县北庄加油站	曹子需	北庄村村口
37	冀保网 M040	满城县方上加油站	王国权	方上村
38	冀保网 M041	满城县宝钢加油站	袁宝刚	陉阳驿村
39	冀保网 M042	保定市满城新路加油站	冉新路	玉山村
40	冀保网 M043	满城县东环永盛加油站	雷　栋	北庄村村东

2008年满城县具备零售汽油、柴油资格的加油站一览表

表14-2-5

序号	证书编号	企业名称	法人	地址
1	冀FM0001	中国石油天然气股份有限公司河北保定销售分公司第二十六加油站	梁　威	中山路路东
2	冀FM0002	中国石油天然气股份有限公司河北保定销售分公司第三十七加油站	梁　威	石井村
3	冀FM0003	万通加油站	殷宝记	于家庄车站
4	冀FM0005	满保北加油站	徐　宁	神星村
5	冀FM0006	满城县秀花加油站	刘秀花	县环城北路
6	冀FM0007	满城县华北石化加油站	姚永江	东马村
7	冀FM0008	满城县文军加油站	方文军	茂山村
8	冀FM0009	满城县石井庆国加油站	王庆国	石井村
9	冀FM0010	黄土寨加油站	李会来	东渝河村
10	冀FM0011	满城县尹固加油站	张秀芹	西原村
11	冀FM0012	满城县东方顺冀中石化加油站	霍占伟	东方顺桥
12	冀FM0013	保定市满城县曙光加油站	单宏宾	西环草莓市场
13	冀FM0014	满城县汇龙加油站	李占龙	守陵村村南
14	冀FM0015	满城县四通加油站	王志贤	107国道大赛村村口
15	冀FM0016	保定市满城东环加油站	雷　栋	东环路南
16	冀FM0017	中国石油化工股份有限公司河北满城石油分公司中山加油站	栾玉芬	南陵山村路口
17	冀FM0018	保定市铁军加油站	潘铁军	尉公村路口
18	冀FM0019	满城县神星镇路友加油站	冯小雪	神星村村南
19	冀FM0020	满城县文明加油站	石文明	西土门村
20	冀FM0021	建华加油站	杨建华	杨家佐村村南
21	冀FM0022	中国石油化工股份有限公司河北满城石油分公司红塔加油站	栾玉芬	陉阳驿村
22	冀FM0023	海联加油站	王永义	谒山村
23	冀FM0024	满城县东方运输服务区	白洁东	孔村
24	冀FM0027	满城县农机监理加油站	吴永胜	东马村保涞路南
25	冀FM0028	满顺加油站	王宝柱	南韩村四道口西
26	冀FM0029	利达加油站	崔文志	谒山村
27	冀FM0030	满城县兴满加油站	刘新爱	眺山营村

续表14-2-5

序号	证书编号	企业名称	法人	地址
28	冀 FM0031	满城县宝马加油站	陈清山	环城北路西口
29	冀 FM0033	保定市满城石化加油站	朱　哲	东马村路南
30	冀 FM0034	保定市满城通达加油站	刘俊霞	郭村
31	冀 FM0039	中国石油化工股份有限公司河北满城石油分公司金水湾加油站	栾玉芬	石井村
32	冀 FM0040	中国石油化工股份有限公司河北满城石油分公司顺达顺加油站	栾玉芬	荀村
33	冀 FM0042	中国石油化工股份有限公司河北满城石油分公司东马加油站	栾玉芬	东马村路南
34	冀 FM0043	中国石油化工股份有限公司河北满城石油分公司广源加油站	栾玉芬	韩庄村村东
35	冀 FM0044	满城县忠信加油站	赵占忠	方顺桥村村南
36	冀 FM0045	中国石油天然气股份有限公司河北公司第九十八加油站	梁　威	北环路燕赵街交叉口
37	冀 FM0046	保定市华泰石油产品经销有限公司加油站	张铁军	守陵村
38	冀 FM0047	满城县建华石化有限公司加油站	杨建华	西渝河保涞路北
39	冀 FM0048	满城县裕华加油站	李柱子	西渝河保涞路南
40	冀 FM0049	满城县长青加油站	王卫峰	荆山村村东
41	冀 F0050	满城县龙飞加油站	袁振林	东龙门村
42	冀 F0051	满城县聚源加油站	于宏良	保大线大马坊村路西
43	冀 F0052	中国石油天然气股份有限公司河北公司第一百七十加油站	梁　威	东马村
44	冀 F0053	满城县保顺加油站	王宝柱	大固店村村东
45	冀 F0054	中国石油化工股份有限公司河北满城石油分公司	栾玉芬	育才街
46	冀 F0056	满城县东环子需加油站	曹子需	宏昌大街 59 号
47	冀 F0057	满城县玉川加油站	朱继水	满城收费站东
48	冀 F0058	满城县西苑加油站	杨建华	苑庄村村南
49	冀 F0059	满城县双丰隆加油站	孙东永	守陵村
50	冀 F0060	保定市满城中油加油站	杨国芳	杨家佐村村南
51	冀 F0061	中国石油化工股份有限公司河北满城石油分公司满城服务区北加油站	栾玉芬	京昆高速满城北服务区
52	冀 F0062	中国石油化工股份有限公司河北满城石油分公司满城服务区南加油站	栾玉芬	京昆高速满城南服务区

二、煤炭经营

县境内没有煤炭矿产资源，所需煤炭均来自外地，主要包括山西、陕西、内蒙古、北京等省市。2008年，北京煤矿逐步关停，县煤炭市场北京煤逐渐消失。

县内煤炭经销品种有烟煤、原煤、洗选煤、民用无烟白煤、煤泥；型煤制品有蜂窝煤、煤球等。20世纪70—80年代前，煤炭运输方式主要是铁路运输，后逐渐变成主要由公路运输。在计划经济时期，只有煤建公司1家煤炭销售企业，负责全县工业及民用煤炭的销售工作。

改革开放后，煤炭市场进一步放开，非公有制经济逐步进入煤炭经营领域，私营煤炭经营企业逐渐增多。1996年年底，全县有煤炭经营企业100余家，年销售量80万吨。1997年12月，县政府成立煤炭经营管理工作领导小组，负责组织、协调全县煤炭经营和市场流通秩序的管理整顿工作，组长由主管副县长担任，成员单位由经贸局、工商局、地税局、公安局、物价局、质监局、国税局、财政局、监察局组成，领导小组下设办公室，办公地点设在经贸局，办公室主任由经贸局负责人担任，办公室工作人员从经贸局抽调，具体负责煤炭市场整顿和管理工作。经过整治，取缔、责令关停80余家，移交法院40余家。2000年，全县有煤炭经营企业28家，年销售量50万吨。2005年，有26家，年销售量60万吨。2008年，办理煤炭经营资格证的企业有11家，年销售量80.3万吨。

2008年满城县煤炭经营企业一览表

表14-2-6　　单位：万吨

企业名称	经营方式	地址	年销量
金源商贸有限公司	批发	环城北路	11
正华煤炭经销有限公司	批发	北庄村	12
鑫沃煤炭经销有限公司	批发	西外环	10
星河商贸有限公司	批发	神星村	12
建华煤炭销售有限公司	批发	西渝河村村南	10
弘源煤炭经销有限公司	批发	杨家佐村村南	14
保定凯旺煤炭经销有限公司	零售	大赛村	2.5
满城县广源煤厂	零售	南韩村镇四道口	2.8
陉阳驿煤炭供应站	零售	陉阳驿村	3
黄土寨物资经销有限公司	民用型煤炭加工	东渝河村	1.5
坨南旺盛煤站	民用型煤炭加工	坨南村	1.5

三、石油液化气

20世纪90年代，城镇居民做饭主要原料以石油液化气为主，后逐步普及到农村。县内主要液化气站有2家，包括东马液化气站和韩村文宇液化气站。2008年，统一规范石油液化气灌装业务，2家液化气站申报并取得经营资质，年供气量650吨左右。

东马液化气站是经营城镇民用燃气的企业，始建于1996年，位于保满路南侧东马村村北，占地面积3263.5平方米，主营批发、零售石油液化气。有职工6人，其中专门从事石油液化气充装的工程师

1人，安全员1人，充装员3人。有液化气储罐3台，其中50立方米液化气储罐2台，12.5立方米残液罐1台，充装设备1套，10千瓦柴油发电机组1套，消防水泵2台，烃泵2台。日灌装钢瓶最大量200只，年供应量约为600吨。

2001年，建立韩村液化气站，创建人贾占勇，后转至孙大河名下，变更为韩村文宇液化气站。文宇液化气站主要进行液化气的存储、灌装和销售。占地面积3003平方米，有员工6人，有20立方米液化气储罐2台，2立方米残液罐1台，YQBI5-5型烃泵2台，手动灌装设备1套，日灌装钢瓶10只，钢瓶随灌随走，实瓶不做存放，年供应量约为50吨。

1999年，石油液化气销售价格为2.9~3.0元/公斤，2003年5月为4.0元/公斤，2008年为6元/公斤左右。

四、石油天然气

2008年，实施“蓝天工程”，对城区内4吨以下的锅炉进行改造，推广燃气供暖分户计量，城区天然气利用率84%。2008年年底，城区燃气供热面积229.6万平方米，天然气销售价格为2.2元/立方米。

2001年4月，华烨燃气有限责任公司成立，公司性质为股份制。地址在南外环水泥厂路，注册资本300万元，占地面积约3万平方米。公司有员工35人，设6个科室，主要负责全县境内天然气管道输送、调压、计量以及施工、安装、管理等工作。至2010年，累计投入资金4800余万元，建燃气供气门站1家，设计输送量3000万立方米/年；完成7.2公里高压管道的施工（DG159直缝焊钢管，外敷三层加强PE防腐）；完成城镇中压（PE管）管道28公里；庭院管网（PE管+钢管）44公里。发展燃气用户11000余户，其中带壁挂炉采暖9960余户，安装80蒸吨燃气锅炉46台（套），公福用户27户（饭店）；工业用户2户（保定铸石厂、鼎盛陶瓷厂），公司日供气量8万立方米。

第五节　对外贸易

20世纪90年代，县外贸公司、外贸肠衣加工厂和外贸羊绒厂加工出口的山羊绒、肠衣得到国际市场认可。之后，根据国际市场需求，先后培育建立化工产品出口基地（主要生产对氨基磺酸）、食品出口基地（生产草莓、白桃、W—500号芦笋）、地挂毯基地，促进了对外经济贸易的发展。1993年注册三资企业14家。1995年，全县注册的三资企业有22家。2008年年底，有外向型企业210家，出口品种200多个，主要有纺织、服装、工艺品、化工、五金、矿产、食品、畜产品等。

1993年，工业产品出口交货值3258万元，利用外资772万美元。1995年，合同总投资703万美元，利用外资3784万美元，年出口产品交货值25409万元。1998年，出口商品以肠衣、柠檬酸、化工原料为主导，年出口产品交货值6.2亿元。2008年，完成出口创汇2406.3万美元，引进省外资金36967万元，三资企业完成工业总产值6355万元。主要三资企业有保定慧昌肠衣有限公司、保定国华合金钢铸造有限公司、保定三元安全玻璃有限公司、保定拜耳凯生化有限公司等。

1993—2008 年满城县对外经济贸易统计表

表 14-2-7

年份	出口产品交货值（万元）	出口创汇（万美元）	引进省外资金（万元）	合同总投资（万美元）	三资企业完成工业总产值（万元）	利用外资（万美元）	实际利税（万元）	三资企业数量（家）
1993	3258	—	—	—	—	772	—	14
1994	12931	—	—	—	—	776	—	19
1995	25409	—	—	703	—	3784	—	22
1996	36139	—	—	1935	—	7670	—	21
1997	52742	—	—	910. 2	—	3286. 3	—	16
1998	62189	—	—	—	—	588. 3	1229	19
1999	48030	—	—	—	23637	336. 3	140. 5	14
2000	60961	—	—	—	10785	112. 9	230	14
2001	73436	544. 13	27500	—	2913	100	215	15
2002	67000	684. 4	28500	—	4340	66	317	14
2003	68565	903. 7	36739	—	5939	65	521	14
2004	—	1305. 26	37290	—	6242	27. 6	784	15
2005	195148	1756	39985	—	5288	81	164	12
2006	244228	2310. 9	48868	—	7301	13. 7	524	13
2007	—	2612. 6	44143	—	6917	—	217	13
2008	—	2406. 3	36967	—	6355	129	—	15

1993—1997 年满城县主要外贸企业及出口产品一览表

表 14-2-8

企业类型	企业名称	出口起始年份	出口产品
自营生产企业	保定市满城棉纺有限责任公司	1995	布
	保定市满城县宝山集团有限公司	1995	线材
	保定惠阳航空螺旋桨制造厂	1991	飞机零部件
	保定满城精细化工有限公司	1995	化工产品
	保定市满城荣泰染料化工有限公司	1996	化工产品
	保定棉峰服饰贸易有限公司	1996	服装
	河北大久集团顺羊利江肠衣有限公司	1996	肠衣
	满城杰达食品有限公司	1996	速冻食品

续表 14-2-8

企业类型	企业名称	出口起始年份	出口产品
自营生产企业	保定市明花食品有限公司	1996	速冻食品
	河北大久集团新兴肠衣有限公司	1996	肠衣
	满城县龙飞石业有限公司	1996	石材
	满城虹光肠衣有限公司	1996	肠衣
	保定华通金属制造有限公司	1996	线材、管材
	保定天宇石材加工厂	1997	石材
	保定市满城信海石材厂	1997	石材
外贸公司	河北省满城县进出口公司	1991	代理经营
	满城大成对外贸易有限公司	1996	代理经营
	满城县森凌商贸有限公司	1996	代理经营
	河北大久盛江贸易有限公司	1996	代理经营
三资企业	保定国华合金钢铸造有限公司	1993	铸件
	保定惠昌肠衣有限公司	1993	肠衣
	保定众立塑胶有限公司	1993	餐具
	保定三元安全玻璃有限公司	1993	玻璃制品
	保定华银陶瓷有限公司	1993	陶瓷制品

2008 年满城县主要三资企业经济指标统计表

表 14-2-9

企业名称	工业总产值（现价）（千元）	工业增加值（千元）	主营业务收入（千元）	出口销售收入（千美元）
保定惠昌肠衣有限公司	3932	198	2605	264
保定国华合金钢铸造有限公司	12310	610	11700	—
保定三元安全玻璃有限公司	18405	6100	15795	—
保定拜耳凯生化有限公司	12600	1600	7962	—
保定加合精细化工有限公司	8000	2000	59829	—
河北奥特生态肥业有限公司	6205	2000	5422	—
保定华银陶瓷有限公司	2093	610	1726	167
合计	63545	13118	105039	431

第六节　农副产品购销

一、棉花

1986年，国务院决定实行棉花定购，并实行化肥、柴油、生产周转金“三挂钩”政策。标准是每百公斤皮棉供应优质标肥70公斤，生产周转金为20元。1993年，国务院规定每50公斤皮棉补柴油差价2.5元，补平价优质化肥35公斤，对生产周转金贴息。后又改为补化肥，补柴油平、议差价14元，财政补贴30.62元，由中央财政负担。1995年，改为供应化肥25公斤，一直沿袭到1997年。

1995—1998年，由于棉花持续供大于求，销售困难，价格下滑，库存积压，供销社棉麻企业严重亏损。

二、畜产品

县社下属企业土产公司承担收购畜产品的任务。畜产品分为5大类，即：皮张类、绒毛类、鬃尾类、羽毛类、肠衣类。国家实行派购和统一收购的有12种：牛皮、山羊皮、绵羊皮、山羊毛、绵羊毛、猪肠衣、山羊肠衣、绵羊肠衣、黄鼠狼皮、公鸡三把毛、羊羔绒、貂皮。国家对畜产品分类详细，收购品质和规格都有相应要求。以猪鬃毛为例，要求白、黑、黄、花色分开，无杂质，无霉烂，晾干燥，分为7个标准，各类收购价格不一。

本着支援农业、支援出口的方针，供销社组织合作社把养貂、养羊、养兔作为重点大力发展，以确保完成国家收购任务。与北辛庄、王各庄和顺民大队联合建立3家养貂厂，共养貂566只、山羊500只。

三、农业生产资料购销

20世纪80年代中后期，国家对农业生产经营进行一系列改革，农业生产资料的购销由供销社生产资料公司一家经营逐渐走向市场。1988年，为搞活经营，保障全县农资及时供给，在银行贷款困难的情况下，生产资料公司逐步开始吸纳内部职工集资、吸收社会入股。公司内部职工集资和社会入股341户，其中吸收股金53.2万元，内部职工集资13.1万元。1992年后，国家放宽农资经营并最终取消专营政策。生产资料公司负责全县农业生产资料供应工作，主要经营化肥、农药、农机具等。

1996年，生产资料公司下属19个农资服务站和54个农资服务部，形成统一的农资供应和服务网络。当年采购供应各种化肥4.6万余吨，执行一级批发、一级零售的规定，形成公司让利于基层社，基层社让利于民的一条龙供应渠道，严格执行国家物价政策，杜绝假冒伪劣农资进入市场。设4名专职农业技术人员，广泛开展送货下乡、技术咨询、测土施肥等一系列服务活动。全年各农资服务网点开展送货下乡1000余人次，送肥下乡2800余吨，农药3.7吨，并与农业部门配合开展测土施肥5000亩，开展技术咨询2000人次，开设服务示范点6个，试验示范田2000亩，推广新型复合肥品种3个。20世纪末，随着市场经济的深入发展，农业生产资料的专营时代彻底结束。

中共十一届三中全会后，化肥价格实行双轨制，即计划内价格由国家统一制定，计划外价格实行市场调节；1988—1992年，化肥价格实行专营价格和综合价格；1993—1998年，价格以计划内价格为主，市场价格为辅；1998—2008年，实行政府指导下的市场价格机制。

1991—2008 年满城县生产资料公司化肥销售统计表

表 14-2-10

年份	销售数量（吨）	销售收入（万元）	年份	销售数量（吨）	销售收入（万元）
1991	30000	3800	2000	21711	3503
1992	34500	4000	2001	14871	1000
1993	35000	4200	2002	16136	1491.7
1994	28000	3800	2003	11941	1016.8
1995	27000	3200	2004	8289	1040.4
1996	46000	3100	2005	2543	367.4
1997	23200	2900	2006	2300	251
1998	22480	2800	2007	1200	24
1999	26445	3000	2008	1935	237

四、生活资料供应

20 世纪 80 年代，生活资料的经营单位主要是商业局的下属企业与县社系统的下属基层社。购买商品经历了凭票购买到放开购买的过程。商业系统所辖百货公司、食品公司、五金公司、医药药材公司等是生活资料的主要来源。县社系统下属的副食果品公司和土产公司，是全县农村生活资料的批发企业。各基层社均设立商品柜台，主要经营西瓜、柿子、苹果、鲜桃、草莓、芽菜、鱼、虾、海带、食盐、茶叶、鲜姜、花椒、各种瓶酒、各种卷烟、糕点、布、糖、五金、文具、针织、文体、肉制品、家电、化纤、交通工具等。1983—1989 年，县社系统不断增加经营品种，扩大经营范围，提高商品质量，生活资料销售额连续增长。20 世纪 90 年代后，随着市场经济体制的建立，私营商业商品种类多，经营灵活，国有集体商业失去了经营的垄断和优势，经营逐渐萎缩，相继停业、倒闭。

五、其他农副产品

1991—1994 年，供销社累计收购柿子 3200 吨、苹果 2000 吨，西瓜 1.9 万吨、生猪 2.3 万吨，鲜蛋 1.5 万吨；1991—1996 年，县罐头厂和明花食品厂每年收购草莓 2000 余吨，极大地促进了农副产品的生产和发展。

1996 年 3 月，成立供销社农副产品信息服务中心。县供销社投资 10 万元，购置微机、传真机等传输工具，与全国各大中城市的信息网络和市场联网，架起产供销之间的信息桥梁，并通过电视台及时播发，使果农心中有数。1996 年，引导果农进京销售草莓 2200 万公斤。同年，召开满城草莓进京销售联谊会，邀请北京等大中城市市场负责人及新闻单位到满城实地考察。经过努力，与北京市水碓子农副产品批发市场、大钟寺果品批发市场、中央市场、石家庄跃进路批发市场建立稳固的业务关系，征得优惠政策，果农凡持有市场方及县社签发的优惠卡，市场方均在场地安排、收费、治安保障等方面给予优惠和大力支持。

2005 年，通过组建专业合作社、专业协会、综合服务站、连锁销售终端等，搞活农村商品流通，开展为农服务活动。同年 9 月，县社成立农副产品流通协会，以明花食品、一亩泉食品有限公司果品加工企业为重点，分别在南韩村镇、满城镇、贤台乡、要庄乡、神星镇、刘家台乡、坨南乡建立果品生产基地，形成上联市场、下联农户的果品购销网络。2005 年年底，在全县建立村级综合服务站 15 个。

第三章　市场　集市庙会

20 世纪 90 年代初期，满城县投入大量资金开展集贸市场建设。1992 年，以县综合农贸市场为中心，以乡村集贸市场为基础，以农贸、钢材、木材、塑料、蔬菜、果品等 8 个专业市场为骨干的市场体系初步形成，当年社会商品零售总额 24435 万元。之后不断新建、完善，发达的市场体系，为物资流通提供了便利条件。农村集市是农民购买日用商品、农用物资的重要渠道，2008 年，全县有集市 39 处，其中大型集市 19 处，小型集市 20 处。2008 年，全县有庙会 100 余场。

第一节　市　场

一、市场建设

1991—2002 年，是集贸市场建设迅速发展阶段，满城县投入大量资金加强集贸市场建设，为繁荣经济奠定了基础。1992 年，以县综合农贸市场为中心，以乡村集贸市场为基础，以农贸、钢材、木材、塑料、蔬菜、果品等 8 个专业市场为骨干的市场体系初步形成。当年社会商品零售总额 24435 万元，比 1991 年增长 8.4%，农贸集市贸易成交额 5813 万元，比 1991 年增长 9.6%。至 2002 年，工商局投入资金 2297 万元，建成各类市场 59 个，其中集贸市场 45 个，专业市场 14 个，年成交额 24.9 亿元。

1991—2002 年满城县主要集贸市场建设一览表

表 14-3-1　　　　**单位：万元**

年份	投资	建立集贸市场情况
1991	—	经县政府批准，开放个人收购金属市场，城东、东马废旧金属交易市场建成
1992	309	4 个市场建成投入使用。11 月 11 日，星期天免税免费市场开业
1993	1536	新建县城营业大厅 1 座，大型专业市场 3 个，中小型专业市场 4 个；新增乡村集市 3 个，开辟商业一条街。7 月 26 日，城中综合营业大厅（总投资 440 万元，建筑面积 5280 平方米）转让给保定长城集团有限公司，转让期 40 年，免税、免费 4 年，每年补偿工商局 15 万元
1994	158	建成眺山营禽蛋饲料批发市场，陶佐草莓蔬菜市场，城西蔬菜苹果市场及李庄、后大留等集贸市场；计委批准修建北平路商业街

续表14-3-1

年份	投资	建立集贸市场情况
1995	174	完成粮油批发市场及配套工程建设，扩建石井果品批发市场，建成顺民村集贸市场，完成北平路商业街路面硬化及配套工程，建售货棚台5700平方米
1996	22	建成江城集贸市场，占地20亩；扩建石井果品市场；北平路商业街竣工
1997	—	拆除原农贸市场南侧平房，北平农贸市场投入使用
1998	—	委托河北省拍卖行对金城购物中心依法拍卖
1999—2000	—	新扩建大楼、惠阳、魏庄、坨南、刘家台等16个果蔬产地集散型市场
2002	—	建成玉城购物中心

二、主要市场

（一）新世界商城

新世界商城位于县城中心、玉川路南侧，由金城购物中心、玉城购物中心、长城购物中心、兴城购物中心组成，是全县规模最大、设施完备、管理规范的新型市场，成衣、鞋类、日用百货、布匹、家具等高中低档商品齐全。建筑面积2.8万平方米，有精品屋380间，摊位600个，总投资3000万元，年交易额突破亿元。

兴城购物中心始建于1984年，原占地7000平方米，露天搭棚垒台，地面无硬化，无防风、防火、排水等设施，能容纳200个摊位，400多个经营户。1997年5月，建设为两层全封闭轻钢结构楼房，东西长100米，南北宽48米，建筑面积6800平方米。一层有精品屋120间，摊位200余个；二层有精品屋66间，摊位100余个。2003年，市场建设中心投资30余万元对兴城购物中心进行修缮。2004年10月，市场建设中心又自筹资金30余万元，改善兴城购物中心厅的布局结构。

金城购物中心原址为1986年个人集资兴建的一层式商业门店，房屋陈旧，而且由于经营不善，大部分商业门店改为居住用房。1998年5月，工商局向县委、县政府提出拆迁平房改建金城购物中心的请示，前期工程拆迁平房56间，建筑面积7000平方米，支付拆迁费用50多万元。1999年11月建成，共三层，总建筑面积5800平方米，总投资540万元。一层有商业门店66间，二层为开放式购物大厅，三层为办公用房。金城购物中心与兴城购物中心呈“U”字形排列，中间为广场喷泉。

玉城购物中心原址为商业系统闲置场地，2000年县政府批准开发建设。总投资360万元，总建筑面积4000多平方米，共四层，一层为商业门店，二层为营业大厅，三、四层为商业系统办公用房。2002年12月26日建成投入使用。

长城购物中心1998年建成，当年10月18日省拍卖行依法拍卖给个人经营。

（二）北平综合农贸市场

北平综合农贸市场1997建成，位于县城北平路中段，占地50亩，投资100万元，南侧为经营门店，场内建3000平方米大棚，有固定摊位300个、临时经营摊位200个、商业门店170多间，主要经营蔬菜、肉、禽、水产、干鲜果、调料等农副产品批发零售业务，全年交易额超亿元，是全县规模最大的农副产品销售场所，同时辐射保定、易县、徐水、清苑等市县。

2002年10月1日组织实施一期工程，投资400万元，将原有露天排污沟改建为封闭式。2003年1—9月底，实施二期改扩建工程。征用土地9.44亩，总投资800多万元，市场占地面积3200平方米，建营业楼4栋81个单元，一层为营业大厅，二层为仓储或商住用房，水电暖卫设施配套，建筑面积6500平方米。

2005年8月8日开始，利用4个月的时间，对北平农贸综合市场进行三期改扩建工程。拆除原市场大棚面积5300平方米，平台3000平方米，改为全封闭、一体化轻钢结构农副产品交易大厅，东西长137米，南北宽32米，建筑面积为4384平方米，12月28日正式开业。场内配套设施齐全，可容纳摊位300余个，厅内无公害检测、公平秤、音响设施齐全，水、电、卫生条件配套。同时建有经营门店54间，东西两侧配有4000平方米的停车场，交通便利。

2007年9月3日，开始实施四期收尾工程，组织建设北京聚宝隆超市满城分店。总投资260万元，建筑面积2800平方米，占地面积6600平方米。2008年12月竣工使用。主要经营高档绿色农副产品、日用消费品等。

（三）北平夜市广场

2004年3月开始建设，历经两个多月建成。位于县城商业生活社区中心地段，交通便利、人流集中，是满城县第一个规范化、封闭式，集特色小吃、小商品零售、夏季休闲、娱乐为一体的综合性夜市。共投资40余万元，硬化地面5000余平方米，建绿化带600平方米，设场地照明彩灯10盏、射灯8盏。

（四）建材市场

始建于1992年4月，同年12月9日正式开业。位于杨家佐村村南，原县建材厂北侧。征用杨家佐村废闲地82亩，建筑面积2000平方米，总投资596万元。1995年3月11日，工商局在此建立建材市场管理所。

（五）陶家佐草莓市场

位于县城环城西路，始建于1992年，后于1994年扩建，总投资2680万元，占地5000平方米，有交易大棚2800平方米，是配套设施齐全的大型专业市场。1995年，投资20万元扩建到40亩。属于季节性市场，草莓交易从每年1月开始一直持续到6月，参加交易的莓农遍及全县，并辐射到顺平、徐水等周边地区。交易高峰期日成交量平均30吨左右，占全县草莓销售总量的60%，年成交额超亿元。每年北京、天津、山西、河南、湖北、东北三省等十几个省市的客商、市场经济人、货运车辆汇集，带动了周边餐饮、住宿等行业的发展。

（六）东马果品市场

始建于1992年，位于东马村东南，保满路路南，占地面积10亩。1993年5月1日，投资80万元扩大到40亩，增设棚台400米。属于季节性市场，主要销售草莓和桃，是满城草莓销售的主要市场。伴随果品市场的兴起，周边餐饮、住宿等服务业发展迅速，仅东马村就有餐饮、住宿摊点几十家。

（七）孔村废旧物资交易市场

1987年，工商局与孔村崔玉山等9户共同投资兴建，占地8000平方米。吸引了河北周边六省、市废旧塑料专业户到满城购销，带动了废旧塑料收购加工群体的发展，每年可为北京、天津等地供应数以万吨的塑料颗粒。1993年7月，投资56万元完成修建围墙、路面硬化、场地扩建等工程，市场总占地面积达11300平方米。乡政府和村委会正式介入市场管理。1995年3月，工商局在孔村废旧物资回收市场建立孔村废旧物资市场管理所。

（八）钢铁专业市场

1991年5月，县政府批准放开个人收购废旧金属，城东、东马废旧金属交易市场建成，经营者大多为翟家佐村人。

（九）木材市场

与建材市场为同一市场，1992 年开始木材经营，也称木材市场。

第二节　农村集市庙会

一、集市

农村集市是农民购买日用商品、农用物资的重要渠道，2008 年，全县有集市 39 处，其中大型集市 19 处，小型集市 20 处。

2008 年满城县主要集市时间一览表

表 14-3-2

序号	地点	时间（农历）	序号	地点	时间（农历）
1	陉阳驿	逢五、十	13	惠阳	天天
2	方顺桥	逢一、六	14	南韩村	逢三、六、十
3	河图	逢五、十	15	大固店	逢二、五、八
4	辛章	逢二、七	16	东苟	逢一、四、七
5	大赛	逢三、八	17	西苟	逢四、七
6	孔村	逢四、九	18	南原	逢三、八
7	郭村	逢四、九	19	东村	逢一、六
8	大册营	逢二、五、八	20	西原	逢二、七
9	西庄	逢四、七	21	大贾	逢二、七
10	贤台	逢三、六、九	22	尹固	逢三、六、九
11	六间房	逢三、六、九	23	段旺	逢一、四、七
12	白堡	逢五、十	其他	16 处	

二、庙会

1982 年 1 月 7 日，县物资交流筹备委员会确定每年在县内 26 处举行 34 次物资交流大会。随着商品经济的发展，物资交流大会数量不断增加。1991 年，组织物资交流大会 98 次。2005 年，物资交流大会发展到 105 次，涉及全县 26 个村，会期最短的 1 天，最长的达 7 天。后物资交流大会逐渐取消，被庙会所代替。2008 年，全县有庙会 100 余场。

2008 年满城县庙会地点、时间一览表

表 14-3-3

地　点	时间（农历）	地　点	时间（农历）	地　点	时间（农历）	地　点	时间（农历）
夜　借	正月十八	东　峪	三月初三	坎　下	六月十三	坎　下	十月十三
北台鱼 尹　固	正月二十	北台鱼 杨　庄	三月初三	岭　西	七月初一	孔　村	十月十五
白　堡 南　原	正月二十五	中　峪	三月初六	北台鱼	七月十五	西辛章	十月十七
后大留	正月二十八	陉阳驿	三月初五	巩　庄	七月二十一	市头村	十月十九
南韩村	二月初一	大　楼 抱　阳	清　明	白　堡	八月初十	石　井 河　图 尹　固	十月二十
钟家店	二月初二	尉　公 南　峪	三月十五	坨　南	九月初七	顺　民	十月二十二
神　星 河　图	二月初五	荆　山	三月十七	许　村	九月十九	北台鱼	十月二十五
大　册	二月初六	黄　村	三月十八	城　关	九月二十	西　庄	十月二十六
方顺桥	二月初七	坎　下	三月十九	陉阳驿	九月二十四	魏　庄	十月二十九
城　关	二月初十	白　堡	三月二十	东　村	九月二十五	岭　西	十一月初一
大　赛	二月十一	西渝河	三月二十五	东　苟	九月二十七	宋家屯	十一月初四
六间房	二月十二	孔　村	三月二十六	六间房	九月二十九	段　旺	十一月初六
白　堡 岭　西	二月十五	下紫口	三月二十八	西　苟 坨　南	十月初一	白　堡	十一月十四
西　庄	二月十六	岭　西	四月初四	方顺桥 方　上	十月初二	南韩村	十一月十六
东　村	二月十七	城　关	四月初五	要　庄 刘家台	十月初三	神　星	十一月二十一
高　荆 石家佐	二月十九	翟家佐 寺　角	立　夏	岭　西	十月初五	北台鱼	十一月二十五
刘家台	二月十九	岗　头	四月初八	大　贾	十月初六	坨　南	十二月初一
南　宋	二月二十二	坨　南	四月十五	西　原	十月初七	岭　西	十二月初八
南固店	二月二十三	方顺桥	四月十七	西渝河	十月初八	方顺桥	十二月初十
高士庄 石　井	二月二十五	大固店	四月十八	白　堡	十月初十	刘家台	十二月十二
郭　村	二月二十八	北台鱼 坨　南	五月十三	中贤台	十月十二	坨　南	十二月十五

第四章　餐饮业

满城县历史上多有分散、小型和小本经营的餐饮店、小摊，分布于城区、集镇和交通要道，为人们生活和行旅提供方便。20 世纪 50—70 年代，餐饮业曲折发展，一度网点撤并，从业人员减少，服务质量下降。20 世纪 80 年代初期，随着商品经济和旅游业的兴起，餐饮业发展较快，一些企事业单位相继开办营业性食堂，城乡居民利用临街房屋办起饮食小吃店（摊），个体饮食网点剧增。2000—2008 年，餐饮业快速发展。2008 年，全县餐饮业共 300 余家，从业人员 800 多人，餐饮业零售额 16441 万元。

第一节　餐饮业发展

一、20 世纪 90 年代初期

餐饮业中分布较广的是小吃点心业，包括火烧、烧饼、馄饨、馒头、大饼、油条、豆浆等，多为小店、摊点，地点有固定也有流动。1991 年，全县餐饮企业 360 家，从业人员 1012 人，小吃居多，没有规模饭店。其中全民所有制餐饮企业 17 家，从业人员 131 人，包括县级 10 家，县级以下 7 家；集体所有制餐饮企业 27 家，从业人员 174 人，包括县级 8 家，县级以下 19 家；个体有证餐饮企业 316 家，从业人员 707 人，包括县级 52 家，县级以下 264 家。1991 年，餐饮业零售总额 759 万元，其中全民所有制餐饮业零售总额 38 万元，集体所有制餐饮业零售总额 22 万元，个体有证餐饮业零售总额 681 万元。

二、20 世纪 90 年代中后期

国营、集体餐饮企业纷纷倒闭或转为股份制、私营。县委、县政府鼓励个体、私营餐饮业的发展，老六小吃、天仙醉饭店、思一斋等一批个体、私营饭店迅速发展起来，其经营形式更为灵活，经营时间延长，且筵席包桌、便饭快餐、高中低档菜系均有，受到人们的青睐。同时，新大地酒店、良园宾馆、玉川饭店、丽都饭店、东城宾馆、远达度假村等有规模的酒楼、饭店相继建成，服务质量大幅提升，经营项目增加，多集餐饮、住宿、洗浴、娱乐为一体。1995 年全县餐饮业网点 979 个，从业人员 2844 人，其中国有经济 3 个，从业人员 10 人；集体经济 976 个，从业人员 2834 人；其中正餐 815 个，从业人员 2343 人，快餐 164 个，从业人员 501 人。1995 年餐饮业零售总额 2310 万元。

三、2000—2008 年

餐饮业发展迅速，规模档次、经营理念和服务质量上都有明显提高。中山宾馆、远达度假村、新大地酒店等接待能力增强。同时，外来人口的融入带来许多各地的特色食品，丰富了满城人民的饮食生活，主要有重庆火锅、粤菜、湘菜、新疆烧烤、东北炖菜以及兰州拉面、云南米线、麻辣烫、凉皮等。2000 年，餐饮业零售总额 7932 万元，是 1991 年的 10.5 倍。2005 年，餐饮业零售总额 10921 万元。2008 年，餐饮业零售总额 16441 万元，是 1991 年的 21.7 倍，是 2000 年的 2.1 倍。

第二节　餐饮业管理

一、卫生许可证制度

对餐饮业实行卫生许可管理制度，1992—2003年发放卫生许可证8485个。完善食品生产安全管理措施，每年组织从业人员体检并进行卫生知识培训，对餐具、食品、食品加工单位进行监测，不合格的责令停产整顿、吊销卫生许可证、取缔。

二、监督检查

每年组织对餐饮单位进行食品检查，通过召开伪劣食品展览、伪劣食品销毁现场会等形式监督管理。1991年，开展冷食加工和集体食堂达标整顿。1996年，对食品经营、餐饮等单位进行全面整顿，对查出的伪劣汽水、超期饮料等集中销毁。1997年，整顿小餐馆、饮食摊点、肉食加工、肉食销售、冷饮冷食和集体食堂等841户，840户验收合格，体检2501人。1999年，开展小餐饮店治理整顿，抽检各类食品679份，合格率90.6%，餐具消毒效果监测540份，合格率91.7%。2002年5月起，组织开展职业病防治工作，组织职工进行健康检查。

2003年，对214家餐饮单位进行整顿治理，不合格者被责令停止生产经营，责令限期整改。2005年，实施食品安全放心工程，开展餐饮业食品专项治理整顿。2006年，对龙潭风景区小吃店进行专项治理整顿，出动车辆3台次，出动卫生监督员及检验化验人员14人次，检查18家餐饮单位，为餐饮单位33人体检，抽检餐具、饮具及食品加工工具68份。11月17日，按照县政府办公室《关于立即开展对“红心”鸭蛋检查的紧急通知》要求，对县内30余家餐饮单位进行拉网式检查，未发现加工使用“红心”鸭蛋（通过违法手段使鸭蛋黄变成红色，对人体有害）。2008年，对107国道沿线餐饮业进行拉网式检查，对15家卫生达标单位发放卫生许可证，取缔不合格单位2家，限期整改19家，办理从业人员健康证46个，限期整改单位在规定期限内整改不到位的予以取缔。

第五章　商务管理

1991—2005年，县商业管理机构主要有商业局（商业总公司）、物资局（物资总公司）、外贸局（外贸总公司）、供销合作社、粮食局。2005年，县商业总公司、物资总公司、外贸总公司、招商局合并，组建商务局，加挂粮食局的牌子。

第一节　商业外贸管理

一、商务局

1991 年，县商业局机关设办公室、政工股、业务股、专卖股、计财股、劳动人事股和保卫科，干部职工 28 人，有 10 个下属单位。

1992 年，成立县商业股份合作基金会。

1996 年 3 月，经县政府批准，成立生猪定点屠宰领导小组。3 月 15 日起，对上市生猪实施“定点屠宰、集中检疫、统一纳税、分散经营”的管理办法。县食品公司为县内唯一定点屠宰企业，其下属加工厂和神星、贤台、南韩村、陉阳驿和坨南食品站设定点屠宰场。县食品公司组建生猪定点屠宰执法队，负责市场稽查监管工作。2001 年 12 月，县食品公司改制，由县燕赵食品有限公司承担生猪定点屠宰工作。

1997 年 5 月，商业股份合作基金会倒闭，注入资金划归县联社。

2001 年 9 月 18 日，商业局变更为商业总公司，为县政府直属企业管理部门，负责企业的管理工作。9 月 27 日，成立医药管理局，为商业总公司下属二级局。

2002 年 9 月，成立药监局，与商业总公司分离。

2005 年 10 月，经县政府批准商业总公司与物资总公司、外贸总公司、招商局合并，组建商务局。11 月，粮食局划归商务局，加挂粮食局牌子。同时，将原发展计划局（招商合作局）承担的招商引资、对外经济合作职能及组织实施农产品进出口计划职能划入商务局；将原经济贸易局的内贸管理及重要工业品、原材料进出口管理职能划入商务局。内设办公室、外贸招商股、内贸流通股、整规办 4 个科室，并设酒类监督管理局、畜禽定点执法队、成品油执法队、综合执法队。局机关有干部职工 69 人、离退休人员 36 人，系统下属企业干部职工 1075 人。下属企业有玉城商贸有限公司、康宝医药药材有限公司、纪元医药药材有限公司、燕赵食品有限公司、饮食服务有限公司、劳动保护用品公司、五金公司、百货商场、食品公司、冷冻厂、于家庄煤炭公司、于家庄物资经销处。

2008 年，商务局编制 14 人，内设办公室、外贸招商股、内贸流通股、整规办 4 个科室。下属 10 个企业，包括康宝医药药材有限公司、纪元医药药材有限公司、燕赵食品有限公司、饮食服务有限责任公司、劳动保护用品公司、五金公司、百货商场、食品公司、冷冻厂、玉城商贸有限公司。

二、外贸局

成立于 1988 年 8 月。1992 年，外贸局内设办公室、财务科、业务科、警卫室，事业编制 5 人。下属企业包括外贸公司、外贸肠衣加工厂和外贸羊绒厂。1996 年 9 月，外贸局更名为外贸总公司。2005 年 10 月，外贸总公司与商业总公司、物资总公司、招商局合并成立商务局。

第二节　物资管理

1991 年，物资局内设办公室、财务科、业务科。下属公司包括金属机电化轻公司、于家庄物资经销公司、木材建材公司、燃料公司、物资再生利用公司。

1992年，金属机电化轻公司划分为机电设备公司、金属材料公司、化工轻工公司。同年，成立劳动服务公司，将原隶属燃料公司的于家庄煤炭经销站分离出来，成立于家庄煤炭公司，为独立核算单位。5月，物资局办公室与业务科合并，成立财务审计科、经济科。

1993年年初，成立工会组织。经济科改为经营部，保留人员身份，其他与物资局脱钩。物资局内设科室为办公室、财务科。同年，劳动服务公司更名为经贸公司。

1994年1月，挂牌成立物资总公司，实行岗位技能工资、干部聘任制、全员劳动合同制。对外仍称物资局并保留印章，一套机构，两块牌子。

1996年9月，物资局更名为物资总公司，职能不变。同年，物资再生利用公司更名为物资再生利用有限公司。11月，对机电设备公司、金属材料公司、经贸公司、木材建材公司、于家庄物资经销公司5个公司实施破产。

1997年5月，成立民用爆破器材公司。

1998年12月，燃料公司股份合作制改造，成立燃料有限责任公司。

1999年9月，经县改制办批准，以职工配股的形式，利用破产后的机电设备公司、金属材料公司、经贸公司、木材建材公司土地，重新组建物资经营有限公司。同年，由下岗职工集资筹建的临街物资经营综合楼完工，四楼为物资总公司办公地点，建筑面积430平方米。

2000年5月，经县政府批准，组建废旧金属执法大队，对全县废旧金属回收市场进行整顿规范。8月，由破产后的于家庄物资经销公司，重新组建成立于家庄物资经销处。

2005年10月，物资总公司与商业总公司、外贸总公司、招商局合并成立商务局。

第三节 供销合作管理

一、机关

历史上县社与国有商业三次合并，1978年县社与商业局最后一次分开，恢复集体所有制性质。1990年，县社内设11个科室，包括办公室、人事科、保卫科、业务科、物价科、财务科、信息科、检查室、基层指导科、工会、审计科，机关人员68人，下属19个基层社、31个经济实体。1996年，内设5个科室，包括办公室、人事科、财务科、信息中心、业务基层指导科，机关人员44人。2003年4月，设有办公室、人事科、财务科、保卫科、业务基层指导科5个科室，事业编制39人。2006年，机关在册干部职工35人，全系统有27个具有法人资格的独立核算基层企业，其中基层供销社17个，下属10个经济实体。2008年，内设5个科室，包括办公室、人事科、保卫科、财务科、业务基层指导科，机关人员33人。

二、基层供销社

20世纪80年代，为便于商品运输，先后在供销社辖区公路两侧建立马路商店9处，包括东方顺、陉阳驿、西原、韩村、顺民、西庄、贤台、巩庄、坨南，但供销社总数没增加。1989年，全县有分店47个，村级双代店90个。1990年，下属19个基层供销社。20世纪90年代以后，随着市场竞争日趋激烈，边、小、微、亏的供销社难以生存，采取撤社留店的方法精减人员减少亏损。1999年，马坊、江城供销社连同人员划归保定市。2008年，全县有17个基层供销社，包括大册营供销社、要庄供销社、柳家佐供销社、顺民供销社、韩村供销社、西原供销社、陉阳驿供销社、于家庄供销社、石井供销社、神星供销社、白堡供销社、城关供销社、岭西供销社、北台鱼供销社、方顺桥供销社、贤台供销社和西庄供销社。

2000年，全县供销社商品销售总额10890万元，其中生产资料销售2831万元，棉花收购100万元，完成利润8万元。2003—2005年，全系统购进总额分别是6109万元、7668万元、7706万元，销售额分别是7074万元、8122万元、8290万元。

20世纪90年代后期至2008年，大部分基层供销社由于包袱沉重、商品滞销而陷入困境，承包费入不敷出，人员下岗。2005年全系统下岗职工610人，拖欠工资500万元。

三、下属经济实体

1992年，有12个下属经济实体，包括土产公司、生产资料公司、棉麻公司、满城棉油厂、西原棉油厂、食品加工厂、罐头厂、回收公司、副食果品公司、城关基金会、联购分销公司、城关商场。

2008年，下属10个经济实体，包括土产公司、回收公司、生产资料公司、盐业公司、烟花爆竹专营公司、明花食品有限公司、一亩泉食品有限责任公司、棉麻公司、满城棉油厂、城关商场。

第四节　粮食管理

1991年，粮食局内设7个股室，包括人秘股、业务股、财务股、保管股、议价股、审计股和监察室，在册职工594人，下属企业23个。

1993年，粮食局内设人秘股、财务股、业务股3个股室。粮油业务工作和仓储保管工作归业务科管理。分流机关工作人员31人，组建实体6个，机关人员由原来的58人减至23人。7月，组建粮油总公司，粮食局不再负责企业的经营管理。

1996年9月，粮食局更名为粮食总公司，被列为县政府直属事业机构，内设办公室、财务股、审计监察股、业务保管股、工贸股。事业编制为45人，其中局长1人，副局长3人，股级干部6人，经费来源渠道为自筹自支。

1998年，粮改前粮食系统有干部职工1843人，局机关72人，离退休193人。改革后局机关25人，收储库站217人，宝山集团826人，粮油总公司20人，7个经济实体114人，其他附营企业206人。7个经济实体包括直属库、议价公司、粮食加工厂、饲料公司、粉丝厂、劳动服务公司、陵山索道站。

1999年1月，粮食总公司更名为粮食局，列入县政府行政机构，纳入行政编制，行政职能不变，暂核定行政编制20人，其中工勤人员2人，领导职数一正三副（局长1人、副局长3人），内设机构5个，股级干部职数6人。同年，马坊、尹庄、江城3个粮站及35名职工划拨保定市管理，国有粮食购销企业统一改称“满城县XX国有粮食购销站（库）”。

2001年，粮食局机关19人，下属企业22个，在岗职工1223人，离退休职工263人，购销企业11个，附营企业11个。

2002年5月，粮食局行政编制12人，内设办公室、财务股、业务保管股。同年，因经营不利，高士庄粮站被拍卖。

2003年，对机构和人员进行调整分流。

2005年年底，粮食系统在职职工851人，退休职工239人。粮食局行政编制12人，其中局长1人，副局长2人，股级干部3人，一般干部5人，工勤人员1人。内设办公室、财务股、业务保管股。下属6个单位，即宝山集团有限公司、军供配送中心和要庄、陉阳驿、大册营、西庄4个国有控股中心粮食购销企业。同年11月，粮食局归入商务局，负责搞好市场运行监测、整顿和规范流通秩序，深化流通体制改革及粮食局原有职能。

第五节　烟草管理

1990年4月烟草公司成立，由商业局代管。1991年7月1日，上划保定市烟草专卖局河北省烟草公司保定分公司（简称市分公司），受市烟草专卖局和县政府双重领导，以行业垂直领导为主。设办公室、业务科、专卖科、财务科和6个卷烟批发部，有干部职工79人。

1991年，在玉川东路42号院内新建两层办公楼。1992年5月，建烟草批发部中心。1995年4月，设立云南烟草专卖店。1996年1月，增设东马卷烟经销部；3月，成立韩村卷烟经销部；8月，撤销第一、第二、第三、第五批发部。1997年1月，增设安保科，撤销第六批发部；3月，成立综合经营部。1998年2月，增设神星卷烟经销部。1999年8月，撤销综合经营部，成立网建科和第一、第二稽查中队；10月，增设坨南卷烟经销部。2001年1月，撤销东马卷烟经销部，与第四批发部合并，更名为城关批发部。

2002年3月，城关、韩村、坨南、神星4个卷烟经销部全部撤销。成立访销中心、配送中心、稽查中心、信息中心；7月，成立城关、韩村、神星3个专卖管理所；8月，成立考核办；10月，公司迁址中山西路新办公楼。

2004年4月，进行企业组织结构调整，取消县级公司法人资格，成立非独立法人的卷烟营销部，全部资产划转市分公司，实行集中统一管理，河北省满城县烟草专卖局的名称和专卖职能未变。机构合并为专卖科、营销配送科、行政安保科和综合办公4个职能部门，专卖科下设2个专卖管理所和1个稽查队，职工总数70人。

2008年，固定资产值836万元，有干部职工73人。

第六章　金融业

县内各银行业务职能全面，能够为满城经济社会发展提供良好服务。1991—2008年，均经历了股份制改制。保险机构主要有中国人民财产保险股份有限公司和中国人寿保险股份有限公司的分支机构，可办理机动车、财产、农业、人身等保险业务。其他金融机构有农村信用合作联社和中国邮政储蓄银行有限责任公司满城支行。

第一节　银　行

一、中国人民银行满城支行

（一）业务管理

中国人民银行满城支行（以下简称人行满城支行）的主要职责是维护全县金融秩序的稳定，对全县各商业银行及其他金融机构行使协调、监督的权力。

1997 年，为防范金融危机冲击，中国人民银行在全国金融系统开展整顿金融秩序、防范金融风险年活动。人行满城支行按照上级精神成立金融监管委员会，深入各行积极协调，实施现场与非现场监管，取得监管实效。

1998 年 4 月 20 日，中国人民银行颁布《贷款风险分类指导原则》和《贷款风险分类办法》，并在商业银行中试行《贷款风险分类办法》，按照风险程度将贷款划分为五个档次，即：正常、关注、次级、可疑和损失五类。6 月，按照上级要求对全县商业银行贷款情况进行摸底检查。

2000 年 3 月，根据人行保定市中心支行文件精神，人行满城支行实行“三定两聘”（定人员、定职责、定岗位、中层干部聘任、职员聘任），对内部股室进行调整，并制定《金融监管责任制实施办法》，被人行保定支行以文件形式转发全市人行系统试行。

2002 年 3 月 28 日，召开满城县金融系统理事会，制订工作计划和《满城县金融学会工作考核奖励办法》。

2003 年 12 月 27 日，第八届全国人民代表大会第三次会议通过《中华人民共和国人民银行法》，对人行职能做新的调整，主要职责调整为 13 项。31 日，根据国家金融改革需要，人行满城支行与银监会分开，从人行满城支行分离出 4 人，成立中国银行业监督管理委员会保定银监分局驻满城办事处。

2006 年 8 月，因白洋淀污染事件，全县纸厂关停，巨额债权面临悬空的危机局面。人行满城支行组织深入企业和有关部门调研，及时撰写论文《应高度关注大面积关停污染企业引发的系列金融问题》，论文被《人行天津分行信息》刊发，引起县委、县政府和有关领导的高度重视。

（二）机构沿革

1986 年 7 月 1 日，人行满城支行正式恢复，隶属人行保定市中心支行领导，人员从工商银行满城支行划出 9 人组成。1990 年 1 月—1997 年 6 月，人行满城支行内设机构有办公室、计划股、会计股、发行股、金管稽查股、货币发行库、保卫股。1997 年 7 月，按上级要求，撤销货币发行库、发行股和保卫股。8 月，设立综合办公室、会计国库股、资金管理股、金融管理股。2000 年 3 月—2003 年 12 月，内设机构有办公室、综合金融机构监管股、合作金融机构监管股、综合业务股。2004 年 1 月，内设机构有办公室、金融管理股、调查统计股、国库会计股。有干部职工 34 人，其中政工师 2 人，经济师 9 人，助理政工师 1 人，助理经济师 6 人，助理会计师 2 人。

二、中国银行股份有限公司满城支行

（一）主要业务

中国银行满城支行（以下简称中行满城支行）主要职能是办理人民币、外币存贷，国际国内结算，外汇汇款、外币兑换、外币买卖，办理承兑汇票，代理发行金融债券，代理发行、兑付政府债券、代理代付款项，办理长城卡发行以及经人民银行、银监会批准的其他业务。2005 年年底，中行满城支行各项存款余额64437万元，在县内几家商业银行中占首位。随着国家金融改革的深入，先后推出诸多新业务新产品。特色业务有个人购汇、结汇等中银汇总系列业务；有基金、保险、债券及多种理财产品；并设有ATM自动取款机、网上银行、电话银行，业务处理方式方便快捷。中行满城支行个人住房贷款市场占有率一直在90%以上。

1994—2008年中行满城支行存款、存贷款统计表

表14-6-1　　单位：万元

年份	存款	贷款		不良贷款		
		贷款余额	其中乡镇企业	数额	回收	不良率（%）
1994	2790	1800	1800	—	—	—
1995	4913	2500	2500	—	—	—
1996	7392	4500	4500	—	—	—
1997	11516	10314	10314	1526	—	14. 80
1998	15617	20835	7835	4155	—	19. 94
1999	20115	21120	8120	—	4155	—
2000	27912	21320	8320	—	—	—
2001	34296	21180	8180	14386	—	67. 92
2002	39553	35822	9822	15856	—	44. 26
2003	46750	36453	10453	400	—	1. 10
2004	51003	21282	8282	—	—	—
2005	64437	22815	9815	—	—	—
2006	81616	21865	9500	—	—	—
2007	97574	8141	2200	—	—	—
2008	120068	10413	1900	—	—	—

（二）机构沿革

1993年12月16日，中行满城支行成立，为国有商业银行。内设办公室、会计出纳科、存汇科。

1996年3月8日，成立城中储蓄所，是年建成新办公楼及营业楼。

2003年4月，内设行长办公室、公司业务部、零售业务部、营业部、保卫部。7月10日，成立北平路储蓄所。同年，城中储蓄所改为城中分理处。

2005年3月，改革为股份制商业银行，更名为中国银行股份有限公司满城支行。在人事管理和业务上受上级专业银行的垂直领导，并接受人行满城支行、县银监会的领导、协调、监督和检查。9月，内设综合管理部、业务发展部、营业部。

2006年10月20日，撤销北平路储蓄所。

2007年9月14日，撤销城中分理处，自此中行满城支行成为单店式支行。10月，撤销行内所设机构，由主管行长按条线直接管理工作人员和业务办理。

2008 年，中行满城支行设行长 1 人，副行长 1 人。共有干部职工 22 人，全部为高中以上学历。

三、中国建设银行股份有限公司满城支行

（一）主要业务

中国建设银行满城支行（以下简称建行满城支行）主要业务有人民币存款贷款结算业务，人民币储蓄业务，兼营经中国人民银行批准的代理业务。2004 年，开始开办个人住房贷款业务，当年为 12 户办理住房贷款，贷款余额 49 万元。之后又陆续开办个人住房公积金贷款、个人住房抵押额度贷款业务。2006 年，为 177 户办理住房贷款，贷款余额 1212 万元。2007 年，为 215 户办理住房贷款，贷款余额 2796 万元。2008 年，为 517 户办理住房贷款，贷款余额 7319 万元。

2008 年，建行满城支行全口径存款 62953 万元，各项贷款 10453 万元，余额 680 万元。

1991—2008 年建行满城支行存、贷款统计表

表 14-6-2　　**单位：万元**

年份	存款	贷款			余额	不良贷款		
		合计	乡镇企业	基建		数额	回收	不良率（%）
1991	1849	1756	1105	651	13	—	—	—
1992	2332	2287	1509	778	10	168	50	7
1993	2999	2847	2159	688	12	380	40	13
1994	5250	4564	4058	506	-81	1096	200	21
1995	7811	7633	6853	780	16	2720	150	35
1996	9256	8340	7730	610	18	2800	—	33
1997	11135	10403	9823	580	16	3750	90	36
1998	12415	10921	10341	580	-192	4090	—	37
1999	13322	6485	6485	0	253	1120	2970	17
2000	15485	7577	7577	0	-571	1360	—	18
2001	16794	6182	6182	0	-555	1360	200	22
2002	20813	8630	8630	0	-144	1160	—	13
2003	21341	11172	11172	0	-68	1160	1160	—
2004	27992	6995	6995	0	535	—	—	—
2005	37344	4817	4817	0	497	—	—	—
2006	44642	3920	3440	—	616	—	—	—
2007	48588	4877	3647	—	648	—	—	—
2008	62953	10453	7993	—	680	—	—	—

（二）机构沿革

1990 年，建行满城支行下设储蓄专柜、第一储蓄所、第二储蓄所、燕赵储蓄所、政府西街储蓄

所、振兴城市信用社、房地产信贷部、房地产开发公司、预决算中心和职工技协咨询服务部。1994 年 7 月，搬迁至玉川东路路北办公楼办公。1995 年 12 月，各储蓄网点实现通存通兑。1996 年，更名为中国建设银行满城支行。是年 10 月，全行干部职工实行合同制管理。

2002 年 10 月 16 日，撤销第二储蓄所。2003 年 8 月 28 日，撤销燕赵储蓄所。是年，经批准 14 人买断离岗。

2004 年 9 月，更名为中国建设银行股份有限公司满城支行。11 月 1 日，DCC 数据集中系统正式上线运行。2008 年，全行有干部职工 43 人，下设办公室、客户部、营业室、保卫部、玉川西路储蓄所。

四、中国农业银行股份有限公司满城支行

（一）主要业务

中国农业银行满城支行（以下简称农行满城支行）主要办理农村商业、农业、乡镇企业的信贷和结算业务、各项存款业务，并通过信用合作联合社对全县信用社实施领导。

1991—2008 年农行满城支行存、贷款统计表

表 14-6-3　　单位：万元

年份	存款	贷款	余额	不良贷款		
				数额	回收	不良率（%）
1991	27817	23909	—	—	—	—
1992	35916	26354	—	—	—	—
1993	43889	29904	—	—	—	—
1994	44322	31721	—	—	—	—
1995	60544	40763	—	—	—	—
1996	15889	9365	—	—	—	—
1997	20740	15359	5509	5509	150	35.86
1998	21833	17819	5235	5235	300	29.37
1999	22615	21348	12390	12390	49	58.03
2000	23181	19052	15181	15181	150	79.68
2001	26529	30482	21118	21118	220	69.28
2002	29028	31424	19893	19893	340	63.31
2003	34809	35845	19275	19275	255	53.77
2004	41835	43699	20823	20823	50	47.65
2005	47590	37618	24291	24291	18	64.57
2006	48592	36419	31635	31635	12	86.86
2007	58803	35242	33469	33469	0	94.97
2008	73955	1293	—	—	—	—

1991—2008 年农行满城支行贷款余额统计表

表 14-6-4　　单位：万元

年份	贷款余额	其中				
		农业	工业	乡镇企业	基建	其他
1991	23909	5560	0	5677	0	12672
1992	26354	5600	0	5460	0	15294
1993	29904	6024	0	5900	0	17980
1994	31721	5985	0	6124	0	19612
1995	40763	6870	0	6500	0	27393
1996	9365	6350	0	3015	0	0
1997	15359	6354	5	4324	5	4671
1998	17819	8368	36	4732	5	4678
1999	21348	6589	6	5540	0	9213
2000	19052	6684	6	4629	0	7733
2001	30482	8321	0	7047	0	15114
2002	31424	7681	0	0	0	23743
2003	35845	7600	0	0	0	28245
2004	43699	8966	0	0	0	34733
2005	37618	8100	0	0	0	29518
2006	36419	7600	0	0	0	28819
2007	35242	9577	0	0	0	25665
2008	1293	0	0	0	0	1293

（二）机构沿革

1991 年，农行满城支行内设 14 个科室，包括政治处、纪检组、工会、办公室、监察室、营业室、人事股、审计股、计划股、保卫股、工商信贷股、农业信贷股、存款股、信用合作联合社；设 5 个营业所，分别为城关营业所、神星营业所、大马坊营业所、西原营业所、岭西营业所；设 1 个储蓄专柜和 8 个储蓄所。8 个储蓄所分别为陉阳驿储蓄所、江城储蓄所、韩村储蓄所、石井储蓄所、大册营储蓄所、满城镇储蓄所、第一储蓄所和第二储蓄所。

2007 年，实施股份制改革，并于 2009 年 1 月对外挂牌，中国农业银行满城支行正式更名为中国农业银行股份有限公司满城支行。

五、中国工商银行股份有限公司满城支行

中国工商银行满城支行（以下简称工商行满城支行）是工商信贷、个人储蓄和企业存款的专业银行。

始建于 1984 年 1 月，其前身是中国人民银行满城支行。1984 年 1 月根据国务院 146 号文规定，中国人民银行、中国工商银行两行一套机构，两块牌子，建制归中国工商银行。1986 年 7 月，从工商行满城支行抽调 9 人建立人行满城支行。1987 年，工商行满城支行机构设人事股、办公室、信贷股、计划股、出纳股、会计股、储蓄股，第一储蓄所、第二储蓄所、第三储蓄所。

1990 年 10 月，经上级行批准接收原环北办事处的西山储蓄所。

2000 年 5 月，按照中国工商银行总行减员增效和上级行部署，工商行满城支行对符合条件的 25 名同志办理内退，与 5 名买断工龄的同志解除劳动合同。

2001 年 3 月，原第一储蓄所晋升燕赵支行（二级支行）；2005 年 11 月，撤销第三储蓄所；2006 年 4 月，撤销第二储蓄所；2007 年 9 月，撤销西山储蓄所。

2006 年 10 月，实施股份制改革，中国工商银行满城支行正式更名为中国工商银行股份有限公司满城支行。

2008 年，中国工商银行股份有限公司满城支行有员工 39 人，设办公室、营业室、核算管理部、客户经理部、燕赵支行。

1991—2008 年工商行满城支行各项存款统计表

表 14-6-5　　**单位：万元**

年份	储蓄存款	对公存款（企业存款）	合计
1991	6733	1293	8810
1992	7326	2279	9605
1993	8248	2383	10631
1994	11623	1947	13570
1995	15227	3570	18797
1996	19170	2455	21625
1997	22640	4452	25269
1998	26054	4493	30547
1999	25907	5194	31101
2000	27396	6110	33506
2001	30179	6720	36899
2002	31562	6264	37826
2003	30308	8793	39281
2004	32668	7545	40213
2005	32694	8921	41615
2006	34609	10888	45497
2007	26608	9552	36160
2008	31071	14433	45504

1991—2008 年工商行满城支行各项贷款统计表

表 14-6-6　　单位：万元

年份	工业贷款	商业贷款	技改贷款	房地产贷款	合计
1991	5078	3077	600	0	8755
1992	5782	2760	560	0	9102
1993	7049	2631	622	0	10302
1994	7902	2506	540	0	10948
1995	10275	2412	646	0	13333
1996	10608	2217	845	0	13670
1997	12032	2189	620	0	14841
1998	12305	2005	817	0	15127
1999	11858	2056	906	0	14820
2000	12931	1748	1250	0	15929
2001	14464	1638	1430	0	17532
2002	11868	5342	500	1554	19264
2003	11386	5520	1600	1765	20271
2004	11686	4992	1600	1540	19818
2005	6009	0	1600	1339	8948
2006	5799	0	1600	1104	8503
2007	0	0	1600	471	2071
2008	0	0	0	822	822

六、中国农业发展银行满城支行

（一）主要业务

中国农业发展银行满城支行（以下简称农发行满城支行）为国家政策性银行，以保定分行垂直领导为主。业务范围是办理国务院确定、中国人民银行安排资金并由财政予以贴息的粮食、棉花、油料等主要农副产品的国家专项储备贷款；办理粮油等农副产品的收购贷款及粮油调销、批发贷款；办理粮油种子贷款；办理农、林、牧、副、渔产业化龙头企业贷款；办理农业科技贷款；办理农业小企业贷款、办理农村基础设施建设贷款；办理国家规定棉花企业的棉花预购、棉花深加工贷款；办理同业存款；办理中央和省级政府的财政支农资金的代理拨付；办理业务范围内开户企业事业单位的存款；办理开户企业事业单位的结算；办理经国务院和中国人民银行批准的其他业务。

1996 年 12 月，农行满城支行向农发行满城支行划转业务，划转资产 10908 万元，其中划转贷款 10638 万元，固定资产 57 万元，存款 343 万元。

1998 年 5 月，根据上级行文件精神，向农行满城支行划转部分业务，划转综合开发贷款 4217 万元（其中农业开发贷款 1907 万元，农业基本建设贷款 1650 万元，人行专项贷款 550 万元，林业治沙贷款 110 万元）、存款 95 万元，并转交贷款契约、信贷档案。12 月，向农行满城支行进行附营业务划转，共划出贷款 4250 万元，其中粮油附营业务贷款 3953 万元，棉花附营业务贷款 297 万元。

2005 年 9 月 1 日起，综合业务会计应用系统正式上线运行。5 月，大额支付系统正式上线运行。

1996—2008 年农发行满城支行存、贷款统计表

表 14-6-7　　单位：万元

年份	存款	贷款	年份	存款	贷款
1996	447	11224	2003	364	6489
1997	147	16159	2004	683	5998
1998	126	9802	2005	691	6970
1999	160	7486	2006	521	6864
2000	207	7515	2007	1763	9380
2001	181	7877	2008	1488	12634
2002	340	8720			

（二）机构沿革

1996 年 11 月，农发行满城支行与农行满城支行分设，机构正式成立。农发行满城支行有员工 21 人。办公地址在中山东路 54 号。2000 年 9 月，迁至中山东路 12 号。2008 年年底，农发行满城支行设营业室、办公室、计划信贷部。2004 年，农发行满城支行被市委、市政府授予“文明单位”称号；2007 年，被市精神文明建设委员会评为“二星级窗口单位”；被市公安局授予“五星级安全单位”称号。

第二节　保　险

一、中国人民财产保险股份有限公司满城支公司

（一）公司业务

1984 年成立之初，主要保险业务有机动车辆保险、财产保险、农业保险。2005 年，开办的保险种类有机动车辆险、财产险、责任险、农业险、人身险 5 大类，30 多个险种，有 14.01 亿元的保险财产在支公司得以保险保障，年保费收入 1523.4 万元，年理赔 1097.4 万元，在保定系统属中等公司。2008 年，年保费收入 2159 万元，年理赔 1076 万元。1999—2001 年，连续三年被省分公司评为“双文明建设单位”。

1991—2008 年中国人民财产保险股份有限公司满城支公司业务统计表

表 14-6-8　　单位：万元

年份	保险费收入	理赔	年份	保险费收入	理赔
1991	239.6	131.2	1992	293.0	216.0

续表 14-6-8

年份	保险费收入	理赔	年份	保险费收入	理赔
1993	370. 0	142. 0	2001	1110. 0	608. 0
1994	540. 0	351. 0	2002	1229. 0	996. 0
1995	671. 9	373. 2	2003	1286. 8	714. 0
1996	631. 8	356. 6	2004	1660. 0	877. 1
1997	700. 3	461. 8	2005	1523. 4	1097. 4
1998	876. 3	472. 9	2006	1558. 0	859. 0
1999	965. 5	493. 0	2007	1838. 0	928. 0
2000	1029. 9	565. 6	2008	2159. 0	1076. 0

（二）理赔

1. 机动车辆险

2005 年，机动车辆投保 6111 辆，承保保险金额 1. 8 亿元，第三者责任 5. 5 亿元，保险费收入 1020 万元；理赔 658 起，金额 725. 8 万元。

2. 企业财产险

1990 年，南韩村乡保泉祥啤酒厂厂房倒塌，赔付 22 万元。

2002 年 8 月 28 日晚 8 点多，一场几十年罕见的暴风雨灾害袭击满城县，风力 11 级，瞬间风力达 12 级，全县受灾严重，给满城县的经济发展和人民生活带来极大影响。在公司投保的 61 家企业报损，对其中 50 家企业进行理赔，赔款金额 211. 30 万元。

2005 年，企业财产险承保企业 97 家，承保保险金额 8. 6 亿元，保费收入 333 万元。

3. 责任保险

2005 年，承保责任金额 6. 6 亿元，保费收入 47. 7 万元。赔款 68 起，赔款金额 21 万元。

4. 农业保险

1985 年 7 月 2 日 17 时 15—35 分，满城县中部自长角台至大马坊一线数乡发生特大雹灾，果树全部受损，其中柿子树最为严重，连续三年不长柿子。这一年，果树赔付 1000 元（当时承保面很小）。

因农民的保险意识差，农业保险保额小、收入少，开办后不久就停办。

2007 年，国家推出政策性农业保险，能育母猪、奶牛及小麦、玉米保险全面铺开，4200 万元的农业财产得以保险保障，保费收入 186 万元。

5. 人身保险

开办的主要险种有人身意外伤害保险、学生平安保险等。

学生平安保险于 1987 年开办，保险对象是中小学生，在全县基本普及。当年投保学生 30878 人，保险费收入 8. 1 万元。开办后，赔付伤亡事故 342 起，赔付金额 5. 5 万元。

2005 年，人身险及养老金险保费收入 50 万元，赔款 244 起，赔付金额 51. 6 万元。

（三）机构沿革

原名中国人民保险公司满城支公司，成立于 1984 年。1996 年 7 月，改称中国人民财产保险有限公司满城支公司。1998 年 10 月，恢复原名中国人民保险公司满城支公司。2007 年 10 月，改称中国人民财产保险股份有限公司满城支公司。

二、中国人寿保险股份有限公司满城支公司

（一）典型理赔业务

1. 2003 年 5 月，公司向在抗击“非典”一线的医护人员和他们在校的子女捐赠防“非典”保险，保额共计 526 万元。

2. 退休职工 XXX，参加国寿职工补充大额医疗保险，后患冠心病。2003 年 8 月 25 日，公司依照保险条款给付医疗保险金 70098. 57 元。

3. 退休职工 XXX，参加国寿职工补充大额医疗保险，后患心梗。2004 年 4 月 29 日，公司依照保险条款给付医疗保险金 106694. 36 元。

4. 居民 XX、XXX 夫妻二人，2007 年投保国寿鸿丰两全保险。2007 年 6 月 1 日外出打工时夫妻二人不幸遭遇车祸遇难。2007 年 10 月 18 日，公司依照保险条款给付受益人保险金 262960. 68 元。

5. 居民 XXX，2007 年 1 月 5 日参加国寿鸿丰两全保险。2007 年 8 月 14 日接到申请，被保险人 XXX 在工厂修理机器时，触电身故。2007 年 9 月 27 日，公司依照保险条款给付受益人 70092 元。

6. 居民 XXX，2004 年投保国寿康宁终身保险。2007 年 11 月 8 日患尿毒症。2008 年 2 月 15 日，公司依照保险条款给付重大疾病保险金 60000 元。

7. 居民 XXX，2005 年投保国寿康宁终身保险。2008 年 4 月 27 日在修机器时不幸触电身亡。2008 年 6 月 4 日，公司依照保险条款给付受益人保险金 204298. 34 元。

8. 学生 XXX，2007 年参加国寿学生平安保险。2007 年 12 月 5 日不幸遭遇车祸身亡。2008 年 1 月 10 日，公司依照保险条款给付受益人保险金 10600 元。

9. 学生 XXX，2007 年参加国寿学生疾病保险。2008 年 1 月 10 日患心脏病住院治疗。2008 年 3 月 21 日，公司依照保险条款给付医疗保险金 10000 元。

10. 居民 XXX，2008 年由所在单位投保国寿职工团体意外伤害保险。2008 年 11 月 11 日在车间工作时，不慎左腿受伤并造成截肢。2009 年 12 月 29 日，公司依照保险条款给付医疗保险金和伤残保险金 63500 元。

1999—2008 年中国人寿保险股份有限公司满城支公司保费收入统计表

表 14-6-9　　　　单位：万元

年份	总保费收入	年份	总保费收入
1999	646. 5	2004	3838. 0
2000	1095. 0	2005	5234. 0
2001	1867. 5	2006	4807. 6
2002	1811. 1	2007	5849. 0
2003	3766. 0	2008	9375. 2

（二）机构沿革

原名中国人寿保险公司满城支公司，成立于 1999 年 3 月 19 日。成立之初聘用业务人员 3 人，租用人民保险公司满城支公司二楼和三楼的 3 间办公室办公。后公司业务人员增至 100 余人，原场所不能适应办公需求。1999 年 7 月 10 日，将办公场所搬迁至满城玉川城市信用社三楼和四楼。2003 年，

公司业务人员发展到 300 余人，为解决办公困难，于 7 月 10 日搬迁至中山西路邮政大楼西楼 1 至 4 楼。公司正式员工 16 人，其余人员为代理合同关系。2007 年 10 月，改称中国人寿保险股份有限公司满城支公司。

第三节　其他金融机构

一、农村信用合作联社

（一）信贷管理

为抓好信贷风险的防范，先后制定 20 多项基础性信贷管理及信贷产品制度和办法，初步形成一套系统、全面的规章制度体系，按照银监部门和省联社统一部署，推行贷款五级分类制度，进行转换经营机制改革，规范了村信用社信贷管理。

1995 年前，全县农村信用社的业务全部是手工操作。1997 年，选择网点形象好、业务发展较快的信用社，实行电脑储蓄、微机记账、结账等，全县农信系统电子化覆盖率 95%。1998 年，县联社营业部正式开通省辖电子汇兑业务，结算渠道得到疏通。1999 年，全县电子化覆盖率 100%。2007 年 11 月，全市综合业务网络开通，实现通存通兑。在网络建设的基础上，开办信通卡业务，兼营代发工资、粮食补贴等业务，促进自身业务和中间业务的发展。

2008 年，按照保定办事处“变坐商为行商”的经营理念，县联社采取每名员工营销一名优质客户，每名员工提一条合理化建议，每名员工管理一笔优质资产的措施，调动员工的积极性，使资金投入到有需求的领域，支持农业发展。

2008 年年底，县联社各项存款余额 247907 万元，存款市场占有率居全县金融机构存款总额的 42%。实现拨备前利润 1074 万元，完成资产收益率 4.66%，各项经营指标综合排名第一。被河北省农村信用社联合社保定办事处评为 2008 年度先进单位。

1991—2008 年满城县农村信用合作联社存、贷款统计表

表 14-6-10　　单位：万元

年份	存款	贷款	不良贷款		
			数额	回收	不良率（%）
1991	18684	15681	—	—	0.00
1992	23359	17170	—	—	0.00
1993	28325	19220	—	—	0.00
1994	37303	24329	—	—	0.00
1995	12287	32679	—	—	0.00
1996	64349	49557	—	—	0.00
1997	64349	49557	—	—	0.00
1998	77246	56357	—	—	0.00

续表14-6-10

年份	存款	贷款	不良贷款		
			数额	回收	不良率（%）
1999	84848	70355	—	—	0.00
2000	113695	85578	—	—	0.00
2001	123002	92377	—	—	0.00
2002	132091	101648	73672	15017	72.48
2003	142385	110532	—	—	0.00
2004	152055	115651	—	—	0.00
2005	153072	98571	39057	29332	39.62
2006	176302	112337	29209	9891	26.00
2007	198827	122512	24727	21556	20.18
2008	247907	144636	19534	16710	13.51

（二）机构沿革

1984年7月，在全县25个农村信用社都召开入股社员代表大会的基础上，通过投票选举，产生农村信用社民主管理组织——理事会，由大队干部、生产队入股社员和农村信用社干部5~7人组成，理事长、主任由农村信用社干部担任，监事会3人组成，由公社干部担任，组织机构体系逐步完善。还制定一系列新的规章制度，实现农村信用社由“官办”到“民办”的转变，恢复了农村信用社“三性”（即组织上的群众性、管理上的民主性、业务经营上的灵活性）职能。同年，信用联合社召开由保定农行、县党政领导、各位社员代表参加的第一届全县社员代表大会，选举产生新一届联社领导班子，成立县农村信用合作联合社（以下简称信用联合社），负责对全县信用社实施监督和管理。同时，县农行取消信用合作股，满城农村信用社迈出了信合改革第一步，作为试点在全市、全省、全国推广。同年10月，为缓解资金供求矛盾，增加业务收入，县信用联合社率先成立联社营业部，开办自营业务，开启由机关管理型到经营型的转变，是全国最早设立营业部的县级社。

1991—1998年，县信用联合社内设办公室、保卫科、业务科、稽察科、财务科5个职能科室，1个营业部，25个乡（镇）信用社，6个分社。1998年，全县区划调整，在征求市中心支行和县委、县政府意见后，对机构进行调整，龙门信用社、白堡信用社撤并组建白龙信用社；岭西信用社、高士庄信用社、长角台信用社、台鱼信用社、坎下信用社撤并组建坨南信用社；尹庄信用社业务并入江城信用社；后大马坊信用社、江城信用社按照行政区域划归保定市区农村信用社。

2000年7月，玉川信用社、兴满信用社、振兴信用社、人民信用社4家城市信用社及4个分支机构并入县信用联合社。同年12月，4家城市信用社正式接受县信用联合社的管理。2000年年底，县信用联合社共有35个正式营业机构，其中1个营业部、21个信用社、13个分社。

2003年，县信用联合社严格进人关，新入社的员工必须是应届大学毕业生，并且专业对口，经笔试、面试合格后，方可入社。

2005年下半年至2006年上半年，根据省、市有关要求，对业务发展迟缓，后劲不足，不利于长期经营的二分社、五分社予以撤销，营业网点由35个变更为33个。

2006年5月，按照省信用联合社、保定办事处工作安排部署，县信用联合社进行首次“三定两聘”工作，实行员工内部退养制度和中层干部竞聘上岗制度。对机关职能部门进行调整，调整后的科室有综合办公室、保卫部、信贷审查部、稽察部、财务会计部、资产保全部、客户经理部、科技部。

2007年1月，县农村信用合作联合社更名为县农村信用合作联社，并正式挂牌营业。县联社进行统一法人改革，建立“三会一层”（社员代表大会、理事会、监事会和高级管理层）组成的现代法人治理结构，划分职责权限，建立健全各项议事制度，初步形成各负其责、相互制衡、协调运转的法人治理机制。同年12月，实行全员劳动合同制。

2008年年底，全县农村信用合作联社有员工421人，其中具有大专以上学历的205人。

二、中国邮政储蓄银行有限责任公司满城支行

中国邮政储蓄银行有限责任公司满城支行（以下简称邮储满城支行）成立于2008年7月8日，为一级支行，全行33人，下设综合管理部、综合业务部、会计核算部、信贷业务部。下辖2个一类支行：神星镇支行、方顺桥乡支行；3个二类支行：韩村镇支行、于家庄支行、中山东路支行。

邮储满城支行成立之初个人业务包括储蓄存款业务、个人结算业务、银行卡。2008年8月，开办“好借好还”个人信贷，包括农户保证贷款、商户保证贷款、农户联保贷款、商户联保贷款。11月，开办公司业务，包括公司存款、公司结算、资产业务、公司理财、集团客户现金管理、企业网银。

2008年年底，邮储满城支行个人储蓄存款余额为58061万元，公司业务存款563万元，信贷余额890万元。

第七章　旅游业

满城汉墓建于陵山，是目前中国发现的最为完整，结构最复杂，也是规模最大的汉代崖墓。1990年开始开发，1991年5月正式开放。其出土的长信宫灯被选作满城的旅游标志。经过多年开发，景区日臻完善，2004年被国家旅游局批准为“AAAA”级景区。抱阳山是具有悠久文化底蕴的风景名胜，在游览一亩石、百步廊、托天树、上天梯等自然景观的同时，还可以品味书院文化、儒家文化、道家文化、龙文化……龙潭风景区是省级风景区，有“北方小桂林”的美誉。满城县因势利导，因地制宜，开辟了独有的航空旅游节和金秋红叶柿子节，开辟了玉皇坨、大平台、白沙大峡谷等新的旅游景区。

第一节　风景名胜区

一、满城汉墓景区

位于县城西南1.5公里的陵山，满城汉墓坐落于陵山主峰东侧196米处，系西汉中山靖王刘胜及其妻窦绾之墓。陵山为太行山余脉，古时又称凤凰山或灵山。此山西观似龙，南览若凤，有“凤化陵

满城汉墓上山石桥（摄于2008年）

山”之说。主峰居中，两座侧峰坐落左右，形如太师椅，又似筑有双阙的城垣，甚为壮观，西北和东南眺望均如神龟探海，颇为奇特。

1990年1月，县委、县政府决定利用满城汉墓这一重要资源，打造旅游景区。2月，成立筹建处，并召开第一次成员会议，制定《满城汉墓（刘胜墓）原址复原方案》。全县干部、职工、社会各界人士捐款40.3万元，支持汉墓旅游景区建设，修筑柏油公路、停车场和451级上山石阶。1991年5月3日，满城汉墓举行开放剪彩仪式。国家领导人钱其琛、李铁映、宋健、司马义·艾买提等先后到满城汉墓考察。1997年，40多个国家的驻华大使参观满城汉墓后，赞不绝口，称其文物价值可与陕西兵马俑相媲美。

为加大宣传，2000年10月20日，国家邮政局发行2000—21T《中山靖王墓文物》邮票一套四枚，分别为长信宫灯、蟠龙纹铜壶、错金博山炉和朱雀衔环杯，是最后一套以地方特色为题材的邮票。

2001—2006年，陆续编辑出版《走进陵山》《金缕玉衣的故乡》《满城旅游》《郭沫若与满城汉墓》等书籍。2004年6月，国务院新闻办公室录制了60分钟的《满城汉墓》纪录片向海外发行，并与河北省邮资票品局、保定市邮政局联合发行《锦绣满城》纪念邮册，对满城汉墓进行宣传。

2002年10月3日，县旅游局邀请参与1968年满城汉墓发掘的专家及郭沫若之女对“满城汉墓——天下第一崖墓”的品牌形象进行论证，专家们一致赞成用满城汉墓出土的长信宫灯作为满城县旅游标志。

2003年10月，中央电视台《探索发现》栏目录制了长达90分钟的《金缕玉衣》纪录片，在一、二、四、十套节目多次播出。同年，国务院新闻办公室下属视点文化传媒公司拍摄国宝文物系列电视片，其中拍摄了反映满城汉墓的纪实片《山间中的宫殿》，此片作为中外文化交流项目资料，其DVD光盘和电视艺术片发到加拿大、美国等国家。2004年，对长信宫灯纪念品进行高标准设计，从2006年开始，被定为省馈赠礼品。

2003年12月，满城汉墓景区被国家旅游局评为“AAA”级景区；2004年6月，接受国家旅游局“AAAA”级景区验收；2004年12月27日，获批正式挂牌。

2008年，满城汉墓景区日臻完善，有博物馆、八卦阵、莲花宫、陵山地宫（警世宫）、滑草、飞降、索道、滑道、陵山普度寺等旅游景点及运载设施。八卦阵位于景区西北，又称陵山龙华宫或九宫八卦阵，根据三国时期蜀国丞相诸葛亮大八卦图设计，有正门、候君亭、十二生肖池、点将台、中宫等景点，均为仿汉建筑。1992年年初开始修建，1992年年底对游人开放。2003年10月，从北京天一商行引资500万元复建招贤台。2005年5月，兴建大酒店一座。莲花宫位于景区广场东侧，投资100万元兴建，1992年年底对外开放。主体工程外观呈莲花形，宫内外围长廊由四亭分隔成藕状，称藕宫，内有泥塑神像86尊。藕宫围绕莲花池，池中有喷泉，塑仙鹤，有桥4孔。中有莲子宫，宫中有莲子观音像。陵山地宫（警世宫）位于景区北侧人工开凿的山洞中，山洞呈“∩”形，全长60余米，仿夜借宫改建。1992年12月底开放。1993年10月，归属宝山集团经营管理。佛仙宫位于景区南侧山腰间，主体建筑为一座露天大型弥勒佛像，佛高9.5米，进深14米，宽6米，佛座有门通佛肚，佛肚内有观音送子、五子闹佛、巨蛇出门、夜叉巡海等设施，全部为电动装置。1992 年 5 月，建成并开放。1999 年 9 月停业。1991 年，县旅游局投资 46.6 万元兴建陵山索道，由于资金紧缺，1992 年由粮食局继续投资建设。1993 年 1 月正式开通运营。1999 年 9 月，北陵山村民郄锁成投资 130 万元兴建陵山滑道。由旅游局投资 56 万元兴建陵山滑草，共 4 道。2000 年 10 月，北京天长地久通讯有限公司投资 50 万元兴建陵山飞降，后由于经营困难转让给旅游局经营。

莲花宫（摄于 2008 年）

二、抱阳山景区

（一）主要景点

抱阳山峰峦蔚绿、林麓苍葱，有著名的古八景：山腰一石约亩许，平坦如镜，名曰一亩石，又名醉仙石；一亩石的西侧壁如刀削，顶如华盖，为张燕公所开百步廊；百步廊峭壁上镶嵌一石窝平滑圆润，名曰明珠窝；在百步廊石壁的岩缝里长出一树（树种一说白榆一说青檀，已无考），其顶端凸出一巨石似欲坠，被此树撑起，故名托山树（现古树已枯，仅留枯桩亦朽，村民又移一株山树于附近，期得恢复原貌）；沿一亩石南行右拐，有滴水塘（又称乳泉塘），似两乳溢奶，滴水成塘，久旱不枯；一亩石南有上山石级，曰上天梯；拾级而上到达山顶，山顶南有出云洞（又称牛角洞、龙角洞），洞中常年滴水，时有云雾涌出，故曰“龙洞云封”；到一亩石南左拐，有石径通到一天然石洞，洞宽 13 米，深 5 米，高 2 米有余，为唐宰相张说幼年读书之所，曰读书堂，洞前建有相公堂。

抱阳山景区正门（摄于 2008 年）

除上述八景外，还有药王庙、爱莲池、钓鱼石、乳燕泉、观音山、祈蚕鼓、望禾台、青龙洞、南天门、莲花台、仙界、仙人桥、居仙岩、老君堂等景点，可谓一步一景，目不暇接。其间还有许多宋、元、明、清古迹，让人沉浸其中、流连忘返。

（二）抱阳山文化

1. 张说读书堂

自隋朝建立宝教院开始，抱阳山文化源远流长。尤以唐朝宰相、燕国公张说发迹前曾在此苦读而闻名于世。1921 年，满城县长陈中岳（他是弘一大师的诗友）游抱阳山时赋曰：“非不贵读书，读书贵能用。惜哉张燕公，相业殊姚宋”（注：“姚宋”指姚崇、宋璟）。

唐朝时，张说在抱阳山东崖的读书堂和宝教院的南轩苦读。宋元丰三年（1080 年）《满城县抱阳山宝教院重修相公堂记》碑文记载，“寺之东崖书院，乃其所也。院有石室三：南而下者曰‘五经堂’，上者曰‘进士堂’，北而上者其名不传，皆非人力所能为也。燕公贵，念生平为学之所依，思有以传其迹，重其报。遂自山足垒石为岸，以广寺地。就山镌室，工制精妙，龛像有殿，贮泉有池，堂厨廊庑，徊翔轩豁。”张说为报寺恩重修庙宇，拓寺地，开百步长廊，抱阳山之盛在唐朝也达到顶峰。

读书堂与相公堂（摄于 2006 年）

东崖书院也称张说书院、抱阳山书院、花阳书院，是中国历史上有记载的最早书院之一。

2. 佛教文化

抱阳山是佛教圣地，其见诸经典的寺庙有：宝教院、圣教寺、定慧寺、定惠寺、华严庵、朝阳庵、继志庵、显济庙、药王庙、娘娘庙、龙王庙、大士院等，呈现了“儒释融合、兼及道家”的文化图景。唐开元年间建定慧寺；唐大历年间，朝鲜高僧新罗和尚漂洋过海为抱阳山定慧寺捐赠文殊师利菩萨堂，堂内建造了文殊师利菩萨像；北宋景德年间，保定籍将军邢化基对抱阳山“寺之□□堂厨，绘塑龛像，一一增而新之”。

抱阳山佛教取得主体地位始于元代的显公大禅师。显公大禅师大定十四年（1174 年）生于方顺桥村，自幼寄养在佛寺，年满即出家为僧，德重一时。65 岁时被奉为抱阳山住持，“四远禅流，争师尊之”，当时的权门贵族皆慕师之德，争相供养，徒弟中得其法脉者 30 余人，在当时社会上都很具影响。显公圆寂后所获舍利之半数葬于抱阳山，抱阳山立有显公大禅师功德碑、德行碑两块，现仅存德行碑一块。满城县知事周昕亲自撰写了纪此事碑文。

抱阳山华严寺（摄于 2008 年）

华严寺（原名华严庵）作为寺名在唐宋史料中均可见证。明天启崇祯（1621 年）年间，陕西籍高僧海慧和尚修行于抱阳山，在抱阳村村民田友山及其长男锦衣卫将军田可久、次男县吏田可立等协助下，创盖正殿三间，谈华严经于内，华严寺遂有定址。寂果和尚继承海慧和尚之法嗣，复建禅室四间，买地十七亩五分。时任满城县僧会司负责人的道显和尚见证此事，树碑以记。清康熙五十三年（1712 年），佛教信众祝氏、李氏舍与华严庵土地 20 亩，勒之于石，此石今天仍珍存于华严寺。清乾隆三十五年（1770 年），住持僧礼通、礼洪重修华严庵。清光绪九年（1883 年），住持僧本泰募十万之资，重修华严庵，时任满城知县孙万钟撰写《重修华严庵碑记》：“是庵也，高映郎峰，俯临渝水，盘旋乎九霄之上，缥缈乎千仞之间。其间古树杈枒，行云缭绕。……峭壁奇峰，悬崖怪石，莫非神功之筑凿，以壮庙貌之观瞻。”后几经损毁重建。

3. 道教文化

道家文化在抱阳山文化中亦占有相当的比重。明清两代，俗世社会对求子延嗣、祈雨禳灾、祛病问药等需求表现强烈，抱阳山遂有送子娘娘庙、龙王庙、药王庙的创建。元至顺三年（1332 年），北方大旱，保定路同知脱欢不花、中顺等诣抱阳颠祷雨，勒文立石，员外郎陈肯堂撰碑文《抱阳山祷雨感应记》。明嘉靖四十三年甲子（1564 年），保定知府沈应乾在抱阳山举行盛大的祈雨仪式，且祈雨有应，应百姓所请，祈雨文立石于山，时任满城知县辛吉亲撰。清嘉庆九年甲子（1804 年），道士刘忠恭与村民一起重修山寺。嘉庆十四年（1809 年），抱阳山僧人源德主持重修娘娘宫及龙潭。清道光十六年丙申（1836 年），抱阳山寺僧真宝携弟子重建山神庙。

4. 龙文化

抱阳山的龙文化颇具特色，据元好问的《续夷坚志》记载，抱阳山有两条龙，名大青和二青，这

抱阳山青龙洞（摄于2006年）

两条青龙各长二、三尺，通身翠绿，并间有红、黑细点。据说它们能兴云作雨，变化莫测，决不伤人。抱阳山一带一旦出现毒蛇、毒虫，便会被它们杀死。在行动时，昂首挺胸，神态自若。因而被称为“神龙”。长期以来，抱阳山一带的人们，便把这二龙视为保护神。每当节日或旱涝失常，便举行各种活动拜祭二龙。当人们把祭品放上供桌，它们便昂首而出，高居供桌之上，接受人们的拜祭。它们爱喝酒，当人们把酒碗放上供桌时，两条龙便直立二尺余高，环视周围，然后俯首就饮。在北宋年间，当地的官绅多次向朝廷讲述大青二青的神异，因而在北宋崇宁五年（1106年），宋徽宗封大青为崇惠侯，小青为嘉沛侯。政和七年（1117年），又加封大青为灵益公，小青为英泽公。明保定知府沈应乾在抱阳山上祈雨，本是来求二龙办事的，却是孤傲的鞭挞了神龙一番。辛吉所撰祈雨文碑上记下了这段畅快的鞭龙歌：“懒龙懒龙，稳卧沧溟。生灵涂炭，尔胡不惺？吾今鞭汝，速上天庭。兴云吐雾，旋驾风霆，一麾四达，甘雨泠泠，百谷用茂，唯汝之灵。”……碑文还记：“读告文未竟，忽电光从东北而至，昼日晦暝，雨下如注，入土尺余。”

抱阳山碑廊（摄于1995年）

5. 碑廊

1992年建抱阳山碑廊，收存有宋、明、清代碑（石）刻，其中宋元丰三年《满城县抱阳山宝教院重修相公堂记》碑，明崇祯八年的《创修华严庵碑记》碑等，对于研究抱阳山历史文化有极高的价值。由于保护不力，石碑风化，人为破坏严重。

三、龙潭风景区

龙潭风景区位于县城北偏西20公里白龙乡境内，由龙门湖和龙潭峡谷两大景观组成。龙门湖即龙门水库，坝长539米，最大坝高40.5米。副坝四座，8孔泄洪闸。水面可达10平方公里，总蓄水量可达1.18亿立方米。碧波荡漾，渔歌唱晚，湖光山色，美轮美奂。龙潭峡谷全长4公里，峡长谷深，清凉扑面，绿草如茵；峡谷两岸，石壁陡峭，奇石嶙峋；谷底悠长蜿蜒，清溪回旋，时为涓涓细流，时为飞流瀑布，时为玉潭平镜，奇石异草，风景如画。溪水在谷口因巨大落差，形成飞瀑，其声震耳欲聋，故称“雷溪”。谷内主要景点有龙门、一线天、龙潭，夏日清爽宜人，素有“北方小桂林”“北国西湖”之称。人们可以在这里避暑、划竹筏、戏水游乐，还可以三五小聚，吟诵品茶，尚可品农家山珍，享返璞归真之趣。

元代著名理学家、文学家、诗人刘因与满城有深厚的渊源，对雷溪尤为钟爱。他号雷溪真隐，著有《观雷溪》诗，诗曰：“飞狐天下脊，老气盘互回。三江泻天怒，合为一水东南来。此势不杀令人愁，石门喜见西山开。未补青天裂，谁凿混沌胎？奇声猛状万万古，山根几许犹崔嵬。两山倒倾澜，百丈逢颠崖。……为招郎山君，共卷长鲸杯。江妃为挝灵鼓催，赤鲩跃出银山堆。先生醉来泉洒面，狂歌一和湍声哀。”

1990年，龙潭风景区被省政府确定为省级风景区。1991年8月1日对游人开放。1992年，进行整体开发。1997年，县政府将景区的管理权交由白龙乡政府。白龙乡成立了风景区管理委员会，投资15万元修建龙潭游泳场。1998年，投资50万元修建龙潭水上娱乐场，投资10万元修建龙潭拦水坝，建成拓牛园艺场。2001年，投资25万余元完善景区路面建设，植树1500亩，与河北大学、河北农业大学、华北电力大学合作建立大学生绿色生态社会实践基地，建设龙园老年公寓。2004年，投资200万元，修建旅游路、凉竹亭、钓鱼池、游泳池等设施，景区接待游客5万人次，直接经济效益500万元。2007年，保定市和谐城乡游启动仪式在龙潭景区举行，同时举办“雷溪小镇杯”满城龙潭首届垂钓节和龙门山庄开业典礼。龙潭景区承包经营。2008年，接待4万人次，直接经济效益400万元。

龙潭峡谷（摄于2008年）

附：1. 满城县抱阳山宝教院重修相公堂记
2. 创修华严庵碑记

满城县抱阳山宝教院重修相公堂记

保塞之西五十里，有山而拱，曰抱阳山，之寺曰宝教院，□谓之定慧□经，从古也。石记所传，其寺起于隋开皇之间。有堂曰相公堂，相公者，唐之张燕公也。燕公讳说，开元之贤相，布衣时，肄业于此山。

今寺之东崖书院，乃其所也。院有石室三：南而下者曰“五经堂”，上者曰“进士堂”，北而上者其名不传，皆非人力所能为也。燕公贵，念生平为学之所依，思有以传其迹，重其报。遂自山足垒石为岸，以广寺地。就山镌室，工制精妙，龛像有殿，贮泉有池，堂厨廊庑，徊翔轩豁。寺之上垒石构宇，发泉引流，以为上方。寺之下垒七曲石磴，以便登降。由山两翼引而合之，中起三门，内列堂宇。书院之上，因山南北，凿廊百步，石廊之下，又得三泉，皆镌石堂以蓄之。石廊之东，别构一堂，造白石像，以为堂之庄严，仪像之美，宛然生动。镌刻之妙，莹尔无迹。时人德公，思欲旦夕奉之，乃塑公之真于此堂，因号曰“相公堂”，此堂名之所由得也。由燕公之后，距吾宋之景德，燕赵之民日事兵赋，寺之堂殿廊庑，颓老不修，广者日隘，崇者日卑，昔之壮丽，仅存遗迹。山前之三间堂宇，但旧址而已，虽五代之瀛王冯道尝学于此山，以取富贵，□时板荡，尚无暇继燕公之□。景德后，戎狄纳款，边安裕阜，左领军卫将军邢公，得以致兴复之功。寺之□□堂厨，绘塑龛像，一一增而新之。燕公兴于前，领军继于后，寥寥三百余年，功之隆者，独此二公而已。奉其教，游其地者，无不想望二公而加钦慕。熙宁三年，领军殒谢，自是历岁霖霪，而相公堂者，栋桡不支。乡中好事者会而议曰：“是寺之盛，起于燕公，而是堂者，燕公之堂，乃兴寺之根本。今根本坏废，尚可忘而不修，则恐枝叶者从而废矣。”乡人宿有定议：以邢领军之恩，深被于人，尝欲建祠以事之，而束于朝廷之著令。今指宝教以议功，则邢公之力可以绍燕公之美。堂之成，则二公之真宜乎对设，而使人人皆得以尊事，则为善者无不知劝矣。于是，材不率而至，工不督而集。乃迁其堂于石廊之南，以避北岑风雨之圮，不逾时而堂成，像之左楹燕公也，右楹领军也。燕公之忠勋德业具于唐史，此不复叙。领军之事，得言其略。领军讳化基，字宗本，保塞人也。少孤，事母至孝。长而慷慨，好赴人之急，能谈汉、唐、五代事。乡人曲直，诣公求辩，公析理遣之，无不顺教。至昆弟姻戚有间隙者，公责教以孝义，皆服而改焉。岁歉，盗夜掠人财，又执数人，将杀之。公还，自他里而遇焉，乃责其盗，而又许之以周急，盗素畏服，惭而解纵，终亦无追其迹者。奉释氏甚谨，大会缁徒，读藏经，皆以百数放羽毛鳞介之命，输六十万，用子荫官。寿七十八岁，虽晚年，视听齿发如少时，岂非为善之效欤？夫人起功建事，患力屈为不成，成者患代迁而不继，继者患淹没而不传。是寺也，燕公成于昔，领军继于今，修是堂立是石者，又欲传于无穷。则百世之后，必有同志；则斯堂也，与山同其存亡。且彰旌所以劝来，表善所以警恶，来者知劝而恶者知警，此所以宜为记也。

元丰三年岁次庚申二月乙未朔十日，甲辰乡贡进士　张纬　记

监瀛洲仓草场　滕中　书并篆额

都维那本州助教　安寿　维那　张允　郭仲仪　曹基　贾泽　李敏

功德　主簿□宝　同立石。

创修华严庵碑记

文林郎知满城县事关中张以谦篆额

同邑庠生田惟一撰文

同邑庠生穆杨芳书丹

且世皆知有佛而不知佛何所在，世皆知尊佛教，而不知尊于何。自从象貌以识佛未必是佛，就自心以见佛，其佛乃真。西方大路，只在一点初心；无上菩提，不外性灵昭彻。予尝按佛法得此一人，而欲与之相印证焉。不图抱阳山上，层有一海慧和尚，祖居陕西，云游到此，上观层峦翠色，下视叠嶂岚光，遂喟然叹曰：“此真修行地也。”于是卜居于此，甘淡泊，乐天真，晨昏拜诵，直欲以净念而见如来，真尊佛教而心佛心者也。一方士庶，咸为钦慕，本村众善人等田友山暨长男在京锦衣卫将军田可久、次男县吏田可立等，创盖正殿三间，中塑毗卢教主，左右观音势至，镇殿常吕二天，谈华严经于内，因名华严庵。未几而海慧西归矣，其弟子寂果和尚承师教，尊师言，香供水献，尽是真诚，手持口诵，无有刁玩。亦与本社田友山暨领众等，运土运才，复建禅室四间，韦驮殿宇，置买地十七亩五分。有成始者为之于前，又有成后者为之于后。至于寂果之徒，名照玉者，后之历履未卜，就目前行事，洗心禅教，朝夕勤慎，亦可称笃修者，谅亦不愧于师，而有光于前人者也。以荒陋之林泉，而成清净之妙境，此虽山岳效灵乎，亦人之自为灵耳。语云：“地灵人杰”，不诬矣。夫华严庵，功始于天启之甲子，落成于崇祯之乙亥，缘备叙其始末，勒之于石，以垂不朽云。

督工善人　黄门田氏　田□□　田亿　康守孟　田时辛　田广武　高禄　高应奇

大明崇祯八年九月吉旦

本县僧会司僧会道显

镌字匠贾从枝

第二节　其他景区

一、玉皇坨景区

玉皇坨位于县城西北40公里处，山脉绵延巨大，最高峰海拔1038米，巍峨耸翠，傲视群山，晴日山川含黛，如条条巨龙蜿蜒起伏，盘旋在丽日松翠之间；阴雨时云雾缭绕，群峰在云雾间似隐似现，恰人间仙境。山路崎岖，间有三处百丈绝壁，落差600米左右。山顶则宽阔平坦，树木葱郁，花草繁茂。去玉皇坨攀登，是旅游、探险的绝佳选择。冬暖夏凉，四季常青，泉水淙淙，景区山体、水系、林木、鸟兽保持着原始的风貌，时常会有意外的惊喜和发现。

二、曹仙洞景区

景区位于县城西北22公里曹家峪村南大展山北面山腰间，四周果树环绕，近处漕河蜿蜒东流，远处狼牙耸翠。相传为八仙之一曹国舅修道成仙之所，故得其名。

曹仙洞外景（摄于2008年）

曹仙洞是华北地区罕见的石灰岩大溶洞，南北长350米，东西最宽处30米，最高处8米。日本侵华时期，曹家峪全村男女老幼几百人在洞内避难。整个洞内悬挂形状各异的钟乳石，有“猪仙遨游苍穹”“神龟驮龙碑”“仙人戏台”等天然景观。洞深处有一石台，台上一汪泉水长年滋润，名曰“小天河”。还有曹国舅炼丹的“炼丹室”，炼丹炉栩栩如生，俯身闻去，似有扑鼻药香。洞顶有大小不一的孔洞与外界相通，使洞内保持空气新鲜。

1991年辟为旅游景点，洞门右侧建一小亭曰忘尘亭，左侧塑曹国舅坐像，洞中塑八仙群像，霓虹闪烁，扑朔迷离，更增加了其神秘色彩。

木兰溶洞（摄于2008年）

三、木兰溶洞景区

位于西赵庄村，景区群山环抱，景色秀丽，气候宜人。1998年开始开发，1999年5月1日对外开放。据河北经济学院的勘探报告显示，溶洞分三层，现开放的为第一层，洞内高、低、宽、窄变化无穷，石柱、石笋、石钟乳比比皆是，石花、石树、石瀑如美玉般流光溢彩，胜似南方的喀斯特景观。洞内还出土了五万年以前的熊、鹿、猎狗等古生物化石，为研究当地气候、地质变化提供了宝贵资料。

四、龙居卧龙山庄景区

位于龙居村望龙山顶，是省级无公害食品生产基地，更是消夏避暑的好去处。先后投资2000多万元，整修上山道路7.5公里，新平整土地500多亩，建蓄水池5000立方米。山上种植的

800亩葡萄被称为“空中葡萄园”。在海拔670米的地方开辟生活区，建有一幢综合办公楼，建筑面积3000平方米，旅游套房20套，水、电、路工程全部配套。

五、龙居大平台景区

位于龙居村南侧，景区以自然山水风光为主题，瀑布全长2.7公里，最高处43米，从山顶倾泻而下，形成一瀑九叠的壮美景观，沿途曲榭回廊、茅屋小桥、野花遍地、清凉幽静。简直有“飞流直下三千尺，疑是银河落九天”的感觉。尤其在冬天，流水像魔术师般把山石、花草、树木变幻成冰的世界，整个山谷俨然是晶莹剔透、冰清玉洁的世界，让人抛却万千尘事与烦扰，沉浸于世外仙境。景区内还有经过亿万年冲刷形成的大石盆，有保存完整的古人山寨旧居，有园林水系、奇花异石，竹木结构的生态演艺空间及休闲小屋，有郁郁葱葱的千年古树，四季常青的皇天崖、柏树岭，人们沉溺其中，流连忘返。

游客在龙居卧龙山庄赏玩（摄于2005年）

六、白沙大峡谷景区

位于白沙村西北，由界河白沙段、青峰寨、野猪圈、仙人洞及白沙寺等组成。界河白沙段形成的大峡谷呈“U”形，为世界罕见，诸多景观由12亿万年前的海底抬升，山崩地裂，激流冲蚀生成，其中蕴含的信息堪称古海洋天然博物馆。白沙峡谷随四季更替而绚丽多姿，清澈的山溪，斑斓的水石，鱼群闪闪的粼光给寂静的大峡谷添上了无限的生机。由于地处偏远，环境清幽，草木葱茏，已成为人们休闲度假的好去处，尤其受到自驾游、骑行驴友们的宠爱。

白沙大峡谷（摄于2006年）

七、龙门山庄景区

位于北水峪青山庄，2002年开始开发，2008年一期工程竣工。总投资1500万元，建有两层接待中心一座，农家小院33套，还建有观赏鱼池、垂钓池、游泳池、射猎场、拓展训练基地，可同时接待300个人就餐、120人开会、100人住宿。造林面积2000亩，栽植各种果树13万株，生态林8万余株，被省林业局评为“无公害果品生产基地”，被省妇联列为“三八”绿色工程。到龙门山庄赏千亩林海、杏花春雨，享受田野的清风，采摘纯天然的水果，在花香鸟语中品尝地道的农家菜蔬，做一回地道的乡里人。

八、九泉莲花山景区

位于坨南乡北台鱼村北，多个小山环抱，远看像一朵含苞待放的莲花，山谷幽深，环境清幽。景区以道教文化为基础，建有龙王庙、九母宫等。莲花寨为九泉莲花山的主峰，早在隋唐时期就有僧人、道士隐居修行，曾有99座庙宇，现有九母宫、龙王庙、莲花观、老母庙，以及八仙之一的曹国舅炼丹茅屋之地等残遗。山上现有《重修莲花山涌泉寺药王殿九母宫碑记》一通，碑文记载，此山原有金蝈蝈、玉白菜、聚宝盆、铁碾子、银经文等八件宝，另有九母神仙修道与此，功德圆满欲升入仙界，有九条龙从地下而出，继而涌泉为之沐浴，自此泉水从不干涸。其后，九母莲花台化成巍峨的莲花山。

第三节　特色旅游

一、航空旅游节

陵山是山坡滑翔伞项目的理想场所，年可滑翔跳伞的时间约为270天左右。1990年，空军保定飞行学院在陵山组织学员开展滑翔伞跳伞训练。受其影响，满城县、保定市乃至北京市的滑翔跳伞爱好者纷纷投入到这项运动之中，陵山逐渐发展成为培养滑翔伞运动员的训练基地。在陵山训练的保定482厂滑翔队曾两次参加全国比赛。1994年12月，中央电视台《东方时空》节目，专题报道了陵山滑翔伞跳伞情况。滑翔伞也成为陵山独特的一大旅游景观。

滑翔伞比赛（摄于2000年）

自1995年开始，先后举办全国滑翔伞锦标赛、保定市滑翔伞邀请赛、华北航空旅游节等，滑翔伞这项特色体育运动演变为满城传统的旅游节庆活动，每年有来自全国各地的滑翔伞代表队（俱乐部）组织运动员到满城参加飞行比赛或训练。

（一）"保柠杯"第七届全国滑翔伞锦标赛

1995年1月，满城县报请国家体委申请承办第七届全国滑翔伞锦标赛得到批准，锦标赛承办工作被列为1995年满城十件大事之一，成立由县长任总指挥、8名县级领导任副总指挥的筹备指挥部，下设办公室和8个筹备工作组，12个部门、7个乡（镇）、1400多人，经过56天的连续作战，顺利完成所有筹备工作。

3月16日，在保定市召开省、市新闻单位，部分市、县属企业和乡镇企业参加的新闻发布会。并在《保定市报》开辟《倒计时》栏目，在市电视台播放广告45次。河北电视台、河北经济电视台派工作人员到满城录制筹备工作的专题片。配合赛事的宣传，专门举行飞机表演、热力球、动力伞等表演。

4月29日—5月4日，"保柠杯"第七届全国滑翔伞锦标赛在汉墓景区举办。赛前举办了盛大的《满城潮》开幕式文体表演，职教中心、实验小学的学生，驻满城51032部队的战士参加表演，节目有大鼓、高跷、舞狮、武术、太平车、旱船、跑驴、大头会、团体操、军体操等，参加人员5000人，共分8场表演。国家体委中国航空运动协会悬挂伞翼滑翔运动委员会、省人大常委会的领导及各届来宾200余人参加开幕式，观众更是多达10万余人。锦标赛期间，邀请中央、省、市16家新闻单位100余人采访，共刊发稿件30多篇。组织187家企业设产品展销摊点、宣传展位，召开经贸洽谈会，签约8个项目，总投资3.7亿元，其中外商投资2.1亿元。

配合赛事的举办，专门印制一套锦标赛纪念邮封，由邮电局在大赛期间发行。锦标赛得到县内许多企业，特别是柠檬酸厂等乡（镇）企业的慷慨解囊，共筹集赞助资金50万元。

（二）"东亚杯"'96全国跳伞优秀选手冠军赛暨"满粮杯"第八届全国滑翔伞锦标赛

1996年，汉墓景区被国家体委航管中心指定为全国滑翔伞培训基地。4月27日—5月3日，在满城县举办“东亚杯”’96全国跳伞优秀选手冠军赛暨“满粮杯”第八届全国滑翔伞锦标赛。中国老促会、中国航空博物馆、空军司令部、空军六区院、保定驻军、省人大、省政协等单位的领导和代表出席开幕式。开幕式后有滑翔伞表演、飞机花样跳伞表演。跳伞者身着古装在空中表演《嫦娥奔月》《天女散花》《麻姑献寿》等，数以万计的观众观看表演，不时爆发出雷鸣般的掌声。来自江西、北京、四川等省市及解放军代表队的10支代表队，116名运动员和教练员、裁判员参加比赛。满城县男女队双获集体定点跳伞冠军。

（三）保定市滑翔伞邀请赛

1998年4月30日，“祁州陈酿”杯保定市首届全国滑翔伞邀请赛在汉墓景区举行，中国跳伞协会、中国航空协会和市、县有关领导参加开幕式，大赛由保定市体育总局主办，县文体局和文物旅游局承办。来自北京、吉林、河南、山东、河北等省市的10支代表队、60多名运动员参加比赛，赛期4天。

1999年4月30日，举办“长信杯”保定市第二届滑翔伞邀请赛暨飞机花样跳伞表演赛。比赛由保定市体委主办，满城县旅游局承办。

（四）首届华北航空旅游节

2000年4月30日—5月3日，举办首届华北航空旅游节。来自全国各地的100余名航空滑翔高手做了精彩表演。北京晚报、中国经济时报、河北电视台等9家市级以上新闻单位的记者进行系列采访报道。

（五）其他比赛

2005年5月1—7日，举办河北满城第二届滑翔伞擂台赛。2008年五一期间，举办2008全国滑翔伞俱乐部联赛第一站比赛。此次活动是保定市“迎奥运，游保定”的重要节庆活动之一。

二、金秋红叶柿子节

2002年，利用神星镇磨盘柿资源优势，在石井乡和神星镇的山环间开辟了一条生态旅游柿子沟景区。景区南自保涞路，北至南峪村东，全长18公里。沟内群山环抱，景观优美，空气清新，保持了原始的自然风貌。柿树种植面积有1.5万亩，16万多株柿树蔚然成林，年产量达1.5万吨。被誉为集观光、休闲、度假、科考于一体的中国第一条开放式生态旅游经济沟。

柿子沟远景（摄于2001年）

神星柿子沟生态旅游区分为四大功能区，即西峪文化广场区、中峪柿林休闲区、东峪精品观光区及南峪科考接待区，沟内有奶奶庙、奶奶山、金鸡山、引水渡漕、南峪双槐、千年柿树、百年柿林、抗战烈士纪念碑等多处人文自然景观，设置特色农家小吃30多家。其中，南峪双槐为景区重要景点之一，两株古槐相传有上千年树龄，其中一株树形奇特，仿佛巨龙盘卧，人称“盘龙槐”，树枝遒劲，饱历沧桑，有很高的观赏价值。

2002年9月13日，举行首届中国磨盘柿之乡满城金秋红叶柿子节（以下简称柿子节）新闻发布会，中央、省、市及香港等20多家新闻单位应邀参加。10月10日，在柿子沟西峪村入口处举办了隆重的开幕式。全国政协委员、《求是》杂志社原社长、总编辑戴舟，中国建设银行总行原行长、全国人大财经委员会委员周道炯，海军航空兵原政委赵荣璧少将，中科院院士方智远等莅临，人民日报、光明日报、经济日报、中央电视台、中央人民广播电台等全国、省、市新闻媒体的记者现场采访。柿

柿子沟秋景（摄于 2008 年）

子节从 10 月 10 日—11 月 10 日，为期一个月。其间，在柿子沟内举办了第七届神星农民诗会。

2003 年举办第二届柿子节，举办时间为 10 月 10 日—11 月 10 日。2004 年 9 月 30 日，第三届柿子节开幕，柿子节的主题：金缕玉衣的故乡——百姓生态之旅。2004 年五一旅游节庆活动期间，中央电视台一套《新闻早八点》栏目予以报道。河北电视台录制了《十一柿子沟》专题片对满城柿子沟进行报道。2005—2008 年，每年 9 月 30 日—10 月 30 日举办柿子节。

柿子沟景区陆续推出柿树认养、柿子采摘、民俗文化表演、文人采风、诗词笔会、柿王评比、摄影比赛等特色活动，再加上特色农家饭菜，游人可享尽山水、文化、美食的无穷乐趣。

附：神星柿子沟导游词节选

神星柿子沟导游词节选

我们现在经过的是一“丁”字路口，一直向东为东峪景区，向北为南峪景区，在西边山上有一个观景亭。

现在我们马上到达的是东峪景区，这里有千年以上的柿树，上百年的柿树林。满城的磨盘柿个大、汁浓、味甜，以鲜食为主，大家不妨品尝一下。食后你肯定会觉得神清气爽，回味无穷，经常食用，对身体有很大好处。柿子可以补脾、健胃、降血压、润便、止血。如果你饮酒过量，食一个柿子还可以解酒。尤其在冬季，柿子初冻，片片薄冰夹裹在浓甜的浆果中，吃起来更是清凉爽口，别有一番风味。

千年柿树王（摄于 2008 年）

朋友们，为了让我们每位游客主动参与，我们也特别推出了“柿树认养”活动。我县是河北省磨盘柿集中产区，栽培历史悠久，明朝万历年间就有记载。磨盘柿抗干旱，适应性强，易管理，产量高，经济寿命长，被群众称为“铁杆庄稼”。

前面有一条步游路，请随我前行。我们一同前去参观“百年柿林”。大家看，这片柿林树相整齐，管理规范，树龄都在百年以上，是功勋卓著的功臣树，为纪念满城第一届金秋红叶柿子节举办，专门树立了一块“百年柿林”碑。

大家随我一同往前走，请看这四株高大伟岸的柿子树，这是我县在柿子沟中选出的“柿树王”，林业部门把它们列为古树名木进行保护，悬挂了标牌，还制作了围栏。我们给它们起了四个吉祥的名字，猜一猜……对，福禄寿禧！

我们对面是金鸡山，海拔 300 多米，关于金鸡山有许多美丽的传说，传说山上有座龙王庙，奇怪的是庙中只有龙王爷爷，而没有龙王奶奶。可是距东峪西二十里的赵庄龙王庙中却供奉着两个龙王奶奶，这是怎么回事呢？据说是两个庙中的龙王爷都下棋成瘾，而且旗鼓相当不分胜负。有一天，两位龙王爷又对奕起来，各自拿老婆下赌注，为了防止对方反悔，又请出土地爷作证。两位一连下了三盘，结果东峪的龙王爷三盘皆输，只好让赵庄的龙王爷把自己的老婆领走了。从此，东峪的龙王爷整日愁眉苦脸，思念老伴，每逢天旱不下雨，东峪的人们求雨从来没有应验过，这可急坏全村的老老少少。后来终于找到了原因，龙王爷连老婆都输了，哪里还有心思管下雨不下雨？原因找到以后，每当干旱，东峪的村民们就会请出会打鸣的公鸡，每当子时三点，公鸡就伸着脖子，竖着鸡冠“呜、呜…”地喊，龙王奶奶一见人们这么虔诚，又回到了龙王爷身边。龙王爷一见到龙王奶奶，二人伤心一哭，天上的雨就下起来了。而奋力啼叫的公鸡，因用力过大鸡冠再也伸不回去了，就形成了我们现在见到的金鸡山。

沿金鸡山东南有一南屏山，巍峨秀丽，成为该村的天然屏障。山西端有一天然溶洞人称“和尚洞”，此洞神秘莫测，村民胆大者多次入洞探测，深不见底。

传说很动人，现实也很美丽。金鸡山上有许多吸引人的景点，如金鸡穗、黑风洞、阎王鼻子、龙虎井、大石人等。同时，在东峪还有许多人文自然景观和寺庙。在西侧，有一座山叫小北山，山上至今还有一座古庙，叫白衣菩萨庙。村民们有病、有灾时，都会上山烧香、许愿、祈求菩萨保佑。在东侧山上有一座蛤蟆庙，相传是一只三条腿的蛤蟆成仙之后仙居在此。庙前有一泉眼，历经多年，常流不息。传说泉水很有灵气，能治脑血栓、心脏病、眼疾等。

柿林（摄于2006年）

大家往东南看，那座最高的山峰叫大撮儿尖，古称秫秸尖，那就是满城古八景之一的玉峰耸翠。

深秋畅游柿子沟，观柿林如海，听秋虫呢喃，柿叶灿如红霞，柿果金黄剔透，一幢幢古朴的民居，一缕缕炊烟，你定会陶醉在如诗如画的田园风光中。

第四节　旅游宾馆　旅行社

一、旅游宾馆

（一）中山宾馆

位于县城中心，1999年3月开业，建筑面积9000平方米，为三星级标准旅游饭店。酒店拥有标准客房47间，商务套房4套，豪华总统间1套。餐厅、舞厅、多功能厅、会议室、停车场等配套设施齐全，西餐雅间各具特色。宴会大厅可容纳500人就餐，多功能厅可承揽200人左右的会议，还可举办卡拉OK演唱会、舞会、时装表演等。

（二）西山宾馆（财会培训中心）

位于龙潭风景区。1998年6月，由保定市财政局投资兴建，三星级，占地面积58亩，总建筑面积

1万平方米。有欧式别墅3栋、客房楼1栋。有豪华套间、三人套间、标准间。有3个会议室，1个多功能大厅和可容纳150余人同时就餐的餐厅。院内有葡萄园、柿子林、热带植物园等。

（三）远达度假村

建于1994年，由保定市远达实业有限公司、美国通用汽车、日本日产公司联合兴建。位于县城西北的龙潭风景区，风光秀美，山水如画。三星级标准。设有风格各异的中西餐厅、酒吧，可同时容纳260人就餐。有豪华套间、标准间、普通间，可接待百余名宾客下榻。有大、中、小型会议室、游泳池，有桑拿、医疗按摩、歌舞等健身娱乐项目。远达度假村连年被评为消费者信得过单位，1998年被河北省政府命名为最佳企业形象单位。

远达度假村（摄于2000年）

二、旅行社

2008年，县内有长信旅行社和燕南旅行社两家旅行社，均为国内旅行社。

（一）长信旅行社

1994年8月8日成立，隶属县旅游文物局，是具有独立法人资格的国有企业，下设外联部、接待部、导游部。长信旅行社秉承宾客至上、信誉第一的原则，立足满城，面向全国，服务社会，为游客提供行、游、住、食、购、娱于一体的综合服务。先后获得省三星级窗口单位、省消费者满意旅行社、百家消费者满意旅行社、市旅行社行业先进单位、市首批二星级诚信旅行社等荣誉称号。1994年接待游客3000人次，1998年接待游客超过1万人次，2008年突破2万人次。

（二）燕南旅行社

成立于2000年8月，是经国家旅游局批准、工商局注册的个体私营企业，具有独立法人资格。主要从事组团业务，经营业绩良好。2003年被保定市旅游局评为旅游行业先进单位。

三、主要旅游线路

（一）市内旅游线路精选

文物古迹游：参观全国四大官衙之一——保定直隶总督署、莲花池、天下第一崖墓——满城汉墓、清西陵。

品牌之旅：一山一墓一庄园，即易县狼牙山、满城汉墓、顺平王氏庄园。

休闲度假游：顺平王氏庄园、满城汉墓、科技示范园采摘、华北明珠白洋淀。

绿色生态游：满城汉墓访古、探幽，领略汉文化内涵，柿子沟品农家饭，生态园采摘。

红色之旅：清苑冉庄地道战遗址、满城汉墓、易县狼牙山、华北明珠白洋淀。

（二）周末休闲度假游

主要包括到北京，涞水野三坡、十渡，阜平天生桥，涞源白石山，石家庄天山海世界的一日游；到涞水、石家庄、承德、河南、山西、山东等地的二日游。

（三）三日游和长线游

有椰风海韵、七彩云南游，湘西风情、广西印象之旅，也有童话九寨、锦绣华东、北国风光、红色经典、新疆天池、西藏全景等特色旅游。

第五节　旅游业管理

一、旅游资源普查

1990 年 8 月，组织对县内旅游资源进行普查，普查工作的范围是县境内有旅游价值的景区、景点。普查业务小组从《满城县志》《满城地名志》《满城汉墓发掘报告》《满城县农业区划》等资料以及采访实录中搜集了大量资料和图片。1990 年年底，编写出《旅游资源普查任务设计书》，并填写完成资源卡片、旅游资源调查表等。

二、旅游规划

2001 年 11 月，聘请浙江大学亚欧旅游设计院专家对全县旅游资源进行综合评估，编制《满城县旅游产业发展总体规划》，于 2002 年 8 月通过论证评审。

2003 年 3 月，聘请河北省古代建筑研究所专家编制《满城汉墓文物保护规划》，并制定出《满城汉墓景区旅游发展整体设计方案》和《满城汉墓景区园林规划》。联系中国科学院旅游研究中心，对玉皇坨、大平台、柿子沟景区进行考察论证，制定初步开发规划。

三、管理机构

1992 年 3 月，县文物旅游局成立，隶属县政府领导。性质为正科级事业单位，内设办公室、财务股、旅游股、文物股 4 个股室，下属汉墓博物馆、综合服务部、导游服务部、文物管理所 4 个股级事业单位。1996 年，成立文物勘探队，负责全县文物勘查工作。2000 年，有职工 104 人。2005 年，有职工 135 人。2008 年，编制 18 人，实有 19 人。下属机构编制 63 人，实有 120 人。

第八章　房地产业

2002 年开始，满城县房地产业迅速发展起来。到 2008 年，全县有 14 家房地产开发公司，建成 14 个住宅小区。住房制度发生重大变革，由单位出资建房、福利分房到单位补助、住户部分出资购买、住户单独购买，家庭住房走向市场化。住房制度完成改革，福利分房被商品房所代替。设立住房公积金，2006 年开始办理个人住房贷款业务。

第一节　房地产开发

一、商品房建设

2002—2008 年，满城县房地产市场快速发展，保定市宏昌房地产开发有限公司、满城县城建房地产开发有限公司等20家房地产开发企业陆续成立。西山花园、清华在水一方、九州盛世名门、阳光诺林湾等14个商品住宅小区先后落成。2002年，房地产总投资9260万元，房屋建筑面积11.6万平方米，房屋销售面积5.5万平方米。2005年，房地产总投资4531万元，其中商品房建设投资额3459万元，土地开发投资额1072万元。房屋建筑面积39980平方米，其中住宅35134平方米，商业营业用房1996平方米；房屋销售面积30580平方米，其中住宅销售面积28584平方米，商业营业用房销售面积1996平方米。2008年，房地产开发公司实施多项开发工程。房地产总投资12707万元，其中商品房建设投资11407万元；房屋建筑面积17.8万平方米，其中住宅11.8万平方米，商业营业用房14225平方米；房屋销售面积25165平方米，其中住宅14040平方米，商业营业用房11125平方米。

九州盛世名门小区（摄于2008年）

2008年年底满城县商品住宅小区一览表

表14-8-1

小区名称	建筑面积（万平方米）	开发单位	位置
永乐园	12	满城县城建房地产开发有限公司	北平中路
永欣园	4.2	满城县城建房地产开发有限公司	广场南侧
宏昌园	7.2	保定市宏昌房地产开发有限公司	中山东路
顺德小区	5	北关村改造	北平路
宝山家园	3	保定天琴房地产开发有限公司	工业街
容和家园	6.5	保定德发房地产开发公司	燕赵街
白云公寓	1.7	满城县白云房地产开发公司	中山路
兰汀园	3	保定天方展业房地产开发公司	育才南街
九州盛世名门	6.5	保定九州房地产开发公司	西苑街
清华在水一方	8	保定清华房地产开发有限公司	西苑街
家和景苑	5.3	保定创信房地产开发有限公司	宏昌大街
西山花园	15.5	满城县图腾房地产开发公司	中山西路
阳光诺林湾	2	保定隆基泰和房地产开发公司	环城西路
京顺富景园	1.7	满城县京顺房地产开发公司	中山西路

二、房地产开发企业

2000—2002年，满城县城建房地产开发公司、保定九州房地产开发公司等企业相继成立。2008

年，县内有房地产开发企业14家，其中三级资质7家，四级资质5家，2家未定资质。2005年，房地产开发投资4531万元，新增固定资本4560万元。2008年，新增固定资本7263万元。

2008年满城县房地产开发企业一览表

表14-8-2

公司名称	成立时间	类别	资质等级	负责人	公司地址
满城县城建房地产开发有限公司	2000	开发	三级	李福胜	建设局院内
保定九州房地产开发公司	2000	开发	三级	王占秋	西苑街
保定市宏昌房地产开发有限公司	2001	开发	三级	曹爱祥	玉川路振兴胡同1号
满城县文信房地产开发公司	2002	开发	四级	刘文信	环城东路88号
保定清华房地产开发有限公司	2003	开发	三级	史清华	中山路
满城县图腾房地产开发公司	2004	开发	三级	张长久	中山路
保定新宝祥房地产开发公司	2005	开发	四级	李红旗	环城东路
保定天琴房地产开发有限公司	2005	开发	三级	刘亚琴	永乐街
保定天方展业房地产开发公司	2006	开发	四级	范国锋	育才街
满城县白云房地产开发公司	2006	开发	四级	耿喜乐	中山路
满城县京顺房地产开发公司	2007	开发	四级	白洁尘	中山路
保定创信房地产开发公司	2007	开发	三级	刘海清	宏昌大街
满城县城内房地产开发有限公司	2007	开发	暂定	陈承道	城内村
满城县春源房地产开发有限公司	2007	开发	暂定	魏春源	玉川路

第二节　住房制度改革

一、组织领导

1995年，成立住房制度改革领导小组办公室（以下简称房改办）。房改办具体负责按照国务院住房制度改革的方针、政策，制定全县房改政策；测算公有住房出售成本价格，指导有公房的相关单位的房改工作；整理管理房改档案等。2008年，根据工作需要和上级批准，房改办更名为经济适用住房和廉租房管理中心，具体负责解决低收入家庭住房困难，建设、分配廉租住房、公租房等保障性住房。

二、公房房改与住房保障

1997—2002年，通过职工出资购买公房，完成公房房改。2008年以前，全县办理房产登记的单位集资房共78万平方米（仍有部分经计委批准建设但未办理房产登记的不在统计之列），解决了城镇职工住房困难。

2008年年底，全县有直管公房3处，总面积6687.6平方米，包括红旗家属院（中山路南侧）和化肥厂家属院（环城北路北侧）及旧养老院（康家胡同），由建设局房地产管理处负责代管，产权归县政府。共完成房改房17933平方米，涉及30多处住宅，包括颐和胡同住宅楼、工业街农机公司家属院、粮种厂家属院等。

按照最低收入家庭保障范围，确定63户廉租住房保障对象，发放廉租住房补贴18224.7元，以现金补贴的方式解决了部分低收入家庭住房困难。同年，在顺德新区项目中规划配建廉租住房12套，单套面积50平方米，配建经济适用住房12套，单套面积70平方米；在阳光家园小区规划配建廉租住房30套，单套面积50平方米。

1984—2000年满城县集资建房统计表

表14-8-3

序号	名称	位置	建筑面积	建成时间
1	拔丝厂住宅楼	中山路北侧	6249	1984
2	税务局家属楼	燕赵街北段北侧	12600	1989
3	城关镇家属楼	育英胡同	2800	1989
4	林业局家属楼	北平路北侧	790	1989
5	百货8号家属楼	育英胡同西侧	1664.8	1989
6	物资局家属楼	育英胡同西侧	5360	1989
7	计生局住宅楼	振兴胡同东侧	2329.6	1990
8	建设局家属楼	振兴胡同东侧	2000	1990
9	土产公司住宅楼	育才街南段东侧	3525	1990
10	冷冻厂住宅楼	育英胡同西侧	2100	1991
11	粮食局1号家属楼	永乐街西侧	13200	1992
12	粮食局2号家属楼	永乐街西侧	—	—
13	轧花厂家属楼	一厂路中段路东	1732.8	1992
14	房管8号楼	永乐街北段西侧	3781.3	1992
15	县社家属楼	建设路南侧	5100	1992
16	经委家属楼	工业街南侧	5088	1992
17	粮食局6、7、8、9、10号家属楼	永乐街	11500	1992
18	燃料公司住宅楼	育才街南头东侧	2505	1993
19	县委住宅楼	育德胡同西侧	4002.8	1993
20	二厂家属楼	工业街西侧路南	5026	1994
21	城建公司住宅楼	玉川路南侧	5200	1995
22	粮食局14号住宅楼	中山路南侧	4622.5	1995
23	畜牧局家属楼	育才街东侧	4320	1995
24	职教中心住宅楼	建设路西侧	5300	1995

续表14-8-3

序号	名称	位置	建筑面积	建成时间
25	棉纺厂家属楼	中山西路南侧	2430	1996
26	计委家属楼	育德胡同东侧	4280	1996
27	县联社 1 号家属楼，3、4 号综合楼	中山路中段北侧	金融小区 32102	1996
28	县联社 2 号家属楼	中山路中段北侧		
29	县联社 3 号家属楼	中山路中段北侧		
30	县联社 4 号家属楼	中山路中段北侧		
31	建筑公司住宅楼	南北大街北侧	5350	1997
32	盐业公司家属楼	中山路中段北侧	2250	1997
33	建行家属楼	中山路北侧	6600	1997
34	教育局住宅楼	县师范院内	2812	1995
35	中国银行家属楼	中山路中段北侧	3660	1997
36	土地局住宅楼	永安胡同	10310	1997
37	五金公司家属楼	玉川西路南侧	5820	1997
38	实验中学家属楼	玉川东路北侧	6630	1997
39	县直机关宿舍	环城东路东侧	20077	1998
40	满城镇住宅楼	西环东侧	13486. 8	1998
41	铸石厂家属楼	中山东路南侧	39800	1988
42	城建公司 1 号家属楼	中山东路南侧	城建小区 19565	1999
43	城建公司 2 号家属楼	中山东路南侧		
44	城建公司 3 号家属楼	中山东路南侧		
45	城建公司 4 号家属楼	中山东路南侧		
46	农业发展银行 9 号家属楼	中山路东段北侧	5000	2000
47	印刷厂家属楼	印刷厂院内	4300	2000
48	人大住宅楼	中山路南侧	2470	2000
49	人行住宅楼	中山路北侧	7353. 2	2000

三、住房公积金

2005 年 11 月，根据保定市机构编制委员会办公室文件，保定市住房公积金管理中心满城管理部成立，有 6 名工作人员。2006 年开始开办个人住房贷款业务，住房公积金归集 2023 万元，为 103 户发放住房贷款 585 万元；2007 年，住房公积金归集 2181 万元，为 79 户发放住房贷款 816 万元；2008 年，住房公积金归集 2389 万元，为 459 户发放住房贷款 4663 万元。2008 年年底，保定市住房公积金管理中心满城管理部共有 8 名干部职工，内设机构有办公室、财务室、信贷科、营业厅。

第十五编　教育　科技

20世纪90年代始，满城县把教育工作同小康建设同步规划，优先发展。20世纪90年代中期，多渠道筹措资金，完成“两基”（基本扫除青壮年文盲、基本普及九年制义务教育）办学条件达标建设，并不断巩固、提高。2000年后，校校建起微机室，信息技术教育覆盖率100%。进一步优化学校布局，基本普及学前三年教育。2008年年底，全县公办中小学校120所，在校生总计48911人，教师3788人。教师学历普遍达标，多形式、多层次、配置科学、布局合理的教育体系基本形成。1991—2008年，累计向全国各地大中专院校输送合格毕业生15500多人，并且培养了大批学有所长的专业技术人才服务于当地经济。先后多次被评为省、市教育工作先进县和“两基”工作先进县，获“全国青少年爱国主义读书教育活动组织特等奖”“省教育学会先进集体”“保定市关心下一代工作先进县”等荣誉称号。

实施科技兴县战略，注重科技宣传培训和科技示范作用，聘请各级科研院所、大专院校的专家进行技术指导，建立制度，奖励在科技兴县中做出突出贡献的人员，在工业、农业等多个领域取得众多科技成果，并大力推广应用。1999年，满城县被评为“全国科技先进县”。

第一章　教　育

通过“两基”达标建设，各级教育事业取得丰硕成果。尤其在1997年，多渠道筹资6900多万元用于改善办学条件。1999—2006年，继续加大教学投入，学校信息化建设、校园环境明显提升。科研兴教、教研兴校取得优异成绩，多人次获国家、省、市奖励。以幼儿教育为主的民办教育蔚然兴起，2008年，有民办学校2所，私立幼儿园21所，其中民办中学燕南中学办学规范，是省级社会力量办学管理示范学校，成为全县中学教育的重要组成部分。

第一节　学前教育

一、发展概况

1991 年，全县各村办小学设学前班进行学前一年教育，全县有 1 所县直幼儿园，各乡（镇）未设立幼儿园。1992 年，燕赵幼儿园成立，是县内第一所私立幼儿园。1993 年年底，全县小学都设立学前班，共设有 324 所，有幼儿教师 540 人，在园幼儿11715人，幼儿教师以农村非国办在册民办教师为主。1994 年，全县开展学前班达标活动，有 178 所学前班达标。1995 年，提倡学前两年教育。各乡（镇）创办中心幼儿园，幼儿教育工作走上正轨。1997 年，早慧幼儿园成立。私立幼儿园的开办，极大地缓解了幼儿入托难的问题。1999 年之后，提倡学前三年教育。县内私立幼儿园迅速增加，有蓝天幼儿园、小天使幼儿园等 13 所。不少幼儿园除开设正常班外，还增加音乐、绘画、舞蹈等特长班。

2000 年，对幼教事业各项工作目标进行考核。县直幼儿园通过省级示范园检查验收，南韩村镇、白龙乡、石井乡、贤台乡 4 所中心园被保定市教育委员会认定为“保定市幼儿园办学达标先进单位”。在园幼儿 5907 人，教师 285 人。

2004—2005 年，幼教事业发展迅猛。2004 年，全县取消学前班，单独设立幼儿园 90 所，入园幼儿 9115 人，教师 353 人，学前三年教育普及率 91%。按照每 5000 人口 1 所幼儿园的标准，教育局对各乡（镇）幼儿园的位置进行规划，共改建幼儿园 77 所。2005 年，共有幼儿园 90 所，入园幼儿 8325 人，教师 407 人，通过省政府普及学前三年教育工作验收。

2006 年，进一步加大投入力度，按照《幼儿园一日活动评比细则》要求，改善办园条件。组织全县幼儿教育活动观摩课和幼儿体操比赛。是年，7 所幼儿园达市二类园标准，16 所幼儿园达市三类园标准。

2008 年，由县新华书店投资 1800 万元，建成县第二幼儿园。县教育局以县直幼儿园为试点，开办蒙氏教学班。是年，5 所幼儿园达市二类园标准，8 所幼儿园达市三类园标准。

2008 年，撤并幼儿园 16 所，改扩建示范园 17 所，完成自制教具 31580 余件。全县有各类幼儿园 68 所，在园幼儿 9808 人，在职幼儿教师 813 人。11 月 20 日，顺利通过保定市学前“普三”（普及三年教育）复查验收。

二、重点幼儿园

（一）满城县县直幼儿园

始建于 1959 年，1992 年重建，1993 年被评为“省级一类园”。总占地面积 2377 平方米，建筑面积 1600 平方米。全园有教职工 57 人，其中专职教师 40 人，学历达标率 100%。幼师专业 24 人，大专以上学历 49 人。共有大、中、小 3 个年龄段 12 个班，2008 年在园幼儿 480 人。

幼儿活动室宽敞明亮，设施齐全，先后引进蒙氏教育、洪恩英语、快乐音符、图画书阅读、亲子教育等特色教育教学。获得市、县教育部门授予的“教育工作先进集体”“普通话示范园”“师德建设先进单位”“法制工作先进单位”“美术教育教学先进单位”“巾帼文明岗”等一系列荣誉，并多次获得“艺术节集体一等奖”“教学活动设计评比优秀组织奖”等荣誉。

（二）满城县第二幼儿园

2001 年新华幼儿园成立，地址在玉川中路，紧邻新华书店。2004 年，通过省级一类园验收。2008 年，迁至桃园街，改称满城县第二幼儿园，民办公助。全园占地面积 13340 平方米，建筑面积 11800

平方米，建设投资1800万元，可容纳24个班级，在园幼儿710人，教职工75人。环境优美舒适，有宽敞明亮的活动室、多功能活动厅、舞蹈室、美劳室、科学探究室、感统训练室、开放式的阅读室，食堂达到保定市B级标准。基础课程包括五大领域及英语教育，特色课程包括早期阅读（经典诵读）、养成教育、感统训练、蒙台梭利教育等。先后被团县委、团市委授予“青年文明号”称号，被市教育局评为“普三工作先进集体”。

第二节　小学教育

一、发展概况

实验小学疏散演练（摄于2008年）

1991年，全县共有小学236所，学生59113人，教师2343人，各小学均建立小学生学籍档案，实行统一编学号，控制班额和计划外招生。减轻学生课业负担，提高课堂教学质量，加强学生素质教育。1996年，全县小学通过河北省普及小学六年义务教育工作验收，适龄儿童入学率99.8%，巩固率100%，小学毕业升学率100%。1999年，江城乡、大马坊乡、要庄乡的29所小学划入保定市区。2002年，满城小学建成并投入使用，学生由原满城第一高级小学全体学生和实验小学五、六年级学生构成，教师由满城第一高级小学大部分教师及实验小学部分教师构成。2003—2005年，全县小学由108所调整为101所，有学生26539人，小学教师2225人，入学率、毕业率均100%。2006年，结合农村中小学标准化建设，大册营镇夜借小学并入北宋小学，神星镇东峪小学并入南峪小学，坨南乡支锅石小学并入岭西小学，满城镇南陵山小学并入北陵山小学。2007年，全县小学共有教学班584个，在校生22119人。2008年，全县有小学100所，在校学生24148人，专任教师1925人。

二、学校管理

实验小学学生的课外生活（摄于2008年）

1997年，基础教育管理与创建星级学校相结合，评出县级规范化学校17所。1999年，全县小学配置数学、自然教学仪器，配备专用教室，开设信息技术教育课程，实现网络教学，并通过河北省普及实验教学工作验收。2000年，全县小学办学水平均上一个档次，软、硬件建设齐全，小学生入学率100%，毕业率100%，通过河北省普九第一轮复核验收。在学校管理规范化建设中，评出市级名校2所、市级规范化学校18所、县级规范化学校121所。2001年，小学英语课在全县小学推广普及。2006年11月，全县中小学顺利通过省政府教育工作综合督导评估。2007 年，进一步规范办学行为，使学校管理制度化、经常化、科学化。同年 1 月，满城小学通过市教育局教学评估验收。

2008 年，对学生实行无缝隙管理，安排专门人员对学生的学习和在校生活实施全程、全方位看护。加强国家课程计划落实，统一全县中小学作息时间，对减轻中小学学生课业负担、规范课程设置、学生在校时间、作业量和考试考核、部分教科书循环使用和校园文化建设等进行检查。

三、重点小学

（一）满城县实验小学

始建于 1986 年，是教育局直属小学。学校占地 1.1 万平方米，2008 年有 58 个教学班，学生 3851 人，教职工 167 人，专职教师 166 人，学历全部达标。有小学高级教师 138 人，其中省级骨干教师 3 人，市级骨干教师 19 人，县级骨干教师 25 人。

学校是西部教育顾问单位、全国信息化教育示范基地、河北省艺术教育示范学校、保定市名校、保定市规范化学校、保定市教育科研先导型实验学校。学校教学设施完备，有各类教学仪器、器材 6916 套件，图书 32940 册，实现图书软件微机管理。

学校校训：以廉洁、高效、团结、实干的政风，带出敬业、献身、求精、育人的教风，培养文明、守纪、勤学、进取的学风，形成求实、创新、拼搏、奋进的校风。

2006 年实验小学学生参加荷花艺术节

1996 年，编演的舞蹈《寸跷娃》获文化部群星奖优秀奖。参加第二、三、四届中国儿童音乐电视大赛，获金奖 1 个，银奖 4 个，并三度赴中央电视台演出。编演的舞蹈《草莓娃》《桃园小姐妹》获全国金童奖。1997 年 5 月，在国务院港澳事务办公室等 11 个单位联合主办的 1996—1997 迎香港回归全国少年儿童舞蹈会演上，县实验小学学生表演的舞蹈《寸跷娃》《闹春》均获铜牌。

（二）满城小学

于 2002 年 9 月建成投入使用，学校前身为具有百年校史和革命传统的满城县立第一高等小学。曾在国家党政机关担任要职的刘宁一、罗玉川、郁文、王茂臣，以及在保定二师惨案中英勇就义的曹金月都是早期的毕业生。七七事变前，学生王守敬曾出席远东运动会取得短跑第一名，荣获“国际运动会奖章”。1994 年，更名为满城第一高级小学，隶属满城镇政府管理。2001 年，县政府投资 1100 余万元，香港爱国人士邵逸夫先后投资 50 万港币、20 万人民币迁址重建，更名为满城小学，改为县教育局直属小学。学校占地 3.4 万平方米，建筑面积 1.1 万平方米，校园分为教学区、实验区和活动区。学校有 38 个教学班，在校生 2612 人，有专任教师 101 人，教师学历达标率 100%。学校招生范围为县城燕赵街以西非农业户口和城内、北关、北厂 3 个村适龄儿童以及太行监狱、冀中监狱、驻满城部队、进城务工农民子女，招生范围内常住人口约 26000 人。

学校重视素质培养，以全面提高教育教学质量为办学宗旨，以建设高素质的教师队伍为基础，以学会做人，学会求知为出发点，形成了健康、文明、创新的良好校风，先后获得“省安全文明校园”“省依法治校示范校”“省未成年人思想道德建设先进单位”“市示范小学”“市师德建设先进单位”和“市自制教具示范校”等荣誉。

附：满城第一高级小学校歌

满城第一高级小学校歌

燕南赵北此分疆，是北平保障。河流徐水，山耸太行，文化历史源流长，历尽沧桑。勤俭忠勇奋发向上，知识是我力量，是力量。团结奋进，求实开创，莫辜负山川灵秀，大地荣光。

第三节　中学教育

一、初中教育

（一）发展概况

1991年，全县有初中32所（其中国办中学6所、乡镇办中学26所），在校学生11016人，毕业率93.6%，巩固率94.5%。1997年，适龄学生入学率95.7%，辍学率1.2%。1999年，全县有初中24所，在校学生27658人，教师1605人，毕业率98.6%，巩固率97.8%。同年，江城乡中学、大马坊乡中学划入保定市区。2005年，全县有初中21所，在校学生23380人，教师1493人，毕业率97.8%，巩固率99.6%。2006年，撤并3所初中（东马中学、顺民中学并入满城镇中学，方顺桥二中并入方顺桥一中）。2006—2008年，完成满城镇中学实验楼、南韩村镇中学公寓楼和神星镇中学实验楼建设。2008年，全县有初中18所（其中国办中学1所、乡镇办中学17所），在校学生14140人，专任教师1308人。

（二）学校管理

在大册营送课下乡活动现场（摄于2008年）

1991—1996年，抓好常规管理、全面提升教育教学质量。1997年，加强教育综合改革力度，中学校长全部通过竞争上岗。1998年，确定为学校教育管理年，大力实施科研兴教、教研兴校战略。1999年，根据《满城县中小学学籍管理实施细则》，规范全县中学生的学籍，统一录入微机管理。是年，通过河北省普及实验教学工作验收。2002年，依照省教委《关于依法治理义务教育阶段学生辍学的规定》，县教育局组织力量分两次对全县初中在校生进行清查，回收流失生，使学生巩固率达98.2%。2003—2005年，全面推进素质教育，规范学校管理，大力实施教育质量升级进位工程。学校管理在抓质量、挖潜力、求突破，向精细化、严格化、规范化发展，中考成绩大幅上升。2006—2008年，加强理论建设、制度建设和基地建设，把生态校园、绿色校园纳入学校精神文明建设的总体规划，21所中小学校校园达到市级生态校园标准。

（三）重点初中

满城县实验中学建成于1990年，是由县政府投资和社会集资兴建的一所国办初级中学。学校有教学班32个，学生2100人，教职工148人，其中专任教师144人；本科学历教师120人，占教师总数的84%；高级职称教师37人，占教师总数的26%。

学校占地5.2万平方米，建筑面积1.4万平方米，绿化面积1.2万平方米。操场为300米环行跑道，有标准水泥篮球场2个，排球场地2个，器械场地1个，快乐健身园地1个。学校功能齐全，教学设施齐备。设图书室1个，藏书8万册。理、化、生实验室均按标准配备，演示实验开出率100%，学生分组实验开出率100%。校园网建设不断升级和改造，配置学生计算机室3个，有计算机240台。设教师电子备课室2个，多媒体教室38个，教师均能运用计算机教学，课时覆盖率100%，学科覆盖率100%。

学校坚持“让每个孩子都沐浴在阳光里，让每个孩子都健康快乐成长”的育人理念，以“志向高远、言行高雅、德能高强”为校训，着力凸现办学特色。历年巩固率、升学率及中考成绩都居全县第一名，在全县音、体、美各类竞赛、评比中多次获一等奖。先后被评为“省初中自主学习、自主发展教育教学改革实验学校”“省校本课程开发与实施教育实践研究实验学校”“省安全文明校园、依法治校示范校、优秀家长学校、示范家长学校”等，还获得“保定市名校”“保定市示范性初中”“保定市德育示范学校”“保定市艺术教育示范学校”“保定市绿色学校”等荣誉称号。

二、高中教育

（一）发展概况

1991年，全县有满城中学、辛章中学、岭西中学3所普通高中，在校生1664人，教师112人。2004年，满城中学集餐厅、食堂、体育馆为一体的多功能楼投入使用。2005年，辛章中学并入职教中心，岭西中学改为乡办初中，全县保留满城中学1所普通高中。当年，满城中学教学实验综合楼投入使用。高中在校学生5234人，毕业生2046人。2006年10月，满城中学塑胶操场正式投入使用，校园环境进一步绿化、美化、硬化、净化。12月20日，县委、县政府召开中、高考总结表彰暨资助寒门学子大会，奖励满城中学15万元。2007年是普及高中目标年，结合县情实际，深入调研、摸清底码、广泛征求社会各界意见，扩大招生规模，提高办学水平。当年秋季满城中学招生1701人，职教中心招生1716人，职普比例1:1。2008年，全县有普通高中1所，在校学生5739人，专任教师336人。有职业高中1所，在校学生4884人，专任教师219人。

（二）学校管理

1994年，高考实行会考制度，以“3+2”为考试形式，文科考试为“语数外+史政”，理科考试为“语数外+理化”。满城中学特长班在招收音乐、体育特长生基础上开始招收美术特长生。1999—2000年，高中教学管理工作借鉴兄弟市（县）的经验，实施“名师工程”，确定学科带头人和业务骨干，并采取请进来、走出去的措施，提高课堂教学质量。2001年，加强德育工作，配备主抓德育和法制的副校长，完善德育工作制度，多渠道多途径开展德育工作。是年，职教中心开始招收综合高中和艺术体育特长生。满城中学获“河北省优秀体育传统项目学校”“保定市首批教育科研先导型实验学校”“河北省会考优秀考点”称号。2002年，全县高中更新教学设备，建成微机室和语音室，各校联网。满城中学科技教学楼投入使用，实现教学手段现代化。是年，满城中学与燕南中学联合办学，利用燕南中学的教学设施和满城中学的师资扩大招生，使高一招生由原来的十六轨增到二十轨。满城中学被省教育厅确定为“首批自主学习、自主发展高中实验学校”。

（三）高考成绩

2004年，满城中学有毕业生1939名，总上线率93%，排名居全市第二平台第一名，被市委、市政府授予“高考先进单位”。2005年，高考本科一批上线135人，本科二批上线432人，上线率

100%，其中满城中学任宏杰同学被清华大学录取。2006 年，高考取得历史性突破，满城中学 2136 名参考学生中，上重点线人数 252 人，比上年增长 96 人，增幅 61.5%。满城县被市委、市政府授予“高考先进单位”。2007 年，本科一批上线 303 人，占考生比例的 15.7%；本刻二批上线 619 人，占考生比例的 32.1%；本科三批以上上线 1428 人，占考生比例的 74.1%；专科以上上线 1860 人，占考生比例的 96.6%。2008 年，普通高考本科一批上线 361 人，较上年增长 58 人，增幅 19.1%；本科二批上线 648 人，较上年增长 29 人，增幅 4.7%；本科三批以上上线 1452 人，较上年增长 24 人，增幅 1.7%；专科以上上线 1947 人，升学率高 93.3%。其中，应届生本科一批上线 213 人，本科二批上线 278 人。

（四）重点高中

满城中学始建于 1952 年，是河北省首批重点中学。2002 年，通过河北省示范性高中验收。学校占地 8.7 万平方米，有教职工 409 人、专任教师 347 人。其中特级教师 4 人，高级教师 80 余人，中级以上职称的共有 180 余人，并有国家级、省级、市级骨干教师多人，师资力量雄厚。74 个教学班，在校生 5000 余人。

多年来为高校输送了大批优秀人才，曾培养出省高考理科状元马玉涛；市高考理科状元严超。全国著名高等学府清华大学、北京大学、南开大学、复旦大学、浙江大学、中国科技大学都有满城中学毕业生学习或任教，并有不少因成绩突出被选派到美国、德国等地留学或进行学术交流。满城中学毕业生遍布全国各地乃至世界各地。

满城中学校园环境优美，教学设施完备，教学手段先进。近年来，共投入 5000 万元改善办学条件，每间教室都配有闭路电视、网络微机、大屏幕投影、高清晰背投等现代化教学设备。科技楼有标准的理、化、生实验室和语音室、微机室，设备先进，堪称省内一流。有男、女生学生公寓 2 栋，普通男、女生宿舍楼各 1 栋，集餐厅、食堂、体育馆为一体的多功能厅 1 个。2006 年，图书馆整修一新，重新对全体师生开放。

满城中学坚持向严格管理要质量，向勤奋刻苦要成绩的主导思想，坚持以人为本，科研兴校的办学理念，全校师生员工共同努力，教育教学质量稳步提高，每年本科二批上线率在 40%左右，均高出河北省平均上线率十几个百分点，在保定市位居上游。

1991—2008 年满城县高考状元一览表

表 15-1-1

年份	科别	姓名	录取院校
1991	文科	白雪燕	兰州大学
	理科	马玉涛	清华大学（省理科状元）
1992	文科	—	—
	理科	姜晓丽	上海军医大学
1993	文科	李新会	河北师范大学
	理科	赵学义	清华大学
1994	文科	孙亚红	武汉大学
	理科	苑震生	中国科技大学

续表15-1-1

年份	科别	姓名	录取院校
1995	文科	马文敏	中南财经大学
	理科	贾志广	复旦大学
1996	文科	杨　周	四川联合大学
	理科	王小东	北京理工大学
1997	文科	杨彩霞	河北师范大学
	理科	曹　帆	北京师范大学
1998	文科	刘大鹏	中央财经大学
	理科	李凌宇	河北工业大学
1999	文科	杨　静	天津外国语学院
	理科	严　超	北京大学（市理科状元）
2000	文科	冉晶晶	河北大学
	理科	杜　喆	中国科学技术大学
2001	文科	马　星	南开大学
	理科	袁海泉	中国科学技术大学
2002	文科	曹　珊	北京师范大学
	理科	卢国金	天津大学
2003	文科	贾明明	中国政法大学
	理科	田　庚	中国科学技术大学
2004	文科	刘会民	中国青年政治学院
	理科	吉双泽	北京航空航天大学
2005	文科	闫　尚	郑州大学
	理科	任宏杰	清华大学
2006	文科	王阿菊	兰州大学
	理科	尤　畅	中国科学技术大学
2007	文科	陈金金	中国政法大学
	理科	李　娇	南开大学
2008	文科	袁　达	厦门大学
	理科	贾　傲	北京航空航天大学

第四节　职业技术教育

一、职业技术教育学校

1991 年 7 月，满城县决定成立职业技术教育中心（以下简称职教中心），被省教委确定为首批职教中心建设校。1992 年开工筹建，1993 年 8 月投入使用，县职业高中和岭西中学职业高中班合并搬迁新址。校址在县城西南部，建有教学楼、办公楼、实验楼、综合厅、培训楼、学生宿舍楼、教职工宿舍楼和餐厅，教学设备齐全。1997 年，学校在东院建草莓研究所。2005 年，合并辛章中学，并将辛章中学设为第二校区。两个校区总占地面积 11.7 万平方米，总建筑面积 5.2 万平方米。2008 年年底，有教职工 255 人，学生 4798 人。

县职教中心送教下乡（摄于 2006 年）

2008 年 3 月，县政府将学校南侧原县物资再生利用有限公司、农机站、农机公司使用的 18.6 亩土地划归给职教中心。是年，争取到省财政厅、省教育厅职业教育实训基地经费 120 万元，引进天津市轻工职业技术学校近 30 万元的实训设备，培养了大批专业技术人才。先后被省、市政府和教育主管部门授予“教育工作先进单位”“招生就业先进单位”“阳光工程培训先进单位”等荣誉称号。2008 年，被评为“保定市思想政治工作先进集体”“保定市职业教育工作立功单位”“高考工作先进单位”。

二、职业技术培养

学校根据社会对人才的需求情况设置专业，采取校企联办、校校联办等灵活办学模式。1993 年，在开设林果、畜牧兽医 2 个专业的基础上，开始招收普通中专学生，增加幼师、农教、机械加工等专业，当年招生 582 人。1994 年，增设普师、企业管理专业，与县劳动局联办技校，开设纺织、水泥机械专业。1995 年，开设焊工、建筑等专业。1996 年，增设电子电器、拔丝电镀、餐旅服务、法律专业。1997 年，开设电算会计、医士、电工、兵役等专业，并将普师、幼师等师资类专业改招为音乐舞蹈专业。1998 年，增设汽车维修、办公自动化专业。1999 年，开设护理、计算机应用专业，同年被省教育厅认定为省级重点中等职业学校。2000

县职教中心学生实习（摄于 2006 年）

年，与保定市卫生学校联合开设社区医学专业。2001年，开始招收综合高中和艺术体育特长生，并将林果专业改招为农业科学专业。2003年，与北京工业技师学院联合开设数控加工、机电专业。2005年，与天津北洋职业学校、天津轻工职业学校联合开设数控应用技术、航空服务、现代物流等专业。同年，被教育部认定为国家级重点职业学校。2007年，在全县贫困青年中开展阳光工程免费培训活动，两期学员共120余人，在校学习40天，培训专业为电子技术应用、计算机应用、餐饮旅游服务等社会热门专业，学员培训期满后，核发职业资格证书、结业证书，并由学校安排到京津地区以及本地区的大、中型企业工作，负责跟踪服务1年。

第五节　特殊教育

一、发展概况

1997年建立县特教学校，地点在县职教中心培训楼，由职教中心代管。是年，开办1个教学班，有教师4人，学生15人，对义务教育阶段适龄聋哑、弱智儿童实施正规教育，开设数学、语文、音乐、美术、体育、思品、常识、社会、语训、微机、劳动、法制等课程，采用寄宿制，每两周上课10天，放假4天。2001年10月，学校搬迁到职教中心宿舍楼南部，设校长1人，教师9人，直属县教育局领导。学校占地1986平方米，校舍45间，教学设施齐全，设有律动室、语训室、多媒体教室、体育康复训练室、微机室、仪器实验室、图书阅览室、美术室，另有传达室、洗浴室、餐厅、男女宿舍。2006年，对教师手语能力进行提高培训，特教质量进一步提升。县政府投资2.5万元购置感通器材和康复器材、蒙氏教具。11月通过河北省评估验收。2008年，先后投资28万元对特教学校的语训室、律动室、多媒体教室以及学生生活辅助设施和校园内部设施进行更新改造，对班级教学进行班班通建设，新增微机室1个，为每位教师配备微机，购置大量图书。11月，通过省检查验收。

二、学生

2004年7月，有10名学生毕业。同年12月通过河北省普九巩固提高验收。2005年，有学生35人。毕业生5人，其中3人到保定接受初中教育，1人到保定机械有限公司工作。2006年，有学生41人，5个教学班。2008年1月，4名学生参加保定市首届残疾少年才艺大赛，获3金1银。

第六节　民办教育

一、发展概况

1990年，汇英群芳学校、聚贤学校、圣雄学校、少林寺文武职业学校和燕赵幼儿园等民办学校相继建成招生，满城的教育事业进入民办教育与公办教育互为补充、共同发展的阶段。特别是1997年7月，常月茹投资1600万元创建燕南中学，成为全县民办教育发展的一个里程碑。2001年，民办教育结构由原来的以中小学为主变成以幼儿教育为主。民办中小学校只剩燕南中学、圣雄学校和少林寺文武职业学校。而燕赵、早慧、小明星、小天使、新华等一大批幼儿园陆续建立。2003年9月，圣雄学校也停止招生。

2003年开始，严格审批手续，规范民办校（园）的管理，加大督导检查力度，取消个别资质不达标的民办校（园），并在2003年省市政府的“两基”验收中达标过关，民办教育驶入正轨。2005年，全县有民办综合性学校1所，民办初中1所，民办幼儿园18所，共145个教学班，学生3563人。2008年，对全县23所民办学校（幼儿园）进行年度办学水平评估，对存有问题的校（园），提出可行性建议并限期整改。

二、重点学校

燕南中学始建于1997年，位于县城燕赵北街，占地面积29997平方米。创建人常月茹，曾任县教育局局长、劳动人事局局长，1994年退休，满城县西龙门村人。燕南中学有2栋教学楼，1栋办公楼，2栋学生宿舍楼，1座学生餐厅，建筑面积12520平方米。有18个教学班级，学生1250人，教职工83人，其中教师58人。是省级社会力量办学管理示范学校。

2004年，投资51万元进行微机室、实验室的建设，购置实验仪器及体育器材。2005年，投资218万元建成学生公寓楼，改造学生餐厅，整修操场，更新教室和宿舍楼的门窗。2006年，投资33.8万元，增添教学仪器，加强生物实验室、电教室、图书室、美术教室和音乐教室的建设，更新供暖和上下水设备，进行全校区校舍内外粉刷和维护。2006—2008年，连续三年获县委、县政府中考优胜单位奖励。2007年、2008年，中考综合成绩、重点高中上线率居全县榜首。

三、重点幼儿园

（一）新燕赵幼儿园

原名燕赵幼儿园，始建于1992年，是满城县第一所私立幼儿园，创建人张玉梅。建筑面积530平方米，设大、中、小3个教学班，入园幼儿80人，教师6人。2002年迁址重建，更名为新燕赵幼儿园，占地面积1400平方米，建筑面积900平方米，教育教学用房齐全。以“一切为了孩子，为了孩子的一切”为办园宗旨，实行全方位的科学管理，注重幼儿素质的培养及智能开发。2008年，入园幼儿200多人，教师23人。

（二）早慧幼儿园

建于1997年，是一所全日制民办幼儿园，设施完备、环境优美、安全舒适。先后建立5个园区，总投资800万元。以“带一个孩子交一位朋友，育一颗幼苗献一片真情”为办园宗旨，全面实施五大领域教育，特别注重文明礼仪、品德教育、绘本阅读、感统训练、语言表演、音乐小叮当等方面的特色教育，倾心打造爱与尊重的幼儿教育品牌。2008年，在园幼儿近千名，教职工89人，管理及后勤人员39人，教师学历达标率100%，是满城县最大的私立幼儿园。

第七节　成人教育

一、教师进修学校

始建于1953年，位于县城东部。1978年6月，学校恢复业务工作，常月茹、王玉琪先后任校长，有专职教师5人。1983年9月，县师范学校成立，教师进修学校即与之合并，两块牌子，统一领导。县师范学校招收县内民办教师，全日制学习2年，毕业后转为国办教师。1989年，县师范学校撤销，原县师范学校的教师仍留在县教师进修学校，负责清苑师范招收的满城民办教师班的教学工作。2000年，学校建办公、教学综合楼，内设办公室、教导处、后勤处，有3个微机室、1个语音室、7个普通教室、1个可容纳390人的多媒体教室。2008年，有教职工51人。

1991—1999年，学校以小学教师学历补偿教育和提高中学教师学历培训为主，培训形式主要是举办全日制民师班，招收民办教师，学制2年。另招收中师函授班，招收民办代课教师，学制3年；电大班及三沟通（业大、函授与高教自考沟通）专科培训，招收中等专业教师，学制3年，开办中文、英语2个专业。共培训中师毕业生1813人，专科毕业生1526人。1998年，中小学教师继续教育全面展开。学校中心工作是对全县中小学教师进行全员培训、学历培训、教育行政干部培训、信息技术培训、骨干教师培训、新教师入职培训、教师应急培训。2004年9月，组织全县小学教师专业知识调研考试。2005年7月，被省语言文字工作委员会授予“创建中小学普及普通话达标县”。

2006年，自筹资金38万元添置微机、摄像机、高标准桌椅、装修多功能厅、硬化南院。开放图书馆，增订刊物，并将有关新课程培训资料面向基层学校教师开放，实现全县范围内的资源共享，为基层教师提供更全面的资源支持。2007年，学校先后选派骨干教师30人次，参加北京师范大学、省、市教委等单位组织的国家骨干教师综合教育技术、英特尔研讨会、网络安全、信息技术、中小学教师继续教育课程研修班、培训班的学习，提高教师队伍的整体素质。筹集资金45万元，对学校南楼进行室外装修，并购买电子公务系统和电大在线教育平台，为教育教学提供信息资源，以利于学员答疑解难、BBS讨论、视频学习。2008年，选派骨干教师分赴全县12个乡（镇），对全县4700名中小学教师进行业务培训，有20余人次、35篇论文在国家、省级刊物上发表，并有3名教师荣获省优秀辅导员称号。

二、电大辅导站

成立于1979年，前身是县教师进修学校电大工作站，办公地点设在教师进修学校，由教师进修学校代管，主要开设中文和英语2个专业的专科学历培训。1991—1998年，共有72名学员毕业。1998年在县政府西院独立办公，面向社会招生，开展各种形式的培训，培养出一批专业技术人才。2005年，开始实行现代远程开放教育。同年7月，与县教师进修学校合并。

三、成人学校

1991年，有乡（镇）农民技术学校25所，每个乡（镇）1所，均有专职干部、教师。245个行政村也分别建立农民文化技术学校或教学点，利用多种形式进行教学。1990—1996年，共脱盲6839人。1996年，非文盲率99.3%，比1990年提高7.8%。1997年，通过省扫盲验收，实现无盲县。

1996年，25所乡（镇）农民技术学校合并成12所乡（镇）成人学校，设立校务委员会。学校独门独院，有教室、图书室、活动场地等，并配备专职干部和专职教师，主要进行扫除科盲工作。举办果树、蔬菜、草莓、养殖、温室暖棚技术等培训班，使农民掌握一两门农业种植、养殖技术。至2001年，有1246人取得结业证书，结业率99%。

2001—2002年，组织农民进课堂、百项科技进农家、教育服务促增收活动，参培人员15.6万人次。

2005年，累计培训农村劳动力3500人次，培训回乡初、高中毕业生1700多人次。建立科技示范园45个、科技示范户500多户。

2007年，组织县职教中心涉农专业课教师送科技到田间、进农户，发放科普资料1.2万份；各乡（镇）成人学校根据农时、农事与涉农院校、涉农部门广泛联系，对农民进行培训，全年培训农民2.3万余人次。

2008年，县委、县政府按全县人口每人1元的标准，下拨38万元成人教育经费。各乡（镇）成人学校利用拨付资金改建校舍、购置教学设备和各种科技图书，成教硬件建设得到加强。深入开展周四科技活动日，开办科学养殖、种植实用技术培训 36 次，共培训农民 5000 余人次，发放科技、科普书籍 750 册，科普光盘 500 张，科技简报 144 期 2.8 万份。

四、家长学校

2004 年，全县成立家长学校指导小组，办公室设在县教育局思政体卫股。把家长学校工作纳入全县各乡（镇）、各学校年度考核目标。各学校都成立家长学校领导小组，以为国教子、以德育人为主题，开展争做合格父母、培养合格人才的双合格家庭教育宣传实践活动。每年举办家长培训 320 课时，并通过开放日、家访、电话、互联网、广播、意见箱、家长会及订阅《家庭教育》刊物等途径，使家长更多了解家教知识和子女情况，参与学校管理，实施家校配合。

2005 年，教育局对全县家长学校进行检查、验收，有 11 所被命名为“满城县示范性家长学校”。2008 年，河北省家长学校成立，全县共招收学员 300 人。

第八节　教　师

一、教师来源

1991 年，教师队伍主要由国办教师、民办教师、代课教师构成。小学民办、代课教师比例较大，初中国办教师比例较大。1992 年，根据省教委下发的《关于调整民办教师管理的通知》精神，统筹解决民办教师问题，主要通过三条途径解决民转公。一是根据上级下达的部分民转公指标，每年对民办教师进行考核、考试，对优秀者自动转为国办教师补充中小学国办教师自然减员，是谓补员。二是选招部分民办教师到县师范学校学习，通过培训学习后转为国办教师。1994—1999 年，通过以上两条途径有 749 名民办教师转为国办教师。三是另招部分民办、顶编代课教师到县职教中心学习，毕业后转为国办教师。1996—1998 年，全县 264 名民办教师通过此种途径转为国办教师。至 1999 年年底，县内 1986 年年底前参加工作的民办、代课教师全部转为国办教师，全县在编教师 4560 人。是年，因保定市区规划调整，505 名国办教师划入保定市区。2000 年以后，大中专师范毕业生不再进行分配。2003—2008 年，共聘用 78 名专科、本科、研究生到满城中学任教。

二、教师结构

1996 年，全县各类教师 4261 人，其中 40 岁以下的 2345 人，占教师总数的 55%。随着教师队伍的扩大和自然更替，中青年教师比重增加。2005 年，全县 4521 名教师中，40 岁以下的中青年教师 3254 人，占到 72%。全县教师中女教师所占比例呈上升趋势。1996 年女教师 1621 人，占各类教师总数的 38%。1999 年女教师占各类教师总数的 56%，2000 年占 59%，2003 年占 62%，2005 年占 69.8%。2008 年，全县各类教师 4693 人。

三、教师培训

（一）*学历达标培训*

1990 年，中学教师的学历合格率为 54%，小学教师的学历合格率为 92%。

1991 年，针对全县小学、初中专任教师学历达标率均低于普九标准的现状，教师进修学校对小学教师进行中师函授及电大专科培训。1993 年、1995 年，对中学教师进行三沟通两期培训。到 1997 年，小学、初中专任教师受训率 100%，学历达标率分别为 98.5%、81.0%。

1998 年，全面启动中小学教师继续教育工作。到 2000 年，全县小学有专任教师 2867 人，学历达标2865人；初中有专任教师1632人，学历达标1415人，达标率86.7%；小学校长179人，经过岗位培训177名取得合格证书；初中校长20人，经培训全部取得合格证。是年，河北师大、河北大学在满城办班，针对小学、幼儿教师开设专科班，针对初中教师开设本科班。先后招收专科学员717人，本科学员1066人，研究生15人。2003年，有小学专任教师2391人，全部学历达标；初中专任教师1730人，学历达标1608人，达标率93%；小学校长107人，经培训全部取得合格证书；初中校长18人，经过岗位培训全部取得合格证书。

2003—2006年，有3800名教师参加初级信息技术培训，参训率95%。2007年186名教师参加英特尔未来教育培训，2008年260名教师参加培训。2007—2008年，选调45名教师参加省、市组织的薄弱学科培训，组织96名音乐、美术教师参加县级培训。截至2008年年底，全县教师学历基本达标，全县教师普通话持证率100%，合格率100%。

（二）职称评定

1987年，全县国办教师参加职称评定。1989年，民办教师也参加职称评定。1990年年底，全县共有中学高级教师16人，中学一级教师233人，小学高级教师286人。

1991—1999年，全县教师初级职称的评定一直是放开评定。中、高级职称的评定，由上级下达评审指标，县教育局再向各乡（镇）分配下达评审指标。初级职称由县组织评委会评定，中级由市组织评委会评定，高级由省组织评委会进行评定。1999年年底，具有初级职称的教师有2813人，中级职称的有854人，高级职称的有47人。从2000年开始，教师职称评定工作全面放开，上级不再下达评审指标，教师只要达到评审条件都可申报评定相应职称。至2005年年底，全县初级职称的教师有2724人，中级职称的教师有1905人，高级职称的教师有171人。2007年，新评初级职称的教师有181人、中级职称的有261人、高级职称的有15人。2008年，新评初级职称的教师有58人、中级职称的有115人、高级职称的有44人。

（三）教师资格认定

1998年开始，对全县所有从事教育教学工作的教师实行教师资格认定。对1994年1月1日前在岗在编的教师实行自动过渡，通过履行申报手续，取得教师资格证书。对1994年1月1日至2002年，在岗在编的2329名教师进行首次认定。2002年以后，凡具有中师以上学历的师范类毕业生、大专以上学历的非师范类毕业生，只要政治合格、普通话达标、身体健康即可申请教师资格。非师范类毕业生在规定时间内取得教育学、教育心理学合格证书的，即可申请教师资格。2005年，有643人得到认定。2008年年底，全县教师均取得教师资格证书。

四、教师待遇

（一）工资待遇

1985年，国家工资制度改革，实行结构工资制，工资由基础工资46元、职务工资、工龄津贴（按虚年计算，每年增1元按月计发）、教龄津贴（满20年每月10元）和奖励工资22元五部分组成。1990年，县政府决定民办教师根据聘任职务实行工资兑现。即工资总额等于基础工资加职务工资，再加国办教师补助工资和津贴的二分之一，民办教师的工资待遇大幅度提高。

1991—1992年，教师工资延续1988年以来的以职务工资为主的结构工资制度。1993年，根据国家机关事业单位第三次工资制度改革精神，确定教育系统为全额事业单位，按不同工作岗位实行相应的工资制度和等级工资制，并建立长期的工资晋升机制。这一制度的实施，使全县教职工人均月工资由200多元增加到400多元。1993年后，对教职工每年进行考核。考核合格及以上，每两年晋升一档职务工资。1993—2008年，先后11次调整工资标准，全县教职工工资快速增加。

1999 年 4 月以前，局机关及局直学校的教师工资由县财政局统一拨款。各乡（镇）学校教师的工资全部由乡（镇）统筹发放。由于各乡（镇）发展不平衡，经济发展较缓慢的乡（镇）有拖欠教师工资的现象。1999 年 4 月，全县教师工资全部纳入县财政统一拨款发放。

（二）政治待遇

重视教师队伍的政治素质培养，及时吸收工作在教学第一线的优秀教师加入中国共产党。1991 年，全县教职工中有 808 名党员，占教职工总数的 24.6%。2005 年年底，全县教师中有 886 名党员，占教师总数的 22.1%，其中女党员 205 名，占党员总数的 23.1%。2008 年年底，全县教师中有党员 986 人，占教师总数的 26%，其中女党员 298 名，占党员总数的 30%。

1991—2005 年，历届县人大、政协会议均有教育界人大代表、政协委员参加。1995 年，满城中学教师林宝生被选为保定市第八届政协委员，并历任第九、第十届政协委员。2003 年，方顺桥乡决堤学校教师韩秀娟被选为保定市第十二届人大代表。

每年教师节，县委、县政府都召开全县教育系统表彰大会，对成绩突出的先进单位和先进个人进行表彰和奖励。同时，县主要领导还亲赴各校慰问教师，召开教师座谈会，倾听教师呼声，解决实际问题。1991—2008 年，全县教师队伍中受到国家级奖励的 8 人，省级奖励的 51 人。

1991—2008 年满城县教育系统省级以上优秀教师一览表（59 人）

表 15-1-2

姓名	性别	工作单位	获奖类别	表彰审批机关及时间
任景祥	男	满城中学	全国优秀教师	教育部、1991.9
贾青梅	女	实验小学	省优秀教师	省政府、1991.9
田会占	男	满城镇抱阳学校	省优秀教师	省政府、1991.9
魏文志	男	实验中学	省优秀教师	省政府、1991.9
高占林	男	职业中学	省优秀教师	省政府、1991.9
金秀领	女	于家庄乡郭村学校	省优秀教师	省政府、1991.9
殷红义	男	满城镇中学	省优秀教师	省政府、1991.9
赵锦秀	女	满城小学	省优秀教师	省政府、1991.9
李春奇	男	要庄乡小马坊学校	省优秀教师	省政府、1991.9
马兆芳	女	神星镇南峪小学	省优秀教师	省政府、1991.9
李素荣	女	南韩村镇东村学校	省优秀教师	省政府、1991.9
刘金花	女	于家庄乡郭村学校	省优秀教师	省政府、1991.9
赵胜环	女	刘家台乡西高士庄学校	省优秀教师	省政府、1991.9
刘福顺	男	大册营镇下紫口学校	省优秀教师	省政府、1991.9
张树玲	女	满城镇吴庄学校	省优秀教师	省政府、1991.9
孙凤华	女	要庄乡西庄学校	省优秀教师	省政府、1991.9
阎金伟	男	南韩村镇中学	省优秀教师	省政府、1991.9

续表15-1-2

姓名	性别	工作单位	获奖类别	表彰审批机关及时间
郝亚军	女	方顺桥乡陉阳驿学校	省优秀教师	省政府、1991.9
冯伟树	男	神星镇中学	省优秀教师	省政府、1991.9
范桂荣	女	白龙乡北东峪学校	省优秀教师	省政府、1991.9
张铁路	男	石井乡西渝河学校	省优秀教师	省政府、1991.9
阎　惠	女	坨南乡杨家庄学校	省优秀教师	省政府、1991.9
杨文国	男	满城镇顺民中学	省优秀教师	省政府、1991.9
边顺耕	男	方顺桥乡教委	省优秀教师	省政府、1991.9
王金英	女	满城镇北庄学校	省优秀教师	省政府、1991.9
张恒福	男	满城中学	省优秀教师	省政府、1991.9
刘春明	男	辛章中学	省优秀教师	省政府、1991.9
林宝生	男	满城中学	全国优秀教师	教育部、1993.9
康汉臣	男	南韩村镇西原中学	省优秀教师	省政府、1993.9
张　安	男	教师进修学校	省优秀教师	省政府、1993.9
吴建生	女	贤台乡贤台小学	省优秀教师	省政府、1993.9
曹文英	女	满城镇柳佐学校	省优秀教师	省政府、1993.9
袁振林	男	白龙乡龙门中学	省优秀教师	省政府、1993.9
张启江	男	白龙乡龙门中学	全国教育劳动模范	国务院、1995.9
赵子玉	男	满城中学	全国优秀教师	教育部、1995.9
姚淑梅	女	神星镇中学	省优秀教师	省政府、1995.9
赵淑梅	女	实验中学	省优秀教师	省政府、1995.9
刘武成	男	满城中学	省优秀班主任	省政府、1995.9
任景祥	男	满城中学	省特级教师	省政府、1997.9
黄长庆	男	满城中学	省优秀教师	省政府、1997.9
李福云	女	神星镇李佐学校	省优秀教师	省政府、1997.9
阎淑玲	女	实验中学	省优秀教师	省政府、1997.9
李福云	女	神星镇李佐学校	全国优秀教师	教育部、1998.9
赵素珍	女	实验中学	省模范教师	省政府、1998.9
刘志堂	男	满城中学	省优秀教师	省政府、1998.9
孙喜未	男	石井乡中学	省优秀教师	省政府、1998.9
陈金凤	女	职教中心	省优秀教师	省政府、1998.9

续表15-1-2

姓名	性别	工作单位	获奖类别	表彰审批机关及时间
周　伟	男	实验小学	全国艺术教育先进个人	教育部、2000. 12
黄长庆	男	满城中学	省模范教师	省政府、2001. 9
边新建	男	满城镇城东小学	省优秀教师	省政府、2001. 9
范志伦	男	满城中学	省优秀教师	省政府、2001. 9
金会敏	女	实验中学	省优秀教师	省政府、2001. 9
李素荣	女	实验小学	省优秀教师	省政府、2001. 9
严　格	女	实验中学	全国优秀教师	教育部、2004. 9
康文举	男	满城中学	省优秀教师	省政府、2004. 9
范燕鸥	女	满城中学	省优秀教师	省政府、2004. 9
罗白雪	女	实验小学	省优秀教师	省政府、2004. 9
陈宝华	男	职教中心	省优秀教师	省政府、2004. 9
方洪江	男	满城中学	全国优秀教师	教育部、2007

1991—2008 年满城县在校生和教师数量统计表

表 15-1-3　　单位：人

年份	小学		初中		高中		学生总数	教师总数
	在校生	教师	在校生	教师	在校生	教师		
1991	59113	2343	11016	826	1664	112	71793	3281
1992	60308	2313	12668	878	1856	112	74640	3303
1993	62358	2417	14772	902	1789	104	78919	3423
1994	64787	2553	16076	935	1166	104	82029	3592
1995	65319	2589	19563	1016	2974	97	87856	3702
1996	66585	2851	22995	1219	3582	100	93162	4170
1997	63672	2963	25737	1378	4062	113	93471	4454
1998	60738	3174	27639	1564	5056	200	93433	4938
1999	59764	3024	27658	1605	5001	204	92423	4833
2000	56321	2867	27543	1632	5888	210	89752	4709
2001	47658	2653	27487	1693	5673	289	80818	4635
2002	39519	2468	27407	1720	5435	315	72361	4503
2003	35423	2391	27276	1730	5109	299	67808	4420
2004	30786	2291	25446	1734	5358	334	61590	4359

续表15-1-3

年份	小学		初中		高中		学生总数	教师总数
	在校生	教师	在校生	教师	在校生	教师		
2005	26539	2225	23380	1493	5234	287	55153	4005
2006	23098	2106	17103	1530	9281	377	49482	4013
2007	22119	2034	13822	1446	9347	385	45288	3865
2008	24148	1925	14140	1308	10623	555	48911	3788

说明：此表中学生总数、教师总数不包括幼儿园和职专教师

第九节　学　生

一、学生管理

严格按照《中华人民共和国义务教育法》和省、市有关要求，在义务教育招生工作中坚决执行相对就近、划片分配、免试入学，严禁跨乡（镇）、跨区域招收择校生。

学校对学生从入学、课前、课中、课间、放学、就餐、午休、就寝8个环节实施无缝隙管理，实现目标责任无缝隙，工作程序无缝隙，监督检查无缝隙，考核奖惩无缝隙。从校门口到校内每一处场所、从课间到课上每一个环节、从入学到放学每一个时段，都安排专门人员对学生的学习和生活行为实施全程、全方位看护。

二、思想品德教育

在对学生的教育工作中，始终贯彻教书育人、管理育人、服务育人的指导思想。各学校除坚持上好政治、思想品德课外，还利用班会、每周一升旗、学习《中（小）学生日常行为守则》等形式进行养成教育。此外，组织学生观看爱国主义影片、参观红色教育基地、清明节祭扫烈士墓及开展学雷锋活动等，对学生进行爱国主义、集体主义、革命理想及传统教育；组织学生参加影响较大的公审、公判大会，或邀请公安、司法人员为学生举办预防未成年人违法犯罪讲座，培养学生的遵纪守法观念。

1995年，全县德育工作步入制度化轨道，各校定期开展文明礼仪教育、法制教育、心理健康教育及道德实践活动，学生的思想政治素质整体提高。

2001年，各校配备主抓德育和法制的副校长，加强德育工作力度。2006年开始，坚持以树立科学办学理念为核心，以特色办学为依托，以制度建设为保障，以人文环境建设为载体，以丰富多彩的校园活动为形式，推进学校的物质文化、制度文化和精神文化建设，打造具有鲜明特色的校园文化，用师生自己设计、创作的作品来装饰和美化教室、宿舍、校园，使丰富多彩的校园文化既成为学校靓丽的风景，又成为环境育人的阵地。

三、学生负担

中小学生课业负担过重的问题由来已久。20世纪90年代中后期，采取一系列措施后，学生负担有所减轻。进入21世纪后，中小学生过重负担的问题又成为焦点。2000年，强化中小学生减负规定，严格控制学生在校学习活动时间和作业总量，减轻学生课业负担；严格执行国家课程计划，开齐课程，开足课时，按照课程计划规定的周课时总量和各学科课时量安排教学，提高课堂教学质量，中小学生

从过重的课业负担中得到一定程度的缓解。但是，迫于考试、升学的压力，教师给学生留过多家庭作业、家长送孩子上各种补习班的现象屡禁难止，且有愈演愈烈之势。

第十节　普及九年义务教育

一、普九达标建设

1995年10月，县委、县政府把普九工作作为突破点，制定了两年工作目标，即1996年年底前完成普及初等教育，接受市政府验收；1997年完成普九达标任务，接受省政府验收。县政府组成以县长陈宝升为总指挥的领导班子，将工作目标详细分解到各乡（镇）村。全县上下紧密配合，集中精力、人力、物力和财力，坚持硬件从实、软件从严的原则，全面抓好落实。1996年12月底，市政府对满城县普级初等教育工作进行评估验收，认定达到合格标准。

1997年，在普级初等教育达标的基础上，顺势开展“两基”攻坚战。投资48.95万元用于成人学校建设和培训工作，当年4月通过省政府单项验收。采取“政府出一些、学校借一些、群众捐一些”等方式多渠道筹资方法，投资6938.32万元用于改善办学条件和教学环境。全县有小学、初中257所，入学率、巩固率和义务教育完成率达省定标准，中小学师资队伍达到任职要求。同年12月，通过省政府的“两基”工作评估验收，并被省、市政府评为“‘两基’工作先进县”。

二、巩固普九成果

1999年，把教育建设同小康建设同步规划，持续加大教育投入力度。当年投入资金894.84万元，增加实验室262个，仪器室91个，中小学添置教学仪器、设备9.22万（套）件，装备电化教学设施辅助课堂教学，使全县实验、教学上了一个新台阶。12月底接受省验收，被定为“实验教学普及县”。

2000年，主抓控辍保学工作。向中小学流失学生监护人、监护人所在地村委会、乡（镇）政府送达义务教育劝学书，依法清理童工，协调家庭、社会共同做好流失学生的劝返工作，使他们重新返校学习或集中培训。为防止新的流失，县教育局加强学籍管理，严格休学手续，小学、初中实行名单过渡制，控制择校生，入学率、巩固率达到普九要求。同时，特殊教育扩大招生规模和范围，配置现代化教学和康复设备，满足适龄残疾学生寄宿就读的需求。是年12月，通过省政府“两基”巩固提高第一轮复核验收，再次荣获“‘两基’工作先进县”称号。

2000年以后，教育工作重点放在中小学布局调整、信息技术教育和强化管理提高教学质量三方面。2001年4月，县政府出台《关于调整中小学布局的实施意见》，本着因地制宜、分步实施的原则，采取撤校并点、交叉办学等形式，优化教育资源配置，解决城乡之间、乡（镇）之间、校际之间资源配置不科学、教育发展不平衡等问题。到2005年，全县撤并学校94所，新建学校1所。把信息技术教育作为推进教育现代化的平台，采用分级管理分级投入、引资兴建、收费分期支付等方式购微机建网络。全县128所各级各类学校有微机3811台，建设微机室141个、电子备课室11个、语音室15个，中小学开设信息技术教育课程，并且初步实现信息技术与各学科的整合，使优质教育资源共享。全县绝大部分学校达到绿化、净化、美化、硬化的要求，功能区分布合理，校园文化品位明显提高，学校及周边治安环境得到综合治理，教学秩序井然。

2003年年底，通过省政府“两基”工作巩固提高第二轮复核验收。2004年11月，经省语言文字工作委员会验收成为“语言文字达标县”。2005 年，通过省依法治校达标县验收。2006 年 11 月 20—22 日，省政府教育督导组对满城县教育工作进行全面督导评估检查，共检查 10 个乡（镇），64 所学校，确定评估等级为合格。同时，满城县被评为“2006 年度省级教育先进县”。是年，新建微机室 11 个、多媒体教室 8 个、新增微机 1323 台、背投 188 台。新建“班班通”168 个，全县“班班通”增加到 405 个；建成满城教育城域网，121 所学校全部实现“校校通”；全县所有学校接入互联网，完成 17 所远程教育模式试点校建设；学校教学资源达 400G 以上。2 所学校通过省级现代教育技术实验校验收，8 所学校通过市级验收。

2006 年，撤销东马中学、顺民中学，并入满城镇中学。满城镇中学招生规模增至 18 轨，在校生 2697 人。2008 年，撤并部分小学。县政府投资完成全县中小学校取暖工程建设。

第十一节　教育保障

一、教育经费

（一）经费来源

教育经费的主要来源是国家财政下拨的教育事业费。政府用于教育的事业费有农村教育费附加、城镇教育费附加、勤工俭学收入以及学校的学杂费收入等。

1991 年，全县教育经费总额 1261 万元，其中国拨经费占 68.8%，农村教育费附加占 23.2%，勤工俭学收入占 1.5%，学杂费占 5.9%，其他 0.6%。1996 年，全县教育经费总额 6577 万元，其中国拨经费占 50.8%，农村教育费附加占 22.2%，学杂费占 3.9%，勤工俭学占 1.7%，其他 21.4%。2005 年，全县教育经费总额 11324 万元，其中：国拨经费占 82.8%，城镇教育费附加占 3.2%，学杂费占 11.5%，其他 2.5%。多年来，国拨经费大幅度增长，所占比重持续上升，其他部分也明显增加。2001 年后，农村教育费附加逐步消除。

2005 年 1 月，中小学财务集中收付中心启动办公。2006 年，完善收付中心的各项规章制度，确保中小学“一费制”收费政策的贯彻实施。

（二）经费使用

预算内教育经费主要用于国办教职员工开支（工资、补助、福利）、局直学校基建修缮、设备购置和公务业务费等项目。预算外教育经费支出主要包括乡（镇）中小学校基建修缮、设备购置和 2000 年之前的民办教师及代课教师工资、福利等。1991 年，预算内总支出 867 万元，预算外总支出 394 万元。2005 年，预算内总支出 9986 万元，预算外总支出 1338 万元。2006 年，预算内总支出 9390 万元，预算外总支出 2549 万元，自筹 153 万元。2007 年，预算内总支出 12640 万元，预算外总支出 2768 万元。2008 年，预算内总支出 12798 万元，预算外总支出 3262 万元，自筹 257 万元。

二、教育设施

20 世纪 90 年代，由社会各界捐资助教兴建大批学校。普及九年义务教育阶段，政府投资购置教学仪器、配置学校教学设施。2001 年，启动中小学布局调整，政府投资建设各乡（镇）中学和中心小学。2008 年，成立校园项目办公室。

1991—2008 年满城县教育设施建设一览表

表 15-1-4

年份	建设情况
1991	新建教学平房、教学楼建筑面积 3166 平方米
1992	新增教学楼建筑面积 2481 平方米
1993	增加教学平房建筑面积 1000 平方米
1994	新建教学楼 2 栋，建筑面积 4785 平方米
1995	新建教学楼 3 栋及辅助用房、教学用房，新增建筑面积 7950 平方米
1996	新建教学楼、实验楼、教师宿舍、教学用房，新增建筑面积 23015 平方米
1997	新建教学楼 8 栋、实验楼、教学平房、厕所，新增建筑面积 36332 平方米
1998	新建实验楼、教学楼、食堂，新增建筑面积 9376 平方米
1999	新建教学楼 2 栋、实验楼、教学平房，新增建筑面积 4281 平方米
2000	新建教学楼 3 栋，建筑面积 6682 平方米
2001	新建教学楼 1 栋和教师宿舍、教学平房，新增建筑面积 7574 平方米
2002	新建教学楼 4 栋及学生食堂、教学平房，新增建筑面积 18360 平方米
2003	新建教学楼 2 栋及学生宿舍、学生食堂，新增建筑面积 12860 平方米
2004	新建教学楼 2 栋及教师宿舍、学生宿舍、公寓楼，新增建筑面积 4711 平方米
2005	新建教学楼 2 栋及实验楼、教学平房、车棚，新增建筑面积 7124 平方米
2006	新建教学楼 1 栋及教师宿舍、教学平房、微机室 11 个、多媒体教室 8 个、班班通 168 个，微机 1323 台，背投 188 台
2007	新建教学楼 1 栋、宿舍楼 1 栋及教学平房，新增建筑面积 5791 平方米
2008	新建教学楼 1 栋，新增建筑面积 6127 平方米

三、教学研究

20 世纪 90 年代后，开始落实科研兴教、教研兴校的发展战略，在县、乡、校三级教研网络的基础上，建立教科研与行政领导、业务干部，与学科教研组、年级教研组，与教师、学生有机结合、协调联动的立体网络系统。主要形式有听评课、讲座报告、培训指导、教学改革实验和课题研究等。

2006 年，各项软硬件建设全部达到省定标准，通过省督导组检查验收。

1991—1996 年，主要围绕目标教学法组织教师培训，开展课堂大赛和说课活动。课堂教学由以教师为主体变为以学生为主体，教学方法上废止满堂灌，提倡启发式。1997 年，引进中央教科所“九五”科研成果——《小学语文能力整体发展》进行推广。1998 年，满城县成为全国中学语文学会读写训练实验基地，县教研室主任郄增禄被评为“省级科研先进工作者”。1999 年，县教研室实行分组包乡，开展教科研活动。2000 年，实验中学承担国家基础教育研究中心的外语听说教学改革实验课题。2001 年，实验小学成为全省第二批自主学习实验校。2002 年，满城中学被确定为省“首批自主学习、自主发展高中实验学校”，满城县被省教育厅确立为“教改实验县”。是年，满城镇中学承担中央教科所的“十五”重点课题《创新写作》的子课题《中小学生作文个性化发展》的研究。方顺桥乡方顺桥小学被中国写作学会小学作文教学研究会确定为全国小学作文教改实验校，并承担《小学作文个性化发展》的子课题研究。

2003年4—6月，在“非典”期间学生被迫停课，县教育局与县广播电视局联合开办中小学空中课堂，县教研室负责业务指导，做到一手抓“防非”，一手抓教学。

2002—2005年，全县用于教科研的经费有50余万元。先后选派骨干教师500多人次赴四川、河南、大连、青岛、承德、石家庄、保定等省市参加培训学习，县域内轮训教师2000多人次，举办中小学各学科课堂教学评优、新课程培训、复习研讨会、校本课程研究、信息技术与各学科的整合利用等一系列教科研活动。有3所学校成为市级教科研先导型学校，锤炼培养出一批名师，实验中学教师张彦芬获得国家级课堂大赛一等奖，辛章中学校长孙长录获得国家级课堂大赛二等奖。在省级以上报刊发表教学论文、文学作品共计508篇，学生作品16篇。在全国数、理、化奥林匹克竞赛中有21名学生获省级奖，73名学生获市级奖。县教研室连续10年获得市级优秀教研室、业绩突出教研室集体荣誉。

2006年，根据中考调研情况，有选择地下乡开展专题复习讲座与业务辅导15场次，召开不同类型的座谈会20场以上。开展教研活动100余次，听课在120节以上，组织参加各类学科竞赛20余次，各校上交教研室“十一五”课题20项。

2008年，县教研室获“保定市优秀教科研单位”“河北省教育学会先进集体”称号。举办青年教师数学课堂教学大赛、青年教师语文课堂教学大赛，参加市小学语文年会评优课，获二等奖。在保定市第五届音乐、美术教师基本功比赛中，满城县教师3人获一等奖，2人获二等奖，2人获三等奖。在保定市化学做课大赛中1人获二等奖。全县各学科共征集论文356篇，优质课28节，课件35件，省级参评论文95篇，市级参评论文69篇。其中28篇获省级一等奖，34篇获省级二等奖，25篇获省级三等奖，38篇获市级一等奖，20篇获市级二等奖，11篇获市级三等奖。组织开展专家引领和同伴互助两个层次的校本教研专题活动3次。

第十二节　教育管理

一、管理机构

1991—1997年，县教育局内设人事股、财务股、办公室、普教股、成职教股、教研室、督导室、招生办公室、校产办公室。1998年9月，增设纪检监察室、信访办公室、仪器站，人事股增设教育人才交流中心。2004年2月，对部分股室进行调整，撤销普教股、成职教股和信访办公室，增设教育管理股、思政体卫股和安全执法办公室。2008年，县教育局内设人事股、财务股、办公室、教研室、督导室、教育管理股、思政体卫股和安全执法办公室、招生办公室、校产办公室、纪检监察室、仪器站。有干部职工114人。

1991—1996年，县教育局下辖25个乡（镇）教委。各乡（镇）教委负责辖区学校的全面教育工作。1996年，合乡扩镇后，保留13个乡（镇）教委。1998年，变为12个乡（镇）教委。2004年2月开始，全县取消乡（镇）教委，建立12个乡（镇）中心校，乡（镇）中心校统一负责本乡（镇）各中、小学改善办学条件、教师调动、任免学校负责人、教学及教学改革等具体工作。

二、教学管理

国办学校教师的调动均由县教育局主管，乡（镇）学校教师的调动由乡（镇）教委主管。教师的奖励则由县政府、乡（镇）政府或村委会实施。1996 年，县教育局对校长队伍实行竞争上岗，提出能者上、平者让、庸者下的口号，通过竞争上岗实行校长岗位责任制、校长聘任教师制。1998—1999 年，县教育局对中小学教师实行末位淘汰制。对小学小考教学成绩全县排名末 10 位的小学校长采取免职、相关教师进行培训的措施。中学中考后 3 名校长被免职，部分教师培训。2000 年之后，实行挂牌上岗，对教师考勤考绩诸方面做出奖罚规定。2004 年，县教育局启动支教工程，每年都从县城中小学选派部分教师到师资力量薄弱的山区学校任教。2007 年，选派 23 名教师分赴石井、坨南、刘家台、白龙和方顺桥等乡（镇）支教。各学校在实行量化管理的基础上，按照相关规定实行教师聘用，与教师签订聘用合同，按照定岗、定员、定责等步骤，把教师聘用制实施到位。

1989—1990 年，引进美国教育学家、心理学家布鲁姆教学思想中的目标教学法，在部分学校实验并迅速推广。1992 年，对教师教学提出运用目标教学法的教学要求。教师上课前先备教材、备大纲、备学生，并写好教案才能进课堂。1995 年起，开展说课活动。1996 年，要求各学校要开足课时，开齐课程，对学生实行等级评价制度，教师教学由应试教育向素质教育转轨。2000 年开始，课堂教学提倡自主学习、自主发展，推动学生学习的主动性，使课堂教学变成师生互动模式，让学生成为学习的主人。2004 年，确定为教育管理年。2005 年，确定为教育管理质量年。2007 年，全面推进基础教育课程改革和教育创新，积极构建各学校之间相互学习、交流的平台。建立健全学校管理质量评价与激励机制，实施教育、教学质量的绩效管理，争创 AAAA 级管理学校。严格执行国家课程计划，大力实施素质教育。注重学生实践能力和创新精神的培养，强化质量意识，加强指导、督查与管理，切实保证课程实施过程与课程计划的一致性，严格按照课程计划规定的周课时总量和各学科课时量安排教学，控制学生在校学习活动时间和作业总量。

三、教育管理体制

1991—1996 年，实行乡（镇）教委负责制，每个乡（镇）教委设校长、教导主任、会计和出纳各 1 人。1996 年，有 13 个乡（镇）教委，各设总校长 1 人，普教、成职教、计财校长 3~4 人。

2004 年 2 月起，实行乡（镇）中心校管理体制，12 个中心校各设校长 1 人，副校长 2~4 人，乡（镇）中心校统一领导本乡（镇）的全面教育工作。全县各中小学实行校长竞争上岗，教师实行聘任制。各国办中小学均实行校长负责制。

附：1984—2008 年社会各界捐资助学情况

1984—2008 年社会各界捐资助学情况

1984—2008 年，县内外社会各界捐资助学，大力支持满城县教育事业的发展，无私捐助近千万元，兴建（修缮）18 所中小学校。

1984 年，县直各单位、驻满城太行监狱、冀中监狱捐资兴建满城镇中学，该年 10 月 1 日动工，1985 年 9 月 1 日竣工。

1989 年 4 月，全县干部职工群众及驻满城单位集资助教兴建满城实验中学，共 1531 人、143 个单位集资 126.8 万元。

1994 年，由北京老年促进会牵头，北京市海淀区工商局、海淀区私营企业协会和保定市警备区等单位和社会爱心人士共捐款 30 多万元，在龙居村修建 1 所小学，建筑面积 800 多平方米。1995 年 6 月 1 日举行落成典礼。

1994 年 7 月，保定市化纤厂、江城乡政府、县民政局、团县委、县体委及村民共同集资兴建洛沟希望小学。1995 年 6 月 1 日举行剪彩仪式。

1994 年，驻满城 51032 部队捐资 15 万元援建东龙门小学。

1995 年，赵秀兰捐资 80 多万元建石井小学教学楼，主体 3 层，总建筑面积 1200 平方米，水电暖齐全。

1995 年，社会各界捐资 30 多万元筹建石井乡协义村希望小学，10 月 20 日教学楼落成。

1996 年，石连河捐资 35 万元筹建温屯村连河小学，7 月 6 日教学楼落成剪彩。

1997 年 8 月 1 日，满城县庆丰机械厂厂长孙宝生捐资 40 万元筹建西苟村教学楼。

1997 年，由保定市政协联系，香港同胞刘慰慈为北水峪小学捐资 20 万元，建设校舍及附属设施。

1998 年，香港陈廷骅基金会投资 20 万元，兴建野里村福和希望小学，中国青少年发展基金会负责具体实施。9 月 26 日揭牌剪彩。

1998 年，中国海洋石油公司捐资 35 万元建成训口村小学，命名为中国海洋石油希望小学，9 月 28 日举行竣工典礼仪式。

1998 年 10 月 21 日，美国信孚银行出资 20 万元，在刘家台乡车厂村援建 1 所希望小学。

1998 年，中国民航华北空管局捐资 50 万元兴建南水峪希望小学。

2000 年 1 月 3 日，坨南乡农民企业家史立香投资 42 万元兴建坎下小学。

2002 年 9 月，香港爱国人士邵逸夫先后投资 50 万港币、20 万人民币援建的满城小学投入使用。

2003 年 9 月，日本西条市中国亲善交流协会副会长户田和昌为大坎下小学捐资 10 万日元（约合人民币 6200 元）。

2008 年，河北晶龙集团捐资 20 万元，兴建北赵庄村小学。

第二章　科　技

1991 年，在各乡（镇）建立农业技术综合服务站，形成较完备的县、乡科技队伍，制定政策奖励科技人才，为经济发展提供科技支撑。至 2008 年，草莓保护地栽培研究等多项科研课题获省、市奖励，研发出 4L-0.7 型谷物联合收割机、草莓酒、活性硼酸、44 二胺基磺酰替苯胺等一批新产品；预应力铸石夹套管新产品荣获国家专利；钢化玻璃，对氨基苯磺酸获市级星火一等奖。气象观测设施更加完善、先进，实现了各种气象资料的实时接收与传输，电视、电话以及多种气象服务系统为公众、领导决策、农业生产、防雷减灾、旅游等提供更加及时便利的服务。

第一节　科技队伍

一、队伍建设

1991 年，在乡（镇）建立农业技术综合服务站，增强农村一线科技实力。建成乡（镇）科委 25

个，乡（镇）农业技术综合服务站25个，配备25名科技副乡（镇）长。全县有7个县办服务组织，44个乡级服务组织，103个村级服务组织，7个民办科技服务实体。县办服务组织包括林业局林果技术服务中心、农业局农业技术服务中心、草莓服务中心、种子服务中心、农机服务中心、畜牧局畜牧兽医服务中心、县社植保农药技术服务中心；乡级服务组织包括25个乡（镇）农业综合技术服务站，13个庄稼医院和6个乡级果品市场；村级服务组织主要有村技术服务组、各类协会、研究会等。全县有专业技术人员4616人。

1992年，加强技术市场管理，繁荣技术贸易，制定《满城县技术市场管理办法》，鼓励开展多层次、多渠道、多形式的技术贸易活动。引进各类人才52人，5个乡（镇）企业引进科技贷款120万元；山区经济技术开发引进农贷指标140万元。

1994年，全县共有各类专业技术人员4418人。其中高级职称48人，中级职称893人，初级职称3477人。从研究领域看，从事自然科学研究的技术人员907人，占20%；从事社会科学研究的486人，占11%；从事教育的3025人，占69%。

1998年，对13个乡（镇）的农业技术服务站进行审核调整，核定技术人员193人；县直各部门技术综合服务组织12个，设96名专业技术人员。成立农民研究会、农民协会18个，入会人员1350人。组建科教兴山专家咨询服务团，84名中、高级专业技术人员组成10个专家咨询团，开设10条科技咨询热线电话。大力开展“百名专家富百村”活动，在市派专家的基础上，又选派10名科技人员到村服务，推动农村经济发展。

2002年，全县5200名农民达到中专水平，培养科技示范户2000多个，科技明白人3万多人。

2004年，结合草莓产业现状，成立保定市草莓产业科技专家工作站。工作站采用“专家+推广机构+农户”的工作模式，聘请北京林果所、河北农业大学的12名草莓专家组成专家团队，重点解决草莓产业中的技术难题，为农民及加工企业提供切实有效的技术服务。被列为全市6个精品站之一，被国家科技部授予“第一批星火计划示范单位”。

2005年，全县有高级职称的专业技术人员232人（教育系统除外），县乡农业技术综合服务组织378个，拥有各类专业技术人员5300多人。

2006—2008年，发挥以科技专家工作站服务模式为主体的科技服务体系和各类型的专业合作组织的作用，为全县经济又好又快发展提供科技支撑。

二、奖励科技人才

县委、县政府出台一系列优惠政策对科技人才进行奖励。1987年，制定《为知识分子办十件好事的意见》，其中包括学习业务、解决住房、就医、买粮、买煤等方面的优惠内容，为296名中年知识分子进行全面体检，召开县知识分子座谈会，制定《拔尖人才的选拔与管理办法》。1990年，制定《专业技术人员的奖惩办法》。1991年，县委、县政府出台《关于科技兴县的通知》，设立县级科技进步奖，要求各部门、各企业也要建立制度，奖励在科技兴县中做出突出贡献的人员。

第二节 科技研究与成果应用

一、科技研究

广泛开展与河北农业大学、省农林科学院、保定市草莓研究所等大专院校、科研院所的联系与合作，在工业、农业等多个领域取得众多科技成果。1985 年，成立全国第一家县级草莓研究所，先后承担草莓日光温室促成、半促成栽培，草莓土壤消毒，绿色无公害草莓栽培及联合国甲基溴替代试验等 30 项试验研究工作。其中 10 项获市级科技成果奖，2 项获省级科技成果奖，5 项获部级科技成果奖，7 项达到国内领先水平。共试验推广膜下滴灌、防虫网、黄板诱虫、秸秆生物反应堆等创新技术 20 余项。其中硫黄熏蒸防治白粉病、黄板诱杀害虫、蜜蜂授粉保果、高畦地膜节水灌溉等绿色无公害栽培技术得到全面推广。在栽培过程中，全生育期不施用化肥，只施用生物有机肥；不施用国家明令禁止的剧毒农药，只使用生物农药。所产草莓经省无公害农产品检测中心检测，硝酸盐含量均不超标，完全符合无公害标准。科技人员还与省农科院共同制作《满城草莓》《草莓日光温室促成栽培技术》《草莓无土栽培技术》三部草莓科教电视片，其中两部获省财政厅、农业厅举办的第一届农业科教电视“兴农奖”二等奖，并在中央电视台教育频道播出。

20 世纪 90 年代，县财政每年拿出 20~30 万元用于科研项目经费，2000 年以后，县政府对科研经费的拨付比例逐年递增。1991 年，省、市、县三级农业成果推广项目 20 项，取得经济效益 1798 万元；山区开发项目 12 个，办理贴息贷款 330 万元，取得经济效益 982 万元。通过省、市级鉴定验收的科技成果 16 项，其中农业科技成果 8 项、卫生科技成果 1 项、软科学科技成果 1 项、乡镇企业科技成果 6 项。2007 年，推广实施省级以上项目 2 项，分别是绿色草莓基地建设及配套技术开发、草莓新品种“石莓四号”及配套栽培技术中试与示范，其中，草莓新品种“石莓四号”及配套栽培技术示范项目，列入国家农业科技成果转化项目。

1986—2008 年满城县取得的主要科技成果一览表

表 15-2-1

项目名称	申报时间	类型	取得成果
优质草莓基地配套技术研究	1986 年	农业部项目	省科技进步三等奖
草莓保护地栽培技术研究	1992 年	省级科技攻关项目	省创业二等奖 市科技进步二等奖
草莓土壤重茬消毒技术研究	1994 年	省级科研项目	市科技进步二等奖
草莓优质生产与经营规范化技术研究	2001 年	省级科研项目	市科技进步奖
新型沼肥开发	2003 年	科技攻关	列入国家星火计划
无公害农产品配套栽培技术推广	2003 年	省科技推广项目	市科技进步二等奖
大型太阳能沼气工程处理农牧业废弃物及新型沼肥生产技术试验	2005 年	科技推广	列入科技部农业科技成果转化项目
草莓新品种“石莓四号”及配套栽培技术示范项目	2007 年	科技推广	列入国家农业科技成果转化项目

二、科技成果应用

（一）农业新品种、新技术开发与应用

20 世纪 90 年代，柿树剪枝、除虫等丰产技术的引进和推广，使满城县磨盘柿资源得以开发，效益连年增长。

1992 年，改造开发中低产田、丘陵旱薄地，柿子、雪桃、草莓、家禽、水产等管理应用先进科学技

术，经济效益显著提高，全年总效益增加561.6万元。在9个科研项目中，有7项通过市级鉴定，包括叶面宝在果菜上的应用、秸秆还田技术、杏树早期密植丰产栽培技术研究、苹果低产园改造配套技术研究、柿树丰产栽培及病虫害防治技术推广、北方香菇栽培技术研究、亩产吨粮高产稳产优化技术组合研究。

1993年，推广13项科技成果，产品创新10项，其中4个新产品通过省级鉴定。县庆丰机械厂的4L-0.7型谷物联合收割机、玉川酒厂的草莓酒填补了省内空白，开源化工厂的活性硼酸和华北染料化工厂生产的44二胺基磺酰替苯胺均填补了国内空白。9项成果获市级奖励，其中市科技进步二等奖2项，市科技进步三等奖5项，市级星火奖3项。

1995年，示范推广日光温室草莓、地芸豆保护地栽培，果树密植、早熟、丰产等新技术30项，平均每亩增产值千元。平原乡（镇）推广生物钾肥、种子包衣技术、吨良田栽培技术、棚室二氧化碳实施技术、夏玉米免耕播种、草莓无毒苗生产应用、甘薯病虫害综合防治及红肉红优良种薯等技术，良种薯每亩增收105.4元。

1998年，把草莓重茬土传病害化学防治技术作为重点，推广1万亩，防治效果95%，每亩增效2000元。

2001年，推广1项省级以上科技成果，引进转化2项先进技术，推广草莓、玉米等农业新品种5个，推广面积12万亩，新建6个草莓、枣等科技示范园区，申请专利3件。

2002年，在科技兴农战略思想指引下，兴建草莓、果树、蔬菜、冬枣等科技示范园区28个。从高校聘请专家、教授解决草莓、西瓜等种植难题，研制出草莓深加工产品——冻干草莓，打入国际市场。

2003年，实施新型沼肥省级项目，年生产新型沼肥300吨，产值390万元，利润28万元。此项目充分利用秸秆废弃物、畜禽粪便，通过大型太阳能沼气发生罐生产沼气后供附近农民生活使用，通过添加相关配料把沼液、沼渣制成营养型冲施肥与颗粒肥。

2005年，成立省级草莓科技专家工作站，引进1个草莓新品种，示范面积60亩，推广草莓综合治理丰产栽培技术1.8万亩。申请4项市级以上科技项目，其中有1项科技部农业科技成果转化项目，实现了五年来满城县国家级项目零的突破。

2006年，草莓产业被列为全市首批“一县一业一园”科技示范工程计划。草莓专家工作站被列为省科技服务网络建设项目。年内又新建3个草莓专家工作站分站，并进行挂牌认证。引进2个草莓新品种，示范推广面积2000亩，推广草莓综合丰产栽培技术3.5万亩，向部、省、市科技部门申报科技攻关课题和科技成果转化课题5项，有4项被列为省市重点支持项目，其中“万亩绿色草莓基地建设”课题，在全省20多个预选项目中，获得总分第一的好成绩。

2007年，申报9项科技支撑项目，6项获得立项支持，其中1项国家级项目，2项省级项目，3项市级项目。开发出新工艺速冻草莓、颗粒状糖水罐头、草莓果汁等6个新产品。建立3个新品种新技术试验基地（小赛新品种示范试验基地、宏源和天一草莓观光采摘示范基地）和2个育苗基地。在北宋村新建立50亩草莓新品种驯化基地，在慈家台建立20多亩新品种种苗繁育基地。进一步完善草莓专家工作站网络建设，新建8个基层服务网站，全县共有15个专家服务站。

2008年，申报4项科技项目，2项获得立项支持。《满城县草莓产业技术传播站》（河北星火计划课题）、《草莓无土栽培技术研究与示范》等科技项目通过上级验收。《山区万亩绿色草莓基地标准化开发与示范》项目通过省评审组的验收。制定绿色草莓标准化生产技术规范，引进阿尔比、温塔那、宫本等7个草莓新品种，建立5亩对比实验田，新上10个生物农药防病、四季草莓盆栽、温室双膜内保温、新基质栽培等试验、示范项目。有26个草莓综合技术服务站，新增2个农村示范点，通过传播站进行技术推广与服务。

（二）工业新设备、新技术的研发应用

1991—1995年，以科技兴工为战略目标，大力开发新技术、新产品。钢化玻璃、对氨基苯磺酸获市级星火一等奖，四轮收割机获市级三等奖。新产品不断增加，其中预应力复合铸石夹套管175、QJ20、32、40型潜水泵四种新产品通过省级鉴定。产品质量不断提高，多种产品连续获奖，硼酸锌获市级星火一等奖，精制工业氨基乙酸、小豌豆粉丝两种产品获市级星火二等奖。县铸石厂开发的预应力铸石夹套管新产品荣获国家专利，并获省名优、特新产品奖。1999年，满城县被评为“全国科技先进县”“省科普工作先进县”。2002年，全县工业企业科技创新意识增强。自筹科研开发费300万元，开发出系列新产品，取得很好的经济效益。

（三）节能减排新技术

造纸行业一直是满城工业的用能大户，自国家节能减排等环保政策实施以来，各个造纸企业在内外因素作用下不断应用节能新技术，落后老旧设备、技术和工艺逐步被淘汰。特别是2006年以来，满城县作为省政府节能减排“双三十”县，县委、县政府和众多私营造纸企业环保意识增强，把环保作为决定县内工业命运的最主要因素，加大节能减排新技术的应用。满城县吉明包装有限公司投资500万元进行燃煤锅炉节能技改，3台蒸汽锅炉全部安装热风鼓风设备、蒸汽回收机、自动化上煤煤层分离设置、蒸汽锅炉自动燃烧控制系统，实现年节原煤9750吨，节电11.58万千瓦时，年综合能耗降低6978.65吨标准煤。

从2005年开始，新建建筑均执行建筑节能强制标准，新建的住宅小区全部应用新型墙体保温材料。积极运用太阳能技术，到2008年年底，全县95%以上的城区居民、30%以上的农村居民都应用太阳能热水系统，并且在多个新建住宅小区和机关大院应用太阳能照明。

第三节　科学技术普及

一、宣传培训

1985年开始，每年组织技术人员进行继续教育。以县科技局、科协牵头，各单位联办等多种形式对科技干部进行培训。印发《科技简报》，及时提供信息、发布情况并进行培训，为群众致富找门路。1991年，举办各类科技培训65期，继续教育培训3100人，普训7.5万人次，发放技术资料3.5万份。1995年，在电视台开辟《满城科技10分钟》栏目，农、林等部门科技干部进行35期科技讲座。各乡（镇）也注重科技宣传，北台鱼乡创办《台鱼科技》进行宣传。

林业局技术人员下乡讲课（摄于2005年）

2001—2008年，每年5月第3周为科技活动周，县科技局、科协、农业局等17个单位参加。共有1463名技术人员下乡，聘请外地专家、技术人员234人次，举办各类型农业科技培训班261期，培训农民6.7万人次，技术咨询1.2万人次，发放科技资料6.8万份，推广新技术36项，农业先进技术的运用普及率90%以上，农作物良种、畜牧水产良种覆盖率95%以上，农业科技进步贡献率48%。

二、科技示范

1991年，全县发展科技示范村30个，科技示范户2850个。1992年，有科技达标乡12个，科技示范村110个，科技示范户300户。1994年，开展百名科技示范户评选活动，对在科技兴农活动中、发展“两高一优”农业中及开展农业技术创新、推广和应用科技致富的带头人进行宣传和表彰。

2002年，方顺桥小赛村建设高标准温室大棚，草莓种植规模由原来的400亩扩大到700亩。其中，温室大棚由300亩扩大到400亩，拱棚草莓由100亩扩大到300亩。采用“草莓+西红柿”连作的栽培方式，草莓年平均每亩收入1.5万元，西红柿年平均每亩收入1.2万元，合计每亩收入2.7万元，全村700亩草莓大棚年总收入1890万元。小赛村除发展绿色草莓外，还利用糯玉米秸秆发展肉牛养殖，形成“秸秆养牛、牛粪生产沼气、沼气用于大棚增温、沼渣沼液用于农业种植”的良性循环经济发展模式。

20世纪90年代末，南韩村镇段旺村开始发展无公害葡萄和绿色草莓。葡萄种植面积3000亩，兼种草莓2000亩。2007年，段旺村种植的巨峰葡萄通过省农业厅无公害葡萄认定及农业部无公害认证。2008年，段旺村葡萄种植面积4500亩。

第四节　气象观测与服务

一、气象观测

地面气象观测主要观测项目为气温、气压、空气湿度、风向、风速、草面温度、地面温度（0厘米，5厘米，10厘米，15厘米，20厘米，40厘米，80厘米，160厘米，320厘米）、降水量。满城县气象资料齐全，2007年移交省气象局气候中心。

县气象站承担的全国统一观测项目任务主要包括云、能见度、天气现象、气压、气温、空气湿度、风、降水、雪深、日照、蒸发（小型）、地面温度、浅层地温和深层地温，每天8时、14时、20时三次定时观测，向省气象台拍发区域天气加密电报。白天段定时、不定时拍发重要天气报。加密天气报的内容有云、能见度、天气现象、气压、气温、风向、风速、降水、雪深、地温、大风、冰雹等；重要天气报的内容有雷暴、大风、雨凇、积雪、冰雹、龙卷风、暴雨、初（终）霜等。

1987年以前，气象观测结果使用高频无线对讲通讯电话发报。1995年，开通远程终端，实现了气象资料的实时传输。1996年11月，开展天气预报电话“121”自动答询业务，城乡居民可以随时了解天气情况。1998年11月，开通电视天气预报，拓宽气象服务领域。1999年5月，安装VSAT地面卫星接收站，建立PCVSAT小站和以MICAPS为工作平台的业务流程，可以直接接收亚洲二号卫星传输的资料，实现了各种气象资料的实时接收，并与中国气象局、省气象局、市气象局联网，可随时接收各种气象信息。2000年1月，安装运行地面测报系统，利用X25分组交换网，对数据进行传输，实现测报业务的现代化。5月，启用雨量快速反应系统，实现雨量数据快速及时传输。10月，开通满城气象网——风云在线，气象服务实现网络化。网站为保定市首家县级气象网站。2001年7月，开通满城农业信息网。2002年12月，开通X25专线。2004年11月，开通2M宽带专线，气象信息传输达到先进水平。2005年8月，安装坨南乡区域加密自动雨量站。2006年，建立7个区域加密自动雨量站。2006—2007年，在全县范围内建成8个乡（镇）双要素自动气象站，作为奥运气象保障项目，2007年

6月5日开始试运行。2007年，研发气象预报预警短信发送平台。2008年1月1日，自动气象站开始正式运行，每分钟采集一次数据，每5分钟向省气候中心和国家气候中心传输一次资料。2008年10月，安装运行GPS水汽站。

二、气象服务

（一）公众气象服务

节、假日和高考、中考及重要活动时，及时制作、发布气象服务信息。2008年3月11日，经县政府组织，与当地网通、移动、联通三大通信运营商签订气象预报预警信息发布合作备忘录，免费向全县手机、小灵通用户发布气象预报预警信息，还在政府广场大屏幕滚动播出，加强公众气象服务。

（二）决策气象服务

2002年5月，研发决策气象服务系统，主要内容为云图资料、短期预报、3~5天预报、旬月预报、雨情快报、省内城市预报、农业气象信息、天气回顾。每日向县委办、政府办、森防办、防汛办电话报送天气预报。遇有中雨以上降水天气预报时，及时报送县委、县政府、有关部门和乡（镇），并利用电话和短信把预报内容通知县领导、部门负责人、乡（镇）领导。遇有重要天气过程时，及时制作重要天气报告，除发送到县委、县政府和有关部门外，还短信发送给县、乡、村三级领导干部和气象灾害防御责任人、气象信息员、气象协理员。

2007年，进行改版升级，使气象决策充分利用内网资源，向外网用户提供最新的云图资料、预报产品、多普勒雷达资料、闪电资料以及自动站实况资料，可以随时随地上网查阅最新气象信息、掌握满城最新天气实况。7月，在全县推广气象预报预警显示屏，并配套研发气象预报预警信息短信发送平台，把气象信息更加准确及时地发布到电子显示屏和手机服务用户。2008年，决策气象服务系统在全市推广。

（三）农业气象服务

2007年，根据全县农业生产实际，制定《满城县农业周年服务方案》，服务于全县农民。

（四）防雷减灾气象服务

1998年，成立县防雷中心，负责县城内的各种防雷工程设备、设施的设计、检测、避雷装置的年检及新建、改建等工程中的防雷设施的验收，负责雷灾事故的鉴定、防雷等工作。2002年，雷电安全管理正式纳入保定市安全生产管理范畴。2003年，雷电安全管理列入市对县安全生产考核目标。2004年4月，成立由政府副县长为组长，各相关部门为成员的防雷领导小组。组建由县、乡政府，村两委，安监，教育，卫生系统和防汛，防火，地质灾害办公室等单位组成的600余人的信息员队伍。2006年，满城县安全防雷设施检测所正式成立，主要负责防雷检测工作。

（五）旅游景区气象服务

1998—2008年，每年五一期间，县旅游局都在汉墓组织滑翔伞比赛。为做好比赛的气象保障服务工作，成立滑翔伞比赛气象保障领导小组和技术组，对气象保障服务工作做出具体安排，比赛期间派专人全程进行现场气象服务。

（六）其他气象服务

2008年起，各有关部门、学校、旅游景点、社区、乡（镇）、村等单位明确气象灾害防御责任人，及时传播气象灾害预警信息，组织气象灾害防御和上报灾情。2008年7月，举行奥运安保暨防汛应急演练，县气象局作为应急演练第一项目，利用自行研发的气象应急保障现场服务平台，调阅上游指标自动站气象要素情况及市局预报服务产品（云图、雷达图、天气预报、雨情）。

第五节　管理机构

一、科技局

1996年，县科学技术委员会改称县科技局，在编人员12人，兼管地震工作。设局长1人，副局长1人，下设办公室、农业科、工业科。

1998年，根据草莓产业发展需要，成立河北草莓良种无毒苗繁育中心，位于职教中心对过，占地面积17亩，从业人员12人，隶属县科技局管理。

2002年，县科技局编制8人，设局长1人，副局长2人，内设办公室和综合股。设地震办，明确1名副局长和1名工作人员专门负责地震办工作。同年，市地震局将县建设工程地震安全性评价和抗震设防要求管理和监督权授予县科技局。同年，建立健全防震减灾监测网络，在12个乡（镇）、社区办设立地震群测群防管理中心和1个骨干地震宏观观测点，在204个行政村和6个社区居委会设立地震群测群防站。

2004年，在原草莓良种无毒苗繁育中心基础上建立保定市草莓产业科技专家工作站，隶属县科技局管理。

2005年，成立信息产业局。隶属县科技局信息化管理领导小组办公室。2008年，县科技局内设办公室、综合股，编制8人，设局长1人，副局长1人。另挂信息产业局、地震局牌子。

二、气象局

主要从事地面气象观测、天气预报、气象服务、气象执法、防雷安全管理等工作。1991年，内设办公室、观测股、预报服务股、防雷检测股。1998年，增设法制办公室，编制6人，设局长1人。机构设置和人员编制至2008年未变。

第十六编　文　化

20 世纪 90 年代，满城县文化事业进入振兴时期。文化中心楼、电影院等一批文化基础设施相继落成，先后编辑出版《听竹斋诗选》、满城民间故事选三套集成、《满城县志》（1997 年版）、满城文学作品选（共五册）等书刊，多部作品获市委宣传部精神文明建设“五个一工程”奖和精品图书奖。消夏晚会、花会进城、元宵灯展、文化下乡等活动丰富多彩，走在省市基层文化建设的前列。1999 年，满城县被省政府命名为“全省文化先进县”，被省委宣传部、省作家协会确定为“全省唯一的群众性文学创作典型县”。1986—2010 年，先后举办九届神星农民诗会，其中第三届为全国神星农民诗会。中宣部原副部长、文化部原代部长、著名诗人贺敬之，中华诗词学会顾问晨崧等先后到满城调研，神星农民诗会在海内外影响很大，被誉为满城的品牌文化。2012 年，满城县被中华诗词学会授予“中华诗词之乡”。满城文物众多，其中汉墓出土文物就有 1 万余件。1988 年，满城汉墓被国务院定为“全国重点文物保护单位”。

第一章　文化机构与团体

满城县文化底蕴深厚，文化馆（站）、文联、图书馆、电影公司、剧场等文化机构及设施健全，坚持组织开展多种形式的文艺活动，弘扬主旋律，传承优秀传统文化，丰富城乡群众文化生活。1991 年 5 月，满城县群芳梆子剧团（始建于 1985 年，原称河北梆子戏校）解散。至此，满城县原有 2 个专业剧团（另 1 个为满城县评剧团，1985 年解散）全部解散，人员分流到县文化馆、图书馆、乡（镇）文化站等单位和学校。

第一节　文化机构

一、文化局

1984 年，县文化局从县文化教育局析出单独设立。1987 年 6 月，文联成立。1996 年机构改革中，县文化局、体委、文联合并成县文化体育局。2002 年 7 月，县文化体育局挂新闻出版局牌子。2005 年 8 月，县文化体育局挂版权局牌子。县文化体育局（新闻出版局、版权局）主管全县文化艺术事业、新闻出版和体育事业，文联保留机构名称。2006 年，县文化体育局与县教育局合并，挂文化体育局、新闻出版局、版权局牌子。

2008 年，县文化体育局有干部职工 116 人，领导班子成员 9 人，局直机关内设办公室、文化科、体育科、财务科、市场科、管理科及文化市场稽查队。下属事业单位有县文化馆、图书馆、电影公司、满城剧场、满城体育馆、业余体校。各乡（镇）均设文化站，在乡（镇）人民政府和县文化体育局指导下工作。

二、文化馆

1991 年年底，县文化馆有工作人员 18 人。1997 年 6 月，文化馆五层大楼竣工，建筑面积 2000 平方米，有 3 个 50 平方米的排练厅，1 个 180 平方米的大排练厅，1 个 20 平方米的教室。全馆工作人员 12 人，其中中级职称 4 人。内设办公室、戏剧室、音乐室、舞蹈室、微机室、录音室等。2008 年年底，有工作人员 17 人。

2005 年“国家一级文化馆”授匾仪式

20 世纪 80 年代末，县文化馆开始组织文化下乡、消夏晚会、大合唱比赛等文艺活动，走在全省基层文化建设的前列。1991—2008 年间，文化下乡 1300 余场，走遍全县各乡（镇）村，还多次到部队慰问演出。举办消夏晚会 170 场。举办 5 届神星农民诗会，培养诗歌作者近百名，在全国产生一定影响。1990 年，县文化馆被省文化厅授予“省级先进文化馆”。2002 年 6 月，县文化馆被省文化厅授予先进集体称号；7 月，省委、省政府授予县文化馆文明单位称号。2004 年 8 月，文化部授予县文化馆“国家一级文化馆”称号。2005 年 6 月，省、市文化系统负责人专程到满城举行“国家一级文化馆”授匾仪式。

三、图书馆

县图书馆源于 1950 年县文化馆设立的图书室。1990 年年底，馆藏图书 3 万册。基层图书馆（室）30 个，总藏书量 10 万册。1997 年 6 月，县图书馆新楼落成。馆舍面积 1600 平方米，内设藏书室、借阅室、综合阅览室、少儿阅览室，藏书 6 万余册，读者席位 180 多个，基本实现图书管理的自动化，成为全国文化资源共享基层示范点。2008 年，县图书馆在职人员 7 人。

四、电影公司

20 世纪 80—90 年代，电影发行放映工作进入顶峰。1988 年，县电影公司和电影院实现利润分别为11849.8元、36297.3元。1993年，县电影公司和电影院合并为电影发行放映公司，负责县内城乡电影的发行、放映工作。1997年，在电影院旧址开始筹建新电影院楼，2003年建成使用，总投资280万元，建筑面积2440平方米，设座席538位。

2001—2008年，电影发行放映公司成立德育放映“大篷车”，到乡村巡回播映。并探索与企业“联姻”的方法做好企业文化宣传，累计放映4000多场。2008年年底，电影发行放映公司有工作人员35名。

五、满城剧场

1975年5月建成使用。1986年实行自收自支，有工作人员13人，主要接待歌舞、戏曲演出。1997年，县电影院改造时剧场承担了一段时间的电影放映工作。2008年，满城剧场有工作人员29人。

六、书店

新华书店 1989年5月，新华书店新办公楼在玉川路建成，9月搬迁新址。1990年，新华书店有工作人员19人，销售额105.18万元，利税4.23万元。1992年，新华书店除经营学生教材、教辅、文学艺术、科学技术等书籍外，增加了文体用品的经营。1997年1月，开始人事、用工、分配等制度的改革，对营业厅进行改造，营业面积扩大到500平方米，图书品种增加到2万余种，全部实行开架售书，采用计算机销售管理，并与省新华书店批销中心连锁经营。主营项目有各类图书、教材、音像制品、文化体育用品，兼营冷热饮、食品、箱包等商品，销售额连年递增。1997年5月，在省新华书店系统率先实行夜间售书，《人民日报》予以报道。2000年，新华书店人事隶属省新华书店集团。同年，投资183万元建成新华书店教材仓储中心。2001年，投资90万元创办新华幼儿园（后改名为新华第一幼儿园）。2004年，在宏昌园小区开办新华第二幼儿园。同年，满城中学提供土地，新华书店投资430万元兴建一座可容纳1000名学生的公寓楼。2005年，承租毗邻新华书店的四季商业楼，扩大新华第一幼儿园。2007年，投资1800万元建设满城县第二幼儿园，2008年竣工并投入使用。2008年9月，创办满城县第一所全日制寄宿小学——新华小学。2008年，幼儿园和小学在册人数分别为1700余人和600余人，全部教职员工206人。

个体书店 1991年，全县25个乡（镇）供销社都经营图书，另有个体书店14家。之后，随着群众对读书生活向往和追求的提高，个体书店的规模和经营范围进一步扩大。早期的个体书店有惠阳厂书报亭、白云书社等。到2005年，具有一定经营规模和较大影响的个体书店有星星书店、春蕾书店、白云书店等。2008年年底，县城内有个体书店11家，业务以图书为主，兼营报刊。

第二节　文学艺术界联合会

一、协会组织

县文联下设8个协会，包括作家协会，戏剧、曲艺家协会，音乐、舞蹈家协会，书法家协会，美术家协会，民间文艺家协会，摄影家协会，电影电视家协会。1989年，文联对所属8个协会及20多个文化社团进行整顿、充实，重新修订、完善八大协会章程，颁发会员证。当年有县级会员200余人。

1990年年底，全县有省作家协会会员6人，省民间文艺家协会会员6人，中国民间文艺家协会会员1人，省戏剧家协会会员7人，中国曲艺家协会会员1人，省音乐家协会会员1人，省舞蹈家协会会员1人，省书法家协会会员3人，省美术家协会会员2人。

1991—2008 年，新增国家级会员 1 人、省级会员 25 人。2004 年 3 月，省民俗文化协会在石家庄成立，满城县 9 人为首批会员。同年，杨家佐村农民根艺家杨占平被吸收为省民间文艺家协会会员、省民俗文化协会会员，被省文联、省轻工业厅等授予“省级民间工艺美术家”称号。

2008 年，有 2 名国家级会员，46 名省级会员，8 名省民俗文化协会会员，12 个文学社团，110 名市、县级会员。

二、代表大会

1987 年 6 月 9 日，县文联成立暨首届文学艺术界会员代表大会（以下简称文代会）在县城召开，60 余位代表参会。市委宣传部、市文化局、市文联、地区文联、清苑县文联等单位的领导到会祝贺。大会通过文联章程，选举产生文联委员会及所属 8 个协会的负责人。县委书记被推选为文联名誉主席、县长被推选为特别顾问。满城县文联成立被列为当年《保定市报》十大文化新闻之一。

1995 年，第二次文代会在县城召开，选举主席、副主席各 1 人，文联委员 17 人。

1998 年 12 月，第三次文代会在县城召开，大会通过上届文联委员会工作报告，选举产生新一届主席、副主席、秘书长各 1 人，选举 21 名委员，8 名协会负责人，提出通过届内文艺发展目标。

三、主要活动

1987—1992 年，主办《柿林》，为文学性季报，共出刊 20 期。创办综合性文艺娱乐小报《大观园》，共出刊两期。

1994 年，举办大型迎春笔会，作家韩映山、渔民诗人李永鸿等莅会指导。

1995 年，举办纪念抗日战争胜利 50 周年座谈会。

1996 年 5 月，组织大型旅游宣传活动——陵山笔会，省、市文联领导及省内外知名作家、艺术家 100 多人参加，就陵山汉墓开发、宣传及旅游文化发展等进行专题研讨。

1997 年，举办迎香港回归大型书画展、诗歌朗诵会、交谊舞大赛等系列活动。

1999 年，举办“迎澳门回归”大型书画展，展出作品 100 余幅；与玉川城市信用社联办玉川笔会，《满城报》《保定晚报》刊登作品专版。省委宣传部、省作家协会把满城县确定为全省唯一的群众性文学创作先进县，还派专人到满城征集早期油印文学小报、作者来稿、活动图片等，在河北文学馆开设展室进行展览。

2002 年 6 月，老年书画研究会成立，并在首届柿子节庆典活动中举办诗会、书画笔会。

2003 年，玉川书画社、陵山书画院等书画组织相继成立，民协启动中国民间文化遗产抢救工程，对全县民间民俗文化及其实物进行摸底、调查，对相关资料、实物等予以抢救、保护。在第二届柿子节活动中，举办诗文、书画笔会，《保定晚报》刊发作品专版。

2004 年 7 月，组织部分省级会员赴刘家台、韩家佐开展生态文明建设示范村采风活动，《满城报》《保定晚报》分别刊发作品专版，并被收录在省作协编辑的图书中。8 月，与涿州、徐水等市、县共同倡导并承办保定市文联系统纪念邓小平诞辰 100 周年书画展。

2005 年，举办纪念抗日战争胜利 60 周年、红军长征 70 周年书画展览。

第三节　文艺团体

一、业余剧团

20 世纪 90 年代中后期开始，业余剧团陆续恢复、成立。1994 年，满城镇的李家佐剧团和北庄村业余剧团恢复。1996年秋，大家乐剧团成立。1997年，夕阳红艺术团戏曲队（含京剧队）成立，隶属老年（干部）协会，排练了《打渔杀家》《秦香莲》等20多出戏曲节目。2007年11月，石井映山红剧团成立。2008年，南陵山村恢复业余剧团。2009年，县文化馆成立京剧队。这些剧团人员多为附近村庄的中老年戏曲爱好者，活动形式灵活，以自娱自乐为主。

二、夕阳红艺术团

1996年，老年协会在离退休老干部自娱自乐的基础上组建夕阳红艺术团（以下简称艺术团），为业余文化团体。成立之初艺术团只有合唱队、秧歌队两个队。本着开放办团、自愿参加的原则，艺术团队伍迅速扩大。2008年，发展到包括合唱、秧歌、腰鼓、健身球、柔力球、舞蹈、曲艺、民乐、象棋、乒乓球等艺术形式的14支健身、娱乐队伍，队员近500名。

1996—2000年，艺术团团长由县老干部协会会长王育华兼任；2001年，由康增禄担任。以老有所为、老有所乐、强身健体、丰富生活、以人为本、宽松和谐为指导思想，积极组织、引导全县人民参与健康向上的文体活动，每年坚持参加花会进城、戏曲调演和县里组织的纪念活动，组织文艺演出和文化下乡。自2003年开始，每年还组织参加省市秧歌、健身球、健身操、柔力球等比赛。2005年，夕阳红艺术团戏曲队到柳家佐村演出，《人民日报》《农民日报》等媒体的记者对艺术团进行专题采访，分别以《满城“文化行”丰富了农民文化生活》《满城县新农村建设文化先行》为题进行报道。2008年12月，代表保定市参加在广西南宁举办的全国中老年健身球比赛，获得二等奖和优秀奖。至2008年，艺术团共获得国家、省市级荣誉30多个。

夕阳红艺术团的腰鼓表演（摄于2008年）

三、北庄村戏校

北庄村戏校以培养青少年为主，以雷春祥为代表的一代老戏曲爱好者一直坚守，主要教授戏曲的武功基础，许多专业剧团每年都来北庄戏校招收演员。戏校先后向全国各地专业剧团输送了很多人才，如中国京剧院的马颜超、上海京剧院的杨亚男（女）、北京京剧院的马燕燕（女）、湖北省京剧院的冉大鹏、吉林省京剧院的杨雪彬等。杨亚男主攻武旦，2005年获得中央电视台全国青年京剧演员大奖赛金奖。

第二章　群众文化

满城县群众文化活动丰富多彩，主要有消夏晚会、文化下乡、花会进城、戏曲调演和机关大合唱等。1989年举办第一届消夏晚会，走在了全省各地的前列。文化下乡持久坚持，被群众誉为满城的“乌兰牧骑”（“文艺轻骑兵”之意）。花会进城和戏曲调演成为群众春节期间的文化大餐，尤其在

1993—2005 年间，每年百余道花会同时进城表演，渲染出浓浓的喜庆氛围和年的味道。机关大合唱活动体现了团结合作、奋发向上的机关形象，树立正气，凝心聚力，传播正能量。2004 年，文化部授予满城文化馆“国家一级文化馆”称号。

第一节　消夏晚会

一、起源

1989 年，由县委宣传部、文化局主办，县文化馆承办满城县第一届消夏晚会。7 月 29 日和 8 月 5 日，县文化馆专业人员和业余文艺骨干在街心公园演出两场，收到良好社会效应。此活动比省有关部门要求组织彩色周末（消夏晚会）活动早 7 年。

二、主要活动

1990—1998 年间，除 1992 年因故停演外，每年 7 月末到 8 月末，县文化馆都组织 2~4 场消夏晚会。演员以文化馆工作人员为主。1999 年，县交通局要求并承办一场专题消夏晚会，之后，县财政局、建设局、教育局、国税局、卫生局、电力局、老干部局、计生局、新华书店、水务局、地税局、文物旅游局、公安局、金融系统等单位积极参与、承办，消夏晚会呈现出百花齐放的局面。各承办单位自己组织节目，根据宣传内容确定主题。演员有本单位的文艺爱好者，也有聘请的县内或县外的演员。2003 年，因抗击“非典”未举办消夏晚会。9 月，县老干部协会夕阳红艺术团举办 2 场演出。2004 年，承办消夏晚会的单位有 16 个，演出时间从 6 月一直延续到 9 月，历时 4 个月。2005—2007 年，消夏晚会在县剧场广场举办。2008 年，举办 10 场消夏晚会，演出地点在县新天地购物广场。消夏晚会演出面向全县广大群众，舞台全部为露天开放式舞台。每年夏季，周末看消夏晚会已成为群众生活的一部分。

2006 年县教育局举办彩色周末文艺晚会

第二节　文化下乡

一、起源

满城县的文化下乡活动开始于 1988 年秋天，是省内首家组建宣传队送文化下乡的县。每年都有 60~80 多场宣传演出，深受群众欢迎，被群众誉为活跃在满城县的“乌兰牧骑”。

二、主要活动

1991 年，县文化馆编排《社教队员下乡来》《社教活动是春天》等一组以社会主义教育为主题的文艺节目，在 25 个乡（镇）巡演，共计演出 40 余场。

1992—1998 年，以计划生育、环境保护、土地管理、公民道德建设实施纲要等为主要内容，编排《劝妈》《生男生女都一样》《街边的故事》《谁的错》等节目。1996 年，由李秀艳、杨金花演出的小品《谁的错》，获省群星奖比赛三等奖。

文化下乡演出小品《市场上》（摄于 2004 年）

1999—2000 年，配合税法宣传，编排《精打细算》《减税风波》等节目下乡演出。编排一组崇尚科学、反对邪教的文艺节目，在县内部分村宣传演出。

2004—2006 年，配合文明生态村建设，编排《街边的故事》《市场上》《新农村的新气象》《文明村的风貌》等节目。

2007—2008 年，以农村合作医疗和《中华人民共和国工会法》为主要内容进行宣传。

第三节　花会进城

一、起源

1985 年正月十三，神星乡组织 20 余道花会到县城表演。1986 年后，花会进城开始系统化，县委、县政府主管领导负责，县公安局、工商局、卫生局、建设局等部门参与，确定进城时间、集合地点、行进路线等事宜，各乡（镇）具体组织。当时，富裕起来的农民还没有大量进城打工，农闲时节积极参加文化活动，农村花会的发展处于鼎盛时期。每年约有 300 道花会进城，集合地为玉川路、育才街交汇处，当首发花会到达古城街时，后边的还在出发地集结，前后绵延 2000 余米，表演的队伍蔚为壮观。

2007 年春节花会表演

二、主要活动

1991 年，组织 3 部彩车到保定市参加庆祝军民共建 10 周年活动。1993—1997 年，元宵节花会进城时间从正月十一到正月十四，时间和天数不确定。1998—2002 年，花会进城时间固定在正月十三。2003 年，因“非典”停止花会进城活动。2004 年，进城花会有 100 多道，从实验中学集合，沿玉川路到剧场，再南行至人民广场表演。河北广播电台、保定日报、保定晚报、保定电视台的记者进行采访报道。

2006年，因北京密云灯展发生踩踏事故，上级要求尽量不再搞大型集会活动。2007—2008年，仅允许满城镇组织不超过20道花会象征性地进行踩街活动。

第四节　戏曲调演

一、起源

满城是传统戏曲之乡，人们喜爱老调、评剧、河北梆子、京剧等剧种。中华人民共和国成立后，县内业余剧团纷纷组成，元宵节期间举办过几次戏曲调演，1957—1961年停止。1962年元宵节期间，在县城东城墙北侧残垣处用芦席搭成坐南朝北的戏棚，举办自编的现代戏剧会演。戏曲调演成为一种春节习俗一直延续下来。

二、主要活动

1991—1995年，戏曲调演活动一度中断。1996年元宵节期间得到恢复，在街心公园搭建戏台为群众演出。演出单位是以夕阳红艺术团为主的业余剧团。2003年，在北平农贸市场西侧搭建舞台进行戏曲调演。2004—2008年，在新天地购物广场搭建舞台，组织全县戏曲调演。

2006年戏曲调演，夕阳红艺术团演出河北梆子《金水桥》

第五节　机关大合唱

一、起源

1989年国庆前夕，为纪念中华人民共和国成立40周年，满城县组织一场文艺演出，除舞蹈、独唱、戏曲清唱等节目外，还组织3支合唱队进行大合唱表演，一支是从各系统抽调文艺爱好者组成的机关联队，一支是由离退休老干部组成的老干部合唱队，另一支是文艺系统本身组织的合唱队，每支队伍40人以上。这些合唱队的出现，为以后大合唱的发展奠定了基础。

二、主要活动

1991年纪念建党70周年之际，成立了老干部合唱队，参加市委宣传部主办的庆祝建党70周年卡拉OK革命歌曲大奖赛，获得三等奖，后追授特别奖。

1995年9月30日，为纪念抗日战争胜利50周年，县委、县政府组织机关大合唱比赛，共有15支合唱队进入决赛。县建设局的赵长顺、实验小学的孙坚获得组委会为他们特设的指挥奖，由70位年龄在60~80岁的老干部组成的老干部合唱团（队）获得特别奖。

2001年老干部合唱队参加庆祝中国共产党成立80周年大合唱比赛

1996年，县国税局组成合唱团参加市国税系统纪念红军长征胜利60周年的演出。

1999年10月1日，县委、县政府组织机关大合唱比赛，隆重纪念中华人民共和国成立50周年，共有21支代表队参加比赛。

2001年7月1日，举办庆祝中国共产党成立80周年大型纪念活动，机关合唱排在各项活动之首。初赛后，22支代表队进入决赛。能容纳1600人的演出大厅座无虚席，《东方红》《唱支山歌给党听》《没有共产党就没有新中国》等歌曲表达了全县人民对党的深情厚谊。

2006年大合唱比赛

2002年11月，县委组织庆祝党的十六大胜利召开合唱会，县委书记、县长等县领导参加的机关联队，教育局合唱队，老干部合唱队等参加演出。驻满城部队38军坦克团、驻满城武警也组织合唱队参加。

2004年，举办庆祝中华人民共和国成立55周年"红盾杯"大合唱比赛。县委宣传部、县文化体育局主办，县工商局协办，县文化馆承办。

2005年，举办纪念抗战胜利60周年大合唱比赛。

2006年，举办纪念红军长征胜利70周年大合唱比赛。

第三章　文学艺术

20世纪80年代末至2008年，满城文学艺术界创作处于高潮阶段，先后在各级报刊发表作品2000余篇（幅），出版《小城故事多》《燕赵居笔记》《山茉莉》等文艺书籍和《保定人物名典》《燕南赵北翰墨香》等大型辞书、书画集，创作《老两口逛满城》《池塘边上》《永不消失的彩霞》等文艺作品，荣获多项奖励。多次举办大型笔会、座谈会、书画展等。县委宣传部组织全县的报刊发行工作，报刊征订的数量和种类逐年增加。

第一节　文学创作

一、诗歌创作

以农民诗人张志明为代表，满城县诗歌创作走在了全国前列。张志明是寺角村农民，1986 年倡导发起第一届神星农民诗会，1987 年组织第二届神星农民诗会，1988 年的第三届神星农民诗会扩大到全国，在全国引起轰动。《人民日报》《光明日报》、中央人民广播电台等媒体纷纷给予报道。1999 年，张志明的近 30 首诗歌编入《河北 50 周年诗歌大系》。2002 年，张志明的 20 余付楹联编入《河北省风景名胜楹联汇编》。2004 年，张志明创作的长诗《长天中永不消失的彩霞》获保定市会演一等奖。2002 年，中宣部原副部长、文化部原代部长、著名诗人贺敬之专门到满城考察，之后，专门题写张志明的一句诗寄赠。

河北大学中文系博士生导师、杜甫研究会副会长韩成武这样评论他的诗："他的心中装着一幅理想的蓝图，用这幅蓝图对照现实，对其光明则倾心歌唱，对其缺憾则大声疾呼，无论歌唱与疾呼都在追求真善美，都是爱国爱民的生动乐章。"观看现代戏《焦裕禄》后，张志明写了长篇现代诗《人民呼唤你》，用诗的语言回顾了焦裕禄体察人民疾苦，为兰考的风沙治理鞠躬尽瘁的伟大一生，诗中写道："你身后一行笔直的脚印/随着你的心律阵阵痉挛/……登上沙丘/构成一座浮雕/金石般的身躯/标高兰考风景的起点"……而面对现实，人民之所以呼唤，是因为"那位领导的门前"出现了"携着山珍海味的长队"，是因为"有人撸取国徽上的麦粒/换来'皇冠'"。韩成武这样评论"张志明先生的诗作唱出了时代的最强音！"2005 年，张志明组织创建抱阳山诗词楹联学会，在他的努力下，2012 年，满城县被中华诗词学会授予"中华诗词之乡"称号。

1991—2008 年，200 多名诗词作者创作诗词 2 万多首，在各级报刊发表 2000 多首。代表诗作有《伯乐相驴》《黄牛》《人民呼唤你》《灵山龙母宫》《抱阳山》（上述诗歌作者为张志明）。1993 年，李德顺出版诗集《七彩虹》；1995 年，张志明出版诗集《听竹斋诗选》；1996 年，荷馨出版诗集《昙花一现》；1998 年，吕金波出版诗集《沙海玉川》。

二、小说创作

任新安，东辛章村人。保定市作家协会理事；河北省文学院第九届、第十届签约作家，是 30 余名签约作家中唯一的农民。主要致力于农村题材及反映社会底层人物生活的中短篇小说创作。任新安创作的小说《国徽》荣获 2007 年中国（浙江）廉政小小说大奖赛优秀奖等二十余种奖项；先后在《延河》《广西文学》《鸭绿江》《天津日报・文艺周刊》《星火・中短篇小说》《海燕・中短篇小说》《南方文学》《农民文学》《鹿鸣》《岁月》《辽河》《荷花淀》《青少年文学》《中国电影报》《河北农民报》《河北法制报》《中国农村》等 30 多种文学报刊发表中、短篇小说及诗歌、散文 60 余万字。有中短篇小说及诗歌散文入选《杂文选刊》《2008 年值得中学生珍藏的 100 篇小小说》《读友》《保定作家中短篇小说选》等 20 余种选刊和文集。

吴宝军，笔名浩渺，尉公村人。县文联秘书长，涉猎广泛，在小说、散文、收藏、辞书等方面均有成就，作品多次获保定市委宣传部"五个一工程"奖。1992 年，出版《浩渺短篇小说集》；1993 年，出版笔记小说集《燕赵居笔记》。1998 年，编辑出版《赵秀兰之歌》。2000 年，吴宝军被省文联、省民协授予"全省十佳文艺家"称号。同年，加入中国民间文艺家协会。2001—2003 年，《保定晚报》

开辟“燕赵居短札”专栏，吴宝军先后刊发近10万字。2003年，获省民间文艺先进工作者称号。

2006年，县政协编辑的满城文学作品选《小说卷》中收录57名满城籍或在满城工作过的作家、文学爱好者的长篇小说节选、中篇及短篇小说102篇。

三、散文创作

县内散文作者较多，1991—2008年以《满城报》为载体，在各级报刊发表散文千余篇。1993年，县文联出版全县百余位作者作品的文集《小城故事多》。1995年、1999年，刘广郁先后出版散文集《山茉莉》《心灵之旅》，《心灵之旅》获保定市委宣传部首届精神文明建设“五个一工程”奖。1999年，吴宝军出版散文集《轻轻对你说》。任新安创作的散文《背影》获《人民文学》2008年全国“背影”同题散文征文优秀奖；散文《怀念鱼》获河北作家协会2008年“我与环境”征文奖；散文《在那遥远的地方》获《打工文学》（深圳）2008年《风雨同舟·大爱有声》有奖征文优秀奖。2006年，县政协编辑的满城文学作品选《散文卷》中共收录123名作者的236篇散文。2008年，雷敬出版《秀兰情怀》。

四、辞书编辑

1998年，出版《保定人物名典》（吴宝军主编）。1999年，《保定人物名典》获得中共保定市委宣传部首届精神文明建设“五个一工程”奖。2001年，出版大型人物辞书《保定当代英才》（吴宝军主编），全书60余万字，集中展示了中华人民共和国成立50年来保定市涌现出的英雄模范、专家、学者3000余人。2002年，《保定当代英才》获得保定市委宣传部精神文明建设“五个一工程”奖、“保定市2002年度文艺精品奖”。

第二节　艺术创作

一、书画

1994年，文联举办大型“迎春笔会”，作家韩映山、渔民诗人李永鸿等莅会指导。1996年5月，文联组织陵山笔会，省、市文联领导及省内外知名作家、艺术家100多人与会，就陵山汉墓开发、宣传及旅游文化发展等进行专题研讨，创作了大量诗文、书画作品。1999年，县文联举办“迎澳门回归”大型书画展，展出作品100余幅。与玉川城市信用社联办玉川笔会，《满城报》《保定晚报》刊发作品专版。2002年，老年书画研究会成立，并在柿子节举办书画笔会。2003年，玉川书画社、陵山书画院等书画组织相继成立，王彦卿与其书法班学生获日本书法奖。在第二届柿子节期间举办诗文、书画笔会，《保定晚报》刊发作品专版。2004年8月，与涿州、徐水等市、县共同倡导并承办保定市县、市文联系统纪念邓小平诞辰100周年书画展。2005年，出版书画集《燕南赵北翰墨香》。同年，举办纪念抗日战争胜利60周年、红军长征70周年书画展览。范学礼、段其水、孙贵璞、冉江、苏铜、冯举、杨中华、王彦卿等在书画艺术上有所成就。

孙贵璞，南辛庄村人，天津美术学院教授，其作品曾获全国第二届中国花鸟画展优秀奖；纪念孔子诞辰2550周年书画大展优秀奖；庆祝中华人民共和国成立50周年画展优秀奖。《纪念张大千诞辰100周年书画精品集》选入其优秀作品300件。其作品还应邀刊入《中国画百家》《中国花鸟画百家》《国花蕙芷与名花》《花鸟画谱》《名家画竹、兰、梅、菊、荷花》等丛书，被收入中央电视台《1992年藏画集》《2002年书画展作品集》，被中央电视台、人民大会堂、中山纪念堂及外交部等多处收藏。多次赴港、澳、台、日本、韩国、东南亚、西欧、澳大利亚等国家和地区展出。

冯举，荆山村人，曾在北京大学书法艺术研究班学习。中国书法家协会会员、中国收藏家协会会员、中国石油书法家协会副主席，国家二级美术师。其作品入展全国第一届行草书法大展、全国第六届中青年书法篆刻家作品展、97世界华人书画大展、全国首届扇面书法大展、中国书协翰墨颂辉煌全国书法展、全国印社社员作品联展、中日自作诗词联展。先后获中宣部《五月风》全国书画摄影展一等奖，中日韩书法联展一等奖，世界华人艺术展铜奖，第二届、第四届中外友好交流书法展佳作奖。作品被选送法国、美国、新加坡、马来西亚、日本等展出，发表专业文章8万余字。

二、舞蹈、音乐

1984年春节，文化馆根据渝河寸跷编排的舞蹈《渝河寸跷》面世。同年秋，在河北省首届民间舞蹈大赛上，寸跷舞《欢乐的花椒园》获得一等奖。县文化馆对渝河寸跷进行编排、整理，先后在河北省县级音乐舞蹈交流大会上获奖。

1987—1990年，拍摄电视专题片《先锋谱》《渝河寸跷》《龙潭风光》等，其中《渝河寸跷》获河北省神龙奖。杨金花创作的歌舞《摘柿子》《捉蝈蝈》分别获得河北省首届歌舞大赛二、三等奖；县文化馆编排的舞蹈《雪桃树下的欢笑》，参加河北省舞蹈家协会、河北省群艺馆在石家庄联合举办的全省舞蹈会演，获得三等奖。1990年冬，保定市群艺馆专为李秀燕编排了长绸舞《嫦娥怨》，代表保定市参加省委宣传部、省文化厅举办的1991年春节文艺调演，获得最佳表演奖。由满城师范教师陈玉德创作的表演唱《老两口逛满城》，在第二届河北音乐之春演出中，获优秀创作奖、优秀表演奖。

1991年6月，在市委宣传部主办的纪念建党70周年革命歌曲大赛中，县文化馆李秀燕获独唱第一名，老干部合唱团获三等奖（后追加特别奖）。

1993年，在纪念毛泽东诞辰100周年活动中，李秀燕创作的歌词《韶山颂》获省二等奖。

1996年，县文化馆组织编排、实验小学学生表演的舞蹈《寸跷娃》获第三届全国群星奖，参加了第二、三、四届中国儿童音乐电视大赛，获金奖1个，银奖4个，并三度赴中央电视台演出。《草莓娃》《桃园小姐妹》获全国金铜奖。

王佩之（1912—1997），满城人。1946年谱写的《战斗进行曲》被选为革命历史歌曲，是电影《战火中的青春》《大决战》的主题曲。为大型歌剧《不要杀他》、歌剧《李大娘送子归队》作曲。创作了歌曲《战场上立功劳》《野战军胜利多》《缴支美国枪》《蒋军必败》《一杆红旗》等歌曲。

三、小品、曲艺

1996年10月，张志明、刘龙创作，李秀燕、杨金花表演的小品《谁错了》获河北省群星奖调演三等奖。1997年，文化馆编排的小品《今天我退休》参加全市消防工作文艺会演，获得二等奖。同年，李秀燕代表保定市参加省群星奖调演，小品《请客》获省三等奖。1998年，文化馆编排的小品《扶贫路》参加全市交通系统文艺会演，获得一等奖。

1999年，张志明、刘龙编剧，李秀燕、郝之润、杨金花表演的小品《精打细算》参加河北省财政厅、文化厅春节文艺调演，获一等奖。2000年，编排的天津快板《悔恨》作为保定市唯一的节目参加全省汇报演出，获得优秀表演奖。2001年，李秀燕、郝之润、杨金花表演的小品《池塘边上》，获河北省群星奖调演一等奖，受到省委书记王旭东等领导的接见；同年12月，该小品获全国第十一届群星奖铜奖。2005年，由张志明、刘龙创作，李秀燕、吴春水、蒋靖表演的小品《小饭店轶事》，获市纪检委调演一等奖。2004—2006年，编排《街边的故事》《市场上》《新农村的新气象》《文明村的风貌》等节目。

常志，笔名常智，西佃庄村人。自幼爱好快板艺术，1964年拜快板书创始人李润杰的亲传弟子张体才为师，业余学习快板。1967年保定农专毕业后到县剧团从事乐队工作，1976年加入省曲艺团，从事专业快板书表演。代表作有长篇快板书《西游记》《续西游记》《后西游记》《哪吒》《观音缘》，长篇西河大鼓《穆桂英》等。常志颇具李润杰先生风范，嗓音浑厚，平如一湾清水，爆如炸雷闪电，脆如珠落玉盘，美如陈酒一坛。多次受到党和国家领导人接见，先后荣获河北省创作、表演一等奖，中国曲艺牡丹奖、文学奖等奖项。是河北省“德艺双馨艺术家”，担任中国快板艺术委员会副会长、中国曲协理事、河北曲协副主席，国家一级演员。

四、戏剧

1985年，满城县有河北梆子戏校，隶属满城县文化馆。1986年改称满城县群芳梆子剧团。主要剧目有《追鱼》《荀灌娘》《回龙传》《挡马》《穆柯寨》等。1986年，该剧团排练的《追鱼》参加省河北梆子振兴奖（业余组）比赛，主演李秀燕（饰假牡丹）获得振兴奖一等奖。1988年8月，借调来一批保定地区河北梆子一团的演员，戏校改称保定地区青年梆子剧团。主要剧目有《秦英征西》《半夜夫妻》《杜十娘》等，在满城、易县、徐水、涞源等县巡演，台口（演出地点）定出多，应接不暇。1991年5月，春季演出结束后，经县政府批准，该剧团解散。20世纪90年代中后期开始，业余剧团陆续恢复、成立。1994年，满城镇的李家佐剧团和北庄村业余剧团恢复。1996年秋，满城县大家乐剧团成立。

1995年，满城县文化馆根据评剧《花为媒·报花名》集体编排了节目《报景点》，李秀燕饰演张五可，戴春梅饰演阮妈，参加河北人民广播电台精品节目调演，获得一等奖。

2008年，县内业余剧团主要有夕阳红艺术团戏曲队（含京剧队）、石井映山红剧团、南陵山业余剧团、李家佐剧团、北庄业余剧团等。

第三节　民间文艺

一、民间文学

1990年，县政协组织编辑的“三套集成”（《民间故事》《民间谚语》《民间歌谣》）出版，受到中宣部、全国文联、文化部、国家民委及省、市表彰。吴宝军创编的新故事《夜半啼声》获得保定市一等奖、河北省三等奖。

1994年，出版《满城人物》及《满城大观》。1998年，编辑出版《满城抗日故事选》（刘广郁、王田主编）。2002年，县文联组编的百科通俗综合读物《满城百事通》出版发行。2006年，大型文化集成丛书“满城县文学作品选”之《诗词楹联卷》《散文卷》《小说卷》《民间故事卷》《文物旅游卷》出版发行。丛书由县政协编辑、县文联协编，计250余万字，由中国文联出版社出版，丛书获保定市第六届精神文明建设“五个一工程”奖。2007年，县政协编辑出版满城民风民俗（上、下册）。2008年，国家社科院重点书目《中国民间故事全书》（河北满城卷）报中国民协通过终审。

二、民间艺术

2003年，省音协会员、农民作曲家杨余傅出版《杨余傅作曲集》；2004年，农民根艺家杨占平被吸收为河北省民间文艺家协会会员、河北省民俗文化协会会员，被河北省文联、省轻工业厅等命名为“省级民间工艺美术家”称号。

附：1. 满城籍文艺界知名人士
　　2. 满城民间流传童谣

满城籍文艺界知名人士

刘宁一（1907—1994）　南马村人，书画家。曾任全国人大常委会副委员长兼秘书长、中共中央书记处书记。1988年离休后任中国老年书画研究会会长、中国书画函授大学名誉校长等。著有《欧行漫记》《刘宁一书画集》等。

田　野　1915年生，孙村人，电影剧作家。曾任长春电影制片厂总编室主任、《电影文学》主编。著有电影作品《三八线上》《响铃公主》等。

孙福田　1918年生，大赛村人。1938年2月参加革命，先后任晋察冀三分区冲锋剧社指导员、晋察冀四纵队前卫剧社指导员、队长、华北野战军十八兵团宣传部干事等职。1950年转业，先后任中共川北区党委宣传部办公室主任、中共中央西南局宣传部文艺处副处长、中国戏剧家协会副秘书长、中共中央华北局宣传部文艺处处长、《剧本》月刊编辑部副主任、中国戏剧家协会副秘书长、党组副书记、中共天津市委宣传部副部长。参与写作报告文学《狼牙山五壮士》，主要作品有河北梆子小戏《李国良回家》、多场戏《母亲》；小歌剧《刘二姐劝夫》（与晨耕合作作曲，席水林编剧）、《军民团结一家人》（王楠编剧）；话剧《儿童团》、电影剧本《狼牙山五壮士》和同一题材中篇小说（与邢野、和谷岩合作）；歌曲《我们需要共产党》《青纱帐》等。

张钦祖（1927—1993）　满城县人。中国美协会员、中国版协会员。徐悲鸿纪念馆原副馆长、研究员。代表作品《回家》《骑大马》《雪夜》《枣林人家》等。

孙贵璞　1938年生，南辛庄人。天津美术学院教授，中国美术家协会会员，作品被中央电视台、人民大会堂等收藏。

段其水　1939年生，满城县人。1963年天津美术学院毕业，华北电力大学副教授。著名山水画家，中国工艺美术家协会会员。

冉　江　1939年生，玉山村人。中国书画家联谊会会员、中国美术家学会高级会员、中国工艺美术理论研究会会员、省美协会员。作品被国内多家纪念馆、日本西宫市政府收藏。

苏　铜　1939年生，后村人。北京市丰台区市政管委会原主任，中国美术家协会会员、北京丰台区美术家协会主席、北京天为诚画院院长，出版有《苏铜竹画选》，作品《锦绣江南》被人民大会堂收藏。

周　渺（1939—1994）　陉阳驿村人。保定市文联原副主席，中国作家协会河北分会理事，著有小说集《葫芦巷春秋》《脉脉此情谁诉》等。

高　扬　1939年11月生，谒山村人。邯郸市文联原主席，中国作家协会会员，著有散文集《雪照》等。

李凤祥　1940年12月生，段旺村人。《北京晚报》原副总编、中国作家协会会员、中国剧协会员，著有《凤翔散文选》等。

冯　举　1948年生，荆山村人。曾任中国石油书法家协会副主席，中国书法家协会会员、中国收藏家协会会员，国家二级美术师。数十件作品被多家博物馆、纪念馆、风景名胜区收藏或刻碑。有多幅作品被选送美国、日本等国家展出。2000年被文化部艺术局、中国文联艺委会授予“世界华人优秀艺术家”称号。出版有《冯举诗选》《冯举书法》等文集。

常　志　1949年10月生，西佃庄村人。中国快板艺术委员会副会长、中国曲协理事、河北曲协副主席，国家一级演员。代表作有长篇快板书《西游记》《续西游记》《后西游记》《哪吒》《观音缘》等。

相金科　1954 年生，满城县人。河北省作家协会党组书记，著有《灯下随笔》等。

满城民间流传童谣

1. 珍儿（zhir）姑姑

珍儿珍儿，珍儿姑（gu 阳平）姑，珍儿上轿，珍儿啼哭（hu 轻声）。把珍儿聘（ping 去声，下同）的（di 轻声）保定府，得（dei 上声）吃虾，得吃鱼，白莲藕（nou 上声），大荸（pi 阳平）荠（xi 轻声）。

2. 没（mu 阳平）牙磕

没牙磕，吃饭儿多。见人来，盖上锅。见人走，忒儿（ter 阴平）喽忒儿喽两大口。

3. 聘闺女

有女不聘石井村，道儿远，沟儿深，石头碴儿硌脚心。

有女不聘花曹庄，高粱面，莴苣汤，老尖草，扎裤裆。

有女聘的南北奇，得吃虾，得吃鱼，白莲藕，大荸荠，大米白面不用提。

4. 花椒树，红骨朵儿（dur 阴平）

花椒树，红骨朵儿，娶个媳妇没出息儿。迈门槛儿（xianr 阳平），栽轱辘儿。婆婆打，公公骂，小姑子过来揪头发。女婿过来说好话：忍着吧，忍着吧，婆婆老喽你当家，白面饼子裹大虾，吃的肚里（ni 阴平）直蹦跶。

5. 黑老婆虫儿

黑老婆虫儿满地滚，嗔着女婿不买粉儿。买了粉儿，不会搽，嗔着女婿不买麻。买了麻，不会搓，嗔着女婿不打车。打了车，不会坐，嗔着女婿不买磨。有了磨，不会推，嗔着女婿不给她立碑。立了碑，不会念，嗔着女婿不下蛋。下了蛋，不会拿，嗔着女婿不嘎嗒。

6. 大嫂摘豆角

张大嫂，李大嫂，村南里（ni 轻声）摘豆角。肚子疼，说不好，扔下篮子往家跑。接生婆，请到了，关上门，顶上镐，放了个屁算拉倒。

7. 过年谣

小孩小孩你别哭，过喽腊八就杀猪；小孩小孩你别馋，过喽腊八就是年。二十三，糖瓜儿粘；二十四，扫房日；二十五，磨豆腐；二十六，去买肉；二十七，去杀鸡；二十八，把面发；二十九，蒸馒头；三十儿晚上熬（nao 阳平）一宿（xiu 上声）。

8. 牛儿

牛儿牛儿，先出来犄（dei 阴平）角，后出来头儿。先盖瓦房，后盖楼儿。先杀的莴苣，后着（zhao 阴平）的油儿。

9. 小辫子撅撅

小辫子，撅，撅，撅，接着墙儿叫干爹。干爹戴着缨缨帽，干娘坐着花花轿。干爹给了二百钱，跑到府里买黄连。黄连苦，买豆腐。豆腐香，买辣姜。辣姜辣，算灵卦。灵卦灵，跑马城。马城开，把你的小鸡儿调过来。

10. 小大姐儿

小大姐儿刚十七，骑着驴，抱着个鸡。人家问她干什么去，她说给她干娘报喜去。吃的么（me

上声)？吃的卤煮鸡。

鸡说，下蛋下喽二百多，杀我不如杀只鹅。

鹅说，脖子一伸大老长，杀我不如杀只羊。

羊说，四条腿，满地走，杀我不如杀只狗。

狗说，看家看的我嗓子哑，杀我不如杀只马。

马说，拉起小车轱辘辘，杀我不如杀只猪。

猪说，一瓢泔水两瓢糠，就是杀我最应当。

11. 小小子儿走北京

小小子儿走北京，拾个麦穗打半升。碾子碾，咯噔噔；磨子磨，呼隆隆。笤帚扫，一阵风；箩儿筛，沙楞楞。蒸的包子暄腾腾，吃到肚里鼓绷绷。

12. 拉锯扯锯

拉大锯，扯大锯，姥姥家唱大戏。接姑娘，唤女婿，外甥儿呱嗒呱嗒跑了去。

13. 馋狗牙

馋，馋，馋狗牙，馋的小狗儿往家爬。小狗儿要吃妈妈，馋的小狗儿直打滚。

14. 踢毽儿谣

一个毽儿，踢两半儿。剪子骨儿，花红线。里拐，外拐。九十九，一百。

15. 老天爷

老天爷，别下雨，蒸了包子往上举。老天爷，别刮风，蒸了包子往上扔。老天爷，下大雨，收了麦子供着你。你吃瓤儿我吃皮儿，剩下麸子喂小驴儿。

16. 小老鼠上灯台

小老鼠上灯台，偷油吃，下不来。臭大姐，抱猫去，忒儿喽，跑了（lie 轻声）。

17. 胖小子刁

胖小子刁，胖小子刁，上的树上掏野鹊（qiao 阴平）。掏了个小的他不要，掏了个大的放飞了。

18. 老猫老猫你干么呢（nian 阴平）

老猫老猫你干么呢？看瓜呢（ni 阴平）。你那（nai 去声，以下同）瓜呢（nian 阴平，以下同）？卖了（lou 阴平）钱儿了（lie 轻声）；你那钱儿呢？称了（lou 阴平）肉了（lie 轻声，以下同）。你那肉呢？老猫吃了；你那猫呢？上了（lou 阴平）树了；你那树呢？大水冲了；你那水呢？老牛喝了；你那牛呢？上山坡了；你那山坡呢？着镐刨了。你那镐呢？换黑枣儿吃了；好馋猫，好馋猫。

第四章　中华诗词之乡

1986 年 9 月，第一届神星农民诗会的召开，成为满城诗词创作的新纪元。在农民日报社和市、县政府支持下，1988 年 4 月，第三届神星农民诗会开成了全国规模，有 13 个省市的 45 名诗人和全国各地 18 家新闻单位的编辑、记者参加，全国农民诗会如一股热浪在全国掀起宣传的热潮，《人民日报》《光明日报》《北京日报》、中央人民广播电台、《中国日报》（外文版）连篇累牍进行报道。1993—

2010年又先后举办6届诗会。1997年正月初一，诗会发起人张志明朗诵诗歌的场面在中央电视台《新闻联播》播放。2002年前后，文化部、中华诗词学会、省诗词协会、省文联的领导多次到满城专题考察。2005年，成立抱阳山诗词楹联学会，至2012年，收存300多名会员的3万多首（幅、篇）作品，出版诗集、散文集18本，《抱阳》会刊出版8期，有4个诗词创作基地，23家基层诗社。2012年9月，经过中华诗词学会的考察验收，满城县被授予“中华诗词之乡”称号，神星镇作为全国农民诗会的发祥地，同时获此殊荣。

第一节　神星农民诗会

一、第一届神星农民诗会

20世纪80年代，寺角村有位会写诗的农民张志明，不仅自己写诗，还经常组织诗友开展活动。神星乡文化站站长李占其了解到这些情况后，萌生了成立文学社的想法。1985年底，李占其倡导成立星星石文学社，创办不定期铅印文学社刊《星星石》，张志明任责任编辑。在诗社的带动下，神星乡诗词文化活动日渐兴盛，经常组织有许多农民参加的诗歌朗诵会。为此，《保定市报》编辑王大民、齐霁、张祝丰、王育新等专程来神星文化站采访。

1986年，在张志明倡导下，决定举办保定市范围的神星诗会，包括北市区、南市区、新市区、满城县、清苑县（简称三区两县）。由张志明筹措资金，李占其组织谋划，《保定市报》文艺部组织三区两县的诗人和文化界人士参加。9月19—21日，第一届神星农民诗会在神星镇（1986年6月神星乡改为神星镇）文化站举办。保定市三区两县的诗歌作者、记者、编辑共80余人参加，大家在一起谈创作、谈体会、交流作品，老作者给新作者改作品、谈经验，大家都非常兴奋，连续两夜几乎没有睡觉，彻夜长谈。21日上午，朗诵会把第一届神星诗会推向高潮，大家都上台朗诵自己的诗作，神星戏校的演员和神星本土的业余歌手为诗会助兴演出，保定市一位歌手演唱了王大民作词、蔡海波作曲，专门为张志明创作的歌曲《神星恋》。诗会结束后，《保定市报》反复报道并刊发诗歌专版。

星星石
发刊词

星星石报纸

二、第二届神星农民诗会

1987年5月5—7日，在惠阳厂招待所举行第二届神星农民诗会，由张志明出资。诗会邀请北京市、天津市、河北省的知名诗人、词曲作家以及《北京晚报》《今晚报》《河北日报》《河北文学》《保定市报》《保定日报》的编辑、记者近百人参加。其中有《北京晚报》编辑李凤祥（满城籍）、电力部文协秘书长顾绍康（保定市人）、《河北文学》编辑靳亚利、词作家郑新兰（代表作《我的家乡在河北》）、曲作家晚笛等。

5月5日晚，诗词大家为与会者讲授诗歌创作的一般规律，对诗歌的发展与现状展开研讨。5月6日，到寺角村立夏庙会采风，并参观了张志明的居室。河北大学教授、博士生导师、著名诗人韩成武教授在《同诸公走访诗人张志明》诗中写到“……张公石室陋而小，檐低不足留巢鸟，房门虽设未尝关，落花满地凭风扫。……午时屋内已黄昏，对影依稀梦里人。家财唯见书满架，村中未有如公贫……”5 月 7 日上午，在惠阳厂招待所举行诗歌朗诵会，然后举行闭幕式。

诗会结束后，《保定市报》《保定日报》都刊发专版，《河北文学》《北京晚报》刊发消息，并选发诗作，这届诗会在河北省和北京市产生很大影响。在神星农民诗会和星星石文学社的带动下，全县文学社团发展到 30 多个，有近千人的创作队伍。

三、神星全国农民诗会

第二届神星农民诗会结束后，全国多家新闻媒体不断发消息，写评论，其影响越来越大。1987 年夏，《农民日报》记者孙建华到神星镇采访神星农民诗会，到寺角村采访张志明。8 月 17 日，由孙建华、刘广郁署名的长篇通讯《山乡的韵律》在《农民日报》头版头条发表，并配发编者按。同天上午，中央人民广播电台在新闻和报纸摘要节目里选播这篇通讯。李凤祥、顾绍康找到《农民日报》副刊部主任苏林，提出把神星农民诗会推向全国，在前两届神星农民诗会的基础上，促成全国规模的农民诗会的想法，得到农民日报社的大力支持。经协商，决定 1988 年春在满城举办全国农民诗会。

1988 年神星全国农民诗会开幕式

1988 年 2 月，《中国日报》（外文版）以半版的篇幅向海外报道张志明和神星农民诗会，引起海外诗人的浓厚兴趣。之后《保定日报》发表题为《农民诗人张志明》的文章，为全国农民诗会的举行营造出浓厚氛围。3 月，神星全国农民诗会组委会成立，主任由县委常委高霜来和《农民日报》副刊部主任苏林担任，顾绍康、李凤祥等担任顾问。农民日报社派记者刘冰、丁晓红为代表先期到满城做联络和筹备工作。为保障诗会的顺利举行，组委会争取到文化部、保定市政府和部分企业的大力支持，筹措经费 23000 元。

4 月 22 日，神星全国农民诗会在满城县招待所开幕，除本地 60 名诗歌作者外，还有河北、山东、河南、北京、天津、四川、陕西、山西等 13 个省市的 45 名诗人，《人民日报》《农民日报》《光明日报》《北京日报》《北京晚报》《珠海特区报》等 18 家新闻单位的编辑、记者参加，文化部副部长高占祥发来贺信，社文局局长常泊代表文化部到会祝贺。省作家协会主席尧山璧以及市委、市政府的领导出席大会。常泊代表文化部对满城县群众文化活动给予充分肯定，称满城县在全国是一个突出的典型。韩立成代表市委、市政府对神星全国农民诗会的召开表示热烈祝贺，他说“天意君须会，人间要好诗”。4 月 23 日，全体与会者乘车到神星镇文化站参观。神星镇党委、政府领导带领工作人员和各村来助兴的多道花会在街道两旁欢迎，并在镇政府广场举行诗歌朗诵会。张志明朗诵诗歌《火之咏叹调》。5 月 8 日，《光明日报》刊发他朗诵诗歌的配图报道。

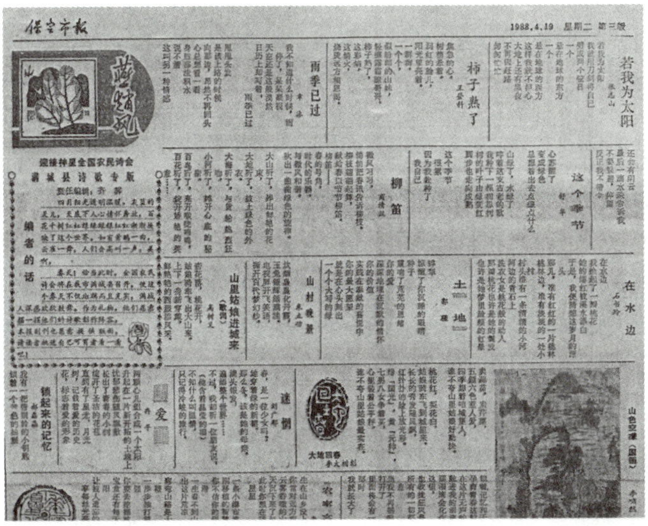

保定市报　1988.4.19　星期二　第三版

迎接神星全国农民诗会

满城县诗歌专版

编者的话

若我为太阳

柿子熟了

雨季已过

这个季节

柳笛

在水边

土地

山村晚景

山里姑娘进城来

迷惘

爱

锁起来的记忆

1988 年《保定市报》副刊刊发迎接神星全国农民诗会专版

神星全国农民诗会后，《人民日报》《光明日报》《农民日报》《北京日报》《北京晚报》《河北日报》《今晚报》《中国消费者报》《珠海特区报》《保定市报》《保定日报》等报刊先后报道诗会盛况和农民诗人张志明。《农民日报》刊发耿春城的文章《精神万元户张志明——写在神星全国农民诗会召开之际》，顾绍康在《农民日报》发表长诗《农民诗人心底的爱》，《河北日报》发表刘广郁的文章《采石者》，《文化天地》刊发保定市文明办的文章《一颗炽热的心》，《燕赵风情》发表齐霁、刘广郁的文章《走向全国的神星诗会》，河北人民广播电台、中央人民广播电台也进行专题报道。英国《泰晤士报》刊发《满城神星举办全国农民诗会》的消息。张志明的诗歌和文章、满城诗词作者的作品不断在各级报刊刊发。

1989 年 3 月 24 日，西德女诗人史慕思（西德克洛克纳东亚有限公司驻北京联络处经理）和台湾著名诗人张三到文化馆访问张志明。史慕思是看到《中国日报》（外文版）刊登的张志明的消息后，约张三一起专程来访的。他们对“农民诗人”这顶桂冠很有兴趣，对张志明发起的神星农民诗会更是欣赏。交谈近 4 个小时，张三赠给张志明他发表的手抄诗集《我知道你是个爱山的人》影印本，张志明赠给两位客人每人一本载有其诗作的书《飞扬的足音》。为此，4 月 7 日的《保定市报》、4 月 9 日的《河北日报》都刊登了通讯《飞越海峡会诗友》。

四、第四至第九届神星农民诗会

1993 年 5 月 5 日，为纪念神星全国农民诗会五周年，在寺角村学校举行第四届神星农民诗会。北京、石家庄、保定及县内诗歌作者 200 余人参加。诗会由神星镇主办，陵山龙华宫八卦阵协办。保定市报社为张志明特制一块“听竹斋”匾。诗会组织了诗歌朗诵会，张志明朗诵长诗《人民呼唤你》，县文化馆的同志为诗会助兴演出。

1996 年中秋节，第五届神星农民诗会在远达度假村举行，名称为“远达赏月笔会暨第五届诗会”，由县文化馆和远达度假村联合举办。保定市部分领导和大部分县领导及诗词作者出席诗会，《保定日报》做专题报道，刊发诗会专刊。1997 年正月初一，中央电视台晚七时《新闻联播》头条新闻播放了张志明在诗会朗诵诗歌的场面。

1997 年 10 月 19—21 日，第六届诗会在远达度假村举办，名称为远达笔会暨第六届神星诗会。市县领导及诗词作者 200 余人出席。其间，举行朗诵会和书画笔会，省委常委、省委宣传部长韩立成发来贺电。

2002 年 7 月，中宣部原副部长、文化部原代部长、著名诗人贺敬之（右一）与张志明在抱阳山合影

2000 年春，文化部副部长周和平专程到文化馆考察，并专门考察了神星农民诗会。

2002 年 7 月 1—3 日，中宣部原副部长、文化部原代部长、著名诗人贺敬之专程到满城，就诗会的产生和发展进行考察，对神星农民诗会这一文化现象给予高度评价。10 月 9—11 日，为配合首届满城县金秋红叶柿子节的举办，在远达度假村举行第七届神星农民诗会。《求是》杂志社社长戴舟，省文联主席浪波，省诗词协会副会长刘章，省政协常委、市政协主席贾瑞增等出席，省市县 100 余名诗词作者参加。诗会举办前，贺敬之寄来亲笔贺信。10 月 10 日，为建在远达度假村的听竹斋举行揭匾仪式，举行诗歌朗诵会。戴舟和保定市的一些书画家现场做画写字。

2006 年 9 月 29—30 日，第八届神星农民诗会在神星镇柿子沟举行，来自石家庄、保定、满城县的 100 余名诗词作者参加。省文联原主席浪波及省、市群艺馆负责人出席诗会。与会者游览了满城汉墓、龙潭峡谷、万亩柿林和几个文明生态村，晚上下榻在远达度假村。在远达度假村，诸诗友铺纸挥毫、即兴而作，借着月色、水声、篝火吟诵自己的诗作。《保定日报》副刊部刊发诗会专版。

2010 年 10 月 11—13 日，在远达度假村举行第九届神星农民诗会。来自北京、石家庄、秦皇岛、保定及满城县的诗词作者 100 余人参加，中华诗词学会、省作家协会、省诗词协会的领导晨崧、尧山壁、刘章等莅临，刘章为诗词作者举办专题讲座。之后组织与会人员游览了神星柿子沟和龙潭风景区，举办诗词朗诵会、书画展览和书画笔会。

2002 年浪波（左二）、刘章（左三）、张志明（左一）在第七届神星农民诗会上合影

四、其他笔会

2008 年 4 月 20 日，在县文化馆举行纪念神星全国农民诗会 20 周年座谈会，大家对“神星农民诗会”这一文化现象展开热烈讨论。部分作者即兴赋诗，《保定日报》刊发作品专版。

2008 年纪念神星全国农民诗会 20 周年座谈会会场

2010 年，按照保定市诗词楹联学会要求，主办“上巳节仿兰亭会”的吟诗活动。农历三月初三，活动在远达度假村举行。保定市、曲阳县、满城县的诗词作者 50 多人参加，韩成武、陈文增（中国工艺美术大师、著名诗人）亦欣然参加。韩成武教授为大家讲授上巳节的起源和曲水流觞、兰亭集序等远古佳话，诸诗友踏青赏春，写诗吟咏，大有唐宋遗风。

第二节　满城县诗词楹联学会

一、成立

2005 年 5 月，市诗词楹联学会秘书长张闻江向张志明提出满城县应该建立诗词学会的建议，张志明欣然采纳，决定在神星农民诗会的基础上成立一个全县的诗词组织。源于县内抱阳山深厚的文化底蕴，名称定为抱阳山诗词楹联学会。神星农民诗会的诗友们均成为学会理事或会员，并吸收会员近百人。会员年龄从 20 多岁到 80 多岁，辐射周边 7 个县区。不仅有农民、工人、教师、学生还有公务员、离退休干部，作品除新、旧体诗歌、楹联外，还包括散文、小说、剧本、书法等。

抱阳山诗词楹联学会成立后，以双月诗会、专题小聚、景区采风、厂企调研等多种形式开展活动。

2005—2010 年，办公地点在县文化馆三楼会议室。

2010 年 9 月 30 日，在远达度假村召开纪念抱阳山诗词楹联学会成立五周年大会，并完成换届工作。2011 年 2 月 23 日，聘任李占其为理事长，张闻江、朱振营、曹雪生、闫仲湘、刘虎占为副理事长。5 月 30 日，在县民政局登记注册，并在市民政局备案，更名为满城县诗词楹联学会。与县创建中华诗词之乡办公室（以下简称创建办）合署办公，地点在县文化馆五楼。

二、主要作品

据不完全统计，2005—2012 年，县（抱阳山）诗词楹联学会秘书处共收存会员作品 35000 多首（篇/副），会员在各级报刊发表作品 3000 多首（篇/副）。《保定日报》《保定晚报》《保定晚报·满城专刊》为学会刊发诗词专版 60 余次。学会会员集印、出版诗集、散文集 18 本，其中，张志明的作品集《听竹斋诗文选》荣获保定市委宣传部第八届精神文明建设“五个一工程”奖。县诗词学会有会员 300 余人，其中有中华诗词学会会员 52 人，省诗词协会会员 58 人，市诗词楹联学会会员 73 人。

听竹斋诗文选

2006 年，会刊《抱阳》创刊，至 2012 年共出版 8 期。2012 年 6 月，辑印《抱阳春韵》《抱阳新声》。《抱阳春韵》收录 133 名作者的旧体诗词、楹联 1500 余首（副）。《抱阳新声》收录 136 名作者的新体诗歌 500 余首，两本书收录的作品自 1986 年第一届神星农民诗会起至 2012 年。

《抱阳》《抱阳春韵》《抱阳新声》已在北京、河南、山东、山西、四川、云南、新疆、内蒙古、江苏等省市的广大诗友中广泛流传。

三、笔会采风

2005—2012 年，县（抱阳山）诗词楹联学会组织会员采风 50 余次。2005 年，组织赴满城汉墓景区的龙华宫、八卦阵采风，在抱阳山雅集、参加金秋红叶柿子节等活动。2006 年，组织和谐城乡游暨龙潭垂钓节、龙居大平台、唐县白草沟、仙鹤峪等采风活动。出版会刊《抱阳》第一期。2007 年，组织到刘家台白沙大峡谷采风，组织陵山普度寺笔会、西大洋水库采风等活动。2010 年，组织刘家台车厂沟采风、远达笔会等活动。

2011 年采风（左五为张志明）

第三节　创建中华诗词之乡

一、筹备工作

2010 年 10 月，在第九届神星农民诗会上，中华诗词学会和省作家协会、省诗词协会的领导提出，满城县已经具备创建和申报中华诗词之乡的条件，应着手组织开展创建和申报工作。县委、县政府立即进行安排部署。

2011 年 1 月，创建工作进入筹备阶段。县委、县政府拨付 10 万元启动资金，将县文化馆五楼 7 间办公室作为创建办，负责组织协调工作。4 月 25 日，市委常委、宣传部部长李国英到满城检查文化工作，对创建中华诗词之乡活动提出具体要求，并同意拨付 20 万元支持创建工作。5 月 26 日，县委、县政府召开创建中华诗词之乡动员大会，制定《关于在全县广泛开展“中华诗词之乡”创建活动的实施方案》。创建办制作反映神星农民诗会、抱阳山诗词楹联学会、创建活动及诗词的写真展板 42 块，完善档案，印发《工作简报》。先后召开 10 余次调度会和推进会，到重点单位指导创建 50 余次。市诗词学会副理事长张闻江从市里协调创建资金，李占其、刘虎占等出资为县诗词学会解决资金困难。

创建过程中，建立基层诗社 29 家，其中 23 家诗社刊印诗报或诗刊，各中小学校均成立诗词小组。县诗词楹联学会会员从 80 余人发展到 300 余人，涌现出一大批青年诗词作者，并逐渐成长为诗词创作队伍的主力军。

神星镇作为神星全国农民诗会的发祥地，成立诗社最早。为配合创建工作，镇党委、镇政府制定《创建工作实施方案》，召集全镇的诗词作者、诗歌爱好者、各学校校长、优秀学生代表、村党支部书记、村委会主任召开专题会议安排部署。坨南乡桃花源诗社、县直幼儿园叮咚泉诗社、县医院天使诗社、县老年书画研究会墨香诗社、满城中学银杏诗社等积极开展活动，组织会员研讨诗词创作，诗作的数量和质量均有提高。

2012 年上半年，县委宣传部主办文化建设诗词征集大赛，为期两个月，共征集诗稿 300 余首。其间，县电视台制作反映满城诗词文化建设的专题电视宣传片，《保定晚报 · 满城专刊》开辟《创建中华诗词之乡》专栏，共刊登 42 期。

二、采风研讨

建立刘家台乡、满城汉墓景区、远达度假村和易县石家统涌泉山庄 4 个诗词创作基地，组织召开 20 余次诗词创作研讨会，组织采风活动 22 次。

三、宣传报道

2011 年，在京昆高速满城站出口至保定西外环 10 余公里的道路两侧灯杆上，悬挂 400 余块写真诗词展板，全部为诗词学会会员的作品，俨然一条“万米诗词长街”。在京昆高速满城站出口的醒目位置，树立“创中华诗词之乡，促社会和谐发展”的广告牌。当时，隆基泰和公司总经理正在全国各地寻找投资伙伴，途经满城见到这块广告牌，马上决定就在满城建设隆基泰和广场。问其想法，总经理说：“有诗的地方有文化，有文化的地方好办事。”

其间，河北日报社、河北电台、保定电视台、保定日报社、燕赵都市网、长城网等多家新闻单位对满城诗词文化建设及创建工作进行宣传报道。2011 年 6 月 8 日，燕赵都市网刊载文章《保定市满城县积极创建中华诗词之乡》，对满城县的创建活动进行详细报道。8 月 25 日，《河北日报》记者采访满城县创建办后，又相继采访神星镇星星石诗社、坨南乡桃花源诗社和县医院天使诗社等诗词创作团体，与 10 余位诗词作者座谈。9 月 1 日，刊采的文章《青山绿水皆成诗》在《河北日报》头版刊登。8 月 30—31 日，河北人民广播电台记者专程到满城采访创建中华诗词之乡、神星农民诗会、诗词楹联学会等诗词文化建设情况。以现场录音的方式，采访张志明、王文芝、崔娟等农民诗人，走访于家庄乡千里马诗社和方顺桥镇古桥诗社。之后，就上级诗词部门的领导对满城县诗词创作的印象，电话采访晨崧、刘章。9 月 17—20 日，河北人民广播电台、中国国际广播电台《中国之窗》栏目播送满城县大力开展诗词文化建设的新闻报道《山乡诗韵》。同年 12 月 31 日，中央人民广播电台重播了这篇录音报道，而后又3次重播。

2011年12月25日，《保定日报》副刊用近半版的篇幅，以《心底腾细浪，笔端起惠风》为题，刊登满城县诗词楹联学会21名会员的诗词作品22首，并加编者按。2012年3月3日，《农民日报》第七版刊登《古韵逢春意盎然》，介绍满城县诗词创作和创建中华诗词之乡的情况。6月17日，《保定日报》第四版以《抱阳春早，满城诗新》为标题，刊登诗词学会25名会员的诗词。

四、考察验收

2011年9月19—20日，省作家协会主席尧山壁专程到满城指导创建工作。听取工作汇报，考察阵地建设，查阅档案资料，召开部分诗社社长和诗词作者参加座谈会，还实地考察县医院天使诗社、神星镇星星石诗社和神星镇市头村学校诗词教育情况。对创建工作感到满意，尤其对基层诗社阵地建设、刊印会刊、组织活动以及26年连续成功举办九届神星农民诗会，给予高度赞扬。

2011年9月，省作家协会主席尧山壁（左三）到满城指导创建工作

2012年4月21日，中华诗词学会宣教部主任李书贵到满城指导创建工作。在察看创建办办公设施、档案资料、听取汇报后到县医院天使诗社了解基层情况。对满城的创建工作给予肯定，并向满城介绍其他县、市创建工作的做法和经验，对满城今后的创建工作提出中肯建议。

2012年9月，中华诗词学会副会长晨崧（前左一）到满城验收创建工作

9月5—7日，中华诗词学会晨崧、李书贵、田凤兰、田立耕一行4人到满城验收中华诗词之乡创建工作。县委、县政府召开创建中华诗词之乡工作汇报会，向验收组做专题汇报。考察组又到创建办听取工作汇报，深入到县直幼儿园、县医院、县交通运输局和第二幼儿园、神星镇检查诗词文化建设情况。7日上午，在中山宾馆举行《抱阳春韵》首发式，中华诗词学会到满城验收组人员以及市县领导、特邀嘉宾、创建领导小组成员等130余人参会。验收组人员对该书给予高度评价，考察组组长晨崧称："《抱阳春韵》格调高雅，堪为典范。"10月19日，中华诗词学会下达红头文件，授予满城县"中华诗词之乡"称号，神星镇作为神星全国农民诗会的发祥地，同时获此殊荣。

2012年12月，在县城东出入口竖立"中华诗词之乡"石碑，以作创建成功之标志和永久纪念。正面书写"中华诗词之乡"繁体隶书，雄浑刚劲，大气磅礴，为著名书法家、九十七岁翁郜雪鸿之墨宝，背面书写碑文。碑高14.8米，重140吨。在张石高速满城站出口醒目位置的广告牌上，书写8个红色大字"满城·中华诗词之乡"。鉴于创建办已完成历史使命，名称改为满城县推进诗词文化建设领导小组办公室（以下简称推进办），办公地点不变，组成人员基本不变。

2013年10月29—31日，在满城县被中华诗词学会授予“中华诗词之乡”称号一周年之际，中华诗词学会晨崧、田凤兰、田立耕和省作家协会尧山壁、省诗词协会梁剑章等专程到满城参加“中华诗词之乡”授牌揭碑仪式。其间还对县医院和神星镇市头村中学创建全国诗教先进单位工作进行考察验收。10月31日上午，“中华诗词之乡”授牌仪式在中山宾馆举行。晨崧分别给满城县和神星镇颁授“中华诗词之乡”牌匾。授牌仪式后，全体与会人员到县城东口参加纪念碑揭碑仪式。晨崧感慨地说：“满城的纪念碑是中华诗词第一碑”！

附：1. 满城县名冠中华诗词之乡碑记

2. 神星镇名冠中华诗词之乡碑记

3. 山乡的韵律——记农民诗人张志明

4. 满城县诗词楹联学会会员作品选登

满城县名冠中华诗词之乡碑记

诗词者，文之精髓也，中华文明始盛于斯，兴衰几度，枯荣数番。落谷而不逝，历世而长生。公元一九八八年县署倡办之神星全国农民诗会，凡九届，为本域拓深诗词沃土，向外埠延宽文化清音，闻者称誉。诗寄情诗交友情友于中外；诗言志诗铸魂志魂在云天。此者纳群识、顺民意、理学脉、续文昌。结社以延后；于诗而空前。创建国家级诗词之乡遂成定意。中华诗词学会于二〇一二年十月十九日授予满城县诗词之乡称号，此乃文苑之盛事，喜哉、壮哉，勒石以铭。

中共满城县委

满城县人民政府

公元二〇一二年十二月立

神星镇名冠中华诗词之乡碑记

神星，寄神石之灵通，润明星之光彩，乃天设地造焉。始于公元一九八六年之农民诗会，名震域中。继之一九八八年神星全国农民诗会，声蜚海外，而今已历九届。谓之清韵流山谷、雅音自田间。于诗词而空前，寄志史以励后。二〇一二年十月十九日由中华诗词学会冠名为国家级诗词之乡，路人皆赞，云：神星成就诗星，名实相符。勒石以记。

中共神星镇委员会

神星镇人民政府

公元二〇一二年十二月立

山乡的韵律

——记农民诗人张志明

孙建华　刘广郁

《农民日报》编者按：一个普通的山乡农民，靠党的富民政策，以自己的魄力和才干，几年间收入1万多元。更加难能可贵的是，他富了没有躺在金钱上挥霍享乐，而是把钱用在为群众排忧解难上。为了活跃山乡文化生活，繁荣本地诗歌创作，还将资金投入到开办“家庭阅览室”、举办“神星诗会”等精神文明建设。张志明的所作所为，充分体现了党的十一届三中全会以来富裕农民崭新的精神风貌。

我们希望广大农民，尤其是农村青年，在物质生活提高后的今天，能努力地去追求精神生活的更高境界，成为有理想、有道德、有文化、有纪律的一代新农民。

张志明，这个河北省满城县神星镇寺角村的普通中年农民，自筹经费1000多元，于去秋今春两次举办“神星农民诗会”，诗友们从北京、石家庄、保定纷纷赶到神星镇，切磋比兴，争相传阅主办人那厚厚的十几本诗稿。一位诗友写道：

休笑山民是白身，张公本色是诗人。
炮响石开骄阳烈，笔动诗成笑语频。
……

一眼看去，你怎么也不会承认他是一位诗人，高大的身材透着山里人独特的粗犷气质，黝黑的脸庞打着长年室外劳作的烙印，声如铜钟，脚底生风，分明是位地地道道的庄稼汉。在他那既无考究家具，又无任何高档用品的三间平顶西房中，唯一能显示他财富的，便是高大的三层书柜里那整齐地排列着的300多册书籍。拉开抽屉，看见那1000多首诗稿时，我们被深深地感动了：这位普通农民孜孜以求的理想渊源，是和高尚的文学艺术紧密相连的。人们都说，在张志明身上，闪现着山乡农民勤劳质朴的品格之光，代表着党的十一届三中全会以来富裕农民崭新的精神风貌。

……

村边那条土路，傍山临壑，人称“断魂壕”，从1983年到现在，张志明已出资1000多元，请民工进行了4次修补；7年前，河北人民广播电台和《保定日报》都报道过一位山乡农民在庙会上摆出“免费茶棚”的事迹，一时传为佳话。那位山乡农民就是张志明。从那时到现在，寺角村立夏庙会年年有，“免费茶棚”年年在。

张志明十分推崇作家赵树理的格言：“钱是人民币，理当归人民。”正是高尚的艺术追求，陶冶了他助人为乐的思想品格。别看他考虑个人得失算不上精明，可要评说天下大事，诗词文赋，乃至文品人品，还真有些见地。在《题竹》一诗中，他这样写道：

搬倒一棵竹，解剖它的含义。
金子一般的身节，披露一团正气。
……
过去的就让它过去吧，
生活之路从足下开辟。

只有中等文化程度的张志明对古典诗词下功夫颇深，在创作的1000多首诗歌中，有三分之一的作品是格律体。正因为如此，他荣幸地被中华诗词研究会保定分会吸收为农民理事。然而，随着农村改革的进一步深入人心，面对农村形势一日千里的巨大变化，张志明感到再用旧体诗已无法表达自己的满怀诗情了，于是，他改用新诗来歌颂新生活。他在《山姑娘戴上了新手表》中写道：

用卖鸡蛋的钱买了块新表，
拿袖子盖着，不让它显耀。
背过身去，偷偷地看，偷偷地笑，
我问她几点？她的脸儿红了，

那骄傲而羞涩的心，
跟表的节奏一块儿欢跳。

轻松、活泼的笔调，使山村姑娘既乐且羞的神态跃然纸上。张志明不仅用自己的笔去讴歌当今农村的新生活，同时，也把自己融入诗中。有时，他把自己比作“石桥”：“宁愿整天躬起身躯，驮着超负荷的压力。只要清泉能洗去心中的迷惑，就得到了最大的希冀”（《我是一座桥》）。有时他又把自己比作一只“船”：“风浪把我的形象塑造，没有行程的颠簸，存在的价值不抵分毫”（《船》）。还有时，他又把自己比作供人们踩着过小河的“搭石”：“虽未戴着桥梁的桂冠，却把过往行人的喜悦分享”（《搭石》）。

张志明写诗作词，不仅是为了抒情言志，还爱用它来管“闲事”。那一年，村里有一家四兄弟不养老母，以致大年三十老母仍流落街头，无处存身。张志明提笔写了一首打油诗，贴到人家的家门口，四兄弟良心发现，忙把老母及张志明请到家中，当面议定了赡养老母的办法，张志明成了当然的公证人。

“山不在高，有仙则名；水不在深，有龙则灵。”一个百十户人家的小山村，就因为出了个张志明，来访者日益增多。有前来采访的新闻记者，有拜师学诗的学生，也有请他“出山挂帅”的经济联合体负责人……

面对这一切，张志明自己又是怎样想的呢？

“三中全会后，靠党的好政策，物质生活有了提高，于是就想追求点精神生活，我还想写更多的诗，来反映山乡新貌，抒发咱庄稼人的豪气！况且，我已46岁了，希望能尽力培养一些农村青年成为农民诗人，我这‘家庭阅览室’随时向青年们开放，即使我出门不在家，大伙儿也都知道钥匙放在门框上，开门取书不用等到我回来。”张志明是个充满美好愿望的诗人，他计划着一两年内在村中的小河上修一座桥，他盘算着为寺角村农民的集体富裕怎样出一份力，他还希望能举办更大规模的农民诗会，来丰富山村的文化生活，促进乡村的精神文明建设……

谈到这，张志明放声笑了，从他的眼睛里我们不难看出，这位农民诗人的理想像春日的山花一般美好，而他实现理想的决心，又像冬日的大山一样坚定。我们深深地祝愿张志明同志在农村经济改革的事业中，取得更大的成绩，同时，更深深地祝愿他在诗歌创作方面，获得更大的丰收。

（1987年8月17日）

满城县诗词楹联学会会员作品选登

（按作者音序排名）

一、诗

1. **赏梅（边金梅）**

梅花竞放窗前画，梦醉烟云染落霞。
腊月凌寒独弄俏，暗留香艳进农家。

2. **雨后桃花（曹洁）**

雨打情伤愁绪添，凋零满地惹人怜。
红颜莫道多薄命，默祷来年花更鲜。

3. **玉兔探月（曹宝珠）**

扶摇直上奔苍天，三妹寻亲落月寰。
玉兔千年欣结伴，嫦娥万里续前缘。
虹湾漫步思家事，碧宇安居住广寒。
自此时常观晓月，中国特使可安然？

4. **良田呼救（曹雪生）**

屏气用心听，良田呼救声。
荒沙侵绿野，大厦废芳踪。

平地深沟险，作坊黑水腥。
但求干净土，留给子孙耕。

5. 秋（崔娟）
雁过群山冷，飞花一地愁。
故乡千里外，独对月如钩。

6. 观千年残槐感怀（杜春楼）
——并以此诗献给老年多舛的诗友
病身艰步蔽蓬荫，睹物一然犹断魂。
贫室不贫修竹节，酒杯无酒戒尘心。
十分秋月颜如水，一味诗香情最真。
非是生来思远大，坎坷栽就淡泊人。

7. 题春蕾诗社（杜合敬）
滚滚诗潮漫故乡，春蕾待放孕芬芳。
园丁休论千般苦，大厦高端飞汗香。

8. 文稿一瞬（范红霞）
学富不能用斗量，才疏难以就诗章。
师恩只为提携意，见面犹将习作藏。

9. 山村小景（房芳）
小径弯弯通大路，新藤攀壁眼前来。
欢声飞过高墙外，朵朵山花诗里开。

10. 中秋咏月（冯明磊）
轻风随我探蟾宫，笑醉云霄上九重。
驷马成龙拴桂树，嫦娥起舞玉鸾鸣。

11. 春灌（高占林）
哗哗清水绕山流，峡谷梯田久渴求。
果树深深吸甘露，山神畅饮二锅头。

12. 2013 年春寒有作（高登武）
雪云散尽盼春风，柳色鹅黄草色青。
小艳疏香无觅处，东君不到近清明。

13. 春色（苟文启）
水韵轻合杨柳风，田间又见绿茸茸。
几只紫燕飞春色，飘荡酒旗小径东。

14. 山村水墨画（苟喜娜）
层山点翠绘丹青，草木葱茏色正浓。
欲染霜枫红似火，深情融进晚秋中。

15. 爱你宝贝（郝磊晶）
血脉相连宝贝亲，一哭一笑动娘心。
千般宠爱犹说少，长大儿郎可感恩？

16. 马年咏马（韩倚云）
天地真龙性，逍遥自不群。
千金堪市骨，万载洗空云。

17. 端阳思（吉兆民）
端阳淘米偶成思，芦苇清香沁腑时。
小叶不宽休自揽，谨防甘粽作粥汁。

18. 黄菊（贾瑞增）
九秋何事起风狂，却有金菊笑重阳。
可佩春华留靓影，更钦晚节绽余香。

19. 新笋（康亚林）
夜雨听疏韵，清风释嫩香。
支支新箭镞，直欲射天狼。

20. 惜春（李丽）
桐华零落叶犹稀，丝雨轻风嫩草低。
归燕裁春春已晚，新泥叼去补巢泥。

21. 观中华诗词第一碑（李贤）
根盘燕赵入青云，气盖山河壮古今。
文海儒流闲斗赋，书林俊逸巧争春。
堆青叠绿满城色，织雨剪风一地新。
巨笔深深藏锦绣，轻挥大地铸诗魂。

22. 晨观柳淞（李德顺）
蓬莱峰起千堆雪，琼宇精雕万缕绦。
白练驭风云揽日，苍苍银发焕青髫。

23. **闹中求静**（李凤岐）
清风明月伴窗前，时醒时酣体更宽。
闹市闲居心若水，高楼独处也怡然。

24. **题赠桃花女**（李晓静）
巾帼娉婷溶早霞，缤纷红蕊透香纱。
轻挥玉手枝头笑，山下桃林巧蘸花。

25. **登山**（李晓涛）
方停新雨上春山，雾色浮沉绿色间。
远处一声笛哨响，绵羊围拢若云闲。

26. **山村夜曲**（李占其）
山村驮夏夜，小卖部前停。
老汉说“捉鬼”，儿童戏捕萤。
二哥谈社会，大嫂讲村风。
海北山南事，赋于一笑中。

27. **小溪吟**（李志星）
不求功利不争名，避港绕山一路行。
命里无缘攀峻处，欣然入海作和声。

28. **悲秋**（李春艳）
苍山孤雁鸣，老树晚鸦风。
独木篱前醉，斜竹叹院空。

29. **观绘画**（刘虎占）
泼墨大风扬，案头浮太行。
云收八百里，寸笔立朝阳。

30. **重阳节凤凰山醉酒**（刘宏琦）
村醪三盏醉重阳，疏发悄然着鬓霜。
莫道秋深花入梦，落霞一抹染菊黄。

31. **雁**（刘瑞峰）
风摇叶落却寒秋，北雁南飞寻绿洲。
八九衔来春暖日，深情寄下又回头。

32. **荷塘夏颜**（刘淑英）
碧叶摇风荷若霞，水中出没小雏鸭。
双双情侣槐荫下，边笑边说边赏花。

33. **春暖花落**（刘秀敏）
又到群芳争艳时，山晖已暖客方知。
连遭风雨消春瘦，一瓣残红一瓣诗。

34. **访友**（刘长庆）
土石草径绕篱斜，竹映窗扉是友家。
坡顶倚栏伏幼犬，门前傍路绽菊花。
紫荆篮里盛鲜果，青瓷壶中沏酽茶。
温故重逢相对坐，不拘谈笑赏秋瓜。

35. **带小孙女公园赏花**（刘志峰）
我做导游她赏花，新雏老凤两咿呀。
迎春笑我媚如火，垂柳吻她柔似纱。

36. **贺满城被评为中华诗词之乡**（卢璐）
国誉从来眷满城，诗乡首冠咏激情。
抱阳泽润神州地，古郡名扬华夏风。
词赋远播八万里，碑铭直入九千重。
谁言唐后无才俊，巷陌犹闻吟诵声。

37. **题招贤台**（卢钺）
夕照贤台已惘然，一朝顷刻现陵山。
青峰薄雾风光好，画栋雕梁色彩鲜。
炼句择词添会社，论今说古越尘烟。
他年携友云天上，流韵悠长壮大千。

38. **无题**（米红芳）
乱象纷纭世事忧，皆因名利绕心头。
千丝万缕抽将去，诗海清波好荡舟。

39. **致友人**（冉金忠）
千般苦难练文风，跨上诗坛一老翁。
吞吐江河空有志，田园眷恋故人情。

40. **谒一亩泉龙母宫**（冉淑莲）
一亩甘泉泽万家，千年宫宇储精华。
祈求龙母淋清露，涤尽阴霾出彩霞。

41. **春游**（**冉雪燕**）
春日风和花正香，呼朋引伴踏青忙。
山川阡陌流新韵，一抹丹青入画廊。

42. **听雨**（**宋超杰**）
细雨霏霏奏乐章，斜风阵阵叩纱窗。
谁人能解其中意？怀抱诗思入梦乡。

43. **冬日牡丹**（**王栓**）
瘦骨嶙峋傲酷寒，霜刀雪剑任摧残。
篱边谁晓寂寥处，孕育神州第一妍。

44. **咏杏花**（**王英**）
茅舍疏篱掩杏花，几枝含笑去邻家。
因邀村友陪新客？早有山风香碧茶。

45. **赏桃花**（**王泽**）
山野红霞涌惠风，桃花源里古今行。
无边新韵蜂迷路，处处乡音不了情。

46. **春趣图**（**王东伟**）
大雁南来过柳溪，孩童拥我做春笛。
清明时令天犹冷，笑我冬装当夏衣。

47. **秋游仙鹤峪**（**王晓东**）
秋虫鸣密草，石上响泉行。
源溯不知处，低头问水声。

48. **浅爱**（**王秀梅**）
风吹幽绿层林染，荫下相约似有缘。
浅爱迷离晴半夏，难收覆雨梦中残。

49. **八一感怀**（**王雪君**）
——2007年建军节有感而发
耳畔犹闻号角鸣，眼前又见战旗红。
长缨戏挑边关月，短戟轻拨战地风。
卧雪爬冰习武路，披星戴月报国情。
归田卸甲三十载，未忘精忠武穆诚。

50. **千年柿树王**（**王志芳**）
虎态龙姿贯万峰，半身翡翠半身红。
寿仙不是盆中景，何论春秋与夏冬。

51. **久旱思雨**（**夏冰**）
夏日火炎炎，无云万里天。
禾苗垂郁闷，鸟雀懒言谈。
小伙忙锥井，老农愁灌园。
望空心自念，早慰万民安。

52. **听蝉**（**徐丽娟**）
谁谱新词枝上鸣？不关风月不关情。
莫言似水光阴过，应有行人解此声。

53. **汉语**（**闫树钧**）
时空穿越五千年，血脉相承肝胆连。
语句字词惟九鼎，珠圆玉润竟八船。
难书上古方形字，忘却先宗至诚言。
挥手国人喊“bye bye”，摇头老外为何难？

54. **家乡忆旧**（**闫仲湘**）
五月芦荻拥绿洲，暖风十里柳塘沟。
童年此景成思念，流水小桥摸泥鳅。

55. **无题**（**严晓坤**）
朱户入斜光，更知离恨长。
有缘何故问，心已许君郎。

56. **儿子打架有感**（**杨朴**）
无知年少比轻狂，颐指江湖我是王。
一语激得千浪起，群殴过后满身伤。
病床辗转思良药，寒夜难眠欲断肠。
莫问拳头谁更硬，摘来苦果母先尝。

57. **山游遇牧羊者**（**杨瑞红**）
水碧天蓝草染青，野花轻舞引蝶蜂。
长鞭驱得白云走，回荡远山放牧声。

58. **夏播**（**要全生**）
芒种佳期播夏急，下田岂等晓鸡啼。

长鞭甩落西山月，楼脚摇出五色曦。

59. **山行游记（杨磊霞）**

云开雾散见苍寰，春日风逐晚雪寒。
万里晴空悬碧树，千年古刹镇青川。
山行有路何为乐？水过无声可作欢。
道窄不妨平步走，穷途尽处看新天。

60. **秋游秀水峪（殷宝田）**

沾衣无色暗醅香，野岭遥看绿复黄。
最是秋来难画处，清风斜挂一襟凉。

61. **寻春（殷东燕）**

茅屋荒草暗黑天，落日昏鸦老树寒。
望此孤身游几处，何时花盛雁南还。

62. **父女情深（尤景福）**

苦学留志过乡关，彼岸三年今未还。
娇女除夕新寄语，思情穿越万重山。

63. **奇言（于彦辉）**

池中忽见一轮金，清水涤成似我心。
说与鱼儿非有意，试问嫦娥真不真。

64. **游山小记（苑宏毅）**

悬瀑清泉卧九龙，苍林绿草沐春风。
山中游历虽一日，强似城中度半生。

65. **晚秋忆旧（翟学宁）**

西风漫漫凋清野，花瘦枝枯绿渐消。
几个村童拾弃叶，争攀高树把秋摇。

66. **友聚（张悦）**

忽闻挚友访茅居，净院涤屋整素衣。
漫侃三千今古事，晚霞同醉染柴篱。

67. **假日乐（张东红）**

天近黄昏依小窗，清茶一盏满屋香。
爬墙绿蔓摇新叶，半放诗书赏晚阳。

68. **夏游山乡（张和福）**

坡梁落凤起丹霞，岭南蛟龙舞峭崖。
谷阔林深鸣翠鸟，高歌六畜乐农家。

69. **游龙门石寨（张金环）**

二十万载火成岩，今日神奇一景观。
汹涌波涛如大海，蜿蜒起落若群帆。
黑石山上黑石秀，孤树影中孤树闲。
借问最佳奇丽处，乡人指点在前边。

70. **杨柳溪（张满仓）**

轻舒云臂摆花襟，细捻秋风拂漫尘。
浅唱溪流频起舞，贵妃微醉玉堂春。

71. **寻仙鹤（张树青）**

青山绿水草葱茏，峭壁悬崖入画屏。
遍访仙沟无鹤迹，祥云数朵掠长空。

72. **冬夜静思（张闻江）**

身闲追野鹤，志远赋山松。
酒对残冬雪，棋敲午夜灯。
书香为室友，竹翠做居朋。
鉴事成明镜，边城了半生。

73. **观花令（张颖硕）**

桃红杏粉李花白，三月阳春次第开。
远客登临听胜景，山冈伫立看痴呆。

74. **题灵山八卦阵（张志明）**

天育灵峰一慧根，奇葩独秀太行魂。
钟开海户醒红日，鼓闭山阶眠碧云。
宫敞八门终复始，廊回百丈古通今。
有人却了春秋事，谈笑声中看雁群。

75. **无题（张志明）**

平静秋潭水，无波何有声？
托晨双臂露，步月半城风。
轻语播春雨，纯情释晚晴。
思将心底血，化作一天虹。

76. 雷锋永恒（张秀丽）

岁月悠悠回首间，光阴已去五十年。
一生未有留私欲，博爱天涯举世传。

77. 感悟（赵新刚）

海天漠漠水云横，斗酒吟诗待月明。
罢却浮名虚假利，溪边醉卧望潮生。

78. 春（赵玲玲）

浅草滑石溪水声，黄鹂颤翅树间鸣。
最嘲童子春晨懒，轻掩薄衾又梦中。

79. 咏春风（赵玉民）

足轻语细辨无容，择路东来每岁同。
岸柳闻声枝染翠，寒冰晓讯体消融。
山川着意施青黛，桃杏随心绽粉红。
喜看长空归紫燕，衔来云朵丢院中。

80. 中秋（郑琪胧）

中秋气爽彩云游，满树石榴面掩羞。
玉臂掀帘观是处，天蓝湖碧一渔舟。

81. 收麦（朱凤喜）

布谷声中麦穗黄，五更鸡唱醒离床。
全村老少齐出动，晓月晨星收夏粮。

82. 陵山春曲（朱良杰）

春分一夜斜斜雨，晨霭黄莺啼碧空。
童子七龄没懒睡，先于祖父半山中。

二、词

1. 虞美人·闺友再聚（曹晓伟）

梦中又见昔时景，笑看闺中影。素颜何要点秋眉，出水芙蓉摇曳碧波回。

如今听雨黄昏后，相聚邀闺友。浓妆难把故颜留，岁月如花开谢入霜秋。

2. 诉衷情·上巳游远达度假村（陈士英）

诗侍上巳觅芳郊，胜地景妖娆。含嫣春色心醉，墨海起云涛。

争几处，杏香飘，柳舒条。暖蜂鸣曲，鹊落清溪，燕上云霄。

3. 捣练子·端阳和友人（顾敬会）

一

逢重五，又端阳，苇叶层层裹粽香。遥借清风传万里，与君同贺满庭芳。

二

插艾叶，饮雄黄，把盏吟诗情满殇。素手拈得屈子粽，乘风顺水送君旁。

4. 西江月·世缘（郭翠）

总是不堪回首，不堪总是迷离。夕阳如血透纱衣，谁料明天风雨。

笑看灰尘升降，静观世态实虚。乐忧多少事随移，定把心痕抹去。

5. 烛影摇红·梅花照（贾风春）

霁色谁同？朔风吹雪流香远。纤枝疏秀染层霜，却与长青伴。早拟丹心一片，理琼妆，冰魂淡浅。田间陌上，几朵彤云，凌风催绽。

冷艳难俦，玉英慢报阳春转。粉颜朱韵守清寒，不把群芳羡。常是幽情独，任凭他，萧疏无限。萦回只在，竹节松心，随时都见。

6. 清平乐·山居小品（李季）

清晨散步，两里山弯路。雨涨春泉倾雪幕，吵醒梨花千树。

折来璞玉植瓶，柔瓷釉色还青。案上芬芳初溢，光华几照窗明。

7. 清平乐·春叹（刘秀敏）

海棠落雨，柳舞风前絮，渐杳春光无驻意。惆怅斜阳照里。

依稀又见当年，雨中共语言欢。多少情怀思绪，悄然化作云烟。

8. 鹊桥仙·七夕无雨（米立功）

七夕银汉，鹊桥飞架，相见已然心醉。夫妻

分住地天间，仍思念，姻缘无悔。

葡萄架下，窃听细语，白发双星无泪。神州拥有万年情，是真爱，忠贞才贵。

9. **点绛唇·红雨（皮占辉）**

梦饮春台，朦胧醉眼飞红处。尘缘已误，何似花间住。

回首茫茫，无尽斜阳树。落如雨，无言桃李，淹断来时路。

10. **西江月·夏日农家（史洪昌）**

恰是炎炎夏日，农家户户都忙。施肥锄草汗滴墒，翠叶划红肩膀。

远处姑娘高唱，近旁小伙帮腔。炊烟袅袅送夕阳，饭菜香风来往。

11. **减字木兰花·雨（王惠）**

云张黑幕，电闪雷狂天吼怖。风卷沙石，折柳摧花叹未知。

天池决护，万马奔腾谁可阻？洒落凡间，化作甘霖润沃田。

12. **青玉案·芦花（王明侠）**

河堤晓岸寒塘路，捋长发，梳银絮。声似流沙花似雨。白芦红蓼，落霞孤鹜，相映成佳趣。

风情一一轻轻吐，流韵斜斜不能举，雪色何妨增几许。沉浮随意，但凭仰俯，只把霓裳舞。

13. **采桑子·见园中修剪月季（满月）**

芳菲园里独钟汝。不负春光，笑对秋霜，月月新妆秀半墙。

一朝钢剪裁生死。生也芬芳，死也芬芳，坠地残英犹有香。

14. **一剪梅·春社（张新英）**

飞绽烟花九天红，曼舞笙歌，喜庆欢腾。浩瀚青空悬明镜。盈满残缺，总有缘情。

薄暮青云掩繁星。灯火数点，补缀星空。流眄几顾盼重逢，面漾春风，万种柔情。

15. **卜算子·咏无名花（朱振营）**

山野乱石边，阡陌柴桥处。比比无名皆是花，笑放香无数。

馥郁未留痕，不与奇葩妒。已到千红万紫时，默把田园护。

三、楹联

1. **为汇丰纸厂撰联（陈玉德）**

虎啸太行赵北塞

龙吟易水燕南陲

2. **中华人民共和国成立60年（刘广郁）**

山高水远峥嵘岁月

路转峰回鼎盛年华

3. **为医院题联（刘宏琦）**

神农氏品尝百草济众生名扬后世

抱朴子著作千篇施医道露润今朝

4. **题陵山汉墓联（李秀燕）**

梦去哉，福威成故事；

春来矣，宾客觅新闻

5. **《兰亭序》问世1660年中华诗书画大赛撰联（米立功）**

崇山古韵，翰墨淋漓兰亭流韵远；

曲水新声，群贤吟咏诗雅诵声长。

6. **楹联（张兰柱）**

华夏各族人民安居乐业全仗军人保定

神州到处鲜花斗艳争奇共描春色满城

四、新诗

伯乐相驴

张志明

本诗纯属虚构，请君不要介意。

骡马市上，熙熙攘攘、攘攘熙熙，

热浪把繁华旋起。

伯乐来了，要相一头坐骑。
牲畜们扬头呼叫，希望选上自己。
伯乐左顾右看，向一头毛驴走去。
量了量身长，相了相四蹄，
拍了拍前额，摸了摸背脊。
“膘肥体壮，太好了。
我要选的正是你！”
也许有人要问：诗人，你错了，
伯乐需要千里马，为何给他一头驴？
朋友，我没有错，是伯乐的观念更新了，
今天，有他今天的兴趣！
所有的目光投向伯乐，
几多惊讶，几多赞许？
伯乐嘴角挂笑，摇头摆手释疑：
千里马快倒是快，可它有股倔脾气，
光顾拼命驰骋，什么都不顾忌，
主人颠或不颠，一点也不留意。
张果老多次荐贤，毛驴彬彬有礼，
在温顺的驴背上，他敢倒骑。
听听小桥流水，赏赏大江东去，
悠哉漫游天下，多么富有诗意！
此刻，千里马又叫了，
是为毛驴欢呼？还是在叹惜？
我没有详细调查，不敢妄加评议！

黄牛

张志明

勤劳拖着疲劳，鞭伤捆着忧伤，
并非它在耕耘中有什么过错，
而是操犁者喜欢清脆的鞭响。

第五章　非物质文化遗产

县内挖掘和得到保护的非物质文化遗产主要有渝河寸跷、“卍”字灯阵、郎村少林大八步、跑竹马。2007 年、2008 年，“卍”字灯阵、郎村大八步和渝河寸跷先后被列入保定市非物质文化遗产名录。河北大学艺术学院音乐系主任、教授蔡海波专就渝河寸跷进行研究，发表《漫话寸跷》一文。中国作家协会主席铁凝曾深入到满城体验生活，创作小说《灯之旅》。

第一节　渝河寸跷

一、由来

寸跷，以脚踩 12 厘米矮跷而得名，县内以东渝河村著名。据寸跷老艺人李德生推断，从师承关系上可上推 5 代至清康熙年间，再往上推已不可辨，说明渝河寸跷至少诞生于清康熙年间。寸跷之名，当地有“御封寸跷”的说法。传说清代满城县城隍（被路过驻跸满城的康熙皇帝封为“灵应侯”）夫人原是一名叫玉琴的宫女，长得标致，舞也跳得好，只是脚大一点，人称“大脚宫女”。当时，盛行小脚，以三寸金莲为荣。于是她让人做了一副假木根脚，再穿上彩衣彩褂，舞动起来非常好看。传说这就是后来的寸跷。后来玉琴要成为灵应侯夫人了，康熙皇帝用八抬大桥送她出宫，并且还跟有神棍戒尺，鸣锣开道，十分威风。民间流传寸跷就是城隍夫人教的，老百姓称为“御封寸跷”。

二、传承

寸跷动作简单易学，群众性强，20 世纪 60 年代以前，当地几乎人人都会踩寸跷。流传至今的曲调有《山坡羊》《小放牛》《小二凡》《十杯酒》《打秋千》《茉莉花》《句句双》《四景》《扑蛾》《小八板》《摘椒》《小五更》《大五更》《卷大山》《落子头》《顶登尔》等，伴奏乐器有唢呐、大管、笙、云锣、二胡、横笛、鼓、锣、钹等。

1984 年春节，渝河寸跷重新面世。经市、县文化部门挖掘整理，编排寸跷舞《欢乐的花椒园》，在河北省首届民间舞蹈大赛上获得一等奖。1989 年，在全省县级文化馆舞蹈比赛中，县文化馆组织编排的寸跷舞《摘柿子》获得河北省二等奖。中国民间文艺家协会制作寸跷民俗录像，作为参加在美国洛杉矶举办的国际民俗节参展内容。

三、发展

1996 年，舞蹈《寸跷娃》在中央电视台演播厅演出

《中国民族民间舞蹈集成》（商务印书馆 1990 年版）一书称："寸跷是河北历史最悠久、艺术形式最完整的载歌载舞表演形式，满城县东渝河寸跷的挖掘整理对研究河北农民歌舞具有重要的价值。"以后，县文化馆对渝河寸跷进行编排、整理，先后在河北省县级音乐舞蹈交流大会上获 7 项奖，列全省第一。1993 年，由实验小学表演的寸跷舞《小羊倌》春节期间在中央电视台播放。1996 年，舞蹈《寸跷娃》获得全国群星奖。1999 年正月初一、初二，中央电视台第一套节目再次播放。2003 年，东渝河寸跷被省文化厅提名为首届国家级非物质文化遗产申报项目。2008 年，入选保定市首届非物质文化遗产名录。

四、传承人

寸跷舞传承人黄长青，男，农民，石井乡东渝河村人，精通寸跷舞的化妆、表演，能作词、编曲、伴奏，主要作品有三句半《计划生育就是好》《寸跷舞》《摘柿子》《小羊倌》。黄长青师承李德生（1910—2003 年），上几代不详。李德生亦东渝河村人，民国时期曾十数次随寸跷队到县城参加祭祀城隍的活动。1978 年开始在村里教授寸跷舞。

第二节　"卍"字灯阵

一、由来

正月十五闹社火是翟家佐村、南峪村最大的民俗活动，当地人称跑灯、栽灯，俗称走"卍"字，又称花灯会。南峪村有前人传下来的"卍"字灯阵图。民间相传"卍"字灯阵图是由诸葛亮八阵图改造而成，也称迷魂阵。

点天灯的说法，各村有所不同。南峪村流传着这样一个传说：姜子牙封神时，落下了劳苦功高的黄飞虎，就把自己"五岳之首"的神牌转给了黄飞虎，而自己成了一个没有神位的游神。每年腊月三

十、春节，尤其是正月十五便一人栖身于天灯之下，孤身过节。村民们不忍心姜子牙这样独过春节，纷纷将酒菜端来供奉，逐渐形成了“点天灯奉太公”的习俗。这一民间习俗始于明末清初，到“文化大革命”期间中断，1979 年得到恢复。民间有“十五跑灯，消灾祛病”的说法。2011 年，“卍”字灯阵被命名为“市级非物质文化遗产”。

二、摆灯阵

在一块几亩大的平地上按固定方位插灯位，灯杆有 4 尺来高，上托灯碗或蜡烛，灯座多是纸扎莲花形，称为莲花灯。灯碗用釉泥烧制，内装香油，以示对神的虔诚，点燃后香气扑鼻。灯阵实为迷宫，如不按路线行走，则迷而不知出路。

点灯

灯阵根据财力和观众多少扎成一字、二字或方形阵。一字阵由 225 盏灯组成，总长约 1 公里。方形阵横竖都是 19 盏灯，共 361 盏，寓意天天平平安安、风调雨顺。另置天灯（俗称神灯）十盏高悬于阵中央，作为“押阵灯”。出入口搭牌楼，阵中巧设路线，用高粱秆串接。灯阵的四个方位，栽有 1 盏比天灯较低的灯，称“四角灯”。灯会有一个不成文的习俗：不论是谁看见荷花灯被风吹灭，都要赶快点着，以求吉祥。

三、跑灯

按照跑灯的习俗，首先进入灯阵的是龙灯会，须是双龙，或四龙，皆为双数，绣球龙灯先入阵。入阵前，锣鼓点敲起《行龙歌》，然后走起大滚龙、小滚龙、抄连环、大风火轮、风火轮、四门斗、抄水燕、南天门、月亮门等队形。1949 年以前，绣球龙灯出会的仪式是先做二龙盘玉柱，龙前安置纸制“疏”，摆上香案，村民在会首率领下跪拜，燃烛烧纸焚香。会首喊：“喇嘛！”众声应：“阿弥陀佛”“喜呀！”礼毕，将“疏”燃烧，名曰“升天”“发疏”，之后开始表演。跑灯时间多在正月十三至正月十五。元宵之夜，明月高悬，灯火通明，百姓扶老携幼，步入灯阵，各种花会融入人流，鼓乐齐鸣，欢歌笑语，一派祥和景象。1979 年灯阵习俗恢复后，一些仪式趋于简化。1985 年，河北电视台曾到满城拍摄灯阵盛况。

跑灯

绣球龙灯虽只走队形、摆字，但每种队形都有一定的内涵，隐含着一些原始神话。如“龙马献图”是表现伏羲氏看到水中爬出一个龙头马身、身上有黑白斑点的怪兽。这些斑点从南往北看是 16 个，从北往南看是 27 个，从东往西看是 28 个，从西往东看是 49 个，从上往下看是 50 个。伏羲氏据此描绘出八卦图，而队形中的“阴阳定位”就是用龙体摆八卦图。“炼石补天”是通过摆金木水火土五字来表现女娲补天的传说。其他如通过摆“天下太平”“五谷丰登”等字样，表达民心所愿。

入阵的第二道会是狮子会。南峪狮子会的入阵习俗是 10 只狮子，8 大 2 小，称群狮。狮在民间是吉祥物，故借此祈求吉祥如意。随后进入灯阵的有高跷、抬花轿、秧歌、太平车、跑驴、二鬼摔跤、旱船等。

按照习俗，上午是民间花会走灯阵，下午至晚上是村民们走灯阵，方圆十几个村子差不多村村空巷。走灯阵的时候，村民们穿戴一新，有的还要化化妆，叫抹彩；有的腰间系一根红绸子，随着锣鼓节奏边走边扭。这一天，不论正打扮、歪打扮，人们都不会笑话。

四、传承

2000 年前后，“卍”字灯阵日渐兴盛，正月十五这天，翟家佐、南峪都要组织盛大的花会，扭秧歌、舞狮子、敲大鼓，热闹非凡。到了晚上，灯阵灯火通明，人们摆香山、走灯阵、放孔明灯，祈福消灾。灯会吸引了周边县市和十里八乡的人们前来，大街小巷彩灯高悬，车水马龙，熙熙攘攘，一派节日的欢庆氛围。

翟家佐村“卍”字灯阵传承人：第一代，武老彬；第二代，翟玉文；第三代，翟老杨；第四代，翟金成；第五代，姚树文；第六代，王喜存、武彦全、翟顺青。

南峪村“卍”字灯阵传承人：第一代，严老泊；第二代，严老慎；第三代，严老勤；第四代，史金生；第五代，史永贵、严连来、严更明、严顺海。

第三节　郎村少林大八步

一、由来

少林大八步属于杂技竞技项目，为少林武术在河北及京津地区的一个分支，主要产生、发展于满城县南部以郎村为中心的地区，因此被称为郎村少林大八步。

相传，清咸丰年间（1850—1861 年），在满城、完县（今顺平县）交界的山中流窜着一股土匪，他们经常到附近村庄烧杀抢掠，无恶不作。这天，土匪们正在郎村抢夺财物，村里来了两位云游少林武僧，法名志青、志红，他们路见不平拔刀相助，赶走了土匪。大家立即准备食物招待两位师傅，还收拾出两间屋子让两位师傅居住。从此志青、志红就在郎村住下来，并教授村民武术。曹玉林、杨青健是其中学习最刻苦、最认真的两个孩子。志青、志红见他俩朴实懂事、悟性高，就把平时所学都传授给他们，他们就是后来郎村少林大八步的第一代传人。志青、志红走后，郎村成立了少林会，习武之风一代代传承下来，成为京津保一带的武术之乡。

抗日战争中，郎村人民积极参加八路军、游击队，同日本侵略者浴血奋战，留下了许多可歌可泣的故事。

2007 年，郎村少林大八步被列入保定市非物质文化遗产名录，并申报国家级非物质文化遗产。

二、传承

中华人民共和国成立以后，少林大八步一直在郎村延续下来，成为群众体育活动的一部分。练习者注重内外兼修，通过肢体的屈伸、回环、跳跃、平衡、翻腾、跌扑等动作，对人体的反应速度、力量、灵巧度、耐力都有良好的促进作用，因此能起到壮内强外的保健作用。据统计，郎村人平均寿命要略高于周围村庄，且九十岁以上的人都练过少林大八步。

郎村少林大八步分为空手套路、器械套路和多人对练。空手套路主要包括八步神拳、大拳劈、合手、二郎拳、小八步、八打八避八翻子、操手、三十六手等；器械套路主要包括枪术十二节、双头蛇三节、单刀双刀各三套、大刀三套、三节棍三套、七节鞭三套、野叉棍；多人对练主要包括拳技、双人空手对练三套、十三棍两人对练三套、双手带破枪三套、单刀挎拐三套、梢子三套。

三、传承人

从志青、志红和尚开始，现已传承三代，第一代，曹玉林、杨青健；第二代，曹兰、杨钦；第三代曹文俊。

第四节　跑竹马

一、由来

跑竹马，又称“走马”“跑马灯”，是由儿童游戏“竹马”（即把竹竿骑在胯下作马）演化而来，南宋时已出现。早期流行过跑竹马节目《出塞和番》。明、清时跑竹马更为流行，道具为竹扎纸糊的马头、马尾，人在中间或骑或绑扎，一手执鞭，一手抻缰绳，成群结伙，边演边唱，载歌载舞。有的在“马颈”系铜铃，叮咚作响；有的脚系响板，如马蹄有声。

二、主要表演形式

相传，辽国萧太后在今满城县城的北边筑过城，还在那里居住过，这段历史就反映在了满城的民间艺术跑竹马里，使满城的跑竹马与众不同。

跑竹马的角色一般由八九岁的孩童扮演，共9个角色，唱词不多。主要人物是萧太后、萧天佐、萧天佑、萧龙、萧虎、四名女将。首先是萧天佐、萧天佑上场围场子转，然后站在一边，接着萧龙、萧虎上场，围场转舞。四人站成八字形，自报家门：萧天佐是也，萧天佑是也，萧龙是也，萧虎是也。萧天佐白：今日太后升帐，你我在此伺候。众白：请啊！四女将上场，按八字形站立两厢。萧太后上，站在八字形的中央，白：家住在北方，养马不种田，雄兵有百万，战将有千员。左边白：英雄无比。右边白：盖世无双。萧太后白：今日天气晴和，不免围场打猎一回。众将白：请！然后跑舞成一个圈圈。靠入场方向留有缺口，小老虎、小狮子上场，众将轮流与狮虎斗舞，然后放小炮仗两声，狮虎应声倒下。萧天佐白：将狮虎擒住！萧太后：嘟，众鞑兵，撤开木栅回营！然后下场。

附：1. 漫话寸跷

2. 灯之旅（节选）

漫话寸跷

蔡海波

寸跷舞蹈发源并流行于保定市满城县，是以脚踩木跷，手拿扇、鞭的形式进行表演的一种民间舞蹈。

据东渝河七十六岁的民间艺人李德生老先生讲述：在清朝乾隆年间，村里的民间艺人到刘尚庄串门，偶然听说了一个艺人踩寸跷游乐的故事，很受启发。回村后，便相约学练起来。开始只是双脚踏跷，后手里逐渐拿上扇、鞭。伴奏乐队也由初期的纯打击乐，发展到以吹管乐为主的小乐队。到鼎盛时期，乐队发展到近30人。

寸跷舞蹈伴奏曲目主要使用老艺人口传心授下来的河北民歌，分为带词的歌和不带词的曲两种，如《小八板》《摘椒》等。节拍以柔为主，根据舞蹈需要，有一些本身是四分之四节拍的民歌也演变成四分之二节拍，如《大四景》。由于舞蹈动作常有相互对答，在音乐上经常出现上、下对句，有时是相同的对句，故有“句句双”之称。

寸跷音乐进行速度一般是中速或小快板。情绪明快，曲调优美、动听。锣鼓伴奏起着承前启后、把曲调引向高潮的作用。传统的寸跷舞蹈音乐伴奏乐器有：小唢呐、笛子、板胡、二胡、低胡、笙、小堂鼓、锣、小钗、大钗（又称“十样景”一套）。

（作者蔡海波，为河北大学艺术学院音乐系主任、教授）

灯之旅（节选）

铁 凝

正月里不能没有十五，十五里不能没有灯会。

天一黑傅家峪就点起了灯。高悬在梢门上的天灯照亮了喜庆对联，沿墙根摆下的地灯勾勒出蜿蜒的龟背石街道。然而十五这天，傅家峪人看的不是这些，它们不过是灯会的陪衬。要看灯得上灯场。灯场设在村西口三面环山的一抹平地上。

……

村口响起“二踢脚”，唢呐声咿呀的飘上夜空，鞭炮声也连成了片。来了，来了！各路花会进村了，为首的就是文家佐的高跷会。

十字街的人们兴奋着让出一条窄道，迎候着那红白相间的开路牙旗，迎候着青面红发、高过房檐的“大鬼”。“大鬼”迈着两条丈把长的硬腿笑着、跳跃着一路领先，那悬在门楣的天灯才齐着他的胸，紧跟其后的是头和尚、二和尚，他们故意摇着满头蓬乱的黑发，显示着豪爽和洒脱；俊媳妇和小生步态文雅，互相作着躲避；丑婆子则摇着芭蕉扇，竭力在他们中间散布着阴谋……唯有渔翁清高，只是冷漠地关注自己的渔具，表现出非凡的悠闲和超然。

“卍”字灯阵中高跷表演（摄于2008年）

……

“旱船”、“跑驴”、“二鬼摔跤”、“寸跷”、“百叶龙”……跟上来了，逐一经受了傅家峪对他们特有的考验，也浩浩荡荡向灯场进发了。

最后是对主队的考验，主队压阵。人们对主队的考验更严格，更刻薄。“大翻身”、“小翻身”，那都是小噱头，跳过单板凳，还要在板凳上摞板凳。跳双凳，那才是傅家峪高跷会祖辈传下来的正统。这也就是傅家峪有资格做东，摆下灯场，请来十八道花会大闹特闹的原因。

傅家峪的“大鬼”过去一直扮着小生，头年练“大鬼”跳板凳时，时胜时负，对于今天能不能成功傅家峪人都捏着一把汗。

主队拥上来了，“大鬼”的影子铺天盖地。紧锣密鼓伴着他：一个“小翻身”，一个“大翻身”，外加一个“海底捞月”拾烟卷，动作完成得潇洒、利落。跳板凳开始了，一条板凳磕磕绊绊就有些勉强，两条板凳一摞，他便举步迟疑，乱了方寸。

……

现在傅双印又站在了十字街，因为不久前他已告老还乡，又变成了傅家峪的一个村民。

……

灯场依旧黑着。各路花会和傅家峪的乡亲在等时辰，等一个人来喊“上灯!”往年要等的就是乡党委书记傅双印，那时傅双印就是时辰。今年等谁，人们心里明白：等傅双印的女儿傅巧银。傅巧银头年接替了傅双印。

灯场依旧黑着。人们在等时辰。等虽难熬，却像灯会一道必不可少的程序。乡亲们耐着心。

月亮从山背后升起来了，“鬼”和“和尚”们戴着腿子躺在土凹里抽烟；“毛驴”卧下来嗑瓜子；踩寸跷的姑娘扯起头巾遮住嘴脸，人们从远处那星星点点的地灯里感受到寒冷。“时辰”不到，没人来喊“上灯”。

……

现在傅双印绑着五尺高的腿子，背靠这棵植根于山地的老树，那些“等”的滋味一下都涌上了心头。有这几十年革命经历的他，仿佛就是伴着“等待”告老还乡走回傅家峪的。

他没有勇气去问一个乡亲，过去人们等他来喊“上灯”时是什么滋味。他忽然觉得这些年乡亲们并不是等他来发“上灯”的号令，而是等他回来扮“大鬼”。只有绑上腿子，你才会意识到“闹”是属于自己的。自己的事为什么要等别人发号施令？原来人活一辈子才能明白一两件事情。

傅双印离开身后的老树，大步跨到灯棚前，朝着黑漆漆的山谷，朝着隐没在山间的“万”字大喊一声：“上——灯!”

于是大山泛起了回音，那回音喊醒了每一个山民。

“毛驴”尥了个蹶子跳起来了；

“旱船”悠悠地飘动了；

“头和尚”的梆子敲响了；

“俊媳妇”和“小生”掐掉手里的烟卷，打起了精神……

灯棚里六百只灯碗亮起来，穿红袄的少女排成了队，小跑着把六百盏圣灯送上六百根木桩。

一个灯的世界，一个“万”事如意的世界。

傅双印被裹进了傅家峪的高跷会，人们簇拥着他走进了那个灯火通明的“万”字里。他大声作着鼓动，大步踩出一套套花点。

十八道花会闹到高潮，傅巧银到底来了。她是来喊“上灯”的，然而灯场已经亮了。是谁抢走了她的权力？她茫然四顾。

一个点灯的姑娘发现了她，把傅家峪的“大鬼”指给她看。那“大鬼”正跳跃摞在一起的两条板凳。傅巧银认出了那五短身材的“鬼”，心中一阵委屈。

时间并不久远，傅巧银也曾穿红袄，手擎圣灯，虔诚地站在山风里和乡亲们一同等过。那时她就强烈地感觉到，被人等待就是一种权力。那时他们等的是傅双印。

她远远站在灯场之外，那从小就熟悉的一切不知为什么竟模糊、生疏起来，眼前那三面冷漠的山谷也仿佛并没有被那六百盏圣灯照亮，只有那五短身材多事的“鬼”在她眼前晃荡。于是她想到了明年，明年她应拥有这个被等待的权利。

正月里一定还有十五，十五里一定还有灯会。

第六章　文　物

以满城汉墓为代表，县内出土了一批有较高价值的文物。中山靖王墓、窦绾墓共出土文物10633件，其中尤以金缕玉衣、长信宫灯、错金博山炉、朱雀衔环杯、蟠龙纹铜壶等最为珍贵，举世闻名，满城因此获得了“金缕玉衣的故乡”称号。1973年11月20日，邮电部发行《“文化大革命”期间出土文物》编号邮票，全套12枚，其中有长信宫灯图案邮票一枚。满城汉墓的发掘，是中华人民共和国考古界的辉煌成就，轰动了整个世界。1988年1月，满城汉墓被国务院定为“全国重点文物保护单位”。其中的文物在已发掘的汉墓中都是罕见的，是研究我国汉代冶炼、锻造、纺织、漆作、医疗、天文、计量、建筑、科技、手工业和工艺美术发展情况的宝贵资料。同时，也为西汉时期的考古研究提供了可靠的断代依据。本章重点介绍了汉墓出土文物18件，其中金缕玉衣、长信宫灯、错金博山炉首轮志书有所记述，此次意在补缺。张柔墓葬群是元代规模庞大、保存较完整的墓葬群，对研究宋元墓葬规制具有极高的研究价值。在张宏略墓的发掘中，出土了许多钧窑、定窑、龙泉窑、景德镇窑、吉州窑等古窑瓷器，对瓷器发展史的研究具有重要意义。要庄商周遗址面积几十万平方米，其上限可到周朝晚期。方顺桥始建于西晋永嘉三年（309年），距今已有1700多年，在我国建桥史上具有较高的科学研究价值，经专家考证为国内现存比赵州桥更古老的两座石拱桥之一。

第一节　汉墓出土文物

一、文物数量种类

刘胜墓和窦绾墓出土文物包括玉石器、金银器、铜器、铁器精品4000多件。金器有金针和金饰等，银器主要有银医针、盒、漏斗形器、箸形器、镞等。铜器有铜壶、铜钫、铜杯等酒器，有铜炉、铜灯等生活用具，有铜剑、弩机等武器，有铜豹、铜人等工艺品，以及大量的铜质部件。还出土大量漆器残片、纺织器残片和10辆马车，29具马骨，11具狗骨，1具鹿骨，以及5件石俑，18件陶俑，69枚金饼，4028枚铜钱，161颗珍珠。1991年3月，省文物所返还满城县51件满城汉墓出土文物及42件复仿制满城汉墓出土文物。4月13日，返还文物在山下文物展室展出。同年8月16日，省文物局同意向满城文物保管所拨交满城汉墓出土陶器647件。

二、主要出土文物介绍

（一）金缕玉衣

刘胜的金缕玉衣全长1.88米，共用玉片2498片，金丝约1100克。玉衣所用的玉片四角均有穿孔，全部用金丝线编缀。死者头下有鎏金镶玉铜枕，枕内填满花椒。头部有玉眼盖、鼻塞、耳填和口晗，盆骨附近有玉盒和玉塞。窦绾的金缕玉衣全长1.72米，共用玉片2160片，金丝约700克。1974年，金缕玉衣图片及介绍文字编入河北省初中历史课本。

（二）长信宫灯

出土于窦绾墓，通高48厘米，重15.85公斤。是一罕见的集科学性、艺术性、实用性为一体的艺术珍品。其形象为跪地执灯的宫女，通体鎏金。宫女头上梳髻，身穿长衣，衣袖宽大，神情恭谨。她左手执灯，右手上举，袖口下垂成灯罩，灯盘可以转动，灯盘上的两块弧形平板可以推动开合，可以调节灯光的亮度和照射方向。宫女身体中空，灯盘的杆上插上蜡烛点燃后，烟会顺着宫女的袖管进入体内，可以保持室内清洁。灯的各部分还可以拆卸，设计科学合理，造型生动逼真。长信宫灯出土后，由于形象优美，构思精巧，引起国内外的关注和赞赏，曾多次作为“友好使者”出国展出。在美国展出时，美国前国务卿基辛格被长信宫灯的精巧设计所吸引，惊叹中国早在汉代就知道保护环境，防止污染，连称中国了不起。

（三）错金博山炉

出土于刘胜墓，通高26厘米，足径9.7厘米，造型美观，制作精巧，是熏炉的一种。全器由炉盖、炉盘和炉座组成。通体用金、银丝错出流畅精致的纹饰。金丝非常精细，犹如毫发。炉座饰卷云纹，座把透雕三条凌波蛟龙，以龙头擎托炉盘。炉盖高而尖，炉盘上部和炉盖雕刻成山峦重叠形，象征神话中的仙山。因山势镂孔，山峦间神兽出没，虎豹奔走。轻捷的小猴，或蹲坐在峦峰高处，或骑在兽背上嬉戏玩耍。猎人肩扛弓弩追逐逃窜的野猪，景物刻画栩栩如生，工艺精湛，举世罕见。

（四）朱雀衔环杯

出土于窦绾墓，杯高11.2厘米，宽9.5厘米。通体错金，朱雀的颈、腹及两杯表面嵌有圆形、心形绿色松石13颗，周身嵌刻着潇洒畅达的写意纹，文采飞扬，超凡脱俗。朱雀衔环杯艺术构思精巧，平面与立体均采用相对构图手法，朱雀双翅羽毛向上卷扬，成展翅欲飞状，双脚踩着一四足双耳兽，从意象上渲染神雀凌驾于万物之上的傲然风度。衔在朱雀喙部的一只玉环能够自由转动。在考古发掘过程中，从朱雀衔环杯的底部发现少许朱砂，由此推断，此杯可能是中山靖王王后窦绾生前存放化妆品使用的器物。

（五）蟠龙纹铜壶

出土于刘胜墓后室，是作为酒器陪葬的青铜制品，通高59.5厘米，口径20.2厘米，腹径37厘米，足径22.6厘米，盖高14.1厘米，实测重量16.25公斤，通体饰有鎏金、鎏银的纹饰。壶身腹部有4条独首双身的金龙盘绕，空间点缀金色卷云纹，象征龙在云间飞舞。壶盖上饰有3只鎏金凤纹，盖缘有鎏银卷云纹，颈部饰金银相间的三角纹带。全壶金银相映，富丽堂皇。壶底铭文有“楚大官”“槽”等字样。此壶被定为国家一级文物，现藏于省博物馆。1992年曾在台北玉山庄举办的大陆文物珍宝展览中展出，张学良与赵四小姐参观了展览，并大加赞扬，与之合影留念。

蟠龙纹铜壶

（六）羊尊铜灯

出土于刘胜墓，灯为跪卧着的羊的形象，高18.6厘米，长23厘米。羊腹中空，类似古代盛酒水的尊，用以储存灯油。这只羊昂首，双角卷曲，身躯浑圆，短尾。神情温顺安详，前腿后跪，后腿前曲，作卧伏的样子，整体形态生动逼真，神形俱佳。羊背和身躯分铸，要点燃灯时，掀开羊的背部往上翻，翻上去的羊背成为一个椭圆形的灯盘，平放在羊头上。灯盘的边缘有一个小油嘴，可放置灯捻。不用时，椭圆形灯盘下合，又复原成一尊优美的卧羊。

（七）铜朱雀灯

出土于窦绾墓，此灯是一只英姿勃勃的朱雀，双脚踩住蟠龙，振翅欲飞，嘴衔一灯盘，灯盘内分做3

格，可同时点燃 3 支烛火。此灯的妙处在于掌握住灯的平衡点，即重心。这一点，设计者算是煞费苦心。前倾的灯盘突出动态美，又起到稳定灯体的作用。为使灯体稳定，在青铜配料中，还加入大量的铅。

（八）当户灯

此灯以铜人半跪，右手举灯盘的形象构成。当户是当时匈奴的一种官职名称。

（九）漏壶

漏壶是古代计时器的一种。呈圆柱形，上有提梁，下有 3 只足，圆筒底部伸出一个小管，壶盖中央有一个小孔，与底部的小管相交成直角。这个小孔就是用来插标示时间的刻箭的。刻箭用竹木制成，上面刻有刻度，通过壶盖中的小孔插入漏壶中。壶中盛水，水中浮一木片，称作“舟”，专门用来托载刻箭。壶内的水自小管向外滴漏，刻箭就下降，从而表示出时间。当时的人们已经观察到四季的昼夜长短不一，因而又依据四季变化，常要调整，全年要备 41 只刻箭以供不同季节选用。

乳钉纹壶

（十）乳钉纹壶

出土于刘胜墓。通高 45 厘米，圈足径 17.9 厘米。壶口微敞，束颈，鼓腹，高圈足，腹部有一对铺首衔环。盖上有三云形纽。盖缘饰鎏金宽带纹，盖面上作方格纹、乳钉，镶嵌绿琉璃。颈和腹部的宽带纹间作鎏金斜方格纹，方格纹的交叉点上镶嵌鎏银乳钉。方格纹中填嵌绿琉璃，琉璃上划出小方格圆点纹。

（十一）彩绘陶盆

出土于窦绾墓。夹砂粗灰陶。高 13.1 厘米，口径 55 厘米，壁厚 0.8 厘米。大敞口，平折沿，浅腹，圜底，彩绘以黑色涂地，再用红、白、蓝等色描绘出各种纹饰。口沿饰红彩三道，内壁纹饰分为三部分，上部和底部绘鹭、鱼纹或云气纹，中部在二周红彩之间填绘由云气纹、带纹等组成的一个彩带。

（十二）鎏金对兽形铜饰

出土于刘胜墓。高 11.9 厘米，长 16.5 厘米。对兽合首双身，作 90 度夹角。头高昂，瞪目，前吻上翘，撇嘴，双角弯卷抵于背部。前肢匍匐，后肢蹬地，四肢矫健有力，身饰飞翼，尾卷起作“S”形。外表鎏金，夹角内侧犹有朽木。

四兽纽熊足铜鼎

（十三）四兽纽熊足铜鼎

出土于刘胜墓。高 18.1 厘米，口径 17.2 厘米，腹径 19.6 厘米。鼎身作子口微敛，圜底，三熊足，熊作蹲立状。腹两侧附长方形耳，耳上有可翻转的小兽纽。腹有一周凸弦纹。鼎盖似覆盘，其上有四小兽作等距离环立。鼎盖扣合后，将鼎耳兽纽翻转于盖上，向左转动鼎盖，盖上小兽头部恰好卡于鼎耳兽纽上，使鼎盖闭锁。

蟠龙纹玉璧

（十四）蟠龙纹玉璧

出土于刘胜墓。高 25.9 厘米，璧外径 13.4 厘米。雕琢精细，艺术性高。玉质晶莹洁白，两面雕刻细密的谷纹，周缘起棱，璧的上端饰透雕双龙卷云纹钮，双龙相背，昂首曲身，张口挺立在璧缘上，体态丰腴矫健。自龙尾部腾起对称的双股卷云纹，至上端聚作一桃形顶，顶部有一小穿孔，可穿系悬挂，为汉代玉璧中一件不可多得的艺术珍品。

（十五）错金银镶嵌铜豹

出土于窦绾墓。高3.5厘米，长5.9厘米。铜豹身躯用金银错出梅花状豹斑，二目镶嵌玛瑙。兽昂首侧扭，前胸宽阔，两肋生翼，臀部浑圆，足如钢钩。集威武勇敢、矫健敏捷于一身，具有极强的艺术感染力。豹体内灌铅，使其更加稳重。这种造型美观的铜豹在西汉早期应作镇席之用。

错金银镶嵌铜豹

（十六）玉舞人玛瑙水晶珠串饰

出于窦绾玉衣内胸部，包括舞人、蝉、瓶形、花蕊形、联珠形玉饰及水晶、玛瑙和石质的珠子。

（十七）鸟篆纹铜壶

出土于刘胜墓。通高44.2厘米，口径15.5厘米，腹径28.5厘米，通体用金银丝嵌错出鸟篆文吉祥语和动物纹带。口、肩、腹部各有微凸的宽带纹一周，上错怪兽和云雷纹。其间用金银线错出鸟篆文三周，共三十二字："盖圜四竅，仪尊成壶" "盛史盛味，於心佳都，擅於" "口味、充闰血肤，延寿却病，万年有余"。盖中心错一蟠龙，沿及卷云状钮错云纹，钮间十二字："有言三，甫金鯀，为荃盖，错书之。"

（十八）铜人说唱佣

在汉墓出土文物中有两件铜说唱佣，铜佣为盘坐的男性，身材短粗，衣帽古怪，面带滑稽，笑容可掬，显示着正在说唱的情景和神态。

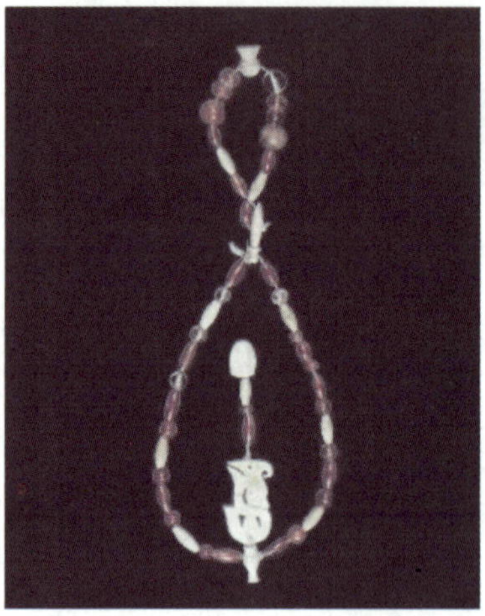

玉舞人玛瑙水晶珠串饰

第二节　古　迹

一、张柔墓群

张柔（1189—1268），字德刚，金元之际的著名将领，元封蔡国公，河北东西路都元帅。元太祖十三年（1218年）徙镇满城，治满城十余年。保州毁于战火已荒废15年，张柔与其子张宏略主持重建已废弃多年的保定城（现存的老城墙基本为张柔所建），古莲花池和大慈阁都是由他主持修建。后又督建北京城。镇守保定时，他开辟城池，通商惠工，使这里发展为"燕南一大都会"。

张柔墓远景（摄于2005年）

张柔与满城生死相依，死后葬于岗头村月明山下，依山傍水，地势高峻。有"头枕九龙（墓地北边是九龙山），足蹬八宝（墓地南边是八宝嘴山），左揽日光（墓地东边岗头村内有日光庵），右抱明月（墓地西边是月明寺），腰系玉带（墓地南边有漕河）"之说。其子张宏略、张宏规亦葬于此处，形成墓群。墓地南北长80米，东西宽60米，

张柔墓神道碑石像生（摄于2001年）

总面积约4800平方米。张柔墓呈圆锥形，高6.8米，封土周长94.2米，占地面积707平方米。墓前有元翰林学士王磐撰写的神道碑一通。碑前原有马、羊、虎、狮、文臣、武将、石像生8尊，分两厢排列。张宏略墓占地644平方米，墓前有神道碑一块，残存石像生5尊。

张柔墓群曾多次被盗，“文化大革命”时期也受到破坏。考古时发掘出四大名窑瓷器。从建筑来看，其墓室内室岩壁紧密、规整、实用，对考证元代建筑艺术风范，以及墓室的设计风格具有很大意义。1976年，张柔墓群被列为“河北省重点文物保护单位”。2006年5月，被列为“国家级重点文物保护单位”。

张柔墓角柱（摄于2001年）

二、要庄商周遗址

北临漕河，南傍一亩泉，分东、西两区。遗址面积较大，包括要庄村村西俗称“南城”和“北城”的高地及村东南俗称“南马圈”和“北马圈”的高地等处，达几十万平方米，现保存下来的高台地面积仍有6万多平方米。1982年，曾对遗址进行考古发掘，发现灰坑、灶、水井、墓葬等遗迹。遗址文化层分为六层，其中第六层为西周早期，出土了陶鬲、罐、盆、椎骨及石器；第一、二、三层为西周晚期，出土遗物有陶鬲、豆及骨、蚌器。从遗址的文化内涵分析，要庄商周遗址的上限年代可追溯到商代晚期。

要庄商周遗址（摄于2000年）

要庄商周遗址出土的青铜夔龙纹簠（摄于2000年）

三、方顺桥

位于方顺桥乡方顺桥村内，据《畿辅通志》载，方顺河原名曲逆河，后人觉不雅，遂改“曲”为“方”，改“逆”为“顺”，故名方顺河。因桥建于方顺河上，得名方顺桥。或相传为尧帝寻访舜帝时经过此桥，故称为访舜桥，后演变为方顺桥。古时候驿路从方顺桥上通过，是京师经保定府去南方诸省及山西的南北交通必由之路，历代的重要关卡。

据民国20年（1931年）《满城县志略》记载：方顺桥建于西晋永嘉三年（309年）。隋开皇（581年）年间、金明昌（1190年）年间、明嘉靖三十五年（1556年）曾3次修葺。

方顺桥全景（摄于2001年）

桥梁共分三部分：桥上的栏板、栏柱；桥面和南北引桥、4个石狮；桥下的主拱、两个小拱。桥全长37米，宽8米，由方形料石砌筑。桥身由大跨度单圆拱为主体，两侧各附有一个小拱，为泄洪保护桥身之用。南北桥头有汉白玉雕狮2对。

方顺桥上的栏板（摄于2001年）

1995年8月，《中国公路》杂志第8期中，发表了《中国现存古桥新考》（作者王展意）一文，对方顺桥如此评价：“……桥建筑方面，没有一座在技术上和艺术上可以同它（注：指赵州桥）媲美，被世界建筑学界公认为古代建筑史上的杰作。但它并不是我国现存最古老的桥梁。近十年来，各地在编写史志的过程中，经过查阅历史资料和实地考察、专家论证，发现我国还有两座石拱桥修建的时间比赵州桥更早，而且其主体建筑至今仍基本完好。这就是河南的小商桥和河北的方顺桥”。

四、方顺河闸

《满城县志略》记载：“乾隆十年建闸其上，北为汇通闸，南为金线闸，中则总名鸡心闸，为方顺河分流处。自闸而南者为金线河，西上游开一减河名月牙河……自闸而北者为白草沟河。”因年代久远，河流淤塞无水，三闸均已毁，现方顺桥西约300米留有一闸址，其他闸址无存。因其所处位置和分流功能，考为鸡心闸遗址。

鸡心闸遗址（摄于2007年）

鸡心闸遗址由土围堰、鸡心垛、闸门、闸水道四部分组成，总长45.1米。现残存的土围堰东西围堰长10米，残宽4~10米不等，系用白灰夯土筑成。鸡心垛长16.8米，宽4~6米不等，高2.6~3.5米，由方料石垒砌而成。迎水面做成三角形以分水。闸门分为北闸门、南闸门。北闸门长5米，宽5米，残高2.7~3.5米。顶部两边各有4个绞闸石（露出部分长1.5米，宽0.4米，厚0.2米，绳洞直径0.1米）。南闸门长6.5米，残高5.7米，一边各有4个斜置的绞闸石露出，规格与北闸门相差无几。闸水道的北闸宽4.5米，南闸宽5.7米。迎水面用方料石铺地，残留宽0.7~4.0米不等，迎水面以外采用石灰夯土打筑，残留厚度0.2~0.4米。

第三节 革命遗址

一、革命遗址普查

2008年，县内革命遗址主要有烈士陵园、晋察冀军区冀中一分区司令部遗址（包括杨成武司令员住所、黄参谋长住所、机枪连住所遗址3处）、黄甫俊烈士纪念碑亭、肖德顺烈士纪念碑亭、寺角村抗战烈士纪念碑、黄崖山抗战遗址。其中烈士陵园、黄甫俊烈士纪念碑亭、肖德顺烈士纪念碑亭、寺角村抗战烈士纪念碑、黄崖山抗战遗址上轮志书已有介绍，本次重点补充晋察冀军区冀中一分区司令部遗址。

烈士陵园（摄于2008年）

二、晋察冀军区冀中一分区司令部遗址

遗址坐落在慈家台村。1939年，为开展对敌斗争的需要，晋察冀军区冀中一分区司令员杨成武将司令部从易县管头搬到慈家台村，至1943年11月间多次到此驻防。现留下3个院落、1条地道、2个地下储藏室和1只铁皮箱。房屋为硬山小布瓦、砖木结构。

1号院落，为1939年1月杨成武第一次驻防时一家人居住生活的地方。时为葛丙章、葛同全2人所有。有北房6间，东房3间，占地面积150平方米，保存完好。杨成武搬离后为黄姓参谋长一家居住。

2号院落，为杨成武搬离1号院后居住的院落。时为牛仓丫所有。有北房3间，西房2间，占地面积138平方米，现保存完好。杨成武和夫人、孩子先后多次在此院居住。

3号院落，系部队多次驻防时机枪连所住。时为葛玉国、葛玉才2人所有。有北房5间，东、西房各3间，南小房2间，占地面积288平方米。

除上述院落外，慈家台村现存部队当时使用的地道一段，长23米，高1.9米，宽1.0米，处于院外，上边是土崖；有机枪连地下储藏室1处，当时用于储藏弹药。位于葛发子院内地下，长3.90米，宽1.50米，高2.00米；有机要文件地下储藏室1处，位于冉振国院内地下，深3.00米，长5.40米，宽1.75米，高1.82米。另外，还有杨成武赠予刘明贵的铁皮箱子1个，由刘明贵之子刘宝平收藏。刘明贵家院落原也曾为杨成武司令部所用，现已翻建新房。

第四节 文物普查与勘查

一、文物普查

2007年11月，按照省、市要求，安排第三次全国文物普查。制定《满城县第三次全国文物普查实施方案》，普查工作自2008年3月启动，至2009年12月结束。普查中对县内14处文物保护单位（其中古墓葬2处，古建筑2处，古遗址2处，古碑刻4处，近现代革命文物4处）重新进行复查、核实登记；对不可移动文物的保存现状、环境状态、损毁原因以及所有权属、使用管理情况详细调查登记；对要庄商周遗址详细调查，整理上报国家级文物保护单位。

文物普查工作中（摄于2007年）

二、文物勘查

（一）县城内施工地文物勘查

1996年7月，在县劳动人事局宿舍楼工地勘探发现唐代墓葬1座，发掘出土等级文物双系罐1件，填补了满城县没有唐代墓葬的空白。8月，对城北村西旧城墙进行勘查，确认为西汉北平故城遗址。1997年10月，在建行满城支行宿舍楼工地勘探发现东汉墓葬2座，发掘出土彩绘陶壶大、中、小6对。1999年3月，在宝山集团扩建工地发现1座东汉早期古墓，出土文物15件，其中石砚较为珍贵。6月，在金水集团车间扩建工程工地，发现1座西汉早期贵族土坑墓，规模宏大。出土西汉早期陶壶彩绘多件，其中有鎏金铜饰件若干，鎏金龟印章1枚，西汉五铢钱多枚。7月，在金融小区宿舍楼工地，勘探发现东汉墓葬1座，出土汉代墓门1对。10月，在顺民村东砖厂起土区发现东汉墓葬1座，出土石棺椁和墓门1对。2001年10月，在县城永乐园小区工地勘探发现西汉、东汉、北魏及明清时期墓葬多座。其中北魏墓葬保存完好，发掘出土《魏故征虏将军中散大夫张君墓志》1块，彩绘陶俑70余件。2002—2004年，勘探面积近20万平方米，发掘墓葬27座，出土陶器10余件。

1993—2004年在墓葬发掘中，发现东汉画像石墓门20件，图案均为朱雀、青龙、白虎、持戟门吏、鹳啣鱼等。

（二）张宏略墓发掘

1998年3月，对张柔墓群中的张宏略墓进行发掘，墓室为多室砖墓，出土张宏略墓志1盒，以及景德镇窑、定窑、钧窑、龙泉窑、吉州窑等多种窑口瓷器。在发掘前墓地已多次被盗。

张宏略墓墓碑碑首（摄于2001年）

（三）要庄商周遗址勘探

2000年，配合省文研所对要庄商周遗址进行勘探，确定城址及墓葬的范围。同年7月，省文研所报经国家文物局批准，对要庄商周遗址进行第二次发掘，至12月30日结束。

（四）南水北调工程沿线文物及重要遗址勘查

2003年8月，省文研所第一次对南水北调工程所涉线路进行文物调查，确定尉公遗址、渝河遗址（墓地）、荆山遗址（墓地）、月明寺庙址（墓地）4个勘查重点。2004—2005年，省文研所先后2次对南水北调沿线文物进行调查，对重点地域进行勘探。

2006年9月，对荆山遗址、尉公遗址进行考古勘探发掘。荆山遗址发掘面积3500平方米，发现战国时期遗址 1 处，面积 1000 平方米；两汉时期墓葬 13 座；出土文物 130 件。其中珍贵文物为莲湖纹铜镜 2 块，铜带钩 1 个。尉公遗址发掘面积 500 平方米，为宋、金时期生活遗址。发现房址 10 处，作坊遗址 1 处，出土文物 10 件，其中白釉定窑碗较为珍贵。两处发掘至当年 11 月 22 日结束。

2006 年 10 月，市文物局管理处与满城文物管理所联合，对南水北调工程东渝河段施工发现的靳辅家族墓地进行勘探发掘，发掘面积 3500 平方米，靳辅为清康熙年间重臣、治河总督。发掘中发现多座墓地，内为多室、多人埋葬。出土靳辅父母和伯父靳彦选的墓志铭，白灰扣碗做顶的碗几十个。之前，墓地曾多次被盗。

（五）保阜高速公路陉阳驿段文物勘查

2006 年 11 月，省文物研究所对保阜高速公路所涉陉阳驿段文物点进行考古勘探、发掘。遗址为南北长、东西窄的长方形，位于陉阳驿村北 800 米的高速地道桥西 500～800 米处，散开布方 20 个，发掘面积 3500 平方米，发现宋、金时期家庭生活遗址多处，墓葬 15 座，出土宋金时期定窑白瓷碗等物多件。

第五节　研究保护

一、文物研究

（一）韩昌墓碑

1997 年，县文物管理所在城东村一座石桥上发现元韩昌墓碑，遂拆取庋藏于所。通过考证认为，碑主韩昌名虽不显，但其子韩若愚却有名于时，曾任江浙行省（元初建有 8 个行省，江浙行省即为今江苏、浙江两省一带）左丞、朝内肃政廉访使，他为其父立碑。为其碑书丹的康里巙巙与韩若愚同在江浙行省共事，为此碑撰文者孛术鲁翀、篆额者郭贯，三人均为元代著名的文学家、书法家。碑中不仅详载元代满城韩氏一族世系，亦对显官韩若愚生平事迹着重记述，碑文既可补史之阙，又有重要的书法艺术价值。

（二）清代移民

从 1985 年收集的文物及在整理文物档案中，陆续发现一些明永乐年间从山西东南部移民满城县的记载。如北陵山村东北部原是城内南姓人家的祖茔，至明代始葬有多名进士、举人，如南鹏，明工部主事，卒于成化甲辰年；南淮，明刑部郎中，卒于嘉靖癸未年；南寿，明徽州知府，卒于嘉靖癸亥年。3 位的墓碑上都记载着他们的先人南秉荔是永乐年间由山西临汾移民满城县，后经过二、三代人的生活，南姓渐成大姓，先后十几人考取功名，成为县内显族。东良村（原属满城县大马坊乡）出土的一道明代墓志铭中记述："高公讳既，字子合，别号弘斋，曾任江阴府 X 闸官……其先承德小兴州，国初得铭迁清苑县，遂籍清苑大马坊乡，卒于万历乙未年。"史实证实，永乐年间确有山西东南部移民到满城县的情况。（注：明代大马坊乡归属清苑县，后归属满城县，1998 年底归属保定市）

二、文物保护

1993 年 3—10 月，国家文物局拨款 40 万元，对满城汉墓进行第一期防渗加固，在汉墓顶部修建排水沟 280 余米。2003—2004 年，国家文物局拨款 115 万元，对满城汉墓进行第二期防渗加固，由省古代建筑保护研究所和县文管所组织实施。处理防渗面积 1.3 万平方米，加固危岩 4 处。

2008 年，县内有 2 处国家级文物保护单位，3 处省级文物保护单位，1 处市级文物保护单位，8 处县级文物保护单位。

2008 年满城县文物保护单位一览表

表 16-6-1

名称	朝代	地址	级别	公布时间
中山靖王墓	西汉	陵山	国家级	1988. 1. 13
张柔墓群	元	岗头村	国家级	2006. 5. 25
要庄商周遗址	商周	要庄	省级	1976
夜借遗址	商至周	夜借村	省级	1976
方顺桥	晋	方顺桥村	省级	2001. 2
月明寺塔	明	岗头村	市级	1976
靳公神道碑	清	方顺桥村	县级	1999. 8. 11
抱阳山碑林	元—民国	抱阳村	县级	1999. 8. 11
祖公神道碑	清	石井村	县级	1999. 8. 11
东村石刻	明	东村	县级	1999. 8. 11
谢臣烈士纪念碑	近现代	岭西村	县级	1999. 8. 11
黄甫俊烈士纪念碑	近现代	抱阳村	县级	1999. 8. 11
李忠良烈士纪念碑	近现代	西赵庄村	县级	1999. 8. 11
肖德顺烈士纪念碑	近现代	石井村	县级	1999. 8. 11

第七章　档案　史志编修

1996 年，县档案馆库房从平房迁入楼房，馆藏条件大为改善，达到国家标准。2000 年购置密集档案柜，开始大量接收档案资料。2008 年共收集 116 个全宗，并按照国家档案局要求，对档案进行重新整理，改善办公存储条件。档案资料在落实干部政策、解决土地纠纷、编写文献典籍等方面发挥了不可替代的作用。1987—1997 年，编纂《满城县志》（1997 年版），2004 年开始筹备第二轮修志工作，2008 年正式启动。

第一节　档案收集

1995 年，有 73 个全宗。其中，文书档案 9608 卷，资料 22403 册。

1996 年前，县档案馆设在县委大院的平房内，库房内阴暗潮湿，保管条件差，保护措施落后。因受馆库条件限制，只接收县委、县政府及机关单位的一部分文书档案。1996年，迁入县委办公楼一楼，新设档案库房，安装中央空调、防盗门、温湿度自动显示计量表等，达到国家标准。1999年，有78个全宗，馆藏档案9000余卷，资料22881册。

2000年6月，县档案馆购置密集档案柜，展开档案收集工作，除接收撤并单位的档案外，大量接收过去因受库房限制未能接收的档案。接收的档案有土地承包合同、专题档案、会计档案、照片档案、声像档案、企业档案、科技档案、死亡和无主干部档案、珍贵历史档案等。2000年，有89个全宗，其中文书档案12219卷，资料22981册。

2005年，为丰富馆藏，县档案馆制定《关于征集接收有关珍贵史料、档案资料、实物和书刊的规定》，先后征集到明宣德年间到清雍正十一年间的《河图刘氏家谱》（复制件），清光绪三年和十三年农民卖地的契约，民国年间的地契、房契等珍贵实物档案，还有老革命军人的证件、获奖证书，满城县的文学名家和在满城工作过的老领导撰写的文学作品集，中央领导和文化名人到满城考察指导工作的照片等。同时，还接收会计档案、死亡干部档案、"非典"档案、教育活动档案等一批专题档案入馆。2005年7月，有92个全宗。其中，文书档案13096卷、2563件；专题档案2504卷、1100件。馆藏图书23744册。

2006年，有92个全宗。其中，文书档案15758卷、7507件；专题档案2504卷、1100件。馆藏图书23844册。2008年年底，有116个全宗。馆藏文书档案17505卷、22650件，照片档案460张；专题档案2741卷、4607件；资料24385册；开放档案2141卷。

第二节　档案整理

县档案局存档资料（摄于2006年）

档案分永久和长期两种保管期限，分别按年代、组织机构、问题组卷，案卷分别排列为大流水号，每年接上年，案卷目录、卷内目录均用毛笔或碳素笔抄写。

20世纪80年代，开展档案馆业务建设规范化、标准化活动，抽调部分教师对馆藏档案及县委、县政府、机关单位的零散文件进行重新整理，做到全宗号不重复、一个全宗内案卷号不重复、案卷内原编张号改为页号，使查找更加迅速准确。

2000年开始，按照国家档案局制定的新的整理方法，档案整理由原来同类问题的多个文件组成一卷，改为以件为单位归档。归档文件按"年度—机构—保管期限"分类，排列方法按不同事由形成时间的先后、事由的重要程度、事由的共同属性分别集中排列。档案馆馆藏档案全宗号按系统（党群、政府）编定。编定的全宗序列包括已进馆和未进馆，未进馆的也给全宗号，虚位以待。购置1台电脑、50组密集档案柜，淘汰不符合规定的木质档案柜，馆库面积由原来的90平方米增加到135平方米。12月，县档案馆通过省三级标准验收，被认定为省三级档案馆。

2005年，按照省、市档案局的要求，县档案馆投资11万元购置微机、打印机、复印机、扫描仪、刻录机、传真机等现代化办公设备，购置65组密集档案柜，同时配置档案现代化管理软件一套，把档案馆中的文书档案案卷目录、卷内目录录入微机，县档案馆晋升为省二级档案馆。

1989年，基层档案工作开始全面上档升级。到2008年，有41个基层档案室晋升到国家级、省级标准，其中国家二级档案室1个，省一级9个，省二级5个，省三级26个。

第三节　档案利用

档案发挥历史见证作用，为落实干部政策，解决工资待遇、退休、离休问题，解决土地、房产纠纷，以及法院判案、撰写材料、查考政策、领导决策等提供可靠的依据。据统计，县档案馆每年接待近500人次查阅档案、资料，利用档案资料1500多卷次。

查阅档案（摄于2007年）

2000年，县档案馆编辑出版《满城县档案馆指南》一书，方保怀任主任、张金环为主编。全书约7.5万字，包括档案馆概况、馆藏档案资料介绍和附录。还编写了《历届党代会简介》《历届人代会简介》《历届政协会简介》《档案馆组织机构沿革》《满城县大事记》《基础数字汇编》《利用效果汇编》《档案制度汇编》等编研材料。

2004年5月，在县招待所转让过程中，通过查阅建造时的批文档案，使转让费等纠纷得以及时解决；2004年12月，天津市南开区电缆厂离休干部王清波通过查阅馆藏档案，为其老伴退休转离休找到了证据；2005年6月，大马坊村安彩霞通过查阅大马坊中学的建设批文，解决了土地纠纷问题。

2005年8月，现行文件查阅中心成立（设在档案馆），各单位定期向县档案馆报送本单位正在执行的政策、法律法规性文件，以方便广大群众利用。

第四节　档案管理机构

1990年6月8日，县政府档案科改称满城县档案局（馆），档案局、档案馆合署办公，为县政府直属事业单位，配备正局（馆）长1人、副局（馆）长2人，两个牌子，一套人马。

2000年，县档案局（馆）第一批执法人员经培训上岗。之后，每年对各乡（镇）、县直各单位档案工作进行执法检查，提出整改意见。

2002年7月，档案局（馆）全额事业编制6人，局（馆）长1人，副局（馆）长1人。

2008年，编制未变。

第五节　史志编修

一、《满城县志》的编修

1987年4月，开始组织《满城县志》（1997年版）编修工作。成立地方志办公室，为县政府临时机构，调配人员进行编修。1991年3月22日，召开满城县第二次地方志工作会议，对全县修志工作进行发动、部署。3月24—26日，市方志办到满城进行业务培训。之后，方志工作顺利展开。1993年年底，完成《满城县志》初稿。1995年4月18日，推出铅印送审稿。1995年5月22—24日，在满城宾馆召开《满城县志》评稿会。又经过反复、认真修订，1996年12月送中国建材工业出版社印刷。1997年11月完成印刷出版。此书是中华人民共和国成立后满城县编修的第一部志书，设22卷，全书140余万字。1998年，被中国地方志指导小组评为全国优秀志书。1998年11月，《满城县志》（1997年版）首发后，县方志办班子解体。

2004年5月，开始筹备二轮修志工作。2008年2月，二轮修志工作正式启动。二轮县志始限时间为1991—2008年，为保持叙事的完整，部分内容适当上溯或后延。

二、县政协文史编修

1990年，县政协组织编辑出版“三套集成”（《民间故事》《民间谚语》《民间歌谣》）。2006年，出版文化集成丛书“满城县文学作品选”之《诗词楹联卷》《散文卷》《小说卷》《民间故事卷》《文物旅游卷》。2007年，编辑出版满城民风民俗（上下册）。

2009年，县政协组织翻印《满城县志略》，志书编成于民国20年（1931年）8月，设6纲、16卷，总编杨式震。是一部全面介绍满城疆域、建置、财政、风土、人物等情况的志书，对了解满城县的历史有着重要的指导作用。县政协组织人员参照民间康瑞宸先生收藏的此版本及此版本所附勘误表对其进行了补充校正。

三、部门志书

2001年11月，《满城县土地志》出版。由县土地管理局组织编纂，主编李广臣。是全面记录满城县土地管理的第一部志书，设11章和附录，共计60万字。主要记述了中华人民共和国成立后至2000年满城县的土地资源、土地制度、土地赋税、土地管理、土地法规建设的历史和现状，也记述了全县土地利用总体规划。

2008年3月，《满城县工商管理志》出版。由县工商局组织编纂，主编范志杰，设16编，共计40余万字，是记录满城县工商行政管理发展的第一部部门志书，主要记述中华人民共和国成立后至2004年满城县工商行政管理的各项职能工作。

四、保存旧志

1990年，县档案馆收集保存清乾隆版《满城县志》复印本1套、民国20年（1931年）《满城县志略》（6卷）原本1套。1997年，入存《满城县志》（1997年版）。

第八章　新闻出版

1993 年成立满城报社，同年 3 月《满城报》创刊，为四开周报，设要闻版、经济版、综合版和副刊文摘版四个版面。1998 年改为每周二、五两刊。名称多次变更，2008 年 9 月名称为《保定晚报—满城专刊》。满城报社成立之初隶属县委宣传部，1996 年与县广播电视局合并，1998 年 8 月独立为县委直属正科级事业单位。县新闻出版局、县版权局与县文化体育局合署办公，对全县的出版印刷发行业进行管理。1991—2008 年，公开出版的刊物主要有《柿林》《信息时刊》《大观园》《商贸周讯》《抱阳》。

第一节　新闻业

一、《满城报》

1993 年 3 月 15 日《满城报》正式出版创刊号，定位为满城县委机关报。《满城报》正式刊发前，分别于 1993 年 1 月 21 日、3 月 5 日先行试刊两期。参与第一张报纸试刊的具体人员有范洪彦、崔宏志、李攀、陈旭东。

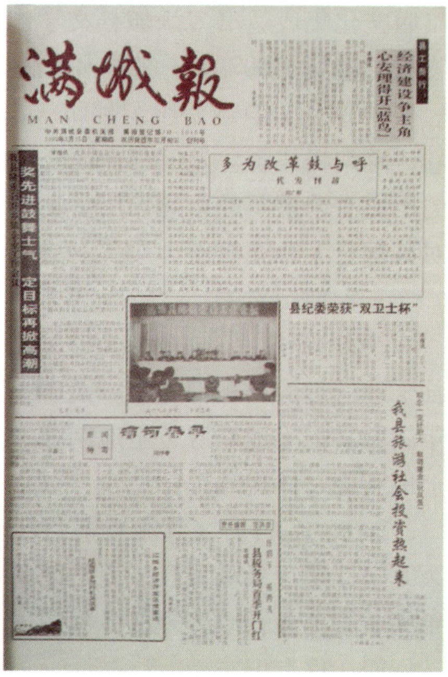
满城報
MAN CHENG BAO
经济建设争主角　心安理得开“载鸟”
奖先进鼓舞士气　定目标再掀高潮
多为改革鼓与呼
县纪委荣获“双卫士杯”
我县旅游社会投资热起来
县税务局首季开门红

《满城报》创刊号

报纸编号为冀报登记第 JH—1010 号，报头“满城报”由杨成武将军题写，报头为红色印刷，其余为黑白普通印刷，四开四版，周报。四个版面内容设置：第一版为要闻版，主要刊登主要领导活动、重要会议及县内政治、经济、文化方面的重大动态新闻；第二版为经济版，刊登县内经济领域的活动及发展情况；第三版为综合版，刊登文、教、卫、公、检、法等部门的工作情况；第四版为副刊文摘版，主要刊登县内文学爱好者的作品及转载其他媒体的文章。满城报从创办开始，始终坚持小报“大”办、质量至上的原则。创刊的当年，在河北省 60 家县市报的质量评比中获第 6 名。

1998 年 1 月，《满城报》改为每周二、五出版，每周两刊。同时，成立微机制作室。2003 年 4 月 28 日—12 月 31 日，根据抗击“非典”工作需要，连续 9 个月坚持每周三刊。《满城报》的发行覆盖全县党政机关、学校、农村“两委”及驻满城单位。

2005 年 6 月 3 日—2006 年 4 月 7 日，为适应上级新闻管理政策的要求，《满城报》更名为《今日满城》，共出版 84 期。

2006 年 5 月 9 日，满城报社与保定日报社联合推出《保定晚报—满城专刊》，国内统一刊号

CN13—0010，《今日满城》停刊。同时响应国家减轻农村负担的号召，征订改为免费赠阅，每期发行5000份。2006年12月22日—2008年8月29日，更名为《保定晚报—满城版》，之后又恢复《保定晚报—满城专刊》。

二、满城报社

1993年3月成立满城报社，以县委宣传部报道组为主要人员，隶属县委宣传部。1996年，满城报社归属县广播电视局广播电视新闻中心。1998年8月13日，广播电视新闻中心解散，满城报社独立为县委直属正科级事业单位，内设办公室、编采部，事业编制8人。报社机构、编制情况至2008年未变。

第二节　出版业

一、公开或内部出版刊物

《柿林》创刊于1987年6月，满城县文联主办，四开四版，铅印，为文学性季报，出刊20期，1992年停刊。《信息时刊》创刊于1992年，中共满城县委办公室主办，四开四版，铅印，创刊不久即停刊。《大观园》创刊于1993年，满城县文联主办，四开四版，铅印，综合性文艺类，出刊不久停刊。《商贸周讯》创刊于2004年，满城县工商联、总商会主办，四开四版彩色印刷，出刊数期后停刊。《抱阳》创刊于2006年，抱阳山诗词楹联学会（2011年更名为满城县诗词楹联学会）主办，每年出版一期。

二、管理机构

满城县新闻出版局、县版权局与县文化体育局合署办公，对全县出版印刷发行业实施规范化管理，依照政策法规，定期集中解决非法侵权、盗版等突出问题。

第九章　广播电视

满城的有线广播始于1958年，1990年有线广播线路遍及所有乡（镇），2003年，有线广播完成历史使命，全部被无线广播替代。1992年开始筹建有线电视台，并于当年12月开通。1997年实现由差转台向电视台的过渡。之后，不断对分配网进行升级改造，提高发射功率。2007年，满城有线台以分公司的形式加入省网络公司，对有线信号进行数字化改造。

第一节　广　播

一、有线广播

1958年2月，建立县广播站，采用有线广播，县城及乡（镇）都有广播专线。1975年年底，喇叭入户率80%以上。为保证信号传输，1985年8月，对全县有线广播线路进行改造，神星到龙门15杆公里，陉阳驿到方顺桥15杆公里。1990年，有线广播线路改造到所有乡（镇），同时用此线路开展传真业务。随着无线广播的发展，有线广播逐渐退出。到2001年10月，仅县城玉川路、燕赵街及中山路部分路段尚存广播线路，以高音喇叭广播形式维系至2003年11月。

二、无线广播

1987年7月1日，信息产业部和省信息产业厅、保定无线电管理分局为满城县调频电台103.1兆赫和电视差转台颁发《中华人民共和国无线电台执照》。1992年6月正式开播，后由于经费等原因，调频电台于1998年年初暂时停播。

1993年6月24日，播出的综艺版块在次年由中国广播电视学会、国家广电部举办的中国广播奖评选中，荣获文艺类三等奖，并同时获得由河北广播电视学会和河北广电厅举办的河北广播奖一等奖。

1997年8月2日，国家无线电管理委员会和保定无线电管理处为县电视台颁发《中华人民共和国无线电台执照》。按照规定，县电台发射频率为103兆赫，发射功率为50瓦，采用四偶极板天线，天线增益5.3分贝，距地面高度40米；电视台发射频率为719.25兆赫，发射功率为1千瓦，采用四偶极板天线，天线增益为12.5分贝，距地面高度40米。

2004年9月，投资30万元重新启用103.1兆赫调频波段，呼号为燕赵之声，发射功率50瓦。从制作、播出到发射全流程都融合数字技术成果，播音质量大幅度提高，辅以短信参与的手段，复播工作取得圆满成功，2005年1月1日正式开播。电台设置的节目有天天听书、健康直通车、燕赵信息港、车迷世界、魅力百分百、一点钟情、流行在昨天、美丽夕阳、鲜乐飘飘、星空歌会、夜海静波等，采用互动方式播出。广告播放遵照广播电影电视总局《广播电视广告播放管理暂行办法》的有关规定进行设置安排。

第二节　电　视

一、有线电视

1992年，开始筹建满城有线台，于当年12月建成开通。采用350兆同轴电缆分配网传输，前端接收传送24套卫星节目，当年发展用户300余户。1993年，县财政拨款25万元，县广播电视局（以下简称广电局）自筹部分资金，购置1000瓦电子管发射机1台，安装在眺山山顶，扩大信号覆盖范围，增加自办节目，利用39频道播出。1997年8月，国家无线电管理委员会为满城县颁发《中华人民共和国无线电台执照》，完成由差转台向电视台的过渡。

1996年，自筹资金20余万元，对原有分配网进行升级改造，功率提高到550兆。1999年，架设开通保定至满城及连接周边县市的光缆环网工程，可传输电视节目40余套。同时，部分农村也开通光缆传输有线电视信号。

2000年，结合省、市“村村通”广播电视工程，申领卫星接收设施22套，局自筹资金购置相关器材，解决22个村收听收视难的问题，被省、市评为“‘村村通’工程先进单位”。2001年，投资10万余元建成南韩村镇、石井乡有线广播电视基站。集资近40万元，购置3000瓦电子管发射机1台，更换1000瓦发射机。先后有东苟、尹固、后屯、南马、西马、东马、眺山营、北辛庄、城东、城内、北关、石井等村接通有线电视，用户2000余户。2002年，与保定市合作开通有线宽带数据业务，为太行监狱、冀中监狱、金融小区、永乐园小区开通宽带数据信号。架设开通连接各科局及大部分乡（镇）的办公自动化网络，实现政府与各科局及乡（镇）间的办公自动化。

2003年，自筹资金对分配网进行升级改造，功率提高到750兆，可传输数字电视。自筹资金对南韩村基站所属农村进行加解扰系统安装调试，为加强农村用户管理摸索经验。

2004年，采用最新数字化成果，从编辑到制作分别配置音频制作工作站系统和音频播出工作站控制系统，发射设备采用固态发射机。县广播电视局建成集演艺、娱乐、竞赛等多功能为一体的综合演播厅，灯光、烟雾、布景等设施齐全。

2005年，自筹资金122万元，购置3000瓦全固态发射机1台，更换原有电子管发射机，极大改善信号质量，保证安全播出，全县的收听收视率达到99%。有线传输则由早期的电缆传输转变为以光缆传输为主，有线电视网络缆线传输长度190公里，其中主干线20.1公里，支干线20公里，分配网149.9公里，有线电视用户9000余户，数字电视用户600余户。

2007年7月24日，县有线台以满城分公司的形式加入省网络公司。同年，在石井乡尉公村开展数字电视入村工作，筹措资金30余万元，架设光纤5000多米，铺设电缆20万米，安装放大器38台，全村980户都安上有线电视，成为满城县第一家数字电视村。2007年6月—2008年11月，对有线信号进行数字化改造。

二、无线数字电视

2005年12月，经省无线电管局批准，在抱阳山上建MMDS发射台1座，采用频率2.535~2.599吉兆赫，占用宽带64兆赫，发射机数字平均功率小于5瓦，天线垂直极化，距地面高度40米。

2006年1月，开始播出48套节目，每套节目占用8兆赫宽带。同年6月1日，无线数字电视节目开通，提供50套DVD品质的电视节目。

三、新闻报道

1990年年底，县广播站有采编人员6人。建立电视差转台后，在自办节目中增加满城新闻节目。1991—1993年，新闻采用周播形式，每周六播出，其后分别采用每周两次播出和隔日播出形式。1995年前，新闻报道队伍一直采用广播电台与电视差转台共用形式。1997年年底，满城电视台新闻部成立，采编报道工作步入专业化轨道。到2003年年底，开始采用日播形式，延续至2008年年底。2008年年底，新闻部有采编人员11人。

1998年前，对外新闻报道依靠上级媒体的采访。1998年后，加强对上级的新闻送报工作，成绩也日益提高，外宣稿件数量逐年增加，涌现出一批优秀的新闻节目。

1990年6月，《为荒山播新绿》《绿色永远伴着他》荣获河北人民广播电台和省林业厅林业好新闻二等奖。1990年年底，电视专题片《为大地的丰收》参加全国农田水利基本建设工程“大禹杯”比赛，荣获金奖。1992年3月，电视专题片《打开山门的钥匙》，在全省山区开发大会上播放，并代表保定市进行汇报，受到省领导的充分肯定和好评。1994年8月，《听众乐园》节目荣获第一届河北省优秀文艺节目评选综合文艺节目一等奖。1995年2月，此节目获中国广播奖“首届（1994）年度文艺（综艺）类三等奖”；同年7月，《铺设思想共振之桥》被省人民代表大会常务委员会办公厅评为“1995年宣传人民代表大会制度好新闻一等奖”。2000年4月，《大棚菜富移民村》被省广播电视协会授予“1999年度全省市县台好新闻一等奖”；同年6月，电视专题片《风雨磨砺铸辉煌》荣获保定电视台“九九”国庆节目展播一等奖。2003年，《满城农技人员下乡支农》和《满城开通“扶贫济困”直通车》两条新闻在中央电视台播出，介绍满城县的农业发展和民政救济的经验。2007年，《满城县发现野生猴》和《满城县蟠桃花蕾变废为宝》等3条新闻在中央电视台播出。2008年，《满城汉墓

“五一”滑翔伞比赛即将开启》等新闻在中央电视台播出。

第三节　管理机构

1981 年 11 月，成立县广播电视局。1987 年，县广播电视局内设 5 个科室，包括办公室、事业股（分机务和线务两组）、编播股（分采编和播音两组）、音像事业管理股、广播电视服务公司（公司自负盈亏、独立核算）。

1988 年 12 月，内设办公室、新闻部、广告部、技术部、播出部、制作部、财务室、社管科。

1997 年 6 月，设立满城电视台，编制 35 人，人员从内部调剂解决。12 月机构改革后，县广播电视局编制 28 人，为县政府直属事业单位。下设电视台、有线广播电视台、广播电台，其中广播电台为全民所有制差额拨款的股级事业机构，编制 6 人；电视台为全民所有制差额拨款的股级事业机构，编制 12 人，内设 8 个科室，包括办公室、新闻部、广告部、技术部、播出部、制作部、财务室、社管科；有线广播电视台编制 10 人。

2000 年，眺山发射区及山下办公区因采石放炮造成山体滑坡，影响正常发射播出，电视发射区搬迁至抱阳山顶，县广播电视局办公地点搬到邮政局原办公地。之后，县政府收回邮政局土地使用权，筹建广电大厦。2001 年 3 月开始施工，2003 年 5 月落成，总造价 1760 万元，建筑面积 10067 平方米。县广播电视局迁入新址。

2002 年 7 月，县广播电视局机关全额事业编制 10 人。内设办公室、新闻部、广告部、技术部、播出部、制作部、财务室、社管科。

2006 年 6 月，成立飞翔数字电视传播有限公司。2007 年，有线广播电视台以满城分公司的形式加入省网络公司。

2008 年年底，县广播电视局内设 9 个科室，包括办公室、新闻部、广告部、技术部、播出部、制作部、财务室、社管科、飞翔数字电视传播有限公司，人员总数 89 人。

第十七编　医药卫生　体育

遵循一切为了人民健康的宗旨，满城县医疗卫生事业在深化改革中不断发展，医疗队伍不断壮大，诊疗设施日趋完备，诊疗水平不断提高，县、乡（镇）、村三级预防医疗保健网络、药品供应和监督网络日趋完善，城乡人民的卫生条件和就医条件得到改善，人民健康水平不断提高。1991—2008 年，县域内无大规模疫病发生。满城县群众体育活动历来开展活跃，1997 年被评为“全国群众体育先进集体”，1998 年被省政府命名为“全省体育先进县”，2001 年被评为“全国体育先进县”，体育健身观念已成为城乡群众的共识。学校体育基础配套设施齐全，每年都举办中小学田径运动会，为高等院校及省市输送了一批批体育人才。

第一章　医　疗

县内有县医院、中医院、妇幼保健院 3 所县级医疗机构。县医院和妇幼保健院科室设置日臻完善，医疗条件不断改善，中医院于 2004 年停业。加强乡（镇）和农村医院、卫生所（站）的管理和建设，2008 年有 12 所乡（镇）卫生院，规范化率 100%。2008 年，乡（镇）级以上卫生机构共有专业技术人员 874 人，村级个体诊所从业人员 1059 人。县级医院设 800 张病床，乡（镇）卫生院设 282 张病床。各医疗机构有千元以上大型医疗设备 400 余台（件），能够开展消化道肿瘤、关节置换、妇科恶性肿瘤、心脑血管溶栓与康复治疗、肿瘤放化疗等手术。2006 年 8 月，成立县新型农村合作医疗管理机构。2007 年 1 月 1 日，新型农村合作医疗制度正式实施。

第一节 医疗机构

一、县属医疗机构

（一）满城县医院

1991年年初，县医院从财务管理、用人制度入手，开始探索推进医疗制度改革。实施量化管理，制定各科室量化管理标准和考核办法。1991年，门诊120030人次，收治住院患者5551人，病床使用率80.2%，病床周转率35.2%，治愈好转率96.7%，死亡率0.7%，抢救危重病人380人，成功率90.3%。1996年10月，提出以人为本，科技兴院、依法治院、以德治院的方针，实施劳动人事制度及医院管理体制改革，医院门诊、急诊人次和住院病人明显增加。年业务收入由1991年的190万元提高到1996年的650万元。2008年，门诊92910人次，收治住院患者12742人，病床使用率82%，病床周转率59%，治愈好转率97%，死亡率1%，抢救危重病人1108人，成功率95.9%。2008年业务收入2780万元，是1996年的4.3倍。

1997年，完成二级甲等和爱婴医院复审，9月设立法医医院，并成为河北省职工医学院教学医院。2000年，以县医院为龙头，联合百余家县、乡、村三级医疗机构组建医疗集团。2002年，被省卫生厅命名为“全省首批百佳医院”。2002年，继续深化经济体制改革，出台新的经济分配方案，公平兑现责、权、利，进一步调动职工的工作积极性。2003—2008年，先后荣获“省卫生系统先进集体”“三星级文明服务单位”“市文明单位”“市巾帼天使杯先进单位”“巾帼文明单位”等荣誉称号。投资2000余万元，扩建5层新病房楼，1999年年底主体竣工，2000年10月正式启用，总建筑面积2300平方米，工程总造价2200万元，配套医疗设施近千万元，基本满足了患者住院需求。

1997—2008年，更新医疗设备，先后投资2500多万元，购进美国GE螺旋CT机、X线数字摄影CR成像系统、C型臂、全数字全身彩超、心电工作站、动态心电图、进口心脏除颤监护仪、500毫安遥控X光机、低场电磁式全身核磁扫描机、日本东芝全自动生化分析仪、日本奥林巴斯电子胃镜、肠镜、气管镜、脑电图机、乳腺疾病诊疗仪、胎儿监护、经颅彩色多普勒诊断系统、干式超声定位体外碎石机、美顿力体外临时起搏器等大中型医疗设备200余台（件）。

1991年、2008年满城县医院医护人员数量统计表

表17-1-1

单位：人

职　称	1991年	2008年	职称	1991年	2008年
主任医师	0	0	护士	31	33
副主任医师	1	12	主管药师	0	3
主治医师	28	41	药剂师	4	8
医师	24	21	药剂士	4	5
医士	22	24	检验师	2	9
主管护师	2	35	检验士	2	2
护师	8	34	放射医师	1	1

（二）中医院

1991年，有干部职工107人，40张床位，设有中医科、内儿科、外科、妇产科、肛肠科、放射科、功能科、检验科等8个科室。同年，政府停止对中医院的财政补贴，成为自负盈亏的独立事业单位。

1991—2004年，投入150万元购置彩色经颅多普勒、两类血球计数仪、全自动生化分析仪、电解质分析仪、凝血检查仪、200毫安X光机等大型仪器10余台（件），投入20万元购置2辆救护车。1998年，投入资金180余万元，建成3层办公楼1栋，建筑面积2400平方米。

2000年，从门诊、急诊开始，逐步在全院推行核算到人的绩效工资制。2003年，有干部职工138人，其中专业技术人员76人。共有主治医师8人，中医师5人。有60张床位，设有12个科室。业务收入90万元。2004年1月，由于医院收入低，人员工资无法保障，经政府常务会研究批准，中医院停业，人员由社会安置，资产及债权债务交县国资局管理。

（三）妇幼保健院

始建于1957年，几经撤并，于1978年成立妇幼保健站，1996年更名为妇幼保健院。其间，开展妇科、内儿科门诊业务，开展妇女、儿童计划保健及计划生育技术指导工作。结合中美合作科研项目开展婚检，购进县内第一台乳腺透照仪；组织实施、监督指导孕产妇及0~7岁儿童的保健保偿责任制工作。

1996年，负责办理全县新生儿的“出生医学证明”。1998年，创建爱婴医院，设立产科病房，开展保健、医疗、婚前保健、健康教育、计划生育技术服务等业务。2000年启动母婴安全工程，加强产科建设。2002年，担负全县托儿所、幼儿园卫生保健管理工作，制定出台相关管理规定，并进行日常监督、检查指导，使全县托儿所、幼儿园卫生保健工作逐渐步入正轨。2003年，婚前保健改为自愿行为，婚检率明显下降。2004年，全院职工72人，其中卫生专业技术人员63人（中级职称14人，初级职称49人），人员结构渐趋合理。开设妇产科、儿科、功能科、手术室、检验科、药房及保健科室。万元以上大型医疗设备5件。

2005年，全院进行整体装修改建。2006年，购置自动生化分析仪、彩超、新生儿保温箱、电动吸引器等设备。2007年，婚检科搬迁至婚姻登记处办公；9月，从承德医学院引进本科专业技术人才4人。2008年，启动国家级《降低孕产妇死亡、消除新生儿破伤风》项目；同年，县生殖健康中心改建为兴城社区卫生服务中心。

二、乡（镇）医疗机构

1991年，有21所乡（镇）卫生院，实行院长任期目标管理责任制，确定神星、大册营、石井、南韩村4所卫生院为重点乡（镇）医院。1996年，对部分乡（镇）卫生院的机构设置进行变更，保留12所乡（镇）卫生院，9所非乡（镇）所在地卫生院，仍负责原辖区各项卫生工作。1998年，筹集50多万元对白龙乡、坨南乡、江城乡、于家庄乡、南韩村镇卫生院进行新建和改造，县卫生局购置小型B超机11台、洗胃机6台，统一装备到11所卫生院。各乡（镇）卫生院完成诊疗8万人次，门诊6万人次，收治住院及观察治疗病人2万人次，业务总收入409万元，总支出450万元。满城县获得省卫生厅“卫生三项建设”（乡镇卫生院建设、县防疫站改造建设、县妇幼保健院改造建设）先进县。1999年，江城卫生院划归保定市新市区。同年，在满城镇卫生保健站的基础上成立满城镇中心卫生院。2008年，全县有12所乡（镇）卫生院，在职人员360人，其中专业技术人员204人。

1994年，鼓励县直医疗单位的卫生技术人员支援乡（镇）卫生院，大中专毕业生一律优先分配到乡（镇）卫生院工作。2004年，神星中心卫生院投入资金400多万元，新建、改造医疗用房5000多平方米，投资200多万元购置彩超X光机、全自动生化分析仪、牙科治疗仪、雾化吸入机、血糖分析仪等设备，常年聘请市重点医院的医疗专家应诊，医院社会效益、经济效益明显增长。2005 年，争取乡（镇）卫生院国债建设项目资金 150 万元，对满城镇中心卫生院、石井中心卫生院、刘家台乡卫生院、大册营镇中心卫生院、要庄乡卫生院进行建设完善。

三、农村卫生所（站）

1991 年，坚持集体办医为主、个体办医为辅的原则，要求村卫生所由村委会筹建，房屋不少于 3 间，诊室、处置室、药房要分开，每个卫生所配备 2~5 名人员，较大的村和乡村医生多的村可适当增加人数，每所有 1 名女乡村医生。1994 年，有 208 所集体办的村卫生所，甲级村卫生所 58 所。1997 年年底，199 个村推行乡村一体化办医，合医合药后取消诊所、摊点 302 所，取缔无证行医 57 家，67 所村卫生所投入专项资金，解决医疗用房，行政村卫生所覆盖率 96.4%，其中甲级所占 29.7%。1998 年年底，全县乡村一体化办医巩固率 70%，村集体办卫生所占 65%，其中甲级所占 30%以上。2004 年，规范村卫生所管理，制定出台《满城县村卫生所（站）管理办法》，鼓励实行一村一所，为方便百姓就医，在卫生所下可分设卫生站，并严格标准、严格数量、严格把关，对所有村卫生所（站）进行逐村逐点验收。2008 年，全县有 199 所村卫生所，从业人员 560 人，村卫生所（站）规范化率 100%。

1994 年，整顿社会办医，取缔 18 所无证行医的黑诊所，4 所诊所停业整顿，对 2 所诊所进行警告处理。翻新、修缮村卫生所房屋 60 间，增加心电图、显微镜、高压消毒锅等诊疗器械 300 余件。建立健全七项工作制度，统一印制处方笺、门诊登记、诊疗护理记录等诊疗文书。1996 年，推行乡村卫生机构一体化管理，实行村办乡管的办医模式。实行一村一所，由乡（镇）卫生院对辖区内的村卫生所实行财务、制度、药品、业务、用人等方面的统一管理。2000 年，农村医疗机构实行营利性、非营利性划分。2003 年非典疫情后，全面推行乡村一体化办医模式，对不符合标准的村卫生所和个体诊所一律关停，管理上实行“一证三制七统一”，即医疗机构执业许可证；人员聘任制、浮动工资制、养老保险制；统一行政管理、统一业务管理、统一财务管理、统一药械管理、统一人员调配、统一收费标准、统一监督管理，基本实现一乡一院、一村一所。

四、民办医疗机构

（一）个体诊所

1991 年，全县有个体诊所 89 所，从业人员 110 人。2008 年，全县有个体诊所 560 所，从业人员 599 人，其中县城区有个体诊所 68 所，从业人员 92 人。

（二）民办医院

1992 年，满城县心脑血管专科医院成立，为满城县第一所民办医院。之后相继成立满城第四医院、满城第五医院、满城县景祥骨质增生医院、满城中医骨伤医院、乔氏骨病医院 6 家民办医院。

（三）主要医院介绍

1. 保定第七医院

创建于 1992 年，原称满城县心脑血管专科医院，位于保定西外环保满路口以西 2 公里处。1995 年，由县政府命名为满城县第三人民医院。2005 年，经市卫生局、省卫生厅批准冠名为保定第七医院。

2008 年，建有门诊主楼综合楼、肿瘤大楼、职工生活楼、后勤楼、专家别墅、洗浴中心等。医务人员 483 人，具有技术力量强大的专家群体。占地 5.3 公顷，发展成为一所集医疗、预防、康复、科研、教学于一体的大型综合性医院。有大型医疗设备核磁共振、16 排和单排螺旋 CT 机、彩超、DR、数字胃肠机、大型高压氧舱、电子胃肠镜、支气管镜、C 形臂等高精尖设备数百台（件），救护车 10 辆。

医院科室齐全、专业分明。设有脑血管科、心血管科、呼吸科、肿瘤科、肾病内分泌科等 20 多个科室。能够开展心脑血管溶栓与康复治疗、肿瘤放化疗、椎间盘突出微创治疗、腹腔镜妇科外科手术、脑肿瘤摘除术、食管癌及胸部肿瘤手术、肝胆胃肠手术、喉癌根治术、妇科恶性肿瘤根治术等。是中国临床疼痛第七诊疗中心、保定红十字满城医院、全国脑出血微创治疗推广项目协作医院、河北大学及河北北方学院教学医院、保定市医保定点医院、各商业保险定点医院。

2. 满城县景祥骨质增生医院

1997 年，经县卫生局批准，满城县景祥诊所扩建成满城县景祥骨质增生医院。医院位于北环路西段，西苑街北头。建筑面积 2200 平方米，设诊疗部、X 光室、制剂室等部（室），总投资 200 余万元，是一所以治疗骨质增生、椎间盘突出（俗称腰腿疼）为特色的专科医院。

医院采取内病外治疗法治疗骨质增生、椎间盘突出等症，其所用的药剂是继承陶家佐村老中医石景祥的骨刺膏秘方，经临床研究改进为中药透皮吸收制剂，疗效显著。2001 年此药获得制剂注册文号，2005 年 12 月获省食品药品监督管理局制剂批准文号：冀药制字 Z20051220，并经批准将骨刺膏更名为蜈倍骨刺膏。2007 年 10 月 31 日，医院的蜈倍骨刺膏获得国家发明专利，专利号：ZL200510114911. 8。截至 2007 年年底，已接待诊治来自全国 28 个省、市的 2 万余患者，还有来自美国、日本、新加坡、韩国等 8 个国家的 30 余名病人。

景祥骨质增生医院（摄于 2000 年）

3. 满城中医骨伤医院

依托洪强医疗集团建立，2008 年 6 月 6 日正式开业，位于中山东路与育才街交叉口，交通便利，环境优雅，占地面积 6000 平方米，建筑面积 3000 平方米。有职工 38 人，其中高级职称人员 4 人，初中级职称 30 人。设病床 20 张，其中扶贫病床 6 张，是满城县唯一一所以中医为特色治疗骨病疼痛为龙头的专科医院。2008 年 10 月，被中国人才研究会骨伤人才分会、高等中医院校骨伤研究会、世界杰出人才学会、世界骨伤专家协会评为“全国十佳骨病微创医院”。

医院有美国 PQ-5000 计算机断层螺旋 CT、大型数字减影系统、DSA、CR、PLX-112 高频移动手术 X 线机、北京北琪射频热凝治疗仪、ZAMF-80 医用臭氧治疗仪等专业设备，有 B 超、心电工作站及先进的化验室设备，备有超激光治疗仪、电脑中频治疗仪、大型药物熏蒸床、三维立体牵引床、微波、疼痛综合治疗仪、骨质疏松治疗仪等理疗设备，配合蜡疗、针灸、按摩、整脊刮痧、拔罐等方法。因人因病专业治疗颈腰椎间盘突出、股骨头坏死、骨伤、软伤、疼痛、骨折创伤及术后功能康复等。

第二节　医疗队伍

1991 年，乡（镇）级以上医疗机构有干部职工 667 人，其中专业技术人员 487 人。专业技术人员中高级职称的 6 人，中级职称的 38 人，初级职称的 443 人。1997 年，乡级以上医疗技术人员近 360 人，乡村医生 460 人。2002 年，乡（镇）级以上医疗机构有干部职工 975 人，其中专业技术人员 780 人。专业技术人员中本科学历的 19 人，专科学历的 150 人，中专学历的 33 人；副高职称 8 人，中级职称 85 人，初级职称 687 人。2008 年，乡（镇）以上医疗机构有职工 1120 人，其中本科学历 20 人，专科学历45人，中专学历412人；副高职称24人，中级职称108人，初级职称751人。村卫生所、个体诊所从业人员1059人，具有执业医师资格的5人，助理执业医师资格的8人；本科学历1人，专科学历10人，中专学历131人，高中学历300人。

附：1998年满城县评选的十大名医

1998年满城县评选的十大名医

靳风池　本科学历，研究生结业，1984年7月参加工作，县医院党支部书记、院长，发表国家级论文10多篇，市级科研成果二项。擅长儿科常见病、多发病的诊断和治疗。

闫长青　1988年8月参加工作，本科学历，县医院业务副院长、内科学术带头人。1988年毕业于河北医科大学，撰写医学论文10篇，承担国家级科研项目三项，获市科技进步二等奖一项。擅长内科常见病、多发病的诊断和治疗。

赵玉民　大专学历，县医院医务科科长，1986年毕业于河北大学医学部，市呼吸学会委员。擅长内科常见病、多发病及呼吸系统疾病的诊断和治疗。

王玉梅　女，陕西省富平县人，中专学历，县医院妇产科主任，从事妇产科工作30多年，擅长妇产科常见病、多发病的诊断和治疗。

蒋学仁　毕业于河北大学医学部，本科学历，从事内科工作40余年，参加国家级科研三项，发表学术论文2篇，获优秀论文奖1篇，对内科常见病、多发病有较丰富的临床诊治经验，擅长心血管等疾病的诊治。

蒋宝川　1976年毕业于华北煤炭医学院，主任医师，于20世纪80年代从事脑外科研究工作，发表学术论文10多篇，开展科研项目2项，获市科技成果二等奖，擅长对颅脑损伤、高血压脑出血的诊断及治疗。

刘东明　1963年参加工作，从事临床工作36年，发表学术论文2篇，对内科常见病、多发病有独特的见解。

杜宝芝　女，1969年参加工作，毕业于保定卫生学校，从事妇产科工作四十余年，临床诊治经验丰富，尤其对妇科和产科常见病有独到的诊疗方法和技术。在国家、省级医学刊物上撰写、发表论文3篇。

连生堂　副主任中医师，毕业于保定地区卫生学校中医班。在省市刊物上发表论文多篇，主持完成综合疗法治疗颈腰椎骨质增生疾病的临床科研工作，1997年获得市科技成果三等奖。对临床常见病、多发病能熟练运用整体观念、辨证论治等中医理念进行诊治。

贾国忠　副主任中医师，有丰富的临床经验，曾获得省劳动模范称号。从事中医工作40多年，运用中医中药对临床常见病、多发病有自己独特的有效治疗方法，尤其在心脑血管病的诊断和治疗方面有很深的造诣。

第三节　医疗设施与技术

一、床位设置

1991年，全县病床床位300张，平均每千人有1.3张病床。2002年，床位总数620张，其中县医院 200 张，中医院 60 张，妇幼保健院 30 张，保定第七医院 70 张，乡（镇）卫生院 260 张。2008 年，全县共设病床 1082 张，其中县医院 300 张，中医院 60 张，保定第七医院 400 张，妇幼保健院 40 张，乡（镇）卫生院 282 张。

二、医疗设施

1991 年，全县医疗卫生单位有千元以上大型设备 80 余台（件），包括 500 毫安 X 光机、黑白 B 超、200 毫安 X 光机、心电图机、显微镜、30 毫安 X 光机、半自动生化分析仪等。

1993 年，县医院建立 CT 室。1995 年，县医院购入 X 光机、麻醉机各 1 台，引进心电监护仪 1 台。1997 年，建立高压氧舱。2002 年，建立乳腺透视诊断治疗室。同年，县医院启用集中供氧系统。2005 年，购入螺旋 CT、C 型臂、腹腔镜。其间，其他各医院也陆续购买大型医疗设备。2008 年年底，全县医疗卫生单位有大型医疗设备 400 余台（件），包括全自动生化分析仪、血球计数仪、钾钠分析仪、单排 CT 螺旋、16 排 CT、彩超、高压氧、心电工作站、B 超、心电图、彩超、心电图、X 光机、血球仪、半自动分析仪、多普勒、呼吸机、电子胃镜等，有救护车 28 辆。

三、医疗技术

1991 年，县医院可以开展颅脑手术、一氧化碳中毒、脑外伤等治疗。2006 年，可以开展关节置换术、腰椎间盘手术和甲状腺、肾功能监测。1999 年，可以开展泌尿系统结石的碎石治疗。2007 年 5 月，建立全县首家高标准重症监护病房（ICU），可以开展危重病人的 24 小时监护及人工呼吸机的应用，开展血透治疗。2008 年，能进行消化道肿瘤手术。

中医院中西医结合发挥中医优势，应用传统的针灸、火罐、推拿按摩等疗法，结合药物离子导入现代化手段，治疗功能性损伤、退行性病变等引起的疼痛性疾病，以及由心脑血管意外引起的后遗症等，疗效显著。

乡（镇）卫生院可以开展常见病、多发病的基本医疗，其中 7 所卫生院拥有产科资格，可以开展产科工作。村卫生所可进行打针、输液以及传统的中医治疗，基本实现小病不出村，大病不出县。

第四节　合作医疗

2006 年 8 月 29 日，满城县成立新农合管理机构。11 月 24 日，县政府制定出台《新型农村合作医疗制度实施方案》。2007 年 1 月 1 日，新农合制度正式实施，参合率 90%以上，缓解了农村看病难的问题。2008 年，新农合覆盖率 100%，参合农民 280013 人，占全县农民总数的 80.72%。

2006 年新农合管理中心揭牌

第二章　保　健

1992 年开始实施农村卫生初级保健，1995 年通过省级达标验收。2001 年开始组织落实第二个十年农村初级保健规划。2005—2007 年，在石井乡、大册营镇的 12 个村实施农村保健健康工程，走访群众，免费义诊。加强各医疗机构产科质量管理，开展技术培训，实施孕产妇系统管理。2008 年，孕产妇系统管理率 90.9%。1994 年 12 月，组织第一轮脊髓灰质炎疫苗普服活动，之后每年组织普服。2000 年，在 12 个乡（镇）建立保健站，确定每个月的10—13 日为儿童计划免疫接种日。建立儿童保健档案，开展系统“四二一”保健管理。2003—2008 年，对儿童实行健康系统管理。1991 年，参与中美预防神经管畸形合作科研项目；2004—2008 年，参与新生儿疾病筛查等 4 项科研项目。

第一节　农村卫生保健

一、初级卫生保健

1991 年，制定《满城县初级卫生保健规划（1991—2000 年）》。1992—1993 年，进入全面实施阶段，在全县推广，探索集资医疗、孕产妇和儿童系统管理等经验。1995 年 9 月，满城县初级卫生保健工作通过省政府达标验收。2001 年开始，组织落实第二个十年农村初级保健规划，全县农村卫生条件进一步改善。

二、健康工程

2005 年 6 月，县政府印发《关于深入实施农民健康保健工程的通知》，农民健康保健工程启动，通过广播、电视、报纸等新闻媒体和墙体标语等形式进行宣传。此项活动在石井乡、大册营镇的 12 个村开展，历时 3 年。各村宣教员共走访 5946 户、24254 名村民，筛查出 60 岁以上老人 2723 人、孕产妇 182 人、0~7 岁儿童 2317 人。组织保定第七医院派出下乡专用车，从各科抽调专家、护士成立义诊咨询服务队，携带彩超（B 超）、心电图、血（尿）糖仪、血压计、听诊器等设备，每年 5—9 月到各试点村开展免费义诊咨询，先后共进行 114 次，发放宣传资料 7 万余份，为 3 万余名农民免费进行体检和健康咨询，筛查出高血压患者 3277 人，糖尿病患者 971 人，肝炎患者 26 人，结核病患者 11 人，心脏病患者 218 人。服务队为每位患者建立居民健康档案和《健康干预手册》。同时，各村宣教员对村内患者每月进行一次随访，实行动态管理。

2006 年 3 月 31 日，在大册营镇夜借村举行流动医院启动授旗仪式。组织医护人员组成流动医院，入村免费为农民体检。到 2008 年，流动医院先后深入到全县 204 个行政村，免费为农民体检 19713 人次、做心电图 6759 人次、化验 3384 人次、B 超 2718 人次，开具健康处方 13600 余张。

第二节 妇女儿童保健

一、妇女保健

（一）科学接生

1991 年，全县有 18 所医疗机构设有产科。2004 年年底，全县有接生员 150 余人。1996—2008 年，全面加强产科质量管理，开展技术培训和质量检查，对发现的问题进行督促整改，提高出生人口素质。1996—2004 年，累计举办产科技术培训班 20 次，开展产科质量检查 50 次。2004—2008 年，开展爱婴医院复审 4 次，举办产科新技术、新疗法知识培训班 30 次，开展孕产妇及新生儿死亡病例评审活动。2006 年，县妇幼保健院对口支援白龙乡和大册营镇卫生院，帮扶设备、药品等价值 3 万余元，长期派驻专业技术人员 2 人，培训助产技术人员 7 人。2007 年，成立县母婴保健执法大队，对全县助产技术单位进行执法检查 10 余次，查处违规违纪从业单位 9 所，处罚 7 家。1996—2008 年，有 2 所县级医院、8 所乡（镇）卫生院、2 所民营医院先后获得爱婴医院、爱婴卫生院称号。

（二）保健

1991—2008 年，全县孕产妇系统管理一直保持在 90%以上，最高达 98%。2004 年，全县孕产妇系统管理率 92.4%，孕产妇总数 5572 人，其中系统管理 5213 人，年底前分娩 5572 人，住院分娩 5512 人，活产 5596 人，其中高危孕产妇 406 名。2008 年，孕产妇系统管理率 90.9%。

结合县总工会、妇联等部门，开展妇女病普查普治工作，重点是宫颈癌、乳腺癌普查。采取多种形式大力宣传妇女病防治知识，提高广大妇女的自我保健意识。1991—2004 年，每年开展一次妇女病普查普治。累计组织 44384 人次妇女进行普查，查出宫颈癌 37 人，乳腺癌 69 人，全部进行药物治疗。

2003—2008 年，开展婚前保健、青春期保健、孕产妇系统管理、更年期保健、孕产妇死亡评审、高危妊娠评分、高危孕产妇专案管理、妇女病普查、乳腺病透治、托幼机构教职员工健康体检，清理家庭接生行为，实施住院分娩制度。

2003—2008 年满城县妇女保健数量统计表

表 17-2-1

年份	婚前保健率（%）	孕产妇系统管理率（%）
2003	28.5	92.4
2004	2.3	92.4
2005	12.7	93.8
2006	12.6	93.2
2007	8.5	90.6
2008	5.4	90.9

二、儿童保健

1994 年 12 月 5—6 日，脊髓灰质炎疫苗普服活动第一轮服苗。全年有 14981 名儿童服用脊髓灰质炎疫苗，普服率95.07%。

2000年，成立12所乡（镇）卫生保健站，确定每个月的10—13日为儿童计划免疫接种日。

组织开展儿童体检，并建立儿童保健档案，开展系统的“四二一”保健管理，即1岁以内儿童3个月、6个月、9个月、12个月进行4次体检；1~3岁儿童每年体检2次；4~6岁儿童每年体检1次。及时筛查体弱儿，进行专项管理，使其早日转归正常儿童。年儿童保健系统管理率均在85%以上。2004年，全县0~7岁儿童29891人，其中3岁以下儿童15723人，体弱儿965人。

服用脊髓灰质炎疫苗（摄于2007年）

2005年12月5—6日，开展脊髓灰质炎疫苗强化免疫活动。县疾控中心、县医院、乡（镇）保健站和村卫生所均设立服苗点。

2003—2008年，实行儿童生长发育监测、出生缺陷监测，对儿童实行健康系统管理，0~7岁儿童系统管理率90%以上，对托幼机构儿童实施健康体检，儿童入保率95%以上。

2003—2008年满城县儿童生长发育监测统计表

表17-2-2

年份 项目	2003	2004	2005	2006	2007	2008
5岁以下儿童死亡率（‰）	7.0	4.4	1.9	2.1	8.5	7.9
5岁以下儿童中、重度营养不良患病率（‰）	3.1	4.9	1.7	2.9	6.8	3.4
7岁以下儿童保健管理率（%）	92.5	92.0	92.7	91.4	89.6	91.6

1991—2008年满城县儿童六类疫苗接种率统计表

表17-2-3　　**单位**:%

年份	卡介苗	脊髓灰质炎疫苗	百白破疫苗	麻疹疫苗	白破疫苗	乙肝疫苗
1991	90.1	93.0	92.7	93.3	91.0	—
1992	91.0	93.1	93.0	93.0	90.4	—
1993	91.4	94.6	94.0	94.1	94.9	—
1994	92.1	95.1	95.2	95.4	94.1	—
1995	93.2	95.4	95.5	95.5	93.9	—
1996	92.9	96.0	95.0	95.3	94.4	—
1997	95.7	95.4	95.3	96.0	93.0	—
1998	94.2	96.1	95.7	95.4	94.9	—
1999	96.3	95.9	95.5	95.0	92.3	—

续表17-2-3

年份	卡介苗	脊髓灰质炎疫苗	百白破疫苗	麻疹疫苗	白破疫苗	乙肝疫苗
2000	95.1	94.3	94.6	94.7	93.5	—
2001	95.3	95.7	95.4	95.6	94.9	—
2002	94.8	95.8	95.8	95.6	95.4	—
2003	97.0	95.4	95.6	95.3	95.4	94.4
2004	97.0	95.7	95.8	96.4	95.1	95.0
2005	97.3	95.5	97.0	96.5	95.2	95.3
2006	97.7	95.3	96.5	95.2	95.0	95.6
2007	98.2	96.6	97.0	96.7	95.3	95.4
2008	98.1	96.8	97.3	96.8	95.1	95.2

三、科研项目

1991 年，县政府与北京大学医学部（原北京医科大学）签署科研合作意向书，开展中美预防神经管畸形合作科研项目。1991—1998 年，开展药剂发放、结果随访等工作，共完成募集、服药、随访任务 4 万余例。

1994 年，组织项目工作学术交流和大型宣传活动，制作 2000 余个宣传展牌和横幅、标语，抽调 7 名医务人员利用节假日宣传推广预防神经管畸形的药物斯利安片。1995 年，进行出生缺陷漏报调查。1996 年，开展出生缺陷查漏工作，查出、上报出生缺陷 18 例。1997 年，查出出生缺陷 14 例，3 例死亡（其中神经管畸形死亡 2 例）。1998—2003 年，实行微机化网络直报，全县出生缺陷发生率 4‰。参与妇女儿童随访和出生漏报调查合作项目。2004—2005 年，参与新生儿疾病筛查合作项目，共筛查婴幼儿 1670 例，筛查率 98%；参与中美孕期营养合作项目，免费孕期妇女保健 675 例。2006 年，与北京医科大学合作开展孕前保健社会营销项目，婚前医学检查率提高到 12.59%。2008 年，正式启动国家降低孕产妇死亡率消除新生儿破伤风项目。实施贫困孕产妇救助分娩，当年救助 17 人。

第三章　卫生防疫

传染病的防治注重抓好调查、监管，采取注射疫苗、免费治疗等方法，使传染病得到有效控制，没有传染病流行性发生。对地方性甲状腺病每年进行抽检，做到早发现、早治疗。相关部门每月抽测碘盐样品，并抽取乡村农户食用盐进行检测。布鲁氏病在个别村有少量发生。2002 年，组织职业病防治，对有毒、有害企业摸底，登记建账，每年组织职工进行健康体检。对食品生产实行卫生许可证制度，每年开展执法检查，打击非法经营，查处假冒伪劣食品。

第一节　传染病防治

一、麻疹

1992—1993 年，部分乡（镇）出现小范围的麻疹流行，县防疫站采取应急接种等预防措施，注射麻疹疫苗 3075 人次，疫情得到有效控制。2000 年，在全县范围内对 15 岁以下儿童开展初始强化免疫工作。2004 年，对 4 岁以下儿童进行后续强化免疫，麻疹发病控制在较低水平。

1991—2005 年满城县麻疹发病数量统计表

表 17-3-1　　　单位：人

年份	发病人数	年份	发病人数	年份	发病人数
1991	1	1996	9	2001	5
1992	142	1997	6	2002	0
1993	69	1998	6	2003	5
1994	1	1999	6	2004	5
1995	0	2000	14	2005	21

二、流脑

通过广泛开展流脑疫苗接种，流脑没有形成流行发病。

三、流行性乙型脑炎

1995 年、1998 年各报告 1 例病例，其他年度无病例报告。

四、肺结核

1990 年，开展结核病流行病学调查，分别调查西渝河、西荀村、北庄、留马 4 个村共 5648 人，查出活动性肺结核病人 34 例，其中涂阳病人 5 例。以此推算满城县活动性肺结核患病率为 664/10 万，涂阳患病率 98/10 万，0~14 岁儿童自然感染率 9. 8%。

1991 年，建立健全县乡、村防痨网络，登记病人 118 例。1992 年登记 109 例。

1993 年，实施世界银行贷款中国结核病控制项目，对结核病人实行全程监督管理免费治疗。2001 年结束，项目期间免费治疗肺结核 1178 例，治愈 1146 例，治愈率 97. 2%。

2002—2008 年，实施世界银行贷款/英国赠款、中国结核病控制项目。2002—2005 年，免费治疗涂阳肺结核病人 577 例，治愈 550 例，治愈率 95. 3%。

1991—2008 年，共管理肺结核病人 2160 人。

五、其他

2003 年，全面开展“非典”防治工作。抽调各单位工作人员百余名，成立专门办公室，设置疫情专报电话、群众热线电话，接受疫情报告和群众咨询，在县医院设立发热门诊和隔离病房。同时，在 107 国道大赛收费站、保满路东马村、保涞路坨南村、满易路龙门村设立 4 个体检消毒站。设立县医院、满城第三医院、中医院、妇幼保健院、防疫站 5 个体检站，开展全民体检工作。县委、县政府印发《满城县传染性非典型肺炎应急控制预案（试行）》。县卫生局组织举办非典防治知识师资培训班，培训医护人员 1180 人次。截至 2003 年 9 月，县卫生系统出动医务人员 1293 人次，为过往人员测量体温 20 多万人次，完成返乡人员体检 23643 人，实施家庭隔离 17871 人次，村外隔离 2294 人次，实施跟踪体检累计达 80 万人次，接诊发热病人 1376 人，实施医疗隔离 113 人，进行流行病学调查 24239 人次，县城内未发生 1 例非典或疑似非典病例。随后建立长效机制，完善县、乡、村三级疫情报告网络，全县实现疫情微机网络直报。

2004 年，加强非典型性肺炎和人禽流感的预防控制工作，5 月前后，安徽、北京等地发生非典病例，满城县迅速启动非典应急预案，实行专业防控，卫生系统进入应急状态，全力做好预防。同年，成立性病、艾滋病防治科，建立艾滋病自愿咨询室和艾滋病初筛实验室。

2006 年 4 月 29 日，河北大学医学部课题组及保定市疾控中心有关人员到满城县，进行参与式农村社区预防艾滋病健康教育综合干预式研究的预试验。

第二节　地方病防治

一、地方性甲状腺病

每年的 5 月 15 日为全国碘缺乏病防治宣传日，县卫生防疫部门会同盐业、工商、技术监督、电视台、教育等相关部门对碘缺乏病高发区和盐业市场进行重点检查，每月对盐业公司抽测碘盐样品进行检测，每年抽取 9 个乡（镇）36 个自然村 288 户居民的食用盐进行检测。

2002—2008 年，对小学生甲状腺病发生情况进行检查，共检查 8~10 岁小学生 5140 人，其中患甲状腺病的有 29 人。

1991—2005 年满城县甲状腺体检统计表

表 17-3-2

年份	体检数	检出人数	检出率（%）	年份	体检数	检出人数	检出率（%）
1991	10200	703	6.8	1999	2950	135	4.6
1992	8900	561	6.3	2000	1120	51	4.6
1993	7600	450	5.9	2001	890	40	4.5
1994	8320	540	6.5	2002	750	34	4.1
1995	12068	825	6.8	2003	630	26	4.1
1996	3182	170	5.5	2004	719	8	3.9
1997	2510	106	4.2	2005	850	33	3.9
1998	2040	102	5.0	合计	40461	3784	—

二、布鲁氏菌病

2003 年，抱阳村发病 25 例，市、县及时进行防治。

2004 年，抱阳村发病 5 例，及时进行防治。

2005 年，抱阳村发病 4 例，城内村发病 1 例，及时进行防治。

2006 年，全县未出现布鲁氏菌病病例报告。

2007 年，发病 22 例，其中南韩村 1 例、北陵山村 3 例、夜借村 1 例、前大留村 1 例、北赵庄村 1 例、东赵庄村 10 例、东渝河村 1 例、刘家台村 2 例、大许城村 1 例、东黄村 1 例，都及时进行防治。

2008 年，发病 14 例，其中李家佐村 1 例、魏庄村 1 例、夜借村 4 例、大许城村 1 例、东赵庄村 1 例、白龙乡 1 例，大坎下村 2 例、南水峪村 1 例、车厂村 2 例，都及时进行防治。

三、疟疾防治

2006 年，石井村 1 例输入性疟疾病例，其他年度无发病病例。

第三节　职业病防治

一、管理

2002 年 5 月 1 日，县卫生局劳动卫生科改建成职业卫生科，组织开展职业病防治工作，对有毒有害企业摸底、登记、建档，共建档 125 个。2005 年 4 月，根据职责划分，现场监督检查职责从县卫生局划归县安监局。8 月 20 日，通过省卫生监督局的职业健康检查机构资质认证和职业技术服务机构资质认证。

2003 年，购置职业病监测设备，用于有毒有害作业场所空气中有害物质的监测。开展粉尘、铅尘、空气微小气候监测工作。

2004 年，添置噪声监测仪、粉尘监测仪、500 毫安 X 光射线机、电测听、心电图、B 超、肺功能仪等设备，根据职责划分，放射源管理、许可项目由县卫生局移交县环保局。

二、职业健康检查

2003 年开始对全县粉尘生产企业进行清理整顿。2006 年，针对县内小灰粉厂、石碴厂、水泥厂、化工厂多且技术落后的特点，开展粉尘危害企业情况调查，在摸清底数同时，加大职业危害治理活动。

2002 年开始，每年组织企业职工健康体检，参加体检的企业和职工人数逐年增加。2002 年，组织 61 家企业的 384 名职工进行健康体检，查出职业禁忌人员 5 人，疑似职业病人数 1 人。2005 年，组织 82 家企业的 758 名职工进行健康体检，查出职业禁忌人员 10 人，疑似职业病人 2 人。

第四节　卫生许可证制度

一、卫生许可证发放

1992 年，发放卫生许可证 1128 个，组织 3864 名从业人员体检，检出乙型肝炎表面抗原阳性者 3 人，全部调离。

1993 年，发放卫生许可证 1425 个，组织 4654 名从业人员体检，检出“五种传染病”患者 68 人，全部调离。（“五种传染病”指痢疾、伤寒、病原性肝炎、活动性肺结核和化脓性或渗出性皮肤病，以下简称“五病”）

1994—2003 年，发放卫生许可证 5932 个，组织 17996 名从业人员体检，查出“五病”及患职业禁忌证者 50 人，全部调离。

二、监测监督

1993 年，培训从业人员 1556 人，监督 1927 户，监测食品 663 份，合格率 96. 38%；监测餐具 310 份，合格率 85. 81%。

1994—2003 年，对 2955 人进行卫生知识培训。

2003 年，监督食品生产经营单位 4514 户次，对 214 家餐饮业、64 家食品加工单位进行整顿治理和二次验收。责令 42 户限期改进，收缴罚款 750 元。

2004 年，办理行政处罚案件 24 件，收缴罚款 49500 元。1 家企业被责令停止生产经营，2 家被吊销卫生许可证，5 家被注销卫生许可证，12 家被依法取缔。

2008 年 7 月 28 日，为确保交通干线、沿线奥运期间食品卫生安全，对县内 107 国道沿线餐饮业、食品综合商店进行拉网式检查，对 15 家卫生达标单位发放卫生许可证，取缔不合格单位 2 家，限期整改 19 家，办理从业人员健康证 46 个，限期整改单位在规定期限内整改不到位的予以取缔。

第五节　食品卫生监督

1991 年，食品“四小行业”（小作坊、小餐饮、小摊贩、小食品）达标及示范县建设向乡村纵深发展，石井、坨南、于家庄、东马、城关、大册营、要庄、顺民等十几个乡（镇）相继开展冷食加工和集体食堂达标整顿。县政府组织召开伪劣食品销毁现场会，销毁无商标和过期变质食品 1804 公斤；对卫生监督员、各乡（镇）卫生院院长、防疫医生进行《中华人民共和国行政诉讼法》和司法文书培训，考核 120 人次。培训从业人员 1300 人次，培训负责人 60 人次，抽检 98 份生活饮用水，合格率 100%。组织对 49 名药品监察员进行为期两周的常见药品鉴别学习班培训，对其中 20 名不合格人员予以解聘。同时，举办 27 期药品管理学习班，参加人数 365 人。全年查处违法案件 87 起，取缔游医、药贩 15 人。

1992—1993 年，召开 2 次伪劣食品展览、销毁现场会，共销毁变质糕点及饮料 3725 袋、带色儿童食品 2891 袋、过期饼干 4781 公斤、变质罐头 428 瓶、违规软包装饮料 284 瓶。

1994 年 7 月，省市卫生检查团到满城检查，查抄非法生产经营冰棍房 1 家。全年组织 7 次大型联合检查，召开 1 次大型食品卫生工作会议，召开 2 次伪劣食品公开销毁现场会，销毁塑料软包装饮料 1475 袋，带色儿童食品 1275 袋，过期变质饼干 327 公斤，各种超期变质罐头 1066 瓶，变质肉制品 37 公斤，不符合卫生标准的液体饮料 1198 瓶。

1995—1998 年，开展《中华人民共和国食品卫生法》宣传，发放宣传资料 7000 余份，现场咨询 800 余人次，培训食品行业负责人 70 余人，培训从业人员 1200 余人次。全年以预防食物中毒为工作重点，3 次集中治理塑料软包装饮料、三精水等不合格儿童食品，没收销毁不合格食品 2200 余公斤，29 人次参加省卫生监督员统一培训考核。对用硫黄熏制馒头的违法行为进行查处，没收销毁不合格馒头 200 余公斤。整顿小餐馆、饮食摊点、肉食加工点、肉食销售点、冷饮冷食制作销售点和集体食堂等 841 家，验收合格 840 家，体检 2501 人，查处伪劣食品 76 件，罚款 11380 元。查处非法加工黑窝点 3 个，收缴罚款 4000 元。1995 年，对全县 352 家药品经营企业和各级医疗机构进行药品监督检查，监督检查覆盖率100%，抽检药品624种，查出假药10种，劣药56种，取缔游医、药贩7人。

1999—2000年，开展“六小行业”（小餐饮店、小食品经营店、小理发美容店、小旅店、小公共浴室、小歌舞厅）治理整顿，抽检各类食品1300余份，合格率90%以上，餐具消毒效果监测540份，合格率91.7%。

2001—2004年，开展冷饮、冷食专项治理整顿活动，规范卫生基本建设。对县城附近农村用劣质食用油制售麻花、馓子的不法生产摊点依法检查，没收不合格产品并集中销毁。组织开展以食品安全需要消费者参与为主题的宣传周活动，展示假冒伪劣产品，发放宣传材料，并接受群众咨询。累计监督食品摊点3672家次，检验各类食品2970份，合格率95.5%；餐具消毒效果监测4667份，合格率90.9%，行政处罚25件，罚款35500元，1家被责令停止生产经营。审批复核105个公共场所卫生许可证，从业人员体检682人，调离“五病”人员17人，公用物品监测420份，合格率84%；公共场所微小气候监测234份，合格率94%。举办1期厂长、经理培训班，624名企业负责人接受培训，培训从业人员3921人。

2005年，实施食品安全放心工程，开展调味品、奶制品、散装食品、油粮食品、冷饮冷食、餐饮业、食品添加剂和食品原料以及化妆品等多项食品专项治理整顿工作。加强学校食品卫生监督，开展食品卫生监督量化分级管理，完成6家（所）学校食堂和托幼园（所）食品卫生监督量化分级管理的等级评定工作，改造学校食堂5家，拆除后再建3家。5月22—26日，开展食品卫生宣传周活动，发放宣传材料，接受群众咨询，现场展示不合格食品48种25件。

2006年后，把每年的4月24日—5月1日定为宣传周，县卫生监督所、工商局、消协等单位开展宣传。结合县工商局、税务局、卫生局等职能部门对龙潭风景区小吃进行专项治理整顿，出动车辆3台次，出动卫生监督员及检验化验人员14人，检查18家餐饮单位，为餐饮单位33人体检，抽检餐具、饮具及食品加工工具68份。11月17日，按照政府办《关于立即开展对“红心”鸭蛋检查的紧急通知》要求，对县内30余家餐饮单位进行拉网式检查，未发现加工使用“红心”鸭蛋。（“红心”鸭蛋是通过违法手段使鸭蛋黄变成红色，对人体有害）

2007年11月1—10日，开展保健食品的专项整治活动，重点对县内药店、商场（超市）等单位经营的保健食品的标签、夸大保健功能及疗效的说明书、虚假标识、伪造和盗用的批准文号以及普通食品宣传保健功能等违法行为进行专项监督检查。共出动卫生监督车10台次、卫生监督员40人次，检查药店18家、商场（超市）食品经营单位32家，共检查各类保健食品8种、普通食品63种，检查过程中未发现普通食品有夸大、虚假宣传保健功能及疗效和不合格保健食品销售行为。

2008年8月3日，为提高奥运期间突发公共应急处置能力，县卫生监督所以模拟发生食物中毒事件为现场，组织医务人员按应急程序和处置措施进行救治应急演练。

第四章　爱国卫生运动

爱国卫生工作坚持不懈。1992—2004年，每月最后一周的周六为义务劳动日，全体干部职工参加义务劳动，清理县城环境卫生。2005—2008年，结合文明生态村创建活动，组织开展农村环境卫生综合治理。2007—2008 年，开展爱国卫生月活动。坚持开展春季灭鼠和夏季灭蚊蝇、防病除害，保护健康。1997 年开始推广改水改厕，促进饮用水安全达标，普及自来水，引导农村改造、使用卫生厕所。

第一节　公共卫生

1991 年，爱国卫生工作由县爱卫办公室负责。同年，满城县被评为省级卫生县城。1996 年 10 月，县爱卫办公室相应职能划归县卫生局，县卫生局专设爱卫办，负责爱国卫生工作。

1992—2003 年，开展爱国卫生月活动。每月最后一周的周六组织全县干部职工参加爱国卫生义务劳动。平均每年组织义务劳动不少于 15 次，参加人员 13 万人次，出动车辆 5000 多台次，清运垃圾 80 多万吨，清除乱贴广告 1000 余处。1997 年，狠抓城区环境卫生，组织 5 次大规模突击治理。1999 年，上街宣传 20 余人次，发放宣传材料 3000 余份。组织各单位清理 13 处卫生死角，清理垃圾 1300 余吨，出动铲车、汽车 35 台次，疏通沟溪 1500 多米，种树 1200 余株，增修绿地 2 万余平方米，增加卫生车辆 2 辆、垃圾箱 4 个，总投资 40 余万元。

2004 年，印发明白纸 10 万份，刷写宣传标语 1000 多条，悬挂宣传条幅 400 多条。动用铲车和其他车辆 5098 辆次，出动劳动力 12. 6 万个，清理垃圾 5. 3 万立方米，街道、墙壁和树木刷白 17 万平方米。

2005 年，结合文明生态村创建活动，大力开展农村环境卫生综合治理。以禽类养殖重点地区、大型养殖场、养殖专业大户和疫情易发区为重点，开展防控人感染高致病性禽流感的爱国卫生工作。对人、禽畜粪便及时清理、消毒，并实施无害化处理。同时，做好水源地保护，收到良好效果。

2006 年，加强文明生态村的净化，重点做好“五个一工程”，即一支保洁队伍，一部垃圾清运车，一个垃圾密闭收集池或者干果皮箱，一个垃圾集中填埋场，一条文明示范街。

2007 年 1 月，开展迎春节爱国卫生月活动，主题是“全民动员、全员参与、干干净净迎春节”，继续开展文明生态村创建活动。同年，组织“迎奥运、讲文明、树新风爱国卫生知识竞赛”活动和无烟单位评选活动。

2008 年 5 月，开展夏季爱国卫生月活动。

第二节　防病灭害与改水改厕

一、防病灭害

1993—1999 年，每年组织开展春季灭鼠和夏秋季消灭蚊蝇工作，鼠密度降为 2. 5%。1998 年，清理鼠药市场，控制流行性出血热，开展 3 次全民性春秋灭鼠活动，各乡村通过广播、书写宣传标语等多种形式进行卫生宣传。

2000 年，组织开展春季灭鼠工作，下发文件 120 余份，宣传群众 5000 余人次，发放宣传品 2000 余份，印发 5 期《春季灭鼠工作简报》1000 余份。发放鼠药 4300 斤，培训灭鼠技术骨干 100 余人，对 10~70 岁的人群预防接种出血热疫苗 5000 余份。

2001 年，宣传群众 6000 余人次，发放宣传品 5000 余份，印发 5 期《春季灭鼠工作简报》，计 2000 余份。发放鼠药 4800 斤，培训灭鼠技术骨干 460 人，预防接种出血热疫苗 4000 余份。

2002—2008 年，大力开展卫生创建活动，加强流行性出血热的防治。

二、改水改厕

1997 年，改水工作在全市单项达标，饮用卫生水的人群占全县人口总数的 99.4%。

2004—2008 年，结合全县文明生态村建设，开展预防人畜共患病健康教育，倡导文明健康的生活方式，加大对农村卫生环境的治理和改水改厕，在陶家佐村、韩家佐村、谒山村改厕 500 座。

2008 年年底，全县农村自来水普及率 100%，卫生厕所普及率 29.5%。

第五章　医药管理

县卫生局负责全县医疗卫生工作。全面落实干部聘任制，院（所、站）长负责制，建立和完善卫生系统人事管理的人员准入制度。组织卫生技术人员开展业务学习，参加职称评审和全国统一卫生资格考试。先后有 460 人通过职称评审，588 人通过全国统一卫生资格考试。组织乡村医生参加统一中专水平考试和职称评定、学历教育等，共为 678 名乡村医生办理执业证书，每年进行考核。2002 年 9 月，成立县药监局，对流通、消费环节的药品及医疗器械的安全性、有效性实施监督管理，定期不定期组织检查，对重大违法行为进行查处（详见第十编第九章第二节）。

第一节　管理机构

1991 年，县卫生局内设办公室、医政股、防保股、药政股 4 个股室，行政编制 15 人。县医院、中医院、防疫站、妇幼保健站、卫校隶属县卫生局直接领导。

1996 年 9 月，县爱卫办公室并入县卫生局，保留县爱国卫生运动委员会名称。县卫生局内设办公室、医政股、防保股、爱卫办 4 个股室，行政编制 15 人。合乡扩镇后，按照上级要求，保留 12 所乡（镇）卫生院，9 所非乡（镇）所在地卫生院。人、财、物全部上划县卫生局直接管理。

2000 年，按照机构单建、人员单设、经费单列的原则，在 12 个乡（镇）设立乡（镇）卫生保健站，负责预防保健等公共卫生管理工作。

2002 年 9 月，成立县药监局，为科级行政机构。县卫生局药品监督检验所撤销，其职能由县药监局承担。

2004 年，撤销县防疫站，组建县疾病预防控制中心和卫生监督所。县疾病预防控制中心大楼为国债资金建设项目，总投资 322 万元，其中利用国债资金 100 万元。占地 3700 平方米，建筑面积 3100 平方米，其中实验室用房 930 平方米，占总建筑面积的 30%，内设 11 个科室，包括办公室、职业卫生科、流行病科、计免科、防痨科、检验科、健康体检科、性病艾滋病科、生物制品经营部、学校卫生科、办证室，工作人员 37 人。有气相色谱大型检测设备及 500MA 高千伏 X 光机、心电图、B 超、肺功能仪、电测听等体检设备。

2005 年 4 月，根据县机构改革方案，县卫生局对股室人员进行精简，精简后内设 4 个股室，包括办公室、医政基妇股、疾控法监股、爱卫办，行政编制 11 人，工勤人员 1 人。全县有 39 所医疗卫生机构，其中 5 所县级医疗卫生机构，12 所乡（镇）卫生院（内含 5 所中心卫生院）。11 月，成立县食药监局。县政府将食品、药品、化妆品安全监管以及协调和组织开展对事故查处职能划归县食药监局。

2008 年，县卫生局内设机构与 2005 年相同。全县有医疗卫生单位 27 所，其中县级 5 所，包括县医院、中医院、妇幼保健院、疾控中心、卫生监督所；乡（镇）16 所，包括 12 所乡（镇）卫生院和 4 所非乡（镇）所在地医院。乡（镇）卫生院有满城镇中心卫生院、神星镇中心卫生院、南韩村镇中心卫生院、石井乡中心卫生院、大册营镇中心卫生院、坨南乡卫生院、刘家台乡卫生院、方顺桥乡卫生院、白龙乡卫生院、要庄乡卫生院、于家庄乡卫生院、贤台乡卫生院，非乡（镇）所在地医院有坎下卫生院、柳佐卫生院、陉阳驿卫生院、顺民卫生院；另有 6 家民办医院，包括保定第七医院、满城第四医院、满城第五医院、乔氏骨病医院、景祥骨质增生医院、中医骨伤医院。

第二节　人员管理

一、管理机制

2000 年，实行动态聘任、竞职上岗、能者上、庸者下的用人机制，全面落实干部聘任制、院（所、站）长负责制。2002 年，实行竞职上岗，全员聘任，初步建立人员能进能出、职务能上能下、待遇能高能低的机制。2008 年，建立和完善卫生系统人事管理的人员准入制度，公开招聘 5 名卫生院院长。

二、专业技术管理

1991—2008 年，组织专业技术人员开展业务学习，参加职称评审和全国统一卫生资格考试。1991—1995 年，124 人参加职称评审，110 人通过。1996—2001 年，372 人参加职称评审，350 人通过。2002—2005 年，546 人参加全国统一卫生资格考试，304 人通过。2006—2008 年，458 人参加全国统一卫生资格考试，284 人通过。

三、乡村医生管理

1991 年，全省统一开展乡村医生中专水平考试，有 389 人参加考试，全部通过。1992—1995 年，县卫生局结合县劳动人事局组织开展乡村医生评定工作，评定医士 262 人，医师 198 人。1996—2002 年，每年利用农闲时间，对乡村医生进行学历再教育，共培训 1500 余人次。2002 年，国务院出台《乡村医生管理条例》，对符合条件的乡村医生办理乡村医生执业证书，全县共办理 678 个。2003—2008 年，县卫生局每两年对乡村医生进行一次考核，每年考核乡村医生 678 人。

第六章　体　育

满城是体育传统县，体育活动丰富多彩。1991—2008 年，10 余次组队参加市以上运动会，多人多项取得优异成绩。各学校每年春、秋两季组织运动会，县体委、工会、机关工委、教育局、乒乓球协会等单位和团体每年都组织篮球、乒乓球比赛等。此章还记述了县内传统的儿童游戏，随着时代的进步，一些儿童游戏渐渐消失，一些正在不断演变。

第一节　群众体育

群众性体育活动活跃，主要活动项目有秧歌、健身操、健身球、太极拳、登山、交谊舞、健步走、腰鼓、象棋、篮球、足球、乒乓球、柔力球、台球、高跷、寸跷、舞狮子等。汉墓景区开发后，到满城汉墓景区登山也成为一项群众体育项目。2000 年以来，每日登山健身的人数多有数百人，县内有关部门也多次举办职工登山比赛。2004 年，人民广场建成后，设有健身路径 38 条。

县老年协会、老年人体育协会有 10 余个群体项目表演队，队员 400 余人，每逢传统节日、县内重大活动，都组织群体项目表演。早晨、晚上，数百人在广场打太极拳、舞剑、扭秧歌、跳交谊舞，秧歌队、腰鼓队的表演还曾在中央电视台播放。2008 年 12 月，老年人健身球操代表队代表河北省参加全国老年人健身球操比赛。

2005 年职工乒乓球比赛

1997 年，满城县被国家体育总局评为“全国群众体育先进集体”，县文化体育局局长王新占、老年体育协会主席赵宝生被国家体育总局评为“全国群众体育先进个人”，并受到中央领导朱镕基的接见。1998 年，被省政府命名为“全省体育先进县”。2001 年，被评为“全国体育先进县”。

第二节　竞技体育

一、参加市以上比赛

1991—2008 年，全县竞技体育水平有大幅度提高。10 余次组队参加市以上运动会。其中，女子举重获得省第八届运动会团体冠军、省第一届青少年举重比赛第 3 名、省第九届运动会团体冠军、省第十届运动会团体冠军、省第三届青少年运动会团体第 3 名。自行车项目获省八运会团体第 4 名、省十运会团体第 3 名、省青少年自行车比赛团体第 6 名、省农民运动会团体第 7 名。

满城中学运动会开幕式（摄于 2008 年）

二、县内职工竞技比赛

1991—2008 年，县体委、工会、机关工委、教育局、乒乓球协会等单位和团体每年都组织职工篮球比赛、职工乒乓球比赛。1997 年，县政府组织满城县第一届全民运动会。

三、学校体育比赛

1997 年以后，学校体育步入规范化发展轨道。体育基础配套设施齐全，常年坚持中小学生体育达标锻炼。2008 年，全县有中、小学体育教师（含兼职）485 人。每年春、秋两季，满城中学、实验中学、职教中心、实验小学等均举办学校田径运动会。2001 年，参加省传统项目比赛获第 6 名。2003 年，参加省传统项目比赛，获第 4 名。

2008 年年底满城中学田径最高纪录（高中男子）统计表

表 17-6-1

竞技项目	比赛成绩	创造者	比赛地点	产生时间
100 米	11″10	贾　坤	满城	2007. 4
200 米	22″44	单尽松	保定	1997. 4
400 米	52″40	单尽松	满城	1996. 4
800 米	2′02″90	张新桥	保定	1990. 5
1500 米	4′20″30	李永辉	石家庄	1989. 9
3000 米	9′36″80	李永辉	石家庄	1987. 9
5000 米	16′17″	王新然	保定	2000. 4
110 米栏	15″70	常　茂	保定	2001. 5
400 米栏	59″20	单尽松	保定	1995. 4
4×100 米	44″75	0524 班	满中	2007. 4
4×400 米	3′41″40	校　队	保定	1993. 5
跳高	1. 82 米	齐金定	保定	1991. 4
跳远	6. 59 米	陈立军	保定	1993. 5
三级跳远	14. 18 米	范徐达	满中	2007. 4
铅球（6）	13. 87 米	姚　雷	满中	1989. 4
铅球（7. 26）	12. 48 米	姚　雷	保定	1988. 4

续表17-6-1

竞技项目	比赛成绩	创造者	比赛地点	产生时间
铁饼（1.5）	45.52 米	姚　雷	满中	1989.4
标枪（700）	59.88 米	常宝录	兴隆	1981.9
标枪（800）	54 米	姚　雷	保定	1988.1
五项全能	2978	张　静	保定	1987.4

2008 年年底满城中学田径最高纪录（高中女子）统计表

表 17-6-2

竞技项目	比赛成绩	创造者	比赛地点	产生时间
100 米	13″10	张会娟	保定	1990.5
200 米	27″20	张文秀	保定	1987.5
400 米	59″40	范振花	天津	1978.9
800 米	2′19	范振花	天津	1978.9
1500 米	4′48	刘金英	石家庄	1978.9
3000 米	10′33	刘金英	天津	1978.9
110 米栏	19″70	张文秀	保定	1988.5
400 米栏	1′17	王　颖	保定	1993.5
4×100 米	53″00	校　队	保定	1993.5
4×400 米	4′15″3	校　队	保定	1988.5
跳高	1.59 米	毛春芳	保定	1991.5
跳远	5.3 米	魏建华	满中	1999.4
铅球	11.83 米	袁亚丽	满中	1993.1
铁饼	39.08 米	刘　静	满中	1988.4
标枪	39.42 米	张玉英	安国	1977.4
三级跳远	11.79 米	魏建华	满中	1998.1
五项全能	2323	刘　静	保定	1987.5

第三节　儿童游戏

随着时代的发展，儿童游戏也不断发展演变。满城民间流传下来的儿童游戏项目很多，它是一代又一代人传承下来的朴素智慧与生活趣味，让小朋友们在游戏的同时收获快乐和友谊。主要有丢手绢、拔河、老鹰捉小鸡、打陀螺、跳皮筋儿、击鼓传花、挤油儿、捉迷藏、锤子剪刀布、捞大鱼、丢沙包、贴墙根、雉鸡翎、木头人、拍手、挑棍儿、打玻璃球（杏核）、走联、跳房子、踢毽子（绣球、羚子毽）、纸飞机、动物象棋、拍烟盒等。

一、丢手绢

多个小朋友蹲着围成一圈，面朝里，不许偷看。小朋友 A 拿一条手绢或者沙包等，大家一起唱：“丢、丢、丢手绢，轻轻地丢在小朋友的后边，大家不要告诉他”，在唱的时候，把手绢或者沙包轻轻丢在任意小朋友 B 后边。B 如果发现自己身后的手绢，便迅速起身追逐 A，A 沿着圆圈奔跑，跑到 B 的位置时蹲下，如被抓住，则要表演一个节目，或者继续充当丢手绢的人。如果 B 没有发现手绢，或者没追到 A，由 B 开始下一轮丢手绢。

丢手绢

二、拍手

两个小朋友面对面，两个人先单手交叉互拍，再手背、手心对拍。拍一的时候按上述顺序都拍一次，拍二的时候按顺序拍两次，依次类推……游戏时说的是“你拍一，我拍一，一个小孩坐飞机；你拍二，我拍二，两个小孩吃冰棍；你拍三，我拍三，三个小孩爬大山；你拍四，我拍四，四个小孩写大字；你拍五，我拍五，五个小孩敲大鼓；你拍六，我拍六，六个小孩捡豆豆；你拍七，我拍七，七个小孩穿新衣；你拍八，我拍八，八个小孩吃西瓜；你拍九，我拍九，九个小孩叫舅舅；你拍十我拍十，公共卫生要保持”。

三、木头人

大家石头剪子布，选出一个小朋友追，其他小朋友跑。大家一起说“木头人，木头人，不许说话不许动”，说完后除了追的那个小朋友，其他人都不许动、说话、笑，如果违规而被追的小朋友逮住，就成为下一个追的人。

四、雉鸡翎

小朋友们分成两组，每队手拉手成一排，一组喊“雉鸡翎，跑马城，马城开，把你们的小鸡放过来”，另一组就派一名小朋友快速地跑过去，选两个人之间撞过去，如果两个人的手松了，这组就淘汰一人，如果没有撞开，这个撞的人就被淘汰了。

五、跳皮筋

跳皮筋种类很多，两个（有的是三个、四个或多个）小朋友架着皮筋，另一个人或多人跳，跳的时候儿歌主要有两种，一种是“马兰花，马兰花，勤劳的人儿会说话，请你马上就开花”；另一种是“一五一五六，一五一五七，一八一九二十一；二五二五六，二五二五七，二八二九三十一，三五三五六，三五三五七，三八三九四十一……”一直到九五九五六，九五九五七，九八九九一百一，顺利唱完跳过去的算胜，皮筋高度升级，游戏继续。如果中途跳“坏”，则换下一个人跳。

六、跳绳

分为跳短绳和跳长绳。跳短绳可以一个人跳，花样较多，有正跳、反跳、单挽花、双挽花等，也可以两个或三个人一起跳。跳长绳是集体游戏，两人挥绳，参加跳的人数不限。有挥单绳和双绳之分，游戏中谁没跳过去谁就下去摇绳。

跳绳

七、走联

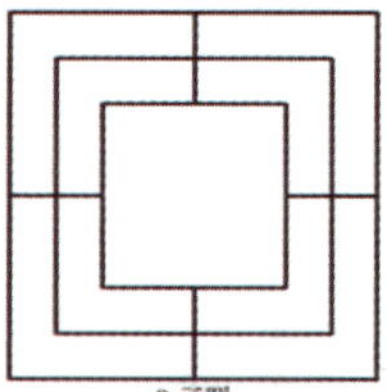

9 子联

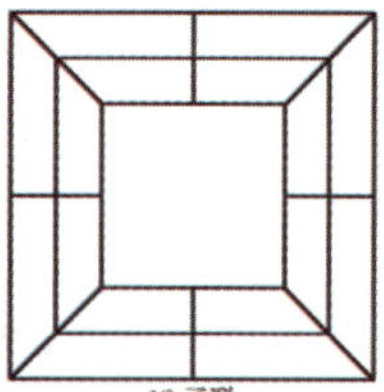

12 子联

在地上画三个“口”字，大口套小口，双方选择不同的“子儿”，如小树枝、石子、小砖块等。走联分为两种，有 9 子联和 12 子联。参与游戏的双方猜拳，赢的先下一个“子儿”，然后另一方下一个，如果一方的“子儿”在某一条直线上连成了 3 个，就叫做连成了一条联，便可以任意拿掉另一方没连成联的一个“子儿”。双方所有的“子儿”都下完之后开始走，哪一方的“子儿”走成一条联，就又可以任意拿掉另一方没连成联的一个“子儿”。“子儿”剩多者为胜。

八、跳房子

跳房子，也叫跳飞机。有多种玩法，其中一种玩法是分成两组，在画好的“房子”中踢沙包（或石板片等），从第 1 格一格一格踢到第 7 格。第八格画成“X”字，分成的每个小格里有分数，踢到哪个里面就得多少分。然后摸腰拿回沙包，按 7~1 的顺序跳回去。全程一条腿抬起，单腿着地，沙包不能压任何一条线，腿掉下或压线就算输。

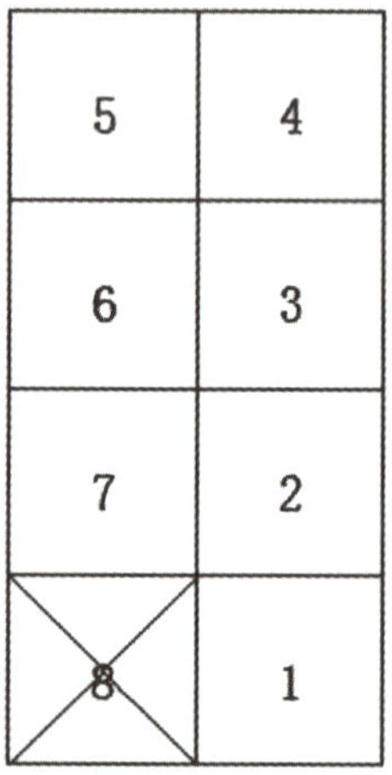

跳房子 1

跳房子 2

还有一种玩法，用石板片或粉笔画好房子，每个方格内写一个数字，按由下往上的顺序，最下面三排分别是 1、2、3 各一格，在第四排左右 4、5 两格并列，第五排是 6 为单独一格，再往上由 7、8 左右两格并列，最上面的顶端写 9，9 意味着“天空”，以半弧线包在 9 外面。参加游戏的人先通过猜拳决出游戏次序，第一个人将石板片扔在第一格内，随即开始单脚跳，在两格横排并列处用双脚跳。跳至 7、8 格时，双脚同时跃起后转身往回跳，跳至第 2 格时弯腰捡起在第 1 格的石板片，再由第 2 格跃到第 1 格外。然后将石板片扔在第 2 格，最后站在第 3 格里拾起石板片并跳跃至第 1 格再跳出。以此类推，跳完第 8 格后，可将石板片扔向最后的“天空”，再从第一格依次跳，当跳到 7、8 格时向后跳转双脚落地，然后用手向后摸石板片，摸到后跳出 9 外面；接着，背对“房子”扔石板片，石板片落到那个格子就成为“跳房子”人的房子，并在此格子做上标记，当他再从第 1 格跳起至自己的房子时便可双脚落地。

在玩的过程中，石板片扔不进格子内或扔过线、脚踩线、在自己的房子之外的格内双脚落地或在房间内逗留很长时间都属于违规，一旦违规就改由下一个人开始跳。游戏最后，谁占得房子最多谁就获胜。

九、撞拐

玩的人单腿着地，将另一条腿拽起放在立地腿的膝盖以上，一手托着小腿，另一只手压在大腿上，跳着攻击对方，谁的腿先着地算谁输。

撞拐

十、抽懒老婆（打陀螺）

抽懒老婆

木质陀螺，最下边镶一个钢珠子，用鞭子将陀螺抽得飞快旋转。可自己玩，也可两人或多人一起玩。玩的时候控制自己的陀螺去撞别人的，撞跑或者撞倒别人的陀螺为胜。

十一、丢沙包

两人分站在两头，其余的人在场子中间来回跑动，躲避两头抛来的沙包，被沙包打中的人下场，替换站在两头的人去扔沙包。中间的人可以接住沙包，接住后积 1 分，并把沙包向反方向使劲扔出，抛沙包的人去拾。10 分或者规定的分数可以“救”自己一次。或者分成两组，一组抛沙包，一组跳，玩法类同。

推铁环

十二、推铁环

工具是 1 个铁圈加 1 根带钩的小铁棍，用铁棍控制圈的滚动，2 人或多人比赛，看谁跑得快。

十三、挑棍

挑棍

收集许多冰糕棍，然后两个或几个小朋友玩，各自出一些凑成一把，往地上戳齐后撒手，然后用一根往外挑。一次只能挑动其中的一根，挑的时候其他的不能动。挑出来一根便归自己，若其他的棍也动了，便为输，就不能再挑了，最后挑的多者为胜。

十四、跳山羊（跳马）

跳山羊

几个人先石头剪子布，输的人当“马”，其他人跳。当“马”的人先是双手伏在脚上，其他人从上面跳过去。都跳过后，马的高度升级，用双手伏膝盖，再一个一个跳。第三极是伏腰，一个一个跳，最后一级时，“马”站着，一个一个撑着他的肩膀从头上飞过。如果有人跳不过，则他当“马”。玩这个游戏常常“人仰马翻”，笑声阵阵。有时候当“马”的人会恶作剧，别人跳的时候，他猛地蹲下，跳的人就按空，摔在地上。

十五、弹玻璃球

男孩子们都会有一把玻璃球，两个或几个人一起玩，挖一个小坑做“老窝”，大家往老窝里弹玻璃球，谁弹进去就可以用自己的球弹另外人的球，弹到后归自己。

摔“元宝”

十六、摔“元宝”

用两张纸（烟盒、纸板等）折成正方形的“元宝”，带折角的一面为正，对面为反。两人、多人都可以玩。玩的人每人出一个“元宝”，分出摔的先后顺序。玩的方法就是把自己的“元宝”使劲儿摔向别人“元宝”，目的是把别人的“元宝”打翻过来。被掀翻过来的“元宝”就归自己了。

十七、抓石子（骨儿）

捡 5 个石子、猪骨头或类似的砖块等玩，玩的方法是，扔起一颗石子，将其他四颗扔到地上，再

抓石子

用手接住扔起的那颗石子；然后，再扔起那颗石子，快速用手捡起地上的一颗，放下；反复四次，直到地上的石子全部捡完，这是一个循环；然后再扔起一个石头，将四颗全部扔到地上，接住扔起的石子，再扔起一颗石子后，捡两颗地上的石子；以此类推，用同样方法，捡地上的三颗；最后扔起一颗石子后，抓住地上的四颗石子。一个环节不成功就算失败了，另一个人接着玩。就这样一轮一轮的玩。这是最简单的玩法。有时候会加入一些规则，如捡石头的时候，地上的其他不被捡起的石子不能动，一动就输；捡地上多个石子的时候，不能一把抓起，必须快速地一个一个地捡；有的要求地上的石子距离要远，捡的时候，手不能离地，一下划过捡起多个石子。还有其他玩法，另一只手拇指和食指摁在地上，形成一个“桥”，捡的时候要让地上的石子一颗一颗过桥。

十八、挤油儿

冬天天气冷的时候，选一个背风的墙，大家一个挨一个地向一个方向挤，谁被挤出来就到最后边重新加入。

十九、拐四方

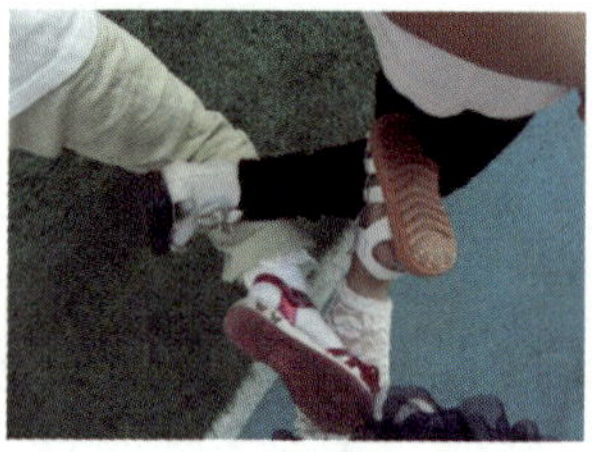

拐四方

通常是四个小姑娘（三个也可以），每人伸一条腿别在一起，脸朝外站好。一声口令，四个人站立的腿一起蹦，边蹦边喊：“拐，拐，拐四方，田方角儿挂铃铛。铃铛响，叽叽叽，嘎嘎嘎，挽着挽着开啦”四腿松开。

二十、拉叶茎

就是每个人找好多树叶，多为杨树叶、槐树叶，把叶片捋去，只留叶茎，一人取一根，交叉相套互拉，比谁的有劲儿。谁的断了就另换一根重来。多在秋天落叶时节玩。

二十一、翻手绳

把一根细绳（毛线、麻绳等）系成绳圈，然后套在两个手的不同手指上，不停地翻出各种图案，一个人玩或两个人玩。两个人玩时，一个人要从另一个人手上把绳翻出不同的图案，然后套到自己手上去，前一个人再翻回，循环往复。

二十二、捉迷藏

俗称“藏迷糊”，孩子们三五成群一起玩，一个人捉，其他人迅速藏好。在规定的时间内要把所有人都找出来。过一段时间，没有被找到的便偷偷溜出来，向开始约定的地方摸去，摸到就算赢了，如中途被逮住，就算输。

第四节　体育设施

县体育馆始建于1999年，早称体育训练中心，位于满城汉墓风景区东侧，占地49亩，设田径场、综合体育馆等。2001年，国家体育总局局长伍绍祖为体育馆题写馆名。

2000—2008年，部分大中型企业多建有小型体育健身活动场所，中小学校的体育场地条件得到改善。

满城中学铺设塑胶跑道，各学校都增设健身器材。部分社区、街道设有供居民锻炼的体育场地和设施。

第五节　体育机构

1972 年，县体委成立。1985 年，成立县老年体协。先后成立象棋协会、足球协会、乒乓球协会、健身球协会、钓鱼协会等民间体育组织。1996 年 9 月，县体委与文化局合并，组建县文化体育局。2005—2008 年，多次参加、承办市级老年体育活动，并多次获奖。先后成立老年人健身球、秧歌、健身操、门球、柔力球、乒乓球等单项体育健身指导委员会。

县业余体校成立于 1976 年，当时由县体委管理，地点在满城中学。1978 年，随县体委搬迁至县政府西院，主要培训科目为篮球、田径。1990 年后，培训科目增加了举重、自行车。聘请满城中学体育教师培训田径科目，其他科目的培训由县体委聘请专职教练。主要培训对象是有体育特长的在校中小学学生。1990—2008 年，培训人数近 800 人，每年被体育院校、大中专学校、省体校、省体工大队录取近 30 人。2008 年，县业余体校共有工作人员 6 人。

第十八编　人　物

满城地处燕南赵北，人杰地灵，自古多慷慨悲歌之士。在建县两千多年的沧桑岁月里，涌现了一代代良吏、能臣、贤达及才俊。近现代以来，一批革命先驱为中华民族的独立和人民的解放前赴后继，英勇奋斗，英雄业绩可歌可泣。中华人民共和国成立后，满城优秀儿女投身祖国的社会主义建设，在科技、军事、文化等领域均有建树。

第一章　人物传

魏汝霖（1908—2002）　南固店村人。在商震部任过参谋处长和军参谋长。民国 28 年（1939 年）4 月，任第二十集团军参谋长。1943 年任驻澳洲陆军武官。1946 年 12 月，任国民政府国防部兵役局副局长。1948 年 9 月，授陆军少将军衔。大陆解放时去台湾。曾任中华战史研究协会秘书长、中华文化复兴运动推行委员会委员等职。著有《抗日战史》《孙子兵法大全》《中国军事思想史》《孙子今注今译》《中国现代史》等，2002 年在台湾逝世。

边成武（1910—1995）　名来成，字成武，号老烈，南固店村人。保定初级师范毕业后回乡教学。民国 26 年（1937 年）参加抗日。1938 年加入中国共产党，公开身份是小学教师。1940 年，任满城县抗日政府六区区长。1942 年，任满城县司法科科长，同年因叛徒出卖被捕入狱，受尽严刑拷打，经组织营救出狱，仍任司法科科长。1948 年春随军南下，任河南省许昌专区公安处预审科科长。1952 年，任许昌专区中级人民法院副院长。由于做过教育工作，1959 年，选调至漯河市任高中校长。1962 年，任许昌第二高中校长。使这两所学校的教学质量都有大幅度提高。

“文化大革命”开始后受到冲击，遭到批斗，被发配到“五七”干校劳动。“文化大革命”后期，被重新安排工作。1978 年任许昌地区司法局顾问，1979 年彻底平反。1989 年离休，行政 13 级。

王佩之（1912—1997）　满城人。民国 27 年（1938 年）6 月参加晋察冀第一军分区战线剧社，任音乐队队长。1940 年入华北联合大学音乐系学习。1944 年 11 月加入中国共产党。

抗日战争和解放战争期间，他始终坚持深入部队第一线。1945 年 8 月—1949 年 8 月，在晋察冀军区抗敌剧社随部队一边作战，一边谱写歌曲。1946 年，当他看到战士们擦好三八枪英勇上战场，连续缴获国民党部队大批美国枪的动人情景后，连夜谱写了《战斗进行曲》，以简练、顺口、好唱的特点，深受战士们喜爱。中华人民共和国成立后被选为革命历史歌曲，成为中央电视台播放歌曲之一。还被选做电影《战火中的青春》《大决战》的主题曲。1947 年秋，与张非、徐曙等合作为大型歌剧《不要杀他》作曲，此剧是反映晋察冀野战军模范执行三大纪律八项注意、军民鱼水情的一部优秀歌剧，后编入《平原文艺丛书》。1947 年春，与张非、丁平等合作，为歌剧《李大娘送子归队》作曲。还创作了歌曲《战场上立功劳》《野战军胜利多》《缴支美国枪》《蒋军必败》《一杆红旗》等歌曲。

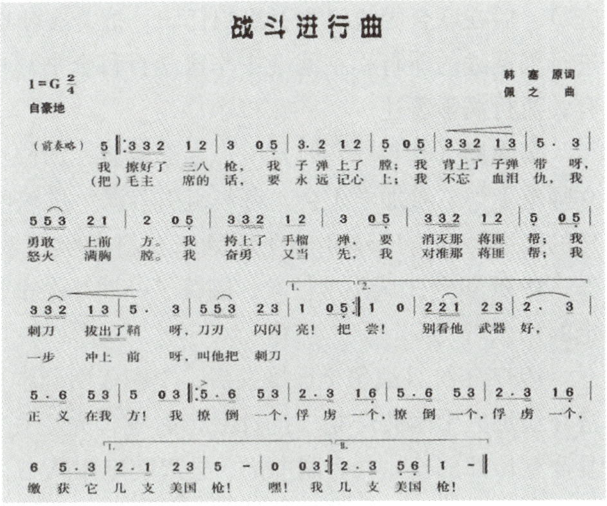

战斗进行曲

20 世纪 50 年代王佩之在朝鲜板门店

中华人民共和国成立后，历任北京军区战友文工团管弦乐队队长、曲艺杂技团团长等职，抗美援朝期间两次赴朝鲜慰问志愿军。1965 年转业任北京文工团团长、北京市河北梆子剧团团长，并被选为政协北京市第五届委员会委员、第四届文联理事。

郭晓岚（1912—2006）　张辛庄村人。世界著名气象学家。幼时家境贫寒，高小毕业后回家劳动。民国 18 年（1929 年）考入保定第二师范。民国 21 年升入清华大学数学系，次年转入地球物理系。1937 年毕业后，被南京中央研究院紫金山气象研究所录用。1945 年，与杨振宁等一起留学美国芝加哥大学，1948 年获地球物理学博士学位。历任美国麻省理工学院气象学研究员、特级研究员，芝加哥大学地球物理系教授、荣誉退休教授，被聘任为台湾“中央研究院”院士。1970 年获美国气象学会最高荣誉奖——罗斯比研究奖章。学识渊博，成就卓著，在气象界诸多领域做出创造性成绩。1973—1992 年，应中国科学院之邀，先后 4 次回国讲学或参加学术性会议。1979 年，郭晓岚所著《大气动力学》一书供气象、海洋研究人员、高校教师参考、学习。2006 年 5 月 6 日在美国芝加哥逝世。

蒋豫图（1913—1993）　杨家佐村人，蒋攸铦为其四世祖。民国 2 年（1913 年）生于河南开封，1931 年考入燕京大学医学预科，1934 年考入协和医学院，1939 年毕业获医学博士学位，曾在协和医院任医师及教授。

1941 年日军侵占北平及协和医院后，自办景山医院，任院长，并以此为掩护经常为解放区采购药品和医疗器械。1948 年赴美国霍普金斯大学专修流行病学并获公共卫生硕士学位，1949 年北京解放后回协和医院任公共卫生系副教授。1950 年加入中国共产党。1956—1985 年任中国人民解放军军事医学科学院微生物流行病研究所研究员、研究室主任等职，后被国防部任命为军事医学科学院微生物流行病研究所所长。是著名流行病学和军事医学专家，军事医学科学院专家组成员、博士生导师、一级研究员，后在联合国教科文卫组织任职。抗美援朝期间曾与钱学森一起去联合国控诉美国使用生物武器进行细菌战的罪行。主编《中华医学百科全书》中的《生物武器医学防护》分册，并完成数百万字的有关流行病学著述。

李陶庭（1914—1997）　原名李若愚，西阎童村人。民国18—21年（1929—1932年），在满城县立师范上学，参加学生会，参与组织罢课、抗议学校无理开除进步学生活动，并积极投入反帝、反封建的学生运动。1932年毕业后到宋贾村小学任教，由于表现进步，受到学校所在村党支部的关注培养。1935年到江城小学任教，阅读了一些革命书籍，受到共产党人的影响，开始对中国共产党有了一定的认识。

1937年抗日战争全面爆发后，李陶庭回到本村投身抗日革命活动。1938年3月，由宋新波、何慕贤介绍加入中国共产党。抗日战争时期，先后任满城县农会副主任、青教会主任、区长、区委书记、县委宣传部部长、县委副书记、县武装工作队书记兼政委、县委书记兼保满支队政委等职务。在残酷的战争环境中，积极贯彻中国共产党的抗战方针，组织抗日力量开展游击战争。1940年8月，配合冀中部队参加百团大战。1942年，领导、组织当地抗日武装进行反“扫荡”，利用地道战、游击战等灵活机动的战略战术，袭击伪警察所、端日伪军炮楼、打击汉奸特务，仅袭击伪警察所就缴获枪支30多支、自行车多辆，其中石井地道战成为晋察冀边区平原地道战的典范。他的抗日事迹被编成故事集广泛传颂。抗日战争胜利后，先后任晋察冀一地委宣传部部长、五地委副书记、书记，并且兼任易县县委书记。积极贯彻党的政策，放手发动群众，领导开展民主建政、除奸反霸、土地改革，支援前线作战。

1948年春，跟随南下干部工作队到河南，并担任南下工作队副大队长，先任豫西二地委书记，1949年4月调任陕州地委书记。当时正处于人民武装全面进击，打垮国民党地方土顽势力，夺取全区胜利的时刻，他领导陕州地区配合人民解放军作战，开展强有力的武装进攻。1949年6月，陕州解放。人民解放军在歼灭国民党正规部队的同时，也对股匪予以追剿。陕州地区地处豫、晋、陕三省交界地带，历来匪患不断。加之陕州是河南省解放最晚的地区，周边残匪涌入，崤山一带成为多股土匪的巢穴。1949年春末夏初，解放军南征渡江，地方武装也大批外调，使得当地人民武装力量相对薄弱，土匪武装趁机纠集，疯狂向解放区和人民政权反攻，陕州成为全省匪患最严重的地区。尽快肃清土匪成为陕州最迫切的任务，被列为1949年下半年陕州的中心工作。

1949年6月，中共河南省委召开全省第二次党代会，专门部署剿匪斗争。1949年7月3日，组建河南省陕洛剿匪工作委员会和陕洛剿匪指挥部，直属省委、省军区指挥，李陶庭任工委副书记。李陶庭经常深入一线了解情况。一次在深入栾川前线布置工作时，突然遭遇土匪包围，当时他只带了很少几个人，他沉着应战，化险为夷。在大股土匪被消灭，转入清匪阶段后，制定颁布“放下武器，既往不咎，立功者受奖”的孤立匪首政策，成立剿匪政攻队，宣传政策，瓦解敌人，设立匪伪人员登记处，发动群众开展政治攻势。1949年9月，剿匪基本结束，受到省委、省军区的表扬和群众的称赞。之后，又开展清匪反霸和土改镇反运动，彻底清除了匪患。地委工作及时转入以发展生产、恢复经济为中心，巩固新生的人民政权。

在肃反运动中，他受到错误处理，被开除党籍。1951年10月离开陕州，先后在省财委、省建委、省经委任秘书、办公室副主任等。“文化大革命”中又受到冲击，被下放到密县劳动10年。1978年4月恢复工作，任河南省环境保护办公室副主任主持全面工作。1983年，中共河南省委做出决定，撤销对李陶庭的错误处理，恢复李陶庭的党籍。1984年李陶庭离休，1997年8月在郑州去世。在遗嘱中，他从有限的积蓄中拿出3000元，捐给家乡的学校。并嘱咐子女，他死后把他的骨灰撒在陕州的土地上。

王育华（1914—2006）　东营村人。七七事变后参军。民国27年（1938年）10月入晋察冀军区第六军分区抗日军政学校学习。1939年1月，在杨成武部独立第一师一团二营八连当战士、班长。1939年2月加入中国共产党，参加过大龙华、雁宿崖、黄土岭等战役，立功受奖。1939年夏任五连副指导员、党支部书记。1942年任一团二营副教导员、三营教导员等职。同年，在易县仁义庄战斗中负伤。在养伤过程中被委任为满城县第四区武装部部长。1944年调任满城县第三区区委书记。同年8月调任满城县委宣传部部长。1946年8—12月调任满城县大队大队长。1949年任满城县大队副政委。同年11月调任满城县委副书记。1950年任容城县委副书记。1953年调任省办公厅秘书，兼管机关支部工作。1962年12月调任满城县委常委、宣传部部长。1964—1966年参加“四清”工作。1971年1月—1973年8月任满城县委常委、政治处主任。1976年10月—1982年3月任县委常委、革委会副主任。曾担任县委顾问组长。1983年离休，享受地厅级待遇。2006年1月在满城逝世。

曹丛文（1915—2008）　北庄村人。民国4年（1915年）8月出生于普通农民家庭，1937年3月参加革命，1938年2月加入中国共产党。

在抗日战争、解放战争中参加百团大战、上党战役、挺进大别山、进军大西南等战役、战斗，参加抗美援朝战争。在抗日军政大学学习期间被评为模范党员；在渡口作战中受嘉奖一次；在抗美援朝战争中获得勋章；被授予三级独立自由勋章、三级解放勋章。曾两次负伤，被民政部认定为因战伤残二等乙级革命伤残军人、重点优抚对象、国家功臣。在军队历任政治工作员、政治干事、连指导员、营教导员、团政治委员、师政治委员等职务。

1961年7月，曹丛文作为全军优秀政工干部被选调到国防部五院（航天部前身）工作，负责导弹研制的管理工作，并长期担任重要职务。他虚心向科研人员学习，团结、依靠、组织科研人员，攻克一个又一个技术难关，为我国战术运载武器的发展做出突出贡献。1988年10月，国防科学技术组委会向曹丛文颁发“献身国防科技事业”荣誉证书。1993年12月，中国航天工业总公司向他颁发“创建航天事业中做出突出贡献”证书。

曹丛文参加革命71年，对党襟怀坦白、忠心耿耿、顾全大局、淡泊名利；对党的事业恪尽职守、任劳任怨、一丝不苟、无私奉献；对子女及亲属严格要求，不搞特殊化，对任何事情都严格按照组织原则办理。在“文化大革命”中他受到残酷迫害，夫人陈伟受迫害致死。在平反后，他没有向组织提出任何要求，始终默默在自己的岗位上为党工作，始终与党保持高度一致。

2008年5月10日，曹丛文因病医治无效在北京逝世。

李绍周

李绍周（1916—2004）　西佃庄村人。抗日战争爆发后，积极投身抗日救国斗争，在石金奎、王兴华等领导下从事革命工作。民国27年（1938年）10月，中共满城区委（当时隶属中共完县县委）决定在满城县组建青救会，任命李绍周为主任，在区委直接领导下开展工作。1939年3月5日，经中佃庄村方洛户介绍加入中国共产党。1939年5月，任中共满城县一区区委书记。1940年，任中共满城县五区区委书记。1941年，任中共满城县基干大队特派员。1942年，任中共满城县公安局情报股股长，兼任满城县县北武工队锄奸委员。他们搜集情报，铲除卖国投荣的汉奸。1943年下半年，李绍周带领县北武工队警卫人员到大册营据点，处决了伪大乡长赵振东和上紫口村一个姓段的汉奸。

1945年，李绍周任中共满城县公安局局长。1948年保定解放后，李绍周调任北岳区公安局。随后调张家口，任察哈尔省公安厅科长、副处长、人事处处长。1953年3月，任河北省公安局生产处政委、四处处长。1954年9月，任地质部保卫司一室主任。1955年5月，任国家建设委员会建筑技术局人事处处长，参与国家二机部的筹备工作。1956 年 11 月，任二机部干部局副局长。1963 年任二机部八局（人事局）副局长、劳资局副局长（正局级）。

“文化大革命”期间，李绍周受到冲击和迫害，1968 年 4 月—1975 年 5 月，在陕西省合阳二机部干校劳动。1975 年 5 月恢复工作，1982 年 8 月离职休养。2004 年 12 月在北京病逝。

在 60 多年的革命生涯中，李绍周始终坚持共产主义信念不动摇，刻苦学习马克思列宁主义、毛泽东思想，全心全意为人民服务，坚定不移地贯彻执行党的路线、方针、政策，敢于坚持原则，作风民主，团结同志，善于批评与自我批评，坚持发扬党的光荣传统。特别是长期在核工业战线从事干部、人事、劳资工作，为核工业部党政干部管理队伍、科技干部队伍、核技术工人队伍的建设，奠定了人才基础，为核工业的发展和壮大，做出了重要贡献。李绍周是共产主义的忠诚战士，中国共产党的优秀党员。

蒋晋图（1916—2009）　字方正，杨家佐村人，蒋攸铦为其四世祖。民国 23 年（1934 年）以全额奖学金考入燕京大学社会学系，日本入侵北平后，投笔从戎，奔赴延安参加革命。抗美援朝期间赴朝鲜，1955 年授衔时被授予大校军衔。中华人民共和国成立后历任中国科学院辽宁分院副院长，辽宁省人大副秘书长、省计委主任、农委主任等职。蒋晋图为人和善，原则性强，做事认真，讲究方法，善用人才，爱护人才，所任之处，同事无不敬佩。

王晓天

王晓天（1916. 12—2010. 10）　原名王凤纪，东原村人。民国 24 年（1935 年），从师范学校毕业后在当地任小学教员，期间受到进步思想的影响，和几位同志一起组织读书会，他负责起草组织章程，召开筹备会议，走上了革命道路。七七事变后，日寇侵占保定，家乡沦陷。王晓天参加抗日动员委员会，组织农会、游击队，负责宣传工作，1938 年 3 月加入中国共产党。抗日战争时期，他先后担任完县县委秘书、县青救会主任，唐县特委青年部部长，阜平县武装部秘书，山西繁峙县武装部部长，晋察冀军区一分区武装部部长，组织抗日敌后武工队、创建抗日根据地，在晋察冀边区组织开展地道战、地雷战，创造了许多优秀战例。

抗日战争时期王晓天（前排右二）与战友合影

解放战争时期，他担任东北野战军十三纵队民运部部长，热河省人民武装部部长等职。率部进军东北参加辽沈战役，在塔山阻击战中，带领部队英勇战斗，流血负伤。

中华人民共和国成立后，王晓天在东北接收重工业，从此转入冶金工业战线。1952 年秋，重工业部（今冶金部）任命他组建北满特殊钢厂，兼任公司经理，生产大炮用钢支持抗美援朝。他克服重重困难，使钢厂建设顺利进行。1953 年春，王晓天作为中国冶金代表团成员赴前苏联考察，引进国家钢铁生产急需的设备和技术。为适应工作需求，他刻苦钻研技术，很快成为一名专家型领导干部。1954 年 12 月，被任命为华中钢铁公司副经理，任武汉钢铁公司和武汉钢铁建设公司的总经理和党委书记，重点负责武汉钢铁基地建设施工准备和施工管理。他带领广大干部职工白手起家，艰苦创业，为中国冶金工业的发展作出了巨大贡献。

1956—1957 年，他在中央高级党校学习，学习期间受到毛泽东、刘少奇、周恩来、朱德、邓小平等国家领导人的接见。

1957 年 12 月，重工业部命他在武汉创建矿山设计院（后改为冶金设计院），任党委书记、院长。1960 年，他到长沙组织长沙黑色金属矿山设计院（新址）建设，从设计院办公大楼及配套工程的选址、勘察、设计、施工都倾注了大量心血。并担任长沙黑色冶金设计研究院第一任院长、党委书记。院办公大楼建成后，成为当时长沙市地标性建筑，现列入长沙市重点保护历史建筑名录。

1962 年 1—2 月，王晓天作为湖南省代表参加中共中央在北京召开的中央扩大会议（七千人大会），聆听毛泽东等党和国家领导人讲话。

1966 年 5 月，调任太原钢铁公司建设指挥部副指挥长，指挥太原钢铁公司的第三期建设。

在“文化大革命”中，王晓天受到强烈冲击，但是他始坚信党和国家会走上正确的道路，1969 年秋得到平反。1984 年离休，享受中组部批准的省部级医疗待遇。离休后仍每天坚持学习，90 多岁高龄还学会利用电脑看新闻，写下 40 多万字的回忆录。

无论在战争年代还是在和平建设时期，王晓天始终以无产阶级革命先锋战士的标准严格要求自己，立场坚定，爱憎分明，忠实执行党的决议，自觉执行党中央的路线、方针和政策。廉洁自律，生活俭朴，为人表率，而且严格要求家属、子女。尊重人才，关心、爱护部属与职工，深受广大干部、职工的尊重和爱戴。2010 年 10 月 6 日因病逝世。

李　虎（1918—1999）　满城人。民国 27 年（1938 年）参加革命，同年加入中国共产党。1948 年由地方转入部队。抗日战争时期，历任中共晋察冀区委文书、科长、中共行唐、涞源、龙华县委书记，中共察北地委宣传部部长等职，参加了百团大战等战斗。解放战争时期，历任冀热察导报社社长，冀热军区、军分区政治部主任，骑兵第三师政治部主任等职，参加了平津战役等战役、战斗。

中华人民共和国成立后，历任师副政委、政委。1959 年毕业于解放军政治学院，历任兰州军区后勤部副政委，兰州军区政治部副主任，大庆油田总指挥兼政委，兰州军区副政委等职，为部队的革命化、现代化、正规化建设作了大量工作。获二级解放勋章。1999 年 10 月 2 日在西安逝世。

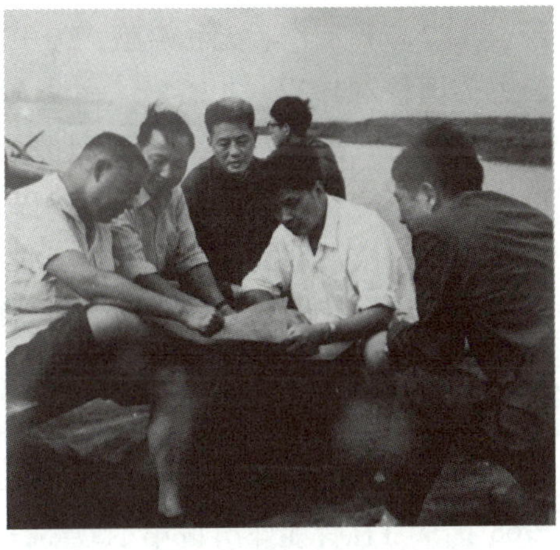

王克非（右二）工作照

王克非

王克非（1918—2011）　城内村人。原名贾琪，民国 27 年（1938 年）参加革命工作，1939 年 4 月入伍，1942 年 3 月加入中国共产党。历任晋察冀军区教导团干部训练班学员、抗大二分校区队长、四分区司令部参谋、独立旅副科长。1948 年随部队南下，历任六十四军一九二师司令部科长，五七五团副团长，二十七军坦克二八四团团长，二八六团团长，装甲兵处主任、处长，八十师副师长，镇江军分区司令员、顾问。1963 年被授予上校军衔。荣获中华人民共和国三级自由独立勋章；三级解放勋章和朝鲜民主主义人民共和国三级国旗勋章。1968—1970 年任镇江地区革委会副主任、主任，1971—1975 年任中共镇江地委书记，曾任中共江苏省第五、六届委员会委员，江苏省第五届人大代表。1982 年 6 月离休（副军职待遇）。1988 年被授予中国人民解放军独立功勋荣誉章。

陈鹤卿

陈鹤卿（1922—2005） 东峪村人。民国27年（1938年）加入中国共产党，1939年2月参加革命工作。

抗日战争期间，曾任游击小组组长、民兵队长、中队长、大队长、雷弹场场长，县民兵团副团长、团长，他行动果敢，英勇无畏，多次冒险深入日军据点侦察。曾和战友刘德太一起智擒荆山炮楼日军小队长，在魏庄村南勇截并撞毁日军军车。一次，他孤身潜入日军据点，将日军烙好的大饼席卷而归，日军发现后急忙追赶，却被他远远抛在身后。1943年秋，在火烧大固店日军炮楼战斗中，勇夺一把日本指挥刀。1945年10月，在一次执行任务时，战友肖德顺不幸牺牲，他被严重炸伤，失去了右眼。

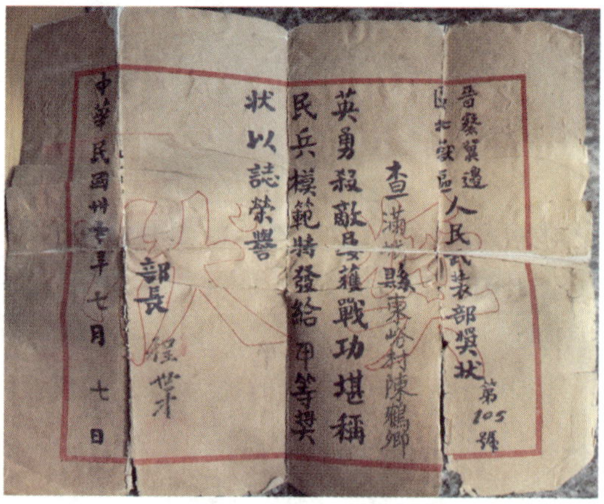
晋察冀边区北岳区人民武装部奖状 第105号

查满城县东峪村陈鹤卿英勇杀敌屡著战功堪称民兵模范特发给甲等奖状以誌荣誉

部长 程世才

中华民国卅年七月七日

陈鹤卿获得的民兵模范证书

解放战争开始后，任华北野战军马辉旅独立团团长，参加解放石家庄、清风店战斗和解放太原、平津、淮海等战役。1948年12月起，先后任涞源、雄县、望都、阜平、易县、涞水县委常委、人武部部长。1966年任涞水县“四清”工作团团长。同年转业到涞水县，曾任副县长、革委会主任、人大常委会副主任等职。1987年离休，享受副厅级待遇。陈鹤卿历经抗日战争、解放战争，参加战役、战斗上百次，出生入死，全身负伤28处，多次立功受奖。曾被授予“民兵模范”“晋察冀军区一级战斗英雄”称号，中华人民共和国成立后荣获三级解放勋章、三级独立自由勋章。1955年被授予大尉军衔。在社会主义建设时期，多次被上级授予先进工作者称号。他对党忠诚、胸怀坦荡、不畏牺牲、艰苦奋斗、忘我工作、无私奉献，为中华民族的解放事业和社会主义建设做出了突出贡献。

苏国柱（1922—2010） 满城人。民国27年（1938年）12月参加八路军，1940年3月加入中国共产党。抗日战争时期，历任八路军晋察冀军区第一军分区机枪训练队通讯员、机要科通讯员、译电员、教育科缮写员、队列科见习参谋。解放战争时期，历任华北野战军第二纵队六旅工兵连政治指导员，第六旅政治部敌工科干事，华北军区第二纵队四旅政治部联络科副科长。获中华人民共和国独立自由勋章、解放勋章、独立功勋荣誉章。

中华人民共和国成立后，任第六十五军一九三师政治部保卫科科长，1952年6月任第六十五军一九三师干部部副部长，1954年8月任师干部部长，1958年12月任一九四师五八一团政委，1964年5月任衡水军分区副政委，1965年9月任保定军分区副政委，1967年4月任河北省军区独立一师政委，1968年9月任保定军分区第二政委，1968年8月—1969年11月任保定市革委会主任，1969年6月任河北省军区政治部副主任，同年12月任政治部主任，1970年12月任河北省军区副政委，1978年5月任山西省军区副政委，1983年3月任山西省军区政委、中共山西省委常委等职。参加了抗美援朝战争。曾获朝鲜民主主义人民共和国二级独立自由勋章、二级国旗勋章。2010年7月10日在北京逝世。

徐克明（1922. 10—2011. 1） 魏庄村人，王晓天的妻子。民国27年（1938年）9月在家乡投身抗日救亡运动，1939年10月加入中国共产党。历任宣传干事、冀西一分区妇救会主任、区妇委会书记、易县妇救会宣传部长、满城县和龙华县抗联组织部部长兼县妇救会主任、冀西分区地委妇联主任兼分区武装部妇女部长、热河省妇联组织部副部长。她积极参加抗日救国，发动群众特别是妇女参加抗日，出色地完成了党交给的各项任务。解放战争期间，她组织群众抗战，并积极发动民主革命和建设。

徐克明（右一）和妹妹徐志明抗战胜利后的合影

1949年5月，任辽宁本溪市委组织科科长；1951年3月，任本溪市委干部处处长；1954年8月，任北满特殊钢厂党工委组织部副部长。1955年2月调湖北工作，先后担任武汉钢铁公司建设分公司党委副书记兼组织部长、武汉钢铁公司监委会副书记、武汉市第一医院党委书记。为本溪的干部队伍建设和武汉市人民医院的建设、发展作出了重要贡献。1963年10月，任林业部中南林业勘察设计院党委副书记，后在湖南省林业厅担任领导工作。1978年9月，任湖南省林业厅顾问。1983年7月离休，1988年4月，经湖南省委批准享受正厅级待遇。2011年1月16日，因病在长沙逝世，享年89岁。

刘永寿（1923—1991） 许庄村人。民国27年（1938年）3月参加八路军，1939年5月加入中国共产党。抗日战争时期，历任晋察冀军区第三军分区第一支队通信员，骑兵团卫生班班长，晋察冀军区政治部锄奸训练班学员，骑兵团政治处保卫干事，第三军分区司令部译电员，冀晋军区司令部机要科秘书等职。参加了百团大战和晋察冀抗日根据地反“扫荡”等战役、战斗。

解放战争时期，历任东北民主联军辽宁军区政治部保卫部股长，独立第二师三七四团副营长、教导员，第五纵队一二五师教导队教导员，第四野战军第十四兵团四十二军一二五师政治部宣传科科长等职。参加了辽沈、平津、安阳等战役战斗。

中华人民共和国成立后，历任中国人民志愿军第四十二军教导队副政委，中国人民解放军第四十二军政治部秘书处处长，第一二六师三七八团政委，政治学院学员，第四十二军一二四师政治部副主任、主任、副政委、政委，中央军委办事组政治工作室负责人，总政治部宣传部副部长，第四十一军副政委，政治学院政工教研室主任，南京政治干部学校校长等职。参加了抗美援朝战争，获朝鲜民主主义人民共和国三级国旗勋章。1955年9月被授予中校军衔，1964年晋升为上校，获三级独立自由勋章、三级解放勋章。1988年7月获独立功勋荣誉章。1991年12月8日在北京逝世。

王树梁

王树梁（1924—2005） 岭西村人。现代作家。民国28年（1939年）参加八路军，曾在延安抗日军政大学学习。解放战争时期任机关参谋。抗美援朝时任作战科长、副处长。回国后任训练处处长，并参加战史编写工作。1965年，因病致下肢瘫痪。以前苏联英雄保尔·柯察金为榜样，历时5年，创作出版80万字长篇小说《山林支队》（北京出版社1976年出版）。2005年去世。

徐志明（1930.11—2011.4） 魏庄村人。民国29年（1940年），在大姐徐克明指引下参加革命，在晋察冀一分区战线剧社工作。1942—1945年在晋察冀一分区疗养队工作，1945—1955年，先后在察哈尔军区、山西太原军分区任军医，1955—1978年转业到北京水利水电学院工作，1978年调入北京市经济管理学校工作，1987年离休，2011年4月因病在北京逝世，享年81岁。

史立香（1958—2011） 坎下村人。出身于普通农民家庭，敢闯敢干，不怕艰苦。1978年开始，到高碑店、天津、保定等大中城市打工。20世纪80年代，凭借自己的智慧和能力，在北京创建自己的建筑公司并任总经理。经过多年的努力打拼，公司取得好的业绩，成为优秀的农民企业家。

史立香致富不忘家乡，不忘乡亲，从1990年开始，多次无私捐助家乡建设，救助贫困儿童，帮助老党员、老干部、特困户，被县委、县政府授予“捐资助教，建设家乡”荣誉称号。1991 年，捐资助建坨南乡北台鱼中学。1992 年南方水灾，他捐款 40 万元支援灾区。1998 年，捐资照顾坎下村李长顺、李牛尔等十几户老党员、贫困残疾人。2000 年，捐款 42 万元，建成坎下小学。捐款 10 万元，为村里铺路、架高压线、通信线路；捐款 8 万元，救助本村困难户、老党员、贫困学生。捐资 30 万元兴建乡办中学。2008 年 5 月汶川地震，捐款 50 万元支援灾区重建。2011 年 4 月，史立香因病去世，但他艰苦创业、致富不忘家乡、无私回报家乡、奉献社会的精神将永存。

第二章　人物录

经多方搜集、整理，本轮志书补录 103 名革命烈士；收集 119 名南下干部的基本信息；对 2005 年纪念抗日战争暨世界反法西斯战争胜利 60 周年时，获得中国人民抗日战争胜利 60 周年纪念章的 333 名老战士，列表以录；补录1958—1990 年的 13 名省劳动模范、省先进工作者；收录 1991—2008 年的 12 名省劳动模范和省先进工作者；收录 67 名满城籍副地师职以上干部，21 位知名学者。

第一节　革命烈士英名录

一、根据县民政局和烈士亲属、知情人士提供资料，经核实共补录 64 名烈士。

满城县革命烈士英名录（补录）

表 18-2-1

姓　名	出生时间	籍　贯	参加革命时间	入党时间	牺牲年月	牺牲地点	牺牲时所在单位及职务
王士信	1922	满城县	1939		1947	保定北关	满城县社会部情报侦察员
康育同	1923	满城县	1938	党员	1951.7	朝鲜丰山面金洞	中国人民志愿军六十八军二〇三师六〇九团参谋长
刘国华	1917	东马公社	1938		1940.8	满城县	满城县游击队主任
王兆兴	1918	东马公社城东大队	1938		1942	满城	满城县社会部情报员
史新田	1918	东马公社中佃庄大队	1944	党员	1947	易县石亭	独四旅司务长
朱家麟	1892	顺民公社尉公大队	—		1938.5	江苏省沛县	国民革命军第四十军三十九师一一五旅少将旅长
蒋　海	1903	顺民公社北陵山大队	1940		1941	黄土岭	老三团战士
郄树凯	1917	顺民公社北陵山大队	1943		1944	北京	满城二分区公所财政助理

续表18-2-1

姓　名	出生时间	籍　　贯	参加革命时间	入党时间	牺牲年月	牺牲地点	牺牲时所在单位及职务
方仕珍	1931	顺民公社茂山大队	1939		1947	徐水县大村	晋察冀一分区四支队排长
刘玉琛	—	顺民公社长旺大队	1945		1976	—	原53500部队卫生处处长
单玉庭	1906	柳家佐公社吴家庄大队	1939.10		1944.10	石家庄	晋察冀一分区战线剧社炊事员
李更申	1917	柳家佐公社韩家庄大队	1938		1947	保定市	河北老三团参谋
李旦子	1910	石井公社永安庄大队	1939		1941	完县伍侯	永安庄模范队队员
刘文录	1911	石井公社永安庄大队	1941		1942	尉公	永安庄小队队员
王凤彬	1914	石井公社西渝河大队	1946		失踪	—	山东省滨海二军分区生产股干事
吴金来	1919	石井公社章村大队	1945		1947	北京东道沟大队	清风店公安系统情报员
王世隆	1920	西庄公社王辛庄大队	1939	党员	1959	北京	北戴河疗养院政治部主任
李井章	1919	大马坊公社田西良大队	1940		1941	定兴县	一分区六支队战士
张桂花	1917	贤台公社前大留大队	1939		1940	涞源骆驼岭	三团二营战士
段老彩	1906	贤台公社后大留大队	1947		1947	保定四里营	后大留农会骨干
刘转妻（女）	1908	贤台公社后大留大队	1947		1948	保定四里营	后大留农会骨干
高福顺	1895	要庄公社两渔大队	1939		1941	两渔村	晋察冀一分区二科情报站情报员
高树梓	1919	要庄公社两渔大队	1943	1945	1945	河北石家庄	两渔村党支部宣传委员
乔文贯	1908	江城公社庞村大队	—	1944	1948.10	保定四里营	庞村贫协主任
刘生玉	1933	江城公社刘庄大队	—		1944.11	石家庄监狱	刘庄小队队长
田士斌	1904	南韩村公社段旺大队	1942		1945.6	日本	满城县敌工部侦察员
张鸿祥	1917	南韩村公社段旺大队	1938	党员	1942	安徽	满城县地下交通员
田士斌	1904	南韩村公社韩村大队	1942		1945.6	日本	满城县敌工部侦察员
段金贵	1919	西原公社西原大队	1939		1944	日本	战士
石宝玉	1920	西原公社西原大队	1938		1942	完县海庄	卫生员
郭金和	1923	西原公社东村大队	1947		—	—	—
王贺先	1899	西原公社尹固大队	—	1939	1943	尹固	尹固村村长
房玉明	1899	方顺桥公社三恩庄大队	1940		1944	石家庄	三恩庄青抗先队员
房墨池	1919	方顺桥公社三恩庄大队	1940		1944.11	石家庄被捕	三恩庄村委会主任
杨贵珍	1921	方顺桥公社三恩庄大队	1940		1944	石家庄被捕	三恩庄青抗先队长

续表18-2-1

姓　名	出生时间	籍　　贯	参加革命时间	入党时间	牺牲年月	牺牲地点	牺牲时所在单位及职务
安福寿	1913	方顺桥公社太平庄大队	1940		—	石家庄	太平庄武委会主任
杨洛聚	1892	陉阳驿公社陉阳驿大队	1937	1937	1947	保定	敌工干部
杨玉春	1912	陉阳驿公社陉阳驿大队	1938		1939. 3	保定	保满二支队战士
于　祥	1909	于家庄公社于家庄大队	1942		1944	石家庄	—
刘振和	1924	于家庄公社南阎童大队	1940		1943	易县狼牙山	晋察冀一分区老三团战士
刘洛余	1908	于家庄公社五里铺大队	1940		1940	五里铺	五里铺村村长
段保林	1920	大册营公社上紫口大队	1938		1938	徐水杨村	徐水县大队战士
段如增	1926	大册营公社上紫口大队	1942		1944	柳家佐	满城县大队手枪班战士
谭　义	1910	大册营公社夜借大队	1942		1944	大册营	八路军情报员
雷凤山	1919	大册营公社夜借大队	—		1944	南辛庄	满城县三区政府干部
苑　信	1930	神星公社神星大队	—		1943	神星村	神星村小队民兵
冯旦尔	1923	神星公社荆山大队	1940. 10		1941. 12	徐水县义联庄乡井庄村东山坡	战士
冯　球	—	神星公社荆山大队	—		—	—	荆山村支书
冉黑小	—	神星公社荆山大队	—		—	—	荆山村干部
冉殿甲	—	神星公社荆山大队	—		—	—	荆山村干部
冯凯子	—	神星公社荆山大队	—		—	—	某团战士
冯振海	—	神星公社荆山大队	—		—	—	某团战士
冉奉来	—	神星公社荆山大队	—		—	易县	八路军某部队副营长牺牲时28岁
韩金耀	—	神星公社魏庄大队	1938. 3		1948. 10	辽宁锦县小齐屯	锦州战役时任营长
李庚武	1913	神星公社翟家佐大队	1941		1943	翟家佐	翟家佐模范队班长
李福田	1930	神星公社翟家佐大队	1941	1941	1943	翟家佐	翟家佐锄奸团副团长
魏洛寿	1913	白堡公社大坎下大队	1944		1944	大坎下村	大坎下宣传委员
陈凤山	1910	龙门公社南水峪大队	1938		1943	钟家店	三支队一大队一班班长
杨喜来	1922	龙门公社北水峪大队	1940. 3		1949. 8	甘肃兰州马家山	十九兵团六十五军一九三师连长
卢通义	1927. 8	坎下公社北赵庄大队	1947. 9		1949	山东紧县	一纵队三旅七团八连班长
李长锁	1918. 6	岭西公社水峪大队李家庄	1937. 10		1941	刘家台	晋察冀军区三十四团四连战士
赵文军	—	高士庄公社西高士庄大队	1945. 1		1945. 10	隆盛庄	十八团战士

续表18-2-1

姓　名	出生时间	籍　　贯	参加革命时间	入党时间	牺牲年月	牺牲地点	牺牲时所在单位及职务
赵民治	1912	高士庄公社西高士庄大队	1939	1938	1949	天津杨柳青	六十六军运输队队长
徐彦明	1923	魏庄	1939		1947	唐县	—

说明：冯球、冉黑小、冉殿甲与冯玉山、苑清海均为荆山村村干部，1944年冬深夜同时被日军抓捕，至今未归。冯玉山、苑清海上轮志书已收录

二、民国30年（1941年）7月7日，满城县地方党政机关在寺角村西落凤坡建抗战烈士纪念碑，镌刻有67位烈士的简要事迹，其中28位收录于《满城县志》（1997年版），此次收录其余39位烈士，表录如下：

寺角抗日烈士纪念碑烈士英名录

表18-2-2

姓　名	籍贯	牺牲时间	备注
周金水	岗头	1939. 11	村长，1939年11月被捕牺牲
孙继武	大册营	1940	村民政助理，1940年4月被捕，后月余牺牲
王中东	东辛章	1940. 8	配合百团大战时破交牺牲
李井中	高荆	1940. 8	配合百团大战时破交牺牲
魏狗剩	陉阳驿	1940. 8	配合百团大战时破交牺牲
郭振东	陉阳驿	1939. 2	区主任，1939年2月被捕牺牲
韩志培	陉阳驿	1938	在尉公村牺牲
陈雪尔	李堡村	1940. 8	配合百团大战时破交牺牲
赵恒瑞	南陵山	1940. 1	一区工作人员，被捕后牺牲
刘洛修	中佃庄	1940. 4	抗属，1940年4月15日被捕，10余日后被杀害
刘洛庆	中佃庄	1940. 4	抗属，1940年4月15日被捕，10余日后被杀害
卢洛国	中佃庄	1940. 4	抗属，1940年4月15日被捕，10余日后被杀害
卢洛雅	中佃庄	1940. 4	抗属，1940年4月15日被捕，10余日后被杀害
商洛宾	中佃庄	1940. 4	抗属，1940年4月15日被捕，10余日后被杀害
刘洛赞	中佃庄	1940. 4	抗属，1940年4月15日被捕，10余日后被杀害
李　荣	东村	1941. 1	县教育科科员
郑保田	段旺	1941	基干队员，在战斗中牺牲
李文章	南韩村	1941. 6	游击队员，1941年6月5日在战斗中牺牲
何慕贤	西原	1938. 3	区农会工作，在与土匪战斗中牺牲
张德江	西原	1941. 2	区税务局工作，1941年2月被捕牺牲

续表18-2-2

姓　名	籍贯	牺牲时间	备注
王福奎	尹固	1941.1	在村边站岗被抓，坚决不给日本人带路被杀
田黑旦	大楼	1941.6	抗先队长
赵　英	神星	1941.6	抗先队长
范洛祥	神星	1941.6	模范队长
李牛套	神星	1941.6	模范排长
苟德继	神星	1941.6	村武委会组织干部
章　俊	神星	1941.6	抗先队员
苟德奎	神星	1941.6	模范队员
苟连武	神星	1941.6	抗先队员
李玉柱	神星	1941.6	模范队员
刘洛焕	神星	1941.6	模范队员
李振山	神星	1941	村农会主任
王六顺	魏庄	1940.8	青救会员、抗先队员，在涞陵战役中因病牺牲
范发祥	小楼	1941.6	模范队员
陈春林	汤村	1940.8	配合百团大战时破交牺牲
张金山	江城	1938.7	攻打保定时牺牲
赵凤林	马坊	1939.1	区农会主任，1939 年 1 月被捕牺牲
吴祭年	石家庄	不详	区工作人员
李焕楼	东阎童	1940.2	新四区区长，1940 年 1 月被捕，受酷刑于 2 月牺牲

第二节　南下干部名录

随着解放战争形势的发展，根据中共中央部署，满城县先后抽调 200 多名干部南下，奔赴黄河及长江以南的新解放区，开展人民政权的创建、巩固工作，为新中国的建立和社会主义革命及建设事业做出了不可磨灭的重大贡献。

南下大致分为两个阶段，第一阶段是 1947 年夏到 1948 年冬，这一阶段的南下干部主要是随刘邓大军挺进大别山，到黄河以南、长江以北大别山区的桐柏、江汉、鄂豫及豫西地区；第二阶段是从 1949 年年初到中华人民共和国成立，渡江战役开始后，大片江南国土被解放，大批南下干部随着解放军的脚步南下江南，接管新解放区。除成规模、成建制组织的南下干部外，还有从解放军部队官兵中转留南方的，以及从北方其他解放区南下的干部。

由于年代久远，南下的老同志绝大多数已不在人世，查找工作非常困难。在市方志办的帮助下，共收集到 119 名南下干部的情况，列表以记。

满城县籍南下干部名录

表 18-2-3

姓 名	性别	籍 贯	南下时间	南下时所在单位	南下时所任职务	南下地点	南下所在地第一单位和职务	离休时的单位及职务（或去向）	备注
江 帆（原名蒋兴华）	男	南陵山	1948	晋察冀五地委城联部	干事	河南省	河南省襄城县副县长	广州市建筑工程局党委书记兼局长	2001.4.9 于广州去世
王树花	女	东峪	1949	涞源县委	妇联主任	安徽省	宣城专区组织部长	安徽淮南市田家巷区委纪检书记	离休后回满城 2003 年去世
刘贺清	男	石井	1948	杨成武部	司令员副官	—	军分区司令员	黔阳市贸易局书记	离休
刘德太	男	石井	1948	满城县武委	武委会副主任	广东汕头	广东汕头检察院	检察长	
张吉庆	男	石井	1948	—	—	—	—	连云港市军队干休所	2015 年去世
张丙银	男	石井	—	—	—	—	—	—	
刘文奎	男	石井	—	—	—	—	—	满城县水利局局长	1997 年去世
姜乱子	男	石井	—	—	—	—	—	西安干休所	2016 年去世
王大奎	男	石井	—	—	—	山东惠民	山东惠民地区气象局长	—	
李金印	男	石井	—	—	—	—	—	顺平县吴村供销社主任	1997 年去世
吴春成	男	江城吴庄	—	—	—	河南许昌	许昌师范总务处长	河南省轻工厅厅长	
肖杭力	男	韩村	—	—	—	—	—	—	
张汉云	男	韩村	—	—	—	—	—	—	
张振武	男	高荆	—	—	县政府秘书	—	—	—	
边丙武	男	—	—	—	—	河南许昌	地区中级法院院长	—	
邢建平	男	—	—	—	—	—	地区统战部长	—	
朱士庚	男	—	—	—	—	—	—	—	
牛彩臣	男	—	—	—	—	山西	—	—	

续表18-2-3

姓名	性别	籍贯	南下时间	南下时所在单位	南下时所任职务	南下地点	南下所在地第一单位和职务	离休时的单位及职务（或去向）	备注
刘耀峰	男	南宋	—	—	—	—	—	—	
相文瑞	男	南宋	—	—	—	—	—	—	
王银祥	男	西渝河	—	—	—	—	—	四川省自贡市军队干休所副师职	2017年5月去世
黄瑞祥	男	东渝河	1949	察哈尔省	—	安徽	—	—	
田国华	男	抱阳	1945	五区农会主任	—	安徽	—	—	
赵喜尔	男	抱阳	1948	—	事务长	河南洛阳市公安局	—	—	
郄庭堂	男	北陵山	1948.5	晋察冀边区南下支队	班长	河南洛阳	洛阳市公安局警察大队指导员	洛阳地区公安处长	
刘步霄	男	尉公	1950	—	随叶剑英部	广州	白云区区长	—	
魏松华	男	尉公	1949	二野平原大队财经办	—	武汉	中南军区财政部科长	财政部处长	
陈连贵	男	尉公	—	—	—	河南洛阳	—	湖南黔阳	
张振三	男	尉公	—	—	—	河南洛阳	—	许昌交通局长	
刘同友	男	章村	1948	—	通信员	河南洛阳	—	1952年返乡	
要国敬	男	抱阳	1945	—	—	—	安徽燕湖军分区	参谋长	
王德兰	女	顺民	1948	顺民村妇联	妇联主任	安徽芜湖	安徽燕湖市邮电局长	芜湖市妇联主任	
相之梁	男	孙家塘	—	—	—	河南洛阳	解放后调回满城县	满城县法院院长	
李绵澡	男	孙家塘	—	县东三区（大册营）	秘书	河南洛阳	—	洛阳司法局长	
王洛勤	男	南原	1946	县东五区（尹庄）	区委书记	河南开封	—	—	

续表18-2-3

姓　名	性别	籍　贯	南下时间	南下时所在单位	南下时所任职务	南下地点	南下所在地第一单位和职务	离休时的单位及职务（或去向）	备注
王维凡	男	—	1947	县二区（小马坊）	书记	河南洛阳	—	人大常委会主任（洛阳）	
冉贵亭	男	南韩村	—	—	—	河南许昌	—	—	
苏　迅	男	魏庄	1949	县三区	区委书记	河南洛阳	—	河北省检察院副检察长	
张计春	男	满城县	—	人民解放军某部	47 军 139 师管理员	保靖县	保靖县贸易公司股长	保靖县服务公司经理	
王淑燕	女	王辛庄	—	—	—	—	—	—	
朱凤山	男	抱阳村	1949. 2	聚兴隆总店	会计股长	皖南区	安徽省外贸局	—	
刘鹤清	男	满城县	1949	晋中四大队	贸易公司经理	湖南会同专区	专属贸易公司经理	—	去世
蔡元俊	男	满城县	1949	华北革大	学员	—	专属贸易公司人秘股干部	洪江市人大常委会科长	
韩振东	男	满城县	1949	人民解放军	某部	47 军干部	—	五区武装部干事	回原籍
潘洛祥	男	满城县	1949	晋中四大队五中队	区委副书记	湖南黔阳县	二区区委副书记	安化县委副书记	离休
赵文瑞	女	满城县	1949	晋中四大队五中队	区妇联主任	湖南黔阳县	县妇联副主任	怀化专属化工局人事科科长	离休享受副处级待遇
张春霖	男	满城县	1949	晋中四大队五中队	县财政科副科长	湖南黔阳县	县财政科副科长	益阳地区煤炭局局长	离休
曾　禄	男	满城县	1949	晋中四大队五中队	区长	湖南黔阳县	三区区长	怀化行署副专员	离休
王文元	男	满城县	1949	晋中四大队五中队	公安干部	湖南黔阳县	县公安局股长	益阳地区计委副主任	离休

续表18-2-3

姓名	性别	籍贯	南下时间	南下时所在单位	南下时所任职务	南下地点	南下所在地第一单位和职务	离休时的单位及职务（或去向）	备注
刘岳峰	男	满城县	1949	晋中四大队五中队	区委组织委员	湖南黔阳县	四区区委组织委员	黔阳县人大常委会副主任	离休享受副专员级待遇
罗兴汉	男	满城县	1949	晋中四大队五中队	通信员	湖南黔阳县	县公安局通讯员	回原籍	
刘桂林	男	满城县	1949	东北军工部	科长	湖南晃县（今新晃县）	八六一厂干部	沅水森工局	
韩志刚	男	满城县	1949	华北大学	学员	湖南溆浦县	四区区长	洪江火柴厂副厂长	
张维新	男	西原	1948	五区	秘书	河南	淅川荆关区秘书	1948.11.17 牺牲	
何兆鹤	男	西原坡	1948	五区	秘书	广西桂林	—	某大学	
吴世杰	男	西原屯	1948	—	—	河南	安阳民政科科长	—	
郄连喜	男	北陵山	1948	河南方城县区农会	副主席	河南方城	二区区长	卫生局长	
黄凤兰	女	韩村	1947	—	—	河南	许昌食品公司	许昌市	
冉继荣	男	韩村	1947	—	—	武汉市	—	武汉市	
孙玉臣	男	韩村	1947	—	—	武汉市	武汉市省党校	武汉市	
李宝赞	男	韩村	1948	—	—	广西	柳州市书记	南宁市正省级干部	
吝小杭	男	—	1948	—	—	四川	成都市	成都市正厅级干部	
李月然	男	—	1948	—	—	武汉	武汉市	三三〇指挥所政委	
吝德山	男	—	1948	—	—	四川	成都市	副厅级干部	
田光	男	—	1948	—	—	江南	后调回沈阳	沈阳副厅级	
李君山	男	—	1947	—	—	江南	后调回哈尔滨	大学校长	
陈祥林	男	西苟	1948	满城县副书记	—	河南洛阳市	洛阳市书记	郑州河南农村厅长	

续表18-2-3

姓名	性别	籍贯	南下时间	南下时所在单位	南下时所任职务	南下地点	南下所在地第一单位和职务	离休时的单位及职务（或去向）	备注
张庭军	男	—	1948	—	—	河南	—	—	
王克非（原名贾琪）	男	城内	1948	—	—	江苏	—	江苏镇江军分区司令员	
姜柱云	男	—	1948	白马军校	—	—	—	—	
张引富	男	—	1948	白马军校	—	—	—	—	
刘步周	男	—	1948	白马军校	—	—	—	—	
蔡振忠	男	大册营村	1948	满城县（大册营）任助理	—	河南	登封县委书记	河南省纪检委驻省粮食厅组长	
房同吉	男	高荆	—	—	—	—	—	芜湖市粮食局局长	
王淑芝	女	王辛庄	1949.2	冀热察区党委	妇女工作	皖南区	—	合肥市质量技术监督局副局长	
郭士贵	男	满城县	1949.2	—	—	皖南区	—	合肥市元件五厂支部书记	
卢　岚	女	满城县	1949.2	—	—	皖南区	—	界首二中教师	
王文汉	男	满城县	1949.2	—	—	皖南区	—	淮南市人大常委会副主任	
张文汉	男	满城县	1949.2	—	—	皖南区	—	芜湖市造纸网厂厂长	
田雨勤	男	满城县	1949.2	—	—	皖南区	—	徽州行署经计委副主任	
雪　枫	男	满城县	1949.2	—	—	皖南区	—	合肥发电厂保卫科副科长	
万致新	男	满城县	1949.2	—	—	皖南区	—	谢三矿地测科科员	

续表18-2-3

姓　名	性别	籍　贯	南下时间	南下时所在单位	南下时所任职务	南下地点	南下所在地第一单位和职务	离休时的单位及职务（或去向）	备注
田维廉	男	满城县	1949. 2	—	—	皖南区	—	前岭矿医院内科主治医师	
何兰亭	女	西原坡	1949. 2	市公安局	公安干部	皖南区	—	—	
陈景明	女	满城县	1949. 2	省委机关	文书	皖南区	—	—	
石文进	男	南原村	1949. 2	省委机关	支行秘书	皖南区	—	—	
王耕余	男	满城县	1949. 2	—	芜湖轮船运输公司经理	皖南芜湖	—	—	
冯际平（马丁）	男	荆山	1949. 2	涞源县	县长	皖南泾县	县长	承德石油学校顾问	1990 年 4 月 22 日逝世
刘士英	男	满城县	1949. 2	—	财政副科长	皖南区	—	—	
何连亭	女	满城县	1949. 2	—	收发	皖南区	—	—	
曹秀云	女	满城县	1949. 2	—	收发	皖南区	—	—	
余玉玲	女	满城县	1949. 2	—	收发	皖南区	—	—	
余猛光	男	满城县	1949. 2	—	文书	皖南区	—	—	
程祎都	男	满城县	1949. 2	—	文书	皖南区	—	—	
齐　振	男	满城县	1949. 2	—	科员	皖南区	—	—	
杨志泉	男	满城县	1949. 2	—	科员	皖南区	—	—	
卢鹤林	男	满城县	1949. 2	—	科员	皖南区	—	—	
郭金标	男	满城县	1949. 2	—	照相科副科长	皖南区	—	—	
许秋汗	男	满城县	1949. 2	—	科员	皖南区	—	—	
吴问清	男	满城县	1949. 2	—	照相	皖南区	—	—	

续表18-2-3

姓 名	性别	籍 贯	南下时间	南下时所在单位	南下时所任职务	南下地点	南下所在地第一单位和职务	离休时的单位及职务（或去向）	备注
张洪邈	男	满城县	1949.2	—	照相	皖南区	—	—	
李保玉	男	满城县	1949.2	—	侦缉队	皖南区	—	—	
苏 杰	男	满城县	1949.2	—	市公安局局长	皖南屯溪市	—	—	
田 光	男	满城县	1949.2	—	市委组织部长	皖南宣城分区	—	—	
王雪年	男	段旺	1949.2	后勤司令部	科长	皖南区	—	—	
李 信	男	满城县	1949.2	宣化市教育科	组干	皖南区党委	—	—	
边木森	男	南固店	1949.2	—	—	皖南区	—	黄山市农业局局长	1997年去逝
刘子英	男	—	—	—	科员	皖南广德县	—	—	
王子明	男	满城县	1949.2	—	区长	皖南广德县	区长	—	
张计春	男	满城县	—	人民解放军	47军139师管理员	—	保靖县贸易公司股长	保靖县服务公司经理	
曹 痴	男	北庄村	1949.9	人民解放军	46军159师卫生部政委	湖南省政府办公厅	政研室主任	中国驻塞浦路斯大使	1989年10月逝世
王 惠	女	满城县	1949	天津市	七区区委委员	湖南长沙市直机关	市直属团委书记	长沙市正圆动力配件厂机关党支部书记	
冉振图	男	满城县	1949	华北大学	学生	湖南长沙地直机关	专属公安处干部	茶陵县蔬菜公司	
白连喜	男	北章村	1949	晋中四大队	县长	湖南会同专区	专署财粮科长	牺牲	北章村原属满城县
边成武	男	南固店	1948	—	—	河南许昌专区	公安处预审科科长	许昌地区司法局顾问	1995年去世
李陶庭	男	西阎童	1948年春	—	地委书记	河南	豫西二地委书记	省环境保护办公室副主任	1997年去世

续表18-2-3

姓　名	性别	籍　贯	南下时间	南下时所在单位	南下时所任职务	南下地点	南下所在地第一单位和职务	离休时的单位及职务（或去向）	备注
李树棠	男	满城县	1948.2	—	—	湖北远安	中共五峰县委书记	湖北省交通局副局长、党组纪检组长	1990年去世
边守俭（边来荣）	男	南固店	1948	满城县宣传部	部长	广东省陆丰县	县委第二书记、书记	国务院侨务办公室行政司总务处长	1990年3月去世
田　坪	男	抱阳村	1948	北岳区第四专区	—	中共中央中原局	组织部	轻工业部顾问	1984年7月逝世

附：回忆白连喜同志

回忆白连喜同志

苗鲁平

白连喜同志是河北满城人。1949年响应党中央支援新解放区的号召，离开家乡随军南下，编入晋中南下工作团四大队三中队。进入湖南会同地区后，被安排在专署财粮科当科长。1950年4月赴洪江检查工作的途中，遭到土匪的伏击壮烈牺牲。

从那时起，每当我来往于洪江至安江的公路上，经过稔禾溪附近的牛婆冲时，总是禁不住想起白连喜同志，因为他就牺牲在那座小桥附近的稻田里。抬眼望去，就好像看见他那矮矮胖胖的身材从稻田里站起来，那白皙的脸上带着微笑，热情地向我走来。

我和白连喜同志相识比较早，在北方工作期间就有过多次的接触。记得1948年春天，他担任冀察地区昌顺县政府秘书兼县粮食局长，我在冀察专署财粮科工作。有一次，财粮科派我去昌顺县检查粮食储藏工作，就是和白连喜同志直接接头的。他掌握情况清楚具体，向我详细介绍了全县粮食储藏以及防霉变、防敌人破坏的情况后，又派了一位县粮食局的干部，陪同我一起到各粮点进行检查。同年8月，我被调到昌顺县任粮食局长，白连喜同志后来调到南口镇当镇长，平津战役时，昌顺县驻军较多，南口镇成了全县转运粮草的集中点。每天约有20万斤军粮和20万斤马草，用火车从张家口运到南口，然后再用人、畜力车运往县内各供粮点，以备各地驻军急需。白连喜同志担任南口镇长，任务是十分繁重的，但他总是忙而不乱，沉着冷静地解决各种问题。有一次我去南口镇，本想和白连喜同志谈谈工作情况，见他工作那样紧张，找他解决问题的人一个接个，实在连和我谈话的机会都难以抽出来，我也就不忍心多打扰他了。

南下途中，我和他合编在一个中队，接触的机会更多了。印象最深的是在北京停留期间，凭着他叔叔的关系，看了两场好京剧。第一天晚上是去前门外的三庆剧院，看的是京剧老旦名角李多奎的《钓金龟》和武丑名角叶盛章的《三岔口》。第二天晚上去开明剧院，看的又是李多奎的《钓金龟》。在此之前，我只从留声机的唱片里听到过李多奎的唱腔，不想又有幸在舞台上看到他的精湛表演。那时李多奎年岁已经相当大，是一个老头子了。表演时他浑身用力，唱腔优美动听，板眼准确，引人入胜。对叶盛章的演出，那时只感到他武功好，翻扑惊险，白口脆快，人物性格鲜明，唱、做、念、打俱佳，后来才了解到，叶盛章在30年代即被誉为“京剧武丑第一人”。解放前在上海演出时，曾以武丑挂头牌，被称为“武丑大王”。至今回忆起这些经历，我就想起和白连喜同志在北京那段永远难忘的情谊。

进入会同地区以后，本是安排他到一个县里任县长的，后来因专区财粮工作任务繁重，就把他留在专区机关了。我当时被分配到会同县工作，县机关设在洪江市。分手半年多时间，听说白连喜同志在洪江市，我心里十分高兴，盼望着老友重逢，倾心畅谈。不想到他在途中却遭到不幸，噩耗传来，我的心情是十分悲痛的。白连喜同志牺牲时只有30岁，正是精力充沛、大有作为的时期。我党失去了一位好干部，我们失去了一位好战友。

白连喜同志牺牲后，我被调到会同专区财粮科，接替他的工作。在和财粮科工作人员的接触中，我深深感到，大家对白连喜同志是十分怀念的。对他那革命的品德，良好的工作作风和生活作风，更是念念不忘。

白连喜同志工作不怕困难，扎扎实实，任劳任怨，真是一步一个脚印。解放初期，专署机关工作人员少，任务繁重。特别是剿匪和支前工作，任务一来就是紧急的，说干就干，雷厉风行。白连喜同志所管的，大都是有关部队和地方工作人员吃穿用方面的事情，既细小又具体，不能怠慢拖延。因而他的工作就显得相当繁忙，经常工作到深夜还不能休息。有时，专署秘书主任郭丕基同志下去检查工作去了，他连秘书主任的工作和机关内的事务工作都要承担起来。可是，不管工作怎么忙，同志们却从没看到他发过脾气，总是和颜悦色地接待同志，热情周到的回答问题，因而他在干部群众中的威信也是很高的。

白连喜同志是我党培养的一位“老财粮”，经常跟财政经济打交道，可他对自己要求严格，生活上艰苦朴素。从南下到被土匪杀害，和他一起工作的同志，从未看见他穿过一件新衣服。他所穿的，总是南下时从北方带来的那几件旧衣服。1950 年年初，上级规定，凡县级以上干部，每人发给一套粗呢子衣服。他领到以后，一直放在箱子里没有穿过。南下以后，专署机关中吸烟的同志，有很多丢掉了原来的旱烟管，改为抽纸烟，而他却仍然用旱烟管吸草烟，舍不得花钱买纸烟抽。有时他还用废报纸卷喇叭筒抽。解放初期，专署机关的房子非常紧张，他始终和另一个同志合住一间房子，直到他牺牲前，为了工作需要，才安排给他一间单独房子，既办公又睡觉，一室两用。他被土匪杀害后，清点他的遗物，没有发现什么贵重的东西。只有两件稍微好的物品，一件是半新的毛线衣，再一件是还算可以使用的钢笔。由此可见他艰苦朴素、廉洁奉公的好作风了。

白连喜同志关心革命队伍里的每一个人。既关心生活，更关心思想。在 1950 年的春节前，机关中有个南下的学生干部，被派在怀化县石门工作队做农村工作。白连喜同志怕他在乡村过不好春节，特地打电话给石门工作队长，询问过春节物资的准备情况，并要他们尽可能回专署机关过春节。直到他了解到工作队的春节物资准备比较好，才放下心来。他还经常找干部谈心，开导他们克服困难，忠诚革命事业。有一个南下的学生干部，原来家里的生活条件比较优裕，到芷江后条件比较艰苦，有时感到饭菜不太好，发几句牢骚，白连喜同志听到后，就把饭菜端起和他一起吃，边吃饭边和颜悦色地开导说：“革命嘛！就要有吃苦精神，目前苦一点，以后会好起来的。”说得那个学生干部心服口服。另一个南下学生干部，开始在剿匪中表现胆子小，不够坚强。白连喜同志就多次找这个干部谈心，教育他提高了思想认识，加强实际锻炼，克服了胆小怕事的毛病。通讯员解全明，当时只是个十七八岁的小青年，白连喜同志对他要求严格，业余时间不准他打扑克，要他学习文化知识提高自己。

最令人怀念和钦佩的，是白连喜同志对革命事业的忠诚坚定，对敌人斗争的勇敢无畏。他的家乡在抗日战争和解放战争时都属于晋察冀边区根据地，他家所在的北章村就在县城附近，长期是敌人占领区，斗争环境残酷。他参加革命后，开始在人民武装委员会工作，带领民兵和敌人做斗争非常勇敢。有一次，他们被敌人包围了，在极其危险的情况下，他机智勇敢，冲出了敌人的包围圈。接着又巧妙周旋，继续坚持对敌斗争，打击敌人的嚣张气焰。来到会同专署以后，他不仅积极抓好财粮工作，而且还经常下农村检查征粮工作，与土匪势力进行了毫不动摇的斗争。1950 年年初，他带人到芷江、怀化等县检查工作。有一次，去怀化县黄岩乡，途中经洋坪到杨村仅 20 多里路，先后遭到土匪 7 次袭击。他毫不畏惧，坚持边还击边赶路，没有后退半步。这次乘车去洪江前夕，在安江停留几天，黔阳县长张茂林几次劝他暂时不要去，说路上不安全。四二〇团领导提出派一个班战士护送，但白连喜同志却坚持以工作为重，把个人生死置之度外，又考虑县里武装力量不多，剿匪任务重，不同意派部队护送，以至不幸遇难。

白连喜同志为湘西人民的翻身解放事业，流尽了自己最后一滴血。龚自珍有诗云：“落红不是无情物，化作春泥更护花。”他那为革命事业献出一切的高贵品质，他那说老实话、办老实事的工作作风，他那勤俭节约、艰苦朴素的生活作风等，不是为后来的革命者提供着无尽的养料吗！

（选自 1989 年中共怀化地委党史办编辑的纪念南下干部进入怀化地区四十周年《我们来到沅水之滨》。作者苗鲁平，山东聊城南下干部，曾任湖南省怀化地区行署副专员）

第三节　纪念抗日战争暨世界反法西斯胜利 60 周年纪念章获得者名录

在纪念中国人民抗日战争暨世界反法西斯战争胜利 60 周年（2005 年）之际，中共中央、国务院、中央军委向全国所有健在的抗战老战士、老同志及抗日将领或其遗属颁发中国人民抗日战争胜利 60 周年纪念章。全县有 333 名老战士获得，表录如下：

纪念抗日战争暨世界反法西斯胜利 60 周年纪念章获得者名录（一）

表 18-2-4

姓　名	性别	出生年月	参加革命时间	入党时间	离休时间	离退休时所在单位及职务
苑　刚	男	1917. 3	1942. 7	1943. 7	1983. 12	水利局副局长
董书田	男	1927. 4	1939. 5	1946. 11	1985. 12	机关党委副书记
宋惠英	女	1927. 7	1940. 12	1940. 12	1983. 12	人大常委会副主任
王育华	男	1914. 9	1939. 1	1939. 2	1983. 12	县委顾问组组长
李秀山	女	1913	1943. 6	1945. 9	1982. 11	文化馆员
边守道	男	1928. 8	1944. 3	1944. 9	1983. 3	林业局副局长
刘岚峰	男	1923. 10	1941. 12	1941. 12	1983. 12	组织部副部长
杭洪志	男	1925. 9	1941. 2	1942. 9	1987. 12	县人大常委会副主任
李玉昆	男	1922. 4	1940. 2	—	1986. 12	县人大常委会副主任
马培英	女	1929. 2	1944. 2	1944. 2	1988. 9	县妇联主任
严玉华	女	1931. 3	1945. 3	1945. 3	1988. 9	党校副主任
范青山	男	1927. 8	1945. 5	1945. 5	1987. 8	经委党委副书记
连德温	男	1927. 6	1944. 8	1944. 8	1987. 5	民政局干部
王宗贤	女	1927. 9	1945. 4	1945. 4	1983. 4	统战部副部长
王志祥	男	1926. 11	1944. 5	1945. 5	1988. 8	统计局局长
孙育华	男	1923. 12	1939. 8	1939. 12	1984. 8	法院院长
马贵真	男	1928. 3	1944. 4	1944. 7	1985. 12	科委督导员
蔡书珍	女	1928. 5	1945. 7	1945. 7	1988. 9	光荣院干部
李福祥	男	1924. 7	1944. 2	1948. 6	1988. 8	县社调研员

续表18-2-4

姓　名	性别	出生年月	参加革命时间	入党时间	离休时间	离退休时所在单位及职务
赵　宝	男	1927. 10	1942. 3	1942. 3	1990. 5	粮食局副局长
刘凤歧	男	1926. 10	1944. 6	1947. 11	1988. 9	商业局督导员
沈国珍	男	1923. 7	1938. 10	1940. 10	1988. 9	电力局副局长
相鹤鸣	男	1924	1943	1943	1987. 5	劳动局副局长
孙　智	男	1919. 8	1943. 8	1943. 8	1987. 8	韩村乡党委副书记
孙长青	男	1926. 1	1944	1946	1986. 5	防疫站干部
于　之	男	1923. 2	1940. 2	1956. 6	1982. 10	神星学校校长
朱子强	男	1924. 3	1945. 3	1956. 6	1987. 12	于家庄乡政府
朱立民	男	1925. 9	1945. 2	1960. 3	1988. 8	统计局副局长
刘德顺	男	1926. 12	1945. 9	1946	1988. 9	生产资料公司调研员
薛登营	男	1922	1945. 1	1945. 1	1999. 6	土产公司经理
王文芳	男	1918	1942. 4	1942. 4	1987. 5	要庄供销社
王文玉	男	1927. 9	1943. 3	1943. 3	1988. 7	老干部局督导员
张秀峰	男	1920	1941. 3	1954	1982. 12	上紫口学校教师
张文田	男	1926. 7	1945. 5	1945. 5	1987. 5	县医院总务
商玉泉	男	1919. 10	1943. 3	1960. 2	1983. 12	水利局副局长
罗金城	男	1921. 3	1944. 7	1944. 7	1987. 9	五金公司书记
苑林山	男	1917	1944. 3	1940. 1	1983. 8	清苑县南大冉区副书记
杨会成	男	1924. 5	1941. 7	1941. 7	1984. 12	物资委主任
王守清	男	1926. 6	1943. 11	1943. 11	1985. 12	科委副主任
刘凤山	男	1927. 9	1945. 6	1945. 6	1987. 5	南峪学校
严树梓	男	1925. 11	1942. 3	1942. 3	1988. 9	畜牧局副局长
王　祥	男	1922. 2	1943. 8	1943. 8	1987. 12	林业局副局长
张福英	男	1930. 2	1945. 2	1947. 7	1992. 10	神星供销社
陈自强	男	1925. 6	1942	1942	1999. 6	礼堂负责人
田永祥	男	1921. 12	1942. 3	1942. 3	1988. 2	神星学校校长
任海泉	男	1924. 3	1945. 7	1947. 7	1983. 10	魏庄学校教师
裘润琴	女	1925. 6	1943	—	1982. 12	坎下学校教师
李秀歧	男	1921. 4	1943. 3	1946. 1	1984. 5	老干部局
王树臣	男	1917. 2	1939. 2	—	1982. 12	岭西学校教师
赵　印	男	1921. 8	1941. 7	1941. 7	1988. 7	高士庄乡副书记

续表18-2-4

姓　名	性别	出生年月	参加革命时间	入党时间	离休时间	离退休时所在单位及职务
刘殿荣	男	1926.2	1945.5	1946.8	1995.12	台鱼供销社
韩书玲	男	1922.12	1938.7	1938.7	1999.5	岭西粮库
杜克明	男	1926	1945.2	—	1984.6	岭西医院
杜永和	男	1925.11	1942.1	1942.1	1988.7	高士庄乡督导员
王　楷	男	1924.7	1940.9	1940.9	1989.3	商业局股长
董庆生	男	1929.3	1944.6	1948.8	1989.6	易县管头卫生院
殷金河	男	1926.4	1944.4	1944.4	1987.12	易县西山北纪检员
张　新	男	1914	1944.10	1950.3	1982.9	老干部局
张金声	男	1923.2	1945.1	1945.6	1984.5	易县物资委副主任
王志远	男	1922.7	1942.10	1942.10	1988.6	坎下工商所所长
刘凤歧	男	1924	1945.2	1944	—	涞源工商局局长
张　荣	男	1926.1	1945.4	1947.9	1988.9	水泥厂
张　彩	男	1924.9	1944.9	1944.9	1988.7	司法局副局长
郄永江	男	1928.10	1945.5	1945.5	1990.3	商业局股长
何素珍	女	1927.1	1944.9	1944.9	1988.9	满城镇副书记
李金贵	男	1927.8	1945.7	1945.10	1990.6	农业局副局长
张文泉	男	1930.12	1944.3	1944.3	1990.12	畜牧局副局长
刘振声	男	1919.6	1938.4	1944.10	1983.4	法院副院长
杨会芝	女	1924.5	1945.9	1946.7	1984.10	幼儿园园长
赵福荣	女	1933.11	1945.7	1945.7	1990.12	满城镇政府
张书文	男	1926.1	1944.4	1944.4	1988.9	东马乡副书记
王玉珍	女	1930.10	1945.12	1946.6	1988.9	信访局调研员
李德生	男	1923.7	1939.10	1940.7	1987.12	公安局副局长
冯大贵	男	1925.8	1943.3	1943.3	1988.9	公安局副局长
曹进宝	男	1923	1942.1	1942.1	1987.5	大册营镇副书记
王　敬	男	1926.1	1945.6	—	1986.3	轧花厂干部
穆书来	男	1931.12	1945.6	1950.2	1992.8	科委主任
刘凤桐	男	1926	1945.8	1949.11	1986.3	经委调研员
朱凤鸣	女	1929	1945.8	1945.8	1987.12	档案局科员
马长海	男	1922.12	1944.9	1944.9	1983.12	广播局局长
刘　其	男	1917.3	1944.9	—	1983.10	贤台中学教师

续表18-2-4

姓　名	性别	出生年月	参加革命时间	入党时间	离休时间	离退休时所在单位及职务
郄文远	男	1923. 8	1945. 2	—	1982. 10	谒山小学教师
郄连喜	男	1914. 6	1942. 7	1942. 7	1983. 12	卫生局局长
王亚三	男	1925. 4	1945. 7	1946. 4	1980. 10	药材公司经理
郭民生	男	1928. 9	1945. 8	1947. 2	1988. 6	神星乡校长
张鹤鸣	男	1924. 5	1945. 5	1945. 5	1988. 7	顺民乡秘书
赵长明	男	1925. 11	1945. 8	1945. 8	1988. 8	煤建公司副经理
曹育德	男	1926. 6	1944. 12	1944. 12	1986. 2	龙门水库
史义和	男	1923. 3	1942. 7	1942. 7	1987. 5	党史办副主任
史慈祥	男	1921. 1	1943. 8	1943. 8	1987. 8	韩村乡副主任
耿德全	男	1930	1945. 8	1945. 8	1988. 7	韩村乡督导员
王新民	男	1922	1944. 6	1944. 6	1984. 12	商业局副局长
孙学海	男	1923. 5	1945. 2	1945. 2	1983. 6	信访办
王凤林	男	1928. 2	1944. 6	—	1995. 12	县社
柳敬泉	男	1922. 8	1942	1942	1999. 6	盐业公司
赵松林	男	1924. 2	1945. 9	—	1982. 10	西原医院医师
丁宝仁	男	1923. 11	1939. 8	—	1983. 12	方顺桥卫生院
张振祥	男	1931. 2	1944. 7	—	1992. 4	顺民乡副乡长
李振生	男	1923	1945. 7	—	1984. 12	县社副主任
张耀先	男	1922. 2	1939. 3	—	1984. 9	满城中学副校长
田庆恒	男	1925. 7	1945. 9	1945. 9	1988. 8	卫生局督导员
郝增瑞	男	1927. 4	1943. 3	1943. 3	1987. 5	经委副主任
蔡茹伦	男	—	1938	1968	1951	一亩泉食品公司

说明：此名单由县委老干部局、人社局提供，共103人

纪念抗战胜利暨世界反法西斯胜利60周年纪念章获得者名录（二）

表18-2-5

姓　名	入伍时间	退伍时间	家庭住址	人员类别
李克龙	1945. 1	1948. 6	满城镇抱阳	复员军人
田义祥	1945. 3	1949. 11	满城镇抱阳	复员军人
孙德义	1941. 11	1949. 4	满城镇抱阳	复员军人
田连久	1945. 6	1946. 10	满城镇抱阳	复员军人

续表18-2-5

姓　名	入伍时间	退伍时间	家庭住址	人员类别
石大吾	1945. 1	1949	满城镇抱阳	复员军人
姚占国	1944	1954	满城镇抱阳	复员军人
田占祥	1945. 1	1949	满城镇抱阳	复员军人
郄贺明	1945. 8	1949. 8	满城镇北陵山	复员军人
冉　路	1938	1944	满城镇城北	复员军人
陈福成	1943	1950	满城镇城内	复员军人
安振海	1945. 8	1947. 9	满城镇东佃庄	复员军人
高成瑞	1945. 7	1948. 11	满城镇东马	复员军人
史继伍	1940	1941	满城镇东马	复员军人
朱庆元	1940	1950	满城镇东马	复员军人
米芝玉	1945. 7	1946. 3	满城镇李堡	复员军人
贾云峰	1945. 8	1956. 3	满城镇守陵	复员军人
孙兆瑞	1945. 6	1952	满城镇守陵	复员军人
范绪荣	1942. 4	1946	满城镇守陵	复员军人
孙计仁	1944. 1	1946. 12	满城镇守陵	复员军人
柳永祥	1942	1946. 12	满城镇柳家佐	复员军人
刘恒田	1942. 6	1953. 7	满城镇柳家佐	复员军人
史方针	1944	1950	满城镇北庄	复员军人
毕宗仁	1939	1950	满城镇北庄	复员军人
康永庆	1945. 2	1958	满城镇吴家庄	复员军人
王风格	1945. 6	1957. 5	满城镇陶家佐	复员军人
王　堂	1944	1952	满城镇顺民	复员军人
孙振华	1939	1943. 12	满城镇顺民	复员军人
王玉堂	1943	1947	满城镇城东	复员军人
冯玉宝	1938. 9	1944. 11	满城镇西佃庄	六级残疾军人
李文生	1939. 8	1947. 9	满城镇东佃庄	七级残疾军人
黄长锁	1944. 5	1947. 10	满城镇郑家佐	六级残疾军人
郭风山	1939. 2	1949. 12	满城镇城内	七级残疾军人
田德新	1940. 7	1943. 9	满城镇抱阳	七级残疾军人
王秋圃	1939	1949	满城镇城东	六级残疾军人
张秀民	1938. 8	1946. 3	满城镇城内	六级残疾军人

续表18-2-5

姓　名	入伍时间	退伍时间	家庭住址	人员类别
郭东福	1945. 6	1946. 11	满城镇韩家佐	六级残疾军人
张书芹	1938. 10	1941. 2	满城镇李家佐	六级残疾军人
张炳和	1939. 3	1945. 3	满城镇李家佐	七级残疾军人
刘五保	1945. 4	1952	石井乡石井	复员军人
王常尔	1944	1950	石井乡石井	复员军人
刘占杰	1944	1952	石井乡石井	复员军人
刘　荣	1945. 7	1955. 8	石井乡石井	复员军人
刘大片	1945. 1	1955	石井乡石井	复员军人
于振江	1944. 4	1949. 1	石井乡石井	复员军人
张贵芳	1945. 2	1949. 4	石井乡石井	复员军人
李玉山	1942	1942	石井乡协义	复员军人
石荣海	1942	1945	石井乡协义	复员军人
康振友	1942	1953	石井乡永安庄	复员军人
李延顺	1945. 2	1950	石井乡永安庄	复员军人
张风元	1939. 10	1943. 10	石井乡尉公	复员军人
王子清	1939. 2	1947. 2	石井乡石井	三级残疾军人
田才胜	1944. 7	1948. 3	石井乡石井	六级残疾军人
张青山	1941. 4	1947. 3	石井乡石井	七级伤残军人
李四合	1945. 6	1954. 7	石井乡苑庄	六级残疾军人
刘同占	1945. 2	1947. 9	刘家台乡黄龙寺	复员军人
陈大群	1945. 1	1954. 9	刘家台乡龙居	复员军人
王振花	1943. 3	1949. 2	刘家台乡龙居	复员军人
赵永信	1941. 9	1949. 11	刘家台乡西高士庄	复员军人
王国花	1945. 5	1952. 9	刘家台乡白沙	复员军人
葛慎才	1945. 3	1949. 1	刘家台乡慈家台	复员军人
赵同友	1945. 2	1948. 3	刘家台乡东高士庄	复员军人
杜德金	1945. 7	1946. 1	刘家台乡东高士庄	复员军人
杜秋婉	1945. 1	1949. 1	刘家台乡刘家台	复员军人
邸　丰	1942. 3	1950. 2	刘家台乡龙居	六级残疾军人
王福才	1943. 4	1947. 3	刘家台乡车厂	八级残疾军人
赵孟芝	1943. 7	1949. 11	刘家台乡西高士庄	五级残疾军人

续表18-2-5

姓　名	入伍时间	退伍时间	家庭住址	人员类别
赵春林	1938. 7	1947. 8	刘家台乡西高士庄	六级残疾军人
刘永春	1938. 3	1947. 7	刘家台乡黄龙寺	八级残疾军人
杨翠珍	1945	1946	于家庄乡郭村	复员军人
范桂林	1938	1946	于家庄乡郭村	复员军人
赵白海	1945	1958	于家庄乡庞村	复员军人
石　珍	1945	1947	于家庄乡于家庄	复员军人
田丙茹	1941	1942	于家庄乡于家庄	复员军人
田　杰	1942. 10	1947. 6	坨南乡曹家峪	八级残疾军人
张保群	1938. 10	1944. 8	坨南乡岭西	八级残疾军人
李成义	1940. 2	1949. 2	坨南乡杨家庄	五级残疾军人
葛建章	1944. 6	1949. 8	坨南乡岭西	七级残疾军人
葛金钟	1945. 7	1946. 9	坨南乡岭南	六级残疾军人
王善明	1944. 7	1947. 9	坨南乡东赵庄	六级残疾军人
卢玉山	1943. 7	1947. 11	坨南乡坎下	七级残疾军人
李合子	1940. 4	1947. 11	坨南乡水峪	七级残疾军人
卢春山	1945. 4	1953. 12	坨南乡北赵庄	复员军人
卢占岐	1944. 7	1946. 9	坨南乡北赵庄	复员军人
苑树荣	1944. 7	1945. 2	坨南乡北赵庄	复员军人
陈保山	1944. 6	1949. 7	坨南乡北赵庄	复员军人
王贵亭	1941. 1	1946. 4	坨南乡北赵庄	复员军人
杨木清	1945. 2	1949. 7	坨南乡水峪	复员军人
刘喜明	1940. 1	1958. 4	坨南乡水峪	复员军人
王政山	1940. 9	1955. 3	坨南乡东赵庄	复员军人
刘志文	1943. 1	1946. 6	坨南乡东赵庄	复员军人
陈玉福	1941. 2	1944. 10	坨南乡坨南	复员军人
李山根	1945. 1	1950. 10	坨南乡北台鱼	复员军人
田万福	1938. 1	1944. 11	坨南乡北台鱼	复员军人
葛德顺	1941. 8	1946. 12	坨南乡支锅石	复员军人
王春子	1940. 6	1949. 5	坨南乡黄山	复员军人
田甲亥	1941. 10	1955. 12	坨南乡黄山	复员军人
卢振海	1945. 8	1949. 10	坨南乡坎下	复员军人

续表18-2-5

姓　名	入伍时间	退伍时间	家庭住址	人员类别
邱如海	1944. 7	1954. 8	坨南乡坎下	复员军人
侯贵山	1944. 7	1954. 9	坨南乡坎下	复员军人
王沛占	1940. 11	1946. 6	坨南乡岭西	复员军人
石马成	1942. 1	1944. 8	坨南乡岭西	复员军人
赵玉田	1943. 1	1947. 9	坨南乡岭西	复员军人
邸玉才	1945. 5	1955. 9	坨南乡岭西	复员军人
张恩会	1945. 5	1948. 3	白龙乡北东峪	八级残疾军人
田财林	1942. 2	1949. 1	白龙乡大坎下	八级残疾军人
张淑媛	1940. 2	—	白龙乡南水峪	五级残疾军人
常义田	1943	—	白龙乡西龙门	三级伤残民兵
高　显	1943. 6	1948. 8	白龙乡白堡	八级残疾军人
要金梅	1944. 10	1946. 10	白龙乡白堡	复员军人
马思温	1938. 3	1946. 2	白龙乡白堡	复员军人
尚云泉	1945. 7	1948. 10	白龙乡白堡	复员军人
骆庆祥	1942. 3	1948. 8	白龙乡白堡	复员军人
连克昌	1944. 9	1955. 8	白龙乡白堡	复员军人
任金生	1944. 7	1950. 7	白龙乡白堡	复员军人
连克俭	1943. 2	1946. 1	白龙乡白堡	复员军人
张跃山	1945. 6	1955. 3	白龙乡白堡	复员军人
崔景元	1940	1958. 6	白龙乡白堡	复员军人
田风林	1939. 6	1942. 8	白龙乡大坎下	复员军人
王振河	1945. 5	1949. 8	白龙乡大坎下	复员军人
殷福祥	1944. 1	1946. 2	白龙乡大坎下	复员军人
张尽孝	1942. 8	1946. 4	白龙乡北东峪	复员军人
张计所	1944. 4	1946. 2	白龙乡北东峪	复员军人
周玉玺	1945	1956	白龙乡北水峪	复员军人
赵玉花	1940. 2	1943	白龙乡东龙门	复员军人
张海月	1945. 2	1949. 12	白龙乡训口	复员军人
赵振全	1942. 9	1951. 3	白龙乡训口	复员军人
张茂林	1945	1949. 3	白龙乡训口	复员军人
张文霞	1943. 2	1946. 4	白龙乡训口	复员军人

续表18-2-5

姓 名	入伍时间	退伍时间	家庭住址	人员类别
闫良田	1944. 2	1956. 4	白龙乡南水峪	复员军人
陈玉明	1937. 2	1947	白龙乡李庄	复员军人
刘长庆	1942. 1	1948. 10	神星镇神星	复员军人
翟连福	1941. 6	1948. 5	神星镇翟家佐	复员军人
李洪全	1945. 3	1948. 3	神星镇魏庄	复员军人
郭长山	1945. 7	1955. 4	神星镇大楼	复员军人
严振林	1944. 2	1956. 4	神星镇南峪	复员军人
王玉山	1942. 2	1947. 9	神星镇南峪	复员军人
严金生	1943. 1	1949. 9	神星镇南峪	复员军人
严文祥	1943. 3	1949. 9	神星镇南峪	复员军人
高福山	1944. 1	1947. 12	神星镇石家佐	复员军人
范尧臣	1945. 7	1947. 12	神星镇市头村	复员军人
赵新玉	1936. 4	1945. 7	神星镇市头村	复员军人
赵进财	1945. 1	1949. 12	神星镇市头村	复员军人
张国林	1940. 1	1946. 12	神星镇寺角	复员军人
魏金辰	1942. 2	1946. 12	神星镇魏庄	复员军人
冉玉荣	1943. 8	1948. 10	神星镇玉山	七级残疾军人
范珍华	1940. 1	1950. 12	神星镇市头村	五级残疾军人
景长录	1945. 9	1949. 2	神星镇大楼	六级残疾军人
严金池	1943. 5	1954. 9	神星镇东峪	六级残疾军人
高建忠	1945. 5	1948. 2	神星镇石家佐	七级残疾军人
王 喜	1945. 3	1947. 6	神星镇寺角	八级残疾军人
赵河山	1943. 5	1948	神星镇魏庄	六级残疾军人
赵恒海	1938. 12	1948. 12	要庄乡小马坊	七级残疾军人
赵 宗	1945	1948	要庄乡后大留	六级残疾军人
刘振山	1945. 7	1954. 4	要庄乡前大留	复员军人
李 纪	1944. 1	1946. 8	要庄乡小马坊	复员军人
方洪顺	1944. 8	1947. 8	要庄乡小马坊	复员军人
史 会	1945. 1	1949. 6	要庄乡两渔	复员军人
李青华	1945. 3	1950. 5	要庄乡要庄	复员军人
朱井春	1944. 5	1946. 2	要庄乡要庄	复员军人

续表18-2-5

姓　名	入伍时间	退伍时间	家庭住址	人员类别
郭呈祥	1939.9	1946.2	要庄乡东黄村	复员军人
刘　忠	1945.6	1947.10	要庄乡东黄村	复员军人
王　刚	1944.3	1947.1	要庄乡贾庄	复员军人
黄秀仃	1941	1944	要庄乡王各庄	复员军人
李金峰	1943.2	1944.2	要庄乡小庄	复员军人
王化民	1940.10	1949.10	方顺桥镇南固店	七级残疾军人
李洪斌	1940.1	1943.7	方顺桥镇陉阳驿	七级残疾军人
张合顺	1945.9	1947.12	方顺桥乡决堤	八级残疾军人
金俊峰	1942	1948	方顺桥乡高荆	七级残疾军人
耿亚平	1939	1957.11	方顺桥乡决堤	复员军人
宋保印	1945	1957.12	方顺桥乡高荆	复员军人
孙占元	1940	1953.5	方顺桥镇大赛	复员军人
马孟涛	1938	1946.3	方顺桥乡南固店	复员军人
马洛茂	1939	1943.8	方顺桥乡西辛章	复员军人
葛　锁	1944	1946.3	方顺桥乡西辛章	复员军人
靳保书	1941	1946	方顺桥乡西辛章	复员军人
杨立功	1944	1947.10	方顺桥乡陉阳驿	复员军人
张德军	1945	1957.11	方顺桥乡陉阳驿	复员军人
赵志祥	1945	1953.3	方顺桥乡方顺桥	复员军人
刘桂田	1943	1946	方顺桥乡方顺桥	复员军人
房大雨	1941	1943	方顺桥镇三恩庄	复员军人
张志成	1945.8	1948.12	南韩村镇大固店	八级残疾军人
李　贵	1940.9	1945.5	南韩村镇东苟	五级残疾军人
蔺井方	1945.7	1947.2	南韩村镇韩村	八级残疾军人
张保成	1945.7	1949.6	南韩村镇宋家屯	三级残疾军人
穆凤瑞	1939.4	1942.2	南韩村镇西苟	七级残疾军人
王振海	1944.5	1947.3	南韩村镇尹固	七级残疾军人
李全寿	1945.7	1950.2	南韩村镇段旺	六级残疾军人
李洛单	1942.5	1949.7	南韩村镇东苟	复员军人
周文信	1944.6	1947.8	南韩村镇东苟	复员军人
李九子	1940.6	1944.7	南韩村镇段旺	复员军人

续表18-2-5

姓　名	入伍时间	退伍时间	家庭住址	人员类别
张庆瑞	1938.7	1948.8	南韩村镇西原	复员军人
宁保海	1945.6	1948.7	南韩村镇市庄	复员军人
刘尚中	1941.9	1964.2	南韩村镇大固店	复员军人
魏书田	1942.6	1947.6	南韩村镇大固店	复员军人
陈　胜	1945	1965.12	南韩村镇东村	复员军人
邵洛吉	1945.8	1949.7	南韩村镇东堤北	复员军人
董好成	1945.6	1954	南韩村镇疙瘩屯	复员军人
杨德奎	1945	1958.1	南韩村镇疙瘩屯	复员军人
吝宝华	1945.2	1950.4	南韩村镇南韩村	复员军人
吝喜来	1945.6	1950.8	南韩村镇南韩村	复员军人
李景武	1942.7	1945.12	南韩村镇中堤北	复员军人
高文振	1944.7	1946.8	南韩村镇西堤北	复员军人
李耀先	1945.5	1957.4	南韩村镇后村	复员军人
张文彪	1938	1947	大册营镇大册	复员军人
李福生	1939	1947	大册营镇大册	复员军人
张保珍	1939	1962	大册营镇大册营	复员军人
赵书云	1945	1956	大册营镇岗头	复员军人
王金勤	1944	1948	大册营镇六间房	复员军人
孟连春	1945	1948	大册营镇上紫口	复员军人
张国瑞	1944	1948	大册营镇北宋	复员军人
谭学孔	1945	1958	大册营镇夜借	复员军人
雷凤元	1944.8	1948.12	大册营镇夜借	七级残疾军人
贾方珍	1939.8	1940.10	大册营镇大册	七级残疾军人
谭士荣	1945.6	1947.10	大册营镇岗头	七级残疾军人
赵如林	1939.6	1945.12	大册营镇上紫口	七级残疾军人
苏振华	1942.7	1946.9	大册营镇永南庄	七级残疾军人
陈玉和	1945.7	1948.10	大册营镇王辛庄	七级残疾军人
周玉田	1943.7	1965	贤台乡西庄	复员军人
范文祥	1943.1	1947.12	贤台乡留马	复员军人
刘坤山	1938.9	1955.7	贤台乡大石桥	复员军人
张文华	1945	1948	贤台乡于家庄	复员军人

续表18-2-5

姓　名	入伍时间	退伍时间	家庭住址	人员类别
郭　良	1940. 12	1945. 11	贤台乡中贤台	复员军人
连清泉	1944. 1	1945. 4	贤台乡大石桥	五级残疾军人
张文成	1938. 10	1941. 4	贤台乡东庄	六级残疾军人
王　均	1945. 1	1947. 1	贤台乡东庄	八级残疾军人
李九洲	1945. 1	1982. 10	育才街城建小区	军队离休干部
崔　义	1945. 3	1948. 3	光荣院	复员军人
郝宝才	1944	1948	光荣院	复员军人
冉老余	1938	1943	光荣院	复员军人
李福祥	1940	1947	光荣院	复员军人

说明：此名单由县民政局提供，共230人

第四节　省级以上劳动模范名录

一、1958—1990年间，有13名同志因工作突出，被评为省劳动模范、省先进工作者，补录如下：

1958—1990年满城县省级以上劳动模范、省先进工作者名录

表18-2-6

姓　名	性别	出生年月	政治面貌	籍　贯	评定时工作单位	职务	评定时间	荣誉称号
田　泽	男	1930. 11	中共党员	满城县	县邮政局	无	1958	省劳动模范
李喜花	女	1941. 1	群众	满城县	县拔丝厂	农民	1959	省劳动模范
崔国良	男	1943. 9	中共党员	黑龙江	县电力局	无	1980	省劳动模范
冉玉花	女	1938. 9	群众	满城县	市庄村	农民	1981	省劳动模范
赵建国	男	1953. 2	中共党员	满城县	县水泵厂	无	1982	省劳动模范
宋洪榜	男	1947. 1	中共党员	满城县	县司法局	无	1985	省先进工作者
殷玉林	男	1947. 2	中共党员	满城县	满城中学	无	1986	省劳动模范
张兰华	男	1937	中共党员	满城县	县水泵厂	无	1986	省劳动模范
贾国忠	男	1946. 4	中共党员	满城县	龙门乡卫生院	无	1988	省劳动模范
牛爱国	男	1945. 2	群众	满城县	白沙村	农民	1989	省劳动模范
孙宝山	男	1954. 4	中共党员	满城县	县粮食局	局长	1989	省劳动模范

续表18-2-6

姓　名	性别	出生年月	政治面貌	籍　贯	评定时工作单位	职务	评定时间	荣誉称号
吴顺义	男	1947.7	中共党员	满城县	县农业局	无	1989	省劳动模范
王文志	男	1936.11	中共党员	满城县	工商银行满城支行	无	1989	省劳动模范

二、1991—2008年，有12名同志被授予“全国劳动模范”“省劳动模范”“省先进工作者”称号。

1991—2008年满城县获得全国劳动模范、省劳动模范、省先进工作者称号人员名录

表18-2-7

姓　名	性别	出生年月	政治面貌	籍　贯	评选时工作单位	职　务	评定时间	荣誉称号
李金水	男	1959.12	党员	满城县	县棉纺厂	董事长	1995	省劳动模范
商玉卯	男	1951.3	党员	满城县	县钻井公司	无	1995	全国劳动模范
李桂林	男	1944.8	党员	满城县	段旺村	农民	1999	全国劳动模范
李东举	女	1953.11	党员	满城县	东赵庄	农民	1999	省劳动模范
王新占	男	1958.6	党员	满城县	县水务局	党组书记	2000	省先进工作者
赵素珍	女	1967.1	党员	顺平县	实验中学	人民教师	2002	省劳动模范
张志武	男	1944.1	党员	满城县	保定市东升卫生用品有限公司	董事长	2002	省劳动模范
贾俊桥	女	1954.7	党员	满城县	龙居村	农民	2004	省劳动模范
张树良	男	1958.2	党员	满城县	河北虹银泵业股份有限责任公司	科长	2004	省劳动模范
张刚子	男	1954.8	党员	满城县	县电力局	局长	2004	省劳动模范
朱银香	女	1959.11	党员	满城县	县农牧局	站长	2004	省劳动模范
于国栋	男	1958.3	党员	满城县	县电力局	工会主席	2008	省劳动模范

第五节　满城县籍副地师职以上干部名录

经多方搜集，收录67名满城县籍副地师职以上干部。

2008年满城县籍副地师职以上干部名录

表18-2-8

姓　名	工作单位	职务	职级	籍贯
武东和	外交部	外交部副部长、纪检书记	部级	白堡

续表18-2-8

姓　名	工作单位	职务	职级	籍贯
孙晓郁	全国政协	经济委员会副主任	部级	神星
李　军	民航总局	副局长	副部级	翟家佐
任兵文	宁夏民航局	局长	地厅级	翟家佐
方桂山	北京海淀区公安局	政委	局级	茂山
朱书志	总后卫生部	副局长	局级	西马
张玉普	中纪委	专员	局级	岭西
李淑珍（女）	国家信访局	正司长	局级	北台鱼
赵建章	北京朝阳公安分局	副局长	局级	方上
葛振兴	人民大会堂人事局	局长	局级	支锅石
要文须	总政司法局	局长	局级	杨家佐
王士良	北京军区房地产管理局	局长	军级	满城
李志刚	空军三十四师司令部	机长	师级	神星
赵武安	最高人民检察院反贪总局	办公室主任	—	市头村
张国柱	武汉地质学院	书记	地厅级	东荀
陈　东	解放军总参通讯部	部长	师级	西荀
张占春	北京军区运输部	部长	师级	西荀
张重午	山东潍坊驻军	不详	副军级	东村
郭金栋	北京军区后勤部	不详	副军级	于家庄乡
南书恒	宣化炮校	不详	副师级	北庄
曹福生	广西军区	参谋长	军级	北庄
毕树申	济南军区房管处	处长	师级	北庄
郄　南	济南军区后勤部	副部长	师级	北陵山
郄德刚	解放军六十九军	参谋长	副军级	北陵山
郄会东	徐州地委	专员	地厅	北陵山
田福青	承德军分区	司令员	师级	抱阳
司鹏飞	解放军某部	师长	师级	东佃庄
张振川	解放军某部	师长	师级	东佃庄
王雄尔	北京军区某部	师长	师级	北台鱼
王凤岐	北京市西城区公安分局	副局长	局级	东峪
王海波	省农科院	副院长、全国政协委员	省厅	洛沟
孙福田	天津市委宣传部	副部长	地厅	大赛

续表18-2-8

姓　名	工作单位	职务	职级	籍贯
韩文斌	空军航空博物馆	馆长	师级	杨家庄
魏金忠	北京军区某部	军务处长	师级	魏庄
张国庆	邮电部某司	司长	局级	白堡
赵路旺	省民政厅	厅长	—	西高士庄
赵子耀	外交部某司	司长	—	西高士庄
赵新乐	工程兵总部	军政委	—	西高士庄
赵　关	省第一监狱	监狱长	地厅	西高士庄
刘廷彬	云南大学	党委书记	地厅	黄龙寺
刘朋怀	沈阳军区空军	师长	—	黄龙寺
刘新创	成都军区空军	师长	—	黄龙寺
王明全	中央司法警官学院	校长	地厅	疙瘩屯
彭国彬	解放军总后勤部	师长	—	于家庄乡
范五卯	成都武警学院	院长	军级	于家庄乡
谭洪生	省商会	会长	地厅	满城
王和平	省纪委	专员	地厅	满城
相金科	省作家协会	党委书记	地厅	满城
赵志祥	三十八军政治部	副主任	师级	满城
范国华	省公安厅	巡视员	地厅	小辛庄
王士杰	河北医科大学	书记、院长	地厅	满城
郭若定	省行政服务中心	常务副主任	地厅	满城
刘　义	四川省检察厅	厅长	地厅	南宋
李志江	海军山东泰安某部	副师长	—	南宋
刘登恒	上海浦东区中级人民法院	副院长	地厅	南宋
王跃亮	广州军区某部	师长	—	大庄
袁振江	市人大常委会	副主任	地厅	龙门
范永录	廊坊市委	组织部长	地厅	市头村
卢建国	承德市纪委	书记	—	芦庄
刘树林	七机部	干部	地厅	西黄村
李占硕	省人大常委会选举任免工作办公室	主任	—	满城
李金海	省教育厅	纪检书记	—	满城
梁盛才	河北经济管理学校	副校长	—	满城

续表18-2-8

姓　名	工作单位	职务	职级	籍贯
张贺明	中国银行河北分行	总监	—	满城
贾瑞增	市政协	主席	—	柳家佐
王亚兵	武警河北省总队	副参谋长	—	王辛庄
范振生	武汉军区炮兵部	司令员	留马	

第六节　满城县籍知名学者名录

共收录满城县籍知名学者 21 人。

2008 年满城县籍知名学者名录

表 18-2-9

姓　名	工作单位	职务（称）	籍贯
刘连友	北京师范大学	博导	许庄
白庆中	清华大学	教授	岗头
赵东林	北京化工大学	教授	上紫口
王东梅	北京林业大学	教授	谒山
魏朝阳	中国兵器装备研究院	教授	李铁庄
赵　勇	中国中医科学院望京医院	主任	城内
苏　桐	北京天为诚画苑	主任	后村
刘　坚	《中国信息界》杂志社	副总编	孙村
闫　元	华北电力大学	教授	东苟
陈振泉	宣化炮校	教授	东苟
穆连运	青岛海军基地	教授	西苟
杨立水	河北农业大学	教授	东村
赵克祥	石家庄陆军学院	教授	满城
刘成杰	美国地质勘探	博士	北峪
石景申	西安医学院	博士后	杨庄
范重义	清华大学	教授	于家庄
张文清	石家庄陆军指挥学院	教授	满城

续表18-2-9

姓　名	工作单位	职务（称）	籍贯
李金山	河北农业大学	教授	满城
丁维太	邯郸汉光机械厂	高级工程师	大庄
柳连忠	河北医药化工医院	教授	满城
张　云	新疆美术家协会	常务理事	寺角

第三章　前志人物补遗

共收录21位古代人物，其中春秋战国至南北朝时期4位，隋唐至元代3位，明代、清代14位。近现代人物收录15位。古代人物有增订、删补《九章算术》的北平侯张苍，“天下第一崖墓”的主人刘胜，抱（花）阳书院创始人张说，清代第一任台湾知府蒋毓英，创编《满城县志》基本框架与体例的刘范，续修县志的清代满城县令（知县）裴国祯、张焕、贾永宗、皮殿选，捐巨额田产办学的田夫人等。近现代人物中首次收录梁耀章、朱家麟两位国民党抗日英烈。以蒋毓英、蒋莜铦为代表的蒋氏家族，清代定居满城，历代各地为官，英才辈出，有8代葬于满城“蒋家坟”，本志据其后人提供的翔实资料列族谱以记。

第一节　古代人物

一、春秋战国至南北朝

张　苍（约公元前313—前238）　名况，字卿。战国末期曾在荀子门下学习，与李斯、韩非等人是同门师兄弟。秦朝时任御史。刘邦起义后，他归顺刘邦，西汉王朝建立之后，先后担任代相、赵相等官职。因征燕王臧荼叛乱有功，被汉高祖封为北平侯。以后迁升为计相、主计。汉文帝时灌婴去世后接任丞相一职，汉文帝后元元年因政见不同而自动引退。

张苍博学多识，在历法、算学方面取得很大成就，制订和提出一套比较完整的关于度量衡方面的理论，并增订、删补《九章算术》，把算学研究成果直接用于国计民生。

《满城县志略》关于满城建置沿革记述“汉兴六年以张苍从征臧荼有功，封北平侯，置北平县，属中山国。是为县命名之始。”

刘　胜（？—前113）　西汉景帝刘启之子，汉武帝刘彻的异母兄长，景帝前元三年（公元前154年）被封为中山王，死于武帝元鼎四年（公元前113年），统治中山国达42年之久。中山国位于太行山东麓，大致包括易水以南、滹沱河以北的地区，首府设在卢奴（今河北定州市）。西汉中山国有十代国王，刘胜是第一代王。刘胜死后，葬于满城凤凰山（今陵山）。1968年5月被偶然发现，是我国考古史上发现的第一座王侯崖墓。

在《史记·五宗世家》中，司马迁对刘胜的评价是“胜为人乐酒好内，有子枝属百二十余人”。另外，《汉书·艺文志》载：“诏赐中山靖王子哙及孺子妾冰未央材人歌诗四篇。”孺子，王妾之有品号者也。妾，王之众妾也，冰其名。材人，天子内官。刘胜的孺子妾冰，应擅长歌舞，并具有一定的文学修养，因而获得诏赐歌诗的殊荣。唐代诗人李白《中山孺子妾歌》有“中山孺子妾，特以色见珍；虽然不如延年妹，亦是当时绝世人”。

刘胜是一个“乐酒好内”的汉代皇室贵族，这从一号墓内埋藏的大量随葬品可以得到证实。随葬品中酒器的种类很多，有壶、钫、锺、链子壶、椭圆形杯等青铜酒器，有樽、卮、耳杯等漆酒器，还有琉璃耳杯以及许多陶制的大酒缸等。青铜酒器、漆酒器和琉璃酒器等都质地精良、造型优美，有些还有华丽的装饰。不少酒器刻有铭文，记载器物的名称、容量、重量、编号及其来源。从这些铭文中，我们可以了解到有的器物可能是皇帝赐给的，有的器物则是派专人不远千里从洛阳购买来的。

《汉书·景十三王传》记载，武帝初年“大臣惩吴楚七国行事”“皆以诸侯连城数十，泰强，欲稍侵削，数奏暴其过恶”；而诸侯王则认为，自己无罪，而受臣下侵辱，“有司吹毛求疵，笞服其臣，使证其君”，因而感到冤屈。刘胜就是具有这种思想的诸侯王中的代表人物。武帝建元三年（公元前138年），刘胜与代王登、长沙王发、济川王明来朝，武帝为之置酒设乐，席间刘胜“闻乐声而泣”。武帝问他为什么哭泣，刘胜即席发表了一篇言论，即所谓《闻乐对》。主张削弱诸侯王势力的“群臣”是“群居党议”的“谗言之徒”，吹毛求疵，对他进行诬告、陷害，他表示担忧和不安。刘胜的《闻乐对》不可能阻止中央削弱诸侯王割据势力的进程。汉武帝终于在元朔二年（公元前127年）采用主父偃的计谋，颁布了“推恩令”。“令诸侯以私恩自裂地分其子弟，而汉为定制封号，辄别属汉郡。汉有厚恩，而诸侯地稍自分析弱小云”。从元朔二年至五年，刘胜的儿子先后有19人被封为侯，中山国的封地当然也就逐渐“分析弱小”了。元鼎五年（公元前112年），刘胜19个封侯的儿子中，就有12个因缴纳助祭贡金斤两成色不合规定而被免国（“坐酎金免”）。可见刘胜死后，中山国也日趋衰落。

刘胜的《闻乐对》，虽然在政治上不能挽救中山国逐渐缩小、衰落的命运，但在文学方面的造诣却得到后人高度赞赏。唐司马贞《史记索隐》记载，《闻乐对》“其言甚雄壮，词切而理文”，并因而认为刘胜是“汉之英藩”，即汉代杰出的诸侯王。也有论者认为，刘胜之所以“乐酒好内”，以声色自娱，是由于内心深处害怕“汉法严吏深刻”，因而采取韬光养晦的一种表现。这大概也是从《闻乐对》引发出来的一种论点。

刘胜优于文辞，在文学创作方面的成就，除《闻乐对》外，还有一篇《文木赋》。刘胜的《闻乐对》和《文木赋》是现存的史料中仅能找到的刘胜的两篇作品，其文字量虽然不大，却言简而骇，充分展现了刘胜出众的文学才华。两篇文章文字优雅，语言华美，形象生动，多用四字，大量使用比喻、排比、对仗、比拟、引用等多种修辞方法，富有诗韵，读来上口，令人倍感舒爽。“葭莩之亲、聚蚊成雷、龙盘虎踞、鸾翔凤集”等成语均出于此。《闻乐对》使用了6个典故，至少涉及8个人物，引用恰当，层次分明，论证充分，以理服人。《文木赋》是一篇非常优秀的汉赋，在汉赋中占有重要的地位。它文辞优美，想象丰富，境界极高，对文木的赞美和描写达到了无与伦比的地步，把一个静态的“木”写活了、写神了、写绝了，以至于后世的诸多文人对文木的描写，也很难超越刘胜的境界。刘胜的《文木赋》对木纹及其万千姿态的变化倾心描绘、大加歌颂，几乎将木纹之美丽神化为人类的理想境界。作为一种精神创造，刘胜的“木头文化”已然成为中国历史文化的神来之笔，它对于中华精神家园的营建所起的积极作用更应受到重视。

杨　成（生卒不详）　北平（今满城）人。西汉官员，汉武帝时为道州（今湖南道县，宁远以南的潇水流域）刺史。民间奉为福星、福神。据《道藏·搜神记》《三教源流搜神大全》卷四载：福神就是道州刺史杨成。西汉时道州男子大多身材矮小，汉武帝每年从中挑选一百多个灵敏的侏儒召入宫中作为宫奴玩戏，活生生将这些男子与父母分离。时任道州刺史的杨成，以表奏闻天子："臣按五典，本土只有矮民，无矮奴也。"武帝感悟，自此不再召侏儒进宫。本郡百姓为杨成立祠绘像供奉，以为本州福神。后天下士庶黎民都绘像供奉，以为福禄神。

张雕武（？—约 564 年） 南北朝时期中山北平（今满城）人。家世贫贱，少年英俊，性情直爽慷慨，有志向，喜好古学。他求知刻苦，背着书箱，不远千里寻师求学，因而精通《诗》《书》《礼》《易》《春秋》五经，尤其精通《公羊》《谷梁》《左氏》三传。远道而来向他投师就学者数百人。

北魏末年，权臣高欢将他召入王府，令其给诸王子讲读史书。入北齐后，乾明初年（560 年），官至平原太守。武成帝高湛即位（561 年），因师徒情分又被封为泾州（今甘肃泾川）刺史，通直散骑常侍。皇帝侍讲马敬德去世，便起用他入宫讲授经书，武成帝对他甚为器重，由他接任侍讲。这样便引起奸人穆提婆、韩长鸾等的嫉恨。后来，张雕武又升任侍中加仪府奏度支事，大受重用，武成帝常称他博士，而特地下诏允许他奏事不趋。皇帝的信任，使他更为感奋，决心立功以报皇恩。于是屡进直言，指陈时弊。他要求消减皇宫额外开支，罢免朝中受宠的奸臣，约束皇帝身边肆意妄为之徒。皇帝越信任和倚重他，韩长鸾等越害怕。

后来，因为他谏阻皇帝巡幸晋阳一事被长鸾等诬陷，而招致杀身之祸。临刑前，皇帝使段孝言责问他，他回答："臣本一介书生，谬被重用提拔，位至仪府侍中，这样的恩宠，使我妄想以尘土和露水使山加高，海加深，所以敢冒死进谏，今日受刑本是理所当然的。我愿陛下珍爱金玉良言，开发神明，不要被灰尘所蒙蔽，多读一点汉朝贾谊如何治理国家的论说，使耳目不被闭塞，则臣虽死之日，犹生之年。"因之欷歔流涕而被杀。旁观者都为之动容。

附：1. **闻乐对**

2. **文木赋**

闻乐对

刘 胜

臣闻悲者不可为累欷，思者不可为叹息。故高渐离击筑易水之上，荆轲为之低而不食；雍门子壹微吟，孟尝君为之於邑。今臣心结日久，每闻幼眇之声，不知涕泣之横集也。夫众煦漂山，聚蚊成雷，朋党执虎，十夫桡（rao）椎。是以文王拘于牖里，孔子厄于陈、蔡，此乃蒸庶之成风，增积之生害也。臣身远与寡，莫为之先，众口铄金，积毁销骨，丛轻折轴，羽翮（he）飞肉，纷惊逢罗，潸然出涕。臣闻白日晒光，幽隐皆照；明月曜（yao）夜，蚊虻宵见。然云蒸列布，杳冥昼昏；尘埃布覆，昧不泰山。何则？物有蔽之也。今臣雍遏不得闻，谗言之徒蜂生。道辽路远，曾莫为臣闻，臣窃自悲也。臣闻社鼷（xi）不灌，屋鼠不熏。何则？所托者然也。臣虽薄也，得蒙肺附；位虽卑也，得为东藩，属又称兄。今群臣非有葭（jia）莩（fu）之亲，鸿毛之重，群居党议，朋友相为，使夫宗室摈却，骨肉冰释。斯伯奇所以流离，比干所以横分也。诗云："我心忧伤，惄（同惄，音：逆 ni）焉如擣（同捣，音：dǎo），假寐永叹，唯忧用老；心之忧矣，疢（音：衬 chen）如疾首。"臣之谓也。

文木赋

刘　胜

丽木离披，生彼高崖；拂天河而布叶，横日路而擢（zhuo）枝。幼雏羸鷇（音：扣 kou），单雄寡雌；纷纭翔集，嘈嗷鸣啼。载重雪而梢劲风，将等岁于二仪。巧匠不识，王子见知。乃命班尔，载斧伐斯。隐若天崩，豁如地裂；华叶分披，条枝摧折。既剥既判，见其文章；或如龙盘虎踞，复似鸾集凤翔。青緺（音：瓜 gua）紫绶，环璧珪璋；重山累嶂，连波叠浪。奔电屯云，薄雾浓雰；麚（音：加 jia）宗骥旅，鸡族雉群。蠋绣（音：绣 xiu）鸯锦，莲藻芰（音：季 ji，古书上指菱）文；色比金而有裕，质参玉而无分。裁为用器，曲直舒卷；修竹映池，高松植巘（音：眼 yan）。制为乐器，婉转蟠纡；凤将九子，龙导五驹。制为屏风，郁茀（音：扶 fu）穹隆。制为杖几，极丽穷美。制为枕案，文章璀璨，彪炳焕汗。制为盘盂，采玩蜘蛛（或作"踟蹰"）。猗欤（音：余 yu）君子，其乐只且！

二、隋唐至元

张　说（yuè）（667—730）　字说之、道济，唐代范阳（今涿州）人。世居河东（山西永济），后迁洛阳。曾为中书令，封燕国公。还是布衣平民时，曾在满城西南的抱阳山读书堂、抱阳南轩苦读诗文。读书堂为天然石洞，位置在抱阳山东岩下深一丈五尺处。此处崖壁宋代曾刻有“大唐张燕公读书处”八个篆书大字，现不见。入仕后，张说感念抱阳山寺院的恩德，对寺院加以修葺扩建，“燕公贵，念生平为学之所依，思有以传其迹，重其报。遂自山足垒石为岸，以广寺地。”张说读书时寺院名为宝教院，重修后改名圣教院。张说创建抱（花）阳书院，后人称张说书院，是中国最早的书院之一。

韩若愚（1263—1330）　字希贤，元代满城人。由武卫府史授通惠河道所都事，因开河有功，诏赐锦衣一袭。迁留守司都事，不久升经历，出知蓟州（今天津蓟县），改中书左司都事。迁刑部郎中，提举诸路宝钞库，擢吏部郎中。皇庆元年（1312 年），迁内台都事，改刑部侍郎，不久升中书左司郎中。

当时议禁民田猎，犯者抵死。他说：“昔齐宣王之囿，方四十里，杀其麋鹿者，如杀人之罪，孟子非之。”众臣深以为然，遂轻其刑。当时参政曹鼎新辞职，皇帝说：“若效韩若愚廉勤足矣，何用辞为！”即命韩若愚参议中书省事。铁木迭儿为右丞相，以憎爱进退百官，恨若愚不依附自己，给他罗织罪名。皇帝知道他是冤枉的，不但不听，反拜若愚为户部尚书。延祐六年（1319 年）命审理河间等路囚徒，轻重各得其情，复拜参议中书省事。丞相铁木迭儿复入相，以旧恨诬告其有罪，欲杀之，皇帝不从。复奏夺官，除名归乡里。至治三年（1323 年），为其昭雪。泰定元年（1324 年），复其官职，未久，拜刑部尚书，迁湖广省参知政事，未行，改詹事丞。当年八月，命宣抚江浙，复留为侍御史。

当时左丞相倒刺沙擅作威福，以事诬陷侍御史亦怜珍等，下枢密狱，没人敢为其喊冤，韩若愚以计奏左丞相倒刺沙为右大夫，巧妙解决了此事。泰定三年（1326 年），擢升浙西廉访使，未行，拜河南省左丞。文宗平定倒刺沙等内乱，他从中策划，得文宗嘉许，晋为资政大夫。天历三年（1330 年），迁淮西江北道廉访使。逝后赠资德大夫、江浙等处行中书省左丞、上护军，追封南阳郡公，谥“贞肃”。

尚师简（1282—1346）　字虞仲，满城人。尚野次子，元代著名书法家，以茂才为大都儒学学正。文宗朝，拜监察御史，至正（1341 年）年间，任国史院编修，奉职勤劳，又擢升奎章阁供奉学士，中奉大夫兼经延官。逾年，晋升承制学士，同知经筵事。死后葬升贤里（今柳家佐一带），赠翰林院侍读学士，通奉大夫护军，追封上党郡公，谥文肃。

三、明清

刘　范（生卒不详）　满城人。万历十三年（1585 年），刘范尚在县学为诸生，知县曹永年知刘范才华出众，委以纂修《满城县志》。刘范精心谨慎，事必核实，体例一遵《府志》与旧《县志》零星残篇，复访故老及断简残碑。凡涉《县志》之片言必录。历二载后，其“志”悉备。并编好纲目，拟好顺序，中间若建置沿革，户口、田赋，历官、名宦，乡贤、科贡，节义、灾祥之类，无不备载。帙成，将以付诸梓，因曹永年升任离职，未能付梓。万历十五年（1587 年）贡入国子监。万历二十四年（1596 年），县令赵完璧到任，得刘范创编志稿而阅之，甚为嘉许，即慨然兴梓。是百年之旷典，自此有本。自刘范之后，明末及清代对县志多有续修，但都是随时代变迁而酌量分类加入相关内容，刘范创编之基本框架与体例，一仍其旧。刘范对《满城县志》的创编与延续，具有历史性的重大贡献。

孙　慎（生卒不详）　号联泉，满城人。长于文学，有《黄金台》《龙泉寺》等多首诗存世。大宁都司人，保定左卫百户孙濂之孙。在其祖父严教下，认真攻读，嘉靖二十三年（1544 年）中进士，官至御史大夫。明万历《保定府志》中记载，孙慎“后隐居鸡距泉旁的孙家塘。孙慎归田后，尤嗜义无穷，嘉惠后生。闵大宁都司学宫庳隘，捐资恢其制。群生中茂异，与诸生攻制举业，公为馆谷而督海之，登科第者多出其门。”1936 年《疏浚府河上游诸泉报告》称：“孙家塘村西，泉池中间有亩大之土台，上筑房舍，今为初级小学。”疑其土台房舍为孙慎故居遗址。万历四年（1576 年），受耆老之托，撰《重修天水桥记》，在孙家塘村南、张海庄村西鸡距河上建响水闸蓄水，资居民灌溉农田。族党戚友得其资助者数十家。他游历燕赵大地名胜，觞咏诗篇，著《乐府诗集》，多为弃官后作品。他看破了封建社会的世间人情，如《藻西庄雨后吟》称：“宦海深难入，官阶不可梯。畏人成小隐，守分得幽栖。”产生了脱尘出世之念。《游葛洪山》诗：“愿期五岳结心交，早骑白鹿常徜徉。”卒后葬于神星村西。

赵允昌（生卒不详）　字晋升，满城荆山社人。自幼聪颖，孝敬长辈，待人诚实，酷爱学习。14 岁补博士弟子员，成绩优异。清康熙八年（1669 年）中举人。康熙二十年（1681 年），授延庆州（今北京延庆）学正。当时延庆闭塞，文化落后，赵允昌首先振兴文化教育，亲自为诸生授课讲解，并捐俸银资助家庭困难的学生。后移任赵州（今河北赵县）学正。康熙四十二年（1703 年），康熙皇帝南巡过赵州，赵允昌率领诸生跪迎，因仪礼严整，获康熙皇帝嘉许，并赐给“儒气官”三字，以示恩宠。后历任永平府（今河北卢龙）教授、开原县知县。治县清静廉平，事事与民休息。其上司以先达推重，三载考绩最优。

赵允昌自律甚严，幼时即言语严谨，衣容整肃，喜欢接引后学，提倡德才兼进。因此执教 20 年，所历之处，士风皆变，时论誉之为“国子先生”。读书勤奋，生平手不释卷，至老犹如此。为文清新刚健，自成一家。著有《荆溪集》。退休归乡后，优游田里，足迹罕至公府。终年 92 岁。

赵　灏（生卒不详）　字素园，满城荆山社人。父赵允昌，学行俱佳，有名当世。赵灏 20 岁时为秀才，甚得督学董讷器重。清康熙二十四年（1685 年）中进士。当时苏州宿儒、给事中盛符升与原督学董讷任本次考试总裁，两人均以得赵灏为幸事。其后，赵灏任江西弋阳知县。弋阳人好讼，凡遇有人投牒对簿，赵灏必先多方调节，无效后，方予判决。又效法西汉景帝时的文翁，奖励入学读书。弋阳素有溺女恶习，赵灏严令禁止。数年后，民风大变，被当地人誉为“赵青天”。

康熙三十二年（1693 年）省试，赵灏分校礼二房，搜查遗卷时，得朱轼文卷视为奇文，于是极力推荐，使朱轼得以上解。因此事而遭人忌恨，被罢官回籍。后朱轼成为国家重臣，欲特疏保荐，赵灏坚辞不受，终不复出。赵灏敏慧强记，过目不忘。幼年丧母后，事继母，抚幼弟，始终如一，无丝毫怨言。被罢官后，以奉亲为乐，虽届古稀之年，犹事父如孺子，孝谨不让当年。父亲去世后，赵灏哀伤不能自止，亦于父殁的同年离世，终年 73 岁。著有《永署堂诗文集》。

蒋毓英（？—1707）　字集公，杨家佐村人。其先祖于顺治元年（1644 年）随清军入关，隶属汉军镶蓝旗，落户河北固安县。蒋毓英历任江西按察使、浙江布政使、泉州知府。康熙二十二年（1683年），督抚举荐调任台湾知府。经理三县疆域（台湾县、凤山县、诸罗县），治理有方。主修《台湾府志》，通称《蒋志》10卷，目录次行署“襄平蒋毓英集公氏纂，男国祥祚校字”，为康熙二十三年（1684年）台湾置府后首部地方志。又设义学，教子弟，以孝悌力田之道勉励，一时称为良吏。康熙二十八年（1689年），升湖南盐驿道。士民告留，不得，遂立《台湾郡侯蒋公去思碑》，建祠以祀。康熙三十一年至三十九年（1692—1700年）左右从台湾知府卸任，举家迁居满城县杨家佐村，生活多年。康熙三十五年（1696年），重刻《前后汉纪》。康熙四十六年（1707年）卒，葬于满城县永安庄西北（石狼石虎沟）“蒋家坟”。生子国祥、国祚，均存著述。道光八年（1828年）以曾孙蒋攸铦官诰赠光禄大夫、太子太傅、体仁阁大学士、两广总督。现杨家佐村仍有蒋公祠堂遗址。

张　燧（生卒不详）　字照千，先世自小兴州迁居满城县东原社西原村。从小端庄稳重，不喜追逐打闹。入塾后以读书作为最快乐的事。作文时，见解总异于常人。应童子试，得第一名。康熙五年（1666年）中举，康熙十五年（1676年）中进士。为父守丧期间，一切遵守古礼，不食酒肉，以孝闻名乡里。

三年丧满后授陕西清涧县知县。刚一到任，便在官署门前写一楹联警示自己：“照书本做，莫忘圣贤言语；从田间来，须念稼穑艰难。”在任仅一年，百废俱兴。上官考察，认为成绩显著，调入京师任职。邑人挽留不能，便刻石颂德，以志不忘。

进京后补刑部主事，平反许多冤案。一年后，调吏部，升稽勋司员外郎铨曹。虽然条牍纷乱，但处理得很有条理。忽闻母病，请求急归。在归家途中闻听母丧，几次昏死。此时张燧已年近六十，却饮稀粥，避酒肉，面容黑瘦，与父丧时无异。丧满后，推升河东道，坚辞不就，在家闲居。归隐后，闭口不谈时事，足不及官署，布衣芒鞋，来往田亩间，人们很难想象这就是以前的吏部郎。一生性格耿介，做官时从不妄取，故家业较穷困。晚年更加淡泊名利，自号西园逸士。87岁而终，其父、母、妻都有诰封。

裴国桢（生卒不详）　字擎玉，山西人。清康熙十四年（1675年）二月授满城县令，在位六年，为满城做了许多有益的实事。裴国桢上任后倡导修缮县学，重建尊经阁，以利学子读书学习。捐资维修城隍庙的围墙及通道，使其貌焕然一新。县府衙门墙壁倾倒，及时修复，只求实用，不讲美观，并在农闲时动工，免伤民力。组织人力重修《满城县志》。清康熙十九年（1680年）裴国桢所修《满城县志》为满城县现存时间最早的县志。

李玉堂（生卒不详）　字翰升，江西省南康府建昌县人。康熙三十九年（1700年）二月任满城县知县。到任后，体恤县民，维护民力，倡导正气，打击豪强，兴修公益设施，政绩显著。他修葺孔庙学府，修葺城隍庙，疏浚一亩泉水道以通水利。康熙四十一年（1702年），康熙皇帝去五台山在满城驻驿，李玉堂办理行宫。康熙皇帝念及扈从诸臣奔走劳励，特赐御书。李玉堂在一亩泉南侧建亭，把御书镌于石树以示敬仰，亭名为宸翰亭。县南陉阳驿、方顺桥一线为九省来往京师的大道，且陉阳驿属于从保定到庆都（即今天的望都）中间站，并没有额外的车辆夫役，而一切过往解送逃盗重犯，往往累及路旁居民，使他们的生活受到干扰，人们怨恨而无奈。李玉堂体恤民情，特向府司详明，使往南行的，自清苑直接到庆都，往北行的，自庆都直接送清苑，满城县境内村庄一概不负责接送。并在大路旁边立石碑标明，杜绝随意派夫，于是居民得以安宁。在满城县任职四年中，数次办理大差，曾两度兼管邻县政务，组织民众捕杀蝗虫，发放赈济，劳于公务，日无闲暇，忙无废事，县民方有安定生活。因巡抚李公的举荐，升大名府同知。几年后，又授江南苏州府知府，升江宁粮储参政。

张　焕（生卒不详）　字寄园，浙江绍兴府会稽县藉山阴县人。康熙四十三年（1704年）六月到满城任知县。关心乡民疾苦，利好弊端，免除多征的钱粮赋税，将影响农民种地、有违农时的公共事物、工程停下来，以利民生。满城县地域狭小，土地贫瘠、乡民穷困，得到县令的扶绥关心后，时间不长，便有起色和改观。

方顺桥为九省通往京城的大道，大桥以南为官道，年久失修，每到秋夏之交，泥泞难行，行旅之人，非常苦恼。他组织人力将路铲平，水洼处将水泄尽，狭窄处拓宽，并将大路两旁遍植杨柳，绿树连荫，连绵十五里，蜿蜒如长虹。整个工程用工万余，用费近千金，不到两个月告成，而民不知劳，众民称颂。

张焕极关心教育，县学明伦堂破旧不堪，便捐资修葺。考虑贫寒子弟往往因路费不足而不能入京参加选拔考试，于是捐出自己俸金买义田一顷有余，命老实忠诚的人管理，将租金储存起来并生息增值。到大比之年，按姓名发给路费，鼓励士子入京参试。

康熙五十二年（1713 年），考虑《满城县志》自裴国桢组织编修后，已经三十余年，虽山川如故，疆里依然，而其间户口、风俗日异，于是组织县儒学教谕、训导及本县士子达人，续修《满城县志》。张焕关心满城文化事业，认为文化对培养满城淳朴乡风大有益处。古县志保存了他亲自起草的许多碑刻铭文和歌颂满城的诗篇。如《一亩泉宸翰亭记》《重修阅武厅记》《陉阳驿马神庙建戏楼记》《关帝庙香火地碑记》《城隍神行宫像记》等。现满城县郭村矗立的“郭隗故里”纪念碑即为张焕书写。

张焕在满城期间课农桑、编保甲、设义塾、恤灾黎等善政不胜枚举。在任九年，后升顺德府漳河同知，离去时，邑人扶老携幼以送，多有哭泣之声。后以丁忧归乡，服除以后，不再为官。雍正九年（1731 年）寿终。

贾永宗（生卒不详）　字士可，号亦久，山西大同府山阴县人。雍正元年（1723 年）选拔补授赵州直隶州州判，升授山东范县知县，后调任海丰县知县，又因服阕，补授怀来县知县。因病离职，痊愈后于乾隆十三年（1748 年）五月任满城县知县。在任期间，忠于职守，劝课农桑，稳定民心。关心教育，带头捐资，修葺县学。重修明伦堂、魁星楼，鼓励士子读书上进。乾隆十六年（1751 年），组织县内贤达重修《满城县志》，留下了弥足珍贵的历史资料。

皮殿选（生卒不详）　字策丹，号葵圃，湖南善化县人。乾隆四年（1739 年）会魁，后中进士。乾隆十七年（1752 年）冬到满城任县令。在任期间，忠于职守，关爱民生，热心教育。乾隆二十年（1755 年），在县城及方顺桥建留养局二处，派公正士绅负责管理，使无家可归的贫民、游民有避风暂息之所，不致冻饿路边。又建义仓八处，存贮米谷，选择忠实之人负责，按时放借回收，使缺粮之民有可求之地，以度荒歉之年，仓粮也不致腐朽。县内义学较多，各义学都有义田。经多年流转，很多义田下落不清。皮殿选下气力清查，又使义学有了生气。鼓励士子上进应试，于方顺桥查得河淤地二十余亩，又劝捐十亩，得捐款数十金又买地，加之张焕县令所留之地，善加管理，地租收积，无论恩、拔、副贡、文、武生监，有志赴试者，一律资助路费，到礼房报名、注册领取。组织县儒学教谕、训导及县士子生员续修《满城县志》，可记之事及时进行记述，丰富了志书内容。

蒋攸铦（1766—1830）　字砺堂，杨家佐村人。蒋毓英为其五世祖。蒋攸铦少时在杨家佐村三教堂（玉川寺）读书。清乾隆四十九年（1784 年）中进士，选庶吉士，授编修。乾隆五十一年（1786 年），著《绳枻斋诗赋》。嘉庆初年（1796 年），迁御史，以敢言知名，深受嘉庆皇帝器重。历任江西、广东按察使，云南布政使，江苏巡抚，浙江巡抚。嘉庆十七年（1812 年），任两广总督。严于治盗，举劾严明，官吏都尽职尽责。擒获为匪为盗的人 700 多名，自首者允许悔过自新，皇帝下诏对他特加褒奖。

嘉庆十八年（1813 年），应诏两次上书陈言，认为民乱是由吏治不修所致。建议整顿吏治，对贪酷者要严参，平庸者也要随时停职改用。认为用人之道，应该因才因地因时，得到皇帝的嘉许。他下令禁止英国舰船进入内洋贸易，禁止民人为洋人服役，铺商不得用洋字店号，不准滥充洋商及内地人私往洋馆。

嘉庆二十二年（1817年），任四川总督，之后兼署成都将军印务，禁乡村设炉制兵刃，禁派捐累民。重修文翁石室，兴学育人，以义仓租息作为灌县都江堰每年维修费用。嘉庆二十五年（1820年），加太子太保。

道光二年（1822年），授刑部尚书。道光三年（1823年），授直隶总督。值水灾，先赈济灾民，请截南漕40万石，赈款先后200万两。第二年赈济告一段落后，开始治理畿辅水利，请部拨银120万两，治理两淀、大清、永定、子牙、南北运河、天津海口、千里堤；又疏陈千里堤章程，规复两淀船夫，移改管河员驻所，添建巡防堡房，都得到批准实行。道光四年（1824年），奉旨协办大学士，十二月，至翰林院上任。

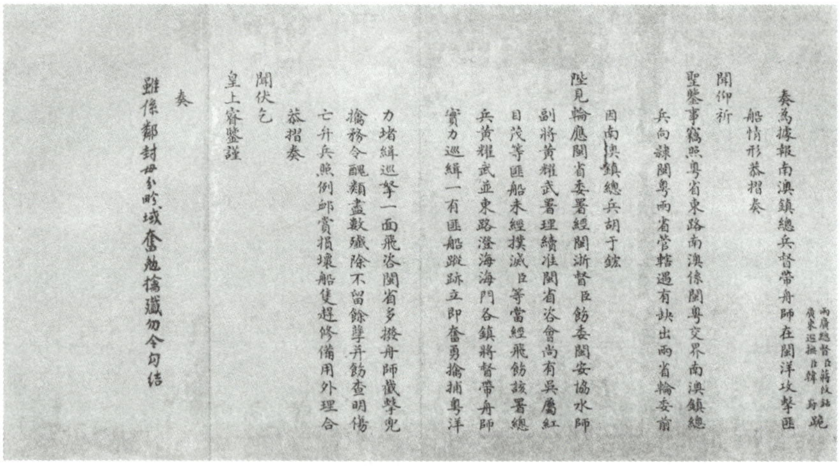
两廣總督臣蔣攸銛 廣東巡撫臣韓崶 跪
奏為據報南澳鎮總兵督帶舟師在閩洋攻擊匪
船情形恭摺奏
聞仰祈
聖鑒事竊照粵省東路南澳係閩粵交界南澳鎮總
兵向隸閩粵兩省管轄遇有缺出兩省輪委前
因南澳鎮總兵胡于鋐
陞見輪應閩省委署經閩浙督臣飭委閩安協水師
副將黃耀武署理續准閩省咨會尚有吳屬紅
目茂等匪船未經撲滅臣等當經飛飭該署總
兵黃耀武並東路澄海海門各鎮將督帶舟師
實力巡緝一有匪船蹤跡立即奮勇擒捕粵洋
力堵緝巡拏一面飛咨閩省多撥舟師截拏兜
擒務令醜類盡數殲除不留餘孽并飭查明傷
亡弁兵照例卹賞損壞船隻趕修備用外理合
恭摺奏
聞伏乞
皇上睿鑒謹
奏
雖係鄰封毋分畛域奮勉擒殲勿令勾結

两广总督蒋攸铦奏折

道光五年（1825年），授体仁阁大学士，充军机大臣，管理刑部事务。道光七年（1827年），授两江总督，道光八年（1828年），晋太子太傅。道光十年（1830年）九月奉旨进京，途中因办案有失，降补兵部左侍郎。九月十八日至山东平原驿病重，二十二日逝世。朝廷念其历任封疆，平日办事尚属认真，著加照尚书例赐恤，加恩赐葬，谥号文勤。道光十三年（1833年），葬于满城县石井村真姑峪。《清史稿》评价：铦精敏强识，与人一面一谈，阅十年记忆不爽。勇于任事，不唯阿尤，长于察吏，荐贤如不及，所举后多以事功名节著。

田夫人（1822—1908）　方顺桥村人。年20许，嫁保定大纪家胡同贺虎臣之后贺松圃。贺虎臣曾为明末宁夏总兵官，赠都督同知、荣禄大夫（皆从一品官）。贺松圃曾任曲周、宁河等县儒学教谕，志于学。清光绪七年（1881年），贺松圃逝世。

田夫人孝敬公婆，综理家政，内外诸大事，井然有序。对内勤俭持家，使频衰之家境逐渐复兴。对子孙严于教诲，其子常昱成名法官，其孙宗儒历任保定警察厅厅长及高邑、安国、清苑、威县知县。于外秉性仁慈，闻人急难，百端资助。遇水旱灾害，带头解囊赈捐，资助亲友数十人。

清光绪二十八年（1902年），诏令天下兴新学，田氏慷慨捐赠巨额田产，创办清苑私立第一小学，将梦春草堂对面之家庙改为校舍。毗连数十间房屋归入学堂，收租金充办学经费，创省城私立小学之首。光绪三十一年（1905年），改为清苑县第一私立女子小学堂，附设保姆养成所，亦为省城首创女子小学。光绪三十四年（1908年）秋，无疾而终，享年87岁。

李秉衡（1830—1900）　字鉴堂，辽宁海城人。性格亢直尚气节，从知县累迁至广西巡抚。法越之战时，李秉衡率军与法兵战于镇南关外，法军大败。越南国王前来归顺，正拟进兵乘胜追击，而和议成，越南竟归法有。公积不平，告病还乡。光绪十七年（1891年）寓居满城县江城镇。当时镇民韩瞎虎等为乡里害，李秉衡设法把他们除掉，乡民怀其德。壬辰八月徙居城内。光绪二十年（1894年）

春，朝廷诏李秉衡为安徽巡抚，旋改授山东巡抚。中日之战督师烟台，不久升四川总督。李秉衡辞官不就，回到满城。光绪二十七年（1896 年）春，诏为长江巡阅使。光绪二十六年（1900 年）义和团联军攻打保定，朝廷命李秉衡带武卫军在保定南迎战，7 月，率兵迎战义和团于黄村，战死。

第二节　近现代人物

李圆忠（1886—?）　又名李圆通，俗名李树棠，号药夫，魏庄村人。出身于武术世家，自幼习武、身怀绝技。素怀忧国忧民和报国之心，民国时曾与日本浪人打擂，将其打败，因遭追杀浪迹江湖。后在直系军阀首领吴佩孚部从戎，任营长，因军阀混战，民不聊生，不能施展抱负，看破红尘，愤而在易县狼牙山棋盘坨出家为道。因缘在绥远白云观（亦有称三官庙的）皈依住持道长王师永清真人门下，赐道名“圆忠”，宗奉道教全真龙门派，为第 19 代玄裔弟子。不久返回狼牙山棋盘坨，跟随满城县北庄村的曹道长（道名曹永恒，俗名曹登尔）学习针灸。抗战时期，与晋察冀军区第一军分区司令员杨成武成为好友，带杨成武踏勘狼牙山，送情报、探敌情，营救在棋盘坨跳崖挂在树枝上的壮士宋学义、葛振林，帮助被日军包围的晋察冀军区第一军分区警卫连脱险，被杨成武亲切地称为“抗日老道、爱国道长”。

宋学义（左一）、葛振林（左二）、李圆忠（左三）在一起

1949 年中华人民共和国成立后，李圆忠云游到山西浑源并定居。1952—1956 年，李圆忠道长在恒山白龙王堂修持，在五岳宫、昌容洞修道练武。其间，海灯法师曾两次慕名来访。1956 年，他被选为山西省政协委员。1957 年，代表山西省道教界出席在北京召开的中国道教协会成立大会，当选为中国道协第一届理事会理事。受到朱德、李济深的亲切接见。《人民日报》曾刊登他劈剑习武照。年底，李圆忠云游到陕西终南山楼观台，后不知所终。

魏树鸿（1889—1937）　字公辅。南固店村人。清光绪二十八年（1902 年）考中秀才。光绪三十年（1904）考入保定北洋陆军速成武备学堂第三期东文班。光绪三十二年（1906 年）毕业后，被分至南京陆军中学堂任教官。民国 3 年（1914 年）2 月又考入保定陆军军官学校第二期工兵科一连学习，1916 年 5 月毕业后，到山西陆军见习，历任排长、连长、山西陆军学兵团营长、山西陆军第一师参谋长。1928 年北伐成功后，任河北省保安司令部参谋长。1930 年中原大战后，任山西省太原市警察局局长，后又任山西省清乡督办公署少将参谋长。1935 年 6 月，商震再任河北省政府主席时，魏树鸿出任河北省保安司令部少将参谋长。1937 年 6 月 22 日在保定去世。

梁耀章（1891—1938）　字化南，花庄村人，梁清泉之子。民国元年（1912 年）10 月入保定陆军军官学校第一期步兵科六连。1914 年毕业后先留校任学兵长，后任步兵分队长，1915 年升任兵科技术教官。曾在北洋军中任职。北伐战争中参加国民革命军。抗日战争时期任第五战区第三十三集团军第五十五军第三师少将副参谋长兼第八旅参谋长。1938 年 6 月，率部在湖北老河口地区抗击日军，不幸壮烈殉国。

朱家麟（1892—1938）　又名朱德馨，尉公村人。保定陆军军官学校、庐山军官训练团毕业，国民革命军第四十军三十九师一一五旅少将旅长。

朱家麟

在校时，朱家麟性情耿直刚烈，除了功课，平时极少与同学交往。为人质朴、忠诚，持身严谨，驻防河南安阳时，他俘获当地两大土匪头目，缴获大量烟土，全部烧掉，而那时烟土与黄金是等价的。平常朱家麟总穿着军装、布鞋，鞋底磨破后再做新底上旧帮，死后，他的遗物只有一个军用皮箱，内装一支派克笔。

民国27年（1938年）5月11日夜，徐州会战激战正酣。一一五旅旅长朱家麟奉命率部掩护部队从江苏沛县突围。出师前，已知任务凶险的朱家麟留下遗言："以必死之决心，取国家民族之生存，错过这一机会，我们想死也无地可死了。"掩护主力突围后，朱家麟部被日军围困了七层。他坚持到手下仅剩十几个人时，抢了一辆日军吉普车冲向敌军，冲到第六层时又被围住，他带领部下跳下车与敌对射，最终全车人捐躯，无一投降。在突围的第二天夜里，朱家麟的一位本家兄弟朱益堂和特务营营长田玉峰重回战场背出朱家麟的遗体，将其埋在沛县西关小李庄的土地庙背后并做了标记。1938年6月5日，第四十军余部在河南漯河召开朱家麟的追悼大会，官兵们都泣不成声。

中华人民共和国成立后，曾亲身经历徐州会战并抢出朱家麟遗体的特务营营长田玉峰一直在山东省临沂教育学院工作，直到退休。作为目击证人，他证明了朱家麟确实牺牲于抗日战场。

1988年，民政部追认朱家麟为抗日烈士。

何洛丰（1899—1979）　西原坡人。出身贫苦，14岁给本村地主何洛琨家当长工。何洛琨之子何兆熊在西原一带从事党的活动，经常给他讲革命道理，宣传进步思想，使他逐步提高了阶级觉悟。民国18年（1929年），由何兆熊介绍加入中国共产党。

1930年秋收前，青黄不接，群众中出现了断粮现象，经村党支部研究决定，组织贫雇农向地主富农借粮。何洛丰积极参加"借粮"和"抢秋"斗争，迫使13户富户拿出粮食，暂时解决了30多户贫雇农吃粮困难问题。

1931年，西原党组织积极支援并配合高蠡暴动，何洛丰按指定时间到陉阳驿集合，与何春元、何继元等人一起，带着斧、锯等工具，穿过庄稼地奔赴铁路线，锯倒十多根电线杆，并破坏一段道轨。

1933年1月，何兆熊从监狱释放回家，继续从事革命活动。何洛丰经常协助何兆熊做些力所能及的工作。农历二月初十，西原屯村唱戏。突然，保定行营的马队包围了西原屯村。何洛丰发觉后立即告诉在台下看戏的何兆熊。可是何兆熊因腿疾跑不了，何洛丰急中生智，背着何兆熊躲进村边的苇塘，使何兆熊免遭逮捕。同年3月，由于叛徒出卖，满城的党组织遭受破坏，活动停止，许多党员被捕，何洛丰被迫到浙江省开山修路。

1936年，何洛丰回到家乡，在完县（现顺平）北城村当长工。1938年参加党的训练班。1938年12月—1942年11月任三区区委书记，1942年11月—1945年8月任县抗联工人部部长、农民部部长，1947年10月—1952年任满城县县委副书记。1953年退休回村，1979年8月去世。

刘宗翰（1899—1965）　字卓云，下紫口村人。民国7年（1918年）从保定育德中学赴法勤工俭学，为赴法第一期留学生。1930年回国，先后任郑州铁路局、西安铁路局局长兼总工程师，培养了大批热机工程专业人才。中华人民共和国成立后任河北省工业厅总工程师，负责保定铸机厂、保定三三烟厂、保定通用机械厂等国营企业的筹建工作。曾任河北省民革副主席。

孙　明（1903—1963）　原名孙瑞峰，南韩村人。出身贫苦，当过学徒、矿工、店员等。民国25年（1936年）加入中国共产党。1936年年末任中共满城县委书记。1937年9月进入延安中央党校学习。1938年5月到中央组织部，参加考察抗日军政大学的建党工作。

1938年6月到晋察冀边区工作，同年秋任中共定县县委书记。1939年年初任中共冀中省第二特委组织部部长，后任中共冀中区第二地委代理书记。组织领导地方抗日武装力量开展反“扫荡”斗争，同时放手发动群众，开展减租减息、建立民主政权等工作。

1940年1—4月，在中共中央晋察冀分局考察党的基层组织建设情况，6月到延安学习。1945年4—6月，作为晋察冀代表团成员出席中共第七次全国代表大会。1945年9月，任张家口市委副书记兼宣传部部长，后兼任组织部部长。1946年10月—1947年11月，任中共察哈尔省委委员、敌工部部长。1947年11月—1949年10月，任中共晋察冀军区第七军分区政委、平西地委书记、张家口市委书记等职。

1949年10月—1952年11月，任察哈尔省政府委员、省纪委副书记、省各界人民代表会议协商委员会副主席、省委常委等职。1952年12月—1954年10月，任河北省总工会第一届执行委员会主席、省委委员等职。1953年5月，在中国工会第七次代表大会上，当选为全国总工会执委会执委。1957年9月，任中共唐山市委书记，1958年5月—1963年3月，任中共唐山地委书记处书记。1963年3月18日在唐山去世。

石金奎（1903—1976）　郄庄村人。民国10年（1921年）毕业于满城县简易师范。曾在夏庄村和郄庄村担任小学教员。1937年，卢沟桥事变后参加八路军。1938年1月加入中国共产党。1937年9月—1938年4月，任满城县武委会农民部部长，县农会主任。1938年5月—1945年3月，任中共满城县委书记兼组织部部长、敌工部部长、县议长等职。1945年4月—1948年5月，任中共北岳区一分区地委委员、敌工部部长、中共北岳区五分区地委副书记等职。1948年6月—1949年6月，任北岳区出入口贸易管理总局局长、北京市西南区党委会组织部部长、书记等职。1949年7月—1954年1月，任北京市工商联主任委员兼党组书记。1954年1月—1962年，任北京市运输管理局局长、副局长。1962年后任北京市供销合作总社副主任，“文化大革命”期间因病离职休养，1976年8月在北京病故。

蒋丰图（1906—1977）　杨家佐村人，蒋攸铦为其四世祖。光绪32年（1906年）出生于山东德县桑园（今属河北省吴桥县），后往济南，11岁到北京。少年丧父，全靠自学，后被选送到北平国学院诗词研究班学习，攻读国学与诗词，并长于文稿写作，长期从事秘书工作。

民国24年（1935年）随县长梁季述赴河北香河县政府任秘书，12月殷汝耕宣布冀东独立，县长辞职回北平，留蒋丰图交代工作，结果被殷汝耕扣压达四个月之久。1936年到北平市，先后在卫生局、教育局担任秘书及股长等职。1947年2月，其堂弟蒋晋图作为中共代表团成员，参加与国民党、美国代表共同组成的军事调处执行部在北京举行的和平谈判。后谈判破裂，中共代表团撤离北平。国民党特务立即在全市抓捕与共方有关人员，蒋丰图、蒋豫图两兄弟同时被逮捕。北平著名民主人士吴晗及北平各大学教授联名呼吁释放蒋氏兄弟，后才得以释放。1948年12月，因三堂弟蒋颐图系中共北平城工部地下党员，蒋丰图再次被捕，北平解放前夕被释放。

中华人民共和国成立后，蒋丰图在北京师范大学任陈垣校长办公室秘书。与著名国学大师、书法家启功先生成为文坛挚友。退休后在明清档案馆协助工作多年。著有《励斋寐余吟》、宋朝爱国词人《李刚词注》等多部文稿。

李永茂（1907—1932）　协义村人。民国15年（1926年）在完县高小学习时，由韩永录等介绍加入中国共产党。1927年李永茂从乡村师范毕业后，回到本村教专馆。他利用阶级出身和职务上的便利开展党的活动、发展党组织。在协义村发展10余名党员，在北台鱼、杨家庄等地发展党的组织，并和寨子村、大恩村、康关村等地的刘秀峰、刘元士等发展的党组织联合起来，建立支部10余个，发展党员100多人。

1928年，被派到下邑后与共产党员刘连元一起，打击地主的嚣张气焰，并在斗争中培养、发展党员30余人，建立党支部。是年秋，党领导五里岗农民发动对恶霸地主“活阎王”韩省三的斗争。在县委统一领导下，李永茂等领导农民掀起声势浩大的反土豪、抗捐税、反对屠宰割头税的斗争。次年秋天，他带领部分党员到徐水县杨村镇与满城、徐水等地党员和保定的学生会合在一起，在镇上散发传单、贴标语，游行示威。

1930年6月，完县县委决定农历八月十五起义并做起义的准备。8月19日，因偶然事件决定提前起义。李永茂负责协义、寨子村一带的发动工作。8月20日他到达协义村后立即召集党员宣布起义，全村17名党员带着缴获地主富农的16支大枪，连夜赶到五里岗集合点。21日，在五里岗集合各地党员群众500余人，李永茂任第一大队长兼军法官。25日，起义队伍包围完县县城，与敌展开激战，李永茂身先士卒，英勇作战。伪县长彭作祯和地主葛洛屈勾结保定一团反动军队和易县、涞水、唐县一带的地主武装对起义民众进行重重包围，指挥部根据敌强我弱、弹药用尽、外援断绝的紧急情况，决定由李永茂、李永盛、刘连元等赴保属特委和省委汇报，由韩永录等组织分散突围，转入地下活动。

完县起义失败后，敌人进行血腥屠杀，到处张贴通缉令，捉拿韩永录、李永茂等同志。李永茂毫不畏惧，不久就与协义村党员石进福、五里岗村韩洛叔和保定的一些党员取得联系，恢复保属特委与易县、涞源等地的交通线，还带领其他同志多次化装成洋车工人、商人，冒险运回起义后隐藏在各地的武器，为博野、高阳、蠡县起义奠定基础。

1931年春，特委派李永茂化名李书文，任博野中心县委组织部部长。1932年秋，特委指示创造条件，准备高博蠡一带的农民起义。起义爆发后，李永茂在博野南北白沙一带领导农民行动，收集附近地主富农的枪支。并根据指示带领40余人与宋洛曙等会合，开赴蠡县万安一带集结。但因情势变化，被敌人围追，部队只好分散隐蔽，转入地下。李永茂和湘农二人苦战三昼夜，终逃脱包围圈。为搞好暴动的善后工作，保属特委派李永茂任清苑中心县委宣传部部长，负责联系暴动失散人员。不久又调其到特委工作，任宣传部部长。1932年11月，因叛徒告密，李永茂在保定西关被捕，被押在保定行营。面对敌人的严刑拷打和拉拢诱骗，他始终保持共产党员英勇不屈的气节。1932年，李永茂在保定南关被杀害，年仅25岁。

石　城

石　城（1908—1947）原名石文远，字半梅，南原村人。早年毕业于保定职业学校，随后到东北兵工厂做工。后在清华大学工学院谋得文秘工作，他一面抄写书牍，一面就读于工学院机械工程系。“九·一八”事变后，日军侵略东三省，华北危在旦夕，石城赴江西省南昌机械厂工作。七七事变之后，石城赴延安。民国27年（1938年）就读于陕北公学，1939年随华北联合大学奔赴晋察冀抗日根据地。1940年春，任

石城头等功臣证书

晋察冀军区工业部工务科长。后因军区工业部扩建南厂，随被任命为南厂厂长。1944 年被任命为平西兵工厂生产管理处处长、冀察兵工生产管理处处长。1945 年日军投降后，兵工厂迁至张家口、宣化一带，石城复任晋察冀军区工业部工务科长。1946 年春，石城任新华机械厂厂长。1946 年 10 月，任晋察冀边区工业局第一生产处处长。1947 年 11 月 2 日，因跌伤身亡，年仅 39 岁。

石城同志参与领导创建晋察冀抗日根据地军工事业，面对干部短缺，原料匮乏，设备简陋等重重困难，他满怀抗日救国激情，无所畏惧、呕心沥血、日夜奋斗、苦心钻研，取得突出成绩。晋察冀边区的军工生产，由零散到正规，由小到大，得保战争之供应，是与石城的努力工作分不开的。1948 年 1 月，石城被追认为“人民头等功臣”。

位于曲阳县烈士陵园的石城烈士纪念碑亭（摄于 2002 年）

曹　痴（1916—1989）　北庄村人。青年时期在满城县简易师范学校读书，对国民党反动统治产生不满，对日寇侵华罪行尤为愤恨。1937 年七七事变后，参加抗日救亡运动。1938 年，到晋察冀军区军政学校学习。1939 年 1 月参加革命工作，同年 4 月加入中国共产党。历任满城县抗日青救会主任、徐水县武装部部长、易县宣传部部长、一分区地委秘书长。其间，发动群众开展抗日救亡运动，并经常率领武工队出入在敌占区，打击、分化、瓦解敌伪军，摧毁据点，建立抗日地方政权。1945 年任昌平县委书记。积极领导土地改革，发动群众参军支前。1948 年后，先后任平北分区独立团政委、冀热察独立七师二十一团政委，奉命率部参加平津战役，在解放天津中做出了贡献。1949 年，任四十六军一五九师卫生部政委。

1949 年 9 月南下进入湖南后，先后任省人民政府政策研究室主任、办公厅主任，参加湘西、湘中的征粮、清匪反霸斗争。1952 年秋，参加洞庭湖的整修工程，任省指挥部政治部主任。1953 年任省人民政府副秘书长。1954 年 4 月任长沙市人民政府党组副书记、代理市长；1955 年 3 月至 1959 年 9 月，任长沙市人民政府党组书记、市长。1954 年 5 月任长沙市委第一副书记，1956 年 5 月任书记，1957 年 5 月任第一书记，1958 年 1 月任书记。

1959 年 10 月调任省委统战部部长，1959 年 12 月任省政协副主席。1960 年下半年，主动要求到较艰苦的零陵县整风整社，担任工作队队长，带头参加劳动，同社员同吃同住，出色地完成了工作任务。1960 年 3 月，当选中共湖南省第二届委员会候补委员。1961 年 10 月递补为省委委员。1961 年下半年，湖南农学院五位教授联名写信给省委，反映对《高教六十条》的意见。当时有人认为“五教授上书有反对党的领导之意”“是对社会主义制度不满”，要求省委统战部组织批判。他带队去农学院调查并向省委写出调查报告，得出“五教授上书省委，并无反对党的领导之意，而是他们出于对党的教育事业负责，敢于直言的表现”的结论，得到省委主要领导认可，还得到了中央统战部部长李维汉的肯定和表扬。在省委统战部工作期间，他坚持实事求是，深入调查研究，与党外人士坦诚相见，敢于坚持原则，承担责任，受到好评。

1964 年，调入国家外交部工作。1966 年出任中国驻伊拉克大使。“文化大革命”中受到冲击，

1969 年 12 月，被下放到江西省上高县外交部“五七”干校劳动，1972 年 5 月回到外交部。1972 年 6 月，出任中国驻尼泊尔大使。1978 年出任驻塞浦路斯大使。在任期间，坚决贯彻执行党的外交路线、方针、政策，坚持原则，不卑不亢，广交朋友，积极开展工作。1982 年 12 月离休，1989 年 10 月 26 日因病在北京逝世。

李树棠（1919—1990）　满城县人。1940 年 2 月加入中国共产党，同年 6 月参加革命工作。1948 年 2 月南下到湖北，先后在远安县、五峰县从事地方政权建设工作。先后任中共五峰县委书记、湖北省运输管理局汽车修理厂党委书记兼局长，湖北省公路厅党委办公室主任、组织部长、湖北省航务局党委副书记、书记，湖北省交通厅民间运输管理局党委书记，湖北省交通局副局长、党组纪检组长等职。

白连喜（1920—1950）　北章村（今属保定市新市区）人，化名李振东。参加抗日革命工作后，先在满城县人民武装委员会工作，带领民兵与敌人做斗争。1948 年春，担任冀察地区昌顺县政府秘书兼县粮食局局长。同年 8 月，调任昌顺县南口镇镇长。平津战役打响后，昌顺县驻军校多，南口镇成了全县转运粮草的集中地，每天约有 20 万斤马草用火车从张家口运到南口，然后再用人、畜力车运往县内各供销点，以供应各地驻军急需。白连喜在担任镇长期间，工作任务十分繁重，但他总是忙而不乱，沉着冷静地解决各种问题。

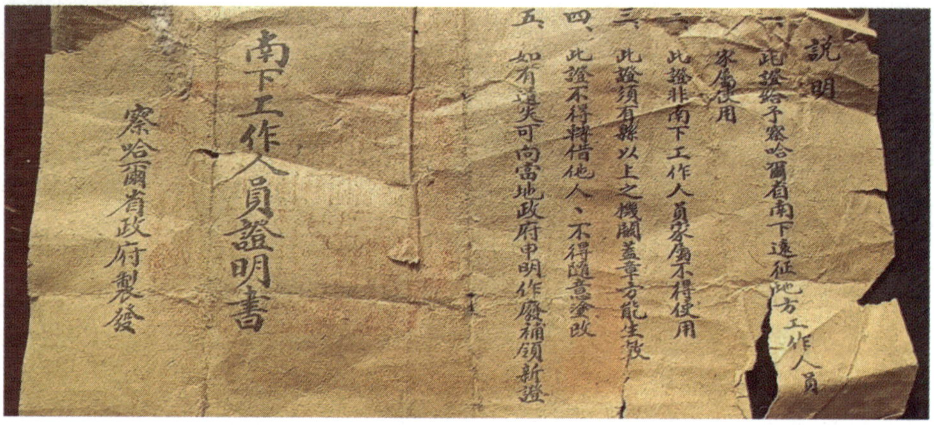
說明
一、此證給予察哈爾省南下遠征地方工作人員家屬使用
二、此證非南下工作人員家屬不得使用
三、此證須有縣以上之機關蓋章方能生效
四、此證不得轉借他人、不得隨意塗改
五、如有遺失可向當地政府申明作廢補領新證
南下工作人員證明書
察哈爾省政府製發

南下工作人员证明书

1949 年，白连喜响应党中央支援新解放区的号召，积极报名离开家乡随军南下，编入晋中南下工作团四大队三中队任南下县长。同年 10 月进入湖南省会同地区后，被安排在专署财粮科任科长，负责部队和地方工作人员生活物资的供管工作，经常工作到深夜。1950 年年初，带人到芷江、怀化等县检查征粮工作，在去怀化县黄岩乡时，途中经洋坪到杨村仅 20 多里路，就先后遭到土匪 7 次袭击，他毫不畏惧，坚持边还击边赶路，没有后退半步，圆满完成了工作任务。同年 4 月，到洪江检查工作并护送一批生活物资，为安全起见，安江驻军四二〇团领导提出派一个班战士护送，但他考虑县里武装力量薄弱，剿匪任务繁重，不同意派部队护送。当走到黔阳县（现洪江市）稔禾溪附近的牛婆冲地段时，遭到土匪伏击而不幸牺牲。

边守俭（1922—1990）　又名来荣，南固店村人。1940 年，参加青年抗日先锋队并任小队长。1942 年 10 月加入中国共产党，任满城县第三区宣传委员，满城县委宣传部副部长、部长。1948 年随军南下，先后任广东省陆丰县委第二书记、书记，领导农村开展地改革运动。1954 年 10 月，奉命赴越南任中国土改顾问团专家助理。1955 年，任国家华侨事务委员会人事科长、副处长，1960 年，任中国驻印度尼西亚大使馆二秘，驻印尼望加锡领事馆领事。1963 年，任广西武鸣华侨农场场长、书记。1972 年，任驻法国大使馆一秘，1980 年，任国务院侨务办公室行政司总务处长。1981 年 5 月离休，享受司局级待遇。1990 年 3 月 29 日在北京逝世。

附：蒋氏家族族谱

蒋氏家族族谱

十世祖（或更早）蒋世湖隆山公于顺治元年（1644 年）随清兵入关，隶汉军镶蓝旗，先落入河北固安。八世祖蒋毓英（字集公）举家迁居满城县杨家佐村，时间约在康熙中期（1692—1700 年间）。历代英才辈出，不仅有知府、总督、督抚、尚书，也有国学家、医学家、革命先驱等。此志书选录其中的杰出代表蒋毓英、蒋攸铦、蒋丰图、蒋豫图、蒋晋图入传，其他人物根据蒋龙光等提供的资料列族谱以记。

十世祖：蒋世湖，隆山公，定居河北固安，诰授怀远将军，晋赠通奉大夫。

九世祖：蒋浩德，于高公，云南督标右营游记，诰授怀远将军，晋赠通奉大夫。

八世祖：蒋毓英，字集公，首任台湾知府。康熙年间举家迁居满城县杨家佐，葬于满城县永安庄石狼石虎沟的蒋家坟。

七世祖：蒋国祥，字梦村，任长芦都转盐运使。

六世祖：蒋诏年（1725—1789），字临泉，官至东平度州知州。葬于满城县杨家佐蒋家坟。

五世祖：蒋攸钦（1748—1779），约园公，经历不详。

蒋攸铦，字砺堂。曾任两江总督、两广总督、四川巡抚、直隶总督等职。去世后依尚书赐恤，家中称中堂老太爷。葬于满城县石井真姑峪蒋家坟。

四世祖：蒋霖远（1799—1829），曾任候补员外郎。

蒋霨远（1802—1860），字濂孙，一作廉生。道光二十八年（1848）起历任山东按察使、河南布政使等职。咸丰元年（1851）升任贵州巡抚。撰有《绳柤斋年谱》。

三世祖：经历不详。

二世祖：启字辈，名不详，号哲生，曾任山东道台。

祖　辈：鸿字辈，名不详，该辈有兄弟 7 人。其中有一位字向云。

蒋家坟范围很大，主要有杨家佐、柳家佐、吴家庄、永安庄、石井真姑峪及南陵山等地。以上 8 代世祖大部分葬于满城蒋家坟的不同墓地。祖辈中仅向云夫妇葬于满城，其他诸公皆故于外地未回归祖茔。

父　辈：蒋丰图（1906—1977），攻读国学与诗词。

蒋豫图（1913—1993），医学家。

蒋晋图（1916—2009），在抗日战争、解放战争和社会主义建设中都做出突出贡献。

上述资料是蒋丰图的长子蒋龙光和女儿蒋亚男、蒋亚娴根据清史稿卷 366 页《蒋攸铦传》《砺堂自撰年谱》（蒋攸铦著）、《绳柤斋年谱》（蒋攸铦著）、《台湾府之志》等史料和亲属提供资料搜集所得。原有家谱在 1968 年“文化大革命”期间遗失。

附　录

一、1997 年版《满城县志》勘误

（一）卷一第 83 页“所谓泊西庄者也，”“泊”字应为“藻”。

（二）卷五第 245 页，第二自然段“1982 年，白沙村牛受国等三户……”中，“牛受国”应为“牛爱国”。

（三）卷十三第 616 页，第三自然段“1948 年春，王子恒、刘万杰带领……，打死二区区长赵志远”中，“二区区长”应为“五区区长”。

（四）卷十七第 727 页，正数第一行、第二行“1947 年春，为村烈士黄顺路开追悼会时，编写了《英雄战士黄顺路之歌》”中，黄顺路应为梁顺录，是满城镇北庄村革命烈士。

（五）卷二十一第 864 页“何兆熊（1904～1934）”中，时间应为“（1907～1934）”。

（六）卷二十一《河北省满城县革命烈士英名录》中，部分烈士的记载有明显错误，列表进行勘误，部分烈士原缺失项目有所补录。

河北省满城县革命烈士英名录勘误表

表附录-1

	姓名	出生年月	籍　贯	参加革命时间	入党时间	牺牲时间	牺牲地点	牺牲时所在单位及职务
原文	康文英	1931	满城镇城内大队	—		1948	城内	城内小队队员
更正		1930		1947		1947. 11		
原文	南纪祥	1921	东马公社北庄大队	1939. 6		1944	曲阳战斗	—
更正								红五团侦察连副连长
原文	朱献瑞	1912. 6	东马公社东马大队	1945		1946. 12	察哈尔	—
更正		1913			1944		察哈尔多伦县	多伦县大队区委
原文	刘德奎	1919	东马公社东佃庄大队	1943. 4	党员	1946. 10	上子口	晋察冀军区独四旅排长
更正		1925				1948. 10	上紫口	

续表附录-1

	姓名	出生年月	籍 贯	参加革命时间	入党时间	牺牲时间	牺牲地点	牺牲时所在单位及职务
原文	张振海	1911	东马公社东佃庄大队	1939		1947	怀安	怀安县三区区长
更正		1916		1938	1937			
原文	冯　同	1913	东马公社西佃庄大队	1939		失踪	—	—
更正		1916.3				1940	易县留岗	晋察冀军区一分区三团战士
原文	冯玉春	1913	东马公社西佃庄大队	1939		失踪	—	—
更正		1915				1940	易县留岗	晋察冀军区一分区三团战士
原文	罗有才	1926	东马公社宋贾大队	1943.3		1943.9	东辛章大队	满城县县大队战士
更正		1922				1946.9		满城县保安大队一连战士
原文	田金恒	1915	顺民公社抱阳大队	1942		1947	两渔大队	满城县独立营战士
更正				1943.7				满城县大队三连八班战士
原文	苑清田	1918	神星公社小楼大队	1941.6		1944	吉林	战士
更正				1940.2		1948	吉林鞍山	东北野战军第四纵队三五团炮营三连连长
原文	田易修	1901	顺民公社抱阳大队	1939.6		1940	易县林泉	晋察冀一分区一连战士
更正	田义修							晋察冀一分区特务营战士
原文	李贵生	1911	神星公社石板山大队	1937.10	党员	1940	涞源县大普车	晋察冀一分区三团战士
更正		1910		1938				独立一师一团一营四连战士
原文	冯玉山	1920	神星公社荆山大队	1942.3		1942.4	满城县石家庄	晋察冀一分区一团战士
更正		1917.2			1942	不详		荆山村支委
原文	宋金禄	1929	大册营公社大册营大队	1948		1948	定县清风店	华北野战军四纵队战士
更正	窦全禄							
原文	张洛伟	1915.10	顺民公社顺民大队	—		1946	保定市	—
更正								中共保定地下工作人员
原文	姚凤鸣	1920	顺民公社抱阳大队	1947.6		1948	山西应县	晋察冀一纵队战士
更正				1946				晋察冀野战一旅三营九连三排三班战士

续表附录-1

	姓名	出生年月	籍　贯	参加革命时间	入党时间	牺牲时间	牺牲地点	牺牲时所在单位及职务
原文	姚国英	1919.3	顺民公社抱阳大队	1939.3	党员	1941.10	唐县葛洪	晋察冀军区工业部五连青年队长
更正				1940		1944		晋察冀军区独立第一师三连班长
原文	雷凤歧	1919.3	顺民公社顺民大队	1941	党员	1948	雄县半洼地	晋察冀二纵队六旅十七团连长
更正				1940		1947		晋察冀军区十九兵团连长
原文	孙玉堂	1910.10	顺民公社守陵大队	1938		1942.4	唐县	晋察冀三分区战士
更正		1911			1939	1944		晋察冀教导旅连长
原文	刘福禄	1953	顺民公社长旺大队	1973.3		1978.11	江西省清江县	三九一六五部队六十二分队战士
更正		1954						四十九师一四五团机务二中队战士
原文	张登乐	1928	顺民公社大贾大队	—	党员	1947.8	大贾大队	大贾大队民兵小队队长
更正	张登尔					1946		
原文	刘勇为	1915	顺民公社章村大队	1938.4	党员	1947.10	蔚县	蔚县二区区委书记
更正		1914					蔚阳县	蔚阳县一区区委书记
原文	魏金铭	1918.2	顺民公社尉公大队	1946.3		1947.10	张家口市	华北野战军十九兵团战士
更正		1920.2		1945.6		1945.12		华北野战军二纵队十六团一营一连战士
原文	姜要东	1923	石井公社石井大队	1939.10		1940.12	易县川角大队	晋察冀一分区卫生部
更正	姜要东							晋察冀一分区卫生部看护员
原文	陈云生	1926.1	西庄公社西庄大队	1946		1947	满城县江城	满城县县大队战士
更正				1945		1948	清苑县	
原文	王世元	1925	西庄公社王辛庄大队	1944		失踪	—	—
更正						1947	张家口	天镇县城关区委
原文	吴吾祥	1913	西庄公社大许城大队	1939.11		1940	涞源大平地	晋察冀一分区二十五团班长
更正	吴呈祥						易县大平地	晋察冀一分区二十五团一营三连班长

续表附录-1

	姓名	出生年月	籍 贯	参加革命时间	入党时间	牺牲时间	牺牲地点	牺牲时所在单位及职务
原文	崔老又	1902	大马坊公社大马坊大队	1938		1940	山西火山	晋察冀一分区三团炊事员
更正		1894				1942	易县东火山	晋察冀一分区一团三营十二连炊事员
原文	王全友	1926	江城公社石家庄大队	1946.5		1948.8	马家山	晋察冀一纵队二旅战士
更正	王金友			1949.5		1949.8		一九三师五七七团三连战士
原文	阎永春	1912	南韩村公社东苟大队	1938		—	涞源王安镇	晋察冀独立一团战士
更正		1915				1942	东苟	晋察冀军区教导团排长
原文	阎老旦	1915	南韩村公社东苟大队	1938		1942	东苟	晋察冀军区教导团排长
更正		1912					涞源王安镇	晋察冀军区独立一师战士
原文	张 锯	1909	南韩村公社大固店大队	1939		1948.7	保定四里营	察哈尔五分区独立营战士
更正	张句子	1910						满城县游击队战士
原文	张德胜	1906.7	南韩村公社大固店大队	1944		1947	保定北关	察哈尔五分区独立营战士
更正		1908				1948		保定北关敌工战士
原文	张房尔	1929.2	南韩村公社大固店大队	1948.2		1948.10	唐县郭家沟	华北野战军一纵队三旅九团战士
更正	张芳尔	1928.2		1948			唐县郭家堡	华北军区〇二一三部队三支队一连战士
原文	张维新	1916	西原公社西原大队	1944		1950	洛阳	连长
更正		1902		1940		1948.11	淅川	河南省淅川县秘书
原文	李学儿	1923	陉阳驿公社高荆大队	1938		失踪	—	—
更正						1939	山东	济南三支队战士
原文	孙丙寅	1912	陉阳驿公社大赛大队	1945		1948	涿鹿县	晋察冀军区二纵队四旅战士
更正	孙丙银	1924						晋察冀军区四纵队十一旅三十三团特务连战士
原文	范锡田	1912.4	于家庄公社郭村大队	1948.12		1951.2	朝鲜	志愿军六十四军五六八团战士
更正		1922.4			党员			志愿军六十六军一九八师五九二团八连副班长
原文	王造成	1922	白堡公社白堡大队	1940		1946.5	保定市南奇村	晋察冀四纵队二八团看护长
更正		1915					满城县江城	满城县大队看护长

续表附录-1

	姓名	出生年月	籍　贯	参加革命时间	入党时间	牺牲时间	牺牲地点	牺牲时所在单位及职务
原文	李洪如	1919	龙门公社西龙门大队	1938		1943	完县留守营	—
更正							完县留守宫	晋察冀一分区三团骑兵连班长
原文	王喜贵	1911	坎下公社东赵庄大队	1938. 5		1939. 10	涞源黄土岭	晋察冀一分区一团战士
更正	王青山							晋察冀一分区一团三营十二连班长
原文	韩忠臣	1926	坎下公社坎下大队	1948. 3	1945	1949. 4	山西太原城	华北野战军五八九团一营三连班长
更正		1925		1947	1943			华北野战军二九七师五八九团一营三连班长
原文	李开明	1918	坎下公社坎下大队	1938	党员	1945	完县贾各庄	晋察冀一分区三团卫生队排长
更正	李克明	1916				1942. 11	西峪	晋察冀一分区三团卫生队干事
原文	王连贵	1913	坎下公社西赵庄大队	1940		1941	易县山西大队	晋察冀一分区一团二营六连战士
更正	王俊芝	1919		1937		1942	易县西山大队	
原文	刘需子	1926. 11	长角台公社黄龙寺大队	1947		1948	甘肃省	战士
更正	刘戌子			1948		1950	四川省	十九师五五团二营五连通讯员
原文	王桂林	1924	大册营公社下紫口大队	1940. 7		1948	易县周庄	华北野战军二纵队四旅十二团二营战士
更正	王瑞林							
原文	张金录	1925	大册营公社大册营大队	1941		1944	顺平县杨各庄	一一五师骑兵团战士
更正	张全录							
原文	宋满吕	1928	大册营公社大册营大队	1946. 7		1946. 10	新城县冀新庄	晋察冀军区二纵队战士
更正	宋满昌							
原文	范水录	1917	大册营公社西大队	1938. 5		1944	徐水县塔里	晋察冀一分区三支队排长
更正	范永录							
原文	景云山	1916. 9	要庄公社两渔大队	1938. 2		1939. 4	完县战役	满城基干队战士
更正	景玉山							华北军区骑兵一营一连战士

续表附录-1

	姓名	出生年月	籍　贯	参加革命时间	入党时间	牺牲时间	牺牲地点	牺牲时所在单位及职务
原文	杨振海	1917	要庄公社周庄大队	—	1942	1946	周庄	满城周庄村党支部书记兼民兵中队长
更正	杨振华							
原文	杨老五	1911	大马坊公社中南韩大队	1940		1944	四川省武川	新四军二十九团一连战士
更正	杨老玉	1912. 2						
原文	石进秀	1916	石井公社协义大队东石庄	—		1944	保定附近	—
更正	石进勇							
原文	刘林子	1922	白堡公社白堡大队	1945		1946	易县介安	晋察冀二纵队十三团战士
更正				1938		1940	易县界安	晋察冀一一五师团部卫生员
原文	苑青海	1908	神星公社荆山大队	1941. 12		1943	满城县石家庄	保满支队秘书
更正	苑清海	1913				不详		荆山村支委
原文	刘贵芬	1921. 3	顺民公社尉公大队	1938. 2	1943. 4	—	晋察冀三分区炮兵连战士	唐县郓城
更正	刘桂芬	1917				1943. 4	阜平十区王家庄	晋察冀三分区炮兵连战士
原文	刘福山	1922. 6	顺民公社尉公大队	1945. 6		1947. 7	张家口柴沟堡	北岳军区新兵十三团战士
更正				1944. 6		1945	正定	晋察冀五分区五团战士
原文	张有三	1922. 12	顺民公社尉公大队	1945. 7		1953. 3	朝鲜	志愿军炮兵师班长
更正	张省三							
原文	石福顺	1920	石井公社协义大队	1937		1947	定县清风店	晋察冀四纵队十一旅二十八团连长
更正	石荣国							
原文	孙怀中	1920	石井公社石井大队	1942		1943. 11	易县杜岗北山	晋察冀一分区三团一营二连战士
更正	孙怀申			1942. 3				
原文	魏国栋	1921	大马坊公社大西良大队	1939. 3		1942	山西大同	晋察冀独立一师一团一营通讯员
更正					1942			

续表附录-1

	姓名	出生年月	籍　贯	参加革命时间	入党时间	牺牲时间	牺牲地点	牺牲时所在单位及职务
原文	齐云鹤	1920	南韩村公社韩村大队	1941		失踪	—	—
更正	斋云鹤							
原文	尹风奎	1921	南韩村公社段旺大队	1939	党员	1941	唐县委庄	满城七区队文化教员
更正	尹凤奎							
原文	柴大路	1917	南韩村公社疙疸屯大队	1937	党员	失踪	—	—
更正				1943		1944		县大队队员
原文	赵焕吉	1919	陉阳驿公社高荆大队	1938	党员	1940	唐县介南	晋察冀一分区一团指导员
更正	赵忠杰							
原文	中文生	1925	陉阳驿公社高荆大队	1948		1949	山西寿阳	晋察冀一纵队二旅战士
更正	申文生							
原文	赵王福	1922	陉阳驿公社高荆大队	1939		1948	山西	晋察冀一纵队二旅战士
更正	赵玉福							
原文	李　贵	1913	于家庄公社郭村大队	1937		1938	完县	晋察冀军区一分区独立一师三团战士
更正		1907						第四支队第十大队战士
原文	于刘柱	1921	于家庄公社南阎童大队	1943.3		1943.8	涞水	晋察冀军区一分区独四旅战士
更正							北京劳训所	保满支队三连战士
原文	张玉林	1912	大册营公社西村大队	1939.7		1946.10	徐水县雁门	晋察冀二纵队五旅十四团一营一连司务长
更正								晋察冀一分区老三团司务长
原文	范树森	1926	大册营公社西村大队	1947		1951	朝鲜	志愿军六十六军战士
更正								志愿军六十六军二〇一师军邮局局长
原文	陈玉山	1915	大册营公社北宋营大队	1940		1942	满城城内	满城县三区区小队战士
更正		1910					满城沿村	
原文	高振乾	1929	白堡公社白堡大队	1948.5		1949.1	山西太原	六十六军五九二团战士
更正		1919		1949				六十六军五九二团卫生员
原文	阎维宾	1915.2	龙门公社南水峪大队	1938		1945.8	涿县良乡	晋察冀十一分区主任
更正		1917					坨里	良乡三区副区长

续表附录-1

	姓名	出生年月	籍　贯	参加革命时间	入党时间	牺牲时间	牺牲地点	牺牲时所在单位及职务
原文	阎松林	1915.2	龙门公社南水峪大队	1939		1945.10	万全县	十三分区万全县秘书
更正					1939			晋察冀军区十三分区行政秘书
原文	石　城	1915	西原公社西堤北大队	1937	党员	1947	曲阳	华北野战军二纵队四旅后勤处长
更正		1908	西原公社南原大队				阜平县	晋察冀军区工业部生产处处长
原文	葛明友	1916	陉阳驿乡辛章屯村	1941.2		1941.10	东村	晋察冀一分区完满支队队员
更正								晋察冀一分区完满支队机枪连连长

二、抗战时期日军在满城制造的惨案

2006年，县委党史办走访调查抗战时期日军在满城制造的惨案，撰写了专题报告，揭露日本侵略者的滔天罪行。报告总结了日本侵略者在满城制造的许多惨案，其中较大的有白堡惨案、马连川惨案、魏庄惨案、东佃庄惨案、荀村（东、西荀村）惨案。《满城县志》（1997年版）记载了魏庄惨案和东佃庄惨案，此次补录白堡惨案、马连川惨案、荀村（东、西荀村）惨案。

（一）白堡惨案

白堡村在抗日战争时期隶属满城县七区管辖，全村600多户，2000多人口。1940年建立党组织和村政权，同年建立工、农、青、妇等群众团体组织。村党组织作用坚强，群众基础较好，抗日情绪比较高涨。白堡村既是日军向根据地进攻的前沿，又是晋察冀抗日根据地的门户和歼敌前哨阵地，因此是敌我双方互争之地。

1937年9月23日，日本军队从保定北渡过漕河（大册河）（摄影：日本军人）

当时晋察冀边区一分区第三区队驻白堡村，在敌强我弱的情况下，按照毛泽东提出的“保存自己，消灭敌人”和“敌进我退，敌驻我扰，敌疲我打，敌退我追”的游击战方针，夜间出山袭扰消灭敌人，白天则在村内休整和宣传抗日，发动群众坚壁清野，组织训练民兵，为部队输送兵源。

1941年，敌人为巩固和扩大占领区，采取深沟堡垒、分段封锁、步步紧逼的策略，从点、线向面发展，以达到缩小抗日根据地，消灭八路军、游击队的目的。在满城县境内山区修公路、挖封锁沟，把其构筑的据点、炮楼连接起来。敌人白天驱赶老百姓为其筑楼、挖沟和修路，而抗日根据地的民工白天怠工，晚上民兵们进行破坏，使敌人无立脚之处，不能如期达到缩小根据地、消灭抗日有生力量之目的。为此，敌人对驻白堡村的第三区队和白堡人民恨之入骨，伺机进行报复。

1941年5月6日，日军集结满城、大册营、市头村、徐水县大王店等处的日伪军近千人，对白堡村进行突然袭击。与此同时，三区队同志接到上级发来“敌要对白堡进行突袭扫荡”的通知。为保存力量，三区队的同志就在夜间转移到了易县楼山（晋察冀边区第一分区所在地）根据地。

1937年9月23日，日军在漕河南岸挖的壕沟（封锁沟）（摄影：日本军人）

第二天拂晓，敌人分南、西、北三面包围了白堡村。首先抢占制高点，在村西南角半壁山上设一射击点，控制向西南外出人员；在村南（南台）设一射击点，控制向南外出的人员；在北大寺（村西北角土台高九米左右）设一射击点，控制向西北方向外出的人员。白堡村东接徐水县，敌势力较强，未设射击点。

三路日伪军包围白堡村后，首先向村内进行炮轰和机枪扫射，瞬间，枪炮声划破宁静的长空，村民们被突如其来的枪炮声惊醒，茫然不知所措，有的钻进炉坑，有的依附在屋犄角，有的钻到柜子底下，有的扶老携幼向外奔逃，整个村子乱作一团。扼守在制高点上的敌人，看见外逃的人，不管男女老幼开枪就射，打死30多人。未向外逃的村民见逃出的大都被打死，索性躲在村里听天由命。天亮后，日军见再无外逃的人，就扑进村里，挨家挨户进行搜查，搜不出三区队或可疑的人，就抢财物，抓畜禽，放火烧房子。田老保的祖母见日军抢她家东西又烧房，上前阻拦，被日军活活挑死；李老生的母亲破口大骂日军，结果被绑上扔进山药窖；开药铺的杨老贯从炉坑里被搜出来，也惨死在日军的刺刀下；在白堡街上开染房的杨老纬（易县松山人），见日军抢他的布匹、烧他的染房，上前阻止，也被日军用刺刀扎死。

日军见搜不出三区队的人，就把田冬瑞、魏春明、崔克昌、田冬亮抓去审问。田冬瑞被活活挑死，魏春明、崔克昌、田冬亮被严刑拷打，遍体鳞伤，后被扔到山药窖里烧死。刘贯英一家七口，被打死五口，带伤两口。田华、田茂（青抗先队员）向村外突奔时被枪杀，田冬恒见二子血肉模糊的尸体，一气成病，没过几天也就去世了。

日军在白堡村烧杀抢掠整整一天，到傍晚才撤走。三路包剿的日军走后，从易县界安又来了四、五百日伪军，对白堡村再次进行烧杀抢掠一夜，到第二天才走。

此次扫荡，白堡村被日军枪杀、刺、烧死42人，打死牲畜数十头，财物抢劫一空，鸡几乎被全部逮住吃掉，烧毁房屋400余间，整个白堡大街，南北铺户变成一片废墟。

（二）马连川惨案

1941年，日军对山区根据地扫荡之前，满城县政府及各机关驻地在南峪、翟家佐一带。一区区公所驻地在石家庄，当时蔡嗣哲任区委组织委员。当年秋，分区对各县进行了反扫荡的布置。

大扫荡开始后，大部分敌人已经进山。日伪军组织讨伐队经常去平原和山区边沿地区进行突击包围。一天，蔡嗣哲和王凤阁到大楼一带去检查反扫荡工作，行至神星村西南向荆山拐弯的地方遇到敌人。王凤阁走在前面，他首先发现立即说了声“敌人!”就在同时，蔡嗣哲也发现一个日军骑着马离他们很近了，俩人撒开腿就跑。这条路西面是漫山坡，东面是一条河，长满了芦苇。王凤阁向山坡上跑，被敌人追上捉住。蔡嗣哲跳入河中钻进苇塘，逃了出来。

过了几天，敌人在神星安了据点。农历八月十五（大概时间）那天，区长尹仁重带着蔡嗣哲等区小队的人，还有修造所的魏文成、老陈等在马连川一户农家开会。时间不长，区小队站岗的匆忙跑进来报告说被敌人包围了。尹仁重带领大家急忙向外跑。这家没后院墙，一出屋就可以上山。大伙冲出屋跑上山坡。敌人立即追赶，在山坡上混在一起开了枪。大家边打边退，大部人冲了出来，可是区长尹仁重和区宣传委员何纪舟、小袁（名字不详）等牺牲在山坡上。

在大家往山坡上冲的时候，魏文成没有跑出来，他藏在这家院里的一个粮食囤下。当敌人返回来要撤走的时候，他以为自己暴露了目标，开枪自尽。

这次惨案的发生是由于叛徒王某的出卖。从此以后，敌人经常出来突击活动，使一区的环境很快恶化。

（三）荀村（东、西荀村）惨案

1944 年，农历十月初八清早，日军突然扑向东荀村李福海家，将李福海之母扔到山药窖里活活烧死，并抢走藏在地道里的 1500 余公斤粮食。区委书记李金亮、张宝栓率游击队进行阻击。

1945 年，由于西荀村汉奸陈木申与敌人勾结，将党的机密全部报告给敌人。农历四月初二早晨，约 200 多名日伪军闯入西荀村，入村后就杀人放火，破坏地道。地道口被敌人发现后，就往里放烟火、放水、放毒，毒死了陈连杰、孙胖儿，杀死张老虎之母，逼死陈洛臣，还烧毁几十间房屋，房屋大部分是村干部的。

同一天，东荀村也遭到敌人袭击。从西荀村通向东荀村的地道被敌人发现后，敌人将地道口一头堵死，从另一头往里放毒、放烟、放火，然后封闭地道口。毒死 11 人，毒打致残 1 人，烧毁房屋 200 多间，抢走羊 30 多只，猪 20 多头，鸡几十只。

东、西荀村惨案发生后不久，县委书记李陶庭率人到西荀村将汉奸陈木申就地枪决，为国为民除了一大祸害。

三、黄甫俊烈士《祭文》《悼词》手稿存录

黄甫俊烈士，江西省上犹县人，1932 年参加中国工农红军，1934 年随军长征。抗日战争时期，在晋察冀参加抗战。历任政治干事、政治指导员、政治教导员、保满支队长、新二团副团长、三十四团团长。1945 年夏，指挥解放南北奇村伏击战，8 月，率新二团解放满城城垣，而后解放满城全境。1948 年 6 月，在解放香河战役中牺牲，年仅 31 岁。1949 年 4 月，为纪念黄甫俊烈士，满城县党政军民各界举行了隆重的追悼大会。县长陈希亲撰碑文，树碑以纪。黄甫俊烈士《祭文》手稿和县长陈希起草的追悼会悼词原文现保存完好，拍照录存如下。

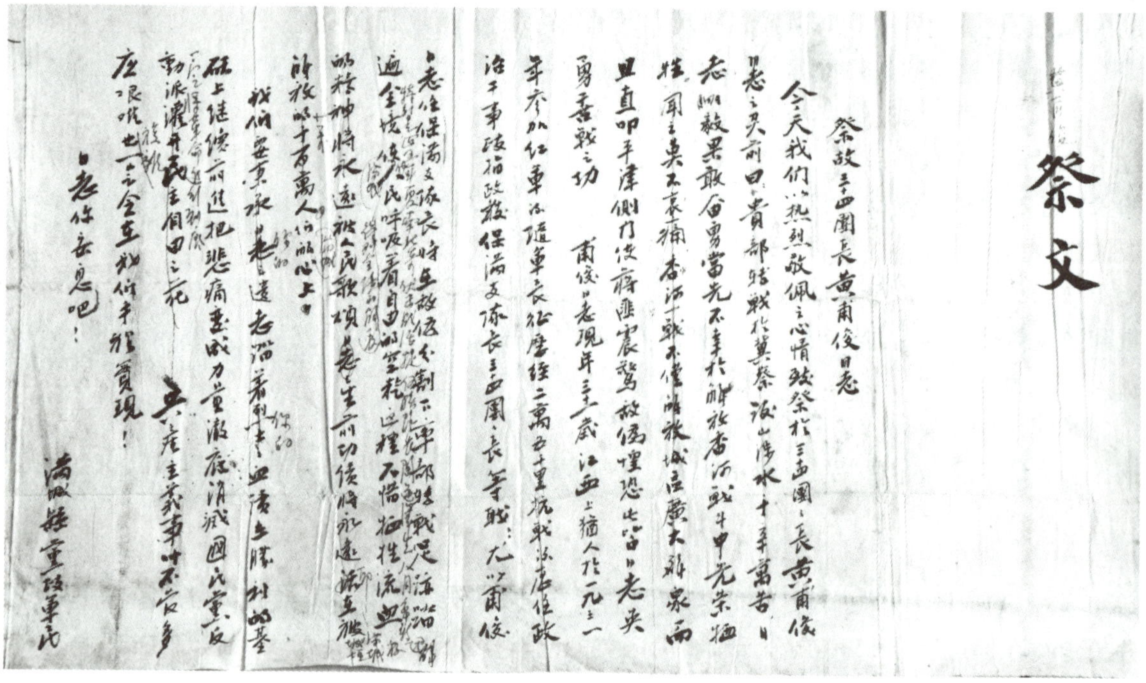

祭文

祭故三十四团团长黄甫俊同志

今天我们以热烈敬佩之心情致祭于三十四团团长黄甫俊同志之灵前。回忆黄甫俊同志转战于冀察，涉山涉水十年万苦，同志刚毅果敢，奋勇当先，不幸于解放满城战斗中光荣牺牲……

黄甫俊同志现年三十一岁，江西上犹人，于一九三一年参加红军……

……

满城县党政军民

黄甫俊烈士《祭文》手稿

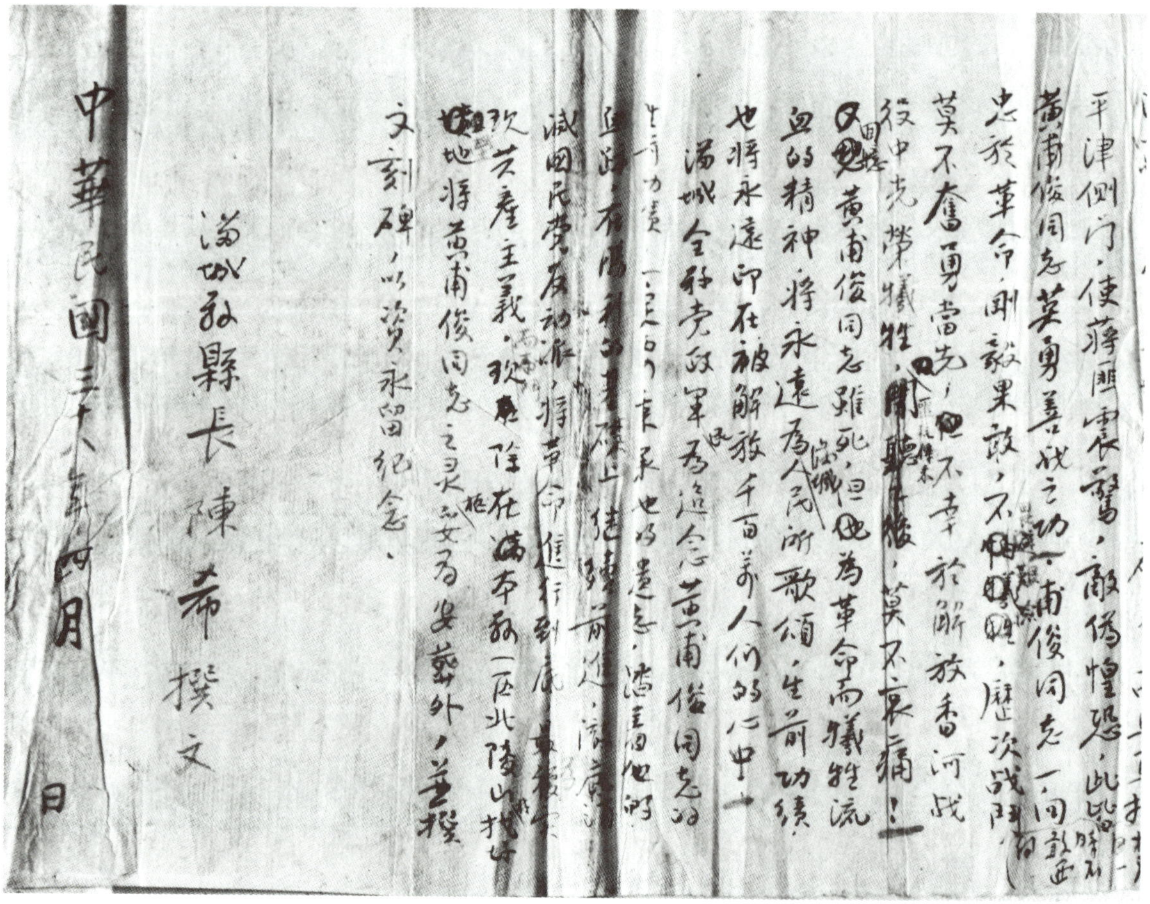

平津侧门，使蒋匪震惊，敌伪惶恐，此皆黄甫俊同志英勇善战之功。黄甫俊同志一向忠于革命，刚毅果敢，不怕困难，历次战斗莫不奋勇当先，不幸于解放满城战役中光荣牺牲，莫不哀痛！

黄甫俊同志虽死，但他为革命而牺牲流血的精神，将永远为人民所歌颂，生前功绩，也将永远印在被解放千百万人们的心中。

满城全体党政军民为追念黄甫俊同志的……

……并撰文刻碑，以资永留纪念。

满城县县长陈希撰文

中华民国三十八年四月 日

1949年，满城县县长陈希起草的黄甫俊烈士追悼会悼词原稿节选

四、两篇关于“大跃进”的回忆文章

根据县委党史办提供资料，收录范喜明的回忆文章《我对有关20世纪50年代“大跃进”的片段回顾》，据姚国礼口述整理的《我所经历的1958年“大跃进”》。

（一）我对有关20世纪50年代“大跃进”的片段回顾

范喜明

根据中共保定市委党史研究室精神，我对上世纪50年代“大跃进”的片段进行了回顾。现在看“大跃进”完全是出于好心、目的不错。但缺乏科学发展观，不按客观规律办事，做出了一些错事蠢事。虽然经中央发现做了纠正，但也付出了沉重的代价。接受“大跃进”的经验教训，这些又是宝贵的精神财富。

愿与同志们，特别是老同志们一起回顾历史，总结经验教训，做到与时俱进。

提起上个世纪五十年代的“大跃进”，一幕幕的场景就浮现在眼前。

那是在社会主义改造基本完成之后，党的工作重心开始转移到社会主义建设上来，中央制定了“鼓足干劲、力争上游、多快好省地建设社会主义总路线”与“大跃进”“人民公社”并称三面红旗。当时全国上下，人心沸腾，积极性空前高涨。

在我的记忆里，“大跃进”的号角好像是徐水县吹的最响。当时徐水县委书记张国忠的一些想法和做法得到了河北省和中央的肯定。毛主席和中央其他领导同志都相继到徐水视察。

那时有个口号叫“跑步进入共产主义”。农村体制叫“人民公社”，一大二公，好像社会财富很快就要极大丰富。可以由“按劳分配”进入“按需分配”阶段了。

由于不讲科学，人们的积极性很快衍变成一种激情与狂热，事事都讲大干快上，放火箭、放卫星。自上而下层层下达高指标，很快酿成了弄虚作假的浮夸风，瞎指挥风。现在看来这都是干了一些愚蠢的、荒唐的事。

下面我讲几件印象较深的事。

办红专大学

1958年由河北省教育厅副厅长张坚白带队，有十几名教育系统的干部下放到满城劳动锻炼。张坚白副厅长兼任满城县人民政府副县长，在他的倡议下，办起了红专大学。他兼任校长，县教育科副科长马长海兼任副校长。跟张厅长下放的干部调任为红专大学老师。当时我任教育科教研室视导员。教育科科员王云祥、县夜校老师米士友，我们三人也调红专大学帮助办学。学校设师专班两个，分别为文史班和数理班，另外还有一个农专班，一个医专班。学生来源，师专班是抽调小学教师和部分在校高中生，农专班是部分农村技术员和在乡知青，医专班是农村赤脚医生。这两个班的老师是农业局的技术干部和在职医生。为了工作需要，调农业局秘书张跃先任红专大学副校长。我后来担任了教务处副主任，王云祥担任团委书记，米士友当了政治教师。

因当时为适应“大跃进”的需要，完县、满城两县合并，开始叫满城县，后来叫完满县，县委政府机关搬到腰山中学。满城县政府旧址即为红专大学校址。机关改学校，首先就是劳动建校，同时还要参加社会活动，如大炼钢铁，校办工厂等，基本不上文化课。

学校要办工厂，办什么厂、买什么机器都没有定论。办厂的经费，当时县政府决定，北劳改队的税收归红专大学使用。那时我大哥在内蒙古包头坦克制造工厂工作，学校派我到包头探讨买机床的事，没有成功，只买回了一些“板牙”，也毫无用处。后来学校办起了孵化小鸡的暖房，由总务处张文聪和曹连第负责。因为没有经验，大部分孵成了“毛蛋”，人们吃了不少油炸“毛蛋”。

红专大学说是又红又专，实际什么也不像，后来决定与满城中学合并，才开始正规上课。我1957

年参加了河北省教育厅在保师举办的教育行政干部训练班，系统学习了“凯洛夫教育学”，这回派上了用场，担任了红专大学师专班的“教育学”课程。

满城红专大学自与满城中学合并后也就自然消失。红专大学的学生毕业后基本上都分配了工作。

千斤粮万斤薯

“大跃进”时有个口号叫“人有多大胆，地有多大产”。当时要亩产千斤粮、万斤薯，简直是天文数字。为保高产，一是搞深翻土地，要一尺以上，理由是地越暄越有利于根系生长；二是搞高度密植，理由是种子下的越多越增产，一颗种子多长一粒也能获得成倍增产；三是多施肥，提倡秸秆沤肥，一层黄土一层秸秆，然后浇清水，根本不等发酵就往地里运；四是浇地大水漫灌，多长的地头也是从这一头一直浇到那头，号称社会主义大畦。

在生产组织上搞军事化、大兵团作战，上下班打钟为令。县里经常组织大检查，开“飞行会”“插红旗”“拔白旗”。(先进的插红旗受表扬，落后的插白旗挨批评。有进步，拔掉白旗，再插红旗。)由于自上而下层层下达高指标，很快酿成了弄虚作假的浮夸风。

有这样一个具体例子，即当时陉阳驿公社书记、县委委员段文明，坚持实事求是，绝不瞒报、谎报。他的这种做法受到人们的同情和支持。县委派当时的组织部长赵子全给他做工作，要他按县委意图报产量，他坚持不肯，最后受到了党内警告处分后调离。1965 年，我带队参加河北省文化工作会议时（当时省会在天津)，在河北宾馆见到了他，他时任河北宾馆行政处长，谈起往事，对他仍充满敬意。

还有一些应付检查，弄虚作假的事，如把其他地里的粮、棉弄到一起说成一块地里的产量等等。

在收获季节，人们也不再精收细打。有的收红薯根本不刨净，据说还有用犁杖耕的，当时守陵村从山东引进优良品种“岱字棉”获得丰收，摘棉花时，只摘大朵棉。运棉的大车沿途丢掉的棉花也无人拾了。

因为“丢、烂、糟”现象严重，丰产不能丰收，再加上 1960 年的天灾人祸，开始了三年的生活极度困难时期。

吃食堂

为了适应“大跃进”的需要，土地归大队集体所有，公社社员都是集体参加劳动，集体食堂就应运而生。

1958 年天公作美，农业获得了全面丰收，再加单干和互助组时人们攒下的积蓄，还算是丰衣足食。因此在食堂用餐时也不限量，条件好的大队食堂还吊上半爿猪肉供人们改善伙食。

随着浮夸风、弄虚作假风的盛行，庄稼歉收，集体食堂越来越不适应人们的需求，不得不解散，人民公社体制也改为“三级所有，队为基础”。

1960 年生活困难时期，实行粮食定量供应，机关工作人员每月可供 25 斤，至于农村人口，更是多少不等，由于粮食奇缺，不得不实行“低指标、瓜菜代”，最困难时期，农村树皮、树叶、玉米核儿都成了代食品。

县委机关食堂分大灶、小灶。所谓小灶，是供少数领导和病号用餐的，主食也是窝头和白水熬白菜，上面可以加上一勺小炖肉。大伙房多是红薯面窝头或胡萝卜菜饭和照见人的稀粥。我们宣传部有个年龄较大的杨英玉同志，刚吃过饭拍着肚皮叫着“好饱、好饱!”但尿过两泡尿，不到下顿开饭时间就饿得够呛了!

县委、县政府曾召开全县“吃饭大会”，专门介绍“低指标、瓜菜代”的吃饭经验。

县食品厂专门研究过食用菌和人造肉的制作方法。所谓“人造肉”就是用什么东西经发酵长出的一层发酵膜。

那个年代，人们因为营养不良而浮肿，农村老、弱、病、残因此而失去了生命。

大办食堂也成了一个历史过程。

修水库

因为易县面积比较大，西南部山区距县城较远而且贫穷，于是上级决定将岭西区五个公社划归满城县。

“大跃进”中，为了兴修水利改造自然，决定在刘家台、龙门、马连川修建水库。

当时我在县委宣传部工作。曾跟随县委常委、县检察长陈瑞庭到岭西区各公社检查生产，有时就吃住在刘家台水库指挥部，所以曾目睹了一些情况。

拦洪大坝选择在刘家台下游两山之间最狭窄处，大坝修成后可阻拦龙居、黄龙寺、车厂三道沟广大山场面积的洪水。

水库修成后，刘家台、车厂等村就成了库底，于是就移民迁到江城、于家庄等地。

修水库先是清基，抽调排灌机械抽水，以钢筋水泥浇铸，抽调壮劳力昼夜推土、担土鏖战，完全是靠人海战术，拖拉机碾扎，人工夯实。因为劳动量大，吃饭也不限量。身体弱一点的是顶不下来的。

水库修成后，下游基本上也没听说发挥了多大作用。1963 年发洪水大坝被冲垮，下游高士庄、岭西、坨南、石井、土门、孙村等地，大部分土地、房屋被冲毁，造成了巨大的人畜伤亡和财产损失，真是劳民又伤财。

因为我们不是专门负责水库工作的，只是亲历的一些现象。

龙门水库也一样，原属中型水库，虽然没有垮坝，但也属病库，经常需要国家拨款维修，下游虽然也修了龙门东渠、西渠，受益面积也很小。

马连川水库也经常干涸。

与此同时，柳家佐一带因为祖祖辈辈的雨水冲刷形成了多条深沟，为拦洪蓄水也修了一些小水库，号称“葡萄串”水库，实际一点作用没有。

在平原，如大马坊一带也挖土建水库，号称“平原水库”。根本没蓄过水，后来成了热电厂堆煤灰的地方。

在这里说明一点，我并不否认国家投资修建的一些大型水库的作用。

大炼钢铁

1958 年大炼钢铁，背景是要发展工业，特别是发展重工业必须要有足够的钢铁，那时有个口号叫“赶英超美”，年产要达到 1070 万吨钢，于是就出现了一个全民大炼钢铁的运动。

我县成立了大炼钢铁指挥部，地点在完县干城（完满合县时期）。那里建了一些炼铁高炉，其他各地也建起好多炼铁点。后来满城也在魏庄建起炼铁小高炉，矿石和用煤都是经大炼钢铁指挥部开信无偿调拨的。因为这种炼铁炼钢都是土法，根本达不到温度，成不了铁，更成不了钢，矿石放在高炉里烧成红色就算成了铁，名曰“结铁”。后来为应付上级要求的炼铁指标，就在各家各户收集废钢铁上交。所以各家的门窗、箱柜上的铁吊拦儿都被拆卸下来上交了。

除四害

为了保护人民的身体健康，减少粮食消耗，毛主席号召“除四害”，即彻底消灭苍蝇、蚊子、老鼠、麻雀。

因为是毛主席号召，各行各业，全民动员，层层发动，下达指标。县、公社成立除“四害”指挥部办公室，掌握动态，随时汇报取得的成绩和战果。消灭了多少老鼠，要上交老鼠尾巴。厕所茅坑撒 666 粉，发动小学生挖蝇卵，掏麻雀窝、火枪打麻雀等等。

县和公社设立防空哨，监视麻雀飞行方向，有的麻雀因为没有落脚之处，累得自己就落在地上。

有一个公社向县除“四害”办公室汇报时说：“发现几只麻雀已经向某某方向逃窜！”成为笑谈。

后来，经科学家鉴定，麻雀吃害虫比吃粮食要多得多，因此麻雀不但不是害鸟，而且是益鸟。

“大跃进”时代永远成为了历史，然而正是因为走过这样一段弯路，经过总结经验教训才激起了人们的理性思维，拨乱反正，让历史的车轮沿着伟大复兴之路滚滚向前！

（范喜明，曾任中共满城县委常委、宣传部长，政协主席。退休后任老干部协会会长）

（二）我所经历的1958年“大跃进”

口述：姚国礼　整理：康景文　曹艳霞

我叫姚国礼，保定市满城县人。1958年“大跃进”时我任满城县黄龙寺乡党委副书记。现将我亲身经历的“大跃进”过程回忆如下：

1957年11月，原属易县的岭西区（第八区）及下属岭西、刘家台、娘娘宫、黄龙寺、坎下五个乡划归满城县。

当时县委号召干部去山区工作，我就和爱人田淑菊响应县委号召，志愿到西部深山黄龙寺去工作。当时我在县委农村工作部，她在要庄乡妇联。经县委批准，我俩一起于1958年的农历正月初五去了黄龙寺乡，我任乡党委副书记兼党委秘书，田淑菊任乡妇联主任。乡址在黄龙寺塔地，南距保涞路20华里，全是河套卵石路，连自行车都不能骑，到县开会都是推车20里到刘家台乡再骑车到满城。回去时骑车到刘家台乡再推车20里到黄龙寺乡政府。我新买的一辆飞鸽牌自行车被河卵石磕碰的成锯牙了。

当时黄龙寺全乡2个行政村和12个自然村，总户数266户。黄龙寺村有9个自然村庄，174户，塔地、抓髻、龙堂儿、八亩台、西沟口、西沟、禅堂沟、东奥沟、东沟9个自然庄，统称叫黄龙寺。长角台村，当时不叫长角台，叫三合，共92户。由薄家台、长角台、芝兰沟3个自然庄组成，因此又叫三合。全乡顺山沟弯曲全长20多里。山高山多坡陡，多是梯田山埝，很少有平地。

这一年会议特别多，动员会、汇报会、电话会、现场会、飞行会，三天两头开，无论什么会都离不开“总线路”“大跃进”“人民公社”三面红旗。

总路线

“鼓足干劲，力争上游，多快好省地建设社会主义”总路线，是指导当时各方面工作的根本方针。因此，县、乡、村不管哪级召开会议，都批判对“大跃进”表示怀疑的人。肯定一切成绩都是在高举总路线的旗帜下取得的，高举总路线这面红旗不动摇。

大跃进

在批判“反冒进”的同时，提出“破除迷信、解放思想”，要“敢想、敢说、敢干”。当时的口号是“敢想敢干，大干快上”“人有多大胆，地有多大产”“实干苦干加巧干”。昼夜鏖战，一天24小时地干。当时的中心工作有三项：一是农业大上，二是除“四害”讲卫生，三是大炼钢铁。

（一）农业大上

山区的农业生产主要是造梯田。造梯田劳动强度很大，黄龙寺这一带山很陡，垒堑的石头大部分是从下边抬上去的，这样的活儿不光是累，而且还危险。上级说黄龙寺沟是很理想的人造梯田战场。因此，每天晚上电话会议上都要报进度，每半月全县联合大检查一次，检查团由一名副县长带队。汇报时由书记和我协调进行，书记有任务时由我汇报。

1958年春夏之交，有一次我连夜整理资料准备第二天向县检查团汇报。白天汇报了，晚上又向县委电话汇报，汇报结束后，县委又通知开飞行会，说保定行署通知，第二天早上八点在定县考棚召开山药栽培现场会，各乡必须去一名书记或副书记参加。经研究，乡党委决定派我去参加，当时已经是凌晨两点了，那时又没有交通工具，只能徒步去定县。我和刘家台乡联系后，方知刘家台乡让陈英副书记去参加，他在龙居家里，我们二人约定在慈家台村北大石头上碰头。因太累了，我们在大石头上睡了一会儿。然后步行经完县、望都连夜赶往定县，于第二天十点多钟到达会场。

正赶上听一个县的县委书记发言，他说："今年我们县的山药要长桌子这么高。我们的山药根要穿过地球扎到美国，我们的山药蔓长出亚洲，长到欧洲，经过美洲，长到大洋洲"。保定行署专员在总结时说："唐县的大山药能长到桌子这么高，你们别的县为什么达不到，不要讲条件论嘛，要解放思想，才能创造奇迹。"这次山药栽培现场会是在考棚村外一块山药地旁召开的，并在这块地里搞了栽培山药样板田，就是用土由南往北整了两道马鞍形的土岗子，每道三米长一米高。每道土岗的东西两面栽培了山药秧，以扩大栽培面积，还安上了水管，作喷水浇灌用，并安上了几个灯泡，晚上增加光照，以使山药增产丰收。并以此样板田让参加会议的同志们参观学习。

有一次县里召开养猪积肥汇报会，有一个乡先汇报了，等其他乡汇报完后，他觉得自己汇报的数字小了，站起来说："刚才我报数字时不慎将后边的0丢了，在我报的数后边再加个0"。

田淑菊到乡上任时已怀有六个月的身孕，上任后也是不分昼夜地走河套、串山庄，配合中心，搞好本职工作，特别是到田间检查生产时，已经是怀孕临产前的身体，还跟着走梯田、串山埝、上高山，前边有人拽，后边有人推着，走陡坡过山梁。农历四月二十，她的产期快到了，要生孩子，因离县医院远，山道不好走，不能下山生孩子，我就给修刘家台水库的卫生所打电话求助，所长李功放下电话就急忙徒步赶到黄龙寺乡政府驻地，给田淑菊接了生，顺利产下了一个女婴。在乡驻地度过了产期，孩子出生40天时，由田淑菊抱着女儿，我打着雨伞（怕烈日晒女儿脸部），我们徒步80里，一路换着抱女儿，换着打伞，回到家乡抱阳村来找"奶母"，因找不到，就又抱回岭西村，找好了"奶母"后，我们又回到黄龙寺乡继续工作。因当时的政策是脱产女干部的产期就是40天，如超过40天不上班，最低是警告处分。

（二）除"四害"讲卫生

除"四害"就是消灭麻雀、老鼠、苍蝇、蚊子。为了发动群众，大街的墙上、学校的墙上都画上了漫画，消灭一只苍蝇就是消灭一个敌人。因为每天晚上县里电话会议都要各乡汇报除"四害"的进度，乡里向村里催得也很紧，有的村为了显示成绩大，就出钱买群众打死的老鼠，以增加上报数字。

有一次县里召开除"四害"讲卫生电话汇报会，由我代表乡里汇报，汇报完进度后我说："黄龙寺山沟虽然长二十华里，但那里的麻雀，我们发动群众保证在三天内消灭完。"我说完后，听电话会议的各乡人员都笑了。

（三）大炼钢铁

发动各村群众垒了很多炼铁炉，挖矿石的挖矿石，用驴到满城煤场驮煤，每天都有任务，每项工作都有专人负责，还有专人负责统计。任务完不成，就挨家串户地找生铁，把锅等铁的东西砸碎放进炼铁炉熔化成铁水充任务。各村的群众都动员起来了，白天黑夜连着干，将炼出来的铁疙瘩逐级上交。后来，煤烧完了，大炼钢铁也就不炼了。

1958年10月，我和爱人田淑菊被调到岭西大公社工作，我任党委组织部长，她任妇联主任。当时大公社相当于原来的区，下辖五个乡级公社。

人民公社

"共产主义是天堂，人民公社是桥梁"，这个美好的口号，当时响彻了广大农村，它的特点是"一大二公"。

1956年成立高级农业生产合作社，一村一社。1958年9月成立人民公社，原来的乡政府一律改为人民公社，即政社合一，原来的村公所一律改为村生产大队。

后来，人民公社办起了公共食堂，吃饭不要钱，随便吃。这下人心沸腾了，“共产主义”似乎只有一步之遥了。

人民公社化了，“共产主义”到了，一切都要归公了，社员们的思想都很纯洁，领导让干什么就干什么。

时值深秋，新的情况出现了，地里的棉花没人摘，棉朵在棉桃上向下耷拉着被雨水淋黄了。县里棉花收购站只收抱阳产棉区的棉花，说那里产的棉花质量好、棉绒长，别的地方的棉花不够格，后来别的村交棉花时都说是抱阳村的。

北台鱼大队的柿子没人摘，已经进入农历十月了，柿子仍挂在树上，皮都晒成紫红色的了，都软了，风一吹就吧嗒吧嗒往下落。树下一片烂柿子，人们随意摘着吃。

岭西的山药开始没人刨，眼看入冬了，就用犁耕，人在后边拾。

那时还有一个特点，就是征地、征调民工非常容易。江城石庄建飞机场、刘家台、马连川、大马坊修水库占地都是只给了点儿青苗补助就解决了，占多少算多少。修水库征调民工也很容易，派谁去谁去，反正在哪儿干活都是干。不光是本县修水库，易县修龙门水库，唐县修西大洋水库时，满城始终踊跃参加，都按要求派民工。

（姚国礼，曾任满城县建设局局长，离休干部）

五、关于抱阳村锦衣卫将军和皇妃的逸闻

明朝末年，抱阳村有一农户，父名田友山，育有两男一女。其家世代勤劳，生活富裕，子女还识得文字。

天启年间，连年灾祸，民不聊生，田家生计也难以维持。父亲就让长子田可久携小妹外出谋生。兄妹俩一路打工，一路讨要，辗转来到皇城北京。恰好这年皇宫招人，哥哥就到皇宫铡草喂马，妹妹进宫洗衣做饭。不久，因勤劳忠厚，又会一些武功，田可久被送入守卫皇城的卫队，后又升为锦衣卫将军，把守皇城大门。崇祯登基后，皇宫选妃，田可久的妹妹天生丽质，被选为嫔妃。据明朝崇祯八年（1635 年）抱阳山《创修华严庵碑记》载：“本村众善人等田友山暨长男在京锦衣卫将军田可久，次男县吏田可立等创盖正殿三间。”文末有“督工善人黄门田氏”字样，居其他人名之首，且高出其他名字两格。据《通典・职官三》释义，此处“黄门”意为宫禁。《辞海》释宫禁为“帝王所居之处。”故推断，黄门田氏即田可久之妹田妃。

李自成起义军攻入北京后，崇祯帝自缢景山，明朝部分官员跑回家乡，部分官兵护卫皇子们逃往南方。田可久带领部下抬着妹妹连夜跑回抱阳，跟随的还有一个贴身宫女和一个太监。

回抱阳后，兄妹二人不便在家生活，就到华严庵带发修行。为了生计，田可久和众僧在山上开荒种粮种菜。田妃则潜心修行佛法礼仪。田可久死后，家人按平民礼仪葬于抱阳村东其祖茔附近。田可久从北京逃回时随身带一把佩刀，现仍保存在其后人家中。田妃圆寂后葬于抱阳山西主峰下，其墓为一圆塔，后人称姑子塔。跟随的太监死后葬于离塔不远的柱子附近。随行宫女死后葬于抱阳山“四克顶”稍下，根据山的走势，此山当地人称为“大姑娘肚子山”。

六、黄土寨藏宝之谜

黄土寨是位于石井乡境内东侧的一座船型小山，与满城镇毗邻，海拔 425 米。1974 年，离休干部边守道听人说山顶有首诗，出于好奇，登上山顶找到了这首刻在山石上的诗。经多年登山探索，对诗句分析、拆解，结合有关史料研究、印证，得出此山藏有明初燕王夺权（靖难之变）前曾于此埋藏大量金银的结论。

2007 年初春，中央电视台第四频道《走遍中国》摄制组专程到满城实地走访，录制了专题片《黄土寨藏宝之谜》。其解说词对黄土寨藏宝之谜进行了讲述。

专题片《黄土寨藏宝之谜》解说词摘录

在保定市满城县，一位八旬老人多年来一直痴迷于一处不为人知的宝藏。熟悉他的人都说他是异想天开，甚至有些人说他是神经病，想发财想疯了。但也有人认为老人的想法值得推敲。2007 年初春，我们《走遍中国·走进保定》摄制组为了弄清楚关于宝藏的真相来到了满城。经多处询问，我们在满城镇西边的一座山脚下找到了这位老人。

老人叫边守道，他告诉我们，眼前这座山叫黄土寨。30 多年前，一次偶然的机会他从朋友那里听说了黄土寨山顶有首石刻古诗的事情。边守道自幼酷爱古诗，凭借对古诗的敏感，直觉告诉老人这首神秘的石刻古诗就是一首藏宝诗。宝藏应该就在黄土寨的山顶。

从此以后，老人每逢周末只要有时间都会上山看看。一个笔记本，两个窝头，一瓶白开水和将近 3 个小时的荒芜山路，陪伴了老人三十几个年头。至今，老人已爬上黄土寨 80 余次。

但是，边守道身边的朋友，甚至家人，却对他这种行为感到费解。

当老人得知我们要上山后非常兴奋，他执意要亲自上山看看。边守道已经 80 岁高龄了，又刚刚做完手术，经过我们的再三劝阻和商量，最终，老人才同意由他的徒弟史理广带我们上山。

满城人绝大多数都不相信黄土寨埋着宝藏，但也有人对此深信不疑，保定市道教协会副秘书长史理广就是其中的一位。由于边守道年事已高，几年前，史理广就开始和老人一起探索黄土寨藏宝之谜。

黄土寨是座荒山，乱石堆垒没有路。在上山之前，边守道老人就跟我们说过上山的艰难。爬到半山腰的时候，史理广告诉我们，在前面不远处有一块奇怪的石头，跟山顶的石刻古诗有着莫大的关系。

石头上刻有网状图案，一角还刻着一个“仙”字，这代表了什么意思呢？当地人都管这块石头叫仙鹤石。虽然仙鹤早已不见踪影，但留下的奇怪图案仍让人不解。

石头上所雕刻的图案，与我们经常见到的中华结有几分相似。在古代，人们通过将绳子打成结的方式，来计算日月更替和距离远近。钥匙尚且如此神秘，宝库的门口又会是怎样的情景呢？带着种种疑惑，我们继续向山顶前进。

经过整整 3 个小时的艰难跋涉，我们终于爬到了黄土寨的山顶。乍看之下，光秃秃的山顶实在很难让人相信这里会有宝藏。到底是怎样的一首古诗能让边守道如此痴迷呢？这首诗就是边守道所说的黄土寨藏金谜诗：

黄土寨山上的石刻

仙人曰，黄土一债似明阳，提防惶惶避刀枪。因为两国争天下，老君至下度人舡。

和半山腰的仙鹤石一样，古诗上同样没有标明年代和作者。那又怎样证明它和仙鹤石有关系呢？

影片《木乃伊》讲述的是一个埃及探宝的故事。片中主人公通过解读未知的文字和图案，最终找到了传说中法老的宝藏。

我们再次仔细看了几遍古诗，仍然很难明白其中的意思。不过这次我们又有新的发现，诗中一个字的写法引起了我们的兴趣。这个字会不会隐藏了关于宝藏的信息呢？

史理广认为这个字就是“国家”的“国”字。但即便如此，也只能说明这首古诗年代久远，我们如何能判定它就是一首藏宝诗呢？“避”字上的小叉子到底工匠失误造成的呢，还是故意刻上的？如果真的是有意刻上的究竟又有怎样的含义呢？对于这件事边守道当初也是颇费了一番心思。

一次离奇的梦境让古诗有了新的含义，这也是一直以来边守道痴迷于此的原因。边守道认为，那个“避”字，走之上刻着一道纹，如果说把走之去掉，那么加上底下那个“刀”字，另外那个“枪”是古老的字，分开的话就是“劈金仓”。就是因为这 3 个字，边守道认为这首诗就是一首藏宝诗。“金仓”顾名思义就是藏金之所，但这一“劈”究竟要劈在那里，却一直困扰着边守道。

为了确定自己的判断，他找来钻井队的朋友，对山顶石刻古诗周围进行了一次地下勘测。测量结果令边守道惊喜不已，在古诗周围的地面下，发现了一个巨大的空洞。空洞的出现，让老人看到了巨大希望。因为距离黄土寨不到 5 公里的陵山上，另一个空洞，让一个流传于民间两千多年的传说变为了现实，也使得满城名扬海内外。

1968 年 5 月 22 日，解放军某团战士在满城山区施工，像往常一样开山凿洞，然而，一声巨响之后，一个直径 1 米的黑洞出现在人们的眼中。汉代古墓在考古学界一直有“十室九空”的说法，但满城汉墓却因为埋葬地点的隐蔽得以完整的保存了下来。在发掘过程中，一件完整金缕玉衣的出土，震惊了世界。因此满城汉墓，被誉为中国考古近代史上第一大发现。

据说当年郭沫若勘察过汉墓之后，曾说过在陵山附近还有一处藏金之地。但并未指明这处藏金之地的具体方位。郭老所说的藏金之所会不会与黄土寨有所关联呢？

在拍摄期间，文物局的同志告诉我们，几年前，在距离黄土寨不远的岗头村，发现了一个元代的古墓。经考证，这座古墓是元朝名将张柔父子的墓葬。遗憾的是，张柔墓曾经被盗，墓中大部分的宝贝已不知去向。

但我们从几件残存下来的精美的瓷器中，依稀可以看到当年墓中珠光宝气，琳琅满目的景象。

在以黄土寨为中心，半径不到 10 公里的地方，竟有如此之多的藏宝之处，不能不让人感叹满城是个聚宝之地。那么黄土寨山顶的石刻古诗会不会真的就是一首藏宝诗呢？

我们点齐人马，决定再次上山“劈金仓”。看看空洞中到底埋着什么宝贝。

上山的途中，一个不起眼的小洞引起了我们的注意。从洞口高高堆砌的土堆来看，有明显人为挖掘过的痕迹。为了弄清楚宝藏的真面目，这次我们还请到专业人士帮助我们进行勘测。我们再次来到石刻古诗旁边。古诗下面究竟埋藏着什么呢？我们决心探个究竟。经勘测人员介绍，这次上山带的仪器能够测到地下 7 米的金属物体。勘测工作并没有像人们想象中的顺利，勘测仪器上一直没有反映。难道关于黄土寨藏宝传说的事情都是老人凭空想象的？这首古诗也只是某位文人墨客一时性起随意刻在此处的吗？就在这时，古诗周围不远的巨石上，一些大小相似的圆坑吸引了我们的注意。

这些圆形的小坑，内壁光滑平整，有着明显人为开凿过的痕迹。这些小洞是用来做何之用呢，与古诗同样刻在山顶的巨石上，会不会与宝藏有什么关系呢？这个小坑叫石臼，像这种大小的石臼一天所出的粮食，足够十几个青年每天所需。石刻古诗附近有大量石臼存在，不难想象，这里确确实实曾经有相当数量的人活动于此。寸草不生的荒山并不适合人类的居住，怎么会有数量众多的人聚集于此呢？

原来在黄土寨还流传着许多关于燕王朱棣的传说：朱棣，世称永乐皇帝，也是紫禁城里的第一位皇帝。建文元年（1399）七月，朱棣为夺帝位，大战于河北正定，大获全胜。之后又挥师南下攻取南京，登上皇帝宝座。至于朱棣的皇位是否真的应他所得，历史上众说纷纭，其中就有篡位的说法。

据《满城县志》记载，黄土寨在明朝时期确实有过大量驻军。如果朱棣真的在黄土寨埋了宝贝，那他当了皇帝之后为何不将宝物取走呢？这段历史，史料中并无准确记载，我们也就无从考证了。

虽然至今仍未见到宝藏的踪影，但在满城多宝的事实和诸多的证据面前，谁又能肯定黄土寨藏宝之谜只是个传说呢？

编后记

《满城县志（1991—2008）》是中华人民共和国成立后满城县编修的第二轮志书，2004 年 5 月开始筹划，2008 年 2 月编修工作正式启动。经市三次评审，省级初审、终审和方志出版社审稿后，2019 年 4 月收笔，编修工作逾 11 载。

2008—2010 年，张海涛任主编，陆续返聘、借调邵银波、冯伟术、陈玉德、高占林、徐丽娟、方保怀任编辑，李文义参与校对。2011 年 10 月，编辑人员有徐丽娟、陈玉德、高占林 3 人。2014 年 10 月，从环保局借调李静参与编辑；2016 年 10 月，从林业局借调殷素芳参与编辑。2016 年 4 月，徐丽娟担任主编。

2008 年 2 月，志书断限定为 1991—2005 年，2009 年变更为 1978—2008 年。2012 年 5 月，《满城县志（1978—2008）》初稿基本完成，印发离退休及在职县级领导征求意见。10 月，市方志办评审后要求断限确定为 1991—2008 年，并要求按照市提供的参考编目进行修改。2013 年 3 月完成第二稿，市方志办再次提出评审意见。

2015 年 3 月开始，编辑们负重加压、开拓思路，采取借阅历年《满城报》合订本、《满城县国民经济和社会发展统计资料》、查阅档案、向单位催要、找老同志了解情况等多种方式搜集资料，尽力补充完善志稿，做到纵不断线、横不落项，当年 12 月完成第三稿。2016 年 4 月，市方志办主任孙进柱、县志处处长赵光第三次到满城指导，认为志稿质量有了大幅度提高，要求再做些修改上报省评。自知要通过省专家评审还有很大差距，编辑人员着手对志稿进行全面修改。首先对志稿进行了两次大的结构调整，按照突出满城旅游、特色产业和文化的原则，对旅游业进行重点记述，对农业编中的草莓、磨盘柿、雪桃，文化编中的中华诗词之乡，工业编中的造纸及纸制品、食品加工、建材、冶炼等做升格处理，对一些编章节进行合并。然后组织 4 次统稿，力求做到数字准确、文字规范、简练。在报送省评审的间隙，搜集照片 2000 多张，筛选 300 多张待用。

2018 年 7 月 5 日，国家、省市专家组一行 9 人到满城指导，志稿通过评审，专家们提出修改意见。编辑人员认真地进行修改，并在内文插入 300 多张照片，于 8 月 24 日报到省方志办终审。9 月 18 日，通过省终审。按照终审意见修改后，10 月报方志出版社。2018 年 12 月 26 日，方志出版社审核完成。按照出版社审核意见及在自审中发现的问题，又修改、补充了两次，于 2019 年 4 月 11 日送印刷厂进行最后修正。

志书顺利完成得益于有一支甘于寂寞、踏实勤勉、不计得失的编辑队伍，尤其在最后几年的关键时期，编辑们夜以继日、手不释卷。徐丽娟累得腰间盘突出，左腿麻木，但一天也没有休息，围上护腰，或坐、或趴、或躺坚持工作；陈玉德老骥伏枥、锲而不舍，一边照顾多病的老伴，一边默默耕耘；殷素芳头脑敏捷、精力充沛，往往晚上哄孩子睡着后加班到深夜，对所有数字进行核对，对志稿反复审校，发现并解决了许多问题。“大鹏一动，非一羽之轻也；骐骥一速，非一足之力也”，正是编辑人员精诚团结、默默奉献的精神，才使《满城县志（1991—2008）》得以顺利完成。

难能可贵的是编辑人员敢于攻坚克难，闯关夺隘。经济总情、商贸、工业、电信等部分，因历经多次机构改革，原有单位多次撤并等原因，资料匮乏，一度成为编辑中难以突破的“瓶颈”。为解决这个问题，聘请原经贸局退休老干部张文秀（曾任经贸局办公室主任）帮助撰写经贸系统变革的大致过程，徐丽娟无数次地翻阅历年国民经济和社会发展统计资料，从中提炼、搜集；为补充重要决策、施政辑要等内容，陈玉德、李静等查阅档案，借阅组织史……大家迎难而上、集腋成裘，终使志书内容丰富、完整起来。志书得以出版，每一个文字都是编辑人员汗水和心血的结晶。

当发现上轮志书烈士英名录的记载存在疏漏后，编辑人员从民政局借来1981年《河北省满城县革命烈士英名录》，对1800多名烈士的记载一一核对，对存在的错误进行勘误，并把从英名录和抗战烈士纪念碑、荆山村冯金祥等知情人士处搜集到的103名烈士进行补录。为寻找南下干部的资料，向各乡（镇）征集、多方打听，方保怀、陈玉德还多次骑着自行车去找知情人士询问。在市方志办帮助下，共收集到119位南下干部的情况。依据《保定人物志》《满城县志略》、知情人士提供和多方搜集，19位近现代人物入传，补录21位古代人物、15位近现代人物。其中包括以蒋毓英、蒋攸铦为代表的蒋氏家族中的5人，“人民头等功臣”石城，国民党抗日英烈梁耀章、朱家麟等。为搜集资料，编辑们曾到涞水县陈鹤卿的儿子家走访，还几经周折找到徐克明的侄女，使得晋察冀一级战斗英雄陈鹤卿，徐克明及其丈夫王晓天，妹妹徐志明、徐彦明等得以留名青史。

编纂工作得到各级领导的重视，市方志办领导和专家悉心指导，历届县（区）委、县（区）政府领导，尤其是区委书记李广义、区长程杰、常务副区长夏冰等多次过问、督导。政府办公室原主任陈承德、石伟鼎力支持，政府办公室主任张建立亲自审阅把关，主管副主任苑书翰、魏凤志、韩成栓一直关注、关心修志工作，方志外侨办主任王月精心协调，落实编修过程中的具体事务。

感谢提供文字资料的各单位、各乡（镇）领导和同志们，感谢在搜集照片过程中，区人大常委会副主任姜文英，区政府办副主任、档案局局长张金环，区报社副总编杨新阁，满城诗词楹联学会会长张志明，区委宣传部赵大鹏，文物旅游局雷红兵等给予我们的大力帮助，感谢帮助校对、制作图表的杨磊霞、方保怀、张金环、刘国文、王明侠、陈士英、郄振起、宋超杰、李贤、曹艳霞、朱艳霞、李晓静、卢璐、张超、王帅华、韩璐。感谢蒋龙光、庄亮（烈士石城的外孙）、李福才（李绍周的儿子）等为本书提供宝贵资料。

“书到用时方恨少，事非经过不知难”，尽管我们夙兴夜寐、笔耕不辍，但由于才疏学浅，经验匮乏，加之体制改革、机构改革、合乡扩镇、区划调整等原因，一些资料没有搜集到，所以一定会存在疏漏和错讹，敬请方家不吝赐教，后来者勘误补遗，将不胜感激。

编者

2019年4月